CONSTITUIÇÃO, DEMOCRACIA E DIÁLOGO

15 anos de Jurisdição Constitucional
do Ministro Dias Toffoli

CB011240

GILMAR FERREIRA MENDES
DAIANE NOGUEIRA DE LIRA
ALEXANDRE FREIRE
Coordenadores

CONSTITUIÇÃO, DEMOCRACIA E DIÁLOGO

15 anos de Jurisdição Constitucional do Ministro Dias Toffoli

Volume 2

2ª edição

Belo Horizonte

FÓRUM
CONHECIMENTO JURÍDICO

2025

FÓRUM
CONHECIMENTO JURÍDICO

Luís Cláudio Rodrigues Ferreira
Presidente e Editor

Coordenação editorial: Leonardo Eustáquio Siqueira Araújo
Revisão: Aline Almeida, Bárbara Ferreira, Érico Barboza, Gabriela Sbeghen, Nathalia Campos, Patrícia Falcão, Pauliane Coelho
Capa e projeto gráfico: Walter Santos
Diagramação: Formato Editoração

Rua Paulo Ribeiro Bastos, 211 – Jardim Atlântico – CEP 31710-430
Belo Horizonte – Minas Gerais – Tel.: (31) 99412.0131
www.editoraforum.com.br – editoraforum@editoraforum.com.br

Dados Internacionais de Catalogação na Publicação (CIP) de acordo com ISBD

C758	Constituição, democracia e diálogo: 15 anos de Jurisdição Constitucional do Ministro Dias Toffoli / Gilmar Ferreira Mendes, Daiane Nogueira de Lira, Alexandre Freire (coord). 2ª edição. Belo Horizonte: Fórum, 2025.
	1697p. 17x24cm
	v.2
	ISBN impresso 978-65-5518-937-7
	ISBN digital 978-65-5518-934-6
	1. Direito constitucional. 2. Jurisdição constitucional. 3. Supremo Tribunal Federal. I. Mendes, Gilmar Ferreira. II. Lira, Daiane Nogueira de. III. Freire, Alexandre. IV. Título.
	CDD: 342
	CDU: 342

Ficha catalográfica elaborada por Lissandra Ruas Lima – CRB/6 – 2851

Informação bibliográfica deste livro, conforme a NBR 6023:2018 da Associação Brasileira de Normas Técnicas (ABNT):

MENDES, Gilmar Ferreira; LIRA, Daiane Nogueira de; FREIRE, Alexandre (coord.). *Constituição, democracia e diálogo*: 15 anos de Jurisdição Constitucional do Ministro Dias Toffoli. 2. ed. Belo Horizonte: Fórum, 2025. 1697p. ISBN 978-65-5518-937-7.

O êxito da vida não se mede pelo caminho que você conquistou,
mas sim pelas dificuldades que superou no caminho.
(Abraham Lincoln)

PREFÁCIO
Gilmar Ferreira Mendes.. xxiii

APRESENTAÇÃO
Daiane Nogueira de Lira, Alexandre Freire xxxi

A LIBERDADE DE EXPRESSÃO DOS MAGISTRADOS SOB A PERSPECTIVA
DO CONSELHO NACIONAL DE JUSTIÇA
JOÃO PAULO SANTOS SCHOUCAIR, FÁBIO LOPES VERAS 851
1   Introdução... 851
2   A liberdade de expressão e seus contornos constitucionais..................... 852
2.1   A liberdade de expressão na era digital 855
3   O Conselho Nacional e a liberdade de expressão dos magistrados........... 856
4   Conclusão.. 860
     Referências 860

O BOMBEIRO-GERAL DA REPÚBLICA
JOEL SAMPAIO 863

O PAPEL DO SUPREMO TRIBUNAL FEDERAL NO RECONHECIMENTO DO
PODER GERAL DE CAUTELA DOS TRIBUNAIS DE CONTAS
**JORGE ANTÔNIO DE OLIVEIRA FRANCISCO, MARIA ROSANGELA DE
OLIVEIRA ANDRADE**.. 867
1   Introdução... 867
2   Conceito.. 867
3   Arcabouço legal... 868
4   Ações implementadas pelo TCU 869
5   Decisões da Suprema Corte.. 871
6   Aprimoramentos normativos 875
7   Conclusão.. 879
     Referências 879

A PROMOÇÃO DA EFICIÊNCIA PROCESSUAL: DESJUDICIALIZAÇÃO E
SIMPLIFICAÇÃO – O LEGADO DO MINISTRO DIAS TOFFOLI
JORGE MESSIAS... 883
1   Introdução... 883
2   A eficiência processual pela desjudicialização: a resolução consensual na
     Administração Pública. O legado do Advogado-Geral da União (2007/2009) .. 884

3   A eficiência processual pela simplificação. O legado do Ministro e Presidente do STF (2018/2020) – 15 anos de jurisdição constitucional na Suprema Corte .. 888

4   Conclusão 892

Referências 892

A INSTITUIÇÃO DO JUIZ DE GARANTIAS NO BRASIL: LIÇÕES DO MINISTRO DIAS TOFFOLI SOBRE O SISTEMA ACUSATÓRIO E O DIREITO DE DEFESA

JOSÉ LUIS OLIVEIRA LIMA 895

Introdução 895

1   A decisão do Ministro Dias Toffoli no recesso judiciário 896

2   O início do julgamento 897

3   O voto divergente do Ministro Dias Toffoli 898

4   A transformação político-cultural 901

5   Próximos passos 903

Referências 905

O JULGAMENTO DO RE Nº 839.163/DF E A VISÃO ESTRATÉGICA DE DIAS TOFFOLI

JOSÉ MUCIO MONTEIRO, RAFAELO ABRITTA 907

DIAS TOFFOLI

JOSÉ SARNEY 913

A PERSPECTIVA DE GÊNERO, A PLENITUDE DE DEFESA E A ADPF Nº 779

JOSÉ ALBERTO SIMONETTI, BÁRBARA CRATEÚS SANTOS 917

1   Introdução 917

2   A dignidade humana e a plenitude de defesa no Tribunal do Júri 919

2.1   Os fundamentos para inconstitucionalidade da tese de legítima defesa da honra 920

2.2   A manutenção da plenitude da defesa no Tribunal do Júri 923

3   O paradigma da igualdade de gênero no Poder Judiciário 926

4   Considerações finais: por uma cultura jurídica antidiscriminatória 933

Referências 934

A AFIRMAÇÃO DAS ESPECIFICIDADES DO DIREITO DO TRABALHO NA JURISDIÇÃO CONSTITUCIONAL: APORTES TEÓRICOS A PARTIR DAS DECISÕES DO MINISTRO DIAS TOFFOLI

LELIO BENTES CORRÊA, HELENA MARTINS DE CARVALHO 937

1   Introdução 937

2   O princípio da proteção como instrumento de democratização das relações entre trabalho humano e poder econômico 939

3   O contrato-realidade como fonte matriz da proteção social trabalhista 943

4   Considerações finais 947

Referências 948

REALISMO JURÍDICO BRASILEIRO EM EVIDÊNCIA: LAVA JATO E A
PRINCIPIOLATRIA
LENIO LUIZ STRECK 951
    Introdução.. 951
    Requiem para a Lava Jato.. 951
    Principiolatria no direito brasileiro............................... 957
    Conclusão.. 962
    Referências 963

RISCOS DA INTELIGÊNCIA ARTIFICIAL NAS ELEIÇÕES E O
APRIMORAMENTO DO PROCESSO ELEITORAL BRASILEIRO
LÍLIA MARIA DA CUNHA FERNANDES 965

REFLEXÕES SOBRE A RESPONSABILIDADE DOS DIRIGENTES
PARTIDÁRIOS POR FRAUDE À COTA DE GÊNERO
LUCIANA LÓSSIO 981
    Introdução.. 981
1   Breve histórico da cota de gênero................................. 982
2   Do combate às candidaturas fictícias, laranja ou fantasmas 983
3   Discussão sobre a responsabilidade dos dirigentes partidários por fraude à
    cota de gênero 988
    Conclusões.. 992

TRIBUTAÇÃO DE *SOFTWARE* E AS ADI Nº S 1.945 E 5.659
**LUCIANO FELÍCIO FUCK, ANTÔNIO AVELAR SINFRÔNIO, PEDRO
MONTEIRO BOMFIM BELLO** 995
1   Introdução.. 995
2   Histórico da tributação sobre operações com programas de computador
    (*software*)... 996
3   A evolução dos precedentes após julgamento das ADI nºs 1.945 e 5.659.......... 1001
4   Considerações finais.. 1005
    Referências 1006

CONTRIBUIÇÕES DO MINISTRO DIAS TOFFOLI PARA A FORMAÇÃO DA
JURISPRUDÊNCIA DO STF EM MATÉRIA TRIBUTÁRIA
LUCILENE RODRIGUES SANTOS, EURO SABINO DE AZEVEDO 1009
    Introdução.. 1009
1   Tributação e direitos reconhecidos como essenciais pela Constituição Federal 1010
2   Princípio da legalidade tributária: rumo a uma legalidade suficiente 1012
3   Imunidades tributárias e sua interpretação teleológica 1014
4   Conflitos de competências e as normas gerais de direito tributário................. 1015
5   O ICMS e a seletividade: construção teórica de critérios objetivos................... 1017
6   Entre direitos e deveres fundamentais: o caso do sigilo fiscal............. 1018
7   Multas tributárias e o princípio do não confisco: rumo à fixação de limites
    objetivos 1018
    Referências 1020

JUÍZO DE ADMISSIBILIDADE RECURSAL NO SUPREMO TRIBUNAL
FEDERAL: #100% ARES

LUCILENE RODRIGUES SANTOS, RAULINO PALHA DE MIRANDA 1023

Introdução 1023

1   Contextualizando o momento histórico e complexo do Brasil: entre desafios e oportunidades 1024

2   Do aprimoramento da gestão processual: juízo de admissibilidade recursal ... 1026

3   Do Projeto Juízo de Admissibilidade – um legado em eficiência na gestão de processos e inovação tecnológica 1027

3.1   Da modernização da estrutura organizacional 1028

3.2   Da inovação tecnológica e transformação 1028

3.3   Da interlocução com os tribunais de origem e da capacitação de servidores.... 1030

3.4   Da atualização normativa e da desburocratização de regras negociais 1030

4   Dos resultados alcançados e do legado deixado: #100% ARE 1031

4.1   Da evolução e dos resultados alcançados: consolidação do projeto #100% ARE 1031

4.2   Do legado deixado pela presidência do Ministro Dias Toffoli 1034

Conclusão 1036

Referências 1037

LIBERDADE DE EXPRESSÃO E PROPAGANDA ELEITORAL: O LEGADO DO
MINISTRO DIAS TOFFOLI NO TRIBUNAL SUPERIOR ELEITORAL

LUIS GUSTAVO MOTTA SEVERO DA SILVA 1039

I   Introdução 1039

II   A propaganda eleitoral como garantia fundamental: uma abordagem à luz dos pilares da Constituição de 1988 1040

III   Análise de votos do Ministro Dias Toffoli em matéria de propaganda eleitoral no Tribunal Superior Eleitoral 1044

IV   O papel do Ministro Dias Toffoli no debate sobre os limites à propaganda eleitoral negativa nas eleições de 2014 1046

V   Conclusão 1049

Referências 1050

A INCONSTITUCIONALIDADE DA TESE DA LEGÍTIMA DEFESA DA
HONRA E O FORTALECIMENTO DA PROTEÇÃO ÀS MULHERES

LUÍS ROBERTO BARROSO 1053

Nota prévia 1053

I   Introdução 1054

II   A cultura de tolerância à violência contra a mulher e o combate à violência institucional 1055

III   Aspectos jurídicos do voto do Ministro Dias Toffoli 1061

IV   Conclusão 1063

Referências 1063

DIREITO AO ESQUECIMENTO E O PRECEDENTE DE RELATORIA DO
MINISTRO DIAS TOFFOLI

LUIS FELIPE SALOMÃO, MÔNICA DRUMOND 1065

1   Introdução 1065

2	A liberdade de informação como valor constitucional, mas não absoluto	1066
3	A relevância do conhecimento dos fatos para a história	1068
4	O legítimo resguardo do direito à intimidade	1070
5	Adequação (ou inadequação) do direito ao esquecimento ao ordenamento jurídico brasileiro	1072
6	Direito esquecimento no contexto digital	1077
7	Conclusão	1078
	Referências	1079

A PROVA DA AUTORIA NO JUÍZO CRIMINAL E SEUS EFEITOS NA RESPONSABILIDADE CIVIL
LUIZ EDSON FACHIN,CARLOS EDUARDO LACERDA BAPTISTA ... 1081

	Nota prévia	1081
1	Introdução	1082
2	A responsabilidade civil e a responsabilidade criminal civil: semelhanças e distinções	1083
3	O princípio da independência das instâncias e seus possíveis efeitos	1085
4	Os efeitos do exame da prova de autoria realizado pelo juízo criminal na responsabilidade civil em razão da sentença penal absolutória	1087
5	Efeitos da sentença condenatória criminal definitiva para a responsabilidade civil	1092
6	Conclusão	1096
	Referências	1098

A GESTÃO DO MINISTRO DIAS TOFFOLI NO CONSELHO NACIONAL DE JUSTIÇA – CNJ
LUIZ FERNANDO TOMASI KEPPEN ... 1101

	Introdução	1101
1	O Conselho Nacional de Justiça e a gestão Dias Toffoli 2018-2020	1102
2	Manutenção de projetos em andamento e otimização de políticas judiciárias	1104
3	A modernização, as novas tecnologias, a transparência e a responsabilidade social	1105
4	Os principais números da gestão Dias Toffoli junto ao Conselho Nacional de Justiça – A jurimetria	1107
	Considerações finais	1108
	Referências	1109

A JUSTIÇA NA ERA DIGITAL
LUIZ FUX ... 1111

	Introdução	1111
1	O fenômeno da digitalização no Poder Judiciário: panorama geral	1112
2	A inteligência artificial no Poder Judiciário	1115
3	A Justiça 4.0	1117
	Conclusão	1119
	Referências	1120

A ATUAÇÃO DO MINISTRO DIAS TOFFOLI NO STF: 15 ANOS DE JURISDIÇÃO CRIATIVA E COERENTE
LUIZ ALBERTO DOS SANTOS ... 1121

O SUPREMO TRIBUNAL FEDERAL E O DIÁLOGO INSTITUCIONAL –
BREVES CONSIDERAÇÕES

MARCELO VIEIRA DE CAMPOS, JULIANA PERANTON FERNANDES............ 1127
1   Introdução.. 1127
2   O papel do STF e o direito à efetivação das suas decisões por meio do
diálogo institucional... 1127
3   Casos relevantes.. 1131
3.1   Caso do Auxílio-Moradia dos Juízes (ACO nº 1.649; AO nº 1.773; AO nº 1.946;
AO nº 1.776; AO nº 1.945; ACO nº 2.511)... 1131
3.2   ADPF nº 779 – Declaração de inconstitucionalidade e do uso da tese de
legítima defesa da honra em crimes de feminicídio ou de agressão contra
mulheres... 1134
3.3   Inquérito das *Fake News* 1136
4   Conclusões.. 1138
      Referências.. 1140

REFLEXÕES SOBRE A CADEIA DE CUSTÓDIA DA PROVA DIGITAL NO
PROCESSO PENAL

MARCELO NAVARRO RIBEIRO DANTAS, THIAGO DE LUCENA MOTTA......... 1145
1   Introdução.. 1145
2   Procedimentos de manuseio da prova digital.. 1146
3   Quebra da cadeia de custódia e ônus da prova....................................... 1151
4   Conclusão... 1153
      Referências.. 1154

O DEVIDO PROCESSO LEGAL NA JURISDIÇÃO DE DIAS TOFFOLI

MARCELO NOBRE... 1155
I   Considerações iniciais.. 1155
II   Os princípios da ampla defesa e do contraditório no devido processo legal.... 1156
III   A decisão do Ministro Dias Toffoli na Reclamação nº 43.007 1158
IV   Conclusão... 1161

TEMPO E MEMÓRIA HISTÓRICA NOS 15 ANOS DO MINISTRO TOFFOLI
NO STF

MÁRCIO SCHIEFLER FONTES.. 1163
1   Considerações introdutórias 1163
2   O caso 1164
3   Relação entre Estado e Igreja 1165
4   Os registros paroquiais ou eclesiásticos propriamente ditos................ 1167
5   O Decreto nº 7.107, de 11.2.2010 1169
6   Os bens de valor histórico e cultural em discussão............................... 1171
7   O deslinde do mérito.. 1172
8   Considerações finais... 1173
      Referências.. 1174

15 ANOS DE JURISDIÇÃO CONSTITUCIONAL DO MINISTRO DIAS TOFFOLI NO SUPREMO TRIBUNAL FEDERAL

MARCO AURÉLIO PIANTELLA COSTA 1177
    Um guardião do Estado Democrático de Direito 1177
    A trajetória de Dias Toffoli 1177
    Decisões judiciais marcantes 1177
    Ficha Limpa (ADI nº 4.578) 1177
    Prisão em segunda instância (ADCs nºs 43, 44 e 54) 1178
    Proteção de dados pessoais (ADI nº 6.387) 1178
    Fortalecimento das instituições democráticas 1178
    Guardião das garantias fundamentais 1178
    Compromisso com a ética e a transparência 1179
    Modernização do Judiciário 1179
    Desafios e decisões controversas 1179
    Liminar e suspensão das investigações 1179
    Entrevista ao jornal argentino *Clarín* 1179
    Um tributo ao compromisso com a justiça 1179
    Toffoli defende o STF como o novo poder moderador da República 1180
    Um legado duradouro 1180

RESOLUÇÃO CNJ Nº 303: O ENFRENTAMENTO DA "QUESTÃO DOS PRECATÓRIOS"

MARCO ANTONIO INNOCENTI 1181
Introdução 1181
1   Guia de referência 1182
2   Cessão e compensação 1184
3   Histórico e perspectivas 1185
4   Direitos humanos, economia, integridade 1186
    Conclusão 1188
    Referências 1189

UMA ABORDAGEM DA JURISDIÇÃO CIDADÃ DO MINISTRO DIAS TOFFOLI

MARCOS MEIRA 1191
Introdução 1191
1   Anulação das provas obtidas nos sistemas da Odebrecht 1192
2   Inviolabilidade dos advogados no exercício da profissão 1193
3   Prisão após a segunda instância 1194
4   Violência de gênero 1195
5   Do juiz das garantias 1195
6   Inquérito das *fake news* 1197
    Conclusão 1198
    Referências 1199

ENTRE A PANDEMIA E AS PATENTES: O JULGAMENTO DA ADI 5529 NA RELATORIA DO MINISTRO DIAS TOFFOLI

MARCUS VINÍCIUS FURTADO COÊLHO 1201

A IRRETOCÁVEL CONTRIBUIÇÃO DO VOTO DO MIN. DIAS TOFFOLI POR OCASIÃO DO JULGAMENTO DO TEMA 962/STF DA REPERCUSSÃO GERAL PARA O APERFEIÇOAMENTO DA DINÂMICA DA TRIBUTAÇÃO DIRETA NO BRASIL

MARCUS LÍVIO GOMES.. 1205
Introdução 1205
1 Do RE 1.063.187: Tema 962 da repercussão geral................ 1206
1.1 Do caso concreto 1206
1.2 Da controvérsia 1206
1.3 Da conclusão do julgamento.. 1207
2 Do voto do Min. Dias Toffoli 1208
2.1 Inconstitucionalidade da incidência tributária e delimitação da controvérsia.. 1208
2.2 Diferenciação entre danos emergentes e lucros cessantes: natureza dos juros de mora.. 1208
2.3 Natureza da taxa Selic.. 1211
2.4 Delimitação da materialidade do IRPJ e da CSLL 1212
3 Comentários panorâmicos ao voto....................................... 1213
3.1 Inovação na Jurisprudência... 1213
3.2 Revisitação de precedentes em prol da segurança jurídica............. 1214
4 Perspectivas para o cenário tributário 1215
4.1 Consequências práticas da decisão 1215
4.2 Reflexões sobre o futuro da tributação de valores compensatórios.................... 1215
4.3 Potenciais mudanças na legislação tributária...................... 1216
5 Implicações do voto para o Direito Tributário 1217
5.1 Consequências práticas da decisão 1217
5.2 Reflexões sobre o futuro da tributação de valores compensatórios................ 1217
Conclusão: sinalização e diagnóstico para potenciais mudanças na legislação tributária 1218

AS TESTEMUNHAS DE JEOVÁ, O PRINCÍPIO FUNDAMENTAL DA LIBERDADE RELIGIOSA E O DIREITO FUNDAMENTAL À VIDA. UMA ANÁLISE CONSTITUCIONAL SOBRE TRANSFUSÃO DE SANGUE E RECUSA A TRATAMENTO MÉDICO

MARIA CLAUDIA BUCCHIANERI PINHEIRO............................. 1219
Introdução... 1219
O princípio da liberdade religiosa e a dicotomia crença *versus* culto 1223
A posição de médicos e hospitais... 1236
Referências 1239

ADPF Nº 779: DECISÃO HISTÓRICA DO SUPREMO TRIBUNAL FEDERAL NA LUTA CONTRA A VIOLÊNCIA DE GÊNERO

MARIA THEREZA DE ASSIS MOURA, MARCELO COSTENARO CAVALI, CARLA RAMOS MACEDO DO NASCIMENTO............................. 1243
1 Uma singela homenagem a Dias Toffoli 1243
2 Feminicídio: um flagelo nacional 1243
3 A ADPF nº 779... 1245
3.1 A controvérsia trazida a julgamento.................................... 1245

3.2 Os fundamentos do voto do Min. Dias Toffoli 1247

4 A tese da "legítima defesa da honra" como reminiscência do patriarcado e do machismo 1247

5 A plenitude de defesa no Tribunal do Júri e a tese da "legítima defesa da honra" 1249

6 O recurso da acusação contra a absolvição fundada em quesito genérico 1251

7 Conclusão 1253

Referências 1253

PRAGMATISMO, SEGURANÇA JURÍDICA E JUSTIÇA SOCIAL: O LEGADO INSTITUCIONAL DO MINISTRO DIAS TOFFOLI PARA O DIREITO DO TRABALHO EM QUATRO PRECEDENTES DE REPERCUSSÃO GERAL
MARIA CRISTINA IRIGOYEN PEDUZZI, FÁBIO PORTELA LOPES DE ALMEIDA 1255

Introdução 1255

1 Recepção do art. 384 da CLT (intervalo especial da mulher para a prestação de horas extraordinárias) pela Constituição de 1988 1257

2 Direito de servidores públicos ao salário mínimo (art. 7º, IV, da Constituição de 1988) na prestação de trabalho em jornada reduzida 1259

3 Competência da Justiça do Trabalho para processar e julgar ação de indenização decorrente de danos sofridos em acidente de trabalho 1261

4 Competência para o processamento de ação ajuizada contra entidade de previdência privada com vistas a obter complementação de aposentadoria com base em parcelas vinculadas ao contrato de trabalho 1262

Conclusão 1264

Referências 1265

A LIBERDADE ECONÔMICA E A LIVRE-INICIATIVA NAS DECISÕES DO MINISTRO DIAS TOFFOLI
MÁRIO AUGUSTO FIGUEIREDO DE LACERDA GUERREIRO 1267

1 Introdução 1267

2 Estudo de casos 1268

3 Considerações finais 1271

Referências 1272

O DIREITO AO ESQUECIMENTO: EQUILÍBRIO ENTRE PRIVACIDADE E MEMÓRIA NA JURISPRUDÊNCIA DO STF
MESSOD AZULAY NETO 1275

Introdução 1275

Memória e esquecimento: perspectiva histórica 1276

Direito de esquecimento – gênese e evolução 1278

Recurso extraordinário nº 1010606/RJ 1279

Conclusão 1282

Referências 1285

A DEMOCRACIA E O MINISTRO DIAS TOFFOLI
MICHEL TEMER 1287

MEMÓRIA VIVA: O DIREITO DE NÃO ESQUECER

MIGUEL MATOS 1291

    Caso Aída Curi 1291

    Manifestações 1292

    Análise histórica e comparada 1293

    Perspectiva sociológica e contemporânea 1294

    Nomenclatura e elementos 1294

    Direito ao esquecimento no Sistema Jurídico Nacional 1295

    Era digital 1296

    Liberdade de expressão 1297

    Diálogo constitucional 1297

    Caso concreto 1298

    Conclusão 1298

    Referências 1299

RESPONSABILIDADE SOLIDÁRIA DO GRUPO ECONÔMICO NA
EXECUÇÃO TRABALHISTA: CONFORMAÇÃO E LIMITES À LUZ DA
JURISPRUDÊNCIA DO TST E DO STF

MORGANA DE ALMEIDA RICHA 1301

1   Introdução 1301

2   A desconsideração da personalidade jurídica do grupo econômico na
    execução trabalhista: dogmática e procedimentalidade 1303

3   Razões da edição e do cancelamento da Súmula 205 do TST 1311

4   Matéria afetada pelo STF: Tema 1.232 da Tabela de Repercussão Geral 1312

5   Considerações finais 1315

    Referências 1316

O RECURSO EXTRAORDINÁRIO Nº 1.055.941 (TEMA 990) E A ATIVIDADE
DE INTELIGÊNCIA: O PAPEL DO PODER JUDICIÁRIO NA PRESERVAÇÃO
DOS DIREITOS FUNDAMENTAIS

NARA NISHIZAWA 1319

I   Introdução 1319

II   O sistema global de proteção à lavagem de dinheiro e o COAF 1323

III   Ponto nodal da supervisão judicial: convergência entre inteligência e
    investigação penal 1326

IV   Conclusão 1332

    Referências 1335

CONTROLE FINANCEIRO E ORÇAMENTÁRIO DO PODER JUDICIÁRIO E
AS COMPETÊNCIAS CONSTITUCIONAIS DO CONSELHO NACIONAL DE
JUSTIÇA E DO TRIBUNAL DE CONTAS DA UNIÃO: O CASO DO MS 39.264/DF

**NELSON GUSTAVO MESQUITA RIBEIRO ALVES, CAIO CASTAGINE
MARINHO** 1337

1   Introdução 1337

2   Poder Judiciário, sua missão de defesa dos direitos e garantias fundamentais
    e a exigência de autonomia da função jurisdicional 1339

3	Especificidade do CNJ e sua primazia no controle dos atos administrativos e financeiros do Poder Judiciário	1340
4	Unidade do Poder Judiciário e a abrangência das competências do CNJ e do TCU	1342
5	Subversão do papel institucional outorgado pela Constituição ao CNJ	1344
6	Conclusão	1345
	Referências	1346

A VALORIZAÇÃO DA RECLAMAÇÃO ENQUANTO INSTRUMENTO PARA A REALIZAÇÃO DO PAPEL DO SUPREMO TRIBUNAL FEDERAL A PARTIR DE DECISÕES DO MINISTRO DIAS TOFFOLI

OSMAR MENDES PAIXÃO CÔRTES		1347
I	Considerações iniciais	1347
II	Origem e evolução do cabimento da reclamação	1347
III	Decisões de valorização da medida	1352
IV	A reclamação enquanto instrumento para a realização do papel constitucional do Supremo Tribunal Federal	1355
	Referências	1356

PGBL: NATUREZA JURÍDICA, ESTRUTURA ATUARIAL E DIREITO SUCESSÓRIO

OTAVIO LUIZ RODRIGUES JR., CARLOS V. VON ADAMEK, RODRIGO XAVIER LEONARDO		1359
Introdução		1359
1	Natureza jurídica e estrutura atuarial do PGBL	1360
2	PGBL e direitos sucessórios	1367
3	PGBL e a jurisprudência do Superior Tribunal de Justiça	1373
	Conclusões	1375
	Referências	1375

O CONTEÚDO GARANTIDOR – E NÃO PARALISANTE – DO PRINCÍPIO DA PRECAUÇÃO: NOTAS SOBRE O JULGAMENTO DO RE 627189/SP (TEMA Nº 479 DO STF)

PABLO COUTINHO BARRETO		1379
	Introdução	1379
1	A construção internacional de um direito ao meio ambiente	1380
2	A fundamentalidade do direito ao meio ambiente	1382
3	A necessária antecipação ao risco humano e ecológico como salvaguarda das gerações presentes e futuras	1385
4	O conteúdo garantidor – e não paralisante – do princípio da precaução (Tema nº 479 do STF)	1387
5	Considerações finais	1391
	Referências	1392

15 ANOS EM 15 JULGAMENTOS: GRANDES CONTRIBUIÇÕES DO MINISTRO DIAS TOFFOLI PARA A EVOLUÇÃO JURISPRUDENCIAL E O AVANÇO CIVILIZATÓRIO DA SOCIEDADE BRASILEIRA

PAULO SÉRGIO DOMINGUES		1395
1	Introdução	1395

2 Julgamentos de relevância social da Relatoria do Ministro Dias Toffoli em matéria trabalhista 1396

3 Julgamentos relevantes do Ministro Dias Toffoli em matéria de Seguridade Social 1398

4 Outros julgamentos da relatoria do Ministro Dias Toffoli no STF de elevada repercussão social 1401

5 Conclusão 1404

PARÂMETROS PARA DEFINIÇÃO DOS CRITÉRIOS PARA REPERCUSSÃO GERAL

PAULO HENRIQUE DOS SANTOS LUCON 1405

1 Introdução 1405

2 Uniformização jurisprudencial 1406

3 Repercussão geral 1409

4 Análise de repercussão geral em decisões relatadas pelo Min. Dias Toffoli 1412

5 Conclusão 1415

Referências 1416

SERVIÇOS PRESTADOS POR APLICATIVOS: GERA OU NÃO VÍNCULO EMPREGATÍCIO. HOMENAGEM AOS 15 ANOS DE JURISDIÇÃO CONSTITUCIONAL DO MINISTRO DIAS TOFFOLI

PAULO DIAS DE MOURA RIBEIRO 1417

1 Apresentação 1417

2 Histórico do debate 1417

3 A matéria perante o Tribunal Superior do Trabalho 1420

4 A matéria no campo legislativo e a reclamação constitucional 1423

5 Conclusões 1424

Referências 1424

A CONTRIBUIÇÃO DO MINISTRO DIAS TOFFOLI PARA A CONCRETIZAÇÃO DA AGENDA 2030 DA ONU EM TRÊS PRECEDENTES COM REPERCUSSÃO GERAL

PEDRO FELIPE DE OLIVEIRA SANTOS, STEPHANIE GABRIELLE NEVES SANTOS 1427

Introdução 1427

Interpretação conforme a Constituição referente à contagem do prazo prescricional da pretensão punitiva 1429

Análise da "cota de tela": obrigatoriedade de exibição de filmes brasileiros em salas de cinema 1432

Não incidência do imposto de renda nos juros moratórios devidos em razão do atraso no pagamento remuneratório por exercício de emprego, cargo ou função 1434

Conclusão 1436

Referências 1437

AUTORITARISMO E EXCEÇÃO NA OPERAÇÃO LAVA JATO

PEDRO ESTEVAM ALVES PINTO SERRANO, ANDERSON MEDEIROS BONFIM 1439

Introdução 1439

1   O mito da concretização do Estado de Direito e a exceção líquida permanente 1440

2   A exceção em Carl Schmitt e Giorgio Agamben: da incorporação ao direito ao campo de indeterminação 1440

3   Notas sobre o processo penal de exceção 1442

4   Operação Lava Jato: das generalidades às medidas de exceção líquida 1442

Considerações finais 1444

Referências 1444

TOFFOLI E A PROTEÇÃO DE DADOS
PIERPAOLO CRUZ BOTTINI, SÉRGIO RENAULT 1447

DIAS TOFFOLI: 15 ANOS DE ATUAÇÃO NO STF PAUTADA NA PERSPECTIVA DE GÊNERO
RENATA GIL 1453

1   CONSIDERAÇÕES INICIAIS 1453

2   A atuação do Ministro Dias Toffoli na defesa da igualdade de gênero e da participação feminina em espaços de poder 1454

2.1   O julgamento da ADPF nº 779: a inconstitucionalidade da tese da "legítima defesa da honra" 1454

2.2   Outras atuações de destaque na defesa das pautas de gênero 1455

3   Histórico de atuação do Ministro Dias Toffoli em casos emblemáticos 1458

4   Destaque à atuação do Ministro Dias Toffoli enquanto presidente da Suprema Corte 1461

5   Conclusões: um olhar para o futuro 1462

Referências 1463

JUSTIÇA CONSTITUCIONAL NA FEDERAÇÃO
REYNALDO SOARES DA FONSECA, RAFAEL CAMPOS SOARES DA FONSECA 1465

1   Introdução 1465

2   Acesso à Justiça e Tribunal Multiportas 1466

3   A Necessidade de um Tribunal da Federação 1468

4   Competências jurisdicionais 1470

5   Obrigatoriedade das decisões no espaço e no tempo 1472

6   Considerações finais 1476

Referências 1476

A AUTORREGULAÇÃO REGULADA COMO MECANISMO REGULATÓRIO PARA A INTELIGÊNCIA ARTIFICIAL (IA) NO DIREITO EUROPEU E BRASILEIRO
RICARDO CAMPOS 1479

1   Introdução 1479

2   A autorregulação a partir da experiência da proteção de dados pessoais 1482

2.1   A autorregulação no Regulamento Geral de Proteção de Dados (GDPR) europeu 1482

2.2   A autorregulação na Lei Geral de Proteção de Dados Pessoais (LGPD) brasileira 1484

3   A regulação da inteligência artificial a partir de mecanismos
      autorregulatórios 1485
3.1   Considerações iniciais 1485
3.2   A experiência europeia 1487
3.3   A experiência brasileira 1489
4   Considerações finais 1492
      Referências 1493

ACESSO À JUSTIÇA E MÉTODOS ALTERNATIVOS DE RESOLUÇÃO DE
CONFLITOS
RICARDO LEWANDOWSKI 1495
1   Apresentação 1495
2   Acesso à justiça 1496
3   Evolução do sistema brasileiro de métodos consensuais de solução de
      conflitos 1498
4   Pressupostos de admissibilidade e de adequação dos meios consensuais 1501
5   Considerações finais 1506

PATENTES FARMACÊUTICAS E SUA LIMITAÇÃO TEMPORAL: A
IMPORTÂNCIA DO JULGAMENTO DA ADI Nº 5.529/DF PELO SUPREMO
TRIBUNAL FEDERAL
RICHARD PAE KIM, JOÃO PAULO DIAS RAMOS 1509
      Introdução 1509
1   Regime jurídico das patentes farmacêuticas no Brasil 1510
2   Prazo de vigência das patentes 1513
3   Função social da propriedade intelectual e direito fundamental à saúde
      como elementos de limitação ao direito às patentes farmacêuticas 1517
4   A importância do julgamento da ADI nº 5.529/DF pelo Supremo Tribunal
      Federal 1520
5   Considerações finais 1524
      Referências 1525

CONTRIBUTOS DO MINISTRO DIAS TOFFOLI À DOGMÁTICA DA
COLABORAÇÃO PREMIADA
RODRIGO CAPEZ 1527
      Introdução 1527
1   Leading case: Habeas Corpus nº 127.483/PR 1528
1.2   Direito subjetivo do colaborador à sanção premial 1532
1.3   Acordo de colaboração e efeitos extrapenais de natureza patrimonial da
      condenação 1533
1.4   Impossibilidade de o delatado impugnar o acordo de colaboração 1534
2   Inquéritos nº 3.994, 3.998 e 4.074 – declarações do colaborador e justa causa
      para ação penal 1537
3   Ação Direta de Inconstitucionalidade nº 5.508 – os modelos de premialidade. 1538
      Referências 1540

REFLEXÕES SOBRE A PRESIDÊNCIA DE DIAS TOFFOLI NO SUPREMO TRIBUNAL FEDERAL: UM LEGADO DE DIÁLOGO E FORTALECIMENTO INSTITUCIONAL

RODRIGO MAIA 1543

O início de uma nova era 1543

Desafios imprevistos e respostas inovadoras 1544

A resposta do Legislativo 1544

A atuação do Supremo Tribunal Federal 1545

O diálogo entre os Poderes como pilar da democracia 1545

A modernização do judiciário 1546

A defesa das instituições democráticas 1546

O legado de uma gestão transformadora 1546

Conclusão 1547

HOMENAGEM AOS 15 ANOS DE JURISDIÇÃO CONSTITUCIONAL DO MINISTRO DIAS TOFFOLI

RODRIGO OTÁVIO SOARES PACHECO 1549

Introdução 1549

1   O HC nº 127.900: plenitude do direito de defesa com resguardo da segurança jurídica 1550

2   A ADPF nº 779: inconstitucionalidade da tese da "legítima defesa da honra", prevalência da dignidade da pessoa humana e da igualdade de gênero 1554

Conclusão 1559

Referências 1560

O QUARTO PODER: ORIGINALIDADE E PECULIARIDADE DA CONSTITUIÇÃO DE 1824 – UM CONTRIBUTO AO VOTO DO MINISTRO DIAS TOFFOLI NA ADI Nº 6457

RONALD CHRISTIAN ALVES BICCA, ROBERTA MARIA RANGEL 1563

1   Introdução 1563

2   Constitucionalismo no século XIX 1564

3   A Constituição Imperial de 1824 e o Poder Moderador 1570

4   Conclusão 1574

Referências 1575

O SIGILO DAS COMUNICAÇÕES ENTRE O ADVOGADO E SEU CLIENTE: PONDERAÇÕES JURÍDICAS À LUZ DOS DIREITOS FUNDAMENTAIS E DAS INTERFACES ELETRÔNICAS DE VIOLAÇÃO

SEBASTIÃO BOTTO DE BARROS TOJAL, IGOR SANT'ANNA TAMASAUSKAS 1579

1   Introdução 1579

2   O sigilo da comunicação entre advogado e cliente 1580

2.1   Considerações conceituais e perspectivas teóricas do sigilo profissional 1580

2.2   Remissões históricas do direito-dever de sigilo profissional 1583

2.3   Extensão e limites do sigilo: o que e quem é resguardado 1586

3   Proteção da comunicação privada em face do Estado: a vulneração da ampla defesa em tempos de totalitarismo digital 1588

3.1 Avanços tecnológicos e intrusão virtual por instâncias estatais 1588

3.2 Sigilo das comunicações eletrônicas e exposição das informações 1589

3.3 O necessário incremento da tutela do sigilo profissional do advogado em meios eletrônicos.. 1590

4 Conclusão.. 1591

Referências 1591

A VEDAÇÃO DO FINANCIAMENTO DE CAMPANHAS POR PESSOAS JURÍDICAS: NOVAS REFLEXÕES SOBRE O TEMA

SÉRGIO SILVEIRA BANHOS 1593

Referências 1598

TOFFOLI SOBRE KELSEN

TERCIO SAMPAIO FERRAZ JUNIOR 1601

Referências 1608

15 ANOS DE DEFESA DA JUSTIÇA SOCIAL SOB A ÓTICA LGBTI+

TONI REIS, AMANDA SOUTO BALIZA 1609

Referências 1612

O HOMEM E SEUS SONHOS DE JUSTIÇA E DEMOCRACIA

VALTÉRCIO DE OLIVEIRA.. 1613

Referências 1621

DO DIREITO À MORADIA À CORTE: UM *ITER* DA CIDADANIA

VERA LÚCIA SANTANA ARAÚJO 1623

Referências 1635

"NÃO SE PROTEGEM DADOS PESSOAIS COM OBSCURANTISMO": O NEXO ENTRE O INEXISTENTE DIREITO AO ESQUECIMENTO E A TRANSPARÊNCIA PÚBLICA

VINICIUS MARQUES DE CARVALHO 1637

1 Introdução.. 1637

2 A relatoria e o voto do Ministro Toffoli... 1638

3 O diálogo do precedente com a transparência pública 1642

4 Conclusão: contribuição central (também) para a transparência pública 1644

OS FATOS COMO FUNDAMENTOS DA ADI Nº 5.529: UM NOVO PARADIGMA NO CONTROLE CONCENTRADO DE CONSTITUCIONALIDADE

WALTER GODOY DOS SANTOS JÚNIOR, EDUARDO BARRETO CEZAR 1647

Referências 1661

ELE ATRAVESSOU A PRAÇA

WALTER JOSÉ FAIAD DE MOURA... 1663

Referências 1675

SOBRE OS AUTORES.. 1677

É com imensurável satisfação que escrevo o prefácio desta obra, *Constituição, Democracia e Diálogo: 15 anos de Jurisdição Constitucional do Ministro Dias Toffoli*, coordenada por *mim ao lado da Dra. Daiane Nogueira de Lira e do Dr. Alexandre Freire*, a qual reúne artigos de destacadas figuras do mundo político-jurídico voltados a celebrar o Ministro Dias Toffoli, por ocasião dos seus quinze anos de judicatura no Supremo Tribunal Federal (STF).

Fraterno amigo de longa data, José Antonio Dias Toffoli é detentor de biografia sempre lembrada por todos quantos se disponham a descrever sua trajetória.

Tendo exercido cargo diretivo no Centro Acadêmico XI de Agosto, na veneranda Faculdade de Direito da Universidade de São Paulo, graduou-se no Largo de São Francisco em 1990, ano a partir do qual atuou na advocacia, até que, em 2003, foi nomeado subchefe para assuntos jurídicos da Casa Civil da Presidência da República, função exercida até 2005. Após, comandou a Advocacia-Geral da União entre 2007 e 2009 – quando foi nomeado ministro do Supremo Tribunal, assumindo a vaga decorrente do falecimento do saudoso Ministro Menezes Direito.

Como membro da Corte, o ministro foi presidente do Tribunal Superior Eleitoral (2014–2016) e do próprio Supremo Tribunal (2018–2020), tendo exercido a presidência da Primeira Turma (em dois mandatos, durante os anos de 2012 e 2021) e da Segunda Turma (igualmente em dois períodos: 2015–2016 e 2023–2024).

Essa eloquente experiência de vida faz de Dias Toffoli o mais jovem ministro a exercer a presidência do Tribunal em toda a história da Corte – seja no Império, seja na República –, tendo assumido o posto aos cinquenta anos e nove meses de idade.[1]

Sua atuação como membro e dirigente do Supremo Tribunal é também marcada por feitos dignos de nota.

No particular jurisdicional, foram de relatoria do homenageado casos emblemáticos julgados pela Corte, nas mais variadas matérias. Sem pretender esgotar o assunto, limito-me a recordar alguns julgados em que a força jurídica de seus argumentos conduziu o Plenário do Tribunal à tomada de deliberações que orgulham e enobrecem a multicentenária história da Casa.

De pronto, convém lembrar decisões mais remotas já consagradas no seio da dogmática brasileira, sendo objeto de amplo reconhecimento por parte da doutrina e da jurisprudência nacionais.

No particular, cabe destaque ao aresto em que fixada a possibilidade de anterior coisa julgada ser superada para possibilitar nova ação de investigação de paternidade em face de viabilidade de realização de exame de DNA, como forma de garantir ao

---

[1] MELLO FILHO, José Celso de. *Notas sobre o Supremo Tribunal (Império e República)*. 5. ed. Brasília: STF, Secretaria de Altos Estudos, Pesquisas e Gestão de Informação, 2023. p. 88.

interessado o direito de conhecer sua ascendência genética.[2] Outrossim, cumpre acenar ao *decisum* que reconheceu o caráter indicativo, em tom de recomendação – não de imposição –, de preceito do Estatuto da Criança e Adolescente (ECA) voltado a estabelecer sanções a emissoras de rádio e televisão que exibirem programas em horário diverso do registrado pela classificação indicativa.[3]

Ainda, foi de sua relatoria o acórdão em que estabelecida a compreensão sobre a possibilidade de a Administração proceder a desconto nos vencimentos dos servidores públicos por conta dos dias não trabalhados em virtude de greve.[4] No campo processual penal, merece ser ressaltada a deliberação que, pondo fim a cizânia entre as Turmas do Supremo, reconheceu, com efeitos *ex nunc*, a necessidade de os procedimentos especiais observarem a regra do procedimento comum constante do Código de Processo Penal, que prevê o interrogatório como o último ato da instrução.[5]

Da mesma forma, posições mais recentes do homenageado seguem servindo de guia à correta interpretação e aplicação dos direitos fundamentais.

Encarecendo a liberdade de expressão, o Ministro Dias Toffoli foi relator do RE nº 1.010.606, em que, tratando de rumoroso caso, a Corte rejeitou a tese de que suposto "direito ao esquecimento" justificaria óbice à divulgação de fatos verídicos, licitamente obtidos, publicados em meios de comunicação social analógicos ou digitais.[6]

Ainda sobre essa liberdade fundamental, o homenageado relatou três ações diretas de inconstitucionalidade que debatiam a validade da Lei Federal nº 13.188/2015, a qual dispõe sobre o direito de resposta ou a retificação do ofendido em matérias divulgadas por veículo de comunicação social. Ratificando a validade dos comandos legais impugnados, o ministro guiou o Plenário em *decisum* que deu a um artigo da lei interpretação conforme, para o fim de "permitir ao magistrado integrante do tribunal respectivo decidir monocraticamente sobre a concessão de efeito suspensivo a recurso interposto em face de decisão proferida segundo o rito especial do direito de resposta".[7]

Na esteira dos princípios da dignidade humana e da igualdade de gênero, impossível deixar de mencionar a decisão em que o Plenário declarou inconstitucional o uso da tese da legítima defesa da honra em crimes de feminicídio ou de agressão contra mulheres.[8] Igualmente, o Ministro Dias Toffoli liderou o Tribunal no acórdão que reputou válida a Emenda Constitucional nº 45/2004, na parte em que instituiu o incidente de deslocamento de competência, permitindo que graves violações de direitos humanos sejam processadas perante a Justiça Federal, como modo de assegurar o cumprimento de obrigações assumidas pelo Brasil no plano internacional.[9]

---

[2] BRASIL. Supremo Tribunal Federal (Tribunal Pleno). *RE nº 363.889*. Rel. Min. Dias Toffoli, j. em 2.6.2011. Tema 932 de repercussão geral.

[3] BRASIL. Supremo Tribunal Federal (Tribunal Pleno). *ADI nº 2404*. Rel. Min. Dias Toffoli, j. em 31.8.2016.

[4] BRASIL. Supremo Tribunal Federal (Tribunal Pleno). *RE nº 693.456*. Rel. Min. Dias Toffoli, j. em 27.10.2016. Tema 531 de repercussão geral.

[5] BRASIL. Supremo Tribunal Federal (Tribunal Pleno). *HC nº 127.900*. Rel. Min. Dias Toffoli, j. em 3.3.2016.

[6] BRASIL. Supremo Tribunal Federal (Tribunal Pleno). *RE nº 1.010.606*. Rel. Min. Dias Toffoli, j. em 11.2.2021. Tema 786 de repercussão geral.

[7] BRASIL. Supremo Tribunal Federal (Tribunal Pleno). *ADIs nº 5.415, 5.418 e 5.436*. Rel. Min. Dias Toffoli, j. em 11.3.2021.

[8] BRASIL. Supremo Tribunal Federal (Tribunal Pleno). *ADPF nº 779*. Rel. Min. Dias Toffoli, j. em 1º.8.2023.

[9] BRASIL. Supremo Tribunal Federal (Tribunal Pleno). *ADIs nº 3.486 e 3.493*. Rel. Min. Dias Toffoli, j. em 12.9.2023.

Por fim, no particular eleitoral, é digno de nota recente aresto de sua relatoria em que a Suprema Corte reafirmou a própria vocação à proteção dos direitos fundamentais, reputando inconstitucional a prática, tão sórdida quanto comum, das "gravações ambientais clandestinas".[10]

Presente esse cenário jurisdicional, o Ministro Dias Toffoli demonstrou inegável *savoir-faire* no exercício da presidência da Corte, quando deu reiteradas provas de liderança e de discernimento em sua atuação administrativa.

A revelar mais essa faceta da múltipla personalidade do homenageado, basta ter presente que, durante seu mandato, o mundo foi desafiado pela pandemia da Covid-19, com a decretação de estado de calamidade pública no país – circunstância inaudita que exigiu da Corte rápida reinvenção, com atenções voltadas à inovação tecnológica e ao aperfeiçoamento das instâncias virtuais de deliberação.

Operando verdadeira revolução de paradigmas, o ministro assegurou que o Tribunal mantivesse a prestação jurisdicional, ampliando as hipóteses de julgamentos não presenciais: foi autorizada a inclusão em sessão eletrônica de medidas cautelares em ações de controle concentrado, de referendo de medidas cautelares e de tutelas provisórias e demais classes processuais cuja matéria discutida tenha jurisprudência dominante na Corte.[11]

Assim é que, em abril de 2020, ambas as Turmas e o Plenário da Corte realizaram suas primeiras sessões por videoconferência –[12] outra marca histórica que tange a gestão do ministro.

Prosseguindo com inovações, na esteira do que fez como advogado-geral da União (quando, em 2007, concebeu a Câmara de Conciliação e Arbitragem da Administração Federal dentro da estrutura da AGU),[13] o Ministro Dias Toffoli foi o responsável pela idealização e pela implantação do Centro de Mediação e Conciliação (CMC) – verdadeiro marco da institucionalização dos métodos consensuais na jurisdição do STF.[14]

Tema de meu interesse acadêmico, a conciliação em matéria de controle de constitucionalidade ganhou, entre nós, grande impulso após tal iniciativa. Seus frutos são hoje inegáveis: o Tribunal conta atualmente com o Núcleo de Solução Consensual de Conflitos (Nusol), setor estruturado com a atribuição específica de apoiar os gabinetes na busca e implementação de soluções consensuais de conflitos processuais e pré-processuais, bem assim de promover a cooperação judiciária do STF com os demais órgãos do Poder Judiciário.[15]

---

[10] BRASIL. Supremo Tribunal Federal (Tribunal Pleno). *RE nº 1.040.515*. Rel. Min. Dias Toffoli, j. em 29.4.2024. Tema 979 de repercussão geral.

[11] Disponível em: https://portal.stf.jus.br/noticias/verNoticiaDetalhe.asp?idConteudo=451346&ori=1. Acesso em: 15 ago. 2024.

[12] Disponível em: https://portal.stf.jus.br/noticias/verNoticiaDetalhe.asp?idConteudo=441274&ori=1. Acesso em: 15 ago. 2024.

[13] Disponível em: https://www.gov.br/agu/pt-br/composicao/cgu/arquivos/CartilhadaCamaradeConciliacaoe ArbitragemdaAPF.pdf. Acesso em: 15 ago. 2024.

[14] Disponível em: https://portal.stf.jus.br/noticias/verNoticiaDetalhe.asp?idConteudo=449159&ori=1. Acesso em: 15 ago. 2024.

[15] Disponível em: https://portal.stf.jus.br/textos/verTexto.asp?servico=cmc&pagina=apresentacao. Acesso em: 15 ago. 2024.

Ao final da gestão do homenageado, os números apresentados tornam desnecessárias maiores considerações: naquele momento, o Tribunal operava com redução de 30% no acervo – o menor nos 24 anos anteriores.[16]

Não menos diligente, o desempenho do ministro como presidente do Conselho Nacional de Justiça (CNJ) alcançou notoriedade por conta das políticas judiciárias e interinstitucionais de forte alcance social.

Durante seu comando, instituiu-se o Formulário Nacional de Avaliação de Risco para a Prevenção e o Enfrentamento de Crimes e demais atos praticados no Contexto de Violência Doméstica e Familiar contra a Mulher, com a implantação do Sistema Nacional de Adoção e Acolhimento (SNA), e o lançamento do Pacto Nacional da Primeira Infância, do Pacto Nacional da Escuta Protegida e do Observatório Nacional sobre Questões Ambientais, Econômicas e Sociais de Alta Complexidade e Grande Impacto e Repercussão.[17]

Em matéria jurisdicional, a presidência do homenageado ficará indelevelmente marcada na história do Supremo Tribunal em razão da agilidade com que encaminhou a julgamento ações que, naquele momento de calamidade, tinham direta relação com o enfrentamento da pandemia então vivenciada.

Muito especialmente, é preciso sempre lembrar o referendo da medida cautelar tomada na ADI nº 6.341 (j. em 15.4.2020), deliberação em que a Corte cuidou da competência dos entes federados para legislar e adotar medidas sanitárias de combate à epidemia. Ante a inércia do Executivo federal no particular, o Tribunal, sob a premissa do federalismo cooperativo, estabeleceu a atribuição comum dos entes federados para a tomada de ações na área da saúde pública.[18]

Do mesmo modo, o referendo do *decisum* acautelador tomado nas ADIs nº 6.342, 6.344, 6.346, 6.348, 6.349, 6.352, 6.354, realizado em 29.4.2020,[19] no qual a Corte declarou a constitucionalidade de grande parte da Medida Provisória nº 927/2020, editada para tentar atenuar os trágicos efeitos sociais e econômicos decorrentes da pandemia do coronavírus (Covid-19), permitindo a conciliação do binômio manutenção de empregos e atividade empresarial.

Em prosseguimento, é impossível ignorar que foi durante a presidência do homenageado que o Brasil, já castigado pelo coronavírus, viu-se envolvido em dificultosa relação institucional, em que a atuação do Executivo pouco colaborava com a harmonia que deve haver entre os poderes.

Dentro desse quadro arestoso – demonstrando grande tirocínio e, mesmo, certo grau de premonição –, foi do Ministro Dias Toffoli a benfazeja decisão de, em março de 2019, instaurar de ofício o inquérito das *fake news* (Inq. nº 4.781), designando para sua presidência, sem maiores delongas, o Ministro Alexandre de Moraes, tudo com o propósito de apurar fatos e infrações relativas a notícias fraudulentas e ameaças então

---

[16] Disponível em: https://portal.stf.jus.br/noticias/verNoticiaDetalhe.asp?idConteudo=451346&ori=1. Acesso em: 15 ago. 2024.

[17] TOFFOLI, José Antonio Dias. *Relatório de Gestão* – Ministro Dias Toffoli: 2018-2020. Brasília: CNJ, 2020. Disponível em: https://www.cnj.jus.br/wp-content/uploads/2020/09/WEB_RELATORIO_GESTAO_CNJ_2018-2020-1.pdf. Acesso em: 15 ago. 2024.

[18] BRASIL. Supremo Tribunal Federal (Tribunal Pleno). *ADI nº 6.341*. Rel. Min. Marco Aurélio. Red. do acórdão: Min. Edson Fachin, j. em 15.4.2020.

[19] BRASIL. Supremo Tribunal Federal (Tribunal Pleno). *ADI nº 6.342 MC-Ref*. Rel. Min. Marco Aurélio. Red. do acórdão: Min. Alexandre de Moraes, j. em 29.4.2020.

veiculadas na internet, que tinham como alvo físico e virtual a Corte, seus ministros e familiares.

Na certeza de que dita providência teve sua validade ratificada pelo Pleno da Corte,[20] tenho reiteradamente lembrado que, naquele contexto de excessiva conturbação e de clara inação de órgãos essenciais à ordem republicana, a iniciativa feliz do Ministro Toffoli serviu de anteparo contra investidas extremistas, que, como hoje se sabe, tinham por objetivo solapar a democracia brasileira, tramando – ora à sorrelfa, ora à luz do dia – um golpe de estado.

Observando a atuação da Corte naquele momento – e ponderando sobre o modo como as instituições nacionais estabeleceram certo modelo de democracia defensiva, intolerante com quem não tolera o regime de liberdades –, não me canso de refletir sobre o quanto seria ultrajante nosso arranjo político atual não fosse o destemor do homenageado.

Nesse mesmo sentido, por ocasião da última sessão plenária do Ministro Toffoli na condição de presidente do STF, o Ministro Alexandre de Moraes, então atuante no TSE, foi preciso ao registrar:[21]

> Vossa Excelência teve a coragem de defender este Tribunal, Vossa Excelência teve a coragem de defender o Poder Judiciário, não só o Supremo Tribunal Federal, não só os Membros deste Tribunal, mas defender a independência e a autonomia do Supremo Tribunal Federal, tomando medidas que foram inicialmente criticadas, mas depois reconhecidamente elogiadas, como quase todas as grandes medidas e inovações que são realizadas.
>
> Vossa Excelência soube fazer o correto. Preferiu fazer o correto, mesmo que criticado fosse, do que deixar, por comodidade, de fazê-lo.
>
> Não lhe faltou coragem, Presidente, para manter a histórica tradição deste Supremo Tribunal Federal na defesa dos direitos e garantias fundamentais. Apesar de toda sorte de dificuldades – econômicas, sociais, da pandemia –, Vossa Excelência teve a coragem de garantir a todos os Membros desta Corte e a todos os juízes do Brasil a certeza da retaguarda que este Supremo Tribunal Federal daria para qualquer avanço na independência do Judiciário, para qualquer avanço na autonomia do Judiciário, para qualquer agressão verbal ou física aos membros do Poder Judiciário.

Sob o eco de tais palavras, é preciso reconhecer que, como se vê por meio deste singelo prefácio, são múltiplos os aspectos da vida do homenageado que podem ser explorados, como forma de inspirar mentes e corações na busca por uma jurisdição constitucional dogmaticamente robusta e humanamente justa.

Logo, nada mais legítimo que, na efeméride de seus quinze anos de atuação do Supremo Tribunal, o Ministro Dias Toffoli seja homenageado por meio desta publicação, que se volta a exaltar seus feitos nas mais variadas funções por ele exercidas – advogado, professor, juiz constitucional, gestor.

Não à toa, o presente livro é composto por mais de cento e vinte artigos, de autoria de personalidades notáveis nas mais diversas áreas de atuação: com escritos de dois ex-presidentes do Brasil – José Sarney e Michel Temer –, a obra reúne composições de ministros de Estado e de tribunais superiores, magistrados, parlamentares dos mais

---

[20] BRASIL. Supremo Tribunal Federal (Tribunal Pleno). *ADPF nº 572*. Rel. Min. Edson Fachin, j. em 18.6.2020.

[21] Discurso proferido pelo Min. Alexandre de Moraes, em 9.9.2020, por ocasião da última sessão plenária presidida pelo Min. Dias Toffoli durante sua gestão (Disponível em: https://www.stf.jus.br/arquivo/biblioteca/ PastasMinistros/DiasToffoli/Discursos/Homenagem/1187266.pdf. Acesso em: 15 ago. 2024).

variados estratos políticos, advogados, professores, acadêmicos, todos sublinhando um traço da vida ou da obra do Ministro Dias Toffoli que merece ser celebrado.

O que se vê em cada qual dos textos aqui compilados é generosidade de um magistrado que cativa não só pela solidez dogmática de suas decisões, mas ainda por sua postura como ser humano sensível aos problemas sociais e à urgência com que eles precisam ser enfrentados no Brasil.

Em remate, não gostaria de encerrar sem mencionar duas características essenciais que compõem a pessoa do ministro, e que – segundo penso – foram decisivas para que ele alcançasse o prestígio de que hoje goza perante toda a sociedade brasileira.

Primeiramente – a demonstrar o acerto do título da presente obra –, a verdadeira vocação para o diálogo franco e aberto, na busca do consenso rumo ao que seja melhor para o país. Trata-se de verdadeira profissão de fé que o homenageado carrega consigo e que, desde logo, impressionou-me quando tive a alegria de conhecê-lo com maior proximidade.

Pude registrar essa particularidade de seu perfil, quando, secundando a já referida manifestação do Ministro Alexandre, dirigi-me ao homenageado na última sessão do Plenário por ele presidida:[22]

> Se uma das marcas do caráter do Ministro Toffoli, como já foi destacada, é a coragem, a outra, sem dúvida, é aquela que é marcada pelo espírito de construção e de conciliação. Sem dúvida nenhuma, o Ministro Dias Toffoli, desde o começo, trabalhou no sentido de ter uma Corte integrada, composta verdadeiramente por onze Ministros, buscando dar voz e voto a todos os participantes da Corte, em todos os assuntos relacionados com a sua institucionalidade. Certamente esse é um legado. [...]
> Vossa Excelência, portanto, orientou-se seguindo as reclamações e as ponderações feitas pela advocacia. Nós sabemos – vejo o Dr. Marcus Vinicius e faço, na sua pessoa, a homenagem devida que todos nós temos para com a Ordem dos Advogados do Brasil – que isso, de fato, mostra esse processo dialógico que marca a sua gestão, dialogando com todos os partícipes do cenário ou da cena judiciária. Vossa Excelência deu uma importante contribuição à história do Judiciário brasileiro, à independência do Poder Judiciário, bem trabalhando esses conceitos tanto na presidência do CNJ, como na presidência do Supremo Tribunal Federal.
> Aquilo que apontam – e que foi objeto da rápida fala do querido José Paulo Sepúlveda Pertence – como eventual déficit da sua gestão, o diálogo com os demais Poderes, certamente será destacado pela história como um dos seus efetivos legados. Vossa Excelência soube dialogar com todos os Poderes, respeitando as suas peculiaridades e traduzindo as preocupações institucionais da Corte. Democracia exige diálogo, exige paciência e impõe respeito à lei.

É o que se colhe também do discurso proferido pelo Ministro Luís Roberto Barroso na cerimônia em que o homenageado assumiu o comando da Corte: "E aqui destaco [...] uma característica do Ministro Dias Toffoli ao conversar; as pessoas quando conversam, geralmente falam; ele é uma pessoa que conversa ouvindo; e a melhor maneira de convencer as pessoas é com os ouvidos".[23]

---

22 Discurso por mim proferido, em 9.9.2020, por ocasião da última sessão plenária presidida pelo Min. Dias Toffoli durante sua gestão (Disponível em: https://www.stf.jus.br/arquivo/biblioteca/PastasMinistros/DiasToffoli/Discursos/Homenagem/1187266.pdf. Acesso em: 15 ago. 2024).

23 BRASIL. Supremo Tribunal Federal. *Posse na presidência do Supremo Tribunal Federal*: Ministro Dias Toffoli – Presidente; Ministro Luiz Fux – Vice-Presidente. Sessão solene realizada em 13 de outubro de 2018. Brasília:

Da mesma forma, é o que se retira das próprias palavras do Ministro Toffoli nessa última solenidade: "Vamos ao diálogo! Vamos ao debate plural e democrático! Não somos apenas passageiros dessa mudança histórica. Somos também construtores do caminho a seguir".[24]

Exaltando essa cativante disposição para o consenso cultivada cotidianamente pelo homenageado, cumpre-me destacar, por último, o relevante papel por ele exercido entre seus pares, seja na Turma, seja no Plenário do Tribunal.

Como decano da Corte, reconheço em Dias Toffoli o magistrado extremamente hábil e qualificado que, de posse da palavra, traz luz aos debates, auxiliando na formação da deliberação conjunta que mais se adéqua à Carta Magna. Substanciosas, suas manifestações têm servido de referência para o Supremo Tribunal, aspecto que, de resto, é evidenciado nos artigos ora coligidos.

A confirmar minhas palavras, trago o testemunho insuspeito do Ministro Celso de Mello, que, por ocasião dos dez anos de Dias Toffoli como integrante do STF (celebrados durante a presidência deste último), reconheceu na pessoa do homenageado:

> o Juiz preparado para enfrentar os sérios desafios e as adversidades que constituem fatores que, longe de desanimarem o espírito do Magistrado responsável, atestam, de modo positivo, a sua competência e a sua capacidade como Chefe nominal do Poder Judiciário de nosso País.[25]

Diante de pronunciamento tão eloquente, nada mais me resta senão, em tom pessoal, expressar o júbilo que trago comigo de poder dizer: parabéns, meu amigo Toffoli.

Desejo a todos proveitosa leitura!

Gilmar Ferreira Mendes

Ministro do Supremo Tribunal Federal. Doutor em Direito pela Universidade de Münster, Alemanha. Professor de Direito Constitucional nos cursos de graduação e pós-graduação do Instituto Brasileiro de Ensino, Desenvolvimento e Pesquisa (IDP).

STF, Secretaria de Documentação, 2019. p. 22.

[24] BRASIL. Supremo Tribunal Federal. *Posse na presidência do Supremo Tribunal Federal*: Ministro Dias Toffoli – Presidente; Ministro Luiz Fux – Vice-Presidente. Sessão solene realizada em 13 de outubro de 2018. Brasília: STF, Secretaria de Documentação, 2019. p. 47.

[25] Discurso proferido pelo Min. Celso de Mello em 23.10.2019, em homenagem ao Min. Dias Toffoli pelos dez anos como integrante no Tribunal (Disponível em: https://www.stf.jus.br/arquivo/biblioteca/PastasMinistros/DiasToffoli/Discursos/Homenagem/1188248.pdf. Acesso em: 15 ago. 2020).

O LEGADO DO MINISTRO DIAS TOFFOLI EM SEUS PRIMEIROS QUINZE ANOS NO SUPREMO TRIBUNAL FEDERAL

Ministro do Supremo Tribunal Federal desde 2009, José Antonio Dias Toffoli, ao longo dos últimos quinze anos, tem sido um magistrado proeminente nos cenários jurídico e político brasileiros. Reconhecido por sua capacidade de fomentar o diálogo e a mediação, o Ministro Toffoli construiu uma carreira marcada por um profundo compromisso com os princípios democráticos e com a justiça social. Mesmo antes de ser indicado ao Supremo Tribunal Federal, o Ministro Dias Toffoli já havia estabelecido um histórico admirável de atuação inovadora e habilidades conciliatórias em outros cargos de destaque na República, o que, certamente, contribuiu para torná-lo um dos mais notáveis ministros na história da Corte.

No Supremo Tribunal Federal, o Ministro Toffoli tem se esmerado na manutenção do diálogo contínuo e franco entre os poderes da República, visando a honrar a autonomia e as prerrogativas institucionais de cada um deles, sem, todavia, comprometer a autoridade da Constituição. Sua atuação tem contribuído, assim, para a manutenção de um ambiente político estável e democrático no país, que ainda passa pela prova do tempo.

Sua visão de que o Judiciário deve atuar de forma a equilibrar interesses divergentes e mediar conflitos reflete uma compreensão profunda e sábia da importância de um equilibrado e harmonioso sistema de freios e contrapesos para a manutenção da democracia. Essa perspectiva tem sido crucial sobretudo em momentos de tensão política, nos quais o Ministro Toffoli tem atuado como força estabilizadora, promovendo o diálogo e a colaboração entre as diversas esferas do Estado.

Além de seu perfil conciliador, o Ministro Toffoli tem demonstrado um compromisso visceral com a inclusão social e a proteção dos direitos fundamentais. Seu histórico de decisões reflete uma preocupação constante com questões que afetam diretamente a vida dos cidadãos, como a defesa das minorias e o combate às desigualdades social, racial e de gênero. Além disso, ele tem sido um defensor bastante ativo do acesso à justiça, sublinhando a essencialidade de se garantir que todos os indivíduos, independentemente de sua posição socioeconômica, possam ser ouvidos pelo sistema de justiça.

Durante sua presidência no Supremo Tribunal Federal, entre 2018 e 2020, o Ministro Toffoli foi pioneiro em várias iniciativas significativas para a modernização da Corte e do Judiciário brasileiro. Sua administração se dedicou a ampliar a transparência e a eficiência dos procedimentos judiciais, impulsionando a incorporação de tecnologias digitais que não apenas aceleraram o trâmite dos processos, mas também simplificaram o acesso a informações. Tal modernização reflete claramente sua perspectiva progressista acerca do papel do Judiciário em um contexto global crescentemente digitalizado e interconectado. As medidas implementadas durante sua gestão posicionaram o Supremo Tribunal Federal na vanguarda da digitalização das cortes supremas, alcançando um patamar de digitalização sem precedentes entre seus equivalentes ao redor do mundo.

Tudo isso é resultado de uma de trajetória que inspira respeito e admiração. Originário de Marília, São Paulo, e com uma formação acadêmica sólida pela Faculdade de Direito do Largo de São Francisco, a prestigiosa faculdade de Direito da USP, o Ministro Dias Toffoli distinguiu-se por uma sensibilidade excepcional, que transcende as fronteiras tradicionais do direito. Essa particularidade lhe rendeu grande notoriedade na formulação de soluções para desafios intrincados, distinguindo-se pela habilidade de sintetizar aspectos jurídicos, sociais e humanísticos em suas decisões.

Como mencionado anteriormente, antes de sua prestigiosa nomeação ao Supremo Tribunal Federal, em 2009, pelo Presidente Lula, o Ministro Dias Toffoli já ostentava uma carreira brilhante e diversificada, tanto na advocacia quanto no serviço público. Desde cedo, ele se destacou por ocupar posições de grande relevância e responsabilidade, como a de subchefe para assuntos jurídicos da Casa Civil, em que sua *expertise* jurídica e sua habilidade de articular soluções complexas para os desafios governamentais foram amplamente reconhecidas. Posteriormente, como Advogado-Geral da União, o Ministro Toffoli mostrou-se incansável na defesa vigorosa dos interesses do Estado brasileiro e de milhões de cidadãos.

Em cada uma dessas funções, o Ministro Toffoli demonstrou não só um profundo conhecimento jurídico, mas também uma rara capacidade de inovar e de encontrar soluções jurídicas que conciliam a eficiência administrativa com o respeito aos princípios constitucionais. Sua trajetória antes de chegar ao Supremo Tribunal Federal reflete uma dedicação ímpar ao serviço público e uma visão de estado voltada ao bem-estar coletivo e à promoção da justiça em todas as suas formas.

Dessa rica e valiosa experiência anterior emergiu a visão singular do Ministro Toffoli sobre a Constituição e o papel do Judiciário. Essa visão transcende o simples formalismo legal, incorporando uma compreensão profunda da função social do direito. Essa perspectiva se reflete em sua atuação no Supremo Tribunal Federal, em que o Ministro Toffoli continua a ser um defensor incansável da Constituição como um instrumento vivo e dinâmico, capaz de se adaptar às necessidades contemporâneas sem perder de vista seus princípios fundadores. Sua trajetória é um testemunho eloquente de como a experiência prática, aliada à reflexão pragmática e ao compromisso com direitos fundamentais, pode moldar um magistrado capaz de influenciar positivamente o destino da nação.

Durante os quinze anos de sua atuação no Supremo Tribunal Federal, o Ministro Dias Toffoli marcou sua trajetória com argumentos técnicos e pragmáticos que moldaram decisivamente o panorama constitucional brasileiro. Ele foi além das disposições textuais da lei, concebendo soluções jurídicas que refletem o dinamismo e a adaptabilidade da Constituição do país. Sua abordagem inovadora incluiu a introdução de interpretações progressistas que estenderam a proteção de direitos fundamentais, influenciando significativamente soluções legislativas posteriores. Além disso, o Ministro Toffoli desempenhou papel-chave na integração de perspectivas interdisciplinares no raciocínio jurídico, o que ajudou a Corte a abordar questões complexas de forma mais holística e informada. Essas contribuições não só fortaleceram o ordenamento nacional, como também garantiram que a jurisprudência nacional permanecesse responsiva diante dos desafios contemporâneos.

A trajetória do Ministro Dias Toffoli nesses últimos quinze anos é um manifesto de sua dedicação inquebrantável aos ideais democráticos e à justiça social. Sua judicatura no Supremo Tribunal Federal solidifica a posição essencial do Judiciário como bastião da Constituição e fortalece a confiança nas instituições brasileiras e em sua habilidade de enfrentar os desafios contemporâneos com integridade e determinação. Seu legado nesses quinze anos de magistratura é um paradigma de liderança judicial engajada na promoção do diálogo institucional e na salvaguarda dos direitos fundamentais de todos os cidadãos. Sua judicatura resplandece como um emblema de seu comprometimento perene com os princípios democráticos e a justiça social e como exemplo evidente de liderança judicial.

Com grande júbilo, celebramos os quinze anos de serviços prestados pelo Ministro Dias Toffoli ao Supremo Tribunal Federal, no qual tem dado importantes contribuições para a consolidação da jurisprudência brasileira e para a interpretação e a aplicação dos princípios constitucionais.

Para marcar essa ocasião, destacamos a seguir quinze decisões memoráveis de sua autoria, cada uma representando um ano de sua brilhante atuação na mais alta corte do país. Essas decisões, que se tornaram verdadeiros marcos em sua carreira, evidenciam suas habilidades jurídicas superlativas e, mais do que isso, revelam sua profunda compreensão dos valores constitucionais que sustentam o *Estado democrático de direito*. A visão pragmática do Ministro Toffoli, aliada a seu compromisso inabalável com a justiça social, manifesta-se em uma justiça que não apenas interpreta a lei, mas a aplica de maneira a servir ao bem comum, garantindo que os direitos fundamentais sejam respeitados e promovidos.

À medida que exploramos essas decisões, torna-se evidente que a liderança do Ministro Dias Toffoli no Supremo Tribunal Federal transcende o simples exercício técnico do direito. Suas decisões, para além de redefinir parâmetros constitucionais e hermenêuticos, colocaram em relevo seu papel de visionário dentro da mais alta Corte brasileira. Os casos que destacamos evidenciam que, ao longo dos últimos quinze anos, o Ministro Toffoli tem demonstrado uma disposição constante em guiar o Tribunal em direção a uma interpretação mais equilibrada e justa da Constituição, refletindo sua dedicação contínua à construção de um sistema jurídico que respeite e enalteça os valores democráticos fundamentais.

Sua postura equilibrada, firme e flexível reafirma, em cada julgamento, seu compromisso com a integridade da Constituição brasileira, que se amolda aos desafios contemporâneos.

Como se perceberá ao final desta apresentação, o legado do Ministro Dias Toffoli no Supremo Tribunal Federal nestes últimos quinzes anos extrapola o campo das decisões marcantes para adentrar no campo das lideranças que inspiram as gerações futuras a construir uma sociedade mais justa e equitativa.

HC nº 101.442: um marco na era digital

Embora não consista em uma decisão paradigmática da Corte, até porque ela não conheceu de seu mérito, o *Habeas Corpus* (HC) nº 101.442 carrega consigo um valor simbólico inestimável. Foi o primeiro *habeas corpus* a ser julgado eletronicamente, em novembro de 2009, logo após a posse do Ministro Dias Toffoli no Supremo, sendo por ele relatado. Vale destacar que, embora não tenha sido o primeiro processo eletrônico decidido na Corte, sua importância reside no marco histórico que representou para a digitalização dos procedimentos judiciais.

Esse caso foi, indiscutivelmente, precursor da evolução da Corte rumo a sua ampla digitalização. Coincidentemente, foi sob a presidência do Ministro Dias Toffoli, em meio aos desafios impostos pela pandemia de Covid-19, que o Supremo Tribunal Federal acelerou sua transição para o ambiente digital. Esse período crítico evidenciou a capacidade da Corte de se adaptar rapidamente às exigências de uma era marcada pela necessidade de continuidade operacional, acessibilidade e transparência. A iniciativa do Ministro Toffoli não só facilitou uma resposta jurídica ágil diante da emergência de saúde, mas também estabeleceu um novo paradigma para os procedimentos judiciais, destacando a importância da inovação tecnológica no fortalecimento do sistema de justiça brasileiro.

A transição para o processo e o julgamento digitais se tornou uma realidade concreta sob a liderança visionária do Ministro Dias Toffoli. Em sua presidência, o Supremo Tribunal Federal não só adotou tecnologias digitais, mas também redefiniu a maneira como a justiça é administrada e acessada no Brasil. Este movimento estratégico foi catalisado pela pandemia de Covid-19, que exigiu uma rápida adaptação dos procedimentos judiciais ao ambiente virtual. A resposta do tribunal, sob a orientação do Ministro Toffoli, não apenas garantiu a continuidade das atividades judiciais sem comprometer a eficácia e a integridade do processo legal, mas também democratizou o acesso à justiça, permitindo maior transparência e participação cívica. Esse legado de inovação digital, iniciado durante um período de crise, agora serve como um modelo robusto para futuras evoluções dentro do sistema judiciário brasileiro, promovendo uma melhor integração entre tecnologia e prestação jurisdicional eficiente.

O HC nº 101.442, embora possa ser considerado um marco inicial modesto, representou o prelúdio de uma série de reformas e inovações mais abrangentes realizadas durante a presidência do Ministro Dias Toffoli. Ele demonstrou que, mesmo nas estruturas mais arraigadas da justiça, a evolução é não apenas viável, mas imperativa. Além de ilustrar a capacidade de adaptação do Judiciário, esse precedente sinalizou uma mudança de paradigma dentro do Supremo Tribunal Federal, com a integração de novas práticas judiciais capazes de responder de forma mais efetiva aos desafios da sociedade contemporânea.

RE nº 363.889/DF: a revogação da coisa julgada e o direito inalienável à paternidade

Em 2011, o Ministro Dias Toffoli conduziu o Supremo Tribunal Federal em um avanço significativo rumo à consolidação de sua missão como guardião da Constituição brasileira. Esse ano marcou um fortalecimento da jurisprudência constitucional, com o Ministro Toffoli advogando por uma interpretação mais dinâmica e adaptativa da lei, em resposta aos desafios contemporâneos e às novas expectativas da sociedade.

Durante o julgamento do Recurso Extraordinário (RE) nº 363.889/DF, que foi considerado sob o rigoroso regime de repercussão geral, o Ministro Dias Toffoli definiu um marco jurisprudencial significativo. Ele determinou que é admissível a propositura de uma nova ação de investigação de paternidade sob certas condições específicas, delineando os critérios com precisão judiciosa. Essas condições abrangem a improcedência inicial da demanda devido à ausência de provas conclusivas, a incapacidade financeira do requerente de arcar com os custos de um exame de DNA e a omissão do Estado em prover os meios financeiros necessários para tal prova. Essa decisão não apenas ampliou o acesso à justiça na esfera de direitos familiares, da criança e do adolescente, mas também reforçou a responsabilidade estatal em facilitar a resolução de questões atinentes ao reconhecimento de paternidade, garantindo, assim, o direito fundamental à busca da ancestralidade biológica.

Dentro desse contexto jurídico, o Ministro Dias Toffoli salientou, em seu voto, que a simples invocação da coisa julgada, isoladamente considerada, não se mostra adequada para dirimir questões atreladas ao direito fundamental à identidade genética. Ele argumentou veementemente a favor da primazia do direito geral da personalidade, sublinhando a relevância inconteste da identidade genética como elemento constitutivo da identidade individual e como alicerce essencial na salvaguarda dos direitos fundamentais. Essa perspectiva enfatiza uma visão mais humanística e evolutiva do direito, reconhecendo que os princípios jurídicos devem servir às necessidades inalienáveis do ser humano em conhecer sua própria origem biológica.

A argúcia e o discernimento do Ministro Dias Toffoli se destacaram vividamente diante das complexidades deste caso. Ele exibiu uma percepção profunda das sutilezas do direito e um talento excepcional para harmonizar os múltiplos interesses em jogo. Sua resolução não apenas espelhou sua habilidade jurídica, mas também sua empatia e seu inabalável compromisso com os ideais de justiça social. Demonstrando-se um paladino incansável dos direitos fundamentais, ele reafirmou seu papel como um vigilante protetor dos princípios constitucionais.

O Ministro Dias Toffoli, a ADI nº 4.430 e a ADI nº 4.795: uma análise da representação proporcional, da soberania popular e da preservação das minorias

Em 2012, o Ministro Dias Toffoli desempenhou um papel crucial nas ações diretas de inconstitucionalidade (ADI) nº 4.430 e nº 4.795, deixando sua marca na jurisprudência constitucional. Na ocasião, ele proferiu o voto que declarou inconstitucional uma disposição específica do art. 47, §2º, da Lei nº 9.504/97, conferindo a ela interpretação conforme à Constituição. Com notável discernimento, assegurou que todos os partidos políticos, inclusive os recém-formados, tivessem direito à distribuição proporcional do tempo de propaganda eleitoral no rádio e na televisão, estipulando que tal distribuição deveria ser baseada na representação parlamentar na Câmara dos Deputados, garantindo, no entanto, um tempo mínimo de exposição para aqueles sem representação parlamentar.

O Ministro Dias Toffoli sublinhou que a solução jurídica adotada era um reflexo da soberania popular, assegurando, ao mesmo tempo, a representatividade proporcional e o direito das minorias à existência. Ele reverenciou a distinção estabelecida entre a propaganda partidária e a propaganda eleitoral, categorias da propaganda político-partidária, e fez referência a um precedente emblemático do estimado Ministro Maurício Corrêa. Ressaltou, além disso, a grande importância do acesso gratuito ao rádio e à televisão para a vitalidade e o desenvolvimento dos partidos políticos, inclusive aqueles desprovidos de representação parlamentar.

O ministro concluiu que a interpretação que restrinja a participação de partidos sem representação parlamentar na propaganda eleitoral gratuita cerceia fundamentalmente um direito ligado tanto à postulação de cargos eletivos quanto à disseminação de propostas e ideias, questões essenciais ao vigor do processo democrático. Para o ministro, entendimento contrário comprometeria sobremaneira a pluralidade e a dinâmica essencial da democracia, obstruindo o fluxo livre de diálogo político e a competição equitativa entre diferentes visões e plataformas políticas.

Contudo, Sua Excelência estabeleceu que a resolução do caso não poderia sustentar um tratamento formalmente igualitário entre todos os partidos, visto que tal abordagem não capturaria a complexidade dos múltiplos fatores que moldam o processo eleitoral brasileiro. Portanto, era imperativo adotar uma interpretação que reconhecesse a legitimidade política dos partidos, considerando adequadamente sua representatividade na Câmara dos Deputados.

Em suma, o Ministro Dias Toffoli, numa solução ousada, mas constitucionalmente harmoniosa, como lhe é de costume, consagrou diversos institutos relacionados ao processo democrático, notadamente a representatividade proporcional dos partidos e a capacidade de as minorias veicularem suas propostas e, eventualmente, assegurarem a eleição de seus representantes para posições influentes no espectro político.

ADI nº 903: a consagração dos direitos das pessoas com deficiência ou dificuldade de locomoção

Em 2013, o Ministro Dias Toffoli, liderando o julgamento da ADI nº 903, enfatizou a essência emancipadora e inclusiva da Constituição Federal do Brasil, particularmente em sua ordem de proteção às pessoas em situação de vulnerabilidade. O Ministro Toffoli instou o Brasil e suas entidades governamentais a adotar políticas inclusivas abrangentes, que englobam emprego, assistência social, previdência e, de maneira crucial, o direito à locomoção – um pilar fundamental para a realização de uma vida plena e digna.

O caso em questão desafiava a constitucionalidade de uma lei do Estado de Minas Gerais que obrigava as empresas concessionárias de transporte coletivo a adaptar seus veículos para facilitar o acesso a eles de pessoas com deficiência física e dificuldade de locomoção.

Em sua exposição, o Ministro Dias Toffoli ressaltou que o direito em questão foi formalmente integrado ao arcabouço constitucional brasileiro mediante a ratificação da Convenção Internacional sobre os Direitos das Pessoas com Deficiência. Este tratado distingue-se por ser o primeiro a ser aprovado conforme o procedimento legislativo estabelecido no art. 5º, §3º, da Constituição Federal. O ministro salientou que esse marco normativo estabelece, de forma inequívoca, a imperativa proteção constitucional aos direitos das pessoas com deficiência, assegurando-lhes acesso a ambientes tanto públicos quanto privados e aos necessários meios de locomoção.

A decisão no caso da ADI nº 903 teve uma repercussão significativa, estabelecendo um marco na defesa dos direitos das pessoas com deficiência no Brasil. Ela reforçou a necessidade de políticas de inclusão e acessibilidade, destacando o papel crucial do Supremo Tribunal Federal como guardião dos direitos fundamentais. A liderança do Ministro Dias Toffoli nesse caso ressaltou seu compromisso com a justiça social e a igualdade de direitos para todos os cidadãos. Essa decisão continua a influenciar a legislação e as políticas públicas, garantindo que os direitos das pessoas com deficiência sejam respeitados e promovidos.

ADI nº 4.876/DF: o delicado balanço entre a supremacia constitucional e a proteção da confiança

Em 2014, o Ministro Dias Toffoli apresentou à Suprema Corte uma questão complexa relacionada à legislação do Estado de Minas Gerais, a qual regularizou a situação de servidores admitidos sem concurso público nessa unidade federativa, inclusive os que foram nomeados após a promulgação da Constituição de 1988. Na ocasião, o ministro reafirmou a doutrina estabelecida pela Corte Suprema, enfatizando a obrigatoriedade do concurso público para a admissão em cargos efetivos posteriormente a 1988. Ele também elucidou a distinção entre estabilidade e efetividade, sublinhando que a garantia de estabilidade, conforme estipulado no art. 19 do Ato das Disposições Constitucionais Transitórias, se aplicava somente àqueles que já estavam em exercício por, no mínimo, cinco anos na data da promulgação da Constituição, sem implicar a efetividade nos cargos.

No entanto, o ministro, após uma análise meticulosa de viés pragmático e consequencialista, sublinhou que a declaração de inconstitucionalidade da disposição em questão com efeitos *ex tunc* poderia comprometer seriamente a prestação contínua dos serviços públicos no Estado de Minas Gerais. Ele apontou que cerca de cem mil pessoas seriam afetadas pela decisão, além de desfazer situações já consolidadas de indivíduos aposentados ou que cumpriam os requisitos necessários para a aposentadoria. Essas consequências tangíveis e significativas não poderiam ser negligenciadas em prol de uma interpretação estritamente rígida da supremacia constitucional.

Assim, o Ministro Dias Toffoli guiou a decisão da Corte com perspicácia, assegurando que a resolução adotada não resultasse em danos irreversíveis para os idosos, que se encontravam em um estágio de vida vulnerável, sem meios adequados para mitigar os impactos adversos de tal decisão. Nesse processo, ele, a um só tempo, protegeu pessoas vulneráveis e preservou a integridade e a continuidade de serviços públicos essenciais. Sua liderança enfatizou um equilíbrio judicioso entre o cumprimento da lei e a sensibilidade à realidade humana, garantindo que as ações judiciais refletissem uma consideração cuidadosa dos direitos e do bem-estar de todos os cidadãos.

HC nº 127.483/PR – Delação premiada e segurança jurídica

Em 2015, o Supremo Tribunal Federal proferiu uma decisão de grande repercussão no HC nº 127.483/PR. O Ministro Dias Toffoli, relator do caso, apresentou um voto abrangente, fundamentado em lições de renomados juristas da doutrina processual, tanto nacionais quanto internacionais, como Ada Pellegrini Grinover, José Frederico

Marques e Cândido Dinamarco, entre outros. O voto, acolhido por unanimidade pelo Plenário da Corte, estabeleceu diretrizes essenciais para uma compreensão clara do instituto da colaboração premiada.

De acordo com o Ministro Toffoli, a colaboração premiada é um meio de obtenção de prova, um instrumento destinado à coleta de evidências que, dependendo de sua eficácia, pode ser utilizado como meio de prova para a condenação de outras pessoas, além do próprio colaborador. Na decisão, foi ressaltada a competência do relator para homologar judicialmente o acordo, limitando-se à verificação de sua regularidade, voluntariedade e legalidade, sem emitir juízo de valor sobre as declarações do colaborador.

O Ministro Toffoli também enfatizou que o acordo de colaboração premiada é um negócio jurídico processual personalíssimo, não sujeito à impugnação por coautores ou partícipes do crime. Ademais, sublinhou que a personalidade do colaborador não é um requisito de validade do acordo, mas um elemento a ser considerado na formulação das cláusulas do acordo e na aplicação da sanção premial pelo juiz na sentença.

Por fim, foi consignado expressamente que "a homologação do acordo de colaboração, por si só, não produz nenhum efeito na esfera jurídica do delatado, uma vez que não é o acordo propriamente dito que poderá atingi-la".

Assim, o entendimento do Ministro Dias Toffoli, neste caso, reflete os princípios da segurança jurídica e da proteção da confiança, garantindo o cumprimento dos compromissos assumidos nos acordos de colaboração.

ADI nº 2.404: a intrincada dança entre classificação indicativa, liberdade de expressão e proteção da criança e do adolescente

Em 2016, o Ministro Dias Toffoli enfrentou uma questão jurídica complexa referente à compatibilidade de uma disposição específica do Estatuto da Criança e do Adolescente com os preceitos constitucionais. Essa disposição propunha sanções para emissoras que desobedecessem às normas de classificação indicativa, colocando em evidência o conflito entre a proteção constitucional das crianças e dos adolescentes e a liberdade de expressão.

Como relator da ADI nº 2.404, o ministro elucidou que, conforme os arts. 5º, inc. IX; 21, inc. XVI; e 220, §3º, inc. I, da Constituição, a classificação de produtos audiovisuais serve para orientar pais e responsáveis sobre a presença de conteúdos potencialmente inadequados, sem conferir à União o poder de impor coercitivamente os horários de transmissão desses conteúdos.

Adicionalmente, ele salientou a relevância de se manter a informação sobre a classificação indicativa de forma constante durante a programação, podendo a negligência quanto a isso resultar em penalidades. Tal prática, entretanto, não eximiria as emissoras de responsabilidade legal por abusos ou danos causados à integridade das crianças e dos adolescentes.

Em seu voto, o Ministro Dias Toffoli destacou o papel do Estado na promoção de um sistema de classificação mais autônomo, inspirado em modelos de autorregulação e corregulação adotados internacionalmente, que equilibram a autogestão das emissoras com a supervisão regulatória.

Consolidou-se, a partir daí, a noção de que o papel do Estado não é o de impor, e sim de capacitar o cidadão, dando a ele informações adequadas para que possa, por si só, dirigir sua vida e sua liberdade.

RE nº 330.817/RJ: imunidades de livros eletrônicos e de seus suportes físicos exclusivos – A Constituição reafirmada pela atualização de seu sentido à luz de novas tecnologias

O Ministro Dias Toffoli, com sua usual sensibilidade ao *zeitgeist* e com o seu *timing* institucional de costume, desempenhou papel crucial no julgamento do RE nº 330.817/ RJ (Tema nº 593), que abordou a imunidade tributária de livros eletrônicos (*e-books*) e de seus suportes físicos para leitura.

Em 2017, o Plenário do Supremo Tribunal Federal, sob a relatoria do Ministro Dias Toffoli, decidiu, por unanimidade, que a imunidade tributária, conforme estabelecida no art. 150, inc. VI, alínea "d", da CF/88, se aplica ao livro eletrônico (*e-book*), inclusive aos suportes exclusivamente utilizados para fixá-lo.

A decisão do Ministro Toffoli foi notável por sua interpretação evolutiva da lei, levando em consideração os avanços tecnológicos, sociais e culturais. Ele reconheceu que a interpretação das imunidades tributárias deve se projetar no futuro e levar em conta os novos fenômenos sociais, culturais e tecnológicos.

Ele ponderou que o art. 150, inc. VI, alínea "d", da Constituição não se refere apenas ao método gutenberguiano de produção de livros, jornais e periódicos. O suporte das publicações é apenas o continente (*corpus mechanicum*) que abrange o conteúdo (*corpus misticum*) das obras. Com essa premissa, consignou, por sua vez, que o corpo mecânico não é condição necessária nem suficiente para o gozo da imunidade, pois a variedade de tipos de suporte (tangível ou intangível) que um livro pode ter aponta para a direção de que o aspecto físico só pode ser considerado como elemento acidental no conceito de livro.

A decisão do Ministro Toffoli também abrangeu os aparelhos leitores de livros eletrônicos (ou *e-readers*) confeccionados exclusivamente para esse fim, ainda que, eventualmente, estejam equipados com funcionalidades acessórias ou rudimentares que auxiliam a leitura digital, como dicionário de sinônimos, marcadores, escolha do tipo e do tamanho da fonte etc.

Nessa decisão histórica, portanto, reflete-se a acuidade histórica e adaptável do Ministro Dias Toffoli, que soube interpretar a Constituição Federal de maneira a acompanhar os avanços tecnológicos e culturais, garantindo, assim, a imunidade tributária para os livros eletrônicos e seus suportes, em conformidade com o espírito da Carta Maior.

ARE nº 951.533-AgR: efeitos intertemporais de mudanças de jurisprudência, segurança jurídica e o papel da divergência

A visão do ministro sobre os efeitos intertemporais das mudanças de jurisprudência, a segurança jurídica e o papel da divergência ficou evidente no julgamento do Agravo Regimental (AgR) no Recurso Extraordinário com Agravo (ARE) nº 951.533/ES, realizado em 2018. Inaugurando divergência na Segunda Turma da Corte, o ministro ressaltou a importância da preservação dos princípios da proteção à confiança e da segurança jurídica nos contextos de alteração da jurisprudência.

O debate acirrado sobre a retroatividade da nova interpretação de prescrição de restituição de indébito tributário, anteriormente não prescrita, ilustra os desafios da mudança jurisprudencial. O Ministro Toffoli, contrapondo-se ao entendimento inicial do Ministro Gilmar Mendes, e recebendo apoio dos Ministros Celso de Mello e Ricardo Lewandowski, defendeu a visão de que tal mudança possui uma dimensão constitucional intrínseca, relacionada diretamente à segurança jurídica.

Em seu voto, o Ministro Toffoli realizou um exame histórico, reverenciando a tradição da Corte ao evocar julgado da relatoria da Ministra Ellen Gracie em que o Tribunal firmou o entendimento de que as legislações sobre prescrição tributária devem proteger a certeza do direito e a estabilidade das situações jurídicas. Ele propôs que a mesma lógica fosse aplicada às situações de mudanças de entendimento, sugerindo uma analogia entre os contextos legislativo e jurisprudencial.

O caso reflete, por sua vez, a importância do papel da divergência nas deliberações colegiadas e os desafios que são inerentes a ela. De um lado, a divergência é um retrato de uma Corte livre e democrática, em que os posicionamentos dissonantes podem ser tranquilamente apresentados. De outro, ela ressalta as dificuldades de se identificar o posicionamento constitucional do Tribunal, especialmente como no caso em foco, que envolveu uma maioria simples (3 a 2). Ainda assim, o debate sinalizou a sensibilidade do Ministro Dias Toffoli, sempre voltado à construção de diálogos e pontos de consenso, indicando que essa tensão pode ser tratada ao se internalizar a vivência da institucionalidade da Corte.

RE nº 1.055.941/SP (Tema nº 990 RG): constitucionalidade do compartilhamento dos relatórios de inteligência financeira da UIF

No julgamento do RE nº 1.055.941/SP (Tema nº 990 RG), em 2019, o Ministro Toffoli assentou a constitucionalidade do compartilhamento dos relatórios de inteligência financeira da UIF e da íntegra do procedimento fiscalizatório da Receita Federal do Brasil (RFB) com os órgãos de persecução penal sem a obrigatoriedade de prévia autorização judicial.

De sua fundamentação, aliás, depreende-se sua compreensão republicana da necessidade de se equilibrar a proteção da privacidade com a eficácia da aplicação da lei, tendo ele destacado que "o compartilhamento de informações bancárias com a Receita Federal se insere em um conjunto de medidas de transparência traçado, em esforço global, para o combate a movimentações ilegais de dinheiro no mundo", ao qual o Brasil aderiu.

Além disso, vale lembrar que o Ministro Toffoli já havia sido relator da ADI nº 2.390/DF, em que defendeu a constitucionalidade do acesso pelo Fisco a dados bancários dos contribuintes sem necessidade de autorização judicial, nos termos da LC nº 104/2001 e da LC nº 105/2001.

Novamente, a habilidade do Ministro Toffoli em dissecar questões de grande complexidade e proferir decisões equilibradas é evidenciada, merecendo aplausos seu alinhamento com as melhores práticas de transparência desenvolvidas mundo afora.

ADI nº 6.590 MC-REF: a ousadia iluminada de Dias Toffoli na defesa da educação inclusiva

Em uma decisão histórica proferida em 2020 e referendada pelo Plenário, o Ministro Dias Toffoli suspendeu a eficácia do Decreto nº 10.502/2020, que instituiu a Política Nacional de Educação Especial Equitativa, Inclusiva e com Aprendizado ao Longo da Vida. Segundo o Ministro Toffoli, o paradigma da educação inclusiva é resultado de um processo de conquistas sociais que afastaram a ideia de vivência segregada das pessoas com deficiência ou necessidades especiais para inseri-las no contexto da comunidade.

Com um olhar atento à educação inclusiva, princípio enraizado na Constituição brasileira e reiterado pela Convenção Internacional sobre os Direitos das Pessoas com Deficiência – documento que ascendeu ao patamar constitucional –, o ministro defendeu enfaticamente a integração das pessoas com deficiência no sistema educacional convencional. Segundo ele, é imperativo fomentar um ambiente educacional que celebre a diversidade e fomente a inclusão, criando espaços pluralistas e acolhedores que permitam a todos os estudantes, independentemente de suas particularidades, aprender conjuntamente e se desenvolver integralmente. Concluiu, então, que subverter esse paradigma significa, além de grave ofensa à Constituição de 1988, um retrocesso na proteção de direitos desses indivíduos.

Portanto, em sua visão constitucional, a educação inclusiva transcende a mera modalidade de ensino, estabelecendo-se como um paradigma constitucional que norteia a formação educacional de todas as crianças, assegurando o respeito e a valorização de suas individualidades. Nesse ponto, o ministro também fez referência à Declaração de Salamanca, que consolida o princípio de que todas as crianças, com ou sem dificuldades, devem aprender juntas, ressaltando que esse é o alicerce para a construção de uma sociedade verdadeiramente inclusiva e fraterna.

É digno de nota que o Ministro Dias Toffoli, também relator da ADI nº 903, destacou-se por sua interpretação pioneira, que reconheceu o caráter constitucional da Convenção sobre os Direitos das Pessoas com Deficiência, influenciando profundamente a interpretação de todo o arcabouço legal brasileiro.

ADI nº 5.529: o papel decisivo do Ministro Dias Toffoli na resolução da proteção temporal excessiva da propriedade intelectual – Uma vitória para a inovação e a justiça social

Em 2021, o Ministro Dias Toffoli desempenhou um papel crucial na ADI nº 5.529, assumindo a liderança em um debate jurídico de extrema importância para o futuro da propriedade industrial no Brasil. A ação contestava o parágrafo único do art. 40 da Lei nº 9.279/96, que, ao permitir a extensão indefinida do prazo de vigência de patentes em função de atrasos administrativos na análise dos pedidos, criava um cenário de incerteza jurídica e desincentivava a inovação. Tal disposição legal, ao não estabelecer limites claros para a duração dos direitos de patente, gerava um ambiente propenso ao monopólio prolongado, o que poderia restringir o acesso a novas tecnologias e medicamentos, além de dificultar o dinamismo necessário ao desenvolvimento econômico.

Com uma análise meticulosa e sensível às complexidades envolvidas, o Ministro Toffoli reconheceu que a perpetuação indefinida de patentes sufocava a inovação tecnológica e impunha pesados ônus sociais, especialmente para as camadas mais vulneráveis da população. Ele ressaltou que esse prolongamento artificial dos direitos de patente afetava diretamente o acesso a medicamentos essenciais, elevando seus custos e, consequentemente, dificultando a implementação de políticas públicas de saúde. Além disso, o ministro sublinhou a responsabilidade do Estado em garantir que seus recursos orçamentários limitados fossem empregados de maneira eficaz, sem que fossem onerados indevidamente pela aquisição de medicamentos a preços inflacionados por causa de patentes prolongadas além do razoável. Ao enfatizar a importância de um equilíbrio entre a proteção da propriedade intelectual e o bem-estar social, o Ministro Toffoli demonstrou um compromisso firme com a justiça social e a promoção de uma sociedade mais equitativa, em que o acesso à saúde e à inovação não seja privilégio de poucos, e sim um direito de todos.

O Ministro Dias Toffoli, com seu olhar atento aos detalhes e seu compromisso com a eficiência administrativa, destacou de forma contundente o problema crônico do *backlog* no Instituto Nacional da Propriedade Industrial (INPI). Esse acúmulo preocupante, que atingia a marca de 143.815 processos pendentes, refletia um cenário particularmente alarmante nos setores de telecomunicações e de fármacos, áreas cruciais para o desenvolvimento tecnológico e a saúde pública. O ministro, ao analisar essa questão com a argúcia que lhe é característica, argumentou que a extensão indefinida dos prazos de patentes exacerbou esse acúmulo de processos e criou um efeito cascata de ineficiência e insegurança jurídica. Essa situação não só retardava o progresso científico e tecnológico, mas também impunha barreiras significativas ao acesso a medicamentos e inovações, prejudicando tanto o mercado quanto a população que deles depende. O Ministro Toffoli sublinhou que tal cenário, se não enfrentado com medidas eficazes, poderia comprometer gravemente a competitividade do país e o bem-estar de seus cidadãos.

Demonstrando equilíbrio e sensatez, o Ministro Toffoli, ciente das complexidades inerentes à transição jurídica e ao impacto de suas decisões, propôs a modulação dos efeitos da decisão da ADI nº 5.529. Em sua proposta, o ministro assegurou que as extensões de prazo já concedidas com base na legislação em questão fossem preservadas, mantendo, assim, a validade das patentes vigentes e evitando um colapso imediato no setor de propriedade industrial. Essa abordagem equilibrada evidencia não apenas sua habilidade em navegar pelos desafios jurídicos de maneira prudente, mas também sua sensibilidade em considerar as implicações econômicas e sociais mais amplas de suas decisões. Ao preservar os direitos já adquiridos, Toffoli buscou evitar o caos jurídico e econômico que poderia advir de uma mudança abrupta, garantindo, simultaneamente, que a transição para um sistema mais justo e eficiente fosse conduzida com o devido cuidado. Essa postura, marcada por um profundo senso de responsabilidade e justiça, reafirma sua dedicação em harmonizar o rigor jurídico com as necessidades práticas da sociedade.

A decisão proferida na ADI nº 5.529, sob a liderança do Ministro Dias Toffoli, representa um marco substancial na proteção da propriedade industrial no Brasil. Ao enfrentar a complexa questão da prorrogação indefinida de patentes, o ministro trouxe à luz não só a necessidade de se reavaliarem as práticas que até então prevaleciam, mas também evidenciou sua profunda compreensão das intricadas engrenagens do sistema de patentes. Ele demonstrou, com clareza e discernimento, como tais prorrogações, ao perpetuar um ambiente de insegurança jurídica, poderiam sufocar a inovação tecnológica e impor graves consequências sociais e econômicas, especialmente para as camadas mais vulneráveis da sociedade.

A atuação de Toffoli nesse caso revela uma rara combinação de rigor técnico e sensibilidade social, uma abordagem que reconhece a propriedade intelectual como uma ferramenta crucial para o progresso, mas que também impõe limites claros para evitar abusos e garantir que a inovação sirva ao bem comum. Sua decisão de modular os efeitos da decisão do Supremo, preservando as patentes já concedidas, demonstra uma preocupação não apenas com a justiça imediata, mas com a estabilidade e a continuidade do setor industrial, evitando uma ruptura brusca que poderia ter efeitos adversos no mercado e na economia.

A liderança do Ministro Toffoli na ADI nº 5.529 é um testemunho de seu compromisso com a justiça, a inovação e o bem-estar social. Nela, ele reafirma sua visão de que o direito deve ser um instrumento de equilíbrio, capaz de promover o desenvolvimento econômico ao mesmo tempo que protege os direitos fundamentais e garante que as políticas públicas atendam às necessidades da sociedade de maneira equitativa e sustentável.

ADI nº 6.926: o Ministro Dias Toffoli e a conectividade na educação durante a pandemia de Covid-19

Em 2022, o Ministro Dias Toffoli, com sua aguda sensibilidade para os desafios contemporâneos e uma visão profundamente enraizada nos valores constitucionais, desempenhou um papel decisivo no julgamento da ADI nº 6.926/DF. Este caso, de extrema relevância social, tratava da Lei nº 14.172, de 10.6.2021, promulgada com o nobre objetivo de garantir a conectividade à internet para estudantes e professores da educação básica pública, em meio à severa crise provocada pela pandemia de Covid-19.

Durante o julgamento, o Ministro Toffoli destacou a importância inquestionável da conectividade como pilar indispensável para a educação em tempos de adversidade. Ele destacou que o direito à educação, consagrado pela Constituição de 1988 como o primeiro dos direitos sociais, estava em plena harmonia com os propósitos da Lei nº 14.172/21. Com sua habitual clareza e precisão, Sua Excelência reafirmou o dever do Estado de assegurar o acesso universal à educação, especialmente em momentos críticos, quando o direito à aprendizagem se torna ainda mais vital para a formação das futuras gerações.

Demonstrando seu compromisso com a eficácia das políticas públicas, o ministro também se aprofundou na análise da medida cautelar que suspendeu o art. 2º, §3º, da referida lei, posteriormente ajustado pela Lei nº 14.351/22. Ele reconheceu que a prorrogação do prazo para a aplicação dos recursos transferidos pela União era uma medida essencial para garantir que os fundos destinados à conectividade nas escolas públicas fossem utilizados de forma eficiente e atingissem aqueles que mais necessitavam dessa infraestrutura vital.

Em sua análise criteriosa, o Ministro Toffoli ressaltou a urgência de políticas públicas que assegurassem a conectividade nas escolas e o acesso à internet para todos os estudantes e professores. Ele trouxe à tona importantes estudos do Unicef e do Centro Regional de Estudos para o Desenvolvimento da Sociedade da Informação que evidenciaram os profundos impactos negativos da falta de dispositivos eletrônicos e de acesso à internet nas residências dos alunos. Esses desafios, conforme enfatizado pelo Ministro Toffoli, comprometeram gravemente a continuidade das atividades pedagógicas durante a pandemia, exacerbando as desigualdades já existentes no sistema educacional.

O Ministro Dias Toffoli, em mais uma demonstração de sua visão humanista e de sua capacidade de liderança, reafirmou a centralidade da conectividade para a garantia do direito à educação em tempos de crise. Sua atuação reforçou a proteção de um direito fundamental e colaborou efetivamente para a promoção de uma educação inclusiva e equitativa para todos os brasileiros, especialmente para os mais vulneráveis. Sua liderança neste julgamento é mais um claro testemunho de sua dedicação à justiça social e à construção de um país mais justo e igualitário.

ADPF nº 779: equidade de gênero – O papel do Ministro Dias Toffoli na rejeição da tese da legítima defesa da honra

Em 2023, o Ministro Dias Toffoli desempenhou um papel muito importante na promoção da equidade de gênero no âmbito jurídico, ao conduzir o julgamento da Arguição de Descumprimento de Preceito Fundamental (ADPF) nº 779. A medida cautelar, inicialmente concedida por ele e referendada pelo Plenário em 2021, representou um passo decisivo na erradicação de práticas arcaicas e injustas que ainda permeavam o sistema legal brasileiro.

A atuação do Ministro Toffoli nesse caso foi marcada por uma abordagem firme e resoluta contra a utilização da chamada "legítima defesa da honra", um argumento retrógrado que, por décadas, foi empregado para justificar feminicídios e agressões contra mulheres. Com perspicácia e um profundo compromisso com os valores constitucionais, o ministro destacou que tal recurso é absolutamente incompatível com os princípios fundamentais da dignidade da pessoa humana, da proteção da vida e da igualdade de gênero, todos pilares inabaláveis da ordem constitucional brasileira.

O Ministro Toffoli enfatizou que a aceitação dessa tese não só afronta os direitos das mulheres, mas também tem o potencial de perpetuar a violência de gênero ao isentar seus perpetradores das devidas punições legais. Ele argumentou, com clareza e convicção, que a "legítima defesa da honra" não pode ser invocada como um direito inerente à plenitude de defesa garantida pelo tribunal do júri, pois tal argumento não deve, em hipótese alguma, servir como instrumento de defesa para práticas ilícitas e moralmente condenáveis.

Ao longo de sua análise, o Ministro Toffoli reforçou a prevalência dos direitos fundamentais – dignidade da pessoa humana, vedação de todas as formas de discriminação, direito à igualdade e direito à vida – em todas as circunstâncias. Sua visão iluminada contribuiu para que a decisão na ADPF nº 779 se consolidasse como um marco histórico na luta pela equidade de gênero no Brasil, reafirmando o compromisso do país com a proteção dos direitos das mulheres e com a eliminação da violência de gênero.

A atuação exemplar do Ministro Dias Toffoli neste caso não só reafirma suas qualidades como magistrado profundamente comprometido com a justiça e a igualdade, mas também representa um marco na defesa dos direitos das mulheres no Brasil. Ao enfrentar de maneira firme e decidida o argumento da "legítima defesa da honra", o

Ministro Toffoli ajudou a desmantelar um dos últimos resquícios de uma cultura patriarcal que, por muito tempo, legitimou e perpetuou a violência de gênero em nossa sociedade.

Sua liderança nesse julgamento fortaleceu significativamente o arcabouço jurídico que protege as mulheres contra a violência, enviando uma mensagem inequívoca de que o Estado brasileiro não tolerará mais justificativas arcaicas para crimes de feminicídio e agressão. Essa decisão, além de proteger as vítimas de violência, contribui para a transformação da sociedade, promovendo um ambiente no qual a igualdade de gênero não seja apenas um ideal, mas uma realidade vivida por todas as mulheres.

Além disso, ao garantir que princípios fundamentais como a dignidade da pessoa humana, o direito à vida, e a igualdade de gênero prevaleçam, o Ministro Toffoli reforçou o compromisso do Brasil com a construção de uma sociedade mais justa e equânime. Sua decisão na ADPF nº 779 é um testemunho de sua dedicação inabalável aos direitos humanos e serve como um farol para futuras gerações, guiando o caminho para uma justiça que verdadeiramente respeita e valoriza a vida de todas as mulheres brasileiras.

Essa decisão, portanto, é, para além de um triunfo jurídico da igualdade, um símbolo poderoso de resistência e progresso, que ressoa profundamente os anseios de milhões de mulheres que, diariamente, lutam por respeito, dignidade e igualdade. Ao colocar um fim na utilização do argumento da "legítima defesa da honra", o Ministro Toffoli ajudou a pavimentar o caminho para um Brasil no qual as mulheres possam viver livres do medo e da opressão, e em que a justiça realmente reflita os valores de uma sociedade civilizada e compassiva.

RE nº 1.040.515: a proibição da gravação ambiental em processos eleitorais

Em 2024, o Ministro Dias Toffoli conduziu uma importante mudança de posicionamento da Suprema Corte no RE nº 1.040.515, que determinou a proibição da utilização de gravações ambientais em processos eleitorais. A decisão, dotada de repercussão geral, abordou o Tema nº 979, sobre a ilicitude de provas obtidas por meio de gravação ambiental clandestina no contexto eleitoral.

O Ministro Toffoli, sempre atento às particularidades que diferenciam o processo eleitoral de outros contextos jurídicos, destacou que, embora o Supremo Tribunal Federal tenha validado a prova obtida por meio de gravação ambiental realizada por um dos interlocutores sem autorização judicial no julgamento do RE nº 583.937/RJ, as especificidades do ambiente eleitoral demandam uma solução jurídica distinta e mais cautelosa.

Com uma análise muito bem fundamentada, o ministro sublinhou que a produção de provas deve ser realizada à luz de um juízo de ponderação e proporcionalidade entre o princípio da liberdade probatória e o da vedação de provas ilícitas, conforme estabelecido nos incs. X, XI e LVI do art. 5º da Constituição Federal. Essa visão reflete seu compromisso com a proteção dos direitos fundamentais, particularmente os direitos à privacidade e à intimidade, que ganham especial relevância no acirrado ambiente das disputas político-eleitorais.

Nesse caso, o Ministro Toffoli argumentou com clareza que gravações ambientais realizadas em espaços privados, sobretudo em contextos eleitorais, muitas vezes, se revestem de intenções maliciosas, derivando de arranjos preestabelecidos com o objetivo de induzir ou instigar flagrantes preparados. Tal prática, segundo Toffoli, compromete a lisura do processo eleitoral, tornando esse meio de prova inapto para sua admissão em juízo.

A decisão proferida pelo Ministro Dias Toffoli no RE nº 1.040.515 estabelece um marco significativo na jurisprudência brasileira ao definir limites claros e precisos para a obtenção de provas em processos eleitorais, reiterando seu compromisso com a proteção dos direitos fundamentais. Ao traçar essas fronteiras, o Ministro Toffoli reafirmou a inviolabilidade dos direitos à privacidade e à intimidade, pilares de uma sociedade verdadeiramente democrática. Essa decisão, fruto de sua análise meticulosa e de uma visão jurídica aguçada, evidencia sua capacidade ímpar de enfrentar e resolver questões jurídicas de alta complexidade.

Além disso, o julgamento reflete a coragem do ministro de questionar e revisar entendimentos que, até então, pareciam consolidados. O Ministro Toffoli demonstrou que a evolução da jurisprudência deve ser acompanhada de uma sensibilidade às particularidades de cada caso, especialmente quando estão em jogo os princípios que sustentam o Estado democrático de direito. Sua atuação ilustra a firmeza de suas convicções e sua flexibilidade intelectual para adaptar a interpretação da Constituição às demandas contemporâneas, garantindo, assim, que a justiça seja aplicada de maneira justa e equilibrada.

Considerações finais

Celebrar os quinze anos do Ministro Dias Toffoli no Supremo Tribunal Federal é, sem dúvida, refletir sobre a construção da jurisprudência brasileira contemporânea e sobre a própria manutenção da democracia e da República.

Durante esse período, o Ministro Dias Toffoli demonstrou uma combinação admirável de sabedoria e parcimônia, revelando uma abertura ao diálogo que é essencial para a construção de consensos em meio à alta complexidade dos casos submetidos ao crivo do Supremo Tribunal Federal. Sua visão estratégica e sua capacidade de articular ideias com clareza e visão de futuro têm sido fundamentais para guiar a Corte em decisões de grande impacto social e político. Além disso, o Ministro Toffoli se destacou por seu equilíbrio exemplar, sempre buscando harmonizar os interesses conflitantes com um rigor intelectual que reflete seu profundo compromisso com a justiça e com o equilíbrio entre os poderes da República.

Desde o início de sua atuação no Supremo, o Ministro Toffoli se balizou por uma filosofia judicial pautada pelo equilíbrio meticuloso entre a letra da lei e a realidade social. Seu compromisso com a justiça e a democracia transparece em cada uma de suas decisões, que constantemente reforçam a afirmação dos direitos fundamentais, o equilíbrio federativo e a promoção dos ideais democráticos. Para o Ministro Toffoli, a Constituição é uma instituição dinâmica que deve se adaptar às mudanças e evoluções da sociedade para continuar a servir como farol de justiça.

O Ministro Dias Toffoli também tem se destacado por sua habilidade em fomentar diálogos e mediar conflitos, tanto dentro do Supremo Tribunal Federal quanto entre os diversos poderes da República. Em momentos críticos da história recente do país, sua atuação foi crucial para garantir a harmonia institucional, evitando que tensões se transformassem em crises insuperáveis. O Ministro Toffoli, ao longo desses quinze anos de magistratura, tem demonstrado uma capacidade notável para construir pontes entre diferentes correntes de pensamento e grupos de interesse, promovendo a compreensão mútua e a cooperação entre instituições que, por vezes, parecem estar em rota de colisão. Sua habilidade em fomentar o entendimento mútuo e promover a cooperação institucional tem sido fundamental para a manutenção do equilíbrio entre os poderes, reforçando a estabilidade democrática e garantindo que as decisões da Suprema Corte sejam respeitadas sem afronta aos demais poderes e atores políticos.

Ao longo de sua carreira no Supremo Tribunal Federal, o Ministro Dias Toffoli tem se deparado com desafios complexos e controvérsias intensas, enfrentando com tranquilidade e coragem o escrutínio público. Mesmo diante dos mais complexos desafios, ele se manteve inabalável em seus princípios, dignificando a posição que ocupa na mais alta corte do país. Sua integridade e sua dedicação incansável ao serviço público inspiram colegas, colaboradores e todos aqueles que acompanham seu trabalho no Supremo Tribunal Federal.

Os quinze anos do Ministro Dias Toffoli na Suprema Corte não são apenas um marco excepcional em sua carreira. Eles também representam um período de importante e notória transformação para o Judiciário Nacional e para a jurisprudência brasileira. Sua dedicação a seu ofício, sua visão de futuro, sua *expertise* e seu firme compromisso com a justiça já deixaram um legado que, sem dúvida, continuará a influenciar o direito brasileiro por muitos anos, inspirando as futuras gerações de juristas.

Celebremos, portanto, não apenas os quinze anos do Ministro Toffoli no Supremo Tribunal Federal, mas os princípios constitucionais e valores democráticos que ele consolidou e enalteceu no cenário jurídico nacional.

Esta obra, por nós coordenada, que reúne contribuições de inúmeros juristas, ministros, políticos, amigos e autoridades públicas, presta uma merecida homenagem à história e ao legado do Ministro Dias Toffoli. Cada página reflete a admiração e o respeito que ele conquistou ao longo de sua carreira, marcada pela integridade, pelo compromisso inabalável com a justiça e pela capacidade de construir pontes entre divergentes, em prol do bem comum. A obra celebra não apenas suas realizações no Supremo Tribunal Federal, mas também sua influência duradoura no cenário jurídico e institucional do Brasil, no qual se destaca como guardião da Constituição e defensor incansável dos valores democráticos que sustentam nossa sociedade.

Daiane Nogueira de Lira

Conselheira do CNJ. Advogada da União. Ex-Secretária-Geral da Presidência do STF. Ex-Chefe de Gabinete de Ministro do STF. Doutoranda em Direito do Estado pela USP. Mestre em Direito e Políticas Públicas pelo Uniceub. Professora da Escola da AGU.

Alexandre Freire

Conselheiro Diretor da Agência Nacional de Telecomunicações – Anatel. *Visiting Professor* na Wolfgang Goethe Universität Frankfurt am Main. Doutor em Direito pela PUC-SP. Mestre em Direito pela UFPR. Ex-Assessor Especial da Presidência do STF. Professor da Universidade Nove de Julho (SP) e do IDP (Brasília).

A LIBERDADE DE EXPRESSÃO DOS MAGISTRADOS SOB A PERSPECTIVA DO CONSELHO NACIONAL DE JUSTIÇA

JOÃO PAULO SANTOS SCHOUCAIR
FÁBIO LOPES VERAS

1 Introdução

O Poder Judiciário brasileiro é integrado por 91 tribunais, 18.265 juízes e 275.581 servidores, tendo, atualmente, em tramitação mais de 84 milhões de processos, segundo o *Justiça em Números 2024*.[1] No entanto, não se pode perder de vista que os recursos são limitados, de modo que diversas são as imposições financeiras e orçamentárias para contratação de juízes e/ou servidores, a fim de equacionar esse descompasso da estruturação adequada para aplacar a imensa quantidade de processos tramitando.

Por certo, diversas são as críticas lançadas em desfavor do mister judicial, num estado que se almeja social, democrático e de direito e que tem a liberdade de expressão como um dos seus pilares, potencializada no mundo digital em que a (des)informação assume assustadora velocidade de difusão.

Em outra quadra, diante dos preceitos éticos impostos à carreira da magistratura, tem-se que limitada fica a liberdade de expressão dos juízes, em especial no tocante às questões políticas, para que a imparcialidade da função jurisdicional possa se manter íntegra, reafirmando a postura de equilíbrio daqueles que foram incumbidos de garantir, em última *ratio*, a pacificação social.

Dito isso, o presente trabalho tem como objetivo analisar o papel do Conselho Nacional de Justiça em relação à garantia da liberdade de expressão, por meio de manifestações de magistrados, que, transpassando o patamar do razoável, colocam em xeque a função jurisdicional, daqueles que deveriam se manter equidistantes dos embates políticos de uma sociedade polarizada e que não estão sendo postos em juízo.

---

[1] Disponível em: https://www.cnj.jus.br/justica-em-numeros-2024-barroso-destaca-aumento-de-95-em-novos-processos/#:~:text=processos%20%2D%20Portal%20CNJ-,Justiça%20em%20Números%202024%3A%20Barroso%20destaca%20aumento,9%2C5%25%20em%20novos%20processos&text=Quase%2084%20milhões%20de%20processos,servidores%20brasileiros%20para%20serem%20solucionados. Acesso em: 19 ago. 2024.

2 A liberdade de expressão e seus contornos constitucionais

A liberdade de expressão constitui direito fundamental amplamente assegurado pela Carta Constitucional (art. 5º, incs. IV e IX), dada a sua natureza essencial para a formação da dignidade humana e, em igual passo, para a formação do Estado democrático de direito. Pressupõe, a um só tempo, o direito de conhecer e ser informado sobre os mais variados assuntos e posições de referência (inclusive críticas) para, uma vez minimamente capacitado, poder externar sua compreensão sobre determinado tema.

Essa dupla dimensão do direito à liberdade de expressão constitui, em sua essência, referência para a efetivação e o fortalecimento dos direitos fundamentais.

Todavia, não se pode olvidar que o direito à livre manifestação do pensamento e da atividade intelectual está intimamente ligado ao dever de responsabilização dos sujeitos envolvidos, os quais podem ser demandados para assumir os danos porventura causados, visando "recompor" um possível desequilíbrio das relações sociais.

Nesse contexto, o exercício do direito de liberdade de expressão impõe ponderação, consciência e lisura pelas informações divulgadas, sendo lapidares as colocações de Paulo Gonet Branco:

> A garantia da liberdade de expressão tutela, ao menos enquanto não houver colisão com outros direitos fundamentais e com outros valores constitucionalmente estabelecidos, toda opinião, convicção, comentário, avaliação ou julgamento sobre qualquer assunto ou sobre qualquer pessoa, envolvendo tema de interesse público, ou não, de importância e de valor, ou não – até porque "diferenciar entre opiniões valiosas ou sem valor é uma contradição num Estado baseado na concepção de uma democracia livre e Pluralista.[2]

Considerando a ampla rede de informação e de transformação do conhecimento atualmente existente, cujas manifestações são transmitidas de forma quase que instantânea pelos modernos canais de comunicação disponíveis (mídias sociais, *websites*, aplicativos de comunicação e outros), a liberdade de pensamento e de crítica torna-se cada vez mais importante para o desenvolvimento da sociedade em rede, modernamente interligada pela comunicação momentânea e difusa.

A liberdade de comunicação consiste, na dicção de José Afonso da Silva, num conjunto de direitos, formas, processos e veículos, que possibilitam a coordenação desembaraçada da criação, expressão e difusão do pensamento e da informação,[3] estando sua viga de sustentação encartada nos incs. IV, V, IX, XII, e XIV do art. 5º, combinados com o art. 220 da Constituição Federal,[4] compreendendo todas as formas de criação,

---

[2] MENDES, Gilmar Ferreira; BRANCO, Paulo Gustavo Gonet. *Curso de direito constitucional*. 16. ed. São Paulo: Saraiva Educação, 2021. p. 522.

[3] SILVA, José Afonso da. *Aplicabilidade da norma constitucional*. 4. ed. São Paulo: Malheiros, 2000. p. 238.

[4] "Art. 5º Todos são iguais perante a lei, sem distinção de qualquer natureza, garantindo-se aos brasileiros e aos estrangeiros residentes no País a inviolabilidade do direito à vida, à liberdade, à igualdade, à segurança e à propriedade, nos termos seguintes: [...] IV - é livre a manifestação do pensamento, sendo vedado o anonimato; V - é assegurado o direito de resposta, proporcional ao agravo, além da indenização por dano material, moral ou à imagem; [...] IX - é livre a expressão da atividade intelectual, artística, científica e de comunicação, independentemente de censura ou licença; [...] XII - é inviolável o sigilo da correspondência e das comunicações telegráficas, de dados e das comunicações telefônicas, salvo, no último caso, por ordem judicial, nas hipóteses e na forma que a lei estabelecer para fins de investigação criminal ou instrução processual penal; [...] XIV - é assegurado a todos o acesso à informação e resguardado o sigilo da fonte, quando necessário ao exercício profissional; [...]".

de expressão e de manifestação do pensamento, perpassando, inclusive, pela difusão da informação e organização dos meios de comunicação, que se sujeita a regramento especial.

Para John Stuart Mill, sem a plena garantia das liberdades não pode haver progresso científico, jurídico ou social. Professava que a livre discursão das ideias concorre verdadeiramente para a evolução das sociedades, sendo instrumento de consecução da verdade.[5]

Já Ronald Dworkin defendia que o direito de opinião está relacionado diretamente à dignidade humana, não podendo o sujeito ter uma vida digna sem que possa expressar livremente seus desejos e suas convicções. A vida social, na sua teoria, só é considerada verdadeiramente existencial quando é permitido ao indivíduo compartilhar suas opiniões livremente.[6]

No desenvolvimento da teoria dos direitos fundamentais, Robert Alexy preleciona que a liberdade de expressão deve ser entendida como princípio constitucional norteador da hermenêutica jurídica, sendo certo que os direitos fundamentais têm caráter de princípios e, em razão dessa natureza, podem, eventualmente, colidir entre eles, demandando uma interpretação prudente do aplicador do direito, para aplicação de solução mais ponderada em favor de um ou de outro direito igualmente fundamental.[7]

Nesse sentido, valiosos são os ensinamentos do Ministro Dias Toffoli no julgamento do Recurso Extraordinário (RE) nº 1.010.606, em que registra que a liberdade de expressão é um direito humano universal e condição para o pleno exercício da cidadania e da autonomia individual, fixando a tese de que

> é incompatível com a Constituição a ideia de um direito ao esquecimento, assim entendido como o poder de obstar, em razão da passagem do tempo, a divulgação de fatos ou dados verídicos e licitamente obtidos e publicados em meios de comunicação social analógicos ou digitais.

Aviste-se:

> RECURSO EXTRAORDINÁRIO COM REPERCUSSÃO GERAL. CASO AÍDA CURI. DIREITO AO ESQUECIMENTO. INCOMPATIBILIDADE COM A ORDEM CONSTITUCIONAL. RECURSO EXTRAORDINÁRIO NÃO PROVIDO. [...]
> 4. O ordenamento jurídico brasileiro possui expressas e pontuais previsões em que se admite, sob condições específicas, o decurso do tempo como razão para supressão de dados ou informações, em circunstâncias que não configuram, todavia, a pretensão ao direito ao esquecimento. Elas se relacionam com o efeito temporal, mas não consagram um direito a que os sujeitos não sejam confrontados quanto às informações do passado, de modo que eventuais notícias sobre esses sujeitos – publicadas ao tempo em que os dados e as informações estiveram acessíveis – não são alcançadas pelo efeito de ocultamento. Elas permanecem passíveis de circulação se os dados nelas contidos tiverem sido, a seu tempo,

Art. 220. A manifestação do pensamento, a criação, a expressão e a informação, sob qualquer forma, processo ou veículo não sofrerão qualquer restrição, observado o disposto nesta Constituição".

5   MILL, John Stuart. *Sobre a liberdade*. Rio de Janeiro: Nova Fronteira, 2011. Ed. Especial. p. 78.

6   DWORKIN, Ronald. *A raposa e o porco-espinho*: justiça e valor. São Paulo: WMF Martins Fontes, 2014. p. 152-153.

7   ALEXY, Robert. *Teoria de los derechos fundamentales*. Madri: Centro de Estudios Políticos y Constitucionales, 2001. p. 354.

licitamente obtidos e tratados. Isso porque a passagem do tempo, por si só, não tem o condão de transmutar uma publicação ou um dado nela contido de lícito para ilícito.

5. A previsão ou aplicação do direito ao esquecimento afronta a liberdade de expressão. Um comando jurídico que eleja a passagem do tempo como restrição à divulgação de informação verdadeira, licitamente obtida e com adequado tratamento dos dados nela inseridos, precisa estar previsto em lei, de modo pontual, clarividente e sem anulação da liberdade de expressão. Ele não pode, ademais, ser fruto apenas de ponderação judicial. [...].[8]

De igual modo, vaticina o eminente ministro que a escorreita interpretação do direito à liberdade de expressão "necessita de um ambiente em que ocorra o livre trânsito de ideias", razão pela qual as nações democráticas tutelam com vigor a liberdade de expressão. Para tanto, entende que "esse direito não pode dar guarida à desinformação", pois o pleno exercício da liberdade de expressão "depende do acesso a informações fidedignas, as quais são necessárias ao conhecimento e ao pensamento livre".[9]

Por sua vez, não custa lembrar, na precisa dicção de Flávio Martins, que as limitações ao direito de liberdade de expressão variam de acordo com valores adotados por cada país, frutos da sua história, cultura, costumes e princípios, existindo duas tendências diversas de tratamento: uma posição americana, que prioriza a liberdade de expressão sobre a maioria dos direitos que contra ela se chocam, ainda quando o discurso é cheio de ódio, e uma posição alemã, seguida por muitos outros países, em que muitos discursos não são tutelados pelo direito, como os discursos de ódio.[10]

A liberdade de manifestação do pensamento possui lugar de destaque na Declaração Universal dos Direitos Humanos, documento adotado como norte para a garantia de direitos e para a universalização das liberdades fundamentais pela Organização das Nações Unidas (ONU). O art. 19º do mencionado texto registra que "todo o indivíduo tem direito à liberdade de opinião e de expressão, o que implica o direito de não ser inquietado pelas suas opiniões e o de procurar, receber e difundir, sem consideração de fronteiras, informações e ideias por qualquer meio de expressão".[11] Semelhante posição de destaque é assegurada pelo Pacto de São José da Costa Rica (art. 13).

Ainda no campo internacional, o debate sobre os contornos da liberdade de expressão encontra ressonância nos julgamentos da Suprema Corte dos Estados Unidos da América (EUA), ante a construção da *doutrina da malícia real*, compreendida a partir da afirmação segundo a qual é possível a responsabilização do agente transmissor de determinada mensagem/declaração/crítica quando "conhecedor de que a declaração foi feita com conhecimento de sua falsidade ou com temerário desinteresse por sua veracidade ou falsidade" (Caso New York Times *v.* Sullivan).[12]

---

[8] STF. RE nº 1.010.606. Rel. Min. Dias Toffoli, Tribunal Pleno. *DJe*, 20 maio 2021.

[9] TOFFOLI, Dias. Fake news, desinformação e liberdade de expressão. *Interesse Nacional*, São Paulo, ano 12, n. 46, p. 9-18, jul./set. 2019.

[10] MARTINS, Flávio. *Curso de direito constitucional*. São Paulo: SaraivaJur, 2022. p. 1250.

[11] Disponível em: https://www.ohchr.org/en/human-rights/universal-declaration/translations/portuguese?LangID=por. Acesso em: 19 ago. 2024.

[12] Disponível em: https://supremecourthistory.org/. Acesso em: 19 ago. 2024.

2.1 A liberdade de expressão na era digital

A doutrina moderna tem envidado esforços para compreender a liberdade de expressão no contexto das novas tecnologias. A denominada "era digital" ou "era da informação" veio acompanhada de novas formas de comunicação eletrônica, cada vez mais dinâmicas e abrangentes, que possibilitam a circulação de informações 24 (vinte e quatro) horas por dia e todos os dias da semana, alcançando uma imensidão de pessoas independentemente do nível econômico, social ou cultural; visualizadores de notícias de qualquer natureza e sem muito compromisso com a verdade. Os avanços tecnológicos experimentados na última década continuam a propiciar a criação de novas formas de comunicação, pelas quais é possível a visualização de inúmeras perspectivas e possibilidades.

Essa evolução demanda uma compreensão jurídica sempre presente, atual e coerente aos princípios democráticos, conforme assinala Taís Gasparian, vez que o tema das redes sociais, no que diz respeito à liberdade de expressão, possibilitou o "jornalismo cidadão", em que qualquer pessoa pode ser um produtor ou reprodutor de conteúdo, ou seja, "se de um lado isso significa uma oportunidade democrática e libertadora para muitos, por outro também implica no surgimento de novas esferas da comunicação que não são dotadas dos mesmos princípios e paradigmas da imprensa tradicional".[13]

Sublinhe-se, por relevante, que exsurge o crescente debate sobre a necessidade ou não de regulação dessas novas formas de comunicação. A imposição de formas de controle da informação circulante nas redes sociais não é recebida com bom grado por muitos defensores da plenitude da liberdade de expressão, pois a consideram contrária aos princípios democráticos.

De outro lado, a percepção da necessidade de monitoramento, supervisão e controle das notícias que invocam discursos de ódio, *fake news* e conflito social, permeadas de preconceito e discriminação contra determinados grupos ou classes sociais, ganha força na comunidade jurídica de várias nações democráticas. Os eventos conflituosos que ocorrem em razão de xenofobia, racismo, violência de gênero, discriminação de qualquer natureza, polarização política e ideológica, isoladamente ou em conjunto com outros fatores, são sentidos e percebidos pela comunidade como ações extremas que impactam a ordem social e que demandam certo nível de controle, sob pena da crescente percepção das ações criminosas que atingem a sociedade, a escola, a religião e a própria família, todos imersos na "era da informação".

As manifestações facilmente propagadas nas redes sociais que envolvem discursos de ódio ou violência são objeto de estudos acadêmicos e debates institucionais, inclusive no âmbito do Congresso Nacional brasileiro,[14] já sendo ventilada, inclusive, a possibilidade de regulamentação das plataformas digitais, com direcionamento para o controle, a fiscalização e eventual punição dos agentes envolvidos.

As mídias digitais e os aplicativos de mensagens constituem uma das marcas da Revolução Digital, poderosos instrumentos que influenciam temas como democracia,

---

[13]   GASPARIAN, Taís. Liberdade de expressão: um conceito em disputa. *Revista Digital*. Disponível em: https://tornavoz.org/ebook-liberdade-de-expressao-um-conceito-em-disputa/. Acesso em: 19 ago. 2024.

[14]   Disponível em: https://www12.senado.leg.br/radio/1/noticia/2023/09/04/regulacao-e-rigor-na-punicao-sao-apontados-como-mecanismos-de-combate-ao-discurso-de-odio. Acesso em: 19 ago. 2024.

populismo e desinformação. O crescimento das plataformas tecnológicas em todo o globo demanda uma avaliação presente dos riscos que podem advir do uso abusivo e leviano das novas tecnologias, sendo certo que essa circunstância, já percebida em vários países democráticos, torna crescente a necessidade de alguma forma de regulação.

Apesar de ser necessária a regulação das mídias digitais em diferentes planos (econômico, privacidade e controle de comportamentos e de conteúdos), o seu tratamento não pode abalar a liberdade de expressão, devendo observar os direitos e as garantias fundamentais e os princípios constitucionais do regime democrático. Para fortalecimento dos direitos e garantias que planificam o regime democrático, imprescindível é a exortação da advertência do Ministro Dias Toffoli, no julgamento da ADI nº 2.404, no sentido de que tanto a liberdade de expressão dos meios de comunicação como a proteção da criança e do adolescente são axiomas de envergadura constitucional que merecem a devida proteção, sendo legítima a adoção de mecanismos de controle como forma de compatibilização dos direitos envolvidos:

> AÇÃO DIRETA DE INCONSTITUCIONALIDADE. EXPRESSÃO "EM HORÁRIO DIVERSO DO AUTORIZADO", CONTIDA NO ART. 254 DA LEI Nº 8.069/90 (ESTATUTO DA CRIANÇA E DO ADOLESCENTE). CLASSIFICAÇÃO INDICATIVA. [...]
> 1. A própria Constituição da República delineou as regras de sopesamento entre os valores da liberdade de expressão dos meios de comunicação e da proteção da criança e do adolescente. Apesar da garantia constitucional da liberdade de expressão, livre de censura ou licença, a própria Carta de 1988 conferiu à União, com exclusividade, no art. 21, inciso XVI, o desempenho da atividade material de "exercer a classificação, para efeito indicativo, de diversões públicas e de programas de rádio e televisão". A Constituição Federal estabeleceu mecanismo apto a oferecer aos telespectadores das diversões públicas e de programas de rádio e televisão as indicações, as informações e as recomendações necessárias acerca do conteúdo veiculado. É o sistema de classificação indicativa esse ponto de equilíbrio tênue, e ao mesmo tempo tenso, adotado pela Carta da República para compatibilizar esses dois axiomas, velando pela integridade das crianças e dos adolescentes sem deixar de lado a preocupação com a garantia da liberdade de expressão. [...]
> 5. Ação direta julgada procedente, com a declaração de inconstitucionalidade da expressão "em horário diverso do autorizado" contida no art. 254 da Lei nº 8.069/90.[15]

3 O Conselho Nacional e a liberdade de expressão dos magistrados

Criado pela Emenda Constitucional nº 45,[16] de 30.12.2004, o Conselho Nacional de Justiça (CNJ) foi incorporado ao Poder Judiciário como um órgão de "controle da atuação administrativa e financeira do Poder Judiciário e do cumprimento dos deveres funcionais dos juízes" (art. 92, da Constituição Federal).[17] Nesse desiderato, tem a importante missão de zelar pela autonomia do Judiciário e pelo cumprimento

---

[15] STF. ADI nº 2.404. Rel. Min. Dias Toffoli, Tribunal Pleno. *DJe*, 1º ago. 2017.

[16] BRASIL. Emenda Constitucional nº 45, de 30 de dezembro de 2004. *Diário Oficial da União*, Brasília, DF, 31.12.2004. Disponível em: https://www.planalto.gov.br/ccivil_03/Constituicao/Emendas/Emc/emc45.htm#art2. Acesso em: 19 ago. 2024.

[17] "Art. 92. São órgãos do Poder Judiciário: I - o Supremo Tribunal Federal; I-A o Conselho Nacional de Justiça; II - o Superior Tribunal de Justiça; II-A - o Tribunal Superior do Trabalho; III - os Tribunais Regionais Federais e Juízes Federais; IV - os Tribunais e Juízes do Trabalho; V - os Tribunais e Juízes Eleitorais; VI - os Tribunais e Juízes Militares; VII - os Tribunais e Juízes dos Estados e do Distrito Federal e Territórios".

do Estatuto da Magistratura, podendo expedir atos regulamentares no âmbito de sua competência ou recomendar providências para o efetivo alcance das disposições legais e regulamentares.

Além de primar pela aplicação das normas e princípios constantes do art. 37 da Constituição, também compete ao CNJ atuar, de ofício ou por provocação, pela observância da legalidade dos atos administrativos praticados por membros ou órgãos do Judiciário, podendo desconstituí-los ou revê-los; processar reclamações disciplinares; rever processos disciplinares de juízes e membros de tribunais; além de outras atribuições para o bom exercício das funções judiciais (art. 103-B, §4º, da CF/88).

Em outro vértice, é mister salientar que relevante é a função catalisadora de políticas judiciais pelo CNJ, podendo-se ilustrar, por exemplo, a implementação de metas para exame de processos,[18] a proteção de direitos e garantias fundamentais,[19] a implementação de políticas de quotas para mulheres,[20] negros[21] ou indígenas,[22] bem como a vedação de nepotismo para assunção de cargos nos seus quadros,[23] entre outras.

A proposta de criação do CNJ surgiu como uma resposta à necessidade de aprimorar a gestão do Judiciário, uma forma de enfrentar questões relacionadas à morosidade processual e visando garantir maior uniformidade nas práticas judiciais em todo o país. O Conselho foi concebido como um órgão de controle administrativo externo, incumbido de zelar pela observância dos princípios da legalidade, da impessoalidade, da moralidade, da publicidade e da eficiência por parte dos tribunais brasileiros, entre outros. Desde então, tem desempenhado importante missão na promoção da transparência e da ética no Judiciário brasileiro, contribuindo para a consolidação das instituições, por meio do desenvolvimento de projetos e políticas públicas que fomentam a organização e o melhor uso da via judicial.

Em relação à garantia da liberdade de expressão, o Conselho trabalha na fiscalização do cumprimento dos preceitos constitucionais pelos tribunais e magistrados. Como órgão de controle externo, sua atuação envolve a análise de casos em que essa liberdade é alegadamente violada, seja por meio de decisões judiciais que possam restringir

---

[18] As Metas Nacionais do Poder Judiciário representam o compromisso dos tribunais brasileiros com o aperfeiçoamento da prestação jurisdicional, buscando proporcionar à sociedade serviço mais célere, com maior eficiência e qualidade (Disponível em: https://www.cnj.jus.br/gestao-estrategica-e-planejamento/metas/sobre-as-metas/. Acesso em: 19 ago. 2024).

[19] A audiência de custódia foi marco divisório na afirmação da importância do papel do CNJ na preservação dos direitos e garantias fundamentais das pessoas presas e análise da (i)legalidade de sua segregação (Disponível em: https://atos.cnj.jus.br/atos/detalhar/2234. Acesso em: 12 ago. 2024).

[20] A criação de política de alternância de gênero no preenchimento de vagas para a segunda instância do Judiciário determinou a utilização da lista exclusiva para mulheres, alternadamente, com a lista mista tradicional, nas promoções pelo critério do merecimento (Disponível em: https://www.cnj.jus.br/wp-content/uploads/2023/12/dj307-2023-assinado-1.pdf. Acesso em: 19 ago. 2024).

[21] Além da reserva de percentual para candidatos negros ingressarem nos concursos do Poder Judiciário, vedado está o estabelecimento de nota de corte ou qualquer espécie de cláusula de barreira para os candidatos negros na prova objetiva seletiva (Disponível em: https://atos.cnj.jus.br/atos/detalhar/5226. Acesso em: 19 ago. 2024).

[22] Aos indígenas restou garantido o percentual de ao menos 3% das vagas dos concursos, de acordo com a Resolução CNJ nº 512/2023 (Disponível em: https://atos.cnj.jus.br/atos/detalhar/5174. Acesso em: 19 ago. 2024).

[23] A Resolução CNJ nº 7/2005 disciplinou o exercício de cargos, empregos e funções por parentes, cônjuges e companheiros de magistrados e de servidores investidos em cargos de direção e assessoramento, no âmbito dos órgãos do Poder Judiciário (Disponível em: https://atos.cnj.jus.br/atos/detalhar/187. Acesso em: 19 ago. 2024).

indevidamente a manifestação do pensamento, seja por práticas que possam comprometer a liberdade de imprensa e o acesso à informação.

Nesse ponto específico, o CNJ tem voltado especial atenção para o tratamento da liberdade de expressão, sendo certo que, durante a Presidência do Ministro Dias Toffoli, foi editada a Resolução nº 305/2019, para estabelecer parâmetros para o uso das redes sociais pelos membros do Poder Judiciário. O tratado instrumento normativo apresenta diretrizes éticas a respeito do uso das redes sociais por magistrados expedidas pela Comissão Ibero-Americana de Ética Judicial e pela Rede Global de Integridade Judicial.

Não se pode perder de foco que o CNJ criou, também, o Fórum Nacional do Poder Judiciário e Liberdade de Imprensa, objeto da Resolução nº 163, de 13.12.2012. Referido grupo de trabalho foi implementado com o objetivo de: (i) realizar o levantamento estatístico das ações judiciais que tratem das relações de imprensa; (ii) desenvolver estudos de modelos de atuação da magistratura em países democráticos, que possam facilitar a compreensão de conflitos que digam respeito à atuação da imprensa, além de (iii) realizar a atuação integrada com a Escola Nacional de Formação e Aperfeiçoamento de Magistrados (Enfam) e as escolas de magistratura dos tribunais, visando ao aprofundamento dos estudos sobre o tema.

Os trabalhos realizados visam não só conhecer a atuação do Poder Judiciário, mas, também, propor medidas e políticas públicas que possam colaborar com o avanço doutrinário, normativo e jurisprudencial sobre a melhores formas de abordagem desse relevante tema.

Buscam-se, destarte, promover debates de valorização da liberdade de expressão mesmo no contexto da judicialização, orientando a magistratura acerca das doutrinas e interpretações assentadas judicialmente em países com democracia consolidada; além de promover a articulação entre os setores da imprensa e do Poder Judiciário, em prol da defesa da liberdade de expressão e da transparência na gestão pública.

Postas tais considerações, não pode o Conselho Nacional de Justiça se furtar de sindicar o comportamento de magistrado que, em suas manifestações, publicadas na rede mundial de computadores, dirige mais que uma opinião crítica sobre determinado tema ou assunto de interesse público. Tais mensagens, em verdade, suscitam uma visão de inidoneidade na conduta de determinado agente público.

Entrementes, a aludida postura possui contornos diversos e distintos daqueles cujo controle é objetivado pela Resolução nº 305/2019 do Conselho Nacional de Justiça (CNJ). Enquanto a referida norma apresenta parâmetros para uso das redes sociais pelos membros do Poder Judiciário (WhatsApp, Facebook etc.), as ações aqui tratadas decorrem de publicações veiculadas em canais oficiais da imprensa digital, com ampla divulgação nacional.

Para além de uma postura incompatível nas redes sociais, objeto da Resolução CNJ nº 305/2019, a publicização de declarações de cunho depreciativo "com temerário desinteresse por sua veracidade ou falsidade", imputando suposta prática de condutas inidôneas por agente público que é membro do Poder Judiciário, não pode passar ilesa de punição, esse é o caso de magistrado que resolve, deliberadamente, emitir juízo de valor, fora dos autos e na rede mundial de computadores, sobre decisão de outro julgador.

Reforce-se que, no exame de semelhantes fatos, o Supremo Tribunal Federal (STF) tem assentado o entendimento no sentido de que a liberdade de expressão não pode ser invocada para excluir a possibilidade de responsabilização disciplinar de agentes públicos por suas declarações. Confira-se:

AGRAVO INTERNO EM MANDADO DE SEGURANÇA. DIREITO CONSTITUCIONAL E ADMINISTRATIVO. CONSELHO NACIONAL DO MINISTÉRIO PUBLICO – CNMP. PROCESSO ADMINISTRATIVO DISCIPLINAR. PROCURADOR DE JUSTIÇA ESTADUAL. ENTREVISTA EM RADIO LOCAL. *LIBERDADE DE EXPRESSÃO. ABUSO DO EXERCÍCIO DE DIREITO.* EXCESSO DE LINGUAGEM. *VIOLAÇÃO DE DEVERES FUNCIONAIS* DE MEMBRO DO MINISTÉRIO PUBLICO. ATRIBUIÇÕES CONSTITUCIONALMENTE ATRIBUÍDAS AO CNMP. ART. 130-A, §2º, III, DA CONSTITUIÇÃO DA REPUBLICA. DEFERÊNCIA. CAPACIDADE INSTITUCIONAL. HABILITAÇÃO TÉCNICA. APLICAÇÃO DA PENALIDADE DE ADVERTÊNCIA. AUSÊNCIA DE DIREITO LIQUIDO E CERTO. NECESSIDADE DE DILAÇÃO PROBATÓRIA. AGRAVO INTERNO DESPROVIDO.
1. A democracia funda-se na presunção em favor da liberdade do cidadão, o que pode ser sintetizado pela expressão germânica *Freiheitsvermutung* (presunção de liberdade), teoria corroborada pela doutrina norte-americana do primado da liberdade (*preferred freedom doctrine*), razão pela qual ao Estado contemporâneo se impõe o estímulo ao livre intercâmbio de opiniões em um mercado de idéias (*free marktplace of ideas*) indispensável para a formação da opinião pública.
2. A liberdade de expressão, a despeito de possuir uma *preferred position* nas democracias constitucionais contemporâneas, pode sofrer limitações, desde que razoáveis, proporcionais e visem a prestigiar outros direitos e garantias de mesmo status jusfundamental (e.g., a honra, a imagem, a vida privada e a intimidade). [...]
5. *A liberdade de expressão não pode ser invocado para excluir a possibilidade de responsabilização disciplinar dos membros do Ministério Público que se portem de forma a violar os direitos fundamentais de qualquer pessoa ou revelem, através de manifestações, absoluta inadequação aos vetores axiológicos e aos parâmetros éticos e jurídicos que regem a atuação dos membros do Parquet.* [...]
11. Agravo interno DESPROVIDO.[24] (Grifos nossos)

Por sua vez, merece registro o fato de que, no âmbito internacional, a Corte Interamericana de Direitos Humanos (Corte IDH) tem voltado especial atenção para a liberdade de expressão dos magistrados. No julgamento do caso Urrutia Laubreaux *v.* Chile, a Corte entendeu que todos os juízes têm garantido a liberdade de expressão. Todavia, em razão da relevância do cargo e do seu peso perante a sociedade, os juízes têm de agir "em todos os momentos de forma a preservar a dignidade de suas funções jurisdicionais e a imparcialidade e independência do judiciário". Para a Corte IDH, os servidores que atuam na administração da Justiça ficam sujeitos a distintas restrições, podendo ser exigido comportamento diverso daquele esperado da população em geral. Poste-se:

CORTE INTERAMERICANA DE DERECHOS HUMANOS*
URRUTIA LAUBREAUX VS. CHILE
SENTENCIA DE 27 DE AGOSTO DE 2020
(Excepciones Preliminares, Fondo, Reparaciones y Costas)
RESUMEN OFICIAL EMITIDO POR LA CORTE INTERAMERICANA

---

24 STF. MS nº 34.493-AgR/BA. Rel. Min. Luiz Fux, 1ª T. *DJe*, 16 maio 2019.

[...]

III. Fondo

A. Derecho a la libertad de pensamiento y expresión

La Corte recordó que, debido a sus funciones en la administración de justicia, la libertad de expresión de los jueces y juezas puede estar sujeta a restricciones especiales. La compatibilidad de dichas restricciones con la Convención Americana debe ser analizada en cada caso concreto, tomando en cuenta el contenido de la expresión y las circunstancias de la misma. En el caso concreto, la Corte constató que no era acorde a la Convención Americana sancionar las expresiones realizadas en un trabajo académico sobre un tema general y no un caso concreto, como el realizado por la víctima.

Por otro lado, la Corte consideró que la decisión de la Corte Suprema de Chile de 2018 constituyó un adecuado y oportuno control de convencionalidad de la sanción de amonestación privada impuesta al señor Urrutia Laubreaux en el 2005, en tanto reconoció, cesó y reparó parcialmente la violación al derecho a la libertad de expresión en perjuicio del señor Urrutia Laubreaux. Sin embargo, la sanción se mantuvo en la hoja de vida del señor Urrutia Laubreaux por más de 13 años, lo cual razonablemente afectó su carrera judicial. En consecuencia, la Corte concluyó que Chile había violado el artículo 13 de la Convención Americana, en perjuicio del señor Urrutia Laubreaux.[25]

Ao fim, não se pode olvidar que não está aqui a se defender que os magistrados não gozam de liberdade de expressão, mas sim que eles devem ter a cautela necessária, para não descredibilizar a relevante função de julgar, transmudando-se de *julgadores para supostos comentaristas judiciais.*

4 Conclusão

A liberdade de expressão é pilar do Estado democrático e os magistrados devem ter o redobrado cuidado com suas manifestações, de modo a não descredenciar o Poder Judiciário. O regime democrático necessita de um ambiente no qual a livre circulação de ideias ocorra de forma segura e responsável, não podendo dar guarida à desinformação, sendo dependente de informações fidedignas e nos limites das responsabilidades inerentes ao cargo.

De outro lado, caso tal manifestação transborde os princípios éticos norteadores da magistratura, a sanção administrativa de censura, prevista no art. 42, inc. II, da Lei Orgânica da Magistratura Nacional (Loman), e no art. 3º, inc. II, c.c art. 4º, segunda parte, da Resolução CNJ nº 135/2011, é medida justa e adequada para coibir tal conduta.

Ao agir com reiterada negligência ante os deveres de prudência e cautela que deveriam nortear suas ações, o agente público responsável por importantes funções não pode seguir impune, visto que suas ações e opiniões têm o condão de influenciar a opinião pública.

Referências

ALEXY, Robert. *Teoria de los derechos fundamentales.* Madri: Centro de Estudios Políticos y Constitucionales, 2001.

---

[25] CORTE IDH – CORTE INTERAMERICANA DE DIREITOS HUMANOS. *Caso Urrutia Laubreaux Vs. Chile.* Excepciones Preliminares, Fondo, Reparaciones y Costas. Sentencia de 27 de agosto de 2020. Série C Nº. 409.

BRASIL. Constituição Federal. Emenda Constitucional nº 45, de 30 de dezembro de 2004. *Diário Oficial da União*, Brasília, DF, 31 dez. 2004.

BRASIL. Supremo Tribunal Federal (STF). ADI 2404. Rel. Min. Dias Toffoli, Tribunal Pleno, j. 31.8.2016. *DJe*-168, divulg. 31.7.2017, public. 1º.8.2017.

BRASIL. Supremo Tribunal Federal (STF). MS 34.493-AgR/BA. Rel. Min. Luiz Fux, 1ª T. *DJe*, 16 maio 2019.

BRASIL. Supremo Tribunal Federal (STF). RE 1010606. Rel. Min. Dias Toffoli, Tribunal Pleno, j. 11.2.2021. *DJe*-096, 19.5.2021, public. 20.5.2021.

CORTE IDH – CORTE INTERAMERICANA DE DIREITOS HUMANOS. *Caso Urrutia Laubreaux Vs. Chile.* Excepciones Preliminares, Fondo, Reparaciones y Costas. Sentencia de 27 de agosto de 2020. Série C Nº. 409.

DWORKIN, Ronald. *A raposa e o porco-espinho*: justiça e valor. São Paulo: WMF Martins Fontes, 2014.

GASPARIAN, Taís. Liberdade de expressão: um conceito em disputa. *Revista Digital*. Disponível em: https://tornavoz.org/ebook-liberdade-de-expressao-um-conceito-em-disputa/. Acesso em: 19 ago. 2024.

MARTINS, Flávio. *Curso de direito constitucional*. São Paulo: SaraivaJur, 2022.

MENDES, Gilmar Ferreira; BRANCO, Paulo Gustavo Gonet. *Curso de direito constitucional*. 16. ed. São Paulo: Saraiva Educação, 2021.

MILL, John Stuart. *Sobre a liberdade*. Rio de Janeiro: Nova Fronteira, 2011. Ed. Especial.

SILVA, José Afonso da. *Aplicabilidade da norma constitucional*. 4. ed. São Paulo: Malheiros, 2000.

TOFFOLI, Dias. Fake news, desinformação e liberdade de expressão. *Interesse Nacional*, São Paulo, ano 12, n. 46, p. 9-18, jul./set. 2019.

Informação bibliográfica deste texto, conforme a NBR 6023:2018 da Associação Brasileira de Normas Técnicas (ABNT):

SCHOUCAIR, João Paulo Santos; VERAS, Fábio Lopes. A liberdade de expressão dos magistrados sob a perspectiva do Conselho Nacional de Justiça. *In*: MENDES, Gilmar Ferreira; LIRA, Daiane Nogueira de; FREIRE, Alexandre (coord.). *Constituição, democracia e diálogo*: 15 anos de Jurisdição Constitucional do Ministro Dias Toffoli. 2. ed. Belo Horizonte: Fórum, 2025. p. 851-861. ISBN 978-65-5518-937-7.

O BOMBEIRO-GERAL DA REPÚBLICA

JOEL SAMPAIO

Tive a oportunidade de fazer parte da equipe do Ministro Dias Toffoli, cedido pelo Itamaraty, no período entre abril de 2019 e dezembro de 2022. Quando fui convidado por ele, então Presidente do Supremo Tribunal Federal, para chefiar a assessoria internacional da Corte, não o conhecia: o havia visto apenas uma vez, meses antes, quando participou de um evento em Buenos Aires, em cuja embaixada servia como Ministro-Conselheiro. Ao despedir-me de uma grata experiência profissional e humana no STF para voltar ao Itamaraty, quase quatro anos depois, me despedi então de um amigo e de uma figura pública cuja relevância, em momento de grandes desafios para a democracia brasileira, a história fará justiça.

Essa relevância é cristalina para mim, com base no que vi e vivi como parte da equipe, primeiramente na Presidência da Corte, e depois no gabinete do Ministro, a partir do final de seu mandato, em setembro de 2020. Nos tempos vertiginosos do ruído das redes sociais e das urgências e aflições do jornalismo em tempo real, essa hora de reconhecimento ainda não chegou, mas a cronologia do período e o trabalho apurado de quem reconstituir os últimos anos ajudará a botar as coisas em seus lugares, em matéria de contribuição ao País e à defesa da democracia brasileira. Alguns livros-reportagem recentes dão algumas boas pistas sobre os bastidores desses anos turbulentos, e já situaram Dias Toffoli no centro das soluções para alguns dos episódios mais tensos e delicados vividos pelo Brasil desde a transição democrática, que foi a marca da década de 1980.

Daquela época, que vivi como jornalista em início de carreira, no Paraná, guardo várias lições e as imagens dos comícios pelas Diretas-Já, que corriam em paralelo com intensas negociações de bastidores para que chegasse a bom termo a distensão "lenta, gradual e segura" iniciada na década de 1970 pelo Presidente Ernesto Geisel. Esse esforço mereceu de Elio Gaspari anos de trabalho e análise para a construção de uma monumental obra sobre o período, e o que essa obra mostra é a admirável articulação de líderes da política e da sociedade civil em favor da redemocratização do País.

Cerca de 40 anos depois, vários desses desafios apresentaram-se novamente, e em um contexto de tempestade perfeita, ao então Presidente do STF coube, ao mesmo tempo, contribuir para manter a calma e exercer a autoridade do Poder Judiciário diante de forças que se levantavam para promover um retrocesso institucional.

Para meus amigos que haviam cancelado Dias Toffoli com base na irritação ou no viés ideológico, em função de alguma declaração ou decisão que os desagradou, costumo pedir que abram o foco e que olhem com atenção para momentos de crise naqueles quatro anos, como protagonista ou nos bastidores, discretamente. Aponto então, com fatos e episódios, conhecidos do público ou ainda não, as razões pelas quais costumava chamá-lo, jocosamente, mas também com admiração, de "Bombeiro-Geral da República".

No auge dos ataques ao Supremo presidido por ele, e que vinham de diferentes setores da política e de uma sociedade fraturada, um velho amigo, com vasta experiência política forjada desde o movimento estudantil, na resistência ao regime militar, me telefonou, preocupado, dizendo que queria conversar pessoalmente. Quando nos encontramos ele, naquela época ainda defensor do lavajatismo, me recomendou deixar a função no STF, "para não me queimar", ao que respondi com uma gargalhada, que abriu longa e esclarecedora conversa sobre o que estava realmente em jogo no Brasil do final de 2019.

Nem sempre convenço os mais irritados, e nem é esse o objetivo. O propósito maior é o de fazer pensar, com base em fatos e dados concretos.

Nas principais crises do período, Dias Toffoli sempre era chamado a apagar incêndios, pelos amigos que cultivou nos diferentes setores da vida política, social e econômica. Em tempos da já mencionada fratura social, determinada pelo sectarismo e pela política do ódio, assumir esse papel requeria estar disposto a falar com todos e a estar no olho do furacão, a correr riscos e a enfrentar incompreensões.

Era como se a história tivesse reservado a ele o papel de árbitro de um clássico decisivo, uma final de campeonato entre rivais históricos, com estádio cheio, no qual ambas as torcidas estavam envenenadas com *fake news* a respeito da isenção dele. Uma tarefa difícil. Dias Toffoli poderia ter se negado a ela, ou ter se deixado intimidar pelos xingamentos e gritos da torcida, mas optou pelo caminho de tentar construir, por meio do diálogo, soluções para o momento histórico tumultuado pelo qual passam o Brasil e o mundo. No esforço coletivo em favor da democracia em que lhe coube o papel de protagonista, não tenho dúvidas de que o árbitro e articulador habilidoso foi bem sucedido.

Dias Toffoli chegou a essa posição, no final de 2018, pouco antes da eleição presidencial, com ferramentas que foram indispensáveis na travessia: além do saber jurídico, uma longa experiência nos três Poderes, em mais de duas décadas em Brasília, e um profundo conhecimento da história da República e suas crises institucionais. Não por acaso, tinha como mantra, em discursos e conversas informais, a lembrança de que vivíamos então – e continuamos a viver – o mais longo período ininterrupto de vigência do regime democrático em toda a história republicana. Não era pouca coisa, e era preciso refrescar memórias a respeito da importância dessa conquista.

A esses atributos somou o dever de casa de tentar entender, nos meses anteriores à sua posse, o momento de crispação social e política que o País vivia, em conversas com ex-Presidentes da República, ex-Ministros do Supremo e também com interlocutores da sociedade civil e entre os militares – passo até hoje não muito bem compreendido por alguns, mas essencial para a construção de canais de diálogo que se mostrariam indispensáveis a partir de então. Estudou também os fenômenos de comunicação de massa a partir do uso sistemático das redes sociais como arma no debate político no mundo, e sabe de cor algumas das obras que primeiro chamaram a atenção para esse risco iminente para as democracias contemporâneas. Em toda e qualquer interlocução, além da empatia, da capacidade de ouvir e de identificar as razões por trás de posições divergentes, não deixava de ressaltar o papel do Supremo e do Judiciário para a saúde da vida democrática no Brasil.

Trouxe consigo também firmes convicções sobre o indispensável papel da política em qualquer democracia e sobre os riscos da propagação do discurso de desqualificação da política, o popular canto da sereia da antipolítica. O salutar exercício da crítica à política e aos políticos, e suas imperfeições, jamais se pode converter na negação do valor dela em um regime de plena vigência de liberdades civis. Esse fenômeno da demonização da política estava a pleno vapor no Brasil, era indispensável entendê-lo para buscar respostas.

A antena ligada para o mundo era outra ferramenta à mão para Dias Toffoli, tanto para falar de Brasil quanto para entender movimentos similares em democracias importantes do mundo. O processo eleitoral norte-americano e a campanha contra o sistema de votação, seguida pela invasão do Capitólio, em Washington D.C., em 6 de janeiro de 2021, por exemplo, foram acompanhados passo a passo por ele. O presságio do que estaria por vir no Brasil, e dos desafios a vencer, estava claro desde então.

Em resposta a esse conjunto de riscos e desafios, apostou na institucionalidade e no diálogo. Não hesitou quando era preciso defender o STF, com ações, declarações e discreto, mas intenso trabalho de bastidores. Ao mesmo tempo, e tendo clareza sobre o "quem é quem" de Brasília, não deixou de dialogar com ninguém, não excluiu, não perdeu o foco. E o foco concentrou-se no papel do STF, e posteriormente da Justiça eleitoral, na sustentação da democracia brasileira em tempos turbulentos no mundo.

O fato de ter sido militante e integrante de governos do PT motivou também diferentes tipos de críticas e incompreensões, assim como gerou incômodo, para alguns setores, o perfil político público mais alto do Ministro. Enquanto os mais sectários não entendiam a razão para Dias Toffoli dialogar com os militares e ter um general entre seus assessores, os mais ortodoxos não entendiam a interlocução estreita com os outros dois Poderes e com a política em geral. Haviam se esquecido, justamente, de como havia sido construída a transição política brasileira, ao final do regime militar, com engajamento de políticos de primeira linha de vários partidos, não somente da oposição, e também de protagonistas do mundo do Judiciário. A trajetória de nomes como Nelson Jobim e Sepúlveda Pertence, para citar apenas dois exemplos recentes, indica que o Supremo teve – e precisa ter – integrantes com esse perfil, ao lado de pares com trajetórias, perfis e interesses distintos. Uma Corte plural funciona bem dessa maneira.

A ênfase no diálogo, tratada com desdém ou como sintoma de ingenuidade, era acompanhada de uma férrea convicção – que compartilho – sobre o peso e a importância do Brasil no mundo. Na equipe de Dias Toffoli não havia lugar para lamentos ou para o "viralatismo", expressão cunhada para referir-se a nossos problemas de autoestima, que se manifesta de tempos em tempos. Mesmo nos mais sérios momentos de crise, nunca fraquejou na fé no Brasil e tampouco no otimismo e no bom humor que nos caracterizam como povo, mesmo quando o bom humor coletivo estava perdendo a parada para o ódio e para a desqualificação de quem pensava diferente.

Não acertou em tudo, é óbvio. Mas acertou muito, e soube assimilar as críticas e ajustar a rota sempre que era convencido a fazê-lo: pelos fatos, pela opinião de alguém em quem confia ou mesmo de um crítico. O exercício do poder, que para um Ministro do Supremo Tribunal Federal é um dado do cotidiano, não o fez perder a humildade, o foco e o objetivo central, que foi o de preservar a conquista civilizacional brasileira de restaurar a democracia no País.

Não tratei aqui, deliberadamente, de episódios ou decisões individuais, e tampouco de nomes próprios de protagonistas da vida institucional do período, porque isso desviaria o foco do mais importante, que é o Brasil. E, ao fazer isso, procurei fazer justiça à visão que ele compartilhou cotidianamente com a equipe e com seus interlocutores, de que o importante é o Brasil.

Dias Toffoli joga no Time Brasil. E a democracia brasileira deve muito a ele, que veio lá de Marília para fazer a diferença quando o País mais precisava de alguém com o perfil atento e conciliador que o caracteriza como pessoa e como figura pública.

Informação bibliográfica deste texto, conforme a NBR 6023:2018 da Associação Brasileira de Normas Técnicas (ABNT):

SAMPAIO, Joel. O Bombeiro-Geral da República. *In*: MENDES, Gilmar Ferreira; LIRA, Daiane Nogueira de; FREIRE, Alexandre (coord.). *Constituição, democracia e diálogo*: 15 anos de Jurisdição Constitucional do Ministro Dias Toffoli. 2. ed. Belo Horizonte: Fórum, 2025. p. 863-866. ISBN 978-65-5518-937-7.

O PAPEL DO SUPREMO TRIBUNAL FEDERAL NO RECONHECIMENTO DO PODER GERAL DE CAUTELA DOS TRIBUNAIS DE CONTAS

JORGE ANTÔNIO DE OLIVEIRA FRANCISCO
MARIA ROSANGELA DE OLIVEIRA ANDRADE

1 Introdução

Constantemente, há discussão, no meio acadêmico e em processos administrativos e judiciais, sobre a possibilidade de os Tribunais de Contas exercerem o poder geral de cautela, sobretudo pelo fato de a Constituição Federal de 1988 não dispor expressamente sobre a competência desses tribunais para adotar as medidas inerentes a esse poder.

Nesse contexto, as decisões do Supremo Tribunal Federal (STF), a quem compete precipuamente a guarda da Constituição Federal, assumem relevância para conferir legitimidade à atuação dos Tribunais de Contas nessas vertentes e colocar em prática valores essenciais ao Estado democrático de direito, tendo em vista que uma das suas dimensões se relaciona à limitação do poder estatal pela lei.

2 Conceito

Para os propósitos deste trabalho, as medidas cautelares serão consideradas na acepção de provimentos concretos, adotados no exercício da função de controle externo, em face de "situações de risco, visando, de maneira acautelatória e provisional, impedir e/ou minimizar danos a bens jurídicos tutelados", conforme conceito proposto por Flávio Garcia Cabral, citado por Lima (2022).

Da mesma forma que naquela obra, aqui, não há a preocupação com o purismo terminológico, comum na doutrina processualista. Trata-se, em geral, das hipóteses nas quais:

> [...] o sistema jurídico admite a atuação do TCU por meio de atos de comando individuais e concretos, dotados de imperatividade e exigibilidade, que possibilitem a alteração de determinada situação jurídica em caráter precário, mediante cognição sumária – sem caráter

exauriente no âmbito do regramento processual da Corte, portanto – sob o parâmetro da legalidade estrita, visando garantir determinado resultado útil, notadamente a prevenção ou a mitigação de danos ou risco de danos ao erário.

Os requisitos gerais dessas medidas são os mesmos do processo civil, ou seja, a presença de aparente consistência do direito (*fumus bonis iuris*) e de situação de urgência (*periculum in mora*).

3 Arcabouço legal

A Lei Orgânica do Tribunal de Contas da União (Lei nº 8.443/1992) contém disposição sobre o tema, ao estabelecer as competências do órgão para determinar, cautelarmente, o afastamento temporário de responsável do cargo ou função ocupada e a indisponibilidade de bens (art. 44).

As leis orçamentárias da União mais recentes[1] fazem referência à suspensão cautelar da execução de obra ou serviço de engenharia por decisão do TCU.

A Nova Lei de Licitações (Lei nº 14.133/2021) também trouxe dispositivo que versa sobre a competência de Tribunal de Contas para suspender cautelarmente procedimento licitatório (art. 171).

Assim, essas leis acabaram por reconhecer a possibilidade de os Tribunais de Contas concederem medidas cautelares.

No âmbito interno do TCU, desde 1995, prevê-se a possibilidade de o relator, sempre que as circunstâncias evidenciarem a necessidade de pronta atuação para evitar danos iminentes ao erário, determinar, mediante despacho fundamentado, a sustação de procedimento questionado, com submissão do despacho à apreciação do Plenário (art. 21 da Resolução-TCU nº 36/1995).

O Regimento Interno do TCU vigente, na redação dada pela Resolução-TCU nº 246/2011, disciplina as medidas cautelares previstas na Lei Orgânica nos arts. 273 a 276, dispondo expressamente sobre sua competência para determinar, com ou sem a prévia oitiva da parte, entre outras providências, a suspensão do ato ou do procedimento impugnado, até que haja decisão sobre o mérito da questão suscitada.

A Resolução-TCU nº 259/2014 detalha regras quanto às medidas cautelares nos arts. 21 a 28.

Por fim, o órgão, recentemente, regulamentou as medidas de indisponibilidade e de arresto de bens, por meio da Resolução-TCU nº 370/2024.

Apesar disso, continua a haver questionamentos sobre a legalidade e a constitucionalidade da extensão do poder geral de cautela aos Tribunais de Contas. As críticas são de naturezas diversas, a exemplo de se imputar ao TCU a busca por expandir indevidamente suas competências constitucionais, conforme sintetizado em estudo efetuado no Núcleo de Estudos e Pesquisas da Consultoria Legislativa do Senado Federal.

---

[1] Lei nº 14.791/2023, art. 148, §10; Lei nº 14.436/2022, art. 149, §10; Lei nº 14.194/2021, art. 142, §10; Lei nº 14.116/2020, art. 143, §10; Lei nº 13.898/2019, art. 123, §10.

Em especial, os limites e os critérios da decretação de indisponibilidade de bens, a fim de garantir o ressarcimento dos danos em apuração nos Tribunais de Contas, costumam ser alvo de discussões e ações judiciais.

4   Ações implementadas pelo TCU

O TCU, além de ter editado as normas mencionadas, já proferiu várias decisões nas quais enfrentou questionamentos similares aos indicados anteriormente em casos concretos.

Por meio da Decisão nº 1.052/2000-TCU-Plenário, por exemplo, foi reconhecida a competência do Tribunal e de seus ministros para adotar medida cautelar com base no poder geral de cautela previsto no Código de Processo Civil (CPC), aplicado subsidiariamente na falta de normas legais e regimentais específicas.[2]

Naquele caso, no voto condutor da deliberação, deixou-se assente a necessidade de avaliar, previamente à adoção de medida cautelar, o resultado e as suas consequências, numa antecipação do que viria a ser expressamente previsto na Lei de Introdução às Normas do Direito Brasileiro (LINDB)[3] por meio da Lei nº 13.655/2018.

Com base no direito positivo, na doutrina e na jurisprudência, em especial nas lições de Humberto Theodoro Júnior (1995, p. 591-592), o Ministro Marcos Vinicios Vilaça, relator daquela decisão, ressaltou a importância de eventual medida cautelar não representar julgamento antecipado do caso, com natureza satisfativa, em vista de sua função de apenas garantir a integridade da prova ou do bem jurídico em discussão, como forma de evitar que seu desaparecimento frustre a implementação da decisão de mérito.

Esses fatos demonstram que, desde aquela época, o Tribunal estava atento à necessidade de evitar decisões arbitrárias, mormente em deliberações tomadas sem oitiva das partes, o que minimiza a importância de certas críticas efetuadas ao seu modo de agir.

Decerto, na ausência de regramento exaustivo sobre o assunto na Lei Orgânica do TCU, o órgão, no exercício do poder regulamentar estabelecido no art. 3º da citada lei, tem apropriadamente expedido atos normativos para dispor sobre matéria.

Esse procedimento encontra fundamento na melhor doutrina, que concebe o poder geral de cautela como base para se adotar medidas provisórias diversas das nominadas na lei.

Trata-se, segundo Carvalho e Kleinsorge (2012), "de autorização para que o juiz permita a instauração de procedimentos cautelares inespecíficos, bem como a adoção de medidas cautelares inominadas", o que se mostra também aplicável aos processos de controle externo.

Desse modo, a falta de disposição específica na Constituição Federal de 1988 e nas leis orgânicas dos Tribunais de Contas não pode limitar o poder geral de cautela a eles inerentes no cumprimento de suas competências.

---

[2]   Enunciado nº 3 da Súmula da Jurisprudência Predominante do TCU e art. 298 do atual Regimento Interno.

[3]   Arts. 20 e 21.

Ante a conhecida impossibilidade de as normas preverem todas as nuances dos casos concretos, os procedimentos passam a ser guiados pela jurisprudência construída pelos próprios Tribunais de Contas.

Para ilustrar, pesquisa realizada apenas na jurisprudência selecionada do TCU,[4] com o termo "indisponibilidade de bens", retornou sessenta resultados, entre os quais se destacam decisões com os seguintes entendimentos quanto à medida:[5]

a) pode alcançar tanto os agentes públicos quanto os terceiros particulares responsáveis pelo ressarcimento de danos em apuração;[6]

b) não abrange verbas de caráter alimentar nem bens financeiros necessários à continuidade das operações de pessoas jurídicas;[7]

c) pode deixar de ser aplicada a responsáveis que tenham firmado acordo de colaboração premiada;[8]

d) depende de autorização do juízo competente no caso de bens incluídos em plano de recuperação judicial;[9]

e) dispensa a existência de evidências concretas de dilapidação do patrimônio por parte dos responsáveis ou de outra conduta tendente a inviabilizar o ressarcimento pretendido;[10] e

f) pode ser renovada quando, transcorrido o prazo legal de um ano da decretação anterior, permanecerem presentes os seus requisitos, de maneira a assegurar o ressarcimento dos danos em apuração.[11]

Os temas são complexos e sujeitos, em alguns casos, à evolução jurisprudencial, tanto nos Tribunais de Contas como no Poder Judiciário.

De fato, por vezes, ações judiciais são movidas pelos responsáveis para questionar as deliberações e as regras adotadas pelo TCU, o que, longe de representar dificuldades para o exercício do controle externo, tem-se revelado meio para permitir o aprimoramento das normas e da jurisprudência.

---

[4] Esta pesquisa contém enunciados de acórdãos proferidos desde 2003. Esses enunciados procuram retratar o entendimento contido na deliberação da qual foram extraídos, não constituindo, todavia, um resumo oficial da decisão proferida pelo Tribunal; tampouco objetivam representar o entendimento prevalecente sobre a matéria.

[5] Pesquisa efetuada, em 14.6.2024, no seguinte endereço eletrônico: https://pesquisa.apps.tcu.gov.br/pesquisa/jurisprudencia-selecionada.

[6] Acórdãos nºs 2.428/2016 e 296/2018 (Rel. Min. Benjamin Zymler), 1.956/2017 (Rel. Min. Subst. Augusto Sherman), todos do Plenário.

[7] Acórdãos nºs 425/2016 (Rel. Min. Vital do Rêgo), 2.428/2016, 1.470/2017, 1.601/2017 (Rel. Min. Benjamin Zymler), todos do Plenário.

[8] Acórdãos nºs 2.428/2016 e 1.831/2017 (Rel. Min. Benjamin Zymler), ambos do Plenário.

[9] Acórdãos nºs 435/2018 (Rel. Min. Subst. André de Carvalho), 1.601/2017, 1.982/2018, 333/2019 (Rel. Min. Benjamin Zymler), 213/2018 e 1.563/2020 (Rel. Min. Vital do Rêgo), todos do Plenário.

[10] Acórdãos nºs 224/2015 (Rel. Walton Alencar Rodrigues), 3.057/2016 e 1.601/2017 (Rel. Min. Benjamin Zymler), 213/2018 (Rel. Min. Vital do Rêgo) e 2.316/2021 (Rel. Min. Bruno Dantas), todos do Plenário.

[11] Acórdãos nºs 425/2016, 441/2017, 387/2018 (Rel. Min. Vital do Rêgo), 2.452/2016, 1.545/2019 e 3.172/2020 (Rel. Min. Subst. Augusto Sherman), todos do Plenário.

5 Decisões da Suprema Corte

Em caso bastante discutido no STF (Mandado de Segurança nº 24.510-7/DF) – reiteradamente citado na doutrina –, reconheceu-se a legitimidade do TCU para expedir cautelar a fim de "prevenir lesão ao erário e garantir a efetividade de suas decisões".

Apesar dos questionamentos efetuados pelo Ministro Carlos Ayres Britto sobre a competência do TCU para adotar atos dessa natureza com o objetivo de sustar procedimento licitatório, saiu vencedor o voto da relatora, Ministra Ellen Gracie.

Naquela oportunidade, o Ministro Celso de Mello trouxe à discussão ampla doutrina para fundamentar o entendimento que prevaleceu, fazendo, inicialmente, alusão à teoria dos poderes implícitos, construída pela Suprema Corte dos Estados Unidos da América, no conhecido caso McCulloch *v*. Maryland (1819).

De acordo com a teoria adotada, a outorga de competência expressa a determinado órgão estatal importa em deferimento implícito a esse mesmo órgão dos meios necessários à integral realização dos fins que lhe foram atribuídos. Ou seja: não é necessário que esses meios sejam explicitados de forma exaustiva na lei, desde que o órgão o utilize com razoabilidade e proporcionalidade e sem invasão da competência de outros entes.

Ao final, o Ministro Celso de Mello concluiu:

> *Na realidade*, o exercício do poder de cautela, pelo Tribunal de Contas, destina-se a garantir a própria *utilidade* da deliberação final a ser por ele tomada, em ordem a impedir que o eventual retardamento na apreciação do mérito da questão suscitada culmine *por afetar, comprometer e frustrar* o resultado *definitivo* do exame da controvérsia. [...]
> *Assentada* tal premissa, *que confere especial ênfase ao binômio utilidade/necessidade*, torna-se essencial reconhecer – *especialmente* em função do próprio modelo brasileiro de fiscalização financeira e orçamentária, *e considerada*, ainda, a doutrina dos poderes implícitos – *que a tutela cautelar* apresenta-se como instrumento processual *necessário* e *compatível* com o sistema de controle externo, *em cuja concretização* o Tribunal de Contas desempenha, *como protagonista autônomo*, um dos mais *relevantes* papéis constitucionais *deferidos* aos órgãos e às instituições estatais. (Grifos no original)

Digna de registro a assertiva desse ministro no sentido de que, se não fosse adotado esse entendimento, as atribuições constitucionais expressamente conferidas ao TCU esvaziar-se-iam, por completo.

Nesse cenário, a atuação do STF se revela primordial para conferir legitimidade às ações não só do TCU, mas também dos demais Tribunais de Contas brasileiros, e impedir o esvaziamento de suas importantes funções de fiscalizar o regular uso dos recursos públicos.

No cumprimento desse papel, cumpre ressaltar a existência de decisões conduzidas pelo Ministro Dias Toffoli – que, neste ano, completa 15 anos de exercício de jurisdição constitucional – a sustentar a essencialidade dos Tribunais de Contas para o sistema republicano brasileiro em todas as esferas de governo e a assegurar o pleno exercício de suas atribuições.

Inicialmente, vale mencionar a decisão no Agravo Interno em Mandado de Segurança nº 25.481, por meio da qual o STF entendeu que a cautelar então concedida pelo TCU foi legitimamente apoiada na análise dos pressupostos de verossimilhança do direito discutido e na possibilidade de prejuízo de interesses juridicamente relevantes, afastando a pretensão da parte de que a Suprema Corte antecipasse o julgamento de situação pendente de análise na Corte de Contas.

Da mesma forma, é devido citar a decisão na Ação Direta de Inconstitucionalidade nº 6.949/ES, em cuja ementa ficou claro o entendimento de que, por se tratar de órgão essencial à estrutura do Estado, dotado de competências exclusivas e indelegáveis, "é de rigor que o sistema de controle da atividade financeira estatal seja reproduzido no âmbito dos estados federados".

A deliberação do Ministro Dias Toffoli na Suspensão de Segurança nº 5.335, editada quando ocupava a Presidência do STF e citada por Novo (2023), também é exemplar para evidenciar o papel dessa corte no reconhecimento das competências dos Tribunais de Contas.

Nesse caso, o então presidente acolheu o parecer da Procuradoria-Geral da República, assim ementado:

> SUSPENSÃO DE SEGURANÇA. CONSTITUCIONAL. ADMINISTRATIVO. FINANCEIRO. CONTRATAÇÃO DIRETA DE SERVIÇOS ADVOCATÍCIOS PELO MUNICÍPIO DE MONTE ALEGRE/RN. PROVIMENTO JURISDICIONAL. CASSAÇÃO DA MEDIDA CAUTELAR DECRETADA PELO TRIBUNAL DE CONTAS. LESÃO À ORDEM E À ECONOMIA PÚBLICAS. DEFERIMENTO DA CONTRACAUTELA.
> 1. O Tribunal de Contas tem legitimidade ativa para o incidente suspensivo na defesa de suas prerrogativas constitucionais e legais.
> 2. Importa grave dano à ordem pública, na acepção jurídico-constitucional, a decisão judicial que cassa a medida cautelar deferida pelo Tribunal de Contas do Estado, por vulnerar as prerrogativas constitucionais do Tribunal de Contas e inviabilizar a efetividade da fiscalização dos contratos administrativos e das medidas que asseguram o ressarcimento ao erário. [...]
> 4. A possibilidade de concretização do efeito multiplicador da decisão de cassação de medida cautelar deferida pela Corte de Contas demonstra risco grave de lesão à economia pública, apto a ensejar o deferimento da contracautela.
> - Parecer pelo deferimento do pedido de suspensão.

No contexto dessa análise, estes últimos entendimentos são destacados para mostrar que as conclusões alcançadas quanto à validade de decisões cautelares adotadas pelo TCU aproveitam igualmente os demais Tribunais de Contas pátrios.

Além disso, extrai-se que o STF atua para garantir as prerrogativas constitucionais e legais dos Tribunais de Contas, até mesmo interferindo para sustar/invalidar eventuais decisões judiciais que inviabilizem a efetividade do controle externo, pelos prováveis danos à ordem pública, na acepção jurídico-constitucional, e riscos de lesão à economia pública, com o cuidado de evitar que sejam proferidas decisões similares por outros juízes.

Observa-se que há outras deliberações conduzidas pelo Ministro Dias Toffoli que referendaram o entendimento contido no citado Mandado de Segurança nº 24.510-7/DF, conforme se nota na decisão monocrática que denegou o Mandado de Segurança nº 26.094/DF e na decisão do Pleno que negou provimento aos Agravos Regimentais na Suspensão de Segurança nº 5.179/PI.

Embora não tratem especificamente do poder geral de cautela, outros precedentes da lavra do Ministro Dias Toffoli buscaram preservar o exercício da competência constitucional dos Tribunais de Contas, externando ser vedado ao Poder Judiciário obstar esse exercício, como é o caso da decisão editada no Agravo Interno em Mandado de Segurança nº 37.923:

> Agravo interno em mandado de segurança. Ato supostamente ilegal do Tribunal de Contas da União (TCU). Citação. Tomada de contas. Pessoa jurídica de direito privado. Competência constitucional. Artigo 71, inciso II, da CF. Natureza dos recursos auditados. Fundamentos não atacados. Súmula nº 287 do STF. Não provimento.
> 1. A Constituição Federal de 1988 define a competência do TCU como auxiliar do Congresso Nacional no controle financeiro externo da atuação administrativa e, entre suas funções, inclui-se a relevante missão de julgar as contas dos administradores e demais responsáveis por dinheiros, bens e valores públicos da administração direta e indireta, incluídas as fundações e sociedades instituídas e mantidas pelo Poder Público federal, e as contas daqueles que derem causa a perda, extravio ou outra irregularidade de que resulte prejuízo ao erário (artigo 71, inciso II, da Constituição Federal).
> 2. Conforme assentado no MS nº 24.379/DF, de minha relatoria, *não é a natureza do ente envolvido na relação que autoriza ou não a atuação da Corte de Contas da União, mas sim a origem dos recursos envolvidos.* Tal fundamento não foi especificamente impugnado pelo agravante, o que atrai o óbice da Súmula nº 287 do STF, e, por conseguinte, a manutenção da decisão agravada. [...]
> 4. Todavia, o ato de citação em processo de controle externo não configura, por si, ato ilegal ou abusivo passível de correção por meio de mandado de segurança, sendo *vedado ao Poder Judiciário obstar o procedimento exercido nos limites da competência constitucional do TCU.* Precedente.
> 5. Agravo regimental não provido. (Grifos nossos)

A propósito do fato de a competência do TCU ser determinada pela origem dos recursos, e não pela natureza do ente envolvido, tem-se importante questão – bastante debatida –, relacionada à competência dos Tribunais de Contas para promover medidas de indisponibilidade de bens, especialmente em relação a particulares.

Essa competência foi afastada em algumas decisões do STF, especialmente em decisões monocráticas de autoria do Ministro Marco Aurélio Mello.

Contudo, o entendimento dominante é no sentido de que os Tribunais de Contas detêm, sim, essa atribuição, por autorização legal expressa, inclusive para alcançar bens de particulares, justamente sob a perspectiva de que a competência fiscalizadora incide a partir da origem pública dos recursos fiscalizados.

Mesmo diante de decisões do STF sobre a matéria, no regular exercício de sua competência precípua de *guardar* a Constituição, alguns autores discordam desse entendimento.

Ferreira e Salles (2016), por exemplo, sustentam que decisões dos Tribunais de Contas não podem alcançar o patrimônio do suposto devedor, sendo necessário, para tanto, solicitar "à Advocacia-Geral ou aos dirigentes das entidades que lhe sejam jurisdicionadas que promovam, judicialmente, a cautelar de arresto para garantir a execução do débito resultante da sua decisão".

Contudo, análises dessa natureza não devem prosperar, sob pena de se fazer o art. 44, §2º, da Lei Orgânica do TCU verdadeira letra morta.

A decisão do STF no Mandado de Segurança nº 35.506/DF – na qual saiu vencido o relator, Ministro Marco Aurélio, que deferia a ordem, e o Ministro Nunes Marques, que concedia parcialmente a ordem –, sintetiza a jurisprudência e é esclarecedora sobre o entendimento que, afinal, prevaleceu, razão pela qual se reproduz a seguir o inteiro teor de sua ementa:

> MANDADO DE SEGURANÇA. ATO DO TRIBUNAL DE CONTAS DA UNIÃO. TOMADA DE CONTAS ESPECIAL. ACÓRDÃO 2.014/2017-TCU/PLENÁRIO. MEDIDAS CAUTELARES. SITUAÇÕES DE URGÊNCIA. DECRETAÇÃO DE INDISPONIBILIDADE DE BENS DE PARTICULAR E DESCONSIDERAÇÃO DA PERSONALIDADE JURÍDICA. TEORIA DOS PODERES IMPLÍCITOS. OBSERVÂNCIA DOS CRITÉRIOS DE RAZOABILIDADE E PROPORCIONALIDADE. INVASÃO DA COMPETÊNCIA DO PODER JUDICIÁRIO. INOCORRÊNCIA. CONTRADITÓRIO DIFERIDO. VIOLAÇÃO AO DEVIDO PROCESSO LEGAL NÃO CONSTATADA. OFENSA A DIREITO LÍQUIDO E CERTO. INEXISTÊNCIA. ORDEM DENEGADA.
>
> I - As Cortes de Contas, em situações de urgência, nas quais haja fundado receio de grave lesão ao erário, ao interesse público ou de risco de ineficácia da decisão de mérito, podem aplicar medidas cautelares, até que sobrevenha decisão final acerca da questão posta.
>
> II - O Supremo Tribunal Federal já reconheceu a aplicação da teoria dos poderes implícitos, de maneira a entender que o Tribunal de Contas da União pode deferir medidas cautelares para bem cumprir a sua atribuição constitucional.
>
> III - Não obstante, é preciso que observe o devido processo legal, bem assim os critérios de razoabilidade e proporcionalidade, abstendo-se, ademais, de invadir a esfera jurisdicional.
>
> IV - A jurisprudência pacificada do STF admite que as Cortes de Contas lancem mão de medidas cautelares, as quais, levando em consideração a origem pública dos recursos sob fiscalização, podem recair sobre pessoas físicas e jurídicas de direito privado.
>
> V - A Lei 8.443/1992 prevê expressamente a possibilidade de bloqueio cautelar de bens pelo TCU ou por decisão judicial, após atuação da Advocacia-Geral da União (arts. 44, §2º, e 61).
>
> VI - Sem embargo, a fruição do direito de propriedade, que goza de expressa proteção constitucional, somente pode ser obstado ou limitado em caráter definitivo pelo Poder Judiciário, guardião último dos direitos e garantias fundamentais.
>
> VII - Nada obsta, porém, que o TCU decrete a indisponibilidade cautelar de bens, pelo prazo não superior a um ano (art. 44, §2º), sendo-lhe permitido, ainda, promover, cautelarmente, a desconsideração da personalidade jurídica da pessoa jurídica objeto da apuração, de maneira a assegurar o resultado útil do processo.
>
> VIII - No caso sob exame, a desconsideração da personalidade foi levada a efeito pelo TCU, em sede preambular, e não definitiva, sob o argumento de que "os seus administradores utilizaram-na para maximizar os seus lucros mediante a prática de ilícitos em prejuízo da Petrobras".
>
> IX - Assegurada a oportunidade de manifestação posterior dos responsáveis pelos supostos danos ao erário, hipótese de contraditório diferido que não implica ofensa à garantia do devido processo legal. Precedente.
>
> X - Inexistência de vício material ou formal no ato impugnado, razão pela qual não há falar em direito líquido e certo da impetrante.
>
> XI - Ordem denegada.

Por outro lado, não se nega que, em casos específicos, o STF considerou ilegítimas decisões emanadas das Cortes de Contas, imponto limitações a cautelares expedidas, mas contribuindo para a evolução da jurisprudência dos órgãos e, ainda, para o aprimoramento das normas.

No Mandado de Segurança nº 34.738/DF, relatado pelo Ministro Roberto Barroso, o STF, apesar de entender possível a decretação pelo TCU de indisponibilidade de bens de particulares, deliberou não ser razoável o bloqueio de montante expressivo, diante do caráter incipiente e complexo da apuração das responsabilidades, e sem que a parte tenha tido oportunidade de se manifestar.

Nessa situação, ressalvou-se, entretanto, que eventual movimentação patrimonial ou financeira atípica pela parte, que permitisse supor evasão de responsabilização futura, ou mesmo a superveniência de elementos que confirmassem a responsabilidade pelos fatos apurados, poderiam justificar a decretação de nova medida cautelar, fundada em circunstâncias não apreciadas.

Em outro exemplo, no Agravo Regimental no Mandado de Segurança nº 34.233/DF, a Suprema Corte deliberou não haver respaldo normativo para a renovação de medida cautelar de indisponibilidade de bens com fundamento nos mesmos fatos.

Nesse caso, prevaleceu o entendimento do relator, Ministro Gilmar Mendes, de que qualquer medida que restrinja o direito fundamental de propriedade deve ater-se à intepretação restritiva, observando-se o prazo máximo estabelecido na legislação, de sorte a não permitir sua prorrogação pelos mesmos fundamentos.

De acordo com o relator, os princípios constitucionais da eficiência e da razoável duração do processo são considerados regras matrizes do Estado democrático de direito e "devem nortear a celeridade do julgamento de processos administrativos que restrinjam o âmago de proteção dos direitos fundamentais, mais notadamente aqueles que possuem prazo de vigência máxima prevista em lei".

O Ministro Dias Toffoli, acompanhado pelo Ministro Celso de Mello, divergiu parcialmente do voto vencedor, ao opinar, atento à complexidade do caso em análise, a dificultar sua conclusão no prazo de um ano, pela possibilidade da renovação da medida em ato devidamente motivado que demonstre peremptoriamente a sua necessidade.

Decerto, as matérias, pelas lacunas legislativas, permitem intepretações nem sempre convergentes, de modo que as soluções finais adotadas pelo STF acabam por servir de balizas para o disciplinamento da matéria no âmbito dos Tribunais de Contas.

6   Aprimoramentos normativos

Ainda que algumas medidas cautelares sejam previstas no ordenamento jurídico desde a edição da Lei nº 8.443/1992, é fato que são utilizadas pelo TCU em número reduzido quando se compara com o total de processos julgados, por se circunscreverem às situações em que são imprescindíveis para garantir a eficácia das deliberações de mérito e evitar danos ao erário.

A tabela a seguir, com dados extraídos de relatórios de atividades do órgão, mostra a situação:

	2014	2015	2016	2017	2018	2019	2020	2021	2022	2023
Indisponibilidades de bens decretadas	-	6	27	117	42	10	3	6	0	3
Arrestos de bens solicitados	56	66	46	44	137	91	77	53	15	0
Suspensão de contratos	18	19	10	16	14	22	8	12	3	4
Suspensão de licitações	48	49	43	56	58	36	51	51	34	15
Suspensão de repasses/ pagamentos	10	8	15	10	10	4	14	8	14	2
Outras cautelares	4	4	12	3	11	4	15	11	8	11
Total no ano	136	152	153	246	272	167	168	141	74	35
Processos apreciados*	5.943	5.628	5.623	4.989	4.687	4.691	5.455	4.990	4.668	5.551
Percentual de medidas em relação ao total de processos apreciados	2,3	2,7	2,7	4,9	5,8	3,6	3,1	2,8	1,6	0,6

*Exceto processos de pessoal e sobrestados, no período de 2014 a 2018, e exceto processos de pessoal e processos em grau de recurso, no período de 2019 a 2023.

Ressalte-se que o arresto de bens não se caracteriza como medida cautelar implementada diretamente pelo TCU, mas foi incluído nessa avaliação por representar um dos meios de se garantir efetividade para os acórdãos condenatórios.

Sem adentrar o mérito de cada decisão e avaliar eventual insubsistência na posterior deliberação de mérito, os números sinalizam que as medidas cautelares são, de fato, adotadas excepcionalmente, a contraditar certas críticas feitas sem respaldo fático.

Efetivamente, o TCU tem envidado esforços para aprimorar sua atuação, com base em critérios como risco, materialidade e relevância.

Esse comportamento é necessário para possibilitar celeridade e eficiência nas suas ações em vista do acionamento frequente da Corte de Contas por licitantes que buscam solucionar controvérsias no processamento de licitações e na execução de contratos, especialmente quando não obtêm sucesso nas vias administrativa e/ou judicial ou acreditam que o andamento do processo, nos Tribunais de Contas, pode ser mais célere.

Nesse sentido, e tendo em vista que os Tribunais de Contas devem, em regra, tutelar o interesse público, e não particular de licitante, o TCU tem efetuado alterações na mencionada Resolução-TCU nº 259/2014, a fim de permitir que os esforços de sua força de trabalho sejam centrados em ações que proporcionem resultados melhores para a sociedade.

Desde as alterações processadas pela Resolução-TCU nº 323/2020, já se prevê que serão consideradas de baixo risco denúncias e representações cujos eventuais indícios de dano ao erário sejam inferiores a cem mil reais. Esses processos devem, salvo nas situações excepcionadas na norma, ser arquivados sem a correspondente apuração, enviando-se as correspondentes informações ao órgão ou entidade jurisdicionada para adoção das providências internas de sua alçada e armazenamento em base de dados acessível ao Tribunal, para subsidiar eventuais fiscalizações.

Recentemente, estão em estudo, no TC nº 044.598/2020-3, alterações que tendem a limitar ainda mais a atuação do TCU nas hipóteses de baixo risco, materialidade e relevância, para, entre outras finalidades, ajustar as ações do órgão às inovações trazidas pela Lei nº 14.133/2021.

Como sabido, aquela lei, ao dispor sobre a suspensão cautelar de processos licitatórios pelos Tribunais de Contas, estabeleceu prazo limite para pronunciamento definitivo sobre o mérito da irregularidade que lhe tenha dado causa.

Outro exemplo marcante de melhoria está na edição da citada Resolução-TCU nº 370/2024, importante instrumento para sedimentar e padronizar os procedimentos relacionados à indisponibilidade e ao arresto de bens.

Cabe reconhecer que, após incrementar o uso desses procedimentos em passado recente, o órgão enfrentou desafios para desempenhar novas atividades que se encontravam fora de sua expertise, como a localização e a identificação dos bens alcançados pelas medidas cautelares de indisponibilidade, e para garantir a sua eficácia, mormente ante os entraves jurídicos para a atuação da Advocacia-Geral da União no ajuizamento de cautelares de arresto de bens.

Esses entraves se relacionam à impossibilidade de se cumprir o prazo de 30 dias para ajuizamento de ação principal, conforme disposto nos arts. 308 e 309 do CPC, pela costumeira interposição de recursos nos Tribunais de Contas com tramitação superior a esse prazo e pela consequente inexistência de título executivo extrajudicial, derivado de decisão do TCU, apto a fundamentar ação judicial de execução antes do seu trânsito em julgado.

A Resolução-TCU nº 370/2024, aprovada pelo Acórdão nº 1.160/2024-TCU-Plenário, procura superar essas dificuldades. Em essência, a norma contém regras resultantes de deliberações da Suprema Corte e/ou da evolução da jurisprudência do próprio TCU sobre a indisponibilidade de bens, como as indicadas a seguir:

a) impossibilidade de edição de cautelar pelo Tribunal de Contas contra empresas com falência decretada ou recuperação judicial concedida, quanto aos bens necessários ao cumprimento do plano de recuperação homologado ou aprovado pelo juízo competente (art. 7º, inc. III);

b) limitação temporal do prazo da indisponibilidade a um ano, podendo-se renovar a medida apenas se os efeitos da cautelar cessarem por revogação ou extinção derivada de decurso de prazo, e houver novo fundamento para sua decretação (art. 34, §3º);

c) limitação da indisponibilidade ao valor total do débito em apuração (arts. 5º, §2º, e 17); e

d) impossibilidade de alcançar bens e direitos necessários ao sustento do responsável ou à manutenção de suas atividades operacionais (art. 11, §5º).

Em seu texto, a norma destaca a excepcionalidade da medida, diante da diretriz de que a decretação de indisponibilidade de bens deve observar os princípios da racionalização administrativa e da economia processual e considerar os critérios relacionados à elevada materialidade do débito, ao grau de risco de frustração do ressarcimento, à probabilidade de sucesso da medida e à capacidade operacional da unidade técnica responsável por implementá-la (art. 6º).

Na forma exposta pela Consultoria Jurídica do TCU no processo gerador da resolução,[12] restou evidente a necessária preocupação com sua aderência à jurisprudência consolidada dos Tribunais Superiores, dado o grau de invasividade das medidas cautelares sobre o patrimônio dos responsáveis, exigindo "segurança jurídica, a fim de que sejam minimizados os riscos de desconstituição das decisões do TCU na esfera judicial, com consequências muitas vezes sobre os contornos das competências desta Corte de Contas".

Ilustra esse ponto a exclusão, ao se aprovar a norma, de dispositivo do projeto em que se acenava para a possibilidade de, em caso de fraude à execução, a Corte de Contas declarar a ineficácia de negócios jurídicos privados, por se tratar a declaração de fraude à execução de matéria reservada à jurisdição judicial (art. 792, §4º, do CPC), não abrangida nas competências dos Tribunais de Contas.

Situação parecida também foi verificada na não positivação de dispositivo do projeto original que buscava permitir a solicitação de arresto de bens pelo TCU antes do julgamento das contas, considerando a menção, no art. 61 da Lei nº 8.443/1992, ao arresto dos bens dos responsáveis "julgados" em débito, com base, entre outras, nas seguintes ponderações da Consultoria Jurídica:

> 149. A teoria dos poderes implícitos, chancelada pelo STF no que se refere ao poder cautelar pelo TCU, não pode ser usada quando se trata de uma competência explicitamente delimitada pelo legislador. Em suma, saber que por implicitude ao TCU são franqueados os meios para o exercício de seus poderes não significa admitir o elastecimento de competências expressamente disciplinadas pela lei.

O TCU atuou, portanto, para que os procedimentos fossem regulamentados dentro dos limites legais, numa perspectiva de autocontrole, sem deixar, porém, de inovar na busca da eficácia das medidas, pois considerou deliberações atuais da Corte de Contas, como o Acórdão nº 1.548/2023-TCU-Plenário.

Na referida deliberação, o Tribunal definiu que a cautelar de indisponibilidade de bens pode ser deferida após o julgamento das contas, levando em conta o risco ao resultado útil do processo e contribuindo para conferir maior efetividade ao instituto da indisponibilidade de bens, porquanto maiores são as chances de recuperação do débito quando o trânsito em julgado do acórdão condenatório está mais próximo.

---

[12] TC nº 000.766/2016-0.

Daqui para frente, colocar em prática os procedimentos normatizados de maneira célere e torná-los eficazes são desafios que o TCU deve enfrentar em meio ao exercício das diversas atribuições que lhe impõe a Carta Magna.

7 Conclusão

Ante o exposto, conclui-se que ainda existem questionamentos no meio acadêmico e na advocacia privada quanto ao poder geral de cautela dos Tribunais de Contas, com a permanência de entendimentos contrários aos adotados, inclusive, pela mais alta Corte do país.

Porém, o STF, na sua função jurisdicional, tem prestado relevante serviço à sociedade ao dar a melhor interpretação quanto à matéria, visto o papel primordial dos Tribunais de Contas de zelar pelo bom uso dos recursos públicos.

Embora não exista disposição constitucional sobre o tema, a Suprema Corte reconhece que esse poder constitui meio necessário ao exercício das nobres competências dos Tribunais de Contas.

No caso específico da indisponibilidade de bens, o assunto está devidamente regulamentado pelo TCU, com base em decisões do STF e na evolução da jurisprudência própria sobre o tema.

Destarte, mesmo as decisões da Suprema Corte desfavoráveis aos Tribunais de Contas têm contribuído para o aprimoramento das normas e decisões internas e para que esses órgãos contornem – ou, ao menos, amenizem – o problema relacionado ao efeito dos prazos necessários para as apurações sobre o patrimônio e o interesse públicos, evitando a consumação de prejuízos irreparáveis – ou de difícil reparação – ao erário, em benefício da sociedade.

Referências

BRASIL. Lei nº 13.105, de 16 de março de 2015. Código de Processo Civil. *Diário Oficial da União*, Brasília, DF, 17 mar. 2015.

BRASIL. Lei nº 13.655, de 25 de abril de 2018. Inclui no Decreto-Lei 4.657, de 4 de setembro de 1942 (Lei de Introdução às Normas do Direito Brasileiro), disposições sobre segurança jurídica e eficiência na criação e na aplicação do Direito Público. *Diário Oficial da União*, Brasília, DF, 26 abr. 2018.

BRASIL. Lei nº 13.898, 11 de novembro de 2019. Dispõe sobre as diretrizes para a elaboração e a execução da Lei Orçamentária de 2020 e dá outras providências. *Diário Oficial da União*, Brasília, DF, 11 nov. 2019.

BRASIL. Lei nº 14.116, de 31 de dezembro de 2020. Dispõe sobre as diretrizes para a elaboração e a execução da Lei Orçamentária de 2021 e dá outras providências. *Diário Oficial da União*, Brasília, DF, 31 dez. 2020.

BRASIL. Lei nº 14.133, de 1º de abril de 2021. Lei de Licitações e Contratos Administrativos. *Diário Oficial da União*, Brasília, DF, 01 abr. 2021.

BRASIL. Lei nº 14.194, de 20 de agosto de 2021. Dispõe sobre as diretrizes para a elaboração e a execução da Lei Orçamentária de 2022 e dá outras providências. *Diário Oficial da União*, Brasília, DF, 23 ago. 2021.

BRASIL. Lei nº 14.436, de 9 de agosto de 2022. Dispõe sobre as diretrizes para a elaboração e a execução da Lei Orçamentária de 2023 e dá outras providências. *Diário Oficial da União*, Brasília, DF, 10 ago. 2022.

BRASIL. Lei nº 8.443, de 16 de julho de 1992. Dispõe sobre a Lei Orgânica do Tribunal de Contas da União e dá outras providências. *Diário Oficial da União*, Brasília, DF, 17 jul. 1992.

BRASIL. Supremo Tribunal Federal. *Ação Direta de Inconstitucionalidade 6.949/ES*. Tribunal Pleno. Relator: Ministro Dias Toffoli. Julgamento: 2 out. 2023. Publicação: 17 out. 2023. Disponível em: www.stf.jus.br. Acesso em: 19 jun. 2024.

BRASIL. Supremo Tribunal Federal. *Agravo Interno em Mandado de Segurança 37.923/DF*. Primeira Turma. Relator: Ministro Dias Toffoli. Julgamento: 22 abr. 2022. Publicação: 5 abr. 2022. Disponível em: www.stf. jus.br. Acesso em: 19 jun. 2024.

BRASIL. Supremo Tribunal Federal. *Agravo Interno no Mandado de Segurança 25.481/DF*. Primeira Turma. Relator: Ministro Dias Toffoli. Julgamento: 4 out. 2011. Publicação: 25 out. 2011. Disponível em: www.stf. jus.br. Acesso em: 20 jun. 2024.

BRASIL. Supremo Tribunal Federal. *Agravo Regimental no Mandado de Segurança 34.233/DF*. Segunda Turma. Relator: Ministro Gilmar Mendes. Julgamento: 25 maio 2018. Publicação: 21 jun. 2018. Disponível em: www. stf.jus.br. Acesso em: 20 jun. 2024.

BRASIL. Supremo Tribunal Federal. *Agravos Regimentais na Suspensão de Segurança 5.179/PI*. Tribunal Pleno. Presidente: Ministro Dias Toffoli. Julgamento: 10 out. 2019. Publicação: 27 nov. 2019. Disponível em: www. stf.jus.br. Acesso em: 19 jun. 2024.

BRASIL. Supremo Tribunal Federal. *Mandado de Segurança 24.510/DF*. Tribunal Pleno. Relatora: Ministra Ellen Gracie. Julgamento: 19 nov. 2003. Publicação: 19 mar. 2004. Disponível em: www.stf.jus.br. Acesso em: 12 jun. 2024.

BRASIL. Supremo Tribunal Federal. *Mandado de Segurança 26.094/DF*. Decisão Monocrática do Ministro Dias Toffoli. Julgamento: 10 fev. 2011. Publicação: 16 fev. 2011. Disponível em: www.stf.jus.br. Acesso em: 19 jun. 2024.

BRASIL. Supremo Tribunal Federal. *Mandado de Segurança 34.738/DF*. Primeira Turma. Relator: Ministro Roberto Barroso. Julgamento: 22 nov. 2022. Publicação: 24 nov. 2022. Disponível em: www.stf.jus.br. Acesso em: 20 jun. 2024.

BRASIL. Supremo Tribunal Federal. *Mandado de Segurança 35.506/DF*. Tribunal Pleno. Redator: Ministro Ricardo Lewandowski. Julgamento: 10 out. 2022. Publicação: 14 dez. 2022. Disponível em: www.stf.jus.br. Acesso em: 19 jun. 2024.

BRASIL. Supremo Tribunal Federal. *Suspensão de Segurança 5.335/SP*. Presidência. Ministro Dias Toffoli. Julgamento: 3 jul. 2020. Publicação: 6 jul. 2020. Disponível em: www.stf.jus.br. Acesso em: 19 jun. 2024.

BRASIL. Tribunal de Contas da União. *Acórdão 1.160/2024-TCU-Plenário*. Relator: Ministro Augusto Nardes. Apreciação: 12 jun. 2024. Disponível em: www.tcu.gov.br. Acesso em: 20 jun. 2024.

BRASIL. Tribunal de Contas da União. *Acórdão 1.548/2023-TCU-Plenário*. Relator: Ministro Jorge Oliveira. Apreciação: 26 jul. 2023. Disponível em: www.tcu.gov.br. Acesso em: 20 jun. 2024.

BRASIL. Tribunal de Contas da União. *Decisão 1.052/2000-TCU-Plenário*. Relator: Ministro Marcos Vinicios Vilaça. Apreciação: 6 dez. 2000. Disponível em: www.tcu.gov.br. Acesso em: 12 jun. 2024.

BRASIL. Tribunal de Contas da União. *Regimento Interno do Tribunal de Contas da União*. Brasília: TCU, Secretaria Geral da Presidência, 2023. Disponível em: www.tcu.gov.br. Acesso em: 12 jun. 2024.

BRASIL. Tribunal de Contas da União. *Relatório anual de atividades do TCU*: 2018. Brasília: TCU, 2019. Disponível em: https://portal.tcu.gov.br/relatorio-anual-de-atividades-do-tcu.htm. Acesso em: 20 jun. 2024.

BRASIL. Tribunal de Contas da União. *Relatório de gestão do TCU*: 2023. Brasília: TCU, 2024. Disponível em: https://portal.tcu.gov.br/relatorio-anual-de-atividades-do-tcu.htm. Acesso em: 17 jun. 2024.

BRASIL. Tribunal de Contas da União. *Resolução 259, de 7 de maio de 2014*. Estabelece procedimentos para constituição, organização e tramitação de processos e documentos relativos à área de controle externo. Última versão atualizada em fev. 2024. Brasília: TCU, 2014. Disponível em: www.tcu.gov.br. Acesso em: 12 jun. 2024.

BRASIL. Tribunal de Contas da União. *Resolução 36, de 30 de agosto de 1995*. Estabelece procedimentos sobre o exercício da ampla defesa no âmbito do Tribunal de Contas da União. Brasília: TCU, 1995. Disponível em: www.tcu.gov.br. Acesso em: 12 jun. 2024.

BRASIL. Tribunal de Contas da União. *Resolução 370, de 12 de junho de 2024*. Dispõe sobre as medidas cautelares de indisponibilidade e de arresto de bens por decisão do Tribunal de Contas da União. Brasília: TCU, 2024. Disponível em: www.tcu.gov.br. Acesso em: 24 jul. 2024.

CARVALHO, Rachel Campos Pereira de; KLEINSORGE, Henrique de Paula. A cautelaridade nos Tribunais de Contas. *Revista TCE/MG*, abr./jun. 2012. Disponível em: https://portal.tce.go.gov.br/documents/20181/80323/A+cautelaridade+nos+tribunais+de+contas/7f410f2f-32e6-49b2-9e9b-95780b1aa3b4?version=1.0. Acesso em: 13 jun. 2024.

FERREIRA, Francisco Freitas de Melo Franco; SALLES, Alexandre Aroeira. Fundamentos e limites da medida cautelar de indisponibilidade de bens decretada pelo Tribunal de Contas da União contra particulares contratados da Administração Pública. *Fórum Administrativo – FA*, Belo Horizonte, ano 16, n. 188, p. 9-15, out. 2016. Disponível em: https://www.forumconhecimento.com.br. Acesso em: 21 jun. 2024.

LIMA, Diogo Uehbe. *Competências cautelares do Tribunal de Contas da União*. 1. ed. Belo Horizonte: Fórum, 2022. Disponível em: https://www.forumconhecimento.com.br. Acesso em: 19 jun. 2024.

NIEBURH, Karlin Olbertz; ZIMMERMANN, Vinícius André. O poder de cautela do TCU para decretar a indisponibilidade de bens de particulares. *Informativo Justen, Pereira, Oliveira e Talamini*, Curitiba, n. 181, mar. 2022. Disponível em: https://justen.com.br/artigo_pdf_adv_est/o-poder-de-cautela-do-tcu-para-decretar-a-indisponibilidade-de-bens-de-particulares/. Acesso em: 13 jun. 2024.

NOVO, Benigno Núñez. A competência dos Tribunais de Contas para expedição de medidas cautelares. *Revista Brasileira de Direito Público – RBDP*, Belo Horizonte, ano 21, n. 81, p. 9-19, abr./jun. 2023.

ROMEIRO, Geórgia V. L.; SILVA, Rafael Silveira e. *Ampliar para mais influenciar*: o desenvolvimento institucional do TCU a partir da Constituição de 1988. Brasília: Núcleo de Estudos e Pesquisas/CONLEG/Senado Federal, out. 2022 (Texto para Discussão nº 312). Disponível em: www.senado.leg.br/estudos. Acesso em: 13 jun. 2024.

THEODORO JÚNIOR, Humberto. *Curso de Direito Processual Civil II*. 13. ed. Rio de Janeiro: Forense, 1995.

Informação bibliográfica deste texto, conforme a NBR 6023:2018 da Associação Brasileira de Normas Técnicas (ABNT):

FRANCISCO, Jorge Antônio de Oliveira; ANDRADE, Maria Rosangela de Oliveira. O papel do Supremo Tribunal Federal no reconhecimento do poder geral de cautela dos Tribunais de Contas. *In*: MENDES, Gilmar Ferreira; LIRA, Daiane Nogueira de; FREIRE, Alexandre (coord.). *Constituição, democracia e diálogo*: 15 anos de Jurisdição Constitucional do Ministro Dias Toffoli. 2. ed. Belo Horizonte: Fórum, 2025. p. 867-881. ISBN 978-65-5518-937-7.

A PROMOÇÃO DA EFICIÊNCIA PROCESSUAL: DESJUDICIALIZAÇÃO E SIMPLIFICAÇÃO – O LEGADO DO MINISTRO DIAS TOFFOLI

JORGE MESSIAS

1 Introdução

A divergência e o conflito são consequências naturais de um Estado democrático. Todavia, o que verdadeiramente caracteriza uma sociedade – plural –, do latim *societas* (associação amistosa com outros), é a capacidade de pacificação.

A pacificação não surge pela força, mas pela solução estimável a todas as partes, ainda que acompanhada de concessões recíprocas. Nesse sentido, para além das intervenções jurisdicionais, os meios alternativos de resolução de conflitos surgem como o motor da construção de uma República Federativa fundada na solidariedade (CRFB, art. 3º, I).

Certamente, neste caminho de harmonia, destaca-se o papel do Ministro José Antônio Dias Toffoli na defesa do Estado democrático de direito, das instituições republicanas e das garantias fundamentais.

Como Advogado-Geral da União (2007/2009), foi um grande incentivador de uma mudança paradigmática: da cultura do litígio para a cultura da pacificação, por meio do consenso, do diálogo e da cooperação, a fim de realizar o interesse público.

Por sua vez, como Ministro e Presidente do Supremo Tribunal Federal (2018/2020), emerge a singularidade de um juiz pragmático, preciso e voltado para a modernização das práticas judiciais.

Destarte, nestes 15 anos de jurisdição constitucional na Suprema Corte, o Ministro Dias Toffoli construiu e operou o direito, instrumentalizando-o para consolidar uma sociedade baseada no consenso e na simplificação dos processos judiciais.

Verdadeiramente, as características de uma pessoa não se notam pelos adjetivos conferidos, mas pelas suas obras. É o que demonstrarei nas próximas linhas.

2 A eficiência processual pela desjudicialização: a resolução consensual na Administração Pública. O legado do Advogado-Geral da União (2007/2009)

O direito administrativo funda-se em dois grandes postulados: o princípio da supremacia do interesse público e o princípio da indisponibilidade.

O primeiro define-se, tradicionalmente, pelo primado do interesse público sobre o privado, de sorte a conferir ao Estado prerrogativas materiais e processuais em detrimento do particular. O jurista Edmir Netto de Araújo pondera o alcance desse princípio, nos seguintes termos:

> [...] esse princípio, inscrito na própria noção de que tratamos, se manifesta de várias maneiras, podendo-se exemplificar com o tratamento especial quanto aos prazos judiciais, intimações, prescrição reduzida para ações contra a Fazenda, modificação e rescisão (sob certas condições) unilateral de relações contratuais, constituição unilateral de obrigações para o particular, além dos chamados "atributos" dos atos administrativos (imperatividade, presunção de legitimidade e autoexecutoriedade), que alguns elevam à categoria de princípios, a autorrevisão, pela Administração, de seus próprios atos (autotutela), e outras. Tudo fundamentado no interesse público prevalente que, entretanto, é noção quase indeterminada objetivamente, variável e sujeita às flutuações de época e local, política, economia etc. (ARAÚJO, 2019, p. 182)

A seu turno, o princípio da indisponibilidade do interesse público, na visão clássica, afirma que a Administração Pública é mera gestora dos bens, cuja titularidade é do povo. Por corolário, não é dado ao ente público dispor desses interesses. Nas palavras de Alexandre Mazza:

> O supraprincípio da indisponibilidade do interesse público enuncia que os agentes públicos não são donos do interesse por eles defendido. Assim, no exercício da função administrativa os agentes públicos estão obrigados a atuar, não segundo sua própria vontade, mas do modo determinado pela legislação. Como decorrência dessa indisponibilidade, não se admite tampouco que os agentes renunciem aos poderes legalmente conferidos ou que transacionem em juízo. (MAZZA, 2023, p. 211)

No entanto, a evolução das práticas administrativas e a busca por eficiência têm levado a uma reavaliação desses princípios.

Tem-se a mudança do conceito de interesse público, o qual passa a denotar o respeito à ordem jurídica e aos legítimos interesses privados. Vale dizer, é do interesse público a conformidade com a lei, mormente quando o Estado se encontra em situação – comprovada – de devedor. A supremacia e a indisponibilidade dão lugar à finalidade pública e à busca pela concretização de direitos. Citado por Murilo Francisco Centeno, o administrativista Celso de Mello pondera:

> [...] é evidente, e de evidência solar, que a proteção do interesse privado nos termos do que estiver disposto na Constituição é, também ela, um interesse público, tal como qualquer outro a ser fielmente resguardado; ou seja: sua defesa não é apenas do interesse particular que possa vir a ser afetado, mas é de interesse público de toda a coletividade que seja defendido. Assim, é de interesse público que o sujeito que sofrer dano por obra realizada pelo Estado seja cabalmente indenizado, como previsto no art. 37, §6º, do texto constitucional.

É de interesse público que o desapropriado receba prévia e justa indenização, a teor do art. 5º, XXIV, do mesmo diploma. E é também evidente que nisto há proteção do interesse privado de quem sofreu lesão por obra do Estado ou de quem foi por ele desapropriado, de par com a proteção do interesse público abrigado nestas normas. De resto, tais previsões, como é meridianamente óbvio, foram feitas na Constituição exata e precisamente porque foi considerado de interesse público estabelecê-las. Só mesmo em uma visão muito pedestre e desassistida do mínimo bom senso é que se poderia imaginar que o princípio da supremacia do interesse público sobre o privado não está a reger nos casos em que sua realização traz consigo a proteção de bens e interesses individuais e que, em tais hipóteses, o que ocorre... é a supremacia inversa, isto é, do interesse privado! Tal suposição corresponderia a não entender nem mesmo o que há de mais rudimentar na noção de interesse público e de sua supremacia sobre o interesse privado. (MELLO, 2014, p. 69-70)

A indisponibilidade do interesse público transmuda-se de um conceito de "nada renunciar", para um conceito de melhor gestão da coisa pública. Continua-se a defender o patrimônio estatal através dos mecanismos judiciais, mas se ampliam esses meios para abarcar a mediação e a conciliação. Se antes a relutância em acordar implicava risco de nada obter, hoje, a autocomposição afasta, em grande parte, as possibilidades de perder.

Essa transformação do direito administrativo tem como norte a Constituição da República Federativa do Brasil de 1988, a qual impõe à Administração Pública não apenas uma submissão estrita à lei, mas a todo o ordenamento jurídico (princípio da juridicidade), notadamente ao princípio democrático (CRFB, art. 1º, *caput*).

Por essa razão, não mais existe uma administração pública isolada do povo, mas uma administração dialógica, na qual a tomada de decisões e a resolução de conflitos são obtidas pela participação consensual. Ganha a Administração, ganham os administrados. Precisas são as palavras do Professor Rafael Carvalho Rezende Oliveira:

A participação popular no procedimento administrativo, nessa perspectiva do consensualismo, revela-se um importante instrumento de democratização da Administração Pública, pois permite uma melhor ponderação pelas autoridades administrativas dos interesses particulares, identificando, com maior precisão, os problemas e as diferentes consequências possíveis da futura decisão. Ademais, a participação aumenta a probabilidade de aceitação dos destinatários das decisões administrativas, constituindo, por isso, importante fator de legitimidade democrática da atuação da Administração Pública. Por essa razão, é possível afirmar a existência, hoje, do princípio da consensualidade ou da participação administrativa no âmbito da Administração Pública Democrática e Consensual que substitui o modelo liberal "agressivo" de atuação unilateral da Administração por mecanismos consensuais de satisfação do interesse público e "canais de participatórios" que servem para a solução negociada dos conflitos de interesses. (OLIVEIRA, 2023, p. 50)

Nesse novo contexto, a Advocacia-Geral da União (AGU) desponta como ator-chave, seja por representar o principal litigante (União), seja por possuir as condições normativas e técnico-jurídicas. Deveras, é de rigor a atuação da AGU na busca pela redução da litigiosidade no Poder Judiciário, dando pleno cumprimento à sua atribuição constitucional de função essencial à justiça. Destacam-se, nesta seara, os acordos de cooperação com tribunais, o gerenciamento de precedentes, os critérios de dispensa para a interposição de recursos e todos os mecanismos consensuais.

Neste último grupo, deve-se registrar a existência e o sucesso da Câmara de Mediação e de Conciliação da Administração Federal (CCAF), cuja legislação afeta se encontra na Lei nº 9.469/1997 e na Portaria nº 1.281/2007 ("dispõe sobre o deslinde, em sede administrativa, de controvérsias de natureza jurídica entre órgãos e entidades da Administração Federal, no âmbito da Advocacia-Geral da União").

Trata-se de câmara de prevenção e de resolução administrativa de conflitos que envolvam órgãos públicos, autarquias, fundações públicas, empresas públicas e sociedade de economia mista. É método autocompositivo, sem a emissão de decisão em substituição aos interessados, no qual se prestigia a oralidade e a informalidade, nas fases iniciais, e a segurança jurídica e a exequibilidade do acordo ou solução negociada, nas fases finais.

Como competência, tem-se: dirimir conflitos entre órgão e entidades da própria administração pública e controvérsias entre particulares e pessoa jurídica de direito público, e promover a celebração de termo de ajustamento de conduta.

O procedimento de mediação junto à CCAF ocorre em quatros fases, iniciando-se com o requerimento, passando pela identificação de interesses, a ser feita pelo mediador, inclusive para fins de admissibilidade, para culminar na prospecção de soluções e no termo de conciliação.[1]

O sucesso dessa câmara estampa-se nos principais jornais, como a resolução do famoso caso Campo de Marte (São Paulo x União), via Termo de Conciliação nº 02/2022/CCAF/CGU/AGU-JRP-KSF, em 17.3.2022, tendo sido resolvido um litígio de 48 anos. Outrossim, concluiu-se o acordo extrajudicial para fixar interpretação jurídica ao rito sumário nos processos de novação de dívidas do fundo de compensação de variações salariais (FCVS), o que pode evitar grandes prejuízos aos cofres públicos.

O Ministro Dias Toffoli, em texto publicado no *Consultor Jurídico*,[2] bem pontuou esse pioneirismo da AGU, sobretudo da CCAF, a qual ganhou corpo durante a sua relevante gestão como Advogado-Geral da União (2007/2009):

> A Advocacia-Geral da União tem sido exemplo dessa mudança cultural, servindo de modelo para os avanços dos últimos anos na promoção do diálogo, da cooperação institucional e do consenso em todos os níveis. Relembro que, em 2007, foi criada a Câmara de Conciliação e Arbitragem da Administração Federal (CCAF). O impulso para isso foi um levantamento realizado no qual foram identificados 147 processos no STF e 400 processos no STJ envolvendo disputas entre a União, seus órgãos e autarquias federais. Eram órgãos e entidades integrantes da mesma unidade da federação litigando entre si. Irracionalidade e desperdício de tempo e de dinheiro público. Após o levantamento, foram realizadas 200 câmaras de conciliação para resolver esses litígios, o que gerou uma economia de mais de R$2 bilhões. A Câmara consolidou-se, assim, como instância extrajudicial de solução de controvérsias entre entes públicos. Ela evita a judicialização dos conflitos e, principalmente, assegura maior celeridade e efetividade na concretização de políticas públicas, muitas vezes paralisadas por divergências em âmbito administrativo.

Ainda ele, como grande incentivador dos métodos alternativos de solução de conflitos, tem privilegiado a atuação da CCAF em importantes processos judiciais. Como

---

[1] Disponível em: https://www.gov.br/pt-br/servicos/obter-a-resolucao-de-conflitos-atraves-de-procedimento-de-mediacao-ccaf-cgu-agu.

[2] Disponível em: https://www.conjur.com.br/2023-fev-14/dias-toffoli-agu-essencial-cidadao2/.

exemplo, tem-se a reparação pela violação sofrida pela etnia Avá-Guarani (Nhandeva) em decorrência de ações e omissões no processo de construção e instalação da usina hidrelétrica de Itaipu (ACO nº 3.555). Ademais, em diversos outros feitos, o ministro tem sido afeto à suspensão processual e ao redirecionamento da controvérsia para a resolução consensual: ACO nº 3.146, ACO nº 2.799, MS nº 35.192, ARE nº 857.197, MS nº 34.164 e ACO nº 3.570 AgR.

É preciso frisar, contudo, que a gestão de conflitos pela AGU não se faz de modo aleatório, mas com método objetivo. Nesse sentido, cita-se o exemplo da Portaria PGU nº 11, de 8.6.2020, cujo texto regulamenta o procedimento de celebração de acordos destinados a encerrar, mediante negociação, ações judiciais ou a prevenir a propositura destas, relativamente a débitos da União.

Segundo esse normativo, a Procuradoria-Geral da União e seus órgãos de execução resolverão os conflitos de interesse, sempre que possível, de forma consensual, seja pela negociação preventiva, seja por acordo judicial em processos em trâmite, inclusive após o trânsito em julgado (art. 3º). Ademais, cabe ao procurador o exame objetivo para a proposição do acordo, o qual se divide em cinco etapas:

I – exame de probabilidade de êxito das teses defendidas pelas partes;
II – análise de viabilidade jurídica do acordo;
III – exame de economicidade do acordo para a União;
IV – autorização, quando necessário, na forma da Lei nº 9.469, de 10 de julho, de 1997;
V – homologação em juízo, quando necessário. (Portaria PGU nº 11/2020, art. 5º) (BRASIL, 2020)

Por certo, não se está a renunciar ao interesse público, mas a geri-lo com eficiência, a fim de que a sua utilidade reverbere em políticas públicas bem projetadas e bem financiadas.

No âmbito da Administração Pública, portanto, a solução consensual é meio democrático e impessoal para a pacificação social, sendo certo que a AGU assumiu o papel de modelo para as demais instituições republicanas. Não por outra razão, segundo o Ministro Dias Toffoli, "o sucesso desse sistema de conciliação inspirou as normas jurídicas mais recentes acerca do tema",[3] como o Código de Processo Civil de 2015 e a Lei nº 13.140/2015.

Registre-se que a CCAF mediava originalmente controvérsias de entes da administração federal, passando posteriormente a receber demandas que envolviam outros entes da federação. Ademais, a Lei nº 13.140/2015 permitiu fortalecer e ampliar as competências da CCAF, que passou a atuar também em controvérsias entre particular e pessoa jurídica de direito público.

Digo que a solução consensual é meio democrático, porque envolve um desenlace baseada no diálogo participativo e plural. Não cuida da mera imposição da maioria sobre uma minoria. Ao revés, cuida-se de dar voz, em especial, àqueles historicamente excluídos do processo de garantia de direitos básicos, como as pessoas com deficiência (PCDs), mulheres, negros, idosos, indígenas, população LGBTQIA+, e pessoas de baixa

---

[3]   Disponível em: https://www.conjur.com.br/2023-fev-14/dias-toffoli-agu-essencial-cidadao2/.

renda. Todos devem ser ouvidos e suas opiniões consideradas. Busca-se não apenas uma solução, mas a melhor solução.

É meio impessoal, porque existem regras para o processamento da autocomposição ou da composição judicial, a fim de bem gerir a coisa pública. Cumpre-se, na acepção moderna, o princípio da indisponibilidade do interesse público.

A Advocacia Pública, a partir da gestão do Ministro Dias Toffoli, no comando da AGU, ganhou uma nova dimensão. Não é apenas defensora do interesse patrimonial do Estado, mas concretizadora de direitos fundamentais. "É o cidadão a razão de ser desta advocacia pública, que [...] se revela madura, independente e capaz de oferecer segurança jurídica aos atos estatais e de garantir eficácia às políticas públicas, atuando em questões de grande relevância social".[4]

3 A eficiência processual pela simplificação. O legado do Ministro e Presidente do STF (2018/2020) – 15 anos de jurisdição constitucional na Suprema Corte

A resolução dos conflitos reclama não só novos meios, mas também a modernização dos antigos, dos quais se destaca o processo judicial.

Em seu discurso de posse na presidência do Supremo Tribunal Federal, o Ministro Dias Toffoli foi profético e seguro: "É dever do Judiciário pacificar os conflitos em tempo socialmente tolerável [...] Modernização, dinamismo, interatividade".[5]

Deveras, nos 15 anos de jurisdição constitucional na Suprema Corte, especialmente no período presidencial (2018/2020), a judicatura do ministro foi marcada por três eixos de modernização: linguagem simples, ampliação do plenário virtual e diálogo institucional.

A simplificação da linguagem processual é um pressuposto para a legitimidade democrática do Poder Judiciário.

Isso porque o exercício do poder pelos juízes não decorre do voto popular (critério democrático *ex ante*), mas do dever de fundamentação e transparência das suas decisões (critério democrático *ex post*), nos termos do art. 93, IX, da CRFB. Ora, não é possível atribuir fundamentação democrática a uma decisão judicial com linguagem inacessível ao povo.

Destarte, a decisão judicial desfundamentada ou com fundamentação inacessível vai de encontro ao Estado democrático de direito, em afronta ao texto constitucional (CRFB, art. 1º, *caput*).

Daí porque, como marca do Ministro Dias Toffoli, a sua atuação é notabilizada pela defesa, acertada, do uso de linguagem simples e acessível pelos magistrados.[6] Tal fato não ficou no papel, porquanto detidamente posto em prática ao longo dos seus 15 anos de jurisdição constitucional. Por certo, com votos curtos, mas profundos, bem cumpriu o seu discurso de posse presidencial, na tarefa de "pacificar os conflitos em tempo socialmente tolerável".

---

[4] Disponível em: https://www.conjur.com.br/2023-fev-14/dias-toffoli-agu-essencial-cidadao2/.

[5] Disponível em: https://www.stf.jus.br/arquivo/cms/noticiaNoticiaStf/anexo/DiscursoMDT.pdf.

[6] Disponível em: https://portal.stf.jus.br/noticias/verNoticiaDetalhe.asp?idConteudo=403002.

Para além disso, o grande legado da sua gestão, na presidência da Suprema Corte, cinge-se à inovação tecnológica e à ampliação do Plenário Virtual.

As inovações tecnológicas deram um grande salto para a digitalização completa de todos os processos judiciais do Tribunal. Segundo dados do próprio STF, ao final da gestão, 95% dos processos tramitavam de forma eletrônica.[7] Ademais, o avanço no sistema de consulta e de pesquisas processuais aumentou a produtividade e a qualidade das decisões judiciais.

Por seu turno, a ampliação do Plenário Virtual para todos os processos de competência do Tribunal deu maior agilidade e simplicidade aos julgamentos da Corte, o que contribuiu para a redução de 70% dos processos ao final do seu mandato, conforme dados do seu relatório de gestão.

Não isento de críticas, mas recheado de elogios, o Plenário Virtual concretiza o discurso do ministro: "O virtual agora é real". O advogado Saul Tourinho Leal bem sintetizou as conclusões da advocacia nacional sobre esse avanço tecnológico:

1) Os julgamentos virtuais têm dia e hora para começar e se encerrar. A não ser que haja vista ou destaque, o caso começa no primeiro instante de uma sexta-feira e termina no último instante da sexta-feira seguinte;
2) Os votos passaram a ser objetivos, relatando suscintamente o caso e partindo diretamente para a fundamentação;
3) A regra tem sido a apresentação dos votos escritos do relator e da divergência, podendo haver um aporte adicional de fundamentos em direção à mesma conclusão de um dos votos;
4) Os advogados não precisam mais cruzar o país para ficarem sentados no plenário do STF aguardando a notícia de que seus casos, mesmo pautados, não serão julgados. O julgamento virtual não é mais uma esperança. É uma realidade;
5) Acabou a escassez. O plenário virtual suporta qualquer quantidade de casos;
6) O presidente deixa de ser o senhor absoluto da inserção em pauta dos casos que serão apreciados pelo plenário. Cada relator assume o papel de gestor do *timing* do julgamento dos seus próprios casos, inserindo-os no virtual quando quiser;
7) Não há atrasos nas sessões virtuais;
8) Acabou a disputa por segundos de tempo de sustentação oral dos *amici curiae*. Todos podem mandar as suas sustentações com o tempo integral de 15 minutos;
9) O caso pautado, a não ser que haja vista ou destaque, será julgado;
10) Não há desarmonia no plenário virtual. Os julgadores estão focados nos casos. (LEAL, 2020)

Finalmente, a boa eficiência processual na atuação do Ministro Dias Toffoli é marcada pelo diálogo institucional, a fim de proteger os poderes da República e de transformar o pensamento social pela força normativa da Constituição.

Não é possível esquecer os ataques sofridos pelo STF e por seus ministros, com o fim de intimidar os julgadores na sua atividade funcional.

Registre-se que a desinformação social foi a fragilidade encontrada pelos manipuladores da verdade, os quais se utilizaram de notícias falsas para propagar inverdades dos representantes políticos, notadamente do STF e dos seus ministros.

Nesse contexto, com o fim de proteger os poderes da República e o Estado democrático de direito, autorizou-se, durante a presidência do Ministro Dias Toffoli, a

---

[7]   Disponível em: https://portal.stf.jus.br/noticias/verNoticiaDetalhe.asp?idConteudo=451346&ori=1.

abertura de inquérito criminal para apurar *fake news* e ameaças veiculadas na internet que têm como alvo o STF, seus ministros e familiares.

A despeito das críticas, vale rememorar que esse instrumento tem amparo na atribuição regimental do presidente da Corte, de velar pela intangibilidade das prerrogativas do STF (Regimento Interno, art. 13, I e art. 43 e seguintes). Outrossim, foi declarado constitucional:

> ARGUIÇÃO DE DESCUMPRIMENTO DE PRECEITO FUNDAMENTAL. ADPF. PORTARIA GP Nº 69 DE 2019. PRELIMINARES SUPERADAS. JULGAMENTO DE MEDIDA CAUTELAR CONVERTIDO NO MÉRITO. PROCESSO SUFICIENTEMENTE INSTRUÍDO. INCITAMENTO AO FECHAMENTO DO STF. AMEAÇA DE MORTE E PRISÃO DE SEUS MEMBROS. DESOBEDIÊNCIA. PEDIDO IMPROCEDENTE NAS ESPECÍFICAS E PRÓPRIAS CIRCUNSTÂNCIAS DE FATO EXCLUSIVAMENTE ENVOLVIDAS COM A PORTARIA IMPUGNADA. LIMITES. PEÇA INFORMATIVA. ACOMPANHAMENTO PELO MINISTÉRIO PÚBLICO. SÚMULA VINCULANTE Nº 14. OBJETO LIMITADO A MANIFESTAÇÕES QUE DENOTEM RISCO EFETIVO À INDEPENDÊNCIA DO PODER JUDICIÁRIO. PROTEÇÃO DA LIBERDADE DE EXPRESSÃO E DE IMPRENSA. [...] 2. Nos limites desse processo, diante de incitamento ao fechamento do STF, de ameaça de morte ou de prisão de seus membros, de apregoada desobediência a decisões judiciais, arguição de descumprimento de preceito fundamental julgada totalmente improcedente, nos termos expressos em que foi formulado o pedido ao final da petição inicial, para declarar a constitucionalidade da Portaria GP nº 69/2019 enquanto constitucional o artigo 43 do RISTF, nas específicas e próprias circunstâncias de fato com esse ato exclusivamente envolvidas. 3. Resta assentado o sentido adequado do referido ato a fim de que o procedimento, no limite de uma peça informativa: (a) seja acompanhado pelo Ministério Público; (b) seja integralmente observada a Súmula Vinculante nº 14; (c) limite o objeto do inquérito a manifestações que, denotando risco efetivo à independência do Poder Judiciário (CRFB, art. 2º), pela via da ameaça aos membros do Supremo Tribunal Federal e a seus familiares, atentam contra os Poderes instituídos, contra o Estado de Direito e contra a Democracia; e (d) observe a proteção da liberdade de expressão e de imprensa nos termos da Constituição, excluindo do escopo do inquérito matérias jornalísticas e postagens, compartilhamentos ou outras manifestações (inclusive pessoais) na internet, feitas anonimamente ou não, desde que não integrem esquemas de financiamento e divulgação em massa nas redes sociais. (ADPF nº 572, Rel. Edson Fachin, Tribunal Pleno, julgado em 18.6.2020, Processo Eletrônico *DJe*-271 Divulg 12.11.2020 Public 13.11.2020 Republicação: *DJe*-87 Divulg 6.5.2021 Public 7.5.2021)

Outro ponto de diálogo institucional está nos grandes julgamentos capitaneados pelo Ministro Dias Toffoli, mormente para impor, em complementaridade à atuação do Congresso Nacional, a força normativa da Constituição.

Um dos destaques a se pontuar é o sepultamento da anacrônica tese da legítima defesa da honra, cujo norte era atribuir culpa à mulher-vítima pelo comportamento do seu ofensor. Constituía-se, sem dúvida, em tese odiosa, porquanto afrontava a dignidade da pessoa humana, incentiva a discriminação, fragilizava o direito à vida e violava o princípio da isonomia. Felizmente, esse tema sucumbiu, conforme a brilhante relatoria do ministro:

> EMENTA Arguição de descumprimento de preceito fundamental. Interpretação conforme à Constituição. Artigo 23, inciso II, e art. 25, caput e parágrafo único, do Código Penal e art. 65 do Código de Processo Penal. "Legítima defesa da honra". Não incidência de causa excludente de ilicitude. Recurso argumentativo dissonante da dignidade da pessoa humana

(art. 1º, inciso III, da CF), da proteção à vida e da igualdade de gênero (art. 5º, caput, da CF). Procedência parcial da arguição. 1. A "legítima defesa da honra" é recurso argumentativo/ retórico odioso, desumano e cruel utilizado pelas defesas de acusados de feminicídio ou agressões contra a mulher para imputar às vítimas a causa de suas próprias mortes ou lesões. Constitui-se em ranço, na retórica de alguns operadores do direito, de institucionalização da desigualdade entre homens e mulheres e de tolerância e naturalização da violência doméstica, as quais não têm guarida na Constituição de 1988. 2. Referido recurso viola a dignidade da pessoa humana e os direitos à vida e à igualdade entre homens e mulheres (art. 1º, inciso III, e art. 5º, caput e inciso I, da CF/88), pilares da ordem constitucional brasileira. A ofensa a esses direitos concretiza-se, sobretudo, no estímulo à perpetuação do feminicídio e da violência contra a mulher. O acolhimento da tese teria o potencial de estimular práticas violentas contra as mulheres ao exonerar seus perpetradores da devida sanção. 3. A "legítima defesa da honra" não pode ser invocada como argumento inerente à plenitude de defesa própria do tribunal do júri, a qual não pode constituir instrumento de salvaguarda de práticas ilícitas. Devem prevalecer a dignidade da pessoa humana, a vedação de todas as formas de discriminação, o direito à igualdade e o direito à vida, tendo em vista os riscos elevados e sistêmicos decorrentes da naturalização, da tolerância e do incentivo à cultura da violência doméstica e do feminicídio. 4. Na hipótese de a defesa lançar mão, direta ou indiretamente, da tese da "legítima defesa da honra" (ou de qualquer argumento que a ela induza), seja na fase pré-processual, na fase processual ou no julgamento perante o tribunal do júri, caracterizada estará a nulidade da prova, do ato processual ou, caso não obstada pelo presidente do júri, dos debates por ocasião da sessão do júri, facultando-se ao titular da acusação apelar na forma do art. 593, inciso III, alínea a, do Código de Processo Penal. 5. É inaceitável, diante do sublime direito à vida e à dignidade da pessoa humana, que o acusado de feminicídio seja absolvido, na forma do art. 483, inciso III, §2º, do Código de Processo Penal, com base na esdrúxula tese da "legítima defesa da honra". Há de se exigir um controle mínimo do pronunciamento do tribunal do júri quando a decisão de absolvição se der por quesito genérico, de forma a avaliar, à luz dos atos processuais praticados em juízo, se a conclusão dos jurados se deu a partir de argumentação discriminatória, indigna, esdrúxula e inconstitucional referente ao uso da tese da legítima defesa da honra. 6. Arguição de descumprimento de preceito fundamental julgada parcialmente procedente para (i) firmar o entendimento de que a tese da legítima defesa da honra é inconstitucional, por contrariar os princípios constitucionais da dignidade da pessoa humana (art. 1º, inciso III, da CF), da proteção da vida e da igualdade de gênero (art. 5º, caput, da CF); (ii) conferir interpretação conforme à Constituição ao art. 23, inciso II, ao art. 25, caput e parágrafo único, do Código Penal e ao art. 65 do Código de Processo Penal, de modo a excluir a legítima defesa da honra do âmbito do instituto da legítima defesa; (iii) obstar à defesa, à acusação, à autoridade policial e ao juízo que utilizem, direta ou indiretamente, a tese de legítima defesa da honra (ou qualquer argumento que induza à tese) nas fases pré-processual ou processual penais, bem como durante o julgamento perante o tribunal do júri, sob pena de nulidade do ato e do julgamento; e (iv) diante da impossibilidade de o acusado beneficiar-se da própria torpeza, fica vedado o reconhecimento da nulidade referida no item anterior na hipótese de a defesa ter-se utilizado da tese da legítima defesa da honra com essa finalidade. 7. Procedência do pedido sucessivo apresentado pelo requerente, conferindo-se interpretação conforme à Constituição ao art. 483, inciso III, §2º, do Código de Processo Penal, para entender que não fere a soberania dos veredictos do tribunal do júri o provimento de apelação que anule a absolvição fundada em quesito genérico, quando, de algum modo, possa implicar a repristinação da odiosa tese da legítima defesa da honra. (ADPF nº 779, Rel. Dias Toffoli, Tribunal Pleno, julgado em 1.8.2023, Processo Eletrônico *DJe-s/n* Divulg 5.10.2023 Public 6.10.2023)

Portanto, é grande o legado do Ministro Dias Toffoli em seus 15 anos de jurisdição constitucional na Suprema Corte, porquanto deu luz a um processo judicial mais simples, cooperativo e democrático. Não há espaço para retrocessos.

4 Conclusão

A pacificação social das crises jurídicas é o caminho para uma sociedade livre, justa e solidária, nos termos do art. 3º, I, da CRFB.

Tal harmonia pode se dar pela autocomposição ou pela heterocomposição.

Na autocomposição, destacam-se os meios alternativos e consensuais de solução de conflitos, como a mediação e a conciliação.

Com a evolução das bases do direito administrativo, a possibilidade de soluções consensuais entre órgão e entidades da Administração Pública passou a ser irrefutável. Primeiro porque nem todo o direito por eles defendido é indisponível; segundo, ainda que o seja, é possível a transação a respeito das formas e prazos de cumprimento da obrigação (NEVES, 2021, p. 79).

Nesse contexto, a Advocacia-Geral da União (AGU) desponta como ator-chave na busca pela redução da litigiosidade no Poder Judiciário, mormente pelo pioneirismo da Câmara de Mediação e de Conciliação da Administração Federal (CCAF).

Por sua vez, a resolução dos conflitos reclama não só novos meios, mas também a modernização dos antigos, dos quais se destaca o processo judicial. A simplificação dos procedimentos e da linguagem e o diálogo institucional são caminhos para a solução integral das questões jurídicas em prazo razoável, incluindo a atividade satisfativa (CPC, art. 4º).

Tanto no campo autocompositivo como no heterocompositivo é expressiva a grande contribuição do Ministro Dias Toffoli, como Advogado-Geral da União (2007/2009) e como membro da mais alta Corte.

Sem dúvida, incentivou a cultura da pacificação e da harmonização social, por meio do estímulo às soluções consensuais, à mediação e à conciliação. Valorizou-se o entendimento e o diálogo.

Outrossim, democratizou a linguagem jurídica, consoante bem pontuou em seu discurso presidencial: "as decisões judiciais devem verdadeiramente chegar à sociedade, e não apenas aos atores processuais".

Por fim, modernizou e dinamizou os processos judiciais, desafogando o Poder Judiciário e entregando à sociedade a prestação jurisdicional.

Em seus 15 anos de jurisdição constitucional na Suprema Corte, o seu legado legitima-se por suas obras: consensualidade, simplificação, inovação e diálogo. Eis um grande juiz brasileiro.

Referências

AGU. *Obter a resolução de conflitos através de procedimento de mediação (CCAF/CGU/AGU)*. Disponível em: https://www.gov.br/pt-br/servicos/obter-a-resolucao-de-conflitos-atraves-de-procedimento-de-mediacao-ccaf-cgu-agu. Acesso em: 10 set. 2024.

ARAÚJO, E. N. D. *Curso de direito administrativo*. 8. ed. São Paulo: Saraiva, 2018. *E-book*.

BRASIL. [Constituição (1988)]. *Constituição da República Federativa do Brasil de 1988*. Disponível em: https://www.planalto.gov.br/ccivil_03/constituicao/constituicao.htm. Acesso em: 10 set. 2024.

BRASIL. Advocacia-Geral da União. Procuradoria-Geral da União. Portaria nº 11, de 08 de junho de 2020. *DOU*, ed. 111, seção 1, p. 11, 12 jun. 2020. Disponível em: https://www.in.gov.br/en/web/dou/-/portaria-n-11-de-8-de-junho-de-2020-261278373. Acesso em: 10 set. 2024.

BRASIL. Presidência da República. Casa Civil. Subchefia para Assuntos Jurídicos. Lei nº 13.105, de 16 de março de 2015. Código de Processo Civil. *Diário Oficial da União*, Brasília, 17 mar. 2015. Disponível em: https://www.planalto.gov.br/ccivil_03/_ato2015-2018/2015/lei/l13105.htm. Acesso em: 9 set. 2024.

CENTENO, Murilo Francisco. A Administração Pública e a autocomposição de conflitos: avanços dogmáticos e legislativos. *In*: DUBEUX, Bruno; RODRIGUES, Marco Antonio (Coord.). *Estado Conciliador*. Belo Horizonte: Fórum, 2024. Disponível em: https://www.forumconhecimento.com.br/livro/L5735/E5999/44469. Acesso em: 10 set. 2024.

LEAL, Saul Tourinho. Qual o legado da Corte Dias Toffoli? *Migalhas*, 2020. Disponível em: https://www.migalhas.com.br/coluna/conversa-constitucional/332746/qual-o-legado-da-corte-dias-toffoli. Acesso em: 9 set. 2024.

MAZZA, A. *Manual de direito administrativo*. 13. ed. São Paulo: Saraiva, 2023. *E-book*.

NEVES, Daniel Amorim Assumpção. *Manual de direito processual civil*. 13. ed. Salvador: JusPodivm, 2021. Volume único.

OLIVEIRA, Rafael Carvalho Rezende. *Curso de direito administrativo*. 11. ed. Rio de Janeiro: Método, 2023.

STF. *Presidente do STF participa de lançamento de pesquisa sobre perfil dos magistrados brasileiros*. Disponível em: https://portal.stf.jus.br/noticias/verNoticiaDetalhe.asp?idConteudo=403002. Acesso em: 10 set. 2024.

STF. *Toffoli encerra gestão com redução de 70% no número de processos que aguardavam julgamento pelo Plenário*. Disponível em: https://portal.stf.jus.br/noticias/verNoticiaDetalhe.asp?idConteudo=451346&ori=1. Acesso em: 9 set. 2024.

TOFFOLI, José Antonio Dias. AGU, 30 anos, é instituição fundamental para a Justiça e essencial para o cidadão. *Conjur*, 14 fev. 2023. Disponível em: https://www.conjur.com.br/2023-fev-14/dias-toffoli-agu-essencial-cidadao2/. Acesso em: 9 set. 2024.

TOFFOLI, José Antonio Dias. Discurso de posse como Presidente do Supremo Tribunal Federal. Biênio 2018/2020. *STF*, 2018. Disponível em: https://www.stf.jus.br/arquivo/cms/noticiaNoticiaStf/anexo/DiscursoMDT.pdf. Acesso em: 9 set. 2023.

Informação bibliográfica deste texto, conforme a NBR 6023:2018 da Associação Brasileira de Normas Técnicas (ABNT):

MESSIAS, Jorge. A promoção da eficiência processual: desjudicialização e simplificação – O legado do Ministro Dias Toffoli. *In*: MENDES, Gilmar Ferreira; LIRA, Daiane Nogueira de; FREIRE, Alexandre (coord.). *Constituição, democracia e diálogo*: 15 anos de Jurisdição Constitucional do Ministro Dias Toffoli. 2. ed. Belo Horizonte: Fórum, 2025. p. 883-893. ISBN 978-65-5518-937-7.

A INSTITUIÇÃO DO JUIZ DE GARANTIAS NO BRASIL: LIÇÕES DO MINISTRO DIAS TOFFOLI SOBRE O SISTEMA ACUSATÓRIO E O DIREITO DE DEFESA

JOSÉ LUIS OLIVEIRA LIMA

Introdução

Em seus 15 anos no Supremo Tribunal Federal, o Ministro Dias Toffoli enfrentou diversas questões complexas sobre o sistema penal brasileiro, merecendo destaque o seu marcante posicionamento na introdução do instituto de juiz das garantias no ordenamento jurídico.

A lei que estabeleceu o instituto foi sancionada em 24.12.2019,[1] durante o mandato do Ministro Toffoli como presidente da Corte Suprema (biênio 2018-2020). Trata-se da Lei nº 13.964/2019, vindo a ser conhecida como Pacote Anticrime, que delimitou expressamente em seu art. 1º o objetivo de aperfeiçoar a legislação penal e processual penal, promovendo diversas outras mudanças significativas no Código de Processo Penal ("CPP") além da figura do juiz das garantias.

A normativa incluiu no CPP os arts. 3º-A a 3º-F, que detalham as regras do instituto, procurando principalmente separar o magistrado incumbido de supervisionar as fases iniciais do processo penal, com especial enfoque na investigação, daquele responsável por realizar o juízo de culpabilidade do acusado.

A intenção primordial era distanciar ainda mais o sistema "inquisitório" do modelo "acusatório", que deve vigorar no país, firmando-se como uma medida contra os abusos e parcialidades, a exemplo dos que foram midiatizados nos anos que antecederam a edição da lei.

Idealmente, ao separar as funções investigativas e judiciais, buscava-se assegurar que o juiz responsável pelo julgamento não fosse influenciado por decisões e conceitos

---

[1] BRASIL. *Lei n. 13.964, de 24 de dezembro de 2019*: Aperfeiçoa a legislação penal e processual penal. Disponível em: https://www.planalto.gov.br/ccivil_03/_ato2019-2022/2019/lei/l13964.htm. Acesso em: 31 jul. 2024. "Art. 1º Esta Lei aperfeiçoa a legislação penal e processual penal".

firmados nas demandas pré-processuais, estimulando, ao mesmo tempo, inquéritos policiais com respaldo em garantias constitucionais plenas.

A palavra que se repete em toda e qualquer doutrina quando se lê sobre o juiz das garantias é "imparcialidade", e é ela que perfeitamente resume a ideia do instituto, emprestado de outros países nos quais foi muito bem utilizado para evitar os lamentáveis abusos "parciais" do Judiciário.

Como sói acontecer quando uma alteração legislação aponta para uma mudança sistêmica, o Pacote Anticrime, inclusive o instituto do juiz das garantias, foi alvo de diversos questionamentos, concretizados por demandas de controle de constitucionalidade perante o Supremo Tribunal Federal ("STF").

Conforme se verá adiante, a análise, pela Corte Suprema, do instituto em questão colocou no centro do debate jurídico a importância de se organizar o Poder Judiciário para efetivar as premissas de um sistema processual penal acusatório, em especial pela necessidade de se garantir o direito de defesa.

Nesse contexto, merece destaque a decisão monocrática do Ministro Dias Toffoli como um escrito precursor de importantíssimas reflexões a respeito do juiz de garantias, que serviu de ponto de partida para as discussões primordiais acerca do instituto.

E, na oportunidade do julgamento de mérito, iniciando uma divergência, o Ministro Dias Toffoli trouxe a importância do juiz das garantias para se efetivar uma mudança político-cultural que oriente o sistema penal ao processo acusatório garantido pela Constituição, e esse será o objeto de análise do presente artigo.

1   A decisão do Ministro Dias Toffoli no recesso judiciário

Não demorou muito – a bem da verdade, foram apenas três dias após a sanção da lei ocorrida na véspera de Natal de 2019 – para que a primeira ação direta de inconstitucionalidade ("ADI") fosse protocolada no STF.

Logo após a ADI nº 6.298, vieram também as ADIs nºs 6.299, 6.300 e 6.305, impugnando dispositivos do Pacote Anticrime, e todas elas, em comum, questionando a validade, viabilidade e constitucionalidade do juiz das garantias.

Alegou-se a inconstitucionalidade formal da norma por versar sobre procedimento em matéria processual, quando cabia à União somente elaborar leis de caráter geral nesse tocante. Também, por supostamente ofender a competência estatal de dispor sobre organização da Justiça.

As ADIs reputaram como violados o pacto federativo, o princípio do juiz natural, da isonomia, da duração razoável do processo e da segurança jurídica. Além disso, pontuaram a ausência de demonstração do impacto financeiro e orçamentário e a insuficiência do prazo de 30 dias inicialmente conferido pela lei para implementação do instituto no país.

Apesar de distribuídas à relatoria do Ministro Luiz Fux, no dia 15.1.2020, durante o plantão judiciário no STF, coube ao Ministro Dias Toffoli, como presidente da Corte, se manifestar sobre as medidas liminares pleiteada nas ADIs.

De forma irretocável, o Ministro Dias Toffoli reconheceu, logo na introdução de sua decisão, que "esse microssistema, portanto, rompe com o modelo que sempre vigorou no processo penal brasileiro. Trata-se de uma mudança paradigmática de nosso processo penal".[2]

Para deixar de suspender cautelarmente dispositivos impugnados, o ministro demonstrou que a norma seria formalmente legítima, vez "que, de modo algum, afeta o necessário combate à criminalidade", pois "apenas passará a existir uma divisão de competência funcional entre os juízes na seara criminal, como já ocorre em vários países do mundo".[3]

Ao analisar a constitucionalidade material, Dias Toffoli ressaltou, ainda que em sede de análise liminar, que o juiz das garantias "constitui um avanço sem precedentes em nosso processo penal, o qual tem, paulatinamente, caminhado para um reforço do modelo acusatório".[4]

A exceção foi feita, cautelarmente, aos processos de competência originária dos tribunais, àqueles submetidos ao Tribunal do Júri, os casos de violência doméstica e família e os oriundos da Justiça Eleitoral.

Ao final, reputou-se como insuficiente o prazo legal de 30 dias para que os tribunais promovessem as alterações necessárias para estabelecimento do juiz das garantias, suspendendo "a eficácia dos arts. 3º-B, 3º-C, 3º-D, caput, 3º-E e 3º-F do CPP, inseridos pela Lei nº 13.964/2019, até a efetiva implementação do juiz das garantias pelos tribunais", fixando o prazo máximo de 180 (cento e oitenta) dias contados a partir da publicação da decisão.[5]

Ao menos no que tange à classe dos advogados, a decisão foi bastante comemorada. Uma liminar analisada em pleno recesso forense com tanto discernimento, capacidade técnica-jurídica e protagonismo.

Ela não somente demonstrava um profundo entendimento das nuances legais envolvidas, mas também refletia um comprometimento admirável e certo entusiasmo com a equidade e a correção do sistema processual penal.

Uma semana depois da referida decisão – e um dia antes da entrada em vigor do Pacote Anticrime –, o ministro relator, Luiz Fux, revogou a decisão de Dias Toffoli, e suspendeu integralmente, sem definir um novo momento para sua retomada, o instituto do juiz das garantias.

2   O início do julgamento

Infelizmente, demorou mais de três anos para que o julgamento do tema fosse submetido ao Plenário do STF.

---

[2]   BRASIL. Supremo Tribunal Federal. *Decisão monocrática do Ministro Dias Toffoli, quando Presidente durante o recesso judiciário de janeiro de 2020*. ADI 6298. Rel. Luiz Fux, 15.1.2020.

[3]   BRASIL. Supremo Tribunal Federal. *Decisão monocrática do Ministro Dias Toffoli, quando Presidente durante o recesso judiciário de janeiro de 2020*. ADI 6298. Rel. Luiz Fux, 15.1.2020.

[4]   BRASIL. Supremo Tribunal Federal. *Decisão monocrática do Ministro Dias Toffoli, quando Presidente durante o recesso judiciário de janeiro de 2020*. ADI 6298. Rel. Luiz Fux, 15.1.2020.

[5]   BRASIL. Supremo Tribunal Federal. *Decisão monocrática do Ministro Dias Toffoli, quando Presidente durante o recesso judiciário de janeiro de 2020*. ADI 6298. Rel. Luiz Fux, 15.1.2020.

A relevância do assunto era tanta que foram dezenas os pedidos de entidades para funcionar como *amicus curiae* e 67 (sessenta e sete) habilitações de expositores na convocação de audiência pública.

A essa altura, anos após a edição da lei, os debates já eram intensos e estavam respaldados em profundas pesquisas jurídicas envolvendo doutrinas, jurisprudência e exemplos do mundo inteiro.

Apesar de ter se iniciado em 14.6.2023, foi apenas no dia 28 daquele mesmo mês que o voto do ministro relator, Luiz Fux, foi integralmente apresentado ao Plenário do STF.

O voto de 236 laudas iniciou reforçando a existência de legitimidade ativa e a pertinência temática das ADIs, e realizou um breve esclarecimento sobre a expressão "juiz das garantias", que, no entender do relator, deveria ser denominado "juízes de controle da investigação".[6]

Na introdução, foram feitas considerações, a partir de informações trazidas por *amicus curiae*, sobre o processo legislativo do Pacote Anticrime, com críticas acerca do modo de aprovação e a rapidez da tramitação.

O relator concluiu suas considerações iniciais reproduzindo trecho da opinião de José Casado na coluna do dia 31.5.2023, na revista *Veja*, que antecipava um pouco o seu ponto de vista: "Um país pode se manter com leis ruins. O problema crescente de legislação de má qualidade, ou fora da lei, está nas consequências diretas sobre os direitos de pessoas e empresas. Só aumenta o nível de conflito na sociedade".[7]

O exame de mérito do Ministro Fux fundou-se na inconstitucionalidade em vários pontos do juiz de garantias, com a defesa de que não deveria ser um instituto obrigatório, mas sim implementado de acordo com a avaliação de cada tribunal, discricionariamente.

Para ele, a parcialidade do magistrado que conduziu uma investigação não deveria ser presumida, pois não há argumentos empíricos que sustentem essa conclusão.

Apesar de pontuais discordâncias de temáticas jurídicas dos autores do presente artigo, seria absolutamente deselegante deixar de elogiar o trabalho cuidadoso do Ministro Luiz Fux na qualidade de relator das ADIs. Como lhe é comum, seu relatório e voto foram impecáveis na exposição e defesa dos seus entendimentos.

3 O voto divergente do Ministro Dias Toffoli

Após o recesso de julho de 2023, o julgamento acerca da constitucionalidade do juiz das garantias foi retomado na sessão do dia 9 de agosto daquele ano.

O Ministro Dias Toffoli, regimentalmente, não sucederia o relator naquela votação em questão, mas requereu uma antecipação de vista, observando o que segue:

> Quando a lei foi aprovada no Congresso Nacional e sancionada pelo Presidente da República, estava eu na Presidência deste Supremo Tribunal Federal e do Conselho Nacional de Justiça. Fui o primeiro a receber, porque foi durante o plantão, as ações que estamos aqui a julgar. Ao mesmo tempo em que cumprimento o eminente Relator, agradeço aos eminentes Colegas

---

6   BRASIL. Supremo Tribunal Federal. ADI 6298. Rel. Luiz Fux, Tribunal Pleno, j. em 24.8.2023. *DJe*-s/n. Divulg. 18.12.2023. Public 19.12.2023. p. 143.

7   BRASIL. Supremo Tribunal Federal. ADI 6298. Rel. Luiz Fux, Tribunal Pleno, j. em 24.8.2023. *DJe*-s/n. Divulg. 18.12.2023. Public 19.12.2023. p. 156.

JOSÉ LUIS OLIVEIRA LIMA | 899

A INSTITUIÇÃO DO JUIZ DE GARANTIAS NO BRASIL: LIÇÕES DO MINISTRO DIAS TOFFOLI SOBRE O SISTEMA ACUSATÓRIO E O DIREITO DE DEFESA

que regimentalmente votariam antes de mim, pela aceitação e pela possibilidade de terem permitido uma antecipação de vista, para poder, como aquele que primeiro verticalizou sobre essas ações e proferiu decisão liminar sobre todos os pontos aqui abordados e impugnados, antecipar meu pedido de vista e trazer meu olhar sobre esse tema tão importante, um tema que realmente muda a cultura processual penal de nossa justiça criminal.[8]

Realmente, a exposição do ponto de vista do Ministro Dias Toffoli sobre o tema, que já havia sido parcialmente adiantado em sede de análise dos pedidos liminares durante o recesso de 2020, fez toda a diferença para o deslinde do julgamento e para que resultado fosse bem-sucedido.

Ao realizar incidências ao voto, o Ministro Dias Toffoli destacou que o principal ponto do novo sistema processual era a formalização de investigações perante o Poder Judiciário, evitando as chamadas "investigações de gaveta, investigações prêt-à-porter, investigações usadas conforme conveniências".[9]

No que concerne o mérito, para Dias Toffoli, os novos arts. 3º-B a 3º-F do CPP teriam como única finalidade a implementação e o gerenciamento do instituto – por ele chamado de microssistema – do juiz das garantias, aumentando a distância entre as fases investigativas e processuais.

Dessa forma, defendeu que se trata de questões atreladas ao processo penal, matéria cuja competência para legislar é exclusiva da União, nos termos do art. 22, I da Constituição Federal, e que, portanto, os dispositivos teriam sido legitimamente elaborados pelo Congresso Nacional:

> Trata-se, portanto, de uma legítima opção feita pelo Congresso Nacional, no exercício de sua liberdade de conformação, que, sancionada pelo Presidente da República, de modo algum, afeta o necessário combate a criminalidade. Apenas passara a existir uma divisão de competência funcional entre os juízes na seara criminal, como já ocorre em vários países do mundo. Um juiz atuará durante a fase de investigação no controle da legalidade e da garantia dos direitos fundamentais e outro, durante a instrução do processo e em seu julgamento. Obviamente, ambos são juízes independentes e tem todas as garantias da magistratura previstas no art. 95 da Constituição Federal.[10]

Única exceção de inconstitucionalidade formal foi feita ao parágrafo único do art. 3º-D do CPP, que dispunha que "nas comarcas em que funcionar apenas um juiz, os tribunais criarão um sistema de rodízio de magistrados, a fim de atender às disposições deste Capítulo".[11]

Após a análise da (in)constitucionalidade formal, o Ministro Dias Toffoli brilhantemente expôs seus argumentos pelos quais seria necessário conferir eficácia normativa e social à figura do juiz das garantias e, para tanto, a seu ver, seria proporcional e

---

8   BRASIL. Supremo Tribunal Federal. ADI 6298. Rel. Luiz Fux, Tribunal Pleno, j. em 24.8.2023. *DJe*-s/n. Divulg. 18.12.2023. Public 19.12.2023. p. 389.

9   BRASIL. Supremo Tribunal Federal. ADI 6298. Rel. Luiz Fux, Tribunal Pleno, j. em 24.8.2023. *DJe*-s/n. Divulg. 18.12.2023. Public 19.12.2023. p. 390.

10 BRASIL. Supremo Tribunal Federal. ADI 6298. Rel. Luiz Fux, Tribunal Pleno, j. em 24.8.2023. *DJe*-s/n. Divulg. 18.12.2023. Public 19.12.2023. p. 423.

11 BRASIL. *Lei n. 13.964, de 24 de dezembro de 2019*: Aperfeiçoa a legislação penal e processual penal. Disponível em: https://www.planalto.gov.br/ccivil_03/_ato2019-2022/2019/lei/l13964.htm. Acesso em: 31 jul. 2024.

adequado garantir 12 (doze) meses, prorrogáveis por igual prazo, para a implementação das modificações necessárias para efetividade do microssistema.

Passando para a análise da perspectiva material da norma, o Ministro Dias Toffoli divergiu do relator no quesito da obrigatoriedade da implementação do instituto, asseverando que "o cumprimento das aludidas providências não é uma faculdade dos poderes legislativo e judiciário":[12]

> Penso que deixar a adoção de tais providências ao sabor das conveniências regionais e da estrita discricionariedade dos entes federativos e dos tribunais implicaria dar a eles o poder de tornar o juiz das garantias 'letra morta', não obstante sua natureza processual-penal. Assim, embora reconheça que o novo instituto demanda complementação normativa e organizacional e que deve ser respeitada a autonomia e as especificidades de cada tribunal, entendo que o microssistema processual do juiz das garantias deve ser implementado de maneira consciente e obrigatoriamente em todo o território nacional. Ressalto que o eminente Relator, Ministro Luiz Fux, declarou a inconstitucionalidade do dispositivo por entender que compete as leis de organização judiciaria a instituição do juiz das garantias. Não obstante as razoes levantadas por Sua Excelência, divirjo, respeitosamente, da solução adotada pelo Ministro Relator, pelas razões já expostas.[13]

O Ministro Dias Toffoli, assim como havia feito na decisão monocrática de análise liminar, defendeu que o modelo do juiz das garantias apenas reforça os direitos constitucionais dos acusados e a intenção do constituinte de 1988 de se estabelecer o modelo acusatório e imparcial.

Novamente durante a análise da constitucionalidade material, o ministro voltou a demonstrar sua preocupação com investigações não formalizadas e não submetidas ao Judiciário, especialmente se tratando dos procedimentos investigatórios criminais (PICs) do Ministério Público, utilizando o maior controle jurisdicional como exemplo de benefício trazido pelo juiz das garantias na fase investigativa.

Ainda, votou por retirar a obrigatoriedade de que o exercício do contraditório em casos de análise de prisão ou outras medidas cautelares aconteça em audiência pública e oral, bem como vedações à modalidade de videoconferência. Isso, a fim de garantir a flexibilização e o acesso à justiça que a vivência do Judiciário durante a pandemia evidenciou como necessária.

Além disso, declarou-se a inconstitucionalidade de dispositivos que afirmavam que a competência do juiz das garantias cessava com o recebimento da denúncia, para fazer constar que, na realidade, ela se encerra com o oferecimento da exordial acusatória.

Também, estabeleceu-se que o instituto não seria aplicável ao Tribunal do Júri, procedimentos originários dos tribunais, violência doméstica, além da hipótese já prevista em lei das infrações de menor potencial ofensivo.

Concordou com o ministro relator ao afirmar que não se deve presumir a parcialidade do juiz, mas ressaltou que "a essência da existência do juiz das garantias, portanto, é reduzir a influência do juiz que participou da fase investigativa na fase cognitiva ou

---

[12] BRASIL. Supremo Tribunal Federal. ADI 6298. Rel. Luiz Fux, Tribunal Pleno, j. em 24.8.2023. *DJe*-s/n. Divulg. 18.12.2023. Public 19.12.2023. p. 428.

[13] BRASIL. Supremo Tribunal Federal. ADI 6298. Rel. Luiz Fux, Tribunal Pleno, j. em 24.8.2023. *DJe*-s/n. Divulg. 18.12.2023. Public 19.12.2023. p. 429.

processual, a fim de não a contaminar com vieses cognitivos, de forma consciente ou inconsciente".[14]

E exatamente por não se poder "considerar contaminado o magistrado que simplesmente teve acesso às provas do inquérito", é que o Ministro Dias Toffoli considerou "desproporcional privar o juiz do julgamento de exercer juízo de valor quanto as evidências apresentadas pelas partes".[15]

Enfim, analisando artigo por artigo, algumas interpretações foram dadas buscando não somente a adequação da norma à realidade processual brasileira, mas também corrigindo alguns equívocos legislativos, tudo em conformidade com a constituição.

Mas fato é que o voto do Ministro Dias Toffoli acatou o instituto do juiz das garantias, reconhecendo sua importância para aprimoramento do sistema processual penal brasileiro, bem como para fins de cumprimento das pretensões constitucionais.

E, apesar de a análise da Suprema Corte nas referidas ADIs ser restrita à declaração de (in)constitucionalidade da norma, o julgamento deixou claro que as alterações ao CPP, conforme bem ponderou o Ministro Toffoli, "traduzem não apenas uma reconfiguração do sistema jurídico, mas uma verdadeira transformação político-cultural".[16]

4   A transformação político-cultural

Ao qualificar o ingresso do instituto do juiz das garantias em nosso ordenamento como uma transformação político-cultural, o Ministro Dias Toffoli dá a tônica de evolução que tem essa mudança sistêmica da legislação processual. Uma mudança em direção à efetivação do direito de defesa, especialmente pela garantia de que os argumentos apresentados pelo acusado sob o contraditório sejam analisados por um juízo distante da visão acusatória que se estabelece durante a investigação.

Falar em juiz das garantias é, portanto, falar em constituir concretamente um sistema acusatório em que o juiz não tenha a iniciativa probatória e seja equidistante das partes, inclusive em termos subjetivos.

A Constituição de 1988 agasalhou o sistema acusatório e construiu um conjunto principiológico para rechaçar os dispositivos processuais penais que não respeitassem essa concepção sistemática de processo penal. Entretanto, não é o que se viu no plano infraconstitucional efetivamente, pois nosso Código de Processo Penal segue com dispositivos de matriz inquisitória, mesmo após diversas alterações – inclusive o Pacote Anticrime – que trouxeram, aliás, a afirmação expressa de adesão à uma "estrutura acusatória" (art. 3º-A).

Acontece que "a referida 'estrutura acusatória' não se efetiva com sua simples afirmação", e, a bem da verdade, nem mesmo com a criação do juiz das garantias como

---

[14] BRASIL. Supremo Tribunal Federal. ADI 6298. Rel. Luiz Fux, Tribunal Pleno, j. em 24.8.2023. *DJe*-s/n. Divulg. 18.12.2023. Public 19.12.2023. p. 452.

[15] BRASIL. Supremo Tribunal Federal. ADI 6298. Rel. Luiz Fux, Tribunal Pleno, j. em 24.8.2023. *DJe*-s/n. Divulg. 18.12.2023. Public 19.12.2023. p. 452; 454.

[16] BRASIL. Supremo Tribunal Federal. ADI 6298. Rel. Luiz Fux, Tribunal Pleno, j. em 24.8.2023. *DJe*-s/n. Divulg. 18.12.2023. Public 19.12.2023. p. 429.

instituto previsto legalmente. Como bem coloca a doutrina, é necessário haver uma mudança de mentalidade.[17]

É nesse sentido que as colocações do Ministro Dias Toffoli ganham luz no debate, vez que delas se extrai a importância do instituto do juiz das garantias como ferramenta para *promover a originalidade cognitiva do magistrado* ante a necessidade de haver atividade jurisdicional durante a fase investigatória, como consta expressamente em seu voto.

Citando Aury Lopes Junior, o Ministro Dias Toffoli bem destaca que a imparcialidade do juiz é "princípio supremo" do processo penal. Dessa forma, é realmente inquestionável a necessidade de separação de funções no sentido de haver um juízo de admissibilidade da acusação feito por magistrado que não acompanhou a investigação, isto é, o procedimento pré-processual de formação da *opinio delicti*.

Não se trata de diminuir a importância do juiz de garantias como função jurisdicional especialmente voltada para se assegurar as garantias individuais na fase investigatória (nos termos do art. 3º-B do CPP). A exposição acurada sobre essa questão no voto do Ministro Dias Toffoli bem observa que a proteção do investigado em face de abusos durante a fase pré-processual é uma perspectiva igualmente relevante.

Como bem sintetiza Carlos Alberto Garcete, há estudos ao redor do mundo que demonstrariam ser *inegável* a contaminação do convencimento do juiz que acompanha a investigação para a etapa judicial da persecução criminal, sobretudo diante do agigantamento da fase investigatória, concentrando grande parte da produção probatória.[18]

Mesmo que de forma inconsciente, como demonstrado pelo voto do Ministro Dias Toffoli, a imparcialidade do juiz que acompanha a investigação também pode ser afetada em consequência, justamente, do controle de legalidade que ele deve realizar durante essa fase investigatória, especialmente ante as medidas investigativas e assecuratórias que interferem nos direitos fundamentais do investigado.

Ainda conforme Garcete:

> o juiz que decide medidas interventivas de força, em fase de investigação, torna-se inclinado a ratificá-las em fases ulteriores do processo penal, como forma de restauração do equilíbrio em seu sistema cognitivo e a relação contraditória, daí a relevância do impedimento legal de sua atuação a posteriori.[19]

Dessa forma, a relevância da perspectiva de cisão da função jurisdicional entre um órgão judicial que fiscaliza a fase investigatória e um outro que analisa a acusação concretiza que a imparcialidade do juiz deve estar incondicionalmente protegida de qualquer possibilidade de contaminação, separando-se a persecução penal pelo critério de competência funcional.

---

[17] COUTINHO, Jacinto Nelson de Miranda; MURATA, Ana Maria Lumi Kamimura; BORBA, Thiago Cochenski. Pensando um sistema acusatório para o Brasil a partir dos modelos dos EUA, da Argentina, do Chile e do México. *In*: MADEIRA, Guilherme; BADARÓ, Gustavo; CRUZ, Rogério Schietti (Org.). *Código de Processo Penal*. São Paulo: Revista dos Tribunais, 2021. v. 1. p. 28-29.

[18] GARCETTE, Carlos Alberto. 80 anos do Código de Processo Penal: a paulatina naturalização do sistema acusatório. *In*: MADEIRA, Guilherme; BADARÓ, Gustavo; CRUZ, Rogério Schietti (Org.). *Código de Processo Penal*. São Paulo: Revista dos Tribunais, 2021. v. 1. p. 229.

[19] GARCETTE, Carlos Alberto. 80 anos do Código de Processo Penal: a paulatina naturalização do sistema acusatório. *In*: MADEIRA, Guilherme; BADARÓ, Gustavo; CRUZ, Rogério Schietti (Org.). *Código de Processo Penal*. São Paulo: Revista dos Tribunais, 2021. v. 1. p. 331.

JOSÉ LUIS OLIVEIRA LIMA

A INSTITUIÇÃO DO JUIZ DE GARANTIAS NO BRASIL: LIÇÕES DO MINISTRO DIAS TOFFOLI SOBRE O SISTEMA ACUSATÓRIO E O DIREITO DE DEFESA | 903

Ainda que a Suprema Corte tenha declarado inconstitucional a criação de um *impedimento* ao juiz de garantias de atuar na fase processual (expresso no art. 3º-D do CPP), é incontestável o reconhecimento da importância em se implementar a divisão de atuação.

Ressalta-se que, em seu voto, o Ministro Dias Toffoli bem observou que o instituto do juiz das garantias, em essência, serve para reduzir a influência do juiz que participou da fase investigativa na fase cognitiva ou processual.

Ou seja, a efetividade do almejado sistema acusatório passa pela estruturação do próprio Poder Judiciário de modo a concretizar, no processo penal, a regra fundamental de um magistrado não atuar em causas nas quais haja razões para não ser imparcial – tanto objetiva como subjetivamente.

Portanto, a validação pelo Supremo Tribunal Federal do instituto do juiz das garantias em nosso sistema jurídico, a partir do voto do Ministro Dias Toffoli, mostra-se um avanço rumo ao sistema acusatório afirmado pela Constituição de 1988, no qual o direito de defesa é fortalecido.

A garantia de uma análise efetivamente imparcial, pelo magistrado, dos argumentos defensivos apresentados sob contraditório é premissa fundamental de que a defesa do acusado esteja sendo considerada no julgamento da causa e, logo, seja efetivo o seu exercício.

5 Próximos passos

O processo penal, desde a edição da Constituição Federal de 1988, foi recorrentemente modificado para que fosse compatibilizado com as garantias trazidas pela Carta Magna, especialmente com o sistema acusatório delimitado pelas regras contidas no art. 129.

O Pacote Anticrime foi mais uma dessas leis que, como dito pelo Ministro Dias Toffoli, na decisão monocrática e em seu voto perante o Plenário do STF, corrobora a garantia daquilo que o constituinte de 1988 pretendeu.

Internacionalmente, são diversos os países que inserem em seus códigos processuais penais figura semelhante ao juiz das garantias, separando a fase "pré-processual" da fase "processual".

O Ministro Dias Toffoli bem reconhece, nesse ponto, que "o juiz das garantias é instituto que corrobora os mais avançados parâmetros internacionais relativos as garantias do processo penal, tanto que diversos países já o adotam, não sendo uma novidade no cenário do direito comparado".[20]

E não apenas internacionalmente, pois há inclusive tribunais brasileiros que já adotavam, antes da obrigatoriedade legal, estruturas semelhantes. É o caso, por exemplo, do Departamento de Inquéritos Policiais (Dipo) localizado no Fórum Criminal Central da Barra Funda, em São Paulo/SP.

---

[20] BRASIL. Supremo Tribunal Federal. ADI 6298. Rel. Luiz Fux, Tribunal Pleno, j. em 24.8.2023. *DJe*-s/n. Divulg. 18.12.2023. Public 19.12.2023. p. 433.

Desde 1984, e, portanto, antes da atual Constituição Federal, o objetivo primordial do Dipo é especializar a atividade judiciária na fase investigativa, e dar celeridade ao que necessita de tutela jurisdicional com urgência.

No entanto, são escassos os tribunais já acostumados com o novo modelo, e, passado o julgamento do STF acerca da constitucionalidade do instituto, caberá à organização judiciária ditar como se darão os próximos passos em cada tribunal do Brasil, o que não é tarefa fácil.

O julgamento das ADIs foi extremamente sensato, ao definir que o "juiz das garantias, embora formalmente concebido pela lei como norma processual geral, altera materialmente a divisão e a organização de serviços judiciários em nível tal que enseja completa reorganização da justiça criminal do país".[21]

E a completa reorganização da justiça criminal, por óbvio, vem acompanhada de relevantes gastos para o Poder Judiciário, principalmente devido às indispensáveis reestruturações e redistribuições de recursos humanos e materiais, além do aprimoramento dos sistemas processuais, o que demandará, inevitavelmente, a adaptação das leis de organização judiciária nas esferas federal e estadual.

Por isso, restou reconhecida a irrazoabilidade do art. 20 da Lei nº 13.964/2019, que determinava o prazo de 30 (trinta) dias para início da vigência das medidas, concedendo-se o prazo de 12 (doze) meses, prorrogável por igual período, para que pudessem ser colocadas em prática

> medidas legislativas e administrativas necessárias à adequação das diferentes leis de organização judiciária, à efetiva implantação e ao efetivo funcionamento do juiz das garantias em todo o país, tudo conforme as diretrizes do Conselho Nacional de Justiça e sob a supervisão dele.[22]

O acórdão do julgamento das ADIs foi publicado em 19.12.2023 e, naquele mesmo dia, o CNJ já instituiu um grupo de trabalho destinado a sugerir diretivas para a implementação do instituto do juiz das garantias.

Segundo a instituição, "participaram do GT representantes do Sistema de Justiça, como tribunais estaduais e federais, do Conselho da Justiça Federal (CJF), de associações da magistratura e da advocacia e de integrantes do Ministério Público, do Conselho Nacional das Defensoras e Defensores Públicos-Gerais (Condege), entre outros",[23] que concluíram o trabalho no último dia 21 de maio.

A proposta do CNJ garantiu aos tribunais a autonomia para definição de estrutura e funcionamento, consideradas as "suas particularidades demográficas, geográficas, administrativas e financeiras".[24]

---

[21] BRASIL. Supremo Tribunal Federal. ADI 6298. Rel. Luiz Fux, Tribunal Pleno, j. em 24.8.2023. *DJe-s/n*. Divulg. 18.12.2023. Public 19.12.2023. p. 7.

[22] BRASIL. Supremo Tribunal Federal. ADI 6298. Rel. Luiz Fux, Tribunal Pleno, j. em 24.8.2023. *DJe-s/n*. Divulg. 18.12.2023. Public 19.12.2023. p. 9.

[23] CNJ. Grupo de trabalho do CNJ conclui proposta de regulamentação para juiz das garantias. *CNJ: Conselho Nacional de Justiça*, 2024. Disponível em: https://www.cnj.jus.br/grupo-de-trabalho-do-cnj-conclui-proposta-de-regulamentacao-para-juiz-das-garantias/ Acesso em: 2 ago. 2024.

[24] CNJ. Grupo de trabalho do CNJ conclui proposta de regulamentação para juiz das garantias. *CNJ: Conselho Nacional de Justiça*, 2024. Disponível em: https://www.cnj.jus.br/grupo-de-trabalho-do-cnj-conclui-proposta-de-regulamentacao-para-juiz-das-garantias/ Acesso em: 2 ago. 2024.

JOSÉ LUIS OLIVEIRA LIMA | 905

A INSTITUIÇÃO DO JUIZ DE GARANTIAS NO BRASIL: LIÇÕES DO MINISTRO DIAS TOFFOLI SOBRE O SISTEMA ACUSATÓRIO E O DIREITO DE DEFESA

Assim como o julgamento do STF, as diretrizes reforçaram a impossibilidade de aplicação da figura aos casos de competência originária, do Tribunal do Júri, violência doméstica e familiar, crimes de menor potencial ofensivo e nas varas colegiadas previstas na Lei nº 12.694/2012.

Por fim, o CNJ sugeriu os sistemas de especialização, regionalização ou substituição para que os tribunais se organizem em termos de definição do juízo das garantias, cada um de acordo com cada realidade e particularidades.

O Tribunal Regional Federal da 3ª Região ("TRF-3") é um bom exemplo de tribunal que rapidamente editou resolução visando instituir, o quanto antes, o sistema do juiz das garantias. Ilustrando o modelo de "regionalização" definido pelo CNJ, o TRF-3 estabeleceu em sua normativa:

> Nas subseções judiciárias onde houver duas ou mais varas com competência criminal, cumulativa ou não, o juiz das garantias funcionará junto ao juízo para o qual for distribuída a comunicação de prisão em flagrante, o inquérito policial, o procedimento investigatório criminal, a representação da autoridade policial ou o requerimento do Ministério Público Federal em que haja reserva de jurisdição, conforme disposto no art. 2.º, da Resolução CJF3R nº 117/2024. Em relação às subseções judiciárias com vara única ou com apenas uma vara com competência criminal, o juiz das garantias funcionará de forma regionalizada, nos termos do Anexo I, para a Seção Judiciária de São Paulo, e do Anexo II, para a Seção Judiciária do Mato Grosso do Sul, consoante art. 3.º, do referido normativo.[25]

Obviamente não é fácil equilibrar orçamento com a eficiência coordenada de uma nova estrutura processual que demanda recursos materiais, financeiros, pessoais, estruturais, logísticos etc. Mas espera-se que direitos de acusados sejam mais bem observados, e que a Justiça seja mais especializada e preparada, de acordo com cada tipo de demanda que lhe é submetida.

Ao final, assim como ocorreu com outras alterações penais e processuais penais, como as leis do Juizado Especial e Maria da Penha, a expectativa é que fique a sensação de que valeu a pena.

E que daqui alguns anos seja lembrado e celebrado o entendimento do Ministro Dias Toffoli de que o juiz das garantias "veio a *reforçar* o modelo de processo penal preconizado pela Constituição de 1988. Tal medida constitui uma alteração *sem precedentes* em nosso processo penal, o qual tem, paulatinamente, caminhado para um *fortalecimento do modelo acusatório*".[26]

Referências

BADARÓ, Gustavo Henrique. *Processo penal*. 8. ed. rev., atual. e ampl. São Paulo: Thomson Reuters Brasil, 2020. 1359 p.

BRASIL. *Constituição da República Federativa do Brasil de 1988*. Disponível em: http://www.planalto.gov.br/ccivil_03/constituicao/constituicao.htm. Acesso em: 31 jul. 2024.

---

25 TRF3. Juiz das garantias. *Justiça Federal, Tribunal Regional Federal da 3ª Região*, 2024. Disponível em: https://www.trf3.jus.br/scaj/foruns-e-juizados/juiz Acesso em: 2 ago. 2024.

26 BRASIL. Supremo Tribunal Federal. ADI 6298. Rel. Luiz Fux, Tribunal Pleno, j. em 24.8.2023. *DJe*-s/n. Divulg. 18.12.2023. Public 19.12.2023. p. 431.

BRASIL. *Decreto-Lei n. 3.689, de 3 de outubro de 1941*: Código de Processo Penal. Disponível em: http://www.planalto.gov.br/ccivil_03/decreto-lei/del3689.htm. Acesso em: 31 jul. 2024.

BRASIL. *Lei n. 13.964, de 24 de dezembro de 2019*: Aperfeiçoa a legislação penal e processual penal. Disponível em: https://www.planalto.gov.br/ccivil_03/_ato2019-2022/2019/lei/l13964.htm. Acesso em: 31 jul. 2024.

BRASIL. *Portaria nº 373 de 19/12/2023 do Conselho Nacional de Justiça*: Institui Grupo de Trabalho destinado a sugerir diretivas para implementação do juiz das garantias, nos termos da Lei nº 13.964/2019. Disponível em: https://atos.cnj.jus.br/atos/detalhar/5420 Acesso em: 1º ago. 2024.

BRASIL. *Resolução CJF3R nº 117, de 31 de janeiro de 2024 do Tribunal Regional Federal da 3ª Região*: Dispõe sobre a implantação do juiz das garantias na Justiça Federal de Primeiro Grau da 3ª Região, nos termos do art. 3º da Lei nº 13.964, de 24 de dezembro de 2019. Disponível em: https://web.trf3.jus.br/atos-normativos/atos-normativos-dir/Conselho%20da%20Justi%C3%A7a/Resolu%C3%A7%C3%B5es/2024/Resolu%C3%A7%C3%A3o0117.htm Acesso em: 2 ago. 2024.

BRASIL. Supremo Tribunal Federal. ADI 6298. Rel. Luiz Fux, Tribunal Pleno, j. em 24.8.2023. *DJe*-s/n. Divulg. 18.12.2023. Public 19.12.2023.

BRASIL. Supremo Tribunal Federal. *Decisão monocrática do Ministro Dias Toffoli, quando Presidente durante o recesso judiciário de janeiro de 2020*. ADI 6298. Rel. Luiz Fux, 15.1.2020.

CNJ. Grupo de trabalho do CNJ conclui proposta de regulamentação para juiz das garantias. *CNJ: Conselho Nacional de Justiça*, 2024. Disponível em: https://www.cnj.jus.br/grupo-de-trabalho-do-cnj-conclui-proposta-de-regulamentacao-para-juiz-das-garantias/ Acesso em: 2 ago. 2024.

COUTINHO, Jacinto Nelson de Miranda; MURATA, Ana Maria Lumi Kamimura; BORBA, Thiago Cochenski. Pensando um sistema acusatório para o Brasil a partir dos modelos dos EUA, da Argentina, do Chile e do México. *In*: MADEIRA, Guilherme; BADARÓ, Gustavo; CRUZ, Rogério Schietti (Org.). *Código de Processo Penal*. São Paulo: Revista dos Tribunais, 2021. v. 1. p. 1-56.

GARCETTE, Carlos Alberto. 80 anos do Código de Processo Penal: a paulatina naturalização do sistema acusatório. *In*: MADEIRA, Guilherme; BADARÓ, Gustavo; CRUZ, Rogério Schietti (Org.). *Código de Processo Penal*. São Paulo: Revista dos Tribunais, 2021. v. 1. p. 215-239.

TRF3. Juiz das garantias. *Justiça Federal, Tribunal Regional Federal da 3ª Região*, 2024. Disponível em: https://www.trf3.jus.br/scaj/foruns-e-juizados/juiz Acesso em: 2 ago. 2024.

Informação bibliográfica deste texto, conforme a NBR 6023:2018 da Associação Brasileira de Normas Técnicas (ABNT):

LIMA, José Luis Oliveira. A instituição do juiz de garantias no Brasil: lições do Ministro Dias Toffoli sobre o sistema acusatório e o direito de defesa. *In*: MENDES, Gilmar Ferreira; LIRA, Daiane Nogueira de; FREIRE, Alexandre (coord.). *Constituição, democracia e diálogo*: 15 anos de Jurisdição Constitucional do Ministro Dias Toffoli. 2. ed. Belo Horizonte: Fórum, 2025. p. 895-906. ISBN 978-65-5518-937-7.

O JULGAMENTO DO RE Nº 839.163/DF E A VISÃO ESTRATÉGICA DE DIAS TOFFOLI

JOSÉ MUCIO MONTEIRO
RAFAELO ABRITTA

A atuação do Ministro Dias Toffoli no Supremo Tribunal Federal ao longo de seus 15 anos de serviço tem sido marcada por uma série de contribuições significativas para a jurisprudência brasileira. Entre os diversos casos de relevância que passaram por suas mãos, o Recurso Extraordinário nº 839.163/DF se destaca como um exemplo de sua visão estratégica para a eficiência da justiça penal. A análise desse julgamento revela como Toffoli tem buscado soluções inovadoras para enfrentar os desafios do sistema judiciário, sempre com um olhar atento à necessidade de celeridade e eficácia na aplicação da justiça. Tais soluções permeiam, também, outros aspectos da atividade judicial, demonstrando seu compromisso com o ideário de justiça delineado por Rui Barbosa na *Oração aos moços*, na qual imortalizou seu pensamento:

> [...] justiça atrasada não é justiça, senão injustiça qualificada e manifesta. Porque a dilação ilegal nas mãos do julgador contraria o direito escrito das partes, e, assim, as lesa no patrimônio, honra e liberdade. Os juízes tardinheiros são culpados, que a lassidão comum vai tolerando. Mas sua culpa tresdobra com a terrível agravante de que o lesado não tem meio de reagir contra o delinquente poderoso, em cujas mãos jaz a sorte do litígio pendente. Não sejais, pois, desses magistrados, nas mãos de quem os autos penam como as almas do purgatório, ou arrastam sonos esquecidos como as preguiças do mato.[1]

O RE nº 839.163/DF trouxe à tona questões fundamentais para a dinâmica da justiça penal no Brasil. O sistema judiciário do país, principalmente a partir do final do século passado, enfrentava desafios notáveis, especialmente relacionados ao uso excessivo de recursos processuais na seara criminal. Essa prática, muitas vezes, resultava na prescrição das penas, alimentando uma sensação de impunidade e comprometendo a eficácia do sistema penal como um todo. A recorrente utilização de recursos protelatórios não apenas retardava a execução das penas, mas também enfraquecia a confiança da sociedade na capacidade do Judiciário de aplicar a justiça de maneira efetiva e tempestiva.

---

[1] BARBOSA, Rui. *Oração aos moços*. Edição popular anotada por Adriano da Gama Kury. 5. ed. Rio de Janeiro: Edições Casa de Rui Barbosa, 1999. p. 40.

Um dos principais problemas enfrentados pelo sistema judiciário brasileiro era, e continua a ser, a sobrecarga de processos. A morosidade processual não era apenas uma consequência da alta demanda, mas também de uma cultura jurídica que permitia e, em alguns casos, incentivava o uso excessivo de recursos. Isso resultava em um cenário em que a justiça tardia frequentemente se tornava uma justiça falha.

A impunidade decorrente da prescrição das penas produzia um impacto profundo na segurança e paz social. Ela minava a confiança pública no sistema judiciário e na própria capacidade do Estado de garantir a segurança e a ordem. Além disso, a sensação de impunidade encorajava comportamentos ilícitos, pois muitos criminosos contavam com a lentidão da justiça para escapar de suas responsabilidades.

Diante dessa realidade, o Ministro Dias Toffoli percebeu a necessidade de mudanças na praxe processual. Com uma iniciativa inovadora, propôs, em 2014, que os relatores dos processos penais em curso perante a Suprema Corte pudessem decretar monocraticamente o trânsito em julgado de recursos, especialmente em situações em que fosse evidente o abuso do direito de recorrer e estivesse presente o risco iminente de prescrição. Essa medida visava a acelerar a execução das penas e a combater a utilização de recursos com o intuito de postergar indefinidamente a aplicação da lei.

A proposta idealizada tomou como fundamento princípios constitucionais, como a razoável duração do processo e a eficiência da Administração Pública. Ao permitir que o relator decidisse monocraticamente sobre a baixa dos autos para execução da pena, Dias Toffoli buscou assegurar que os processos judiciais fossem conduzidos de maneira eficiente e justa, sem dar margem para manobras protelatórias.

Na prática, a proposta implicou uma mudança significativa na forma como os recursos eram manejados dentro do sistema penal. Ao conferir ao relator a prerrogativa de decretar o trânsito em julgado, a medida buscou eliminar etapas desnecessárias do processo, reduzindo o tempo total entre a condenação e a execução da pena. Essa abordagem também passou a servir como um dissuasor contra o uso abusivo de recursos, uma vez que os sentenciados sabiam que suas tentativas de atrasar a justiça poderiam ser rapidamente frustradas.

Quando levada a questão fática para apreciação do Plenário da Egrégia Corte, o ministro destacou a singularidade da questão sob exame, *in verbis*:

> Nesta Suprema Corte, o recurso foi autuado como AI nº 681.109/SP, de minha relatoria, ao qual neguei seguimento, por ausência de prequestionamento, ofensa reflexa e reexame de fatos e provas. Essa decisão foi mantida, em sede de agravo regimental, pela Primeira Turma, [...]
> Contra esse julgado foram opostos embargos de declaração, embargos de divergência e agravo regimental, todos sem sucesso, tendo o Tribunal Pleno, inclusive, reconhecendo o caráter protelatório dos sucessivos recursos manejados pela defesa, determinado a baixa dos autos, independentemente da publicação do julgado, com o consequente trânsito em julgado. [...].[2]

---

[2]   Voto de José Antonio Dias Toffoli na Questão de Ordem no RE nº 839.163/DF.

Em síntese, no *leading case*, foram manejados sistematicamente três recursos extraordinários em face de julgados do Superior Tribunal de Justiça originários de um mesmo recurso especial.

Diante dessa situação de flagrante caráter protelatório, Dias Toffoli apresentou um voto conducente, ressaltando a necessidade de um mecanismo eficaz para coibir o abuso do direito de recorrer. Ele defendeu que o relator tivesse a prerrogativa de decidir monocraticamente sobre a baixa dos autos para execução da pena, sem a necessidade de aguardar a publicação do acórdão, em casos em que houvesse risco iminente de prescrição ou utilização abusiva de recursos.

Seu voto foi baseado em dois argumentos principais: primeiro, a necessidade de preservar a eficácia do sistema penal e evitar que a utilização abusiva de recursos pudesse levar à impunidade; e, segundo, a proteção do princípio da razoável duração do processo, garantido pela Constituição Federal. Para Toffoli, permitir que recursos meramente protelatórios impedissem a execução das penas era uma afronta a esse princípio.

Em seu voto, o ministro fez uma análise detalhada dos princípios constitucionais envolvidos, ressaltando a importância de equilibrar os direitos dos réus com a necessidade de eficiência judicial. Ele argumentou que a Constituição não podia ser usada como um escudo para práticas que, na verdade, subvertiam a justiça. Também destacou que a interpretação constitucional deve sempre buscar um equilíbrio que permita a realização de uma justiça efetiva, sem prejudicar os direitos fundamentais dos envolvidos.

A proposta então formulada teve um impacto significativo no sistema judiciário, introduzindo uma postura mais rigorosa contra a protelação processual na esfera criminal. A decisão da Suprema Corte, seguindo o voto condutor de Dias Toffoli, buscou um equilíbrio entre a proteção dos direitos dos réus e a necessidade de garantir a efetividade das decisões judiciais e a aplicação da justiça.

A decisão representou uma mudança de paradigma na forma como os recursos processuais são manejados no Brasil. Ao endossar a proposta, o Tribunal Constitucional enviou uma mensagem clara de que não toleraria mais o uso abusivo de recursos para atrasar indefinidamente a execução das penas. Essa mudança teve o efeito de aumentar a eficiência do sistema judiciário e de reduzir a sensação de impunidade.

Ao apoiar a proposta, os ministros da Corte contribuíram para a criação de um precedente robusto que poderia ser utilizado em casos futuros. Isso foi fundamental para dar continuidade ao esforço de modernização e eficiência do Judiciário.

A implementação da nova jurisprudência levou a uma redução significativa na prescrição de delitos. Ao permitir que os processos fossem concluídos de maneira mais rápida, a decisão ajudou a garantir que mais condenações resultassem em execuções reais de pena, o que contribuiu para a efetividade da justiça penal.

Merece destaque excerto do voto do Ministro Teori Zavascki, que bem sintetizou a tese trazida pelo Ministro Dias Toffoli, *verbis*:

> Se fôssemos examinar a questão apenas do ponto de vista processual formal, eu diria que tem razão o advogado que sustentou da tribuna. Não há dúvida de que um dos efeitos naturais de todos os recursos é justamente o efeito obstativo do trânsito em julgado, de modo que, enquanto julgados todos os recursos, não haverá coisa julgada. Mas não é

essa a questão que, na verdade, está como pano de fundo. Como pano de fundo há, no caso, um conflito de natureza constitucional entre vários princípios constitucionais, que convivem harmonicamente no plano normativo, mas que no plano prático podem entrar em conflito, como no caso. O primeiro princípio que subjaz a essa questão é o da presunção de inocência, princípio esse ao qual o Supremo Tribunal Federal, tradicionalmente, atribui uma consequência importante: enquanto não houver o trânsito em julgado de todas as decisões do processo, o acusado é considerado inocente e, portanto, não pode ser submetido à execução da pena. Essa é a extensão que o princípio da presunção de inocência assume, segundo a jurisprudência desta Suprema Corte. Esse princípio, no plano normativo, convive harmonicamente com o princípio do devido processo legal, com o princípio da duração razoável do processo e com o princípio da efetividade da jurisdição. Mas não no plano prático, como aqui está ocorrendo. Não há dúvida de que, num caso como este, o início da execução da pena ficar subordinado ao trânsito em julgado de todos os recursos, em face do princípio da presunção da inocência, certamente vai comprometer outros princípios constitucionais importantes. Por exemplo: o princípio do monopólio da jurisdição, que tem como consequência natural o dever do Estado de prestar jurisdição efetiva, em tempo útil e adequado; o princípio da duração razoável do processo, que tem como contrapartida o dever de todos de não utilizar de mecanismos procrastinatórios para retardar o desfecho do processo; o próprio princípio do devido processo legal, que não comporta, certamente, recursos abusivos. Há aqui, portanto, no plano prático, uma colisão desse conjunto de valores com o princípio de presunção de inocência, na larga extensão com que é compreendido pelo Tribunal. Por isso é que a questão não pode ser simplesmente julgada num plano formal. É preciso construir uma solução que propicie uma convivência a mais harmônica possível, em situações assim, com todos esses princípios. É isso o que foi feito no caso. E é isso que o Supremo faz, quando, julgando embargos declaratórios, determina a imediata baixa independentemente do trânsito em julgado. O que o Supremo está dizendo? Ele está dizendo, em casos assim, que não se pode levar à falência a função jurisdicional em nome do princípio da presunção da inocência. Ele não pode chegar a esse ponto. O princípio da presunção da inocência não pode ter essa consequência extremada de permitir recursos sobre recursos indefinidamente. É isso que o Supremo tem feito. Essa é também a construção que foi feita no caso.[3]

Com esse entendimento firmado e consolidado, a repercussão imediata da decisão foi sentida tanto pelos operadores do direito quanto pela sociedade em geral. Advogados e réus perceberam que as estratégias de protelação processual haviam se tornado menos viáveis, o que levou a uma adaptação nas práticas forenses. Para a sociedade, a decisão reforçou a confiança na capacidade do Judiciário de aplicar a justiça de maneira célere e eficaz.

O impacto positivo na sociedade foi tangível. A redução da impunidade ajudou a restaurar a confiança pública no sistema judiciário, demonstrando que a justiça poderia ser alcançada de maneira eficiente. Isso teve um efeito positivo na percepção pública da segurança e na confiança nas instituições democráticas.

Ademais, a eficiência judicial também contribui para a redução da sensação de impunidade, que é um fator desestabilizador da ordem social. A decisão em comento demonstra que, quando os crimes são julgados rapidamente e as penas são aplicadas com rigor, a sociedade sente-se mais protegida. Isso desestimula a prática de atos ilícitos,

---

[3] Voto de Teori Albino Zavascki Gomm na Questão de Ordem no RE nº 839.163/DF.

promovendo a paz e a ordem pública. Portanto, uma justiça eficiente é sinônimo de uma sociedade mais segura e organizada.

A atuação de Dias Toffoli no julgamento do RE nº 839.163/DF está inserida em um contexto maior de modernização e eficiência do Judiciário. Sua defesa da adoção de novas tecnologias e práticas, como a digitalização de processos e a implementação de sistemas eletrônicos, tem contribuído para um Judiciário mais moderno e acessível, melhorando a gestão dos tribunais e aumentando a transparência das atividades judiciais.

Além do RE nº 839.163/DF, Toffoli teve uma atuação destacada em diversos outros julgamentos de relevância, como na análise da Lei da Ficha Limpa e em casos tributários e econômicos, sempre buscando o equilíbrio entre os interesses do Estado e os direitos dos contribuintes.

A participação de Toffoli no julgamento da Lei da Ficha Limpa foi um marco importante em sua carreira. Ele se posicionou favoravelmente à constitucionalidade da lei, destacando a importância de critérios éticos para a candidatura a cargos públicos. Sua contribuição foi fundamental para a consolidação da Lei da Ficha Limpa como instrumento de moralização da política brasileira.

Toffoli também se destacou em julgamentos envolvendo questões tributárias e econômicas. Sua atuação buscou sempre o equilíbrio entre os interesses do Estado e os direitos dos contribuintes, promovendo a justiça fiscal e a segurança jurídica nas relações econômicas diante das necessidades do Poder Público de ampliar sua arrecadação. Ele defendeu a imprescindibilidade de um sistema tributário justo e eficiente, que respeitasse os direitos dos contribuintes sem comprometer a capacidade do Estado de arrecadar recursos.

As medidas promovidas pelo Ministro Toffoli, ao facilitar o acesso às informações processuais e reduzir a burocracia, têm como objetivo principal aumentar a eficiência e a acessibilidade ao Judiciário, tornando-o mais ágil e responsivo às necessidades da sociedade.

Além disso, cumpre destacar que a eficiência da justiça é fundamental para garantir que as decisões judiciais tenham um impacto positivo e concreto na vida dos cidadãos. Quando a justiça é célere, ela promove a sensação de segurança e estabilidade, essencial para o desenvolvimento social e econômico. A eficiência do sistema judiciário brasileiro evita que processos se arrastem por anos, diminuindo a ansiedade e incerteza das partes envolvidas. Assim, uma justiça rápida e eficaz é um pilar indispensável para a confiança pública nas instituições.

Portanto, é crucial que o sistema judiciário adote medidas que acelerem os trâmites processuais sem comprometer a qualidade das decisões. A modernização dos tribunais e a utilização de tecnologias avançadas são passos importantes nesse sentido. A implementação de sistemas eletrônicos e a digitalização de processos reduzem a burocracia e agilizam o andamento dos casos. Dessa forma, o Judiciário, capitaneado pelo Supremo, pode atender às demandas da sociedade de maneira mais eficiente e transparente.

Outro aspecto relevante é que a celeridade processual beneficia diretamente os direitos das vítimas, que muitas vezes sofrem com a demora na resolução de seus casos. A justiça tardia pode perpetuar o sofrimento e a angústia, comprometendo a recuperação emocional e social das vítimas. Por isso, o Ministro Dias Toffoli demonstra que é imperativo que o Judiciário seja capaz de dar respostas rápidas e eficazes, garantindo que os direitos das vítimas sejam plenamente respeitados.

Nesse sentido, a eficiência no Judiciário promove a igualdade de acesso à justiça, pois reduz as barreiras que dificultam a resolução de litígios para os cidadãos comuns. Quando o sistema funciona bem, todas as pessoas, independentemente de sua condição social ou econômica, têm melhores chances de ver seus direitos reconhecidos e protegidos. Assim, a eficiência judicial é também um instrumento de promoção da justiça social e da igualdade.

Portanto, a busca por um sistema judiciário eficiente não é apenas uma questão administrativa, mas um compromisso com a justiça social e a democracia, ideia difundida pelo voto do ministro. A eficiência da justiça é uma questão de direitos humanos, pois garante que todos tenham acesso a um julgamento justo em um tempo razoável. Dessa forma, fortalecer a eficiência judicial é um passo essencial para consolidar o Estado de direito no Brasil.

Em suma, a eficiência da justiça é vital para a manutenção da ordem social, a promoção da segurança e a garantia dos direitos fundamentais. Portanto, esforços contínuos para modernizar e agilizar o sistema judiciário são imprescindíveis. Somente assim será possível construir uma sociedade mais justa, segura e democrática, em que todos os cidadãos possam confiar plenamente na Justiça.

O legado do Magistrado Dias Toffoli na Corte Magna é marcado por uma jurisprudência sólida e equilibrada, com decisões que reforçam os direitos fundamentais, a justiça social e a eficiência do sistema judiciário. Sua atuação no RE nº 839.163/DF, em particular, simboliza um avanço significativo ao aplicar a justiça, assegurando o devido processo legal e demais garantias constitucionais sem descurar da eficácia da sentença e da autoridade do Poder Judiciário no caso concreto.

Toffoli permanece uma figura emblemática, cuja dedicação se consolida como fomentadora da democracia e dos valores constitucionais e que será lembrada pelas gerações vindouras.

Informação bibliográfica deste texto, conforme a NBR 6023:2018 da Associação Brasileira de Normas Técnicas (ABNT):

MONTEIRO, José Mucio; ABRITTA, Rafaelo. O julgamento do RE nº 839.163/DF e a visão estratégica de Dias Toffoli. In: MENDES, Gilmar Ferreira; LIRA, Daiane Nogueira de; FREIRE, Alexandre (coord.). Constituição, democracia e diálogo: 15 anos de Jurisdição Constitucional do Ministro Dias Toffoli. 2. ed. Belo Horizonte: Fórum, 2025. p. 907-912. ISBN 978-65-5518-937-7.

DIAS TOFFOLI

JOSÉ SARNEY

Conheci o Ministro Dias Toffoli quando ele ainda era um jovem advogado. Desde logo chamou minha atenção a rara combinação, em pessoa de sua idade, de conhecimento jurídico e ponderação sobre as razões contraditórias que naturalmente, em todo processo, se apresentam de parte e outra como as que devem prevalecer. Era já a vocação para a imensa tarefa judicante que consiste, justamente, em ter a visão do encadeamento das leis que faz com que alguns argumentos sejam válidos e outros não o sejam, ensejando a manifestação da Justiça, harmonizando os fatos e o Direito.

Fui testemunha do importante trabalho que realizou como Advogado-Geral da União. Muitas vezes, em função de seu cargo e do meu mandato de Senador, tratamos de assuntos de interesse nacional, em que ele sempre mostrou a compreensão dos problemas e a sensibilidade para fazer o correto encaminhamento.

Tive depois a satisfação de acompanhar a sua indicação para a vaga do Ministro Menezes Direito, que apenas dois anos antes substituíra o Ministro Sepúlveda Pertence, e o brilho com que atua no Supremo Tribunal Federal. Segui, também, ainda como Senador, sua passagem pelo Tribunal Superior Eleitoral. E, mesmo depois de eu ter deixado o Senado, acompanhei seu trabalho quando ele assumiu a Presidência do Tribunal Superior Eleitoral, em 2014, e do Supremo Tribunal Federal, em 2018. O depoimento que presto, assim, é fruto de um conhecimento efetivo de suas qualidades de jurista e, também, de pessoa humana.

O Supremo Tribunal Federal é uma Casa essencial ao Brasil. Guardião nato de nossa Constituição – *caput* do artigo 102 –, suas competências se estendem muito além da área constitucional. A Corte conduz, de fato e simbolicamente, o pensamento jurídico no País, formulando o que deve ser a interpretação da Lei e sua aplicação.

Como orador na solenidade do Centenário do Supremo Tribunal Federal,[1] contei como a alta responsabilidade dessa Corte a fez, muitas vezes, ser vítima de ataques. No começo da República, seus ministros foram ameaçados pelo Presidente Floriano Peixoto. Hermes da Fonseca desacatava o Tribunal constantemente e reivindicava competência de intérprete da Constituição. Epitácio Pessoa – que tinha sido ministro

---

[1] O discurso foi editado duas vezes em plaquetas.

do STF – e Arthur Bernardes desacataram a Corte. Getúlio Vargas decretou nula uma sentença do Tribunal e assumiu a competência de nomear seu Presidente. No episódio do *habeas corpus* e do mandado de segurança para o retorno de Café Filho à Presidência da República, a Casa cedeu ao ruído das baionetas. O regime militar alterou duas vezes a composição do Tribunal e aposentou juízes compulsoriamente. Mais recentemente a Casa viu ameaçados seus membros e saqueada a própria sede que a abriga.

Nesse período o Ministro Dias Toffoli, exercendo a Presidência do Supremo Tribunal Federal, teve um gesto que é, até hoje, objeto de ataques, mas que foi decisivo para a sobrevivência da democracia: determinou a abertura de inquérito para apurar *fake news* e ameaças à Corte e a seus ministros, designando o Ministro Alexandre de Morais para conduzi-lo. O fundamento para o inquérito é o artigo 13 do Regimento Interno – que, como os das Casas do Congresso, tem origem constitucional e força de lei –, e sua forma é a do artigo 43 e seguintes. O fundamento para o inquérito é o artigo 13 do Regimento Interno – que, como os das Casas do Congresso, tem origem constitucional e força de lei –, e sua forma é a do Artigo 43 e seguintes. A coragem do Ministro Dias Toffoli – bem como a do Ministro Alexandre de Morais e de toda a Casa – salvou o Brasil de um desastre incomensurável.

A República, o Senado Federal e o Supremo Tribunal Federal foram espelhados por Rui Barbosa e pelos autores de nossa primeira Constituição da República nas instituições americanas.[2] Infelizmente para os americanos, lá a instituição foi manipulada para dar a sua composição um caráter partidário que levou a interpretações constitucionais que ameaçam a grande democracia construída pelos Fundadores. Aqui, graças ao Ministro Toffoli, seguimos o caminho de reforçar a democracia e o Estado de Direito.

O Ministro Dias Toffoli, durante o tempo que exerceu a Presidência dessa alta Corte, destacou-se pelo desempenho notável com que, ao atravessar o período muito difícil que o Poder Judiciário enfrentou durante seu mandato, conseguiu pacificar a Casa. Seu alto saber jurídico, sua experiência e seu espírito público contribuíram fortemente para que a sua administração tivesse excepcional êxito e brilho.

Devo mencionar também que, como Presidente do Tribunal Superior Eleitoral, deu importante contribuição ao aperfeiçoamento de nosso sistema eleitoral, constantemente vítima de alterações legais de última hora, que muitas vezes revertem os progressos alcançados. Nesse período foi ainda iniciativa do Ministro a unificação, utilizando a extraordinária base de reconhecimento digital montada pela Justiça Eleitoral, das várias peças de identificação do cidadão brasileiro, que agora está finalmente sendo implementada.

Conhecendo sua alta formação intelectual, fui, apesar disso, muito agradavelmente surpreendido ao ler, na imprensa, um artigo de sua autoria sobre o papel da Imperatriz Leopoldina na Independência. Não sabia de seu interesse por nossa História, que partilho, pois acho que é uma fonte essencial para nossa compreensão do presente e concepção

---

[2]   No caso da Suprema Corte americana a constituição não determinou o número de ministros nem a forma de eleição de seu Presidente, enquanto o STF teve o número determinado. O sistema americano fez da fórmula *"shall hold their Offices during good Behaviour"* uma vitaliciedade que, ao contrário da nossa, não tem limite de idade. Não entendo os que propõem, para os ministros do Supremo Tribunal Federal, a não vitaliciedade ou mandatos limitados, quando a norma da vitaliciedade é talvez a mais importante na garantia de independência da magistratura, em qualquer nível. Não há por que estabelecer para os ministros um *capitis diminutio*.

do futuro. No caso particular da Princesa confesso também ser seu admirador, pois seu papel ao lado de José Bonifácio se estendeu a quase tudo o que se fez de bom naqueles dias. A parceria entre os dois fora imediata, pois, embora ela falasse bem o francês e logo o português, poder conversar em alemão com um cientista e intelectual estabelecia um nível de intercâmbio que ela não tinha nem com o representante da Áustria.

Mas, sem dúvida, o que ressalta do trabalho do Ministro Dias Toffoli é seu desempenho como magistrado. Um dos mais eficientes da Casa, com um dos menores números de processos acumulados, é a qualidade de suas sentenças que destaca sua cultura jurídica, sua formulação lúcida, seu equilíbrio decisório. Autor já de importante jurisprudência, o Ministro encontrou tempo para colaborar em inúmeros estudos sobre Direito e participar de encontros e seminários jurídicos no Brasil e no exterior.

Custa-me crer que já se passaram quinze anos desde que o Ministro Toffoli assumiu sua cadeira no Supremo Tribunal Federal. É verdade que durante esse período houve várias convulsões políticas, mas o Ministro continua jovem e certamente ainda terá muitos outros anos de brilho.

Na História do Supremo Tribunal Federal, o Ministro Dias Toffoli será destacado como um dos grandes pensadores do Direito e um intelectual de virtudes culturais e morais que por ali passaram.

Informação bibliográfica deste texto, conforme a NBR 6023:2018 da Associação Brasileira de Normas Técnicas (ABNT):

SARNEY, José. Dias Toffoli. *In*: MENDES, Gilmar Ferreira; LIRA, Daiane Nogueira de; FREIRE, Alexandre (coord.). *Constituição, democracia e diálogo*: 15 anos de Jurisdição Constitucional do Ministro Dias Toffoli. 2. ed. Belo Horizonte: Fórum, 2025. p. 913-915. ISBN 978-65-5518-937-7.

A PERSPECTIVA DE GÊNERO, A PLENITUDE DE DEFESA E A ADPF Nº 779

JOSÉ ALBERTO SIMONETTI
BÁRBARA CRATEÚS SANTOS

1 Introdução

> *Sei que estou vivo porque sofro. Sofro a saudade de Ângela, sofro o amor alucinado que lhe dediquei. Jamais conseguirei amar alguém como amei Ângela Diniz. Eu quero morrer [...] e foi uma paixão violenta, possessiva e total, somada a um ciúme doentio. Eu a amei, como jamais amei outra mulher.*[1]

Na epígrafe, as palavras são de Raul Fernando do Amaral Street, mais conhecido como Doca Street, assassino confesso de Ângela Diniz, em uma entrevista concedida à *Revista Manchete* antes de se entregar à polícia, em 1977. Era final de tarde do dia 30.12.1976, na Praia dos Ossos, em Búzios, no Rio de Janeiro, quando Doca desferiu 3 tiros no rosto de Ângela após uma discussão do casal.

O caso estourou na imprensa. Ângela recebe a pecha moral messalina, anjo do mal, mulher escarlate. Aquela que bebia, fumava, mantinha relações sexuais com muitos homens e vivia longe dos filhos. Para Doca, restou o descontrole emocional. Um homem vítima de uma paixão que o dominou completamente. Matou para defender sua honra masculina.

O primeiro julgamento, em 1979, foi um dos mais famosos do país. A sessão foi filmada e transmitida via rádio. A tese da defesa – homicídio passional praticado em legítima defesa da honra com excesso culposo – triunfou. O Conselho de Sentença condenou-o pelo homicídio por excesso culposo de legítima defesa e a pena foi fixada em patamar irrisório: dois anos de detenção com direito à suspensão condicional da

---

[1] Trecho da entrevista de Doca Street para o repórter Salomão Schwartzman, da *Revista Manchete* (n. 1.293, de 22.1.1977) (THOMSON-DEVEAUX, Flora. Achados na superfície: notas da pesquisa por trás do podcast Praia dos Ossos. *Revista Rosa*, São Paulo, v. 2, n. 2, out. 2020. ISSN: 2764-1333. Disponível em: https://revistarosa.com/2/achados-na-superficie#notarodap%C3%A91. Acesso em: 17 jul. 2024).

pena (*sursis*). Como já havia cumprido parte da pena antes do julgamento, Doca saiu do Tribunal livre, pela porta da frente, embora condenado.

No segundo julgamento, em 1981, o acusado foi condenado a 15 anos de reclusão. Na ocasião, os movimentos feminista e de mulheres disputaram a memória de Ângela e de outras mulheres vítimas de violência no debate público, sob o *slogan* "Quem ama não mata".[2]

O caso foi paradigmático para o direito das mulheres. As disputas no campo jurídico e acadêmico sobre a tese da legítima da honra avançaram, porém, os feminicídios permanecem como uma expressão violenta das relações de gênero na sociedade brasileira. O relatório *Visível e invisível: a vitimização de mulheres no Brasil*,[3] de 2023, descreve que ao menos 48.289 mulheres foram assassinadas no Brasil entre 2012 e 2022. Apenas em 2022, foram 3.806 vítimas, o que representa uma taxa de 3,5 casos para cada grupo de 100 mil mulheres.[4]

Ao racializar os dados, há maior vitimização negra em crimes de feminicídio, com 61,1% em relação a 38,4% de vítimas brancas. Os números repetem-se nos demais assassinatos de mulheres, com 68,9% de vítimas negras, para 30,4% de vítimas brancas.[5]

Contra essa realidade, debates feministas e de mulheres avançaram em novas compreensões sobre as relações de gênero na sociedade e nas disputas jurídico-políticas pelo direito das mulheres. Há um vasto campo de discussões teóricas feministas que questionam o uso das instituições oficiais para transformar as relações de subordinação entre os gêneros e para o enfrentamento da violência contra a mulher. Ainda assim, reconhece-se considerável avanço. De certa maneira, foi possível acessar e rasurar o poder do direito no campo teórico e legislativo com a promulgação da Lei Maria da Penha (Lei nº 11.340/06), por exemplo.[6]

Na busca de uma cultura jurídica impermeável à revitimizações e violências institucionais, a Ação de Descumprimento de Preceito Fundamental (ADPF) nº 779 é mais uma estratégia para a efetivação de uma perspectiva antidiscriminatória no Poder Judiciário pela efetivação do direito das mulheres ao acesso à justiça. A ADPF, de relatoria do Ministro Dias Toffoli, declarou inconstitucional o uso da tese da legítima defesa da honra em crimes de feminicídio ou de agressão contra mulheres.

A ação confere interpretação conforme à Constituição ao art. 23, inc. II; art. 25, *caput* e parágrafo único, do Código Penal (CP) e ao art. 65 do Código de Processo Penal (CPP), excluindo a legítima defesa da honra do âmbito do instituto da legítima

---

[2] FERREIRA, Ângela Paula Nunes. *Do crime de paixão em legítima defesa da honra ao crime de ódio*: reconfigurações das vontades de verdade e produção de subjetividades para a mulher vítima de feminicídio na contemporaneidade. 210 f. Tese (Doutorado) – Programa de Pós-Graduação em Linguística, Universidade Federal da Paraíba (UFPB), 2022. Disponível em: https://repositorio.ufpb.br/jspui/bitstream/123456789/26863/1/%c3%82ngelaPaulaNunesFerreira_Tese.pdf. Acesso em: 17 jul. 2024.

[3] BUENO, Samira *et al*. *Visível e invisível*: a vitimização de mulheres no Brasil. 4. ed. São Paulo: Fórum Brasileiro de Segurança Pública, 2023. Relatório. Disponível em: https://publicacoes.forumseguranca.org.br/handle/123456789/224. Acesso: 16 jul. 2024.

[4] CERQUEIRA, Daniel; BUENO, Samira (Coord.). *Atlas da violência 2024*. Brasília: Ipea; FBSP, 2024. p. 35.

[5] FÓRUM BRASILEIRO DE SEGURANÇA PÚBLICA. *17º Anuário Brasileiro de Segurança Pública*. São Paulo: Fórum Brasileiro de Segurança Pública, 2023. p. 142. Disponível em: https://forumseguranca.org.br/wp-content/uploads/2023/07/anuario-2023.pdf. Acesso em: 16 jul. 2024.

[6] SEVERI, Fabiana Cristina. *Lei Maria da Penha e o projeto jurídico feminista brasileiro*. Rio de Janeiro: Lumen Juris, 2018.

defesa e obstando todos os atores da fase pré-processual ou processual, bem como no julgamento do tribunal do júri, de utilizar a referida tese, sob pena de nulidade do ato ou do julgamento. A base constitucional do acórdão foi a preservação da dignidade da pessoa humana (art. 1º, inc. III, da CF), da proteção à vida e da igualdade de gênero (art. 5º, caput, da CF).

Este texto abordará a ADPF nº 779 a partir de dois eixos. Primeiro, fará uma análise detida dos argumentos do relator e demais ministros, com ênfase nos limites jurídicos da tese final, sobretudo em relação às fronteiras entre o caráter constitucional da plenitude de defesa e o uso da tese da legítima defesa da honra em outros casos que não envolvam violência de gênero. Além disso, chama atenção para a leitura restritiva da tese proferida pelo STF, a fim de compatibilizar os ditames da dignidade humana, do direito à vida e da igualdade de gênero às garantias constitucionais inerentes ao Tribunal do Júri.

Em seguida, analisa a ação como parte de um movimento de fortalecimento da perspectiva de gênero no Poder Judiciário, emergida por meio de um histórico vitorioso da luta das mulheres e outros movimentos sociais. Assim, descreve como o direito tem sido um instrumento de produção de desigualdade de gênero e de outras assimetrias sociais. Por fim, descreve os avanços que o paradigma da igualdade de gênero no Poder Judiciário tem produzido, com ênfase nas políticas judiciárias, e avalia como esse movimento tem contribuído para o acesso à justiça de minorias sociais.

O pano de fundo da discussão é a necessidade de uma cultura jurídica antidiscriminatória que rompa com padrões assimétricos e excludentes, legitimados pelo direito e por uma prática jurídica forjada em nossa história colonial profundamente racializada e genderizada. A ADPF nº 779, desde que a tese seja limitada aos fundamentos alinhavados pela Corte, representa uma vitória para a ampliação de um horizonte jurídico antidiscriminatório que dialogue com os ditames constitucionais e os tratados internacionais e interamericanos de direitos humanos cujo Brasil é signatário.

2 A dignidade humana e a plenitude de defesa no Tribunal do Júri

O extenso rol do art. 5º da CF/88 abriga direitos e garantias fundamentais diversificados. Há direitos tipicamente da primeira geração, como a livre manifestação do pensamento e a liberdade de consciência e de crença (art. 5º, IV e VI, da CF/88), assim como aqueles atrelados à segunda geração de direitos, de cunho social e coletivo, como a função social da propriedade (art. 5º, XXIII, da CF/88).

Entre os diversos incisos e a partir de uma leitura sistemática das normas constitucionais, encontra-se o fundamento para a proteção da dignidade humana, da vida e da igualdade, sobretudo em relação a grupos sociais vulneráveis. A dignidade da pessoa humana está listada entre os fundamentos da República, em posição de destaque, logo no primeiro artigo da Constituição (art. 1º, III, CF/88). No art. 3º, IV, entre os objetivos fundamentais, está a promoção do bem de todos, sem preconceitos e discriminações de qualquer natureza. Por sua vez, a igualdade ocupa a primeira posição dos direitos inscritos no art. 5º da CF/88, sintetizada da seguinte forma: "homens e mulheres são iguais em direitos e obrigações, nos termos desta Constituição".

Noutro giro, o rol de direitos constitucionais expressos inclui também garantias de cunho processual. O direito à inafastabilidade da jurisdição e a garantia ao juiz natural, respectivamente previstos no art. 5º, XXXV e LIII, da CF, estão entre elas. Outro exemplo disso é a instituição do júri, com assento no art. 5º, XXXVIII, da CF/88, que também prevê quatro características: (i) a plenitude de defesa; (ii) o sigilo das votações; (iii) a soberania dos veredictos; e (iv) a competência para o julgamento dos crimes dolosos contra a vida.

Embora haja respeitáveis críticas doutrinárias ao funcionamento do Tribunal do Júri, às quais não nos filiamos, é fato que, no sistema brasileiro, o júri constitui-se como garantia fundamental do cidadão e, nessa esteira, cláusula pétrea. Significa dizer que sua abolição não pode sequer ser objeto de debate, nos termos do art. 60, §4º, IV, da CF/88. Considerando a natureza constitucional do Tribunal do Júri, a única alteração permitida em sua competência seria para expandir a jurisdição – é possível que outros tipos de crime, além daqueles dolosos contra a vida, sejam julgados pelo Júri, nos termos da lei. O Código de Processo Penal (CPP), inclusive, já a expandiu aos crimes conexos, julgados pelo Júri em razão da previsão em seu art. 78, I.

Considerando a dignidade humana, a vida, a igualdade de gênero, o Tribunal do Júri e a plenitude de defesa como garantias constitucionais de igual hierarquia, coube ao STF decidir a seguinte questão: é possível às partes, no Tribunal do Júri, invocar o argumento da legítima defesa da honra? A resposta, como se sabe, é negativa. Os próximos tópicos destinam-se a destrinchar os argumentos utilizados pelo STF e a consolidar uma leitura que restringe a tese do julgamento à proteção da mulher, de modo a privilegiar a máxima eficácia dos direitos fundamentais em questão. Qualquer limitação ao direito de defesa, em um Estado democrático de direito, é um fenômeno excepcionalíssimo.

2.1 Os fundamentos para inconstitucionalidade da tese de legítima defesa da honra

O Partido Democrático Trabalhista (PDT) propôs a ADPF nº 779 e requereu a inconstitucionalidade da legítima defesa da honra como argumento no Tribunal do Júri por violação ao art. 1º, *caput* e inc. II; art. 3º, IV; e art. 5º, *caput* e inc. LIV, todos da CF/88. Sob a relatoria do Ministro Dias Toffoli, a unanimidade do Tribunal julgou integralmente procedente o pedido para:

> (i) firmar o entendimento de que a tese da legítima defesa da honra é inconstitucional, por contrariar os princípios constitucionais da dignidade da pessoa humana (art. 1º, III, da CF), da proteção à vida e da igualdade de gênero (art. 5º, caput, da CF);
> (ii) conferir interpretação conforme à Constituição aos arts. 23, inciso II, e 25, caput e parágrafo único, do Código Penal e ao art. 65 do Código de Processo Penal, de modo a excluir a legítima defesa da honra do âmbito do instituto da legítima defesa e, por consequência,
> (iii) obstar à defesa, à acusação, à autoridade policial e ao juízo que utilizem, direta ou indiretamente, a tese de legítima defesa da honra (ou qualquer argumento que induza à tese) nas fases pré-processual ou processual penais, bem como durante o julgamento perante o tribunal do júri, sob pena de nulidade do ato e do julgamento;

(iv) diante da impossibilidade de o acusado beneficiar-se da própria torpeza, fica vedado o reconhecimento da nulidade, na hipótese de a defesa ter-se utilizado da tese com esta finalidade.

Por fim, julgou procedente também o pedido sucessivo apresentado pelo requerente, de forma a conferir interpretação conforme à Constituição ao art. 483, III, §2º, do Código de Processo Penal, para entender que não fere a soberania dos veredictos do Tribunal do Júri o provimento de apelação que anule a absolvição fundada em quesito genérico, quando, de algum modo, possa implicar a repristinação da odiosa tese da legítima defesa da honra.

Em suma, a Corte utilizou três argumentos principais para fundamentar a inconstitucionalidade da tese da legítima defesa da honra no Tribunal do Júri, quais sejam: (i) a distinção entre a legítima defesa propriamente dita e a legítima defesa da honra; (ii) a violação da dignidade humana, do direito à vida e da garantia à igualdade de gênero; e (iii) a prevalência concreta da dignidade humana, do direito à vida e da garantia à igualdade de gênero em relação à plenitude de defesa e à soberania dos veredictos.

O voto-condutor do Ministro Dias Toffoli esclarece, quanto ao ponto inicial, que a "legítima defesa da honra não é, tecnicamente, legítima defesa".[7] De fato, a legítima defesa constante do art. 25 do Código Penal (CP) pressupõe uma agressão injusta, atual ou iminente, a direito seu ou de outrem, utilizando com moderação os meios necessários.

As situações em que tipicamente a legítima defesa da honra era invocada, em regra, não se subsomem à excludente de ilicitude, notadamente porque o sujeito age posteriormente à suposta agressão e de forma desproporcional. Faltariam, pois, os requisitos da atualidade da agressão e da moderação dos meios para afastá-la. Nas palavras do relator, quem "usa de violência em razão de ofensa a sua honra não está a se defender, mas a atacar uma mulher de forma desproporcional".[8]

Além de a tese de legítima defesa da honra constituir fundamento retórico, uma vez que não se amolda ao conceito jurídico, dogmático e legal da legítima defesa, a sua invocação associa-se a casos em que as mulheres são responsabilizadas pelas agressões de que foram vítimas. Como ressaltou o Ministro Dias Toffoli, trata-se de argumento "utilizado pelas defesas de acusados de feminicídio ou agressões contra mulheres para imputar às vítimas a causa de suas próprias mortes ou lesões, contribuindo imensamente para a naturalização e a perpetuação da cultura da violência contra as mulheres no Brasil".[9]

Por essa perspectiva, a alegação de legítima defesa da honra no Tribunal do Júri e o acolhimento da defesa pelo Conselho de Sentença – embora não haja transparência nem controle do fundamento do voto dos jurados – evidencia algum grau de tolerância da violência contra a mulher pela sociedade. Em última análise, a defesa fundada na proteção da honra parte da premissa de que os bens jurídicos em questão (na maioria dos casos, a honra do homem e a vida da mulher) são igualmente protegidos pelo ordenamento jurídico-constitucional brasileiro.

A doutrina jurídico-penal forma consenso a respeito da amplitude do direito de defesa, o que abarca a proteção legítima da honra, como lembram Pimentel, Belloque

---

[7]   STF. ADPF nº 779. Rel. Min. Dias Toffoli, j. em 1.8.2023, acórdão, p. 19.

[8]   STF. ADPF nº 779. Rel. Min. Dias Toffoli, j. em 1.8.2023, acórdão, p. 22.

[9]   STF. ADPF nº 779. Rel. Min. Dias Toffoli, j. em 1.8.2023, acórdão, p. 22.

e Pandjiarjian.[10] As autoras apontam que a situação de aplicação da legítima defesa da honra é marcada por um claro desequilíbrio, uma vez que utiliza a defesa da honra conjugal ou da família como situação justificante em crimes de homicídio, feminicídio e lesão corporal contra a mulher, principalmente.[11]

A honra, embora protegida constitucionalmente, é bem jurídico que merece menor proteção estatal, especialmente se há, no caso concreto, conflito com outro bem jurídico de maior relevância, como a vida ou a integridade física. Essa relação de hierarquia não é novidade no sistema jurídico – tanto é assim que, no CP, os crimes contra a honra, em regra, são processados por meio de ação penal privada, conforme o art. 145 do CP, ao passo que a regra para os crimes contra a vida ou contra a integridade física é a ação penal pública.

Em seu voto-vogal, o Ministro Nunes Marques chamou atenção para o valor da honra no ordenamento jurídico. A violação dos deveres inerentes ao casamento, como a fidelidade conjugal, sem dúvida, macula a honra – mas da pessoa que os viola, não do cônjuge.[12] A inobservância dos deveres conjugais autoriza o divórcio, o qual prescinde de justificativa, e também o pedido indenizatório, mas jamais permite que o sujeito atente contra a vida ou a integridade física da parceira.[13]

O ministro relator reforçou a disparidade entre os bens jurídicos como fundamento de inconstitucionalidade da legítima defesa da honra. Em suas palavras, o argumento "teria a função ultrajante de salvaguardar a prática ilícita do feminicídio ou de qualquer outra forma de violência contra a mulher, o que é inaceitável em um país em que a vida é considerada o bem jurídico mais valioso".[14]

Por último, a Corte dedicou-se à ponderação entre os direitos constitucionais violados pela tese de legítima defesa da honra – dignidade humana, vida, integridade física e igualdade de gênero – e as garantias do Tribunal do Júri, que também contam com estatura constitucional. O Ministro Dias Toffoli reconheceu a amplitude dos argumentos do Tribunal do Júri, em razão da plenitude de defesa, "de modo que são cabíveis argumentos jurídicos e não jurídicos – sociológicos, políticos e morais, por exemplo – para a formação do convencimento dos jurados".[15]

A tese de legítima defesa da honra, entretanto, não se justifica pelo mero fato de ser argumento retórico não jurídico. O princípio constitucional de unidade da Constituição não permite leituras apressadas ou descontextualizadas. Celso Ribeiro Bastos explica que a interpretação constitucional deve evitar contradições entre suas normas.[16] As normas constitucionais integram um sistema coeso e a interpretação jurídica a respeito de sua exegese deve refletir essa harmonia.

---

[10] PIMENTEL, Silvia; BELLOQUE, Juliana; PANDJIARJIAN, Valéria. Legítima defesa da honra: legislação e jurisprudência da América Latina. *Revista Brasileira de Ciências Criminais*, v. 50, p. 311-353, 2004.

[11] PIMENTEL, Silvia; BELLOQUE, Juliana; PANDJIARJIAN, Valéria. Legítima defesa da honra: legislação e jurisprudência da América Latina. *Revista Brasileira de Ciências Criminais*, v. 50, p. 311-353, 2004.

[12] STF. ADPF nº 779. Rel. Min. Dias Toffoli, j. em 1.8.2023, acórdão, p. 62.

[13] STF. ADPF nº 779. Rel. Min. Dias Toffoli, j. em 1.8.2023, acórdão, p. 62.

[14] STF. ADPF nº 779. Rel. Min. Dias Toffoli, j. em 1.8.2023, acórdão, p. 20.

[15] STF. ADPF nº 779. Rel. Min. Dias Toffoli, j. em 1.8.2023, acórdão, p. 31.

[16] BASTOS, Celso Ribeiro. *Hermenêutica e interpretação constitucional*. 2. ed. São Paulo: Celso Bastos Editor; Instituto Brasileiro de Direito Constitucional, 1999. p. 102.

Nesse sentido, "a cláusula tutelar da plenitude de defesa não pode constituir instrumento de salvaguarda de práticas ilícitas", aponta o ministro relator. Caso contrário, estar-se-ia atribuindo à plenitude de defesa a natureza de direito absoluto, característica que não se aplica à maioria dos direitos fundamentais. No Tribunal do Júri, a defesa do réu é plena, o que sugere abrangência maior do que a corriqueira ampla defesa, mas não é ilimitada, sob pena de permitir que os recursos argumentativos defensivos violem a dignidade, promovam a discriminação e a igualdade de gênero.

A limitação da plenitude de defesa, no caso, deve-se à excepcionalidade da tese de legítima defesa da honra, a qual, segundo o voto do Ministro Roberto Barroso, "viola os mais elementares valores éticos e jurídicos do Estado democrático de direito, agravando um quadro histórico de violência e discriminação de gênero".[17] Em igual sentido, o Ministro André Mendonça reforçou a relatividade da garantia de plenitude de defesa no Tribunal do Júri.[18]

Com essas três vias argumentativas consolidadas, a unanimidade da Corte reconheceu a inconstitucionalidade da tese de legítima defesa da honra, por violar a dignidade humana, a vida e a igualdade de gênero. A decisão do STF, ao salvaguardar direitos fundamentais, há de ser celebrada, mas também deve ser lida de acordo com os fundamentos utilizados pela decisão, os quais se restringem à proteção da mulher. Qualquer limitação ao direito de defesa, em um Estado democrático de direito, é um fenômeno excepcionalíssimo. O próximo tópico dedica-se a arrojar uma leitura restritiva da tese formulada pelo STF.

2.2 A manutenção da plenitude da defesa no Tribunal do Júri

O constituinte originário previu dois *standards* de defesa como direitos fundamentais do acusado. No art. 5º, LV, da CF, está estampada a ampla defesa, e, no mesmo artigo, no inc. XXXVIII, alínea "a", está prevista a plenitude de defesa, garantia específica à instituição do júri. À primeira vista, poder-se-ia equiparar as expressões, tê-las como sinônimo uma da outra e concluir que a defesa no Tribunal do Júri não goza de qualquer especificidade em relação aos demais processos. Mas não é isso o que se extrai da previsão de plenitude de defesa.

Tourinho Filho distingue-as de forma clara:

> *ampla defesa* é uma defesa vasta, espaçosa. E como diz o inc. LV do art. 5º. da Magna Carta, são assegurados ao acusado "o contraditório e ampla defesa, com os meios e recursos a ela inerentes". Já a *plenitude* significa uma defesa, além de vasta, completa, plena. Se aos acusados em geral é assegurada ampla defesa, com todos os recursos a ela inerentes, evidente que a plenitude, sendo mais vasta, sendo por assim dizer, um superlativo de amplo, evidente que a plenitude de defesa não deve ficar angustiada dentro do limitado encerro das provas, do contraditório, da recusa dos jurados, da paridade de armas, do uso do apelo.[19]

---

17   STF. ADPF nº 779. Rel. Min. Dias Toffoli, j. em 1.8.2023, acórdão, p. 110.

18   STF. ADPF nº 779. Rel. Min. Dias Toffoli, j. em 1.8.2023, acórdão, p. 56.

19   TOURINHO FILHO, Fernando da Costa. *Processo penal*. 33. ed. São Paulo: Saraiva, 2011. v. 4. p. 149, grifos no original.

Do reconhecimento da plenitude de defesa, decorrem consequências processuais que evidentemente diferenciam o procedimento do Júri do procedimento ordinário ou sumário do processo penal. Uma clara distinção fundada na robustez da plenitude de defesa é o dever de quesitação das teses arguidas tanto pela autodefesa quanto pela defesa técnica, como lembra Aramis Nassif.[20] Em regra, as teses defensivas ponderadas pelo magistrado no procedimento ordinário, sumário ou sumaríssimo restringem-se àquelas alegadas pela defesa técnica.

Outra consequência é a possibilidade de inovação argumentativa durante a tréplica da defesa, o que deixa a acusação sem oportunidade para contraditar parte das teses alegadas, considerando a ausência de previsão para quadrúplica.[21] Com esse fundamento, o Superior Tribunal de Justiça (STJ) alinha-se à maioria da doutrina para permitir a inovação argumentativa em tréplica.[22]

Por outro lado, é claro que o procedimento do Júri não está isento de limitações ao comportamento das partes ou às matérias por elas alegadas. O próprio CPP estabelece questões sobre as quais acusação e defesa não podem tratar durante os debates, sob pena de nulidade – conforme o art. 478 do CPP, é vedado às partes fazer referência à decisão de pronúncia, às decisões que julgaram admissível a acusação, à determinação do uso de algemas, ao silêncio do acusado, entre outras previsões.

Nesse sentido, conclui-se que a plenitude de defesa é uma particularidade do Tribunal do Júri que confere ao procedimento *standard* probatório mais elevado, em relação ao conjunto probatório necessário para convencer os jurados além da dúvida razoável, e, ao mesmo tempo, mais flexível, quanto às possíveis teses alegadas. A prerrogativa constitucional não é absoluta e convive com limitações infraconstitucionais, de modo que a plenitude de defesa há de ser exercida de acordo com os preceitos do devido processo legal.

A decisão do STF na ADPF nº 779 provocou dúvidas a respeito da legitimidade de o Judiciário reduzir o âmbito de aplicação de uma garantia constitucional e de uma norma penal justificante por meio do controle constitucional. Sara Aquino classifica a decisão como uma redução conforme a Constituição desatrelada do enunciado normativo, no caso os arts. 23, inc. II, 25, *caput* e parágrafo único, ambos do CP, e art. 65 do CPP, já que a Corte usou o método interpretativo da interpretação conforme para criar elemento normativo prejudicial ao réu.[23] Segundo ela, a Corte "limitou o recurso argumentativo à excludente de ilicitude da legítima defesa, para retirar das possibilidades a tese defensiva de que a legítima defesa fora motivada por uma agressão injusta à honra do réu".[24]

No caso, a Corte declarou a inconstitucionalidade da tese de legítima defesa da honra com base em argumentos convincentes. A dignidade humana, o direito à vida

[20]   NASSIF, Aramis. *O júri objetivo*. 2. ed. Porto Alegre: Livraria do Advogado, 2001 p. 26.
[21]   SAMPAIO, Denis. Plenitude de defesa. *In*: SAMPAIO, Denis (Org.). *Manual do Tribunal do Júri*: a reserva democrática da justiça brasileira. 1. ed. Florianópolis: Emais, 2021. p. 50-51.
[22]   STJ. HC nº 61.615. Rel. Min. Hamilton Carvalhido, Redator para o acórdão Min. Nilson Naves, Sexta Turma, j. em 10.2.2009.
[23]   AQUINO, Sara de Assis. *A interpretação conforme a Constituição das leis penais pelo Supremo Tribunal Federal*. 2023. 234 f. Dissertação (Mestrado em Direito) – Universidade de Brasília, Brasília, 2023. p. 197-198.
[24]   AQUINO, Sara de Assis. *A interpretação conforme a Constituição das leis penais pelo Supremo Tribunal Federal*. 2023. 234 f. Dissertação (Mestrado em Direito) – Universidade de Brasília, Brasília, 2023. p. 198.

e a igualdade de gênero, garantias constitucionalmente asseguradas, são gravemente mitigadas pela argumentação segundo a qual é possível, em defesa da honra, violar a vida e a integridade física da mulher. Além disso, a decisão busca enfrentar a realidade concreta da violência contra a mulher na sociedade brasileira. Dados utilizados pelo Ministro Dias Toffoli, oriundos do Atlas da Violência, do Instituto de Pesquisa Econômica Aplicada (Ipea), mostram que os feminicídios representam um terço das mortes violentas de mulheres em todo o país.[25]

Números recentes do levantamento do Fórum Brasileiro de Segurança Pública registram que, desde 2015, quando criada a qualificadora do feminicídio, houve 10.655 vítimas. Dessa série histórica, o ano com maior número de casos registrados foi 2023, com 1.463 registros, o que representou uma alta de 1,6% em relação ao ano anterior. Alarmante, pois, além do indicativo de significativa subnotificação, nem todos os casos com características de feminicídio são assim tipificados.[26]

Em todos os votos, a fundamentação da inconstitucionalidade relacionou-se à situação, em tese, na qual as partes alegam que o investigado ou réu teria violado a vida ou a integridade da vítima, uma mulher, para defender a sua honra. Inclusive, houve inúmeras menções específicas a dados relativos à violência contra a mulher e à necessidade de declarar a incompatibilidade da argumentação em razão do princípio constitucional de igualdade de gênero.

A despeito da legitimidade da tese proferida pelo STF, portanto, a restrição do direito fundamental à plenitude de defesa no Júri deve corresponder a uma hipótese excepcionalíssima. A limitação incide, assim, apenas nos casos em que houver alegação de legítima defesa da honra para justificar a violação da vida ou da integridade física de mulheres.

Em outras palavras, não é possível conferir à tese da Corte interpretação ampliativa, a impedir absolutamente a invocação da tese de legítima defesa da honra no Tribunal do Júri, notadamente quando fora do ângulo examinado na ADPF nº 779. Essa distinção não ficou clara na tese proferida pelo Tribunal, alhures reproduzida, embora os votos tenham se limitado a justificar a inconstitucionalidade da tese a partir de alegações relacionadas à violência de gênero.

Vale dizer que o enfoque conferido ao STF na análise de constitucionalidade da tese de legítima defesa da honra pautou-se pelos fundamentos do próprio pedido, que também remetem aos casos em que a alegação é invocada para justificar a violência contra mulheres. A petição inicial é clara ao requerer

> a declaração de não recepção constitucional de qualquer interpretação que entenda "constitucionalmente admissível" a absolvição de feminicidas (assassinos de mulheres) pela nefasta, horrenda e anacrônica tese de lesa-humanidade da "legítima defesa da honra" [...].[27]

---

25 STF. ADPF nº 779. Rel. Min. Dias Toffoli, j. em 1.8.2023, acórdão, p. 27-28.

26 BUENO, Samira *et al*. *Fórum Brasileiro de Segurança Pública (FBSP)*. Feminicídios em 2023. São Paulo: Fórum Brasileiro de Segurança Pública, 2024. Disponível em: https://apidspace.universilab.com.br/server/api/core/bitstreams/eca3a94f-2981-488c-af29-572a73c8a9bf/content. Acesso em: 24 jul. 2024.

27 STF. ADPF nº 779. Rel. Min. Dias Toffoli, j. em 1.8.2023, petição inicial, p. 16.

Seja pelo pedido e causa de pedir específicos, seja por uma escolha institucional da Corte, a ADPF nº 779 propõe-se a discutir a possibilidade de alegação da tese de legítima defesa da honra por uma perspectiva determinada. Isto é, a situação em que as partes argumentam que o investigado/réu praticou conduta lesiva à vida ou à integridade física da vítima mulher para exercer a defesa de sua honra.

Nesse sentido, uma leitura ponderada da limitação à plenitude de defesa é consequência da ponderação de direitos fundamentais no caso concreto. Não há direito absoluto e o confronto entre princípios constitucionais de igual estatura deve privilegiar a máxima eficácia de ambos. Ou seja, a resolução de *hard cases* a partir de direitos constitucionais de igual estatura deve preservar, tanto quanto possível, a higidez de todos os princípios em questão – e não eleger um em detrimento de outro. É a solução adequada, como explica Inocêncio Mártires Coelho, pois

> o princípio da *harmonização* ou da *concordância prática* consiste, essencialmente, numa recomendação para que o aplicador das normas constitucionais, em se deparando com situações de concorrência entre bens constitucionalmente protegidos, adote a solução que otimize a realização de todos eles, mas ao mesmo tempo não acarrete a negação de nenhum.[28]

Dessa forma, diante das peculiaridades do Tribunal do Júri, sobretudo do postulado da plenitude de defesa, que lhe é inerente por expressa previsão constitucional, a tese prolatada na ADPF nº 779, quanto à inconstitucionalidade da alegação de legítima defesa da honra, foi construída com o propósito de proteger a dignidade das mulheres vítimas de feminicídio, dentro de uma perspectiva de gênero. Expandir a proibição ao uso do recurso argumentativo pelas partes não apenas contraria a natureza do Júri, mas também amplia sobremaneira a *ratio decidendi* da decisão do STF.

Em suma, pelo formato de construção da tese final, a acusação, a defesa e o réu e outras partes que porventura se manifestem podem recorrer à tese de legítima defesa da honra, desde que não a invoque para justificar a violação da vida ou da integridade física de mulheres. A restrição da plenitude de defesa operada pela Corte, no entanto, não alcança outros casos nos quais, em tese, seria cabível a referida alegação.

3 O paradigma da igualdade de gênero no Poder Judiciário

O controle sobre a cidadania de mulheres e sua vinculação à figura masculina justificava a sua impossibilidade de voto, de prática de atos da vida civil e do exercício de funções públicas. O direito brasileiro desde a sua gênese submeteu as mulheres à disciplina de seus corpos e a escolhas predefinidas quanto à sua atuação na esfera pública.

As Ordenações Filipinas, por exemplo, autorizavam o assassinato da mulher adúltera.[29] O art. 27, §4º, do Código Penal de 1890, determinava que não eram considerados criminosos os que se achavam em estado de completa privação de sentidos e de inteligência no ato de cometer o crime. A perturbação dos sentidos e da inteligência como

---

[28] COELHO, Inocêncio Mártires. Métodos e princípios da interpretação constitucional. *Revista de Direito Administrativo*, v. 230, p. 163-186, 2002. p. 180.

[29] ORDENAÇÕES FILIPINAS. *Quinto Livro das Ordenações*. Título XXXVIII. Disponível em: https://arquivo.pt/wayback/20220822183225/http://www1.ci.uc.pt/ihti/proj/filipinas/l5p1188.htm. Acesso em: 22 jul. 2024.

causa de excludente de ilicitude foi amplamente utilizada para absolvição de homicídios praticados por homens contra mulheres em crimes considerados "passionais",[30] numa época em que ainda não havia a qualificação própria do feminicídio. O Código Penal de 1940, por sua vez, substituiu o crime passional pelo homicídio privilegiado, agora com uma pena menor do que aquela atribuída ao homicídio simples.

As representações sociais sobre mulheres e suas moralidades também são moldadas com auxílio de discursos jurídico-penais que participam da construção da realidade social. Marcelo Mayora e Mariana Dutra Garcia, em estudo sobre representações acerca do feminino e das relações entre homens e mulheres constantes nos principais manuais de direito penal, que circulavam nas décadas de 60 e 70, apontam:

> As considerações sobre a condição da mulher que é vítima de algum delito contra a liberdade sexual fazem parte da tradição do pensamento jurídico-penal. Nossos Códigos Penais do século XIX *consagravam legislativamente a diferenciação entre mulheres honestas, mulheres públicas e prostitutas, estabelecendo penas distintas de acordo com a condição da vítima.* Essa tradição ingressa no século XX, permeia os manuais do período em análise e *serve ainda de fundamento legitimador de decisões judiciais de nítido caráter moralista.* [...] Vimos que o principal conceito mobilizado pelos penalistas estudados é o de honra. *Se a honra masculina pode ser conquistada, por meio de demonstrações de virilidade, a honra feminina é "essencialmente negativa",* ou seja, *"só pode ser defendida ou perdida",* sendo a virtude feminina *"sucessivamente a virgindade e a fidelidade".*[31] (Grifos nossos)

A legislação e as construções interpretativas dos especialistas formam um emaranhado cognitivo que reifica assimetrias de gênero e raça. A esse respeito, Naila Franklin, a partir da análise das obras de Nina Rodrigues, trata sobre representações sociais atribuídas às mulheres negras, como um mecanismo de construção de diferentes mulheres e suas relações com instâncias de controle social. Mulheres negras eram situadas como mães más, em contraposição à figura materna branca. Nesse sentido:

> Giacomini (1988) também nos mostra como a palavra mãe é utilizada de forma a representar a branca e seus filhos, pois em seu trabalho, as fontes consultadas apontam o desconhecimento da subjetividade da escravizada enquanto mãe: a palavra mãe refere-se exclusivamente a uma relação entre mulher branca e seus filhos. Quando a escrava é a mãe, ela é a "mãe preta", ou seja, a ama de leite da criança branca.[32]

As mulheres civilizadas, pertencentes às raças superiores, seriam mais controladas socialmente em relação às selvagens, de raças inferiores. As características castas e maternas eram centrais àquelas, ao passo que essas eram caracterizadas como

30 FERREIRA, Ângela Paula Nunes. *Do crime de paixão em legítima defesa da honra ao crime de ódio*: reconfigurações das vontades de verdade e produção de subjetividades para a mulher vítima de feminicídio na contemporaneidade. 210 f. Tese (Doutorado) – Programa de Pós-Graduação em Linguística, Universidade Federal da Paraíba (UFPB), 2022. Disponível em: https://repositorio.ufpb.br/jspui/bitstream/123456789/26863/1/%c3%82ngelaPaulaNunesFerreira_Tese.pdf. Acesso em: 17 jul. 2024.
31 ALVES, Marcelo Mayora; GARCIA, Mariana Dutra de Oliveira. As mulheres e os penalistas: representações sobre a moral e os papéis sexuais nos manuais de direito penal. *Revista Brasileira de Ciências Criminais*, São Paulo, v. 28, n. 173, p. 467-486, nov. 2020. p. 7.
32 FRANKLIN, Naila Ingrid Chaves. *Raça, gênero e criminologia*: reflexões sobre o controle social das mulheres negras a partir da criminologia positivista de Nina Rodrigues. 2017. 150 f. Dissertação (Mestrado em Direito) – Universidade de Brasília, Brasília, 2017. p. 73-74.

"irresponsáveis, pois sua grande fé nos 'deuses' e 'orixás' era um motor capaz de fazê-las abandonar seus próprios filhos".[33]

As representações negativas de gênero, assim, são acionadas nos discursos de processos judiciais, conforme revelam estudos de referência no campo, os quais expõem e denunciam práticas policiais e judiciárias de caráter discriminatório, analisam percepções das vítimas com relação ao Sistema de Justiça, disputam sentidos na aplicação de leis, criticam epistemologicamente a dogmática jurídica e disputam a inserção de uma perspectiva de gênero como categoria de análise hermenêutica e inserção de outros marcadores da diferença, como raça, sexualidade, geração etc.[34]

Banalização dos crimes, desqualificação das vítimas e silenciamentos são algumas das violências institucionais sofridas por mulheres em suas experiências de justiça. Estudos críticos sobre a abordagem do direito e de práticas discriminatórias no sistema de justiça constituem uma das principais contribuições da teoria feminista do direito e da crítica feminista ao direito. Fabiana Severi aponta outras características como "o questionamento acerca da ideia de neutralidade, do princípio da igualdade perante a lei, dos binarismos legais (público-privado, sujeito-objeto), o esforço em desnaturalizar categorias e o questionamento sobre a categoria homogeneizante do sujeito de direito".[35] Campos e Severi argumentam:

> as análises feministas brasileiras sobre o direito vêm se consolidando como um campo delimitado de investigação na academia jurídica e têm sido, por um lado, tecidas em diálogo com um campo interdisciplinar em vigoroso crescimento no Brasil desde meados dos anos 1970 – os chamados estudos sobre mulheres, gênero e violência contra as mulheres –, e, por outro, produzidas de modo fortemente associado às estratégias feministas de mobilização político-legal pela afirmação dos direitos humanos das mulheres.[36]

---

[33] FRANKLIN, Naila Ingrid Chaves. *Raça, gênero e criminologia*: reflexões sobre o controle social das mulheres negras a partir da criminologia positivista de Nina Rodrigues. 2017. 150 f. Dissertação (Mestrado em Direito) – Universidade de Brasília, Brasília, 2017. p. 132.

[34] PRANDO, Camilla Cardoso de Melo. O que veem as mulheres quando o direito as olha? Reflexões sobre as possibilidades e alcances da intervenção do direito nos casos de violência doméstica. *Revista de Estudos Criminais*, v. 15, n. 60, p. 115-142, 2016; MONTENEGRO, Marília. *Lei Maria da Penha*: uma análise criminológica crítica. 1. ed. Rio de Janeiro: Revan, 2015; FLAUZINA, Ana Luiza Pinheiro. Lei Maria da Penha: entre os anseios da resistência e as posturas da militância. *In*: FLAUZINA, Ana Luiza Pinheiro; FREITAS, Felipe; PIRES, Thula (Org.). *Discursos negros*: legislação penal, política criminal e racismo. Brasília, Brado Negro, 2015; PRANDO, Camila Cardoso de Mello; COSTA, Renata Cristina de Faria Gonçalves. A emergência da vítima na violência doméstica: uma etnografia sobre o sujeito, o conflito e o gênero. *Revista Brasileira de Ciências Criminais*, v. 146, p. 57-90, 2018; ALMEIDA, Tânia Mara Campos de; PEREIRA, Bruna Cristina Jaquetto. Violência doméstica e familiar contra mulheres negras no Brasil: reflexões pela ótica dos estudos feministas latino-americanos. *Crítica e Sociedade: Revista de Cultura Política*, Uberlândia, v. 2, n. 2, p. 42-63, 2012; ALENCAR, Renata dos Santos. *Violência doméstica na relação afetiva entre mulheres lésbicas*. 2017. Dissertação (Mestrado em Segurança Pública) – Instituto de Filosofia e Ciências Humanas, Universidade Federal do Pará, Belém, 2017; ZABALA, Tereza Cristina. Violência doméstica contra a mulher transgênera e a mulher travesti. *Revista Jurídica UniFCV*, v. 3, n. 1, 2020; PEREIRA, Leonellea; TAVARES, Márcia. Uma trama entre gênero e geração: mulheres idosas e a violência doméstica na contemporaneidade. *Revista Feminismos*, v. 6, n. 3, 2018; LINS, Beatriz Accioly. *A lei nas entrelinhas*: a Lei Maria da Penha e o trabalho policial em duas Delegacias de Defesa da Mulher de São Paulo. 2014. Dissertação (Mestrado em Antropologia Social) – Faculdade de Filosofia, Letras e Ciências Humanas, Universidade de São Paulo, São Paulo, 2014.

[35] SEVERI, Fabiana Cristina. *Lei Maria da Penha e o projeto jurídico feminista brasileiro*. Rio de Janeiro: Lumen Juris, 2018. p. 44.

[36] CAMPOS, Carmen Hein de; SEVERI, Fabiana. Violência contra mulheres e a crítica jurídica feminista: breve análise da produção acadêmica brasileira. *Revista Direito e Práxis*, v. 10, n. 2, p. 962-990, 2019. p. 965.

Como resultado dessas estratégias de mobilização política-legal pela afirmação dos direitos humanos das mulheres, há a promulgação da Lei nº 11.340/06 (Lei Maria da Penha) e da Lei nº 13.104/15, que tipifica o crime de feminicídio.

O Brasil está inserido em uma malha normativa internacional, de acordos e convenções que buscam minimizar os efeitos violentos que as relações de gênero impõem sobre a experiência de mulheres e de ser mulher. A Convenção sobre a Eliminação de Convenção sobre a Eliminação de Todas as Formas de Discriminação contra a Mulher (CEDAW) de 1979 é o primeiro tratado internacional sobre os direitos humanos das mulheres que busca promover os direitos da mulher na busca da igualdade de gênero e reprimir quaisquer discriminações contra a mulher nos Estados-Partes.

Além da CEDAW, o Estado brasileiro assinou o Plano de Ação da IV Conferência Mundial sobre Mulher e Desenvolvimento (1995), a Convenção Interamericana para Prevenir, Punir e Erradicar a Violência contra a Mulher (Convenção de Belém do Pará, 1994) e o Protocolo Facultativo à Convenção sobre a Eliminação de Todas as Formas de Discriminação contra a Mulher, além de outros instrumentos de direitos humanos.[37]

Essa malha normativa internacional de direitos humanos das mulheres tem abordado três focos mais centrais: a violência contra a mulher, os direitos reprodutivos e sexuais e a discriminação contra a mulher. A Convenção de Belém do Pará e a Declaração sobre a Eliminação da Violência contra a Mulher da ONU de 1993 tratam a violência doméstica contra a mulher no âmbito público ou privado como grave violação a direitos fundamentais.[38]

A Lei Maria da Penha, assim, foi promulgada nesse espaço-tempo normativo internacional de proteção aos direitos humanos das mulheres.[39] A legislação representou uma virada paradigmática nas discussões sobre gênero e desigualdades no direito, não obstante a existência de outras legislações de caráter antidiscriminatório erigidas com base na Constituição de 1988.[40] A lei especial criou possibilidades nas engrenagens normativas institucionais do sistema de justiça e oficializou o gênero como uma categoria do ordenamento jurídico brasileiro, como característica de identificação dos sujeitos no bojo do processo.[41]

---

[37] BASTERD, Leila Linhares. Lei Maria da Penha: uma experiência bem-sucedida de advocacy feminista. *In*: CAMPOS, Carmen Hein de (Org.). *Lei Maria da Penha comentada em uma perspectiva jurídico-feminista*. Rio de Janeiro: Lumen Juris, 2011.

[38] PIOVESAN, Flávia; PIMENTEL, Sílvia. A Lei Maria da Penha na perspectiva da responsabilidade internacional do Brasil. *In*: CAMPOS, Carmen Hein de. *Lei Maria da Penha comentada em uma perspectiva jurídico-feminista*. Rio de Janeiro: Lumen Juris, 2011. p. 101-116.

[39] Em 1998, o caso Maria da Penha Fernandes foi denunciado à Comissão Interamericana de Direitos Humanos e o Estado brasileiro foi condenado por negligência e omissão em relação à violência doméstica. O Brasil assumiu o dever junto à comunidade internacional de adotar medidas e instrumentos eficazes para o acesso à justiça de mulheres vítimas de violência, devendo atuar para prevenir, processar, reparar, punir e prevenir a violência contra a mulher (CORTE IDH. *Caso 12.051*: Maria da Penha Maia Fernandes x Brasil. 2001. Disponível em: https://cidh.oas.org/annualrep/2000port/12051.htm. Acesso em: 22 jul. 2024).

[40] Lei Caó e suas reformas (leis nºs 7.71689, 8.081/94, 9.459/97, 12.033/09 e 12.288/10); Lei da Discriminação no Emprego e suas Reformas (nº 9.029/95 e Estatuto da Pessoa com Deficiência nº 13.146/15); Lei nº 9.455/97 (Lei da Tortura); Lei nº 10.741/03 (Estatuto do Idoso), Lei nº 10.803/03 (descreve condições análogas a de escravo); outras leis de enfrentamento à violência contra à mulher (Lei nº 10.224/01, nº 10.778/03, nº 10.886/04, nº 11.106/05).

[41] GOMES, Camilla de Magalhães; SANTOS, Nayara Maria Costa da Silva. Quem é a mulher vulnerável e hipossuficiente? Em defesa do gênero como categoria decolonial para a interpretação jurídica. *Revista Eletrônica do Curso de Direito da UFSM*, Santa Maria, v. 14, n. 3, p. e35279, out. 2019. ISSN 1981-3694. Disponível em: http://dx.doi.org/10.5902/1981369435279. Acesso em: 22 jul. 2024.

A qualificadora do feminicídio – a expressão extrema das assimetrias de gênero –, inserida pela Lei nº 13.104/15, por sua vez, surge nesse movimento de mudanças legislativas dentro de um processo de continuidade da criminalização da violência baseada no gênero.[42] As mudanças procedimentais e novas figuras processuais introduzidas pelas referidas leis exigem novos esforços de juristas e a abertura para um outro olhar de atuação, sobretudo quanto às políticas criminais de gênero.

A interpretação adequada a esse arcabouço legal protetivo das mulheres e ao espectro do direito fundamental à igualdade de gênero deve ser realizada por meio de uma perspectiva antidiscriminatória, ou, neste caso, por meio de uma perspectiva de gênero. A implementação da perspectiva de gênero no Sistema de Justiça brasileiro faz parte das obrigações assumidas pelo país com a ratificação dos tratados internacionais de direitos humanos das mulheres.

O Comitê da CEDAW foi criado para garantir a aplicação da Convenção para a Eliminação de todas as formas de discriminação contra a Mulher de todos os Estados-Partes, analisando relatórios, instaurando inquéritos e realizando recomendações. A Recomendação nº 35 da CEDAW (atualização da Recomendação nº 19) e a nº 33 apontam estratégias para o seu enfrentamento no Poder Judiciário dos Estados-Partes, como garantia de acesso à justiça e devida diligência do Sistema de Justiça:

> Nível judicial c) de acordo com os artigos 2, "d", "f", e 5, "a", todos os órgãos judiciais devem abster-se de praticar qualquer ação ou prática de discriminação ou violência de gênero contra as mulheres; e aplicar rigorosamente todas as disposições de Direito Penal que punam essa violência, *garantindo que todos os procedimentos legais em casos envolvendo alegações de violência de gênero contra as mulheres sejam imparciais e justos e não sejam afetados por estereótipos de gênero ou interpretações discriminatórias de disposições legais, inclusive de direito internacional.* A aplicação de noções preconcebidas e estereotipadas sobre o que constitui violência de gênero contra as mulheres, quais deveriam ser as respostas das mulheres a essa violência e o padrão de prova exigido para sustentar sua ocorrência pode afetar o direito das mulheres ao gozo da igualdade perante a lei, ao julgamento justo e ao direito a uma reparação efetiva, como estabelecido no artigo 2 e no 15 da Convenção.[43]

São diversas as estratégias metodológicas possíveis para o aperfeiçoamento do processo hermenêutico-decisório. A hipótese de uma voz diferente, com o chamado feminismo da diferença, entre as quais se destaca o trabalho de Carol Gilligan;[44] a compreensão ampla do fenômeno legal (componente normativo, estrutural e político-cultural) apontada por Alda Facio;[45] ou a visão do direito como uma estratégia de

---

[42] CAMPOS, Carmen Hein. Feminicídio no Brasil: uma análise crítico-feminista. *Revista Sistema Penal & Violência*, Porto Alegre, v. 7, n. 1, p. 103-115, jan./jun. 2015. Disponível em: http://dx.doi.org/10.15448/2177-6784.2015.1.20275. Acesso em: 22 jul. 2024.

[43] ORGANIZAÇÃO DAS NAÇÕES UNIDAS. *Recomendação Geral nº 33 sobre o acesso das mulheres à justiça.* Comitê sobre a Eliminação da Discriminação contra as mulheres. Ago. 2015. Disponível em: https://assets-compromissoeatitude-ipg.sfo2.digitaloceanspaces.com/2016/02/Recomendacao-Geral-n33-Comite-CEDAW.pdf. Acesso em: 23 jul. 2024; ORGANIZAÇÃO DAS NAÇÕES UNIDAS. *Recomendação Geral nº 35 sobre violência de gênero contra as mulheres do Comitê para a eliminação de todas as formas de discriminação contra mulher (CEDAW).* Disponível em: https://www.cnj.jus.br/wp-content/uploads/2019/09/769f84bb4f9230f283050b7673aeb063.pdf. Acesso em: 24 jul. 2024.

[44] GILLIGAN, Carol. *In a difference voice.* Londres: Harvard University Press, 1982.

[45] FACIO, Alda. Metodologías para el análisis de género del fenómeno legal. *In:* SANTAMARÍA, R. A.; SALGADO, J.; VALLADARES, L. (Comp.). *El género en el derecho.* Ensayos críticos. Equador: Ministério de Justicia y Derechos Humanos, 2009.

produção e reprodução do gênero de Carol Smart.[46] Não há uma metodologia única para adotar a perspectiva de gênero.

O apego à igualdade formal, em detrimento da igualdade substantiva e da não discriminação; a prevalência de estereótipos sobre as mulheres que resultam em prejuízos à garantia de seus direitos; e a falta de clareza, por parte das próprias autoridades judiciais, sobre a capacidade da função jurisdicional para transformar os padrões de conduta que favorecem a desigualdade e a discriminação, são algumas expressões discriminatórias que a perspectiva de gênero[47] pretende enfrentar. A perspectiva de gênero é indispensável para melhorar a confiança das mulheres nas instituições de justiça e para alcançar respostas jurídicas mais eficientes e compatíveis com as obrigações internacionais assumidas pelo Estado brasileiro.

A Resolução nº 492[48] do Conselho Nacional de Justiça (CNJ) tornou obrigatórias as diretrizes do Protocolo para Julgamento com Perspectiva de Gênero em todo o Poder Judiciário e a capacitação de magistrados e magistradas, relacionada a direitos humanos, gênero, raça e etnia, em perspectiva interseccional; e criou o Comitê de Acompanhamento e Capacitação sobre Julgamento com Perspectiva de Gênero no Poder Judiciário e o Comitê de Incentivo à Participação Institucional Feminina no Poder Judiciário.

O instrumento serve como guia para que os julgamentos, em todas as instâncias do Poder Judiciário, ocorram com base no princípio da igualdade e da não discriminação de todas as pessoas, para que o espaço da justiça se torne um instrumento de enfrentamento a estereótipos e culturas discriminatórias.

A decisão da ADPF nº 779, ao limitar o recurso argumentativo à excludente de ilicitude da legítima defesa, para retirar das possibilidades a tese defensiva de que a legítima defesa fora motivada por uma agressão injusta à honra do réu, confere interpretação conforme a Constituição a dispositivos penais e processuais penais. Assim, privilegia a igualdade substancial e realiza um movimento direcionado ao reconhecimento do gênero dos sujeitos envolvidos em crimes de feminicídio.

Olhar para o gênero é perceber o fenômeno de forma relacional e desconstruir o paradigma da neutralidade metodológica do direito. É abrir possibilidades para, em âmbito judicial, combater as "múltiplas e interseccionais situações de discriminação contra os direitos humanos das mulheres, quando é articulada com outras categorias de análise, possibilitando novos questionamentos para a interpretação dos fatos e da realidade em que estamos inseridas".[49]

---

[46] CASALEIRO, Paula. O poder do direito e o poder do feminismo: revisão crítica da proposta teórica de Carol Smart. *Ex æquo*, n. 29, p. 39-53, 2014.

[47] SEVERI, Fabiana Cristina. Justiça em uma perspectiva de gênero: elementos teóricos, normativos e metodológicos. *Revista Digital de Direito Administrativo*, v. 3, n. 3, p. 574-601, 2016. Disponível em: http://dx.doi.org/10.11606/issn.2319-0558.v3n3p574-601. Acesso em: 22 jul. 2024.

[48] CONSELHO NACIONAL DE JUSTIÇA. *Resolução nº 492*. Estabelece, para adoção de Perspectiva de Gênero nos julgamentos em todo o Poder Judiciário, institui obrigatoriedade de capacitação de magistrados e magistradas, relacionada a direitos humanos, gênero, raça e etnia, em perspectiva interseccional, e cria o Comitê de Acompanhamento e Capacitação sobre Julgamento com Perspectiva de Gênero no Poder Judiciário e o Comitê de Incentivo à Participação Institucional Feminina no Poder Judiciário. 2023. Disponível em: https://atos.cnj.jus.br/atos/detalhar/4986. Acesso em: 23 jul. 2024.

[49] SEVERI, Fabiana Cristina. Justiça em uma perspectiva de gênero: elementos teóricos, normativos e metodológicos. *Revista Digital de Direito Administrativo*, v. 3, n. 3, p. 574-601, 2016. p. 595. Disponível em: http://dx.doi.org/10.11606/issn.2319-0558.v3n3p574-601. Acesso em: 22 jul. 2024.

Fabiana Severi analisa a reflexão de Martha Minow[50] sobre o "dilema da diferença": o tratamento diferenciado traz o risco de se criar ou reproduzir mais desvantagens para um grupo em situação de vulnerabilidade, ou seria mais eficaz ignorar a diferença em nome da igualdade formal? A proposta da autora é olhar a diferença como algo relacional, decorrente dos arranjos institucionais que definem a realidade e naturalizam as diferenças. É preciso perturbar a rigidez da norma presumida, cuja diferença é parametrizada, e reconhecer que a neutralidade no exercício judicante é apenas uma aspiração.

Para as autoras:

> Meios (considerados) neutros não produzem resultados neutros, dado que as práticas históricas e os arranjos sociais não são neutros. Mas é possível desenvolver melhores habilidades para nomear e compreender perspectivas concorrentes e realizar escolhas. E os esforços nesse sentido são fundamentais para o desafio de se realizar justiça, especialmente quando estamos lidando com grupos/pessoas vítimas de algum tipo de discriminação.[51]

A perspectiva antidiscriminatória, na qual a perspectiva de gênero se insere, portanto, permite que o Poder Judiciário visualize as diversas experiências de violência que atingem as diferentes mulheres brasileiras. Exemplo disto é como a categoria risco, em casos de violência doméstica, pode ser racializada quando se observam as experiências de vítimas negras com o sistema de justiça protetivo.

Mulheres negras em situação de violência doméstica estão em maior risco, pelo menos em razão de três variáveis: (i) a relação de violência que a população negra possui com a polícia – primeira porta de acesso de vítimas de violência – dificulta o laço de confiança entre a vítima e a instituição policial; (ii) a divisão espacial urbana racializada, que produz espaços escassos de serviços básicos do Estado, como acesso à educação de qualidade, à saúde e à "segurança" – são locais ocupados historicamente e majoritariamente por famílias negras; (iii) a ininteligibilidade da raça pelo sistema de justiça, que afasta o reconhecimento de pessoas negras pelo Sistema de Justiça e suas especificidades.[52]

Categorias decisórias, como o risco, devem ser desafiadas. Por sua vez, a diferença há de ser percebida não a partir somente da individualidade, mas dos efeitos que o tratamento baseado meramente na igualdade formal produz na vida de pessoas vulneráveis, como mulheres, pessoas negras, com deficiência, idosas ou crianças. Respostas jurídicas eficazes e em consonância com o pacto republicano firmado em 1988 devem privilegiar a multiplicidade de experiências, pois estas preenchem o sentido de dignidade da pessoa humana e de igualdade substancial.

---

[50] SEVERI, Fabiana Cristina. Justiça em uma perspectiva de gênero: elementos teóricos, normativos e metodológicos. *Revista Digital de Direito Administrativo*, v. 3, n. 3, p. 574-601, 2016. Disponível em: http://dx.doi.org/10.11606/issn.2319-0558.v3n3p574-601. Acesso em: 22 jul. 2024.

[51] SEVERI, Fabiana Cristina. Justiça em uma perspectiva de gênero: elementos teóricos, normativos e metodológicos. *Revista Digital de Direito Administrativo*, v. 3, n. 3, p. 574-601, 2016. p. 590. Disponível em: http://dx.doi.org/10.11606/issn.2319-0558.v3n3p574-601. Acesso em: 22 jul. 2024.

[52] SANTOS, Bárbara Crateús. *Raça, gênero e risco*: uma análise dos processos de avaliação e gestão de risco de mulheres em situação de violência doméstica no Juizado de Sobradinho – Distrito Federal. Dissertação (Mestrado) – Programa de Pós-Graduação em Direito, Universidade de Brasília. 183 f. 2022. Disponível em: http://icts.unb.br/jspui/bitstream/10482/44924/1/2022_B%C3%A1rbaraCrateusSantos.pdf. Acesso em: 24 jul. 2024.

4 Considerações finais: por uma cultura jurídica antidiscriminatória

O caso de Ângela Diniz ocorreu no final da década de 70. De lá para cá, graças aos movimentos feministas e de mulheres, muita coisa mudou. As mobilizações político-legais pela afirmação dos direitos humanos das mulheres culminaram com a promulgação da Lei Maria da Penha e da Lei nº 13.104/15, que tipifica o crime de feminicídio. Houve, ainda, a ampliação do debate público e da produção de políticas públicas de enfrentamento às violências de gênero e políticas de inclusão de mulheres.

A ADPF nº 779, que declarou inconstitucional o uso da tese da legítima defesa da honra em crimes de feminicídio ou de agressão contra mulheres, expressa essa mudança – não finda –, que busca a efetivação dos direitos humanos das mulheres pela via judicial, ao aspirar por um modelo de julgamento impermeável à revitimizações e violências institucionais. Trata-se de uma perspectiva antidiscriminatória no Poder Judiciário pela efetivação do direito das mulheres ao acesso à justiça.

Do ponto de vista constitucional, o texto analisou a impossibilidade de ampliação da tese firmada no bojo da ação. A inconstitucionalidade da alegação de legítima defesa da honra foi construída com o propósito de proteger a dignidade das mulheres vítimas de feminicídio, dentro de uma perspectiva de gênero. A argumentação indica que a restrição à plenitude de defesa seria específica a esses casos.

Pelo formato de construção da tese final, a acusação, a defesa, o réu e outras partes que porventura se manifestem podem recorrer à tese de legítima defesa da honra, desde que não a invoquem para justificar a violação da vida ou da integridade física de mulheres. Dessa forma, a ponderação entre direito fundamentais consagra a máxima efetividade e a concordância prática, as quais são postulados da interpretação constitucional. Ficam asseguradas todas as garantias constitucionais em questão, sem eleger uma em detrimento da outra.

Por outro lado, o direito à igualdade de gênero como proibição de discriminação contra mulheres fundamenta o paradigma da perspectiva de gênero a ser absorvida por todos os membros do Sistema de Justiça. É indispensável que a atuação com perspectiva antidiscriminatória seja posta como compromisso institucional para garantir que todas as mulheres e suas diversas cores, etnias, classes, origens e orientação sexual tenham assegurado o direito à igualdade e ao acesso à justiça.[53]

A legitimidade decisória do Poder Judiciário passa pelo cumprimento de posturas e protocolos institucionais que questionem as bases do fazer jurídico tradicional, de cunho universalista, inscrito sob o signo do colonialismo e que se pretende neutro. Não se busca disputar, aqui, a importância do direito antidiscriminatório como campo jurídico já consolidado. Para além disto, entende-se a necessidade de um giro paradigmático na cultura jurídica brasileira.

É preciso pensar o direito como prática discursiva que produz sentidos e significados para fenômenos sociais complexos, e, portanto, assimetrias sociais. Não é mais aceitável que interpretações de normas constitucionais interditem seu potencial emancipador e

---

[53] MELLO, Adriana Ramos de; RIOS, Roger Raupp Rios. Antidiscriminação e sexismo no Poder Judiciário: fundamentação e necessidade do julgar com perspectiva de gênero. *Revista da Ajuris*, Porto Alegre, v. 49, n. 153, dez. 2022. p. 401.

transformador da realidade. É preciso eleger parâmetros antidiscriminatórios capazes de enfrentar as desigualdades estruturais e estruturantes da sociedade brasileira, e alinhar práticas de agentes da justiça com os mandamentos constitucionais e com compromissos internacionais de direitos humanos assumidos pelo Brasil.

Referências

ALENCAR, Renata dos Santos. *Violência doméstica na relação afetiva entre mulheres lésbicas*. 2017. Dissertação (Mestrado em Segurança Pública) – Instituto de Filosofia e Ciências Humanas, Universidade Federal do Pará, Belém, 2017.

ALMEIDA, Tânia Mara Campos de; PEREIRA, Bruna Cristina Jaquetto. Violência doméstica e familiar contra mulheres negras no Brasil: reflexões pela ótica dos estudos feministas latino-americanos. *Crítica e Sociedade: Revista de Cultura Política*, Uberlândia, v. 2, n. 2, p. 42-63, 2012.

ALVES, Marcelo Mayora; GARCIA, Mariana Dutra de Oliveira. As mulheres e os penalistas: representações sobre a moral e os papéis sexuais nos manuais de direito penal. *Revista Brasileira de Ciências Criminais*, São Paulo, v. 28, n. 173, p. 467-486, nov. 2020.

AQUINO, Sara de Assis. *A interpretação conforme a Constituição das leis penais pelo Supremo Tribunal Federal*. 2023. 234 f. Dissertação (Mestrado em Direito) – Universidade de Brasília, Brasília, 2023.

BASTERD, Leila Linhares. Lei Maria da Penha: uma experiência bem-sucedida de advocacy feminista. *In*: CAMPOS, Carmen Hein de (Org.). *Lei Maria da Penha comentada em uma perspectiva jurídico-feminista*. Rio de Janeiro: Lumen Juris, 2011.

BASTOS, Celso Ribeiro. *Hermenêutica e interpretação constitucional*. 2. ed. São Paulo: Celso Bastos Editor; Instituto Brasileiro de Direito Constitucional, 1999.

BRASIL, Supremo Tribunal Federal. *Ação de descumprimento de preceito fundamental (ADPF) nº 779*. Rel. Min. Dias Toffoli, j. em 1.8.2023.

BRASIL. Superior Tribunal de Justiça. *Habeas Corpus (HC) nº 61.615*. Rel. Min. Hamilton Carvalhido, Redator para o acórdão Min. Nilson Naves, Sexta Turma, j. em 10.2.2009.

BUENO, Samira *et al. Fórum Brasileiro de Segurança Pública (FBSP)*. Feminicídios em 2023. São Paulo: Fórum Brasileiro de Segurança Pública, 2024. Disponível em: https://apidspace.universilab.com.br/server/api/core/bitstreams/eca3a94f-2981-488c-af29-572a73c8a9bf/content. Acesso em: 24 jul. 2024.

BUENO, Samira *et al. Visível e invisível*: a vitimização de mulheres no Brasil. 4. ed. São Paulo: Fórum Brasileiro de Segurança Pública, 2023. Relatório. Disponível em: https://publicacoes.forumseguranca.org.br/handle/123456789/224. Acesso: 16 jul. 2024.

CAMPOS, Carmen Hein de; SEVERI, Fabiana. Violência contra mulheres e a crítica jurídica feminista: breve análise da produção acadêmica brasileira. *Revista Direito e Práxis*, v. 10, n. 2, p. 962-990, 2019.

CAMPOS, Carmen Hein. Feminicídio no Brasil: uma análise crítico-feminista. *Revista Sistema Penal & Violência*, Porto Alegre, v. 7, n. 1, p. 103-115, jan./jun. 2015. Disponível em: http://dx.doi.org/10.15448/2177-6784.2015.1.20275. Acesso em: 22 jul. 2024.

CASALEIRO, Paula. O poder do direito e o poder do feminismo: revisão crítica da proposta teórica de Carol Smart. *Ex æquo*, n. 29, p. 39-53, 2014.

CERQUEIRA, Daniel; BUENO, Samira (Coord.). *Atlas da violência 2024*. Brasília: Ipea; FBSP, 2024.

COELHO, Inocêncio Mártires. Métodos e princípios da interpretação constitucional. *Revista de Direito Administrativo*, v. 230, p. 163-186, 2002.

CONSELHO NACIONAL DE JUSTIÇA. *Resolução nº 492*. Estabelece, para adoção de Perspectiva de Gênero nos julgamentos em todo o Poder Judiciário. 2023. Disponível em: https://atos.cnj.jus.br/atos/detalhar/4986. Acesso em: 23 jul. 2024.

CORTE IDH. *Caso 12.051*: Maria da Penha Maia Fernandes x Brasil. 2001. Disponível em: https://cidh.oas.org/annualrep/2000port/12051.htm. Acesso em: 22 jul. 2024.

FACIO, Alda. Metodologías para el análisis de género del fenómeno legal. *In*: SANTAMARÍA, R. A.; SALGADO, J.; VALLADARES, L. (Comp.). *El género en el derecho*. Ensayos críticos. Equador: Ministério de Justicia y Derechos Humanos, 2009.

FERREIRA, Ângela Paula Nunes. *Do crime de paixão em legítima defesa da honra ao crime de ódio*: reconfigurações das vontades de verdade e produção de subjetividades para a mulher vítima de feminicídio na contemporaneidade. 210 f. Tese (Doutorado) – Programa de Pós-Graduação em Linguística, Universidade Federal da Paraíba (UFPB), 2022. Disponível em: https://repositorio.ufpb.br/jspui/bitstream/123456789/26863/1/%c3%82ngelaPaulaNunesFerreira_Tese.pdf. Acesso em: 17 jul. 2024.

FLAUZINA, Ana Luiza Pinheiro. Lei Maria da Penha: entre os anseios da resistência e as posturas da militância. *In*: FLAUZINA, Ana Luiza Pinheiro; FREITAS, Felipe; PIRES, Thula (Org.). *Discursos negros*: legislação penal, política criminal e racismo. Brasília, Brado Negro, 2015.

FÓRUM BRASILEIRO DE SEGURANÇA PÚBLICA. *17º Anuário Brasileiro de Segurança Pública*. São Paulo: Fórum Brasileiro de Segurança Pública, 2023. Disponível em: https://forumseguranca.org.br/wp-content/uploads/2023/07/anuario-2023.pdf. Acesso em: 16 jul. 2024.

FRANKLIN, Naila Ingrid Chaves. *Raça, gênero e criminologia*: reflexões sobre o controle social das mulheres negras a partir da criminologia positivista de Nina Rodrigues. 2017. 150 f. Dissertação (Mestrado em Direito) – Universidade de Brasília, Brasília, 2017.

GILLIGAN, Carol. *In a difference voice*. Londres: Harvard University Press, 1982.

GOMES, Camilla de Magalhães; SANTOS, Nayara Maria Costa da Silva. Quem é a mulher vulnerável e hipossuficiente? Em defesa do gênero como categoria decolonial para a interpretação jurídica. *Revista Eletrônica do Curso de Direito da UFSM*, Santa Maria, v. 14, n. 3, p. e35279, out. 2019. ISSN 1981-3694. Disponível em: http://dx.doi.org/10.5902/1981369435279. Acesso em: 22 jul. 2024.

LINS, Beatriz Accioly. *A lei nas entrelinhas*: a Lei Maria da Penha e o trabalho policial em duas Delegacias de Defesa da Mulher de São Paulo. 2014. Dissertação (Mestrado em Antropologia Social) – Faculdade de Filosofia, Letras e Ciências Humanas, Universidade de São Paulo, São Paulo, 2014.

MELLO, Adriana Ramos de; RIOS, Roger Raupp Rios. Antidiscriminação e sexismo no Poder Judiciário: fundamentação e necessidade do julgar com perspectiva de gênero. *Revista da Ajuris*, Porto Alegre, v. 49, n. 153, dez. 2022.

MONTENEGRO, Marília. *Lei Maria da Penha*: uma análise criminológica crítica. 1. ed. Rio de Janeiro: Revan, 2015.

NASSIF, Aramis. *O júri objetivo*. 2. ed. Porto Alegre: Livraria do Advogado, 2001.

ORDENAÇÕES FILIPINAS. *Quinto Livro das Ordenações*. Título XXXVIII. Disponível em: https://arquivo.pt/wayback/20220822183225/http://www1.ci.uc.pt/ihti/proj/filipinas/l5p1188.htm. Acesso em: 22 jul. 2024.

ORGANIZAÇÃO DAS NAÇÕES UNIDAS. *Recomendação Geral nº 33 sobre o acesso das mulheres à justiça*. Comitê sobre a Eliminação da Discriminação contra as mulheres. Ago. 2015. Disponível em: https://assets-compromissoeatitude-ipg.sfo2.digitaloceanspaces.com/2016/02/Recomendacao-Geral-n33-Comite-CEDAW.pdf. Acesso em: 23 jul. 2024.

ORGANIZAÇÃO DAS NAÇÕES UNIDAS. *Recomendação Geral nº 35 sobre violência de gênero contra as mulheres do Comitê para a eliminação de todas as formas de discriminação contra mulher (CEDAW)*. Disponível em: https://www.cnj.jus.br/wp-content/uploads/2019/09/769f84bb4f9230f283050b7673aeb063.pdf. Acesso em: 24 jul. 2024.

PEREIRA, Leonellea; TAVARES, Márcia. Uma trama entre gênero e geração: mulheres idosas e a violência doméstica na contemporaneidade. *Revista Feminismos*, v. 6, n. 3, 2018.

PIMENTEL, Silvia; BELLOQUE, Juliana; PANDJIARJIAN, Valéria. Legítima defesa da honra: legislação e jurisprudência da América Latina. *Revista Brasileira de Ciências Criminais*, v. 50, p. 311-353, 2004.

PIOVESAN, Flávia; PIMENTEL, Sílvia. A Lei Maria da Penha na perspectiva da responsabilidade internacional do Brasil. *In*: CAMPOS, Carmen Hein de. *Lei Maria da Penha comentada em uma perspectiva jurídico-feminista*. Rio de Janeiro: Lumen Juris, 2011.

PRANDO, Camila Cardoso de Mello; COSTA, Renata Cristina de Faria Gonçalves. A emergência da vítima na violência doméstica: uma etnografia sobre o sujeito, o conflito e o gênero. *Revista Brasileira de Ciências Criminais*, v. 146, p. 57-90, 2018.

PRANDO, Camilla Cardoso de Melo. O que veem as mulheres quando o direito as olha? Reflexões sobre as possibilidades e alcances da intervenção do direito nos casos de violência doméstica. *Revista de Estudos Criminais*, v. 15, n. 60, p. 115-142, 2016.

SAMPAIO, Denis. Plenitude de defesa. *In*: SAMPAIO, Denis (Org.). *Manual do Tribunal do Júri*: a reserva democrática da justiça brasileira. 1. ed. Florianópolis: Emais, 2021. p. 50-51.

SANTOS, Bárbara Crateús. *Raça, gênero e risco*: uma análise dos processos de avaliação e gestão de risco de mulheres em situação de violência doméstica no Juizado de Sobradinho – Distrito Federal. Dissertação (Mestrado) – Programa de Pós-Graduação em Direito, Universidade de Brasília. 183 f. 2022. Disponível em: http://icts.unb.br/jspui/bitstream/10482/44924/1/2022_B%C3%A1rbaraCrateusSantos.pdf. Acesso em: 24 jul. 2024.

SEVERI, Fabiana Cristina. Justiça em uma perspectiva de gênero: elementos teóricos, normativos e metodológicos. *Revista Digital de Direito Administrativo*, v. 3, n. 3, p. 574-601, 2016. Disponível em: http://dx.doi.org/10.11606/issn.2319-0558.v3n3p574-601. Acesso em: 22 jul. 2024.

SEVERI, Fabiana Cristina. *Lei Maria da Penha e o projeto jurídico feminista brasileiro*. Rio de Janeiro: Lumen Juris, 2018.

THOMSON-DEVEAUX, Flora. Achados na superfície: notas da pesquisa por trás do podcast Praia dos Ossos. *Revista Rosa*, São Paulo, v. 2, n. 2, out. 2020. ISSN: 2764-1333. Disponível em: https://revistarosa.com/2/achados-na-superficie#notarodap%C3%A91. Acesso em: 17 jul. 2024.

TOURINHO FILHO, Fernando da Costa. *Processo penal*. 33. ed. São Paulo: Saraiva, 2011. v. 4.

ZABALA, Tereza Cristina. Violência doméstica contra a mulher transgênera e a mulher travesti. *Revista Jurídica UniFCV*, v. 3, n. 1, 2020.

Informação bibliográfica deste texto, conforme a NBR 6023:2018 da Associação Brasileira de Normas Técnicas (ABNT):

SIMONETTI, José Alberto; SANTOS, Bárbara Crateús. A perspectiva de gênero, a plenitude de defesa e a ADPF nº 779. *In*: MENDES, Gilmar Ferreira; LIRA, Daiane Nogueira de; FREIRE, Alexandre (coord.). *Constituição, democracia e diálogo*: 15 anos de Jurisdição Constitucional do Ministro Dias Toffoli. 2. ed. Belo Horizonte: Fórum, 2025. p. 917-936. ISBN 978-65-5518-937-7.

A AFIRMAÇÃO DAS ESPECIFICIDADES DO DIREITO DO TRABALHO NA JURISDIÇÃO CONSTITUCIONAL: APORTES TEÓRICOS A PARTIR DAS DECISÕES DO MINISTRO DIAS TOFFOLI

LELIO BENTES CORRÊA
HELENA MARTINS DE CARVALHO

> *Nós vivemos num mundo em que a*
> *Justiça do Trabalho é imprescindível.*
> (Ministro José Antonio Dias Toffoli)

1 Introdução

No paradigma constitucional do Estado democrático de direito, o pacto constitucional por um projeto democrático abrange não apenas a vida política, mas todas as dimensões existenciais e de sociabilidade do ser humano, nas perspectivas política, social, econômica, cultural e institucional.

Nesse sentido, *Carlos Ayres Britto* salienta que a compreensão mais ampla do regime democrático, para além da sua dimensão puramente política, abrange o dever de o Estado e a sociedade criarem as melhores condições materiais objetivas e psicossociais para a busca da felicidade individual e da coesão social.[1]

No mundo do trabalho, essa concepção foi consagrada pela Constituição da Organização Internacional do Trabalho que, em sua Declaração de Filadélfia, reconhece o direito ao bem-estar material e ao desenvolvimento espiritual, reafirmando, ainda, que "o trabalho não é uma mercadoria".

No âmbito das relações entre o poder econômico e a força de trabalho humana, a Constituição da República Federativa do Brasil prevê expressamente o princípio democrático em seu art. 170, ao ancorar a ordem econômica na valorização do trabalho

---

[1] BRITTO, Carlos Ayres. A Constituição como a lei das leis e a democracia como o princípio dos princípios constitucionais – A civilizada trajetória que vai da democracia política à democracia social e à democracia fraternal ou solidária. *In*: PAULA, Carlos Alberto Reis de; RODRIGUES, Priscila Lauande; CORREA, Lelio Bentes (Coord.). *Trabalho, dignidade e inclusão social*: estudos em homenagem ao ministro José Luciano de Castilho Pereira. Rio de Janeiro: Lumen Juris, 2022. p. 71-106.

humano e na livre iniciativa, com a finalidade de assegurar a todas e todos existência digna, conforme os ditames da justiça social, observados, entre outros, os princípios da função social da propriedade, da defesa do consumidor, da defesa do meio ambiente, da redução das desigualdades regionais e sociais e da busca do pleno emprego.

Não é compatível com o ordenamento constitucional, portanto, a livre iniciativa predatória, descompromissada com patamares éticos de responsabilidade social, sustentabilidade e redistribuição de renda. Ao contrário, a iniciativa privada cujo valor social se reconhece é aquela comprometida com os objetivos fundamentais previstos no art. 3º da Constituição da República, e que contribui para a construção de uma sociedade livre, justa e solidária, além de favorecer o desenvolvimento nacional, a erradicação da pobreza e da marginalização e a redução das desigualdades sociais e regionais. Uma iniciativa privada que favoreça a promoção do bem de todas as pessoas, sem preconceitos de origem, raça, sexo, cor, idade e quaisquer outras formas de discriminação.

Verifica-se que o constituinte de 1988, ao erigir o ser humano, com sua dignidade, ao vértice axiológico do ordenamento constitucional, antecipava-se àquilo que viria a ser reconhecido, quase vinte e sete anos depois, no âmbito das Nações Unidas, na sua Agenda para o Desenvolvimento Sustentável.

Com efeito, no ano de 2015, os 193 países integrantes da ONU (inclusive o Brasil) firmaram um compromisso transformador e arrojado, visando ao desenvolvimento sustentável, inclusivo e sustentado, alicerçado no tripé "pessoas, planeta e prosperidade".

A propósito, a Organização das Nações Unidas elevou o conceito de trabalho decente[2] à posição central para o alcance dos Objetivos de Desenvolvimento Sustentável definidos na Agenda 2030, em especial o ODS 8: "promover o crescimento econômico sustentado, inclusivo e sustentável, emprego pleno e produtivo e trabalho decente para todas e todos".

Trata-se de condição fundamental para a superação da pobreza, a redução das desigualdades sociais, a garantia da governabilidade democrática e o desenvolvimento sustentável.

Nesse contexto, avulta a importância de uma jurisdição constitucional garantidora do direito ao trabalho decente como instrumento de emancipação, cidadania e construção da identidade.

A afirmação da função social e inclusiva do direito do trabalho no campo jurídico e político pressupõe o reconhecimento e a aplicação das especificidades desse ramo jurídico, sobretudo os princípios próprios, entre os quais se destacam o *princípio da proteção* e o *princípio da primazia da realidade*, analisados a seguir.

---

[2]   O conceito de trabalho decente foi formulado pela Organização Internacional do Trabalho em 1998, em resposta ao cenário de flexibilização e desregulamentação da legislação trabalhista que caracterizou a década de 1990. Compreende o trabalho produtivo e de qualidade, em condições de liberdade, equidade, segurança e dignidade humana, representando o ponto de convergência dos quatro objetivos estratégicos da OIT, a saber: o respeito aos direitos no trabalho, especialmente aqueles definidos como fundamentais; a promoção do emprego produtivo e de qualidade; a ampliação da proteção social; e o fortalecimento do diálogo social. No mesmo ano, a OIT adotou a Declaração sobre os Princípios e Direitos Fundamentais no Trabalho, que estabelece os seguintes princípios relativos aos direitos fundamentais no trabalho: a) a liberdade sindical e o reconhecimento efetivo do direito de negociação coletiva; b) a eliminação de todas as formas de trabalho forçado ou obrigatório; c) a abolição efetiva do trabalho infantil; d) a eliminação da discriminação em matéria de emprego e ocupação; e e) saúde e segurança no trabalho.

2 O princípio da proteção como instrumento de democratização das relações entre trabalho humano e poder econômico

No dia 20.10.2021, o Tribunal Pleno do Supremo Tribunal Federal julgou parcialmente procedente o pedido formulado na Ação Direta de Inconstitucionalidade nº 5.766 do Distrito Federal, para declarar inconstitucionais os arts. 790-B, *caput* e §4º, e 791-A, §4º, da Consolidação das Leis do Trabalho.

Os dispositivos versavam acerca da obrigação do pagamento de honorários periciais e sucumbenciais por parte dos beneficiários da justiça gratuita, quando vencidos nas reclamações trabalhistas.

Em consulta à página do processo no sítio eletrônico do STF, verifica-se que a indexação da ADI nº 5.766, sob a óptica da Agenda 2030, correlaciona o seu objeto com o ODS 1 – erradicação da pobreza, ODS 8 – trabalho decente e crescimento econômico, ODS 10 – redução das desigualdades e ODS 16 – paz, justiça e instituições eficazes.

Em seu voto, o Ministro *Dias Toffoli* afirmou:

> É um propósito nós termos um Poder Judiciário que dê acesso às pessoas mais pobres, às pessoas mais vulneráveis, às pessoas em maior dificuldade. Somos um país desigual, temos que reconhecer isso.
> [...] temos que ter a percepção do sentimento social. Em um país em que hoje 25 mil pessoas moram nas ruas e nas praças de São Paulo, desempregadas e sem assistência, é fundamental que o Judiciário esteja presente, trazendo a justiça às pessoas que não têm acesso a ela. [...] Muito se diz que a Justiça brasileira custa caro. Custa caro, mas não há justiça no mundo que tenha a possibilidade de qualquer cidadão a ela ter acesso. Qualquer cidadão tem acesso ao Supremo Tribunal Federal, por meio seja da Defensoria Pública, seja da justiça gratuita. Como dizia o Ministro Marco Aurélio, o protocolo nunca estará fechado. O protocolo e o distribuidor da Suprema Corte do Judiciário brasileiro estão abertos para se fazer justiça aos cidadãos brasileiros e muito mais àqueles que são os mais desprotegidos, àqueles que não têm, muitas vezes, o mesmo nível de consciência das relações trabalhistas. [...]
> Veja, Senhora Presidente, quando, ao se destinar 84 bilhões de reais para dar 400 reais por mês de auxílio, por 16 meses, às populações carentes, a Bolsa cai e o dólar sobe, estamos falando de quê? Que país, que nação nós queremos? Há 25 mil pessoas morando nas praças públicas do centro de São Paulo, só para citar a cidade de São Paulo.
> Antes da pandemia, a relação da dívida pública com o PIB estava em mais de 90%. Hoje, caiu. E aí se tributa ao mercado o dogma do teto. Se tributa ao mercado a ideia de que se ultrapassará o teto se se der 400 reais para as pessoas que não têm condições de se alimentar. No mundo inteiro viralizou a imagem de quatro pessoas na lata de lixo, ou melhor, no caminhão de lixo.

Reconhecendo a intrínseca relação entre o valor trabalho e a redução das desigualdades, o ilustre relator ressaltou, ainda, que a garantia do acesso à Justiça do Trabalho confere concretude aos objetivos fundamentais da República Federativa do Brasil: I – construir uma sociedade livre, justa e solidária; II – garantir o desenvolvimento nacional; III – erradicar a pobreza e a marginalização e reduzir as desigualdades sociais e regionais; IV – promover o bem de todos, sem preconceitos de origem, raça, sexo, cor, idade e quaisquer outras formas de discriminação.

Por fim, esclareceu que a discriminação rechaçada pelo inc. IV do art. 3º também inclui a discriminação da pobreza.

Asseverou, ademais, o Ministro *Toffoli*, que "não podemos trazer para a Justiça do Trabalho a ideia do contrato civil, do contrato entre partes que tenham a mesma estatura, que tenham o mesmo conhecimento dos fatos".

Com efeito, o reconhecimento da desigualdade intrínseca à relação firmada entre poder econômico e força de trabalho humana no âmbito do sistema capitalista de produção e consumo consubstancia o cerne do direito do trabalho.

A propósito, o festejado doutrinador espanhol *Manuel Carlos Palomeque Lopez* leciona:

> Na relação de troca de trabalho por salário, os sujeitos que a protagonizam esgrimem interesses não só distintos, mas contrapostos. Tal significa que na própria raiz da relação de trabalho assalariado se instalou um conflito social de caráter estrutural (contraposição de interesses entre aqueles que dominam os meios de produção e aqueles que oferecem exclusivamente trabalho dependente). Trabalhadores e empregadores têm, assim, interesses contrários na relação de trabalho, no sentido em que a plena satisfação dos interesses de uns será, necessariamente, oposta à satisfação dos da contraparte. Naturalmente, a norma jurídica deve impedir a consecução absoluta dos interesses de parte, impondo uma solução de equilíbrio ou compromisso essencial.

No mesmo sentido, no ano de 1905, *Evaristo de Moraes* publicou, pela Imprensa Nacional, a primeira obra sobre direito do trabalho editada no Brasil. Em seu clássico *Apontamentos de direito operário*, o eminente jurista rechaçou o argumento de que, em sendo o trabalhador livre, tem o direito de vender o seu trabalho pelo preço e nas condições que quiser. Afirmou, na ocasião, que "essa liberdade de trabalho só tem gerado a opressão e a miséria, a exploração do operariado e seu rebaixamento progressivo", concluindo tratar-se de "encanto ilusório" a "liberdade do trabalho".[3]

Quase 120 anos depois, as palavras do saudoso jurista permanecem atuais. Não por acaso, em períodos históricos marcados pelo retrocesso dos direitos sociais, não são raras as propostas de alterações legislativas que tentam aniquilar a sua essência, corrompendo o seu sentido primordial, que é a proteção do trabalho humano em face dos abusos do capital.

Avanços civilizatórios, a seu turno, costumam ser mal recebidos pelas estruturas de poder. Nesse sentido, o saudoso Ministro *Arnaldo Sussekind* esclarece que houve críticas dentro do próprio movimento operário à inclusão de um capítulo na CLT sobre a proteção do trabalho da mulher, evidenciando a premência de um direito do trabalho em perspectiva interseccional.

O próprio surgimento do direito do trabalho foi marcado por candente oposição de visões conflitantes de mundo. No percurso histórico da luta por condições de trabalho mais dignas, destaca-se o processo de elaboração da *Factory Act*, no Parlamento inglês, entre os anos de 1832 e 1833.[4]

---

[3] Disponível em: https://bibliotecadigital.stf.jus.br/xmlui/handle/123456789/589. Acesso em: 28 set. 2023.

[4] GRUNDFOSSEN, Peter D. *A study of the arguments for and against the Factory Act of 1833 used by members of Parliament in the House of Commons*. 1965. Dissertação (Mestrado) – Departamento de História, Universidade Estadual de Portland, 1965. Disponível em: https://pdxscholar.library.pdx.edu/open_access_etds/212/. Acesso em: 14 ago. 2024.

Naquele momento histórico, marcado pela Revolução Industrial, crianças a partir de seis anos de idade cumpriam a extenuante carga de trabalho de até 14 horas, de segunda a sexta, e 11 horas aos sábados.

De um lado, portanto, tinha-se a aclamada modernidade e o crescimento econômico sem precedentes e, de outro, a violenta exploração da força de trabalho humano. De um lado, a opulência e a prosperidade, e, de outro, a miséria.

Nesse contexto, pretendia-se limitar a oito horas por dia a jornada de trabalho de crianças e adolescentes e a nove anos a idade mínima para o trabalho.

As opiniões dos membros do Parlamento dividiram-se quanto à aprovação do projeto. Os opositores à alteração argumentavam que as crianças operárias apresentavam superior conduta moral e eram mais educadas e saudáveis. Sustentavam, ainda, que a precarização das condições de trabalho decorria da elevada carga tributária, e que, se os pais não protegiam os próprios filhos, não caberia ao Estado fazê-lo.

Afirmavam que, se o projeto fosse aprovado, não haveria pessoas bastantes para a execução de todo o trabalho nas fábricas, e previam que a proposta acarretaria um verdadeiro colapso devido à redução dos lucros, tamanha a insegurança financeira na indústria, com a iminência de um desastre econômico.

Felizmente, o projeto de lei foi aprovado, e, como demonstra-nos a história, o capitalismo industrial não apenas sobreviveu, mas se difundiu no mundo inteiro. O ordenamento jurídico evoluiu, e atualmente reconhece a proteção integral e prioritária à criança e ao adolescente como dever não apenas da família, mas também da sociedade e do Estado.

A propósito, o pronunciamento do Senador *João Maurício Wanderley*, Barão de Cotegipe e porta-voz da bancada escravista no Senado da República, no ano de 1888, é igualmente simbólico da resistência, por parte das estruturas dominantes, a medidas de inclusão social e regulamentação da superexploração do trabalho humano pelo poder econômico. Por ocasião da assinatura da Lei Áurea, o senador afirmou que a abolição mergulharia o país em uma crise econômica, pois a manutenção das oligarquias "precisava dos escravos".[5]

Ao contrário do que o senador previa, a cruel e centenária exploração de seres humanos escravizados no Brasil veio a enriquecer instituições e famílias inteiras, cuja fortuna segue concentrada, de geração em geração, até os dias de hoje, como comprovam diversos estudos históricos.[6]

A narrativa histórica serve para que, a partir da memória, compreendamos o presente e possamos construir, coletivamente, novos alicerces para o futuro. Nesse sentido, *Palomeque* afirma que o direito do trabalho é "uma categoria de impossível apreensão sem o conhecimento cabal do seu passado".[7]

---

[5] Disponível em: https://www12.senado.leg.br/noticias/materias/2019/05/13/ha-131-anos-senadores-aprovavam-o-fim-da-escravidao-no-brasil. Acesso em: 8 ago. 2024.

[6] A propósito do tema, conferir: SANTOS, Ynaê Lopes dos. *Racismo brasileiro*: uma história da formação do país. São Paulo: Todavia, 2022.

[7] LOPEZ, Manuel Carlos Palomeque. *Direito do trabalho e ideologia*: meio século de formação ideológica do direito do trabalho espanhol (1873-1923). Tradução de António Moreira. Coimbra: Almedina, 2001. p. 31.

A propósito, não é possível pensar em história das relações de trabalho no Brasil sem considerar os quase 400 anos de escravidão admitida pelo ordenamento jurídico que precederam a institucionalização do direito do trabalho em nosso país.

Nesse sentido, a legislação trabalhista apresenta-se como prova viva do poder civilizatório do direito como instrumento de organização, e não de dominação social. De fato, o direito não pode meramente servir à manutenção das estruturas de poder; ao revés, deve constituir instrumento de transformação democrática, combatendo desigualdades e promovendo a justiça social.

Com efeito, como ressalta o Doutrinador e Ministro do Tribunal Superior do Trabalho *Maurício Godinho Delgado*, o direito do trabalho consubstancia a mais relevante política pública de inclusão econômica, social e cultural de pessoas humanas no sistema capitalista.[8]

A propósito, *Palomeque* esclarece:

A intervenção do Estado nas relações de produção, através da promulgação de "normas protetoras" das condições de vida e de trabalho do proletariado industrial e limitadoras da até então absoluta vontade do empresário na fixação do conteúdo do contrato de trabalho, responde historicamente, como se viu, à necessidade social de integrar e canalizar o "conflito social" surgido entre os novos antagonistas sociais. O novo corpo normativo integrador haveria de cumprir, pois, a transcendental missão de impor ao conflito um canal de desenvolvimento compatível com a permanência e progresso do modo de produção capitalista e as paredes mestras da sociedade burguesa. Esta é a função histórica da legislação do trabalho.[9]

A particular assimetria na relação entre poder econômico e força de trabalho humana consubstancia, portanto, o fundamento do direito do trabalho, motivo pelo qual não é possível cogitar uma sociedade capitalista que se pretenda democrática sem a observância dos princípios e regras próprios desse ramo jurídico.

Atualmente, alguns desafios apresentam-se à concretização do direito humano ao trabalho decente. Entre tais desafios, relevantes para a pacificação social e a construção de um mundo do trabalho justo, inclusivo e calcado na dignidade do ser humano, encontram-se: os altos níveis de informalidade e, consequentemente, de exclusão da proteção social; a discriminação e o assédio; o surgimento ou a intensificação de condições de trabalho degradantes em virtude das consequências da pandemia de Covid-19; os impactos das inovações tecnológicas e o uso da inteligência artificial no mundo do trabalho.

O enfrentamento de tais desafios pressupõe o conhecimento de que, embora a história do direito do trabalho não se apresente de forma linear, seu *objeto* é estanque. Trata-se do conflito social intrínseco à relação entre capital e força de trabalho humana e os interesses contrapostos que dela decorrem.[10]

---

[8] Conferir: DELGADO, Maurício Godinho; DELGADO, Gabriela Neves. O direito do trabalho na contemporaneidade: clássicas funções e novos desafios. *Revista Fórum Justiça do Trabalho*, Belo Horizonte, ano 33, n. 396, p. 11-30, 2016.

[9] LOPEZ, Manuel Carlos Palomeque. *Direito do trabalho e ideologia*: meio século de formação ideológica do direito do trabalho espanhol (1873-1923). Tradução de António Moreira. Coimbra: Almedina, 2001. p. 32-33.

[10] A propósito, segundo Manuel Carlos Palomeque Lopez, "Fundamento e objeto da disciplina são, por isso, realidades cientificamente indissociáveis na contemplação da noção e da função normativa do Direito do Trabalho,

3 O contrato-realidade como fonte matriz da proteção social trabalhista

O reconhecimento das circunstâncias fáticas que qualificam a relação de emprego de caráter subordinado, pessoal, não eventual e oneroso, independente da roupagem civilista formalmente conferida, consubstancia a fonte de todo o sistema de proteção social trabalhista.

A propósito, o Ministro *Arnaldo Sussekind*, indagado sobre as inovações de maior relevo que a CLT trouxe, apontou os institutos da *despersonalização do empregador* e do *contrato-realidade*, ressaltando que:

[...] no art. 442, dizíamos que o contrato individual de trabalho é o acordo tácito ou expresso correspondente à relação de emprego, isto é, quando, na realidade, tácita ou expressamente, configura-se a relação de emprego pelas definições dos artigos 2º e 3º, ou expressamente, configura-se a relação de emprego pelas definições dos arts. 2º e 3º, forma-se um contrato de trabalho, qualquer que seja o título ou o rótulo que se dê. Portanto, esse dispositivo consagra o contrato-realidade. E sua redação não se deu por obra do acaso. O que se quis dizer foi o seguinte: quando é ajustado um contrato societário ou um contrato de empreitada, por exemplo, mas a execução desse contrato configura a relação de emprego, há um contrato individual de trabalho. Hoje já se entende isso, mas, na época, houve controvérsia sobre a exegese do art. 442. Outrossim, o disposto no art. 9º da CLT reforça a tese de contrato-realidade.[11]

A propósito do reconhecimento e aplicação do princípio da primazia da realidade na seara trabalhista, no dia 24.6.2024, o Ministro *Dias Toffoli*, reconsiderando decisão agravada nos autos da Reclamação Constitucional nº 65.612 do Rio Grande do Sul, consignou expressamente que:

[*a lide*] foi solucionada à luz da primazia da realidade, com fundamento nos elementos concretos de prova e normas jurídicas que orientam a atuação judicante – não possui aderência estrita com os paradigmas, quais sejam, ADPF nº 324, na ADC nº 48, na ADI nº 5625 e no RE nº 958.252 (vinculado ao Tema nº 725 RG).
Não desconheço a existência de precedentes do STF (v.g. Rcl 47843 AgR, DJe de 7/4/22), nos quais o STF afirmou a licitude da "terceirização por 'pejotização'", concluindo pela aderência estrita da temática com o julgado na ADPF nº 324 e a tese do Tema nº 725 RG, por se relacionar com a compatibilidade dos valores do trabalho e da livre iniciativa na terceirização do trabalho assentada nos precedentes obrigatórios, constituindo o fenômeno da contratação de profissional na forma de pessoa jurídica – opção constitucionalmente admitida.
Contudo, no Processo 0020063-56.2022.5.04.0772, conforme consignado no acórdão proferido em sede de recurso ordinário, afastou-se a alegação de que a parte beneficiária prestaria seus serviços como profissional autônomo, compreendendo a autoridade reclamada, a partir das provas produzidas nos autos, pelo preenchimento dos requisitos caracterizadores da relação de emprego.

---

dado configurarem, desde logo, planos diversos de uma mesma realidade institucional" (LOPEZ, Manuel Carlos Palomeque. *Direito do trabalho e ideologia*: meio século de formação ideológica do direito do trabalho espanhol (1873-1923). Tradução de António Moreira. Coimbra: Almedina, 2001. p. 16).

[11] BIAVASCHI, Magda Barros. *O direito do trabalho no Brasil – 1930-1942*: a construção do sujeito de direitos trabalhistas. São Paulo: LTr, 2007. p. 345-346.

Na ocasião, o Ministro *Dias Toffoli* afastou a aplicação das teses adotadas pelo STF por ocasião do julgamento da Arguição de Descumprimento de Preceito Fundamental nº 324[12] e do Recurso Extraordinário nº 958.252 (Tema nº 725 da Repercussão Geral),[13] por não guardarem aderência estrita com o caso concreto. Negou seguimento à reclamação constitucional, mantendo incólume o acórdão prolatado pelo Tribunal Regional da 4ª Região por meio do qual, com esteio no contexto fático-probatório revelado nos autos, reconheceu-se a efetiva existência de relação subordinada, onerosa, pessoal e não eventual, nos termos do art. 3º da Consolidação das Leis do Trabalho.

Tratava-se de médico contratado por meio de pessoa jurídica para prestar serviços ao hospital réu. Conforme consignado pelo TRT, a empresa era constituída por apenas um sócio – o próprio reclamante –, ficando comprovado o fenômeno da "pejotização", cuja licitude fora reconhecida pelo STF nos autos da Reclamação Constitucional nº 47.843. Não obstante, o Tribunal Regional afastou a suposta autonomia, reconhecendo a existência da "subordinação hierárquica na sua acepção mais contemporânea" ao longo dos mais de 40 anos de serviços prestados, porquanto comprovada a *efetiva ingerência* do hospital nas atividades do autor.

Consta dos autos que o hospital aplicou ao reclamante diversas advertências em decorrência do uso incorreto dos equipamentos, além de cobrar metas e organizar a agenda de consultas e procedimentos.

Considerando que a CLT foi redigida na década de 1940 e tinha como sujeito principal o trabalhador formal urbano, faz-se necessário exercício hermenêutico de ampliação de seu conteúdo protetivo às novas formas de exploração do trabalho humano pelo capital globalizado e informacional.

Nesse contexto, um dos grandes desafios é a compreensão da amplitude da figura jurídica da subordinação.

O Professor *Paulo Emílio Ribeiro de Vilhena* considera prudente "o juiz que, ao apreciar a controvertida situação das partes em uma relação de trabalho, postar-se do outro lado da equação fática e examinar também se os supostos da autonomia ocorrem e se são bastantes para absorverem a penumbrosa face da suposta subordinação".[14]

Segundo o autor, "autônomo é o trabalhador que desenvolve sua atividade com organização própria, iniciativa e discricionariedade, além da escolha do lugar, do modo, do tempo e da forma de execução". Nesse contexto, o trabalho autônomo tem como objeto o resultado, e não a prestação da atividade em si, sobre a qual o tomador do serviço não exerce qualquer ingerência, mantendo atitude meramente passiva.[15]

---

[12] "I - É lícita a terceirização de toda e qualquer atividade, meio ou fim, não se configurando relação de emprego entre a contratante e o empregado da contratada; II - A terceirização, compete à contratante: i) verificar a idoneidade e a capacidade econômica da terceirizada; e ii) responder subsidiariamente pelo descumprimento das normas trabalhistas, bem como por obrigações previdenciárias, na forma do art. 31 da Lei 8.212/1993".

[13] "É lícita a terceirização ou qualquer outra forma de divisão do trabalho entre pessoas jurídicas distintas, independentemente do objeto social das empresas envolvidas, mantida a responsabilidade subsidiária da empresa contratante".

[14] VILHENA, Paulo Emílio Ribeiro de. *Relação de emprego*: estrutura legal e supostos. 2. ed. São Paulo: LTr, 1999. p. 485.

[15] VILHENA, Paulo Emílio Ribeiro de. *Relação de emprego*: estrutura legal e supostos. 2. ed. São Paulo: LTr, 1999. p. 482-483.

Os fatores fundamentais para definição da autonomia, em contraposição à subordinação jurídica, são, portanto, a *discricionariedade técnica* e a *auto-organização do trabalho*.

De outro lado, no que tange à configuração da subordinação jurídica, o art. 2º da CLT define como empregador "a empresa, individual ou coletiva, que, assumindo os riscos da atividade econômica, admite, assalaria e dirige a prestação pessoal de serviço". O art. 3º, a seu turno, define empregado como "toda pessoa física que prestar serviços de natureza não eventual a empregador, sob a dependência deste e mediante salário".

Tais dispositivos, cuja redação permanece a mesma desde a publicação da Consolidação das Leis do Trabalho, em 1943, devem ser interpretados à luz da evolução das relações sociais e trabalhistas, das metamorfoses do capital e das novas morfologias do trabalho.

O direito deve ser orgânico, adaptando-se às constantes mutações da sociedade destinatária de suas normas. Do contrário, a lei resulta em letra morta, inapta a regulamentar as novas relações sociais surgidas à margem da capacidade preditiva do legislador.

Nesse contexto, aliada ao avanço tecnológico, a ideologia do empreendedorismo vem se consolidando como estratégia na disputa narrativa por uma interpretação restritiva da subordinação jurídica, de modo a desvalorizar a relação de emprego no campo ontológico, atribuindo-se à autonomia na gestão do próprio negócio o potencial de emancipação historicamente atribuído ao valor "trabalho decente".

No entanto, a história mostra que, sem a garantia de proteção social, não é possível falar em emancipação do trabalhador.

Retomando a ideia de democratização das relações entre poder econômico e força de trabalho humana, a Professora *Renata Queiroz Dutra* afirma que, "quanto mais humanizado seja o trabalho e mais possibilidades de vivência da cidadania ele possa proporcionar aos sujeitos, mais amplos serão os horizontes democráticos".[16]

De fato, como afirmado anteriormente, a interpretação restritiva dos arts. 2º e 3º da CLT – ou qualquer outro diploma que venha a dispor sobre os elementos de uma relação de trabalho não abrangida pela norma consolidada – resulta na exclusão de milhões de trabalhadoras e trabalhadores subordinados sob as novas formas de organização das relações de trabalho.

Segundo *Mauricio Godinho*, a subordinação no âmbito da relação de trabalho é "um fenômeno jurídico, derivado do contrato estabelecido entre trabalhador e tomador de serviços, pelo qual o primeiro acolhe o direcionamento objetivo do segundo sobre a forma de efetuação da prestação do trabalho".[17]

Ainda segundo o autor, a dimensão original do conceito de subordinação, decorrente historicamente da substituição da servidão pelo trabalho na indústria, abrange a

situação jurídica derivada do contrato de trabalho, pela qual o trabalhador compromete-se a acolher o poder de direção empresarial no tocante ao modo de realização de sua

---

16 DUTRA, Renata Queiroz. *Direito do trabalho*: uma introdução político-jurídica. Belo Horizonte: RTM, 2021. p. 29.
17 DELGADO, Mauricio Godinho. *Curso de direito do trabalho*. 18. ed. São Paulo: LTr, 2019. p. 350.

prestação laborativa. Manifesta-se pela intensidade de ordens do tomador de serviços sobre o respectivo trabalhador.[18]

A contraposição entre subordinação e poder diretivo encontra-se consolidada nas expressões "dirige" e "dependência", empregadas pelo legislador nos arts. 2º e 3º, respectivamente, da CLT.

Ocorre que, com a evolução das relações sociais e trabalhistas, em especial com o avanço tecnológico e a consolidação da assim denominada "Indústria 4.0", o conceito clássico de subordinação jurídica, sedimentado nas ideias de direção e dependência, já não é capaz, por si só, de abarcar as novas morfologias do trabalho.

Paulo Emílio Ribeiro de Vilhena, reconhecendo a insuficiência da concepção tradicional de subordinação em situações nas quais o poder diretivo não é ostensivo, ou nem sequer existe, desenvolve o conceito de *subordinação objetiva*, ou seja, aquela configurada no âmbito de uma "relação de coordenação ou de participação integrativa ou colaborativa, através da qual a atividade do trabalhador como que segue, em linhas harmônicas, a atividade da empresa, dela recebendo o influxo próximo ou remoto de seus movimentos".[19]

Ainda segundo o autor:

> Na dinâmica e na estrutura da empresa, que pressupõe integração e coordenação de atividades, a exteriorização da subordinação em atos de comando é fenômeno de ocorrência irregular, variável, muitas vezes imperceptível e esses atos sofrem um processo de diluição, até quase desaparecerem, à medida que o trabalho se tecniciza e se intelectualiza.
> À pesquisa jurídica incumbe vencer, tanto quanto possível, a barreira do aleatório, do aparente, e localizar um ponto de intersecção, a partir do qual se pode afirmar, com um mínimo de arbítrio, a existência da subordinação.[20]

A respeito da subordinação objetiva, *Lorena Vasconcelos Porto* esclarece:

> De acordo com os ensinamentos de Fayol, a direção empresária é articulada em ações complexas, classificadas em: previsão; organização; comando; coordenação e controle. Assim, o exercício do poder diretivo não se limita somente ao comando e ao controle (no qual o autor inclui o poder disciplinar), mas se revela também na coordenação e na organização. Se há a prestação de uma atividade pessoal para a empresa, com a qual o empregador conta, em sua normal previsão, há o exercício de poder diretivo sobre esse trabalhador, pois a sua prestação se integra, necessária e continuamente, na atividade geral da empresa. Com efeito, o empregador conta com a sua continuidade e regularidade para a consecução dos fins empresariais.[21]

No mesmo sentido, *Mauricio Godinho Delgado* propõe a ampliação da concepção clássica da subordinação jurídica, desenvolvendo o conceito de *subordinação estrutural*,

---

[18] DELGADO, Mauricio Godinho. *Curso de direito do trabalho*. 18. ed. São Paulo: LTr, 2019. p. 352.

[19] VILHENA, Paulo Emílio Ribeiro de. *Relação de emprego*: estrutura legal e supostos. 2. ed. São Paulo: LTr, 1999. p. 481.

[20] VILHENA, Paulo Emílio Ribeiro de. *Relação de emprego*: estrutura legal e supostos. 2. ed. São Paulo: LTr, 1999. p. 478.

[21] PORTO, Lorena Vasconcelos. *A subordinação no contrato de trabalho*: uma releitura necessária. São Paulo: LTr, 2009. p. 67.

expressa pela inserção do trabalhador na dinâmica do tomador de seus serviços, independentemente de receber (ou não) suas ordens diretas, mas acolhendo, estruturalmente, sua dinâmica de organização e funcionamento'. Nesta dimensão da subordinação, não importa que o trabalhador se harmonize (ou não) aos objetivos do empreendimento, nem que receba ordens diretas das específicas chefias deste: o fundamental é que esteja estruturalmente vinculado à dinâmica operativa da atividade do tomador de serviços.[22]

Os conceitos de direção e dependência dão lugar às ideias de *coordenação*, por parte do empregador, com a definição do modo como a atividade será prestada, assim como de *integração* do trabalhador à dinâmica organizacional e operativa do empregador.

Nesse sentido, a OIT consagrou, em sua Recomendação nº 198, a teoria expansionista da subordinação jurídica nas relações de trabalho:

> 11. A fin de facilitar la determinación de la existencia de una relación de trabajo, los Miembros deberían considerar, en el marco de la política nacional a que se hace referencia en la presente Recomendación, la posibilidad de: [...]
> (b) consagrar una *presunción legal de la existencia de una relación de trabajo cuando se dan uno o varios indicios*, y [...]
> 12. A los fines de la política nacional a que se hace referencia en la presente Recomendación, los Miembros pueden *considerar la posibilidad de definir con claridad las condiciones que determinan la existencia de una relación de trabajo, por ejemplo, la subordinación o la dependencia.*
> 13. Los Miembros deberían considerar la posibilidad de *definir en su legislación, o por otros medios, indicios específicos que permitan determinar la existencia de una relación de trabajo. Entre esos indicios podrían figurar los siguientes:*
> (a) el hecho de que el trabajo: *se realiza según las instrucciones y bajo el control de otra persona; que el mismo implica la integración del trabajador en la organización de la empresa; que es efectuado única o principalmente en beneficio de otra persona; que debe ser ejecutado personalmente por el trabajador,* dentro de un horario determinado, *o en el lugar indicado o aceptado por quien solicita el trabajo; que el trabajo es de cierta duración y tiene cierta continuidad, o requiere la disponibilidad del trabajador,* que implica el suministro de herramientas, materiales y maquinarias por parte de la persona que requiere el trabajo. (Grifos nossos)

A concepção expansionista do conceito de subordinação jurídica resulta na ampliação da incidência da proteção social trabalhista e do patamar civilizatório mínimo, apresentando-se como a proposição que melhor se coaduna com o princípio protetivo e com os imperativos constitucionais de democracia e justiça social.

4   Considerações finais

A atuação do Ministro *Dias Toffoli* no Supremo Tribunal Federal ao longo dos últimos quinze anos, exemplificada pelas decisões analisadas e merecedora da justa homenagem prestada por meio desta obra coletiva, evidencia o exercício de uma jurisdição constitucional absolutamente comprometida com a dignidade da pessoa humana e com o valor social do trabalho.

---

[22] DELGADO, Mauricio Godinho. *Curso de direito do trabalho.* 18. ed. São Paulo: LTr, 2019. p. 352-353.

Atualmente, a complexa teia de conformação do trabalho às novas dinâmicas de acumulação do capital evidencia inegável tendência à precarização estrutural do trabalho, a requerer a atenção dos juslaboristas e profissionais do direito do trabalho.

Considerando a tendência à concentração das riquezas do sistema capitalista, bem como o dinamismo da sociedade, cuja mutação se dá em velocidade exponencial, a ampliação da proteção social de trabalhadoras e trabalhadores, a fim de que todas e todos que vivem do trabalho gozem de proteção social, não pode depender da edição de novos diplomas legislativos a cada nova categoria profissional que surgir.

O enfrentamento dos desafios que se impõem deve partir da conformação das novas, das vindouras e das já existentes relações entre capital e trabalho à abrangente legislação trabalhista atualmente disponível – aí incluídas as normas internacionais, a Constituição da República e a legislação infraconstitucional, que disciplinam amplamente e de forma coesa e sistemática o direito humano ao trabalho decente. Do contrário, teremos um ordenamento jurídico "folha de papel", na expressão de *Lassale*: apenas teoricamente democrático, inclusivo e social.

Cumpre, portanto, reafirmar a importância da legislação trabalhista, sem perder de vista que valores constitucionais e normas internacionais de direitos humanos, em especial as Convenções da OIT, constituem a base principiológica do direito do trabalho.

Partindo de um olhar protetivo, é preciso que juristas tenham em conta que alterações no texto da norma consolidada, tendentes a desregulamentar e flexibilizar direitos, ou mesmo mudanças desacompanhadas de um amplo diálogo social, ademais de subverter o seu sentido original, dificilmente passarão pelo crivo dos controles de constitucionalidade e de convencionalidade.

Neste contexto, avulta a responsabilidade – não só da comunidade jurídica, mas de toda a sociedade – de manter vivo o espírito desse notável sistema normativo, que carrega histórias de lutas de tantos homens e mulheres que vieram antes de nós. Mais do que isso, é premente honrar o compromisso com as gerações futuras, que reclama o aperfeiçoamento e expansão dos direitos sociais, a fim de deixar como legado aos que virão uma sociedade mais equitativa, justa e inclusiva, em que todas e todos possam usufruir de uma vida digna e com direitos.

Referências

BIAVASCHI, Magda Barros. *O direito do trabalho no Brasil – 1930-1942*: a construção do sujeito de direitos trabalhistas. São Paulo: LTr, 2007.

BRITTO, Carlos Ayres. A Constituição como a lei das leis e a democracia como o princípio dos princípios constitucionais – A civilizada trajetória que vai da democracia política à democracia social e à democracia fraternal ou solidária. *In*: PAULA, Carlos Alberto Reis de; RODRIGUES, Priscila Lauande; CORREA, Lelio Bentes (Coord.). *Trabalho, dignidade e inclusão social*: estudos em homenagem ao ministro José Luciano de Castilho Pereira. Rio de Janeiro: Lumen Juris, 2022. p. 71-106.

DELGADO, Mauricio Godinho. *Curso de direito do trabalho*. 18. ed. São Paulo: LTr, 2019.

DELGADO, Maurício Godinho; DELGADO, Gabriela Neves. O direito do trabalho na contemporaneidade: clássicas funções e novos desafios. *Revista Fórum Justiça do Trabalho*, Belo Horizonte, ano 33, n. 396, p. 11-30, 2016.

DUTRA, Renata Queiroz. *Direito do trabalho*: uma introdução político-jurídica. Belo Horizonte: RTM, 2021.

GRUNDFOSSEN, Peter D. *A study of the arguments for and against the Factory Act of 1833 used by members of Parliament in the House of Commons*. 1965. Dissertação (Mestrado) – Departamento de História, Universidade

Estadual de Portland, 1965. Disponível em: https://pdxscholar.library.pdx.edu/open_access_etds/212/. Acesso em: 14 ago. 2024.

LOPEZ, Manuel Carlos Palomeque. *Direito do trabalho e ideologia*: meio século de formação ideológica do direito do trabalho espanhol (1873-1923). Tradução de António Moreira. Coimbra: Almedina, 2001.

PORTO, Lorena Vasconcelos. *A subordinação no contrato de trabalho*: uma releitura necessária. São Paulo: LTr, 2009.

SANTOS, Ynaê Lopes dos. *Racismo brasileiro*: uma história da formação do país. São Paulo: Todavia, 2022.

VILHENA, Paulo Emílio Ribeiro de. *Relação de emprego*: estrutura legal e supostos. 2. ed. São Paulo: LTr, 1999.

Informação bibliográfica deste texto, conforme a NBR 6023:2018 da Associação Brasileira de Normas Técnicas (ABNT):

CORRÊA, Lelio Bentes; CARVALHO, Helena Martins de. A afirmação das especificidades do direito do trabalho na jurisdição constitucional: aportes teóricos a partir das decisões do Ministro Dias Toffoli. *In*: MENDES, Gilmar Ferreira; LIRA, Daiane Nogueira de; FREIRE, Alexandre (coord.). *Constituição, democracia e diálogo*: 15 anos de Jurisdição Constitucional do Ministro Dias Toffoli. 2. ed. Belo Horizonte: Fórum, 2025. p. 937-949. ISBN 978-65-5518-937-7.

REALISMO JURÍDICO BRASILEIRO EM EVIDÊNCIA: LAVA JATO E A PRINCIPIOLATRIA

Introdução

O realismo jurídico está disseminado de tal forma no imaginário jurídico brasileiro que é preciso dizer o óbvio, repetidas vezes. Por mais que a maior parte da comunidade jurídica defenda que o direito é aquilo que os tribunais dizem que é, ou as *cortes de vértice* dizem que é... há toda uma dogmática crítica anterior que defende o contrário. É o meu caso. Explicarei. Mostrarei também porque há uma relação entre realismo e *lawfare* (uso político do direito contra adversários-inimigos).

A Lava Jato não inaugurou no Brasil a perseguição judicial de inimigos, mas levou a outro patamar o impacto e a sutileza em alguns detalhes. A instrumentalização da Justiça – e essa pode ser a palavra-chave – como um conceito que pode dizer qualquer coisa, além do uso de princípios jurídicos como álibis para a condenação de acusados sem um – efetivo – processo legal, deixou marcas no Judiciário e criou uma escola de juristas que preferem apostas nas consequências e não nos pressupostos da decisão judicial.

Pensar e repensar os princípios jurídicos e sua importância no constitucionalismo contemporâneo é tarefa da doutrina, que precisa voltar a doutrinar de forma crítica. Venho escrevendo há anos sobre o uso indevido dos princípios e a má recepção brasileira de teorias ativistas e que defendem coisas como a ponderação e seus derivativos. Escrevo em algumas linhas sobre essa problemática e relaciono com aquilo que o Ministro Toffoli – aqui homenageado – chama de *principiolatria*.

Requiem para a Lava Jato

A Operação Lava Jato virou um caso de estudos em todas as faculdades de Direito do país, mas não por seus acertos. Mecanismos autoritários, como conduções coercitivas, acordos de delação, conluio com grandes conglomerados de imprensa, entre muitos outros, foram usados e abusados pela força-tarefa de Curitiba. Neste ano, a operação fez aniversário de 10 anos desde seus primeiros atos, começando lá com Alberto Youssef, viveu altos – chegou a ser quase uma unanimidade para o público brasileiro –, mas hoje vive um descrédito e olhares críticos de muitos estudiosos do direito.

Juízes e procuradores da República foram expostos por manter uma relação de conluio por todo esse tempo e, não fosse o *hacker* a desmascarar o que acontecia por trás dos bastidores do processo, talvez ainda vivêssemos sob a égide deste que foi um dos piores tribunais de exceção já instalados no país. Se somos, hoje, uma democracia, muito se deve à capacidade do Judiciário em rever os seus próprios erros e enfrentar os ataques antidemocráticos da turma que quis se perpetuar no poder.

Fôssemos reduzir o "fenômeno Lava Jato" em uma frase, poderíamos dizer: tudo o que aconteceu foi porque a dogmática jurídica sempre apostou – e continua apostando – no protagonismo judicial, naquilo que se entende por "realismo jurídico", pelo qual o direito é aquilo que o Judiciário diz que é. Naquele momento, no auge da operação, o realismo brilhou com Sérgio Moro e o conjunto de procuradores da República. O direito era o que eles diziam que era.

Aprofundando, podemos dizer que, na medida em que o movimento lavajatista ascendia, popularizava-se no Brasil o conceito de *lawfare*, vindo do direito americano. Numa adaptação do termo *warfare*, podemos chamar aqui de *lawfare* uma espécie de prática jurídica de guerra, na qual se instrumentaliza o direito para causar o maior dano possível a um adversário político. Aqui, busca-se a condenação a qualquer custo, valendo, inclusive, torcer a lei e as garantias fundamentais.

Nesse sentido, observamos no Brasil um conjunto de atores que subverteram o código lícito/ilícito de funcionamento das instituições judiciárias, coordenando suas ações numa ofensiva de investigações, denúncias, decisões etc., para causar dano a um grupo político tomado como adversário, sem qualquer apego à legislação ou à Constituição. Esse fenômeno envolveu ilicitudes sistemáticas, além do vazamento seletivo de dados sigilosos para a imprensa, de modo a manipular o sentimento punitivista da opinião pública em detrimento das garantias processuais. Ao que tudo indica, o Brasil acaba de dar um dos maiores exemplos recentes de *lawfare* ao mundo, num escândalo judiciário sem precedentes.

Dito isto, ficaram algumas lições que são importantes para professores e alunos que – ainda – querem fazer a coisa certa no direito.[1] Por isso, tratarei da decisão importante proferida pelo Ministro Dias Toffoli na Reclamação nº 43.007, em que houve a anulação das provas obtidas por meio do acordo de leniência prestado pela Odebrecht, inclusive ordenando que todos os documentos comprobatórios obtidos na chamada Operação *Spoofing* fossem disponibilizados à defesa dos réus.

A 13ª Vara de Curitiba, com chancela do MPF, usou todo tipo de artifícios para impedir o acesso às provas produzidas indevidamente por meio dos acordos de leniência. Tantas artimanhas que até mentira contaram nos autos:

> Um dos exemplos deste inusitado quadro de recalcitrância diz respeito à desconcertante afirmação, feita pelo MPF de Curitiba, de que 'não foi produzida nenhuma documentação relativa a comunicações com autoridades estrangeiras para tratar do acordo de leniência'

---

[1] Para pensar o papel da moral e da fundamentação contra subjetivismos, ver: STRECK, Lenio Luiz. *O que é fazer a coisa certa no direito*. São Paulo: Dialética, 2023.

(documento eletrônico 44, fl.1, grifei). Essa assertiva, salta à vista, não se afigura verossímil, sobretudo porque os Estados Unidos da América e a Suíça são países que constam, expressamente, como aderentes do referido ajuste, conforme sua cláusula 7ª, na qual se lê o seguinte: 'Este Acordo é parte de um acordo global coordenado pelas autoridades competentes das jurisdições brasileira, estadunidense e suíça [...]' (grifei). Os mencionados países, inclusive foram representados, respectivamente, pelo Departamento de Justiça dos Estados Unidos da América (Department of Justice - DoJ) e pela Procuradoria-Geral da Suíça (Office of the Attorney General of Switzerland), conforme documento eletrônico 38, fl. 11.[2]

A decisão recente pontua, entre outras, a fragilidade dos atos cometidos pela Operação Lava Jato e aquele projeto de poder de Sérgio Moro e Deltan Dallagnol.

Uma série de irregularidades como expostas pelo Ministro Ricardo Lewandowski embasaram a decisão de Dias Toffoli, quais sejam:

[...] A fim de que fossem respondidos os três primeiros questionamentos, foram realizadas pesquisas nos sistemas informatizados utilizados por este Departamento nas ações de cadastramento e tramitação dos pedidos de cooperação jurídica internacional, quais sejam: o Sistema de Gestão (SG) e o Sistema Eletrônico de Informações (SEI). O início de utilização de tais sistemas por este Departamento ocorreu, respectivamente, nos anos de 2014 e 2017. Foram ainda realizadas buscas em pastas digitais mantidas na rede deste Ministério (na qual são mantidos arquivos digitalizados de casos mais antigos, tramitados neste Departamento antes da utilização do SEI).

4. O resultado das pesquisas realizadas foi negativo. Isto é, utilizando-se os filtros disponíveis e os parâmetros fornecidos na consulta (nº da ação 5020175-34.2017.4.04.7000 e os termos "Drousys" e "My Web Day B"), não foi encontrado registro de pedido de cooperação jurídica internacional para instrução do processo nº 5020175-34.2017.4.04.7000, da 13ª Vara Federal de Curitiba, no qual foi homologado o acordo de Leniência da Odebrecht.

5. Ademais, não foi encontrado registro de pedido de cooperação jurídica internacional ativo (apresentado por autoridade requerente brasileira) para fins de recebimento do conteúdo dos sistemas Drousys e My Web Day B. Os pedidos de cooperação que tiveram tal propósito foram passivos, ou seja, foram apresentados por autoridades estrangeiras para obtenção das informações que se encontravam em poder das autoridades brasileiras.

6. No tocante ao quarto questionamento, são aqui apresentados esclarecimentos a respeito do papel da Autoridade Central brasileira na condução dos pedidos de cooperação jurídica internacional, focando-se na questão da preservação da cadeia de custódia. Tais informações são complementadas pelas explicações constantes na Nota Técnica nº 2/2023/CGCP/DRCI/SENAJUS/MJ, que segue anexa a este ofício.

7. Com efeito, quando executado pedido de cooperação jurídica internacional por intermédio de autoridades centrais, cabe a estas tramitarem o resultado de forma considerada aceitável e segura por ambas. O ato de envio de material formalizado por Autoridade Central do país rogado permite compreender que aquele foi obtido ou produzido por autoridade competente de seu país que tem legitimidade para tanto e que a transmissão deu-se seguindo padrões internos de preservação da cadeia de custódia. Por sua vez, a Autoridade Central brasileira, ao receber o material, já o envia prontamente à autoridade competente brasileira que figura como requerente do pedido de cooperação jurídica internacional. Esta transmissão também é realizada por meio considerado adequado e seguro por ambas as autoridades, tudo de forma a que seja preservada a cadeia de custódia. Desta maneira, busca-se que todos os órgãos e unidades envolvidos com a transmissão de provas (desde a autoridade competente

---

2   BRASIL. Supremo Tribunal Federal. *Reclamação 43.007/DF*. Rel. Min. Dias Toffoli. Disponível em: https://portal. stf.jus.br/processos/detalhe.asp?incidente=5990778. Acesso em: 12 jul. 2024.

do país rogado, até a autoridade competente do país rogante, passando pelas respectivas autoridades centrais) adotem seus cuidados para que o material, quando estiver sob sua custódia, não sofra violações.

8. Em outras palavras, a tramitação por meio das autoridades centrais garante a preservação da cadeia de custódia.

9. Quanto ao envio e recebimento de dados realizados fora do âmbito da cooperação jurídica internacional, não cabe a esta Autoridade Central atestar a preservação da cadeia de custódia. Nestas situações, a manutenção da rede de proteção da prova deverá ser garantida pelas pessoas e órgãos que pactuaram a respeito de sua entrega voluntária (em execução a obrigação assumida no bojo de acordo de delação ou Leniência, por exemplo).

10. Com o intuito de responder ao quinto questionamento, esclarece-se que as tratativas, entre partes investigadas e autoridades competentes brasileiras, e subsequente manifestação de intenção de pactuar a transmissão e recebimento de dados, informações ou valores prescindem da participação de outros órgãos públicos. A negociação preliminar e a manifestação de vontade podem decorrer de deliberação consensuada das partes e das autoridades responsáveis por determinada investigação. Contudo, uma vez havendo perspectivas de ser levado a efeito algum pacto, este deve ser formalizado após o esgotamento de nova etapa de avaliação da proposta, a partir da qual também participarão os seguintes órgãos, a depender da espécie de acordo: Ministério da Justiça e Segurança Pública (na condição de Autoridade Central brasileira), Advocacia Geral da União (na condição de representante da União) e o Ministério Público Federal (se se tratar de caso criminal em que estiver atuando).

11. Finalmente, cabe mencionar que, nas hipóteses em que a negociação da vinda de provas extrapolar as partes investigadas, passando a envolver órgãos de outras nações, a participação dos órgãos mencionados no final do parágrafo anterior deverá ocorrer desde o início.[3]

O fato de a operação ter mantido tratativas diretas com autoridades dos Estados Unidos da América e da Suíça, inclusive com remessa de recursos brasileiros sem passar por qualquer crivo de permissão nacional, incorre em elevadíssimo grau de ilegalidade. Além disso, a reiterada negação de compartilhamento dos dados obtidos pela Operação *Spoofing* ensejou a decisão do Ministro Toffoli. Além do peso da decisão, os argumentos trazidos pelo ministro são importantes para a história do direito brasileiro:

> Tratou-se de uma armação fruto de um projeto de poder de determinados agentes públicos em seu objetivo de conquista do Estado por meios aparentemente legais, mas com métodos e ações contra legem.
>
> Digo sem medo de errar, foi o verdadeiro ovo da serpente dos ataques à democracia e às instituições que já se prenunciavam em ações e vozes desses agentes contra as instituições e ao próprio STF. Ovo esse chocado por autoridades que fizeram desvio de função, agindo em conluio para atingir instituições, autoridades, empresas e alvos específicos.
>
> Sob objetivos aparentemente corretos e necessários, mas sem respeito à verdade factual, esses agentes desrespeitaram o devido processo legal, descumpriram decisões judiciais superiores, subverteram provas, agiram com parcialidade (vide citada decisão do STF) e fora de sua esfera de competência. Enfim, em última análise, não distinguiram, propositadamente, inocentes de criminosos. Valeram-se, como já disse em julgamento da Segunda Turma, de uma verdadeira tortura psicológica, UM PAU DE ARARA DO SÉCULO XXI, para obter "provas" contra inocentes.

---

3   BRASIL. Supremo Tribunal Federal. *Reclamação 43.007/DF*. Rel. Min. Dias Toffoli. Disponível em: https://portal.stf.jus.br/processos/detalhe.asp?incidente=5990778. Acesso em: 12 jul. 2024.

Como abordei em texto publicado,[4] a decisão de Toffoli é absolutamente idônea e importantíssima no contexto brasileiro. Além da anulação de atos ilegais da Operação Lava Jato, denunciou toda a perseguição processual de algumas figuras consideradas inimigas. Em nome de uma "cruzada anticorrupção", diversas pessoas foram presas de forma preventiva e tiveram seu direito de defesa cerceado em nome de argumentos consequencialistas.

É um grande perigo para a democracia que o Judiciário emita decisões em que o fim é mais importante que os meios utilizados. Loewenstein afirma que "Es evidente, y numerosas son las pruebas de ello, que allí donde el poder político no está restringido y limitado, el poder se excede. Rara vez, por no decir nunca, ha ejercido el hombre un poder ilimitado".[5] O poder é contido pelo direito, pela Constituição, que garante uma barreira que o agente público não poderá ultrapassar. Dito isto, é importante ressaltarmos que o juiz não é o dono dos sentidos da lei, mas é mero intérprete. Mesmo que Gadamer, ao produzir a mais importante obra sobre hermenêutica filosófica do século XX, tenha afirmado que a atividade interpretativa é, também, produtiva, isso não quer dizer que o limite parte da consciência do magistrado.

A gestão de provas nas mãos do juiz traz a possibilidade de que ele decida antes e então vá à busca das provas que possam embasar sua tese. Arrisca-se dizer que, na totalidade dos casos em que tal situação é vislumbrada, buscam-se provas para provar a culpa do réu (viés de confirmação), e nunca – ou quase nunca – sua absolvição; até porque para a absolvição basta a dúvida – ao contrário do edito condenatório que exige certeza –, de modo que se o juiz tem dúvida é porque a responsabilidade não restou comprovada pela acusação, cabendo, então, ao juiz, nesta hipótese, absolver o réu com fundamento no *in dubio pro reo*[6] e não sair à cata da prova "para eliminar sua dúvida", porque isso não lhe compete. Está por ser encontrada uma decisão que absolva o réu com base no livre convencimento ou argumentos desse jaez.

Como explica o Professor Jacinto Coutinho:

> O mais importante, contudo, ao *sistema acusatório* – é bom que se diga desde logo –, é que da maneira como foi estruturado não deixa muito espaço para que o juiz desenvolva aquilo que Cordero, com razão, chamou de *"quadro mental paranoico"*, em face de não ser, por excelência, o *gestor da prova* pois, quando o é, tem, quase que por definição, a possibilidade de decidir antes e, depois, sair em busca do material probatório suficiente para confirmar a "sua" versão, isto é, o sistema legitima a *possibilidade da crença no imaginário*, ao qual toma como verdadeiro.[7]

No mesmo sentido, Antônio Alberto Machado pontua:

4   STRECK, Lenio Luiz. Ainda existem fatos ou 'tudo é questão de opinião'? *Conjur*, 3 fev. 2024. Disponível em: https://www.conjur.com.br/2024-fev-03/ainda-existem-fatos-ou-tudo-e-questao-de-opiniao/. Acesso em: 12 jul. 2024.

5   LOEWENSTEIN, Karl. *Teoría de la Constitución*. Traducción y estudio sobre la obra por Alfredo Gallego Anabitarte. Barcelona: Ariel, 1986. p. 29.

6   Conforme refere Aury Lopes Jr., trata-se de "um princípio reitor do processo penal" (LOPES JR., Aury. *Direito processual penal e sua conformidade constitucional*. 8. ed. Rio de Janeiro: Lumen Juris, 2011. v. 1. p. 177).

7   COUTINHO, Jacinto Nelson de Miranda. *Observações sobre os sistemas processuais penais*. Organização de Marco Aurélio Nunes da Silveira e Leonardo Costa de Paula. Curitiba: Observatório da Mentalidade Inquisitória, 2018. p. 48.

Quando o juiz determina, de ofício, a realização de provas, é sinal de que ele está em dúvida, e, na dúvida, deve absolver o acusado, aplicando o princípio do *in dubio pro reo*. Se o juiz não absolve aplicando este princípio é porque as diligências que ele vai determinar, consequentemente, são diligências destinadas a apurar a responsabilidade criminal do réu e não sua inocência, como se ele (juiz) fosse um acusador, o que torna sua atuação contrária ao princípio constitucional do processo acusatório. Ou seja, se o juiz está na dúvida e não absolve (como era de seu mister), e continua determinando diligências probatórias, é sinal de que essas diligências só podem ser mesmo aquelas que têm por finalidade apurar a responsabilidade criminal do acusado, pois a justificativa para absolver, que era exatamente a dúvida, o juiz já tinha em mãos. Logo, as suas diligências de ofício só podem estar mesmo em busca das justificativas para condenar, o que é inadmissível no âmbito do sistema acusatório, tão próprio e tão caro às sociedades modernas e democráticas.[8]

No ponto, o que fica de registro é que o Supremo Tribunal Federal afirmou que o sistema adotado tanto pela Constituição, quanto pelo Código de Processo Penal, é o acusatório; e, por evidente, isso traz uma série de implicações, sendo que, uma delas, é justo o reposicionamento do juiz dentro do processo penal, afinal, um sistema não pode ser e não ser acusatório ao mesmo tempo; nem ser "meio acusatório/meio inquisitório"; portanto, vale aqui o registro do que trago em meu *Dicionário de hermenêutica* no sentido de que *há uma diferença entre escolher, que está no plano da razão prática, e decisão, que está no plano da responsabilidade política e da intersubjetividade*, esclarecendo, ainda, sobre a *necessidade de separar a pessoa do juiz no seu cotidiano do juiz autoridade, que possui responsabilidade política*.[9]

A imparcialidade do magistrado está vinculada à posição de terceiro que o Estado deve ocupar no processo, atuando para além dos interesses das partes, equidistante, sem interesse e sem exercer atividade probatória. Porém, como alerta Aury Lopes Jr.:

Mas tudo isso cai por terra quando se atribuem poderes instrutórios (ou investigatórios) ao juiz, pois a gestão ou iniciativa probatória é característica essencial do princípio inquisitivo, que leva, por consequência, a fundar um sistema inquisitório. A gestão/iniciativa probatória nas mãos do juiz conduz à figura do *juiz-autor* (e não espectador), núcleo do sistema inquisitório. Logo, destrói-se a estrutura dialética do processo penal, o contraditório, a igualdade de tratamento e oportunidades e, por derradeiro, a imparcialidade – o princípio supremo do processo.[10]

O sistema inquisitório foi superado há tempo no processo penal brasileiro, e sustentar a ideia de que a produção probatória é feita visando ao magistrado está em descompasso com o sistema acusatório. O juiz deve ter responsabilidade na condução do processo e não ser "dono da prova", no sentido de fazer com ela o que bem entender. É direito inalienável do réu ter acesso às provas que pesam sobre ele.

Além disso, o juiz é um ser humano como qualquer outro, de modo que, a partir do momento em que tem contato com as provas que ele mesmo produziu, terá corrompida

---

[8] MACHADO, Antônio Alberto. *Curso de processo penal.* 6. ed. São Paulo: Atlas, 2014. p. 475.

[9] Conferir o verbete "Resposta adequada à constituição (resposta correta)" em STRECK, Lenio Luiz. *Dicionário de hermenêutica*: 50 verbetes fundamentais da teoria do direito à luz da crítica hermenêutica do direito. 2. ed. Belo Horizonte: Casa do Direito, 2020. p. 385-406.

[10] LOPES JR, Aury. *Direito processual penal.* 20. ed. São Paulo: SaraivaJur, 2023. p. 37.

a imparcialidade que deveria ser resguardada, vez que ele fará um juízo de valor daquilo que teve conhecimento por conta própria, e não por aquilo que foi levado ao seu conhecimento pelas partes.

Não se confunde o conhecimento de provas que foram levadas ao conhecimento do magistrado pelas partes, com a determinação e produção de provas de ofício pelo próprio juiz, sendo esta uma afronta aos preceitos constitucionais que disciplinam o processo penal.

Considera-se, com isso, a impossibilidade de o magistrado intervir na atividade probatória, seja na fase investigativa, seja no curso da ação penal, de modo que a simples justificativa da busca pela verdade real – essa verdadeira fraude epistemológica – não torna tolerável a afronta aos fundamentos da Constituição da República.

O direito, como venho defendendo há décadas, não é aquilo que o Judiciário afirma que é. Essa é uma máxima que há muito venho combatendo por meio de uma vasta produção teórica. A indeterminabilidade do direito por ato interpretativo é um mal que precisa ser combatido, não é compatível com um Estado democrático deixarmos a sentença judicial ser fundamentada por um ato de vontade.

Principiolatria no direito brasileiro

Com o fim das guerras mundiais na primeira metade do século XX, o mundo ocidental precisou rever muitos conceitos, inclusive sobre os sistemas jurídicos que imperavam à época. A Europa não tinha uma tradição de força normativa da Constituição, como traz Konrad Hesse. O movimento chamado, posteriormente, de *neoconstitucionalismo* pareceu à época uma resposta às deficiências do direito ante as barbáries cometidas pelos regimes autoritários.

Críticas severas ao positivismo jurídico formalista que pugnava uma interpretação literal do texto de lei surgiram como grande ponto de virada no direito, alguns chegando a culpar o movimento positivista como um dos responsáveis pela ascensão do nazifascismo. Como ressalta Mario Losano, essa percepção é enganosa:

> O nacional socialismo levou à extremas consequências a crítica ao sistema iniciada pelos jusliberalistas. O direito anterior a 1933 foi esvaziado, obrigando os juízes a interpretá-lo segundo os princípios nazistas: os juízes eram liberados da servidão da norma, para ficar subjugados ao poder político.[11]

O neoconstitucionalismo, proposta que buscou superar o positivismo jurídico tradicional, aposta muito na criação judicial do direito por parte do magistrado e relega ao intérprete uma grande dose de liberdade. Apenas no final da década de 1990 é que o termo começou a ser utilizado e difundido.[12] Um dos pilares do neoconstitucionalismo

---

[11]   Mario Losano *apud* ABBOUD, Georges; OLIVEIRA, Rafael Tomaz de. Neoconstitucionalismo: vale a pena acreditar? *Constituição, Economia e Desenvolvimento: Revista Eletrônica da Academia Brasileira de Direito Constitucional*, v. 7, n. 12, p. 196-214, 2020. Disponível em: https://abdconstojs.com.br/index.php/revista/article/view/116. Acesso em: 11 jul. 2024.

[12]   ABBOUD, Georges; OLIVEIRA, Rafael Tomaz de. Neoconstitucionalismo: vale a pena acreditar? *Constituição, Economia e Desenvolvimento: Revista Eletrônica da Academia Brasileira de Direito Constitucional*, v. 7, n. 12, p. 196-214, 2020. Disponível em: https://abdconstojs.com.br/index.php/revista/article/view/116. Acesso em: 11 jul. 2024.

é uma aposta na discricionariedade judicial. Sendo comum, a partir de então, a frase de que "O juiz boca da lei morreu, nasce agora o juiz dos princípios", em que a interpretação é elástica e essencialmente dada pelos tribunais.

A aposta em ponderação de princípios e uma aposta no ativismo judicial resultaram em uma postura subjetivista de muitos tribunais no mundo, o que não é diferente no Brasil. Desde a Constituição de 1988, onde há um catálogo extenso de direitos individuais e coletivos, quando o legislador assumiu o ônus de resgatar o Brasil de muitas mazelas que historicamente afligem a população brasileira, como aqueles expostos no art. 3º da Constituição Cidadã, a concretização desses valores ficou a cargo do Judiciário.

Contudo, essa fragilização interpretativa de que cabe ao Judiciário ser um motor da história é causadora de diversos problemas e mazelas em uma democracia que se propõe estável. Em vez de uma superação do paradigma positivista em busca de uma maior racionalidade na interpretação e no controle do poder, o neoconstitucionalismo fortaleceu sobremaneira o Judiciário.

> Entretanto, tal pensamento ainda é refratário a uma concepção pós-positivista, na medida em que ignora a impossibilidade de se conferir caráter abstrato, semântico e autônomo à norma jurídica. Na realidade, a doutrina brasileira não se atenta aos riscos de importar a aplicação de valores e ponderação em detrimento da legalidade vigente. Hodiernamente, diversos setores da doutrina e dos Tribunais, a pretexto de trabalharem em um paradigma *neoconstitucionalista*, passam a argumentar com fundamento em valores e utilizando a proporcionalidade em detrimento da legalidade e principalmente a constitucionalidade vigente, descambando em regra para discricionariedades e arbitrariedades.[13]

O papel dos princípios no direito brasileiro foi assimilado de forma bastante equivocada pela doutrina e pelos tribunais brasileiros. Daí o nome de principiolatria utilizado pelo Ministro Toffoli em alguns julgamentos. A vulgarização dos princípios nasce da ideia de que o magistrado será o dono dos sentidos ali dispostos, que será por meio da captação via interpretação social que um juiz poderá aplicar um princípio a determinado caso concreto. Sem esse exagerado papel concedido aos princípios, não haveria essa dimensão do protagonismo judicial.

É um engano gigantesco e que fragiliza a hermenêutica constitucional pensar que princípios jurídicos são equivalentes a valores. Sobre isso, escrevi bastante no *Dicionário de hermenêutica jurídica*.

Valores possuem um conteúdo volátil, indeterminável, fruto de um sentimento subjetivo ou a partir de uma tentativa de apreensão objetiva de ordem metafísica. Não possuem o devido lastro histórico que é requisito para que possamos identificar um princípio jurídico.

> Disso se extrai – repito – que "valores" nem de longe são aqueles de que tratam os juristas. Levados efetivamente a sério, os juristas ainda teriam que enfrentar a dicotomia "objetivismo-subjetivismo" em termos axiológicos, como bem demonstram Lucas e Passos (2015, p.

---

[13] ABBOUD, Georges; OLIVEIRA, Rafael Tomaz de. Neoconstitucionalismo: vale a pena acreditar? *Constituição, Economia e Desenvolvimento: Revista Eletrônica da Academia Brasileira de Direito Constitucional*, v. 7, n. 12, p. 196-214, 2020. p. 210. Disponível em: https://abdconstojs.com.br/index.php/revista/article/view/116. Acesso em: 11 jul. 2024.

123-160). Afinal, perguntam eles, os valores dependem do sujeito (subjetividade) ou são externos, objetivos? São passíveis de serem captados? Esse é um problema nem de longe enfrentando por quem diz que "princípios são valores" ou que "os valores compõem uma ordem objetiva ou concreta".[14]

A utilização dessa ordem de conceitos na fundamentação de sentenças judiciais é simples redução ao subjetivismo. Juízes que invocam as "vozes das ruas", "buscam por verdades reais" ou valores como *in dubio pro societate* não estão falando de princípios, pois não há carga constitucional por trás desses enunciados. São utilizados apenas de forma *ad hoc*.

Cito um acórdão em que o Ministro Toffoli critica o uso demasiado da *dignidade da pessoa humana*, para, inclusive, atentar contra coisa julgada em processo de direito de família.

> Creio que é necessário salvar a dignidade da pessoa humana de si mesma, se é possível fazer essa anotação um tanto irônica sobre os excessos cometidos em seu nome, sob pena de condená-la a ser, como adverte o autor citado, "um tropo oratório que tende à flacidez absoluta". E parece ser esse o caminho a que chegaremos, se prosseguirmos nessa principiolatria sem grandes freios.[15]

O uso apenas retórico da máxima resultou em um esvaziamento de sentido do termo *dignidade da pessoa humana*. Apostou-se que o juiz poderá, munido desses valores como verdadeiras peças encaixáveis onde sua consciência quiser, usar álibis argumentativos que acabam sustentando qualquer tipo de decisão.

Isso é resultado da defesa de que a linguagem jurídica é indeterminável, carece de qualquer sentido prévio e que cabe ao magistrado definir o que seria, afinal de contas, a norma jurídica. O neoconstitucionalismo, sob o pretexto de superar o positivismo e se lançar como uma teoria pós-positivista (ou, melhor seria, não positivista), acaba refletindo muitas ideias que buscou combater. Ora, se buscamos com as Constituições trazer maior segurança jurídica e maior proteção a direitos e garantias fundamentais, qual seria o sentido em apostas na discricionariedade judicial para implementar essas reivindicações? É apostar que a norma jurídica é um ato de vontade, repristinando Kelsen e sua *teoria pura do direito*.

Decidir é agir com responsabilidade política. Responsabilidade de meio (não de resultado), de construir a resposta correta a partir da melhor interpretação possível do material jurídico básico (leis, códigos, precedentes etc.) e dos princípios que consistem nesse empreendimento coletivo e linguístico que é o direito. Construir respostas antes das perguntas ou tratá-las como mero resultado de uma vontade não é fazer direito, mas é usar o poder para propósitos pessoais.

É impossível afirmar (fora de uma inexistente metalinguagem, artifício utilizado por Kelsen), no mesmo plano, que uma resposta judicial é tão aceitável quanto outra que diz exatamente o contrário. A doutrina brasileira fere, dia após dia, o princípio

---

14 STRECK, Lenio Luiz. *Dicionário de hermenêutica*: 50 verbetes fundamentais da teoria do direito à luz da crítica hermenêutica do direito. 2. ed. Belo Horizonte: Casa do Direito, 2020.

15 BRASIL. Supremo Tribunal Federal. *Recurso Extraordinário 363.889*. Rel. Min. Dias Toffoli. Disponível em: https://redir.stf.jus.br/paginadorpub/paginador.jsp?docTP=TP&docID=1638003. Acesso em: 13 jul. 2024.

da não contradição. Aceita posições antitéticas como autênticas simplesmente porque vêm de autoridade. Insisto: respostas jurídicas não dependem da subjetividade. Ou não deveriam depender.

Princípios são coisas diferentes, trazem o mundo prático para dentro da ordem jurídica.[16] Decidir por princípios é agir de forma deontológica. Os princípios constitucionais representam uma ruptura com o antigo modelo de princípios gerais do direito e aos valores, pois há uma necessidade de justificação constitucional e a produção de argumentos históricos e jurídicos. Não se trata mais de compreender os princípios como meros axiomas, que existem sem que sejam pensados a partir de determinado caso concreto, sem trazer à luz dada situação fática.

Já decidir por valores é decidir de forma consequencialista, visando a um fim que é deduzido pelo magistrado e aplicado discricionariamente, sem um respaldo constitucional. Isso ocorreu bastante na Operação Lava Jato, por exemplo, quando o Ex-Juiz Sérgio Moro manteve a divulgação dos áudios gravados por meio de escuta entre a então Presidente Dilma e o Ex-Presidente Lula. Divulgação que sabia ser ilegal, mas o "combate à impunidade" naquele momento era mais importante que tudo.

Ronald Dworkin elabora uma diferença entre dois tipos de decisões em um ambiente democrático. Decisões que envolvam argumentos de política, ou seja, que são pautadas em objetivos sociais ou econômicos, em que se entendem a conveniência e oportunidade da situação, sendo bastante comuns no Legislativo e no Executivo de um país. Já decisões tomadas por princípio levam em conta determinado padrão constitucional ou consuetudinário, como exemplo, o princípio de que todos devem ser tratados de forma igualitária.

Para sustentar que um juiz deve sempre decidir por princípio e não por política, Dworkin formula duas premissas básicas que legitimam o Judiciário em uma democracia:

> A conhecida história de que a decisão judicial deve ser subordinada à legislação é sustentada por duas objeções à originalidade judicial. De acordo com a primeira, uma comunidade deve ser governada por homens e mulheres eleitos pela maioria e responsáveis perante ela. Tendo em vista que, em sua maior parte, os juízes não são eleitos, e como na prática eles não são responsáveis perante o eleitorado, como ocorre com os legisladores, o pressuposto acima parece comprometer essa proposição quando os juízes criam leis. A segunda objeção argumenta que, se um juiz criar uma nova lei e aplicá-la retroativamente ao caso que tem diante de si, a parte perdedora será punida, não por ter violado algum dever que tivesse, mas sim por ter violado um novo dever, criado pelo juiz após o fato.[17]

Trata-se de um ataque de Dworkin às teses positivistas de que o direito, em casos difíceis, é criado pelo juiz de forma discricionária, além de que a norma jurídica é indeterminável por natureza, cabendo ao magistrado um "ato de escolha". Essa distinção é importante para pensarmos como juízes usam argumentos de puro apelo popular, muitas vezes ao arrepio da Lei e da Constituição. "Os juízes devem fazer novos

---

[16] STRECK, Lenio Luiz. *Verdade e consenso*: Constituição, hermenêutica e teorias discursivas. São Paulo: Saraiva, 2017.

[17] DWORKIN, Ronald. *Levando os direitos a sério*. Tradução e notas de Nelson Boeira. São Paulo: Martins Fontes, 2002. p. 132.

julgamentos sobre os direitos das partes que a eles se apresentam, mas esses direitos políticos antes refletem as decisões políticas tomadas no passado do que a elas se opõe".[18]

A *tese dos direitos*, como afirma Dworkin, representa o que o constitucionalismo contemporâneo pugna por um Estado limitado e em que um poder não possa ditar sobre o outro. Lembremos que o art. 2º da Constituição afirma que são poderes, independentes e harmônicos, o Legislativo, o Executivo e o Judiciário. Nesta ordem, escolhida pelo constituinte originário, delimita que a prioridade de criação do direito na nossa democracia é do Legislativo. O Judiciário julga o passado, deve se preocupar com os fatos que ocorreram e não as consequências de suas decisões, caso estejam pautadas na Constituição.

> Um argumento de princípio pode oferecer uma justificação para uma decisão particular, segundo a doutrina da responsabilidade, somente se for possível mostrar que o princípio citado é compatível com decisões anteriores que não foram refeitas, e com decisões que a instituição está preparada para tomar em circunstâncias hipotéticas. Isso é dificilmente surpreendente, mas o argumento não se sustentaria se os juízes fundamentassem suas decisões em argumentos de política. Nesse caso, eles teriam liberdade para dizer que uma determinada política pode ser adequadamente sustentada, no caso em juízo, precisamente quando se concede, por exemplo, o subsídio necessário a alguma indústria com problemas, de sorte que nem as decisões anteriores, nem as hipotéticas decisões futuras precisem ser compreendidas como uma sustentação da mesma política.[19]

Fruto da ideia de que cabe ao Judiciário dizer o que é o direito, como verdadeira atividade criativa de ponta a ponta, identificamos aquilo que chamo de *pamprincipiologismo*, semelhante à principiolatria. Que, no final das contas, é a vulgarização do direito, por meio da criação de princípios sem qualquer respaldo constitucional.

O problema somente persistirá, na medida em que não for superado definitivamente aquilo que chamo de esquema sujeito-objeto. Não é, portanto, a imperatividade da lei (juiz como "boca da lei") ou a criatividade (sem limites) do intérprete que se constituem como "inimigos da autonomia do direito" e da democracia, mas, sim, as condições pelas quais se dá a atribuição de sentido no ato interpretativo-aplicativo.[20]

A aposta na discricionariedade – com origem bem definida em Kelsen e Hart – tinha o objetivo, ao mesmo tempo, de "resolver" um problema considerado insolúvel, representado pela razão prática "eivada de solipsismo" (afinal, o sujeito da modernidade sempre se apresentou consciente-de-si-e-de-sua-certeza-pensante), e de reafirmar o modelo de regras do positivismo, no interior do qual os princípios (gerais do direito) – equiparados a "valores" – mostravam-se como instrumentos para a confirmação desse "fechamento".

Ocorre que, com o advento da "era dos princípios constitucionais" – consequência não apenas do surgimento de novos textos constitucionais, mas, fundamentalmente,

---

[18] DWORKIN, Ronald. *Levando os direitos a sério*. Tradução e notas de Nelson Boeira. São Paulo: Martins Fontes, 2002. p. 135.

[19] DWORKIN, Ronald. *Levando os direitos a sério*. Tradução e notas de Nelson Boeira. São Paulo: Martins Fontes, 2002. p. 138-139.

[20] STRECK, Lenio Luiz. *Verdade e consenso*: Constituição, hermenêutica e teorias discursivas. São Paulo: Saraiva, 2017. p. 517.

decorrentes de uma revolução paradigmática ocorrida no direito – parcela considerável da comunidade dos juristas optou por considerá-los um sucedâneo dos princípios gerais do direito ou o "suporte dos valores da sociedade" (o que seria isso ninguém sabe).

"Positivaram-se os valores": assim se costuma anunciar os princípios constitucionais, circunstância que facilita a "criação", em um segundo momento, de todo tipo de "princípio", como se o paradigma do Estado democrático de direito fosse a "pedra filosofal da legitimidade principiológica", da qual pudessem ser retirados tantos princípios quantos necessários para resolvermos casos difíceis ou "corrigir as incertezas da linguagem".

No meu *Verdade e consenso*, enumero uma lista de dezenas de "princípios" utilizados na prática cotidiana brasileira que, na verdade, não são princípios. Princípio da simetria, princípio da precaução, princípio da não surpresa, princípio da confiança, princípio da afetividade... A lista é extensa.

Reconhecer os princípios como uma abertura interpretativa e confundi-los com valores é um equívoco. Os princípios fecham a interpretação judicial, porque servem para dar suporte para uma construção argumentativa do direito, que é passível de averiguação com uma mínima idoneidade. Não há espaço para entendermos a decisão judicial como uma moldura ou uma textura aberta que comporte todo tipo de escolhas. Não devem ser usados como capas de sentido, que escondem por baixo uma postura subjetivista.

Ressalto esse ponto porque a Operação Lava Jato reflete um movimento muito presente no *neoconstitucionalismo*, do direito como efetividade para determinados objetivos. Ora, os objetivos já estão traçados pela Constituição Federal, as escolhas foram feitas pelo constituinte originário e não cabe ao magistrado se substituir ao Parlamento, para inovar no ordenamento jurídico.

Por isso insisto na tese de que o ativismo judicial brasileiro é resultado de toda essa fragilização dos conceitos em que estamos imersos. A responsabilidade é em parte dos tribunais, mas também é da doutrina e do ensino jurídico. Ativismo tem um caráter behaviorista, comportamental, sem responsabilidade constitucional. Por isso importante diferenciarmos da judicialização da política, que é contingencial e absolutamente normal em um país como o Brasil.

Conclusão

Defender a democracia brasileira também é papel da doutrina e não apenas de servir de glosadores da jurisprudência nacional sem sequer refletir o porquê de o tribunal decidir desta ou daquela forma. A Operação Lava Jato é um dos exemplos das más importações feitas pela dogmática brasileira, importando soluções que não resolvem para criar problemas que não temos. A velha discricionariedade judicial foi turbinada nas últimas duas décadas, sob o pretexto de se superar o positivismo formalista. Ledo engano.

A relação entre princípios e decisão judicial tem de ser revista; a ponderação virou uma pedra filosofal da aplicação judicial, com a qual se decide de qualquer modo, como já demonstrei em diversos textos e livros. Teorias como a de Dworkin e Alexy continuam a ser vulgarizadas. A tese dominante hoje, que chamo de "precedentalismo", adota o que é de mais relativista, o realismo jurídico, sustentado no ceticismo pelo qual o direito é indeterminado. O resultado disso? É o direito jurisprudencializado ao máximo.

Em contrapartida, venho defendendo uma teoria da decisão e uma reformulação no ensino jurídico e nos concursos públicos, conforme delineado no livro *Ensino jurídico e(m) crise: ensaio contra a simplificação do direito*. Em síntese, mais epistemologia e menos consequencialismo e voluntarismo. E uma leitura hermenêutica dos princípios constitucionais, retirando-os das amarras do pamprincipiologismo (ou da principiolatria).

Referências

ABBOUD, Georges; OLIVEIRA, Rafael Tomaz de. Neoconstitucionalismo: vale a pena acreditar? *Constituição, Economia e Desenvolvimento: Revista Eletrônica da Academia Brasileira de Direito Constitucional*, v. 7, n. 12, p. 196-214, 2020. Disponível em: https://abdconstojs.com.br/index.php/revista/article/view/116. Acesso em: 11 jul. 2024.

BRASIL. Supremo Tribunal Federal. *Reclamação 43.007/DF*. Rel. Min. Dias Toffoli. Disponível em: https://portal.stf.jus.br/processos/detalhe.asp?incidente=5990778. Acesso em: 12 jul. 2024.

BRASIL. Supremo Tribunal Federal. *Recurso Extraordinário 363.889*. Rel. Min. Dias Toffoli. Disponível em: https://redir.stf.jus.br/paginadorpub/paginador.jsp?docTP=TP&docID=1638003. Acesso em: 13 jul. 2024.

COUTINHO, Jacinto Nelson de Miranda. *Observações sobre os sistemas processuais penais*. Organização de Marco Aurélio Nunes da Silveira e Leonardo Costa de Paula. Curitiba: Observatório da Mentalidade Inquisitória, 2018.

DWORKIN, Ronald. *Levando os direitos a sério*. Tradução e notas de Nelson Boeira. São Paulo: Martins Fontes, 2002.

LOEWENSTEIN, Karl. *Teoría de la Constitución*. Traducción y estudio sobre la obra por Alfredo Gallego Anabitarte. Barcelona: Ariel, 1986.

LOPES JR., Aury. *Direito processual penal e sua conformidade constitucional*. 8. ed. Rio de Janeiro: Lumen Juris, 2011. v. 1.

MACHADO, Antônio Alberto. *Curso de processo penal*. 6. ed. São Paulo: Atlas, 2014.

STRECK, Lenio Luiz. Ainda existem fatos ou 'tudo é questão de opinião'? *Conjur*, 3 fev. 2024. Disponível em: https://www.conjur.com.br/2024-fev-03/ainda-existem-fatos-ou-tudo-e-questao-de-opiniao/. Acesso em: 12 jul. 2024.

STRECK, Lenio Luiz. *Dicionário de hermenêutica*: 50 verbetes fundamentais da teoria do direito à luz da crítica hermenêutica do direito. 2. ed. Belo Horizonte: Casa do Direito, 2020.

STRECK, Lenio Luiz. *O que é fazer a coisa certa no direito*. São Paulo: Dialética, 2023.

STRECK, Lenio Luiz. *Verdade e consenso*: Constituição, hermenêutica e teorias discursivas. São Paulo: Saraiva, 2017.

Informação bibliográfica deste texto, conforme a NBR 6023:2018 da Associação Brasileira de Normas Técnicas (ABNT):

STRECK, Lenio Luiz. Realismo jurídico brasileiro em evidência: Lava Jato e a principiolatria. *In*: MENDES, Gilmar Ferreira; LIRA, Daiane Nogueira de; FREIRE, Alexandre (coord.). *Constituição, democracia e diálogo*: 15 anos de Jurisdição Constitucional do Ministro Dias Toffoli. 2. ed. Belo Horizonte: Fórum, 2025. p. 951-963. ISBN 978-65-5518-937-7.

RISCOS DA INTELIGÊNCIA ARTIFICIAL NAS ELEIÇÕES E O APRIMORAMENTO DO PROCESSO ELEITORAL BRASILEIRO

LÍLIA MARIA DA CUNHA FERNANDES

Inicialmente, a abordagem, nesta obra especial em Homenagem aos 15 anos de jurisdição constitucional do Ministro Dias Toffoli, do tema "*Riscos da Inteligência Artificial nas Eleições e o aprimoramento do processo eleitoral brasileiro*", que é de fato um tema mundial e está se tornando cada vez mais relevante à medida que a tecnologia avança, ganha especial relevo diante do papel desse jurista e magistrado nos avanços da democracia brasileira, como integrante do Supremo Tribunal Federal a partir de 23 de outubro de 2009 – aos 42 anos de idade – e o mais jovem ministro a assumir a presidência da Suprema Corte, aos 50 anos, e do Conselho Nacional de Justiça, no biênio 2018/2020.

A partir de um olhar vanguardista e conciliador, em prol da boa governança e do desenvolvimento do país, esse grande jurista sempre conduziu as políticas públicas sob sua responsabilidade a partir de pontes institucionais e agregadoras em torno das agendas nacionais, tendo atuado em todos os poderes do Estado brasileiro, valendo destacar a assessoria parlamentar na Assembleia Legislativa do Estado de São Paulo em 1994, a assessoria jurídica na Câmara dos Deputados de 1995 a 2000 e a Advocacia Geral da União, que, segundo Sua Excelência,

> A grande riqueza institucional da AGU está na transversalidade de suas funções: ela interage com todas as áreas, ministérios e secretarias do Poder Executivo Federal, suas autarquias, agências reguladoras e fundações públicas, bem como com o Congresso, com o Poder Judiciário da União, com o Tribunal de Contas da União, com o Ministério Público da União e com a Defensoria Pública da União.

Entre tantas atuações expressivas em sua vida pública, foi inestimável a passagem desse grande jurista pela Justiça Eleitoral brasileira. Foi ministro efetivo do Tribunal Superior Eleitoral, em vaga destinada a membro do STF, de 29 de maio de 2012 a 12 de maio de 2016, tendo presidido a corte eleitoral no biênio 2014-2016, liderando as acirradas eleições presidenciais de 2014, nas quais já se entreviam os germes da polarização que hoje corrói e corrompe os verdadeiros debates que deveriam nortear a política brasileira.

Com efeito, a crise de representatividade política atualmente vivida em muitas nações está diretamente ligada à falta de confiança nas instituições e nos atores do cenário político, o que gera sérias distorções na governabilidade dos países e um sentimento de desconexão entre representantes e representados, sendo esta a semente de perigosas investidas golpistas e antidemocráticas. A internet e as novas tecnologias dela advindas deram origem a uma sociedade global hiperconectada, que compartilha conhecimentos à velocidade da luz e quase sem barreiras geopolíticas (ao menos nos países ocidentais). Originaram, também, a fragmentação da esfera pública, um dos grandes motores da desinformação, que ganhou espaço a partir das campanhas de descrédito das instituições. Nesse sentido, a evolução das "esferas públicas", baseada na concepção de Habermas, auxilia-nos na compreensão desses fenômenos:[1]

> O primeiro passo para avançarmos da descrição sociológica da desinformação é reconstruir o processo de fragmentação da esfera pública. Esse fenômeno pode ser descrito pela passagem de uma esfera pública estruturada pela credibilidade da informação a uma esfera pública (des)estruturada pelo engajamento do usuário. A reconstrução dessa passagem segue três etapas: (i) a formação da esfera pública literária e sua conversão em esfera pública política, historicamente marcada na passagem do século XVII ao século XVIII, culminando na Revolução Francesa; (ii) a consolidação de uma esfera pública de massas, que deu forma à indústria cultural entre meados do século XIX e meados do século XX; e (iii) a esfera pública digital.
>
> Cada etapa e tipo de esfera pública tem meios de comunicação específicos como seu substrato material central: (i) a esfera pública dos séculos XVII e XVIII está associada à imprensa escrita e aos jornais escritos; (ii) a esfera pública de massas, ao rádio e à televisão; (iii) a esfera pública fragmentada, por sua vez, à internet, ao *smartphone* e às mídias digitais. A cada esfera pública corresponde um modelo jurídico de Estado: o Estado absoluto sucumbe com a ascensão da imprensa, abrindo caminho para o liberalismo. O Estado do bem-estar depende do consumo de massa e de uma mídia de massa. Após o neoliberalismo, o Estado contemporâneo vive imbricado nas redes comunicativas das mídias digitais. (...)
>
> Nenhuma outra teoria social está tão centralmente apoiada no conceito de esfera pública quanto a teoria do discurso de Habermas (1962). A esfera pública é responsável tanto por uma versão de democracia deliberativa baseada na busca pelo consenso quanto pelo restabelecimento das relações entre direito e moral nos termos de uma ética discursiva (HABERMAS, 1992). (BACHUR, João Paulo. Instituto Brasileiro de Ensino, Desenvolvimento e Pesquisa. IDP. Brasil. RDP N. 99. Jul-Set. 2021. Assunto Especial. Desinformação política, mídias digitais e democracia: Como e por que as *fake news* funcionam?)

Revolucionaram-se, portanto, as formas de produzir, interagir, comunicar, informar e entreter. As redes sociais são o exemplo mais vívido dos novos tempos. Depois do *Facebook, do Instagram* e do *Twitter*, as realidades *on-line* e *off-line* são tão integradas que hoje se fala em *on-life*. E nada existe no mundo que não circule (ou tenha circulado) pelas redes sociais, rapidamente transformadas no novo espaço de encontros e discussões, onde se dá voz e vez àqueles que dificilmente teriam acesso à palavra ou ao poder de influência de outro modo.

---

[1] BACHUR, João Paulo. Instituto Brasileiro de Ensino, Desenvolvimento e Pesquisa. IDP. Brasil. RDP N. 99. Jul-Set. 2021. Assunto Especial. Desinformação política, mídias digitais e democracia: Como e por que as *fake news* funcionam?

Com efeito, a rede mundial de computadores tem sido responsável pela organização de manifestações políticas e sociais ao redor do mundo. Como exemplos bastante ilustrativos, é possível citar os protestos ocorridos no norte da África e do Oriente Médio, conhecidos como Primavera Árabe, em que as redes sociais desempenharam papel fundamental na veiculação do inconformismo contra governos ditatoriais e que resultou na derrubada de diversos chefes de Estado, entre eles os presidentes da Tunísia, do Egito e da Líbia.

Outro movimento importante foi o que aconteceu em várias cidades de Portugal, o chamado "geração à rasca". Milhares de pessoas tomaram as ruas de Lisboa e do Porto, no dia 12 de março de 2011, a protestar contra os baixos salários e a piora crescente nas condições de trabalho. Aliás, em países da Europa, a popularização do uso das redes sociais tende a ser mais expressiva por haver um maior acesso à tecnologia. As eleições gerais realizadas na Espanha em 2015 também foram marcadas de forma decisiva pela utilização das redes sociais e pela formação de novas lideranças.

Além da necessidade de expressar insatisfações e interferir nas políticas governamentais, o crescimento das manifestações por meio digital também decorre da crise de representatividade dos partidos, surgindo como alternativa à política tradicional.

Todavia, além das inúmeras violações de direitos e crimes praticados no mundo, também convivemos com os *riscos ocultos* e *sistêmicos* da era digital, os quais *temos o desafio de enfrentar*. Há, por exemplo, as *campanhas de notícias fraudulentas e desinformação* que culminam em "assassinato de reputações", em massacres em escolas e em ataques aos poderes legitimamente constituídos, como o da turba ensandecida que invadiu as sedes dos três poderes da República Brasileira em *8 de janeiro de 2023*.

Nesse lamentável episódio de nossa história recente, que ainda passa por desdobramentos jurídicos, políticos e institucionais, a depredação do patrimônio público, histórico e artístico brasileiro foi apenas a ponta do *iceberg*. Atacaram-se não os símbolos de um estado democrático de direito construído ao longo dos últimos trinta e cinco anos, e sim o próprio regime democrático e suas instituições.

As razões para isso são múltiplas e variadas. Entre elas, o descontentamento com a desigualdade crescente, catalisada pelo processo de globalização econômica; a impotência da teoria liberal em ofertar, na prática, igualdade de oportunidades; a desconfiança da população nos meios tradicionais de comunicação social; o sentimento de falta de representatividade política; entre outros. Nesse contexto, existe um certo consenso a respeito do quão decisivo foi o papel das redes sociais e dos aplicativos de mensagens instantâneas, como WhatsApp e Telegram, na mobilização que eclodiu em violência e destruição criminosa.

Apesar de, aparentemente, não terem aspirações políticas diretas e imediatas – pelo menos, até agora – a história mundial tem comprovado, capítulo a capítulo, o poder de influência e manipulação de agentes econômicos como esses, inclusive no tocante aos processos político-eleitorais nacionais. Basta se lembrar do *Brexit*, em 2016; da eleição de Donald Trump, no mesmo ano; ou da polarizada campanha eleitoral brasileira de 2018. Voltando ainda mais no tempo, encontramos o genocídio de Myanmar e a ascensão de governos autoritários das Filipinas.

No caso brasileiro, a crise de confiança, baseada em discursos de ódio, campanhas massivas de desinformação e a proliferação desse conteúdo por meio das mídias digitais, chegamos ao apocalíptico 8 de janeiro de 2023, trazendo a constatação de que, por trás da propagação de notícias fraudulentas e das campanhas de desinformação há outro problema, talvez muito mais nocivo e abrangente, do qual, atualmente, muito se fala: o controle do comportamento humano a partir da coleta, do armazenamento e do processamento de um grande volume de dados por meio de algoritmos cuidadosa e propositadamente desenhados e de ferramentas de inteligência artificial.

Perguntas como – Quem detém o controle disso? Qual o papel do Estado a esse respeito? Como lidar com isso? Quais os riscos envolvidos? – permeiam os governos, parlamentos e toda a sociedade civil, em busca de respostas.

Mas, antes de adentrar especificamente no advento da inteligência artificial no âmbito político-eleitoral, é necessário trazer alguns antecedentes e fatores que vêm contribuindo para que essa ferramenta tenha se tornado um grande risco para as campanhas eleitorais e o declínio das instituições democráticas, a exigir uma atuação contundente dos atores estatais e da sociedade organizada.

Rememoramos a desconfiança sobre o resultado da disputa presidencial de 2014, já disseminada por meio das redes sociais. Como resultado do panorama político gerado a partir das eleições de 2014, "coxinhas" e "petralhas" realizavam intensos debates nas redes, na maioria das vezes com xingamentos e discursos rasos, que incentivavam o ódio e a divisão. O clima de tensão foi impulsionado por uma "auditoria" requerida pelo PSDB, a partir de supostas falhas nos sistemas eletrônicos de votação e apuração, os quais nunca foram comprovados. Durante sessão administrativa em 5 de novembro de 2015, o então presidente do TSE, Ministro Dias Toffoli, enfatizou que, após meses de diligências, não foi verificada nenhuma evidência de adulteração de programas, de votos ou mesmo qualquer indício de violação ao sigilo do voto no pleito do ano passado. Destacou o Ministro:[2]

> O objetivo da auditoria era verificar a lisura das Eleições 2014, ou seja, averiguar a integridade das urnas eletrônicas e sistemas adjacentes, buscando evidências que comprovassem alguma suspeita ou tese de fraude, e volto a dizer que não foi encontrada nenhuma evidência em tal sentido.

Além disso, contribuíam para o ambiente extremamente polarizado e judicializado os gravíssimos fatos apurados na ação da Lava Jato, que envolvia esquemas generalizados de corrupção e envolvimentos não republicanos entre agentes públicos e poder econômico. Entretanto, com o passar dos anos tal operação veio a revelar fortes indícios da utilização do aparato judicial como forma de promover a "economia do escândalo", o que veio a trazer imensos prejuízos para a imagem e o desenvolvimento do país. Sem adentrar as fortes polêmicas e diversas correntes que se formaram acerca da operação Lava Jato, são inegáveis as suas repercussões sobre a indesejada "criminalização da

---

[2] Disponível em: https://www.tse.jus.br/comunicacao/noticias/2015/Novembro/plenario-do-tse-psdb-nao-encontra-fraude-nas-eleicoes-2014.

política", o que contribuiu para mais divergências e disseminação de inverdades e ódio pelos novos canais tecnológicos.

E, assim, foi crescendo um ambiente extremamente polarizado e tensionado pelos discursos de ódio – cenário fértil para as *fake news*, com o uso de perfis falsos e robôs para influenciar as eleições no Brasil. Casos de notícias falsas como as que envolveram a vereadora do PSOL Marielle Franco (desde a sua suposta conexão com o crime organizado até o uso de drogas), assassinada em 2018, não são novos no país.

Maledicência, fofoca ou, simplesmente, notícia falsa. No Brasil, vários eram os nomes dados, hoje, às chamadas *fake news*. Em uma época não tão distante, já no século XX, credita-se a vitória do candidato a presidente apoiado por Getúlio Vargas nas eleições de 1945, general Eurico Dutra, a boatos contra seu adversário, o major-brigadeiro Eduardo Gomes. Um mês antes das eleições, um discurso de Gomes ganhou uma conotação negativa por parte dos getulistas. O candidato disse, em um evento no Teatro Municipal do Rio, que uma "malta de desocupados" apoiava "o ditador" Vargas. Numa desconstrução do discurso, getulistas espalharam uma interpretação pejorativa: Gomes seria contra trabalhadores marmiteiros, negros, espíritas, pobres e mulheres que trabalham fora de casa. O major-brigadeiro Gomes foi derrotado.

Em estudo recente e verticalizado que aborda o "impulsionamento de conteúdo, disparo em massa de *fake news* e abuso de poder", as professoras Fernanda de Carvalho Lage e Ingrid Neves Reale observam que "as eleições brasileiras de 2018 trouxeram as mídias digitais para o centro do debate sobre propaganda política e revelaram que a era do horário político eleitoral gratuito na televisão e no rádio entrou em declínio".[3]

No mencionado estudo, as juristas atentam para os riscos envolvidos no uso da inteligência artificial, a partir da utilização e manipulação de dados pessoais e da velocidade na propagação das notícias falsas por meio de algoritmos robôs, bem como da sua capacidade para imitar comportamentos humanos:

> A propagação de *fake news* pode ser feita por pessoas físicas, que compartilham conteúdo umas com as outras. O que há atualmente, é o emprego de inteligência artificial para a dispersão de notícias falsas por meio do uso de algoritmos robôs – *bots*. Esses *bots* são robôs simples capazes de interagir, através de contas no Twitter (e outras redes sociais), como se fossem usuários na rede, trocando informações, seguindo e conquistando novos seguidores, entre outros.[4] Chamam-se *social bots*: programas de computador capazes de controlar contas nas redes sociais e imitar usuários reais.
>
> Nos dias atuais, sabemos que os dados pessoais são valiosos para a estruturação de estratégias de propaganda que envolvem a produção de conteúdos de desinformação em larga escala. Sua análise permite identificar o comportamento das pessoas e as tendências de aceitação à ideia falsa que está sendo transmitida.
>
> O uso da inteligência artificial tem sido desviado para disseminar, em grande escala, notícias falsas. A expressão inteligência artificial (IA) pode ser aplicada a sistemas computacionais destinados a reproduzir funções cognitivas humanas. Em particular, inclui aprendizado de

---

3   LAGE, Fernanda de Carvalho; REALE, I. N. *O uso da inteligência artificial nas eleições*: impulsionamento de conteúdo, disparo em massa de *fake news* e abuso de poder. *Estudos Eleitorais*, v. 17, p. 16-53, 2024.

4   MESSIAS, Johnnatan; BENEVENUTO, Fabrício; OLIVEIRA, Ricardo. *Bots sociais*: como robôs podem se tornar pessoas influentes no Twitter?, *REIC*, 16, 20218. Disponível em: https://seer.ufrgs.br/reic/article/view/46796. Acesso em: 20 out. 2021.

máquina, em que algoritmos detectam padrões em dados e aplicam esses novos padrões para automatizar determinadas tarefas.

Para se ter uma ideia da dimensão do problema, em março de 2020, quase 30% dos adultos dos EUA acreditavam que o governo chinês criou o coronavírus como uma arma biológica, e outros 14,8% afirmaram que o vírus foi criação da a indústria farmacêutica. Em junho do mesmo ano, a maioria dos americanos (71%) já ouviu falar de uma teoria da conspiração, que circula amplamente online, segundo a qual pessoas poderosas planejaram intencionalmente o surto do Covid-19. E um quarto dos adultos americanos veem alguma verdade nisso, de acordo com uma pesquisa do Pew Research Center. A parcela de americanos que veem pelo menos alguma verdade na teoria difere em termos demográficos e partidários.

Parte das *fake news* disseminadas na internet são as chamadas *deep fakes*, que utilizam uma forma de inteligência artificial chamada *deep learning* (aprendizado profundo de máquina) para fazer imagens de eventos falsos. As falsificações profundas, *deep fakes*, diferem de outras formas de *fake news* por serem muito difíceis de identificar como falsas. *Deep fakes* são vídeos falsos criados com software digital, aprendizado de máquina e troca de rosto. Em outras palavras, são vídeos artificiais criados por computador em que as imagens são combinadas para criar filmagens que retratam eventos, declarações ou ações que nunca aconteceram. Os resultados podem ser bastante convincentes.

A expressão *inteligência artificial* pode ser aplicada a sistemas computacionais destinados a reproduzir funções cognitivas humanas. Em particular, inclui aprendizado de máquina, em que algoritmos detectam padrões em dados e aplicam esses novos padrões para automatizar determinadas tarefas.

Recentemente, em 21 de março de 2024, a Assembleia Geral das Nações Unidas aprovou, por unanimidade, a primeira resolução global sobre inteligência artificial para incentivar a proteção de dados pessoais, monitorar a IA quanto a riscos e salvaguardar os direitos humanos. A resolução foi proposta pelos Estados Unidos e assinada por outras 120 nações, incluindo o Brasil, sendo a mais recente de uma série de iniciativas de governos de todo o mundo para moldar o desenvolvimento da IA, em meio a temores de que ela possa ser usada para desorganizar processos democráticos, turbinar fraudes, instrumentalizar espionagens ou levar a perdas dramáticas de empregos, entre outros danos.

No Brasil, já há algumas iniciativas para evitar que o uso da tecnologia seja responsável pelo declínio das instituições, entre as quais merecem destaque (i) o Marco Civil da Internet (Lei nº 12.965/2014), que prevê a responsabilidade civil das plataformas pela remoção de conteúdo sob ordem judicial; (ii) a Lei Geral de Proteção de Dados (Lei nº 13.709/2018), que impede o uso indevido dos dados pessoais; (iii) a abertura de inquérito, no âmbito do Supremo Tribunal Federal, que investiga notícias fraudulentas (*fake news*), denunciações caluniosas e ameaças contra a Corte, seus ministros e familiares; (iv) promulgação da Emenda Constitucional 115/2022, que acrescentou dispositivos à Constituição Federal de 1988 relacionados ao Direito Fundamental à Proteção de Dados Pessoais, que passa a fazer parte do rol de direitos e garantias fundamentais expressos na Constituição; v) edição de Resolução pelo Tribunal Superior Eleitoral que disciplina o uso da inteligência artificial no processo eleitoral das eleições municipais que ocorrerão nos 5.568 municípios brasileiros em outubro de 2024.

Paralelamente à discussão no Congresso Nacional sobre alterações no Marco Civil da Internet, o tema também está em julgamento na Suprema Corte, em recurso da relatoria do Ministro Dias Toffoli, no qual se discutem a moderação de conteúdo e a responsabilidade dos provedores de internet, *websites* e gestores de redes sociais em relação ao conteúdo postado por terceiros (*Tema 987* – Discussão sobre a constitucionalidade do art. 19 da Lei nº 12.965/2014 (Marco Civil da Internet) que determina a necessidade de prévia e específica ordem judicial de exclusão de conteúdo para a responsabilização civil de provedor de internet, *websites* e gestores de aplicativos de redes sociais por danos decorrentes de atos ilícitos praticados por terceiros. Paradigma: RE nº 1037396).

Feitas essas considerações sobre o contexto brasileiro e colocadas as questões para a reflexão de todos, deve-se enfatizar que, em sua passagem pela Justiça Eleitoral, a qual voltou a integrar em 2022, em vaga de Ministro substituto do STF, o Ministro Dias Toffoli sempre ressaltou a importância dessa justiça especializada como guardiã da democracia em todo o território nacional.

E, de fato, o sucesso no desempenho de suas missões decorre em grande parte do modelo de controle de processo eleitoral adotado no Brasil, por meio de uma Justiça especializada que exerce todas as funções inerentes ao processo eleitoral: administrativa, jurisdicional e normativa. A legislação eleitoral é nacional e uniforme, ou seja, os Estados membros não têm competência normativa sobre o tema e, por isso, não há diferentes processos eleitorais. O desenho peculiar da Justiça Eleitoral brasileira conjuga a tecnicidade e a imparcialidade do Judiciário com a temporariedade do exercício da função eleitoral. Embora permanente a instituição, ela não tem quadro próprio. Seus magistrados não passam de quatro anos consecutivos no exercício da função eleitoral e, assim, não atuam sucessivamente em duas eleições para os mesmos cargos. Esse prazo tão curto faz com que haja uma saudável oxigenação na Justiça Eleitoral, evitando relações políticas ilegítimas.

Além disso, a Justiça Eleitoral é dotada, no âmbito administrativo, do poder de polícia sobre a propaganda eleitoral, podendo tomar as providências necessárias para inibir práticas ilegais, sendo vedada a censura prévia sobre o teor dos programas a serem exibidos na televisão, no rádio ou na internet. O crescente impacto da revolução tecnológica nos processos eleitorais merece bastante atenção por parte dos governos, dos partidos políticos, dos meios de comunicação e das autoridades eleitorais, na medida em que as novas mídias sociais como Youtube, Facebook, Twitter, *blogs*, além de ferramentas como WhatsApp e Instagram vêm sendo utilizadas no sentido de fomentar ideias, promover debates e, por conseguinte, favorecer o pluralismo e a participação popular na tomada de decisões, o que resulta no fortalecimento das democracias.

Vários estudos têm sido feitos sobre a relação entre a Internet, a política e a democracia, bem como sobre os espaços alternativos de produção e divulgação de informações, que vêm rompendo com o monopólio dos meios de comunicação tradicionais na leitura e interpretação dos fatos sociais, políticos e econômicos. Tais fenômenos, contudo, ainda não podem ser compreendidos em toda sua complexidade e, justamente por isso, a Justiça Eleitoral vem disciplinando e orientando o uso das novas tecnologias de acordo com suas missões institucionais e, sobretudo, com a efetividade dos valores constitucionais que visa resguardar.

No âmbito das campanhas eleitorais, há certo consenso quando se considera o "fenômeno Obama" um divisor de águas no uso da Internet como ferramenta de *marketing* político, constatando-se que as mídias digitais superam obstáculos criados pela burocracia partidária e pelos grandes veículos de comunicação. Obama amplificou muitas coisas que já haviam sido inventadas, como recolher dinheiro e captar voluntários na rede. Praticamente todo o dinheiro da campanha de Obama chegou por meio de pequenas contribuições via internet. Hoje, no Brasil, com reflexo dessa potencial utilização das redes para cooptar apoio e financiamento político, já existe a figura das "vaquinhas eleitorais" ou *crowdfunding*. Além disso, Obama criou uma rede de diálogo, conversando com os usuários numa via de duas mãos, ensejava debates nas mídias sociais, valia-se de sentimentos como alavanca e utilizava as informações obtidas nas pesquisas como fatores chaves para a elaboração das estratégias para direcionamento do discurso político, identificando conteúdos a serem explorados com os eleitores que eram classificados como "em cima do muro". Se o eleitor tinha uma preocupação, ele também tinha 70 ou 80 amigos na rede social, que possivelmente tinham as mesmas indagações e poderiam ser possíveis eleitores. Então, quando eles recebiam uma resposta sobre a importância de se investir na saúde, por exemplo, eles avisavam seus amigos. Afinal, é assim que uma rede social funciona: com compartilhamento de informações.

Todavia, em recente entrevista dada pelo Ministro Dias Toffoli ao Conjur,[5] foram muito bem abordados os riscos dessa nova tecnologia, reforçando-se que "a sociedade precisa entender que a inteligência artificial já está em uso e pode ser aplicada para o bem e para o mal". Detendo-se sobre os impactos das novas tecnologias no processo eleitoral, o Ministro, grande incentivador do uso da IA para a melhoria da gestão e aumento da eficiência no Poder Judiciário, lançou as seguintes ponderações:

> O magistrado expressou especial preocupação com o possível uso da IA como forma de influenciar o resultado das eleições no país. Ele considera que a Justiça Eleitoral já conseguiu regulamentar a questão de forma adequada e que os responsáveis por eventuais abusos cometidos nas redes sociais serão alvos das devidas sanções.
>
> Ainda assim, Toffoli acredita que o país precisa dispor de um sistema estatal capaz de enfrentar ameaças do tipo.
>
> "O Estado brasileiro tem de investir nessa tecnologia para o bem. E a sociedade brasileira também tem de compreender essa questão. Assim, é preciso criar programas de inteligência artificial que combatam a inteligência artificial das *fake news*, da desinformação", disse o ministro em entrevista que faz parte da série "Grandes Temas, Grandes Nomes do Direito". (...)
>
> Toffoli reforçou a ideia de que a sociedade precisa entender que a inteligência artificial já está em uso e pode ser aplicada para o bem e para o mal. Para que haja essa compreensão, porém, é necessário que as pessoas sejam informadas sobre aspectos básicos da IA. Um deles é o modo de funcionamento dessa tecnologia.
>
> Nesse sentido, continuou o ministro, é importante deixar claro que a IA não é um mero programa que executa uma tarefa ou compila informações. A ferramenta, nas palavras do magistrado, consiste em um programa ao qual são dados um objetivo e um treinamento. Um bom exemplo disso, na prática, é o programa de xadrez AlphaZero, cujo mecanismo foi descrito pelo ministro.
>
> "A ele foram dadas as regras do xadrez e o objetivo e, dentro dessas regras, ele deveria derrubar o rei adversário. Então, o programa jogou com ele mesmo sete vezes. E depois

---

5   Disponível em: https://www.conjur.com.br/2024-mai-22/estado-brasileiro-precisa-criar-programa-de-ia-que-combata-fake-news-diz-toffoli).

começou a jogar com humanos, inclusive com o (Garry) Kasparov, que foi campeão mundial de xadrez. E ganhou todas as partidas que disputou com humanos. Ele aprendeu competências e métodos que o ser humano jamais conseguiu alcançar no jogo de xadrez", explicou Toffoli, que foi um incentivador da IA no período em que presidiu o Conselho Nacional de Justiça, de 2018 a 2020.

"É um outro mundo. Nós estamos vivendo uma transformação disruptiva que nós não sabemos exatamente aonde chegará. Mas o Estado precisa regulá-la e a sociedade precisa estar esclarecida sobre o que é isso", concluiu o ministro.

No Brasil, o uso das mídias sociais nas eleições vem se mostrando cada vez mais relevante a partir da disputa presidencial de 2006, na qual a Internet serviu como contraponto às informações transmitidas pela grande mídia. A partir de 2009, partidos e candidatos passaram a contar com a possibilidade de realização de campanha na internet, nos termos previstos na Lei das Eleições. Contudo, naquela época, era proibida a publicidade paga nos meios digitais.

A partir de 2017, a legislação brasileira passou a permitir o impulsionamento de conteúdos de natureza política, tanto na pré-campanha quanto no período da propaganda eleitoral propriamente dita, que se inicia após o dia 15 de agosto do ano das eleições. Esse prazo é previsto como forma de assegurar maior equilíbrio entre os candidatos, que devem observar, também, um limite objetivo de gastos para cada cargo disputado, conforme previsão legal expressa e regulamentação pelo Tribunal Superior Eleitoral, evitando-se, assim, o abuso do poder econômico, o caixa-dois e outras formas de corrupção na contabilidade da campanha.

Trazendo um retrospecto das campanhas presidenciais brasileiras, pode-se notar que a de 2010 ainda foi marcada por denúncias veiculadas nos meios convencionais, quais sejam jornais e revistas de grande circulação e telejornais, enquanto a de 2014 já se caracterizou pela larga utilização das mídias digitais, o que gerou discussões no âmbito judicial e a formação de jurisprudência acerca desses temas. Citaremos alguns exemplos para ilustrar o posicionamento da mais alta Corte Eleitoral brasileira.

Conforme entendimento firmado no julgamento do Respe nº 29-49, "a utilização dos meios de divulgação de informação disponíveis na internet é passível de ser analisada pela Justiça Eleitoral para efeito da apuração de irregularidades eleitorais, seja por intermédio dos sítios de relacionamento interligados em que o conteúdo é multiplicado automaticamente em diversas páginas pessoais, seja por meio dos sítios tradicionais de divulgação de informações" (Rel. Min. Henrique Neves, DJe de 25.8.14).

Desde a sua presidência na Corte Eleitoral, o Ministro Dias Toffoli sempre esteve atento aos desafios crescentes, bem como ao papel das mídias sociais para a superação das crises políticas e aprimoramento da democracia, tendo realizado, em sua gestão, em novembro de 2015, a X Reunião Interamericana de Autoridades Eleitorais. Promovido pelo TSE e pela Organização dos Estados Americanos, o evento reuniu representantes de 30 países do continente americano com o objetivo de compartilhar experiências pelas instituições que organizam as eleições. A pauta do encontro foi composta por três principais temas: o financiamento das campanhas eleitorais, o uso das mídias sociais durante o processo eleitoral e o sistema eleitoral adotado nos vários países.

O Ministro já destacava, naquela oportunidade, que a posição do Judiciário brasileiro é de permitir o uso dessas mídias pelo cidadão no exercício do seu direito de liberdade de expressão. "*O que se veda no Brasil são as empresas ou corporações fazendo campanha política. Isso será sempre vedado nas mídias quando solicitado à Justiça Eleitoral*", frisou.[6] Além disso, o Ministro disse não ter dúvida de que as redes podem ajudar a baratear as campanhas, ressaltando que o Brasil já tinha mais celular que habitantes, e a maior parte com todo tipo de recurso tecnológico e acesso às mídias sociais.

Ao longo desse percurso, identificamos atualmente sensíveis alterações da Resolução TSE nº 23.610/2019, cujo texto traz importantes novidades, como a possibilidade de divulgação de posição política por artistas e influenciadores em *shows*, apresentações, *performances* artísticas, perfis e canais de pessoas na internet, desde que as manifestações sejam voluntárias e gratuitas. No tocante à inteligência artificial, destacam-se a proibição das *deepfakes*; obrigação de aviso sobre o uso de IA na propaganda eleitoral; restrição do emprego de robôs para intermediar contato com o eleitor (a campanha não pode simular diálogo com candidato ou qualquer outra pessoa); e responsabilização das *big techs* que não retirarem do ar, imediatamente, conteúdos com desinformação, discurso de ódio, antidemocráticos, racistas, homofóbicos, de ideologia nazista e fascista. Também foram adotadas medidas necessárias para o controle da desinformação contra o processo eleitoral e a previsão de que a *live* eleitoral constitui ato de campanha eleitoral, sendo vedada, portanto, a transmissão ou a retransmissão por canais de empresas na internet ou por emissoras de rádio e TV, sob pena de configurar tratamento privilegiado durante a programação normal.

O artigo 9º-C da Resolução TSE nº 23.610/2019 veda a utilização, na propaganda eleitoral, "de conteúdo fabricado ou manipulado para difundir fatos notoriamente inverídicos ou descontextualizados com potencial para causar danos ao equilíbrio do pleito ou à integridade do processo eleitoral", sob pena de configuração de abuso de utilização dos meios de comunicação, acarretando a cassação do registro ou do mandato, bem como a apuração das responsabilidades nos termos do artigo 323 do Código Eleitoral. Já o 9º-E estabelece a responsabilização solidária dos provedores, civil e administrativamente, quando não promoverem a indisponibilização imediata de determinados conteúdos e contas, durante o período eleitoral. Por sua vez, o art. 9º-G traz uma grande novidade no combate à desinformação, a qual envolve a criação de um Repositório, disponibilizado para consulta pública, envolvendo as decisões do Tribunal Superior Eleitoral que determinem a remoção de conteúdos que veiculem fatos notoriamente inverídicos ou gravemente descontextualizados que atinjam a integridade do processo eleitoral. No âmbito do poder de polícia, a Justiça Eleitoral poderá determinar que o provedor de aplicação veicule, por impulsionamento e sem custos, o conteúdo informativo que elucide fato notoriamente inverídico ou gravemente descontextualizado antes impulsionado de forma irregular, nos mesmos moldes e alcance da contratação. (art. 9º-D, §3º, da Res. do TSE nº 23.610/2019)

Entre as formas de controle previstas na legislação, deve-se destacar que o impulsionamento de conteúdo digital deve conter a identificação dos contratantes, que podem ser, exclusivamente, partidos, coligações e candidatos e seus representantes

---

6   Disponível em: https://www.conjur.com.br/2015-nov-19/toffoli-classifica-retrocesso-impressao-comprovante-voto/.

legais. Além disso, a lei restringe os fornecedores desse tipo de serviço aos provedores de internet que tenham sede e foro no Brasil.

Quanto ao seu conteúdo, a legislação veda as publicidades que veiculem preconceitos de origem, etnia, raça, sexo, cor, idade, religiosidade, orientação sexual, identidade de gênero e quaisquer outras formas de discriminação, inclusive contra pessoa em razão de sua deficiência, bem como o impulsionamento de conteúdo negativo, ou seja, de publicidade que objetive prejudicar a imagem de adversário político.

Sob o ponto de vista jurisprudencial, o Tribunal Superior Eleitoral tem apreciado casos envolvendo a contratação de empresas especializadas em *marketing* digital para procederem ao disparo de mensagens com conteúdo falso via WhatsApp ou nas redes sociais, a utilização indevida de base de dados de usuários fornecida por empresas de estratégia digital e utilização de valores acima do limite máximo permitido, para gastos nas eleições, em ações que podem resultar na anulação da votação e na cassação dos mandatos dos candidatos eleitos, além de outras consequências e penalidades aos envolvidos.

Em elucidativo precedente proferido sobre o tema, o TSE fixou relevantes teses que, certamente, irão nortear todas as instâncias da Justiça Eleitoral para os pleitos vindouros, inclusive quanto à permanência do interesse processual na remoção da publicidade e aplicação da sanção cabível mesmo após o pleito, tendo em vista que o microssistema de proteção à propaganda passou a abranger conteúdos que veiculem ataques falsos à credibilidade do sistema eleitoral:

> REPRESENTAÇÃO. ELEIÇÕES 2022. PROPAGANDA ELEITORAL IRREGULAR. INTERNET.1. Representação ajuizada por coligação em desfavor de candidata ao cargo de deputado federal por São Paulo nas Eleições 2022, por propaganda irregular consubstanciada em vídeo de sua autoria, na plataforma YouTube, em que veiculou notícias falsas a respeito de suposta manipulação de urnas eletrônicas no Município de Itapeva/SP.
> (...)
> TEMA DE FUNDO. CONTEÚDO FALSO E ATENTATÓRIO À LISURA DO PROCESSO ELEITORAL. ART. 57-D, §2º, DA LEI 9.504/97.5. Lê-se no art. 27, §1º, da Res.-TSE 23.610/2019 que "[a] livre manifestação do pensamento de pessoa eleitora identificada ou identificável na internet somente é passível de limitação quando ofender a honra ou a imagem de candidatas, candidatos, partidos, federações ou coligações, ou divulgar fatos sabidamente inverídicos (...)".6. Nos termos da jurisprudência desta Corte, é cabível aplicar-se a multa prevista no art. 57-D, §2º, da Lei 9.504/97 na hipótese de abuso na liberdade de expressão ocorrido por meio de propaganda veiculada na internet – como ocorre na divulgação de discurso de ódio, ideias contrárias à ordem constitucional e ao Estado Democrático, e de informações injuriosas, difamantes ou mentirosas. Nesse sentido, a decisão proferida na Rp 0601754-50/DF, Rel. Min. Alexandre de Moraes, sessão de 28/3/2023.7. No caso, são inequívocos o conteúdo do vídeo impugnado e sua veiculação em 27/9/2022 na plataforma YouTube. Nele, a representada apresenta-se como Deputada Federal e afirma que estaria buscando esclarecimentos sobre suposta manipulação de urnas eletrônicas no Sindicato dos Trabalhadores na Indústria da Construção, do Mobiliário, Cimento, Cal, Gesso e Montagem Industrial de Itapeva/SP. Ademais, relata seu assombro com o fato de haver pessoas "manipulando" urnas eletrônicas em local irregular, sugerindo que estaria acontecendo algo grave na preparação do pleito, o que precisaria ser apurado. Consta, por fim, do vídeo: "Carla Zambelli Deputada Federal 2210".8. Tal como assentou esta Corte ao referendar a liminar deferida neste feito, o conteúdo transmite desinformação e apresenta situações gravemente descontextualizadas. Ressalte-se que, antes mesmo do vídeo, o TRE/SP veiculou nota em 25/9/2022 esclarecendo os fatos e,

mesmo assim, a representada divulgou suspeita manifestamente infundada, além de omitir a resposta da autoridade competente, em ato de evidente má-fé.9. O sistema eletrônico de votação brasileiro, internacionalmente reconhecido, foi implementado nas Eleições 1996 e atendeu de forma inequívoca aos propósitos de segurança dos dados, de sigilo do voto e de celeridade na apuração, em contraposição a inúmeros os fatores que poderiam comprometer os pleitos em urnas de lona, tais como erros humanos na fase de contagem e manipulações em benefício de candidatos e legendas.10. A parceria entre órgãos institucionais de ponta na área de tecnologia, a constante busca por inovação e o contínuo diálogo propiciaram a plena segurança do sistema eletrônico de votação nos seus 27 anos, sem nenhuma prova de fraude de qualquer espécie, conforme inúmeras auditorias internas e externas e testes públicos de segurança promovidos pela Justiça Eleitoral.
CONSEQUÊNCIAS JURÍDICAS. MULTA. REMOÇÃO DE CONTEÚDO.11. Comprovada a propagação de notícia inequivocamente falsa com aptidão para vulnerar a normalidade do processo eleitoral, incide a multa do §2º do art. 57-D da Lei 9.504/97, *in verbis*: "[a] violação do disposto neste artigo sujeitará o responsável pela divulgação da propaganda e, quando comprovado seu prévio conhecimento, o beneficiário à multa no valor de R$ 5.000,00 (cinco mil reais) a R$ 30.000,00 (trinta mil reais)".12. Na espécie, impõe-se aplicar a multa em grau máximo, haja vista três fatores: (a) a notória má-fé da representada, que, mesmo após a nota do TRE/SP, livre e conscientemente produziu e divulgou o vídeo; (b) a gravidade das infundadas acusações à lisura do processo eleitoral, sem qualquer amparo no mundo dos fatos; (c) até 2/10/2022, o vídeo teve 86.554 visualizações.13. Excepcionalmente, não há falar em perda do objeto quanto à retirada do conteúdo após encerrado o período eleitoral, consequência prevista no art. 38, §7º, da Res.-TSE 23.610/2019 e na jurisprudência desta Corte.14. O caso dos autos apresenta relevante particularidade, porquanto os infundados e reprováveis ataques tiveram como alvo central o próprio sistema eletrônico de votação. Assim, tem-se que os efeitos nefastos da conduta perpetuam-se para depois do término do período eleitoral e que o conteúdo do vídeo pode vir a ser usado para novas e descabidas agressões em pleitos futuros, o que justifica sua remoção.
CONCLUSÃO. PROCEDÊNCIA DOS PEDIDOS.15. Pedidos julgados procedentes para aplicar à representada Carla Zambelli Salgado de Oliveira multa pecuniária no valor de R$ 30.000,00 e, ainda, determinar a remoção dos conteúdos indicados nos links contidos às fls. 33-34 da petição inicial. (Representação nº060136565, Acórdão, Min. Benedito Gonçalves, DJE de 02.10.2023).

Em outro julgado, o TSE se debruçou sobre a manutenção de canais monetizados por empresas, cujo conteúdo, supostamente "jornalístico", demonstrava, na verdade, que o "fenômeno referido tem estreita relação com a produção de notícias falsas orientadas a apresentar uma visão ideológica como se fosse uma verdade factual", de potencial nefasto e deturpador da consciência do eleitor. Reproduzo excertos da ementa do Referendo na Ação de Investigação Judicial Eleitoral nº 060152238:

AÇÃO DE INVESTIGAÇÃO JUDICIAL ELEITORAL. ELEIÇÕES 2022. PRESIDENTE. USO INDEVIDO DE MEIOS DE COMUNICAÇÃO. ABUSO DE PODER POLÍTICO. ABUSO DE PODER ECONÔMICO. REDES SOCIAIS. PERFIS, CANAIS E SITES, INCLUSIVE MANTIDOS POR PESSOAS JURÍDICAS. PRODUÇÃO E DIFUSÃO MASSIFICADA E VELOZ DE CONTEÚDOS FALSOS. ECOSSISTEMA DE DESINFORMAÇÃO EM BENEFÍCIO DE DETERMINADA CANDIDATURA. REMOÇÃO DE CONTEÚDO. DECISÕES REITERADAS. INSUFICIÊNCIA. MOMENTO CRÍTICO DO PERÍODO ELEITORAL. PRUDENTE MITIGAÇÃO DE DANOS AO PROCESSO ELEITORAL. REQUERIMENTO LIMINAR PARCIALMENTE DEFERIDO. DECISÃO REFERENDADA.1. Trata-se de ação de investigação judicial eleitoral – AIJE – destinada a apurar a ocorrência de uso indevido dos meios de comunicação, abuso de poder político e abuso de poder econômico, ilícitos supostamente perpetrados em decorrência da utilização de dezenas de perfis em redes sociais, inclusive mantidos por pessoas jurídicas, para, de forma orquestrada, produzir e difundir exponencialmente conteúdos desinformativos com o objetivo de direcionar a opinião político-eleitoral de seus seguidores e influenciar no resultado da disputa presidencial.(...) 6. No caso, a petição inicial foi instruída com farta prova documental, composta por links, prints, estatísticas de busca do Google – que indicam possível relação de causalidade entre picos de pesquisa e o disparo massivo de conteúdos falsos e extremamente apelativos – e mapa e tabelas das interações entre os diversos perfis e canais. Foram indicados numerosos exemplos de conteúdos ilícitos derrubados por ordem judicial, mas que seguiram disponibilizados em canais do Telegram. Foi também juntado estudo técnico fruto do monitoramento das redes sociais dos investigados em dois períodos de 2022, um deles de 15/08 a 30/09, abarcando a campanha do primeiro turno. (...). 8. A forte capacidade de mobilização de alguns dos investigados tem sido explorada para gerar uma espécie de resistência estrutural às decisões do TSE que determinam a remoção de notícias falsas. Nesse sentido, foi demonstrado que materiais já reputados ilícitos seguem armazenados em canais de Telegram, para serem acessados a qualquer tempo e novamente compartilhados, criando um ciclo de perpetuação de *fake news*. 9. Os esquemas de difusão de notícias fabricadas para influir indevidamente no pleito, identificados a partir das Eleições 2018, ganharam mais complexidade, encontraram formas elaboradas de financiamento e, infelizmente, confirmaram o potencial danoso da exposição massificada e vertiginosa das pessoas a conteúdos falsos. A sofisticação da aparência e das táticas de distribuição de notícias inverídicas coloca milhões de pessoas em um estado permanente de alerta, à espera da próxima "grande revelação". São nefastos os efeitos sobre a formação da vontade eleitoral, que depende de um ambiente sadio, onde divergências possam ser apresentadas com respeito aos fatos.10. Observa-se que a remoção de conteúdos, mesmo quando célere, não tem sido suficiente para conter o avanço da desinformação. Sendo iminente a realização do segundo turno, justifica-se a adoção de providências para mitigar danos ao processo eleitoral. 11. Apesar desse desafiador cenário, vejo a necessidade de ponderar o exercício da liberdade de opinião com a preservação da normalidade eleitoral, para definir medidas que, de forma proporcional, se mostrem indispensáveis e efetivas para inibir a prática de condutas ilícitas. 12. A jurisprudência, salvo em caso de anonimato, tem se guiado no sentido de determinar a remoção de conteúdos específicos, e não de sites, canais ou perfis inteiros (Rel. Min. Maria Cláudia Bucchianeri, referendo de liminar em 13/10/2022. (...) Quanto à atuação de pessoas jurídicas, tem-se elementos suficientes para a adoção de providências imediatas, com duração circunscrita ao período que antecede o segundo turno das eleições. 14. Em fenômeno recente, que escapa à vedação de veiculação de propaganda eleitoral em sítios eletrônicos de pessoas jurídicas (art. 57-C, §1º, da Lei 9.504/97), novas roupagens têm sido escolhidas para conferir maior credibilidade a mensagens de cunho político-eleitoral que, no fundo, se confundem com o discurso de determinado candidato. Para esse fim, a opção por canais com aparência jornalística congrega a facilidade de criar nas redes perfis que permitam a comunicação "um-para-muitos" e a aparência de isenção, que favorece o ganho de prestígio nas redes. 15. Não se trata, no ponto, de jornais que legitimamente ostentam preferências políticas e que naturalmente se inclinam, em sua leitura crítica dos fatos, a uma determinada corrente. O fenômeno referido tem estreita relação com a produção de notícias falsas orientadas a apresentar uma visão ideológica como se fosse uma verdade factual. O empreendimento comercial, nesses casos, fica em segundo plano, tornando-se prioritária a possibilidade de influenciar escolhas políticas e eleitorais dos cidadãos, inclusive por estímulo à radicalização. 16. Na hipótese, não se discute, em abstrato, a possibilidade ou não de serem mantidos sites, canais e perfis que pretendam conferir aparência jornalística a conteúdos ideologicamente orientados. O que se examina, concretamente, é a necessidade de inibir ou mitigar os efeitos anti-isonômicos da movimentação de recursos por quatro provedores de conteúdo, mantidos por pessoas jurídicas, que assumiram comportamento simbiótico em relação à campanha midiática do primeiro investigado. 17. Destaco, nesse sentido, que essas empresas: a) possuem canais no YouTube que contam com milhões de inscritos e são fortemente monetizados; b) já figuraram em ações judiciais ou inquéritos (STF e TSE) destinados a apurar a disseminação de *fake news* com impacto no processo eleitoral; c) funcionam como produtoras e/ou promotoras de conteúdo consistentemente favorável ao primeiro investigado, composto inclusive por notícias falsas ou gravemente descontextualizadas, que, ao ser distribuído em outras redes sociais de forma massiva contribuíram para o desvirtuamento do debate político, em prejuízo do candidato da coligação autora, conforme demonstram picos de busca do Google; d) reiteradamente utilizam as decisões do TSE determinando a derrubada de conteúdos como combustível para estimular a desconfiança em relação ao sistema de votação; e) recebem recursos financeiros de assinaturas dos canais, de publicidade paga e de investimentos oriundos de pessoas que compartilham a ideologia dos seus proprietários, retroalimentando a estrutura empregada na produção e consumo de conteúdos inverídicos; f) aplicam vultosos recursos em impulsionamento nas redes, potencializando o alcance e a distribuição de notícias e documentários que essencialmente reverberam o discurso eleitoral do candidato que apoiam, influindo diretamente no pleito, em razão do momento eleitoral. 18. Diante desses elementos, é pertinente determinar, até que se realize o segundo turno, a desmonetização dos citados canais, bem como a vedação do impulsionamento de conteúdos político-eleitorais, especialmente envolvendo os candidatos em disputa, seus partidos e apoiadores. 19. Também até o segundo turno, deve-se suspender a exibição do documentário sobre o ataque sofrido pelo primeiro representado em 2018, cuja estreia se encontrava marcada para seis dias antes da eleição. A semana de adiamento não caracteriza censura. Apenas evita que tema reiteradamente explorado pelo candidato em sua campanha receba exponencial alcance, sob a roupagem de documentário que foi objeto de estratégia publicitária custeada com substanciais recursos de pessoa jurídica. 20. Tutela inibitória antecipada parcialmente deferida, para determinar que, até 31/10/2022, sejam suspensas, sob pena de multa: a) a monetização dos quatro canais mantidos por pessoas jurídicas referidas na inicial; b) o impulsionamento de conteúdo político-eleitorais por essas empresas; c) a exibição do documentário indicado.

21. Decisão liminar referendada. 22. Em vista de indícios de descumprimento de decisões de remoção de conteúdo proferidas em representações por propaganda irregular, seja dada ciência do teor da petição inicial aos Ministros e Ministras responsáveis pela matéria, para as providências que entenderem necessárias.

Nesse precedente, ficou evidente a necessidade da resposta rápida e imediata da Justiça Eleitoral para coibir, ainda que em caráter liminar e antecipatório, as práticas ilícitas difundidas pelos meios digitais, o que ganha ainda mais sofisticação com os mecanismos de inteligência artificial e outras ferramentas que, além de ludibriar o eleitor e deturpar a realidade dos fatos, revelam a participação de grandes corporações e pessoas jurídicas (as quais são proibidas de promover o financiamento eleitoral) no custeio dessas práticas, descortinando renovadas formas de abuso do poder econômico e uso indevido dos meios de comunicação.

E, quanto ao papel do Poder Judiciário nessa verdadeira "guerra digital" travada contra a democracia a as instituições, o Ministro Dias Toffoli se manifestou de maneira contundente em sua participação no *webinar* sobre liberdade de expressão promovido pelo Poder360 e pelo Observatório de Liberdade de Imprensa do Conselho Federal da OAB (Ordem dos Advogados do Brasil):[7]

> O presidente do STF (Supremo Tribunal Federal), ministro Dias Toffoli, afirmou nesta 3ª feira (28.jul.2020) que o Judiciário existe para "dirimir conflitos".
>
> O Supremo, disse, cumpre esse papel e atua como 1 "editor de uma nação inteira" no caso do inquérito das *fake news*. O ministro usou como exemplo o editor de 1 jornal que decide bloquear a publicação de uma notícia mal apurada ou até com inverdades. "Todo órgão de imprensa tem censura interna. Em que sentido? O seu acionista ou o seu editor, se ele verifica ali uma matéria que ele acha que não deve ir ao ar porque ela não é correta, ela não está devidamente checada, ele diz: 'Não vai ao ar'. Aí o jornalista dele diz: 'Mas eu tenho a liberdade de expressão de colocar isso ao ar?'. Entendeu? Não é à toa que todas as empresas de comunicação têm códigos de ética, códigos de conduta, de compromisso", disse. "Nós, enquanto Judiciário, enquanto Suprema Corte, somos editores de 1 país inteiro, de uma nação inteira, de 1 povo inteiro"
>
> Qualquer tipo de conflito pode se levar ao Judiciário. Uma briga de marido e mulher que vai parar no Judiciário, o juiz vai editar aquilo, ele vai decidir aqui. Não é uma escolha dele. Em 1º lugar, juiz não tem desejo. Então, ele não tem escolhas, ele tem obrigações. Ele tem a obrigação de dirimir o conflito. Se, ao dirimir o conflito, ele vai ter que decidir entre este ou aquele argumento, entre esta ou aquela posição do ponto de vista de doutrina jurídica ou filosófica, ou de interpretação jurisprudencial hermenêutica da lei. Isso daí faz parte das circunstâncias daquele magistrado, mas sempre uma atividade vinculada à Constituição e à Lei. Então, não são escolhas", afirmou.
>
> (Disponível em: https://www.poder360.com.br/poder-justica/justica/stf-atua-como-editor-da-sociedade-no-inquerito-das-fake-news-diz-toffoli/)

Sem a pretensão de esgotar o tema, esperamos ter apresentado um breve panorama dos avanços do estado brasileiro na proteção de suas instituições, bem como dos mecanismos para salvaguardar as bases e os valores do regime democrático, contando sempre com a atuação forte e emblemática do Ministro Dias Toffoli no aprimoramento do processo eleitoral e dos pilares que sustentam as conquistas civilizatórias e a efetivação dos direitos fundamentais em nosso país, frente às novas realidades e aos desafios inerentes à pós-modernidade.

Informação bibliográfica deste texto, conforme a NBR 6023:2018 da Associação Brasileira de Normas Técnicas (ABNT):

FERNANDES, Lília Maria da Cunha. Riscos da inteligência artificial nas eleições e o aprimoramento do processo eleitoral brasileiro. *In*: MENDES, Gilmar Ferreira; LIRA, Daiane Nogueira de; FREIRE, Alexandre (coord.). *Constituição, democracia e diálogo*: 15 anos de Jurisdição Constitucional do Ministro Dias Toffoli. 2. ed. Belo Horizonte: Fórum, 2025. p. 965-979. ISBN 978-65-5518-937-7.

---

[7] Disponível em: https://www.poder360.com.br/poder-justica/justica/stf-atua-como-editor-da-sociedade-no-inquerito-das-fake-news-diz-toffoli/.

REFLEXÕES SOBRE A RESPONSABILIDADE DOS DIRIGENTES PARTIDÁRIOS POR FRAUDE À COTA DE GÊNERO

LUCIANA LÓSSIO

Introdução

Muito me honra participar de obra acadêmica que homenageia a trajetória e o legado do Ministro Dias Toffoli – durante os seus primeiros 15 anos de judicatura – para o direito constitucional brasileiro e para o país.

Considerando sua trajetória sempre corajosa para proteger os direitos fundamentais, o tema escolhido não poderia ser mais oportuno: *Reflexões sobre a responsabilidade dos dirigentes partidários por fraude à cota de gênero.*

Sua Excelência encontra-se, novamente, como Ministro Substituto do Tribunal Superior Eleitoral e irá compor o plenário como titular nas eleições presidenciais de 2026, razão pela qual se faz necessário dialogarmos sobre como a Justiça Eleitoral pode contribuir, de forma efetiva, para a busca da igualdade entre homens e mulheres na política brasileira.

Afinal, apesar de a Constituição da República Federativa do Brasil afirmar, logo no início do capítulo que trata dos direitos e garantias fundamentais – *inc. I do art. 5º da CF/88* –, que homens e mulheres são iguais em direitos e obrigações, ainda não conseguiu transpor, do plano teórico para o prático, a igualdade representativa de gêneros.

A mulher brasileira conquistou o direito ao voto desde 1932, e no ano de 1933 assumiu pela primeira vez um mandato eletivo no Legislativo Federal.[1] A sub-representação feminina na política brasileira, no entanto, ainda é significativa.

As mulheres representam 53% do eleitorado brasileiro e aproximadamente 45,72% dos filiados a partidos políticos, mas o Brasil ainda ocupa a 131ª posição no monitoramento da *Inter-Parliamentary Union*,[2] de um total de 185 países, atrás de países que tradicionalmente renegam direitos à mulher, como Arábia Saudita e Índia,

---

[1] Deputada Federal Carlota Pereira de Queirós (1892-1982), educadora e médica paulista.

[2] Disponível em: https://data.ipu.org/women-ranking?month=5&year=2023. Acesso em: 15 jun. 2023.

e apresentando o pior resultado na América do Sul. Em todo o continente americano, o Brasil está à frente apenas de Belize, Haiti e Venezuela.

Considerado o resultado das eleições de 2022, as parlamentares correspondem a 13,58% do Senado Federal e 17,73% da Câmara dos Deputados, sendo que quatro estados brasileiros não elegeram nenhuma deputada federal (Alagoas, Amazonas, Paraíba e Tocantins) e quinze deles são representados apenas por homens no Senado Federal (Acre, Alagoas, Amazonas, Amapá, Bahia, Espírito Santo, Goiás, Minas Gerais, Pará, Paraná, Rio de Janeiro, Rondônia, Roraima, Rio Grande do Sul, Sergipe).

A histórica sub-representação feminina instigou o legislador a aprovar medidas inclusivas voltadas à realização da igualdade material na política, bem como a necessidade de o Poder Judiciário decidir de forma firme, a fim de dar máxima efetividade às diretrizes constitucionais e normas legais existentes.

Muito embora a nossa legislação incentive a participação feminina no poder político por meio da cota de gênero, é possível verificar que, a cada disputa para o Legislativo, elas permanecem em número inferior aos homens.

Um dos problemas à concretização do ideal de representatividade mínima são as recorrentes fraudes à cota de gênero, consistentes no lançamento de candidaturas fictícias para composição meramente formal do número mínimo de candidaturas exigido nas chapas proporcionais.

Nesse contexto, considerando que o partido político é o responsável pela escolha de candidatos e registro de sua candidatura, o presente estudo avalia a responsabilidade dos dirigentes partidários por fraude à cota de gênero nas eleições proporcionais.

1 Breve histórico da cota de gênero

O primeiro incentivo às candidaturas femininas no ordenamento jurídico brasileiro surge em 1995, com a Lei nº 9.100, que criou a cota de gênero para os cargos proporcionais das eleições municipais de 1996, ao dispor em seu art. 11, §3º que: "vinte por cento, no mínimo, das vagas de cada partido ou coligação deverão ser preenchidas por candidaturas de mulheres".

Apesar de a norma trazer expressão impositiva – "deverão ser preenchidas" –, em um primeiro momento, o Tribunal Superior Eleitoral entendeu que a chapa poderia ser registrada apenas com a reserva das vagas femininas, ou seja, sem o seu efetivo preenchimento.[3]

Em consequência, no ano seguinte, tal compreensão foi incorporada à legislação de regência, e a Lei nº 9.504, de 1997, disciplinou em seu art. 10, §3º, que "cada partido ou coligação *deverá reservar* o mínimo de trinta por cento e o máximo de setenta por cento para candidaturas de cada sexo".

Ocorre que a alteração legislativa que criou a "reserva de vagas" nos registros de candidatura, ao invés de potencializar o acesso de mulheres a espaços políticos e posições de poder, transformou-se no calcanhar de Aquiles da referida ação afirmativa, pois o resultado alcançado foi o oposto do esperado.

---

[3] Consulta nº 157. Rel. Min. Walter Medeiros. *DJ*, 10.7.1996.

Passados 12 anos, com a reforma eleitoral de 2009, implementada pela Lei nº 12.034, alterou-se a redação do §3º do art. 10 da Lei nº 9.504/97, para constar que, para Câmara dos Deputados, Câmara Legislativa, Assembleias Legislativas e Câmaras Municipais, "cada partido ou coligação preencherá o mínimo de 30% (trinta por cento) e o máximo de 70% (setenta por cento) para candidaturas de cada sexo".

Embora semelhante à regra de 1995, a nova redação do art. 10, §3º, da Lei Eleitoral recebeu interpretação distinta. O Tribunal da Democracia entendeu que tal regra era impositiva, cujo cumprimento deveria ser verificado a partir do universo das candidaturas efetivamente lançadas pelo partido. A existência de candidaturas femininas – e não mais a deletéria reserva de vagas nos registros de candidatura de cada partido ou coligação – passou a ser um pressuposto de viabilidade e validade do registro das candidaturas masculinas.[4]

Pois bem, ao se exigir um número mínimo de mulheres entre as candidaturas registradas, a ausência desse percentual inviabilizaria o registro das demais candidaturas masculinas do partido.

Assim, caso o partido ou a coligação não conseguissem alcançar o mínimo de 30% de candidaturas femininas, a única alternativa seria "reduzir o número de candidatos masculinos para adequar os respectivos percentuais, cuja providência, caso não atendida, ensejará o indeferimento do demonstrativo de regularidade dos atos partidários (DRAP)", conforme sedimentou a jurisprudência do Tribunal Superior Eleitoral.[5]

Diante dessa nova realidade, alguns partidos, felizmente, buscaram formar qualificados quadros femininos. Outros, lamentavelmente, optaram pela fraude à lei, apostando na impunidade.

E é justamente nesse contexto que surgem as candidaturas laranjas, fantasmas ou fictícias. Afinal, as legendas que não dispunham de militância qualificada passaram a indicar quaisquer candidatas, considerando apenas o gênero feminino, visando tão somente ao cumprimento formal do percentual de 30%, mesmo sabendo que elas não concorreriam efetivamente no prélio eleitoral.

2   Do combate às candidaturas fictícias, laranja ou fantasmas

A situação das candidaturas laranjas foi levada ao Poder Judiciário nas Eleições de 2012 – a primeira disputa municipal após a reforma de 2009 –, apontando-se que a fraude frustrava a efetividade material da ação afirmativa e contribuía para a perpetuação do cenário de sub-representação feminina na política.

A discussão, todavia, esbarrou em aspectos processuais. Como havia uma lacuna na legislação eleitoral, o Tribunal Superior Eleitoral se pôs a debater qual seria a ação judicial adequada para combater tal ilicitude.

Foi somente em 2015 e 2016 que a Corte concluiu o julgamento dos recursos especiais eleitorais nºs 1-49 e 243-42, respectivamente, fixando a orientação de que a fraude à cota de gênero poderia ser objeto de ação de impugnação de mandato eletivo

---

4   Recurso Especial Eleitoral nº 784-32. Rel. Min. Arnaldo Versiani. *PSESS*, 12.8.2010.
5   Recurso Especial Eleitoral nº 2.939. Rel. Min. Arnaldo Versiani. *PSESS*, 6.11.2012.

(AIME) ou de ação de investigação judicial eleitoral (AIJE), como indicado nas ementas dos precedentes a seguir colacionados, vejamos:

> RECURSO ESPECIAL. AÇÃO DE IMPUGNAÇÃO DE MANDATO ELETIVO. CORRUPÇÃO. FRAUDE. COEFICIENTE DE GÊNERO. [...]
> 2. O conceito da fraude, para fins de cabimento da ação de impugnação de mandato eletivo (art. 14, §10, da Constituição Federal), é aberto e pode englobar todas as situações em que a normalidade das eleições e a legitimidade do mandato eletivo são afetadas por ações fraudulentas, inclusive nos casos de fraude à lei. A inadmissão da AIME, na espécie, acarretaria violação ao direito de ação e à inafastabilidade da jurisdição.
> Recurso especial provido.[6]

> RECURSO ESPECIAL. AÇÃO DE INVESTIGAÇÃO JUDICIAL ELEITORAL. FRAUDE. PERCENTUAIS DE GÊNERO. CAPTAÇÃO ILÍCITA DE SUFRÁGIO. [...]
> 4. É possível verificar, por meio da ação de investigação judicial eleitoral, se o partido político efetivamente respeita a normalidade das eleições prevista no ordenamento jurídico – tanto no momento do registro como no curso das campanhas eleitorais, no que tange à efetiva observância da regra prevista no art. 10, §3º, da Lei das Eleições – ou se há o lançamento de candidaturas apenas para que se preencha, em fraude à lei, o número mínimo de vagas previsto para cada gênero, sem o efetivo desenvolvimento das candidaturas.
> 5. Ainda que os partidos políticos possuam autonomia para escolher seus candidatos e estabelecer quais candidaturas merecem maior apoio ou destaque na propaganda eleitoral, é necessário que sejam assegurados, nos termos da lei e dos critérios definidos pelos partidos políticos, os recursos financeiros e meios para que as candidaturas de cada gênero sejam efetivas e não traduzam mero estado de aparências.
> Recurso especial parcialmente provido.[7]

Nas eleições municipais seguintes, do ano de 2016, a fraude à cota de gênero foi novamente agitada, agora por meio dos remédios jurídicos adequadamente apontados pela jurisprudência pátria. Tais fraudes se revelaram nos mais diversos cenários, como se ilustra, exemplificativamente a seguir.

No Município de Mendes/RJ, apurou-se que marido e mulher se lançaram candidatos a vereador na mesma chapa, concorrendo entre si. A esposa-candidata, contudo, fez campanha para o marido, inclusive em redes sociais; não recebeu nenhum voto, tendo provavelmente votado no marido; não recebeu doações, tampouco realizou gastos de campanha; e apresentou prestação de contas "zerada". Ou seja, inexistiu candidatura de fato, pois sua inscrição serviu apenas para cumprir a cota de 30%.[8]

Outro caso inusitado ocorreu em Viadutos/RS, em que uma das candidatas foi gravada afirmando que fazia campanha para o seu cunhado e que, provavelmente, sequer votaria nela mesma, já que sua candidatura visava cumprir a cota legal, o que ensejou o reconhecimento da fraude tanto pelo Tribunal Regional Eleitoral[9] quanto pelo Tribunal Superior Eleitoral.[10]

---

[6]   Recurso Especial Eleitoral nº 1-49. Rel. Min. Henrique Neves. *DJe*, 21.10.2015.
[7]   Recurso Especial Eleitoral nº 243-42. Rel. Min. Henrique Neves. *DJe*, 11.10.2016.
[8]   Recurso Eleitoral nº 422-08. Rel. Des. Eleitoral Cristiane Frota. *DJe*, 31.1.2018.
[9]   Recurso Eleitoral nº 495-85. Rel. Des. Eleitoral Eduardo Bainy. *DJe*, 15.12.2017.
[10] Recurso Especial Eleitoral nº 495-85. Rel. Min. Sergio Silveira Banhos. *DJe*, 3.8.2021.

Já em Valença do Piauí/PI, entendeu-se que houve fraude à cota pela simulação de candidaturas, pois uma candidata fez campanha apenas para o filho, candidato da mesma coligação; outra concorreu contra o marido, mas realizou promoção da candidatura dele nas redes sociais; uma terceira postulante sequer votou em si mesma, em que pese tenha mantido sua candidatura até a eleição; e uma quarta candidata não fez campanha e sequer compareceu às urnas.[11]

Como se vê, os exemplos demonstram que as candidaturas fictícias existem apenas para viabilizar o registro da chapa, a fim de tornar possível a indicação do número máximo de candidatos homens. São escolhidas mulheres que não pretendem disputar um mandato eletivo, pois, apesar de figurarem como candidatas, não fazem campanha, não prestam contas e, na maioria das vezes, sequer votam em si.

O *leading case* sobre esse tema chegou ao Tribunal Superior Eleitoral por meio de recurso interposto no caso do Município de Valença do Piauí, oportunidade em que se analisou o alcance da fraude e as implicações legais decorrentes de sua caracterização, conforme a esclarecedora ementa:

RECURSOS ESPECIAIS. ELEIÇÕES 2016. VEREADORES. PREFEITO. VICE-PREFEITO. AÇÃO DE INVESTIGAÇÃO JUDICIAL ELEITORAL (AIJE). ART. 22 DA LC 64/90. FRAUDE. COTA DE GÊNERO. ART. 10, §3º, DA LEI 9.504/97.
1. O TRE/PI, na linha da sentença, reconheceu fraude na quota de gênero de 30% quanto às candidaturas das coligações Compromisso com Valença I e II ao cargo de vereador nas Eleições 2016, fixando as seguintes sanções: a) cassação dos registros das cinco candidatas que incorreram no ilícito, além de sua inelegibilidade por oito anos; b) cassação dos demais candidatos registrados por ambas as chapas, na qualidade de beneficiários.
2. Ambas as partes recorreram. A coligação autora pugna pela inelegibilidade de todos os candidatos e por se estender a perda dos registros aos vencedores do pleito majoritário, ao passo que os candidatos pugnam pelo afastamento da fraude e, alternativamente, por se preservarem os registros de quem não anuiu com o ilícito. [...]
TEMA DE FUNDO. FRAUDE. COTA DE GÊNERO. ART. 10, §3º, DA LEI 9.504/97. ROBUSTEZ. GRAVIDADE. AFRONTA. GARANTIA FUNDAMENTAL. ISONOMIA. HOMENS E MULHERES. ART. 5º, I, DA CF/88.
4. A fraude na cota de gênero de candidaturas representa afronta à isonomia entre homens e mulheres que o legislador pretendeu assegurar no art. 10, §3º, da Lei 9.504/97 – a partir dos ditames constitucionais relativos à igualdade, ao pluralismo político, à cidadania e à dignidade da pessoa humana – e a prova de sua ocorrência deve ser robusta e levar em conta a soma das circunstâncias fáticas do caso, o que se demonstrou na espécie.
5. A extrema semelhança dos registros nas contas de campanha de cinco candidatas – tipos de despesa, valores, data de emissão das notas e até mesmo a sequência numérica destas – denota claros indícios de maquiagem contábil. A essa circunstância, de caráter indiciário, somam-se diversos elementos específicos.
6. A fraude em duas candidaturas da Coligação Compromisso com Valença I e em três da Coligação Compromisso com Valença II revela-se, ademais, da seguinte forma: a) Ivaltânia Nogueira e Maria Eugênia de Sousa disputaram o mesmo cargo, pela mesma coligação, com familiares próximos (esposo e filho), sem nenhuma notícia de animosidade política entre eles, sem que elas realizassem despesas com material de propaganda e com ambas atuando em prol da campanha daqueles, obtendo cada uma apenas um voto; b) Maria Neide da Silva sequer compareceu às urnas e não realizou gastos com publicidade; c) Magally da Silva

---

[11] Recurso Eleitoral nº 193-92. Rel. Des. Eleitoral Astrogildo de Assunção. *DJe*, 21.6.2017.

votou e ainda assim não recebeu votos, e, além disso, apesar de alegar ter sido acometida por enfermidade, registrou gastos – inclusive com recursos próprios – em data posterior; d) Geórgia Lima, com apenas dois votos, é reincidente em disputar cargo eletivo apenas para preencher a cota e usufruir licença remunerada do serviço público.

7. Modificar as premissas fáticas assentadas pelo TRE/PI demandaria reexame de fatos e provas (Súmula 24/TSE).

CASSAÇÃO. TOTALIDADE DAS CANDIDATURAS DAS DUAS COLIGAÇÕES. LEGISLAÇÃO. DOUTRINA. JURISPRUDÊNCIA.

8. Caracterizada a fraude e, por conseguinte, comprometida a disputa, não se requer, para fim de perda de diploma de todos os candidatos beneficiários que compuseram as coligações, prova incontestе de sua participação ou anuência, aspecto subjetivo que se revela imprescindível apenas para impor a eles inelegibilidade para eleições futuras. Precedentes.

9. Indeferir apenas as candidaturas fraudulentas e as menos votadas (feito o recálculo da cota), preservando-se as que obtiveram maior número de votos, ensejaria inadmissível brecha para o registro de "laranjas", com verdadeiro incentivo a se "correr o risco", por inexistir efeito prático desfavorável.

10. O registro das candidaturas fraudulentas possibilitou maior número de homens na disputa, cuja soma de votos, por sua vez, contabilizou-se para as respectivas alianças, culminando em quociente partidário favorável a elas (art. 107 do Código Eleitoral), que puderam então registrar e eleger mais candidatos.

11. O círculo vicioso não se afasta com a glosa apenas parcial, pois a negativa dos registros após a data do pleito implica o aproveitamento dos votos em favor das legendas (art. 175, §§3º e 4º, do Código Eleitoral), evidenciando-se, mais uma vez, o inquestionável benefício auferido com a fraude.

12. A adoção de critérios diversos ocasionaria casuísmo incompatível com o regime democrático.

13. Embora o objetivo prático do art. 10, §3º, da Lei 9.504/97 seja incentivar a presença feminina na política, a cota de 30% é de gênero. Manter o registro apenas das candidatas também afrontaria a norma, em sentido contrário ao que usualmente ocorre.

INELEGIBILIDADE. NATUREZA PERSONALÍSSIMA. PARCIAL PROVIMENTO.

14. Inelegibilidade constitui sanção personalíssima que incide apenas perante quem cometeu, participou ou anuiu com a prática ilícita, e não ao mero beneficiário. Precedentes.

15. Embora incabível aplicá-la indistintamente a todos os candidatos, constata-se a anuência de Leonardo Nogueira (filho de Ivaltânia Nogueira) e de Antônio Gomes da Rocha (esposo de Maria Eugênia de Sousa), os quais, repita-se, disputaram o mesmo pleito pela mesma coligação, sem notícia de animosidade familiar ou política, e com ambas atuando na candidatura daqueles em detrimento das suas. [...]

CONCLUSÃO. MANUTENÇÃO. PERDA. REGISTROS. VEREADORES. EXTENSÃO. INELEGIBILIDADE. IMPROCEDÊNCIA. CHAPA MAJORITÁRIA.

17. Recursos especiais dos candidatos ao cargo de vereador pelas coligações Compromisso com Valença I e II desprovidos, mantendo-se cassados os seus registros, e recurso da Coligação Nossa União É com o Povo parcialmente provido para impor inelegibilidade a Leonardo Nogueira e Antônio Gomes da Rocha, subsistindo a improcedência quanto aos vencedores do pleito majoritário, revogando-se a liminar e executando-se o aresto logo após a publicação (precedentes).[12]

Entendeu-se que, como "o registro das candidaturas fraudulentas possibilitou maior número de homens na disputa", não seria adequado "indeferir apenas as candidaturas fraudulentas e as menos votadas (feito o recálculo da cota), preservando-se as que

---

[12] Recurso Especial Eleitoral nº 193-92. Rel. Min. Jorge Mussi. *DJe*, 4.10.2019.

obtiveram maior número de votos", pois tal solução "ensejaria inadmissível brecha para o registro de 'laranjas', com verdadeiro incentivo a se 'correr o risco', por inexistir efeito prático desfavorável".

O Tribunal da Democracia firmou a tese de que a fraude à cota de gênero nas listas de candidaturas traz como consequências i) a queda do DRAP respectivo, com a cassação da totalidade das candidaturas; ii) a nulidade de todos os votos conquistados e o recálculo dos quocientes eleitoral e partidário; e iii) imposição da sanção de "inelegibilidade" a todo aquele que "cometeu, participou ou anuiu com a prática ilícita, e não ao mero beneficiário".

Sobre a temática abordada no presente artigo, importante destacar que nessa oportunidade o Tribunal Superior Eleitoral reconheceu a necessidade de imposição da sanção de inelegibilidade a todos aqueles que cometam, participem ou anuam com a fraude, sem limitar tal punição às mulheres.

Pois bem. Apesar dessa sinalização, foram apontados casos de fraude nas eleições de 2018, tanto pela via das ações eleitorais[13] quanto no âmbito de investigações criminais,[14] além de diversas ocorrências nas eleições de 2020 e 2022.

Sobre a eleição municipal de 2020, o Tribunal Superior Eleitoral *já anulou dezenas de chapas* de vereadores formalizadas com fraude à cota de gênero;[15] ao passo que as cassações das eleições de 2022 seguem em análise pelos Tribunais Regionais Eleitorais.[16]

A partir do julgamento do AgR-REspe nº 0600651-94/BA, do Município de Jacobina/BA, o Tribunal Superior Eleitoral firmou entendimento no sentido de que há burla ao cumprimento da norma que estabelece a cota de gênero quando: i) houver a obtenção de votação zerada ou pífia das candidatas; ii) a prestação de contas com idêntica movimentação financeira; e iii) ausência de atos efetivos de campanha.[17]

Também vale registrar que o Supremo Tribunal Federal julgou improcedente a Ação Direta de Inconstitucionalidade nº 6.338, em que o Partido Solidariedade questionava a jurisprudência do Tribunal Superior Eleitoral firmada a partir do caso do Município de Valença do Piauí. Pleiteava-se que as decisões que reconhecessem fraude à cota de gênero tivessem seus efeitos limitados a quem praticara a ilicitude ou com ela anuiu, vedada a cassação de beneficiários que concorreram de boa-fé nas eleições. Assentou a Suprema Corte:

---

[13] Recurso Ordinário nº 0601908-68.2018. Rel. Min. Benedito Gonçalves. *DJe*, 4.10.2022.

[14] PF INDICIA Bivar e mais três pessoas por esquema envolvendo candidatas-laranja em 2018. *O Globo*, 29 nov. 2019. Disponível em: https://oglobo.globo.com/politica/pf-indicia-bivar-mais-tres-pessoas-por-esquema-envolvendo-candidatas-laranja-em-2018-24109173. Acesso em: 6 jun. 2023; DEMITIDO, ministro foi pivô de esquema de laranjas do PSL; entenda evidências e versões do escândalo. *Folha de São Paulo*, 11 fev. 2019. Disponível em: https://www1.folha.uol.com.br/poder/2019/02/entenda-as-evidencias-e-as-versoes-dos-envolvidos-em-esquema-de-laranjas-do-psl.shtml. Acesso em: 6 jun. 2023.

[15] MULHERES e política: decisões do TSE combatem fraude à cota de gênero. *TSE*, 8 mar. 2023. Disponível em: https://www.tse.jus.br/comunicacao/noticias/2023/Marco/mulheres-e-politica-decisoes-do-tse-combatem-fraude-a-cota-de-genero. Acesso em: 6 jun. 2023.

[16] TRE-CE cassa chapa de deputados estaduais do PL por fraude à cota de gênero. *TRE-CE*, 2023. Disponível em: https://www.tre-ce.jus.br/comunicacao/noticias/2023/Maio/tre-ce-cassa-chapa-de-deputados-estaduais-do-pl-por-fraude-a-cota-de-genero. Acesso em: 6 jun. 2023; TRE nega recurso do PRTB-MS, e mandato de deputado Rafael Tavares fica 'em xeque' mais uma vez. *G1*, 18 abr. 2023. Disponível em: https://g1.globo.com/ms/mato-grosso-do-sul/noticia/2023/04/18/tre-nega-recurso-do-prtb-ms-e-mandato-de-deputado-rafael-tavares-fica-em-xeque-mais-uma-vez.ghtml. Acesso em: 6 jun. 2023.

[17] AREspe nº 0600651-94.2020. Rel. designado Min. Alexandre de Moraes. *DJe*, 30.6.2022.

fraudar a cota de gênero – consubstanciada no lançamento fictício de candidaturas femininas, ou seja, são incluídos, na lista de candidatos dos partidos, nomes de mulheres tão somente para preencher o mínimo de 30% (trinta por cento), sem o empreendimento de atos de campanhas, arrecadação de recursos, dentre outros – materializa conduta transgressora da cidadania (CF, art. 1º, II), do pluralismo político (CF, art. 1º, V), da isonomia (CF, art. 5º, I), além de, ironicamente, subverter uma política pública criada pelos próprios membros – os eleitos, é claro – das agremiações partidárias.[18]

No entanto, apesar da diretriz jurisprudencial consolidada quanto à caracterização da fraude, os diversos casos apreciados pelo Tribunal Superior Eleitoral reiteradamente impunham a sanção de inelegibilidade somente às mulheres envolvidas no fato, sem nenhum escrutínio da conduta de terceiros, notadamente os dirigentes partidários, nada obstante sejam estes os responsáveis pelo registro das candidaturas no sistema CANDex (em todos os casos) e pela efetiva escolha de candidatos e candidatas, nos casos em que o partido funciona sob a forma de comissão provisória, em que os convencionais são apenas os membros do órgão provisório e não a totalidade dos filiados.

Esse contexto tem ensejado diversas reflexões, tanto na perspectiva da cassação e inelegibilidade de mulheres em um contexto de aplicação da ação afirmativa de gênero, quanto em relação à responsabilidade dos dirigentes partidários, o que foi reavivado recentemente, no caso de Andradina/SP, cujo contexto fático e contornos jurídicos são abordados a seguir.

3 Discussão sobre a responsabilidade dos dirigentes partidários por fraude à cota de gênero

Ao apreciar os recursos especiais eleitorais nºs 0601558-98 e 0601556-31, do Município de Andradina/SP, o Tribunal Superior Eleitoral discutiu sobre a responsabilidade dos dirigentes partidários nos casos de fraude à cota de gênero e a necessidade de eles serem considerados litisconsortes passivos necessários nas ações que investigam tal ilícito.

Como, infelizmente, na maioria dos casos, havia direcionamento da sanção de inelegibilidade apenas às mulheres, de maneira praticamente automática, as discussões travadas nesses casos se mostraram absolutamente oportunas e relevantes, para que o Tribunal Superior Eleitoral revisitasse os contornos da orientação firmada no precedente Valença do Piauí/PI.

No caso, o relator, Ministro Carlos Horbach, votou no sentido do provimento dos recursos especiais para i) decretar a nulidade dos votos recebidos pelo PP e pelo Avante nas eleições proporcionais de 2020 do Município de Andradina/SP; ii) cassar os respectivos DRAPs e, por consequência, o diploma dos candidatos a eles vinculados; iii) determinar o recálculo dos quocientes eleitoral e partidário; e iv) declarar a inelegibilidade das "candidatas laranjas", nos termos do art. 22, inc. XIV, da LC nº 64/90.

O oportuno debate foi levantado em voto-vista proferido pela Ministra Maria Claudia Bucchianeri, no qual se levantou a necessidade de responsabilização de um candidato homem e do presidente do partido em nível local, bem como se apresentou

---

[18] ADI nº 6.338. Rel. Min. Rosa Weber, Tribunal Pleno, ata publicada no *DJe*, 10.4.2023.

proposta de tese exigindo a citação dos dirigentes partidários como litisconsortes passivos necessários, com aplicação de tal entendimento a todos os casos ajuizados a partir das eleições municipais de 2024.

A vistora, Ministra Maria Claudia Bucchianeri, acompanhando o voto do relator no ponto em que reconhece a configuração de fraude à cota de gênero, tendo, no entanto, apresentado divergência em razão da "imposição de inelegibilidade automaticamente apenas às duas candidatas fictícias, *sem investigação sobre a participação ou anuência individual de cada uma e sem indagação sobre os demais participantes necessários do conluio fraudulento*", e por entender que seria necessária uma evolução da jurisprudência para se exigir que os dirigentes partidários fossem indicados como litisconsortes passivos nas ações de investigação judicial eleitoral fundadas em fraude à cota de gênero, "para que as responsabilidades individuais sejam detidamente apuradas, para fins de distribuição justa da sanção de inelegibilidade".

A proposição teve como referência a obra *Fictícias – Candidaturas de mulheres e violência política de gênero*,[19] de Roberta Laena, segundo a qual existem quatro tipos de candidaturas fraudulentas:

> Quanto ao elemento subjetivo, que é o que interessa a este voto, tendo em vista que minha divergência se limita ao aspecto da inelegibilidade, a autora propõe 4 subtipos de candidatas fictícias, quanto ao seu consentimento e anuência com o ilícito: candidata involuntária, candidata induzida, candidata coagida e candidata voluntária:
>
> [...] A candidata *involuntária* é aquela que não consente, inscrita contra a sua vontade, e que, portanto, desconhece que seu nome tenha sido usado para fins de registro de candidatura. [...]. Candidata *induzida* é aquela que anui com a candidatura, mas o seu consentimento é viciado em razão de dolo da agremiação partidária. O representante do partido induz a mulher a erro e a convence a aceitar o convite, fazendo-a acreditar que ela receberá apoio financeiro do partido e terá chances de eleição; ela, por ingenuidade ou confiança, aceita e, no curso do processo, descobre que foi enganada. Há, pois, má-fé da entidade, que se aproveita da inexperiência e da credulidade da convidada para atingir o objetivo de composição da chapa com observância da cota mínima de gênero.
>
> Há, ainda, a candidata *coagida*, cujo consentimento é viciado pela coação. Nessa hipótese, a mulher concorda em participar e se candidatar por ter sido coagida, de forma direta ou velada, por alguém que representa o partido. Sob pressão psicológica, que é uma espécie de ameaça, ela anui com a candidatura, ainda que essa não seja sua vontade real. Da mesma forma que no tipo anterior, a candidatura decorre da má-fé partidária, sendo agravada pela violência intrínseca a toda coação.
>
> A candidata *voluntária*, por sua vez, é aquela que concorda com a candidatura. Diferentemente da candidata involuntária, essa candidata tem conhecimento da intencionalidade da agremiação – preenchimento da cota de gênero – e, mesmo assim, aceita participar da disputa eleitoral. Os motivos dessa anuência podem ser variados e, por isso, elas se subdividem em 4 (quatro) subtipos: candidata aliada, candidata estrategista, candidata para fins de fruição de licença remunerada e candidata para fins de percepção do Fundo Partidário.

A partir disso, considerando que "os partidos e coligações solicitarão à Justiça Eleitoral o registro de seus candidatos", nos termos do art. 11 da Lei nº 9.504/1997, a Ministra Maria Claudia Bucchianeri ponderou ser indispensável a participação dos

---

19   LAENA, Roberta. *Fictícias* – Candidaturas de mulheres e violência política de gênero. Fortaleza: Editora Radiadora, 2020. p. 167-169.

dirigentes partidários como litisconsortes passivos necessários, a fim de que, durante a instrução processual, houvesse uma melhor compreensão de como se deu a fraude à cota de gênero, permitindo que a sanção de inelegibilidade recaísse sobre todos os responsáveis pela farsa, de acordo com a modalidade de candidatura fictícia efetivamente observada:

> Daí porque, com todas as vênias devidas, passados 4 anos do leading case de Valença/PI, sem que a temática tivesse voltado a ser enfrentada com profundidade por esta Casa, e constatado o efeito colateral indesejado de pulverização de inelegibilidades apenas sobre as mulheres, que são justamente as destinatárias de especial proteção pela norma do art. 10, entendo ser o caso de propor, prospectivamente, tal como demanda o art. 16 da Carta Política, para as ações de investigação judicial eleitoral que venham a ser ajuizadas por fraude à cota de gênero a partir das eleições municipais de 2024, a exigência de formação do litisconsórcio passivo necessário entre as mulheres candidatas e, ao menos, os dirigentes partidários, para que o contexto da prática fraudulenta possa ser devidamente compreendido, com a distribuição simétrica e justa da sanção pessoal da inelegibilidade.
>
> Isso não significa, evidentemente, qualquer presunção de que todo dirigente partidário é partícipe da fraude à cota de gênero. Não. Significa, apenas, que a compreensão do contexto geral em que praticada a conduta fraudulenta é indispensável para a distribuição justa e simétrica da sanção pessoal da inelegibilidade, realidade que somente será descortinada com a participação, na AIJE, daqueles que são legalmente responsáveis pela formação e apresentação das listas de candidaturas.
>
> Se a candidatura fictícia é voluntária, imperiosa a demonstração do elemento subjetivo da candidata, bem assim a correta indicação dos responsáveis pela sua cooptação ou pelo oferecimento de qualquer vantagem pessoal,
>
> Por outro lado, se a candidata é coagida, o que afasta qualquer elemento subjetivo da candidata, que deve ser tida como vítima, indispensável que o autor das ameaças e coações integre o polo passivo. [...]. Em qualquer dos cenários, não se pode jamais presumir o dolo e a coparticipação da candidata ou de quem quer que seja, sendo certo que a presença dos dirigentes partidários que são legalmente responsáveis pela formação das listas e pela apresentação à justiça eleitoral dos pedidos de registro no polo passivo das AIJES é providência absolutamente imprescindível para o esclarecimento do contexto fraudulento nos exatos termos do art. 22, inciso XIV, da Lei Complementar 64/90.
>
> Nesse cenário, rogando as mais respeitosas vênias aos que entendem diferente, tenho para mim que os dirigentes partidários, enquanto legalmente responsáveis pela apresentação dos registros, devem necessariamente compor o polo passivo de AIJES fundadas em fraude à cota de gênero, como litisconsortes passivo necessários, até mesmo para que esclareçam o contexto de formação de suas listas, num ambiente em que não se pode jamais presumir a anuência, ciência ou coparticipação.
>
> Assim, se o objeto da AIJE é o reconhecimento de suposta situação fraudulenta na apresentação das listas e se, legalmente, compete ao Presidente do respectivo partido político submeter essa lista à Justiça Eleitoral, então, segundo entendo, sua presença no polo passivo é de ser tida como indispensável, revelando hipótese de litisconsórcio passivo necessário, entendimento que, segundo proponho, deva ser aplicado aos feitos ajuizados a partir das eleições de 2024, em atenção ao princípio da anualidade eleitoral.
>
> O que não se pode admitir, com todo respeito, segundo entendo, é que as mulheres, já tão profundamente alijadas das estruturas partidárias e dos espaços de poder, e verdadeiras destinatárias da política afirmativa, culminem por ser especialmente, e isoladamente apenas, num ciclo vicioso de assimétrica distribuição de culpas e responsabilidades, por um mecanismo fraudulento que não pode ser colocado em prática sem o concurso de terceiros.

Diante das ponderações da Ministra Maria Claudia Bucchianeri, o Tribunal Superior Eleitoral mais uma vez se debruçou sobre a aplicação da pena de inelegibilidade por fraude à cota de gênero, tendo reafirmado a orientação do precedente Valença do Piauí, no sentido de que a sanção deve ser aplicada para quem cometeu, participou ou anuiu com a prática ilícita.

Por isso, em contraposição ao voto do relator, Ministro Carlos Horbach, a corrente majoritária decidiu, no caso, pela aplicação da pena ao presidente municipal do partido e a um dos candidatos da chapa fraudulenta, filho da candidata fictícia e que intercedeu para a inclusão de sua genitora na chapa proporcional do partido.

No que toca à proposta de exigência do litisconsórcio passivo necessário, a tese não foi acolhida, tendo prevalecido, no ponto, a posição do Ministro Presidente Alexandre de Moraes, no sentido de que

a exigência de litisconsórcio passivo necessário somente se faz indispensável quando presentes as partes integrantes da relação jurídica de direito material. Não é o caso dos autos em que os dirigentes partidários, quando muito, podem figurar na relação jurídica, mas como litisconsortes facultativos.

O ministro destacou que "a presença de todos os dirigentes partidários na relação processual resultaria em evidente prejuízo ao reconhecimento de fraude à cota de gênero, dada a dificuldade da identificação de todos os envolvidos e do tumulto processual", com risco de que a omissão de um dirigente partidário pudesse vir a acarretar a extinção do processo por questão formal, tendo em vista que são decadenciais os prazos para ajuizamento de ação de investigação judicial eleitoral e de ação de impugnação de mandato eletivo.

Nesse contexto, observa-se que, apesar de não ter sido consagrada a discussão sobre a matéria processual, o desfecho do processo de Andradina/SP reafirma o alcance da jurisdição eleitoral no combate à fraude à cota de gênero, também em relação aos dirigentes partidários e a todos os outros que cometerem, participarem ou anuírem com a prática ilícita.

Sobre esse ponto, abre-se um parêntese para lembrar que nas eleições de 2012 havia uma enorme dificuldade de individualizar a responsabilidade dos dirigentes, pois os partidos políticos concorriam em coligação.

No entanto, após a Emenda Constitucional nº 97, de 4.10.2017, que deu nova redação ao art. 17, §1º, da Constituição Federal, passaram a ser proibidas as coligações nas eleições proporcionais, a revelar uma melhor possibilidade de individualização de condutas e inclusão dos dirigentes partidários nos processos relativos à fraude à cota de gênero, principalmente quando se observa que a mulher ostenta a condição de candidata involuntária, candidata induzida ou candidata coagida, nos termos da referida proposta de classificação.

Com efeito, a depender das circunstâncias do fato, possível a inclusão dos dirigentes partidários como réus nas ações por violação à cota de gênero, bem como sua efetiva responsabilização, caso se verifique que a fraude está relacionada com a escolha fraudulenta de candidatos e/ou o registro indevido de suas candidaturas.

A realidade tem demonstrado que, algumas vezes, as candidatas fictícias sequer sabem que estão concorrendo... A título de exemplo, destaca-se o caso de Porto Velho/RO, em que o partido político lançou candidatas que não sabiam da postulação eleitoral, tendo instruído o registro de candidatura com fotografias de terceiras pessoas e recorte de imagem extraído da internet, em substituição à foto da candidata (que deveria ter sido apresentada voluntariamente). Embora incontroversa a participação de dirigentes partidários na caracterização da fraude, eles não participaram do processo como litisconsorte necessário, inviabilizando as devidas responsabilizações.[20]

Como pondera Roberta Laena, não se pode fechar os olhos para o fato de que, por ser a política brasileira regida por uma cultura patriarcal e conservadora, há uma enorme resistência dos partidos políticos em atender à cota de gênero, com constantes tentativas de se tornar a norma absolutamente ineficaz. Afinal,

> De fato, nós mulheres não somos prioridade no âmbito dos diretórios partidários, em nenhum momento. E isso fica mais evidente no período preparatório para as eleições, quando os líderes se organizam para a disputa vindoura e decidem os candidatos que integrarão as chapas e aqueles que receberão mais apoio, bem como acertam os termos da distribuição dos recursos financeiros.[21]

Nesse contexto, considerando que os partidos políticos possuem papel fundamental na escolha e registro de candidatos, com o ônus de exercer um controle efetivo sobre a legitimidade das candidaturas de mulheres e homens apresentadas, deve-se ter atenção para a circunstância de que, a depender da natureza da fraude investigada, pode haver participação de dirigentes partidários na conduta ilícita, de modo que, nessas situações, eles devem ser apontados como litisconsortes, a fim que, caso demonstrado que cometeram, participaram ou anuíram com a prática ilícita, sejam efetivamente responsabilizados.

Conclusões

Embora o sistema ainda necessite de aperfeiçoamento, verifica-se que o Poder Judiciário brasileiro está atento às diversas circunstâncias que impedem a consolidação da ação afirmativa de fomento à participação feminina na política, a fim de permitir que, o mais breve possível, tenhamos ao menos 30% dos mandatos ocupados por mulheres.

Tais entraves, todavia, não ofuscam os significativos avanços observados nos últimos anos, tampouco apequena a contribuição das instituições brasileiras no sentido da correção de rumos do processo político brasileiro, que clama por uma maior representação feminina nos cargos eletivos.

Isso porque as medidas paulatinamente implementadas – notadamente pelo Poder Judiciário – refletem a preocupação institucional de que sejam superados erros históricos de um passado recente, consolidando um avanço civilizatório na política e um aprimoramento do regime democrático brasileiro.

---

[20] Recurso Ordinário nº 0601884-67.2018.6.22.0000. Rel. Min. Benedito Gonçalves. *DJe*, 24.11.2022.
[21] LAENA, Roberta. *Fictícias* – Candidaturas de mulheres e violência política de gênero. Fortaleza: Editora Radiadora, 2020. p. 97-98.

A discussão recentemente travada no Tribunal Superior Eleitoral reflete essa preocupação institucional, pois os debates entabulados tinham a nítida preocupação de garantir a efetividade de ação afirmativa que visa à inclusão de mais mulheres na política, tendo se reafirmado a possibilidade de aplicação de inelegibilidade aos dirigentes partidários, como, efetivamente, se decidiu no caso de Andradina/SP, mencionado neste artigo.

Informação bibliográfica deste texto, conforme a NBR 6023:2018 da Associação Brasileira de Normas Técnicas (ABNT):

LÓSSIO, Luciana. Reflexões sobre a responsabilidade dos dirigentes partidários por fraude à cota de gênero. *In*: MENDES, Gilmar Ferreira; LIRA, Daiane Nogueira de; FREIRE, Alexandre (coord.). *Constituição, democracia e diálogo*: 15 anos de Jurisdição Constitucional do Ministro Dias Toffoli. 2. ed. Belo Horizonte: Fórum, 2025. p. 981-993. ISBN 978-65-5518-937-7.

TRIBUTAÇÃO DE *SOFTWARE* E AS ADI NºS 1.945 E 5.659

LUCIANO FELÍCIO FUCK
ANTÔNIO AVELAR SINFRÔNIO
PEDRO MONTEIRO BOMFIM BELLO

1 Introdução

A tributação indireta sobre a venda de programas de computador (*software*) desde o início gerou conflito entre os estados e municípios no Brasil, com cada ente tentando incidir seu respectivo imposto sobre as transações realizadas. Parte da doutrina entende que se trata de prestação de serviços, assim, caberia a incidência do Imposto Sobre Serviços de Qualquer Natureza (ISSQN), de competência municipal. De forma oposta, outra parte da doutrina entende que seria a venda de produto intangível, sujeita à incidência do Imposto sobre Operações relativas à Circulação de Mercadoria e prestação de Serviços de Transporte Interestadual e Intermunicipal e de Comunicação (ICMS), de competência estadual.

A discussão existente sobre qual imposto deve incidir nas operações com *software* criou ambiente de insegurança jurídica, que de certa forma desestimula o desenvolvimento do setor no país. A falta de definição gera custos de planejamento e litigância por parte dos atores que desenvolvem e investem nessa atividade – impactando quase todos os setores, além da própria administração tributária. Aliado a isso, a rápida evolução tecnológica ocorrida nos últimos anos, que gerou uma verdadeira revolução digital e que possibilitou novas formas de realizar negócios, aproximou pessoas, diminuiu distâncias, reduziu custos, tornou as operações mais rápidas e permitiu a criação de novos produtos e serviços (SINFRÔNIO, 2024, p. 1).

A tecnologia evoluiu, resultando em programas de computador especiais que facilitam e agilizam tarefas complexas nos mais diversos mercados. Diante desse cenário, surge o desafio de classificar corretamente e legalmente os serviços de *software*, especialmente em relação aos impostos como ICMS e ISSQN, conforme previsto na Constituição Federal.

No decorrer dos anos, diversos tribunais do país enfrentaram numerosas demandas judiciais relativas aos entendimentos divergentes entre estados e municípios, que inevitavelmente demandariam a pacificação pelo Supremo Tribunal Federal (STF).

Com a vedação do sistema constitucional tributário brasileiro à bitributação, há muito o STF é chamado para resolver o conflito entre estados e municípios sobre a incidência de ICMS ou ISSQN sobre as mesmas operações (FUCK, 2017, p. 186 e ss.). Orientado pela distinção entre mercadorias e serviços, o STF definiu que o ICMS incidia sobre contratos de obrigação de dar, e o ISSQN, por sua vez, sobre contratos de obrigação de fazer (FUCK, 2017, p. 196 e ss.), não raro exonerando completamente da tributação sobre o consumo atividades econômicas como a locação de bens móveis (FUCK, 2017, p. 278).

Nessa linha, a Suprema Corte apreciou, nos últimos anos, algumas vezes, a questão sobre a comercialização de *software*, e sua jurisprudência evoluiu com o passar tempo. O entendimento da Corte Superior sobre a matéria sofreu mudanças significativas até chegar à atual posição adotada nas ADI nº 1.945 e ADI nº 5.659.

O presente trabalho tem por objetivo analisar a atual posição do STF sobre o presente tema, como se deu a evolução no decorrer do tempo até a consolidação do novo entendimento pelo STF, que deve impactar sensivelmente a tributação dos intangíveis.

Por meio do julgado em conjunto das ADI nº 1.945 e ADI nº 5.659, conduzido pelo voto do relator, Ministro Dias Toffoli, nova perspectiva foi inaugurada na Corte Suprema, escancarando a inadequação dos antigos referenciais, razão pela qual na terceira parte deste artigo serão analisados os fundamentos que deram base ao voto vencedor e seu impacto na apreciação de futuros pleitos.

2 Histórico da tributação sobre operações com programas de computador (*software*)

A disputa de competência entre o ICMS e o ISSQN na tributação de *softwares* não é algo novo, pois desde a era em que os programas de computador eram distribuídos em mídias físicas, como CDs e DVDs, já se discutia qual imposto deveria ser aplicado nessas transações (GRECO, 2006, p. 166-78; MARTINS, 1990, p. 7-26; MOTTA FILHO, 1998, p. 64-70; CHIESA, 2001, p. 41-50; BRITO, 1996, p. 19-28).

A histórica raiz do embate entre o ICMS e o ISSQN surgiu com o Recurso Extraordinário (RE) nº 176.626, interposto pelo Estado de São Paulo. A partir desse marco, a tributação sobre *software* passou a ser debatida sob duas perspectivas: (i) a presença ou ausência de suporte físico; e (ii) a natureza do *software*, se padronizado ou feito sob medida.

O Tribunal de Justiça o Estado de São Paulo (TJ/SP) compreendeu que o *software* não é apenas um produto a ser comprado e vendido, mas, sim, um bem intangível equiparado às obras literárias, protegido por leis de direitos autorais. É objeto de contrato de licença ou cessão e não deve ser confundido com seu suporte físico. Com base nesse entendimento, foi destacado que o conceito de serviço é mais adequado nessa área do que o de mercadoria, que se limita ao suporte físico, sem considerar o conteúdo intelectual envolvido na criação.

Após um julgamento favorável ao contribuinte, o Estado de São Paulo recorreu ao STJ. A Corte Superior confirmou o raciocínio do TJSP, afirmando que o *software* está intrinsecamente ligado à ideia de serviço, uma vez que envolve esforço intelectual por parte do programador (Recurso Especial nº 39.797-9/SP).

No RE apresentado pelo Estado de São Paulo, foi argumentado que é necessário distinguir entre *software* padronizado (de prateleira) e *software* personalizado. De acordo com o Estado, o *software* padronizado deve ser sujeito ao ICMS, enquanto apenas o *software* personalizado seria tributado pelo ISSQN.

Na análise dos autos do RE nº 176.626, julgado pela 1ª Turma do STF, o Relator Ministro Sepúlveda Pertence votou no sentido de que programa de computador (*software*) tem distinção necessária em seu tratamento tributário, não tendo por objeto uma mercadoria, mas um bem incorpóreo, afastando a incidência do ICMS sobre as operações de licenciamento ou cessão do direito de uso de programas de computador. Dessa impossibilidade, entretanto, não resulta que, de logo, se esteja também a subtrair do campo constitucional de incidência do ICMS a circulação de cópias ou exemplares dos programas de computador produzidos em série e comercializados no varejo – como a do chamado "*software* de prateleira" (*off the shelf*) – os quais, materializando o *corpus mechanicum* da criação intelectual do programa, constituem mercadorias postas no comércio.

Segundo o voto condutor do RE nº 176.626, o termo "mercadoria" deve ser interpretado como um bem tangível, o que exclui bens intangíveis como licenças ou cessões de direitos de uso de *software*. Ficou estabelecido que o conceito de mercadoria não abrange bens intangíveis, como direitos em geral: uma mercadoria é um bem tangível sujeito a atos comerciais ou destinado a isso. Além disso, a Turma também concordou que um bem passível de licenciamento não pode ser objeto de compra e venda, ou seja, não pode ser comercializado, uma vez que a aquisição do direito de uso do *software* não implica a aquisição de uma cópia dele.

No que diz respeito ao *software*, o que ocorre é a transferência do *corpus mechanicum* da obra para o consumidor, mas não do *software* em si (GOMES, 2019, p. 10). Isso significa que, de acordo com o entendimento do RE nº 176.626, o revendedor do *software* está fornecendo ao consumidor final apenas a mídia física, ou seja, o corpo físico no qual o *software* está contido. Mesmo nos casos de *software* padronizado (conhecido como "*software* de prateleira"), o que prevalece é o licenciamento ou a cessão do direito de uso, o que mostra que não há transferência de titularidade do *software*. O consumidor adquire apenas o direito de uso não exclusivo por meio da compra da mídia física (uma cópia do *software*). Além disso, o criador/autor do *software* detém um direito exclusivo sobre o programa de computador, o qual não é transferido com o licenciamento do uso, o que exclui a incidência do ICMS (GOMES, 2019, p. 11).

Em resumo, o entendimento é que o ICMS poderia incidir sobre a transferência do corpo físico do *software*, mas seria legítima a cobrança do imposto estadual sobre o licenciamento ou a cessão do direito de uso do *software*, uma vez que não há uma mercadoria física envolvida nessa transação.

Em outras palavras, de acordo com o STF, para que o ICMS seja aplicável, é necessário que haja tangibilidade, ou seja, um bem físico sendo transferido. Portanto, apesar de ser considerada inconstitucional a cobrança do ICMS sobre o licenciamento ou a cessão do direito de uso do *software*, a 1ª Turma do STF considerou possível a cobrança do imposto sobre a circulação de cópias ou exemplares de programas de computador produzidos em série e comercializados no varejo, os quais são considerados mercadorias por representarem o corpo físico da criação intelectual do programa.

A Lei do *Software*, por sua vez, conceitua que os programas de computador[1] podem ser objeto de contrato de (i) licença de uso, (ii) licença de comercialização e (iii) transferência de tecnologia. O art. 2º da referida lei ainda protege o *software* sob o mesmo manto das obras literárias ou criações artísticas. Nessa linha, a legislação define que a "licença de uso"[2] corresponde à aquisição do direito de utilizar o *software* sem que haja a transferência da titularidade dos direitos relativos à tecnologia.

Já a "licença de comercialização"[3] equivale ao direito de intermediar a aquisição de licenças de uso do *software*, mediante pagamento de remuneração ao titular dos direitos de programa de computador. Por fim, a "transferência de tecnologia"[4] corresponde à efetiva tradição da titularidade dos direitos de programa de computador, com entrega da sua documentação completa, em especial do código-fonte comentado, memorial descritivo, especificações funcionais internas, diagramas, fluxogramas e outros dados técnicos necessários à absorção da tecnologia (nesses casos, os contratos deverão ser registrados perante o Instituto Nacional da Propriedade Industrial para que produzam efeitos em relação a terceiros).

Assim, estaríamos diante de uma aquisição do direito de uso do *software*, transferência de tecnologia ou comercialização de direitos autorais sobre o *software* como "bem intangível do tipo propriedade intelectual, protegido por direito real do autor, passível de cessão onerosa ou gratuita, total (transferência de titularidade) ou parcial (direito de uso e gozo)".

A Constituição da República Federativa do Brasil atribuiu aos municípios, em seu art. 156, inc. III, a competência privativa para instituir imposto sobre serviços de qualquer natureza, definidos em lei complementar, situando-se fora desta incidência (i) os serviços de transporte interestadual e intermunicipal e de comunicação, pertencentes ao campo tributário exclusivo dos estados (art. 155, II) e, também, (ii) os serviços relativos a operações de crédito, câmbio, seguro, títulos e valores mobiliários, tributados pela União Federal.

Analisando especificamente o caso dos *softwares*, em 1998, e ainda à luz da LC nº 56/87, o Supremo Tribunal Federal, guardião da Constituição Federal, diferenciou-os em três espécies distintas: *softwares* tradicionais (de prateleira ou *off the shelf*), por encomenda ou customizados. Tais conceitos, contudo, não arrefeceram as perplexidades frequentes de contribuintes e do próprio Fisco, já que "o esforço para enquadrar novos negócios e novas manifestações de riqueza nas velhas estruturas de tributação estabelecidas

---

[1] Nos termos do art. 1º da Lei nº 9.609/98, "programa de computador é a expressão de um conjunto organizado de instruções em linguagem natural ou codificada, contida em suporte físico de qualquer natureza, de emprego necessário em máquinas automáticas de tratamento da informação, dispositivos, instrumentos ou equipamentos periféricos, baseados em técnica digital ou análoga, para fazê-los funcionar de modo e para fins determinados".

[2] Art. 9º da Lei nº 9.609/98.

[3] Art. 10 da Lei nº 9.609/98.

[4] Art. 11 da Lei nº 9.609/98.

nos anos 1960 configura uma permanente fonte de incertezas e insegurança jurídica" (CORREIA NETO, 2020).

Com efeito, a realidade da economia digital e da proliferação de bens intangíveis revelava novas bases econômicas distintas dos tradicionais serviços e mercadorias que demonstravam capacidade contributiva e deveriam igualmente ser tributadas (CORREIA NETO; AFONSO; FUCK, 2019, p. 145 e ss.). No entanto, os antigos paradigmas de "obrigação de dar" e "obrigação de fazer", com origem no antigo direito romano, simplesmente não se adequam mais às novas caraterísticas.

Com o passar dos anos e a introdução da LC n° 116/03, não apenas o conceito de *software* sofreu atualização, mas também a própria regra matriz da tributação sobre serviços foi sendo reinterpretada pelo Supremo Tribunal Federal – STF, como se evidencia do quadro a seguir:

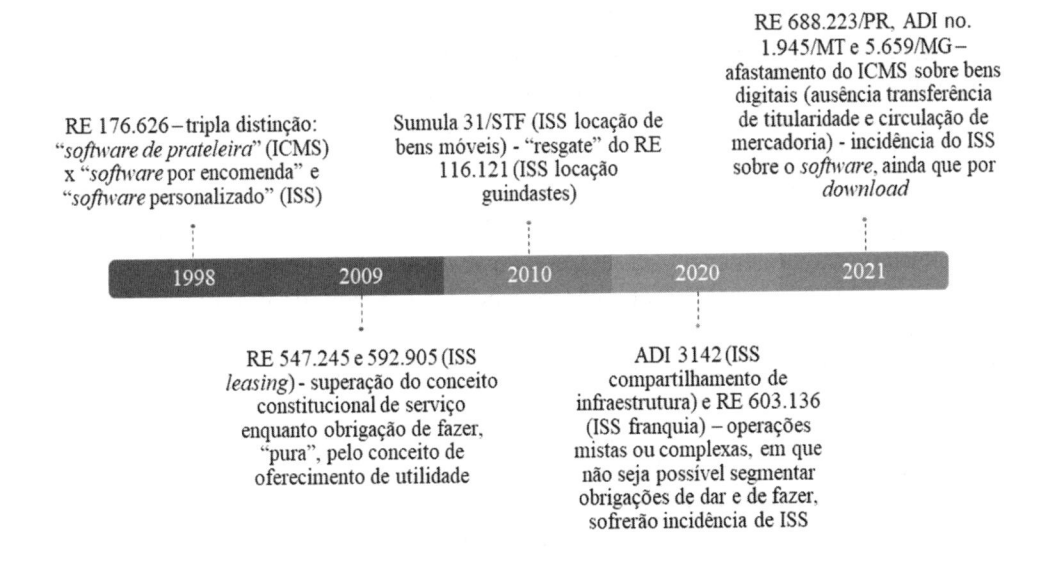

É possível observar que, pelo menos até 2009, o STF possuía jurisprudência relativamente tranquila quanto à exigência de uma "obrigação de fazer" em contraste a uma "obrigação de dar", quando se tratava de conceituar o fato gerador do ISSQN.[5] Ao mesmo tempo, a jurisprudência evoluía no sentido de que (i) os serviços de incidência do ISSQN são aqueles enumerados na lista anexa à Lei Complementar n° 116/2003, ou seja, que tal lista não seria meramente exemplificativa e sim exaustiva; e, portanto, os serviços que não estão nela previstos encontram-se fora da incidência do imposto (como já se entendia sob a vigência da anterior LC n° 56/87), e, ainda, que (ii) os serviços indicados na dita lista não constituam atividade principal do prestador, eles serão tributados pelo aludido tributo.

---

5   *Vide*, também nesse sentido, o RE n° 116.121, Redator para acórdão o Ministro Marco Aurélio Mello.

Em movimento paralelo, o STF também passou a admitir[6] que a expressão "e congêneres", que acompanha muitos dos serviços incluídos na lista anexa à LC nº 116/2003, permite extrair que a lista é também "verticalmente taxativa e horizontalmente exemplificativa", isto é, embora não se admita a tributação de serviços categoricamente fora da lista, é admissível a extensão da incidência do ISSQN aos serviços que, apesar de não constarem expressamente dela, seriam assemelhados aos já existentes por sua natureza. De fato, a taxatividade da lista de serviços não é incompatível com a interpretação ampliativa de cada um de seus itens.

Nesse ínterim, outras interpretações foram tomando corpo, capitaneadas pelo Ministro Eros Grau nos RE nºs 592.905 e 547.245 (ISSQN *leasing*), que divisou o novo entendimento ao expor que: "toda atividade de dar consubstancia também um fazer e há inúmeras atividades de fazer que envolvem um dar", expressão esta que será tomada de empréstimo em outros sucessivos julgamentos, como no RE nº 603.136 (ISSQN franquias), RE nº 651.703 (ISSQN planos de saúde), RE nº 634.764 (ISSQN exploração de jogos) e, por último, mas não menos importante, no RE nº 688.223 (ISSQN *software*) e nas ADI nºs 1.945/MT e 5.659 (ICMS sobre bens e mercadorias digitais).

À luz desse cenário, a LC nº 157/16 ainda modificou o item 1.03 da Lista Anexa de Serviços à LC nº 116/03, que previa apenas o "processamento de dados e congêneres", para alcançar atividades de "processamento, armazenamento ou hospedagem de dados, textos, imagens, vídeos, páginas eletrônicas, aplicativos e sistemas de informação, entre outros formatos, e congêneres", atividades não abarcadas pelo item 1.05 da Lista Anexa de Serviços à LC nº 116/03, porque compreendidas em camada distinta do *software*, voltada para as múltiplas utilidades extraídas da operação lógica por meio de interfaces ou protocolos de informações e dados baseados em sistemas computacionais (inclusive, na "nuvem"), mas que não se confundem nem com o *software* (porque o usuário não adquire qualquer licença de uso ou acesso ao código dessas aplicações), nem com o *hardware* que lhes dão suporte. Sob a ótica do legislador de 2003, portanto, é possível concluir que tais atividades adicionadas não eram (e de fato não são) de mesma natureza que o processamento de dados e seus "congêneres".

Tudo isto considerado, observa-se que um programa de computador que apenas se utilize de capacidade computacional preexistente e que lhe dá suporte jamais seria enquadrável como sendo, ele próprio, atividade de processamento de dados. Na realidade, por sua própria natureza, sequer há um *locus* onde se possa delimitar a presença virtual de tal serviço e, muito menos, a competência tributária legiferante – afora por ficção jurídica, como o local do contrato, ou do consumo efetivo de tais serviços –, o que, por sua vez, também traz outras complexidades inerentes à dinâmica dos serviços digitais, podendo ser explorados para uma gama de atividades que, a rigor, podem ser conduzidas a partir de múltiplas localidades ou nem mesmo ter endereço certo no país.

Por meio das ADIs nº 1.945 e nº 5.659, em 2021, esta última sob a relatoria do Ministro Dias Toffoli, foi reconhecido novo parâmetro para categorização de "serviço":

---

[6] *V.g.*, entre outros, STF, Tribunal Pleno, RE nº 784.439, Relatora a Ministra Rosa Weber: "As listas de serviços preveem ser irrelevante a nomenclatura dada ao serviço e trazem expressões para permitir a interpretação extensiva de alguns de seus itens, notadamente se socorrendo da fórmula 'e congêneres'. Não existe obstáculo constitucional contra esta sistemática legislativa. Excessos interpretativos que venham a ocorrer serão dirimíveis pelo Poder Judiciário".

o *software* é uma "expressão do intelecto humano", protegida pela legislação de direitos autorais. De acordo com a Lei nº 9.609/1998, a exploração do *software* deve ocorrer por meio de contratos de licença, sem necessidade de circulação de mercadorias, resultando apenas na incidência do ISSQN. Daí a grande relevância desse julgado, em que se iniciou novo precedente e criou novo paradigma, encerrando o debate da questão que se alongava por anos.

O ano de 2021 trouxe tranquilidade ao setor de *software* com o julgamento favorável à incidência exclusiva do ISSQN, pondo fim às pretensões dos estados, mas agora surge um novo desafio: o Imposto sobre Bens e Serviços (IBS). Incluído na Reforma Tributária, o IBS traz a certeza de sua aplicação em bens intangíveis, como *softwares*. No entanto, a alíquota prevista e as limitadas possibilidades de utilização de créditos pelo setor de serviços e, em especial para as empresas desenvolvedoras de *software* – cujo principal insumo são as pessoas, como desenvolvedores, analistas e programadores, lotados no Brasil e no exterior –, podem impactar negativamente aqueles que atuam no desenvolvimento e distribuição de programas de computador.

3 A evolução dos precedentes após julgamento das ADI nºs 1.945 e 5.659

Como já dito, antes do julgamento das ADI nºs 1.945 e 5.659, o entendimento que prevalecia sobre a incidência de tributação indireta sobre a venda de programas de computador era o entendimento dado pelo Ministro Relator do RE nº 176.626, Sepúlveda Pertence, que identificou rapidamente que a resolução da controvérsia dependeria da definição precisa do conceito de "mercadoria", conforme estabelecido no art. 155, inc. II, da Constituição Federal, o qual é fundamental para determinar a incidência do ICMS, de responsabilidade dos estados. Em sua análise, o ministro destacou que o conceito de mercadoria não abrange bens intangíveis, englobando apenas objetos tangíveis sujeitos a transações comerciais ou destinados a tal fim. Ele ressaltou que as transações envolvendo *software* dizem respeito ao direito de uso de um bem intangível, o qual não se enquadra na definição de mercadoria e, portanto, não está sujeito à incidência do ICMS.

No entanto, o relator apontou uma exceção: os *softwares* de prateleira. Com base nos estudos de Rui Saavedra, o ministro classificou os *softwares* em três categorias distintas: os *softwares* padrão, produzidos em larga escala para atender a diversos usuários; os *softwares* sob encomenda, desenvolvidos conforme as necessidades específicas do cliente; e os *softwares* adaptáveis, que são versões customizadas dos *softwares* padrão de acordo com as necessidades do usuário. Ele explicou que, nos casos de *softwares* padrão, não há transferência de propriedade, mas sim concessão de direito de uso não exclusivo por meio de contratos de adesão.

O relator argumentou que o comerciante que adquire *softwares* para revenda não se torna licenciado ou cessionário dos direitos de uso, e, portanto, não pode transferir tais direitos ao comprador. Dessa forma, o foco da discussão sobre a incidência do ICMS recairia exclusivamente sobre a operação envolvendo o suporte físico que contém o *software*, visto que, na época do julgamento, a distribuição mais comum de programas de computador era feita por meio de CD-ROM.

O voto do Ministro Sepúlveda Pertence foi utilizado como base para diversas decisões judiciais subsequentes que tratavam da tributação de *softwares standard*, conhecidos como *softwares* de prateleira, pelo ICMS, e dos *softwares* desenvolvidos por encomenda, pelo ISSQN. A posição, no entanto, complicava consideravelmente a atuação do fisco e contribuintes, distinguindo desnecessariamente e onerando desigualmente manifestações de riqueza equivalentes.

Contudo, em 2010, a Suprema Corte revisitou o tema e, por maioria de votos, o Plenário decidiu por negar provimento à medida cautelar requerida na ADI nº 1.945/MT para suspender dispositivos de lei do Estado do Mato Grosso que, entre outros, previa a cobrança de ICMS sobre a aquisição de programas de computador. Naquela assentada, interessa notar que o Ministro Dias Toffoli votou inicialmente com a maioria, a permitir a continuação da cobrança do ICMS (que, então, já se alongava por uma década), sob entendimento de que não se fazia presente uma clara demonstração da probabilidade do direito naquela etapa (até pelo longo tempo de vigência da norma) e que a superação do suporte físico para determinar a incidência de ICMS ou ISSQN seria fruto da própria evolução tecnológica, em que no *software* apenas não haveria a circulação da mercadoria em meio físico (por CD/DVD) e, sim, via *download*. O STF reconhecia, assim, que a nova realidade digital se impunha e exigia novas características.

Durante o julgamento do mérito da ação, a Ministra Cármen Lúcia, que atuava como relatora, expressou em seu voto a opinião de que a comercialização de licenças de uso de *software* deveria ser reconhecida, quando disponibilizadas ao público para aquisição de forma indiscriminada, considerando isso uma forma de circulação de mercadorias sujeita à incidência do ICMS. No entanto, seu posicionamento não foi o vencedor na decisão final.

A partir do voto do Ministro Nelson Jobim no julgamento da ADI-MC nº 1.945/MT, Red. para o acórdão Ministro Gilmar Mendes, Pleno, *DJe* de 14.3.2011, o conceito de mercadoria passou a incluir também bens digitais, destacando a sensível mudança fática com a criação e desenvolvimento da economia digital.

Na mesma linha, o Ministro Gilmar Mendes apontou a progressiva substituição do comércio tradicional pelo comércio eletrônico, com o risco de esvaziamento da base econômico-tributária importante para o Estado, afirmando que "a mudança na realidade afeta a interpretação do Texto Constitucional de alguma forma, ou vai afetar". Na mesma linha, o Ministro Ayres Britto, para quem: "o próprio substantivo circulação passa a ganhar sentido novo. A internetização da vida leva à proliferação dos negócios via *on line*". Assim, acompanharam a divergência inaugurada pelo Ministro Nelson Jobim os ministros Gilmar Mendes, Ayres Britto, Cezar Peluso, Dias Toffoli e Eros Grau, enquanto ficaram vencidos os ministros Octavio Gallotti, Ricardo Lewandowski, Marco Aurélio e Celso de Mello.

Conforme apontado por Fuck (2017, p. 149), em que pese a extensa duração do julgamento, iniciado em 19.4.1999 e só concluído em 26.5.2010, esse caso constitui exemplo marcante do papel do STF na concretização das normas constitucionais, adaptando o alcance da competência, sem distorção do texto normativo, às alterações da realidade examinada. Coube ao Tribunal adequar à nova realidade os termos "mercadoria" e "circulação", de sorte a não alterar artificialmente a competência constitucional, mas a abranger novas formas de realizar as mesmas operações já contempladas no Texto Constitucional. Note-se que a lei ordinária estadual instituidora do imposto tratou de forma expressa das mercadorias digitais, no âmbito de sua competência constitucional e das normas gerais existentes, consistindo em exagero não amparado pelo Estado fiscal exigir a edição de emenda constitucional ou lei complementar nacional para tributar nova forma de comercialização.

Posteriormente, no julgamento do mérito da ADI nº 1.945, realizado em conjunto com o da ADI nº 5.659, o Ministro Dias Toffoli, agora já como relator, destacou em seu voto que a expressão "mercadoria", para efeitos de incidência do ICMS, não se limita apenas a bens tangíveis, uma vez que a Constituição Federal prevê a tributação sobre operações de energia elétrica, embora tenha ressalvado que os *softwares*, considerados bens digitais incorpóreos, poderiam ser tributados pelo ICMS, a depender do contexto jurídico.

Prosseguindo, Toffoli também enfatizou que a distinção entre *software* de prateleira e por encomenda, estabelecida em julgamentos anteriores, não era mais suficiente devido à distribuição digital desses produtos. Além disso, destacou que a inclusão dos *softwares* na lista do ISSQN (item 1.05 da Lista de Serviços) afasta a incidência do ICMS, conforme previsto na Lei Complementar nº 116/03.

Adicionalmente, a interpretação apresentada pelo Ministro Dias Toffoli foi bem-sucedida, ao determinar que o ISSQN deve ser aplicado em todas as compras de *softwares*, considerando que a Lei dos Direitos Autorais (Lei nº 9.609/98) vincula o *software* à proteção da propriedade intelectual. Conforme determina o art. 1º da referida lei:

> Art. 1º Programa de computador é a expressão de um conjunto organizado de instruções em linguagem natural ou codificada, contida em suporte físico de qualquer natureza, de emprego necessário em máquinas automáticas de tratamento da informação, dispositivos, instrumentos ou equipamentos periféricos, baseados em técnica digital ou análoga, para fazê-los funcionar de modo e para fins determinados.

É importante ressaltar que a legislação em análise, ao abordar a transferência ou circulação do *software*, determina, no seu art. 11, parágrafo único, que:

> [...] é obrigatória a entrega, por parte do fornecedor ao receptor de tecnologia, da documentação completa, em especial do código-fonte comentado, memorial descritivo, especificações funcionais internas, diagramas, fluxogramas e outros dados técnicos necessários à absorção da tecnologia.

A efetiva circulação ou transferência do *software* é regulada de forma específica pela lei, exigindo o cumprimento de obrigações acessórias além do simples fornecimento do programa.

O Ministro Relator Dias Toffoli, de forma assertiva, ressaltou que a criação de um *software* é fruto do trabalho humano, independentemente de ter sido desenvolvido sob encomenda ou ser um produto padronizado, e da forma como foi disponibilizado.

Atualmente, essa operação é considerada complexa, envolvendo não apenas a entrega do bem digital, mas também a prestação de serviços como suporte técnico, manuais, atualizações e outras funcionalidades previstas no contrato de licenciamento ou cessão de uso.

O voto do relator foi seguido pela maioria, resultando na tributação dos *softwares* apenas pelo ISSQN no Brasil. Quanto aos efeitos da decisão, o STF determinou que a mudança seja aplicada a partir da publicação da ata de julgamento, evitando a repetição de indébito do ICMS e conferindo eficácia *ex nunc* à decisão (a modulação de efeitos ressalva ações judiciais em curso e casos de bitributação, garantindo o direito dos contribuintes que confiaram no Poder Judiciário para dirimir a controvérsia).

O julgamento foi concluído em fevereiro de 2021, com o voto do Ministro Nunes Marques a favor da incidência do ICMS sobre o licenciamento ou cessão de *software* por meio digital, sem suporte físico. Ele argumentou que a circulação de mercadorias virtuais deve ser tributada pelo ICMS, dada a crescente presença desses produtos em ambientes digitais. Votaram com o relator os ministros Alexandre de Moraes, Luís Roberto Barroso, Rosa Weber, Ricardo Lewandowski, Marco Aurélio e Luiz Fux. Foram vencidos os ministros Edson Fachin, Gilmar Mendes, Nunes Marques e Cármen Lúcia.

Entretanto, após anos de disputas sobre a tributação de *software*, o STF decidiu em favor da competência tributária dos municípios, com efeitos futuros e soluções específicas para cada contribuinte, prevalecendo os argumentos inovadores levantados pelo Ministro Dias Toffoli. Os mesmos fundamentos foram empregados quando do julgamento do RE nº 688.223 (ISSQN *software*), firmando a tese: "É constitucional a incidência do ISSQN no licenciamento ou na cessão de direito de uso de programas de computação desenvolvidos para clientes de forma personalizada, nos termos do subitem 1.05 da lista anexa à LC nº 116/03".

A posição histórica do STF sobre o assunto mostra a complexidade do conflito federativo na tributação de *softwares* e, em particular, a incapacidade do legislador em acompanhar o exponencial desenvolvimento de novas tecnologias com a mesma velocidade. Como o país não conseguiu resolver essas controvérsias por meio legislativo, coube ao Judiciário a tarefa de adequar conceitos já antigos a uma nova roupagem, eliminando de vez o *corpus mechanicum* como fator determinante para definição se o tributo incidente seria o ICMS ou o ISSQN. A forma como essa questão foi resolvida pela Suprema Corte no julgamento das ADIs nºs 1.945 e 5.659 pavimentou o caminho da Reforma Tributária vindoura, estabelecendo os fundamentos determinantes não apenas para a solução de controvérsias já judicializadas sobre o setor de *software*, mas para evitá-las no futuro, o que já ali revelava uma louvável e pioneira preocupação de melhor inserir aquele julgado histórico no contexto da economia digital e da nova tributação sobre o consumo, destacando a importância de marcar a evolução do entendimento da Corte com essas décadas de debates e considerar reformas para o futuro.

Conforme demonstrado, por meio de novos parâmetros, o voto condutor elaborado pelo Ministro Relator Dias Toffoli pacificou a histórica divergência existente entre estados e municípios em relação à tributação indireta a ser aplicada sobre programas de computador e, mais do que isso, contribuiu para atualizar parâmetros de interpretação das competências tributárias, longe das amarras de velhos institutos de direito romano, inclusive inspirando novos institutos da Reforma Tributária e da implementação do IBS em substituição aos atuais ICMS e ISSQN. Esse novo precedente trouxe segurança jurídica e significativa melhora ao ambiente de negócios envolvendo o setor de *software*, o que pode levar a um maior desenvolvimento do setor, indispensável para inúmeros outros setores da economia, ao mesmo tempo que elimina a possibilidade do surgimento de novos litígios relacionados ao tema.

4   Considerações finais

Conforme demonstrado nos parágrafos anteriores, há muito tempo acontece a discursão de como deve ocorrer a tributação dos programas de computador. Todo o cerne dos debates ocorridos se originou na dificuldade de definir se a venda de *software* se enquadrava em critérios materiais do normativo-base de incidência do ISSQN ou do ICMS. Parte da doutrina entende que a incidência seria do primeiro, pois considera existir uma maior proximidade, com a atividade de se prestar um serviço, o desenvolvimento e venda de um programa de computador. Outra corrente de pensamento,[7] assim como alguns casos na jurisprudência, defende que o ICMS deve ser aplicado nessas transações, considerando-as como circulação de mercadorias.

Em 1998, o Supremo Tribunal Federal analisou o RE nº 176.626/SP, sob a relatoria do Ministro Sepúlveda Pertence. O caso envolvia uma empresa de processamento de dados que recorreu da decisão do Tribunal de Justiça que determinou a incidência de ISSQN sobre a aquisição de *softwares*. O Tribunal de Justiça entendeu que tais operações se enquadram como licenciamento ou cessão de direitos, devido à sua relação intrínseca com a proteção do direito autoral. O Estado de São Paulo, insatisfeito com a decisão, recorreu ao STF, buscando reformá-la. Durante a análise do recurso extraordinário, o STF estabeleceu uma distinção crucial entre os "*softwares* de prateleira" e os "*softwares* por encomenda".

Como consequência, o Supremo Tribunal Federal, de forma acessória, sem adentrar no cerne do recurso, empregou a classificação mencionada para fazer uma distinção em relação aos *softwares* de prateleira, sujeitos à incidência de ICMS. Isso se deve ao fato de que a relação jurídico-tributária ocorre entre o usuário e o produto final que contém o *software*, sem a prestação de serviços. Já nos *softwares* por encomenda, ocorreria a incidência do ISSQN. Sendo esse o primeiro entendimento exarado pelo STF em relação à questão.

Embora o recurso não tenha sido apreciado pelo Plenário, apenas pela 1ª Turma do STF, além de não possuir repercussão geral, pois não existia naquela época, os estados se valeram desse entendimento para cobrar ICMS sobre os *softwares* prontos para uso e, posteriormente, também sobre *softwares* em sentido amplo.

Posteriormente a Suprema Corte mudou seu entendimento de que a incidência do ICMS sobre os *softwares* de prateleira ser tornou algo inadequado, pois surgiram novas formas de se oferecer essas funcionalidades, por meio de troca de dados. Essa nova forma de fornecimento de *softwares* causou uma queda na arrecadação do ICMS

---

[7]   Doutrinadores como Hugo de Brito Machado (1999), entendem que não haveria necessidade nem mesmo de mudança de propriedade, na circulação de mercadoria, desde que haja deslocamento possessório, em direção à fonte do consumo.

em relação à aquisição de programas de computador de prateleira, já que as transações tradicionais utilizando produtos físicos entraram em desuso.

Diante de uma nova realidade de fornecimento de *software*, devido à ocorrência de evolução tecnológica, o STF, em julgamento conjunto das ADI nºs 1.945 e 5.659, por meio da relatoria do Ministro Dias Toffoli, mudou seu entendimento e determinou que incida apenas ISSQN sobre a venda de programas de computadores. Esse novo paradigma está fundamentado nos argumentos levantados pelo relator de que o *software* é a *manifestação do potencial humano, protegido pelas leis de direitos autorais e regulamentado pela Lei nº 9.609/1998*. Esta legislação estabelece que sua exploração deve ser feita por meio de contratos de licença, evitando assim a comercialização direta.

Esse julgado teve grande importância para o setor, pois trouxe segurança jurídica ao desenvolvimento da atividade. Sendo que os argumentos levantados pelo Ministro Dias Toffoli foram de extrema relevância para que ocorresse a mudança de entendimento e a criação de um novo precedente sobre o alcance do conceito constitucional de "serviços", mais atualizado do que o antigo instituto de "obrigação de fazer".

Vale ressaltar que a atual reforma tributária, que está em curso, criou o Imposto sobre Bens e Serviços (IBS), imposto esse que substituirá o ICMS e ISSQN. Este novo imposto trouxe consigo a segurança de que não há dúvidas sobre a sua aplicação em bens intangíveis, como um *software*. A criação do IBS é de extrema relevância para os profissionais que trabalham no campo do desenvolvimento de novas tecnologias, pois lhes permite calcular com precisão a carga tributária sobre a exploração de *software*, sem receios de possíveis contestações legais. Além disso, a segurança jurídica proporcionada em relação à tributação pode impulsionar o mercado, atraindo investimentos estrangeiros.

Referências

BRASIL. *Ação Direta de Inconstitucionalidade nº 5.659*. Relator: Ministro Dias Toffoli, Tribunal Pleno, julgado em 24/02/2021, publicado em 20/05/2021. Disponível em: https://redir.stf.jus.br/paginadorpub/paginador. jsp?docTP=TP&docID=755910810. Acesso em: 3 abr. 2022.

BRASIL. Constituição da República Federativa do Brasil de 1988. *Diário Oficial da União*, 1988. Disponível em: http://www.planalto.gov.br/ccivil_03/constituicao/constituicao.htm. Acesso em: 5 ago. 2024.

BRASIL. *Lei Complementar (LCP) nº 116, de 31 de julho de 2003*. Dispõe sobre o Imposto Sobre Serviços de Qualquer Natureza, de competência dos Municípios e do Distrito Federal, e dá outras providências. Disponível em: http://www.planalto.gov.br/ccivil_03/leis/lcp/lcp116.htm. Acesso em: 5 ago. 2024.

BRASIL. *Lei Complementar (LCP) nº 157, de 29 de dezembro de 2016*. Altera a Lei Complementar no 116, de 31 de julho de 2003, que dispõe sobre o Imposto Sobre Serviços de Qualquer Natureza, a Lei no 8.429, de 2 de junho de 1992 (Lei de Improbidade Administrativa), e a Lei Complementar no 63, de 11 de janeiro de 1990, que "dispõe sobre critérios e prazos de crédito das parcelas do produto da arrecadação de impostos de competência dos Estados e de transferências por estes recebidos, pertencentes aos Municípios, e dá outras providências". Disponível em: http://www.planalto.gov.br/ccivil_03/leis/lcp/lcp157.htm. Acesso em: 5 ago. 2024.

BRASIL. *Lei Complementar (LCP) nº 56, de 15 de dezembro de 1987*. Dá nova redação à Lista de Serviços a que se refere o art. 8º do Decreto-lei nº 406, de 31 de dezembro de 1968, e dá outras providências. Disponível em: http://www.planalto.gov.br/ccivil_03/leis/lcp/lcp56.htm. Acesso em: 5 ago. 2024.

BRASIL. *Lei nº 10.303/2001*. Disponível em: https://www.planalto.gov.br/ccivil_03/_ato2015-2018/2016/lei/l13259.htm. Acesso em: 5 ago. 2024.

BRASIL. *Lei nº 12.895/2013*. Disponível em: https://www.planalto.gov.br/ccivil_03/_ato2011-2014/2013/lei/l12895.htm. Acesso em: 5 ago. 2024.

BRASIL. *Lei nº 9.609, de 19 de fevereiro de 1998 (Lei do Software)*. Dispõe sobre a proteção da propriedade intelectual de programa de computador, sua comercialização no País, e dá outras providências. Brasília, DF, 1998. Disponível em: http://www.planalto.gov.br/ccivil_03/leis/l9609.htm. Acesso em: 5 ago. 2024.

BRASIL. *Recurso Extraordinário nº 176.626*. Relator Ministro Sepúlveda Pertence, Primeira Turma, julgado em 10/11/1998, publicado em 11/12/1998. Disponível em: https://redir.stf.jus.br/paginadorpub/paginador. jsp?docTP=AC&docID=222535. Acesso em: 5 ago. 2024.

BRASIL. *Recurso Extraordinário nº 547.245*. Relator Ministro Eros Grau, Tribunal Pleno, julgado em 02/12/2009, publicado em 05/03/2010. Disponível em: https://redir.stf.jus.br/paginadorpub/paginador. jsp?docTP=AC&docID=609062. Acesso em: 5 ago. 2024.

BRASIL. *Recurso Extraordinário nº 592.905*. Tema 125. Relator Ministro Eros Grau, julgado em 02/12/2009, publicado em 05/03/2010. Disponível em: https://redir.stf.jus.br/paginadorpub/paginador.jsp?docTP=AC&docID=609078. Acesso em: 5 ago. 2024.

BRASIL. *Recurso Extraordinário nº 603.136*. Tema 300. Relator Ministro Gilmar Mendes, julgado em 29/05/2020, publicado em 16/06/2020. Disponível em: https://redir.stf.jus.br/paginadorpub/paginador. jsp?docTP=TP&docID=752973152. Acesso em: 5 ago. 2024.

BRASIL. *Recurso Extraordinário nº 634.764*. Tema 700. Relator Ministro Gilmar Mendes, julgado em 08/06/2020, publicado em 01/07/2020. Disponível em: https://redir.stf.jus.br/paginadorpub/paginador. jsp?docTP=TP&docID=753145914. Acesso em: 5 ago. 2024.

BRASIL. *Recurso Extraordinário nº 651.703*. Relator Ministro Luiz Fux, Tribunal Pleno, julgado em 29/09/2016, publicado em 26/04/2017. Tema 581 (ISSQN sobre planos de saúde). Disponível em: https://redir.stf.jus.br/paginadorpub/paginador.jsp?docTP=TP&docID=12788517. Acesso em: 5 ago. 2024.

BRASIL. *Recurso Extraordinário nº 688.223*. Relator Ministro Luiz Fux, Tribunal Pleno, julgado em 06/12/2021, publicado em 03/03/2022. Tema 590 (ISSQN sobre licenciamento ou cessão de direito de softwares). Disponível em: https://redir.stf.jus.br/paginadorpub/paginador.jsp?docTP=TP&docID=759454168. Acesso em: 5 ago. 2024.

BRASIL. Superior Tribunal de Justiça. Recurso Especial nº 39.797-9/SP. Relator: Ministro Garcia Vieira. Julgamento: 15.12.1993. Órgão Julgador: Primeira Turma. *DJ*, 21 fev. 1994. Disponível em: https://scon.stj. jus.br/SCON/GetInteiroTeorDoAcordao?num_registro=199300290037&dt_publicacao=21/02/1994. Acesso em: 5 ago. 2024.

BRASIL. Supremo Tribunal Federal. *Ação Direta de Inconstitucionalidade nº 1.945*. Relatora Ministra Cármen Lúcia, Redator para acórdão Ministro Dias Toffoli, Tribunal Pleno, julgado em 24/02/2021, publicado em 20/05/2021. Disponível em: https://redir.stf.jus.br/paginadorpub/paginador.jsp?docTP=TP&docID=755910765. Acesso em: 5 ago. 2024.

BRASIL. Supremo Tribunal Federal. *Recurso Extraordinário 176.626-3 São Paulo*. Disponível em: https://redir. stf.jus.br/paginadorpub/paginador.jsp?docTP=AC&docID=222535. Acesso em: 5 ago. 2024.

BRITO, Edvaldo. "Software"; ICMS, ISS ou imunidade tributária? *Revista Dialética de Direito Tributário*, São Paulo, n. 5, p. 19-28, fev. 1996.

CHIESA, Clélio. Competência para tributar as operações com programas de computador (softwares). *Revista Tributária e de Finanças Públicas*, v. 36, p. 41-50, jan. 2001.

CORREIA NETO, Celso de Barros. O STF vai definir como o Brasil deve tributar os bens virtuais? *Conjur*, 2020. Disponível em: https://www.conjur.com.br/2020-mar-21/observatorio-constitucional-stf-definir-brasil-tributar-bens-virtuais. Acesso em: 5 ago. 2024.

CORREIA NETO, Celso de Barros; AFONSO, José Roberto R.; FUCK, Luciano F. A tributação na era digital e os desafios do sistema tributário no Brasil. *Revista Brasileira de Direito (IMED)*, v. 15, p. 145-167, 2019.

FROENER, Daniela; PERINGER, Fernanda Linden Ruaro. A tributação do software no Brasil: comentários à jurisprudência do STF e às possibilidades trazidas com a PAC nº 45/2019. *Revista de Direitos Fundamentais e Tributação*, v. 1 n. 5, 2023. Disponível em: https://www.rdft.com.br/index.php/revista/article/view/75. Acesso em: 5 ago. 2024.

FUCK, Luciano Felício. *Estado fiscal e Supremo Tribunal Federal*. São Paulo: Saraiva, 2017.

GOMES, Daniel de Paiva. *Bitcoin*: a tributação de criptomoedas – Da taxonomia camaleônica à tributação de criptoativos sem emissor identificado. 2. ed. São Paulo: Thomson Reuters; Revista dos Tribunais, 2022.

GOMES, Daniel de Paiva. Uma análise pragmática da tributação indireta do software no Brasil: o conflito de competência entre ICMS e ISSQN. *FGV Direito SP Research Paper Series*, n. TL018, 12 fev. 2019. Disponível em: https://papers.ssrn.com/sol3/papers.cfm?abstract_id=3332812. Acesso em: 5 ago. 2024.

GRECO, Marco Aurélio. Sobre o futuro da tributação: a figura dos intangíveis. *Direito Tributário Atual*, São Paulo, n. 20, p. 166-178, 2006.

LEONARDOS, Gabriela Vieira. Conflito federativo na tributação de software: apontamentos para uma futura reforma do sistema tributário. *Conteúdo Jurídico*. Disponível em: https://conteudojuridico.com.br/consulta/artigos/57320/conflito-federativo-na-tributao-de-software-apontamentos-para-uma-futura-reforma-do-sistema-tributrio. Acesso em: 5 ago. 2024.

MACHADO, Hugo de Brito. *Aspectos fundamentais do ICMS*. 2. ed. São Paulo: Dialética, 1999.

MARTINS, Ives Gandra da Silva. O licenciamento e o sub-licenciamento de programas de software não se confundem com circulação de mercadorias – impossibilidade de incidirem sobre as respectivas operações de ICMS, IPI e II – parecer. *Revista de Imposto de Renda*, São Paulo, ano XXXIV, n. 270, p. 7-26, jan. 1990.

MOTTA FILHO, Marcello Martins. Software de prateleira e o ICMS. *Revista Dialética de Direito Tributário*, São Paulo, n. 35, p. 64-70, ago. 1998.

ROSEIRA, Gustavo. Linha do tempo da tributação dos softwares no STF e os desafios do futuro. *Aleixo Maia*. Disponível em: https://aleixomaia.adv.br/linha-do-tempo-da-tributacao-dos-softwares-no-stf-e-os-desafios-do-futuro/. Acesso em: 5 ago. 2024.

SINFRÔNIO, Antônio Avelar. *Tributação sobre a renda na mineração de criptomoedas*. Rio de Janeiro: Lumen Juris, 2024.

TOSCHI, Caio Calzado. *A tributação dos softwares como serviço* – Aspectos do ICMS e do ISSQN. Disponível em: https://repositorio.pucsp.br/jspui/bitstream/handle/39355/1/Caio%20Calzado%20Toschi.pdf. Acesso em: 5 ago. 2024.

Informação bibliográfica deste texto, conforme a NBR 6023:2018 da Associação Brasileira de Normas Técnicas (ABNT):

FUCK, Luciano Felício; SINFRÔNIO, Antônio Avelar; BELLO, Pedro Monteiro Bomfim. Tributação de software e as ADI nºs 1.945 e 5.659. In: MENDES, Gilmar Ferreira; LIRA, Daiane Nogueira de; FREIRE, Alexandre (coord.). *Constituição, democracia e diálogo*: 15 anos de Jurisdição Constitucional do Ministro Dias Toffoli. 2. ed. Belo Horizonte: Fórum, 2025. p. 995-1008. ISBN 978-65-5518-937-7.

CONTRIBUIÇÕES DO MINISTRO DIAS TOFFOLI PARA A FORMAÇÃO DA JURISPRUDÊNCIA DO STF EM MATÉRIA TRIBUTÁRIA

LUCILENE RODRIGUES SANTOS
EURO SABINO DE AZEVEDO

Introdução

Conforme consulta ao *site Corte Aberta*, quase 12% do acervo de processos do Supremo Tribunal Federal em 12.7.2024 enquadra-se no ramo do direito tributário. São 323 temas de repercussão geral atinentes a esse ramo do direito, o que corresponde a quase 25% do total de temas de repercussão geral.

Registre-se, ademais, que parte expressiva dos temas de repercussão geral de relatoria do Ministro Dias Toffoli (quase 41%) se insere no ramo do direito tributário.

Nesses 15 anos de judicatura, a compreensão do Ministro Dias Toffoli acerca do papel do Poder Judiciário no Estado fiscal contemporâneo do século XXI (Estado democrático social e de direito), como *arena insuspeitada de afirmação da cidadania*,[1] tem sido fundamental para a evolução e a consolidação da jurisprudência da Suprema Corte brasileira, que tem sido um ponto de equilíbrio na colmatagem das lacunas do complexo sistema tributário nacional e na interpretação e na integração de conceitos vagos e indeterminados atinentes aos princípios e às normas constitucionais

Poderíamos inventariar centenas de julgados paradigmáticos em matéria de direito tributário, nos quais prevaleceu a orientação proposta pelo Ministro Dias Toffoli, com impactos positivos relevantíssimos nas políticas públicas sociais e econômicas do país e na repartição de receitas tributárias entre os entes da Federação. Destaque será dado à maneira humanista de Sua Excelência de enxergar a tributação – sempre procurando ponderar e conciliar os direitos e os deveres fundamentais do cidadão contribuinte e o poder/dever do Estado brasileiro de exigir os tributos e bem fiscalizar – o que tem

---

[1] PERTENCE, José Paulo Sepúlveda. Discursos pronunciados na posse do ministro José Paulo Sepúlveda Pertence na presidência do Supremo Tribunal Federal. *In*: UM PODER independente: posse do ministro José Paulo Sepúlveda Pertence na presidência do Supremo Tribunal Federal. Brasília: Associação dos Magistrados Brasileiros, 1995. p. 42.

sido fundamental para a construção de uma sólida jurisprudência proativa na garantia de direitos fundamentais correlatos à dignidade da pessoa humana, como o mínimo existencial, o princípio da isonomia substancial e outras liberdades fundamentais.

Selecionamos para análise alguns desses julgados paradigmáticos.

1 Tributação e direitos reconhecidos como essenciais pela Constituição Federal

O primeiro conjunto de julgados inovadores de grande repercussão social e econômica envolve a tutela de direitos e interesses reconhecidos como essenciais pelo texto constitucional, como dignidade da pessoa humana, isonomia substantiva, igualdade de gênero e proteção da família e de sua fonte de renda. Em todos os casos mencionados, constata-se que a Suprema Corte decidiu não somente ancorada em normas constitucionais de caráter essencial, de conteúdo abstrato, mas também em evidências, advindas de pesquisas técnicas e científicas.

No julgamento de uma ação direta de inconstitucionalidade por omissão em que se questionava uma norma tributária extrafiscal que, sem justificativa razoável, deixou de contemplar as pessoas com deficiência auditiva no rol de beneficiário de isenção tributária relativa à aquisição de veículo automotor,[2] o Tribunal reconheceu a omissão e avançou para uma decisão corretiva da lei, garantindo que elas gozassem do benefício enquanto perdurasse a omissão.[3]

Na oportunidade, o Ministro Dias Toffoli vislumbrou afronta ao princípio da dignidade da pessoa humana, aduzindo que a isenção seria política pública direcionada ao fortalecimento do processo de inclusão social de pessoas com deficiência, à facilitação da locomoção dessas pessoas e à melhoria de suas qualidades de vida. Ademais, mencionou estudos evidenciando que os deficientes auditivos também teriam dificuldades de locomoção e realçou que o automóvel facilita a mobilidade dessas pessoas, bem como o acesso de crianças com tal deficiência a programas de treinamento destinados ao desenvolvimento de sua locomoção.

A solução encontrada buscou conciliar a Constituição com a margem de discricionariedade do legislador, que tem, a partir da declaração da inconstitucionalidade, o dever de corrigir a norma. Em razão desse julgado, a lei passou a contemplar, em 2021, a pessoa com deficiência auditiva no rol dos beneficiários da isenção.[4]

Em outro caso impregnado de grande repercussão social, o Supremo Tribunal Federal concluiu pela inconstitucionalidade da incidência do imposto de renda sobre pensão alimentícia percebida pelo alimentando, decorrente do direito de família.[5] Aqui o destaque foi para a proteção da própria família contra a sanha arrecadatória.

---

[2]   *Vide* art. 1º, IV, da Lei nº 8.989/95.

[3]   BRASIL. Supremo Tribunal Federal. Tribunal Pleno. Ação Direta de Inconstitucionalidade por Omissão nº 30/DF. Rel. Min. Dias Toffoli. *DJe*, 6 out. 2020. Disponível em: https://jurisprudencia.stf.jus.br/pages/search/. Acesso em: 29 jul. 2024.

[4]   *Vide* alteração feita pela Lei nº 14.287, de 2021.

[5]   BRASIL. Supremo Tribunal Federal. Tribunal Pleno. Ação Direta de Inconstitucionalidade nº 5.422/DF. Rel. Min. Dias Toffoli. *DJe*, 23 ago. 2022. Disponível em: https://jurisprudencia.stf.jus.br/pages/search/. Acesso em: 29 jul. 2024.

De acordo com os fundamentos do julgado, os valores recebidos a título de pensão alimentícia no âmbito do direito de família não integram o conceito constitucional de renda por não ensejarem acréscimo patrimonial para o alimentando, sendo certo que tais alimentos são destinados à satisfação de suas necessidades básicas, de modo que não há como enquadrá-los na categoria de proventos que acrescem seu patrimônio.[6]

No voto do Ministro Dias Toffoli, restou demonstrada a existência de *bis in idem* nessa tributação, ressaltando o ministro que a pensão alimentícia seria parte da renda do alimentante, a qual já seria tributada pelo imposto de renda. A par disso, enfatizou que, na relação entre pais e filhos, apenas a forma com que o provedor supre as necessidades do alimentando, parte mais frágil da relação, se altera com o advento da obrigação de pagar pensão alimentícia, não surgindo para este último nova riqueza.

Interessante mencionar as contribuições do Ministro Roberto Barroso sob a perspectiva de que a tributação questionada aprofundava a desigualdade de gênero, na medida em que penalizava mais as mulheres, as quais tinham de somar a suas rendas ou proventos os valores das pensões alimentícias recebidas pelos filhos, impondo-lhes o ônus de se sujeitar a uma alíquota efetiva de imposto de renda mais elevada.

Insta realçar que a decisão da Suprema Corte se harmonizou com decisões já tomadas, por exemplo, pela Suprema Corte dos Estados Unidos (Douglas *v.* Willcuts, 1935) e pelo Tribunal Constitucional da Espanha (*Sentencia* 33/2006).

Nos dois precedentes analisados, são inegáveis os avanços do Supremo Tribunal Federal no controle de constitucionalidade de políticas públicas instrumentalizadas por meio da tributação, afastando-se das soluções ortodoxas da declaração de inconstitucionalidade total ou parcial.

No primeiro caso, o Tribunal preencheu o vazio legislativo para incluir os deficientes auditivos como beneficiários da política pública de isenção na aquisição de veículos automotivos, até que o legislador venha a suprir a omissão inconstitucional. No segundo, a solução foi excluir do texto normativo a "interpretação inconstitucional" original de que as pensões alimentícias decorrentes do direito de família comporiam a materialidade do imposto de renda.

Trata-se de mais um avanço da jurisdição constitucional brasileira em temas de decisões manipulativas, com vistas à superação do dogma *kelseniano* do legislador negativo, quando em jogo a tutela de direitos fundamentais de grupos vulneráveis por meio da tributação.

Outros precedentes relevantes que estão conectados com o conteúdo mínimo da materialidade do imposto de renda e a capacidade contributiva merecem destaque. O primeiro deles tratou do Imposto de Renda Física (IRPF), incidente sobre juros de mora recebidos em razão de atraso no pagamento de remuneração por exercício de emprego, cargo ou função.[7] Com apoio em pesquisas sobre a situação financeira das famílias e dos consumidores brasileiros, que dificilmente têm reserva de emergência, bem como

---

6 "Art. 153. Compete à União instituir impostos sobre: [...] III – renda e proventos de qualquer natureza" (BRASIL. *Constituição Federal*. Disponível em: https://www.planalto.gov.br/ccivil_03/constituicao/constituicao.htm. Acesso em: 30 jul. 2024).

7 BRASIL. Supremo Tribunal Federal. Tribunal Pleno. Recurso Extraordinário nº 855.091/SC (Tema 808), Relator: Min. Dias Toffoli. *DJe*, 8 abr. 2021. Disponível em: https://jurisprudencia.stf.jus.br/pages/search/. Acesso em: 29 jul. 2024.

sobre as taxas cobradas pela contratação de crédito, a Corte concluiu que o atraso no pagamento de remuneração provoca verdadeiro dano ao trabalhador. Nessa toada, assentou que aqueles juros consistiriam em reposição patrimonial, e não em riqueza nova para o trabalhador, não integrando, assim, o conceito constitucional de renda, dada a inexistência de incremento patrimonial.

De maneira análoga, a Suprema Corte concluiu ser inconstitucional a incidência da Contribuição Social sobre o Lucro Líquido (CSLL) e do Imposto de Renda Pessoa Jurídica (IRPJ) sobre a taxa Selic recebida na repetição de indébito tributário por empresas, em razão da ausência de acréscimo patrimonial,[8] aspecto ligado às ideias de renda e proventos de qualquer natureza e ao princípio da capacidade contributiva. Cabe anotar que o julgamento foi realizado com base em evidências, tendo o ministro citado diversas pesquisas que apontavam para a ideia de que o atraso no recebimento dos valores, mediante repetição de indébito, provocava efetivos danos para as empresas, especialmente para aquelas de pequeno porte.

Também nesses casos, o Tribunal valeu-se da técnica da interpretação conforme à Constituição para excluir da norma tributária a "interpretação inconstitucional".

Ressalte-se que todos os casos analisados nesta seção se alinham com a *visão humanista do direito tributário* que o Ministro Dias Toffoli já defendeu em artigos doutrinários.[9]

2 Princípio da legalidade tributária: rumo a uma legalidade suficiente

Como aduziu o Ministro Dias Toffoli em artigo doutrinário, a interpretação formalista do direito tributário, relacionada com a ortodoxa compreensão de que seria imprescindível a lei fixar, com profundidade máxima, todos os elementos da regra matriz de incidência, não se coaduna com a atualidade, em que aparecem inúmeras relações complexas, nem com o Estado fiscal contemporâneo, em que a legalidade se põe em equilíbrio com diversos outros princípios constitucionais tributários, como razoabilidade e igualdade.[10]

A compreensão do Ministro Dias Toffoli de que o excesso de legalidade se transforma em formalismo e compromete a própria segurança jurídica faz parte do acervo de julgados paradigmáticos, nos quais o Supremo Tribunal Federal avançou rumo a uma legalidade suficiente à concretização de valores e princípios constitucionais.

---

[8] BRASIL. Supremo Tribunal Federal. Tribunal Pleno. Recurso Extraordinário nº 1.063.187/SC (Tema 906). Rel. Min. Dias Toffoli. *DJe*, 16 dez. 2021. Disponível em: https://jurisprudencia.stf.jus.br/pages/search/. Acesso em: 29 jul. 2024.

[9] TOFFOLI, José Antonio Dias. Visão humanista do direito tributário: o caso dos serviços hospitalares. *In*: FAVRETO, Fabiana *et al.* (Coord.). *Direito público e democracia*: estudos em homenagem aos 15 anos do Ministro Benedito Gonçalves no STJ. Belo Horizonte: Fórum, 2023.

[10] TOFFOLI, José Antonio Dias; SANTOS, Lucilene Rodrigues. O princípio da legalidade em matéria tributária e a jurisprudência do Supremo Tribunal Federal. *In*: FUX, Luiz; BODART, Bruno; MELLO, Fernando Pessôa da Silveira (Coord.). *A Constituição da República segundo ministros, juízes auxiliares e assessores do STF*. Salvador: JusPodivm, 2018.

Partindo dessa percepção, o Tribunal declarou a inconstitucionalidade de lei que delegava aos conselhos de fiscalização de profissões regulamentadas a competência de fixar ou majorar, sem parâmetro legal, o valor daquelas contribuições (anuidades).[11]

Em outro caso, o Tribunal reconheceu a validade de lei que, prescrevendo teto, possibilitou a ato normativo de conselhos de fiscalização de profissão fixar valor de taxa de anotação de responsabilidade técnica em proporção razoável com os custos da atuação estatal.[12]

Outros fundamentos relevantes foram acrescentados em relação a taxas vinculadas ao exercício do poder de polícia, as quais apresentam larga faixa de indeterminação, carecendo de complementação. Nessa hipótese, a razão autorizadora da delegação está na maior capacidade de a Administração Pública, por estar estreitamente ligada à atividade estatal direcionada a contribuinte, conhecer da realidade e dela extrair elementos para complementar o aspecto quantitativo da taxa.

No julgamento de ação direta de inconstitucionalidade,[13] agora tratando do diálogo da lei com atos normativos infralegais no tocante ao aspecto quantitativo de contribuições destinadas à seguridade social (PIS/Cofins), o Tribunal reconheceu a constitucionalidade de lei que, fixando tetos e condições, permitiu ao Poder Executivo fixar coeficientes para reduzir as alíquotas dessas contribuições. Além desses parâmetros, o Tribunal acrescentou que a medida estava intimamente conectada à otimização de políticas públicas relacionadas com o controle fiscal do segmento econômico afetado, favorecendo a concorrência.

Quando em jogo a contribuição destinada ao financiamento do seguro de acidente do trabalho (SAT), considerando-se a inovação trazida pelo fator acidentário de prevenção,[14] mais uma vez o Tribunal se debruçou sobre a legalidade suficiente. Esse novo modelo legal, fixando tetos, delegou ao decreto do Poder Executivo e ao regulamento do Conselho Nacional de Previdência Complementar a possibilidade de disciplinar o aumento ou a redução das alíquotas básicas da contribuição destinada ao SAT, considerando-se o desempenho da empresa em relação à respectiva atividade econômica, apurado em conformidade com os resultados obtidos a partir dos índices de frequência, gravidade e custo.

Na linha das orientações já comentadas, o Tribunal concluiu que o diálogo da lei com os atos normativos infralegais ocorreu em termos de subordinação, desenvolvimento e complementariedade, realçando que esse diálogo promove ou otimiza a tutela do

---

[11] BRASIL. Supremo Tribunal Federal. Tribunal Pleno. Recurso Extraordinário nº 704.292/RS (Tema 540). Rel. Min. Dias Toffoli. *DJe*, 3 ago. 2017. Disponível em: https://jurisprudencia.stf.jus.br/pages/search/. Acesso em: 29 jul. 2024.

[12] BRASIL. Supremo Tribunal Federal. Tribunal Pleno. Recurso Extraordinário nº 838.284/SC (Tema 829), Rel. Min. Dias Toffoli. *DJe*, 22 set. 2017. Disponível em: https://jurisprudencia.stf.jus.br/pages/search/. Acesso em: 29 jul. 2024.

[13] BRASIL. Supremo Tribunal Federal. Tribunal Pleno. Ação Direta de Inconstitucionalidade nº 5.277/DF. Rel. Min. Dias Toffoli. *DJe*, 25 jun. 2021. Disponível em: https://jurisprudencia.stf.jus.br/pages/search/. Acesso em: 29 jul. 2024.

[14] BRASIL. Supremo Tribunal Federal. Tribunal Pleno. Ação Direta de Inconstitucionalidade nº 4.397/DF. Rel. Min. Dias Toffoli. *DJe*, 22 fev. 2022. Disponível em: https://jurisprudencia.stf.jus.br/pages/search/. Acesso em: 29 jul. 2024.

ambiente do trabalho, a proteção do trabalhador contra acidentes do trabalho, a equidade e a eficiência.

Em todos os julgados selecionados, verifica-se que o Tribunal procurou traçar um desenho mínimo que o legislador deve observar para evitar o arbítrio, sempre assentando que o diálogo com o regulamento deve se dar em termos de subordinação, desenvolvimento e complementariedade. Entre os parâmetros adotados estão: (i) existência de teto legalmente fixado limitando o valor da exação a ser fixada por ato normativo infralegal e (ii) razoabilidade da delegação.

Ademais, não existe ampla e irrestrita liberdade para o legislador realizar diálogo com o regulamento no tocante aos aspectos da regra matriz de incidência tributária. Isso porque a observância do princípio da legalidade deve ser aferida de acordo com as características intrínsecas de cada espécie tributária e à luz de cada caso concreto.

3 Imunidades tributárias e sua interpretação teleológica

Em matéria de imunidade tributária, inúmeros são os julgados marcantes de relatoria do Ministro Dias Toffoli em que sua proposição teve por base uma interpretação teleológica e evolutiva das imunidades contempladas no texto constitucional, seja quando ela garante o exercício de direitos fundamentais como o direito de petição,[15] seja quando ela visa garantir o pacto federativo, a exemplo da imunidade recíproca das empresas públicas e sociedades de economia mista que atuam exclusivamente na prestação serviços públicos essenciais.[16]

Considerado um dos precedentes mais importantes da Suprema Corte em matéria de imunidades tributárias, cumpre destacar o caso da imunidade de livros, jornais, periódicos e papel destinado à sua impressão, em que o Tribunal avançou para garantir imunidade à comercialização de livros eletrônicos e aos suportes em que estão fixados, como CD-ROM.[17] Aplicou-se, aqui, uma interpretação evolutiva do texto constitucional, fazendo-se com que a imunidade não ficasse restrita ao modelo gutenberguiano de produção de livros. Nas palavras de Sua Excelência, "A interpretação das imunidades tributárias deve se projetar no futuro e levar em conta os novos fenômenos sociais, culturais e tecnológicos".

Essa maneira de se enxergar a imunidade fortaleceu os valores, princípios e ideias por ela abrangidos, como as liberdades de expressão, de informar e de ser informado; a democratização e a difusão da cultura; o barateamento dos livros e a formação cultural do povo livre de manipulações. Nesse contexto, é conveniente citar que a pesquisa *Conteúdo digital do setor editorial brasileiro: ano-base 2023*, realizada pela Nielsen BookData,

---

15 BRASIL. Supremo Tribunal Federal. Tribunal Pleno. Ação Direta de Inconstitucionalidade nº 2.259/DF. Rel. Min. Dias Toffoli. *DJe*, 25 mar. 2020. Disponível em: https://jurisprudencia.stf.jus.br/pages/search/. Acesso em: 29 jul. 2024.

16 BRASIL. Supremo Tribunal Federal. Tribunal Pleno. Ação Cível Originária nº 3.254/AL-AgR segundo. Rel. Min. Dias Toffoli. *DJe* de 21 mar. 2022; Ação Cível Originária nº 3.640/PR-AgR. Rel. Min. Dias Toffoli. *DJe*, 8 mar. 2024; Ação Cível Originária nº 2.243/DF-AgR-segundo. Rel. Min. Dias Toffoli. *DJe*, 27 maio 2016. Disponível em: https://jurisprudencia.stf.jus.br/pages/search/. Acesso em: 29 jul. 2024.

17 BRASIL. Supremo Tribunal Federal. Tribunal Pleno. Recurso Extraordinário nº 330.817/SP (Tema 593). Rel. Min. Dias Toffoli. *DJe*, 31 ago. 2017. Disponível em: https://jurisprudencia.stf.jus.br/pages/search/. Acesso em: 29 jul. 2024.

demonstrou ter o faturamento das editoras com conteúdo digital crescido 158% em termos gerais em cinco anos.[18] Por seu turno, a pesquisa *Panorama do consumo de livros*, publicada em 2023, evidenciou que 15% dos entrevistados compraram apenas livros digitais e 31% compraram livros digitais e físicos.[19]

4 Conflitos de competências e as normas gerais de direito tributário

O Ministro Dias Toffoli costuma afirmar que o modelo formal de solução de conflito de competências em matéria tributária pensado pelo constituinte de 1988 é um dos mais complexos do mundo. Como exemplo, ele cita as intermináveis controvérsias judiciais envolvendo os estados e os municípios em matéria de ICMS e ISS, não obstante a definição da materialidade desses impostos nas leis complementares nºs 87/96 e 116/2003.[20]

Em várias ocasiões, Sua Excelência demonstrou a necessidade de o Poder Judiciário se atentar para a razoabilidade entre a distribuição de rendas entre as unidades federadas e os ônus que pesam sobre elas, bem como para a tomada de decisões que, inclusive à luz das evoluções tecnológicas e das novas formas de se fazerem negócios, impeçam ou mitiguem conflitos federativos no campo da tributação.

São exemplares os julgados que pacificaram controvérsia antiga entre os estados e os municípios em torno da tributação dos programas de computador.

Em julgamento conjunto de duas ações diretas,[21] o Tribunal Pleno concluiu ser de competência dos municípios a tributação, por meio do ISS, do licenciamento do direito de uso de quaisquer programas de computador, independentemente da forma pela qual eles são disponibilizados (por meio, *v.g.*, de suportes físicos, como CD-ROM, ou de *download*). Superou-se, assim, antiga jurisprudência da década de noventa do século passado que diferenciava *softwares* de prateleira e *softwares* personalizados, sujeitando-os ao ICMS e ao ISS, respectivamente,[22] a qual não mais era condizente com a evolução tecnológica (que deu ensejo ao surgimento, por exemplo, da *cloud computing* e do *streaming*) e com as novas formas de se fazerem negócios.

Cabe também registrar que a nova orientação da Corte pela incidência apenas do imposto municipal é condizente com práticas adotadas, por exemplo, pela União Europeia, que, para efeito do IVA, classifica como serviços todas as transmissões eletrônicas e quaisquer bens incorpóreos fornecidos por esses meios.

---

[18] CONTEÚDO digital do setor editorial brasileiro: ano-base 2023. *Nielsen BookData*, maio 2024. Disponível em: https://cbl.org.br/pesquisas_de_mercado_categoria/3-conteudo-digital-do-setor-editorial-brasileiro/. Acesso em: 11 jul. 2024.

[19] PANORAMA do consumo de livros: um estudo sobre o perfil e hábitos de compradores de livros no Brasil. *Nielsen BookData*, dez. 2023. Disponível em: https://cbl.org.br/pesquisas_de_mercado_categoria/panorama-do-consumo-de-livros/. Acesso em: 11 jul. 2024.

[20] TOFFOLI, José Antonio Dias; SANTOS, Lucilene Rodrigues. Jurisdição constitucional e os conflitos de competências em matéria tributária. *In*: BRIGAGÃO, Gustavo; MATA, Josuelder Cordeiro da (Org.). *Temas de direito tributário*: em homenagem a Gilberto de Ulhôa Canto. Belo Horizonte: Arraes, [s.d.]. 202 p. v. II. p. 131-143.

[21] BRASIL. Supremo Tribunal Federal. Tribunal Pleno. Ação Direta de Inconstitucionalidade nº 5.659/MG. Rel. Min. Dias Toffoli. *DJe*, 20 maio 2021; BRASIL. Supremo Tribunal Federal. Tribunal Pleno. Ação Direta de Inconstitucionalidade nº 1.945/MT, Tribunal Pleno, Red. p/ acórdão: Min. Dias Toffoli. *DJe*, 20 maio 2021. Disponível em: https://jurisprudencia.stf.jus.br/pages/search/. Acesso em: 29 jul. 2024.

[22] BRASIL. Supremo Tribunal Federal. Primeira Turma. Recurso Extraordinário nº 176.626/SP. Rel. Min. Sepúlveda Pertence. *DJ*, 11 dez. 1998. Disponível em: https://jurisprudencia.stf.jus.br/pages/search/. Acesso em: 29 jul. 2024.

Os julgados em comento, como o próprio Ministro Dias Toffoli registrou em artigo doutrinário, garantiram a neutralidade tributária e a segurança jurídica, pavimentando "o caminho para novos investimentos na atividade econômica e para a criação de empregos de alta qualificação no país, característicos da Era Digital".[23]

A ausência da lei complementar que se destinaria a prevenir os conflitos de competências entre os entes federados,[24] aliada às materialidades do ICMS e do ISS, as quais dão margem a inúmeros conflitos por sobreposição de incidência, tem levado o Tribunal a avançar nesse espaço de conformação.

Tradicionalmente, o Supremo Tribunal sempre prestigiou a lei complementar de normas gerais como imperativo de segurança jurídica, na medida em que é necessário assegurar tratamento centralizado a alguns temas para que seja possível estabilizar legitimamente expectativas.[25]

Em julgados de relatoria de Sua Excelência, vários conflitos entre o ICMS e o ISS foram resolvidos mediante a utilização de critério objetivo e homenageando decisões tomadas pelo legislador complementar, especialmente em contextos envolvendo operações mistas, que revelam, simultaneamente, uma diversidade de obrigações, como de fazer e de dar.

A toda evidência, esse critério objetivo pode ser afastado em situações excepcionais se se verifica que o legislador complementar definiu como tributável pelo ISS atividade que, ontologicamente, não consiste em serviço ou que o fornecimento de mercadorias (na operação mista) seja de vulto significativo e com efeito cumulativo.

A compreensão do Ministro Dias Toffoli está alinhada com a orientação mais atual da Corte no sentido de que a clássica dicotomia civilista entre obrigações de dar e obrigação de fazer, em variados casos – especialmente por força da complexidade de diversas figuras negociais hodiernas –, é insuficiente para solucionar a questão da validade da cobrança de ISS ou de ICMS relativa a determinada operação.

Seguindo essa lógica, a Suprema Corte decidiu que ficam sujeitos ao ISS: a inserção de textos, desenhos e outros materiais de propaganda e publicidade em qualquer meio, exceto em livros, jornais e periódicos (que são imunes ao imposto);[26] as operações de venda de medicamentos preparados por farmácias de manipulação sob encomenda.[27] De outro giro, definiu o Tribunal que incide o ICMS sobre operações de venda de

---

[23] TOFFOLI, José Antonio Dias. A tributação dos programas de computador (softwares) segundo o Supremo Tribunal Federal. *IBET – Doutrina*, 2020. Disponível em: https://www.ibet.com.br/a-tributacao-dos-programas-de-computador-softwares-segundo-o-supremo-tribunal-federal-min-jose-antonio-dias-toffoli/. Acesso em: 10 jul. 2024.

[24] "Art. 146. Cabe à lei complementar: I – dispor sobre conflitos de competência, em matéria tributária, entre a União, os Estados, o Distrito Federal e os Municípios" (BRASIL. *Constituição Federal*. Disponível em: https://www.planalto.gov.br/ccivil_03/constituicao/constituicao.htm. Acesso em: 31 jul. 2024).

[25] TOFFOLI, José Antonio Dias; SANTOS, Lucilene Rodrigues. Jurisdição constitucional e os conflitos de competências em matéria tributária. *In*: BRIGAGÃO, Gustavo; MATA, Josuelder Cordeiro da (Org.). *Temas de direito tributário*: em homenagem a Gilberto de Ulhôa Canto. Belo Horizonte: Arraes, [s.d.]. 202 p. v. II. p. 131-143.

[26] BRASIL. Supremo Tribunal Federal. Tribunal Pleno. Ação Direta de Inconstitucionalidade nº 6.034/DF. Rel. Min. Dias Toffoli. *DJe*, 21 mar. 2022. Disponível em: https://jurisprudencia.stf.jus.br/pages/search/. Acesso em: 29 jul. 2024.

[27] BRASIL. Supremo Tribunal Federal. Tribunal Pleno. Recurso Extraordinário nº 605.552/RS (Tema 379). Rel. Min. Dias Toffoli. *DJe*, 6 out. 2020. Disponível em: https://jurisprudencia.stf.jus.br/pages/search/. Acesso em: 29 jul. 2024.

medicamentos ofertados em prateleira por farmácias de manipulação aos consumidores em geral.

Acrescente-se, ao lado desses, o julgamento da ação direta em que o Tribunal, estabelecendo interpretação conforme à Constituição Federal a um dispositivo da lei complementar que disciplina o ISS, firmou entendimento de que esse imposto somente pode incidir sobre atividades como locação, sublocação, arrendamento, direito de passagem ou permissão de uso, compartilhado ou não, de ferrovia, rodovia, postes, cabos, dutos e condutos de qualquer natureza se essas situações integrarem relação mista ou complexa na qual seja impossível claramente segmentá-las de uma obrigação de fazer.[28] Protegeu-se, com isso, a prestação de diversos serviços públicos, como os serviços de telecomunicação ou energia, nos quais é comum que uma prestadora disponibilize a outra, por meio de mera locação ou permissão de uso, algumas de suas estruturas, como postes e dutos.

5   O ICMS e a seletividade: construção teórica de critérios objetivos

Em paradigmático precedente, de cujo acórdão o Ministro Dias Toffoli foi designado redator, o Supremo Tribunal Federal assentou, ante a seletividade, não ser possível a instituição de alíquota do ICMS sobre operações de energia elétrica e serviços de telecomunicação em patamar superior ao das operações em geral,[29] confirmando a ideia de que energia elétrica e telecomunicação são elementos essenciais para a moderna vida em sociedade, qualquer que seja a classe em que se encontra o consumidor, pessoa física ou jurídica.

Analisando o julgado em questão, Roberta Rangel procurou delimitar o alcance da tese fixada pelo Tribunal, afirmando que não houve decisão sobre a eficácia positiva do princípio da seletividade do ICMS, a exemplo de qual alíquota (ou indicativo de alíquota) deve ser aplicada para mercadorias e serviços enquadráveis nos critérios da essencialidade, "mas sim, sobre a eficácia negativa daquele princípio".[30]

Outra observação interessante sobre o alcance desse precedente é a de que o Supremo Tribunal Federal "adotou a tese da facultatividade da adoção da seletividade no ICMS pelo legislador ordinário", mas assentou que, uma vez adotada essa sistemática, "viola a eficácia negativa da seletividade tributar uma mercadoria ou serviço além da maior alíquota prevista para as operações em geral uma vez que aqueles se insiram nos

---

[28]   BRASIL. Supremo Tribunal Federal. Tribunal Pleno. Ação Direta de Inconstitucionalidade nº 3.142/DF. Rel. Min. Dias Toffoli. *DJe*, 9 out. 2020. Disponível em: https://jurisprudencia.stf.jus.br/pages/search/. Acesso em: 29 jul. 2024.

[29]   BRASIL. Supremo Tribunal Federal. Tribunal Pleno. Recurso Extraordinário nº 714.139/SC (Tema 745). Redator p/ acórdão: Min. Dias Toffoli. *DJe*, 15 mar. 2022. Disponível em: https://jurisprudencia.stf.jus.br/pages/search/. Acesso em: 29 jul. 2024.

[30]   RANGEL, Roberta Maria; OLIVEIRA, Éuric Khaúri. O princípio da seletividade do ICMS em função da essencialidade das mercadorias e dos serviços: construção teórica de critérios objetivos de aplicação pelo Supremo Tribunal Federal. *In*: HENARES NETO, Halley; GOMES, Marcus Lívio; GUIMARÃES, Ariane; SIMAS, Erich Endrillo (Org.). *Temas de direito tributário nos tribunais superiores e administrativos – STJ e STF: estudos em homenagem ao Ministro Luiz Alberto Gurgel de Faria*. São Paulo: Noeses, 2023. v. 2. p. 658-710.

critérios da essencialidade".[31] Conforme o voto do Ministro Dias Toffoli, "o critério dessa seletividade deve ser o da essencialidade da mercadoria ou do serviço".

Analisando a dimensão histórica do ICMS, quando presente sua seletividade em função da essencialidade da mercadoria ou do serviço, o voto condutor do acórdão sinalizou com outros elementos definidores da essencialidade, além da qualidade intrínseca da mercadoria ou do serviço, como: o fim para que se presta um ou outro; seu preço; a capacidade econômica do consumidor final; as características sociais, econômicas e naturais do país e do estado instituidor do imposto; a função extrafiscal da tributação.

O entendimento firmado no caso da seletividade do ICMS norteou o julgamento de 24 (vinte e quatro) ações diretas de diversos relatores, nas quais também se debateu a constitucionalidade de leis estaduais prevendo tributação em desarmonia com aquele entendimento.

6   Entre direitos e deveres fundamentais: o caso do sigilo fiscal

Na confluência entre direitos e deveres fundamentais, o Ministro Dias Toffoli defende que, "no Brasil, o pagamento de tributos é um dever fundamental". Essa compreensão foi defendida no julgamento conjunto de ações diretas envolvendo normas federais relativas ao sigilo das operações financeiras,[32] no qual teve destaque o pioneirismo da obra de Casalta Nabais sobre a natureza solidária da tributação e o dever fundamental de pagar tributos. Na visão humanista do Ministro Dias Toffoli, o país tem por objetivo, entre outros, construir uma sociedade livre, justa e solidária, erradicar a pobreza e a marginalização e reduzir as desigualdades sociais e regionais. No modelo de Estado democrático de direito – como é o do Brasil –, correlatos ao dever do Estado de assegurar os direitos relacionados a esses objetivos, existem deveres que constituem condição *sine qua non* para sua realização, entre os quais se insere o dever fundamental de pagar tributos.

Em tal julgamento, a Suprema Corte assentou a validade da lei complementar que permitia à União e às unidades subnacionais, nos termos lá prescritos, o acesso a dados acobertados pelo sigilo bancário, consignando que esse cenário não enseja quebra de sigilo, mas transferência de sigilo.

7   Multas tributárias e o princípio do não confisco: rumo à fixação de limites objetivos

Em relação às multas tributárias, é de conhecimento geral que a Suprema Corte, tradicionalmente, não buscava firmar limites objetivos, a não ser em casos excepcionais,

---

[31] RANGEL, Roberta Maria; OLIVEIRA, Éuric Khaúri. O princípio da seletividade do ICMS em função da essencialidade das mercadorias e dos serviços: construção teórica de critérios objetivos de aplicação pelo Supremo Tribunal Federal. *In*: HENARES NETO, Halley; GOMES, Marcus Lívio; GUIMARÃES, Ariane; SIMAS, Erich Endrillo (Org.). *Temas de direito tributário nos tribunais superiores e administrativos* – STJ e STF: estudos em homenagem ao Ministro Luiz Alberto Gurgel de Faria. São Paulo: Noeses, 2023. v. 2. p. 658-710.

[32] BRASIL. Supremo Tribunal Federal. Tribunal Pleno. Ação Direta de Inconstitucionalidade nº 2.859/DF. Rel. Min. Dias Toffoli. *DJe*, 21 out. 2016. Disponível em: https://jurisprudencia.stf.jus.br/pages/search/. Acesso em: 29 jul. 2024.

para estabelecer a partir de que ponto uma multa é considerada confiscatória. Ademais, em variadas situações nas quais se buscou fixar um patamar, nem sempre as Turmas prescreviam um mesmo teto. Esse cenário, como não poderia deixar de ser, criava enorme insegurança jurídica.

Em três significativos casos, ainda em julgamento, o voto do Ministro Dias Toffoli busca fixar parâmetros claros e seguros na delimitação do princípio do não confisco. Em relação às multas moratórias, ele sugere a adoção do teto de 20% do débito tributário.[33] No que diz respeito às multas isoladas, ele propõe o acolhimento do teto de 60% do valor do tributo ou, se inexistente tributo ou crédito vinculado, de 20% do valor da operação ou prestação (sem ultrapassar 0,5% do valor total da base de cálculo dos últimos 12 meses do tributo pertinente), podendo-se atingir, no caso de circunstâncias agravantes, 100% do valor do tributo ou 30% do valor da operação ou prestação (mas sem ultrapassar 1% do valor total da base de cálculo dos últimos 12 meses do tributo pertinente), respectivamente.[34]

Quanto às multas qualificadas em razão de sonegação, fraude ou conluio, a proposta é de que seja adotado o limite de 100% do débito tributário, podendo ser de até 150% caso se verifique a reincidência,[35] até que sobrevenha lei complementar dispondo sobre a matéria.[36]

Cumpre anotar que todos esses votos foram proferidos com base na análise da jurisprudência do Supremo Tribunal Federal e apoiados em projetos que tramitam no Poder Legislativo, no direito comparado e em estudos científicos com evidências acerca da proporção razoável de multas adotadas por diversas unidades federadas.

Conclusão

Nesses 15 (quinze) anos de atuação no Supremo Tribunal Federal, o Ministro Dias Toffoli já construiu enorme legado para o direito tributário brasileiro, trazendo visões inovadoras sobre a tributação, sem perder o necessário equilíbrio entre direitos e deveres dos contribuintes e da administração tributária.

Dezenas de casos demonstram seu compromisso com, *v.g.*, a proteção dos direitos reconhecidamente essenciais pelo texto constitucional; a preservação do pacto federativo na dimensão fiscal, de modo a garantir rendas satisfatórias para todas as unidades federadas e a mitigar ou impedir conflitos federativos; a garantia da manutenção dos modelos de tributação prescritos pela Carta Magna; a efetividade das limitações constitucionais do poder de tributar; e, ao cabo, a criação de um ambiente tributário propício para garantir segurança jurídica e a concretização do projeto de sociedade proposto pela Constituição Federal.

---

33 BRASIL. Supremo Tribunal Federal. Tribunal Pleno. Recurso Extraordinário nº 882.461/MG, Relator: Min. Dias Toffoli, sessão virtual de 14 abr. 2023 a 24 abr. 2023. Disponível em: https://jurisprudencia.stf.jus.br/pages/search/. Acesso em: 29 jul. 2024.

34 BRASIL. Supremo Tribunal Federal. Tribunal Pleno. Recurso Extraordinário nº 640.452/RO (Tema 487). Rel. Min. Roberto Barroso. Voto vista do Min. Dias Toffoli, sessão virtual de 23 jun. 2023 a 30 jun. 2023. Disponível em: https://jurisprudencia.stf.jus.br/pages/search/. Acesso em: 29 jul. 2024.

35 Conforme art. 44, §1º, da Lei nº 9.430/96, incluído pela Lei nº 14.689/23 (Disponível em: https://jurisprudencia.stf.jus.br/pages/search/. Acesso em: 29 jul. 2024).

36 BRASIL. Supremo Tribunal Federal. Tribunal Pleno. Recurso Extraordinário nº 736.090/SC (Tema 863). Rel. Min. Dias Toffoli, sessão virtual de 21 jun. 2024 a 28 jun. 2024. Disponível em: https://jurisprudencia.stf.jus.br/pages/search/. Acesso em: 29 jul. 2024.

Como bem destacou o ministro em palestra em Londres, cada vez mais a Suprema Corte tem um protagonismo "na resolução de conflitos federativos e na tutela de direitos fundamentais instrumentalizados por meio da tributação".[37] Esse protagonismo, vale enfatizar, muito se deve à própria atuação de Sua Excelência no âmbito do direito tributário.

Referências

BRASIL. Supremo Tribunal Federal. Primeira Turma. Recurso Extraordinário nº 176.626/SP. Rel. Min. Sepúlveda Pertence. *DJ*, 11 dez. 1998. Disponível em: https://jurisprudencia.stf.jus.br/pages/search/. Acesso em: 29 jul. 2024.

BRASIL. Supremo Tribunal Federal. Tribunal Pleno. Ação Cível Originária nº 3.254/AL-AgR segundo. Rel. Min. Dias Toffoli. *DJe* de 21 mar. 2022. Disponível em: https://jurisprudencia.stf.jus.br/pages/search/. Acesso em: 29 jul. 2024.

BRASIL. Supremo Tribunal Federal. Tribunal Pleno. Ação Cível Originária nº 3.640/PR-AgR. Rel. Min. Dias Toffoli. *DJe*, 8 mar. 2024. Disponível em: https://jurisprudencia.stf.jus.br/pages/search/. Acesso em: 29 jul. 2024.

BRASIL. Supremo Tribunal Federal. Tribunal Pleno. Ação Cível Originária nº 2.243/DF-AgR-segundo. Rel. Min. Dias Toffoli. *DJe*, 27 maio 2016. Disponível em: https://jurisprudencia.stf.jus.br/pages/search/. Acesso em: 29 jul. 2024.

BRASIL. Supremo Tribunal Federal. Tribunal Pleno. Ação Direta de Inconstitucionalidade por Omissão nº 30/DF. Rel. Min. Dias Toffoli. *DJe*, 6 out. 2020. Disponível em: https://jurisprudencia.stf.jus.br/pages/search/. Acesso em: 29 jul. 2024.

BRASIL. Supremo Tribunal Federal. Tribunal Pleno. Ação Direta de Inconstitucionalidade nº 2.259/DF. Rel. Min. Dias Toffoli. *DJe*, 25 mar. 2020. Disponível em: https://jurisprudencia.stf.jus.br/pages/search/. Acesso em: 29 jul. 2024.

BRASIL. Supremo Tribunal Federal. Tribunal Pleno. Ação Direta de Inconstitucionalidade nº 2.859/DF. Rel. Min. Dias Toffoli. *DJe*, 21 out. 2016. Disponível em: https://jurisprudencia.stf.jus.br/pages/search/. Acesso em: 29 jul. 2024.

BRASIL. Supremo Tribunal Federal. Tribunal Pleno. Ação Direta de Inconstitucionalidade nº 3.142/DF. Rel. Min. Dias Toffoli. *DJe*, 9 out. 2020. Disponível em: https://jurisprudencia.stf.jus.br/pages/search/. Acesso em: 29 jul. 2024.

BRASIL. Supremo Tribunal Federal. Tribunal Pleno. Ação Direta de Inconstitucionalidade nº 4.397/DF. Rel. Min. Dias Toffoli. *DJe*, 22 fev. 2022. Disponível em: https://jurisprudencia.stf.jus.br/pages/search/. Acesso em: 29 jul. 2024.

BRASIL. Supremo Tribunal Federal. Tribunal Pleno. Ação Direta de Inconstitucionalidade nº 5.277/DF. Rel. Min. Dias Toffoli. *DJe*, 25 jun. 2021. Disponível em: https://jurisprudencia.stf.jus.br/pages/search/. Acesso em: 29 jul. 2024.

BRASIL. Supremo Tribunal Federal. Tribunal Pleno. Ação Direta de Inconstitucionalidade nº 5.422/DF. Rel. Min. Dias Toffoli. *DJe*, 23 ago. 2022. Disponível em: https://jurisprudencia.stf.jus.br/pages/search/. Acesso em: 29 jul. 2024.

BRASIL. Supremo Tribunal Federal. Tribunal Pleno. Ação Direta de Inconstitucionalidade nº 5.659/MG. Rel. Min. Dias Toffoli. *DJe*, 20 maio 2021. Disponível em: https://jurisprudencia.stf.jus.br/pages/search/. Acesso em: 29 jul. 2024.

BRASIL. Supremo Tribunal Federal. Tribunal Pleno. Ação Direta de Inconstitucionalidade nº 1.945/MT, Tribunal Pleno, Red. p/ acórdão: Min. Dias Toffoli. *DJe*, 20 maio 2021. Disponível em: https://jurisprudencia.stf.jus.br/pages/search/. Acesso em: 29 jul. 2024.

---

[37] TOFFOLI, José Antonio Dias. Nova agência tributária, mais justa e solidária. Palestra proferida pelo Ministro Dias no IV New Trends in the Common Law. *Revista Justiça & Cidadania*, ano 24, n. 279, nov. 2023. Disponível em: https://www.editorajc.com.br/edicao/279/. Acesso em: 12 jul. 2024.

BRASIL. Supremo Tribunal Federal. Tribunal Pleno. Ação Direta de Inconstitucionalidade nº 6.034/DF. Rel. Min. Dias Toffoli. *DJe*, 21 mar. 2022. Disponível em: https://jurisprudencia.stf.jus.br/pages/search/. Acesso em: 29 jul. 2024.

BRASIL. Supremo Tribunal Federal. Tribunal Pleno. Recurso Extraordinário nº 330.817/SP (Tema 593). Rel. Min. Dias Toffoli. *DJe*, 31 ago. 2017. Disponível em: https://jurisprudencia.stf.jus.br/pages/search/. Acesso em: 29 jul. 2024.

BRASIL. Supremo Tribunal Federal. Tribunal Pleno. Recurso Extraordinário nº 605.552/RS (Tema 379). Rel. Min. Dias Toffoli. *DJe*, 6 out. 2020. Disponível em: https://jurisprudencia.stf.jus.br/pages/search/. Acesso em: 29 jul. 2024.

BRASIL. Supremo Tribunal Federal. Tribunal Pleno. Recurso Extraordinário nº 640.452/RO (Tema 487). Rel. Min. Roberto Barroso. Voto vista do Min. Dias Toffoli, sessão virtual de 23 jun. 2023 a 30 jun. 2023. Disponível em: https://jurisprudencia.stf.jus.br/pages/search/. Acesso em: 29 jul. 2024.

BRASIL. Supremo Tribunal Federal. Tribunal Pleno. Recurso Extraordinário nº 704.292/RS (Tema 540). Rel. Min. Dias Toffoli. *DJe*, 3 ago. 2017. Disponível em: https://jurisprudencia.stf.jus.br/pages/search/. Acesso em: 29 jul. 2024.

BRASIL. Supremo Tribunal Federal. Tribunal Pleno. Recurso Extraordinário nº 714.139/SC (Tema 745). Redator p/ acórdão: Min. Dias Toffoli. *DJe*, 15 mar. 2022. Disponível em: https://jurisprudencia.stf.jus.br/pages/search/. Acesso em: 29 jul. 2024.

BRASIL. Supremo Tribunal Federal. Tribunal Pleno. Recurso Extraordinário nº 736.090/SC (Tema 863). Min. Dias Toffoli, sessão virtual de 21 jun. 2024 a 28 jun. 2024. Disponível em: https://jurisprudencia.stf.jus.br/pages/search/. Acesso em: 29 jul. 2024.

BRASIL. Supremo Tribunal Federal. Tribunal Pleno. Recurso Extraordinário nº 838.284/SC (Tema 829), Rel. Min. Dias Toffoli. *DJe*, 22 set. 2017. Disponível em: https://jurisprudencia.stf.jus.br/pages/search/. Acesso em: 29 jul. 2024.

BRASIL. Supremo Tribunal Federal. Tribunal Pleno. Recurso Extraordinário nº 855.091/SC (Tema 808), Relator: Min. Dias Toffoli. *DJe*, 8 abr. 2021. Disponível em: https://jurisprudencia.stf.jus.br/pages/search/. Acesso em: 29 jul. 2024.

BRASIL. Supremo Tribunal Federal. Tribunal Pleno. Recurso Extraordinário nº 882.461/MG, Relator: Min. Dias Toffoli, sessão virtual de 14 abr. 2023 a 24 abr. 2023. Disponível em: https://jurisprudencia.stf.jus.br/pages/search/. Acesso em: 29 jul. 2024.

BRASIL. Supremo Tribunal Federal. Tribunal Pleno. Recurso Extraordinário nº 1.063.187/SC (Tema 906). Rel. Min. Dias Toffoli. *DJe*, 16 dez. 2021. Disponível em: https://jurisprudencia.stf.jus.br/pages/search/. Acesso em: 29 jul. 2024.

CONTEÚDO digital do setor editorial brasileiro: ano-base 2023. *Nielsen BookData*, maio 2024. Disponível em: https://cbl.org.br/pesquisas_de_mercado_categoria/3-conteudo-digital-do-setor-editorial-brasileiro/. Acesso em: 11 jul. 2024.

PANORAMA do consumo de livros: um estudo sobre o perfil e hábitos de compradores de livros no Brasil. *Nielsen BookData*, dez. 2023. Disponível em: https://cbl.org.br/pesquisas_de_mercado_categoria/panorama-do-consumo-de-livros/. Acesso em: 11 jul. 2024.

PERTENCE, José Paulo Sepúlveda. Discursos pronunciados na posse do ministro José Paulo Sepúlveda Pertence na presidência do Supremo Tribunal Federal. *In*: UM PODER independente: posse do ministro José Paulo Sepúlveda Pertence na presidência do Supremo Tribunal Federal. Brasília: Associação dos Magistrados Brasileiros, 1995.

RANGEL, Roberta Maria; OLIVEIRA, Éuric Khaúri. O princípio da seletividade do ICMS em função da essencialidade das mercadorias e dos serviços: construção teórica de critérios objetivos de aplicação pelo Supremo Tribunal Federal. *In*: HENARES NETO, Halley; GOMES, Marcus Lívio; GUIMARÃES, Ariane; SIMAS, Erich Endrillo (Org.). *Temas de direito tributário nos tribunais superiores e administrativas* – STJ e STF: estudos em homenagem ao Ministro Luiz Alberto Gurgel de Faria. São Paulo: Noeses, 2023. v. 2. p. 658-710.

TOFFOLI, José Antonio Dias. A tributação dos programas de computador (softwares) segundo o Supremo Tribunal Federal. *IBET – Doutrina*, 2020. Disponível em: https://www.ibet.com.br/a-tributacao-dos-programas-de-computador-softwares-segundo-o-supremo-tribunal-federal-min-jose-antonio-dias-toffoli/. Acesso em: 10 jul. 2024.

TOFFOLI, José Antonio Dias. Nova agência tributária, mais justa e solidária. Palestra proferida pelo Ministro Dias no IV New Trends in the Common Law. *Revista Justiça & Cidadania*, ano 24, n. 279, nov. 2023. Disponível em: https://www.editorajc.com.br/edicao/279/. Acesso em: 12 jul. 2024.

TOFFOLI, José Antonio Dias. Visão humanista do direito tributário: o caso dos serviços hospitalares. *In*: FAVRETO, Fabiana *et al.* (Coord.). *Direito público e democracia*: estudos em homenagem aos 15 anos do Ministro Benedito Gonçalves no STJ. Belo Horizonte: Fórum, 2023.

TOFFOLI, José Antonio Dias; SANTOS, Lucilene Rodrigues. Jurisdição constitucional e os conflitos de competências em matéria tributária. *In*: BRIGAGÃO, Gustavo; MATA, Josuelder Cordeiro da (Org.). *Temas de direito tributário*: em homenagem a Gilberto de Ulhôa Canto. Belo Horizonte: Arraes, [s.d.]. 202 p. v. II. p. 131-143.

TOFFOLI, José Antonio Dias; SANTOS, Lucilene Rodrigues. O princípio da legalidade em matéria tributária e a jurisprudência do Supremo Tribunal Federal. *In*: FUX, Luiz; BODART, Bruno; MELLO, Fernando Pessôa da Silveira (Coord.). *A Constituição da República segundo ministros, juízes auxiliares e assessores do STF*. Salvador: JusPodivm, 2018.

Informação bibliográfica deste texto, conforme a NBR 6023:2018 da Associação Brasileira de Normas Técnicas (ABNT):

SANTOS, Lucilene Rodrigues; AZEVEDO, Euro Sabino de. Contribuições do Ministro Dias Toffoli para a formação da jurisprudência do STF em matéria tributária. *In*: MENDES, Gilmar Ferreira; LIRA, Daiane Nogueira de; FREIRE, Alexandre (coord.). *Constituição, democracia e diálogo*: 15 anos de Jurisdição Constitucional do Ministro Dias Toffoli. 2. ed. Belo Horizonte: Fórum, 2025. p. 1009-1022. ISBN 978-65-5518-937-7.

JUÍZO DE ADMISSIBILIDADE RECURSAL NO SUPREMO TRIBUNAL FEDERAL: #100% ARES

LUCILENE RODRIGUES SANTOS
RAULINO PALHA DE MIRANDA

Introdução

Um dos maiores desafios do Poder Judiciário Brasileiro é fazer frente ao alto número de processos que nele ingressam anualmente, de modo a cumprir o desiderato de entregar à sociedade uma prestação jurisdicional célere, efetiva e, realmente, promotora de pacificação social.

Conforme se observa nos painéis gerenciais produzidos pelo Conselho Nacional de Justiça (CNJ) para o Justiça em Números 2023,[1] a média anual de casos novos supera vinte milhões de processos. *Vide*:

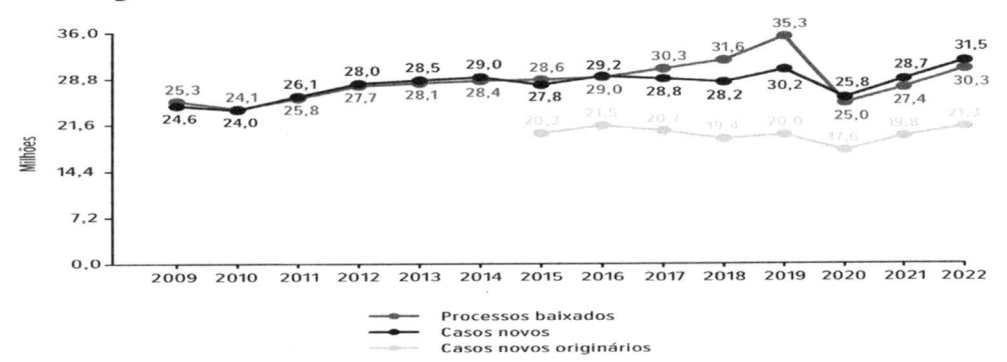

Figura 51 - Série histórica dos casos novos e processos baixados

Fonte: Conselho Nacional de Justiça.

---

[1] O Relatório Justiça em Números divulga dados gerais da atuação do Poder Judiciário, tais como estrutura e litigiosidade, fundamentais para nortear a Gestão Judiciária Brasileira.

No Supremo Tribunal Federal, o cenário não é diferente, não obstante se devam reconhecer importantes avanços na gestão do acervo do Tribunal na última década. Em eventos nacionais e internacionais, o Ministro Dias Toffoli costuma afirmar e reafirmar que a Suprema Corte Brasileira é a "Corte Constitucional que mais julga no mundo e de maneira fundamentada".[2]

Por compreender a árdua missão do Supremo Tribunal Federal[3] – como guardião da Constituição Federal de 1988 e órgão de cúpula do Sistema de Justiça –, em sua gestão à frente da Presidência, o Ministro Dias Toffoli respondeu com rapidez aos desafios impostos pela pandemia da Covid-19 e empreendeu um trabalho coletivo e institucional de modernização administrativa com foco na atividade fim do tribunal, que "requereu de todos nós, acima de tudo, capacidade de gestão".[4]

O Ministro adotou como pilares de sua gestão "o tripé eficiência, transparência e responsabilidade, imperativos de uma prestação jurisdicional de excelência para a sociedade plural, conectada e digital do século XXI".[5]

O objetivo deste artigo é prestar um tributo aos 15 anos de judicatura do Ministro Dias Toffoli, registrando o legado deixado por Sua Excelência no período em que chefiou o Supremo Tribunal Federal, especialmente na condução de projetos estratégicos para a governança do grande volume de recursos extraordinários submetidos ao tribunal. Ênfase especial será dada ao Projeto "Juízo de Admissibilidade # *100% ARE*", idealizado para viabilizar o registro e a análise de todos os recursos extraordinários com agravo (ARE) no âmbito da Presidência do Tribunal.

1 Contextualizando o momento histórico e complexo do Brasil: entre desafios e oportunidades

O trabalho do Ministro Dias Toffoli na Presidência do STF contribuiu para acalmar ânimos e construir consensos em situações de turbulência – e "elas não foram poucas".[6] Diálogo e firmeza orientaram o trabalho da Presidência e foram fundamentais para que o STF não ficasse preso à conjuntura do momento.

Em 2018, o Ministro Dias Toffoli já assumiu a gestão do STF em um ambiente social de forte polarização e de ataques frontais à democracia e às instituições. Firme no compromisso com o Estado de Direito, determinou a abertura do denominado

---

[2] Palestra proferida no XII Fórum de Lisboa, em 27.06.2024.

[3] "Incumbe ao Supremo Tribunal Federal, no desempenho de suas altas funções institucionais e como garantidor da intangibilidade da ordem constitucional, o grave compromisso – que lhe foi soberanamente delegado pela Assembleia Nacional Constituinte – de velar pela integridade dos direitos fundamentais, de repelir condutas governamentais abusivas, de conferir prevalência à essencial dignidade da pessoa humana, de fazer cumprir os pactos internacionais que protegem os grupos vulneráveis expostos a injustas perseguições e a práticas discriminatórias, de neutralizar qualquer ensaio de opressão estatal e de nulificar os excessos do Poder e os comportamentos desviantes de seus agentes e autoridades que tanto deformam o significado democrático da própria Lei Fundamental da República". Conforme Portaria nº 75, de 21 de março de 2019. Disponível em: em: https://stfjusbr.sharepoint.com/sites/arquivos/atos-administrativos/Forms/. Acesso em: 4 ago. 2024.

[4] Palestra – *Migalhas* – 2020.

[5] Palavra do Presidente em Relatório de Gestão 2018-2020.

[6] Entrevista ao CONJUR em 2020.

"Inquérito das *Fake News*" para combater a disseminação de notícias fraudulentas e as ameaças à Corte e a outras instituições democráticas.

Outro grande desafio enfrentado naquele momento excepcional e triste da história brasileira foi a eclosão da pandemia Covid-19. Naquele contexto pandêmico, quando o país se encontrava ameaçado de ter seus serviços essenciais paralisados, a resposta imediata da Suprema Corte foi ajustar rapidamente seus métodos e processos de trabalho, obedecendo ao imperativo do distanciamento social sem comprometer o andamento normal das atividades.

Nesse aspecto, é importante colocar em relevo a ampliação das competências promovidas pela Emenda Regimental nº 52/2019, possibilitando julgar no ambiente do Plenário Virtual (i) cautelares em controle concentrado; (ii) referendos de tutelas provisórias; (iii) mérito de repercussão geral com jurisprudência dominante e (iv) demais classes com jurisprudência dominante.

Em resposta às demandas urgentes da sociedade, o tribunal atuou rapidamente e ampliou significativamente a deliberação no meio virtual para todas as matérias de competência da Corte.[7] O resultado ilustrativo é que o tribunal passou a atuar de forma segura e célere, inclusive dando respostas rápidas às causas sob a temática da Covid-19. *Vide*:

Percentual de decisões virtuais por ano

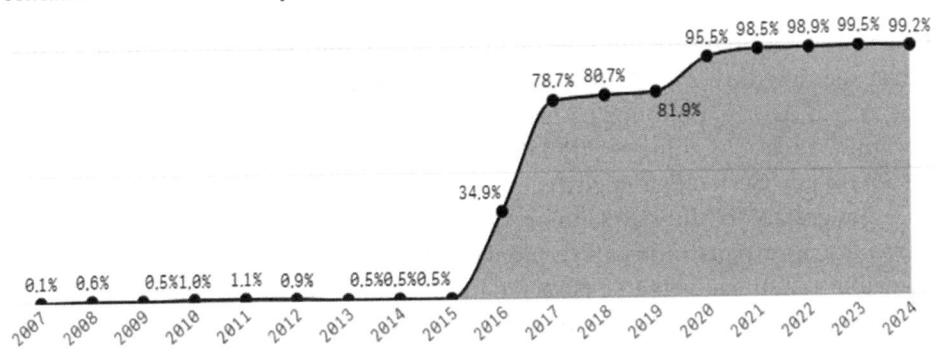

Fonte: BRASIL. STF. Plenário Virtual. *Corte Aberta.*

Note-se que o julgamento colegiado no ambiente virtual ultrapassou a marca de 95%, sendo certo que essa medida trouxe como consectário a intensificação da redução do acervo processual da Corte.

Importante consignar, também, que a ampliação dos julgamentos no espaço virtual preservou todas as garantias processuais, notadamente o contraditório e a ampla defesa. Sem sombras de dúvida, o novo modelo de julgamento democratizou o acesso à Corte Suprema, visto que permitiu maior integração dos advogados que atuam desde as várias unidades federadas.

---

7   Art. 21-B Todos os processos de competência do Tribunal poderão, a critério do relator ou do ministro vistor com a concordância do relator, ser submetidos a julgamento em listas de processos em ambiente presencial ou eletrônico, observadas as respectivas competências das Turmas ou do Plenário (RISTF).

Acresce-se a essas iniciativas a modernização dos normativos que tratam do trabalho remoto e do plano de transformação digital para "julgar processos com mais qualidade, celeridade e confiabilidade por meio de projetos de tecnologia e ferramentas inovadores".[8]

2 Do aprimoramento da gestão processual: juízo de admissibilidade recursal

Das diretrizes estratégicas do biênio 2019/2020 para o "aprimoramento da gestão processual, com foco na colegialidade, na previsibilidade, na segurança jurídica, na coerência e na eficiência da prestação jurisdicional",[9] duas iniciativas prioritárias merecem destaque: (i) o reforço do papel institucional das instâncias competentes pelo juízo de admissibilidade e pela aplicação da sistemática da repercussão geral; e (ii) a ampliação da atuação da Presidência no juízo de admissibilidade dos recursos extraordinários e dos agravos em recursos extraordinários, bem como na gestão e no acompanhamento da sistemática da repercussão geral e dos processos representativos de controvérsia indicados pelos tribunais.

Sobre a competência da Presidência do STF para despachar recursos e petições ineptos ou de outro modo manifestamente inadmissíveis, é importante registrar sua evolução nas gestões anteriores.

A competência regimental foi inaugurada ainda na gestão da Ministra Ellen Gracie e se restringia aos agravos de instrumento. Em 2007, por exemplo, foi possível negar seguimento a 25,15% do total de processos dessa classe processual, evitando-se que "cerca de 13% de todos os processos recebidos pelo STF fossem distribuídos e encaminhados aos gabinetes" (Relatório de Atividades Biênio 2006-2008. Compilação: Assessoria de Gestão Estratégica).

Na gestão do Ministro Gilmar Mendes, a competência regimental foi ampliada, passando a ser registrados à Presidência também os recursos extraordinários, o que contribuiu significativamente para a redução da distribuição de recursos. (Relatório de Atividade 2008. Portal de Informações Gerenciais).

No período que antecede à gestão do Ministro Dias Toffoli, o percentual de recursos submetidos à análise prévia do presidente girava em torno de 50% dos processos recursais autuados na Corte. *Vide*:

---

8 BRASIL. Supremo Tribunal Federal [STF]. 2020. Relatório da Gestão 2018-2020. Disponível em: https://www.stf.jus.br/arquivo/cms/noticiaNoticiaStf/anexo/relatorioGestao2020.pdf. Acesso em: 01 ago. 2024.
9 LIRA, Daiane Nogueira de; SANTOS, Lucilene Rodrigues; MIRANDA, Raulino Palha de. Juízo de Admissibilidade no Supremo Tribunal Federal – Projeto #100% AREs. *Revista Consultor Jurídico*. Disponível em: https://www.conjur.com.br/dl/ar/artigo-lira-santos-miranda.pdf. Acesso em: 11 ago. 2024.

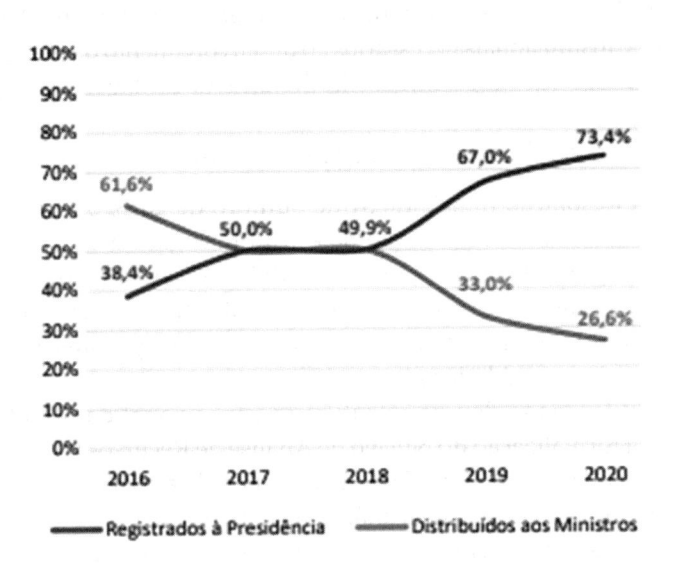

Gráfico 9 – Processos recursais decididos pela Presidência e distribuídos aos Ministros

Fonte: Relatório de Gestão 2018-2020.

Os dados demonstram que, já no início da gestão do Ministro Dias Toffoli (set/2018), o percentual de recursos registrados à Presidência, que era de 54%, passa a subir sensivelmente, em razão da execução da ambiciosa meta de submeter 100% dos ARE à análise do Presidente.

Nos tópicos seguintes, será possível verificar que a meta de submeter ao crivo da Presidência 100% dos ARE alcançou também os recursos extraordinários (RE), na medida em que ambas as classes perpassam o fluxo de análise sistematizada integrado ao escopo do Projeto Juízo de Admissibilidade.

3 Do Projeto Juízo de Admissibilidade – um legado em eficiência na gestão de processos e inovação tecnológica

A idealização do Projeto Juízo de Admissibilidade partiu da identificação de que em 99,4% dos agravos contra inadmissão dos recursos extraordinários (ARE) analisados, a decisão dos Ministros da Corte resultava na manutenção do juízo negativo de admissibilidade proferido pelos tribunais e juizados especiais.

Tratou-se de um projeto estratégico consolidado no âmbito da Presidência do STF e que tem evoluído significativamente, garantindo maior eficiência e celeridade à prestação jurisdicional no julgamento dos recursos extraordinários interpostos nas causas decididas em única ou última instância pelos tribunais e juizados especiais federais e estaduais (art. 102, inciso III, da CF/1988), bem como no julgamento dos agravos de que trata o art. 1.042 do Código de processo Civil.[10]

Como se verá, os relevantes resultados do Projeto Juízo de Admissibilidade (#100% AREs) foram possíveis pela condução firme e dialógica, do Ministro Dias Toffoli, dos esforços coletivos e institucionais necessários ao desenvolvimento das funções atribuídas à equipe de servidores que atuou direta e indiretamente na execução do projeto.

3.1 Da modernização da estrutura organizacional

Por meio da Resolução nº 623, de 31 de outubro de 2018, o Ministro Presidente promoveu uma profunda reorganização na estrutura orgânica do Supremo Tribunal Federal, com base (i) na flexibilização dos modelos e processos de trabalho, (ii) na integração entre as unidades, (iii) na gestão eficiente, eficaz, efetiva e transparente, (iv) no fortalecimento da autoridade e da autonomia dos gestores e (v) no foco nos resultados e benefícios aos cidadãos.[11]

Uma das mudanças se deu na estrutura organizacional da Secretaria Geral da Presidência, com a formalização do Núcleo de Análise de Recursos (NARE) e do Núcleo de Repercussão Geral (NURG). Paralelamente, foi alterada a estrutura organizacional da Secretaria Judiciária, responsável pela análise inicial dos requisitos de admissibilidade dos recursos excepcionais e pelo enquadramento das matérias pertinentes em temas de repercussão geral.

A formalização oficial do NARE e do NURG – núcleos altamente especializados em enquadramento de temas afetos à repercussão geral e nos requisitos gerais e específicos dos recursos extraordinários – foi um passo importantíssimo no compromisso da Presidência com a gestão eficiente do acervo de recursos ingressos no Tribunal.

Essas mudanças estruturantes vieram acompanhadas dos investimentos em novas ferramentas tecnológicas, entre as quais o sistema de automatização do fluxo de análise dos recursos e das decisões de admissibilidade recursal, o qual revolucionou os processos de trabalho que vão desde o recebimento do recurso até a baixa dos autos às instâncias de origem.

3.2 Da inovação tecnológica e transformação

O sistema de automatização do fluxo de análise recursal foi pensado para substituir uma rotina exaustiva e com muito retrabalho por uma sistemática de análise com resultados de elevada efetividade. Esse ambiente completamente automatizado, em que a inteligência do fluxo de tramitação está no sistema, possibilitou a identificação célere de eventuais vícios inerentes ao cabimento dos recursos extraordinários e o enquadramento imediato em temas de repercussão geral.

---

[10] LIRA, Daiane Nogueira de; SANTOS, Lucilene Rodrigues; MIRANDA, Raulino Palha de. Juízo de Admissibilidade no Supremo Tribunal Federal – Projeto #100% AREs. *Revista Consultor Jurídico*. Disponível em: https://www.conjur.com.br/dl/ar/artigo-lira-santos-miranda.pdf. Acesso em: 11 ago. 2024.

[11] LIRA, Daiane Nogueira de; SANTOS, Lucilene Rodrigues; MIRANDA, Raulino Palha de. Juízo de Admissibilidade no Supremo Tribunal Federal – Projeto #100% AREs. *Revista Consultor Jurídico*. Disponível em: https://www.conjur.com.br/dl/ar/artigo-lira-santos-miranda.pdf. Acesso em: 11 ago. 2024.

A automatização do processo de análise dos recursos extraordinários a partir do uso controlado de ferramentas tecnológicas constituiu etapa importante do projeto de transformação digital que passou a integrar os objetivos estratégicos do STF nas últimas gestões e compreende, além de outras iniciativas, uma revisão completa da arquitetura do sistema de autuação dos recursos e do fluxo de admissibilidade recursal no âmbito da Presidência.

A entrega do sistema de autuação também trouxe benefícios altamente relevantes. A partir dessa construção, os fluxos de trabalho seguintes ficaram entrelaçados dentro da mesma plataforma digital, o que permitiu que os processos de trabalho se tornassem céleres e seguros.

Para fechar o trajeto do juízo de admissibilidade, o sistema de autuação integrado à Plataforma Digital foi modernizado para contemplar a integração com os sistemas de origem e, também, a geração e a estruturação de metadados, de modo a viabilizar a extração de minutas, a publicação, a intimação eletrônica, a contagem de prazo e a baixa à origem de forma automatizada.

Ainda no contexto do juízo de admissibilidade, a publicação de todos os pronunciamentos judiciais passou a ser automatizada, sendo deflagrada pela assinatura do Ministro Presidente. A partir dessa fase, nas hipóteses de pronunciamento irrecorrível (despachos), o próprio sistema passou a promover a remessa dos autos à origem.

É perceptível que, com a consolidação do fluxo nesses moldes, o princípio da celeridade foi robustecido de maneira qualitativa, uma vez que a admissibilidade recursal se desdobra em vários processos de trabalho, especializados e analíticos.[12]

Por esse caminho de transformações também veio a modernização do Diário da Justiça eletrônico (*DJe*), em formato HTML. Além de trazer maior celeridade processual, pela superação do trabalho manual de composição e divulgação do *DJe*, a nova solução entregou ao jurisdicionado mais transparência, ao promover uma experiência mais fluida de acesso ao diário.

Para além da concepção de automatização do processamento e da análise do recurso extraordinário, o projeto foi pensado para promover a interface do Projeto do Módulo de Jurisdição Extraordinária (MJe) a partir de uma parceria com o Conselho Nacional de Justiça e com o Superior Tribunal de Justiça.

O MJe nasceu com a proposta não apenas de criar um sistema inovador no âmbito do STF para resolver a demanda interna, mas de fazer uma gestão inteligente desde o peticionamento do recurso na origem, dinamizando a entrega da prestação jurisdicional nacionalmente, reduzindo o custo do processo e tornando mais célere seu trâmite.

Conforme já mencionado, não é possível falar em prestação jurisdicional de excelência apenas usando os modelos de negócio até então estabelecidos. O modelo de processo de negócio inaugurado com o Projeto Juízo de Admissibilidade já nasceu com o objetivo de integração com os sistemas de origem e foi sob diversos aspectos disruptivo, fornecendo, assim, um forte alicerce para o uso de inteligência artificial (AI).

---

12 LIRA, Daiane Nogueira de; SANTOS, Lucilene Rodrigues; MIRANDA, Raulino Palha de. Juízo de Admissibilidade no Supremo Tribunal Federal – Projeto #100% AREs. *Revista Consultor Jurídico*. Disponível em: https://www.conjur.com.br/dl/ar/artigo-lira-santos-miranda.pdf. Acesso em: 11 ago. 2024.

3.3 Da interlocução com os tribunais de origem e da capacitação de servidores

Nas diretrizes de valorização do diálogo e de fortalecimento do Poder Judiciário para o aprimoramento da gestão processual e da prestação jurisdicional, outra iniciativa que marcou a Presidência do Ministro Dias Toffoli foi o constante diálogo institucional com os demais atores que compõem o Sistema de Justiça.

A maior integração entre o STF e os demais Tribunais do País, por exemplo, foi fundamental para o êxito do projeto Juízo de Admissibilidade e para o alcance da meta *#100% AREs*. O Ministro Presidente realizou visitas institucionais na maioria dos tribunais, ocasiões em que sua equipe técnica buscava se reunir com juízes e servidores que atuavam diretamente no juízo de admissibilidade do recurso extraordinário, com vistas a traçar um diagnóstico das particularidades e das demandas de cada tribunal e respectivos juizados especiais e a inserir as equipes num ambiente de cooperação mútua.

Nesse contexto também se inserem os cursos coordenados pelo CNJ, em parceria com as Presidências do STF e do STJ, voltados para o aperfeiçoamento das habilidades dos servidores que atuam diretamente no juízo de admissibilidade dos recursos extraordinário e especial, em consonância com a jurisprudência do Supremo Tribunal Federal. Considerados os riscos decorrentes da pandemia que assolou o Brasil e todo o mundo, em julho/2020, foram iniciados cursos de capacitação na modalidade de ensino a distância (EAD), sob a coordenação do CNJ.

As visitas institucionais foram fundamentais para a concepção de um canal direto de comunicação que modernizava a interoperabilidade entre sistemas e expandia as ferramentas de diálogo, aproximando o STF das cortes de origem e dos jurisdicionados.

3.4 Da atualização normativa e da desburocratização de regras negociais

Sobre a diretriz de fomento à inovação tecnológica e o objetivo estratégico de alcançar a meta de ter o "Supremo 100% digital", é importante consignar a revisão da base normativa do processo judicial eletrônico (PJE), de modo a deixar o processo de trabalho mais fluido, a qual foi introduzida por meio da Resolução nº 693, de 17 de julho de 2020, editada com o intuito de contemplar os avanços tecnológicos experimentados pelo Supremo Tribunal Federal.

De acordo com a referida resolução, apenas em hipóteses excepcionais, devidamente demonstradas pelas Cortes de origem, seria admitida a transmissão de autos em meio físico, observada, contudo, uma regra de transição, a qual concedia um prazo de adaptação de seis meses às cortes de origem, condicionada à disponibilização de ferramentas que viabilizem a transmissão de arquivos eletrônicos.

Entre as transformações, merecem destaque: (i) a incorporação da regra prevista na Resolução 687/2020, que autoriza a divulgação de atos processuais ou jurisdicionais no Diário da Justiça Eletrônico no período das férias coletivas de magistrados em janeiro e julho; e (ii) a desburocratização da inserção de documentos digitalizados nos autos eletrônicos e a devolução à origem pela Secretaria Judiciária dos feitos com vícios de processamento.

Trata-se, portanto, de inovação legislativa que eliminou obstáculos que impediam os avanços tecnológicos buscados a partir do projeto matriz *#100% ARE*.

4 Dos resultados alcançados e do legado deixado: *#100% ARE*

Como visto, no início da gestão do Ministro Dias Toffoli como Presidente do STF (setembro de 2018), cerca de 54% dos recursos eram encaminhados à Presidência com apontamentos de óbices a seu seguimento ou com enquadramento em tema de repercussão geral.

A partir da identificação de que 99,4% dos ARE tinham seu seguimento negado pelos ministros relatores com a confirmação do juízo negativo de admissibilidade feito pelos tribunais de origem e juizados especiais, foi formulado o Projeto Juízo de Admissibilidade com a meta ambiciosa *#100% ARE*. O resultado final almejado era consolidar substancial redução do número de processos distribuídos aos gabinetes dos ministros e viabilizar a concentração de esforços na apreciação de casos complexos e de maior relevância, preservando a vocação constitucional da Corte.

4.1 Da evolução e dos resultados alcançados: consolidação do projeto *#100% ARE*

Na evolução do projeto, verifica-se que, já em dezembro de 2018, alcançou-se cerca de 65% da meta almejada. Ao longo do ano de 2019, esse percentual aumentou para 80% em matéria cível. Em fevereiro de 2020, alcançou-se a meta de se analisarem 100% dos ARE cíveis, correspondendo a 87% dos ARE recebidos no Tribunal.[13] A partir de abril, foram considerados também os ARE criminais, alcançando-se a meta almejada de análise pela Presidência de todos os ARE recebidos pelo Tribunal, excluídos aqueles concernentes a matérias criminais em que haja prevenção de ministro da Corte (art. 314-A, parágrafo único, do RISTF). *Vide*.

% no período

Registro à Presidência ■ Distribuição

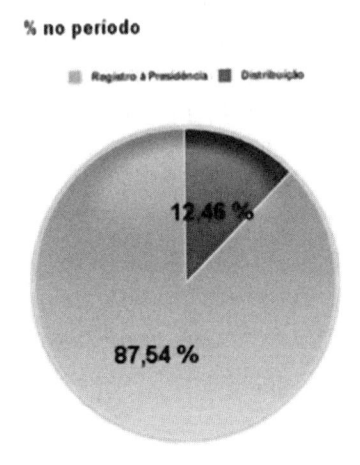

12,46 %

87,54 %

13   LIRA, Daiane Nogueira de; SANTOS, Lucilene Rodrigues; MIRANDA, Raulino Palha de. Juízo de Admissibilidade no Supremo Tribunal Federal – Projeto #100% AREs. *Revista Consultor Jurídico*. Disponível em: https://www. conjur.com.br/dl/ar/artigo-lira-santos-miranda.pdf. Acesso em: 11 ago. 2024.

Alguns aspectos interessantes da evolução do projeto merecem ser destacados. O número de agravos indevidamente encaminhados ao STF, por exemplo, caiu de 1.377 em agosto de 2018 para 214 casos no mesmo período de 2019, e em 2020, para 129, conforme o gráfico a seguir.

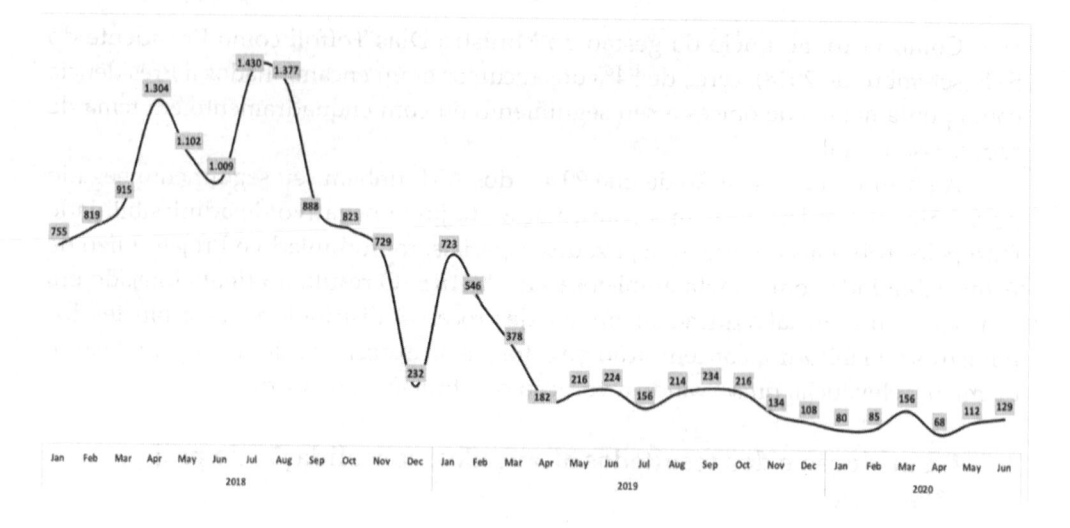

Além disso, mesmo com o aumento de aproximadamente 87% no volume de ARE analisados no período de setembro/2018 a setembro/2020, houve redução na taxa de recorribilidade de aproximadamente 13%, para 9,19%. (Juízo de Admissibilidade no Supremo Tribunal Federal – Projeto # 100 ARE).

Para se ter uma ideia do sucesso do Projeto #100% ARE, a partir da sistemática de cooperação adotada com tribunais, turmas e colégios recursais responsáveis pela admissibilidade do recurso extraordinário, na comparação entre 2018 e 2020, verificou-se uma redução de 40% no número de processos recebidos de classes recursais.

Em relação aos recursos provenientes dos juizados especiais federais e estaduais, a redução foi ainda mais significativa. Nos juizados, de uma média de 1.751 processos recebidos ao mês em 2018, o STF passou a receber, em média, 555 processos mensais em 2020 – diminuição de quase 70%.

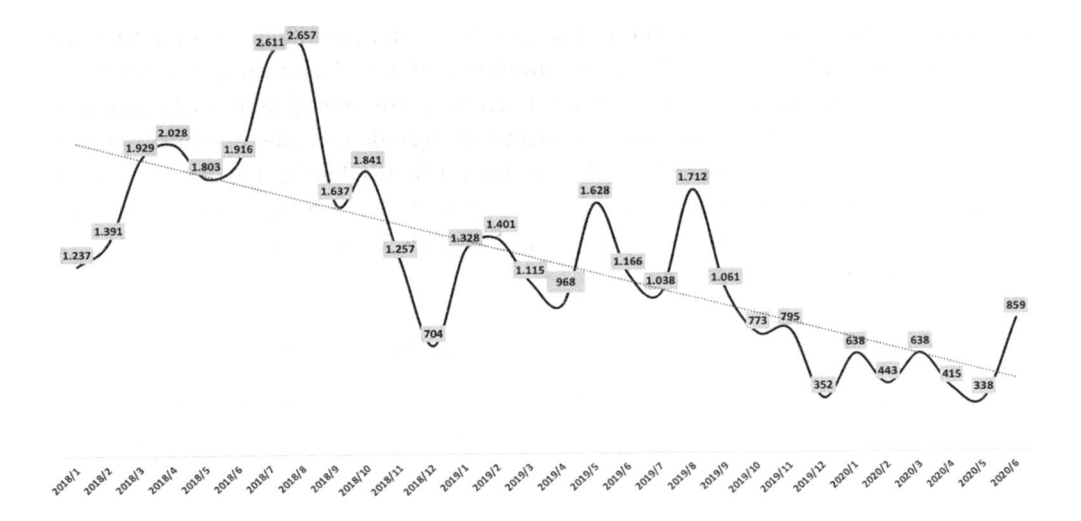

Os impactos também foram sentidos na redução do acervo total de processos do STF. Em setembro/2018, o acervo era de 41.768 processos, e durante a gestão do Ministro Dias Toffoli, foram recebidos 156.608 processos e baixados 167.606, resultando em um acervo de 29.285 processos; ou seja, houve redução de 30% – o menor acervo registrado naqueles últimos vinte e quatro anos.[14]

Gráfico 7 – Histórico de processos recebidos (originais e recursais)

Fonte: BRASIL. Supremo Tribunal Federal, 2020.

Ressalte-se, ademais, que a análise de enquadramento em tema de repercussão geral da questão suscitada no recurso extraordinário constitui etapa importantíssima para a

---

[14] BRASIL. Supremo Tribunal Federal. STF. 2020. *Relatório da Gestão 2018-2020*. Disponível em: https://www.stf.jus.br/arquivo/cms/noticiaNoticiaStf/anexo/relatorioGestao2020.pdf. Acesso em: 01 ago. 2024.

consolidação da sistemática da repercussão geral e foi fundamental para o atingimento das metas estratégicas da Presidência no âmbito do projeto. Basta ver que, no período de setembro/2018 a junho/2020, mais de um terço dos recursos registrados à Presidência tinham indicação de devolução à origem, para aplicação de tema de repercussão geral.

Sensível avanço na consolidação do Projeto #100% ARE também se deu em virtude da gestão efetiva dos processos recebidos no Tribunal, com a priorização, na entrada, das questões mais demandadas na Justiça, passíveis de inclusão no Plenário Virtual e na sistemática da repercussão geral.

4.2 Do legado deixado pela presidência do Ministro Dias Toffoli

Os impactos da redução substancial na distribuição de processos aos ministros da Corte podem ser atestados pela linha de tendência tracejada no gráfico a seguir:

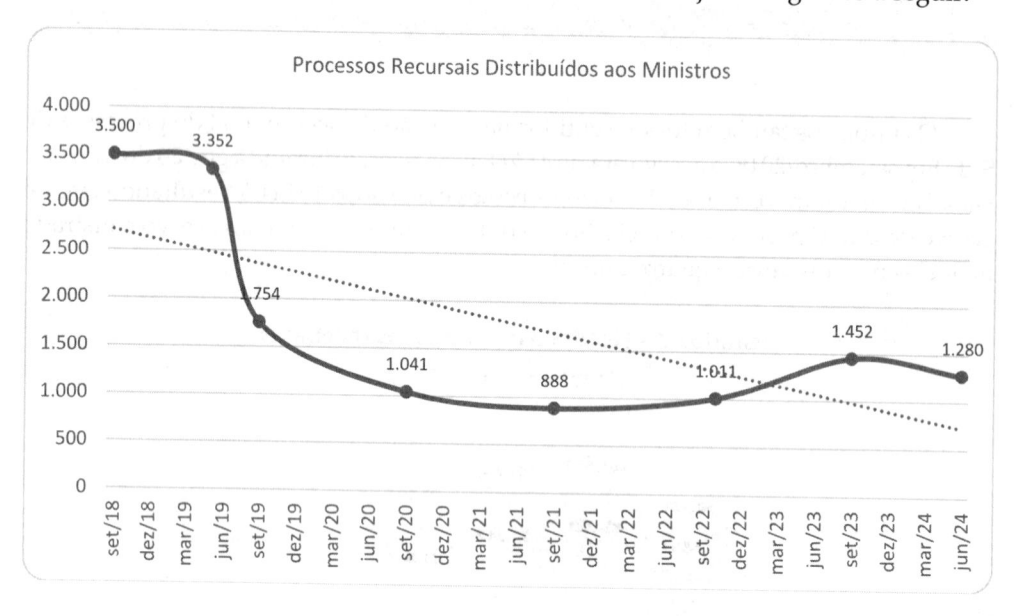

Fonte: Dados estatísticos fornecidos pela Assessoria de Gestão Estratégica do STF.

Da leitura dos dados, observa-se que, já a partir da implementação Projeto Juízo de Admissibilidade, em março de 2019, o quantitativo de processos distribuídos passa a reduzir substancialmente, linha que vem sendo mantida nas gestões posteriores.

Essa mesma constatação é observada a partir de outro gráfico, que traz um comparativo entre os processos recebidos e os processos distribuídos. *Vide*:

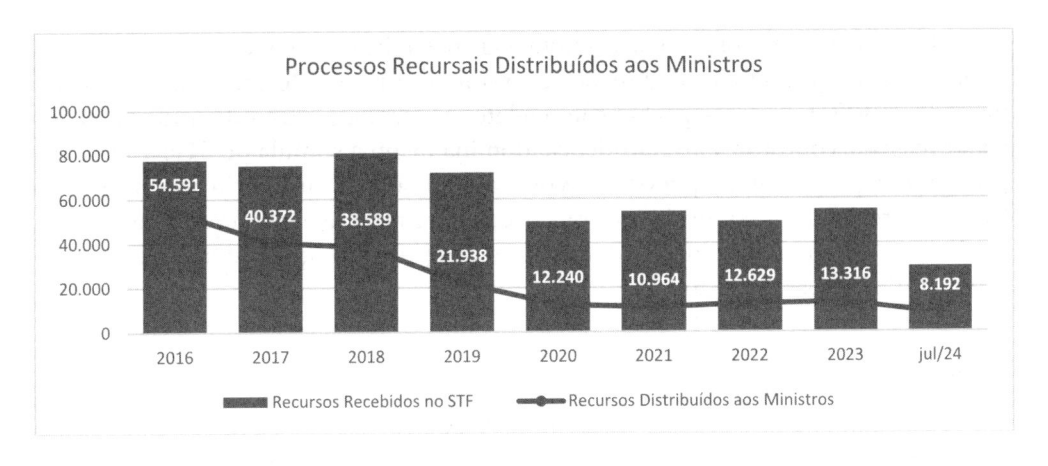

Fonte: Dados estatísticos fornecidos pela Assessoria de Gestão Estratégica do STF.

Uma das consequências imediatas da consolidação do projeto foi a redução substancial e perene na distribuição, aos ministros, de processos de todas as classes recursais (RE, ARE e AI), não apenas recursos extraordinários com agravo (ARE). Com efeito, com a consolidação do projeto, em junho de 2020, 73,4% de todos os recursos recebidos no STF passaram a ser registrado à Presidência, sendo apenas 26,6% deles distribuídos aos ministros.[15]

O gráfico a seguir demonstra como a representatividade de classes recursais x originárias se movimentou ao longo do período analisado e contribuiu para a redução do acervo do tribunal.

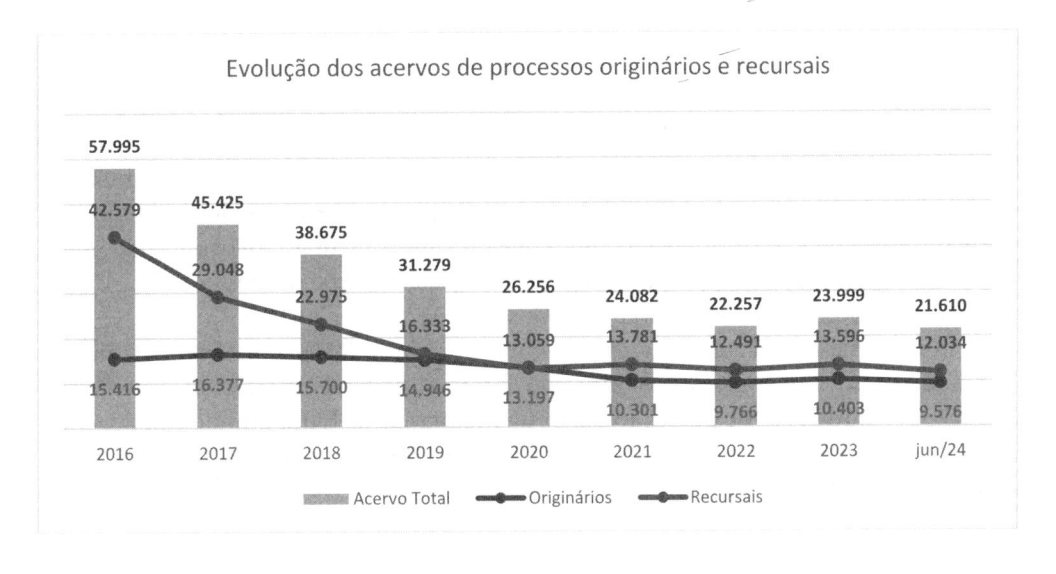

---

[15]   LIRA, Daiane Nogueira de; SANTOS, Lucilene Rodrigues; MIRANDA, Raulino Palha de. Juízo de Admissibilidade no Supremo Tribunal Federal – Projeto #100% AREs. *Revista Consultor Jurídico*. Disponível em: https://www.conjur.com.br/dl/ar/artigo-lira-santos-miranda.pdf. Acesso em: 11 ago. 2024.

Do ponto de vista normativo, merecem registro também duas alterações regimentais. A primeira, ampliando as atribuições do ministro presidente previstas no art. 13, inciso V, do RISTF, para despachar como relator os recursos extraordinários e agravos com pretensão contrária a jurisprudência dominante ou a súmula do STF; a segunda, prevendo expressamente que os agravos em recurso extraordinário recebidos pelo STF serão registrados ao presidente, que exercerá as atribuições conferidas no art. 13, V, alíneas c e d, ou determinará a distribuição dos processos quando não identificar a presença dos óbices previstos.

Conclusão

O aprimoramento da gestão processual "com foco na colegialidade, na previsibilidade, na segurança jurídica, na coerência e na eficiência da prestação jurisdicional" foi uma das diretrizes da gestão do Ministro Dias Toffoli à frente da Presidência do Supremo Tribunal Federal.

Os resultados obtidos no escopo do Projeto Juízo de Admissibilidade se inserem nesse contexto. É sabido que as causas repetitivas impõem elevados custos econômicos ao Judiciário e causam demora no julgamento das demandas. Seu manejo correto vai ao encontro dos anseios da sociedade por menos formalismos e mais celeridade, transparência e transformações sociais.[16]

Como afirmou o Ministro Dias Toffoli, no XIII Encontro Nacional do Poder Judiciário, em 2019,

> (...) é necessário manter esse cenário de evolução, que exige criatividade e inovação, com o uso de técnicas modernas de gestão, com a ajuda da tecnologia- a exemplo da inteligência artificial –, [com o] tratamento adequado de conflitos e [o] incentivo à conciliação. É preciso trabalhar continuamente na gestão do acervo de quase 80 milhões de processos em trâmite na Justiça.

O conjunto de medidas adotadas na presidência do Ministro Dias Toffoli e ampliadas pelos ministros Presidentes que o sucederam privilegia a compreensão do STF como uma corte de teses voltada, prioritariamente, a decidir causas de maior relevância do ponto de vista social, econômico, político ou jurídico, firmando precedentes que contribuam de forma abrangente para a estabilidade das relações sociais no país.

Por tudo isso, o Projeto Juízo de Admissibilidade (#100% AREs) contribuiu e continua a contribuir para que o Supremo Tribunal Federal exerça efetivamente sua vocação constitucional de guardião maior da Magna Carta. É um grande legado, entre vários outros apontados nesta obra, da gestão do Ministro Dias Toffoli à frente ao Supremo Tribunal Federal.

---

[16] LIRA, Daiane Nogueira de; SANTOS, Lucilene Rodrigues; MIRANDA, Raulino Palha de. Juízo de Admissibilidade no Supremo Tribunal Federal – Projeto #100% AREs. *Revista Consultor Jurídico*. Disponível em: https://www.conjur.com.br/dl/ar/artigo-lira-santos-miranda.pdf. Acesso em: 11 ago. 2024.

Referências

BRASIL. Conselho Nacional de Justiça. CNJ. *Justiça em números 2023*. 2023. Disponível em: https://www.cnj.jus.br/wp-content/uploads/2023/08/justica-em-numeros-2023.pdf. Acesso em: 01 ago. 2024.

BRASIL. Supremo Tribunal Federal. STF. 2019. *Portaria 75, de 21 de março de 2019*. Adota a missão estratégica, princípios e diretrizes do Supremo Tribunal Federal para o biênio 2019/2020. Disponível em: https://api-atosnormativosprd.azurewebsites.net/api/normativo/apresentacao/2753. Acesso em: 02 ago. 2024.

BRASIL. Supremo Tribunal Federal. STF. *Relatório da Gestão 2018-2020*. 2020. Disponível em: https://www.stf.jus.br/arquivo/cms/noticiaNoticiaStf/anexo/relatorioGestao2020.pdf. Acesso em: 01 ago. 2024.

BRASIL. Supremo Tribunal Federal. STF. 2023. *Regimento Interno*. Disponível em: https://www.stf.jus.br/ARQUIVO/NORMA/REGIMENTOINTERNO-C-1980.PDF. Acesso em: 02 ago. 2024.

BRASIL. Supremo Tribunal Federal. STF. *Resolução 623, de 31 de outubro de 2018*. Torna Público o Regulamento da Secretaria do Supremo Tribunal Federal. 2019. Disponível em: https://api-atosnormativosprd.azurewebsites.net/api/normativo/apresentacao/2734. Acesso em: 02 ago. 2024.

BRASIL Supremo Tribunal Federal. *Estatísticas do Ministro Dias Toffoli* – Prestação jurisdicional. Relatório de Gestão 2009 a 2018. Disponível em https://transparencia.stf.jus.br/extensions/corte_aberta/corte_aberta.html. Acesso em: 6/8/2024.

BRASIL Supremo Tribunal Federal. Plenário Virtual. *Corte Aberta*. Disponível em: https://portal.stf.jus.br/hotsites/plenariovirtual/index.html.

LIRA, Daiane Nogueira de. SANTOS, Lucilene Rodrigues. MIRANDA, Raulino Palha de. Juízo de Admissibilidade no Supremo Tribunal Federal – Projeto #100% ARE. *Consultor Jurídico*. Disponível https://www.conjur.com.br/dl/ar/artigo-lira-santos-miranda.pdf. Acesso em: 11 ago. 2024.

Informação bibliográfica deste texto, conforme a NBR 6023:2018 da Associação Brasileira de Normas Técnicas (ABNT):

SANTOS, Lucilene Rodrigues; MIRANDA, Raulino Palha de. Juízo de admissibilidade recursal no Supremo Tribunal Federal: #100% AREs. *In*: MENDES, Gilmar Ferreira; LIRA, Daiane Nogueira de; FREIRE, Alexandre (coord.). *Constituição, democracia e diálogo*: 15 anos de Jurisdição Constitucional do Ministro Dias Toffoli. 2. ed. Belo Horizonte: Fórum, 2025. p. 1023-1037. ISBN 978-65-5518-937-7.

LIBERDADE DE EXPRESSÃO E PROPAGANDA ELEITORAL: O LEGADO DO MINISTRO DIAS TOFFOLI NO TRIBUNAL SUPERIOR ELEITORAL

LUIS GUSTAVO MOTTA SEVERO DA SILVA

I Introdução

Desde a redemocratização, os processos eleitorais tornaram-se plurais e periódicos, garantindo aos cidadãos a possibilidade de escolher livremente seus representantes por meio do sufrágio universal, secreto e direto. Refletindo essa compreensão constitucional, a propaganda eleitoral tornou-se garantia fundamental, diretamente vinculada à liberdade de expressão, permitindo ao eleitorado acesso às diferentes candidaturas, que podem tanto apresentar suas propostas e projetos quanto expor argumentos contrários à escolha de outros candidatos.

A partir dessas balizas, o que se observou foi que, após a promulgação da Constituição de 1988, especialmente a partir das eleições de 1994, a disputa pela Presidência da República sempre foi marcada por uma competição política polarizada entre duas forças políticas e ideológicas opostas.

Foi assim em 1994 (FHC x Lula), 1998 (FHC x Lula), 2002 (Lula x Serra), 2006 (Lula x Alckmin) e 2010 (Dilma x Serra). O processo eleitoral de 2014, entretanto, representou uma mudança nesse cenário: o surgimento de uma terceira força política nacionalmente relevante (Eduardo Campos e PSB), seguido do trágico acidente que prematuramente tirou a vida do político pernambucano, embaralhou o cenário nacional e desencadeou uma acirrada competitividade entre três candidaturas (Dilma x Aécio x Marina) que, segundo as pesquisas da época, possuíam chances reais de avançar ao segundo turno e vencer o pleito.

Diante desse contexto, as estratégias adotadas na propaganda eleitoral mudaram significativamente, intensificando – logo no primeiro turno – o uso de instrumentos de propaganda eleitoral negativa. O que estava em jogo era uma vaga no segundo turno. Isso desencadeou uma enorme litigiosidade entre as campanhas, resultando em centenas de representações e pedidos de direito de resposta junto ao Tribunal Superior Eleitoral.

Coube ao TSE, sob a presidência do Ministro Dias Toffoli, enfrentar esses desafios e adotar medidas inéditas para estabelecer as bases institucionais necessárias e garantir que o eleitorado efetivamente pudesse ter acesso às propostas dos candidatos e, com isso, exercer na plenitude o direito fundamental ao sufrágio ativo.

A partir desse contexto, utilizando o método indutivo e com base em análises de doutrinas e da compreensão jurisprudencial, este estudo se propõe a analisar a compreensão do regime jurídico que norteia a propaganda eleitoral. Em seguida, o foco se volta à compreensão jurisprudencial de acórdãos que trataram sobre propaganda eleitoral e que foram relatados ou tiveram participação do Ministro Dias Toffoli, fundamentais para compreender as mudanças que se estruturaram em relação à liberalidade de manifestação, especialmente no período de pré-campanha. Por fim, a terceira se volta à compreensão dos elementos de propaganda eleitoral que nortearam o processo eleitoral de 2014, promovendo análise sobre o papel exercido pelo Tribunal Superior Eleitoral e a atuação do Ministro Dias Toffoli na presidência.

II A propaganda eleitoral como garantia fundamental: uma abordagem à luz dos pilares da Constituição de 1988

No âmbito constitucional, a liberdade de expressão constitui garantia fundamental, a partir da qual se vinculam três elementos principais que interagem e se complementam: a liberdade de expressão *stricto sensu*, a liberdade de informação e a liberdade de imprensa. O primeiro ponto protege o direito de externar e difundir pensamentos, opiniões e sentimentos, sem que sejam arbitrariamente punidos ou silenciados. Ao mesmo tempo, o segundo ponto se vincula ao direito de acesso à informação, ao direito de informar e ao direito de ser informado. O terceiro elemento é a liberdade de imprensa, que garante a externalização, a divulgação e a transmissão de fatos e acontecimentos.[1]

A partir desses elementos, o processo de elaboração do texto constitucional promoveu a estruturação do sistema de liberdade de expressão, que teve como objetivo romper com a censura, além de estruturar ambiente social no qual fosse possível a promoção de debates públicos livres e inclusivos.[2] Corroborando essa concepção, a importância conferida pela Constituição à liberdade de expressão se justifica em razão de sua vinculação com a democracia, de modo que a preservação das liberdades de comunicação se apresenta como fundamental ao próprio regime democrático.[3]

Dessa forma, entende que "a subjetividade de cada indivíduo, no desenvolver das atividades tuteladas pela liberdade de expressão, é pedra angular na formação dos

---

[1] OSORIO, Aline. *Direito eleitoral e liberdade de expressão*. 2. ed. Belo Horizonte: Fórum, 2022. p. 40-41. Em outra divisão, Luna Van Brussel Barroso compreende que a liberdade de expressão pode ser analisada a partir de uma dupla dimensão. Em primeiro lugar, há a esfera individual, que assegura a cada indivíduo o direito à manifestação livre e autônoma de suas ideias e opiniões. Por outro lado, a dimensão coletiva se refere ao direito da coletividade de ter acesso a informações e manifestações expressas por outros membros da sociedade, garantindo assim a troca de ideias e a formação de uma opinião pública informada (BARROSO, Luna Van Brussel. *Liberdade de expressão e democracia na era digital*: o impacto das mídias sociais no mundo contemporâneo. São Paulo: Fórum, 2022. p. 74-75).

[2] BARROSO, Luna Van Brussel. *Liberdade de expressão e democracia na era digital*: o impacto das mídias sociais no mundo contemporâneo. São Paulo: Fórum, 2022. p. 45.

[3] OSORIO, Aline. *Direito eleitoral e liberdade de expressão*. 2. ed. Belo Horizonte: Fórum, 2022. p. 47.

Estados democráticos e no pluralismo cultural presente na esfera pública".[4] O Ministro Dias Toffoli, também refletindo sobre essa relação, afirma que "a democracia somente se firma e progride em um ambiente em que diferentes convicções e visões de mundo possam ser expostas, defendidas e confrontadas umas com as outras, em um debate rico, plural e resolutivo".[5] Além disso, Jonatas Machado também reflete a vinculação da liberdade de expressão com o ideal republicano, pois é fundamental na garantia da participação cívica e nos debates sobre questões políticas.[6]

Por conta dessa vinculação, é possível perceber a existência de um regime constitucional da liberdade de expressão, que tem resguardo inicial no art. 5º, incs. IV, IX e XIV, os quais garantem, respectivamente, a livre manifestação do pensamento, com exceção ao anonimato, o direito à expressão da atividade intelectual, artística, científica e de comunicação, independentemente de censura ou licença e o direito de acesso à informação.

Ao mesmo tempo, o inc. V do art. 5º garante o direito de resposta, proporcional ao agravo, assim como assegura a indenização por dano material, moral ou à imagem. Na sequência, o art. 220 da Constituição também é importante, à medida que proíbe restrição à manifestação do pensamento, criação, expressão e informação, sob qualquer forma, processo ou veículo, além dos seus diferentes parágrafos detalharem a garantia à plena liberdade de informação jornalística.

Diante da estruturação sistemática, a liberdade de expressão e informação passou a ser vista em uma "posição preferencial relativa na arquitetura constitucional brasileira", entendendo-se, com base na compreensão estabelecida pelo Supremo Tribunal Federal, que as restrições "não são ilegítimas, mas carecem de robusta justificação e reforçado ônus argumentativo".[7]

Como decorrência lógica, a liberdade de expressão se apresenta como a regra, mas esse não é um direito absoluto, devendo-se observar os limites materiais vinculados aos dispositivos constitucionais, sendo que as eventuais restrições devem decorrer de lei formal, atender aos fins constitucionais e ter a finalidade de preservar a subsistência de sociedade democrática e plural.[8]

4   GIACOMO, Michael Almeida di. Âmbito de proteção da liberdade de manifestação do pensamento e da liberdade de expressão. *Revista do Ministério Público do Rio Grande do Sul*, Porto Alegre, n. 87, jan./jun. 2020. p. 265.

5   TOFFOLI, José. Fake news, desinformação e liberdade de expressão. In: ABBOUD, Georges; NERY JUNIOR, Nelson; CAMPOS, Ricardo. *Fake news e regulação*. São Paulo: Revista dos Tribunais, 2019. *E-book*.

6   MACHADO, Jonatas Eduardo Mendes. *Liberdade de expressão*: dimensões constitucionais da espera pública no sistema social. Coimbra: Coimbra Editora, 2002. p. 259-260.

7   SARLET, Ingo Wolfgang; SIQUEIRA, Andressa de Bittencourt. As novas dimensões da liberdade de expressão numa democracia: uma análise à luz dos desafios relativos às fake news nas redes sociais. In: BRANCO, Paulo Gustavo G.; FONSECA, Reynaldo Soares da; BRANCO, Pedro Henrique de Moura G. *et al*. *Eleições e democracia na era digital*. São Paulo: Grupo Almedina, 2022. Coleção IDP. No que se refere à posição preferencial exercida pela liberdade de expressão na ordem constitucional, é imprescindível mencionar a Arguição de Descumprimento de Preceito Fundamental (ADPF) nº 130, na qual o Supremo Tribunal Federal (STF) declarou a não recepção integral da Lei de Imprensa (Lei nº 5.250/1967). Além disso, na Ação Direta de Inconstitucionalidade (ADI) nº 4.451, o STF também reconheceu que, no contexto eleitoral, as manifestações humorísticas constituem exercício da liberdade de expressão, a qual ocupa posição de primazia na ordem constitucional.

8   WEBER, Rosa Maria Pires. Protegendo a liberdade na luta pela democracia: reflexões a partir da experiência do Tribunal Superior Eleitoral e do Supremo Tribunal Federal. In: JORGE, Thais de Mendonça. *Desinformação o mal do século*: distorções, inverdades, fake news. Brasília: Supremo Tribunal Federal, 2023. p. 33. Refletindo sobre esse ponto, Ingo Wolfgang Sarlet e Andressa de Bittencourt Siqueira afirmam que "embora a liberdade de expressão e de informação seja estruturante e mesmo condição de possibilidade da Democracia, o seu manejo

A partir desses pressupostos, tem-se que, como decorrência da primazia conferida pela Constituição, a liberdade de expressão e informação também se apresenta como elemento fundamental ao processo eleitoral, que, para ser livre, justo e fidedigno, deve garantir a livre manifestação do pensamento no exercício das liberdades políticas, especialmente no que se refere à propaganda eleitoral.[9]

Por conta dessa relação, a liberdade de expressão no processo eleitoral se vincula "tanto a cobertura dos meios de comunicação sobre as eleições, os candidatos e os partidos, quanto as manifestações da cidadania a esse respeito, nas ruas e nas redes sociais".[10] Corroborando essa posição, observa-se que o pleno exercício do sufrágio eleitoral somente pode ser exercido a partir do livre fluxo de ideias, permitindo ao eleitorado construir, a partir de informações autônomas, suas opiniões e escolhas.[11]

Refletindo essa interseção entre a liberdade de expressão e a propaganda eleitoral, observa-se que é essencial garantir que o eleitorado tenha conhecimento em relação às diferentes candidaturas, podendo, livremente, escolher seus representantes. Ao mesmo tempo, é essencial garantir às candidaturas a oportunidade de fazer propaganda e apresentar suas propostas, bem como as razões pelas quais o eleitorado não deve escolher outros candidatos.[12]

No que se refere especificamente à propaganda eleitoral, Carlos Neves Filho afirma que este mecanismo se qualifica pela criação de "estados mentais favoráveis às propostas e às realizações políticas, mas calcadas no debate e na livre circulação de informações e ideias". A partir dessa visão, defende que a propaganda eleitoral, por ter amparo no regime democrático e ser resguardada pela liberdade de expressão, não pode ser restringida, exceto se contrariar outras garantias constitucionais.[13]

Sobre o conceito e características, Mauro Prezotto afirma que a propaganda eleitoral tem por objetivo conquistar o voto do eleitor. Para isso, o candidato pode apresentar suas qualidades e qualificações, bem como expor projetos. Além disso, outra vertente é a propaganda eleitoral negativa, garantindo a exposição de aspectos "desabonadores dos candidatos" e "a falta de sustentação das propostas e projetos por eles apresentados".[14]

---

abusivo também pode colocar a Democracia e suas instituições (dentre elas a própria liberdade de expressão e informação) em grave risco" (SARLET, Ingo Wolfgang; SIQUEIRA, Andressa de Bittencourt. As novas dimensões da liberdade de expressão numa democracia: uma análise à luz dos desafios relativos às fake news nas redes sociais. *In*: BRANCO, Paulo Gustavo G.; FONSECA, Reynaldo Soares da; BRANCO, Pedro Henrique de Moura G. *et al. Eleições e democracia na era digital*. São Paulo: Grupo Almedina, 2022. Coleção IDP. p. 176-177).

[9] GONÇALVES, Guilherme de Salles. A liberdade de exercício da propaganda eleitoral e o "dever" de respeito às posturas municipais. *In*: GONÇALVES, Guilherme de Salles; PEREIRA, Luiz Fernando Casagrande; STRAPAZZON, Carlos Luiz (Coord.). *Direito eleitoral contemporâneo*. Belo Horizonte: Fórum, 2008. p. 223-224.

[10] OSORIO, Aline. *Direito eleitoral e liberdade de expressão*. 2. ed. Belo Horizonte: Fórum, 2022. p. 129-130.

[11] BARROSO, Luna Van Brussel. *Liberdade de expressão e democracia na era digital*: o impacto das mídias sociais no mundo contemporâneo. São Paulo: Fórum, 2022. p. 53.

[12] SALIBA, Michel. A propaganda eleitoral em locais públicos e o retrocesso na liberdade das campanhas nas ruas. *In*: FUX, Luiz; PEREIRA, Luiz Fernando Casagrande; AGRA, Walber de Moura (Coord.); PECCININ, Luiz Eduardo (Org.). *Tratado de direito eleitoral*: propaganda eleitoral. Belo Horizonte: Fórum, 2018. p. 175.

[13] NEVES FILHO, Carlos. *Propaganda eleitoral e o princípio da liberdade da propaganda política*. Belo Horizonte: Fórum, 2012. p. 27-28.

[14] PREZOTTO, Mauro Antonio. Propaganda eleitoral negativa como instrumento de convencimento do eleitor. *In*: FUX, Luiz; PEREIRA, Luiz Fernando Casagrande; AGRA, Walber de Moura (Coord.); PECCININ, Luiz Eduardo (Org.). *Tratado de direito eleitoral*: propaganda eleitoral. Belo Horizonte: Fórum, 2018. p. 34-35; 48.

Walber Agra e Carlos Velloso, por sua vez, afirmam que a propaganda eleitoral é o meio essencial para ganhar eleições, mas não se resume a um mecanismo de captação de votos, pois, por se caracterizar como liberdade fundamental, constitui-se em componente importante, proporcionando a dialética do pleito e permitindo ao eleitorado, com base no antagonismo das propostas apresentadas, decidir qual delas se mostra mais factível para atender aos seus anseios.[15]

Diante da diversidade de conceituações e de compreensão unificada, prevaleceu por muito tempo – e ainda mantém sua relevância – o conceito estabelecido em decisões do Tribunal Superior Eleitoral. Essa interpretação tem como base a compreensão de que propaganda eleitoral se caracteriza como o ato que proporciona o conhecimento amplo de maneira direta ou dissimulada "[d]a candidatura, mesmo que apenas postulada, a ação política que se pretende desenvolver ou as razões que induzam a concluir que o beneficiário é o mais apto ao exercício da função pública".[16]

Em uma compreensão que sintetiza, ainda que parcialmente, as visões apresentadas, Frederico Almeida destaca a importância da propaganda eleitoral, visto que se relaciona tanto ao exercício das liberdades individuais quanto à afirmação da igualdade material, pois é instrumento para o correto exercício do sufrágio.[17] Dessa forma, a propaganda eleitoral deve ser vista como direito fundamental e essencial ao funcionamento da democracia representativa, possibilitando que as diferentes candidaturas possam ser vistas e ouvidas pelo eleitorado, com a livre circulação de ideias e a posterior escolha dos representantes.[18]

Diante dos referidos conceitos, é possível delimitar a propaganda eleitoral a partir de dois aspectos distintos. O primeiro é o temporal, à medida que é considerada lícita somente a propaganda difundida durante o período estabelecido pelo art. 36 da Lei nº 9.504/97.[19] O outro aspecto é o teleológico, pois somente neste período é permitida a realização do pedido expresso de voto com a divulgação de elementos que levem à conquista do apoio, sendo que a defesa da candidatura pode ocorrer com a apresentação de propostas ou mesmo com elementos que busquem retirar votos dos demais candidatos.[20]

Em razão da importância conferida pela Constituição e com base nas concepções detalhadas, é possível concluir – ainda que de forma preliminar – que a propaganda eleitoral constitui elemento fundamental para a realização de eleições livres e democráticas. Como reflexo dessas bases, torna-se necessário analisar a atuação do Ministro

---

[15] AGRA, Walber de Moura; VELLOSO, Carlos Maria da Silva. Propaganda eleitoral e sua incidência. *Estudos Eleitorais*, v. 5, n. 1, jan./abr. 2010. p. 38.

[16] BRASIL. Tribunal Superior Eleitoral. Recurso Especial Eleitoral 15732/MA. Relator: Min. Eduardo Alckmin. Acórdão de 15 de abril de 1999. *Revista de Jurisprudência do TSE*, v. 11, n. 3, p. 170.

[17] ALMEIDA, Frederico Rafael Martins de. A propaganda eleitoral em bens particulares: sua limitação proporcional e a liberdade de expressão. In: FUX, Luiz; PEREIRA, Luiz Fernando Casagrande; AGRA, Walber de Moura (Coord.); PECCININ, Luiz Eduardo (Org.). *Tratado de direito eleitoral*: propaganda eleitoral. Belo Horizonte: Fórum, 2018. p. 164-165.

[18] GAMBOGI, Flavio Boson. *Política, direito e cidadania*: uma análise da limitação temporal à propaganda política-eleitoral no contexto democrático. 2017. 113 f. Dissertação (Mestrado em Direito) – Faculdade de Direito, Universidade Federal de Minas Gerais, Belo Horizonte, 2017. p. 14.

[19] "Art. 36. A propaganda eleitoral somente é permitida após o dia 15 de agosto do ano da eleição".

[20] AGRA, Walber de Moura; VELLOSO, Carlos Maria da Silva. Propaganda eleitoral e sua incidência. *Estudos Eleitorais*, v. 5, n. 1, jan./abr. 2010. p. 38-39.

Dias Toffoli e a defesa desses princípios ao longo de sua atuação no Tribunal Superior Eleitoral.

III Análise de votos do Ministro Dias Toffoli em matéria de propaganda eleitoral no Tribunal Superior Eleitoral

A atuação do Ministro Dias Toffoli no Tribunal Superior Eleitoral teve início em 2009, quando assumiu a vaga de ministro substituto, permanecendo no cargo até 2012, ano em que foi empossado como ministro titular. Em 19.11.2013, tomou posse como vice-presidente e, em 14.5.2014, assumiu o mandato como presidente do referido tribunal.[21] Ao longo desse período, o Ministro Dias Toffoli foi relator de julgamentos que se tornaram precedentes em diversos temas relacionados ao direito eleitoral.

Diante do número de julgados de sua relatoria, foram selecionadas, para os fins a que se destina o presente estudo, as decisões relatadas ou com participação direta, especificamente no âmbito da propaganda eleitoral. Das 204 decisões analisadas, foram selecionadas aquelas consideradas de fundamental importância para a temática abordada, as quais serão detalhadamente examinadas a seguir.

No julgamento do Recurso Especial Eleitoral nº 7.464/RN, o Ministro Dias Toffoli entendeu que a divulgação de discurso proferido em evento partidário por meio do Twitter não configurava irregularidade, considerando que a restrição proposta pela ação causaria violação às liberdades de pensamento e de expressão. No voto, argumentou que a rede social em questão, na forma como estava estruturada naquele momento, não tinha o potencial de causar repercussão geral das manifestações. As reflexões e argumentos expostos foram importantes para os debates subsequentes e refletem o protagonismo exercido pelo ministro, que defendeu a prevalência da liberdade de expressão no contexto digital, ainda inovador naquele momento, mas que se tornou central nos pleitos eleitorais posteriores.[22]

No Agravo Interno em Agravo em Recurso Especial nº 47.247/SP, o voto do Ministro Dias Toffoli, embora não tenha abordado especificamente a questão da liberdade de expressão, é relevante, pois manteve entendimento do Tribunal Regional Eleitoral de São Paulo no sentido de que a distribuição de material de campanha semelhante a marcador de texto não violou a legislação eleitoral, considerando que tal instrumento de propaganda não poderia ser equiparado a *brinde*, por não reverter qualquer vantagem indevida ao eleitorado.[23]

O presente trabalho também analisou detalhadamente outros nove julgamentos que ilustram o papel proeminente desempenhado pelo Ministro Dias Toffoli na compreensão de que, no período que antecede o início da campanha eleitoral, algumas formas de manifestação não caracterizam propaganda eleitoral antecipada.

---

[21] MINISTRO Dias Toffoli é eleito para ocupar a presidência do TSE. *Tribunal Superior Eleitoral*, Brasília, 8 abr. 2014. Disponível em: https://www.tse.jus.br/comunicacao/noticias/2014/Abril/ministro-dias-toffoli-e-eleito-para-ocupar-a-presidencia-do-tse. Acesso em: 6 ago. 2024.

[22] BRASIL. Tribunal Superior Eleitoral. Recurso Especial Eleitoral 7464/RN. Relator: Min. Dias Toffoli. *Revista de Jurisprudência do TSE*, v. 25.2, p. 121, 12 set. 2013.

[23] BRASIL. Tribunal Superior Eleitoral. Agravo de Instrumento 47247/SP. Relator: Min. Dias Toffoli. *Diário de Justiça Eletrônico*, 4 dez. 2013.

Esse entendimento contrastou – à época – com a posição que prevaleceu por diversos anos no Tribunal Superior Eleitoral, que entendia que manifestações que pudessem, ainda que de forma dissimulada, se vincular a futuras candidaturas configurariam propaganda eleitoral extemporânea. Tais votos demonstram a consistente posição do ministro em defender a liberdade de expressão, mesmo antes das alterações estabelecidas pelo Congresso Nacional a partir da Lei nº 13.165/15.

Ao longo das decisões em questão, o Ministro Dias Toffoli destacou que a legislação vigente à época apresentava uma interpretação excessivamente restritiva, considerando irregular a simples participação de filiados, potenciais candidatos no pleito eleitoral subsequente, em propaganda partidária realizada no primeiro semestre.[24]

No Agravo Regimental no Agravo em Recurso Especial nº 4.268-45/PR, embora o ministro tenha ficado vencido, promoveu importante reflexão sobre a necessidade de alteração da legislação, considerando que em matéria eleitoral deve prevalecer a liberdade de expressão. Com base nessa hermenêutica, ressaltou que somente as manifestações com pedido expresso de voto deveriam ser sancionadas como propaganda eleitoral extemporânea.[25] Em contexto semelhante, no julgamento da Representação nº 1.248-46/DF, o ministro proferiu voto no qual ressaltou que "o cidadão brasileiro, aquele que paga esse horário, deve ter o direito de ouvir dos seus partidos políticos os seus programas, os seus próceres, os seus governos e as suas realizações".[26]

Em 2015, já na presidência do TSE, o Ministro Dias Toffoli apresentou um histórico da firme posição que havia adotado em relação ao tema desde que ingressou na Corte, além de defender, mais uma vez, a necessidade de promover uma interpretação contextual como forma de compreender que "a configuração da propaganda extemporânea há de se ter referência a pleito eleitoral e expresso pedido de voto".[27]

A análise sistemática dos votos proferidos pelo Ministro Dias Toffoli revela a posição consistente e coerente em relação à liberdade de manifestação durante o período pré-eleitoral. Segundo a visão externada, a caracterização da propaganda extemporânea deve estar necessariamente vinculada à presença de pedido explícito de voto, entendimento que, logo na sequência, foi acolhido pelo Congresso Nacional, resultando na alteração do art. 36-A da Lei nº 9.504/97 e propiciando grande flexibilidade aos pré-candidatos no período pré-eleitoral. Essa posição se alinha à compreensão disposta na primeira parte do estudo, no sentido de que a liberdade de manifestação é direito fundamental, inerente à democracia e essencial para a participação no processo político.

---

[24] BRASIL. Tribunal Superior Eleitoral. Recurso Especial Eleitoral 362884/RN. Relator: Min. Dias Toffoli. *Diário de Justiça Eletrônico*, n. 175, 18 set. 2014. p. 39.

[25] BRASIL. Tribunal Superior Eleitoral. Agravo Regimental em Agravo de Instrumento 426845/PR. Relator: Min. Laurita Vaz. *Diário de Justiça Eletrônico*, n. 099, 28 maio 2013. p. 43-44.

[26] BRASIL. Tribunal Superior Eleitoral. Representação 124846/DF. Relator: Min. Nancy Andrighi. *Diário de Justiça Eletrônico*, n. 115, p. 76, 20 jun. 2012.

[27] BRASIL. Tribunal Superior Eleitoral. Recurso Especial Eleitoral 28428/SP. Relator: Min. Dias Toffoli. *Diário de Justiça Eletrônico*, n. 37, p. 43, 25 fev. 2015.

IV O papel do Ministro Dias Toffoli no debate sobre os limites à propaganda eleitoral negativa nas eleições de 2014

Como mencionado anteriormente, a campanha eleitoral de 2014 para a Presidência da República foi marcada por características particulares em relação às eleições anteriores e subsequentes. A repetição de uma disputa partidária de 20 anos (PT x PSDB), o natural desgaste de um grupo político que já comandava o país há 12 anos, o trágico falecimento de uma das novas forças políticas que se consolidava nacionalmente no Brasil e os últimos momentos de predominância da propaganda eleitoral no rádio e na televisão como principal instrumento de acesso e convencimento do eleitorado; tudo isso contribuiu para que as eleições de 2014 fossem uma das mais desafiadoras tanto para os candidatos e partidos políticos, como para a Justiça Eleitoral brasileira.

É nesse contexto que, ao longo do pleito de 2014, verificou-se uma escalada sem precedentes da chamada *propaganda eleitoral negativa*. Esses instrumentos publicitários tornaram-se protagonistas em diferentes etapas das campanhas, visando desacreditar candidatos e influenciar o eleitorado a não votar em determinada pessoa.

Analisando esse mesmo fenômeno, um estudo científico examinou todas as propagandas veiculadas no horário eleitoral gratuito pelos principais candidatos à Presidência da República nas eleições de 2014, demonstrando a discrepância em relação aos pleitos anteriores, especialmente devido ao aumento significativo no uso de propagandas com críticas ou ataques recíprocos entre os principais candidatos.

Segundo os dados disponíveis no estudo, o uso da propaganda eleitoral negativa no processo eleitoral de 2014 só pode ser comparado à disputa presidencial de 1989, o que evidencia a intensidade e agressividade das campanhas eleitorais naquele pleito.[28]

E o crescimento do uso da chamada *propaganda eleitoral negativa* teve impacto direto no cenário jurídico das eleições de 2014. As equipes jurídicas dos principais candidatos foram formatadas com nomes de grande expressão no cenário jurídico nacional, importantes debates foram protagonizados no âmbito do TSE e as disputas na Corte ganharam extrema relevância na campanha eleitoral.[29]

Ao se analisar alguns julgamentos relativos às eleições de 2014, é possível observar a existência de posicionamento inicial do TSE no sentido de que "não enseja o direito de resposta, a que se refere o art. 58 da Lei nº 9.504/97, crítica genérica, inespecífica, despida de alusão clara a determinado governo, candidato, partido ou coligação". Além disso, destacou-se no referido julgamento que "a concessão de direito de resposta pressupõe inverdades manifestas e/ou ofensas objetivas, não sendo dado à Justiça Eleitoral complementar falas, adicionar novos elementos, preencher lacunas e edificar ilações de todo subjetivas".[30]

---

[28] MAIA, Lucy Oliveira; ALVES, Mércia. A agenda da propaganda negativa na campanha de 2014. *Teoria & Sociedade*, Belo Horizonte, v. 25, n. 2, p. 1-26, 2017. p. 5.

[29] À época, a equipe jurídica da candidata Dilma Rousseff era liderada por advogados como Gustavo Severo, Arnaldo Versiani, Pierpaolo Bottini, Thiago Boverio, Angela Cignachi e Flávio Caetano. Já o candidato Aécio Neves teve coordenação jurídica de Carlos Eduardo Caputo Bastos, Marilda de Paula Silveira, José Eduardo Rangel de Alckmin e Marcelo Henriques Ribeiro de Oliveira. Além disso, Marina Silva foi representada por Ricardo Penteado de Freitas Borges, Francisco Octavio de Almeida Prado Filho e Gabriela Rollemberg de Alencar.

[30] BRASIL. Tribunal Superior Eleitoral. *Representação 119271/DF*. Relator: Min. Tarcísio Vieira de Carvalho Neto. Publicado em sessão, 23 set. 2014.

Não se deve olvidar que, mesmo nesse ambiente mais deferente à liberdade de expressão no processo eleitoral, por vezes, o TSE deferiu direitos de resposta em favor de candidatos ou partidos políticos, sempre que verificados casos extremos de ataques pessoais ou notícias manifestamente inverídicas (em uma época em que ainda não se falava em *fake news*).

Não raras vezes também, é importante que se ressalte, as decisões do TSE acerca de determinado comercial (se ofensivo/inverídico ou não) foram tomadas por apertada maioria. Em outras, a solução do caso dependia da compreensão (mais ou menos rigorosa) que o ministro relator do feito aplicava ao tema.

O fato é que o binômio *liberdade de propaganda x igualdade de chances*, ou *liberdade de propaganda x direito à honra e à imagem* esteve no centro dos debates judiciais no âmbito do TSE nas eleições de 2014.

Justamente em razão desse cenário conflituoso, verificou-se um número acentuado de demandas entre as candidaturas. Ao longo do pleito, somente envolvendo a candidata Dilma Rousseff (como autora ou requerida), mais de 300 representações tramitaram no TSE, com o objetivo de questionar comerciais de rádio, televisão e outras estratégias publicitárias. Esse quadro se manteve no segundo turno, com a propositura de dezenas de representações e pedidos de direito de resposta entre as campanhas de Dilma Rousseff e Aécio Neves.

Ocorre que, a partir da segunda metade do segundo turno, com grande intensificação dos ataques recíprocos entre os candidatos nas propagandas de rádio e televisão, a maioria dos integrantes do Tribunal Superior Eleitoral passou a compreender que em "homenagem ao debate eleitoral fértil e autêntico, a propaganda eleitoral deve ater-se às propostas de planos de governo, divulgação e discussão de ideias, lastreadas no interesse público e balizadas pela ética, decoro e urbanidade". Em outro trecho, o Min. Admar Gonzaga ressaltou que "o horário eleitoral não é ambiente próprio para ataques e ofensas, com críticas destrutivas ao adversário, com nítido desvirtuamento do espaço reservado à propaganda eleitoral".[31]

Tratou-se mais de uma resposta do Tribunal à escalada de ataques recíprocos entre as candidaturas no segundo turno das eleições do que propriamente de uma mudança de postura no tema da liberdade de expressão em campanhas eleitorais.

Fato é que essa nova postura do TSE, somada à grande quantidade de representações e pedidos de direito de resposta que aguardavam julgamento pelo Plenário da Corte, certamente inviabilizaria a continuidade das campanhas eleitorais de rádio e televisão na reta final da campanha. Dezenas de minutos seriam subtraídos dos programas e outras dezenas de direitos de resposta seriam concedidas reciprocamente.

Justamente no momento mais decisivo da eleição, e num cenário de empate técnico entre os candidatos, o eleitor ficaria alijado de receber informações que poderiam ser decisivas na formação de sua decisão política.

Nesse contexto, o Ministro Dias Toffoli teve a louvável e histórica atitude de, na qualidade de presidente do Tribunal Superior Eleitoral, convocar, há menos de

---

[31] BRASIL. Tribunal Superior Eleitoral. *Representação 172445/DF*. Relator: Min. Admar Gonzaga. Publicado em sessão, 21 out. 2014.

uma semana para o término das eleições, reunião entre as coordenações jurídicas das campanhas, a Procuradoria-Geral Eleitoral e os demais ministros integrantes da Corte.

Na ocasião, o ministro presidente expôs reflexões e análises sobre o impacto que o julgamento das referidas ações poderia acarretar aos eleitores e à própria legitimidade do processo eleitoral, bem como sobre o risco para as candidaturas de manter o tom belicoso que se verificara até então.

Muito se debateu em busca de pontos de consenso, ambas as candidaturas expuseram números e dados estatísticos e, ao final, com concessões recíprocas entre as equipes jurídicas, decidiu-se que ambas as coligações desistiriam de todas as 47 representações e pedidos de direito de resposta que ainda tramitavam no TSE, bem como que os últimos dias de campanha eleitoral focariam em campanhas propositivas, em uma espécie de trégua e de respeito aos momentos finais de reflexão do eleitorado.

Encerrada a reunião, todos seguiram imediatamente ao Plenário do TSE, onde ocorreria sessão ordinária de julgamentos. Aberta a sessão, e apregoada umas das representações envolvendo as candidaturas de Dilma e Aécio, os advogados de ambos os candidatos foram à Tribuna do TSE e anunciaram o histórico acordo:

> Senhor Presidente, tanto a Coligação Com a Força do Povo – por mim representada –, quanto a Coligação Muda Brasil – representada pelo Dr. Carlos Eduardo Caputo Bastos –, gostaríamos de submeter à Corte requerimento por nós formulado, no sentido de promover a desistência de todas as representações em curso.[32]

Em seguida, o Ministro Dias Toffoli destacou a importância do acordo estabelecido e o impacto positivo da conduta para a democracia:

> Quero, em nome do Tribunal Superior Eleitoral, dizer do imenso gesto para a democracia brasileira que as duas campanhas demonstram neste momento, ao se comprometerem a fazer campanhas propositivas e programáticas e desistindo de todas as representações. É este um momento histórico para esta Corte, eminentes ministros desta Casa. Eu quero parabenizar, emocionado, a Vossas Excelências e aos respectivos candidatos pelo acordo formulado. Ficam então homologados todos esses acordos nas representações em pauta e nenhuma delas será mais chamada a julgamento.[33]

Também o Dr. Rodrigo Janot, procurador-geral eleitoral da época, destacou:

> "O Ministério Público não poderia deixar de fazer um registro no que se refere à atuação do Tribunal Superior Eleitoral e especificamente de vossa excelência", afirmou o procurador-geral. Rodrigo Janot disse já haver identificado em conversas com diversos setores da sociedade, tanto em áreas técnicas como em áreas políticas, "um consenso sobre a necessidade da reforma no sistema político do Brasil, um sistema político arcaico, um sistema político vencido, um sistema político com viés corruptor".

---

[32] BRASIL. Tribunal Superior Eleitoral. *Representação 171923/DF*. Relator: Min. Admar Gonzaga. Publicado em sessão, 22 out. 2014.

[33] BRASIL. Tribunal Superior Eleitoral. *Representação 171923/DF*. Relator: Min. Admar Gonzaga. Publicado em sessão, 22 out. 2014.

Formalizado o acordo, os últimos dias do pleito transcorreram em total normalidade, com as campanhas de rádio e televisão veiculando conteúdo propositivo ou críticas políticas naturais no contexto eleitoral, bem como com a realização do derradeiro debate na Rede Globo na sexta-feira (24.10) que antecedeu o segundo turno das eleições.

O espírito público e o reconhecido papel conciliador do Ministro Dias Toffoli foram fundamentais para a celebração desse histórico acordo e, em última análise, para assegurar a legitimidade, lisura e transparência do pleito eleitoral de 2014.

Finalmente, merece breve registro outra característica marcante da passagem do Min. Dias Toffoli pela Presidência do TSE: o intenso diálogo e colaboração com organismos internacionais e com outros países, visando ao intercâmbio de experiências democráticas, tecnologias eleitorais e soluções para assegurar a segurança e legitimidade das eleições.[34]

São esses, sem dúvida, os maiores legados deixados pelo Min. Dias Toffoli em sua passagem pelo Tribunal Superior Eleitoral.

V   Conclusão

O processo eleitoral de 2014 foi marcado pela intensificação da polarização política e o aumento no uso de instrumentos de propaganda eleitoral negativa como estratégia para influenciar o eleitorado. Embora esse seja um meio legalmente aceito pela legislação eleitoral, seu uso não pode incluir a disseminação de afirmações caluniosas, difamatórias, injuriosas ou sabidamente falsas, mesmo que de forma indireta, conforme estabelece o art. 58 da Lei nº 9.504/97, que prevê a concessão do direito de resposta.

Em determinados contextos, como o observado em 2014, essa questão torna-se ainda mais complexa, pois o elevado número de peças publicitárias veiculadas com ataques colocou em risco o direito do eleitorado de acessar propostas e projetos políticos distintos no período final da campanha eleitoral, o que, como visto, é garantia fundamental para a formação livre e consciente no processo de escolha dos representantes.

O julgamento da Representação nº 1.719-23 destacou a importância de manter o debate eleitoral ético e propositivo, evitando que o horário eleitoral gratuito fosse dominado por ataques e ofensas que pudessem desvirtuar o espaço reservado à propaganda eleitoral. Esse julgamento foi um marco para a definição dos limites da propaganda eleitoral negativa, com foco na preservação da integridade do processo eleitoral.

Além disso, diante do risco que o contexto gerou ao processo democrático, o Ministro Dias Toffoli, então presidente do Tribunal Superior Eleitoral, desempenhou papel conciliativo crucial. Sua atuação foi fundamental tanto na condução dos debates quanto na busca pelo estabelecimento de limites que garantissem o equilíbrio entre a liberdade de expressão e a integridade do processo eleitoral.

Disso resultou o histórico acordo celebrado na última semana do segundo turno das eleições em que as coordenações jurídicas de Dilma Rousseff e Aécio Neves,

---

[34]   Nesse sentido merecem destaque, entre inúmeras outras medidas, a adesão do TSE ao IDEA – *International Institute for Democracy and Electoral Assistance*, o acompanhamento de inúmeras eleições na América Latina, África e Ásia e a realização do Seminário Latino-Americano de Direito Eleitoral a bordo de uma embarcação no Rio Negro (Amazonas).

reciprocamente, desistiram de 47 representações e se comprometeram a veicular campanhas propositivas nos últimos dias de propaganda eleitoral.

Referências

AGRA, Walber de Moura; VELLOSO, Carlos Maria da Silva. Propaganda eleitoral e sua incidência. *Estudos Eleitorais*, v. 5, n. 1, jan./abr. 2010.

ALMEIDA, Frederico Rafael Martins de. A propaganda eleitoral em bens particulares: sua limitação proporcional e a liberdade de expressão. *In*: FUX, Luiz; PEREIRA, Luiz Fernando Casagrande; AGRA, Walber de Moura (Coord.); PECCININ, Luiz Eduardo (Org.). *Tratado de direito eleitoral*: propaganda eleitoral. Belo Horizonte: Fórum, 2018.

BARROSO, Luna Van Brussel. *Liberdade de expressão e democracia na era digital*: o impacto das mídias sociais no mundo contemporâneo. São Paulo: Fórum, 2022.

BRASIL. Tribunal Superior Eleitoral. Agravo de Instrumento 47247/SP. Relator: Min. Dias Toffoli. *Diário de Justiça Eletrônico*, 4 dez. 2013.

BRASIL. Tribunal Superior Eleitoral. Agravo Regimental em Agravo de Instrumento 426845/PR. Relator: Min. Laurita Vaz. *Diário de Justiça Eletrônico*, n. 099, 28 maio 2013.

BRASIL. Tribunal Superior Eleitoral. Recurso Especial Eleitoral 15732/MA. Relator: Min. Eduardo Alckmin. Acórdão de 15 de abril de 1999. *Revista de Jurisprudência do TSE*, v. 11, n. 3, p. 170.

BRASIL. Tribunal Superior Eleitoral. Recurso Especial Eleitoral 28428/SP. Relator: Min. Dias Toffoli. *Diário de Justiça Eletrônico*, n. 37, p. 43, 25 fev. 2015.

BRASIL. Tribunal Superior Eleitoral. Recurso Especial Eleitoral 362884/RN. Relator: Min. Dias Toffoli. *Diário de Justiça Eletrônico*, n. 175, 18 set. 2014.

BRASIL. Tribunal Superior Eleitoral. Recurso Especial Eleitoral 7464/RN. Relator: Min. Dias Toffoli. *Revista de Jurisprudência do TSE*, v. 25.2, p. 121, 12 set. 2013.

BRASIL. Tribunal Superior Eleitoral. *Representação 119271/DF*. Relator: Min. Tarcísio Vieira de Carvalho Neto. Publicado em sessão, 23 set. 2014.

BRASIL. Tribunal Superior Eleitoral. Representação 124846/DF. Relator: Min. Nancy Andrighi. *Diário de Justiça Eletrônico*, n. 115, p. 76, 20 jun. 2012.

BRASIL. Tribunal Superior Eleitoral. *Representação 171923/DF*. Relator: Min. Admar Gonzaga. Publicado em sessão, 22 out. 2014.

BRASIL. Tribunal Superior Eleitoral. *Representação 172445/DF*. Relator: Min. Admar Gonzaga. Publicado em sessão, 21 out. 2014.

GAMBOGI, Flavio Boson. *Política, direito e cidadania*: uma análise da limitação temporal à propaganda política-eleitoral no contexto democrático. 2017. 113 f. Dissertação (Mestrado em Direito) – Faculdade de Direito, Universidade Federal de Minas Gerais, Belo Horizonte, 2017.

GIACOMO, Michael Almeida di. Âmbito de proteção da liberdade de manifestação do pensamento e da liberdade de expressão. *Revista do Ministério Público do Rio Grande do Sul*, Porto Alegre, n. 87, jan./jun. 2020.

GONÇALVES, Guilherme de Salles. A liberdade de exercício da propaganda eleitoral e o "dever" de respeito às posturas municipais. *In*: GONÇALVES, Guilherme de Salles; PEREIRA, Luiz Fernando Casagrande; STRAPAZZON, Carlos Luiz (Coord.). *Direito eleitoral contemporâneo*. Belo Horizonte: Fórum, 2008.

MACHADO, Jonatas Eduardo Mendes. *Liberdade de expressão*: dimensões constitucionais da espera pública no sistema social. Coimbra: Coimbra Editora, 2002.

MAIA, Lucy Oliveira; ALVES, Mércia. A agenda da propaganda negativa na campanha de 2014. *Teoria & Sociedade*, Belo Horizonte, v. 25, n. 2, p. 1-26, 2017.

MINISTRO Dias Toffoli é eleito para ocupar a presidência do TSE. *Tribunal Superior Eleitoral*, Brasília, 8 abr. 2014. Disponível em: https://www.tse.jus.br/comunicacao/noticias/2014/Abril/ministro-dias-toffoli-e-eleito-para-ocupar-a-presidencia-do-tse. Acesso em: 6 ago. 2024.

NEVES FILHO, Carlos. *Propaganda eleitoral e o princípio da liberdade da propaganda política*. Belo Horizonte: Fórum, 2012.

OSORIO, Aline. *Direito eleitoral e liberdade de expressão*. 2. ed. Belo Horizonte: Fórum, 2022.

PREZOTTO, Mauro Antonio. Propaganda eleitoral negativa como instrumento de convencimento do eleitor. *In*: FUX, Luiz; PEREIRA, Luiz Fernando Casagrande; AGRA, Walber de Moura (Coord.); PECCININ, Luiz Eduardo (Org.). *Tratado de direito eleitoral*: propaganda eleitoral. Belo Horizonte: Fórum, 2018.

SALIBA, Michel. A propaganda eleitoral em locais públicos e o retrocesso na liberdade das campanhas nas ruas. *In*: FUX, Luiz; PEREIRA, Luiz Fernando Casagrande; AGRA, Walber de Moura (Coord.); PECCININ, Luiz Eduardo (Org.). *Tratado de direito eleitoral*: propaganda eleitoral. Belo Horizonte: Fórum, 2018.

SARLET, Ingo Wolfgang; SIQUEIRA, Andressa de Bittencourt. As novas dimensões da liberdade de expressão numa democracia: uma análise à luz dos desafios relativos às fake news nas redes sociais. *In*: BRANCO, Paulo Gustavo G.; FONSECA, Reynaldo Soares da; BRANCO, Pedro Henrique de Moura G. *et al*. *Eleições e democracia na era digital*. São Paulo: Grupo Almedina, 2022. Coleção IDP.

TOFFOLI, José. Fake news, desinformação e liberdade de expressão. *In*: ABBOUD, Georges; NERY JUNIOR, Nelson; CAMPOS, Ricardo. *Fake news e regulação*. São Paulo: Revista dos Tribunais, 2019.

WEBER, Rosa Maria Pires. Protegendo a liberdade na luta pela democracia: reflexões a partir da experiência do Tribunal Superior Eleitoral e do Supremo Tribunal Federal. *In*: JORGE, Thais de Mendonça. *Desinformação o mal do século*: distorções, inverdades, fake news. Brasília: Supremo Tribunal Federal, 2023.

Informação bibliográfica deste texto, conforme a NBR 6023:2018 da Associação Brasileira de Normas Técnicas (ABNT):

SILVA, Luis Gustavo Motta Severo da. Liberdade de expressão e propaganda eleitoral: o legado do Ministro Dias Toffoli no Tribunal Superior Eleitoral. *In*: MENDES, Gilmar Ferreira; LIRA, Daiane Nogueira de; FREIRE, Alexandre (coord.). *Constituição, democracia e diálogo*: 15 anos de Jurisdição Constitucional do Ministro Dias Toffoli. 2. ed. Belo Horizonte: Fórum, 2025. p. 1039-1051. ISBN 978-65-5518-937-7.

A INCONSTITUCIONALIDADE DA TESE
DA LEGÍTIMA DEFESA DA HONRA E O
FORTALECIMENTO DA PROTEÇÃO ÀS MULHERES

LUÍS ROBERTO BARROSO

Nota prévia

O artigo que se segue compõe a obra coletiva para celebrar os quinze anos de atuação do Ministro Dias Toffoli no Supremo Tribunal Federal. Toffoli e eu fazemos parte da geração que lutou pela transição democrática brasileira. E, assim, sabemos bem que democracia não significa um regime de consensos, mas um modo de convivência em que as divergências são absorvidas de maneira civilizada e institucional. Ressalto esse ponto porque Toffoli e eu, em algumas ocasiões, tivemos visões diferentes dos caminhos a seguir. Esse fato, todavia, jamais diminuiu o respeito e consideração que temos um pelo outro, tampouco meu apreço pela maneira autêntica e leal com que sempre se comporta. Somos, assim, amigos afetuosos. E eu considero a afetividade uma das forças mais poderosas do universo.

José Antônio Dias Toffoli nasceu em Marília, São Paulo, no ano de 1967. Como cairia bem a um patriota, escolheu o dia 15 de novembro, data da Proclamação da República. Graduou-se em 1990 pela Faculdade de Direito do Largo de São Francisco e iniciou sua carreira na advocacia. Entre março de 2007 e outubro de 2009, assumiu o cargo de Advogado-Geral da União e, em outubro de 2009, pouco antes de completar 42 anos, tomou posse como ministro do Supremo Tribunal Federal.

Como presidente do Tribunal Superior Eleitoral, de 13.5.2014 a 12.5.2016, implementou diversas medidas que constituem verdadeiro legado para o país. Entre muitas outras ações, tornou obrigatória e periódica a realização do teste público de segurança do sistema eletrônico de votação e apuração, deu continuidade à implementação do Processo Judicial Eletrônico e do Sistema Eletrônico de Informações e encaminhou à Presidência da República proposta para a criação do revolucionário Registro Civil Nacional.

Em 13.9.2018, assumiu a Presidência do STF, tornando-se o mais novo ministro a assumir a chefia do Poder Judiciário. Durante sua gestão, o número de processos que aguardam julgamento foi reduzido em 70%, como resultado de uma série de medidas para modernizar os fluxos de trabalho no Tribunal e reforçar a colegialidade, a fim de assegurar uma prestação jurisdicional voltada para a sociedade plural, conectada e digital. Os investimentos em inovação tecnológica e o aperfeiçoamento do Plenário Virtual permitiram não apenas acelerar a pauta de julgamentos colegiados, mas também a continuidade da prestação jurisdicional mesmo em meio à pandemia de Covid-19.

A defesa da democracia e do Poder Judiciário e a busca pelo diálogo institucional como forma de garantir a harmonia e independência entre os poderes e a pacificação social também foram pilares da gestão do Ministro Dias Toffoli. Além da pandemia, nos seus dois anos de gestão, o Tribunal sofreu uma série de ataques antidemocráticos e notícias fraudulentas. A esse propósito, o Ministro Dias Toffoli professa uma crença importante – e que eu também compartilho: a de que, numa democracia, política é gênero de primeira necessidade. Por isso mesmo, é preciso restituir à política o papel central que lhe cabe em uma democracia, com representatividade, credibilidade e identificação com o interesse público.

Durante seus quinze anos de Supremo, o Ministro Dias Toffoli foi relator de inúmeros casos emblemáticos, que incluíram: (i) a constitucionalidade da federalização de crimes com grave violação de direitos humanos; (ii) a fixação de parâmetros para o compartilhamento dos relatórios de inteligência financeira da Unidade de Inteligência Financeira (UIF) e da íntegra do procedimento fiscalizatório da Receita Federal com os órgãos de persecução penal para fins criminais; (iii) a necessidade de manifestação do Congresso Nacional para que a denúncia de tratados internacionais produza efeitos no ordenamento jurídico interno; e (iv) a inconstitucionalidade do uso da tese da legítima defesa da honra em crimes de feminicídio ou de agressão contra mulheres, que será objeto de análise neste artigo.

I   Introdução

A Arguição de Descumprimento de Preceito Fundamental (ADPF) nº 779 foi proposta pelo Partido Democrático Trabalhista (PDT) para que fosse concedida interpretação conforme a Constituição aos arts. 23, II, e 25, *caput* e parágrafo único, do Código Penal (CP) e ao art. 65 do Código de Processo Penal (CPP), a fim de se afastar a tese jurídica da legítima defesa da honra e se fixar entendimento acerca da soberania dos veredictos. O autor também pleiteou interpretação conforme a Constituição ao art. 483, III, §2º, do CPP, que prevê o quesito absolutório genérico, caso a Corte considerasse necessário.

Em síntese, a questão controvertida era saber se é constitucional a tese da legítima defesa da honra, que, historicamente, tem sido utilizada para suscitar a excludente de ilicitude da legítima defesa nas hipóteses de feminicídio ou violência contra a mulher, ensejando a absolvição por esse fundamento. O principal argumento do autor era no sentido de que a garantia constitucional de soberania dos veredictos do tribunal do júri, por vezes, acaba legitimando julgamentos contrários aos elementos fático-probatórios produzidos à luz do devido processo legal, passando a mensagem de que é legítimo absolver réus que comprovadamente praticam feminicídio se isso houver ocorrido em defesa de suas honras.

Por unanimidade, em julgamento conduzido pelo brilhante voto proferido pelo Ministro Dias Toffoli, relator, o Supremo Tribunal Federal julgou integralmente procedente o pedido formulado na arguição para: (i) firmar o entendimento de que a tese da legítima defesa da honra é inconstitucional, por contrariar os princípios constitucionais da dignidade da pessoa humana, da proteção à vida e da igualdade de gênero; (ii) conferir interpretação conforme a Constituição aos arts. 23, II, 25, *caput* e parágrafo único, do CP, e ao art. 65 do CPP, de modo a excluir a legítima defesa da honra do âmbito do instituto da legítima defesa e, por consequência, (iii) obstar à defesa, à acusação, à autoridade policial e ao juízo que utilizem, direta ou indiretamente, a tese de legítima defesa da honra (ou qualquer argumento que induza à tese) nas fases pré-processual ou processual penais, bem como durante o julgamento perante o tribunal do júri, sob pena de nulidade do ato e do julgamento. Além disso, diante da impossibilidade de o acusado beneficiar-se da própria torpeza, ficou vedado o reconhecimento da nulidade na hipótese de a defesa ter-se utilizado da tese com essa finalidade. Por fim, os ministros julgaram procedente o pedido sucessivo apresentado pelo requerente, de forma a conferir interpretação conforme a Constituição ao art. 483, III, e §2º, do Código de Processo Penal, para afirmar que não fere a soberania dos veredictos do tribunal do júri o provimento de apelação que anule a absolvição fundada em quesito genérico quando, de algum modo, ela possa implicar a repristinação da odiosa tese da legítima defesa da honra.

O julgamento é um marco no combate à violência contra a mulher. O voto do Ministro Dias Toffoli baseou-se em três argumentos principais, que serão desenvolvidos ao longo deste texto: (i) a atecnia da tese da legítima defesa da honra; (ii) a ofensa constitucional à dignidade da pessoa humana, à vedação de discriminação e ao direito à vida e à igualdade; e (iii) os princípios da plenitude de defesa e da soberania dos veredictos no tribunal do júri. Antes de passar à apresentação dos principais argumentos do voto do relator, faço uma análise sobre a cultura de tolerância à violência contra a mulher, que repercute na elevada taxa de feminicídio em nosso país.

II A cultura de tolerância à violência contra a mulher e o combate à violência institucional

Ao analisar dados de 2003 a 2013, a Organização Mundial de Saúde (OMS) constatou que o Brasil tem a quinta maior taxa de feminicídios do mundo. Foram 4,8 homicídios por 100 mil mulheres. Esse índice nos coloca à frente apenas de El Salvador, Colômbia, Guatemala e Rússia. De lá para cá, apesar da promulgação da lei que previu o feminicídio como circunstância qualificadora do crime (Lei nº 13.104/2015), o cenário continuou estarrecedor. Somente no ano de 2022, 3.930 mulheres foram mortas no Brasil, segundo levantamento do Monitor da Violência.[1] Entre elas, 1.410 foram assassinadas apenas pelo fato de serem mulheres. Isso significa um feminicídio a cada 6 horas no

---

[1] BRASIL bate recorde de feminicídios em 2022, com uma mulher morta a cada 6 horas. *G1*. Disponível em: https://g1.globo.com/monitor-da-violencia/noticia/2023/03/08/brasil-bate-recorde-de-feminicidios-em-2022-com-uma-mulher-morta-a-cada-6-horas.ghtml. Acesso em: 28 mar. 2023.

país. Trata-se do maior número já registrado desde 2015 e representa 5% a mais do que o quantitativo alcançado no ano anterior. Ao tomar como referência os dados de 2021, o Fórum Brasileiro de Segurança Pública[2] constatou que a maioria dos feminicídios tem mulheres negras como vítimas (62%) e foi cometida por seus companheiros ou ex-companheiros (81,7%) na residência (65,6%), valendo-se de arma branca (50%).

Apesar de tamanha violação de direitos, ainda existe uma cultura de tolerância à violência contra mulher no Brasil. Esse contexto foi, aliás, reconhecido pela Corte Interamericana de Direitos Humanos em sentença proferida no ano de 2021, que responsabilizou o nosso país pelo feminicídio praticado contra Márcia Barbosa de Souza, uma jovem negra de 20 anos morta por um deputado estadual em João Pessoa, Paraíba.[3] Ocorre que, tal como nesse caso, essa cultura de tolerância não se apresenta apenas quando ocorre a prática desses crimes, mas também se manifesta na forma como as instituições atuam em resposta a eles.

Houve uma época em que a resposta do Poder Judiciário aos casos de violência contra a mulher era condenar os agressores a pagar uma indenização civil ou uma cesta básica como condenação penal. Naquele tempo, a maioria dos crimes praticados no contexto de violência doméstica eram considerados de "menor potencial ofensivo", na forma da Lei dos Juizados Especiais (Lei nº 9.099/1995). Após a promulgação da Lei Maria da Penha em 2006 (Lei nº 11.340/2006), muito se avançou. Daí em diante, passou-se a contar com órgãos jurisdicionais especializados para julgar casos de violência doméstica contra a mulher e a inadmitir a aplicação das medidas despenalizadoras previstas na Lei nº 9.099/1995. Tais avanços, evidentemente, contribuíram para coibir a impunidade e incrementar a resposta dada àqueles que praticam tais crimes.

Nada obstante, ainda é preciso avançar mais para combater a referida cultura de tolerância nas próprias instituições. Entre os principais problemas, está o fato de que os padrões socioculturais de inferiorização da mulher e de estereotipação do seu papel na sociedade também estão impregnados nos agentes que integram o sistema de justiça. Há casos em que a mulher relata ter sido vítima de violência e sua palavra não é considerada, provocando a não instauração de investigação, ameaças de que será acusada por denunciação caluniosa ou absolvição do agressor por falta de provas. Há casos, ainda, em que a vítima é tratada como se acusada fosse, sendo inquirida sobre seus hábitos ou, caso não compareça para prestar depoimento, conduzida coercitivamente.

Recentemente, o debate público foi tomado por indignação com relação ao tratamento dispensado à vítima em uma audiência de estupro em Santa Catarina.[4] Na ocasião, o advogado de defesa exibiu fotos publicadas nas redes sociais da vítima, fez referência à sua demissão e a acusou de querer "ganhar pão" à custa da "desgraça dos outros". O fato também causou indignação por conta da falta de intervenção das demais

---

2   FÓRUM BRASILEIRO DE SEGURANÇA PÚBLICA. *Feminicídios caem, mas outras formas de violência contra meninas e mulheres crescem em 2021*. Disponível em: https://forumseguranca.org.br/wp-content/uploads/2022/07/10-anuario-2022-feminicidios-caem-mas-outras-formas-de-violencia-contra-meninas-e-mulheres-crescem-em-2021.pdf. Acesso em: 28 mar. 2023.

3   CORTE INTERAMERICANA DE DIREITOS HUMANOS. *Caso Barbosa de Souza e outros vs. Brasil*. Sentença de 7 de setembro de 2021 (Exceções Preliminares, Mérito, Reparações e Custas).

4   NOSSAS reflexões sobre 'estupro culposo', a expressão que acordou o Brasil para a violência contra uma mulher. *Intercept*. Disponível em: https://www.intercept.com.br/2020/11/06/reflexoes-estupro-culposo-mariana-ferrer/. Acesso em: 29 mar. 2023.

autoridades que estavam na audiência, que deveriam ter se manifestado e indeferido as perguntas impertinentes. Para além disso, após vir à tona a sentença do caso, passou-se a questionar se o ordenamento jurídico contemplava a figura do "estupro culposo", uma vez que se constatou que o acusado foi absolvido por falta de comprovação de que ele sabia que a vítima não estava em condições de resistir à conjunção carnal.

De forma análoga, no caso do feminicídio em João Pessoa julgado pela Corte Interamericana, o promotor solicitou uma perícia médica forense para confirmar se a vítima não teria morrido por estrangulamento, mas por asfixia provocada por overdose. Ele, ainda, requisitou de vários motéis a lista de entrada e saída de veículos no dia dos fatos. O advogado de defesa, por sua vez, solicitou a juntada aos autos de mais de 150 páginas de artigos de jornais que se referiam à prostituição, overdose e suposto suicídio, a fim de vinculá-los à vítima com a intenção de macular a sua imagem. Durante a inquirição de testemunhas pelas partes, houve a formulação de perguntas sobre a sexualidade da falecida e seu eventual consumo de álcool e drogas. Diante desses fatos, a Corte Interamericana de Direitos Humanos concluiu que, durante a investigação e o processo, o comportamento e a sexualidade da vítima passaram a ser um tema de especial atenção, de modo a construir uma imagem de que ela era geradora ou merecedora do ocorrido e desviar o foco das investigações. Por isso, além de violar os direitos de acesso à justiça e razoável duração do processo, a Corte decidiu que o Estado incorreu em uma violência contra a mulher e em um ato de discriminação baseada no gênero:

> 125. A Corte recorda que, *quando existem indícios ou suspeitas concretas de violência de gênero, a falta de investigação por parte das autoridades sobre possíveis motivos discriminatórios de um ato de violência contra a mulher pode constituir em si mesmo uma forma de discriminação baseada no gênero*. A *ineficácia judicial* frente a casos individuais de violência contra as mulheres propicia um *ambiente de impunidade* que facilita e promove a *repetição de fatos de violência* em geral e envia uma *mensagem segundo a qual a violência contra as mulheres pode ser tolerada e aceita*, o que *favorece sua perpetuação* e a *aceitação social* do fenômeno, o *sentimento e a sensação de insegurança das mulheres*, bem como sua persistente *desconfiança no sistema de administração de justiça*. Essa ineficácia ou indiferença constitui em si mesma uma *discriminação à mulher no acesso à justiça*.
> 126. Adicionalmente, cabe ressaltar que o cumprimento da devida diligência na investigação da morte violenta de uma mulher implica também a *necessidade de que se investigue desde uma perspectiva de gênero*. [...]
> 129. Cabe recordar que, em casos de violência contra a mulher, as obrigações gerais previstas nos artigos 8 e 25 da *Convenção Americana* se complementam e se reforçam com as obrigações provenientes da *Convenção de Belém do Pará*.228 Em seu artigo 7.b), esta Convenção, de maneira específica, *obriga os Estados Partes a utilizar a devida diligência para prevenir, sancionar e erradicar a violência contra a mulher*". De tal modo, *diante de um ato de violência contra uma mulher, resulta particularmente importante que as autoridades responsáveis pela investigação a conduzam com determinação e eficiência, levando em consideração o dever da sociedade de rejeitar a violência contra as mulheres e as obrigações do Estado de erradicá-la e de oferecer confiança às vítimas nas instituições estatais para sua proteção*.[5]

---

[5]   CORTE INTERAMERICANA DE DIREITOS HUMANOS. *Caso Barbosa de Souza e outros vs. Brasil*. Sentença de 7 de setembro de 2021 (Exceções Preliminares, Mérito, Reparações e Custas).

Nesse cenário, como asseverado pela Corte, há que se reconhecer que, para efetivamente proteger as mulheres da violência, é preciso não só coibir a prática de tais crimes, mas também assegurar julgamentos com perspectiva de gênero. Isso significa, basicamente, que o processo seja realizado (i) diligentemente, a fim de buscar a efetiva investigação, sancionamento e reparação; (ii) criticamente, de forma a romper com a cultura de dominação da mulher e seus estereótipos; e (iii) dignamente, de modo a não ser mais um instrumento de vitimização.

Daí por que, recentemente, uma série de atores e instituições têm se preocupado em editar documentos para incentivar esses julgamentos com perspectiva de gênero no sistema de justiça. Em 2015, o Comitê sobre a Eliminação da Discriminação contra as Mulheres da ONU (Comitê CEDAW) editou a *Recomendação Geral nº 33 sobre o acesso das mulheres à justiça.*[6] Na ocasião, reconheceu-se que os estereótipos e preconceitos de gênero impedem o pleno acesso de mulheres à justiça, dão origem a decisões baseadas em mitos, afetam a credibilidade dada às vozes femininas, promovem a revitimização e mantêm uma cultura de impunidade. Nesse cenário, o Comitê recomendou que os Estados-Partes e seus atores (juízes, promotores, defensores, peritos) adotem uma série de medidas em diversos ramos. Especificamente no âmbito do direito penal, recomendou-se o seguinte:

51. O Comitê recomenda que os Estados partes:

a) Exerçam a *devida diligência para prevenir, investigar, punir e prover reparação a todos os crimes cometidos contra mulheres,* sejam por atores estatais ou não estatais;

b) Assegurem que as prescrições estejam em conformidade com os interesses das vítimas;

c) Tomem medidas efetivas para *proteger as mulheres contra a vitimização secundária em suas interações com autoridades judiciais e demais encarregadas da aplicação da lei,* bem como considerem estabelecer unidades especializadas em gênero dentro dos sistemas de aplicação da lei na investigação policial e no processamento penal;

d) Tomem medidas apropriadas para criar *ambientes acolhedores que encorajem as mulheres a reivindicar seus direitos, denunciar crimes cometidos contra elas e participar ativamente em processos da justiça penal;* adotem medidas para *prevenir retaliações contra mulheres que recorrem ao sistema de justiça.* Consultas com grupos de mulheres e organizações da sociedade civil devem ser buscadas para desenvolver legislação, políticas e programas nessas áreas;

e) Tomem medidas, incluída a adoção de legislação, para proteger as mulheres contra crimes e contravenções na Internet;

f) Em casos de tráfico de pessoas e crime organizado, abstenham-se de condicionar a prestação de apoio e assistência às mulheres, incluindo a concessão de vistos de residência, à cooperação com autoridades judiciais;

g) Utilizem uma *abordagem confidencial e sensível a gênero para evitar a estigmatização, incluída a vitimização secundária em casos de violência,* em todos os procedimentos jurídicos, inclusive durante o interrogatório, a coleta de provas e outros procedimentos relacionados à investigação;

h) Revisem as regras de prova e sua aplicação, especialmente em casos de violência contra as mulheres, e adotem medidas com o devido respeito aos direitos de vítimas e rés a um julgamento justo em processos criminais, para *assegurar que os requisitos de prova não sejam excessivamente restritivos, inflexíveis ou influenciados por estereótipos de gênero;*

---

6 COMITÊ SOBRE A ELIMINAÇÃO DA DISCRIMINAÇÃO CONTRA AS MULHERES. *Recomendação Geral nº 33 sobre o acesso das mulheres à justiça.* 3 ago. 2015.

i) *Aprimorem a resposta de sua justiça penal à violência doméstica*, inclusive através do registro das chamadas de emergência, da obtenção de provas fotográficas de destruição de propriedade e sinais de violência, bem como considerando relatórios de médicos ou trabalhadores sociais que possam mostrar como a violência, ainda que cometida sem testemunhas, tem efeitos concretos sobre o bem-estar físico, mental e social das vítimas;

j) Adotem medidas para garantir que as mulheres não sejam submetidas a atrasos indevidos em solicitações de medidas protetivas e que em todos os casos de discriminação baseada no gênero compreendidos no direito penal, incluindo os que envolvem violência, sejam ouvidos em tempo hábil e de modo imparcial;

k) Desenvolvam protocolos para a polícia e provedores de serviços de saúde para a coleta e preservação da prova forense em casos de violência contra as mulheres, e capacitem funcionários de polícia, forenses e judiciários em número suficiente para conduzirem de forma competente as investigações criminais;

l) Revoguem a criminalização discriminatória, e revisem e monitorem todos os procedimentos penais a fim de assegurar que não discriminem direta ou indiretamente as mulheres; descriminalizem formas de comportamento que não sejam criminalizadas ou punidas tão duramente se realizadas por homens; descriminalizem comportamentos que somente podem ser realizados por mulheres, como o aborto; e atuem com a devida diligência para prevenir e prover reparação aos crimes que afetam desproporcionalmente ou apenas as mulheres, sejam perpetrados por atores estatais ou não estatais;

m) Monitorem atentamente os procedimentos de imposição da pena e eliminem qualquer discriminação contra as mulheres nas sanções previstas para determinados crimes e contravenções, e na determinação da elegibilidade para liberdade condicional ou libertação antecipada da prisão;

n) Assegurem que haja mecanismos para monitorar os locais de detenção, prestem especial atenção à situação de mulheres presas e apliquem diretrizes e estândares internacionais sobre o tratamento de mulheres nas prisões;

o) Mantenham dados e estatísticas precisos sobre o número de mulheres em cada local de detenção, as razões e a duração de sua detenção, se estão grávidas ou acompanhadas por bebê ou criança, seu acesso a serviços jurídicos, sociais e de saúde, bem como sua elegibilidade e uso dos processos disponíveis de revisão de casos, das alternativas não privativas de liberdade e das possibilidades de formação;

p) Usem a prisão preventiva como último recurso e pelo tempo mais curto possível, e evitem a prisão preventiva ou pós-julgamento para pequenos delitos e por incapacidade de pagamento de fiança nesses casos.

No Brasil, em 2016, a ONU Mulheres, em parceria com o Ministério da Justiça e o Ministério da Mulher, da Igualdade Racial e dos Direitos Humanos, publicou as *Diretrizes Nacionais para investigar, processar e julgar com perspectiva de gênero as mortes violentas de mulheres (feminicídios).*[7] O documento traz um guia de recomendações para as atividades de investigação, perícia criminal, ministeriais e judiciais em caso de feminicídios. Entre elas, têm-se a regra do respeito e dignidade das vítimas (Regra 2); a eliminação de preconceitos e estereótipos de gênero (Regra 3); e o estabelecimento de recomendações aos meios de comunicação, a fim de que, por exemplo, não publiquem

---

[7] ONU MULHERES; SECRETARIA DE POLÍTICAS PARA MULHERES/MINISTÉRIO DA MULHER, DA IGUALDADE RACIAL E DOS DIREITOS HUMANOS; SECRETARIA NACIONAL DE SEGURANÇA PÚBLICA/ MINISTÉRIO DA JUSTIÇA. *Diretrizes nacionais para investigar, processar e julgar com perspectiva de gênero as mortes violentas de mulheres – Feminicídios.* Brasília-DF, abr. 2016. Disponível em: http://www.onumulheres.org.br/ wp-content/uploads/2016/04/diretrizes_feminicidio.pdf. Acesso em: 28 mar. 2023.

fotos nem detalhes mórbidos e evitem a busca por "justificativas ou motivos" (*e.g.*, consumo de álcool, drogas, discussões, entre outros) (Regra 9).

Na mesma linha, no ano de 2021, o Conselho Nacional de Justiça (CNJ) aprovou o *Protocolo para Julgamento com Perspectiva de Gênero*.[8] Em um primeiro momento, tratava-se de uma simples recomendação a todos os órgãos do Poder Judiciário do país, na forma da Recomendação CNJ nº 128/2022. No entanto, neste mês de março de 2023, o cumprimento do Protocolo passou a ser obrigatório, nos termos da Resolução nº 492/2023, que também instituiu um Comitê para acompanhamento e capacitação sobre julgamento com perspectiva de gênero no Poder Judiciário. Em síntese, o Protocolo tem por objetivo orientar a magistratura para que o julgamento de casos concretos se dê com uma perspectiva de gênero, isto é, sob a lente das desigualdades históricas que afligem as mulheres. Embora tenha caráter transversal, o Protocolo aborda especificamente os casos de feminicídio e destaca, por exemplo, que ele pode ocorrer para além de contextos de violência doméstica, como nos casos de violência política; a forma como deve ser feita a quesitação; e a impossibilidade de alegação de legítima defesa da honra.

O Protocolo, ainda, traz alguns exemplos de práticas que configuram violência institucional, as quais deverão ser objeto de atenção e repreensão pelos magistrados. Entre os exemplos, têm-se algumas que, por vezes, ajudam a subsidiar a tese de legítima defesa da honra durante a instrução processual. Assim, o CNJ determina que os juízes se atentem, especialmente, se as perguntas estão reproduzindo estereótipos de gênero (*e.g.*, questionam o comportamento da mulher com base em papéis socialmente atribuídos); desqualificando a palavra da depoente (*e.g.*, questionam os seus sentimentos ou invocam eventual ressentimento que possa existir entre as partes); e causando revitimização (*e.g.*, expõem a intimidade da vítima, revolvem situações traumáticas). Os magistrados precisam se atentar, ainda, se as provas podem estar imbuídas de estereótipos de gênero (*e.g.*, um depoimento se pauta em ideias falsas sobre como a vítima deve se comportar ou sobre como homens em geral se comportam).

Nessa mesma toada, no ano de 2022, foi instituído um tipo penal específico de violência de gênero institucional. A partir de então, houve a criminalização da conduta de submeter a vítima ou testemunha a procedimentos desnecessários, repetitivos ou invasivos, que a leve a reviver, sem estrita necessidade, situação de violência ou outras situações potencialmente geradoras de sofrimento ou estigmatização. A pena cominada é de três meses a um ano e multa. Caso um agente público permita que terceiro intimide a vítima, a referida pena é aumentada de 2/3; se, porém, o próprio agente público intimidar a vítima, a pena aplica-se em dobro. Confira-se a redação do novel art. 15-A da Lei nº 13.869/2019, acrescentado pela Lei nº 14.321/2022:

> Art. 15-A. Submeter a vítima de infração penal ou a testemunha de crimes violentos a procedimentos desnecessários, repetitivos ou invasivos, que a leve a reviver, sem estrita necessidade: (Incluído pela Lei nº 14.321, de 2022)
> I - a situação de violência; ou (Incluído pela Lei nº 14.321, de 2022)
> II - outras situações potencialmente geradoras de sofrimento ou estigmatização: (Incluído pela Lei nº 14.321, de 2022)

---

8   CONSELHO NACIONAL DE JUSTIÇA. *Protocolo para julgamento com perspectiva de gênero*. Brasília: Conselho Nacional de Justiça – CNJ; Escola Nacional de Formação e Aperfeiçoamento de Magistrados – Enfam, 2021.

Pena - detenção, de 3 (três) meses a 1 (um) ano, e multa. (Incluído pela Lei nº 14.321, de 2022)
§1º Se o agente público permitir que terceiro intimide a vítima de crimes violentos, gerando indevida revitimização, aplica-se a pena aumentada de 2/3 (dois terços). (Incluído pela Lei nº 14.321, de 2022)
§2º Se o agente público intimidar a vítima de crimes violentos, gerando indevida revitimização, aplica-se a pena em dobro. (Incluído pela Lei nº 14.321, de 2022)

Logo, os números assustadores de violência contra mulheres no Brasil demandam a adoção de medidas para protegê-las. Para além de implementar políticas públicas para inibir a ocorrência de crimes, o Estado precisa promover um processo de investigação, sancionamento e reparação diligente, crítico e digno. Isso pressupõe não só a persecução penal ao ofensor, mas também o rompimento do ciclo de subordinação, a rejeição de estereótipos e a proteção da vítima. Para tanto, há que se imbuir os julgamentos com perspectiva de gênero e erradicar práticas do sistema de justiça que contribuem na perpetuação da violência contra a mulher. É o caso, justamente, de discursos que pretendem construir a imagem de que a vítima era geradora ou merecedora do crime contra ela praticado, tal como as alegações de legítima defesa da honra.

III Aspectos jurídicos do voto do Ministro Dias Toffoli

Ao declarar a inconstitucionalidade da tese da legítima defesa da honra, o Ministro Dias Toffoli estruturou seu voto em três argumentos principais: (i) a atecnia da tese; (ii) a ofensa constitucional à dignidade da pessoa humana, à vedação de discriminação e ao direito à vida e à igualdade; e (iii) os princípios da plenitude de defesa e da soberania dos veredictos no tribunal do júri.

Em primeiro lugar, o relator ressaltou que a legítima defesa é caracterizada pela combinação dos seguintes elementos: a agressão deve ser injusta e atual ou iminente, envolvendo um direito próprio ou de terceiros, com uso moderado dos meios necessários e a presença de um ânimo de defesa (*animus defendendi*). Por isso, é uma situação excepcional que justifica a não aplicação da lei penal apenas quando esses fatores estão presentes simultaneamente. De acordo com o relator, "aquele que pratica feminicídio ou usa de violência em razão de ofensa a sua honra não está a se defender, mas a atacar uma mulher de forma desproporcional, covarde e criminosa".

O ministro destacou, ainda:

a chamada "legítima defesa da honra" corresponde, na realidade, a recurso argumentativo/ retórico odioso, desumano e cruel utilizado pelas defesas de acusados de feminicídio ou agressões contra mulheres para imputar às vítimas a causa de suas próprias mortes ou lesões, contribuindo imensamente para a naturalização e a perpetuação da cultura da violência contra as mulheres no Brasil.

Em segundo lugar, para demonstrar a violação constitucional à dignidade da pessoa humana, à proibição de discriminação e ao direito à vida e à igualdade, o relator apresentou um histórico sobre a proteção jurídica da honra masculina.

Na época da colônia, as Ordenações Filipinas, especificamente no Livro V, Título XXXVIII, concediam ao homem o direito de matar sua esposa se fosse flagrada em adultério. No Código Criminal do Império do Brasil, de 1830, e no Código Penal da República de 1890, embora não houvesse previsão sobre o direito do homem de matar a mulher por traição, esses diplomas consideravam o adultério um crime contra a segurança do estado civil e doméstico, cometido por ambos os sexos. Contudo, enquanto para os homens era necessária a comprovação de uma relação extraconjugal estável e duradoura para configurar o crime, para as mulheres, bastava a mera presunção de sua ocorrência.[9]

A partir de então, o discurso jurídico passou a abrir espaço para a tolerância em relação aos homicídios cometidos por homens contra esposas consideradas adúlteras, visando proteger a honra masculina. Esse conceito era reforçado pela lei civil, que utilizava termos como "mulher honesta" e "mulher já deflorada", conferindo um tratamento extremamente desigual entre os gêneros. Assim, começou a surgir na jurisprudência brasileira a tese da legítima defesa da honra.

Portanto, a ideia de legítima defesa da honra está enraizada em uma concepção rigidamente hierarquizada de família, em que a mulher ocupa uma posição subalterna, com sua dignidade e autodeterminação restritas. Nessa visão, o comportamento da mulher, especialmente em relação à sua conduta sexual, seria uma extensão da reputação do "chefe de família". Essa percepção é instrumental e desumanizadora, subvertendo o conceito kantiano – base da dignidade humana – de que o ser humano é um fim em si mesmo, não podendo ter seu valor individual restringido por outro ser humano ou atrelado a uma coisa.

Além disso, a tese viola os direitos à vida e à igualdade entre homens e mulheres, conforme previsto no art. 5º, *caput* e inc. I, da Constituição Federal. A violação desses direitos se concretiza principalmente no estímulo à perpetuação do feminicídio e da violência contra a mulher. De fato, a aceitação da tese da legítima defesa da honra tem o potencial de incentivar práticas violentas contra as mulheres ao exonerar seus perpetradores da devida sanção.

Por fim, exponho os argumentos utilizados pelo relator para demonstrar a compatibilidade da ilegitimidade da tese da legítima defesa da honra com os princípios da plenitude de defesa e da soberania dos veredictos no tribunal do júri.

De fato, a Constituição, ao garantir a plenitude de defesa, assegura aos réus a possibilidade de utilização de argumentos jurídicos e não jurídicos – como sociológicos, políticos e morais – para a formação do convencimento dos jurados. No entanto, a cláusula de plenitude de defesa não pode ser usada para legitimar práticas ilícitas. Nesse contexto, não é aceitável a utilização da tese contestada na arguição de descumprimento de preceito fundamental para proteger a prática ilícita do feminicídio ou qualquer outra forma de violência contra a mulher. Nesses casos, a dignidade da pessoa humana, a proibição de todas as formas de discriminação, o direito à igualdade e o direito à vida prevalecem sobre a plenitude de defesa, considerando os riscos elevados e sistêmicos decorrentes da normalização, tolerância e incentivo à cultura da violência doméstica e do feminicídio.

---

[9] RAMOS, Margarita Danielle. Reflexões sobre o processo histórico-discursivo do uso da legítima defesa da honra no Brasil e a construção das mulheres. *Revista Estudos Feministas*, v. 20, n. 1, p. 53-73, 2012.

Sobre a soberania dos veredictos, o Ministro Dias Toffoli destacou que o quesito do art. 483, III, e §2º, do Código de Processo Penal, tem natureza genérica, não estando vinculado a nenhum tipo de prova produzida. A essência do júri permite que os jurados absolvam o réu com base em sua livre convicção e independentemente das teses apresentadas, considerando elementos não jurídicos e extraprocessuais, pois não é possível avaliar, nessa etapa, o íntimo dos jurados para entender as razões de seu veredicto absolutório.

Contudo, o acusado de feminicídio não pode ser absolvido com base na tese da "legítima defesa da honra" e a acusação não deve ser impedida de recorrer desse veredicto. Portanto, deve-se exigir um controle mínimo do pronunciamento do tribunal do júri quando a decisão de absolvição se basear em um quesito genérico, de forma a avaliar, à luz dos atos processuais, se a conclusão dos jurados se deu a partir de argumentação discriminatória e inconstitucional referente ao uso da tese da legítima defesa da honra. Com isso, conferiu-se interpretação conforme à Constituição ao art. 483, inc. III, §2º, do Código de Processo Penal, reconhecendo a recorribilidade da decisão do tribunal do júri caso a absolvição por quesito genérico ocorra devido ao uso da tese da legítima defesa da honra.

IV Conclusão

O julgamento da ADPF nº 779 pelo Supremo Tribunal Federal representa um avanço significativo na proteção dos direitos das mulheres e no combate à violência de gênero no Brasil. Ao declarar inconstitucional a tese da legítima defesa da honra, a Corte reafirmou seu compromisso com os princípios constitucionais da dignidade humana e da igualdade de gênero. Essa decisão é crucial para a eliminação de justificativas jurídicas que historicamente legitimaram a violência contra as mulheres, contribuindo para uma mudança cultural necessária para garantir a efetiva proteção e respeito aos direitos das mulheres.

Além disso, a decisão reforça a importância de um sistema judicial que não apenas pune, mas também previne a violência. A decisão do STF, ao impedir que argumentos discriminatórios e estereotipados influenciem os julgamentos, promove um ambiente jurídico mais justo e sensível às questões de gênero, essencial para a construção de uma sociedade mais justa e igualitária.

Referências

BRASIL bate recorde de feminicídios em 2022, com uma mulher morta a cada 6 horas. *G1*. Disponível em: https://g1.globo.com/monitor-da-violencia/noticia/2023/03/08/brasil-bate-recorde-de-feminicidios-em-2022-com-uma-mulher-morta-a-cada-6-horas.ghtml. Acesso em: 28 mar. 2023.

COMITÊ SOBRE A ELIMINAÇÃO DA DISCRIMINAÇÃO CONTRA AS MULHERES. *Recomendação Geral nº 33 sobre o acesso das mulheres à justiça*. 3 ago. 2015.

CONSELHO NACIONAL DE JUSTIÇA. *Protocolo para julgamento com perspectiva de gênero*. Brasília: Conselho Nacional de Justiça – CNJ; Escola Nacional de Formação e Aperfeiçoamento de Magistrados – Enfam, 2021.

CORTE INTERAMERICANA DE DIREITOS HUMANOS. *Caso Barbosa de Souza e outros vs. Brasil*. Sentença de 7 de setembro de 2021 (Exceções Preliminares, Mérito, Reparações e Custas).

FÓRUM BRASILEIRO DE SEGURANÇA PÚBLICA. *Feminicídios caem, mas outras formas de violência contra meninas e mulheres crescem em 2021*. Disponível em: https://forumseguranca.org.br/wp-content/uploads/2022/07/10-anuario-2022-feminicidios-caem-mas-outras-formas-de-violencia-contra-meninas-e-mulheres-crescem-em-2021.pdf. Acesso em: 28 mar. 2023.

NOSSAS reflexões sobre 'estupro culposo', a expressão que acordou o Brasil para a violência contra uma mulher. *Intercept*. Disponível em: https://www.intercept.com.br/2020/11/06/reflexoes-estupro-culposo-mariana-ferrer/. Acesso em: 29 mar. 2023.

ONU MULHERES; SECRETARIA DE POLÍTICAS PARA MULHERES/MINISTÉRIO DA MULHER, DA IGUALDADE RACIAL E DOS DIREITOS HUMANOS; SECRETARIA NACIONAL DE SEGURANÇA PÚBLICA/MINISTÉRIO DA JUSTIÇA. *Diretrizes nacionais para investigar, processar e julgar com perspectiva de gênero as mortes violentas de mulheres – Feminicídios*. Brasília-DF, abr. 2016. Disponível em: http://www.onumulheres.org.br/wp-content/uploads/2016/04/diretrizes_feminicidio.pdf. Acesso em: 28 mar. 2023.

RAMOS, Margarita Danielle. Reflexões sobre o processo histórico-discursivo do uso da legítima defesa da honra no Brasil e a construção das mulheres. *Revista Estudos Feministas*, v. 20, n. 1, p. 53-73, 2012.

Informação bibliográfica deste texto, conforme a NBR 6023:2018 da Associação Brasileira de Normas Técnicas (ABNT):

BARROSO, Luís Roberto. A inconstitucionalidade da tese da legítima defesa da honra e o fortalecimento da proteção às mulheres. *In*: MENDES, Gilmar Ferreira; LIRA, Daiane Nogueira de; FREIRE, Alexandre (coord.). *Constituição, democracia e diálogo*: 15 anos de Jurisdição Constitucional do Ministro Dias Toffoli. 2. ed. Belo Horizonte: Fórum, 2025. p. 1053-1064. ISBN 978-65-5518-937-7.

DIREITO AO ESQUECIMENTO E O PRECEDENTE DE RELATORIA DO MINISTRO DIAS TOFFOLI

LUIS FELIPE SALOMÃO
MÔNICA DRUMOND

1 Introdução

A liberdade de expressão e informação, comumente materializada na liberdade de imprensa, assim como os direitos da personalidade, atributos individuais da pessoa humana – intimidade, privacidade e honra –, todos valores de estatura constitucional, por vezes, no anseio de efetivar-se, parecem chocar-se, não sendo raro o destino desses conflitos ser estabelecido por decisões judiciais, apoiadas, predominantemente, num cotejo hermenêutico daqueles princípios.

O choque aparente se abastece de uma realidade cada vez mais dinâmica, que se revela nas renovações sociais, culturais e até mesmo tecnológicas, que atribuem àqueles valores e direitos uma nova feição, visto que conferem ao homem e à sociedade novos arranjos que o estático direito legislado tem dificuldades para acompanhar.

É certo que a indesejada conflagração é propiciada pela escolha feita pela própria Carta Magna em proteger valores, eventualmente ou à primeira vista, antagônicos, representados, de um lado, pelo legítimo interesse de *querer ocultar-se* e, de outro, pelo também legítimo direito de *revelarem-se os fatos* e de *conhecê-los*.

Os Tribunais Superiores do Estado brasileiro, há alguns anos, dedicam-se à conformação desse aparente embate, atendo-se, tanto a Corte Constitucional quanto o Superior Tribunal de Justiça, à análise da perspectiva que cabe a cada um por tradição ditada pela Carta Política, já que se distinguem a proteção constitucional de determinado princípio e o alcance normativo do seu conteúdo, porquanto a função constituinte, sem embargo de indicar determinado valor como objeto de proteção constitucional, não aprofunda sua definição conceitual ou seu alcance.

Panoramicamente, a estrutura factual da questão não impressiona, ao menos por faltar-lhe novidade. Deveras, as Cortes de Justiça do mundo todo, em inúmeros precedentes, já deliberaram sobre o enfrentamento do direito de informação e de manifestação com ofensas a direitos da personalidade. Todavia, as soluções conferidas, quase sempre, viam-se inseridas num contexto de *ilicitude* da publicação, em razão de conteúdo difamatório ou inverídico, revelando-se, também, num cenário de *contemporaneidade* entre o fato e a notícia.

Contudo, o conflito entre a liberdade de informação e os direitos da personalidade incrementou-se e, agora, desafia o julgador a solucioná-lo com base em uma nova arquitetura que proporcione a invocação de novos direitos, ainda que decorrentes dos já estabelecidos direitos à intimidade, à privacidade e à honra, todos, diga-se uma vez mais, albergados constitucionalmente.

É nessa conformação que se acomoda o direito ao esquecimento, o direito a não ser lembrado contra sua vontade, mormente quanto a fatos desabonadores, nos quais, porventura, se tenha envolvido o titular do direito.

Aliás, a ideia de um direito ao esquecimento ganha ainda mais visibilidade – tornando-se, na mesma medida, mais complexa – quando analisada no âmbito da internet, ambiente que, por excelência, pereniza tanto informações honoráveis quanto aviltantes à pessoa do noticiado, algumas vezes falsas, não bastasse a potencialidade do alcance de divulgação própria desse ciberespaço.

Assim, a existência de um *resíduo informacional* inerente, mas não exclusivamente, à internet supera a contemporaneidade da notícia, o que, por vezes, mostra-se, no mínimo, desconfortante para aquele que é noticiado.

2 A liberdade de informação como valor constitucional, mas não absoluto

A doutrina brasileira distingue as liberdades de informação e de expressão: a primeira diz respeito ao direito individual de comunicar livremente fatos e ao direito difuso de ser deles informado; noutro ponto, "a liberdade de expressão destina-se a tutelar o direito de externar ideias, opiniões, juízos de valor, em suma, qualquer manifestação do pensamento humano".[1]

Luis Gustavo Grandinetti Castanho de Carvalho adverte sobre a importância de sistematizar, de um lado, o direito de informação e, de outro, a liberdade de expressão. Nessa linha, elucida:

> no primeiro está apenas a divulgação de fatos, dados, qualidades, objetivamente apuradas. No segundo está a livre expressão do pensamento por qualquer meio, seja a criação artística ou literária, que inclui o cinema, o teatro, a novela, a ficção literária, as artes plásticas, a música, até mesmo a opinião publicada em jornal ou em qualquer outro veículo.[2]

É possível, pois, extrair um ponto relevante de distinção entre a informação e a expressão: a impossibilidade de, no exercício do direito de informação, prescindir-se da verdade, "pela circunstância de que é isso que as pessoas legitimamente supõem estar conhecendo ao buscá-la".[3]

---

[1] BARROSO, Luís Roberto. Colisão entre liberdade de expressão e direitos da personalidade. Critérios de ponderação. Interpretação constitucionalmente adequada do Código Civil e da Lei de Imprensa. *Migalhas*. Disponível em: http://www.migalhas.com.br/arquivo_artigo/art_03-10-01.htm. Acesso em: 20 out. 2016.

[2] CARVALHO, Luis Gustavo Grandinetti Castanho de. *Direito de informação e liberdade de expressão*. Rio de Janeiro: Renovar, 1999. p. 25.

[3] CARVALHO, Luis Gustavo Grandinetti Castanho de. *Direito de informação e liberdade de expressão*. Rio de Janeiro: Renovar, 1999. p. 25.

Especificamente quanto ao direito de informação – direito de quarta geração – correlacionado com o de informar apenas o que seja verdadeiro, sabe-se que o dever de noticiar somente fatos verdadeiros é a única vertente capaz de atender à função social da atividade informativa, conforme lição de Luiz Manoel Gomes Junior.[4]

Ressalte-se, por conseguinte, que o exercício do direito de informar apenas será digno de proteção quando presente o requisito interno da verdade, revelado quando a informação conferir ciência da realidade. É certo, contudo, que não se exige, para a proteção anunciada, uma verdade absoluta, mas aquela que se extrai da *diligência* do informador, a quem incumbe apurar, de forma séria, os fatos que pretende tornar públicos. Logo, "para haver responsabilidade, é necessário haver clara negligência na apuração do fato ou dolo na difusão da falsidade".[5]

Com efeito, tão certa quanto a garantia do livre exercício dessa liberdade é a possibilidade de responsabilização de seu abuso, constatado quando, a pretexto de expressar o pensamento, são desrespeitados os direitos da personalidade, com lesão à dignidade de outrem. Configurada a desconformidade, o ordenamento jurídico prevê a responsabilização cível e criminal pelo conteúdo difundido, além do direito de resposta.

A Convenção Americana de Direitos Humanos, no que diz respeito à matéria, em seu art. 13, estabelece que "toda pessoa tem direito à liberdade de pensamento e de expressão. Esse direito compreende a liberdade de buscar, receber e difundir informações e ideias de toda natureza, sem consideração de fronteiras, verbalmente ou por escrito". Além de que o exercício desse direito "não pode estar sujeito à censura prévia, mas a responsabilidades ulteriores, que devem ser expressamente fixadas pela lei". Nessa ordem, o Acordo sugere sejam assegurados "a) o respeito aos direitos ou à reputação das demais pessoas; b) a proteção da segurança nacional, da ordem pública, ou da saúde ou da moral pública".[6]

Outrossim, na linha do raciocínio apresentado, no que tange ao conteúdo *expressado* ou *informado* (direitos de expressão e de informação), a doutrina menciona o *interesse público* como limite genérico ao seu exercício. Na linha dessas ideias, Luís Roberto Barroso leciona:

> o interesse público na divulgação de qualquer fato verdadeiro se presume, como regra geral. A sociedade moderna gravita em torno da notícia, da informação, do conhecimento e de ideias. Sua livre circulação, portanto, é da essência do sistema democrático e do modelo de sociedade aberta e pluralista que se pretende preservar e ampliar. Caberá ao interessado na não divulgação demonstrar que, em determinada hipótese, existe um interesse privado excepcional que sobrepuja o interesse público residente na própria liberdade de expressão e de informação.[7]

---

[4] GOMES JUNIOR, Luiz Manoel. O sistema constitucional, a liberdade de expressão e de imprensa. Direito de crítica. Político. Limites frente à função social da informação. *Repertório IOB de jurisprudência: civil, processual, penal e comercial*, n. 19, p. 660-655, 1ª quinz. out. 2009.

[5] BARROSO, Luís Roberto. Colisão entre liberdade de expressão e direitos da personalidade. Critérios de ponderação. Interpretação constitucionalmente adequada do Código Civil e da Lei de Imprensa. *Migalhas*. Disponível em: http://www.migalhas.com.br/arquivo_artigo/art_03-10-01.htm. Acesso em: 20 out. 2016.

[6] Disponível em: https://www.cidh.oas.org/basicos/portugues/c.convencao_americana.htm.

[7] BARROSO, Luís Roberto. Colisão entre liberdade de expressão e direitos da personalidade. Critérios de ponderação. Interpretação constitucionalmente adequada do Código Civil e da Lei de Imprensa. *Migalhas*. Disponível em: http://www.migalhas.com.br/arquivo_artigo/art_03-10-01.htm. Acesso em: 20 out. 2016.

Neste momento, o conflito entre liberdade de informação e direitos da personalidade ganha contornos singulares e, repita-se, desafia o julgador a solucioná-lo, considerando-se uma nova realidade identificada pela *licitude*, em tese, da informação, tendo em vista tratar-se o relato de fatos verdadeiros, *ausente a contemporaneidade* entre a notícia e os fatos noticiados.

Dessa forma, a controvérsia se materializa, em singela síntese, porque a ausência de contemporaneidade dos fatos noticiados é capaz de fazer emergir dramas já administrados e resolvidos pelo sujeito da história contada, assim como pela potencialidade de reascender juízo social impiedoso quanto à sua índole, causando-lhe indesejado abalo moral.

Posto isso, sempre que identificada, no caso concreto, a agressão à dignidade da pessoa, em quaisquer de suas vertentes, advinda do exercício do direito à informação ou à expressão que se mostre abusivo, *in concreto*, ao Estado-Juiz é permitido, antes exigido, interferir para reparar a desnecessária violência capaz de comprometer aquela prerrogativa.

Ainda assim, tão estreito e, ao mesmo tempo, indissolúvel é o vínculo existente entre a liberdade de imprensa e um Estado de direito que se pretenda autoafirmar como democrático. Evidentemente, a imprensa livre galvaniza os pilares da democracia de forma contínua, sendo esse um processo inacabado, que jamais atingirá um estágio de otimização ao qual nada mais será necessário agregar. Tal processo interminável, do qual não se pode descuidar – nem o povo nem as instituições democráticas –, encontra, na livre divulgação dos fatos relevantes à sociedade, um combustível indispensável, que deve ser veementemente afastado.

Porém, um novo cenário jurídico, destacado por novas composições sociais e que legitima o estancamento da liberdade que compromete a dignidade, apoia-se no fato de que a Constituição Federal, ao proclamar a liberdade de informação e de manifestação do pensamento, reafirma, na mesma medida, que os direitos e as garantias por ela protegidos não são absolutos em si mesmos.

Noutros termos, o cenário protetivo da atividade informativa, numa interpretação atual, extraída diretamente da Constituição, converge para a liberdade de "expressão, da atividade intelectual, artística, científica e de comunicação, independentemente de censura ou licença" (art. 5º, inc. IX), mas também para a inviolabilidade da "intimidade, vida privada, honra e imagem das pessoas, assegurado o direito a indenização pelo dano material ou moral decorrente de sua violação" (art. 5º, inc. X).

3 A relevância do conhecimento dos fatos para a história

Não se olvida que a história da sociedade é patrimônio imaterial do povo e nela se inserem os mais variados acontecimentos e personagens capazes de revelar, para o futuro, os traços políticos, sociais ou culturais de determinada época.

Assim, um crime, como qualquer fato social, pode entrar para os arquivos da história de uma sociedade e deve ser lembrado pelas gerações futuras por inúmeras razões. É que a notícia de um delito, o registro de um acontecimento político, de costumes sociais ou até mesmo de fatos cotidianos (como exemplo, trajes de banho), quando unidos, constituem um recorte, um retrato de determinado momento, e revelam as características de um povo na época retratada.

Nesse rumo, a recordação de crimes passados pode significar uma análise de como a sociedade – e o próprio ser humano – evolui ou regride, especialmente no que concerne ao respeito por valores éticos e humanos. Igualmente, a memória dos acontecimentos revela a resposta dos aparelhos judiciais a determinado fato, evidenciando para onde está caminhando a humanidade.

Destarte, é com uma inegável sensação de progresso ético e moral que as páginas de Cesare Beccaria são lidas atualmente quando dão notícia de um gênero particular de delito:

> [...] que cobriu a Europa de sangue humano e levantou funestas fogueiras, onde corpos vivos serviam de pasto às chamas. Era um alegre espetáculo e uma grata harmonia para a cega multidão ouvir os gemidos dos miseráveis, que saíam dos vórtices negros de fumaça, fumaça de membros humanos, entre o ranger dos ossos carbonizados e o frigir das vísceras ainda palpitantes.[8]

Espera-se mesmo é que as futuras gerações, por intermédio do registro histórico de crimes passados, experimentem idêntico sentimento de evolução cultural quando se falar, na posteridade, de Chacina da Candelária,[9] Chacina do Carandiru,[10] Massacre de Realengo,[11] Doroty Stang,[12] Galdino Jesus dos Santos,[13] Chico Mendes,[14] Zuzu Angel,[15] Honestino Guimarães[16] ou Vladimir Herzog.[17]

---

[8] BECCARIA, Cesare Bonesana. *Dos delitos e das penas*. Tradução de J. Cretella Jr. e Agnes Cretella. 6. ed. São Paulo: RT, 2013. Coleção RT – Textos Fundamentais. p. 132.

[9] O Massacre da Candelária foi um assassinato em massa no Rio de Janeiro, Brasil, em 23.7.1993. Durante a noite, oito moradores de rua, incluindo seis menores, foram mortos por um grupo de homens ao lado da Igreja da Candelária. Vários dos homens eram policiais e foram julgados pelos assassinatos, mas apenas dois foram condenados (Disponível em https://en.wikipedia.org/wiki/Candel%C3%A1ria_massacre).

[10] O Massacre do Carandiru ocorreu em 2.10.1992, na Penitenciária do Carandiru, São Paulo, Brasil, quando a polícia militar invadiu a penitenciária após um motim na prisão. Foram 111 prisioneiros mortos (Disponível em: https://en.wikipedia.org/wiki/Carandiru_massacre).

[11] O Massacre de Realengo refere-se à chacina ocorrida em 7.4.2011, na Escola Municipal Tasso da Silveira, no Rio de Janeiro, Brasil. O assassino, de 23 anos, invadiu a escola armado com dois revólveres e disparou contra os alunos. Doze adolescentes morreram (13 a 15 anos de idade), mais de 22 ficaram feridos. O assassino cometeu suicídio antes de ser detido (Disponível em: https://pt.wikipedia.org/wiki/Massacre_de_Realengo).

[12] Dorothy Mae Stang, nascida em Ohio, USA, naturalizada brasileira, membro da Congregação das Irmãs de Notre Dame de Namur, foi assassinada em Anapu, estado do Pará, na Bacia Amazônica do Brasil. Ativista em favor dos pobres e do meio ambiente (Disponível em: https://en.wikipedia.org/wiki/Dorothy_Stang).

[13] Galdino Jesus dos Santos foi um líder indígena brasileiro da etnia Pataxó vítima de brutal crime, em Brasília, Brasil, em 19.4.1997. Galdino abrigara-se em uma parada de ônibus, quando 5 homens da alta sociedade brasiliense atearam fogo ao seu corpo (Disponível em: https://pt.wikipedia.org/wiki/Galdino_Jesus_dos_Santos).

[14] Francisco Alves Mendes Filho (Chico Mendes) era um brasileiro seringueiro, líder sindical e ambientalista. Foi assassinado em sua casa, em Xapuri, estado do Acre, Brasil, por um fazendeiro, em 22.12.1988 (Disponível em: https://en.wikipedia.org/wiki/Chico_Mendes#Assassination).

[15] Zuleika Angel Jones (Zuzu Angel) foi uma estilista brasileira-americana, opositora da Ditadura Militar brasileira após o desaparecimento forçado de seu filho, Stuart. Morta em um acidente de carro em 14.4.1976. O caso foi investigado pela Comissão de Mortos e Desaparecidos Políticos, por haver suspeita de envolvimento do governo (Disponível em: https://en.wikipedia.org/wiki/Zuzu_Angel#cite_note-CNDP-7).

[16] Honestino Monteiro Guimarães foi um líder estudantil brasileiro, da Universidade de Brasília, Brasil. Em razão de sua militância, foi preso por quatro vezes. Depois de sua quarta prisão, em 1973, nunca mais retornou (Disponível em: https://pt.wikipedia.org/wiki/Honestino_Guimar%C3%A3es).

[17] Vladimir Herzog foi um jornalista nascido na Croácia. Chegou ao Brasil em 1946. Professor universitário e dramaturgo. Membro do Partido Comunista Brasileiro, atuou no movimento de resistência civil contra o governo

Quando se trata da história, por certo, não se está referindo apenas a fatos protagonizados por sujeitos relevantes do contexto social, mas a todas as ocorrências que, de algum modo, possam refletir o interesse das ciências sociais e das relações humanas, bem como servir ao aprimoramento das instituições e promover a revisão de condutas equivocadas e dos rumos desacertados da sociedade. É que, quando identificada essa circunstância de vantagem, descortina-se o interesse público que legitima o conhecimento dos fatos.

Não obstante a incontestável contribuição do relato de eventos que se destacam pela excepcionalidade e grandeza da lição neles contida, o compromisso com a historicidade não deve constituir, por si só, óbice intransponível ao reconhecimento de direitos. Na verdade, a permissão, ampla e irrestrita, para que um fato e as pessoas nele envolvidas sejam rememorados indefinidamente no tempo – a pretexto de comprometimento da história – pode favorecer o cometimento de um segundo abuso à dignidade humana, justificado pelo primeiro que fora cometido no passado.

Nesses casos, o reconhecimento do *direito ao esquecimento* pode significar um corretivo – tardio, mas possível – das vicissitudes do passado, seja referente a inquéritos policiais ou processos judiciais pirotécnicos e injustos, seja alusivo à exploração populista da mídia.

Por isso, a preponderância da historicidade, de relevância ímpar, certamente pode ser fator de relativização, após comprometida ponderação de seu valor, caso a caso.

4   O legítimo resguardo do direito à intimidade

Tempo e direito são fenômenos que guardam relação intrínseca, de modo que tanto o direito confere significação à passagem do tempo quanto este interfere na manifestação daquele. As civilizações encontram no direito o meio pelo qual serão capazes de estabilizar efeitos de acontecimentos passados e, de maneira reflexiva, promovem uma projeção do futuro, ordenando-o e conferindo-lhe previsibilidade.

François Ost, referindo-se ao instituto jurídico da *prescrição*, assevera que este seria uma espécie de "direito a um esquecimento programado", com especial aplicação no direito ao respeito à vida privada, uma vez que,

> lançados diante da cena e colocados sob os projetores da atualidade – muitas vezes, é preciso dizer, uma atualidade penal –, temos o direito, depois de determinado tempo, de sermos deixados em paz e a recair no esquecimento e no anonimato, do qual jamais queríamos ter saído.

Em uma decisão de 20.4.1983, o Tribunal de última instância de Paris (Mme. Filipachi Cogedipresse) consagrou esse direito em termos muito claros:

> qualquer pessoa que se tenha envolvido em acontecimentos públicos pode, com o passar do tempo, reivindicar o direito ao esquecimento; a lembrança destes acontecimentos e do papel que ela possa ter desempenhado é ilegítima se não for fundada nas necessidades da

---

militar brasileiro. Em outubro de 1975, foi torturado até a morte (Disponível em: https://en.wikipedia.org/wiki/Vladimir_Herzog).

história ou se for de natureza a ferir sua sensibilidade; visto que o direito ao esquecimento, que se impõe a todos, inclusive aos jornalistas, deve igualmente beneficiar a todos, inclusive aos condenados que pagaram sua dívida para com a sociedade e tentam reinserir-se nela.[18]

Sobre o caso Marlene Dietrich, julgado no Tribunal de Paris, René Ariel Dotti afirma ter sido uma pedra fundamental na construção do direito ao esquecimento, tendo a Corte parisiense reconhecido expressamente que "as recordações da vida privada de cada indivíduo pertencem ao seu patrimônio moral e ninguém tem o direito de publicá-las mesmo sem intenção malévola, sem a autorização expressa e inequívoca daquele de quem se narra a vida". O direito ao esquecimento, como uma das importantes manifestações da vida privada, estava então consagrado definitivamente pela jurisprudência, após uma lenta evolução, que teve por marco inicial a frase lapidar pronunciada pelo advogado Pinard em 1858: "O homem célebre, senhores, tem o direito a morrer em paz!".[19]

Na jurisprudência de direito comparado, além do que já foi acima citado, outros julgamentos reconheceram explicitamente o direito ao esquecimento como uma decorrência imediata do direito à privacidade, notadamente no caso "Melvin *v.* Reid" – julgado, em 1931, pelo Tribunal de Apelação da Califórnia – e no caso "Lebach" – que se passou na República Federal da Alemanha.

Em "Melvin *v.* Reid", figurava no litígio Gabrielle Darley, que se havia prostituído e sido acusada de homicídio no ano de 1918, sendo posteriormente inocentada. Gabrielle abandonara a vida licenciosa e constituiu família com Bernard Melvin, readquirindo novamente o prestígio social. Ocorre que, muitos anos depois, Dorothy Davenport Reid produziu o filme chamado *Red Kimono*, no qual retratava com precisão a vida pregressa de Gabrielle. O marido Melvin, então, buscou a reparação pela violação da vida privada da esposa e da família, tendo a Corte californiana reconhecido a procedência do pedido, entendendo que uma pessoa que vive uma vida correta tem o direito à felicidade, no qual se inclui estar livre de desnecessários ataques a seu caráter, posição social ou reputação.[20]

Em Lebach (1969), um lugarejo situado na República Federal da Alemanha, ocorrera uma chacina de quatro soldados que guardavam um depósito de armas e munições, tendo sido condenados à prisão perpétua dois acusados e a 6 anos de reclusão um terceiro partícipe. Uma TV alemã produziu, então, documentário que retrataria o crime mediante dramatização por atores contratados, em cuja veiculação, todavia, seriam apresentadas fotografias reais e os nomes de todos os condenados, inclusive as possíveis ligações homossexuais que existiam entre eles. O documentário seria apresentado em uma noite de sexta-feira, dias antes de o terceiro condenado deixar a prisão após o cumprimento da pena. Este pleiteou uma tutela liminar para que o programa não fosse exibido, arguindo a proteção de seu direito ao desenvolvimento, previsto na Constituição alemã. Ascendendo o caso ao Tribunal Constitucional alemão, a Corte decidiu que a rede de televisão não poderia transmitir o documentário caso a fotografia ou o nome do reclamante fossem expostos.

---

18   OST, François. *O tempo do direito.* Tradução de Élcio Fernandes. Bauru: Edus, 2005. p. 160-161.

19   DOTTI, René Ariel. *Proteção da vida privada e liberdade de informação.* São Paulo: Revista dos Tribunais, 1980. p. 92.

20   DOTTI, René Ariel. *Proteção da vida privada e liberdade de informação.* São Paulo: Revista dos Tribunais, 1980. p. 90-91.

Zygmunt Bauman, saudoso sociólogo polonês, unanimemente reconhecido como um dos mais perspicazes pensadores do nosso tempo e preciso intérprete dos sinais da modernidade, lança novas luzes acerca da atual configuração do antigo conflito entre os espaços público e privado – entre a informação e a privacidade. Com boa dose de desesperança, Bauman afirma que um dos *danos colaterais* de "sua" modernidade líquida tem sido a progressiva eliminação da "divisão, antes sacrossanta, entre as esferas do 'privado' e do 'público' no que se refere à vida humana", tendo nascido uma inédita *sociedade confessional*, em que espaços antes reservados à exploração de questões de interesses e preocupações comuns são agora utilizados como "depositórios geradores dos segredos mais secretos, aqueles a serem divulgados apenas a Deus ou a seus mensageiros e plenipotenciários terrestres".

De fato, na atual sociedade da *hiperinformação*, parecem evidentes os "riscos terminais à privacidade e à autonomia individual, emanados da ampla abertura da arena pública aos interesses privados [e também o inverso] e sua gradual, mas incessante, transformação numa espécie de teatro de variedades dedicado à diversão ligeira".[21]

Essa tem sido uma, senão a mais importante, face do atual processo de esgarçamento da intimidade e da privacidade; e estarrece perceber certo sentimento difuso de conformismo. Portanto, diante dessas preocupantes constatações acerca do talvez inevitável, mas admirável, mundo novo do hiperinformacionismo, o momento é de novas e necessárias reflexões, das quais podem mesmo advir novos direitos ou novas perspectivas sobre velhos direitos revisitados.

5 Adequação (ou inadequação) do direito ao esquecimento ao ordenamento jurídico brasileiro

Os Tribunais Superiores do Estado brasileiro há alguns anos dedicam-se à conformação do embate entre direito de informar e ser informado e direitos da personalidade, tanto a Corte Constitucional, quanto o Superior Tribunal de Justiça, cada qual se atendo à análise da perspectiva que lhe cabe por tradição ditada pela Carta Política, já que se distinguem a proteção constitucional de determinado princípio e o alcance normativo do seu conteúdo. Isso, porque a função constituinte, sem embargo de indicar determinado valor como objeto de proteção constitucional, não aprofunda sua definição conceitual ou seu alcance.

Com efeito, avulta-se a responsabilidade de pronunciamento por ambas as Cortes em demandas cuja solução é transversal, interdisciplinar e que abrange, necessariamente, uma controvérsia constitucional oblíqua ou antecedente, a qual inevitavelmente fundamentará o acolhimento ou a rejeição da questão infraconstitucional.

Em 2021, o Supremo Tribunal Federal, no julgamento do Recurso Extraordinário nº 1.010.606/RJ, caso anteriormente julgado pelo Superior Tribunal de Justiça, entendeu o direito ao esquecimento como sendo "a pretensão apta a impedir a divulgação, seja em plataformas tradicionais ou virtual, de fatos ou dados verídicos e licitamente obtidos,

---

[21] BAUMAN, Zygmunt. *Danos colaterais*: desigualdades sociais numa era global. Tradução de Carlos Alberto Medeiros. Rio de Janeiro: Zahar, 2013. p. 111-113.

mas que, em razão da passagem do tempo, teriam se tornado descontextualizados ou destituídos de interesse público relevante".[22]

A partir dos debates travados naquele julgamento, destaca-se a delimitação do direito ao esquecimento, compreendido como a proteção jurídica invocada para impedir a divulgação de fatos ou dados verdadeiros licitamente obtidos, amparando-se na alegação, em essência, de que, pelo decurso do tempo, as informações de outrora não guardariam relevância jurídica, ao passo que sua ocultação (ou ocultação dos elementos pessoais dos envolvidos) melhor serviria aos propósitos constitucionais, sobretudo à proteção dos direitos da personalidade, partindo desses elementos essenciais.

Assentou a Suprema Corte que a passagem do tempo, por si só, não tem o condão de transmutar de lícita para ilícita a condição de uma publicação ou de um dado nela contido, uma vez que a mudança promovida pelo tempo seria de contexto social, não de fatos, porque estes se mantêm preservados e são, inclusive, objeto de estudo das ciências sociais.

Concluiu a maioria dos ministros que, embora a pretensão inserta no direito ao esquecimento não corresponda ao intuito de propalar uma notícia falsa, ao pretender o ocultamento de elementos pessoais constantes de informações verdadeiras em publicações lícitas, ela finda por conduzir notícias fidedignas à incompletude, privando seus destinatários de conhecer, na integralidade, os elementos do contexto informado.

Com base nessas premissas, ponderou-se que a previsão de um direito ao esquecimento, na qualidade de comando jurídico que elege a passagem do tempo como restrição à divulgação de informação verdadeira, licitamente obtida e com adequado tratamento dos dados nela inseridos, afrontaria a liberdade de expressão, caso não prevista em lei, de modo pontual, clarividente, resguardando-a.

Nessa linha de ideias, o Supremo Tribunal Federal entendeu que o ordenamento jurídico brasileiro possui previsões constitucionais e legais suficientes à proteção da personalidade, capazes de efetivar a garantia da dignidade humana. Por certo – realçaram os julgadores –, a restrição, em alguma medida, à liberdade de expressão será cabível sempre que afetados outros direitos fundamentais, mas não em decorrência de um direito prévio de ver dissociados fatos ou dados por alegada descontextualização das informações em que inseridos por força da passagem do tempo.

Concluiu aquele Tribunal Constitucional que não há dúvidas de que é preciso buscar a proteção dos direitos da personalidade pela via da responsabilização, diante do abuso no exercício da liberdade de expressão, e pela ampliação da segurança na coleta e no tratamento dos dados a fim de se evitarem os acessos ilegais, as condutas abusivas e a concentração do poder informacional.

Como se percebe, após detido estudo e vigoroso debate acerca da matéria, a Corte Constitucional estabeleceu a ilegitimidade da invocação de um suposto direito ao esquecimento, *autônomo*, com o objetivo de "obstar a divulgação dos fatos que, embora constituam uma tragédia familiar", no caso que estavam analisando,

---

[22] RE nº 1.010.606. Rel. Dias Toffoli, Tribunal Pleno, j. em 11.2.2021, Repercussão Geral – Mérito, *DJe*-096, Public. 20.5.2021.

infelizmente, são verídicos, compõem o rol dos casos notórios de violência na sociedade brasileira e foram licitamente obtidos à época de sua ocorrência, não tendo o decurso do tempo, por si só, tornado ilícita ou abusiva sua (re)divulgação – ainda que sob nova roupagem jornalística – , sob pena de se restringir, desarrazoadamente, o exercício pela ora recorrida do direito à liberdade de expressão, de informação e de imprensa.

Noutras palavras, em um primeiro momento, o STF concluiu que o ordenamento jurídico brasileiro não alberga a pretensão de determinado sujeito de impedir a divulgação de fatos verídicos dos quais tenha sido protagonista ou com os quais tenha relação íntima, que sejam de relevância social, com argumentação baseada simplesmente no fato de que aquela divulgação lhe é desfavorável, que lhe causa descontentamento ou que não lhe é conveniente, somado à circunstância de ter transcorrido relevante intervalo de tempo.

É que nessas situações – enfatizaram os votos proferidos pelos componentes daquela Corte Superior – o direito à informação e à liberdade de imprensa assumem posição preponderante em relação à intimidade, à imagem, à vida privada.

Todavia, destaque-se que, mesmo ante a conclusão alcançada, o Supremo Tribunal Federal não deixou de asseverar a necessidade de se ter

um adicional cuidado no exame do resguardo dos direitos da personalidade das vítimas de crimes (e, nesse ponto, incluo seus familiares, tão duramente atingidos pelas consequências do delito), sobretudo no que tange aos crimes bárbaros que ainda assolam nossa sociedade.[23]

Noutra ótica, ainda que o Tribunal tenha-se dissociado da pretensão de um direito autônomo ao esquecimento, ficou estabelecida, na segunda parte da tese fixada pelos julgadores, orientação de idêntico valor vinculante no sentido de que a forma adotada para a comunicação de determinados fatos, mesmo os de relevante valor social e interesse público, assim como a "veracidade da informação e a licitude da obtenção e do tratamento dos dados pessoais importam significativamente na análise da legalidade de sua utilização" e, nesse passo, podem, a depender das nuances da hipótese concreta, evidenciar o exercício leviano, porque abusivo, dos direitos de informação, expressão e liberdade de imprensa. Se assim reconhecidos e, nessa extensão, violarem direitos da personalidade, o controle judicial dessa violação será imperativo destacadamente, caso a caso.

Em conclusão, a Suprema Corte, ao fixar a tese, esclareceu que o suposto direito ao esquecimento (direito autônomo) não seria compatível com a Constituição. Nesse passo, a despeito da inconformidade desse conceito com o atribuído pela doutrina, naquele julgado, entendeu-o como a busca da proteção jurídica para impedir a divulgação de fatos ou dados verdadeiros licitamente obtidos, amparando-se na alegação, em essência, de que, pelo decurso do tempo, as informações de outrora não guardariam relevância jurídica, ao passo que sua ocultação (ou ocultação dos elementos pessoais dos envolvidos) melhor serviria aos propósitos constitucionais, sobretudo à proteção dos direitos da personalidade.

---

23 Voto relator (RE nº 1.010.606. Rel. Dias Toffoli, Tribunal Pleno, j. em 11.2.2021, Repercussão Geral – Mérito, *DJe*-096, Public. 20.5.2021).

Entretanto, a segunda parte da tese deixou nítido que, a depender das nuances da hipótese concreta, evidenciando o exercício leviano, porque abusivo, dos direitos de informação, expressão e liberdade de imprensa e, se assim reconhecidos, e, nessa extensão, violarem direitos da personalidade, o controle judicial desta violação será imperativo, destacadamente, caso a caso.

Com efeito, cumpre registrar a indiscutível singularidade da questão em apreço, que se revela na natureza casuística das análises, singularidade refletida pela própria tese firmada pelo Supremo Tribunal Federal, que determina a realização do melhor direito, caso a caso, pelos julgadores competentes.

Assim, não bastasse a literalidade da segunda parte da tese apresentada (Tema nº 786/STF), percebe-se que os pressupostos que alicerçaram o entendimento do Supremo Tribunal Federal são absolutamente coincidentes com aqueles nos quais se estruturou a decisão tomada no âmbito do Superior Tribunal de Justiça em relação ao tema objeto deste estudo.

Neste ponto, faz-se necessário abrir um parêntese. O mesmo caso concreto fora julgado por ambas as Cortes Superiores brasileiras, porque a questão controvertida tocava o direito constitucional e o direito federal simultaneamente, legitimando, dessa maneira, a competência de ambos os Tribunais para a análise do direito que encontra alicerce em dispositivos constitucionais e aquele que é previsto na legislação infraconstitucional.

Feita a ressalva, transporto-me para o julgamento realizado pelo Superior Tribunal de Justiça, ocorrido no ano de 2013,[24] que, ao delimitar a questão controvertida, prendeu-se menos a denominações e institutos, mas, de maneira acertada, preocupou-se com a circunscrição da questão jurídica que haveria de ser solucionada.

Nessa linha, aquele Tribunal Especial destacou, logo de início, que o momento era de novas e necessárias reflexões, das quais poderiam mesmo advir novos direitos ou novas perspectivas sobre velhos direitos revisitados.

Quanto à aventada censura à liberdade de imprensa, os cinco julgadores da Quarta Turma assentaram que o novo cenário jurídico subjacente à atividade da imprensa apoia-se no fato de que a Constituição Federal, ao proclamar a liberdade de informação e de manifestação do pensamento, assim o faz traçando as diretrizes principiológicas de acordo com as quais essa liberdade será exercida, reafirmando, assim como a doutrina sempre o fez, que os direitos e as garantias protegidos pela Constituição, em regra, não são absolutos.

Desse modo, depois de a Carta da República afirmar, no seu art. 220, que "[a] manifestação do pensamento, a criação, a expressão e a informação, sob qualquer forma, processo ou veículo, não sofrerão qualquer restrição", logo cuidou de explicitar alguns princípios norteadores dessa liberdade, como a inviolabilidade da intimidade, vida privada, honra e imagem das pessoas (art. 220, §1º). Na mesma direção, como que, no §3º do art. 222, em alguma medida, dirigisse o exercício de tal liberdade, estabeleceu que "[os] meios de comunicação social eletrônica, independentemente da tecnologia utilizada para a prestação do serviço, deverão observar os princípios enunciados no

---

[24] REsp nº 1.334.097/RJ. Rel. Min. Luis Felipe Salomão, Quarta Turma, j. em 28.5.2013. *DJe*, 10 set. 2013.

art. 221", princípios entre os quais se destaca o "respeito aos valores éticos e sociais da pessoa e da família" (inc. IV).

Vale dizer: o Tribunal de direito infraconstitucional vislumbrou que o cenário protetivo da atividade informativa extraído diretamente da Constituição converge para a liberdade de "expressão, da atividade intelectual, artística, científica e de comunicação, independentemente de censura ou licença" (art. 5º, inc. IX), mas também para a inviolabilidade da "intimidade, vida privada, honra e imagem das pessoas, assegurado o direito a indenização pelo dano material ou moral decorrente de sua violação" (art. 5º, inc. X).

Destacou ainda que a cláusula constitucional da dignidade da pessoa humana garante que o homem seja tratado como sujeito cujo valor supera o de todas as coisas criadas por ele próprio, como o mercado, a imprensa e até mesmo o Estado, edificando um núcleo intangível de proteção oponível *erga omnes*, circunstância que legitima, em uma ponderação de valores constitucionalmente protegidos, sempre em vista dos parâmetros da proporcionalidade e da razoabilidade, que algum sacrifício possa ser suportado, caso a caso, pelos titulares de outros bens e direitos.

Convencido da impossibilidade de afastar-se das peculiaridades do caso concreto para definição dos valores preponderantes, exaustivamente tratados neste artigo, o Superior Tribunal de Justiça ajustou que, no conflito entre a liberdade de informação e direitos da personalidade – aos quais subjaz a proteção legal e constitucional da pessoa humana –, é possível eventual prevalência dos segundos, após necessária ponderação para o caso concreto, condição que encontra amparo no ordenamento jurídico, não consubstanciando, em si, a apontada censura vedada pela Constituição Federal de 1988.

É que, embora a notícia inverídica seja um obstáculo à liberdade de informação, a veracidade de uma notícia não lhe confere inquestionável licitude, muito menos transforma a liberdade de imprensa em um direito absoluto e ilimitado.

Nesse ponto, ficou consignado que a verossimilhança da informação é apenas um, e não o único, requisito do exercício da liberdade de imprensa.

Todavia, a historicidade da notícia jornalística, principalmente quando se trata de jornalismo policial, há de ser vista com cautela e, embora seja relevante para o desate de muitas controvérsias, também precisa ser avaliada caso a caso, devendo ser aferida inclusive a possível artificiosidade da história criada na época em que se ocorreu.

Depois do julgamento da Suprema Corte, o Superior ainda voltou a revisitar o tema, no caso denominado Chacina da Candelária.[25]

---

[25] Após o enfrentamento da questão pelo Supremo Tribunal Federal (julgamento do RE nº 1.010.606/RJ), a Quarta Turma do Superior Tribunal de Justiça, em 9.11.2021, reuniu-se em sessão de julgamento para deliberar acerca da conformação dos entendimentos sobre o direito ao esquecimento entre as Cortes Superiores brasileiras. Na oportunidade, o colegiado concluiu que as interpretações estavam alinhadas e se complementavam, e, nessa extensão, ratificou os termos do julgamento havido no ano de 2013, no caso Aída Cury (REsp nº 1.334.097/RJ), sendo que desta feita apreciava o caso da denominada Chacina da Candelária (REsp nº 1.334.097/RJ. Rel. Min. Luis Felipe Salomão, Quarta Turma, j. em 9.11.2021. *DJe*, 1º fev. 2022).

6   Direito esquecimento no contexto digital

A União Europeia, depois de mais de quinze anos da adoção da Diretiva nº 46/1995/ CE (relativa à proteção das pessoas singulares no que diz respeito ao tratamento de dados pessoais e à livre circulação da informação), que foi seguida pela Diretiva nº 2002/58/ CE (concernente à privacidade e às comunicações eletrônicas), acendeu, uma vez mais, o debate acerca da perenização de informações pessoais em poder de terceiros, assim como o possível controle de seu uso, sobretudo na internet.

A Vice-Presidente da Comissão de Justiça da União Europeia, Viviane Reding, apresentou proposta de revisão das diretivas anteriores para que se contemple, expressamente, o direito ao esquecimento dos usuários de internet, afirmando que, "al modernizar la legislación, quiero clarificar específicamente que las personas deben tener el derecho, y no sólo la posibilidad, de retirar su consentimiento al procesamiento de datos [...]" e que o primeiro pilar da reforma será "el derecho a ser olvidado: un conjunto completo de reglas nuevas y existentes para afrontar mejor los riesgos para la privacidad en Internet".[26]

Em 25.5.2018, entrou em vigor o Regulamento Geral de Proteção dos Dados Pessoais da União Europeia (GDPR)[27] e, com ele, um novo paradigma de proteção de dados pessoais, não restrito apenas ao continente europeu. Sua abrangência, ambição legislativa e maturidade conceitual transformaram-no em verdadeiro regulamento-modelo, no qual outros regulamentos nacionais e regionais devem inspirar-se para a realização de documentos normativos uniformes relativos à proteção de dados pessoais.

Na mesma linha, em palestra proferida na Universidade de Nova York, Eric Schmidt, alto executivo da Google, afirmou que a internet precisa de um botão de *delete*. Informações relativas ao passado distante de uma pessoa podem assombrá-la para sempre, causando entraves, inclusive, em sua vida profissional, como no exemplo dado, na ocasião, de um jovem que cometeu um crime em relação ao qual as informações seriam expurgadas de seu registro na fase adulta, mas o mencionado crime poderia permanecer *on-line*, impedindo a pessoa de conseguir emprego.

Schmidt afirmou que, "na América, há um senso de justiça que é culturalmente válido para todos nós. A falta de um botão *delete* na internet é um problema significativo. Há um momento em que o apagamento é uma coisa certa" ("The Internet needs a delete button. Google's Executive Chairman Eric Shmidt says mistakes people make when young can haut them forever").[28]

Por fim, pela indiscutível relevância, ressalto que pontos específicos dessa *grande questão*, como os anunciados pela Lei Geral de Proteção de Dados Pessoais (Lei nº 12.695/2014), não se apresentaram às Cortes brasileiras para a devida interpretação das situações que, em torno deles, por certo, serão desenvolvidas.

Nesse rumo, a título exemplificativo, a previsão do direito à eliminação dos dados, independentemente de o seu tratamento ter sido precedido do consentimento do titular

---

[26]   BRUSELAS garantizará por ley el 'derecho al olvido' en redes sociales como Facebook. *20 Minutos*. Disponível em: http://www.20minutos.es/noticia/991340/0/derecho/olvido/facebook/.

[27]   EU. *Regulamento (EU) 2016/679 do Parlamento Europeu e do Conselho*. Disponível em: https://eur-lex.europa.eu/legal-content/PT/TXT/HTML/?uri=CELEX:32016R0679&from=PT.

[28]   Disponível em: http://news.cnet.com/8301-1023_3-57583022-93/googles-schmidt-the-internet-needs-a-delete-button/.

(art. 18, VI), ainda que condicionada à ordem judicial, é capaz de tornar indisponível conteúdo considerado infringente de direitos de personalidade (art. 19).

É certo que a preocupação dos dispositivos citados é a garantia da *autodeterminação informacional*, consistente no direito pessoal de determinar qual dado pessoal será divulgado, para quem e com qual propósito. Nessa esteira, é intuitivo prever a potencialidade de aquele direito – basilar no regime de proteção de dados pessoais brasileiro e, igualmente, no regime europeu – confundir-se com direitos nobres, como as liberdades de comunicação (expressão, informação, imprensa e radiodifusão), constitucionalmente protegidas, como reiteradamente afirmado.

Certo é que institutos como a autodeterminação informacional e a correlata prerrogativa de eliminação de dados merecerão das Cortes de Justiça análise comprometida e direcionada dos desdobramentos de sua interação com os já consolidados contornos do ordenamento jurídico pátrio.

7 Conclusão

Os Tribunais brasileiros, há alguns anos, dedicam-se à conformação do aparente conflito entre a liberdade de informação e os direitos da personalidade.

Contudo, o conflito entre a liberdade de informação e os direitos da personalidade *incrementou-se* e, agora, desafia o julgador a solucioná-lo com base em uma nova arquitetura, que proporciona a invocação de novos direitos, ainda que decorrentes dos já estabelecidos direitos à honra, à privacidade e à intimidade, todos, diga-se uma vez mais, albergados constitucionalmente.

É nessa conformação que se acomoda o direito ao esquecimento, o direito a não ser lembrado contra sua vontade, mormente quanto a fatos desabonadores, de natureza criminal, nos quais porventura se tenha envolvido o titular do direito.

Indubitavelmente, o exercício do direito de informar apenas será digno de proteção quando presente o requisito interno da verdade, revelado quando a informação conferir ciência da realidade. Porém, não se exige para a proteção anunciada uma verdade absoluta, mas aquela que se extrai da *diligência* do informador, a quem incumbe apurar, de forma séria, os fatos que pretende tornar públicos. Assim, "para haver responsabilidade, é necessário haver clara negligência na apuração do fato ou dolo na difusão da falsidade".

Com efeito, tão certa quanto a garantia do livre exercício dessa liberdade é a possibilidade de responsabilização de seu abuso, constatado quando, a pretexto de se expressar o pensamento, são desrespeitados os direitos da personalidade, com lesão à dignidade de outrem. Configurada a desconformidade, o ordenamento jurídico prevê a responsabilização cível e criminal pelo conteúdo difundido, além do direito de resposta.

Posto isso, sempre que identificada, no caso concreto, a agressão à dignidade da pessoa, em quaisquer de suas vertentes, advinda do exercício do direito à informação ou à expressão que se mostre abusivo, *in concreto*, ao Estado-Juiz é permitido, antes exigido, interferir para reparar a desnecessária violência capaz de comprometer a dignidade.

Não obstante a incontestável contribuição do relato de eventos que se destacam pela excepcionalidade e pela grandeza da lição neles contidas, o compromisso com a historicidade não deve constituir, por si só, óbice intransponível ao reconhecimento de direitos. Na verdade, a permissão, ampla e irrestrita, para que um fato e as pessoas nele envolvidas sejam rememorados indefinidamente no tempo – a pretexto de comprometimento da história – pode favorecer o cometimento de um segundo abuso à dignidade humana, justificado pelo primeiro que fora cometido no passado.

Nesses casos, o reconhecimento do "direito ao esquecimento" significaria um corretivo – tardio, mas possível – das vicissitudes do passado, seja de inquéritos policiais ou processos judiciais pirotécnicos e injustos, seja da exploração populista da mídia. Por isso, a preponderância da historicidade, de relevância ímpar, por certo, pode ser fator de relativização, após comprometida ponderação de seu valor, caso a caso.

De fato, na atual sociedade da *hiperinformação*, parecem evidentes os "riscos terminais à privacidade e à autonomia individual, emanados da ampla abertura da arena pública aos interesses privados [e também o inverso], e sua gradual, mas incessante, transformação numa espécie de teatro de variedades dedicado à diversão ligeira".

Essa tem sido a importante – senão a mais importante – face do atual processo de esgarçamento da intimidade e da privacidade, sendo estarrecedor perceber certo sentimento difuso de conformismo. Portanto, diante dessas preocupantes constatações acerca do talvez inevitável, mas *admirável, mundo novo* do *hiperinformacionismo*, o momento requer novas e necessárias reflexões, das quais podem mesmo advir novos direitos ou novas perspectivas sobre velhos direitos revisitados.

Em conclusão, a Suprema Corte brasileira, em julgamento histórico de relatoria do eminente Ministro Dias Toffoli, ao se debruçar sobre o estudo do direito ao esquecimento no ordenamento jurídico pátrio, entendido como a busca da proteção jurídica para impedir a divulgação de fatos ou dados verdadeiros licitamente obtidos, amparando-se na alegação, em essência, de que, pelo decurso do tempo, as informações de outrora não guardariam relevância jurídica, se considerado de forma autônoma, tal direito não seria compatível com a Constituição.

Todavia, numa segunda parte da tese fixada, a mesma Corte Superior, em sintonia com o que anteriormente fora concebido pela Corte Especial do Superior Tribunal de Justiça, proclamou que, a depender das nuances da hipótese concreta, sempre que evidenciado o exercício leviano, porque abusivo, dos direitos de informação, expressão e liberdade de imprensa, que, se assim reconhecidos, nessa extensão, violarem direitos da personalidade, o controle judicial dessa violação será imperativo, evitando-se, com veemência, o desabrigo de valores fundamentais de envergadura constitucional.

Referências

BARROSO, Luís Roberto. Colisão entre liberdade de expressão e direitos da personalidade. Critérios de ponderação. Interpretação constitucionalmente adequada do Código Civil e da Lei de Imprensa. *Migalhas*. Disponível em: http://www.migalhas.com.br/arquivo_artigo/art_03-10-01.htm. Acesso em: 20 out. 2016.

BAUMAN, Zygmunt. *Danos colaterais*: desigualdades sociais numa era global. Tradução de Carlos Alberto Medeiros. Rio de Janeiro: Zahar, 2013.

BECCARIA, Cesare Bonesana. *Dos delitos e das penas*. Tradução de J. Cretella Jr. e Agnes Cretella. 6. ed. São Paulo: RT, 2013. Coleção RT – Textos Fundamentais.

BRASIL. *Constituição da República Federativa do Brasil, de 1988*. Disponível em: http://www.planalto.gov.br/ccivil_03/constituicao/constituicaocompilado.htm.

BRASIL. Superior Tribunal de Justiça. Recurso Especial n. 1.334.097/RJ, Relator: Ministro Luis Felipe Salomão, julgado em 28/05/2013. *DJe*, 10 set. 2013.

BRASIL. Supremo Tribunal Federal. Recurso Extraordinário n. 1.010.606/RJ, Relator: Ministro Dias Toffoli, julgado em 11/02/2021. *DJe*, 20 maio 2021.

BRUSELAS garantizará por ley el 'derecho al olvido' en redes sociales como Facebook. *20 Minutos*. Disponível em: http://www.20minutos.es/noticia/991340/0/derecho/olvido/facebook/.

CARVALHO, Luis Gustavo Grandinetti Castanho de. *Direito de informação e liberdade de expressão*. Rio de Janeiro: Renovar, 1999.

CONVENÇÃO Americana sobre Direitos Humanos. Disponível em: https://www.cidh.oas.org/basicos/portugues/c.convencao_americana.htm.

Disponível em: https://en.wikipedia.org/wiki/Candel%C3%A1ria_massacre.

Disponível em: https://en.wikipedia.org/wiki/Carandiru_massacre.

Disponível em: https://en.wikipedia.org/wiki/Chico_Mendes#Assassination.

Disponível em: https://en.wikipedia.org/wiki/Dorothy_Stang.

Disponível em: https://en.wikipedia.org/wiki/Vladimir_Herzog.

Disponível em: https://en.wikipedia.org/wiki/Zuzu_Angel#cite_note-CNDP-7.

Disponível em: https://pt.wikipedia.org/wiki/Galdino_Jesus_dos_Santos.

Disponível em: https://pt.wikipedia.org/wiki/Honestino_Guimar%C3%A3es.

Disponível em: https://pt.wikipedia.org/wiki/Massacre_de_Realengo.

DOTTI, René Ariel. *Proteção da vida privada e liberdade de informação*. São Paulo: Revista dos Tribunais, 1980.

EU. *Regulamento (EU) 2016/679 do Parlamento Europeu e do Conselho*. Disponível em: https://eur-lex.europa.eu/legal-content/PT/TXT/HTML/?uri=CELEX:32016R0679&from=PT.

GOMES JUNIOR, Luiz Manoel. O sistema constitucional, a liberdade de expressão e de imprensa. Direito de crítica. Político. Limites frente à função social da informação. *Repertório IOB de jurisprudência: civil, processual, penal e comercial*, n. 19, p. 660-655, 1ª quinz. out. 2009.

OST, François. *O tempo do direito*. Tradução de Élcio Fernandes. Bauru: Edus, 2005.

TIBKEN, Shara. Google's Schmidt: The Internet needs a delete button. *CNET*. Disponível em: https://www.cnet.com/tech/services-and-software/googles-schmidt-the-internet-needs-a-delete-button/.

Informação bibliográfica deste texto, conforme a NBR 6023:2018 da Associação Brasileira de Normas Técnicas (ABNT):

SALOMÃO, Luis Felipe; DRUMOND, Mônica. Direito ao esquecimento e o precedente de relatoria do Ministro Dias Toffoli. *In*: MENDES, Gilmar Ferreira; LIRA, Daiane Nogueira de; FREIRE, Alexandre (coord.). *Constituição, democracia e diálogo*: 15 anos de Jurisdição Constitucional do Ministro Dias Toffoli. 2. ed. Belo Horizonte: Fórum, 2025. p. 1065-1080. ISBN 978-65-5518-937-7.

A PROVA DA AUTORIA NO JUÍZO CRIMINAL E SEUS EFEITOS NA RESPONSABILIDADE CIVIL

LUIZ EDSON FACHIN

CARLOS EDUARDO LACERDA BAPTISTA

Nota prévia

Para principiar, algumas observações metodológicas e epistemológicas são necessárias para que, previamente, a autoria de um texto explicite suas premissas. Trata-se de um mínimo imprescindível de racionalidade e objetivação. Nesse ponto, *Georg Simmel* definiu objetivação como "uma tensão particular entre a proximidade e a distância", no ensaio *O estrangeiro*, no qual trabalha a imagem do "estrangeiro" como metáfora de um senso de não pertencimento saudável para a pesquisa. Segundo *Álvaro Pires*, olhando para as ciências sociais, o esforço de objetivação exige "primeiramente, vinculação e interesse pelo grupo; em seguida, distância em relação aos particularismos do grupo ou, pelo menos, a alguma de suas parcialidades".[1]

A propósito, tem todo sentido esse trecho de *Pierre Bourdieu*: "se, como afirma Bachelard, 'todo químico deve combater em si o alquimista', assim também todo sociólogo deve combater em si próprio o profeta social que, segundo as exigências de seu público, é obrigado a encarnar".[2] Para a pesquisa jurídica, tais observações são respeitáveis, ou seja, cumprem autocontenção para arrostar a tendência de idealização.

Com base nesses pressupostos, almeja-se aqui apresentar alguns comentários e registros a fim de poupar juízos precipitados e contraditórios sobre a certeza probatória alcançada na apuração da responsabilidade criminal e seus reflexos na responsabilidade civil.

---

[1] PIRES, Álvaro. Sobre algumas questões epistemológicas de uma metodologia geral para as ciências sociais. *In*: PIRES, Álvaro *et al. A pesquisa qualitativa*: enfoques epistemológicos e metodológicos. Petrópolis: Vozes, 2012. p. 82.

[2] BOURDIEU, Pierre; CHAMBOREDON, Jean-Claude; PASSERON, Jean-Claude. *Ofício de sociólogo*: metodologia da pesquisa na sociologia. [s.l.]: [s.n.], [s.d.]. p. 37.

1 Introdução

A responsabilidade civil, como se sabe, não é apenas uma expressão do vernáculo ou um *topoi* que designa figura de direito ou instituto jurídico; trata-se de uma qualificação que indica e traduz a natureza do que nela se contém, projetando-se, ora como luz, ora como sombra, de um conjunto de valores dominantes e normas vigentes que, em dada sociedade, compõe a modelagem sistemática do direito. É um fenômeno jurídico que perfaz uma relevante mediação entre certas práticas sociais e a sua respectiva proteção ou reprovação jurídica, e que, por isso mesmo, invariavelmente se localiza no centro de aguerridas discussões.[3]

A compreensão sobre a importância do estudo da responsabilidade civil, sob a perspectiva da prova de autoria realizada pelo juízo criminal e seus efeitos na reparação do dano, passa necessariamente por reflexões acerca da independência das esferas judiciais para analisar um mesmo fato jurídico, sem embargo com finalidades distintas de acordo com o enfoque próprio de cada ramo jurídico.

Este é um ensaio de fins meramente acadêmicos, com singela pretensão de sistematização de temas e problemas aqui reunidos sobre aproximações e distinções entre dois campos autônomos de responsabilização.

Para tanto, cumpre, sucintamente, relembrar que um mesmo fato ilícito pode resultar consequências distintas e ser apreciado em diferentes esferas judiciais que, em regra, atuam de forma independente, em regramentos próprios e, por consequência, podem adotar conclusões diversas, sem que a condenação em mais de uma delas, pelo mesmo fato, configure violação aos direitos e garantias fundamentais.

Nesse sentido, é possível que uma pessoa possa ser condenada pelo juízo criminal pela prática de ato que seja penalmente tipificado como crime e, em razão desse mesmo fato, ter contra si uma condenação na esfera cível obrigando-o a reparar o dano sofrido pela vítima e, ainda, caso seja servidor público, ser punido administrativamente por meio de alguma sanção eventualmente cabível.

Nessa perspectiva, a doutrina processual penal apresenta a existência de quatro sistemas de relação entre a ação civil e o processo criminal, distinguindo-se pela forma adotada para reparação do dano e para a punição do autor de uma infração penal fundadas no mesmo fato ilícito.

O primeiro é denominado *sistema de confusão*, o qual, segundo Gustavo Badaró,[4] seria o mais antigo e vigente em um período que cabia ao próprio ofendido buscar tanto a reparação do dano quanto a punição do ofensor, assim, uma mesma ação era utilizada para punir e para ressarcir o prejuízo. No segundo, chamado de *sistema da solidariedade*, "há uma cumulação obrigatória de ações distintas perante o juízo penal, uma de natureza penal, e outra cível, ambas exercidas no mesmo processo, ou seja, apesar de separadas as ações, obrigatoriamente são resolvidas em conjunto e no mesmo processo".[5]

---

[3] FACHIN, Luiz Edson. Responsabilidade civil contemporânea no Brasil: notas para uma aproximação. *Revista Jurídica*, ano 58, n. 397, nov. 2010. p. 11.

[4] BADARÓ, Gustavo Henrique Righi Ivahy. *Processo penal*. 6. ed. São Paulo: RT, 2018. p. 216-217.

[5] LIMA, Renato Brasileiro de. *Manual de processo penal*. 6. ed. Salvador: JusPodivm, 2018. p. 322.

Há, ainda, o *sistema de livre escolha*, em que a cumulação não seria obrigatória, mas sim facultativa, "por este sistema o ofendido pode optar por promover a ação de reparação do dano na esfera cível independentemente do resultado da ação penal, vale dizer o ofendido pode promover a ação cível em vez de optar por aguardar a ação penal".[6] O quarto sistema, adotado na nossa legislação pátria, é o *sistema da independência*, que estabelece a possibilidade de ajuizamento de duas ações separadamente, uma na esfera civil, relacionado ao direito privado, de natureza patrimonial, com a finalidade de buscar a reparação do dano, e uma outra no juízo criminal, relacionado ao direito público e no interesse estatal em aplicar ao autor de uma infração penal uma pena prevista em lei.

Percebe-se, portanto, que um ilícito pode ter uma relação direta entre matérias criminais e questões cíveis a depender do dano causado, resultando numa intersecção entre dispositivos legais no âmbito do direito civil e do direito penal.

O propósito deste texto é justamente analisar essa relação sob o enfoque da prova de autoria e da materialidade realizada pelo juízo criminal e suas implicações diretas na responsabilidade civil, não apenas sob o aspecto da independência relativa ou mitigada de instâncias, como, também, sobre o exame da prova realizada e as consequências em diferentes situações, apontando-se divergências, desafios e propostas com o fim de garantir de maneira segura, célere e eficaz a reparação do dano aos ofendidos pelo ato ilícito.

2 A responsabilidade civil e a responsabilidade criminal civil: semelhanças e distinções

A responsabilidade, como gênero, "implica sempre exame de conduta voluntária violadora de um dever jurídico".[7] É o dever de alguém responder em razão da prática de um ato ilícito pelos prejuízos e danos causados a outrem.

À luz da doutrina de Caio Mário da Silva Pereira, são elementos essenciais ao ato ilícito:

> a) uma conduta, que se configura na realização intencional ou meramente previsível de um resultado exterior; (b) a violação do ordenamento jurídico, caracterizada na contraposição do comportamento à determinação de uma norma; (c) a imputabilidade, ou seja, a atribuição do resultado antijurídico à consciência do agente; (d) a penetração da conduta na esfera jurídica alheia, pois, enquanto permanecer inócua, desmerece atenção do direito.[8]

Nessa linha, no contexto da responsabilidade civil, dispõe o art. 186 do Código Civil que "aquele que, por ação ou omissão voluntária, negligência ou imprudência, violar direito e causar dano a outrem, ainda que exclusivamente moral, comete ato ilícito", bem assim estabelece o dever de reparar o dano causado pela prática do ato ilícito (art. 927 do Código Civil).

Impende, pois, ressaltar que, a partir de um ato ilícito, pode ocorrer uma responsabilidade civil ou penal, ou, ainda, as duas simultaneamente, pois em ambas as situações

---

6   DEZEM, Guilherme Madeira. *Curso de processo penal*. 6. ed. São Paulo: RT, 2020. p. 384.
7   VENOSA, Silvio de Salvo. *Direito civil*: responsabilidade civil. 15. ed. São Paulo: Atlas, 2015. v. 4. p. 22.
8   PEREIRA, Caio Mário da Silva. *Instituições de direito civil*. 25. ed. Rio de Janeiro: Forense, 2012. v. 1. p. 552.

haveria ofensa à ordem jurídica decorrente de uma ilicitude. Resta claro que seja um ilícito penal ou civil, "há em ambos o mesmo fundamento ético: a infração de um dever preexistente e a imputação do resultado à consciência do agente".[9]

O aspecto diferenciador do ilícito penal para o ilícito civil, nas luminosas palavras de Caio Mário da Silva Pereira, é o tratamento dado, seja em razão da natureza do bem jurídico ofendido, seja pelos efeitos decorrentes do ato:

> Para o direito penal, o delito é um fator de desequilíbrio social, que justifica a repressão como meio de restabelecimento; para o direito civil o ilícito é um atentado contra o interesse privado de outrem, e a reparação do dano sofrido é a forma indireta de restauração do equilíbrio rompido. [...] Para o direito criminal o ilícito ou delito motiva a segregação do agente, ou diminuição patrimonial, ou simplesmente a privação de uma faculdade; para o direito civil cria o dever de reparação com o fito de recompor o bem jurídico ofendido. Mesmo no caso de um ilícito ser reprimido simultaneamente no cível e no criminal, há uma diferenciação, pois enquanto este tem em vista a pessoa do agente para impor-lhe uma sanção, aquele se preocupa com o resultado e cogita da recomposição patrimonial da vítima. Enquanto o direito penal vê no ilícito a razão de punir o agente, o direito civil nele enxerga o fundamento da reparação do dano.[10]

Tendo em consideração o aspecto da finalidade, a responsabilidade civil busca a reparação do dano causado à vítima por meio de uma recomposição patrimonial. Já a responsabilidade penal visa à manutenção da paz social, da ordem e da segurança pública de toda a coletividade mediante a definição, por meio de lei, de certas condutas como crimes.

Dessa forma, na responsabilidade civil, a consequência pela prática do ato ilícito recai sobre o patrimônio do autor, podendo ser transmitida aos sucessores o dever de reparar o dano. A forma de compensar o dano causado é sobre o patrimônio do ofensor. De outro lado, na esfera penal, a responsabilidade é pessoal e não patrimonial, não ultrapassando a pessoa do autor do fato. A responsabilidade criminal ocorre por meio da imposição de uma pena que pode ser restritiva de liberdade, de direitos ou pagamento de multa.

Outra diferenciação diz respeito à intensidade do dano exigido. Para responsabilização penal, exige-se uma lesão mais intensa, tendo em vista o direito penal ser a *ultima ratio* e preocupar-se com ações mais graves praticadas contra bens jurídicos mais importantes, o que não se exige na responsabilidade civil.

Pode-se dizer também que a apuração da responsabilidade penal em razão da prática de um ilícito tipificado como crime é obrigatória pelo Estado e na responsabilidade civil é facultativa, podendo o ofendido requerer ou não a reparação do dano.

É possível observar, ainda, uma outra diferença na conduta do transgressor que, para o direito penal, exige-se um comportamento doloso (vontade) ou culposo (existência de negligência, imprudência ou imperícia). Na responsabilidade civil, por sua vez, embora, *a priori*, também requeira a presença de dolo ou culpa, há a possibilidade de determinação de reparação, independentemente da presença desses pressupostos, tal como na responsabilidade civil objetiva.

---

9 PEREIRA, Caio Mário da Silva. *Instituições de direito civil*. 25. ed. Rio de Janeiro: Forense, 2012. v. 1.
10 PEREIRA, Caio Mário da Silva. *Instituições de direito civil*. 25. ed. Rio de Janeiro: Forense, 2012. v. 1. p. 552-553.

Cumpre salientar que a responsabilidade penal não depende que haja um prejuízo da vítima, ao contrário da responsabilidade civil, que requer a ocorrência de um dano para a fixação da indenização.

Em relação à prova, pode-se afirmar que a esfera cível possui maiores restrições probatórias, como exemplo, na possibilidade de um fato ser considerado provado pela mera ausência de impugnação do fato descrito na petição inicial, ou, ainda, quanto aos efeitos da confissão, o que não é aplicado no processo penal que busca a *verdade real*.

Nas precisas lições de Nelson Rosenvald, esses aspectos distintivos entre as responsabilidades civil e criminal podem ser assim sintetizados:

> Na teoria da responsabilidade jurídica distinguem-se dois tipos de responsabilidade: uma que ocorre na relação entre indivíduos e que serve como critério resolutório de litígios nas questões indenizatórias; outra é a responsabilidade penal, quando o ato do indivíduo se confronta com as normas de toda sociedade, surgindo uma obrigação de receber a punição legalmente em virtude de atos delituosos. Apesar de na prática ambos tentarem regular comportamentos futuros, cuidam-se de sistemas normativos que possuem distintos conceitos, princípios e procedimentos. Em termos de substâncias se ambos lidam com a ilicitude, a sanção criminal acarreta um estigma social e seu propósito primário é o desestímulo e prevenção geral. A responsabilidade civil também reage a um ilícito, mas as suas consequências legais enviam uma mensagem diversa.
>
> Com efeito, o oposto de uma penalidade é a compensação. As vezes conhecida como reparação ou restituição a compensação é geralmente concebida como uma atividade típica do direito civil, não do direito penal.[11]

Diante dessas diferentes características, preponderantemente, em relação ao objeto, a natureza, e a finalidade, além dos distintos conceitos, princípios e procedimentos de cada esfera jurídica (penal e civil), é preciso recordar que a análise realizada acerca da responsabilidade em cada ramo jurídico recai ordinariamente sobre um mesmo fato que, como aqui já exposto, é independente em cada esfera judicial, podendo inclusive serem adotados entendimentos distintos, todavia, em alguma medida, também podem sofrer interferência de uma de outra, o que nos permite prosseguir nessa análise.

3   O princípio da independência das instâncias e seus possíveis efeitos

Adota-se entre nós, como se sabe, o princípio da independência das instâncias, garantindo-se que, em regra, as instâncias civil, penal, administrativa e político-administrativa são autônomas e independentes, com tratamento sancionatório diferenciado entre os atos ilícitos apurados em cada esfera, ainda que decorrente do mesmo fato e sem que haja interferência entre as suas decisões.

Como já destacado, um mesmo fato ilícito pode resultar na responsabilização em três instâncias jurisdicionais de modo concomitante e independente, pois cada esfera judicial utiliza diferentes critérios para apuração do ato ilícito e exige diversos graus de conduta para aferição da culpa. Assim, é possível que o autor do fato possa ser

---

[11]   ROSENVALD, Nelson. Compensação de danos: entre a responsabilidade civil e a criminal. *In*: ROSENVALD, Nelson; RUZYK, Carlos Eduardo Pianovski (Org.). *Novas fronteiras da responsabilidade civil*: direito comparado. Indaiatuba: Foco, 2020. p. 360.

absolvido em uma instância e ser condenado em outra, ou ainda ser responsabilizado na seara penal, administrativa e civil, simultaneamente, sem que configure *bis in idem*.

Do ponto de vista constitucional, a independência das instâncias foi expressamente prevista no art. 37, §4º, da Constituição Federal, segundo o qual "os atos de improbidade administrativa importarão a suspensão dos direitos políticos, a perda da função pública, a indisponibilidade dos bens e o ressarcimento ao erário, na forma e gradação previstas em lei, sem prejuízo da ação penal cabível". Nesse sentido, consagrando a independência das instâncias já decidiu o Supremo Tribunal Federal:

> 3. A Constituição Federal inovou no campo civil para punir mais severamente o agente público corrupto, que se utiliza do cargo ou de funções públicas para enriquecer ou causar prejuízo ao erário, desrespeitando a legalidade e moralidade administrativas, independentemente das já existentes responsabilidades penal e político-administrativa de Prefeitos e Vereadores. 4. Consagração da autonomia de instâncias. Independentemente de as condutas dos Prefeitos e Vereadores serem tipificadas como infração penal (artigo 1º) ou infração político-administrativa (artigo 4º), previstas no DL 201/67, a responsabilidade civil por ato de improbidade administrativa é autônoma e deve ser apurada em instância diversa.[12]

No plano infraconstitucional, a disciplina da independência das instâncias pode ser observada nos *arts. 121 e 122 da Lei nº 8.112/1990*, que apresentam previsão de que "o servidor responde civil, penal e administrativamente pelo exercício irregular de suas atribuições" e "as sanções civis, penais e administrativas poderão cumular-se, sendo independentes entre si"; nos *arts. 63 e 64 do Código de Processo Penal*, que trazem, respectivamente, disposições no sentido de que "transitada em julgado a sentença condenatória, poderão promover-lhe a execução, no juízo cível, para o efeito da reparação do dano, o ofendido, seu representante legal ou seus herdeiros" e "sem prejuízo do disposto no artigo anterior, a ação para ressarcimento do dano poderá ser proposta no juízo cível, contra o autor do crime e, se for caso, contra o responsável civil"; e, ainda, *no art. 935 do Código Civil*, o qual, expressamente, diz em sua primeira parte que "a responsabilidade civil é independente da criminal".

Como se percebe, o quadro normativo sobre a responsabilidade penal, civil e administrativa consagra, em regra, a autonomia e a independência de instâncias; conforme Eugênio Pacelli, no Brasil, "adota-se o sistema da independência relativa ou mitigada, em razão da existência de uma subordinação temática de uma instância a outra especificamente em relação a determinadas questões".[13]

No tocante a essa denominada independência relativa das instâncias, vale ressaltar, no ponto, as disposições contidas no art. 935, segunda parte, do Código Civil, no art. 66 do Código de Processo Penal e no art. 126 da Lei nº 8.112/1990, que tangenciam apurações em outras esferas jurisdicionais às conclusões realizadas no juízo criminal sobre a materialidade do fato e a sua autoria:

– Art. 935 do CC:

---

[12] BRASIL. Supremo Tribunal Federal. RE nº 976.566, j. 13.9.2019.
[13] OLIVEIRA, Eugênio Pacelli de. *Curso de processo penal*. 25. ed. São Paulo: Atlas, 2021. p. 251.

A responsabilidade civil é independente da criminal, não se podendo questionar mais sobre a existência do fato, ou sobre quem seja o seu autor, quando estas questões se acharem decididas no juízo criminal.

- Art. 126 da Lei nº 8.112/1990:
A responsabilidade administrativa do servidor será afastada no caso de absolvição criminal que negue a existência do fato ou sua autoria.

- Art. 66 do CPP:
Não obstante a sentença absolutória no juízo criminal, a ação civil poderá ser proposta quando não tiver sido, categoricamente, reconhecida a inexistência material do fato.

Tais disposições legais devem-se, sobretudo, em razão de que no juízo criminal o exame das provas para verificação da existência da materialidade do fato e da sua autoria é mais aprofundado e rigoroso, com a finalidade de alcançar a verdade real. Portanto, uma vez reconhecida definitivamente a existência do fato e da prova de autoria no juízo penal, essas questões não poderão mais ser discutidas pelo juízo cível.

Os dispositivos legais antes mencionados constituem exceção à regra da independência das instâncias, tornando de aplicação obrigatória na esfera cível a conclusão operada na esfera criminal em decisão transitada em julgado, quando houver um juízo de certeza no tocante à existência do crime e à autoria do fato. Essa exceção à regra da independência das instâncias possui algumas implicações de acordo com exame probatório e a conclusão realizada ao final do processo criminal que passaremos a expor.

4 Os efeitos do exame da prova de autoria realizado pelo juízo criminal na responsabilidade civil em razão da sentença penal absolutória

O exame da prova de autoria nas sentenças penais absolutórias também pode influenciar a ação de responsabilidade civil. Cabe, portanto, verificar, nessa situação de absolvição, se a conclusão realizada pelo juízo criminal repercutirá ou não na esfera cível. Adentremos, pois, a uma revisita a aspectos da dogmática jurídica na matéria.

A respeito da sentença absolutória proferida no juízo criminal e sua repercussão na responsabilidade civil, Cristiano Chaves de Farias, Felipe Braga Teixeira e Nelson Rosenvald, com base na interpretação do art. 66 do Código de Processo Penal conjugada com o art. 935 do Código Civil, discorrem:

> será a absolvição veemente no juízo cível se reconhecer, de modo categórico que o fato não ocorreu, ou que embora tenha acontecido, o réu não foi o seu autor (art. 935, CC e art. 66, CPP). Todavia, as demais hipóteses de absolvição quaisquer que sejam não vinculam o juízo cível, facultando à vítima o acesso à ação civil *ex delicto*.[14]

A matéria está disciplinada no Código de Processo Penal, ao estabelecer, por meio do art. 386, que o juiz absolverá o réu desde que reconheça:

---

[14] FARIAS, Cristiano Chaves; TEIXEIRA, Felipe Braga; ROSENVALD, Nelson. *Novo tratado de responsabilidade civil.* 2. ed. São Paulo: Saraiva, 2017. p. 128.

I - estar provada a inexistência do fato;

II - não haver prova da existência do fato;

III - não constituir o fato infração penal;

IV - estar provado que o réu não concorreu para a infração penal;

V - não existir prova de ter o réu concorrido para a infração penal;

VI - existirem circunstâncias que excluam o crime ou isentem o réu de pena (arts. 20, 21, 22, 23, 26 e §1º do art. 28, todos do Código Penal), ou mesmo se houver fundada dúvida sobre sua existência;

VII - não existir prova suficiente para a condenação.

Desse modo, de acordo com o exame probatório realizado pelo juízo criminal, as repercussões na esfera cível serão distintas quanto à possibilidade ou não de ajuizamento de ação de responsabilidade civil.

Em relação à hipótese prevista no art. 386, I, do CPP, se o juiz entender *estar provada a inexistência do fato*, faz-se coisa julgada no âmbito cível, nos termos do art. 935 do Código Civil, pois haveria provas de que o fato não teria ocorrido. Na situação descrita, não haveria dúvidas de que o fato seria inexistente, portanto, a conclusão do juízo criminal é de observância obrigatória pelo juízo cível.

Situação diversa ocorre no caso de incidência do inc. II do art. 386 do CPP, quando *não houver prova da existência do fato*. A sentença criminal absolutória com base neste fundamento não faz coisa julgada na esfera civil, em razão de não haver provas, de modo categórico, sobre a existência do fato delituoso, consoante dispõe o art. 66 do mesmo *Codex*.

Quando a sentença penal entender *não constituir o fato infração penal* (art. 386, III, do CPP), ou seja, reconhecer a atipicidade da conduta do agente, essa conclusão do juízo criminal, via de regra, não impede o ajuizamento de ação para apurar a responsabilidade civil do autor, porquanto, como exemplifica Renato Brasileiro de Lima:

> apesar de o dano culposo ser formalmente atípico no direito penal comum, isso não significa dizer que não acarrete o dever de indenizar (CC, art. 186). Esta absolvição não repercute no juízo cível, já que o reconhecimento da atipicidade da conduta em sede processual penal não afasta a possibilidade de reconhecimento de sua ilicitude no âmbito cível, com consequente reconhecimento da obrigação de reparar os danos (CPP, art. 67, III).[15]

Com esse mesmo entendimento, firmou-se a jurisprudência do Superior Tribunal de Justiça:

> [...] 6. Como decido na origem, *a absolvição criminal com fundamento na atipicidade da conduta não faz coisa julgada no cível*, considerando a independência das instâncias que, ademais, consta do próprio art. 37, §4º, da CF: "*Os atos de improbidade administrativa importarão a suspensão dos direitos políticos, a perda da função pública, a indisponibilidade dos bens e o ressarcimento ao erário, na forma e gradação previstas em lei, sem prejuízo da ação penal cabível*".
> 7. No sentido da independência das instâncias, diversos são os precedentes do Superior Tribunal de Justiça, inclusive da Segunda Turma: AREsp 1.358.883/RS, Rel. Min. Francisco Falcão, Segunda Turma, DJe de 9/9/2019, RMS 32.319/GO, Rel. Min. Napoleão Nunes Maia Filho, Rel. para acórdão Min. Sérgio Kukina, Primeira Turma, DJe de 22/9/2016 e REsp

---

[15] LIMA, Renato Brasileiro de. *Manual de processo penal*. 6. ed. Salvador: JusPodivm, 2018. p. 325.

n. 1.364.075/DF, Rel. Min. Mauro Campbell Marques, Segunda Turma, DJe de 2/12/2015. diversa.[16]

Na situação em que o juízo criminal proferir sentença absolutória no sentido de entender *estar provado que o acusado não concorreu para a infração penal* (art. 386, IV, do CPP), essa conclusão sobre a prova de autoria impactará diretamente o juízo cível e impede, a rigor, o ajuizamento de ação de reparação civil do dano. Na hipótese, há um juízo de certeza em relação à autoria, coautoria ou participação nos fatos que afasta a possibilidade de rediscussão na esfera indenizatória, fazendo coisa julgada na esfera cível a análise do processo penal. Nesse sentido, também nos parece firme entendimento do Superior Tribunal de Justiça, como exemplifica a seguinte ementa:

> 2. Sobre o tema, esta Corte Superior tem a diretriz de que são independentes as esferas cível, penal e administrativa, somente sendo admitida a vinculação do julgado em caso de estar provada a inexistência do fato ou de o réu não ter concorrido para a infração penal (art. 386, I e IV do CPP) (REsp. 1.344.199/PR, Rel. Min. OG FERNANDES, DJe 1º.8.2017; AgRg no AREsp. 644.371/CE, Rel. Min. REYNALDO SOARES DA FONSECA, DJe 1º.8.2017). Esses respeitáveis entendimentos judiciais não têm, no entanto, aplicabilidade ao caso vertente.[17]

Por outro lado, parece-nos que a sentença penal absolutória em razão de *não existir prova de ter o acusado concorrido para a infração penal* (art. 386, V, do CPP) não impactará no possível ajuizamento de ação civil *ex delicto* para verificar a responsabilidade civil de um ilícito, pois nessa hipótese não existe um juízo de definitividade sobre a prova de autoria realizado pelo juízo criminal justamente por existir dúvida de ter o réu concorrido para a prática do crime. Não há, portanto, coisa julgada na esfera cível e a pessoa absolvida poderá, inclusive, ser condenada a indenizar a vítima. Essa compreensão é sedimentada na jurisprudência do Superior Tribunal de Justiça, como se vê no seguinte julgado:

> RECURSO ESPECIAL. ACIDENTE DE TRÂNSITO. AÇÃO DE INDENIZAÇÃO JULGADA PROCEDENTE. DECISÃO CRIMINAL ABSOLUTÓRIA. CULPA EXCLUSIVA DA VÍTIMA. ART. 386, [...], DO CPP. AUSÊNCIA DE REPERCUSSÃO NO JUÍZO CÍVEL. INTELIGÊNCIA DOS ARTS. 1.525 DO CC/16 E 65 DO CPP.
> - Embora tanto a responsabilidade criminal quanto a civil tenham tido origem no mesmo fato, cada uma das jurisdições utiliza critérios diversos para verificação do ocorrido. A responsabilidade civil independe da criminal, sendo também de extensão diversa o grau de culpa exigido em ambas as esferas. Todo ilícito penal é também um ilícito civil, mas nem todo ilícito civil corresponde a um ilícito penal.
> - A existência de decisão penal absolutória que, em seu dispositivo, deixa de condenar o preposto do recorrente por ausência de prova de ter o réu concorrido para a infração penal (art. 386, [...] do CPP) não impede o prosseguimento da ação civil de indenização.
> - A decisão criminal que não declara a inexistência material do fato permite o prosseguimento da execução do julgado proferido na ação cível ajuizada por familiar da vítima do ato ilícito. Recurso Especial não provido.[18]

---

[16] BRASIL. Superior Tribunal de Justiça. REsp nº 1.991.470, j. 11.6.2024.
[17] BRASIL. Superior Tribunal de Justiça. REsp nº 1.098.135, j. 11.6.2024.
[18] BRASIL. Superior Tribunal de Justiça. REsp nº 1.117.131, j. 1º.6.2010.

Caso a sentença reconheça *existirem circunstâncias que excluam o crime ou isentem o réu de pena (arts. 20, 21, 22, 23, 26 e §1º do art. 28, todos do Código Penal), ou mesmo se houver fundada dúvida sobre sua existência*, haverá a absolvição no juízo criminal, mas poderá ocorrer a possibilidade de buscar a responsabilidade civil do autor do fato, a depender da prova colhida e da conclusão realizada no processo penal.

A respeito das causas excludentes de ilicitude, o art. 65 do Código de Processo Penal dispõe que faz coisa julgada no cível a sentença penal que reconhecer ter sido o ato praticado em estado de necessidade, em legítima defesa, em estrito cumprimento de dever legal ou no exercício regular de direito. Nessa situação, o autor do fato não estaria sujeito à ação de reparação civil por ato injusto praticado pela vítima. Todavia, nas situações em que o ofensor for absolvido na esfera penal em razão do reconhecimento de uma das mencionadas causas excludentes da ilicitude, mas tenha atingido, pela sua ação, um terceiro, seria possível que essa terceira pessoa prejudicada busque a reparação civil dos danos sofridos pelo ofensor, cabendo a este ajuizar ação regressiva contra aquele que deu causa. Nesse sentido, bem leciona Guilherme Madeira Dezem:

> Com relação às causas de excludentes da antijuridicidade o Código de Processo Penal pode induzir em erro se não analisado também do ponto de vista da doutrina do direito penal. O art. 65 do CPP estabelece que faz coisa julgada no civil a sentença penal que reconhecer ter sido o ato praticado em estado de necessidade, em legítima defesa, em estrito cumprimento de dever legal ou no exercício regular de direito.
> Ocorre que estas causas de exclusão da antijuridicidade podem atuar de maneira defensiva ou agressiva. Quando atuarem de maneira defensiva então o art. 66 [do CPP] tem plena eficácia. A pessoa que mata outra em legítima defesa não poderá ser processada na esfera civil pelos sucessores da vítima. No entanto como é sabido pela doutrina penal é possível que essas causas de exclusão da antijuridicidade atinjam terceira pessoa.
> Nesta situação a causa excludente é agressiva, pois atinge bem de terceiro que não é obrigado a suportar o dano provocado pela pessoa e desta forma é possível o ajuizamento de ação civil indenizatória.[19]

Ainda em relação às hipóteses descritas no art. 386, tem-se, no inc. VII, que a sentença absolutória também será proferida *quando não existir prova suficiente para a condenação*. Trata-se aqui de aplicação nítida do *in dubio pro reo*, pois a prova exigida para uma condenação no juízo criminal deve ser certa, não se admitindo dúvidas para proferir um juízo condenatório. Nesse cenário, nada impede a propositura de uma ação civil de reparação de danos com base na independência das esferas cível e criminal, uma vez que a prova e a análise realizadas em cada juízo são distintas, e a análise probatória exercida no juízo cível para fins de condenação é menos rigorosa que no processo penal.

Feitas essas análises, a compreensão do art. 386 do CPP permite a conclusão de que, quando a absolvição criminal ocorrer com fundamento nos incs. II, III, V, VI e VII em razão da falta de provas de autoria, não haverá a produção de nenhum efeito na esfera civil. Ao contrário, o juízo cível está vinculado à conclusão realizada pelo juízo criminal, quando ficar provada a inexistência do fato ou de o réu não ter concorrido para a infração penal (art. 386, I e IV do CPP).

---

[19] DEZEM, Guilherme Madeira. *Curso de processo penal*. 6. ed. São Paulo: RT, 2020. p. 398-399.

Para além das situações descritas no art. 386 do CPP, é preciso destacar outros casos de absolvição pelo juízo criminal e suas implicações na reparação civil. Prossigamos nessa seara da dogmática jurídica sobre o tema.

Quando for proferida uma sentença absolutória imprópria, ou seja, reconhecida a prática de um ato descrito como infração penal por um inimputável (art. 26, *caput*, do Código Penal), não será aplicada pena, mas medida de segurança (art. 386, parágrafo único, III, do CPP). A doutrina especializada[20] entende que, mesmo reconhecida a prática do ato, a sentença que aplica medida de segurança não possui natureza condenatória e não acarreta o dever de indenizar o dano sofrido, mas, de outro lado, não impede a verificação da responsabilidade civil. Cabe ao ofendido, neste cenário, buscar a reparação do dano na esfera civil contra quem possuía o dever de guarda do inimputável, nos termos do art. 932, II do Código Civil.

Outro aspecto que merece atenção é a conclusão de que a absolvição realizada pelo Tribunal do Júri não faz coisa julgada no cível e não impede a propositura de ação civil para verificar a responsabilidade civil do causador do dano. Ainda que os jurados tenham absolvido o autor do ato ilícito com base em quesito que não reconheça a sua autoria, essa absolvição não interfere na esfera civil. Pelas características próprias do Tribunal do Júri, em que não há fundamentação da decisão proferida pelos jurados, bem como da previsão constitucional do sigilo das votações,

afigura-se impossível precisar o exato motivo que deu ensejo à decisão dos jurados [...] não se pode estabelecer com exatidão se a decisão dos jurados se baseou na dúvida (in dubio pro reo), situação em que não faria coisa julgada no cível, ou em um juízo de certeza acerca da inexistência do crime ou de negativa de autoria.[21]

Nessa esteira, já decidiu o Superior Tribunal de Justiça:

permite-se a investigação, no âmbito cível, da existência de responsabilidade civil, quando o Tribunal do Júri absolve o réu, por negativa de autoria, uma vez que essa decisão não é fundamentada, gerando incerteza quanto à real motivação do juízo decisório criminal.[22]

Cumpre ressaltar, ainda, a existência de decisões definitivas proferidas pelo Juízo criminal que não são capazes de impedir o exame da responsabilidade civil. Destaca-se, no ponto, a previsão contida no art. 67 do Código de Processo Penal, no sentido de que não impedem a propositura da ação civil decisões que determinam o arquivamento do inquérito ou das peças de informação (art. 67, I), bem assim as que julgam extinta a punibilidade (art. 67, II). Aqui, incluem-se aquelas situações de reconhecimento de prescrição, insignificância, concessão de anistia, graça ou indulto e a concessiva de perdão judicial.

---

[20] LIMA, Renato Brasileiro de. *Manual de processo penal*. 6. ed. Salvador: JusPodivm, 2018. p. 326-327; DEZEM, Guilherme Madeira. *Curso de processo penal*. 6. ed. São Paulo: RT, 2020. p. 400.

[21] LIMA, Renato Brasileiro de. *Manual de processo penal*. 6. ed. Salvador: JusPodivm, 2018. p. 327.

[22] BRASIL. Superior Tribunal de Justiça. REsp nº 485.865, j. 25.5.2004.

5 Efeitos da sentença condenatória criminal definitiva para a responsabilidade civil

A partir das conclusões até aqui expostas, é possível afirmar que a comprovação da autoria e da materialidade ou a prova categórica de inexistência do crime ou de que o imputado não foi o seu autor, quando decididas definitivamente pelo juízo criminal, fazem coisa julgada na esfera civil e não poderão mais ser reexaminadas em uma ação de responsabilidade civil.

Nesse contexto, se o processo criminal encerrar com a condenação definitiva do réu, ele ficará também responsável pela reparação do dano civil sem que se possa negar a autoria no juízo cível, sendo possível, nesta esfera, apenas discussões atinentes à extensão do dano, existência de culpa concorrente e a fixação do valor da indenização. Daí decorre a previsão contida no art. 91, I, Código Penal, de tornar certa a obrigação de indenizar o dano causado pelo crime, como um dos efeitos da sentença penal condenatória.

Trata-se, portanto de um efeito extrapenal da condenação. Com o trânsito em julgado da sentença condenatória, esta constituirá um título executivo judicial no âmbito civil (art. 515, VI, do Código de Processo Civil). Torna-se certa a obrigação do autor do dano de repará-lo, pois já há uma certeza sobre a existência do fato e de quem foi o seu autor de acordo com a conclusão realizada pelo juízo criminal que vincula a esfera cível, nos termos do já mencionado art. 935 do Código Civil, o qual, expressamente, diz "não se podendo questionar mais sobre a existência do fato, ou sobre quem seja o seu autor, quando estas questões se acharem decididas no juízo criminal".

Nessa esteira, a vítima ou ofendido poderá buscar a ação executória diante da formação do título executivo decorrente da sentença condenatória, ou, dependendo da situação ou do desfecho do processo penal, ajuizar uma ação de conhecimento para apuração da responsabilidade civil, ambas diante do juízo cível, observada a subordinação da esfera cível às conclusões realizadas pelo juízo criminal quanto à existência do fato e sobre a sua autoria.

Apesar da perceptibilidade da disposição legal sobre esse efeito imediato e da formação de título executivo judicial para execução civil da sentença penal condenatória, certas questões apresentam alguma controvérsia ou interpretação divergente na doutrina e na jurisprudência.

Uma primeira dúvida remanesce em relação à condenação definitiva proferida pelo Tribunal do Júri. Diferentemente isso se dá das conclusões explanadas sobre a absolvição do réu no Tribunal de Júri, uma vez que não se pode precisar exatamente os motivos que levaram os jurados a absolverem o réu e que, em consequência, não faria coisa julgada na esfera cível. No caso de condenação pelo mesmo Tribunal do Júri, há a formação de título judicial passível de execução no âmbito civil para fins de indenização, tendo em consideração que a condenação transitada em julgado, ainda que pelo Tribunal do Júri, torna certa a existência do crime e da sua autoria, conforme regulado pela norma penal, não existindo qualquer ressalva ou impedimento previsto na legislação penal, civil ou processual civil pertinente. Nesse sentido, defende Renato Brasileiro de Lima:

Há certa discussão quanto à possibilidade de sentença condenatória irrecorrível originária do Tribunal do Júri valer como título executivo judicial idôneo para fins de ajuizamento da execução a que se refere o art. 63 do CPP. Sem embargo de entendimento em sentido contrário, parece-nos que, com o trânsito em julgado de condenação operada pelo Júri popular, não há qualquer óbice à execução no âmbito cível, haja vista que não há qualquer ressalva nos dispositivos legais referentes ao assunto: CP, art. 91, I; CPP, art. 63, *caput*; (art. 515, VI, do CPC). Logo a despeito de os jurados não serem obrigados a fundamentar seu convencimento, visto que vigora, quanto a eles, o sistema de íntima convicção, subsiste a possibilidade de execução da sentença condenatória irrecorrível do Tribunal Popular.[23]

Mencione-se, a partir da sentença penal condenatória, a responsabilidade civil de terceiros prevista no art. 932 do Código Civil. É preciso pontuar que a execução civil decorrente de condenação criminal apenas pode ser realizada contra o acusado que foi parte no processo penal, não podendo ser executada contra eventual responsável civil sob pena de violação aos princípios do contraditório e da ampla defesa, pois

não pode responder, como fato incontroverso e definitivo, aquele que não participou da ação penal. Assim, caso o empregado de alguém cometa, no exercício da função, um ilícito penal qualquer, a vítima não pode valer-se da sentença condenatória para, formando o título executivo, exigir, no cível, indenização do seu patrão.[24]

Nesse sentido, a vítima apenas poderá promover a execução civil da sentença penal condenatória em face do réu condenado na esfera criminal, em que não se discutirá mais sua autoria ou a existência do crime, como já visto.

De outro lado, caso deseje também que o terceiro responsável, por exemplo, uma empresa venha a ser responsabilizada pelo ato ilícito cometido por seu funcionário condenado no juízo criminal, a vítima deverá ajuizar uma ação de conhecimento na esfera cível em face do empregador, sendo possível, segundo corrente majoritária da doutrina, discutir novamente aspectos relacionados à autoria e à existência do ato, mesmo que já decidido definitivamente no processo penal, para que seja assegurada a plena observância do contraditório e da ampla defesa.

Como leciona Gustavo Henrique Badaró, "o terceiro poderá voltar a questionar tudo o que restou decidido na sentença penal, inclusive quanto à existência do crime e a própria autoria delitiva, que no primeiro processo geraram o dever de reparar o dano".[25] No mesmo sentido, Renato Brasileiro de Lima afirma que, "nesta ação, o empregador poderá voltar a discutir tudo o que restou decidido na sentença penal, inclusive quanto à existência do crime e à própria autoria delitiva, que, no primeiro processo, geraram o dever de reparar o dano".[26]

Tourinho Filho, em relação a essa possibilidade de discutir novamente o fato e a autoria na apuração da responsabilidade civil de terceiros, faz uma interessante crítica no sentido de que

23 LIMA, Renato Brasileiro de. *Manual de processo penal.* 6. ed. Salvador: JusPodivm, 2018. p. 329.
24 NUCCI, Guilherme de Souza. *Código de Processo Penal comentado.* 19. ed. Rio de Janeiro: Forense, 2020. p. 303.
25 BADARÓ, Gustavo Henrique Righi Ivahy. *Processo penal.* 6. ed. São Paulo: RT, 2018. p. 221.
26 LIMA, Renato Brasileiro de. *Manual de processo penal.* 6. ed. Salvador: JusPodivm, 2018. p. 330.

se o patrão, ante uma ação com fulcro no art. 932, III, do CC/2002, pudesse discutir sobre o fato e a autoria, sob o fundamento de não ter sido parte na relação jurídico-processual penal, a balbúrdia seria inominável, uma vez que, por via oblíqua, poderia o juízo cível afrontar o decidido pelo juízo penal. Haveria, inegavelmente, uma revisão criminal, sui generis, na 1ª instância, e o que é pior, no juízo cível.[27]

Em linha semelhante, Eugênio Pacelli, defende:

> a matéria de defesa reservada ao terceiro, responsável civil, na hipótese de já haver decisão condenatória em face do agente do delito (reconhecendo, portanto, a existência do fato e a autoria, nos termos do art. 935, CC), será unicamente aquela atinente à existência, ou não, de relação jurídica (contratual ou legal) entre ele e o agente do crime. A questão relativa à existência e à autoria do fato estará fora de seu alcance, desde que passada em julgado a sentença condenatória.[28]

A posição adotada por Pacelli parece ser a mais coerente com a unidade de jurisdição, com a previsão contida expressamente no art. 935 do Código Civil e com todo o sistema da independência relativa das instâncias em que o juízo cível estará subordinado à conclusão definitiva realizada na esfera criminal sobre a existência do crime e a prova da autoria, evitando-se a rediscussão sobre esses aspectos no juízo civil, ainda que seja para apuração da responsabilidade de terceiros. Caberia a esses terceiros, apenas, discutir aspectos relacionados à existência, ou não, de relação jurídica (contratual ou legal) com o autor do ato ilícito condenado definitivamente na esfera criminal.

Nada obstante a pertinente crítica, o entendimento que se tem consagrado majoritariamente na doutrina e jurisprudência é a possibilidade da ampla discussão em eventual ação de responsabilidade civil de terceiros da existência do fato e da autoria para que se garanta sem restrições o contraditório e a ampla defesa de quem não participou do processo penal, mesmo que haja adoção de posicionamentos antagônicos e de uma maior mora na definição da responsabilidade civil do terceiro pleiteada pela vítima.[29]

Há, ainda, de se ressaltar a questão sobre a hipótese de julgamento procedente de uma revisão criminal da sentença condenatória e os seus reflexos na execução civil. De acordo com a solução dada por fundamentada doutrina,[30] o efeito do julgamento procedente de uma revisão criminal que entenda pela inocência do acusado na execução realizada no juízo cível dependerá do estágio em que se encontre a ação executória. Caso ainda não tenha sido ajuizada, não poderá mais ser deflagrada, pois não haveria mais título judicial a ser executado, caso a ação de execução esteja em curso, não será mais possível sua continuidade em razão de também faltar o título executivo. Porém, se já tiver sido realizado o pagamento e extinta a execução civil, caberá ao então executado requerer pedido de indenização contra o Estado por meio de ação autônoma de conhecimento ou na própria revisão criminal.

---

[27] TOURINHO FILHO, Fernando da Costa. *Manual de processo penal*. 18. ed. São Paulo: Saraiva, 2018. p. 286.

[28] OLIVEIRA, Eugênio Pacelli de. *Curso de processo penal*. 25. ed. São Paulo: Atlas, 2021. p. 225.

[29] NUCCI, Guilherme de Souza. *Código de Processo Penal comentado*. 19. ed. Rio de Janeiro: Forense, 2020. p. 304.

[30] BADARÓ, Gustavo Henrique Righi Ivahy. *Processo penal*. 6. ed. São Paulo: RT, 2018. p. 221-222; LIMA, Renato Brasileiro de. *Manual de processo penal*. 6. ed. Salvador: JusPodivm, 2018. p. 330-331; DEZEM, Guilherme Madeira. *Curso de processo penal*. 6. ed. São Paulo: RT, 2020. p. 393.

Por fim, um dos efeitos da sentença condenatória que reflete diretamente na responsabilidade civil diz respeito à fixação, na sentença condenatória, de um valor mínimo para reparação dos danos causados pela infração, considerando os prejuízos sofridos pelo ofendido (art. 387, IV, do Código de Processo Penal). Trata-se de determinação ao magistrado sentenciante no processo criminal quando a infração penal tenha resultado algum prejuízo à vítima. Nessa situação, o ofendido poderá executar diretamente no juízo cível o montante fixado na sentença penal condenatória, sem necessidade de liquidação da sentença. Essa previsão fixa apenas um valor mínimo, sem impedir que a vítima, caso deseje, proceda à liquidação da sentença penal condenatória transitada em julgado a fim de apurar a extensão efetiva do dano sofrido, consoante dispõe o art. 63, parágrafo único, do Código de Processo Penal.

Não obstante a intenção do legislador em facilitar a fixação de um valor mínimo indenizatório para que a vítima pudesse, desde logo, executar na esfera cível, sem a necessidade de apuração do *quantum* devido, não teria a norma constante no art. 387, IV, do CPP, disciplinado adequadamente o tema, pois previu apenas um valor mínimo indenizatório, permitindo, ou até mesmo obrigando, a vítima a buscar a complementação da reparação do dano no juízo cível, mesmo que a prova exigida, a necessidade de observância do contraditório e da ampla defesa e a fundamentação necessária sejam as mesmas tanto para fixar um valor mínimo quanto para a decisão sobre o efetivo valor do dano sofrido. Nessa linha, cabe ressaltar, por oportuno, as ponderações críticas de Guilherme de Souza Nucci:

> Há muito, aguarda-se possa o juiz criminal decidir, de uma vez, não somente o cenário criminal em relação ao réu, mas também a sua dívida civil, no tocante à vítima, de modo a poupar outra demanda na esfera cível. O que se faz? Menciona-se que o magistrado pode fixar um valor mínimo para a reparação dos danos causados pela infração, levando em conta os prejuízos sofridos pela vítima. Ora, para o estabelecimento de um valor mínimo o juiz deverá proporcionar todos os meios de provas admissíveis, em benefício dos envolvidos, mormente do réu. Não pode este arcar com qualquer montante se não tiver tido a oportunidade de se defender, produzir prova e demonstrar o que, realmente, seria, em tese, devido. Pois bem. Se o acusado produziu toda a prova desejada nesse campo, por que fixar apenas um valor mínimo? Seria o mesmo que dizer: *"a Justiça Criminal fixa 'X', mas se não estiver contente pode demandar no âmbito civil, onde poderá conseguir o que realmente merece"*. Essa situação nos soa absurda. Ou o ofendido vai diretamente ao juízo cível, como se dava anteriormente, ou consegue logo o que almeja – em definitivo – no contexto criminal. A situação do meio-termo é típica de uma legislação vacilante e sem objetivo. Desafogar a Vara Cível também precisaria ser meta do legislador. Incentivar o ofendido a conseguir a justa indenização, igualmente. Porém, inexiste qualquer razão para a fixação de um valor mínimo. Dá-se com uma mão; retira-se com a outra. O ofendido obtém, na sentença condenatória criminal, um montante qualquer pelo que sofreu, mas pode demandar maior valor na esfera cível. O óbolo dado na Vara Criminal não lhe servirá, se, efetivamente, quiser ser ressarcido.[31]

No mesmo sentido, Flávio Tartuce adere às críticas dessa previsão legislativa e acrescenta:

---

[31] NUCCI, Guilherme de Souza. *Código de Processo Penal comentado.* 19. ed. Rio de Janeiro: Forense, 2020. p. 1334.

parece que há uma contramão principiológica ou de ideais. O sistema penal consagrou a ideia de reparação mínima, enquanto o sistema civil prevê a reparação máxima ou integral dos danos [...]. Isso acaba por colocar o primeiro sistema em descrédito, pois sempre vai se buscar a solução na esfera cível ou privada, para a complementação da indenização, atingindo a reparação máxima. Em suma, fere-se a lógica da reforma processual penal, que tendeu à facilitação das demandas penais e de suas decorrências diretas e indiretas.[32]

A censura dos ilustres autores é apta a uma reflexão por parte do legislador, a fim de facilitar a resolução da apuração do ato ilícito de forma definitiva no juízo penal, ou ao menos reduzir e desestimular a rediscussão dos mesmos fatos em outra esfera judicial, apesar do reconhecimento da independência das instâncias. Facilitaria a prestação judiciária no sentido de promover a ampla reparação do dano à vítima, sem maiores delongas para resolução completa do litígio e não aumentar o tormento do ofendido que já experimentou, na maioria das vezes, sérios danos patrimoniais, morais, estéticos, entre outros.

Uma solução alternativa a ser tomada com base na legislação em vigor seria a dos juízes criminais, observado o contraditório e a ampla defesa, nas sentenças penais a serem proferidas, fixarem o valor de reparação dos danos causados pela prática da infração penal em patamar mais próximo da realidade e em montante correspondente ao efetivo prejuízo sofrido pela vítima, com o fim de, desde logo, possibilitar à vítima uma reparação satisfatória e efetiva. Com esse mesmo pensamento, leciona Renato Brasileiro de Lima, com base em doutrina especializada:

> a menção a um valor mínimo e a possibilidade de se buscar no âmbito cível, a complementação deste montante, não significam dizer que o juiz deva arbitrar um valor meramente simbólico, como efeito da sentença condenatória por ele proferida. Na verdade, incumbe ao juiz averiguar o alcance do prejuízo causado ao ofendido para, a partir daí, arbitrar um valor que mais se aproxime do devido, propiciando, assim, uma reparação que seja satisfatória e que, ao mesmo tempo, desestimule a propositura de liquidação no cível, com toda a demora e dissabores que lhe são peculiares.[33]

6   Conclusão

Com a prática de um ato ilícito, é possível que se tenham repercussões em várias esferas judiciais. É o que intentou rememorar este ensaio.

Pode surgir, a partir de um evento danoso, uma responsabilidade penal a ser apurada pelo Estado a fim de que o infrator seja punido com uma pena, previamente, estabelecida em lei, mas também pode resultar em uma responsabilidade civil a ensejar a reparação do dano causado à vítima ou aqueles que experimentaram um prejuízo pela ação ilícita praticada pelo autor do fato.

Nessas situações em que a prática de um crime atingir o patrimônio moral ou material de uma pessoa, caberá a propositura de ação civil *ex delicto* com o fim de reparar o dano civil sofrido pela prática da infração penal.

---

[32] TARTUCE, Flávio. *Responsabilidade civil*. 4. ed. Rio de Janeiro: Forense, 2022. p. 1020.

[33] LIMA, Renato Brasileiro de. *Manual de processo penal*. 6. ed. Salvador: JusPodivm, 2018. p. 333.

Em regra, as apurações da responsabilidade civil e da responsabilidade penal poderão ser buscadas em esferas distintas em razão do sistema da independência das instâncias adotado no ordenamento jurídico pátrio, com assento constitucional e previsto expressamente em diversos dispositivos legais. Porém, por se tratar de situação que possui identidade fática e envolvendo as mesmas pessoas, adotou-se a *independência relativa ou mitigada* das instâncias, em que a conclusão definitiva, por meio de decisão transitada em julgado, proferida pelo juízo criminal sobre a existência do fato e de sua autoria, fariam coisa julgada também na esfera cível, impedindo a rediscussão na responsabilidade civil.

Não obstante a independência relativa prevista, principalmente, no citado art. 935 do Código Civil, algumas situações práticas decorrentes de sentenças absolutórias ou condenatórias acarretam dúvidas interpretativas ou exceções à regra de subordinação das conclusões realizadas no âmbito do processo criminal, devendo ser analisadas cuidadosamente para garantir a efetiva reparação do dano causado aos ofendidos pelo ato ilícito, sem descurar do respeito à unidade de jurisdição e sem tolher as garantias constitucionais da ampla defesa e do contraditório.

Em razão das sentenças absolutórias, a atenção deve ser voltada mormente para definitividade do exame probatório realizado pelo juízo criminal. Se a conclusão for de certeza, ou seja, tenha restado provado que o réu não concorreu para a infração penal ou estar provada a inexistência do fato (art. 386, I e IV, do CPP), por sentença transitada em julgado, essas matérias não poderão mais serem discutidas em qualquer outra instância, inclusive para a verificação da responsabilidade civil. Nas demais causas de absolvição, são cabíveis ações na esfera civil, pois não há a necessária vinculação do entendimento do juízo criminal; ressalvando-se o caso do Tribunal de Júri, em que, seja qual for a causa que levou à absolvição, não haverá impedimento de propositura de ação civil, uma vez que não há fundamentação acerca dos motivos que levaram os jurados a decidirem.

No caso de condenação penal que tenha gerado prejuízo ao ofendido, o autor da infração penal ficará também responsável pela reparação do dano civil sem que se possa negar a autoria no juízo cível. No juízo civil, caberá a fixação do *quantum* indenizatório ou eventual discussão sobre a existência de culpa concorrente da vítima. Caberá à vítima ou ao ofendido optar em executar a sentença penal condenatória a fim de que seja fixado o montante devido, executar o valor mínimo de indenização fixado pelo juízo criminal nos termos do art. 387, IV, do CPP, sem prejuízo de requerer a liquidação para apuração do dano efetivamente sofrido, ou, ainda, sem aguardar o desfecho da ação penal, ajuizar ação de conhecimento buscando a condenação do autor do ato ilícito.

Algumas questões, porém, merecem uma reflexão por parte da doutrina e da jurisprudência, para que se possam evitar juízos temerários e contraditórios sobre a certeza probatória colhida na apuração da responsabilidade criminal e seus reflexos na responsabilidade civil.

Um desses temas envolve a responsabilidade civil de terceiros, que ainda gera debates e permite uma indesejada possibilidade de conclusão diversa do juízo cível realizada pelo juízo criminal sobre a existência do fato e de quem foi seu autor. O entendimento hoje prevalecente é no sentido de que, como o terceiro não teria sido parte na ação penal, seria permitida, na apuração da responsabilidade civil, a ampla rediscussão da autoria e da materialidade dos fatos decididos definitivamente na sentença penal condenatória transitada em julgado. A solução mais adequada parece ser aquela que privilegia a regra geral da conclusão definitiva firmada pelo juízo criminal, permitindo-se apenas discussões em relação ao terceiro responsável de aspectos relacionados à existência, ou não, de relação jurídica (contratual ou legal) com o autor do ato ilícito condenado definitivamente na ação penal.

De igual modo, a possibilidade de fixação de valor mínimo de indenização previsto no art. 387, IV, do Código Penal, representou importante avanço para que seja garantido, desde logo, à vítima um valor mínimo para reparação dos prejuízos experimentados pela infração penal. Porém, diante dos requisitos legais e constitucionais que devem ser observados para fixação de um valor mínimo de indenização serem praticamente os mesmos para o estabelecimento de um montante real acerca dos danos sofridos, poderia o legislador ter disposto que na sentença penal, sempre que possível, observadas as garantias constitucionais do contraditório e da ampla defesa, o magistrado deveria fixar o *quantum* efetivo do dano a ser reparado à vítima.

Mesmo que inexistente essa previsão legislativa, nada impede, mas até se recomenda que os juízes penais possam, nas sentenças condenatórias proferidas, sempre que houver possibilidade, fixar valores para fins de reparação de dano mais próximos possíveis do dano sofrido, evitando-se rediscussões e o prolongamento da tormentosa via judicial com o agravamento do sofrimento experimentado pelos ofendidos pela delonga na resolução definitiva da reparação do dano.

Eis o que se almejou apresentar ao fim, as implicações das provas colhidas pelo juízo criminal de autoria e da existência do crime e seus possíveis impactos na responsabilidade civil, com a apresentação de pontos de contatos e diferenças, com a apresentação de reflexões em algumas situações a serem observadas a partir das conclusões realizadas no processo penal, sem deixar de realizar questionamentos sobre disposições legais e possíveis interpretações sobre o tema.

Referências

BADARÓ, Gustavo Henrique Righi Ivahy. *Processo penal*. 6. ed. São Paulo: RT, 2018.

DEZEM, Guilherme Madeira. *Curso de processo penal*. 6. ed. São Paulo: RT, 2020.

FACHIN, Luiz Edson. Responsabilidade civil contemporânea no Brasil: notas para uma aproximação. *Revista Jurídica*, ano 58, n. 397, nov. 2010.

FARIAS, Cristiano Chaves; TEIXEIRA, Felipe Braga; ROSENVALD, Nelson. *Novo tratado de responsabilidade civil*. 2. ed. São Paulo: Saraiva, 2017.

LIMA, Renato Brasileiro de. *Manual de processo penal*. 6. ed. Salvador: JusPodivm, 2018.

NUCCI, Guilherme de Souza. *Código de Processo Penal comentado*. 19. ed. Rio de Janeiro: Forense, 2020.

OLIVEIRA, Eugênio Pacelli de. *Curso de processo penal*. 25. ed. São Paulo: Atlas, 2021.

PEREIRA, Caio Mário da Silva. *Instituições de direito civil*. 25. ed. Rio de Janeiro: Forense, 2012. v. 1.

ROSENVALD, Nelson; RUZYK, Carlos Eduardo Pianovski (Org.). *Novas fronteiras da responsabilidade civil*: direito comparado. Indaiatuba: Foco, 2020.

TARTUCE, Flávio. *Responsabilidade civil*. 4. ed. Rio de Janeiro: Forense, 2022.

TOURINHO FILHO, Fernando da Costa. *Manual de processo penal*. 18. ed. São Paulo: Saraiva, 2018.

VENOSA, Silvio de Salvo. *Direito civil*: responsabilidade civil. 15. ed. São Paulo: Atlas, 2015. v. 4.

Informação bibliográfica deste texto, conforme a NBR 6023:2018 da Associação Brasileira de Normas Técnicas (ABNT):

FACHIN, Luiz Edson; BAPTISTA, Carlos Eduardo Lacerda. A prova da autoria no juízo criminal e seus efeitos na responsabilidade civil. *In*: MENDES, Gilmar Ferreira; LIRA, Daiane Nogueira de; FREIRE, Alexandre (coord.). *Constituição, democracia e diálogo*: 15 anos de Jurisdição Constitucional do Ministro Dias Toffoli. 2. ed. Belo Horizonte: Fórum, 2025. p. 1081-1099. ISBN 978-65-5518-937-7.

A GESTÃO DO MINISTRO DIAS TOFFOLI NO CONSELHO NACIONAL DE JUSTIÇA – CNJ

LUIZ FERNANDO TOMASI KEPPEN

> *A Democracia é essencialmente pluralista. E plural também são os Tribunais, com a natural convivência, em seu seio, de juízes com concepções diversas de mundo e do direito. Não é fácil conciliar e coordenar as diferenças. Mas no futuro do judiciário e o judiciário do futuro dependem, cada vez mais, do diálogo e da cooperação institucional.*
> (Ministro José Antônio Dias Toffoli)

Introdução

Durante a gestão do Ministro Dias Toffoli houve um forte investimento em estratégias de gestão, tecnologias avançadas, automação aprimorada e cooperação entre diferentes setores e instituições para enfrentar os desafios do sistema judiciário brasileiro.

Indubitavelmente, sua gestão foi um divisor de águas na história do egrégio Conselho Nacional de Justiça. Hoje temos um CNJ estruturado e otimizado, pronto para o futuro.

Antes de iniciar as linhas que conterão algumas singelas impressões sobre a gestão Toffoli, congratulo os amigos e colegas de toga Ministro Gilmar Mendes, Conselheira Daiane Nogueira de Lira e Conselheiro Alexandre Freire, pela memorável iniciativa em coordenar uma coletânea em homenagem aos 15 anos de jurisdição constitucional do Ministro Dias Toffoli no Supremo Tribunal Federal.

O objetivo do texto é trazer uma breve explanação sobre a atuação do Ministro Dias Toffoli junto ao Conselho Nacional de Justiça, na defesa do Estado Democrático de Direito, das instituições republicanas e das garantias fundamentais.

Para tanto, em 3 (três) tópicos apresenta-se um panorama dos projetos desenvolvidos e implementados durante sua atuação no Conselho. Ato contínuo, no tópico 4 faz-se uma breve exegese dos principais números de sua administração, para então, em considerações finais, apresentar uma reflexão quantitativa e qualitativa sobre o legado do Ministro frente ao Conselho e os desafios enfrentados pela Corte quando da sua gestão.

1   O Conselho Nacional de Justiça e a gestão Dias Toffoli 2018-2020

A instituição do Conselho Nacional de Justiça se deu diante da necessidade de uma parametrização das Cortes, com a otimização, controle, fiscalização administrativa, financeira e correcional para a melhor estruturação dos tribunais do país a partir de mecanismos adequados de gestão, transparência, eficiência e a promoção de políticas públicas assertivas.[1]

Trata-se de uma atividade extremamente técnica e da mais alta responsabilidade e complexidade. A prioridade da gestão do Ministro Dias Toffoli foi a gestão de riscos e o investimento em tecnologia, sem, contudo, negligenciar a importância do capital humano e das ações de responsabilidade socioambiental.

Como parte do planejamento estratégico do CNJ para aprimorar seu desempenho organizacional e seguir as orientações dos órgãos de fiscalização, foi instituído na gestão do Ministro Toffoli o *Manual de Gestão de Riscos do CNJ* pela Portaria Diretoria-Geral nº 277, em 10 de outubro de 2019.

A implementação do gerenciamento de riscos teve início nas unidades da Diretoria-Geral, com a realização de capacitações aos colaboradores, a fim de prepará-los para realizar uma gestão de forma eficaz. Após avaliar experiências tanto no Brasil quanto no exterior, escolheu-se adotar o método *Management of Risk (M_o_R)*. O gerenciamento envolveu a identificação, avaliação e controle de possíveis ameaças que poderiam surgir de diversas fontes, como responsabilidades legais, falhas na gestão estratégica, acidentes e eventos naturais catastróficos. Foi realizada uma abordagem uniforme, abrangente e coordenada no gerenciamento destes riscos que auxiliaram na identificação, controle e redução de riscos relevantes.

De outro norte, o relatório de administração da gestão do Ministro Dias Toffoli[2] aponta que, quando de sua atuação, houve diminuição dos processos em espera, revertendo a tendência observada nos anos anteriores. Foram feitos diversos investimentos na busca pela desjudicialização e na utilização de métodos alternativos e consensuais de resolução de conflitos.

Diante da responsabilidade geral de coordenar e acompanhar o avanço da Política Nacional de Tratamento Adequado de Conflitos e com o objetivo de encontrar uma solução temporária para a falta de mediadores e conciliadores, bem como de instrutores para seus respectivos cursos de capacitação, os integrantes da Comissão Permanente de Resolução Adequada de Conflitos aprovaram, de forma unânime, a flexibilização da aplicação da Resolução CNJ nº 210/2010, e do Regulamento para Cursos de Capacitação de Instrutores. As adversidades específicas que levaram à flexibilização dos critérios incluíam: 1. realização de estágio supervisionado de 60 a 100 horas no segundo módulo de formação para conciliadores/mediadores; 2. completar a parte prática da capacitação para instrutores em formação, ou seja, ministrar cursos, dentro de um ano após o término da fase teórica, a fim de qualificar mediadores e conciliadores para atuação no Poder Judiciário.

[1]   NOGUEIRA, R. M; CALIXTO, A. G. C; GUILHERME, G. C. C. *CNJ* – Passado, Presente e Futuro – Comemoração aos 20 anos do Conselho Nacional de Justiça. Curitiba: Tribunal de Justiça do Estado do Paraná. 2024.

[2]   BRASIL. *CNJ*. Conselho Nacional de Justiça. Relatório de gestão Ministro Dias Toffoli: 2018-2020 / José Antônio Dias Toffoli; organização Richard Pae Kim – Brasília: CNJ, 2020.

A atuação do Ministro Toffoli junto à Comissão Permanente de Tratamento Adequado de Conflitos foi decisiva na condução das tratativas para a flexibilização da Resolução CNJ nº 215.

Para além disso, a gestão foi protagonista na construção da Estratégia Nacional do Poder Judiciário 2021-2026, com colaboração ativa ao longo de todo o primeiro ano de sua administração, sob a supervisão do Conselho Nacional de Justiça e o respaldo da Rede de Governança Colaborativa do Poder Judiciário, que resultou na aprovação dos Macrodesafios pelos presidentes dos tribunais e na publicação da Resolução CNJ nº 325/2020, juntamente com as Metas do Poder Judiciário para o ano de 2020. Além disso, o Planejamento Estratégico do Conselho Nacional da Justiça 2021-2026 foi aprovado por meio da Portaria CNJ nº 104, emitida em 30 de junho de 2020.

A Estratégia Nacional do Poder Judiciário foi apresentada a partir da unicidade do Poder Judiciário que institui a concretização de diretrizes nacionais para nortear a atuação institucional de seus órgãos, dos princípios de gestão participativa e democrática esculpidos na Resolução nº 321/2016, do Conselho Nacional de Justiça, dos resultados de relatórios de acompanhamento da Estratégia Nacional, dos trabalhos do Comitê Gestor Nacional da Rede de Governança Colaborativa do Poder Judiciário, dos resultados de consultas públicas dirigidas aos cidadãos e da implementação dos Objetivos de Desenvolvimento Sustentável da Agenda 2030 da Organização das Nações Unidas no Poder Judiciário.[3]

Importante reverberar que os Macrodesafios do Poder Judiciário são divididos em três perspectivas: sociedade, processos internos e aprendizado e crescimento. A perspectiva *sociedade* se refere à garantia dos direitos fundamentais esculpidos na Carta Magna, como o direito à vida, à liberdade, à igualdade, à segurança e à propriedade, bem como o fortalecimento da relação institucional do Poder Judiciário com a sociedade. A perspectiva *processos internos* tem por finalidade a agilidade e produtividade na prestação jurisdicional; o enfrentamento à corrupção, à improbidade administrativa e aos ilícitos eleitorais; a adoção de métodos consensuais para os conflitos e a prevenção de litígios; a consolidação do sistema de precedentes obrigatórios; a promoção da sustentabilidade; o aprimoramento da gestão da justiça criminal, da gestão administrativa e da governança judiciária. A perspectiva *aprendizado e crescimento* abrange a melhoria da gestão de pessoas, o aprimoramento da gestão orçamentária e financeira e o fortalecimento da Estratégia Nacional de Tecnologia da Informação e Comunicação e de proteção de dados.[4]

Em síntese, foram 12 (doze) os macrodesafios eleitos pelo Conselho Nacional de Justiça que devem orientar as diretrizes estratégicas nacionais até o ano de 2026, são eles: 1. Garantia dos direitos fundamentais; 2. Fortalecimento da relação institucional do judiciário com a sociedade; 3. Agilidade e produtividade na prestação jurisdicional; 4. Enfrentamento à corrupção e improbidade administrativa; 5. Prevenção de litígios e adoção de soluções consensuais para os conflitos; 6. Consolidação do sistema de precedentes obrigatórios; 7. Promoção da sustentabilidade; 8. Aperfeiçoamento da gestão da justiça criminal; 9. Aperfeiçoamento da gestão administrativa e da governança judiciária; 10. Aperfeiçoamento da gestão de pessoas; 11. Aperfeiçoamento da gestão

---

[3]   SCHWARTZ. H. R. M. *O Poder Regulamentar do CNJ*. Belo Horizonte, São Paulo: D'Plácido, 2023, p. 190.

[4]   SCHWARTZ. H. R. M. *O Poder Regulamentar do CNJ*. Belo Horizonte, São Paulo: D'Plácido, 2023, p. 192

orçamentária e financeira; 12. Fortalecimento da estratégia nacional de TIC e proteção de dados.[5]

Após avaliação minuciosa de todas as atividades desenvolvidas pelo CNJ no decurso de dois anos, sob o comando do Ministro Dias Toffoli, destacaram-se os resultados obtidos graças ao empenho de conselheiros, juízes auxiliares, servidores e colaboradores que, de pronto, corresponderam com as expectativas. Mesmo diante dos desafios provocados pela pandemia de Covid-19, o Conselho cumpriu integralmente suas responsabilidades.

2 Manutenção de projetos em andamento e otimização de políticas judiciárias

Comprometido com os princípios da eficiência, transparência e responsabilidade, houve um esforço para não apenas manter os projetos em andamento, mas também para aprimorar a administração das políticas judiciárias e interinstitucionais, apostando em novas abordagens de gestão pública e nas tecnologias digitais, incluindo a utilização da inteligência artificial.

Algumas medidas foram adotadas, como instituição da Secretaria Especial de Programas, Pesquisas e Gestão Estratégica:

> O CNJ promoveu uma importante mudança na organização do órgão ao criar a Secretaria Especial de Programas, Pesquisas e Gestão Estratégica (SEP). Instituída pela Portaria CNJ nº 122, de 9 de outubro de 2018, a SEP presta apoio e oferece suporte técnico à Presidência e às Comissões Permanentes do Conselho Nacional de Justiça em atividades relacionadas a programas e projetos institucionais, pesquisas judiciárias, gestão estratégica e capacitação de servidores do Poder Judiciário. Sua estrutura organizacional é formada por: Gabinete da Secretaria Especial de Programas, Pesquisas e Gestão Estratégica (GSEP); Departamento de Pesquisas Judiciárias (DPJ); Centro de Formação e Aperfeiçoamento de Servidores do Poder Judiciário (CEAJud); e Departamento de Gestão Estratégica (DGE).

O incremento das Comissões Permanentes do CNJ que aumentou de cinco para treze.[6] Estas são responsáveis por analisar assuntos e funções específicas de interesse institucional, com a meta de encontrar soluções para o Poder Judiciário.

Houve também melhorias na administração de Sistemas e Cadastros. Foi implementado o Banco de Boas Práticas do Judiciário, o Selo de Desburocratização, o programa RESOLVE.

Ao que se refere ao Banco de Boas Práticas do Judiciário,[7] relevante destacar que o sistema conta com um portal que concentra as práticas de sucesso implementadas no

---

5   BRASIL. *Conselho Nacional de Justiça – CNJ*. Resolução n. 325/2020.

6   BRASIL. *Conselho Nacional de Justiça - CNJ*. Resolução nº 296 de 19 de setembro de 2019. Disponível em: https://atos.cnj.jus.br/atos/detalhar/3038. Acesso em: 24 jul. 2024.

7   Para 2020, o eixo indicado foi "Gestão Processual", conforme Portaria CNJ nº 48, de 10 de março de 2020. Assim, as práticas que pretenderam concorrer ao Prêmio Innovare, na categoria "CNJ – Gestão Judiciária", foram cadastradas no Portal CNJ de Boas Práticas do Poder Judiciário no período de 12 de fevereiro a 12 de abril de 2020. Ao todo, foram cadastradas 12 (doze) propostas de boas práticas, referentes ao eixo Gestão Processual, com a pretensão de serem publicadas no Portal CNJ de Boas Práticas do Poder Judiciário e concorrer à premiação do

Poder Judiciário para disseminação de conhecimentos e melhoria contínua da prestação jurisdicional. O portal permite o cadastro de práticas em diversos eixos temáticos:[8]

> Produtividade judicial, desburocratização, gestão orçamentária, transparência, planejamento e gestão estratégica, sustentabilidade e acessibilidade, gestão de pessoas, governança de tecnologia da informação e comunicação, conciliação e mediação, combate à violência doméstica, sistema carcerário, acesso à justiça e cidadania.

Tal iniciativa, após análise técnica e submissão ao Plenário do CNJ, rendeu a inscrição de 5 (cinco) práticas cadastradas no portal para concorrerem ao Prêmio Innovare 2020. A partir da parceria firmada entre o CNJ e o Instituto Innovare, por meio do Termo de Cooperação Técnica nº 004/2019 e, conforme a Portaria CNJ nº 45, de 03 de março de 2020, o Conselho define, anualmente, um dos eixos temáticos do Portal CNJ de Boas Práticas, para concorrer na categoria "CNJ/Gestão Judiciária" do Prêmio Innovare.

Em relação ao Selo de Desburocratização, instituído ao final de 2019, com a finalidade de reconhecer boas práticas que visem à simplificação e à modernização de atividades e processos de trabalho e busquem alcançar melhores resultados na promoção da eficiência e da qualidade dos serviços prestados no âmbito do Poder Judiciário, foram cadastradas ao todo sessenta e seis propostas de boas práticas, no referido eixo temático de "Desburocratização", somente no período de novembro de 2019 a março de 2020, o que surpreendeu a todos os envolvidos. Após deliberação, o plenário concedeu o Selo CNJ de Desburocratização a catorze práticas, premiadas durante a 1ª Reunião Preparatória para o XIV Encontro Nacional do Poder Judiciário.

Quanto ao programa Resolve, importante mencionar que tal iniciativa capacitou os juízes participantes do projeto em uma ferramenta de mineração de processos para analisar os fluxos de solicitações fiscais e identificar possíveis gargalos. Com a participação de juízes estaduais e federais e representantes do erário público, o trabalho resultou em ações que visam agilizar o trâmite dos procedimentos tributários, incluindo a automatização de determinados procedimentos.

Ainda, entre as iniciativas da gestão do Ministro Toffoli, estão a otimização da Estratégia de Desjudicialização com o INSS, a criação do Prêmio CNJ de Qualidade,[9] os investimentos no PRONAME e o fortalecimento da gestão de precatórios.

3 A modernização, as novas tecnologias, a transparência e a responsabilidade social

Em outra perspectiva, a modernização das práticas de trabalho judiciais diante das novas tecnologias também foi foco da gestão Toffoli, que de forma extraordinária

---

Instituto Innovare. Após análise técnica e submissão ao Plenário do CNJ, 05 práticas foram indicadas ao Instituto Innovare para concorrerem ao Prêmio 2020.

[8] BRASIL. *Conselho Nacional de Justiça – CNJ*. Portal CNJ de Boas Práticas do Poder Judiciário. Disponível em: https://boaspraticas.cnj.jus.br. Acesso em: 20 jul.2024

[9] Inaugurado no ano de 2019, o Prêmio CNJ de Qualidade foi criado através da publicação da Portaria CNJ nº 88/2019, que substituiu o *Selo Justiça em Números*. O intuito desse prêmio é analisar o desempenho dos tribunais baseado nos critérios: governança, produtividade, transparência, dados e tecnologia. A novidade apresentada em 2019 foi a adição da categoria "Destaque do Ano" por área da Justiça.

fortaleceu o sistema judicial eletrônico PJe e outras plataformas tecnológicas como o DATAJUD;[10] o Sistema Unificado de Execução Eletrônica (SEED); o Ambiente Virtual de Trabalho; o SINAPSES, que disponibilizou modelos de inteligência artificial para todo o Judiciário; os Espaços de Criação e Inovação; o SISBAJUD,[11] que trouxe novas funcionalidades ao antigo BACENJUD; e houve investimento na automação das execuções fiscais, perícias judiciais, conciliações, e administração de bens apreendidos.

No âmbito da transparência, foram implementadas regras para identificar e organizar os pagamentos dos magistrados (Resolução nº 272/2018); foi estabelecido o Ranking da Transparência do Poder Judiciário (Resolução nº 260/2018); o acesso às informações sobre os salários dos magistrados foi ampliado (Resolução nº 273/2018); e no Portal do CNJ a nova intranet foi aprimorada, juntamente com a melhoria da comunicação social, incluindo estratégias para combater informações falsas e o uso das redes sociais.

Dentro do contexto da responsabilidade social, na gestão de Sua Excelência, o CNJ limitou os pagamentos de auxílio-moradia no Poder Judiciário (Resolução nº 274/2018); estabeleceu critérios para a remuneração dos conciliadores e mediadores judiciais (Resolução nº 271/2018); criou o Formulário Nacional de Avaliação de Risco para prevenir e combater crimes e outros atos cometidos no âmbito da violência doméstica e familiar contra mulheres (Resolução nº 284/2019); implementou e expandiu o Sistema Nacional de Adoção e Acolhimento (SNA); enfatizou a importância da igualdade de gênero e raça; regulamentou o uso de redes sociais no Judiciário (Resolução nº 305/2019), e lançou o Pacto Nacional da Primeira Infância, o Pacto Nacional da Escuta Protegida, o Observatório Nacional sobre Questões Ambientais, Econômicas e Sociais de Alta Complexidade e Grande Impacto e Repercussão, a Agenda 2030 da ONU dentro do sistema judicial brasileiro, e a importantíssima iniciativa nacional do DESTRAVA, visando resolver a paralisação de obras públicas.

Os Tribunais identificaram os casos judiciais que podem ter levado à interrupção de grandes projetos públicos, em meio a mais de onze milhões de processos e mais de três mil obras em todo o país. Com o apoio do Tribunal de Contas da União (TCU), Associação dos Magistrados dos Tribunais de Contas do Brasil (ATRICON) e Transparência Brasil, foram encontradas 3.921 obras públicas paradas no país. Dentre essas obras, apenas quarenta e oito foram paralisadas devido a questões judiciais. Isso significa que somente 1,2% das obras estão paradas por decisão do Poder Judiciário. Embora o número de casos judiciais identificados (48) seja baixo em comparação ao total de obras paradas

---

[10] O DataJud é uma plataforma nacional do sistema judiciário que contém todas as informações relevantes sobre os processos em andamento no país, incluindo detalhes dos casos, dados das partes envolvidas, categorias, temas, movimentações, órgãos responsáveis, entre outros. Este banco de dados possibilita a análise completa sobre o tipo de demanda, tempo de tramitação, fluxo processual, identificação de problemas, acesso à justiça, e muito mais. Adicionalmente, o objetivo do projeto é promover a simplificação dos sistemas e registros já existentes, aumentando a eficiência no trabalho dos tribunais e do Conselho Nacional de Justiça (CNJ).

[11] O Conselho Nacional de Justiça ofereceu aos Tribunais que fazem uso do Processo Judicial Eletrônico (PJe) a possibilidade de integração com o SISBAJUD, incluindo o envio automatizado de ordens judiciais e a análise das respostas fornecidas pelos bancos. Já para os outros Tribunais, foi disponibilizada a API essencial para a integração do SISBAJUD com seus próprios sistemas de processo eletrônico.

no país, esses casos representam aproximadamente cento e quarenta e nove bilhões de reais em recursos públicos congelados.[12]

Em síntese, aduz-se que durante a gestão do Ministro Dias Toffoli, o Conselho Nacional de Justiça desempenhou um papel importante na defesa dos direitos dos cidadãos e na busca por uma sociedade mais justa e solidária, por meio de uma administração baseada na cooperação e na democracia.

4   Os principais números da gestão Dias Toffoli junto ao Conselho Nacional de Justiça – A jurimetria

A importância da jurimetria para aperfeiçoar a gestão administrativa e de governança é tamanha que a Resolução nº 462/2022 do Conselho Nacional de Justiça passou a dispor sobre a gestão de dados estatísticos, a criação da Rede de Pesquisas Judiciárias (RPJ) e dos Grupos de Pesquisas Judiciárias (GPJ) no âmbito do Poder Judiciário.[13]

A Rede de Pesquisas Judiciárias é coordenada pelo Departamento de Pesquisas Judiciárias do Conselho Nacional de Justiça e tem como objetivos estabelecer mecanismos de colaboração, comunicação e divulgação dos estudos e diagnósticos entre os grupos de pesquisas judiciárias dos tribunais.

Recentemente, tem se tornado mais comum a análise empírica, utilizando princípios da econometria e incorporando conceitos de estatística e probabilidade ao estudo jurídico, visando aprimorar a compreensão das investigações realizadas.

A forma tradicional de abordagem acaba por dificultar a correta análise do assunto jurídico, que em sintonia com as transformações sociais e requisitos constitucionais, necessita de uma investigação mais próxima e detalhada da sociedade real.

A pesquisa qualitativa, focada na compreensão dos fenômenos jurídicos, na gestão e na entrega adequada da prestação jurisdicional pelos tribunais, tem se mostrado limitada em um contexto no qual se busca a concretização dos direitos e a efetiva realização da justiça. A avaliação quantitativa, com base em números e estatísticas, é apresentada pelo método jurimétrico como um processo racional de aprimoramento do conhecimento.[14]

Dentro do âmbito da administração, a utilização da jurimetria possibilita que o gestor tome decisões de forma mais precisa, ao passo que, no campo das atividades jurídicas, oferece subsídios técnicos para uma análise e consideração inteligente e otimizada de dados.

Por isso a importância em considerar os números mensurados na gestão do Ministro Dias Toffoli, são dados que traduzem realizações e sua apreciação denota os resultados de sua brilhante gestão.

---

[12]   Essa pesquisa foi o ponto de partida para o desenvolvimento do Programa "DESTRAVA", que tem como objetivo retomar as obras paralisadas por meio de uma ação conjunta entre órgãos de controle e o Poder Judiciário, o Comitê Executivo Nacional para Apoio à Solução das Obras Paradas. Fonte: https://www.cnj.jus.br/pesquisas-judiciarias/diagnostico-sobre-obras-parad. Acesso em: 9 jul. 2024.

[13]   NOGUEIRA, R. M; KANAYAMA, R. L; CALIXTO, A. G. C. Jurimetria: a otimização da prestação jurisdicional. *Revista Gralha Azul*. p. 84. Disponível em: https://bdjur.stj.jus.br/jspui/handle/2011/185185 Acesso em: 24 jul. 2024.

[14]   NOGUEIRA, R. M; KANAYAMA, R. L; CALIXTO, A. G. C. Jurimetria: a otimização da prestação jurisdicional. *Revista Judiciária do Paraná*. n. 30, jun-jul. 2024, p. 94-104. Disponível em: https://www.revistajudiciaria.com.br. Acesso em: 20 jul. 2024.

Durante sua atuação no Conselho Nacional de Justiça, não somente o número de comissões permanentes cresceu (de cinco, passaram para treze), mas, também, houve um incremento em todos os atos e atividades do Conselho.

Ao longo da gestão, ao que se refere aos dados processuais do Conselho Nacional de Justiça, foram realizadas 123 (cento e vinte e três) sessões plenárias, das quais 37 (trinta e sete) sessões foram ordinárias, 06 (seis) extraordinárias, 36 (trinta e seis) virtuais e 44 (quarenta e quatro) virtuais extraordinárias, sendo julgados 1.541 (um mil quinhentos e quarenta e um) processos em Plenário.

No intervalo de tempo de 13 de setembro de 2018 a 25 de agosto de 2020, foram encaminhados para tramitação um total de 19.764 (dezenove mil setecentos e sessenta e quatro) processos, dos quais 21.460 (vinte e um mil, quatrocentos e sessenta) processos foram finalizados e arquivados. O Conselho Nacional de Justiça alcançou a marca de 108% de processos arquivados em relação ao número total de processos distribuídos.

Ao que concerne a punição de magistrados por decisão plenária, foram aplicadas 08 (oito) sanções disciplinares. Dentre essas sanções, 03 (três) juízes receberam pena de aposentadoria compulsória; 02 (dois) juízes com disponibilidade; 01 (um) juiz com censura e 02 (dois) juízes com advertência. Ao longo de administração, houve o afastamento preventivo de 23 (vinte e três) juízes e de 01 (um) servidor.

Relativamente aos atos normativos publicados, foram publicados 69 (sessenta e nove) Atos Normativos, abrangendo da Resolução nº 262 até a Resolução nº 332, além de duas resoluções Conjuntas, a nº 5 e a nº 6; e ainda 19 (dezenove) Recomendações e 01 (uma) conjunta, totalizando 90 (noventa) documentos divulgados.

Os números brevemente levantados demonstram de maneira quantitativa a exponencial e eficiente gestão do Ministro Dias Toffoli.

No decorrer de sua gestão, o Conselho Nacional de Justiça desempenhou um importante papel na racionalização do serviço judiciário no Brasil. A partir do monitoramento e avaliação contínuos, como também da participação democrática, por meio de consultas, propôs planos estratégicos para cada um dos desafios verificados, ajustes e correções.[15]

Considerações finais

No biênio da gestão do Ministro Toffoli, o Conselho Nacional de Justiça se destacou como um importante agente na busca por avanços no sistema judiciário, atuando de forma eficiente no cumprimento de sua missão de promover uma significativa reforma no tradicional sistema judicial.

O Poder Judiciário do amanhã, preparado para enfrentar novas dificuldades, comporta um órgão de controle e de gestão que guia suas ações e aponta as diretrizes.

O papel do Conselho Nacional de Justiça ultrapassou suas funções tradicionais para abranger o planejamento estratégico, a governança, a gestão e a efetivação de políticas judiciárias em prol do desenvolvimento do Poder Judiciário e da sociedade.

---

[15] NOGUEIRA, R. M; CALIXTO, A. G. C; GUILHERME, G. C. C. *CNJ* – Passado, Presente e Futuro – Comemoração aos 20 anos do Conselho Nacional de Justiça. Curitiba: Tribunal de Justiça do Estado do Paraná. 2024.

Após uma análise qualitativa e quantitativa da gestão do Ministro Dias Toffoli junto ao Conselho Nacional de Justiça, extrai-se que sua atuação foi preponderantemente significativa na proteção dos direitos dos cidadãos e na promoção de uma sociedade mais justa e solidária, com uma administração centrada na colaboração e na participação democrática.

Mesmo com os impactos trágicos e negativos da pandemia da Covid-19, o Conselho Nacional de Justiça não deixou de cumprir todas as suas missões e isso se deve à inovadora e inclusiva gestão do Ministro Dias Toffoli.

É inquestionável que o sucesso de sua gestão foi possível devido ao esforço e comprometimento de todas as pessoas envolvidas, desde os integrantes do CNJ, dos tribunais, magistrados, servidores e colaboradores do sistema judicial, os quais, sob a liderança do Ministro Dias Toffoli, desempenharam um trabalho de excelência.

Referências

AGÊNCIA CNJ DE NOTÍCIAS. *Ministro Luís Roberto Barroso toma posse na presidência do STF e do CNJ*. Cnj. jus.br, 29 set. 2023. Disponível em: https://www.cnj.jus.br/ministro-luis-roberto-barroso-toma-posse-na-presidencia-do-stf-e-do-cnj/. Acesso em: 25 jul. 2024.

BRASIL. *Conselho Nacional de Justiça. Justiça em Números 2023*: ano-base 2022. Brasília: CNJ, 2023. Disponível em: https://www.cnj.jus.br/pesquisas-judiciarias/justica-em-numeros/. Acesso em: 24 jul. 2024.

BRASIL. *Conselho Nacional de Justiça*. Macrodesafios do Poder Judiciário 2021-2026. Disponível em: https://www.cnj.jus.br/gestao-estrategica-e-planejamento/estrategia-nacional-do-poder-judiciario-2021-2026/processo-de-formulacao/macrodesafios-2021-2026/. Acesso em: 24 jul. 2024.

BRASIL. *Conselho Nacional de Justiça*. Portaria nº 88, de 28 de maio de 2019. Institui e regulamenta o Prêmio CNJ de Qualidade, ano 2019. Disponível em: https://atos.cnj.jus.br/atos/detalhar/2920. Acesso em: 24 jul. 2024.

BRASIL. *Conselho Nacional de Justiça*. Planejamento estratégico do CNJ: Relatório de acompanhamento da estratégia. CNJ, 2019. Disponível em: https://www.cnj.jus.br/wp-content/uploads/2020/04/Relatorio_Monitoramento_da_estrategia-v4.pdf. Acesso em: 24 jul. 2024.

BRASIL. *Conselho Nacional de Justiça*. Resolução 410, de agosto de 2021. Disponível em: https://atos.cnj.jus.br/files/original1400132021082561264ceda90b7.pdf. Acesso em: 24 jul. 2024.

BRASIL. *Conselho Nacional de Justiça*. Resolução nº 325, de 29 de junho de 2020. Dispõe sobre a Estratégia Nacional do Poder Judiciário 2021-2026 e dá outras providências. Disponível em: atos.cnj.jus.br/atos/detalhar/3365. Acesso em: 24 jul. 2024.

BRASIL. *Conselho Nacional de Justiça*. Resolução nº 331, de 20 de agosto de 2020. Institui a Base Nacional de Dados do Poder Judiciário (DataJud) como fonte primária de dados do Sistema de Estatística do Poder Judiciário (SIESPJ) para os tribunais indicados nos incisos II a VII do art. 92 da Constituição Federal. Disponível em: https://hdl.handle.net/20.500.12178/176371. Acesso em: 24 jul. 2024.

BRASIL. *Conselho Nacional de Justiça*. Plano Estratégico do Conselho Nacional de Justiça 2021 – 2026. Secretaria Especial de Programas, Pesquisas e Gestão Estratégica, 2024.

NOGUEIRA, R. M; KANAYAMA, R. L; CALIXTO, A.G.C. Jurimetria: a otimização da prestação jurisdicional. *Revista Gralha Azul*. p. 84. Disponível em: https://bdjur.stj.jus.br/jspui/handle/2011/185185 Acesso em: 24 jul. 2024.

SCHWARTZ. H. R. *O Poder Regulamentar do CNJ*. Belo Horizonte, São Paulo: D'Plácido, 2023.

TOFFOLI, J. A. D. *Relatório de gestão Ministro Dias Toffoli*: 2018-2020. Richard Pae Kim (org.) Brasília: CNJ, 2020.

Informação bibliográfica deste texto, conforme a NBR 6023:2018 da Associação Brasileira de Normas Técnicas (ABNT):

KEPPEN, Luiz Fernando Tomasi. A gestão do Ministro Dias Toffoli no Conselho Nacional de Justiça – CNJ. *In*: MENDES, Gilmar Ferreira; LIRA, Daiane Nogueira de; FREIRE, Alexandre (coord.). *Constituição, democracia e diálogo*: 15 anos de Jurisdição Constitucional do Ministro Dias Toffoli. 2. ed. Belo Horizonte: Fórum, 2025. p. 1101-1110. ISBN 978-65-5518-937-7.

A JUSTIÇA NA ERA DIGITAL

LUIZ FUX

Introdução

É com desvanecimento que participo desta condigna homenagem ao Ministro José Antonio Dias Toffoli, marcando os quinze anos da ilustre judicatura de S. Exa. no Supremo Tribunal Federal. Na quase totalidade deste quindênio, tenho a satisfação de ladear-lhe nas fileiras da Corte, fazendo-me testemunha ocular das inestimáveis contribuições que tem prestado à Justiça brasileira.

Marca indelével do protagonismo de S. Exa. fora a profícua gestão à frente do Supremo Tribunal Federal e do Conselho Nacional de Justiça (2018-2020), ocasião em que tive a honra de ser vice-presidente e, posteriormente, seu sucessor na Presidência.

No meu discurso de posse, proferido em setembro de 2020, assentei:

> Da alegria à pandemia, Dias Toffoli não poupou esforços para incrementar a transparência, a eficiência e a responsabilidade do Poder Judiciário – eixos estratégicos de sua gestão. E, como demonstração de um profundo comprometimento com a coisa pública, Dias Toffoli permitiu, de maneira incondicional, que a fase de transição, tão crucial para uma gestão que se inicia, ocorresse de maneira cordial, lhana e eficiente.

Deveras, entre os diversos projetos estruturais desenvolvidos no bojo da sua gestão, aos quais pude dar continuidade nos anos subsequentes, destaco a incessante luta pelo desenvolvimento institucional do Poder Judiciário, modernizando-o em face da nova era digital.

São exemplos desta valorosa atuação: (i) a defesa da unificação dos sistemas de operação processual do Poder Judiciário em plataformas digitais; (ii) a disciplina da utilização das novas tecnologias, como a inteligência artificial (IA), na Justiça brasileira; e (iii) a condução do Judiciário na rápida e eficiente adaptação ao trabalho remoto, imposto pela crise sanitária da pandemia da Covid-19.

Tenho reiteradamente sublinhado[1] as pertinentes reflexões do fundador do tradicional Fórum Econômico Mundial (*World Economic Forum*), Klaus Schwab, quando vaticinara que estamos vivendo uma Quarta Revolução Industrial.

Com base nas inovações tecnológicas alcançadas pela humanidade durante a chamada Revolução Digital, esse novo paradigma é marcado pela integração das dimensões físicas, digitais e biológicas, diferenciando-se ainda pela velocidade de suas transformações, pela profundidade das mudanças que tem acarretado e pelos impactos sistêmicos gerados.[2]

De fato – como ressaltado pelo Ministro aposentado do Tribunal Federal Constitucional alemão, Wolfgang Hoffmann-Riem – o fenômeno da digitalização tem fomentado a transformação digital de variados aspectos da economia, da cultura, da política, da comunicação e também do próprio direito e dos sistemas de justiça.[3]

Trata-se de movimento que enseja o reposicionamento da estrutura funcional destes sistemas de justiça – no Brasil e alhures –, modernizando e tornando mais eficiente a prestação jurisdicional.

Diante dos incomensuráveis impactos percebidos neste contexto de grande mutação nas sociedades hodiernas, pretende-se, por meio do presente artigo, realizar breves reflexões sobre a cada vez mais candente inserção das estruturas do Poder Judiciário brasileiro no fenômeno mundial da digitalização, máxime diante do notável legado firmado pelas grandes contribuições do Ministro Dias Toffoli ao longo de sua judicatura. Saudamos, assim, a relevante inciativa do Ministro Gilmar Mendes, da Conselheira Daiane Nogueira de Lira e do Conselheiro Alexandre Freire, como coordenadores desta insigne obra.

1 O fenômeno da digitalização no Poder Judiciário: panorama geral

Com o surgimento da internet e de novas tecnologias, afigura-se possível, com apenas alguns cliques, reproduzir e distribuir diversas mídias digitais para um incontável número de internautas, de todas as partes do mundo, em apenas pequenos instantes.

No já aludido contexto da denominada Quarta Revolução Industrial, o nosso desafio contemporâneo reside na capacidade de perscrutar, filtrar e processar esse universo de dados e informações disponíveis a todos, produzindo conhecimento confiável.

Todos os aspectos da nossa existência estão sendo impactados, seja na forma como nos comunicamos (das cartas, *pagers* e telefones fixos para o *smartphone* e os aplicativos de mensagem instantânea como WhatsApp e Telegram), nos informamos, consumimos (*delivery* e *e-commerce*, a exemplo do IFood e Amazon), nos deslocamos (Uber, Waze, Google Maps...) e, até mesmo, nos divertimos (das locadoras de vídeo e CDs de música para o YouTube, Netflix e Spotify).

---

[1] GABRIEL, Anderson de Paiva; PORTO, Fabio Ribeiro. *Direito digital*. São Paulo: Revista dos Tribunais, 2023. p. 5-7.

[2] SCHWAB, Klaus. *A Quarta Revolução Industrial*. Tradução de Daniel M. Miranda. São Paulo: Edipro, 2016; SCHWAB, Klaus; DAVIS, Nicolas. *Shaping the future of the Fourth Industrial Revolution*: a guide to building a better world. New York: Currency, 2018.

[3] HOFFMANN-RIEM, Wolfgang. *Teoria geral do direito digital*. Tradução de Italo Fuhrmann. 1. ed. Rio de Janeiro: Forense, 2020.

Em resposta a esse tsunami de mudanças sociais, o direito busca equilibrar os interesses em jogo, de modo a integrar e regular os avanços tecnológicos, sem comprometer os princípios jurídicos fundamentais.

Destarte, é imprescindível reconhecer que não só a tecnologia, mas também o direito são fenômenos intrínsecos à existência humana. O célebre brocardo latino *Ubi societas, ibi jus* revela esse axioma e o desafio jurídico de se acompanhar a velocidade da inovação tecnológica, sem sufocar o potencial criativo e inovador nem ignorar as implicações éticas e morais desses avanços.

Nesse diálogo contínuo entre estabilidade e mudança, tradição e inovação, direito e tecnologia influenciam e moldam um ao outro em um processo incessante de evolução e adaptação, que tem alcançado até as mais sólidas e seculares instituições estatais, como – repita-se – o próprio Poder Judiciário e o sistema de justiça.

Em perspectiva histórica dos acontecimentos da vida brasileira,[4] anoto que os alarmantes números de processos judiciais existentes no país, aliados à pandemia da Covid-19, levaram a um vertiginoso incremento tecnológico na melhora da prestação jurisdicional.

Especificamente no âmbito do Supremo Tribunal Federal, a imprevisibilidade da pandemia levou à aceleração de expedientes tecnológicos relevantes. A nossa Corte Constitucional, sob a Presidência do Ministro Dias Toffoli, preparou-se, com a celeridade necessária, para bem decidir os imbróglios surgidos nesse sensível e ímpar período.

No tocante à atividade deliberativa e decisória da Corte, sabidamente existem dois ambientes disponíveis. Foram ampliadas as hipóteses de julgamento por meio eletrônico. O primeiro deles. Antes da pandemia, apenas determinadas classes processuais poderiam ser decididas remotamente; com as modificações regimentais que serão, a seguir, abordadas, qualquer tipo de processo pode ser submetido a tal modalidade de deliberação: após a disponibilização do voto pelo ministro relator, os demais julgadores dispõem de prazo para se posicionar, seja concordando, seja divergindo ou solicitando pedido de vista.

Além disso, o plenário virtual, existente desde 2007, recebera uma série de melhorias levadas a efeito na gestão do Ministro Dias Toffoli, voltadas à preservação do direito ao contraditório, como: o envio das sustentações orais por meio eletrônico, a possibilidade de se realizar esclarecimento de fato durante a sessão e a disponibilização na internet do relatório e da íntegra dos votos dos ministros, o que amplia a transparência e a publicidade dos julgamentos, consoante engendrado na Resolução nº 642/2019, do STF.[5] Nessa

---

4 Também disponível em: FUX, Luiz. Juízo 100% digital e a vocação da moderna atividade jurisdicional. *In*: FUX, Luiz; ÁVILA, Henrique; CABRAL, Trícia Navarro Xavier (Coord.). *Tecnologia e Justiça Multiportas*. Indaiatuba: Foco, 2021. p. 5-7.

5 "O PRESIDENTE DO SUPREMO TRIBUNAL FEDERAL, no uso das atribuições que lhe conferem os arts. 13, inciso XIX; e 363, inciso I, do Regimento Interno do Tribunal e em face da deliberação tomada em sessão administrativa de 6 de junho de 2019, RESOLVE: Art. 1º O ministro relator poderá submeter a julgamento listas de processos em ambiente presencial ou eletrônico. §1º A critério do relator, poderão ser submetidos a julgamento em ambiente eletrônico, observadas as respectivas competências das Turmas ou do Plenário, os seguintes processos: I – agravos internos, agravos regimentais e embargos de declaração; II – medidas cautelares em ações de controle concentrado; III – referendum de medidas cautelares e de tutelas provisórias; IV – recursos extraordinários e agravos, inclusive com repercussão geral reconhecida, cuja matéria discutida tenha jurisprudência dominante no âmbito do STF; V – demais classes processuais cuja matéria discutida tenha jurisprudência dominante no âmbito do STF. §2º As listas de processos liberadas para julgamento serão disponibilizadas em local específico constante do sítio

linha, foi criado o Painel de Julgamentos Virtuais, que informa estatísticas e gráficos, a partir de relatórios obtidos de forma automática da base de dados do Tribunal, com as informações mais relevantes para o público.

No tocante à segunda modalidade de julgamento, o presencial, sucedeu-se à adaptação para a realização por videoconferência, com destacada disciplina, *v.g.*, na Emenda Regimental nº 53/2020, também editada na gestão do Ministro Dias Toffoli.[6]

---

eletrônico do Supremo Tribunal Federal. §3º As listas de processos receberão numeração anual, em ordem crescente e sequencial para cada relator, independentemente do ambiente em que forem liberadas para julgamento. §4º A liberação das listas gerará, automaticamente, andamento processual com a informação sobre a inclusão dos processos em listas de julgamento virtual ou presencial. §5º As listas presenciais não julgadas serão remanejadas para a sessão subsequente. §6º Os processos constantes de listas presenciais de competência do Plenário com pedido de sustentação oral requerido após a publicação da pauta de julgamento constarão de calendário em data previamente designada pelo Presidente. Art. 2º As sessões virtuais serão realizadas semanalmente e terão início às sextas-feiras, respeitado o prazo de 5 (cinco) dias úteis exigido no art. 935 do Código de Processo Civil entre a data da publicação da pauta no DJe, com a divulgação das listas no sítio eletrônico do Tribunal, e o início do julgamento. §1º O relator inserirá ementa, relatório e voto no ambiente virtual; iniciado o julgamento, os demais ministros terão até 5 (cinco) dias úteis para se manifestar. §2º A conclusão dos votos registrados pelos ministros será disponibilizada automaticamente, na forma de resumo de julgamento, no sítio eletrônico do STF. §3º Considerar-se-á que acompanhou o relator o ministro que não se pronunciar no prazo previsto no §1º. §4º A ementa, o relatório e voto somente serão tornados públicos com a publicação do acórdão do julgamento. §5º O início da sessão de julgamento definirá a composição do Plenário e das Turmas. §6º Os votos serão computados na ordem cronológica das manifestações. Art. 3º O relator poderá retirar do sistema qualquer lista ou processo antes de iniciado o respectivo julgamento. Art. 4º Não serão julgados em ambiente virtual as listas ou os processos com pedido de: I – destaque feito por qualquer ministro; II – destaque feito por qualquer das partes, desde que requerido até 48 (quarenta e oito) horas antes do início da sessão e deferido pelo relator; III – sustentação oral realizado por qualquer das partes, desde que requerido após a publicação da pauta de julgamento e até 48 (quarenta e oito) horas antes do início da sessão, cabendo ao relator, nos casos cabíveis, deferir o pedido. §1º Nos casos previstos neste artigo, o relator retirará o processo da pauta de julgamentos eletrônicos e o encaminhará ao órgão colegiado competente para julgamento presencial, com publicação de nova pauta. §2º Nos casos de destaques, previstos nos incisos I e II, o julgamento será reiniciado. Art. 5º As listas ou processos objetos de pedido de vista feito em ambiente eletrônico poderão, a critério do ministro vistor, ser devolvidas para prosseguimento do julgamento em ambiente virtual, oportunidade em que os votos já proferidos poderão ser modificados. Art. 6º Os ministros poderão votar nas listas como um todo ou em cada processo separadamente. §1º As opções de voto serão as seguintes: a – acompanho o Relator; b – acompanho o Relator com ressalva de entendimento; c – divirjo do Relator; ou d – acompanho a divergência. §2º Eleitas as opções b ou c, o ministro declarará seu voto no próprio sistema. Art. 7º Aplicam-se à modalidade de julgamento prevista nesta resolução as regras regimentais pertinentes aos julgamentos eletrônicos da repercussão geral. Art. 8º. O Presidente do Tribunal decidirá sobre os casos omissos. Art. 9º. Ficam revogadas as Resoluções 587, de 29 de julho de 2016, e 611, de 23 de abril de 2018. Art. 10. Esta Resolução entra em vigor na data de sua publicação. Ministro DIAS TOFFOLI".

6 "O Presidente do Supremo Tribunal Federal faz editar a Emenda Regimental, aprovada pelos Senhores Membros da Corte em sessão administrativa realizada em 18 de março de 2020, nos termos do art. 361, inciso I, alínea a, do Regimento Interno. Art. 1º O art. 21-B passa a vigorar com as seguintes alterações: 'Art. 21-B Todos os processos de competência do Tribunal poderão, a critério do relator ou do ministro vistor com a concordância do relator, ser submetidos a julgamento em listas de processos em ambiente presencial ou eletrônico, observadas as respectivas competências das Turmas ou do Plenário. §1º Serão julgados preferencialmente em ambiente eletrônico os seguintes processos: I – agravos internos, agravos regimentais e embargos de declaração; II – medidas cautelares em ações de controle concentrado; III – referendo de medidas cautelares e de tutelas provisórias; IV – demais classes processuais, inclusive recursos com repercussão geral reconhecida, cuja matéria discutida tenha jurisprudência dominante no âmbito do STF. §2º Nas hipóteses de cabimento de sustentação oral previstas neste regimento interno, fica facultado à Procuradoria-Geral da República, à Advocacia-Geral da União, à Defensoria Pública da União, aos advogados e às partes habilitados nos autos encaminhar as respectivas sustentações por meio eletrônico após a publicação da pauta e até 48 horas antes de iniciado o julgamento em ambiente virtual. §3º No caso de pedido de destaque feito por qualquer ministro, o relator encaminhará o processo ao órgão colegiado competente para julgamento presencial, com publicação de nova pauta. §4º Em caso de excepcional urgência, o Presidente do Supremo Tribunal Federal e os Presidentes das Turmas poderão convocar sessão virtual extraordinária, com prazos fixados no respectivo ato convocatório. §5º Ato do Presidente do Tribunal regulamentará os procedimentos das sessões virtuais.' (NR) Art. 2º Acrescente-se o §5º ao art. 131 do Regimento Interno do Supremo Tribunal Federal: 'Art. 131 §5º Os advogados e procuradores que desejarem realizar sustentação oral por videoconferência, nas sessões presenciais de julgamento do Plenário e das Turmas, deverão inscrever-se, utilizando o formulário

Desse modo, as deliberações que seriam tomadas, em condições normais, no próprio Tribunal, puderam ser mantidas, com idêntica participação de ministros, Ministério Público e advogados, sem comprometimento da atividade decisória do Supremo Tribunal, de enorme relevo para a sociedade.

Essa tendência fora igualmente seguida na gestão do Ministro Toffoli no Conselho Nacional de Justiça, como, *v.g.*, na edição das resoluções nºs 313, 317, 329 e 330, porquanto conduziu os órgãos do Poder Judiciário no mesmo movimento de adaptação ao, então, chamado "novo normal", faceado exatamente pela digitalização dos serviços de prestação jurisdicional. Outro componente desse movimento é a adoção dos sistemas de inteligência artificial no Poder Judiciário, que será, no próximo tópico, examinada.

2 A inteligência artificial no Poder Judiciário

Há mais de setenta anos, o matemático e lógico britânico Alan Turing nos ofereceu uma questão que definiria o curso do futuro: *as máquinas podem pensar?*

Por meio de um artigo publicado em 1950 na revista *Mind* e intitulado *Computing machinery and intelligence*, propusera um experimento, hodiernamente conhecido como "Teste de Turing": um humano deveria interagir com outra pessoa e com um computador, caso não fosse capaz de distingui-los, a máquina poderia ser considerada inteligente. Este "Jogo da Imitação" tornou-se a pedra angular na busca pela inteligência artificial (IA).[7]

Permito-me avançar, na linha do tempo, para 1989, quando um computador chamado *Deep Thought* superou um grande mestre de xadrez. Esse feito foi apenas o prelúdio de uma conquista ainda mais grandiosa, quando, em 1997, o IBM *Deep Blue* venceu Garry Kasparov, o campeão mundial de xadrez da época.

Tais avanços foram símbolos eloquentes da crescente competência das máquinas em desafiar e superar a inteligência humana em tarefas complexas. A evolução da inteligência artificial (IA) nos últimos anos é notável, marcando uma transição significativa de um campo de pesquisa puramente acadêmico para uma força disruptiva e prática no mundo real, inclusive no Poder Judiciário.

Estamos testemunhando um avanço notável no desenvolvimento da inteligência artificial com a chegada da IA generativa. Diferentemente das formas anteriores de IA, que se concentravam na análise e classificação de dados (IA preditiva), a IA generativa é capaz de criar conteúdo.

É como se, em vez de simplesmente ler e categorizar livros, pudesse escrever suas próprias histórias inéditas. Isso é possível graças a modelos de *deep learning* treinados com vastos conjuntos de dados, que permitem a geração de textos, imagens, códigos e muito mais.

O exemplo do *ChatGPT*, que alcançara 100 milhões de usuários ativos apenas dois meses após ser lançado, é emblemático desse fenômeno.

Assim é que, se no passado o desenvolvimento da inteligência artificial era o próprio desafio, verificamos que hoje a IA já é uma realidade mais do que palpável, porquanto

---

eletrônico disponibilizado no sítio eletrônico do Supremo Tribunal Federal até 48 horas antes do dia da sessão.' (NR) Art. 3º Esta Emenda Regimental entra em vigor na data de sua publicação. Ministro DIAS TOFFOLI".

[7] TURING, Alan. Computing Machinery and Intelligence. *Mind*, v. LIX, n. 236, 1950.

presente em nosso cotidiano e parte de nossas vidas. O desafio hoje é a sua regulação adequada. A despeito de todo o potencial transformador positivo da IA, inúmeros são os desafios éticos, legais e sociais que emergem.

Alguns casos no âmbito jurídico acabaram por traçar contornos concretos no que toca à utilização de inteligência artificial pelos operadores do direito:

1) O Tribunal Superior Eleitoral, em 2023, impôs uma multa de R$2.604,00 por litigância de má-fé a um advogado que, pretendendo participar como *amicus curiae* em uma investigação sobre suposto abuso de poder político, teria afirmado explicitamente não ter contribuição pessoal a dar e submetido ao juízo uma "fábula", resultante de "conversa" com uma inteligência artificial.[8]

2) A Corregedoria Regional de Justiça Federal da 1ª Região, noutro giro, recomendou aos juízes e desembargadores que "não sejam utilizadas para a pesquisa de precedentes jurisprudenciais ferramentas de IA generativas abertas e não homologadas pelos órgãos de controle do Poder Judiciário".[9]

3) Destarte, também destacamos o tema da regurgitação (*regurgitation*), que surgira alhures com o processo judicial que o *The New York Times* moveu contra a OpenAI e a Microsoft, acusando as empresas de utilizar ilegalmente milhões de artigos, editoriais e outros materiais protegidos por direitos autorais, sem permissão (*copyright*). Segundo o jornal, trechos literais de seus conteúdos são incorporados nas respostas fornecidas pelo ChatGPT.[10]

Indubitável, a essa altura, que a ética deve ser um norte primordial no desenvolvimento e na utilização da IA, guiando não apenas o que a tecnologia pode fazer, mas o que ela deve fazer.

Além disso, no âmbito da Justiça, a inteligência artificial deve ser sempre usada como uma ferramenta para auxiliar os magistrados, nunca para substituí-los, de forma que o seu uso deve ser sempre supervisionado, e seu produto checado e validado.

O Professor Daniel Kahneman, o qual perdemos recentemente, é tido como um dos fundadores da economia comportamental por conta de seus relevantes trabalhos envolvendo os vieses.[11] E este é outro desafio premente no âmbito da IA. Os algoritmos aprendem a partir de conjuntos de dados que podem refletir desigualdades históricas e sociais.

Por exemplo, se um modelo for treinado com base em um conjunto de notícias que é tendencioso para determinado partido político, ele pode gerar saídas que refletem esse viés, mesmo que não sejam imparciais e adequadas. Nesse contexto, como podemos assegurar que esses dados do passado não perpetuem injustiças históricas?

---

8 Cf. BRASIL. Tribunal Superior Eleitoral. AIJE nº 06008148520226000000. Rel. Min. Benedito Gonçalves, decisão interlocutória de 14.04.2023. *DJe*, t. 69.

9 Cf. BRASIL. Tribunal Regional Federal da Primeira Região. Circular Coger nº 33/2023.

10 REED, Rachel. Harvard Law expert in technology and the law says the New York Times lawsuit against ChatGPT parent OpenAI is the first big test for AI in the copyright space. *Harvard Law Today*, 22 mar. 2024.

11 KAHNEMAN, Daniel. *Rápido e devagar*: duas formas de pensar. Tradução de Cássio de Arantes Leite. São Paulo: Objetiva, 2012; KAHNEMAN, Daniel; AMOS, Tversky. Prospect theory: an analysis of decision under risk. *Econometrica*, v. 47, n. 2, p. 263-291, 1979; KAHNEMAN, Daniel; AMOS, Tversky. The framing of decisions and the psychology of choice. *Science*, v. 211, p. 453-458, 1981.

Ademais, a ausência de transparência no desenvolvimento e uso de IA no contexto do Judiciário pode minar a confiança do público no sistema legal.

Por outro lado, a digitalização do Judiciário, em um mundo em que os ataques cibernéticos são uma ameaça constante, traz consigo riscos significativos à privacidade e segurança dos dados. Como, então, protegeríamos as informações sensíveis?

O Conselho Nacional de Justiça buscou enfrentar esses desafios.

Para fazer frente a tais demandas de segurança, o CNJ instituiu, ainda sob a minha presidência, o Comitê de Segurança Cibernética do Poder Judiciário, que conta com a participação de representantes de órgãos do sistema de justiça e da segurança pública e tem por escopo estabelecer protocolos de prevenção e de atuação em caso de necessidade, o que foi efetivado com a publicação da Estratégia Nacional de Segurança Cibernética do Poder Judiciário – ENSEC-PJ, por meio da Resolução CNJ nº 396/2021.

No tocante à ética, à transparência e à governança na produção e no uso de inteligência artificial no Poder Judiciário, a Resolução CNJ nº 332/2020, editada na Presidência do Ministro Dias Toffoli, preconiza:

1) As decisões judiciais apoiadas em ferramentas de inteligência artificial devem preservar a igualdade, a não discriminação, a pluralidade e a solidariedade, auxiliando no julgamento justo, com criação de condições que visem eliminar ou minimizar a opressão, a marginalização do ser humano e os erros de julgamento decorrentes de preconceitos (art. 7º, *caput*).

2) A impossibilidade de eliminação do viés discriminatório do modelo de inteligência artificial implicará a descontinuidade de sua utilização (art. 7º, §3º).

3) A composição de equipes para pesquisa, desenvolvimento e implantação das soluções computacionais que se utilizem de inteligência artificial será orientada pela busca da diversidade em seu mais amplo espectro, incluindo gênero, raça, etnia, cor, orientação sexual, pessoas com deficiência, geração e demais características individuais (art. 20).

4) A utilização de modelos de inteligência artificial deve buscar garantir a segurança jurídica e colaborar para que o Poder Judiciário respeite a igualdade de tratamento aos casos absolutamente iguais (art. 5º).

5) Ademais, qualquer solução computacional do Poder Judiciário que utilizar modelos de inteligência artificial deverá assegurar total transparência na prestação de contas, com o fim de garantir o impacto positivo para os usuários finais e para a sociedade (art. 25).

O Brasil, portanto, posiciona-se na vanguarda do tratamento da IA, demonstrando um compromisso inequívoco com a prevenção de vieses discriminatórios e a promoção de uma justiça transparente e igualitária para todos.

3   A Justiça 4.0

Diante do esforço narrado acima, é possível afirmar que o nosso país possui um dos judiciários mais desenvolvidos do mundo – independente, moderno e altamente produtivo –, o que não significa que tenhamos de nos abster de continuar zelando pelo aperfeiçoamento da prestação jurisdicional.

Assim, ao assumir a Presidência do Supremo Tribunal Federal e do Conselho Nacional de Justiça em setembro de 2020, seguindo o profícuo trabalho da administração do Ministro Dias Toffoli, elegi, como um dos 5 eixos prioritários de minha gestão, o desenvolvimento da Justiça 4.0 e a promoção do acesso à justiça digital, como forma de incrementar a governança, a transparência e a eficiência do Poder Judiciário, permitindo efetiva aproximação com o cidadão e redução de despesas.

Referido eixo de atuação tem por fundamento nossa visão de um Judiciário integrado à era digital antevista por Eric Hobsbawm, em que os fóruns deixam de ser espaços físicos para se tornarem serviços prestados *on-line*.

Essa também é a visão do professor escocês Richard Susskind, de Oxford, estudioso da aplicação de ferramentas tecnológicas em favor do aumento da eficiência da Justiça. Destacara ele que existem, na atualidade, mais pessoas com acesso à internet do que com efetivo acesso à justiça:

> More people in the world now have access to the internet than access to justice. According to the Organization for Economic Cooperation and Development (OECD), only 46 per cent of human beings live under the protection of law, whereas more than 50 per cent of people are now active users of the internet in one war or another. Annually, one billion people are said to need "basic justice care", but in many countries, close to 30 per cent of problem-owners do not even take action.[12]

Na obra *Online courts and the future of justice*, aponta-se que um bilhão de pessoas necessitam de "cuidados básicos de justiça", mas, em muitos países, pelo menos 30 por cento das pessoas com problemas legais sequer chegam a agir.[13]

A Justiça 4.0 pode ser compreendida, nestes termos, como a resposta do sistema de justiça aos desafios e oportunidades apresentados pela já aludida Quarta Revolução Industrial, caracterizada pela convergência de tecnologias digitais, físicas e biológicas. Este paradigma emergente vai além da automação de tarefas e processos, englobando a adoção de tecnologias avançadas como a inteligência artificial e a *big data*, em um modelo *data driven* de Poder Judiciário. Ela objetiva tornar a justiça mais acessível, eficiente e adaptável às necessidades de uma sociedade cada vez mais digitalizada.

O Programa Justiça 4.0, idealizado quando da minha gestão, busca utilizar todo o potencial que a tecnologia pode fornecer para ampliar o acesso à Justiça e aprimorar a prestação jurisdicional, já contando com a adesão de todos os tribunais superiores e conselhos, bem como de 100% da Justiça Federal e da Justiça Estadual.

Ao disponibilizar novas tecnologias e fomentar o uso da inteligência artificial, logra-se impulsionar a transformação digital do Judiciário, otimizando o trabalho dos magistrados e garantindo serviços mais rápidos, eficazes e acessíveis.

Entre os projetos que integram o programa e que decorrem de resoluções aprovadas pelo CNJ em minha gestão, cumprem mencionar:

---

[12] SUSSKIND, Richard. Online justice: the way of the future? *LSJ online*, 29 jan. 2020.
[13] SUSSKIND, Richard. *Online courts and the future of justice*. Oxford: Oxford University Press, 2019.

1) O Juízo 100% Digital (resoluções CNJ nºs 345/2020 e 378/2021).
2) Os Núcleos de Justiça 4.0 (resoluções CNJ nºs 385/2021 e 398/2021).
3) O Cumprimento Digital de Ato Processual (Resolução CNJ nº 354/2020).
4) O Balcão Virtual (Resolução CNJ nº 372/2021).
5) As SIRECs (ODR brasileira) – Soluções tecnológicas para a resolução de conflitos pelo Poder Judiciário por meio da conciliação e mediação (Resolução CNJ nº 358/2020).
6) A Plataforma Digital do Poder Judiciário – PDPJ-Br (Resolução CNJ nº 335/2020).
7) A Plataforma Codex (Resolução CNJ nº 446/2022).
8) A adoção de sistemas de videoconferência no Poder Judiciário e disponibilização de salas nos tribunais (resoluções CNJ nºs 337/2020 e 341/2020).
9) A Estratégia Nacional de Segurança Cibernética do Poder Judiciário – ENSEC-PJ (Resolução CNJ nº 396/2021).
10) A instalação de Pontos de Inclusão Digital (PID), para maximizar o acesso à Justiça e resguardar os excluídos digitais (Recomendação CNJ nº 130/2022).

Os projetos foram tão exitosos que o Programa Justiça 4.0 seguiu sendo desenvolvido por meus sucessores na Presidência do CNJ e STF, Ministra Rosa Weber e Ministro Luís Roberto Barroso. Destarte, o êxito destes projetos deve-se, também, ao Ministro Dias Toffoli, porquanto engendrara diversas iniciativas desse movimento de digitalização da Justiça no âmbito de sua gestão, conforme demonstrado acima.

Conclusão

Findamos nossa breve reflexão invocando duas brilhantes frases, uma atribuída ao poeta francês Victor Hugo, autor do romance *Les Misérables*, e a outra ao grande pacifista indiano Mahatma Gandhi: "Nada é mais poderoso do que uma ideia que chegou no tempo certo" e "O futuro dependerá daquilo que fazemos no presente", para assentar a nossa certeza de que o referido movimento crescente de digitalização do sistema de justiça consagrará a passagem da configuração tradicional do Poder Judiciário para uma justiça contemporânea, adequada à nova realidade e conformação social, que possibilite uma prestação jurisdicional em tempo razoável, mais efetiva e menos custosa, em benefício do cidadão.

Cumpre ressaltar, contudo, que, em tempos nos quais a velocidade de desenvolvimento tecnológico parece extrapolar a adaptabilidade humana, não se ignoram os desafios que se avizinham não só para os operadores do direito, mas para todo cidadão brasileiro.

No entanto, já superamos adversidades similares, como *v.g.*, na transição da máquina de escrever para o computador e com a chegada dos *smartphones*.

O escritor israelense *Yuval Noah Harari*, ao abordar os desafios do futuro, na obra *21 lições para o século XXI*, asseverou:

> o mais importante de tudo será a habilidade para lidar com mudanças, aprender coisas novas e preservar seu equilíbrio mental em situações que não lhe são familiares. Para poder

acompanhar o mundo de 2050... – acima de tudo, vai precisar reinventar a você mesmo várias e várias vezes.[14]

Nesse diapasão, otimista quanto ao futuro da justiça e quanto a nossa capacidade para construí-lo hoje, reproduzo uma citação atribuída ao grande poeta português Fernando Pessoa:

Há um tempo em que é preciso abandonar as roupas usadas, que já têm a forma do nosso corpo, e esquecer os nossos caminhos, que nos levam sempre aos mesmos lugares.
É o tempo da travessia: e, se não ousarmos fazê-la, teremos ficado, para sempre, à margem de nós mesmos.

Referências

FUX, Luiz. Juízo 100% digital e a vocação da moderna atividade jurisdicional. *In*: FUX, Luiz; ÁVILA, Henrique; CABRAL, Trícia Navarro Xavier (Coord.). *Tecnologia e Justiça Multiportas*. Indaiatuba: Foco, 2021.

GABRIEL, Anderson de Paiva; PORTO, Fabio Ribeiro. *Direito digital*. São Paulo: Revista dos Tribunais, 2023.

HARARI, Yuval Noah. *21 lições para o século 21*. São Paulo: Companhia das Letras, 2018.

HOFFMANN-RIEM, Wolfgang. *Teoria geral do direito digital*. Tradução de Italo Fuhrmann. 1. ed. Rio de Janeiro: Forense, 2020.

KAHNEMAN, Daniel. *Rápido e devagar*: duas formas de pensar. Tradução de Cássio de Arantes Leite. São Paulo: Objetiva, 2012.

KAHNEMAN, Daniel; AMOS, Tversky. Prospect theory: an analysis of decision under risk. *Econometrica*, v. 47, n. 2, p. 263-291, 1979.

KAHNEMAN, Daniel; AMOS, Tversky. The framing of decisions and the psychology of choice. *Science*, v. 211, p. 453-458, 1981.

REED, Rachel. Harvard Law expert in technology and the law says the New York Times lawsuit against ChatGPT parent OpenAI is the first big test for AI in the copyright space. *Harvard Law Today*, 22 mar. 2024.

SCHWAB, Klaus. *A Quarta Revolução Industrial*. Tradução de Daniel M. Miranda. São Paulo: Edipro, 2016.

SCHWAB, Klaus; DAVIS, Nicolas. *Shaping the future of the Fourth Industrial Revolution*: a guide to building a better world. New York: Currency, 2018.

SUSSKIND, Richard. *Online courts and the future of justice*. Oxford: Oxford University Press, 2019.

SUSSKIND, Richard. Online justice: the way of the future? *LSJ online*, 29 jan. 2020.

TURING, Alan. Computing Machinery and Intelligence. *Mind*, v. LIX, n. 236, 1950.

Informação bibliográfica deste texto, conforme a NBR 6023:2018 da Associação Brasileira de Normas Técnicas (ABNT):

FUX, Luiz. A justiça na era digital. *In*: MENDES, Gilmar Ferreira; LIRA, Daiane Nogueira de; FREIRE, Alexandre (coord.). *Constituição, democracia e diálogo*: 15 anos de Jurisdição Constitucional do Ministro Dias Toffoli. 2. ed. Belo Horizonte: Fórum, 2025. p. 1111-1120. ISBN 978-65-5518-937-7.

---

[14] HARARI, Yuval Noah. *21 lições para o século 21*. São Paulo: Companhia das Letras, 2018. p. 232.

A ATUAÇÃO DO MINISTRO DIAS TOFFOLI NO STF: 15 ANOS DE JURISDIÇÃO CRIATIVA E COERENTE

LUIZ ALBERTO DOS SANTOS

Conheci José Antonio Dias Toffoli em 1995, quando, recém-vindo de São Paulo para Brasília, ingressou no corpo técnico da Liderança do Partido dos Trabalhadores na Câmara dos Deputados como Assessor Jurídico. Eu já exercia, na mesma liderança, o mesmo cargo, desde 1992, e mantivemos proveitosa parceria profissional.

Apesar de muito jovem, logo ele se destacou não apenas pelo conhecimento jurídico, mas pela capacidade de liderança e criatividade, além do bom humor e habilidades interpessoais.

Mostrou-se, desde logo, um assessor de grande valor para a Bancada do Partido, exerceu a coordenação da Assessoria Técnica da Liderança e passou a se especializar em temas como Direito Eleitoral, Direito Esportivo, Direito Civil, Direito Agrário, Direito de Família, Direito Constitucional, Direito Administrativo e Controle Externo, participando da elaboração de peças legislativas e ações judiciais que, conjuntamente, ajuizamos no Supremo Tribunal Federal, com expressiva taxa de sucesso.

Embora ideologicamente afinado, então, com o ideário de um partido de esquerda – conceito sempre difícil de definir, no Brasil – e comprometido com a Justiça Social, Toffoli demonstrava, então, uma firme fé católica, fruto de sua tradição e herança familiar. Aliás, a importância dada à relação familiar sempre foi, também, uma marca de sua personalidade.

Deixou, alguns anos depois, a Liderança do PT, e passou a atuar como advogado, notadamente na área eleitoral, e, em 2003, nossos caminhos novamente se cruzaram quando ele assumiu a Subchefia de Assuntos Jurídicos da Casa Civil da Presidência, e eu a Subchefia de Análise e Acompanhamento de Políticas Governamentais no mesmo órgão. Em 2005, Toffoli deixou a Casa Civil – onde eu permaneci até 2014 – e retomou o exercício da advocacia, com brilho. Porém, pouco depois foi nomeado Ministro Chefe da Advocacia-Geral da União, o que, como bem disse o Ministro Gilmar Mendes quando de sua indicação para Ministro do Supremo Tribunal Federal, teve relevância maior do que um Mestrado ou Doutorado no campo do Direito.

E Toffoli, de fato, revelou, já na condição de Chefe da AGU, uma característica que sempre o marcou em sua trajetória jurídica: a antevisão, a capacidade de encontrar soluções jurídicas criativas, audaciosas e inovadoras, e de articular e construir consensos em torno de suas posições.

Essa característica permeia os seus votos como Ministro do STF, assim como permeou a sua atuação na Presidência da Corte e do Tribunal Superior Eleitoral. Em seus 15 anos de judicatura mostrou-se não somente à altura do cargo, mas dos desafios históricos, políticos e sociais de um país em constante transformação e evolução.

Um desses votos, por sua importância e por ser ainda recente, e com grandes repercussões sociais, foi o proferido no julgamento do Recurso Extraordinário nº 635.659, em 20 de junho de 2024.

Nesse julgamento, o Ministro trouxe à baila a noção de que a Lei não criminaliza o porte da maconha, visto que se não há sanção penal como detenção ou reclusão, não há crime. E, com efeito, embora a clareza do raciocínio seja evidente, gerou controvérsias, o que o levou a esclarecer o conteúdo do seu voto. E ao trazer a questão de que a estipulação de medidas administrativas e educativas, em vez de penas criminais, é uma forma mais eficaz de abordar a questão do uso de drogas, pois foca na reabilitação e na reintegração social dos usuários, e o relevo ao papel do órgão regulador, chamou a atenção para responsabilidade do Estado enquanto formulador e implementador de políticas públicas, rendendo, assim, homenagem à sua vasta experiência no Poder Executivo.

Seu voto contra a fixação de marco temporal para a demarcação de terras indígenas, no RE nº 1.017.365, em setembro de 2023, refletiu o humanismo de suas posições. Ao reconhecer a importância do tema para a Nação, e ao abordar em voto de grande profundidade história e jurídica, destacou que "a Carta de 1988 não pretendeu romper com as concepções de mundo dos povos indígenas; ao contrário, optou por expressamente respeitá-las e consagrar sua efetivação por meio do reconhecimento do direito às terras tradicionalmente ocupadas", reconheceu que "a Constituição de 1988, longe de pretender assegurar o retorno dos povos indígenas a uma situação imemorial, pretendeu ser firme quanto à necessidade de se garantir seu modo de vida (bem como a perpetuidade), o que perpassa, necessariamente, pela ocupação de suas terras, em extensão que toma por base os critérios precisamente definidos no texto constitucional, ao estabelecer o conceito de terras tradicionalmente ocupadas", não obstante coubesse, no caso concreto, o exame fático das condições apontadas no Voto ao tribunal de origem.

No julgamento, em 2016, da Lei nº 15.299, de 2013, do estado do Ceará, a corte se deparou com a ponderação de dois valores: a prática cultural e desportiva da vaquejada, *versus* a proteção ao meio ambiente – e, no caso aos animais. Dias Toffoli acompanhou o Voto do Relator, reconhecendo que a valorização das manifestações culturais não prescinde da observância do disposto no inciso VII do artigo 225 da Constituição, que veda prática que submeta os animais à crueldade. Infelizmente, contudo, o Congresso Nacional contornou a decisão da Corte, ao aprovar a EC nº 96, de 2017, alterando o §7º do art. 225, para definir como "não cruéis" as práticas desportivas que utilizem animais, desde que sejam manifestações culturais, conforme o §1º do art. 215 desta Constituição Federal, registradas como bem de natureza imaterial integrante do patrimônio cultural brasileiro, ressalvando, porém, a regulamentadas por lei específica da garantia do bem-estar dos animais envolvidos.

Voto também importante e inovador foi proferido, em novembro de 2019, no RE nº 1.055.941, quando, presidindo a Corte, o Ministro Dias Toffoli, na condição de relator, reconheceu a constitucionalidade do compartilhamento de dados fiscais e bancários com o Ministério Público e autoridades policiais em investigações penais sem autorização judicial. Destacando a relevância do acesso da Administração Pública às informações bancárias de cidadãos e empresas para coibir a sonegação fiscal e combater práticas criminosas, mas ressalvou, contudo, que esse procedimento não pode comprometer salvaguardas constitucionais que garantem a intimidade e o sigilo de dados aos cidadãos, assegurando, ainda, o prévio processo administrativo e notificação do contribuinte como premissas para o encaminhamento de informações bancárias pelo Fisco ao MP.

Em 2019, o Voto do Ministro Dias Toffoli foi decisivo para que a Corte decidisse pela suspensão da execução antecipada da pena. No julgamento das Ações Declaratórias de Constitucionalidade, a corte vedou a possibilidade de prisão em segunda instância, com o voto de desempate do Min. Toffoli, e reviu entendimento adotado em 2016, condicionando o início do cumprimento da pena após o trânsito em julgado, contra a execução antecipada da pena. Em seu voto, destacou que a ineficiência do sistema de investigação criminal leva à excessiva penalização de pobres, moradores da periferia e até de trabalhadores, reconhecendo que a execução antecipada da pena é causa de violência prisional, além de não ser solução para o problema da impunidade.

Na mesma linha garantista, o Min. Toffoli, no julgamento das ADCs nºs 29 e 30 e ADI nº 4.578, em 2012, após pedido de vistas, considerou que, em respeito ao princípio da presunção de inocência, só pode ser considerado inelegível o cidadão que tiver condenação transitada em julgado, o mesmo se aplicando ao caso de inelegibilidade de quem for excluído do exercício da profissão por decisão de órgão profissional competente.

Da maior importância, e revelando seu conhecimento do tema, o Min. Toffoli proferiu, em 2013, voto pela inconstitucionalidade do voto impresso, no julgamento da ADI nº 4.543 MC.

Acompanhando voto da Relatora, Min. Cármen Lúcia, Dias Toffoli apontou a maturidade do sistema eleitoral brasileiro em matéria de segurança, "de o voto dado e o voto apurado serem realmente o voto que o eleitor desejava proferir no momento das eleições – é, sem dúvida nenhuma, o mais seguro de todo o mundo." Tal voto, sem dúvida, é emblemático de uma posição firme e progressista, fundada em evidências, e que contrariou posturas radicalizadas que, em período recente, buscaram contestar a lisura das eleições no Brasil, em desfavor da própria democracia. E, não obstante tenha essa posição foi reiterada, em 2018, quando, na condição de Presidente da Corte, Dias Toffoli foi categórico ao rechaçar críticas de quem alegava que, na ausência do voto impresso, as eleições presidenciais daquele ano poderiam ser fraudadas. Por fim, uma vez mais, votou pela inconstitucionalidade da Lei nº 13.165, de 2015, no julgamento da ADI nº 5.889, em setembro de 2020, por violação à liberdade e ao sigilo do voto.

Ainda na perspectiva da defesa da democracia, não fosse já de *per si* relevante a sua atuação como Presidente da Corte, ao buscar a pacificação entre os Poderes, o Ministro proferiu eloquente e fundamental voto, no julgamento da ADI nº 6.457, em abril de 2024, ocasião em que o STF debruçou-se sobre o exame da missão institucional das Forças Armadas na defesa da Pátria, na garantia dos Poderes constitucionais e na garantia da lei e da ordem, reconhecendo ser essa função "incompatível com o exercício de poder moderador entre os Poderes Executivo, Legislativo e Judiciário". Assim, com o seu Voto, a Corte sepultou, definitivamente, a esdrúxula tese que colocava sob o arbítrio das Forças Armadas a função de intervir para a defesa de um Poder, em detrimento de outro, conferir interpretação conforme aos artigos 1º, *caput,* e 15, *caput* e §§1º, 2º e 3º, da Lei Complementar nº 97/1999.

A posição do Ministro no julgamento da ADI nº 4.650, em dezembro de 2013, é também um exemplo de seu compromisso com a democracia e a própria qualidade da representação política. Naquele debate, onde se julgava a constitucionalidade do financiamento eleitoral, o Ministro Toffoli reiterou posição doutrinária manifestada ainda em 2010, considerando ser fator de desequilíbrio o financiamento eleitoral ou partidário por pessoas jurídicas. Reafirmando o princípio republicano e o valor da soberania popular, inserto no §1º do art. 1º da Constituição, o Voto, com clareza solar, aponta que "o cidadão, pessoa física, é o único constitucionalmente legitimado a exercitá-la" e, assim, somente o cidadão pode contribuir para o financiamento partidário e eleitoral. E aponta: "Observa-se, assim, a toda evidência, que o parágrafo único do art. 1º e o *caput* do art. 14 da Constituição Federal não se destinam à pessoa jurídica: essa não pode votar, não pode ser votada e, caso pudesse votar, o voto não teria o mesmo valor, formal e material, para todas."

Importante, ainda, registrar que foi sob a presidência de Dias Toffoli que o STF apreciou o mérito da ADO nº 26, em junho de 2019, relatada pelo Ministro Celso de Mello, em que a Corte, em decisão histórica, enquadrou as práticas de homofobia e de transfobia, mediante interpretação conforme, no conceito de racismo previsto na Lei nº 7.716/1989. No Acórdão, a corte expressa a tese de que "o Poder Judiciário, em sua atividade hermenêutica, há de tornar efetiva a reação do Estado na prevenção e repressão aos atos de preconceito ou de discriminação praticados contra pessoas integrantes de grupos sociais vulneráveis", entre eles a comunidade LGBTQIA+, reprovando o discurso de ódio e repelindo a homotransfobia.

Apesar de ser tema polêmico, e cercado de vieses decorrentes de orientações religiosas e posturas "conservadoras" então em voga, que buscavam obstruir o debate, o Ministro agiu, ao pautar esse tema no Plenário da Corte, como verdadeiro Magistrado, e em harmonia com as posições adotadas, contemporaneamente, pelo próprio Chefe da Igreja Católica.

Foi também durante o exercício da Presidência da Corte, de setembro de 2018 a setembro de 2020, que foi aprovada alteração no regimento da Corte visando a sua maior produtividade. O Plenário Virtual, instituído em 2007, foi ampliado, o que permitiu a redução do acervo da Corte. Adotou-se o julgamento por videoconferência em substituição ao plenário físico, como necessidade, mesmo, em razão da pandemia COVID-19. Também passou a ser necessária a sujeição ao Plenário de medidas cautelares contra atos de presidente da República, Câmara, Senado ou do próprio STF e os acórdãos passaram a ser publicados automaticamente no prazo de sessenta dias. Aumentou-se a transparência da Corte, com a transmissão de suas sessões não apenas pela TV Justiça, mas também pela Rádio Justiça e pela Internet. Por força disso, o STF é, hoje, uma das cortes constitucionais mais transparentes do mundo.

Ainda como Presidente do STF, a decisão de Dias Toffoli, ao instaurar, em março de 2019, o Inquérito nº 781, destinado a "investigar a existência de notícias falsas, denunciações caluniosas, ameaças e roubos de publicação sem os devidos direitos autorais, infrações que podem configurar calúnia, difamação e injúria contra os membros da Suprema Corte e seus familiares", foi um momento crítico e fundamental de sua trajetória na Corte.

A decisão foi fundamentada no dever de velar pela intangibilidade das prerrogativas do Supremo Tribunal Federal e dos seus membros "considerando a existência de notícias fraudulentas, conhecidas como *fake news*, denunciações caluniosas, ameaças e infrações revestidas de *animus caluniandi, diffamandi e injuriandi*, que atingem a honorabilidade e a segurança do Supremo Tribunal Federal, de seus membros e familiares".

E, com base no art. 43 do Regimento Interno do STF, que autoriza o seu presidente a instaurar inquérito em caso de infração à lei penal na sede ou dependência do Tribunal, se envolver autoridade ou pessoa sujeita à sua jurisdição, ele chamou a si a responsabilidade de preservar a integridade da Corte e de seus membros.

Dali surgiu um debate e uma investigação, sob o comando do Min. Alexandre de Moraes, da maior relevância para a democracia: o combate às *fake news*. E desse inquérito surgiram fatos de grande repercussão, em defesa não apenas dos próprios Ministros, atingidos pelos fatos ilícitos apontados, mas de toda a sociedade. Questionada a decisão, o Plenário teve a sabedoria de validá-la, sem, contudo, desmerecer o papel da polícia judiciária e do Ministério Público.

A judicatura é, talvez, uma das mais difíceis tarefas exercidas por um ser humano. Requer sabedoria, conhecimento, cautela, mas, também, audácia, destemor, firmeza. Se a Constituição exige, do magistrado, que todos os seus julgamentos sejam públicos, e fundamentadas todas as decisões, submetendo-os, assim, ao escrutínio dos seus pares, dos advogados, e de toda a sociedade – inclusive com a transmissão por todos os meios de comunicação das sessões de debate e deliberação – isso impõe um dever inarredável, que é o de, ao serem proferidos votos e decisões, eles sejam sólidos, e reflitam a idoneidade e honestidade intelectual e moral de quem os profere.

Em sua trajetória na Suprema Corte, o Ministro Dias Toffoli agiu com cautela, humildade, mas firmeza. Soube, desde o início de sua atuação, mais ouvir do que falar – para ouvir, temos duas orelhas, para falar, apenas uma boca... – e, sobretudo, aprender com a experiência dos que o precederam. Mesmo antes de integrar o STF, de Sepúlveda Pertence, Nelson Jobim, Gilmar Mendes e outros ilustres membros da Corte, recolheu ensinamentos de vida, além de lições jurídicas fundamentais. A Jurisprudência da Corte, porém, não lhe serviu como camisa de força, que o impedisse de, na medida do permitido pela Constituição analítica e detalhista que temos, buscar soluções inovadoras e exercer uma criatividade que é ao mesmo tempo oxigenadora do texto constitucional, mas sensível aos avanços sociais.

Jamais fugiu às responsabilidades que lhe cabem como membro da mais alta Corte do País. Não se deixou, jamais, intimidar pelos que veem, no exercício dessas funções, invasão de competências do Poder Legislativo, sob a acusação, tão infundada quanto frequente, de ativismo judicial por parte de seus membros. Submeteu, sempre, seus votos ao colegiado, mas jamais se furtou de decidir monocraticamente, quando presentes as condições para tanto e a necessidade de um provimento judicial célere.

Contudo, tampouco exerceu o seu poder de decidir de forma autocrática, visando à popularidade de suas decisões: no julgamento do RE nº 661.256/SC, Tema 503, com repercussão geral reconhecida, em que a Corte julgava a possibilidade da "desaposentação" o voto do Ministro Toffoli destacou que "admitir-se a possibilidade da desaposentação, sem uma revisão do sistema que criou o fator previdenciário e sem uma reestruturação dos cálculos gerais atuariais implicará, aí sim, real ofensa a nossa Carta da República, mais especificamente, ao princípio da solidariedade previsto nos arts. 40, 194 e 195 da Constituição Federal, e ferirá, ainda, o tratamento isonômico e justo aos segurados, conforme determinado no art. 201, §1º, da Constituição Federal." Assim, reiterou o que já defendera no RE nº 381.367/RS, em que considerou que, embora não exista vedação constitucional expressa à desaposentação, também não há previsão desse direito, cabendo, assim, ao legislador decidir sobre a existência desse direito.

Quem ingressa no STF aos 41 anos, como Toffoli, tem a perspectiva de exercer o cargo, atualmente, por 34 anos. É, praticamente, toda a duração de uma carreira pública, e poucos cidadãos brasileiros tiveram essa oportunidade.

Nesses primeiros 15 anos de judicatura na Suprema Corte, o Ministro evoluiu consideravelmente, e ocupou um espaço próprio. Os votos e posições que aqui destacamos são uma pequena amostra dessa trajetória.

Possivelmente, voltará a exercer a Presidência da Corte, nos próximos 19 anos até atingir a idade limite. Encontrará, então, ao longo dessa caminhada, um outro mundo, um outro Brasil. Mas a experiência acumulada será, certamente, um diferencial que lhe permitirá exercer, com brilho ainda maior, as capacidades que tem demonstrado desde jovem.

Vida longa e próspera ao Ministro Dias Toffoli!

Informação bibliográfica deste texto, conforme a NBR 6023:2018 da Associação Brasileira de Normas Técnicas (ABNT):

SANTOS, Luiz Alberto dos. A atuação do Ministro Dias Toffoli no STF: 15 anos de jurisdição criativa e coerente. *In*: MENDES, Gilmar Ferreira; LIRA, Daiane Nogueira de; FREIRE, Alexandre (coord.). *Constituição, democracia e diálogo*: 15 anos de Jurisdição Constitucional do Ministro Dias Toffoli. 2. ed. Belo Horizonte: Fórum, 2025. p. 1121-1126. ISBN 978-65-5518-937-7.

O SUPREMO TRIBUNAL FEDERAL E O DIÁLOGO INSTITUCIONAL – BREVES CONSIDERAÇÕES

MARCELO VIEIRA DE CAMPOS
JULIANA PERANTON FERNANDES

1 Introdução

O presente texto tem como intuito destacar a expressiva atuação do Ministro Dias Toffoli na Suprema Corte. Destacar ainda a repercussão e impacto de seus julgados na sociedade brasileira, bem como sua eximia atuação na Presidência do Supremo Tribunal Federal.

Suas decisões formaram jurisprudência relevante, sobremaneira na atuação da defesa do Estado democrático de direito, sem contar a efetivação de seus julgados por meio do diálogo institucional, ferramenta propulsora e de tamanha relevância para se buscar uma sociedade justa, plural e equânime.

Certamente temos ao longo de todos esses anos uma atuação em prol das garantias fundamentais consolidadas na Constituição Federal, o que reforça a importância do julgador nos debates e temas de tamanha importância para o país.

As reflexões propostas neste texto partem da definição de conceitos jurídicos e posterior estudo de alguns dos julgados e decisões do Ministro Dias Toffoli no Supremo Tribunal Federal.

2 O papel do STF e o direito à efetivação das suas decisões por meio do diálogo institucional

Sabe-se que nosso atual modelo público de resolução de controvérsias é extremamente formalista e estruturado em uma lógica adversarial, na qual cada uma das partes e seus respectivos advogados buscam vencer o "outro lado", gerando, em muitos casos, insatisfação generalizada, inúmeros recursos, incidentes e morosidade.

Este modelo tem gerado, ao longo dos anos, uma avalanche de processos, que naturalmente impacta todas as unidades jurisdicionais, inclusive o próprio Supremo Tribunal Federal. Nesse contexto, muito se discute atualmente sobre *como o STF deve julgar e com quais limites*, e inevitavelmente surgem reiteradas críticas às decisões da Corte Suprema, acusada de supremacia judicial ou de ativismo judicial.[1]

No entanto, é preciso que o debate avance para além da questão de como e com quais limites o STF deve julgar. A questão central que se coloca é: como o Judiciário pode solucionar os conflitos de forma eficaz e dentro das suas atribuições constitucionais a partir de um diálogo, com vistas a alcançar a efetividade plena de suas decisões?

Embora o envio pelo Supremo Tribunal Federal de casos para mediação ou para negociação ainda gere estranheza para os operadores do direito mais habituados ao sistema que aguarda no pronunciamento final uma decisão de "improcedência" ou de "procedência", constata-se que o nosso ordenamento jurídico incentiva e determina o uso dos métodos adequados para o tratamento de conflitos, ou uma solução dialogada, conforme veremos.

A moderna teoria do conflito demonstra que, para cada conflito, haverá o método de resolução mais adequado. Exemplificativamente, casos em que haja relação continuada entre as partes, como em conflitos familiares ou societários, recomenda-se a mediação com o objetivo de aproximar as partes e fomentar o diálogo, com foco na discussão de interesses.

Em outro sentido, um conflito sobre a interpretação de cláusulas de um contrato firmado entre duas grandes empresas, e que enquanto não resolvido gera enormes prejuízos econômicos para as partes, seria adequadamente administrado em uma negociação ou arbitragem.

Importante destacar que outros países já enfrentaram crises de excesso de judicialização e morosidade, e com estratégias criativas e inovação lograram êxito na racionalização de seus respectivos sistemas, alcançando maior eficiência na gestão dos conflitos e satisfação da sociedade.

Ainda, em 1906, Roscoe Pound, conhecido reitor da Faculdade de Direito de Harvard, proferiu palestra sobre a insatisfação popular com a administração da justiça nos Estados Unidos.

Já na década de 70, o Judiciário americano também vivia uma crise de proliferação de processos e lentidão da máquina judiciária. Em 1976, durante uma conferência realizada nos Estados Unidos, em St. Paul, Minnesota, denominada *The Pound Conference*, Frank Sander apresenta o modelo do sistema multiportas.[2]

O sistema multiportas, consolidado nos EUA, mostrou bons resultados, pois propõe a introdução de mecanismos múltiplos de resolução de conflitos por meio de métodos alternativos, com o objetivo de oferecer soluções mais congruentes às peculiaridades de cada demanda, de forma mais efetiva, célere e de custeio razoável.

O grande diferencial desse sistema é oferecer múltiplas formas de resolução de conflitos, considerando as características de cada caso e o interesse das partes. Na *Superior*

---

[1] Francisco Campos, responsável, por entre outras obras, pela redação da Constituição brasileira de 1937, do Ato Institucional nº 1 e do Código Penal brasileiro, afirmava: "Cada época tem a sua divisão de poderes, e a lei do poder é, em política, a da capacidade para exercê-lo [...]. Uma lei inflexível da política é a que não permite a existência de vazios no poder: poder vago, poder ocupado" (CAMPOS, Francisco. *Direito constitucional*. Rio de Janeiro: Forense, 1942. p. 346).

[2] SALES, Lilia Maria de Morais. O Sistema de Múltiplas Portas e o Judiciário brasileiro. *Direitos Fundamentais & Justiça*, ano 5, n. 16, p. 204-220, jul./set. 2011.

Court of the District of Columbia, por exemplo, as partes, antes do início de um processo judicial, recebem um formulário de classificação de disputas. Esse formulário avalia aspectos objetivos, como o número de partes envolvidas, se há relação continuada entre as partes e se o caso envolve questões altamente técnicas ou científicas. Outra parte do questionário aborda aspectos subjetivos, investigando os interesses e objetivos das partes por ordem de prioridade dos envolvidos, em quesitos como: i) celeridade do processo; ii) preservar a relação com a outra parte; iii) confidencialidade, entre outros.

Em comparação ao modelo adotado nos EUA, bem consolidado e com bons resultados, verifica-se que, no Brasil, ainda temos um "embrião" de sistema multiportas, marcado por um esforço ainda inicial e com graves imprecisões técnicas.

A título de exemplo, o art. 334, do novo Código de Processo Civil, determina a realização de sessões de conciliação ou mediação *para todos os processos*, exceto quando ambas as partes se manifestarem contra a realização do procedimento autocompositivo.[3]

No afã de "curar" o Judiciário, o legislador optou pela tentativa de curar diferentes patologias com um único medicamento, ou seja, vislumbrou-se a mediação e a conciliação como regra para dirimir qualquer tipo de conflito, o que não é bem assim.

Mesmo que estas sugestões apresentadas não sejam adotadas de forma sistêmica, a Corte Constitucional do país deve adotar filtros para verificar o ânimo das partes no momento da chegada dos processos para sua análise, bem como os casos que envolvam outros poderes da República, e diagnosticar o método mais adequado para solução da disputa, que passem por um ambiente que permita o diálogo e o envolvimento de atores que, em conjunto, contemplem a melhor decisão, e que estas possam ganhar a efetividade no seu cumprimento.[4]

Nesse cenário é que surge um viés de oportunidade para que o STF adote postura mais ativa do ponto de vista da introdução de um diálogo institucional mais amplo e adaptado às demandas do século XXI.

A esse respeito, vale trazer a experiência do Canadá ao instituir, no âmbito das discussões para a implantação de sua Carta de Direitos de 1982, cláusula com previsão de um tipo de controle judicial de constitucionalidade dialogada com o Legislativo.[5]

No que pese tal iniciativa estar adstrita a controle normativo das leis, referida reforma trouxe no âmago do sistema de controle de constitucionalidade canadense a adoção da cláusula *not with standing*, que prevê uma resposta legislativa à decisão

---

[3] Tema nº 1.271/STJ – Questão submetida a julgamento: "Definir se a inobservância da audiência de conciliação ou mediação previstas no art. 334 do CPC, quando apenas uma das partes manifesta desinteresse na composição consensual, implica nulidade do processo".

[4] STF propõe cronograma de audiências de conciliação sobre Lei do Marco Temporal. *Notícias STF*. Disponível em: https://noticias.stf.jus.br/postsnoticias/stf-propoe-cronograma-de-audiencias-de-conciliacao-sobre-lei-do-marco-temporal/. Acesso em: 14 ago. 2024.

[5] "Com a aprovação de sua Carta de Direitos, 1982, o Canadá passou a contar com o instituto do controle judicial de constitucionalidade. O receio de instituir um modelo de controle que gerasse a criticada supremacia judicial e a preocupação com a dificuldade contramajoritária fizeram com que os canadenses não reproduzissem o modelo norte-americano de judicial review, o que poderia ter sido um caminho natural ante a proximidade dos países. Eles, então, buscaram uma construção própria, que levasse em consideração a história institucional do país e que acomodasse suas necessidades e evitasse os problemas que conseguiram antever. Foi instituído um modelo que evitava um monólogo judicial sobre a Constituição nos moldes americano, e viabilizava o diálogo entre a Corte e o Parlamento, com a possibilidade de superação da decisão judicial por parte do Legislativo" (VICTOR, Sergio Antônio Ferreira. *Diálogo institucional e controle de constitucionalidade* – Debate entre o STF e o Congresso Nacional. São Paulo: Saraiva, 2015. p. 189).

tomada pela Suprema Corte, em contrapartida ao fenômeno contramajoritário adotado em momentos de grande supremacia das decisões judiciais ou em épocas em que se vislumbram possibilidades de ativismos.[6]

Nessa linha, no Canadá, portanto, as teorias dialógicas a partir da atuação de sua Suprema Corte e da efetivação dos direitos fundamentais da Carta canadense chegaram ao modelo no qual, ao invés de contrariar e suprimir as deliberações do Legislativo, o Judiciário deve permitir que este lance um "segundo olhar" sobre a questão, a fim de não causar grandes interferências nas matérias reservadas aos outros poderes instituídos. Ainda que, no Brasil, não haja um modelo institucionalizado de diálogo, a Suprema Corte, em situações pontuais, adotou, mesmo que indiretamente, uma forma de diálogo, sobretudo, com o parlamento nacional quando o assunto é o controle de constitucionalidade das normas. Essa pauta é amplamente defendida pelo Ministro Dias Toffoli.

A teoria do diálogo institucional aparece com o objetivo de evitar a queda de braço de quem deve falar por último na alteração e interpretação dos mandamentos constitucionais, se a Corte Suprema ou o Poder Legislativo, mas sim buscar uma teoria que seja construída a partir de uma proposta cooperativa, por intermédio da qual as instituições possam compartilhar fundamentos em comum ao operacionalizar as ordens jurídica e política.

A abertura a experiências em um cenário cada vez mais dinâmico favorece a tomada de decisões que buscam a resolução do conflito de forma dialogada, e, neste sentido, só tende a acrescentar no debate sobre a jurisdição constitucional brasileira, o alcance do decreto judicial, bem como na garantia do direito fundamental, mantendo o equilíbrio entre os poderes.

A ideia dialógica aparece sob a perspectiva de que a decisão judicial, muitas vezes, não será suficiente para a resolução de um conflito sobre direitos e garantias, que muitas vezes trazem limitações que ultrapassem a seara da competência judicial. Portanto, não poderia a decisão judicial ser considerada o fim da linha dentro da garantia constitucional, sobretudo quando busca maior interação, visando à pacificação social, à garantia de um direito ou à efetivação de uma política pública.

O diálogo não se apresenta como subterfúgio ou deficiência normativa constitucional, pois interpretação constitucional deve atender ao interesse público e ao bem-estar social, observando que "os critérios de interpretação constitucional hão de ser tanto mais abertos quanto mais pluralista for a sociedade".

Em vista disso, a atuação do Ministro Dias Toffoli sempre foi pautada na adoção do diálogo. Em diversos assuntos nos quais atuou, sempre enfatizou a importância de se ouvir e ser ouvido. A exemplo quando no seu discurso de posse na presidência do Supremo Tribunal Federal,

sustentou uma maior cooperação e coalizão entre os Poderes constituídos da República no cumprimento e realização dos preceitos constitucionais como representantes e garantidores

6 VICTOR, Sérgio Antônio Ferreira. Diálogo institucional e controle de constitucionalidade – Debate entre o STF e o Congresso Nacional. São Paulo: Saraiva, 2015.

da soberania popular, o que aproxima o discurso do ministro ao ideal de construção coordenada dentro da teoria dos diálogos.[7]

Outro exemplo que se traz da atuação do Ministro Dias Toffoli foi à época em que realizou visitas institucionais na magistratura da região Norte do país, ocasião em que enfatizou a importância do diálogo com todos os ramos da magistratura. Para o ministro, é necessário que o Judiciário atue de forma unida para assegurar os direitos dos cidadãos e as garantias sociais, destacando ainda a necessidade de transparência e eficiência na atuação, assegurando a resolução de conflitos e a pacificação social. Finalizou seu discurso com a seguinte frase: "É importante, neste momento tão difícil para a humanidade, estarmos atentos aos cidadãos mais vulneráveis, os que mais precisam de Justiça".[8]

E entre outros tantos exemplos de sua crença no resultado positivo do diálogo, colacionamos brilhante discurso durante a abertura dos trabalhos do Congresso Nacional em 2019: "os resultados de hoje são fruto do amadurecimento. Uma grande nação é feita de instituições fortes. As pessoas passam e as instituições ficam. A institucionalidade deve superar a pessoalidade".[9]

Todos esses aspectos, ao nosso ver, trazem substancial melhora na caótica situação vivenciada pelo Judiciário brasileiro, já que vivencia diariamente o resultado de um sistema adversarial que trata qualquer conflito, independentemente de suas características e à revelia dos interesses das partes.

Nessa linha, torna-se possível adoção de um modelo dialogado de solução de demandas, modelo esse que se encaixa no Estado democrático de direito em vigor no Brasil, evitando-se falar em "estado de supremacia judicial" ou "ativismo constitucional".

Em paralelo, mostra-se oportuno que o STF intensifique os esforços de diálogo institucional, evitando crises entre os poderes, ouvindo todos os envolvidos e calibrando as suas decisões, para que realmente produzam os efeitos almejados pela Constituição Federal de 1988 e por toda a sociedade brasileira.

3 Casos relevantes

3.1 Caso do Auxílio-Moradia dos Juízes (ACO nº 1.649; AO nº 1.773; AO nº 1.946; AO nº 1.776; AO nº 1.945; ACO nº 2.511)

O caso em tela teve origem em ação proposta por um grupo de juízes, com apoio da Associação Nacional dos Juízes Federais (Ajufe), para garantir o pagamento do auxílio-moradia aos magistrados.

7   Discurso proferido por ocasião da sessão solene realizada no Plenário do Supremo Tribunal Federal em 13.9.2018, transmitida ao vivo pela TV Justiça. Publicado em 14.9.2018 na plataforma digital do YouTube. Na ocasião, o próprio Ministro Toffoli teve reiteradamente sua característica de dialógico destacada pelos seus pares do Supremo Tribunal Federal, seja nas entrevistas que antecederam a posse, seja na fala de abertura do Ministro Luís Roberto Barroso.
8   Disponível em: https://portal.stf.jus.br/noticias/verNoticiaDetalhe.asp?idConteudo=450593&ori=1.
9   Disponível em: https://www12.senado.leg.br/noticias/materias/2019/02/04/toffoli-propoe-novo-pacto-entre-os-tres-poderes.

A partir de liminar concedida pelo relator do caso, Ministro Luiz Fux, em 2014, todos os magistrados do país, que ainda não recebiam o auxílio-moradia em seu âmbito de atuação (estadual, federal ou militar), passaram a receber tal benefício.

Na esteira dessa decisão, o Conselho Nacional do Ministério Público aprovou resolução para que os membros do Ministério Público da União e dos estados também tivessem direito ao benefício. A decisão se baseou nas liminares do STF e considerou "a simetria existente entre as carreiras da magistratura e do MP".[10]

Antes do início do julgamento da ação, a Associação dos Magistrados Brasileiros – AMB – pediu para discutir a questão numa câmara de conciliação instalada na Advocacia-Geral da União.

Em 21.3.2019, Ministro Luiz Fux, relator da ação, acolheu pedido formulado pela Associação dos Magistrados Brasileiros (AMB), autora da Ação Originária (AO) nº 1.946, e remeteu as ações de sua relatoria referentes ao auxílio-moradia para a Câmara de Conciliação e Arbitragem da Administração Federal – instalada na AGU, com o objetivo de que as partes pudessem alcançar possível solução consensual para a questão.

Constatou-se que a referida ação foi única das 15 controvérsias encaminhadas pelo Supremo Tribunal à Câmara de Conciliação e Arbitragem da Administração Federal (CCAF-AGU), na qual constou de proêmio pedido para envio da matéria à mediação, sendo apreciado e aceito pelo relator da ação no STF, em apenas um dia.

Com efeito, ao remeter o caso à Câmara de Conciliação e Arbitragem da Administração Federal, o Ministro Luiz Fux justificou o envio das ações sob sua relatoria "a fim de que as partes processuais respectivas alcancem solução consensual para a lide nelas versada".

A AGU, por meio de sua representante máxima, à época, acolheu o envio do caso para a referida Câmara de Conciliação da Administração Federal e afirmou que "a aceitação por parte desta instituição é a continuidade de uma política que busca a solução de conflitos jurídicos por meio do diálogo e da conciliação", e justificou que este método seria uma "forma de desafogar o Judiciário e obter resultados pela via consensual. Registra-se que, ao longo de 2017, a AGU fechou 80 mil acordos, além daquele que trata dos planos econômicos".[11]

Evidencia-se, portanto, da decisão do relator da ação em questão, que o STF está sensível à proposta da aplicação dos métodos autocompositivos.

Não obstante, vale o registro de se analisar as iniciativas sob a perspectiva da teoria dos jogos, neste caso.

Isso porque o pedido da AMB pode ter sido uma manobra, com o objetivo de evitar um julgamento pelo STF que prejudicasse os interesses dos seus associados. Nesta dinâmica de estratégias, é possível que o STF tenha vislumbrado uma oportunidade de evitar o julgamento dessa polêmica questão.

Ademais, resta dúvida se a matéria desse jaez e natureza é passível de acordo, já que ultrapassa o interesse indireto dos juízes, e que tem por objeto final o interesse público.[12]

---

[10] BRASIL. Resolução nº 117, de 7 de outubro de 2014. Regulamenta a ajuda de custo para moradia aos membros do Ministério Público. *DOU*, Seção 1, 16 out. 2014. p. 45.

[11] Disponível em: http://www.agu.gov.br/page/content/imprimir/id_conteudo/652629. Acesso em: 14 ago. 2024.

[12] Em recente entrevista, o professor de Direito Constitucional da Fundação Getúlio Vargas de São Paulo, Rubens Glezer, afirmou que "tem a ver com questão de moralidade pública. Acho que a transferência para conciliação serve para eximir o STF de ter que tomar uma decisão dura contra a classe dos juízes. Ao mesmo tempo, deixar de

Vale lembrar que a conciliação e a mediação têm o foco na discussão de interesses, e para tanto é necessário também que as partes tenham autonomia, poder para negociar e que os direitos sejam disponíveis.[13] No caso em análise, poderiam os entes públicos transigir, negociar e conciliar para chegar a um acordo sobre a possibilidade ou não do pagamento de auxílio-moradia para magistrados e procuradores?

Não obstante, três meses após o início das negociações, a Advocacia-Geral da União informou ao Supremo Tribunal Federal que terminaram, sem acordo, as tratativas em busca de uma solução para o pagamento de auxílio-moradia de juízes e procuradores. Segundo documento assinado pela AGU, constou que:[14]

> Dos nove Estados-Membros que figuram como parte nas demandas judiciais, sete demonstraram interesse em participar das tratativas conciliatórias. Mesmo esses, porém, não se afastaram, ainda que minimamente, das teses defendidas nos autos. A União e as entidades associativas, igualmente, mantiveram inalteradas todas as suas posições processuais.

Pondera-se, entretanto, que todo o esforço visando a uma decisão conciliatória não foi em vão. O presidente do Supremo Tribunal Federal, à época, Ministro Dias Toffoli, usando das inúmeras formas de diálogo institucional, criou ambiente satisfatório que previa a aprovação do aumento salarial a todos os membros do Poder Judiciário, sinalizando ainda que, com a aprovação pelo Congresso e a sanção presidencial do referido projeto, proporia ao Conselho Nacional de Justiça projeto de reformulação para restringir a concessão do auxílio-moradia, circunstância que encaminharia as ações sobre o auxílio-moradia a um desfecho dialogado.

Com a sanção do aumento salarial, o relator do auxílio-moradia no Supremo revogou as liminares que havia concedido em 2014, que garantiam o pagamento de auxílio-moradia a magistrados.[15]

Não há dúvida de que a solução para o caso em testilha não se revestiu das técnicas para solução não adversarial do problema, mas aproveitou as discussões e diálogos construídos pelo Supremo Tribunal Federal, em especial o Ministro Dias Toffoli, para se chegar a uma solução para o conflito.

Oportuno destacar que a mediação deve ser exercida a partir de técnicas e conhecimentos que formam importante ferramenta comunicacional, interligando as partes entre si e estas ao mediador, fazendo com que todos cooperem com o diálogo, despindo-se da ânsia de prevalecer, absolutamente, todos seus interesses em disputa. É preciso exercer o poder de transformar o padrão de pensamento dos envolvidos, que só inicia com o exercício do diálogo.

---

fazer debate público sobre direitos e privilégios", critica (Disponível em: https://www.jota.info/stf/do-supremo/camara-de-conciliacao-para-auxilio-moradia-de-juizes-divide-especialistas-29032018).

13 O art. 3º, *caput* e §2º da Lei de Mediação admite a mediação em conflitos que versem sobre direitos indisponíveis que admitam transação.

14 Disponível em: https://portaldomagistrado.com.br/2018/06/19/sem-conciliacao-agu-diz-ao-stf-que-so-nova-lei-resolve-polemica-do-auxilio-moradia-jota/. Acesso em: 15 ago. 2024.

15 Disponível em: https://www.conjur.com.br/2018-nov-26/fux-revoga-auxilio-moradia-juizes-reajuste-stf. Acesso em: 25 out. 2019.

3.2 ADPF nº 779 – Declaração de inconstitucionalidade e do uso da tese de legítima defesa da honra em crimes de feminicídio ou de agressão contra mulheres

A legítima defesa da honra sempre foi uma tese muito utilizada em sede de tribunal do júri, para buscar a impunidade pela prática de feminicídio, por exemplo. Por ter suas raízes na cultura de dominação machista, a legítima defesa nada mais é do que uma tentativa de perpetuação dessa cultura na sociedade brasileira. Em 2015 entrou em vigor a Lei nº 13.104 – Lei do Feminicídio, que alterou o art. 121 do Código Penal, para prever o feminicídio como circunstância qualificadora do crime de homicídio e ainda incluir o feminicídio no rol dos crimes hediondos.

> O feminicídio pode ser entendido como um novo tipo penal, ou seja, aquilo que está registrado na lei brasileira como uma qualificadora do crime de homicídio. Mas, ele pode ser entendido também no sentido mais amplo, no seu aspecto sociológico e histórico. Nesse sentido, feminicídio é uma palavra nova, criada para falar de algo que é persistente e ao mesmo tempo terrível: que as mulheres sofrem violência ao ponto de morrerem. (*Debora Diniz, antropóloga, professora da Faculdade de Direito da Universidade de Brasília (UnB) e pesquisadora da Anis – Instituto de Bioética*).[16]

Sobre esse assunto, caso relevante, cuja relatoria se deu ao Ministro Dias Toffoli que brilhantemente por meio de medida liminar, posteriormente referendada pelo Plenário do Supremo Tribunal Federal, declarou a inconstitucionalidade da tese de legítima defesa da honra em crimes de feminicídio no julgamento da Arguição de Descumprimento de Preceito Fundamental – ADPF nº 779, assim ementada:

> ADPF 779 / DF
> EMENTA. Arguição de descumprimento de preceito fundamental. Interpretação conforme à Constituição. Artigo 23, inciso II, e art. 25, caput e parágrafo único, do Código Penal e art. 65 do Código de Processo Penal. "Legítima defesa da honra". Não incidência de causa excludente de ilicitude. Recurso argumentativo dissonante da dignidade da pessoa humana (art. 1º, inciso III, da CF), da proteção à vida e da igualdade de gênero (art. 5º, caput, da CF). Procedência parcial da arguição.
> 1. A "legítima defesa da honra" é recurso argumentativo/retórico odioso, desumano e cruel utilizado pelas defesas de acusados de feminicídio ou agressões contra a mulher para imputar às vítimas a causa de suas próprias mortes ou lesões. Constitui-se em ranço, na retórica de alguns operadores do direito, de institucionalização da desigualdade entre homens e mulheres e de tolerância e naturalização da violência doméstica, as quais não têm guarida na Constituição de 1988.
> 2. Referido recurso viola a dignidade da pessoa humana e os direitos à vida e à igualdade entre homens e mulheres (art. 1º, inciso III, e art. 5º, caput e inciso I, da CF/88), pilares da ordem constitucional brasileira. A ofensa a esses direitos concretiza-se, sobretudo, no estímulo à perpetuação do feminicídio e da violência contra a mulher. O acolhimento da tese teria o potencial de estimular práticas violentas contra as mulheres ao exonerar seus perpetradores da devida sanção.
> 3. A "legítima defesa da honra" não pode ser invocada como argumento inerente à plenitude de defesa própria do tribunal do júri, a qual não pode constituir instrumento de salvaguarda

---

de práticas ilícitas. Devem prevalecer a dignidade da pessoa humana, a vedação de todas as formas de discriminação, o direito à igualdade e o direito à vida, tendo em vista os riscos elevados e sistêmicos decorrentes da naturalização, da tolerância e do incentivo à cultura da violência doméstica e do feminicídio.

4. Na hipótese de a defesa lançar mão, direta ou indiretamente, da tese da "legítima defesa da honra" (ou de qualquer argumento que a ela induza), seja na fase pré-processual, na fase processual ou no julgamento perante o tribunal do júri, caracterizada estará a nulidade da prova, do ato processual ou, caso não obstada pelo presidente do júri, dos debates por ocasião da sessão do júri, facultando-se ao titular da acusação apelar na forma do art. 593, inciso III, alínea a, do Código de Processo Penal.

5. É inaceitável, diante do sublime direito à vida e à dignidade da pessoa humana, que o acusado de feminicídio seja absolvido, na forma do art. 483, inciso III, §2º, do Código de Processo Penal, com base na esdrúxula tese da "legítima defesa da honra". Há de se exigir um controle mínimo do pronunciamento do tribunal do júri quando a decisão de absolvição se der por quesito genérico, de forma a avaliar, à luz dos atos processuais praticados em juízo, se a conclusão dos jurados se deu a partir de argumentação discriminatória, indigna, esdrúxula e inconstitucional referente ao uso da tese da legítima defesa da honra.

6. Arguição de descumprimento de preceito fundamental julgada parcialmente procedente para (i) firmar o entendimento de que a tese da legítima defesa da honra é inconstitucional, por contrariar os princípios constitucionais da dignidade da pessoa humana (art. 1º, inciso III, da CF), da proteção da vida e da igualdade de gênero (art. 5º, caput, da CF); (ii) conferir interpretação conforme à Constituição ao art. 23, inciso II, ao art. 25, caput e parágrafo único, do Código Penal e ao art. 65 do Código de Processo Penal, de modo a excluir a legítima defesa da honra do âmbito do instituto da legítima defesa; (iii) obstar à defesa, à acusação, à autoridade policial e ao juízo que utilizem, direta ou indiretamente, a tese de legítima defesa da honra (ou qualquer argumento que induza à tese) nas fases pré-processual ou processual penais, bem como durante o julgamento perante o tribunal do júri, sob pena de nulidade do ato e do julgamento; e (iv) diante da impossibilidade de o acusado beneficiar-se da própria torpeza, fica vedado o reconhecimento da nulidade referida no item anterior na hipótese de a defesa ter-se utilizado da tese da legítima defesa da honra com essa finalidade.

7. Procedência do pedido sucessivo apresentado pelo requerente, conferindo-se interpretação conforme à Constituição ao art. 483, inciso III, §2º, do Código de Processo Penal, para entender que não fere a soberania dos veredictos do tribunal do júri o provimento de apelação que anule a absolvição fundada em quesito genérico, quando, de algum modo, possa implicar a repristinação da odiosa tese da legítima defesa da honra.

A decisão do STF chega em um momento sensível em que casos de feminicídio aumentam no país de forma preocupante. A cultura do machismo, a institucionalização da desigualdade entre homens e mulheres e de tolerância e naturalização da violência doméstica vêm aos poucos sendo ceifada na sociedade, e certamente a decisão do Ministro Dias Toffoli no caso em muito contribuiu como um divisor de águas desse cenário.

Entre os argumentos do voto, além de muito fundamentado, traz uma verdadeira aula de conhecimentos históricos, ao destacar, por exemplo, "que quem usa violência contra a mulher para reprimir um adultério não está protegido por essa excludente de ilicitude". Afinal, essa pessoa não está se defendendo de uma agressão injusta, mas atacando uma mulher "de forma desproporcional, covarde e criminosa".[17]

---

17   Disponível em: https://portal.stf.jus.br/processos/downloadPeca.asp?id=15361685556&ext=.pdf.

E mais:

> No entanto, entendo ser o caso em análise um daqueles em que a subversão a esse paradigma constitucional – que é fundamento da República Federativa do Brasil (art. 1º, inciso III, da Constituição de 1988) – é dotado de singular clareza, visto que o argumento da "legítima defesa da honra" normaliza e reforça uma compreensão de desvalor da vida da mulher, tomando-a como ser secundário cuja vida pode ser suprimida em prol da afirmação de uma suposta honra masculina. (ADPF nº 779, Rel. Min. Dias Toffoli)

O acórdão elaborado com grande maestria alertou que o caso analisado "contraria os princípios constitucionais da dignidade da pessoa humana, da proteção à vida e da igualdade de gênero" e mais, afirmou que no sistema de Justiça não pode o autor se beneficiar de sua própria torpeza.

Acrescenta-se que o Ministro Dias Toffoli foi mais a fundo no assunto conclamando as deputadas e senadoras a propor emenda constitucional para extinção do Tribunal do Júri, atribuindo ao instituto a reprodução do machismo da sociedade dentro do seio do Poder Judiciário.

Ao julgar referido tema, o Ministro Dias Toffoli chamou o Legislativo para a importância do diálogo e a abertura para se discutir, em conjunto, a importância do combate ao feminicídio no Brasil.

3.3 Inquérito das *Fake News*

No ano de 2019, em meio ao caos e avalanches de falsas notícias em que o Brasil se viu submerso, o Ministro Dias Toffoli, na qualidade de presidente do STF, à época, e com fundamento no Regimento do Supremo, determinou a abertura e autuação de inquérito para apuração de falsas notícias (conhecido como Inquérito das *Fake News*), além de ameaças veiculadas contra a Corte Suprema, seus membros e familiares, autuado sob nº 4.781, destinado a "investigar a existência de notícias falsas, denunciações caluniosas, ameaças e roubos de publicação sem os devidos direitos autorais, infrações que podem configurar calúnia, difamação e injúria contra os membros da Suprema Corte e seus familiares".

E assim, pela decisão da maioria dos ministros, entenderam que são passíveis de investigações atos que incitem contra a Corte, incluindo o seu fechamento, bem como ameaças de morte ou de prisão de seus membros, além de desobediência às decisões judiciais.

Em sua manifestação quando da instauração do procedimento, o Ministro Dias Toffoli enfatizou:[18]

> Não existe Estado Democrático de Direito nem democracia sem um Judiciário independente e sem uma imprensa livre.
> O STF sempre atuou na defesa das liberdades, em especial da liberdade de imprensa e de uma imprensa livre em vários de seus julgados.

---

[18] Disponível em: https://www.editorajc.com.br/um-construtor-de-pontes-a-trajetoria-do-ministro-jose-antonio-dias-toffoli/.

Aqueles que estudaram a história do Brasil sabem e têm noção que não foi uma decisão fácil. Foi a decisão mais difícil da minha gestão a abertura do inquérito. A gente viu o início de uma política de ódio que quer destruir instituições e instalar o caos.[19]

A decisão, embora controversa para alguns, fora por outros considerada precursora e ato de muita coragem, em meio um período tenso, de ataques e disseminação do ódio contra a Corte e seus membros. Relembra-se, em sua origem, que havia ameaças contra ministros do Supremo Tribunal Federal (STF) e promoção de atos antidemocráticos. Contudo, mais a fundo, ocorreram desdobramentos, polêmicas, debates e as falsas notícias assumiram uma proporção assustadora, culminando inclusive em decisões de bloqueios de perfis em redes sociais e até prisão de apoiadores dessa prática.

O Plenário do Supremo Tribunal Federal (STF) concluiu o julgamento da Arguição de Descumprimento de Preceito Fundamental (ADPF) nº 572 para declarar a legalidade e a constitucionalidade do Inquérito (INQ) nº 4.781, instaurado com o objetivo de investigar a existência de notícias fraudulentas (*fake news*), denunciações caluniosas e ameaças contra a Corte, seus ministros e familiares, por 10 votos a 1.

De fato, em poucos segundos, uma notícia é compartilhada e assistida por milhões de vezes, trazendo consigo uma série de efeitos, os quais podem ser desastrosos à vida, à saúde, à segurança, à honra.

É conveniente colacionar reflexões apresentadas pelo Ministro Dias Toffoli no artigo *Fake news, desinformação e liberdade de expressão*, publicado em 2019 na biblioteca digital do Tribunal Superior Eleitoral sobre falácias de que o inquérito seria uma forma de proibição à liberdade de expressão:[20]

> As liberdades de expressão e de informação fidedigna são complementares. A desinformação turva o pensamento; coloca-nos no círculo vicioso do engano; sequestra a razão. A dificuldade de discernir o real do irreal e a desconfiança prejudicam nossa capacidade de formar opinião e de nos manifestar no espaço público. Por isso, combater a desinformação é garantir o direito à informação, ao conhecimento, ao pensamento livre, dos quais depende o exercício pleno da liberdade de expressão. [...]
> As notícias fraudulentas e a desinformação são extremamente danosas à democracia. Por gerarem desconfiança e incerteza, prejudicam a ação individual no espaço público, visto que o cidadão passa a se guiar por inverdades. Além disso, essas práticas facilitam a polarização social, dificultando, ou mesmo inviabilizando, o diálogo plural, tão fundamental para a democracia. O regime democrático necessita de um ambiente em que ocorra o livre trânsito de ideias, razão pela qual as nações democráticas tutelam com vigor a liberdade de expressão. No entanto, esse direito não pode dar guarida à desinformação. Em verdade, o pleno exercício da liberdade de expressão depende do acesso a informações fidedignas, as quais são necessárias ao conhecimento e ao pensamento livre.

E por assim entender e defender a coerência, o diálogo e o respeito entre as instituições, sejam públicas, sejam privadas, o ministro concluiu em seus discursos, sempre muito democráticos, que "precisamos manter o diálogo e cooperar na busca

---

19 Disponível em: https://www.cnnbrasil.com.br/politica/toffoli-abertura-de-inquerito-das-fake-news-foi-decisao-mais-dificil-da-gestao/.

20 Disponível em: https://bibliotecadigital.tse.jus.br/xmlui/handle/bdtse/7624.

por soluções que, a um só tempo, privilegiem o debate democrático, a verdade e a liberdade de expressão".[21]

4 Conclusões

Ao longo do século passado, e neste com muito mais intensidade, paramos para refletir e nos tornamos mais cautelosos e modestos no tocante às coisas que sabemos com certeza. Essa cautela nos coloca de frente para um mundo que se reinventa muito mais rápido que o de antigamente, o que nos deixa menos convencidos de que aquilo que pensamos corresponde precisamente à realidade objetiva ao nosso redor. Esse desafio parece maior para uma Corte Suprema acostumada a decidir causas que aguardam anos para, finalmente, chegar ao último estágio jurisdicional do nosso arcabouço jurídico e então receber uma decisão final.

Hoje, os desafios impostos pela sociedade moderna impõem uma postura contemporânea ao Supremo Tribunal Federal para julgar o ontem, mas também para decidir o que se passa hoje, aqui e agora.

Como guardião da nossa Carta Magna, o STF precisa acompanhar a evolução da nossa sociedade, compreendendo os avanços na tecnologia, na medicina, e as mudanças no "tecido social", sem descurar dos mandamentos da lei maior.

Ademais, é urgente encontrar soluções para a gestão racional dos conflitos, preservar o Estado democrático de direito e garantir a segurança jurídica,[22] os direitos individuais e coletivos de todos os cidadãos brasileiros.

Essa hercúlea missão da Suprema Corte – e da justiça – é complexa e não há uma fórmula milagrosa. A justiça pacifica as relações sociais, harmoniza o jogo social e garante a ordem,[23] reestabilizando as relações, e por isso deve seguir legitimamente se descobrindo para melhorar as relações sociais, fazendo cumprir seu desiderato constitucional.

Contudo, acredita-se que alguns elementos podem contribuir sobremaneira para otimizar o trabalho do Supremo Tribunal Federal e garantir que a jurisdição constitucional esteja alinhada ao tempo em que vivemos, trazendo soluções que guardam efetividade em continuidade com seu mandamento.

Assim, acredita-se que a construção de formas dialogadas, a exemplo do julgamento adotado pela Corte Suprema da Colômbia, o denominado Estado de coisas inconstitucional, no *case* do deslocamento forçado de pessoas, possibilita a solução efetiva de conflitos de grande complexidade, apta a de fato resolver o problema.[24]

---

[21] Disponível em: https://bibliotecadigital.tse.jus.br/xmlui/handle/bdtse/7624.

[22] "Segurança jurídica consiste em um princípio fundamental da sociedade organizada. Pode ser conceituada como um direito que implica proteção do cidadão contra alterações bruscas numa realidade fático-jurídica" (CINTRA, Marcos. Segurança jurídica e os tributos. *In*: BOTTINO, Marco Túlio (Org.). *Segurança jurídica no Brasil*. São Paulo: RG Editores, 2012. p. 149).

[23] CHALITA, Gabriel. Princípio da segurança jurídica. *In*: BOTTINO, Marco Túlio (Org.). *Segurança jurídica no Brasil*. São Paulo: RG Editores, 2012. p. 85.

[24] "A retroalimentação entabulada pelos diálogos, em um sustentável equilíbrio constitucional, pode impulsionar também novas demandas políticas e legislativas, debatendo-se e delineando-se novas regras e práticas políticas de concretização constitucional. Todas as esferas de poder, enfim, concorrem e se expõem aos diálogos – seja aqueles travados com outras instâncias formais de poder, seja aquele que elege como interlocutor a sociedade"

A adoção de filtros para diagnosticar o método de resolução de conflitos mais adequado a cada caso, a utilização de novas tecnologias e o fomento ao diálogo institucional também são essenciais para que a jurisdição constitucional alcance os ideais de celeridade e efetividade.

O diálogo institucional, cada vez mais presente no cotidiano da Suprema Corte, encontra diversas facetas e formas de incorporação ao sistema democrático contempladas nas decisões e nos julgamentos do STF, reforçando a pluralidade de opiniões na palavra final. Como visto, o Tribunal Constitucional conta com inúmeras possibilidades jurídicas e mecanismos aptos de diálogo institucional. Em um Estado democrático de direito, o que definitivamente não pode acontecer é uma sobreposição da decisão judicial que implique o esvaziamento das demais instituições, fazendo do Judiciário um novo poder moderador, ilimitado.

Nesse quadrante, pondera Fábio Corrêa Souza de Oliveira:

> O juiz dialógico não é aquele descrito por Michel Foucault em outra seara, nada obstante aqui aplicável, como o professor-juiz, o médico-juiz, o educador-juiz, o "assistente social"-juiz. E nem assim o legislador ou o administrador. Ou se ouve ou se fala sozinho. Com o risco de se encantar narcisisticamente (solipsistamente) pela própria voz.[25]

Pode-se assim dizer que a prática do diálogo institucional preserva e capacita a Corte Suprema contra eventuais ações ativistas ou àquelas que, por vezes, possam invadir a competência dos demais poderes da República. A criação de um ambiente de concertação entre todos os atores legitimados e representantes da sociedade civil aumenta e garante a legitimidade e a concretude de suas decisões.

Vale dizer que a admissão do modelo dialógico decorre de uma opção política e constitucional a ser adotada pelos membros que compõem o tribunal constitucional, como fez o Ministro Dias Toffoli quando esteve à frente do STF, chegando a receber a alcunha de "Construtor de Pontes".

Dias Toffoli provou que manter uma relação mais apurada entre os poderes, na busca de uma cultura de cooperação em detrimento de uma cultura de separação e conflito, notadamente com a preocupação de assegurar a concretização de direitos fundamentais – principalmente em favor de segmentos minoritários, é um caminho seguro a ser trilhado:[26]

(VALLE, Vanice Regina Lírio do (Coord.). *Audiências públicas e ativismo* – Diálogo social no STF. Belo Horizonte: Fórum, 2012. p. 33).

[25] OLIVEIRA, Fábio Corrêa Souza de; OLIVEIRA, Larissa Pinha de. Abrindo, lendo e escrevendo as páginas do romance em cadeia: diálogo, backlash e hermenêutica. *Juris Poiesis – Revista do Curso de Direito da Universidade Estácio de Sá*, Rio de Janeiro, ano 14, n. 14, jan./dez. 2011. p. 129. FOUCAULT, Michel. *Vigiar e punir*. Tradução de Raquel Ramalhete. 38. ed. Petrópolis: Vozes, 2010. p. 288.

[26] "O modelo de reforma estrutural transforma radicalmente a ideia tradicional de justiça e cria uma rota alternativa para o diálogo interinstitucional. Em vez de forjar uma comunicação dialética, em que as autoridades falam e agem separadamente em diferentes fases de tempo, o litígio de reforma estrutural cria as condições para o diálogo interinstitucional seja um processo colaborativo e continuado ao longo do tempo, começando antes das decisões das autoridades representativas (por exemplo, através de audiências públicas), continuando durante o processo de implementação (através de mecanismos de controle) e, em seguida, continua após de realizado o plano de governo (através de sanções e medidas corretivas singulares). Neste modelo, desta forma, o diálogo interinstitucional é ativado pela Corte, que assume apenas um papel catalisador para a mudança social" (LINARES, Sebastián. El

A adoção do diálogo, como visto em alguns casos, permite chegar à livre interpretação de normas constitucionais. A adoção de um diálogo para além da decisão que interpretou a norma constitucional ou o direito lesado, para além da simples participação de diversos atores, pode ser o segredo para que uma decisão não fique somente na jurisprudência do tribunal ou se torne uma decisão que não alterou o estado inconstitucional das coisas, como muitos casos julgados pelo STF; sistema carcerário, falta de leito hospitalar ou de medicamento, vaga em creche [...] etc. É preciso trocar as lentes e implantar formas que de fato façam estancar o problema e alcancem o efetivo interesse público.

É sim desejável a incorporação de um constitucionalismo cooperativo, integrativo na prática, cujo desiderato deve repousar na efetivação dos direitos assegurados constitucionalmente.[27]

Para a construção de um futuro justo, importa analisar as raízes do passado e olhar quais as perspectivas e desejo para mudanças. Alicerces podem e devem ser erguidos com esforços entre os poderes, utilizando-se as ferramentas do diálogo.

Nessa esteira, ao assumir a presidência da mais alta Corte do Brasil, o Ministro Dias Toffoli indicou que adotaria o mesmo tom que manteve ao longo de sua carreira: o da moderação e do diálogo entre os poderes. Nos dois anos à frente do Tribunal Constitucional, um cenário político econômico em ebulição, somado à pandemia do coronavírus, exigiu mais ainda a adoção de mecanismos nos quais o diálogo institucional mostrou-se a ferramenta para a superação de imensos obstáculos.

Referências

ARENDT, Hannah. *A reconstrução dos direitos humanos*. São Paulo: Companhia das Letras, 1988.

ATALIBA, Geraldo. *República e Constituição*. São Paulo: Malheiros, 2011.

BARROSO, Luís Roberto. *A razão sem voto*: o Supremo Tribunal Federal e o governo da maioria. In: PRETTO, Renato Siqueira de; KIM, Richard Pae; TERAOKA, Thiago Massao Cortizo (Coord.). *Interpretação constitucional no Brasil*. São Paulo: Escola Paulista da Magistratura, 2017.

BARROSO, Luís Roberto. *O controle de constitucionalidade no direito brasileiro*: exposição sistemática da doutrina e análise crítica da jurisprudência. 6. ed. rev. e atual. São Paulo: Saraiva, 2012.

BASTOS, Elísio. Interpretação constitucional – A quem cabe a tarefa de concretizá-la? *Revista de Direito Constitucional e Internacional*, São Paulo, v. 10, out./dez. 2002.

BATEUP, Christine. The dialogic promise: assessing the normative potential of theories of constitutional dialogue. *Brooklyn: Law Review*, v. 71, 2006.

BITAR, Orlando. *A lei e a Constituição*. Brasília: Conselho Federal da Cultura e Departamento de Assuntos Culturais, 1978. Obras Completas de Orlando Bitar, 2.

BONAVIDES, Paulo. *Curso de direito constitucional*. 13. ed. São Paulo: Malheiros, 2002.

BUENO, Cássio Scarpinella. Ação direta de inconstitucionalidade – Intervenção de amicus curiae. *Revista de Processo*, São Paulo, v. 138, ago. 2006.

---

diálogo democrático entre las cortes y las instituciones representativas. *Revista Mexicana de Sociología*, México, v. 70, n. 3, p. 487-539, jul./set. 2008. p. 512; tradução livre).

[27] HÄBERLE, Peter. *El Estado constitucional*. Tradução por Héctor Fix-Fierro. México: Universidad Nacional Autónoma del México, 2003; HÄBERLE, Peter. *Estado constitucional cooperativo*. Tradução de M. A. Maliska e Elisete Antoniuk. Rio de Janeiro: Renovar, 2007.

BUENO, Cássio Scarpinella. *Amicus curiae no processo civil brasileiro* – Um terceiro enigmático. São Paulo: Saraiva, [s.d.].

CALDEIRA, Jorge. *História da riqueza no Brasil* – Cinco séculos de pessoas, costumes e governos. Rio de Janeiro: Estação Brasil, 2017.

CAMPOS, Carlos Alexandre de Azevedo. O estado de coisas inconstitucional e o litígio estrutural. *Conjur*, 1º set. 2015. Disponível em: https://www.conjur.com.br/2015-set-01/carlos-campos-estado-coisas-inconstitucional-litigio-estrutural. Acesso em: 7 out. 2019.

CAMPOS, Francisco. *Direito constitucional*. Rio de Janeiro: Forense, 1942.

CAMPOS, Francisco. Diretrizes constitucionais do novo Estado brasileiro. *Revista Forense*, n. 73, 1938.

CAMPOS, Francisco. O Supremo Tribunal Federal na Constituição de 1937. *In*: CAMPOS, Francisco. *Direito constitucional*. Rio de Janeiro: Freitas Bastos, 1956.

CAMPOS, Marcelo Vieira de; SCHMIDT, Marcelo Winch. Formas adequadas de solução de conflitos e os desafios da advocacia. *In*: RODAS, João Grandino; SOUZA, Aline Anhezini de; DIAS, Eduardo Machado; BERTIPAGLIA, Guilherme; POLLONI, Julian (Coord.). *Visão multidisciplinar das soluções de conflitos no Brasil*. Curitiba: Editora Prismas, 2018.

CAPPELLETTI, Mauro; GARTH, Bryant. *Acesso à justiça*. Tradução e revisão de Ellen Gracie Northfleet. [s.l.]: Apple Books, [s.d.].

CAVALCANTI, João Barbalho Uchoa. *Constituição Federal brasileira*: comentários. Edição fac-similar de Rio de Janeiro: Cia. Litho – Typographia, 1902. Brasília: Senado Federal, 1992.

CHALITA, Gabriel. Princípio da segurança jurídica. *In*: BOTTINO, Marco Túlio (Org.). *Segurança jurídica no Brasil*. São Paulo: RG Editores, 2012.

CINTRA, Marcos. Segurança jurídica e os tributos. *In*: BOTTINO, Marco Túlio (Org.). *Segurança jurídica no Brasil*. São Paulo: RG Editores, 2012.

CLÈVE, Clemerson Merlin; LORENZETTO, Bruno Meneses. Diálogos institucionais: estrutura e legitimidade. *Revista de Investigações Constitucionais*, Curitiba, v. 2, n. 3, p. 199, set./dez. 2015.

CSISZAR, Sean Anderson. *1824* – A Constituição Política do Império do Brasil. São Paulo: Rising Star Books, 2017.

DAHL, Robert A. Decision-making in a democracy: the Supreme Court as a national policy maker. *Journal of Public Law*, n. 6, 1957.

DOMINGUES, José Maurício. A revolução molecular democrática latino-americana. *In*: DOMINGUES, José Maurício. *Modernidade global e civilização contemporânea*: para uma renovação da teoria crítica. Belo Horizonte: Editora UFMG, 2013.

DWORKIN, Ronald. *Uma questão de princípio*. São Paulo: Martins Fontes, 2001.

FALCÃO, Joaquim; HARTMANN, Ivar A.; CHAVES, Vitor P. *II Relatório Supremo em Números*: o Supremo e o tempo. Rio de Janeiro: Escola de Direito do Rio de Janeiro da Fundação Getúlio Vargas, 2014.

FERREIRA, Waldemar Martins. *A história do direito constitucional brasileiro*. São Paulo: Max Limonad Editor de Livros de Direito, 1954.

FIX ZAMUDIO, Héctor; COSSÍO DIAZ, José Ramón. *El ordenamiento judicial en el ordenamiento mexicano*. México: Fondo de Cultura Económica, 1995.

FUX, Luiz (Coord.). *Jurisdição constitucional*: democracia e direitos fundamentais. Belo Horizonte: Fórum, 2012.

GUEDES, Néviton. A dignidade dos julgamentos contra a superexposição do Judiciário. *Conjur*, 13 ago. 2018. Disponível em: https://www.conjur.com.br/2018-ago-13/dignidade-julgamentos-superexposicao-judiciario. Acesso em: 14 ago. 2019.

HÄBERLE, Peter. *El Estado constitucional*. Tradução por Héctor Fix-Fierro. México: Universidad Nacional Autónoma del México, 2003.

HÄBERLE, Peter. El tribunal constitucional como poder político. *Revista de Estudios Políticos*, Madrid, n. 125, p. 9-37, jul./set. 2004.

HÄBERLE, Peter. *Estado constitucional cooperativo*. Tradução de M. A. Maliska e Elisete Antoniuk. Rio de Janeiro: Renovar, 2007.

HÄBERLE, Peter. *Hermenêutica constitucional* – A sociedade aberta dos intérpretes da Constituição: contribuição para a interpretação pluralista e 'procedimental' da Constituição. Porto Alegre: Sérgio Antonio Fabris, 2002.

KELSEN, Hans. *A garantia jurisdicional da Constituição (a justiça constitucional)*. [s.l.]: [s.n.], 1928.

KELSEN, Hans. *Teoria pura do direito*. São Paulo: Martins Fontes, 2000.

LEITE, Fábio Carvalho. Algumas considerações sobre o controle da constitucionalidade das leis pelo STF no período de 1891 a 1934. *Direito, Estado e Sociedade*, Rio de Janeiro, n. 15, ago./dez. 1999.

LEVINSON, Daryl. Rights, essentialism and remedial equilibration. *Columbia Law Review*, New York, v. 99, n. 4, 1999.

LINARES, Sebastián. El diálogo democrático entre las cortes y las instituciones representativas. *Revista Mexicana de Sociología*, México, v. 70, n. 3, p. 487-539, jul./set. 2008.

MADISON, James; HAMILTON, Alexander; JAY, John. *Os artigos federalistas*. Tradução de Maria Luiza X. de A. Borges. Rio de Janeiro: Nova Fronteira, 1993.

MANCUSO, Rodolfo de Camargo. *A resolução dos conflitos e a função judicial no contemporâneo Estado de direito*. São Paulo: RT, 2009.

MENDES, Gilmar Ferreira. *Jurisdição constitucional*. 6. ed. [s.l.]: [s.n.], 2014.

MIRANDA, Jorge. O princípio da eficácia jurídica dos direitos fundamentais. *In*: MACIEL, Adhemar Ferreira *et al.* (Coord.). *Estudos de direito constitucional*: homenagem ao Prof. Ricardo Arnaldo Malheiros Fiuza. Belo Horizonte: Del Rey, 2009.

MONTESQUIEU, Charles de Secondat Baron de. *O espírito das leis*. São Paulo: Marins Fontes, 1993.

NOGUEIRA. Marco Aurélio. *Um Estado para a sociedade civil*: temas éticos e políticos da gestão democrática. 2. ed. São Paulo: Cortez, 2005.

NUNES, José de Castro. *Do mandado de segurança e de outros meios de defesa contra atos do poder público*. Rio de Janeiro: Forense, 1988.

OLIVEIRA, Fábio Corrêa Souza de; OLIVEIRA, Larissa Pinha de. Abrindo, lendo e escrevendo as páginas do romance em cadeia: diálogo, backlash e hermenêutica. *Juris Poiesis – Revista do Curso de Direito da Universidade Estácio de Sá*, Rio de Janeiro, ano 14, n. 14, jan./dez. 2011.

PAULA, Alexandre Sturion de. *Ensaios constitucionais de direitos fundamentais*. Campinas: Servanda Editora, 2006.

RAMOS, Elival da Silva. *Ativismo judicial*: parâmetros dogmáticos. São Paulo: Saraiva, 2015.

RAVAZZANO, Fernanda. O Estado de coisas inconstitucional e a incoerência do STF. *Canal Ciências Criminais*. Disponível em: https://canalcienciascriminais.com.br/o-estado-de-coisas-inconstitucional-e-a-incoerencia-do-stf/. Acesso em: 7 out. 2019.

ROACH, Kent. *The Supreme Court on trial*: judicial activism or democratic dialogue. Toronto: Irwin Law, 2001.

RODRIGUES, Horácio Wanderley. *Acesso à justiça no direito processual brasileiro*. São Paulo: Acadêmica, 1994.

RODRIGUES, Leda Boechat. *História do Supremo Tribunal Federal*. 1910-1926, Doutrina brasileira do habeas corpus. Rio de Janeiro: Civilização Brasileira, 1991. t. III.

RODRÍGUEZ GARAVITO, César; RODRÍGUEZ FRANCO, Diana. *Cortes y cambio social*: cómo la Corte Constitucional transformó el desplazamiento forzado en Colombia. Bogotá: Dejusticia, 2010.

ROSAS, Roberto. *Pedro Lessa o Marshal brasileiro*. Brasília: Horizonte Editora; Instituto Nacional do Livro; Ministério da Educação e Cultura, 1985.

SALES, Lilia Maria de Morais. O Sistema de Múltiplas Portas e o Judiciário brasileiro. *Direitos Fundamentais & Justiça*, ano 5, n. 16, p. 204-220, jul./set. 2011.

SAMPAIO, José Adércio Leite (Coord.). *Crise e desafios da Constituição*: perspectivas críticas da teoria e das práticas constitucionais brasileiras. Belo Horizonte: Del Rey, 2003.

SANTOS, Boaventura de Souza. Introdução à sociologia da administração da justiça. *Revista Crítica de Direitos Sociais*, n. 21, nov. 1986.

SILVA, Cecília de Almeida; MOURA, Francisco; BERMAN, José Guilherme; VIEIRA, José Ribas; TAVARES, Rodrigo de Souza; VALLE, Vanice Regina Lírio do. *Diálogos institucionais e ativismo*. Curitiba: Juruá, 2012.

SILVA, José Afonso da. *Curso de direito constitucional positivo*. 22. ed. São Paulo: Malheiros, 2003.

SOUZA, Carlos Fernando Mathias. O amicus curiae e a jurisprudência do Supremo Tribunal Federal (I). *Correio Brasiliense*, Brasília, 16 fev. 2004. Caderno Direito e Justiça.

TRIGUEIRO, Oswaldo. O Supremo Tribunal no Império e na República. *In*: MARINHO, Josaphat; ROSAS, Roberto. *Sesquicentenário do Supremo Tribunal Federal*. Brasília: UnB, 1982.

VALLE, Vanice Regina Lírio do (Coord.). *Audiências públicas e ativismo* – Diálogo social no STF. Belo Horizonte: Fórum, 2012.

VICTOR, Sergio Antônio Ferreira. *Diálogo institucional e controle de constitucionalidade* – Debate entre o STF e o Congresso Nacional. São Paulo: Saraiva, 2015.

VIEIRA, Oscar Vilhena. Supremocracia. *Revista de Direito GV*, São Paulo, v. 4, n. 2, p. 441-464, jul./dez. 2008.

WEAVER, Russel. The rise and decline of structural remedies. *Law Review*, San Diego, v. 41, 2004.

Informação bibliográfica deste texto, conforme a NBR 6023:2018 da Associação Brasileira de Normas Técnicas (ABNT):

CAMPOS, Marcelo Vieira de; FERNANDES, Juliana Peranton. O Supremo Tribunal Federal e o diálogo institucional – Breves considerações. *In*: MENDES, Gilmar Ferreira; LIRA, Daiane Nogueira de; FREIRE, Alexandre (coord.). *Constituição, democracia e diálogo*: 15 anos de Jurisdição Constitucional do Ministro Dias Toffoli. 2. ed. Belo Horizonte: Fórum, 2025. p. 1127-1143. ISBN 978-65-5518-937-7.

REFLEXÕES SOBRE A CADEIA DE CUSTÓDIA DA PROVA DIGITAL NO PROCESSO PENAL

MARCELO NAVARRO RIBEIRO DANTAS
THIAGO DE LUCENA MOTTA

1 Introdução

Nos autos da Reclamação (Rcl) nº 43.007/DF, em tramitação no Supremo Tribunal Federal (STF), nosso homenageado, o Ministro Dias Toffoli, declarou imprestáveis, com efeito *erga omnes*, os elementos de prova obtidos a partir do acesso a mídias digitais entregues por sociedade empresária em acordo de leniência no âmbito da Operação Lava Jato. A decisão de Sua Excelência, proferida em 6.9.2023, confirmou os efeitos de decisão anterior do Ministro Ricardo Lewandowski – o relator primevo do processo – que, em 29.6.2021, reconheceu pela primeira vez a inadmissibilidade daqueles elementos probatórios. Após uma série de pedidos de extensão formulados nesses pouco mais de 2 anos, o Ministro Dias Toffoli, após um aprofundado exame sobre o trato das fontes da prova, reconheceu que sua imprestabilidade deveria se estender a todo e qualquer procedimento, "em qualquer âmbito ou grau de jurisdição".[1]

Na Quinta Turma do Superior Tribunal de Justiça (STJ), o colegiado pautou-se recentemente na referida decisão para, à unanimidade,[2] anular todos os atos decisórios de ação penal deflagrada por denúncia que se baseava justamente nos dados probatórios declarados inadmissíveis na Rcl nº 43.007/DF. Na ocasião, o STJ facultou que o Ministério Público ajuizasse nova ação penal, desde que não utilizasse para tanto as provas inadmissíveis.

Dentre os diversos motivos apontados pelo Ministro Dias Toffoli para pronunciar a nulidade com efeitos *erga omnes*, destaca-se sua atenção com a preservação da cadeia de custódia das provas. Tratando-se de dados digitais extraídos de mídias físicas, é fundamental a adoção de procedimentos para garantir que as informações apresentadas

---

[1] BRASIL. Supremo Tribunal Federal. Rcl n. 43.007/DF. Relator: Ministro Dias Toffoli. Decisão de 6 de setembro de 2023.

[2] BRASIL. Superior Tribunal de Justiça. Quinta Turma. EDcl no AgRg no REsp n. 1.883.830/PR. Relatora: Ministra Daniela Teixeira, julgado em 11 de junho de 2024. *DJe*, Brasília, 24 jun. 2024.

pela polícia correspondam, efetivamente, àquelas constantes do material original. As implicações jurídicas do tema são relevantes: sem a segurança de que há identidade entre os dados abordadas pelo aparato acusador e os *bits* que formam o suposto corpo de delito, entra em xeque a própria *aptidão epistêmica* da fonte de prova – isto é, sua capacidade de indicar, com algum nível de probabilidade, a ocorrência de um fato pretérito.

Na verdadeira "sociedade da informação e da comunicação"[3] atual, é difícil subestimar a importância das provas digitais para a persecução criminal – mesmo porque o legislador criou até novos tipos penais para contemplar condutas reprováveis cometidas por meio eletrônico. Exemplos dessa tendência são os delitos dos arts. 154-A (invasão de dispositivo informático), 155, §4º-B (furto eletrônico), e 171, §2º-A (fraude eletrônica), do Código Penal (CP). A natureza por vezes incorpórea do corpo de delito desses e outros tipos penais é certamente um desafio para a dogmática jurídica tradicional, que não pode ignorar a importância dos dispositivos informáticos para a vida moderna – verdadeiros "cofres eletrônicos", nas palavras de Bitencourt.[4]

Este breve artigo procurará, então, estabelecer um diálogo pontual entre as preocupações sobre a cadeia de custódia suscitadas pelo Ministro Dias Toffoli e a jurisprudência que começa a se formar sobre o tema no âmbito do STJ. Para tanto, a parte 2 passará pelos dois principais precedentes[5] acerca da matéria; a parte 3 se deterá sobre algumas das consequências jurídicas desses julgados, sobretudo em relação ao ônus da prova; e a parte 4 deste trabalho concluirá com considerações finais.

2   Procedimentos de manuseio da prova digital

No julgamento do RHC nº 143.169/RJ, o STJ foi provocado a se manifestar sobre a admissibilidade de provas obtidas pela polícia a partir do exame de arquivos armazenados em computadores arrecadados em operação de busca e apreensão, numa investigação por furto. A tese defensiva principal era a de que a polícia não documentou *como* manejou as fontes de prova (as mídias físicas dos computadores) para delas extrair os arquivos que, em sua ótica, demonstrariam a prática do crime.

No HC nº 828.054/RN, por sua vez, estava-se diante de ação penal pelo delito de tráfico de drogas, cuja sentença condenatória se fundamentou em imagens (capturadas com a função *print screen*, que registra uma imagem da tela do dispositivo) de conversas do aplicativo de celular WhatsApp. Aqui, semelhantemente, a defesa argumentou que não havia documentação das técnicas adotadas pela polícia para garantir a integridade das informações, inexistindo garantia de que as conversas contidas nas "fotografias" de *print screen* correspondiam às existentes no telefone celular apreendido.

---

3   KIST, Dario José. As ciências penais na era digital: há um direito digital penal e processual penal? *In*: MINISTÉRIO PÚBLICO DO ESTADO DO PARÁ. *Ministério Público e novas tecnologias*: avanço, desafios e perspectivas. Belém: MP/PA, 2023. p. 8.

4   BITENCOURT, Cezar Roberto. *Código Penal comentado*. 10. ed. São Paulo: Saraiva Educação, 2019. p. 665.

5   BRASIL. Superior Tribunal de Justiça. Quinta Turma. Agravo regimental (AgRg) no recurso ordinário em habeas corpus (RHC) n. 143.169/RJ. Relator Ministro Messod Azulay Neto, relator para acórdão Ministro Ribeiro Dantas, julgado em 7 de fevereiro de 2023. DJe, Brasília, 2 mar. 2023; e BRASIL. Superior Tribunal de Justiça. Quinta Turma. AgRg no habeas corpus (HC) n. 828.054/RN. Relator: Ministro Joel Ilan Paciornik, julgado em 23 de abril de 2024. DJe, Brasília, 29 abr. 2024.

No cerne das postulações defensivas encontrava-se, pois, a cadeia de custódia, cuja principal finalidade, enquanto decorrência lógica do conceito de corpo de delito (art. 158 do Código de Processo Penal – CPP), é garantir que os vestígios deixados no mundo material por uma infração penal correspondam exatamente àqueles arrecadados pela polícia, examinados e apresentados em juízo. Isto é: busca-se assegurar que os vestígios são os *mesmos*, sem nenhum tipo de adulteração ocorrida durante o período em que permaneceram sob a custódia do Estado.

Toda fonte de prova que constitui corpo de delito exige algum tipo de manejo próprio para garantir sua integridade: as técnicas aplicáveis à preservação e exame do cadáver deixado por um homicídio, por exemplo, são em todo diferentes daquelas voltadas a preservar e examinar a arma de fogo encontrada no local do crime. Quando entram em cena as fontes de prova imateriais, ou aquelas que, conquanto tenham um suporte físico, são essencialmente intangíveis (a exemplo dos dados informáticos), não é diferente: em observância às peculiaridades dessas espécies probatórias, há técnicas específicas que precisam ser adotadas pelo aparato sancionador para garantir objetivamente a confiabilidade das provas por ele produzidas.

Essas medidas compartilham a finalidade geral de preservar aquilo que Geraldo Prado designou, academicamente, de "mesmidade".[6] Busca-se, com as cautelas da cadeia de custódia, uma maneira objetiva de aferir a integridade das fontes de prova apresentadas em juízo, numa análise essencialmente comparativa em relação a seu estado inicial, quando coletadas pelo Estado. Em suma, os vestígios integrantes do corpo de delito trazidos para o processo judicial devem ser os *mesmos* antes arrecadados na investigação.

Estabelecer um regramento geral que contemple *todos* os possíveis procedimentos para a preservação da cadeia de custódia, para todas as espécies de provas, é uma aspiração jurídica talvez utópica. Não obstante, cabe ao Judiciário avaliar se, em cada caso concreto submetido a sua apreciação, foram adotadas pela polícia cautelas suficientes para garantir a mesmidade das fontes de prova arrecadadas na investigação.

Nos dois precedentes do STJ acima referidos, avaliou-se especificamente a extração de dados de aparelhos eletrônicos apreendidos: isso significa que havia um suporte físico (computador, aparelho celular etc.) original para a informação, a partir do qual a polícia extraiu e armazenou elementos digitais. Tal situação se assemelha à apreciada pelo Ministro Dias Toffoli na Rcl nº 43.007/DF, em que os dados dos sistemas informáticos se encontravam em dispositivos físicos em posse da polícia. Não é essa, porém, a única forma de apresentação da prova digital, sendo possível cogitar de obtenção de provas sem que a polícia tenha contato físico com nenhum dispositivo eletrônico do investigado. É o que acontece, *v.g.*, na interceptação de dados telemáticos, ou na instalação de um *malware* no equipamento do suspeito para observar suas interações virtuais.[7]

Cada uma dessas hipóteses terá seus próprios procedimentos técnicos para a preservação da cadeia de custódia. Em todas elas, de todo modo, é fundamental que

---

6   PRADO, Geraldo. *A cadeia de custódia da prova no processo penal*. 2. ed. Rio de Janeiro: Marcial Pons, 2021. p. 196.

7   RIBEIRO, Gustavo Alves Magalhães; CORDEIRO, Pedro Ivo Rodrigues Velloso; FUMACH, Débora Moretti. O malware como meio de obtenção de prova e a sua implementação no ordenamento jurídico brasileiro. *Revista Brasileira de Direito Processual Penal*, Porto Alegre, v. 8, n. 3, p. 1463-1500, 2022.

se tenha (I) a cronologia e documentação das técnicas aplicadas; (II) o registro de quem manuseou as provas, quando e onde o fez; (III) o motivo de cada interação com a prova; e (IV) eventuais alterações em seu conteúdo, com a respectiva justificativa. Tais cautelas, embasadas sobretudo em norma da Associação Brasileira de Normas e Técnicas (ABNT),[8] visam a garantir a *rastreabilidade* de todas as condutas adotadas pelo aparato estatal enquanto os elementos do corpo de delito, sejam originalmente físicos ou exclusivamente virtuais, permanecem sob sua responsabilidade.

As três decisões judiciais objeto deste artigo trataram especificamente da extração de dados a partir de aparelhos eletrônicos fisicamente em posse da polícia, e é nesse contexto que suas ponderações devem ser entendidas. Precisa-se, portanto, analisar criteriosamente a possibilidade de aplicação de seus critérios para outras espécies de trato de provas digitais, não se cuidando de uma transposição automática.

Feita essa ressalva, e em que pese a intrínseca volatilidade dos dados armazenados digitalmente, já são relativamente bem delineados os mecanismos necessários para assegurar sua integridade, tornando possível verificar se alguma informação foi alterada, suprimida ou adicionada após a coleta inicial das fontes de prova pela polícia. Pensando especificamente na extração de dados de aparelhos físicos, a autoridade policial responsável pela apreensão de um computador (ou outro dispositivo de armazenamento de informações digitais) deve copiar integralmente (*bit* a *bit*) o conteúdo do dispositivo, gerando uma imagem dos dados: um arquivo que espelha e representa fielmente o conteúdo original.

Aplicando-se uma técnica de algoritmo *hash*, é possível obter uma assinatura única para cada arquivo – uma espécie de impressão digital ou DNA, por assim dizer, do arquivo. Esse código *hash* gerado da imagem teria um valor diferente caso um único *bit* de informação fosse alterado em alguma etapa da investigação, quando a fonte de prova já estivesse sob a custódia da polícia. Mesmo alterações pontuais e mínimas no arquivo resultariam numa *hash* totalmente diferente, pelo que se denomina em tecnologia da informação de *efeito avalanche*:

> Funções *hash* são algoritmos matemáticos determinísticos que mapeiam dados de comprimento aleatório em saída de tamanho fixo em base hexadecimal, dispersando os bits de entrada de forma não correlacionada às mudanças. Ou seja, uma pequena mudança na entrada, seja um simples caractere em uma frase inteira, ou um pixel em uma foto, acarreta uma saída completamente diferente, sendo essa característica conhecida como Efeito Avalanche.[9]

Desse modo, comparando as *hashes* calculadas nos momentos da coleta e da perícia (ou de sua repetição em juízo), é possível detectar se o conteúdo extraído do dispositivo foi alterado, minimamente que seja. Não havendo alteração (isto é, permanecendo íntegro o corpo de delito), as *hashes* serão idênticas, o que permite atestar com elevadíssimo grau de confiabilidade que a fonte de prova permaneceu intacta.

---

[8] ASSOCIAÇÃO BRASILEIRA DE NORMAS TÉCNICAS. *NBR ISO/IEC 27037*: diretrizes para identificação, coleta, aquisição e preservação de evidência digital. Rio de Janeiro: ABNT, 2013.

[9] SILVA, Johan Matos Coelho da; SILVA, Philipe Matos Coelho da. *Técnicas de detecção e classificação de malwares baseada na visualização de binários*. 2018. 80 f. Trabalho de Conclusão de Curso (Graduação) – Engenharia de Redes de Comunicação, Universidade de Brasília, 2018. p. 20-21.

Esse procedimento técnico não foi inventado pelo STJ, mas já é bem estabelecido na literatura. De forma exemplificativa:

> Coleta:
> Considerada uma fase de grande importância, tem início no isolamento da área, da coleta das evidências, da garantia da integridade do material coletado, prosseguindo para as fases futuras, as coletas não devem sofrer nenhum tipo de alteração durante todo o processo, devendo ser criada uma cópia idêntica a original bit a bit, efetuando a extração do código de verificação conhecido como hash. Após a finalização da coleta realiza-se a identificação e acondiciona o dispositivo eletrônico, lacrando e guardando em local apropriado até decisão superior do que será realizado, mantendo sempre a cadeia de custódia atualizada as informações e manuseios registrados.[10]

O papel desempenhado pela função *hash* na preservação da cadeia de custódia, por sua vez, pode ser assim detalhado:

> Função de *hash*:
> Algoritmo que gera, a partir de uma entrada de qualquer tamanho, uma saída de tamanho fixo, ou seja, é a transformação de uma grande quantidade de informações em uma pequena sequência de *bits* (*hash*). Esse *hash* altera se um único bit da entrada for alterado, acrescentado ou retirado. [...]
> Para a coleta de evidências digitais deve ser calculado o *hash* da mídia, para fins comparativos com o *hash* calculado na coleta, após manuseio da mesma da evidência e cópias forenses.[11]

Disso resulta uma conclusão talvez contraintuitiva: uma fonte de prova que armazena dados imateriais, se coletada de maneira profissional e técnica pela polícia, pode oferecer garantias de mesmidade superiores àquelas de uma fonte corpórea (como um cadáver ou armamento de fogo), dada a precisão e objetividade do algoritmo de *hash*. Isso, é claro, exige da polícia um elevado grau de conhecimento e diligência em sua atividade, a ela competindo os encargos de se manter atualizada com as melhores práticas profissionais e documentar sua realização. É o que explica o Professor Gustavo Badaró:

> É imprescindível que o método empregado garanta a integridade do dado digital e, com isso, a força *probandi* do conteúdo probatório por ele representado. Normalmente, é necessário fazer uma cópia ou "espelhamento", obtendo o *bitstream* da imagem do disco rígido ou suporte de memória em que o dado digital está registrado. Além disso, por meio de um cálculo de algoritmo de *hash*, é possível verificar a perfeita identidade da cópia com o arquivo original. Com isso, de um lado, se preserva o material original e, de outro, se garante a autenticidade e integridade do material que foi examinado pelos peritos.
> Evidente que todo esse processo técnico precisa ser documentado e registrado em todas as suas etapas. Tal exigência é uma garantia de um correto emprego das *operating procedures*, especialmente por envolver um dado probatório volátil e sujeito à mutação. Exatamente pela diferença ontológica da prova digital com relação à prova tradicional, bem como devido

---

[10] PAIVA, Stanley Gusmão. Técnicas avançadas de extração de dados. *Revista Brasileira de Execução Penal*, Brasília, v. 3, n. 2, p. 129-146, 2022. p. 133.

[11] CARVALHO, Romullo Wheryko Rodrigues de. A importância da cadeia de custódia na computação forense. *Revista Brasileira de Criminalística*, Brasília, v. 9, n. 2, p. 134-138, 2020. p. 134-135.

àquela não se valer de uma linguagem natural, mas digital, é que uma cadeia de custódia detalhada se faz ainda mais necessária.

Realmente, a documentação da cadeia de custódia é essencial no caso de análise de dados digitais, porque permitirá assegurar a autenticidade e integralidade dos elementos de prova e submeter tal atividade investigativa à posterior crítica judiciária das partes, e excluirá que tenha havido alterações indevidas do material digital.[12]

Quando tais procedimentos não são realizados, manter a admissibilidade da prova exigiria do Judiciário uma confiança cega apenas na eficiência e honestidade do perito e da atuação estatal como um todo para acreditar que nenhum dado foi perdido ou alterado enquanto as mídias estiveram sob a custódia do Estado. Algo como: se o Estado diz que a prova é confiável, e ainda que tenha perdido todas as oportunidades de comprovar essa confiabilidade, então ela o é.

Essa lógica ignora que, no processo penal, a atividade do Estado é *objeto* do controle de legalidade, e não o *parâmetro* do controle. Dito de outro modo, cabe ao Judiciário controlar a atuação do Estado-acusação a partir do direito, e não a partir de uma autoproclamada confiança que o Estado-acusação deposita em si mesmo. A tradicional presunção de veracidade dos atos administrativos, afinal, não tem aplicação aos atos oriundos da investigação criminal,[13] cuja análise judicial deve ser regida pelo que Geraldo Prado chama de "princípio da desconfiança":[14] o juiz precisa receber com ceticismo a hipótese fática do aparato acusador e exigir a seu respeito uma comprovação objetiva. Isso não implica nenhum descrédito à seriedade das instituições estatais encarregadas da investigação e persecução criminais, mas consiste em simples observância dos *standards* de prova requeridos no processo penal – os quais, influenciados pela presunção de não culpabilidade (art. 5º, LVII, da Constituição da República de 1988), impõem à acusação um ônus probatório *maior* que o da defesa.[15]

Dispensar esse nível de exigência equivaleria a dizer que a atuação estatal não é submetida a controle e que, se o Estado-acusação afirmasse que atuou corretamente no manejo da prova, isso já bastaria para encampar suas conclusões, dispensando-se a demonstração da regularidade de seus atos. Nada mais incompatível, certamente, com um processo penal democrático, racional e pautado em comprovações objetivas, para além das impressões pessoais dos agentes públicos que nele atuam.

Nos dois precedentes do STJ, as hipóteses fáticas da acusação sobre a regularidade da cadeia de custódia padeciam precisamente da falta de documentação sobre os procedimentos adotados pela polícia, o que inviabiliza saber o que de fato aconteceu no tratamento das fontes de prova. Como se extraíram os arquivos em cada caso? Essa extração foi feita logo no momento da apreensão? Os arquivos correspondem àquilo que

---

[12] BADARÓ, Gustavo. Os standards metodológicos de produção na prova digital e a importância da cadeia de custódia. *Boletim IBCCRIM*, São Paulo, v. 29, n. 343, p. 7-9, 2021. p. 8.

[13] LOPES JR., Aury. *Direito processual penal*. 18. ed. São Paulo: Saraiva Educação, 2021. p. 73.

[14] PRADO, Geraldo. *A cadeia de custódia da prova no processo penal*. 2. ed. Rio de Janeiro: Marcial Pons, 2021. p. 197.

[15] PEIXOTO, Ravi Medeiros. *Standards probatórios no direito processual brasileiro*. Salvador: JusPodivm, 2021; LLUCH, Xavier Abel. La dosis de prueba: entre el common law y el civil law. *Cuadernos de Filosofía del Derecho*, Alicante, v. 35, n. 1, p. 173-200, 2012; TRENTO, Simone. Os standards e o ônus da prova: suas relações e causas de variação. *Revista de Processo*, São Paulo, v. 38, n. 226, p. 163-182, 2013.

estava nos computadores e celulares? Quem realizou tais procedimentos? Os aparelhos permaneceram o tempo todo sob a custódia da polícia?

Pelas omissões estatais, não foi possível responder seguramente a nenhuma dessas perguntas, com uma consequência profundamente prejudicial à confiabilidade das provas: não havia como assegurar que os elementos informáticos periciados pela polícia eram íntegros e idênticos aos que existiam nos aparelhos apreendidos. Por isso, em ambos os casos, a conclusão do colegiado foi a mesma: declarar a inadmissibilidade das provas, pela quebra da cadeia de custódia, bem como de outras provas delas decorrentes, em aplicação analógica do art. 157, §1º, do CPP.

3   Quebra da cadeia de custódia e ônus da prova

Debate-se, no meio doutrinário, se a quebra da cadeia de custódia é uma situação processual que se relaciona mais tecnicamente ao juízo de admissibilidade da prova ou a sua valoração.[16] De todo modo, tem se firmado nos Tribunais Superiores[17] a compreensão de que não é qualquer irregularidade pontual no registro da cadeia de custódia que resulta, imediatamente, na exclusão da prova dos autos processuais. O próprio Ministro Dias Toffoli contribuiu de maneira importante para a consolidação dessa orientação, manifestando-se nesse sentido inclusive anos antes da entrada em vigor da Lei nº 13.964/2019.[18] Ao revés, deve o magistrado considerar todos os elementos probatórios e os registros de seu manejo para aferir se, no caso concreto, há algum prejuízo relevante à integridade das fontes de prova arrecadadas. Há, portanto, uma dimensão holística no raciocínio adotado nas Cortes Superiores, que propõem o confronto de todos os dados probatórios entre si, a fim de examinar sua mesmidade e o grau de confiabilidade epistêmica de cada um deles.

No caso da Rcl nº 43.007/SP, o ministro relator apontou indícios de que as mídias entregues à polícia chegaram a ser transportadas em simples sacolas plásticas de supermercado, sem nenhuma preocupação com o espelhamento de seu conteúdo e a adoção de procedimentos para garantir a fidedignidade do material extraído. Curiosamente, o transporte de objetos de corpo de delito em sacolas plásticas comuns também já foi analisado pelo STJ, mas em uma ação penal por tráfico de drogas. Naquele caso, os entorpecentes foram apresentados para perícia numa sacola sem lacre, apenas amarrada com um nó, o que obviamente impedia qualquer segurança quanto à mesmidade do material. A consequência foi, justificadamente, a absolvição da ré, pela

---

[16]   ARAÚJO, Matheus Oliveira. A cadeia de custódia da prova e o relatório de inteligência financeira do COAF/UIF: repercussões do Recurso Extraordinário nº 1.055.941/SP no âmbito probatório. *Revista Brasileira de Direito Processual Penal*, Porto Alegre, v. 9, n. 3, p. 1333-1370, 2023.

[17]   BRASIL. Superior Tribunal de Justiça. Sexta Turma. HC n. 653.515/RJ. Relator: Ministro Rogerio Schietti Cruz, julgado em 23 de novembro de 2021. *DJe*, Brasília, 1 fev. 2022; BRASIL. Superior Tribunal de Justiça. Quinta Turma. AgRg nos embargos de declaração (EDcl) no recurso especial (REsp) n. 2.061.101/RS. Relator: Ministro Ribeiro Dantas, julgado em 17 de junho de 2024. *DJe*, Brasília, 20 jun. 2024.

[18]   BRASIL. Supremo Tribunal Federal. Segunda Turma. AgRg no HC n. 220.138/RS. Relator Ministro Dias Toffoli, julgado em 13 de dezembro de 2022. *DJe*, Brasília, 24 fev. 2023; BRASIL. Supremo Tribunal Federal. Segunda Turma. EDcl no Inquérito (Inq) 4.019. Relator: Ministro Dias Toffoli, julgado em 3 de maio de 2016. *DJe*, Brasília, 1º jun. 2016.

falta de comprovação da própria materialidade delitiva.[19] Embora este último caso não envolva o tratamento de provas digitais, seu julgamento é uma demonstração bastante clara de quanto ainda há espaço para melhora e profissionalização das instituições na preservação da cadeia de custódia.

Permanece, em todo caso, a conclusão de que a eventual inobservância de alguma das regras dos arts. 158-A a 158-F do CPP não gera, por si só, a inadmissibilidade da prova ou a absolvição do réu. Cabe ao juiz avaliar se os demais elementos dos autos são capazes de assegurar que a prova é confiável, sendo ônus da acusação apresentá-los. Os precedentes aqui mencionados não divergem dessa orientação: neles, apenas se constatou a falta de garantia de idoneidade das provas, tendo em vista a ausência de documentação dos atos praticados pela polícia no manuseio dos aparelhos eletrônicos apreendidos. Nenhum outro elemento foi produzido pelo Ministério Público para comprovar que o corpo de delito permaneceu inalterado enquanto submetido à custódia policial; nada havia a demonstrar que o material supostamente extraído dos dispositivos seria o mesmo que neles constava quando das apreensões, nem havia uma forma objetiva de fazê-lo posteriormente, já que a polícia não atentou para os procedimentos técnicos aplicáveis quando da apreensão e extração dos dados.

Essa observação é importante porque, nos dois precedentes do STJ supracitados, a acusação argumentava que a *defesa* não teria comprovado nenhuma adulteração no material eletrônico, o que deveria resultar em sua plena admissibilidade. O problema dessa linha de raciocínio é que, quando o aparato acusador não segue as melhores técnicas para o tratamento da prova digital, não há propriamente como a defesa provar alguma alteração em seu conteúdo. Tal prova seria diabólica porque, sem o espelhamento da mídia originalmente apreendida, falta um referencial objetivo para ser comparado com os arquivos apresentados pela acusação em juízo. Perde-se definitivamente, em síntese, a chance de se aferir objetivamente a mesmidade da fonte de prova, sem nenhuma ingerência da defesa sobre esse fato.

O prejuízo dessa omissão estatal consiste na inexistência de comprovação da confiabilidade da prova, o que é ônus da acusação, e não do acusado. Consequentemente, se a prova é inapta para fornecer conclusões seguras sobre as hipóteses fáticas em discussão no processo, porque não há nenhuma garantia, mínima que seja, sobre o modo de sua obtenção e sobre seu conteúdo, ela carece de fiabilidade epistêmica. Difícil é imaginar prejuízo maior em matéria probatória.

Reitera-se, portanto que, é ônus do *Estado* demonstrar que os objetos por ele colhidos e periciados correspondem exatamente àqueles que constituem o corpo de delito. Isso, aliás, nem foi criado pela Lei nº 13.964/2019. Apenas alguns procedimentos para fazê-lo é que, em grande detalhe, foram esmiuçados pelo legislador nos arts. 158-A a 158-F do CPP, mas a necessidade de preservação da cadeia de custódia lhe é muito anterior. Corpo de delito e cadeia de custódia são conceitos logicamente indissociáveis: se há o primeiro, e se há necessidade de periciá-lo para a comprovação da materialidade delitiva

---

[19] BRASIL. Superior Tribunal de Justiça. Quinta Turma. AgRg no REsp n. 2.073.619/RS. Relator: Ministro Reynaldo Soares da Fonseca, julgado em 22 de agosto de 2023. *DJe*, Brasília, 28 ago. 2023.

(como manda desde 1941 o art. 158 do CPP), também há obviamente a necessidade de se assegurar que o objeto a ser periciado é o *mesmo* corpo que nasceu com o delito.[20]

Essa concepção é plenamente compatível com a ideia, mencionada há pouco, de que apenas o comprometimento substancial da segurança quanto ao juízo de mesmidade da fonte prova é, de fato, uma quebra de sua cadeia de custódia. Se não remanesce nenhuma censura objetiva à integridade dos dados probatórios, eventual descumprimento de alguma formalidade procedimental, sem impactos sobre a confiabilidade do material, não obriga o magistrado a excluí-lo do processo. Isso não transfere para a defesa nenhum ônus probatório, pois permanece com a acusação o encargo de provar a confiabilidade dos elementos por ela apresentados. A cadeia de custódia desempenha, no cumprimento desse ônus do Ministério Público, o papel de uma *metaprova* – vale dizer, a prova utilizada para provar circunstâncias atinentes ao modo de produção de outra prova.[21] Em qualquer caso, é ônus da acusação produzi-la e comprovar, objetivamente, que seus elementos probatórios são epistemicamente confiáveis.

4 Conclusão

É seguro acreditar que, nos próximos anos, o uso de provas digitais no processo criminal se tornará uma prática cada vez mais comum e mais importante para a demonstração das hipóteses fáticas em confronto na ação penal. Trata-se de um caminho aparentemente sem volta: à medida que as relações humanas progressivamente se deslocam do mundo físico para o digital, também a prova de fatos de interesse penal deixa de ser necessariamente a arma fumegante e passa a se esconder em *bits* de informações imateriais.

Lidar com ela, como visto, exigirá cada vez mais profissionalismo e apuro técnico por parte dos órgãos de investigação e acusação, de quem se espera atenção à evolução tecnológica e à consolidação das melhores práticas no trato da prova. A jurisprudência que começa a se formar nos Tribunais Superiores tem deixado claro que eventuais falhas do aparato estatal, quando comprometam as garantias de integridade e confiabilidade da prova, não serão ignoradas. Similarmente, o Judiciário deve também acompanhar os estudos e pronunciamentos técnicos sobre o manejo de prova digital, exigindo da acusação a comprovação objetiva e suficiente de que a prova por ela apresentada é íntegra. Realizar essa abordagem multidisciplinar, na fronteira entre o direito e as novas tecnologias de digitalização, será certamente um desafio relevante para o Estado brasileiro nos próximos anos.

Ao tempo em que finalizado este trabalho (agosto de 2024), a paradigmática decisão do Ministro Dias Toffoli na Rcl nº 43.007/DF aguardava sua análise pelo órgão colegiado, tendo em vista a interposição de agravo regimental por parte do Ministério Público.

---

[20] Não por acaso, mesmo antes da Lei nº 13.964/2019, o STJ reconheceu a quebra da cadeia de custódia de provas obtidas mediante interceptação telefônica no âmbito da Operação Negócio da China, ao constatar que foi comprometida por diversos deslizes da polícia a integridade do conteúdo interceptado. A propósito: BRASIL. Superior Tribunal de Justiça. Sexta Turma. HC n. 160.662/RJ. Relatora: Ministra Assusete Magalhães, julgado em 18 de fevereiro de 2014. *DJe*, Brasília, 17 mar. 2014.

[21] CORRÊA, Barba Galvão Antunes; BARONE, Marcelo Luiz. Cadeia de custódia e sua relevância na persecução penal. *Revista Jurídica da Escola Superior do Ministério Público de São Paulo*, São Paulo, v. 22, n. 1, p. 22-48, 2022.

É importante, dessarte, acompanhar a evolução dos debates no âmbito do STF, que certamente dará à causa a melhor solução e contribuirá para a solidez e integridade da jurisprudência brasileira no trato da cadeia de custódia penal. Pelo zelo com que percebeu a importância dessas questões, levando-as agora ao pronunciamento colegiado na mais alta Corte do país, fazemos coro a esta merecida homenagem ao Ministro Dias Toffoli.

Referências

ARAÚJO, Matheus Oliveira. A cadeia de custódia da prova e o relatório de inteligência financeira do COAF/UIF: repercussões do Recurso Extraordinário nº 1.055.941/SP no âmbito probatório. *Revista Brasileira de Direito Processual Penal*, Porto Alegre, v. 9, n. 3, p. 1333-1370, 2023.

ASSOCIAÇÃO BRASILEIRA DE NORMAS TÉCNICAS. *NBR ISO/IEC 27037*: diretrizes para identificação, coleta, aquisição e preservação de evidência digital. Rio de Janeiro: ABNT, 2013.

BADARÓ, Gustavo. Os standards metodológicos de produção na prova digital e a importância da cadeia de custódia. *Boletim IBCCRIM*, São Paulo, v. 29, n. 343, p. 7-9, 2021.

BITENCOURT, Cezar Roberto. *Código Penal comentado*. 10. ed. São Paulo: Saraiva Educação, 2019.

CARVALHO, Romullo Wheryko Rodrigues de. A importância da cadeia de custódia na computação forense. *Revista Brasileira de Criminalística*, Brasília, v. 9, n. 2, p. 134-138, 2020.

CORRÊA, Barba Galvão Antunes; BARONE, Marcelo Luiz. Cadeia de custódia e sua relevância na persecução penal. *Revista Jurídica da Escola Superior do Ministério Público de São Paulo*, São Paulo, v. 22, n. 1, p. 22-48, 2022.

KIST, Dario José. As ciências penais na era digital: há um direito digital penal e processual penal? *In*: MINISTÉRIO PÚBLICO DO ESTADO DO PARÁ. *Ministério Público e novas tecnologias*: avanço, desafios e perspectivas. Belém: MP/PA, 2023. p. 7-27.

LLUCH, Xavier Abel. La dosis de prueba: entre el common law y el civil law. *Cuadernos de Filosofía del Derecho*, Alicante, v. 35, n. 1, p. 173-200, 2012.

LOPES JR., Aury. *Direito processual penal*. 18. ed. São Paulo: Saraiva Educação, 2021.

PAIVA, Stanley Gusmão. Técnicas avançadas de extração de dados. *Revista Brasileira de Execução Penal*, Brasília, v. 3, n. 2, p. 129-146, 2022.

PEIXOTO, Ravi Medeiros. *Standards probatórios no direito processual brasileiro*. Salvador: JusPodivm, 2021.

PRADO, Geraldo. *A cadeia de custódia da prova no processo penal*. 2. ed. Rio de Janeiro: Marcial Pons, 2021.

RIBEIRO, Gustavo Alves Magalhães; CORDEIRO, Pedro Ivo Rodrigues Velloso; FUMACH, Débora Moretti. O malware como meio de obtenção de prova e a sua implementação no ordenamento jurídico brasileiro. *Revista Brasileira de Direito Processual Penal*, Porto Alegre, v. 8, n. 3, p. 1463-1500, 2022.

SILVA, Johan Matos Coelho da; SILVA, Philipe Matos Coelho da. *Técnicas de detecção e classificação de malwares baseada na visualização de binários*. 2018. 80 f. Trabalho de Conclusão de Curso (Graduação) – Engenharia de Redes de Comunicação, Universidade de Brasília, 2018.

TRENTO, Simone. Os standards e o ônus da prova: suas relações e causas de variação. *Revista de Processo*, São Paulo, v. 38, n. 226, p. 163-182, 2013.

Informação bibliográfica deste texto, conforme a NBR 6023:2018 da Associação Brasileira de Normas Técnicas (ABNT):

DANTAS, Marcelo Navarro Ribeiro; MOTTA, Thiago de Lucena. Reflexões sobre a cadeia de custódia da prova digital no processo penal. *In*: MENDES, Gilmar Ferreira; LIRA, Daiane Nogueira de; FREIRE, Alexandre (coord.). *Constituição, democracia e diálogo*: 15 anos de Jurisdição Constitucional do Ministro Dias Toffoli. 2. ed. Belo Horizonte: Fórum, 2025. p. 1145-1154. ISBN 978-65-5518-937-7.

O DEVIDO PROCESSO LEGAL NA JURISDIÇÃO DE DIAS TOFFOLI

MARCELO NOBRE

I Considerações iniciais

Toda construção, das mais singelas aos grandes e complexos edifícios, repousa em pilares, que devem ser robustos, seguros e muito firmes para que a construção atravesse os tempos, mantendo-se hígida. Variados fenômenos podem minar a robustez dos pilares e, algumas vezes, eles precisam ser reforçados ou revitalizados para manifestar de novo o seu esplendor.

Assim é também com o ordenamento jurídico. Ele repousa sobre pilares representados pelos princípios jurídicos que permeiam todo o sistema, mantendo a coesão dos elementos fundantes que se manifestam em todos os acontecimentos em que o direito é requisitado. Contudo, com o dinamismo natural da vida, com a sociedade sempre em evolução, o direito também precisa acompanhá-la.

O Estado, segundo Carnelutti, depende do direito para manter a sua firmeza, pois a humanidade ainda não baseia, durante todo o tempo e de modo geral, suas relações em pilares éticos, morais ou espirituais, como o respeito, o amor, a amizade, a honradez, a prudência e a justiça. Para o autor, o juiz e a polícia serão sempre necessários e por isso o Estado de direito é a nossa melhor expressão de sociedade justa, com a lei sendo aplicada para todos igualmente. Esse é o espírito da lei.

Alguns acontecimentos mostram o quanto o sistema está firme ou o quanto seus pilares estão seguros. Assim ocorreu com a Operação Lava Jato, que devia ter excelentes propósitos e elevados ideais, mas acabou trilhando o caminho do arbítrio, dos desmandos, dos excessos, do personalismo e apodreceu os sagrados pilares do direito, colocando a perder toda uma construção.

A recente decisão do Ministro Dias Toffoli, ao anular o acordo de colaboração premiada da empreiteira Odebrecht, expressa um desses momentos em que é necessário sacrificar uma construção malfeita e perigosa, elaborada por oportunistas, para que o sistema se robusteça e possa continuar evoluindo como candeeiro de um povo, com pilares de sustentação firmes e confiáveis.

Ao examinar a referida decisão, logo de início, vislumbra-se a coragem e a independência que se espera de um magistrado – em momentos como esse, em que é fundamental ajustar os pilares do direito –, tarefa, aliás, própria do Supremo Tribunal Federal, que é de onde mais se espera esse acerto, essa coragem, posto que é a Corte de Justiça que decide por último.

Ao analisar a extensa jurisdição de Dias Toffoli, os olhos se voltam para essa decisão, pois ela escancara graves defeitos atuais, de pilares tortos do direito que precisam ser corrigidos, recuperados.

Uma pequena camada de conceitos e ideias sobre os princípios da ampla defesa e do contraditório é necessária como introdução para o caso de o leitor ainda não ter familiaridade com esses ricos lumiares do nosso ordenamento jurídico.

II Os princípios da ampla defesa e do contraditório no devido processo legal

Muito já se escreveu sobre esses dois princípios, tão fundamentais quanto vilipendiados em cotidianos julgamentos, embora estejam inseridos entre os direitos e garantias fundamentais na Constituição Federal:

> Art. 5º [...]
> LV - aos litigantes, em processo judicial ou administrativo, e aos acusados em geral são assegurados o contraditório e ampla defesa, com os meios e recursos a ela inerentes.

É fundamental destacar que os dois princípios visam garantir o devido processo legal, que é pilar fundamental da existência do Estado democrático de direito, em que não se admite exceção a essa regra, que coloca todos os brasileiros em condição de igualdade formal, afinal, todos são iguais perante a lei.

O devido processo legal, aliás, é o sinônimo do processo justo, que somente terá lugar se as partes em confronto puderem exercer, de maneira isonômica, plena e ilimitada, a defesa de suas teses e argumentos. E essas mesmas teses e argumentos precisam ser, obrigatoriamente, examinados e considerados pela decisão judicial, seja rechaçando-os, seja acolhendo-os.

Neste sentido, assegurar o contraditório não parece desafiador, pois bastaria assegurar que uma parte sempre possa responder a qualquer alegação da outra parte. Mas a questão do contraditório é muito mais que isso: é ter a certeza de que os argumentos da defesa serão considerados pelo julgador em sua decisão. E isso não aconteceu na chamada Operação Lava Jato e infelizmente também não é bem assim em alguns momentos da prática forense, em que se aplica a defesa formal, ou seja, a tese e os argumentos da defesa não recebem o exame e a consideração do julgador.

A condição para exercer o contraditório e a ampla defesa é que todos os dados estejam sobre a mesa (no processo) ou que todos os elementos estejam à disposição das partes de forma transparente, sem qualquer artifício, o que jamais acontecerá quando o magistrado age ilegalmente, estando em arranjos e consertos privados com uma das partes.

Em outras palavras, aquilo que uma das partes não vê não pode ser objeto de contraditório e de defesa e as consequências são desastrosas e inaceitáveis em um processo judicial justo, posto que inadmissível tal ilegalidade em um Estado de direito.

De fato, em muitas ocasiões, a defesa não tem acesso a todos os elementos de convicção que estão em jogo, muito menos pode perscrutar o que realmente movimenta o entendimento do magistrado sobre a questão ou, ainda pior, não tem como saber sobre a relação indevida entre o julgador e a acusação no processo penal.

Foi exatamente o que se deu com o caso analisado e cirurgicamente retificado pelo Ministro Dias Toffoli.

Não é demais repetir, portanto, que tais princípios denotam níveis de complexidade que somente no caso concreto podem ser avaliados, especialmente quando falta clareza sobre a troca de informações e até de combinações entre o magistrado e uma das partes. E isso ainda se potencializa quando se constata que o magistrado é também uma pessoa que possui convicções e princípios que se orientam por esse conjunto de crenças, a buscar um lado do processo. E desta forma pode produzir decisões viciadas e nulas.

Mas é certo que inclusive essa situação possui balizas na lei. O juiz pode muito, mas não pode tudo e estará sempre submetido à lei. E o processo da Lava Jato foi ferido de morte pelo juiz por ter ele descumprido a lei, praticando atos judiciais ilegais em combinação com uma das partes.

As peculiaridades de cada caso e tudo o que envolve a demanda, seja no cenário próprio do processo, seja no macrossistema social, devem despertar a atenção do julgador para que possa exercer esse *munus* na mais completa isenção ou, diante das próprias e profundas convicções que se mostrem parciais, que deixe de julgar, impedindo a ocorrência de contaminações que respinguem em todo o ordenamento jurídico, deixando feridas profundas e incuráveis, que podem, até mesmo, em um processo de grande repercussão na mídia, gerar a divisão de uma nação, como aconteceu no caso da malfadada Lava Jato.

O objetivo do processo justo é uma decisão final legítima, em que as partes, depois de esgrimir os seus posicionamentos, argumentos e direitos, recebam um veredito judicial ao qual possam se curvar, o qual possam respeitar, por representar o melhor resultado da controvérsia, mesmo quando a decisão tomada não os beneficie.

Naturalmente todos os mecanismos processuais, justos e legítimos, serão utilizados no decorrer de todo o processo, passando de um para outro órgão julgador, como estabelece o nosso sistema judicial, mas sempre há que se ter por cumprida adequadamente cada etapa do processo, com o respeito, o vigor e a clareza dos princípios basilares.

Quando em um processo, uma das partes possui, por exemplo, melhores condições de defesa, o próprio juiz deve observar essa assimetria e tratar de corrigir, até para que tenha a tranquilidade necessária no momento de decidir. Por isso é que se entende ser inadmissível e ilegal que um juiz combine estratégias com o Ministério Público ou com a Advocacia, conduzindo o trabalho da acusação ou da defesa, numa relação espúria.

Ademais, o contraditório e a ampla defesa fornecem um campo aberto para que as partes possam trazer todos os elementos que possuem, a fim de instrumentalizar o juiz para a sua esperada decisão imparcial. Por isso é fundamental o equilíbrio entre as partes, com a mesma qualidade de acusação e defesa e com a mesma oportunidade de produção de provas, argumentos e teses. É a igualdade técnica. Ou então será sempre uma luta de Golias contra David, em que de um lado estão a acusação e o juiz e de outro o advogado lançando palavras ao vento, ciente de que em nenhum momento a defesa será levada em consideração pelo julgador.

Um processo no qual o juiz não analisa os argumentos da defesa de forma plena, nem os considera na hora de dar a sua decisão, é um processo fadado à nulidade.

No Brasil, o órgão acusador é formado por profissionais altamente qualificados e com grande investimento em capacitação com recursos públicos. Será que podemos dizer que é ampla e plena a defesa quando as condições para obter as provas não são iguais para a acusação e o acusado? Pesquisas, despesas com peritos, contratação de pareceristas e outros nem sempre são possíveis ao acusado quando responde a uma ação penal. Agora, a decisão judicial ser o resultado de uma combinação entre acusação e juiz é inaceitável e gera, inquestionavelmente, a nulidade insanável do processo.

Neste sentido é que os pilares da ampla defesa e do contraditório podem ser demolidos facilmente em casos que acabam em condenações absolutamente injustas e ilegais, e é por isso que decisões como a aqui analisada, do Ministro Dias Toffoli, são recebidas com júbilo, porque restauram a fé no sistema judicial.

Precisamos da compreensão daqueles que não são da área do direito no sentido de que a luta pelas garantias individuais em um processo é a luta pelos direitos de todos os cidadãos. Em outras palavras: não se pode aceitar que uma ilegalidade seja cometida contra alguém porque não gostamos desse alguém ou porque "achamos" que é hora de condenarmos "aqueles que sempre se livram". Isso não é a aplicação do direito em um território civilizado, ou seja, uma terra com leis iguais para todos.

III A decisão do Ministro Dias Toffoli na Reclamação nº 43.007

> Súmula vinculante 14. É direito do defensor, no interesse do representado, ter acesso amplo aos elementos de prova que, já documentados em procedimento investigatório realizado por órgão com competência de polícia judiciária, digam respeito ao exercício do direito de defesa.

Aspecto fundamental da decisão que repercutiu profundamente no mundo jurídico é a clareza com que o Ministro Dias Toffoli demonstra a imprestabilidade dos elementos de prova obtidos no Acordo de Leniência nº 5020175-34.2017.4.04.7000.

Afinal, no âmbito do devido processo legal, a Súmula nº 14 – STF não deixa nenhum espaço para subjetivismo: é condição objetiva que a defesa tenha acesso amplo a todos os elementos de prova, para exercer de forma plena o contraditório e compreender bem quais são os aspectos que formarão o convencimento do julgador, podendo deles se defender pontualmente.

Aspectos subjetivos, então, somente podem valer quando claramente compreendidos e debatidos pelas partes litigantes.

Na parte que o Ministro Dias Toffoli cita a decisão do Ministro Ricardo Lewandowski, podemos verificar a gravidade do que ocorreu em termos de ofensa insanável e inadmissível ao devido processo legal:

Os diálogos apreendidos na Operação Spoofing que, nos últimos doze meses, foram objeto de intensa veiculação pelos portais jornalísticos, destacam conversas entre acusadores e o julgador – Procuradores da República e o ex-Juiz federal Sergio Moro. Assim, fica evidente a relação próxima entre tais atores, que deveriam, em um processo penal democrático e acusatório, restar afastados, pois a função de acusar não pode se misturar com a de julgar. Sem dúvidas, pelo teor das conversas divulgadas, podemos destacar três situações de evidente ilegalidade:

1. Julgador define os limites da acusação e seleciona pessoas a serem denunciadas, ou não, pois prejudicaria apoios importantes;

2. Julgador indica testemunha para a acusação e sugere meios ilícitos para inserção da fonte de prova no processo penal, além de incentivar a sua inserção no processo de modo indevido, como se fosse de fonte anônima;

3. Julgador atua em conjunto com acusadores no sentido de emitir nota contrária à defesa, além de taxar de modo pejorativo as estratégias defensivas.

Por óbvio, não se quer aqui vedar qualquer contato entre julgador e as partes do processo. Em prol do contraditório, é louvável a abertura de juízes para receber as partes e obter mais elementos para embasar a tomada da decisão a partir dos fatos provados no processo e das regras legais, constitucionais e convencionais. Inclusive, trata-se de dever do julgador, nos termos do Estatuto dos Advogados do Brasil e nos limites ali previstos.

Contudo, neste caso concreto, o contato entre o julgador e os atores acusatórios foi muito além do mero exercício do contraditório. Aqui, há clara aderência do julgador às pretensões da acusação, refletida em ações de aconselhamento, por parte do juiz, para contribuir ao resultado condenatório pretendido ao processo de um modo preconcebido.

Objetivamente decidiu o Ministro Dias Toffoli, depois de buscar saber a origem das provas que não eram apresentadas ao acusado no devido processo legal: oficiar ao Departamento de Recuperação de Ativos e Cooperação Judiciária Internacional do Ministério da Justiça, indagando sobre os trâmites da cooperação que envolveu o Brasil, Estados Unidos e Suíça que, para surpresa de ninguém, foi informado de que não havia nenhum processo naqueles departamentos sobre o indagado:

4. O resultado das pesquisas realizadas foi negativo. Isto é, utilizando-se os filtros disponíveis e os parâmetros fornecidos na consulta (nº da ação 5020175-34.2017.4.04.7000 e os termos "Drousys" e "My Web Day B"), não foi encontrado registro de pedido de cooperação jurídica internacional para instrução do processo nº 5020175-34.2017.4.04.7000, da 13ª Vara Federal de Curitiba, no qual foi homologado o acordo de Leniência da Odebrecht.

5. Ademais, não foi encontrado registro de pedido de cooperação jurídica internacional ativo (apresentado por autoridade requerente brasileira) para fins de recebimento do conteúdo dos sistemas Drousys e My Web Day B. Os pedidos de cooperação que tiveram tal propósito foram passivos, ou seja, foram apresentados por autoridades estrangeiras para obtenção das informações que se encontravam em poder das autoridades brasileiras.

Destaca-se que somente esses departamentos do Ministério da Justiça possuem legitimidade e competência para estabelecer o acordo com outros sistemas de justiça internacionais de maneira isenta e assim entregar os elementos de prova ao juízo. Ou seja, existe uma clareza solar de que na Operação Lava Jato todos os acertos e consertos ilegais foram feitos na sala fechada de alguns membros da operação e do próprio juiz, que deveria conduzir o processo e julgar os acusados de maneira absolutamente isenta.

Nada pode violar de maneira mais peremptória o processo do que isso que ocorreu nessa operação, e, como demonstra a decisão, há cláusulas no acordo de leniência estarrecedoras, que nunca poderiam ser realizadas pelos procuradores da República do Paraná, como a cláusula 7ª, em que se obriga a colaboradora (Odebrecht) a pagar o valor global de R$3.828.000.000,00 (três bilhões e oitocentos e vinte e oito milhões de reais) aos Estados Unidos da América e também à Suíça, conforme "determinação" do Ministério Público.

E assim referiu a decisão paradigmática:

> De fato, diante da extrema gravidade dos acontecimentos perpetrados, exige-se que se confira aos réus ao menos o direito de impugnar eventuais ilegalidades processuais que se projetam como reflexo da atuação coordenada entre acusação e magistrado, tal como revelado pelos diálogos contidos na "Operação Spoofing".
>
> Por mais estarrecedora que seja a constatação de que houve conluio entre a acusação e o magistrado, fatos aliás que estão sendo devidamente apurados alhures, em que se aponta possível gênese desta arquitetura criada na 13ª Vara de Curitiba, verifico que, mesmo após a minha determinação para que viessem aos autos, o conteúdo integral das mensagens apreendidas na referida operação, o Diretor-Geral da Polícia Federal (petição 67.280/2023) informou que todo o material apreendido na Operação Spoofing foi encaminhado à 10ª VF/DF, ao passo que o Juiz Federal da 10ª Vara Federal Criminal de Brasília (petição 55.209/2023) informou que encaminhou e-mail para o DPF para que disponibilize o material apreendido na Operação Spoofing. Verifica-se, em evidência, mais uma vez, descumprimento de decisão judicial desta Suprema Corte.

Por mais impressionante que possa parecer, o conluio entre acusação e magistrado na Operação Lava Jato evidencia até mesmo que o Ministério Público informava as manifestações técnicas ao juiz antes mesmo de protocolá-las, buscando aprovação. Isso é inacreditável! Uma desonra extrema.

Desonra para os protagonistas dessa triste história e uma enorme tragédia para as vidas das pessoas por eles vitimadas de forma escolhida, intencional.

Tudo isso levou Dias Toffoli a concluir:

> Pela gravidade das situações estarrecedoras postas nestes autos, somadas a outras tantas decisões exaradas pelo STF e também tornadas públicas e notórias, já seria possível, simplesmente, concluir que a prisão do reclamante, Luiz Inácio Lula da Silva, até poder-se-ia chamar de um dos maiores erros judiciários da história do país.
>
> Mas, na verdade, foi muito pior.
>
> Tratou-se de uma armação fruto de um projeto de poder de determinados agentes públicos em seu objetivo de conquista do Estado por meios aparentemente legais, mas com métodos e ações contra legem.
>
> Digo sem medo de errar, foi o verdadeiro ovo da serpente dos ataques à democracia e às instituições que já se prenunciavam em ações e vozes desses agentes contra as instituições e ao próprio STF. Ovo esse chocado por autoridades que fizeram desvio de função, agindo em conluio para atingir instituições, autoridades, empresas e alvos específicos.
>
> Sob objetivos aparentemente corretos e necessários, mas sem respeito à verdade factual, esses agentes desrespeitaram o devido processo legal, descumpriram decisões judiciais superiores, subverteram provas, agiram com parcialidade (vide citada decisão do STF) e fora de sua esfera de competência. Enfim, em última análise, não distinguiram, propositadamente, inocentes de criminosos. Valeram-se, como já disse em julgamento da Segunda Turma, de

uma verdadeira tortura psicológica, UM PAU DE ARARA DO SÉCULO XXI, para obter "provas" contra inocentes.

E por isso reforça os pilares do nosso sistema jurídico, afirmando:

Centenas de acordos de leniências e de delações premiadas foram celebrados como meios ilegítimos de levar INOCENTES à prisão. DELAÇÕES ESSAS QUE CAEM POR TERRA, DIA APÓS DIA, ALIÁS. Tal conluio e parcialidade demonstram, a não mais poder, que houve uma verdadeira conspiração com o objetivo de colocar um inocente como tendo cometido crimes jamais por ele praticados.

Esse vasto apanhado indica que a parcialidade do juízo da 13ª Vara Federal de Curitiba extrapolou todos os limites, e com certeza contamina diversos outros procedimentos; porquanto os constantes ajustes e combinações realizados entre o magistrado e o Parquet e apontados acima representam verdadeiro conluio a inviabilizar o exercício do contraditório e da ampla defesa.

Assim, tudo o que representou corrosão dos valores básicos e éticos em que se assenta a firmeza do Estado de direito em nosso país foi destruído, vivificando o que efetivamente constrói a nação e alimenta a justiça na alma do povo.

IV Conclusão

Pode ser que muitos brasileiros sequer entendam a importância dessa decisão ou sequer imaginem as consequências que ela irradia para o nosso ordenamento jurídico, mas é preciso reforçar que, embora seja imenso o batalhão que se apresenta para a má construção ou para a elaboração de falsos pilares do direito, é ainda maior o número daqueles que se apresentam para construir corretamente ou reconstruir com respeito os princípios legais e toda a coletividade.

A decisão paradigmática do Ministro Dias Toffoli repercutirá por muito tempo, exemplificando a correção de rumos e de resgate dos corretos pilares do Estado democrático de direito, desencorajando, portanto, atores do sistema de justiça a protagonizar cenas estarrecedoras como às que assistimos ao ver revelado o conluio nefasto e criminoso entre membros do Ministério Público e o juiz no processo da Lava Jato, com o objetivo de lançar à desonra, à vergonha e ao cárcere pessoas e, mais, com a intenção de alavancar projeto político pessoal.

Vivemos momentos de terror jurídico no Brasil, em que autoridades judiciárias ignoravam por completo a Constituição Federal com objetivos espúrios! O que imperou naquele momento foi o argumento de autoridade – eu quero, eu mando –, ignorando completamente o império das leis. A decisão aqui analisada é uma das muitas do E. STF que refaz pilares do ordenamento jurídico e nos recoloca como nação nos trilhos do respeito à legalidade. São por essas relevantes razões que rendo as minhas maiores e melhores homenagens ao Ministro Dias Toffoli e ao Egrégio Supremo Tribunal Federal – STF.

Informação bibliográfica deste texto, conforme a NBR 6023:2018 da Associação Brasileira de Normas Técnicas (ABNT):

NOBRE, Marcelo. O devido processo legal na jurisdição de Dias Toffoli. *In*: MENDES, Gilmar Ferreira; LIRA, Daiane Nogueira de; FREIRE, Alexandre (coord.). *Constituição, democracia e diálogo*: 15 anos de Jurisdição Constitucional do Ministro Dias Toffoli. 2. ed. Belo Horizonte: Fórum, 2025. p. 1155-1162. ISBN 978-65-5518-937-7.

TEMPO E MEMÓRIA HISTÓRICA NOS 15 ANOS DO MINISTRO TOFFOLI NO STF

MÁRCIO SCHIEFLER FONTES

1 Considerações introdutórias

Ao se relembrarem, oportunamente, os 15 anos de jurisdição constitucional do Ministro Dias Toffoli no Supremo Tribunal Federal (STF), certamente não faltará quem resgate bem conhecidos casos em que, no exercício da jurisdição do Supremo Tribunal Federal, proferiu decisões ou votos atento à passagem do tempo e à memória histórica e institucional do nosso país.

Um dos mais emblemáticos, certamente, foi o chamado "caso Aída Curi", em que já o Superior Tribunal de Justiça (STJ) afirmara que o notório crime era indissociável do nome da vítima, motivo esse de não assistir razão aos autores da ação. Determinou o STJ que deveria prevalecer a liberdade de imprensa e expressão, uma vez que a matéria jornalística se reportava a fatos verídicos, integrantes da história do país e de repercussão nacional.

Interposto recurso extraordinário ao STF, decidiu o Tribunal pelo desprovimento das pretensões dos recorrentes, negando a reparação pleiteada. Mais além, declarou que o chamado *direito ao esquecimento* é incompatível com os termos da Constituição, "entendido como o poder de obstar, em razão da passagem do tempo, a divulgação de fatos ou dados verídicos e licitamente obtidos e publicados em meios de comunicação social analógicos ou digitais".[1]

---

[1] "EMENTA Recurso extraordinário com repercussão geral. Caso Aída Curi. Direito ao esquecimento. Incompatibilidade com a ordem constitucional. Recurso extraordinário não provido. 1. Recurso extraordinário interposto em face de acórdão por meio do qual a Décima Quinta Câmara Cível do Tribunal de Justiça do Estado do Rio de Janeiro negou provimento a apelação em ação indenizatória que objetivava a compensação pecuniária e a reparação material em razão do uso não autorizado da imagem da falecida irmã dos autores, Aída Curi, no programa Linha Direta: Justiça. 2. Os precedentes mais longínquos apontados no debate sobre o chamado direito ao esquecimento passaram ao largo do direito autônomo ao esmaecimento de fatos, dados ou notícias pela passagem do tempo, tendo os julgadores se valido essencialmente de institutos jurídicos hoje bastante consolidados. A utilização de expressões que remetem a alguma modalidade de direito a reclusão ou recolhimento, como *droit a l'oubli* ou *right to be let alone*, foi aplicada de forma discreta e muito pontual, com significativa menção, ademais, nas razões de decidir, a direitos da personalidade/privacidade. Já na contemporaneidade, campo mais fértil ao

Essa lembrança do STF nos situa, do lado do Conselho Nacional de Justiça (CNJ), mais especificamente da gestão do Ministro Dias Toffoli à frente do CNJ (2018-2020), à Resolução nº 324, de 30.6.2020, que trouxe importantes novidades para a gestão documental e a gestão da memória do Poder Judiciário, a começar pelo caráter obrigatório, e não mais de recomendação, à integralidade de suas disposições.

Não é coincidência que tenha sido também no CNJ, porém no ano anterior (2019), que tenha o Ministro Toffoli presidido julgamento de importante precedente que marcaria, a partir daí, se não toda, ao menos a relevância da matéria.

2 O caso

Rememora-se aqui a consulta autuada sob número 0002257-61.2019.2.00.0000, julgada pelo Plenário do CNJ em 24.9.2019.[2] Cuidava-se de consulta formulada por diocese, com o propósito de obter esclarecimentos a respeito das determinações judiciais para alterações nos registros eclesiásticos.

A consulente registrava o aumento da frequência dessas determinações, muito em função de pedidos de reconhecimento de cidadania estrangeira por brasileiros, a partir de laços de parentesco de muitas décadas, já que os procedimentos consulares

---

trato do tema pelo advento da sociedade digital, o nominado direito ao esquecimento adquiriu roupagem diversa, sobretudo após o julgamento do chamado Caso González pelo Tribunal de Justiça Europeia, associando-se o problema do esquecimento ao tratamento e à conservação de informações pessoais na internet. 3. Em que pese a existência de vertentes diversas que atribuem significados distintos à expressão direito ao esquecimento, é possível identificar elementos essenciais nas diversas invocações, a partir dos quais se torna possível nominar o direito ao esquecimento como a pretensão apta a impedir a divulgação, seja em plataformas tradicionais ou virtuais, de fatos ou dados verídicos e licitamente obtidos, mas que, em razão da passagem do tempo, teriam se tornado descontextualizados ou destituídos de interesse público relevante. 4. O ordenamento jurídico brasileiro possui expressas e pontuais previsões em que se admite, sob condições específicas, o decurso do tempo como razão para supressão de dados ou informações, em circunstâncias que não configuram, todavia, a pretensão ao direito ao esquecimento. Elas se relacionam com o efeito temporal, mas não consagram um direito a que os sujeitos não sejam confrontados quanto às informações do passado, de modo que eventuais notícias sobre esses sujeitos – publicadas ao tempo em que os dados e as informações estiveram acessíveis – não são alcançadas pelo efeito de ocultamento. Elas permanecem passíveis de circulação se os dados nelas contidos tiverem sido, a seu tempo, licitamente obtidos e tratados. Isso porque a passagem do tempo, por si só, não tem o condão de transmutar uma publicação ou um dado nela contido de lícito para ilícito. 5. A previsão ou aplicação do direito ao esquecimento afronta a liberdade de expressão. Um comando jurídico que eleja a passagem do tempo como restrição à divulgação de informação verdadeira, licitamente obtida e com adequado tratamento dos dados nela inseridos, precisa estar previsto em lei, de modo pontual, clarividente e sem anulação da liberdade de expressão. Ele não pode, ademais, ser fruto apenas de ponderação judicial. 6. O caso concreto se refere ao programa televisivo Linha Direta: Justiça, que, revisitando alguns crimes que abalaram o Brasil, apresentou, dentre alguns casos verídicos que envolviam vítimas de violência contra a mulher, objetos de farta documentação social e jornalística, o caso de Aida Curi, cujos irmãos são autores da ação que deu origem ao presente recurso. Não cabe a aplicação do direito ao esquecimento a esse caso, tendo em vista que a exibição do referido programa não incorreu em afronta ao nome, à imagem, à vida privada da vítima ou de seus familiares. Recurso extraordinário não provido. 8. Fixa-se a seguinte tese: "É incompatível com a Constituição a ideia de um direito ao esquecimento, assim entendido como o poder de obstar, em razão da passagem do tempo, a divulgação de fatos ou dados verídicos e licitamente obtidos e publicados em meios de comunicação social analógicos ou digitais. Eventuais excessos ou abusos no exercício da liberdade de expressão e de informação devem ser analisados caso a caso, a partir dos parâmetros constitucionais - especialmente os relativos à proteção da honra, da imagem, da privacidade e da personalidade em geral - e das expressas e específicas previsões legais nos âmbitos penal e cível" (RE nº 1.010.606. Rel. Min. Dias Toffoli, Tribunal Pleno, j. 11.2.2021, Processo Eletrônico Repercussão Geral – Mérito. *DJe*-096. Divulg. 19.5.2021. Public. 20.5.2021).

2 Dados disponíveis em: https://www.cnj.jus.br/InfojurisI2/Jurisprudencia.seam?jurisprudenciaIdJuris=51079&indiceListaJurisprudencia=0&tipoPesquisa=LUCENE&firstResult=0. Acesso em: 29 jul. 2024.

de alguns países exigiam a retificação de divergências entre informações constantes no registro brasileiro e no estrangeiro.

Noticiava-se o aumento considerável de pessoas recorrendo a ações judiciais em que se pede a determinação de alteração das informações arquivadas nos cartórios eclesiásticos, com acolhimento dos pedidos por juízos diversos. Em particular, a consulente sustentava que referidas decisões judiciais "enfrentam a autonomia e independência da Igreja Católica", aduzindo como fundamento jurídico o Decreto nº 7.107, de 11.2.2010, além de acrescentar alegada divergência jurisprudencial a respeito da possibilidade de o Judiciário impor a alteração dos registros.

Requeria a parte interessada providências do Conselho Nacional de Justiça, para "dirimir essas dúvidas e termos uma definição se estes procedimentos de retificação/ alteração nos Registros Sacramentais da Igreja Católica devem ou não serem executados".

Também a Conferência Nacional dos Bispos do Brasil (CNBB) prestou informações. De acordo com a CNBB, a questão "esbarra no direito à Personalidade Jurídica da Igreja Católica Apostólica Romana e sua forma de se organizar", pois seria vedado ao Estado, "conforme previsto no art. 5º, inciso VI, e art. 19, inciso I da Constituição Federal de 1988, legislar ou invadir a competência sobre os atos e livros de registros católicos".

A personalidade jurídica própria das dioceses, reconhecida pelo referido Decreto nº 7.107/2010, implicava, na visão da CNBB, que seus livros de registro de sacramento configurariam documentos formais da Igreja e mereceriam proteção de seus conteúdos, por diversos pontos de vista. Entendia que "não pode o Poder Judiciário determinar uma alteração de Registro de Livros da Igreja, com aplicação da legislação notarial e registral, por desrespeitar as regras internas previstas na Lei Canônica, em agressão à sua Personalidade Jurídica".

O questionamento formulado mereceu ser conhecido e respondido, porque revelava "interesse e repercussão gerais" (art. 89 do Regimento Interno do Conselho Nacional de Justiça – RICNJ), o que ademais se configurava em razão da demonstrada intervenção do Judiciário em procedimentos voltados a registros eclesiásticos, especialmente muito antigos, que podem ter repercussão em documentos de diversas áreas, não só, mas a começar pelos aludidos pedidos de reconhecimento de cidadania estrangeira.

Com efeito, matéria referida da revista *IstoÉ* dava conta de que o Consulado Geral da Itália em São Paulo registrou quase 10.000 pedidos de reconhecimento de cidadania em 2018, uma alta de 45% em relação ao ano anterior. O mesmo ocorria, segundo o julgamento, em relação aos pedidos de cidadania portuguesa, conforme o jornal *Folha de S. Paulo*, pelo qual o Consulado Geral de Portugal em São Paulo era líder mundial em concessão de nacionalidade para aquele país. Foram 12.217 pedidos em 2017, um aumento de 64,8% em comparação a 2016.

3   Relação entre Estado e Igreja

Foi bem recordado, nos debates, que o Estado brasileiro, após a promulgação da República, tornou-se laico. A evolução histórica dos vínculos entre Estado e religião, no entanto, mereceu destaque, conforme pontos que foram sendo enfocados.

Mesmo após a independência em relação a Portugal, em 1822, país de onde herdou forte influência da Igreja, o Brasil manteve a imposição de uma religião oficial, conforme a Constituição do Império, de 25.3.1824:

> Art. 5. A Religião Catholica Apostolica Romana continuará a ser a Religião do Imperio. Todas as outras Religiões serão permitidas com seu culto domestico, ou particular em casas para isso destinadas, sem fórma alguma exterior do Templo.

A disciplina sobre os aspectos religiosos na Constituição não se limitava a aspecto institucional. Se de um lado eram impedidos de se candidatar a deputado "os que não professarem a Religião do Estado" (art. 95, III), de outro não possuíam direito a voto os religiosos "e quaesquer, que vivam em Communidade claustral" (art. 92, IV).

De todo modo, ninguém poderia "ser perseguido por motivo de Religião, uma vez que respeite a do Estado, e não offenda a Moral Pública" (art. 179, V). A possibilidade de concessão de cidadania brasileira aos "estrangeiros naturalisados, qualquer que seja a sua Religião" (art. 6º) também mereceu destaque.

A síntese da complexa natureza da relação Estado-religião no texto constitucional de 1824 pode ser encontrada no art. 102, ao reproduzir o instituto do direito canônico denominado padroado, que corresponde, em síntese, a um conjunto de privilégios acompanhado de determinadas incumbências:

> Art. 102. O Imperador é o Chefe do Poder Executivo, e o exercita pelos seus Ministros de Estado.
> São suas principaes atribuições [...]
> II. Nomear Bispos, e prover os Beneficios Eclesiasticos.

Proclamada a República pelo golpe militar de 1889, e em razão mesmo deste ato, os detentores do novo regime cuidaram de dar início à nova forma de governo, com um dos temas que ocupara os primeiros tempos dos novos governantes dizendo respeito às relações entre Estado e Igreja. Assim, mesmo antes da promulgação da nova Constituição, o Marechal Deodoro da Fonseca, então chefe do governo provisório, editou o Decreto nº 119-A, de 7.1.1890, cujos termos representaram verdadeira revolução para a mútua ingerência até então prevalecente.[3]

Lembrou-se que, logo no primeiro artigo, proibiu-se a aprovação de leis, regulamentos ou atos administrativos "estabelecendo alguma religião, ou vedando-a, e crear differenças entre os habitantes do paiz, ou nos serviços sustentados á custa do orçamento, por motivo de crenças, ou opiniões philosophicas ou religiosas". O diploma estabeleceu, ainda, a liberdade da prática religiosa, privada ou pública, a indivíduos, igrejas, associações e institutos religiosos de todas as confissões, "sem intervenção do poder publico" (art. 2º).

O art. 4º do decreto também foi taxativo: "Fica extincto o padroado com todas as suas instituições, recursos e prerrogativas". Igualmente relevante foi a previsão do art. 5º, que outorgou a todas as igrejas personalidade jurídica.

---

3 Disponível em: https://www.planalto.gov.br/ccivil_03/decreto/1851-1899/d119-a.htm. Acesso em: 28 jul. 2024.

A seu tempo, a Constituição de 24.2.1891 acabou por incorporar as disposições já vigentes. O diploma deixou clara a política de não ingerência recíproca nas economias internas das instituições. Nesse contexto, é emblemática a previsão do art. 72, §7º, no sentido de que "nenhum culto ou igreja gozará de subvenção oficial, nem terá relações de dependência ou aliança com o Governo da União ou dos Estados".

A partir de então, os demais diplomas constitucionais – 1934, 1937, 1946, 1967 (EC nº 1/1969) e 1988 – repetiram, com pequenas distinções de redação, a fórmula de não subvenção de igrejas pelo Estado e de proibição de relações de dependência ou aliança com os governos. Assim, na Constituição de 1988:

> Art. 19. É vedado à União, aos Estados, ao Distrito Federal e aos Municípios:
> I - estabelecer cultos religiosos ou igrejas, subvencioná-los, embaraçar-lhes o funcionamento ou manter com eles ou seus representantes relações de dependência ou aliança, ressalvada, na forma da lei, a colaboração de interesse público; [...].

4 Os registros paroquiais ou eclesiásticos propriamente ditos

Como lembraram os debates, decorrência lógica da natureza do referido relacionamento entre Estado e Igreja no Brasil é que muitos atos que hoje se entendem, sem questionamento, como de competência do Poder Público, outrora foram praticados por representantes da Igreja.

O registro das pessoas é um deles. Maria Luiza Marcílio, professora da Universidade de São Paulo (USP), traçou breve histórico dos registros paroquiais no Brasil e registra a importância dos dados deles constantes, fontes para estudo da demografia brasileira:[4]

> Em Portugal o registro obrigatório dos batismos, casamentos e óbitos data de fins do século XVI, estabelecido nas Constituições de Coimbra (1591). Cada paróquia deveria manter um livro separado para os batismos, para os casamentos e também para os óbitos. Estas ordens foram estendidas aos domínios lusitanos do Ultramar ainda no século XVI.
> No Brasil, os registros paroquiais seguiram as determinações de Portugal até serem localmente regulamentados na sua Constituição Primeira do Arcebispado da Bahia, de 1707. As regras e as fórmulas não se modificaram; seguiam sempre as determinações de Trento.
> Sendo, como o foi, a religião católica a oficial no Brasil Colônia e em todo o período do Império, todos os que aqui nascessem, morressem ou se casassem, deveriam passar pelo registro da Paróquia que, revestia-se, pois, e ao mesmo tempo, de um caráter religioso, com força de um ato civil de cada indivíduo. O estatuto do Padroado Régio no Brasil até pelo menos a Constituição Republicana, de 1891 (quando foram separados, o Estado da Igreja) deu aos Registros Paroquiais uma cobertura praticamente universal da população brasileira (excluídos apenas os protestantes que surgem principalmente no Segundo Reinado e dos índios e africanos pagãos, ainda não batizados).
> A cobertura universal da população nos Registros Paroquiais brasileiros é, pois, a primeira grande característica positiva dessa documentação serial.
> A segunda característica especial e única é o seu caráter individual e coletivo a um tempo. Cada indivíduo é registrado com suas características pessoais e em cada momento vital de

---

4 MARCILIO, Maria Luiza. Os registros paroquiais e a história do Brasil. *Revista Varia História*, n. 31, jan. 2004. Disponível em: https://static1.squarespace.com/static/561937b1e4b0ae8c3b97a702/t/572b593659827e91950d7 4df/1462458679393/01_Marcilio%2C+Maria+Luiza.pdf. Acesso em: 26 jul. 2024.

sua existência; e cada um deles integra uma série cronológica de eventos, guardados em livros especiais e que cobrem uma localidade fisicamente bem demarcada – a paróquia.
A terceira grande característica desses dados é seu caráter nominativo, o que permite identificar cada indivíduo em sua família, e com suas características pessoais.
E por último, os Registros Paroquiais têm seu valor ainda por terem sido efetuados no momento mesmo do evento, guardando um caráter serial e cronológico.

Essa realidade, como se reconheceu, torna perene a relevância do acervo paroquial edificado ao longo de séculos pela Igreja, seja no tocante aos velhos registros imobiliários paroquiais, ou "do vigário",[5] que também têm repercussão judicial,[6] seja naquilo que mais propriamente reafirmava o procedimento em julgamento, em que a consulente exemplificava com caso de bisneto que recorreu a assentamentos eclesiásticos para viabilizar a obtenção de cidadania italiana.

Após a identificação das potencialidades do rico acervo, pesquisadores produziram inúmeros trabalhos a respeito do perfil demográfico brasileiro, ora mais limitados a determinadas populações ou regiões, ora com escopo mais abrangente.

Foi lembrado, Gilberto Freyre, no célebre *Casa grande e senzala*,[7] a registrar já no prefácio da primeira edição que "outros documentos auxiliam o estudioso da história íntima da família brasileira [...] os livros de assentos de batismo, óbitos e casamentos de livres e escravos e os de rol de famílias e autos de processos matrimoniais que se conservam em arquivos eclesiásticos".

Referida constatação histórica é da maior relevância, porquanto não havia unanimidade quanto à efetiva implementação do registro público civil como conhecido hoje, sem intermediação da Igreja.

É verdade que o Brasil, desde meados do século XIX, já acenava com a normatização da atividade como de Estado. Em 1850, por exemplo, a Lei nº 586, de 6 de setembro,[8] embora represente a lei orçamentária do exercício seguinte, estabeleceu em seu art. 17, §3º, autorização ao governo:

> Para despender o que necessario for a fim de levar a effeito no menor prazo possivel o Censo geral do Imperio, com especificação do que respeita a cada huma das Provincias: e outrosim para estabelecer Registros regulares dos nascimentos e obitos annuaes.

A medida, no entanto, não chegou a ser implementada, como registra Marcelo Gonçalves Tiziani,[9] porquanto revogados os decretos que a regulamentaram:

> Ocorre que ambos os decretos (797/1851 e 798/1851) não foram bem recebidos pela população brasileira.
> Com sua implementação, rapidamente, espalhou-se entre os mais humildes o boato de que o Governo queria, na verdade, reduzir os cidadãos pobres à condição de escravos.

---

5   FREITAS, Augusto Teixeira de. *Consolidação das leis civis*. 3. ed. Rio de Janeiro: Garnier, 1896. p. 533-534.

6   ACO nº 678. Rel. Min. Eros Grau, Tribunal Pleno, j. 22.10.2009. *DJe*-027. Divulg. 11.2.2010. Public. 12.2.2010. Ement Vol-02389-01 PP-00003.

7   FREYRE, Gilberto. *Casa grande e Senzala*. Rio de Janeiro: Maia e Schimidt, 1933.

8   Disponível em: http://legis.senado.leg.br/norma/542104/publicacao/15632072. Acesso em: 29 jul. 2024.

9   Disponível em: https://www.portaldori.com.br/2016/10/11/artigo-uma-breve-historia-do-registro-civil-contemporaneo-por-marcelo-goncalves-tiziani/. Acesso em: 29 jul. 2024.

Reagindo a esses rumores, um grande número de pessoas passou a atacar prédios e autoridades públicas, dando origem ao movimento chamado "Ronco das Abelhas", ocorrido entre dezembro de 1851 e fevereiro de 1852, e que envolveu cidades da Paraíba, Pernambuco, Alagoas, Ceará e Sergipe. Temia-se que a escravidão atingisse, também, as pessoas brancas, quando a real intenção do Estado era colher dados para calcular a população, principalmente para o recrutamento de homens para o serviço militar.

A fim de sustar as revoltas populares do "Ronco das Abelhas", o Governo editou, então, o Decreto nº 907, de 29 de janeiro de 1852, suspendendo os Decretos nº 797 e 798, adiando a instalação do registro civil e a realização do primeiro censo no Brasil.

Sobrevieram outros diplomas legais na tentativa de implantação do sistema universal de registro civil pelo Estado, mas nenhum, por diversos fatores, representou o efetivo início da atividade: ausência de previsão da entrada em vigor, falta de regulamentação, até por não alcançarem toda a população, mas apenas os não católicos.

A efetiva implantação, por fim, ocorreu a partir do Decreto nº 9.886, de 7.3.1888, que dispunha, em seu art. 4º, que "para a installação do registro civil fornecerá o Governo os primeiros livros, que servirão de modelo aos que deverão substituil-os depois de findos [...]".[10]

Uma vez transferido para o Estado o registro das pessoas, a percepção social da nova sistemática não foi imediata. O próprio sentimento religioso dificultava a compreensão de que uma certidão de casamento, por exemplo, fornecida por outra instituição, que não a Igreja, gozasse da mesma confiabilidade e legitimidade.

A dimensão dessa fase de transição, confirmando a importância dos registros paroquiais, também se nota pela observação de Maria Silvia Bassanezi, pesquisadora do Núcleo de Estudos da População da Universidade de Campinas:

> Os próprios órgãos governamentais, muitas vezes, atribuíam mais confiança ao registro religioso de batismo, casamento ou óbito. Este atingia mais pessoas e localidades devido à infraestrutura montada pela Igreja no decorrer da Colônia e Império. Párocos e missionários periodicamente visitavam o território das localidades sob sua responsabilidade para administrar os sacramentos.[11]

5   O Decreto nº 7.107, de 11.2.2010

Uma baliza relevante do julgamento sob enfoque foi o "Acordo entre o Governo da República Federativa do Brasil e a Santa Sé relativo ao Estatuto Jurídico da Igreja Católica no Brasil", firmado em 13.11.2008, na cidade do Vaticano.

Sobreveio aprovação pelo Congresso Nacional, por meio do Decreto Legislativo nº 698, de 7.10.2009, o qual foi adotado como fundamento para edição, por parte do Presidente da República, do Decreto nº 7.107/2010, que promulgou o acordo.[12]

---

[10] Disponível em: https://www2.camara.leg.br/legin/fed/decret/1824-1899/decreto-9886-7-marco-1888-542304-publicacaooriginal-50566-pe.html. Acesso em: 29 jul. 2024.

[11] BASSANEZI, M. S. Os eventos vitais na reconstituição da história. In: PINSKY, C. B.; LUCA, T. R. de (Org.). O historiador e suas fontes. São Paulo: Contexto, 2009. p. 156.

[12] Disponível em: https://www.planalto.gov.br/ccivil_03/_ato2007-2010/2010/decreto/d7107.htm. Acesso em: 28 jul. 2024.

Convém ressaltar trecho da exposição de motivos do Decreto Legislativo nº 698/2009, que aprovou o acordo:[13]

> O objetivo do presente acordo é consolidar, em um único instrumento jurídico, diversos aspectos da relação do Brasil com a Santa Sé e da presença da Igreja Católica no Brasil, já contemplados na Convenção de Viena sobre Relações Diplomáticas, na Constituição Federal e em demais leis que configuram o ordenamento jurídico brasileiro. As diretrizes centrais seguidas pelas autoridades brasileiras na negociação do Acordo com a Santa Sé foram a preservação das disposições da Constituição e da legislação ordinária sobre o caráter laico do Estado brasileiro, a liberdade religiosa e o tratamento equitativo dos direitos e deveres das instituições religiosas legalmente estabelecidas no Brasil. Cabe ressaltar que o estabelecimento de acordo com entidade religiosa foi possível neste caso, por possuir, a Santa Sé, personalidade jurídica de Direito Internacional Público.

Sobre a integridade jurídica do acordo, o ex-Ministro de Estado das Relações Exteriores e Ministro aposentado do Supremo Tribunal Federal Francisco Rezek assim consignou, ao prefaciar obra coordenada por Lorenzo Baldisseri e Ives Gandra Martins Filho:[14]

> Liderança espiritual e cúpula governativa da Igreja Católica, instalada na cidade de Roma, a Santa Sé reúne, embora em proporções físicas exíguas, os elementos conformadores da qualidade estatal: existem ali um território, uma população, um governo independente daquele do Estado italiano ou de qualquer outro. É amplo o reconhecimento de que, apesar de não se identificar com os Estados comuns, cujos objetivos são diversos dos seus, ela possui, por legado histórico, personalidade jurídica de direito internacional.
> Na esfera do direito das gentes, a Santa Sé exerce seu poder contratual celebrando não apenas concordatas - espécie de compromisso cujo tema se resume nas relações entre a Igreja Católica e o Estado -, mas outros tratados bilaterais, como o acordo político e a convenção financeira de Latrão. Mesmo Estados então socialistas – a Hungria em 15 de setembro de 1964, a Iugoslávia em 25 de junho de 1966 - deram-se à negociação bilateral com o governo pontifício. A Santa Sé participou também de diversas tratativas multilaterais caracterizadas pela causa humanitária e pela despolitização. Ela é parte nas Convenções de Viena sobre relações diplomáticas e consulares, de 1961-1963, e na Convenção de 1969, também de Viena, sobre o direito dos tratados.
> O Acordo entre o Brasil e a Santa Sé relativo ao estatuto jurídico da Igreja Católica no Brasil - celebrado sob o amparo das normas do direito internacional entre partes soberanas hábeis a fazê-lo - é um fruto primoroso, ainda que tardio, das relações históricas entre este País e a comunidade religiosa que não apenas é a mais expressiva em seus números, mas que se incorpora à sua história desde o descobrimento.

De fato, leitura do inteiro teor do Decreto nº 7.107/2010 permite desde logo a identificação de alguns aspectos de relevância para o presente procedimento. A começar pelo que dispõe o art. 3º, ao versar sobre o reconhecimento, pelo Brasil, da personalidade jurídica da Igreja:

---

13 Disponível em: https://www2.camara.leg.br/legin/fed/decleg/2009/decretolegislativo-698-7-outubro-2009-591628-exposicaodemotivos-153476-pl.html. Acesso em: 27 jul. 2024.
14 BALDISSERI, Lorenzo; GANDRA MARTINS FILHO, Ives. *Acordo Brasil-Santa Sé comentado*. São Paulo: LTr, 2012. p. 8-9.

A República Federativa do Brasil reafirma a personalidade jurídica da Igreja Católica e de todas as Instituições Eclesiásticas que possuem tal personalidade em conformidade com o direito canônico, desde que não contrarie o sistema constitucional e as leis brasileiras, tais como Conferência Episcopal, Províncias Eclesiásticas, Arquidioceses, Dioceses, Prelazias Territoriais ou Pessoais, Vicariatos e Prefeituras Apostólicas, Administrações Apostólicas, Administrações Apostólicas Pessoais, Missões *Sui Iuris*, Ordinariado Militar e Ordinariados para os Fiéis de Outros Ritos, Paróquias, Institutos de Vida Consagrada e Sociedades de Vida Apostólica.

A respeito da personalidade jurídica da Igreja e suas instituições eclesiásticas, cumpre ressaltar que a matéria disciplinada pelo decreto constitui reafirmação do que o Poder Judiciário brasileiro já reconhece de há muito.

Com efeito, o Supremo Tribunal Federal, ao julgar o RE nº 21.802/ES, há mais de 60 anos, assim consignou na ementa: "A Mitra Diocesana é, em face do Direito Canônico, a representante legal de todas as igrejas católicas da respectiva diocese". Transcreveu-se trecho do voto do relator, Ministro Mario Guimarães:

> Já se não contesta, nos tribunais brasileiros, tenha a Igreja personalidade jurídica. Não obstante a separação religiosa, que a Const. de 91 estabeleceu, vem há mais de 50 anos mantendo o Brasil representante junto à Santa Sé. Desse reconhecimento dimana a necessidade de se atenderem aos preceitos de Direito Canônico sobre as sub-divisões dessa entidade e de acatar a hierarquia que a Igreja Católica estabeleceu.
>
> Diz Lacerda de Almeida: "A Diocese, divisão da Igreja com regime próprio, constitue pessôa juridica." *Das Pessoas Jurídicas*, pág. 129. (grifo do original). (Primeira Turma, Rel. Min. Mario Guimarães. *DJ*, 11 jun. 1953. PP-06566 - Ement Vol-00129-01 PP-00203)

Lembrou-se que consta do referido decreto, ainda, cláusula relevante concernente aos documentos arquivados pela Igreja, sobretudo os de valor histórico, artístico e cultural (art. 6º):

> As Altas Partes reconhecem que o patrimônio histórico, artístico e cultural da Igreja Católica, assim como os documentos custodiados nos seus arquivos e bibliotecas, constituem parte relevante do patrimônio cultural brasileiro, e continuarão a cooperar para salvaguardar, valorizar e promover a fruição dos bens, móveis e imóveis, de propriedade da Igreja Católica ou de outras pessoas jurídicas eclesiásticas, que sejam considerados pelo Brasil como parte de seu patrimônio cultural e artístico.

6   Os bens de valor histórico e cultural em discussão

A propósito do tema, foi ressaltado que a Constituição da República de 1988 determina especial proteção aos bens de valor histórico e cultural. No capítulo sobre as competências dos entes federados, assim dispõe:

> Art. 23. É competência comum da União, dos Estados, do Distrito Federal e dos Municípios:
> [...]
> III - proteger os documentos, as obras e outros bens de valor histórico, artístico e cultural, os monumentos, as paisagens naturais notáveis e os sítios arqueológicos;
> IV - impedir a evasão, a destruição e a descaracterização de obras de arte e de outros bens de valor histórico, artístico ou cultural; [...].

Ao tratar especificamente da cultura (art. 216, *caput*), consta da Carta que o patrimônio cultural brasileiro é composto pelos "bens de natureza material e imaterial, tomados individualmente ou em conjunto, portadores de referência à identidade, à ação, à memória dos diferentes grupos formadores da sociedade brasileira".

Como referido no voto, nada mais representativo da "memória dos diferentes grupos formadores da sociedade brasileira" do que os registros eclesiásticos, que, nas palavras de Gilberto Freyre, constituíram fontes de pesquisa para suas reconhecidas obras sobre a identidade do povo brasileiro.

Na linha das previsões constitucionais referidas, das quais se extraía diretamente a conclusão de que os arquivos paroquiais configuram patrimônio histórico e cultural brasileiro, por auxiliarem a reconstrução da história da formação do país, sobrevieram normas específicas quanto ao tema.

Nesse contexto, a Lei nº 8.159, de 8.1.1991, que dispõe sobre a Política Nacional de Arquivos Públicos e Privados, consigna em seu art. 16 que "os registros civis de arquivos de entidades religiosas produzidos anteriormente à vigência do Código Civil ficam identificados como de interesse público e social".[15] O Decreto nº 4.073, de 3.1.2002, que a regulamenta, prevê a desnecessidade de reconhecimento, por parte do Estado, dos registros eclesiásticos como de interesse público e social, pois contam com este caráter automaticamente (art. 22, §2º, III). No art. 26, lembrou-se, o decreto prevê:[16]

> Os proprietários ou detentores de arquivos privados declarados de interesse público e social devem manter preservados os acervos sob sua custódia, ficando sujeito à responsabilidade penal, civil e administrativa, na forma da legislação em vigor, aquele que desfigurar ou destruir documentos de valor permanente.

Como se vê, viram-se como imperiosos os comandos, desde a Constituição da República até os decretos regulamentares, de especial proteção do patrimônio histórico e cultural brasileiro, seja para "impedir a evasão, a destruição e a descaracterização" destes bens (art. 23, IV), seja para responsabilizar aquele que "desfigurar ou destruir os documentos de valor permanente" (art. 26 do Decreto nº 4.073/2002).

7   O deslinde do mérito

É interessante notar que, segundo se julgou, o procedimento não versava sobre destruição ou descaracterização dolosa – nem mesmo culposa – dos livros nos quais documentado o registro de estado das pessoas, atos vedados pelos normativos constitucional e infraconstitucional.

Tratava-se, em rigor, de dúvida articulada por instituição eclesiástica sobre a obrigatoriedade de a autoridade religiosa promover retificação de seus livros em razão de decisões judiciais fundadas na Lei nº 6.015, de 31.12.1973, a Lei dos Registros Públicos.[17]

O princípio da inafastabilidade do controle jurisdicional (art. 5º, XXXV) e as demais garantias constitucionais correlatas – direito de petição e devido processo legal (art. 5º,

---

[15] Disponível em https://www.planalto.gov.br/ccivil_03/leis/l8159.htm. Acesso em: 28 jul. 2024.

[16] Disponível em: https://www.planalto.gov.br/ccivil_03/decreto/2002/d4073.htm. Acesso em: 28 jul. 2024.

[17] Disponível em: https://www.planalto.gov.br/ccivil_03/leis/l6015consolidado.htm. Acesso em: 2 ago. 2024.

XXXIV, "a", e LIV, respectivamente) – implicam, por óbvio, a rejeição de qualquer óbice ao regular processamento e julgamento de ação em que se pleiteia revisão de eventual equívoco em livro eclesiástico.

Fixada tal premissa, registrou-se que a Lei dos Registros Públicos estabelece padronização dos livros em que registradas as informações. Conforme o art. 36, "os livros de registro serão divididos em três partes, sendo na da esquerda lançado o número de ordem e na central o assento, ficando na da direita espaço para as notas, averbações e retificações".

O permissivo legal e a disciplina das ações judiciais para retificações de registro constam do art. 109. Julgado procedente o pedido, "o Juiz ordenará que se expeça mandado para que seja lavrado, restaurado e retificado o assentamento" (§4º).

Previsão oportuna consta do §6º do mesmo artigo, segundo a qual, "se não houver espaço, far-se-á o transporte do assento, com as remissões à margem do registro original".

Em outras palavras, apesar de os livros de registro civil já contarem com local padronizado para eventuais retificações, o legislador anteviu a possibilidade de não haver espaço e apontou solução.

Tratava-se de coisa diversa, entretanto, quando o objeto da retificação é, não um livro de registro civil, mas documento eclesiástico, meio para registro dos sacramentos religiosos. De todo o exposto até aqui, viu-se induvidosa ilegalidade de ordem que implique prejuízo aos referidos documentos.

Como exposto no julgamento, a Constituição da República impõe proteção especial ao patrimônio histórico e cultural brasileiro e impede "a destruição e a descaracterização" destes bens (art. 23, IV), entre os quais os arquivos de entidades religiosas produzidos antes do Código Civil, considerados "como de interesse público e social" (art. 16 da Lei nº 8.159/1991).

Nesse contexto, *havia aparente conflito entre a proteção constitucional ao patrimônio histórico e cultural e decisão judicial proferida em jurisdição voluntária que impõe, a ente distinto do Estado, alteração física destes bens.*

Ressaltou-se que, nos termos do acordo firmado entre Brasil e Santa Sé, de que resultou o Decreto nº 7.107/2010, o Estado reconhece a personalidade jurídica das entidades eclesiásticas, que com ele não se confundem.

Como consequência de decisões fundadas na Lei dos Registros Públicos, o que ocorre na prática é a descaracterização do documento protegido pela Constituição, ante o que impõe o art. 109, §4º, da referida lei: "o Juiz ordenará que se expeça mandado para que seja lavrado, restaurado e retificado o assentamento".

Eram, enfim, esses os esclarecimentos, que pedia a parte interessada, "a respeito das determinações judiciais para alterações nos registros eclesiásticos".

8   Considerações finais

Sob a presidência – e com voto convergente – do Ministro Dias Toffoli, o Conselho Nacional de Justiça respondeu à consulta formulada positivamente,

no sentido da plena obrigatoriedade de cumprimento das decisões judiciais; no caso, entretanto, mediante juntada, averbação e/ou anotação dos atos judiciais, de forma que fiquem preservados os documentos eclesiásticos em sua originalidade e inteireza, para fins de certificação posterior, inclusive.

Se, em seu exercício jurisdicional, ao Ministro Dias Toffoli não faltou atenção às normas – com fundamento de validade constitucional – que protegem o patrimônio histórico-cultural do país, no CNJ não foi diferente. O caso que aqui se relata bem o demonstra.

Também no CNJ, é bom lembrar, ao editar a Resolução nº 324, norma que marcou o amadurecimento e a expansão do Programa Nacional de Gestão Documental e Memória do Poder Judiciário (Proname), a gestão da memória institucional veio a ser sistematizada por diretrizes nacionais pela primeira vez.

Que a passagem do tempo não apague o que se fez, e quem fez, pela memória histórica e institucional do país.

Referências

BALDISSERI, Lorenzo; GANDRA MARTINS FILHO, Ives. *Acordo Brasil-Santa Sé comentado*. São Paulo: LTr, 2012.

BASSANEZI, M. S. Os eventos vitais na reconstituição da história. *In*: PINSKY, C. B.; LUCA, T. R. de (Org.). *O historiador e suas fontes*. São Paulo: Contexto, 2009.

BRASIL. Conselho Nacional de Justiça. *Acórdão da Consulta n. 0002257-61.2019.2.00.0000*. Plenário. Relator: Conselheiro Márcio Schiefler Fontes. Brasília/DF, 297ª Sessão Ordinária, julgado em 24 de setembro de 2019.

BRASIL. Conselho Nacional de Justiça. Resolução n. 324. Institui diretrizes e normas de Gestão de Memória e de Gestão Documental e dispõe sobre o Programa Nacional de Gestão Documental e Memória do Poder Judiciário – Proname. Brasília/DF, 30 de junho de 2020. *DJe/CNJ*, n. 215, p. 4-11, 9.7.2020. Disponível em: https://atos.cnj.jus.br/atos/detalhar/3376. Acesso em: 3 jul. 2024.

BRASIL. Constituição da República Federativa do Brasil de 1988. Promulgada em 5 de outubro de 1988. *Diário Oficial da União*, Brasília/DF, 5 out. 1988. Disponível em: https://www.planalto.gov.br/ccivil_03/constituicao/constituicao.htm. Acesso em: 31 jul. 2024.

BRASIL. *Decreto n. 119-A, de 7 de janeiro de 1890*. Prohibe a intervenção da autoridade federal e dos Estados federados em materia religiosa, consagra a plena liberdade de cultos, extingue o padroado e estabelece outras providencias. Disponível em: https://www.planalto.gov.br/ccivil_03/decreto/1851-1899/d119-a.htm. Acesso em: 28 jul. 2024.

BRASIL. *Decreto n. 4.073, de 3 de janeiro de 2002*. Regulamenta a Lei no 8.159, de 8 de janeiro de 1991, que dispõe sobre a política nacional de arquivos públicos e privados. Disponível em: https://www.planalto.gov.br/ccivil_03/decreto/2002/d4073.htm. Acesso em: 28 jul. 2024.

BRASIL. *Decreto n. 7.107, de 11 de fevereiro de 2010*. Promulga o Acordo entre o Governo da República Federativa do Brasil e a Santa Sé relativo ao Estatuto Jurídico da Igreja Católica no Brasil, firmado na Cidade do Vaticano, em 13 de novembro de 2008. Disponível em: https://www.planalto.gov.br/ccivil_03/_ato2007-2010/2010/decreto/d7107.htm. Acesso em: 28 jul. 2024.

BRASIL. *Decreto n. 9.886, de 7 de março de 1888*. Manda observar o novo Regulamento para a execução do art. 2º da Lei n. 1829 de 9 de Setembro de 1870 na parte que estabelece o Registro civil dos nascimentos, casamentos e obitos, do accôrdo com a autorisação do art. 2º do Decreto n. 3316 de 11 de Junho do 1887. Disponível em: https://www2.camara.leg.br/legin/fed/decret/1824-1899/decreto-9886-7-marco-1888-542304-publicacaooriginal-50566-pe.html. Acesso em: 29 jul. 2024.

BRASIL. *Lei n. 586, de 6 de setembro de 1850*. Manda reger no exercicio de 1851 a 1852 a Lei do Orçamento n. 555 de 15 de Junho do corrente anno. Disponível em: http://legis.senado.leg.br/norma/542104/publicacao/15632072. Acesso em: 29 jul. 2024.

BRASIL. *Lei n. 6.015, de 31 de dezembro de 1973*. Dispõe sobre os registros públicos, e dá outras providências. Disponível em: https://www.planalto.gov.br/ccivil_03/leis/l6015consolidado.htm. Acesso em: 2 ago. 2024.

BRASIL. *Lei n. 8.159, de 8 de janeiro de 1991*. Dispõe sobre a política nacional de arquivos públicos e privados e dá outras providências. Disponível em: https://www.planalto.gov.br/ccivil_03/leis/l8159.htm. Acesso em: 28 jul. 2024.

BRASIL. Supremo Tribunal Federal. *Acórdão da ACO n. 678*. Tribunal Pleno. Relator: Eros Grau. Brasília/DF, julgado em 22 de outubro de 2009.

BRASIL. Supremo Tribunal Federal. Acórdão do Recurso Extraordinário n. 21.802/ES. Primeira Turma. Relator: Ministro Mario Guimarães. DJ, Brasília/DF, 11 jun. 1953.

BRASIL. Supremo Tribunal Federal. *Acórdão do Recurso Extraordinário n. 1010606*. Tribunal Pleno. Relator: Ministro Dias Toffoli. Brasília/DF, julgado em 11 de fevereiro de 2021.

FREITAS, Augusto Teixeira de. *Consolidação das leis civis*. 3. ed. Rio de Janeiro: Garnier, 1896.

FREYRE, Gilberto. *Casa grande e Senzala*. Rio de Janeiro: Maia e Schimidt, 1933.

MARCILIO, Maria Luiza. Os registros paroquiais e a história do Brasil. *Revista Varia História*, n. 31, jan. 2004. Disponível em: https://static1.squarespace.com/static/561937b1e4b0ae8c3b97a702/t/572b593659827e91950d7 4df/1462458679393/01_Marcilio%2C+Maria+Luiza.pdf. Acesso em: 26 jul. 2024.

Informação bibliográfica deste texto, conforme a NBR 6023:2018 da Associação Brasileira de Normas Técnicas (ABNT):

FONTES, Márcio Schiefler. Tempo e memória histórica nos 15 anos do Ministro Toffoli no STF. *In*: MENDES, Gilmar Ferreira; LIRA, Daiane Nogueira de; FREIRE, Alexandre (coord.). *Constituição, democracia e diálogo*: 15 anos de Jurisdição Constitucional do Ministro Dias Toffoli. 2. ed. Belo Horizonte: Fórum, 2025. p. 1163-1175. ISBN 978-65-5518-937-7.

15 ANOS DE JURISDIÇÃO CONSTITUCIONAL DO MINISTRO DIAS TOFFOLI NO SUPREMO TRIBUNAL FEDERAL

MARCO AURÉLIO PIANTELLA COSTA

Um guardião do Estado Democrático de Direito

O Supremo Tribunal Federal (STF) é a mais alta corte de justiça do Brasil e desempenha um papel fundamental na construção da jurisprudência nacional. Entre os ministros que contribuíram significativamente para a evolução do Direito brasileiro, destaca-se José Antonio Dias Toffoli. Nomeado para o STF em 2009 pelo então Presidente Luiz Inácio Lula da Silva, Toffoli trouxe uma vasta experiência jurídica, fruto de sua atuação como Advogado-Geral da União e assessor jurídico em diversas instâncias governamentais.

A trajetória de Dias Toffoli

Desde sua nomeação, Dias Toffoli tem sido um fervoroso defensor do Estado Democrático de Direito. Sua atuação no STF reflete uma compreensão profunda dos princípios democráticos e uma dedicação intransigente à preservação da Constituição Federal. Como presidente do STF entre 2018 e 2020, Toffoli liderou a Corte com uma visão voltada à harmonia entre os Poderes da República, sempre buscando manter o equilíbrio institucional e evitar crises que pudessem ameaçar a democracia.

Decisões judiciais marcantes

Ficha Limpa (ADI nº 4.578)

Em um dos julgamentos mais significativos de sua carreira, Dias Toffoli votou pela constitucionalidade da Lei da Ficha Limpa, que impede a candidatura de políticos condenados por órgãos colegiados. Sua decisão reforçou a integridade do processo eleitoral e a moralidade administrativa, promovendo maior transparência e ética na política brasileira.

Prisão em segunda instância (ADCs nºs 43, 44 e 54)

Outro caso de grande impacto foi a decisão sobre a prisão após condenação em segunda instância. Toffoli votou contra a execução antecipada da pena, defendendo a presunção de inocência até o trânsito em julgado da sentença. Esse posicionamento garantiu o respeito às garantias individuais previstas na Constituição Federal, reafirmando a importância do devido processo legal.

Ação Direta de Inconstitucionalidade sobre a Lei de Improbidade Administrativa (ADI nº 2.797)
Toffoli teve um papel crucial na análise da Lei de Improbidade Administrativa, posicionando-se pela necessidade de garantir direitos fundamentais dos acusados. Sua interpretação buscou equilibrar o combate à corrupção com a preservação dos direitos de defesa e do contraditório, fundamentais em um Estado Democrático de Direito.

Proteção de dados pessoais (ADI nº 6.387)

Em uma era de crescente preocupação com a privacidade, Toffoli teve um papel crucial na defesa da proteção de dados pessoais. Sua atuação ajudou a consolidar a Lei Geral de Proteção de Dados (LGPD) como um marco regulatório essencial para a garantia da privacidade e da segurança dos dados dos cidadãos brasileiros.

Fortalecimento das instituições democráticas

Em diversos julgamentos, Toffoli demonstrou um compromisso claro com a estabilidade e o fortalecimento das instituições democráticas. Como presidente do STF, liderou a Corte com uma visão voltada à harmonia entre os Poderes da República, sempre buscando manter o equilíbrio institucional e evitar crises que pudessem ameaçar a democracia. Um exemplo notável foi sua gestão durante o período das eleições presidenciais de 2018, onde trabalhou ativamente para assegurar que o processo eleitoral transcorresse de maneira justa e pacífica, reforçando a confiança da população nas instituições democráticas e no sistema eleitoral.

Guardião das garantias fundamentais

O compromisso de Dias Toffoli com as garantias fundamentais é evidente em sua jurisprudência. Ele tem se posicionado consistentemente a favor da proteção dos direitos individuais, assegurando que a aplicação da lei respeite os princípios constitucionais.

Compromisso com a ética e a transparência

Toffoli sempre enfatizou a importância da ética e da transparência na Administração Pública e no Judiciário. Durante sua presidência no STF, implementou diversas medidas para aumentar a transparência das atividades da Corte e promover uma maior aproximação entre o Judiciário e a sociedade.

Modernização do Judiciário

Sob sua liderança, o STF avançou significativamente no uso de tecnologias digitais, agilizando o andamento dos processos e tornando a Justiça mais acessível. A digitalização dos processos judiciais e a implementação de sessões virtuais durante a pandemia de COVID-19 são exemplos de seu compromisso com a eficiência e a modernização do Judiciário.

Desafios e decisões controversas

Liminar e suspensão das investigações

Com uma liminar, Toffoli interrompeu sozinho as investigações e levou quatro meses para pautar o caso no plenário do STF, quando a suspensão foi finalmente derrubada. Essa demora levantou especulações de que sua decisão era um aceno ao Planalto em busca de uma melhor relação entre os Poderes. Essa ação destacou a complexidade e as pressões inerentes ao papel do STF na mediação entre os diferentes Poderes da República.

Entrevista ao jornal argentino *Clarín*

Em uma entrevista ao jornal argentino *Clarín*, Dias Toffoli comentou que não havia risco de ruptura institucional no Brasil. Ele mencionou que, embora a forma de falar do presidente Jair Bolsonaro talvez "não seja a mais apropriada", o líder brasileiro respeitava as decisões dos outros Poderes. Toffoli avaliou a liminar da Polícia Federal como um contrapeso necessário no equilíbrio institucional, reafirmando seu papel como moderador e defensor da estabilidade democrática.

Um tributo ao compromisso com a justiça

Em reconhecimento a sua contribuição excepcional, prestamos esta homenagem ao Ministro Dias Toffoli, cuja trajetória no Supremo Tribunal Federal exemplifica o ideal de um verdadeiro defensor da democracia e dos direitos fundamentais. Sua liderança e visão progressista deixam um legado duradouro, inspirando confiança e respeito entre os cidadãos e guiando o Brasil rumo a um futuro mais justo e equitativo.

Toffoli defende o STF como o novo poder moderador da República

Em uma palestra para estudantes da Unesp, o Ministro José Antonio Dias Toffoli afirmou que o Supremo Tribunal Federal (STF) está assumindo cada vez mais o papel de poder moderador na República. Ele destacou que, apesar das críticas de que o Judiciário estaria invadindo competências, a realidade é que o STF tem sido constantemente chamado a resolver impasses sociais e políticos. Toffoli argumentou que o Supremo está deixando de ser visto como uma instituição retrógrada e conservadora, consolidando-se como uma entidade fundamental para solucionar os conflitos da sociedade, reforçando sua relevância no equilíbrio dos Poderes.

Um legado duradouro

O legado do Ministro Dias Toffoli no STF é marcado por uma profunda dedicação à justiça e aos princípios constitucionais. Suas decisões refletem um compromisso inabalável com a defesa dos direitos fundamentais e a promoção de um sistema judiciário mais justo e equitativo. Sua atuação no Supremo Tribunal Federal continuará a influenciar a jurisprudência brasileira por muitos anos, servindo de referência para futuros juristas e magistrados.

Dias Toffoli, com sua firmeza e dedicação, demonstrou que a justiça é um pilar essencial da democracia, e seu legado será lembrado como um testemunho de seu compromisso inabalável com o Estado Democrático de Direito.

Informação bibliográfica deste texto, conforme a NBR 6023:2018 da Associação Brasileira de Normas Técnicas (ABNT):

COSTA, Marco Aurélio Piantella. 15 Anos de Jurisdição Constitucional do Ministro Dias Toffoli no Supremo Tribunal Federal. *In*: MENDES, Gilmar Ferreira; LIRA, Daiane Nogueira de; FREIRE, Alexandre (coord.). *Constituição, democracia e diálogo*: 15 anos de Jurisdição Constitucional do Ministro Dias Toffoli. 2. ed. Belo Horizonte: Fórum, 2025. p. 1177-1180. ISBN 978-65-5518-937-7.

RESOLUÇÃO CNJ Nº 303: O ENFRENTAMENTO DA "QUESTÃO DOS PRECATÓRIOS"

MARCO ANTONIO INNOCENTI

Introdução

A gestão do Ministro do Supremo Tribunal Federal (STF) Dias Toffoli como presidente do Conselho Nacional de Justiça (CNJ) teve como um dos principais resultados a publicação da Resolução nº 303, de 18 de dezembro de 2019. O texto é um guia normativo completo e exaustivo sobre o tema, até hoje a espinha dorsal normativa da política nacional de gestão de precatórios no CNJ. A norma consolidou procedimentos e controles e trouxe maior transparência e eficácia à administração das dívidas judiciais do poder público.

A dimensão regulatória e fiscalizatória do CNJ no controle da gestão dessa dívida nasceu da decisão proferida pelo STF na ADI nº 4.357, proposta pelo Conselho Federal da Ordem dos Advogados do Brasil, considerando inconstitucional a EC nº 62/2009, que permitia a perpetuação do atraso indefinido na quitação dos precatórios. O STF considerou inconstitucional o estado de inadimplência generalizado entre estados e municípios e impôs ao CNJ a atribuição de disciplinar, controlar e fiscalizar os tribunais para que fossem garantidos padrões mínimos de destinação regular de recursos destinados ao pagamento desses débitos.

A atuação efetiva e inovadora do Ministro Dias Toffoli na produção da Resolução CNJ nº 303 foi de suma importância para organizar questões operacionais até então pendentes na gestão administrativa dos precatórios e Requisições de Pequeno Valor (RPVs) pelo Poder Judiciário. A iniciativa mostrou-se crucial para o enfrentamento da questão, trazendo valiosas contribuições para acelerar o pagamento de dívidas pendentes e restituir a dignidade a cidadãos que acreditam na Justiça como fonte garantidora de direitos.

A Resolução nº 303/2019 é um compêndio normativo amplo e ambicioso, com 89 artigos abrangendo cinco títulos e diversos capítulos, seções e subseções que avançam sobre aspectos jurídicos de alta complexidade. Sinaliza para a administração dos tribunais e jurisdicionados critérios claros em temas como expedição de precatórios e seu processamento, ordens de sequestro, cessão, compensação, uso de créditos e celebração de acordos envolvendo dívidas judiciais do Estado. Inclui também disposições inovadoras, como a criação de uma base de dados eletrônica unificada e cadastro de entes públicos inadimplentes com dívidas judiciais.

O projeto apresentado pelo Ministro Dias Toffoli à frente do CNJ mostrou-se uma medida fundamental, tendo em vista a dispersão regulatória quanto ao tema dos precatórios. Desde a Constituição Federal de 1988, foram pelo menos sete emendas constitucionais, duas leis federais, mais de uma dezena de atos normativos do CNJ e incontáveis decisões judiciais e administrativas vindas do Supremo Tribunal Federal, de Cortes superiores e tribunais locais abordando a mesma temática. Fazia-se urgente e necessária uma regulamentação de fôlego a fim de consolidar e unificar procedimentos administrativos, normatizar temas complexos e agilizar o processamento visando o pagamento dessas dívidas.

A providência foi relevante para mostrar que o Poder Judiciário não está inerte frente ao empenho insuficiente de outros poderes para reverter o cenário de inadimplência crônica e defasagem monetária que atinge os credores de dívidas judiciais. Os impactos sociais são amplos, uma vez que, como se sabe, o quadro de "calote" dos precatórios tem reflexos econômicos, impactando no "custo Brasil" e no gasto público, afeta direitos humanos fundamentais e põe em risco a moralidade da administração pública.

1 Guia de referência

Nesse cenário de constante mutação e incerteza, faltava aos operadores do Direito e aos usuários da Justiça um compêndio de referência para organizar e centralizar, em uma só fonte, de forma acessível, confiável e transparente, a constelação de entendimentos, legislações e regulamentações sobre o tema precatórios. Os efeitos positivos da regulamentação são sentidos até hoje, com algumas das políticas idealizadas pela Resolução ainda em implementação.

Como órgão administrativo de cúpula do Poder Judiciário, há muito a ser feito pelo CNJ em termos de aperfeiçoamento normativo para que as diversas instâncias administrativas da Justiça possam atuar com eficiência e produzir um desfecho tão satisfatório quanto possível para a gestão das dívidas judiciais do Estado. Nesse sentido, a Resolução nº 303 traz contribuições essenciais ao abordar, em uma só fonte, diversos procedimentos, ferramentas de gestão, transparência e controle, aumentando a eficiência administrativa e a segurança jurídica do usuário da Justiça. Abaixo, listamos alguns dos principais aspectos abordados pela norma:

- *Uniformização e processamento.* A Resolução CNJ nº 303 padroniza os procedimentos relacionados à expedição e ao pagamento de precatórios e RPVs em todo o país. Isso ajuda a evitar divergências e inconsistências entre os tribunais. A norma especifica os dados que devem contar no registro dos precatórios, suficientes para identificar adequadamente detalhes do processo e do beneficiário de forma a facilitar e agilizar procedimentos de cálculo, processamento, pagamento e demais medidas gerenciais. Esclarece, ainda, a especificação dos critérios de "superpreferência" para casos especiais, como idosos com doença grave.

- *Transparência e controle.* O texto estabelece mecanismos para maior transparência na gestão dos precatórios. Isso inclui a divulgação de listas de credores, com informação sobre a natureza do crédito, valor e posição na fila de pagamentos e divulgação dos planos de pagamento. Esses dados facilitam o acesso, o acompanhamento do processo e o controle social do sistema por usuários e opinião pública e reduzem drasticamente a indevida interferência dos gestores públicos (governadores e prefeitos) sobre os tribunais, já que os procedimentos são fiscalizados diretamente pelo CNJ.
- *Eficiência administrativa.* Ao estabelecer normas claras e padronizadas de preenchimento de dados e cadastros, a Resolução CNJ nº 303 contribui para a eficiência administrativa dos tribunais. Isso leva à redução de erros e atrasos nos processos de pagamento, como no caso de devoluções e correções processuais. A Resolução é desde então atualizada, para concretizar conceitos técnicos e produzir celeridade.
- *Segurança jurídica.* A padronização e a clareza das normas proporcionam também maior segurança jurídica tanto para os credores quanto para os devedores, diminuindo a quantidade de litígios e recursos relacionados a questões procedimentais. Dúvidas meramente formais podem gerar óbices protelatórios e atrasar a liberação do pagamento. Também conferem segurança a operações que envolvem a cessão dos créditos e a habilitação de terceiros.
- *Garantia dos honorários advocatícios.* A atuação do Ministro Dias Toffoli à frente da implantação dos conceitos que envolveram a elaboração da Resolução nº 303 permitiu que aos advogados fossem integralmente garantidos e destacados os honorários advocatícios, sejam aqueles contratualmente ajustados com os clientes, sejam os sucumbenciais, como créditos autônomos, garantindo-lhes tratamento e faculdades independentes.
- *Aprimoramento na gestão dos recursos públicos.* Com regras mais claras e uniformes, a gestão dos recursos destinados ao pagamento de precatórios e RPVs pode ser feita de maneira mais eficiente, evitando desperdícios, retrabalho e burocracia, possibilitando assim um melhor planejamento financeiro por parte dos entes públicos devedores. O resultado é o aprimoramento da gestão e economia de recursos para o Poder Judiciário e para o Poder Executivo.
- *Definição dos critérios de juros e correção monetária.* As alterações promovidas na Resolução CNJ nº 303 adequaram os critérios de atualização dos débitos judiciais, fixando a incidência de juros e correção monetária, refletindo de maneira uniformizada para todos os tribunais do país uma tabela única de atualização monetária que leve em conta a interpretação do STF sobre normas constitucionais e legais que definem a forma de se calcular os precatórios de maneira fácil e acessível a todos os atores envolvidos.

O índice de correção das dívidas judiciais é um dos temas de maior complexidade abordado na Resolução CNJ nº 303. A inclusão da Selic na Constituição Federal de alguma forma contribuiu para evitar modelos de correção monetária incapazes de acompanhar a inflação, como já ocorreu no passado, com o uso da Taxa Referencial (TR), prevista na Lei nº 11.960/2009. O vaivém de regras e entendimentos, contudo, pode gerar desencontros e questionamentos. Daí a importância de o CNJ ter se desincumbido da divulgação de uma tabela nacional de atualização dos débitos da Fazenda Pública.

2   Cessão e compensação

O tema da cessão de créditos de precatórios a terceiros é o foco de todo um capítulo da Resolução CNJ nº 303. A cessão de créditos já foi alvo de polêmicas e questionamentos, mas hoje é tema pacífico na jurisprudência, constitucionalizado desde a EC nº 62/2009. Nuances, porém, podem fomentar resistência e burocracia. A Resolução CNJ nº 303 traz um manual prático para a cessão de créditos, auxiliando usuários e operadores do Direito a evitar interpretações controversas nos tribunais. Entre os temas abordados estão:

- *Comunicação da cessão.* A cessão de crédito deve ser comunicada ao tribunal de origem que expediu o precatório ou a RPV. A comunicação é formalizada, assim, como um passo essencial para que o cessionário (novo titular do crédito) possa ser reconhecido e ter seus direitos garantidos no processo de pagamento.
- *Documentação necessária.* Para efetivar a cessão, é necessário apresentar ao tribunal os documentos que comprovem a transferência do crédito. Isso geralmente inclui um contrato de cessão de crédito assinado por ambas as partes (cedente e cessionário) e outras documentações necessárias para que o tribunal possa validar a cessão.
- *Publicidade e transparência.* A Resolução incentiva a publicidade e a transparência das cessões de crédito. As cessões devem ser registradas e publicadas em bases públicas de precatórios e RPVs mantidas pelos tribunais. A formalidade permite que todas as partes interessadas tenham conhecimento das transferências de titularidade dos créditos em questão.
- *Manutenção da ordem cronológica.* O texto esclarece que a cessão de crédito não altera a posição do precatório ou RPV na ordem cronológica de pagamento, nem altera a natureza do débito. O cessionário assume o crédito na mesma posição em que o cedente se encontrava, garantindo a preservação da fila de pagamentos.
- *Responsabilidade pelos tributos.* A Resolução dedica uma seção ao tema da incidência e retenção de tributos, abordando a responsabilidade pelo pagamento no caso de cessão de crédito. A Resolução CNJ nº 303 esclarece que na cessão e na compensação tributária a retenção observará o disposto na legislação em vigor na data do pagamento.

O tema da cessão de créditos de precatórios exigiu atenção especial da Resolução CNJ nº 303, devido ao alto risco de interpretações controversas e medidas protelatórias que podem atrasar ainda mais o recebimento de créditos por quem mais precisa. A cessão de créditos, ainda que não seja uma solução ideal, é uma forma de devolver um mínimo de dignidade aos credores do poder público que precisam, com a maior urgência, ter acesso aos recursos obtidos judicialmente.

A Resolução CNJ nº 303 estabeleceu diretrizes para o uso dos créditos em precatórios para a quitação de débitos fazendários, desde que havendo autorização em lei do ente federado. O texto de 2019 permite que os credores de precatórios utilizem esses valores para compensar débitos tributários e outros de natureza fiscal devidos ao ente público devedor. Para tal, estabeleceu requisitos procedimentais administrativos, como a apuração de débitos líquidos, descontados tributos, e a observância da suspensão e baixa do precatório por adimplemento, uma vez compensado o valor do débito na integralidade.

A previsão incluída na Resolução CNJ nº 303 de 2019 foi o primeiro passo para a regulamentação mais ampla do instituto da compensação pelo CNJ. O texto ampliado aprovado em 2022 prevê procedimentos administrativos para uso de precatórios para a quitação de débitos com a Fazenda pública parcelados ou inscritos em dívida ativa, compra de imóveis públicos, pagamento de outorgas para concessão de serviços públicos, participação societária e até de direitos em contratos de partilha de petróleo, criando a CVLD – Certidão do Valor Líquido Disponível.

3   Histórico e perspectivas

A Resolução nº 303/2019 foi um passo importante para o aprofundamento dos estudos e políticas do CNJ no enfrentamento da problemática que envolve os precatórios, dando origem a inciativas relevantes ainda em vigência e outras ainda por vir. Uma delas é o "Mapa Anual dos Precatórios", uma base de dados eletrônica disponível na página eletrônica do Conselho Nacional de Justiça, no qual constam valores atualizados e individualizados da dívida em precatórios, discriminados segundo ente federado e tribunal responsável.

O instrumento é importante para centralizar e tornar mais acessíveis informações sobre as pendências do Estado com suas dívidas judiciais, o que facilita a informação para operadores e usuários da Justiça e para a opinião pública em geral. O valor acumulado da dívida no ano de 2023, calculado pelo sistema do CNJ, foi de R$ 265 bilhões, equivalente a quase 2,4% do Produto Interno Bruto (PIB) nacional à época. O estado e os municípios de São Paulo constam como responsáveis por R$ 91 bilhões do montante total.

Outra iniciativa originada da Resolução nº 303/2019 é o Sistema Nacional de Precatórios, criado com a finalidade de padronizar e automatizar a gestão das dívidas judiciais dos governos. O sistema é uma iniciativa coletiva que conta com a participação de especialistas e representantes de tribunais, tendo por fim aprimorar o processamento de precatórios e integrá-lo ao sistema de processo eletrônico, aumentando sua celeridade e transparência.

A contribuição do Ministro Dias Toffoli ao garantir o encaminhamento e aprovação da Resolução CNJ nº 303 foi central para dar continuidade ao trabalho da administração da Justiça no enfrentamento dessa importante questão de interesse nacional. Trata-se de um trabalho contínuo, contando o CNJ com o Fórum Nacional de Precatórios (Fonaprec), órgão permanente dedicado a elaborar estudos e propor medidas concretas de aperfeiçoamento e gestão. Entre as ações resultantes do Fonaprec, a Resolução CNJ nº 303, implementada na gestão Dias Toffoli, é o resultado de maior relevo.

Historicamente, a aprovação da Resolução CNJ nº 303 se insere em uma longa rota de reformas e aprimoramentos normativos, além de várias batalhas judiciais com os entes devedores, mas não encerra a jornada. Trata-se de um esforço dentro de um cabo de guerra com várias pontas, que colocam de lados opostos credores e devedores, representantes da classe política, operadores do direito e sociedade civil. Nesse jogo, a Resolução CNJ nº 303 devolve racionalidade ao processo e protagonismo ao Judiciário, colocando ordem no caos e usando a margem de manobra administrativa da Justiça para aprimorar o regime existente.

O cenário conturbado resulta em constante mutação normativa, trazendo incerteza e imprevisibilidade em termos de procedimentos e formas de pagamento. Enfrentar todos esses temas em uma regulamentação de síntese, como fez o CNJ na Resolução nº 303/2019, não foi tarefa trivial, mas seus frutos são amplos. Os impactos sociais da inadimplência crônica do Estado brasileiro com suas dívidas judiciais são graves, e todo o esforço para enfrentá-la é de extrema relevância.

Embora a Resolução nº 303 tenha sido, de fato, um divisor de águas no aprimoramento do sistema de execução dos débitos do poder público, há ainda desafios que o próprio CNJ precisa superar, já que alguns deles encontram raízes na própria estrutura de alguns tribunais que, embora frequentemente cobrados pelo próprio CNJ, acabam sabotando os avanços que a implementação das definições e dos conceitos derivados da Resolução nº 303 consolidaram, chegando a criar uma espécie inédita de conflito de interesses em que opõem, de um lado, os jurisdicionados, e de outro lado o próprio tribunal, que cria toda sorte de entraves burocráticos para retardar ou até mesmo frustrar o efetivo pagamento – atitude que, inclusive, constitui crime de responsabilidade.

Impedir que os tribunais adotem rotinas de trabalho que possibilitem a acumulação de saldos nas contas especiais, que, por sua vez, resultem em aumento do valor dos depósitos judiciais sob administração da instituição financeira depositária e, consequentemente, o aumento do *spread* bancário revertido em benefício do próprio tribunal, é, portanto, um desafio urgente.

4   Direitos humanos, economia, integridade

A "questão dos precatórios" é, simultaneamente, um tema econômico, de direitos humanos e de moralidade do Estado. É importante repassar esses argumentos a fim de dar a devida relevância e dimensão aos esforços dos operadores do direito empenhados em dar efetividade ao cumprimento das decisões judiciais e obtenção dos créditos pendentes. É nesse contexto que se insere a Resolução CNJ nº 303/2019.

Segundo trabalho dos economistas Fernando B. Meneguin e Maurício S. Bugarin, a deterioração nas condições de pagamento de precatórios é uma forma de promoção de desequilíbrio econômico, piorando a percepção dos agentes quanto a segurança jurídica e ambiente de negócios. "Se o próprio Estado não cumpre as decisões judiciais, a sensação de insegurança jurídica tende a se espalhar pela sociedade, com sérias repercussões negativas para o crescimento econômico" (MENEGUIN e BUGARIN, 2008, p. 27).

Para o economista e professor de direito econômico Vicenzo Florenzano, o descaso do Estado quanto à questão dos precatórios afeta diretamente as taxas de juros e as compras públicas. Segundo o autor, uma vez que não há confiança na capacidade de pagamento das obrigações pelo Estado, os diversos agentes econômicos embutem o risco de inadimplência no preço de crédito, produtos e serviços. Isso se reflete na percepção quanto à solvência do Estado, estampada no indicador privado chamado "risco-país", como já ocorreu no passado (BOLZANI, 2021). Ou seja, quando o Estado dá calote, todo mundo paga a conta.

> Em termos de ambiente de negócios e estrutura de incentivos, as piores coisas que se podem colocar para os agentes econômicos são o descumprimento das regras, as quebras de contrato e a incerteza normativa (jurídica). Afinal, se o próprio Estado não cumpre as decisões judiciais, ninguém se sentirá seguro contratando. Isso explica, em parte, por que o Estado precisa pagar preços mais elevados para adquirir os produtos e os serviços de que necessita. As empresas, quando transacionam com o Estado, embutem no preço o risco do descumprimento das regras. Explica também, pelo menos em parte, por que temos taxas de juros tão elevadas. (FLORENZIANO, 2013)

O calote dos precatórios pelo Estado brasileiro já é uma disputa internacional na esfera dos direitos humanos. A causa é processada pela Comissão Interamericana de Direitos Humanos, da Organização dos Estados Americanos (OEA), a qual admitiu a plausibilidade do argumento de violação a direitos fundamentais e omissão da Justiça em decorrência da inadimplência de precatórios. Tal resultado tem potencial para criar graves danos de imagem e reputação para o Brasil em instâncias de representação política e econômica internacionais. Uma das últimas decisões sobre o tema, de 2022, considerou admissível o pedido quanto à violação simultânea dos direitos de acesso e efetividade da Justiça, previstos nos artigos 8ª e 25 da Convenção Americana de Direitos Humanos, e violação do direito à propriedade privada, artigo 21.

> Consoante sua jurisprudência, a Comissão Interamericana observa que, caso se provem verdadeiras as alegações da parte peticionária sobre a violação de seus direitos à propriedade, assim como a falta de recursos efetivos e proteção judicial adequada para garantir os direitos referidos, poderiam caracterizar violações dos direitos consagrados nos artigos 8, 21 e 25 da Convenção Americana, em concordância com os artigos 1.1 e 2 do mesmo tratado. Consequentemente, a CIDH decide que a petição é admissível. (ORGANIZAÇÃO DOS ESTADOS AMERICANOS, 2022)

Por fim, o tema da moralidade. A constitucionalização das regras sobre precatórios surgiu com a preocupação de evitar os privilégios e favorecimentos que podem surgir em meio à disfunção administrativa. Segundo a pesquisa do desembargador do Tribunal de Justiça de São Paulo (TJSP) Eurípedes Faim Filho (2017), o Decreto Federal nº 3084/1898 já trazia uma consolidação das leis processuais estabelecendo a impenhorabilidade dos bens públicos e a exigência de "precatória", próximo ao regime nos moldes atuais. O tema foi levado à Constituinte de 1934, porque a inadimplência do Estado chamava a atenção dos legisladores devido ao surgimento de favorecimentos indevidos. O autor registra o clima de desconforto relatado à época:

A desordem financeira em muitos estados não se manifesta apenas na cessação de pagamentos de sua dívida fundada, mas também e principalmente no pagamento da dívida flutuante, sujeito ao regime do favoritismo, quanto não das negociatas dos intermediários (...) Entre nós, tem a experiência demonstrado que os mais caloteiros são os governos. Os mais caloteiros e os que menos importância ligam às condenações da Justiça (...) dormem nos gabinetes dos Ministros e nas secretarias dos Presidentes e dos Prefeitos, à espera da boa vontade de qualquer onipotente, ou das gorjetas, das percentagens, ou simples empenhos de amigos. (FAIM FILHO, 2017, p. 28)

A ordem cronológica impositiva limitou em parte o desmando, mas o mal funcionamento administrativo cria oportunidades para desvios, o que significa que qualquer medida que traga maior padronização, uniformidade e celeridade a atos de gestão da dívida de precatórios também coibirá eventuais atos de improbidade. A inadimplência crônica dos precatórios, além dos problemas econômicos e humanos, é um risco para a integridade da administração pública. Daí a importância de medidas de uniformização e padronização de procedimentos, à imagem do que foi obtido com a Resolução CNJ nº 303.

Conclusão

A "questão dos precatórios" atravessa décadas sem que políticos e legisladores encontrem uma solução adequada. O sofrimento de credores e os desequilíbrios econômicos e administrativos gerados se perpetuam, produzindo um Estado disfuncional, ineficiente e injusto. A impotência do Poder Judiciário para fazer frente às demandas de seus usuários, contudo, não é desculpa para que seus gestores deixem de buscar soluções e inovações.

É exatamente isso que foi obtido com a Resolução CNJ nº 303. Ao produzir um compêndio normativo abrangente e preciso, o CNJ deu uma grande contribuição para a sociedade, apresentando instrumentos que garantem a celeridade e a precisão no processamento das dívidas existentes e dão transparência ao estoque e perfil da dívida judicial existente, o que facilita o trabalho de fiscalização e pressão da sociedade civil, da opinião pública e dos operadores do Direito.

Vimos como a Resolução atinge vários pontos relevantes e aborda problemas formais e aspectos polêmicos, como a forma de correção e atualização dos débitos, a cessão e o uso de créditos, a produção de bases de dados amplas completas, constituindo um manual de referência para a Justiça e a população.

O esforço do Ministro Dias Toffoli à frente do CNJ para concretizar esse projeto mostrou-se da maior relevância para a mudança de patamar da gestão desses débitos pelos tribunais, visando melhorar a forma de quitação dessa dívida histórica do Estado. Este artigo registra esta homenagem destacando a oportunidade e relevância da atuação do Ministro Dias Toffoli, que serve de exemplo e modelo para a atuação de gestores da Justiça no país.

Referências

BOLZANI, Isabela. Risco Brasil sobe com "meteoro" dos precatórios de Guedes. *Folha de São Paulo*, 9 ago. 2021. Disponível: https://www1.folha.uol.com.br/mercado/2021/08/risco-brasil-sobe-com-meteoro-de-gastos-de-guedes.shtml. Acesso em: 23 jul. 2024.

FAIM FILHO, Eurípedes Gomes. *Precatórios na história: de antes do Brasil Colônia até a Constituição de 1988.* Série: Precatórios e Requisições de Pequeno Valor. Volume II. São Paulo: Instituto dos Magistrados Paulistas (IPAM). 2017.

FLORENZANO, Demetrio Vicenzo. Crise dos precatórios: 25 anos de grave violação a direitos humanos e teste de estresse para as instituições do Estado Republicano e Democrático de Direito. *Revista de Informação Legislativa*, Brasília, v. 50, n. 200, p. 271-295, out./dez. 2013. Disponível: https://bdjur.stj.jus.br/jspui/handle/2011/172713. Acesso em: 23 jul. 2024.

MENEGUIN, Fernando B., e BUGARIN, Maurício S. Uma análise econômica para o problema dos precatórios. *Consultoria Legislativa do Senado Federal*. Textos para Discussão, 46. Disponível: file:///C:/Users/Usu%C3%A1rio/Downloads/TD46-FernandoMeneguin_MauricioBugarin.pdf. Acesso em: 23 jul. 2024.

ORGANIZAÇÃO DOS ESTADOS AMERICANOS (OEA). Comissão Interamericana de Direitos Humanos. *Relatório nº 106/22*. Petição 2179-12. Relatório de Admissibilidade. Adalberto Araújo e outros. Brasil. Doc. 109. 10 maio 2022. Disponível: https://www.oas.org/pt/cidh/decisiones/2022/2179-12%20Adalberto%20Ara%C3%BAjo%20e%20outros%20Brasil%20ADMISIBLE%20POR_FINAL%20WEB.pdf. Acesso em: 23 jul. 2024.

Informação bibliográfica deste texto, conforme a NBR 6023:2018 da Associação Brasileira de Normas Técnicas (ABNT):

INNOCENTI, Marco Antonio. Resolução CNJ 303: o enfrentamento da "questão dos precatórios". *In*: MENDES, Gilmar Ferreira; LIRA, Daiane Nogueira de; FREIRE, Alexandre (coord.). *Constituição, democracia e diálogo*: 15 anos de Jurisdição Constitucional do Ministro Dias Toffoli. 2. ed. Belo Horizonte: Fórum, 2025. p. 1181-1189. ISBN 978-65-5518-937-7.

UMA ABORDAGEM DA JURISDIÇÃO CIDADÃ DO MINISTRO DIAS TOFFOLI

MARCOS MEIRA

Introdução

O Supremo Tribunal Federal (STF), atuando como guardião da Constituição, ostenta um papel vital na preservação do Estado Democrático de Direito. Neste contexto, o exame da contribuição de cada ministro é fundamental, haja vista que suas decisões têm o potencial de influenciar o futuro jurídico e social da nação.

Nessa linha, destaca-se a trajetória do ministro José Antonio Dias Toffoli, cuja atuação no STF, ao longo de 15 anos, tem sido marcada por uma abordagem que prioriza a proteção dos direitos fundamentais. Seu perfil jurídico, frequentemente caracterizado como garantista, mais atento ao "espírito" do que propriamente à letra da lei, manifesta-se em diversas áreas do Direito, sobretudo no campo do Direito Eleitoral, do Direito Fiscal e do Direito Sancionador.

Sua orientação jurídica alcança um perfeito equilíbrio entre a observância da norma e as garantias fundamentais dos cidadãos. Esta abordagem é evidente em vários casos emblemáticos de sua carreira no STF, que não apenas refletem sua interpretação da Constituição, como também seu entendimento sobre o papel do Poder Judiciário em uma sociedade democrática em constante evolução.

O ministro Dias Toffoli frequentemente demonstra, em suas decisões, uma forte influência dos princípios do garantismo penal, teoria desenvolvida pelo jurista italiano Luigi Ferrajoli.[1] Essa teoria defende um modelo de Direito que busca proteger os direitos fundamentais dos cidadãos contra abusos do Estado, destacando a importância de um processo penal acusatório, caracterizado, na sua essência, pelo respeito à igualdade entre acusação e defesa, imparcialidade do juiz, observância do contraditório e presunção de inocência. Esses princípios são claramente visíveis em muitas decisões na seara penal, como veremos a seguir.

---

[1] FERRAJOLI, Luigi. *Direito e razão*: teoria do garantismo penal. São Paulo: RT, 2002.

De fato, ao longo deste texto, examinaremos algumas das decisões mais significativas do ministro Dias Toffoli, analisando como sua atuação tem contribuído para a evolução da jurisprudência do STF e, por extensão, para o desenvolvimento do Direito Constitucional brasileiro. Desde questões relacionadas ao combate à corrupção até temas sensíveis como direitos LGBTQIA+ e violência de gênero, a sua trajetória oferece um panorama único das complexidades e desafios enfrentados pela mais alta Corte do país nos anos de exercício de sua jurisdição.

1 Anulação das provas obtidas nos sistemas da Odebrecht

Em setembro de 2023, uma decisão do ministro Dias Toffoli na Reclamação nº 43.007 gerou grande repercussão na comunidade jurídica e na imprensa nacional e internacional, ao abordar questões relacionadas à operação Lava Jato. A decisão declarou a imprestabilidade dos elementos de prova obtidos a partir do acordo de leniência celebrado pela Odebrecht, bem como de todos os elementos dele decorrentes, em qualquer âmbito ou grau de jurisdição, atribuindo-lhe efeitos *erga omnes*.

A imprestabilidade das provas foi declarada com base em diversos fundamentos, incluindo problemas na cooperação internacional, na cadeia de custódia das provas, questões de competência e imparcialidade judicial, alegações de atuação coordenada entre juiz e Ministério Público e irregularidades na remessa de recursos ao exterior. A decisão também garantiu aos investigados e acusados o acesso às conversas interceptadas na operação *Spoofing*, reafirmando a importância do respeito às garantias constitucionais do acusado.

Esta decisão ilustra a postura do juiz, que visa garantir que os esforços contra a corrupção ocorram dentro dos limites legais e constitucionais. Ao reconhecer os exageros da operação Lava Jato, a decisão reitera que o Estado não tem permissão para empregar métodos ilícitos ou abusivos.

Neste contexto, é pertinente evocar o conceito de "Estado policialesco". Segundo Carré de Malberg:

> A autoridade administrativa pode, de modo discricionário e com uma liberdade decisória mais ou menos completa, aplicar aos cidadãos todas as medidas que ela julga útil a ser tomada por iniciativa dela mesma, para enfrentar circunstâncias e atingir em cada momento os fins a que se propõe. O Estado policial se opõe [diametralmente] ao Estado de direito.[2]

A decisão do ministro Dias Toffoli alinha-se a esta concepção, reforçando a importância do Estado de Direito em oposição a práticas que poderiam caracterizar um Estado policialesco. Ao invalidar provas obtidas por meios questionáveis, o ministro reafirma o compromisso do Judiciário com os princípios constitucionais e o devido processo legal.

Importante destacar que esta decisão não representa uma inovação jurisprudencial, mas uma consolidação de entendimentos já firmados pelo STF, remontando à decisão do ministro Ricardo Lewandowski, de 2022, confirmada pela 2ª Turma. O ministro Dias

---

2   MALBERG, Raymond Carré de. *Contribuição à teoria geral do Estado*. Paris: Société du Recueil Sirey, 1920.

Toffoli estendeu o reconhecimento da imprestabilidade das provas a todos os casos relacionados, promovendo economia processual e isonomia jurídica.

É fundamental, portanto, compreender que esta decisão não representa uma ruptura com o entendimento anterior do STF, mas sim uma extensão racional e coerente de princípios já consolidados. Ela reafirma a importância do devido processo legal e da integridade das provas em processos judiciais, aplicando de forma ampla um entendimento que já vinha sendo adotado em casos individuais.

Ao contrário do que sustentam algumas críticas dirigidas à referida decisão, ela não enfraquece o combate à corrupção. A decisão estabelece limites constitucionais claros que devem ser observados pelos agentes da persecução penal. Dessa forma, busca-se assegurar que futuras investigações cumpram seu objetivo sem violar direitos fundamentais dos investigados. Ao invalidar provas obtidas sem a observância dos padrões legais exigidos, o ministro Dias Toffoli reafirma seu alinhamento à corrente garantista.

Críticos argumentam, ainda, que a decisão resultaria em impunidade, mas é crucial entender que eventuais impunidades seriam consequências das ilegalidades e abusos cometidos na investigação, não da decisão judicial que apenas a reconhece. Ademais, a anulação das provas, com base em mensagens *hackeadas* (operação *Spoofing*), é medida que se impõe, mormente, se analisada sob o prisma do princípio da proporcionalidade *pro reo*.

Em suma, a decisão do ministro Dias Toffoli estabelece um importante precedente para futuras investigações e processos judiciais, reafirmando a necessidade de respeito irrestrito às garantias constitucionais e ao devido processo legal, sem comprometer o combate à corrupção, mas assegurando que os esforços anticorrupção se realizem em estrita conformidade com o arcabouço jurídico e constitucional.

2   Inviolabilidade dos advogados no exercício da profissão

Outro caso que ilustra o compromisso do ministro Dias Toffoli com as garantias constitucionais foi sua decisão no Inquérito nº 4.940. Este inquérito investiga um episódio de agressão e hostilidade ao ministro Alexandre de Moraes, ocorrido no aeroporto de Roma, em julho de 2023, envolvendo o empresário Roberto Mantovani e seu filho, que teve grande repercussão na imprensa.

Durante a investigação, a Polícia Federal incluiu no relatório conversas entre Mantovani e seu advogado. Diante disso, o Conselho Federal da Ordem dos Advogados do Brasil (CFOAB) acionou o Supremo Tribunal Federal, alegando que tal inclusão violava o sigilo profissional entre advogado e cliente, um princípio fundamental do direito de defesa.

Ao analisar o caso, o magistrado acolheu o pedido da OAB, determinando a exclusão das transcrições de diálogos e os *prints* das mensagens trocadas entre o advogado e seu cliente dos autos da investigação.

A sua decisão, neste caso, é significativa por preservar o sigilo das comunicações entre advogados e clientes, princípio fundamental para a garantia do direito de defesa e do devido processo legal substantivo. Além disso, reforça a importância da proteção das prerrogativas profissionais dos advogados, essenciais para o exercício pleno da advocacia.

3   Prisão após a segunda instância

A posição do ministro Dias Toffoli sobre a prisão após a segunda instância, manifestada no julgamento das Ações Declaratórias de Constitucionalidade nºs 43, 44 e 54, em 2019, é outro exemplo de sua interpretação garantista da Constituição. Neste julgamento, discutiu-se a constitucionalidade da execução da pena privativa de liberdade antes do trânsito em julgado da sentença condenatória.

O ministro foi o responsável pelo voto de desempate do julgamento, concluindo que o artigo 283 do Código de Processo Penal está em conformidade com a Constituição Federal. Esta disposição legal estabelece que a prisão só pode ocorrer após a "condenação criminal transitada em julgado", salvo em casos de flagrante delito, prisão temporária ou preventiva:

> [...], a prisão-pena, como sanção imposta pelo Estado pela violação de um bem jurídico penalmente tutelado, exige a formulação de um juízo definitivo de culpabilidade em um título judicial condenatório transitado em julgado. Logo, se não for hipótese de prisão em flagrante ou de prisão cautelar, não se admitirá a prisão antes do trânsito em julgado da condenação, vale dizer, antes que se forme a coisa julgada penal.[3]

Na sua argumentação, Sua Excelência enfatizou que a necessidade do trânsito em julgado não resultará em um cenário de impunidade, argumento mais uma vez suscitado pelos que compreendiam no sentido oposto. Ele destacou que o ordenamento jurídico brasileiro dispõe de instrumentos eficazes para prevenir e combater o uso indevido de recursos processuais. Esses mecanismos são capazes de identificar e coibir estratégias dilatórias que visem unicamente postergar o processo com o intuito de alcançar a prescrição da pena. Dessa forma, o ministro reafirmou que o respeito ao princípio da presunção de inocência pode coexistir harmoniosamente com um sistema de justiça eficiente e capaz de punir os culpados após o devido processo legal.

O seu voto contribuiu para uma mudança significativa na jurisprudência do STF, que anteriormente permitia a execução provisória da pena após condenação em segunda instância.

Assim, a posição adotada pelo ministro Dias Toffoli, neste caso, reflete sua consistente defesa das garantias constitucionais e do devido processo legal. Ao votar pela necessidade do trânsito em julgado para o início do cumprimento da pena, ele priorizou a proteção dos direitos individuais e a segurança jurídica.

---

[3]   Trecho do voto do ministro Dias Toffoli, no julgamento da ADC 43 MC.

4 Violência de gênero

O compromisso de Sua Excelência com a proteção dos direitos fundamentais se estende de maneira contundente ao combate à violência de gênero, como evidenciado em sua atuação na Arguição de Descumprimento de Preceito Fundamental (ADPF) nº 779.

Nesta arguição, relatada pelo ministro Dias Toffoli, o Plenário do STF confirmou uma medida liminar concedida em 2021 e declarou a inconstitucionalidade da tese de legítima defesa da honra nos crimes de feminicídio.

Em seu voto, o ministro demonstrou não apenas sua expertise jurídica, mas também uma profunda sensibilidade às questões de gênero e uma compreensão aguçada das realidades enfrentadas pelas mulheres no Brasil. Expressando sua indignação, ele declarou:

> Apesar da alcunha de "legítima defesa", instituto técnico-jurídico amplamente amparado no direito brasileiro, a chamada "legítima defesa da honra" corresponde, na realidade, a recurso argumentativo/retórico odioso, desumano e cruel utilizado pelas defesas de acusados de feminicídio ou agressões contra mulheres para imputar às vítimas a causa de suas próprias mortes ou lesões, contribuindo imensamente para a naturalização e a perpetuação da cultura da violência contra as mulheres no Brasil.[4]

O ministro foi além da mera análise jurídica, expressando uma preocupação genuína com o impacto social dessas práticas. Ele afirmou que essas estratégias de defesa favorecem a banalização e a continuidade da cultura de violência contra mulheres no Brasil. Sua linguagem, marcada por empatia e convicção, indicou que, para ele, não era apenas um assunto legal, mas também um mandamento moral e social.

A decisão do STF, liderada pelo voto de Sua Excelência, marca um avanço significativo no combate à violência de gênero no Brasil. Ao declarar inconstitucional a tese de legítima defesa da honra, o Tribunal eliminou um argumento frequentemente usado para justificar ou atenuar a responsabilidade em casos de feminicídio. O posicionamento não apenas reafirma seu compromisso com os direitos humanos e a igualdade de gênero, mas também envia uma mensagem clara à sociedade brasileira sobre a inaceitabilidade da violência contra mulheres, reforçando o valor da vida e da dignidade feminina no âmbito legal e social.

Esta decisão, alinhada com os princípios constitucionais de igualdade e não discriminação, exemplifica como o STF pode influenciar mudanças sociais através da interpretação judicial. A sua decisão, neste caso, reflete uma abordagem judicial que considera as implicações sociais das interpretações legais, particularmente em relação à proteção de grupos vulneráveis.

5 Do juiz das garantias

A atuação do ministro Dias Toffoli no julgamento das Ações Diretas de Inconstitucionalidade (ADIs nºs 6.298, 6.299, 6.300 e 6.305) em 2023, que tratavam da instituição do "juiz das garantias", demonstra sua busca por um equilíbrio entre a eficácia

---

4　Trecho do voto do ministro Dias Toffoli no julgamento da ADPF nº 779.

da persecução penal e a proteção dos direitos individuais. Estas ações questionavam dispositivos da Lei nº 13.964/2019, que introduziu modificações significativas no Código Penal e no Código de Processo Penal, com destaque para a instituição do "juiz das garantias".

O conceito do juiz das garantias representa uma mudança paradigmática no processo penal brasileiro. Sua função principal é supervisionar a fase investigatória de um crime, assegurando a imparcialidade do juiz que posteriormente processará e julgará o réu. Esta separação de funções visa promover a imparcialidade judicial e garantir a isonomia entre acusação e defesa.

A proposta do juiz das garantias não é nova no cenário jurídico brasileiro. Sua discussão, no Congresso Nacional, remonta a 2009, com o Projeto de Lei nº 156/2009, de autoria do ex-Presidente José Sarney. No entanto, foi apenas após os eventos controversos relacionados à Operação Lava Jato e à 13ª Vara Federal de Curitiba que a proposta ganhou impulso e foi finalmente aprovada por meio da promulgação da Lei nº 13.964/2019.

O magistrado, ao analisar a constitucionalidade do juiz das garantias, votou favoravelmente. Ele argumentou que este novo modelo fortalece o sistema acusatório e assegura a imparcialidade do juiz da instrução, elementos essenciais para um devido processo penal substantivo, na linha da teoria garantista de Ferrajoli, para quem uma separação clara entre as funções de investigação/acusação e julgamento trata-se de um princípio fundamental do sistema acusatório por ele idealizado.[5]

Na visão do ministro, a implementação do juiz das garantias cria uma distinção clara entre a fase pré-processual (investigativa) e a fase processual propriamente dita. Esta separação é marcada pelo recebimento da denúncia ou queixa, momento que encerra a competência do juiz das garantias. No sistema acusatório idealizado por Ferrajoli, essa separação é fundamental, pois ajuda a prevenir a contaminação do juiz que julgará o mérito da acusação com informações produzidas da fase investigativa, preservando assim a sua imparcialidade.[6]

O ministro enfatizou que o modelo de persecução penal brasileiro deve ser um sistema acusatório que prioriza a proteção dos direitos fundamentais do acusado, refletindo os princípios éticos da Constituição de 1988. Ele destacou a importância de o investigado ser informado sobre a existência de investigações criminais, considerando isso um direito fundamental e uma das principais atribuições do juiz das garantias.

Manifestou preocupação com investigações sigilosas, sem controle judicial adequado. Ele enfatizou a importância da transparência e supervisão judicial em todas as investigações criminais, independentemente da denominação.

É importante notar que, como Presidente do Conselho Nacional de Justiça (CNJ), o ministro Dias Toffoli teve um papel ativo na implementação prática do juiz das garantias. Por meio da Portaria CNJ nº 2014/2019, ele instituiu um grupo de trabalho para estudar os impactos da Lei nº 13.964/2019 no Poder Judiciário, e desenvolver diretrizes para a estruturação e funcionamento do juiz das garantias nos tribunais estaduais e federais.

---

[5] FERRAJOLI, Luigi. *Direito e razão*: teoria do garantismo penal. São Paulo: RT, 2002, p. 466.

[6] FERRAJOLI, Luigi. *Garantismo penal*. Universidad Nacional Autónoma de México, 2006, p. 45.

6   Inquérito das *fake news*

O Inquérito nº 4.781, conhecido como "Inquérito das *fake news*", foi instaurado pela Portaria GP nº 69, de 14 de março de 2019, durante a sua presidência no STF. Esta medida emergiu em um cenário de crescente tensão, marcado pela intensificação dos ataques aos ministros do STF e por tentativas de influenciar as decisões do tribunal. Essa decisão de abrir um inquérito para investigar a propagação de notícias falsas e difamações é bastante controversa. No entanto, foi vista como uma resposta necessária ao ambiente político crescentemente hostil.

Inicialmente, a medida foi alvo de críticas e questionamentos legais, culminando na Arguição de Descumprimento de Preceito Fundamental (ADPF) nº 572, movida pelo partido Rede Sustentabilidade. A ação questionava a legalidade do inquérito, apontando a falta de delimitação clara sobre os alvos da investigação e alegando que o procedimento era excessivo e autoritário.

No entanto, em julho de 2020, o STF julgou a ADPF nº 572, prevalecendo o voto do relator, ministro Edson Fachin. O entendimento foi no sentido de que houve omissão dos órgãos de controle, como o Ministério Público e a Polícia Federal, que não tomaram a iniciativa de investigar os ataques contra a independência do Poder Judiciário e as ameaças contra os magistrados nas redes sociais. Dessa forma, o tribunal validou a instauração do inquérito, considerando que o regimento interno poderia ser aplicado como instrumento de defesa institucional.

Esta decisão marcou um ponto de virada na percepção sobre o inquérito. Diego Werneck Arguelhes, doutor em Direito pela *Yale University*, observou uma mudança após o primeiro ano de sua instauração. Segundo ele, o inquérito gradualmente se transformou em uma peça central na política nacional, ganhando relevância e apoio em Brasília:

> O cenário mudou após um ano e o inquérito talvez tenha sido positivo para Toffoli: se tornou uma das peças mais importantes da política nacional, com grande impacto sobre o que acontece em Brasília, e subitamente ganhou muito mais apoio do que tinha.[7]

Sem dúvida, a crise política no país se intensificava, ameaçando os pilares da democracia. Nesse contexto, o inquérito passou a ser visto como ferramenta essencial para proteger o sistema democrático e eleitoral brasileiro.

Refletindo sobre sua decisão de instaurar o inquérito, o então Presidente do STF, em entrevista a jornalistas, em 4 de setembro de 2020, sobre o balanço de sua gestão, reconheceu a complexidade e o desafio que ela representou, mas a contextualizou como uma resposta necessária a um fenômeno observado em outros países. Ele afirmou:

---

[7]   *In*: SCHREIBER, Mariana. Como aproximação com Bolsonaro e inquérito polêmico fragilizaram STF na gestão Toffoli, segundo juristas. BBC News Brasil. Brasília, 08 de setembro de 2020. Disponível em: https://www.bbc.com/portuguese/brasil-54064642. Acesso em: 14 jul. 2024.

Aqueles que estudaram a história do Brasil sabem e têm noção que não foi uma decisão fácil. Foi a decisão mais difícil da minha gestão a abertura do inquérito. A gente viu o início de uma política de ódio que quer destruir instituições e instalar o caos.[8]

Esta reflexão do ministro reforça a ideia de que, apesar das controvérsias iniciais, o inquérito foi visto por ele como uma medida crucial e necessária para a estabilidade democrática no Brasil, em face de ameaças crescentes às instituições.

Conclusão

A trajetória do ministro Dias Toffoli, no STF, ao longo de 15 anos, deixa um legado significativo e multifacetado na jurisprudência constitucional brasileira. Sua atuação revela um magistrado profundamente comprometido com a defesa do Estado Democrático de Direito e com a proteção dos direitos fundamentais, mesmo diante de questões polêmicas e pressões políticas.

O seu legado é marcado por um consistente garantismo constitucional, evidenciado em decisões cruciais sobre a anulação de provas obtidas ilegalmente, a inviolabilidade dos advogados e a prisão-pena somente após o trânsito em julgado. Paralelamente, seu firme apoio aos direitos de uniões homoafetivas e ao combate à violência de gênero demonstra um compromisso inabalável com a igualdade e a proteção dos grupos vulneráveis na sociedade brasileira.

A defesa do instituto do juiz das garantias pelo ministro representa uma tentativa significativa de modernizar o processo penal brasileiro, alinhando-o com práticas internacionais avançadas. Ao mesmo tempo, sua decisão de instaurar o controverso inquérito das *fake news*, apesar das críticas, reflete uma preocupação aguda com a preservação da integridade das instituições democráticas diante dos novos desafios da era digital.

Ao longo de sua atuação, buscou constantemente equilibrar as exigências técnicas do direito com as demandas sociais em evolução, contribuindo para uma jurisprudência mais responsiva às necessidades da sociedade brasileira contemporânea. Esta abordagem, que busca harmonizar diferentes demandas jurídicas e sociais, provavelmente continuará influenciando o STF nos anos vindouros.

À medida que a Corte enfrenta novos desafios, como questões relacionadas à tecnologia, meio ambiente e direitos emergentes, o legado do ministro Dias Toffoli servirá como um importante ponto de referência. A tendência é que o STF continue a desempenhar um papel central na definição dos contornos do Estado Democrático de Direito no Brasil, com uma ênfase crescente na proteção de direitos fundamentais em face de ameaças contemporâneas, como a desinformação e os extremismos políticos.

Em suma, os 15 anos de jurisdição constitucional de Sua Excelência não apenas deixaram uma marca indelével na jurisprudência do STF, mas também estabeleceram parâmetros importantes para o futuro da interpretação constitucional no Brasil. Seu atuar

---

[8] *In*: COELHO, Gabriel. Toffoli: Abertura de inquérito das *fake news* foi decisão mais difícil da gestão. CNN Brasil. Brasília, 4 de setembro de 2020. Disponível em: https://www.cnnbrasil.com.br/politica/toffoli-abertura-de-inquerito-das-fake-news-foi-decisao-dificil-da-gestao/. Acesso em: 14 jul. 2024.

serve como uma alerta do papel crucial que o Judiciário desempenha na manutenção do equilíbrio delicado entre os poderes e na proteção dos direitos fundamentais em uma democracia em constante evolução. A abordagem do ministro Dias Toffoli, que busca conciliar o rigor jurídico com a sensibilidade social, continuará sendo relevante nos próximos anos, à medida que o STF enfrenta desafios cada vez mais complexos na defesa da Constituição e na promoção da justiça.

Referências

BRASIL. Senado Federal. *Projeto de Lei nº 156, de 2009*. Dispõe sobre a reforma do Código de Processo Penal. Brasília: Senado Federal, 2009. Disponível em: https://www25.senado.leg.br/web/atividade/materias/-/materia/90645. Acesso em: 12 jul. 2024

BRASIL. Supremo Tribunal Federal. *Ação Direta de Inconstitucionalidade nº 5.971*. Relator: ministro Alexandre de Moraes. Acórdão. Brasília, 13 de setembro de 2019. DJe 25.09.2019.

BRASIL. Supremo Tribunal Federal. *Ações Declaratórias de Constitucionalidade nºs 43, 44 e 54*. Relator: ministro Dias Toffoli. Acórdão. Brasília, 07 de novembro de 2019. DJe 11.11.2020.

BRASIL. Supremo Tribunal Federal. *Ações Declaratórias de Constitucionalidade nºs 6.298, 6.299, 6.300 e 6.305*. Relator: ministro Luiz Fux. Acórdão. Brasília, 24 de agosto de 2023. DJe 18.12.2023.

BRASIL. Supremo Tribunal Federal. *Arguição de Descumprimento de Preceito Fundamental nº 779*. Relator: ministro Dias Toffoli. Acórdão. Brasília, 01 de agosto de 2023. DJe 05.10.2023.

BRASIL. Supremo Tribunal Federal. *Arguição de Descumprimento de Preceito Fundamental nº 572*. Relator: ministro Edson Fachin. Acórdão. Brasília, 18 de junho de 2020. DJe 12.11.2020.

BRASIL. Supremo Tribunal Federal. *Inquérito nº 4.940*. Relator: ministro Dias Toffoli. Decisão monocrática. Brasília, 19 de fevereiro de 2024.

BRASIL. Supremo Tribunal Federal. *Portaria CNJ nº 214*. Institui Grupo de Trabalho para elaboração de estudo relativo aos efeitos da aplicação da Lei no 13.964/2019 nos órgãos do Poder Judiciário Brasileiro. Brasília, 26 de dezembro de 2019.

BRASIL. Supremo Tribunal Federal. *Portaria GP nº 69*. Instaura inquérito para apuração dos fatos e infrações correspondentes, em toda a sua dimensão. Inquérito nº 4.781 ("Inquérito das *Fake News*"). Brasília, 14 de março de 2019.

BRASIL. Supremo Tribunal Federal. *Reclamação nº 43.007*. Relator: ministro Dias Toffoli. Decisão monocrática. Brasília, 06 de setembro de 2023. DJe de 08.09.2023.

COELHO, Gabriel. *Toffoli*: Abertura de inquérito das *fake news* foi decisão mais difícil da gestão. CNN Brasil. Brasília, 4 de setembro de 2020. Disponível em: https://www.cnnbrasil.com.br/politica/toffoli-abertura-de-inquerito-das-fake-news-foi-decisao-mais-dificil-da-gestao/. Acesso em: 14 jul. 2024.

FERRAJOLI, Luigi. *Direito e razão*: teoria do garantismo penal. São Paulo: RT, 2002.

FERRAJOLI, Luigi. *Garantismo penal*. Universidad Nacional Autónoma de México, 2006.

MALBERG, Raymond Carré de. *Contribuição à teoria geral do Estado*. Paris: Société du Recueil Sirey, 1920.

SCHREIBER, Mariana. *Como aproximação com Bolsonaro e inquérito polêmico fragilizaram STF na gestão Toffoli, segundo juristas*. BBC News Brasil. Brasília, 08 de setembro de 2020. Disponível em: https://www.bbc.com/portuguese/brasil-54064642. Acesso em: 14 jul. 2024.

Informação bibliográfica deste texto, conforme a NBR 6023:2018 da Associação Brasileira de Normas Técnicas (ABNT):

MEIRA, Marcos Uma abordagem da jurisdição cidadã do Ministro Dias Toffoli. *In*: MENDES, Gilmar Ferreira; LIRA, Daiane Nogueira de; FREIRE, Alexandre (coord.). *Constituição, democracia e diálogo: 15 anos de Jurisdição Constitucional do Ministro Dias Toffoli*. 2. ed. Belo Horizonte: Fórum, 2025. p. 1191-1200. ISBN 978-65-5518-937-7.

ENTRE A PANDEMIA E AS PATENTES: O JULGAMENTO DA ADI 5529 NA RELATORIA DO MINISTRO DIAS TOFFOLI

MARCUS VINÍCIUS FURTADO COÊLHO

O ministro Dias Toffoli assumiu a presidência do Supremo Tribunal Federal em setembro de 2018, frente a um contexto desafiador. Politicamente, o Brasil enfrentava o acirramento da polarização ideológica. Institucionalmente, cresciam as críticas aos Poderes e às instituições democráticas, até mesmo ataques diretos ao STF. Para ampliar o quadro já complexo, o mundo se viu em meio à maior crise sanitária dos últimos tempos, ao enfrentar a pandemia da Covid-19.

Frente a esses desafios, as respostas dadas à altura, pelo ministro, demonstram, para além do grande constitucionalista, seus acertos também à frente da coordenação dos trabalhos da Suprema Corte.

A pandemia ampliou uma grande demanda da sociedade por estabilidade e segurança jurídica diante das crises sanitária, econômica e social desencadeadas pelo vírus. Enquanto os setores econômicos foram forçados a interromper ou reduzir suas atividades em prol de medidas de contenção do contágio da doença, a Suprema Corte assegurou o pleno funcionamento do Judiciário e intensificou sua atuação a fim de manter a atividade jurisdicional, tão essencial à nação, sobretudo diante das incertezas geradas pela calamidade pública.

O Tribunal expandiu as hipóteses de julgamentos virtuais, instaurou as sessões plenárias por videoconferência e aprimorou as ferramentas do plenário virtual, que já era adotado pela Corte desde 2007. Em atendimento a demandas da advocacia, os votos dos ministros passaram a ser disponibilizados em tempo real, possibilitou-se aos advogados realizar o envio de sustentação oral por vídeo – também publicizadas no sistema – bem como apresentar esclarecimentos de questões de fato, além de revogar a norma que computava o ministro que não votasse no caso como acompanhando o relator.

É de se ressaltar, ainda, a transparência quanto aos processos relacionados à Covid-19, que ganharam área específica no sítio eletrônico do Tribunal, bem como prioridade na tramitação.

Para além dos acertos de sua gestão como presidente da mais alta Corte do país, o ministro Dias Toffoli foi relator de casos recentes paradigmáticos e que reescrevem a história constitucional brasileira, calcado na melhor interpretação e aplicação dos direitos e garantias fundamentais e na preservação dos valores democráticos.

Dentre os casos emblemáticos de sua relatoria, destaca-se a decisão que declarou a inconstitucionalidade de artigo da Lei de Propriedade Industrial (LPI), a qual permitia a extensão da proteção patentária por prazo indeterminado. O parágrafo único do art. 40 da referida lei[1] abria brecha para que as patentes no Brasil vigorassem muito além de 20 anos, prazo geral adotado em diversos países em decorrência de tratados internacionais.

O ministro Dias Toffoli protagonizou a discussão ao reconhecer, em seu voto, a evidente insegurança jurídica ocasionada pela indeterminação de prazo. A referida Ação Direta de Inconstitucionalidade nº 5529 foi julgada procedente nos termos do voto do relator, a fim de proteger a saúde pública brasileira, garantir a segurança jurídica e uniformizar a proteção patentária no Brasil perante o mundo.

Ao adotar esse entendimento no âmbito da Ação de Inconstitucionalidade nº 5.529, o Brasil se equipara a vários países do mundo nos quais não há uma extensão patentária sem prazo certo e sem critérios objetivos. A rigor, o art. 5º, inciso XXIX da Constituição Federal[2] exige que o "privilégio patentário" seja estabelecido por lei por prazo determinado, isto é: fixado por período certo, conhecido, definido. Assim, não pode haver interpretação ampliativa de privilégios.

Conforme destacou o ministro Dias Toffoli em seu voto: "o privilégio da proteção à propriedade industrial se dá de forma temporária e com fulcro no interesse social e no desenvolvimento tecnológico e econômico", tratando-se de "instituto com finalidade determinada pela Constituição e que não se circunscreve a um direito individual, pois diz respeito à coletividade e ao desenvolvimento do País".[3]

O ordenamento jurídico brasileiro protege a patente de modo eficiente desde o momento da requisição em órgão competente. Qualquer uso não autorizado do invento será submetido a pagamento de indenização, consoante disposto no art. 44 da Lei de Propriedade Industrial: "ao titular da patente é assegurado o direito de obter indenização pela exploração indevida de seu objeto inclusive em relação à exploração ocorrida entre a data da publicação do pedido e a da concessão da patente".

Nas palavras do ministro relator: "uma vez concedida a patente, a proteção por ela conferida retroage ao momento inicial do processo, o que funciona como uma contenção para os concorrentes que cogitem explorar indevidamente o objeto protegido durante

---

[1] Art. 40. (...) Parágrafo único. O prazo de vigência não será inferior a 10 (dez) anos para a patente de invenção e a 7 (sete) anos para a patente de modelo de utilidade, a contar da data de concessão, ressalvada a hipótese de o INPI estar impedido de proceder ao exame de mérito do pedido, por pendência judicial comprovada ou por motivo de força maior.

[2] "Art. 5º (...)
XXIX – a lei assegurará aos autores de inventos industriais privilégio temporário para sua utilização, bem como proteção às criações industriais, à propriedade das marcas, aos nomes de empresas e a outros signos distintivos, tendo em vista o interesse social e o desenvolvimento tecnológico e econômico do País."

[3] ADI 5529, Relator(a): Dias Toffoli, Tribunal Pleno, julgado em 12.05.2021.

a tramitação do pedido".[4] Com o fim do prazo de vigência da patente, o seu objeto torna-se domínio público.[5]

Assim, o prazo de duas décadas de uso exclusivo da criação, conforme fixado pela Lei de Propriedade Industrial, é mais do que suficientes e adequado para a proteção dos interesses legítimos de inventores e criadores. O ministro Dias Toffoli concluiu que a medida vai além dos limites da razoabilidade, pois "a aludida ausência de limitação redunda no cenário absurdo de termos patentes vigendo no país por prazos extremamente extensos, de cerca de 30 anos".[6] Afinal, não haveria sentido na manutenção de norma arbitrária que garante o monopólio, por décadas, de produtos que já se encontram em domínio público no exterior, em preços acessíveis.

Sem dúvida, a decisão remove um privilégio odioso, que afronta a livre concorrência e o acesso igualitário e universal aos medicamentos, provocando queda nos preços artificialmente elevados dos remédios, desonerando o sistema de saúde e permitindo que novos agentes econômicos possam não apenas explorar, mas aprimorar os inventos.

Ademais, o entendimento firmado reposiciona o Brasil frente à comunidade internacional, alinhando nossa legislação ao Acordo sobre os Aspectos dos Direitos de Propriedade Intelectual Relacionados com o Comércio (Acordo TRIPS). O documento, que fixa padrões mínimos para a proteção e a aplicação dos direitos de propriedade intelectual entre os países membros da Organização Mundial do Comércio (OMC), foi incorporado ao ordenamento jurídico brasileiro pelo Decreto nº 1.355/94. Seu art. 33 estabelece que "vigência da patente não será inferior a um prazo de 20 anos, contados a partir da data do depósito", em conformidade com o prazo garantido pela Lei de Propriedade Industrial e atestado pelo STF. A adoção desse paradigma internacional estimula o desenvolvimento nacional, pois permite que o país possa desenvolver tecnologia de ponta e concorrer com igualdade sem as amarras de uma extensão patentária inconstitucional. Assim, há evidente incentivo à inovação, à ciência e à tecnologia, preceito garantido no art. 218 da Constituição Federal.[7]

Para além disso, o entendimento da Corte está alinhado com a Agenda 2030 da Organização das Nações Unidas (ONU), que estipula metas a serem seguidas pelos países, inclusos os objetivos de apoio à pesquisa e ao desenvolvimento de vacinas e medicamentos e de proporcionar o acesso a remédios e vacinas essenciais a preços acessíveis.

Aponta-se, ainda, o acórdão nº 1199/2020 do Tribunal de Contas da União, no qual foi constatado que, quanto maior o prazo de exclusividade usufruído pelo titular da patente, mais será onerado o poder público, considerando-se a necessidade de aquisição de medicamentos em larga escala para a execução de políticas públicas em saúde.

Estudo realizado pela Universidade Federal do Rio de Janeiro (UFRJ)[8] analisou os impactos do parágrafo único do art. 40 da LPI em relação às compras do Departamento

---

4   ADI 5529, Relator(a): Dias Toffoli, Tribunal Pleno, julgado em 12.05.2021.
5   Art. 78. (...). Parágrafo único. Extinta a patente, o seu objeto cai em domínio público.
6   ADI 5529, Relator(a): Dias Toffoli, Tribunal Pleno, julgado em 12.05.2021.
7   Art. 218. O Estado promoverá e incentivará o desenvolvimento científico, a pesquisa e a capacitação tecnológicas.
8   PARANHOS, Julia; MERCADANTE, Eduardo; HASENCLEVER, Lia. O custo da extensão da vigência de patentes de medicamentos para o Sistema Único de Saúde. *Cadernos de Saúde Pública*, v. 36, n. 11 suppl 2, p. e00169719, 2020.

de Logística em Saúde da Secretaria Executiva do Ministério da Saúde (DLOG/SE/MS) realizadas entre os anos de 2014 e 2018 para os 9 produtos protegidos por patente e com maior impacto financeiro sobre o orçamento da Pasta. O estudo demonstrou que, com a decisão, o Sistema Único de Saúde economizará cerca de 1,2 bilhões por ano na aquisição de medicamentos.

Segundo os dados apresentados pelo estudo, com a inconstitucionalidade do dispositivo, os remédios estarão mais baratos e acessíveis a todo o país e às várias classes sociais. Protegeu-se os cofres públicos e o consumidor. Por lei, os medicamentos genéricos devem custar, no mínimo, 35% a menos, mas de acordo com o estudo, essa economia pode chegar à redução de preços superior a 98% para determinados medicamentos cujos genéricos já são vendidos internacionalmente.

Desse modo, a vigência do parágrafo único do art. 40 da Lei de Propriedade Industrial perpetuaria a injustiça gerada pelo prolongamento dos prazos de vigência das patentes, "por privilegiar o interesse particular em detrimento da coletividade, impactando de forma extrema a prestação de serviços de saúde pública no país e, consequentemente, contrariando o direito constitucional à saúde".[9]

Em nome da segurança jurídica, o Plenário do Supremo Tribunal Federal assegurou a higidez das extensões de patentes concedidas e em vigor, nas diversas áreas. A única exceção, a ensejar aplicação imediata da decisão, refere-se aos medicamentos e produtos da área médica. Nesse ponto, fez prevalecer a preponderância da proteção da saúde dos brasileiros. Em época de normalidade, já seria uma interpretação adequada da norma constitucional. Em tempos de pandemia, a decisão encabeçada pelo ministro Dias Toffoli tornou-se um imperativo ético e de solidariedade coletiva.

Ao ponderar valores relevantes para a sociedade, protegendo-se a propriedade intelectual e possibilitando, após vinte anos, o seu uso coletivo, o ministro Dias Toffoli bem aplicou a Constituição, diagnosticando a doença e aplicando o remédio na dose certa.

A atuação do ministro, de costumeira excelência e afinada com as demandas da sociedade, mostra-se à altura da Corte Suprema do país. Sua preocupação com a segurança jurídica e a estabilidade das relações demonstra um magistrado sensível e atento aos temas centrais ao desenvolvimento nacional. Um magistrado, acima de tudo, que atua com altivez e independência, o que faz do Poder Judiciário a salvaguarda da democracia e dos direitos e garantias dos cidadãos.

Informação bibliográfica deste texto, conforme a NBR 6023:2018 da Associação Brasileira de Normas Técnicas (ABNT):

COÊLHO, Marcus Vinícius Furtado. Entre a pandemia e as patentes: o julgamento da ADI 5529 na relatoria do Ministro Dias Toffoli. *In*: MENDES, Gilmar Ferreira; LIRA, Daiane Nogueira de; FREIRE, Alexandre (coord.). *Constituição, democracia e diálogo*: 15 anos de Jurisdição Constitucional do Ministro Dias Toffoli. 2. ed. Belo Horizonte: Fórum, 2025. p. 1201-1204. ISBN 978-65-5518-937-7.

---

[9]   ADI 5529, Relator(a): Dias Toffoli, Tribunal Pleno, julgado em 12.05.2021.

A IRRETOCÁVEL CONTRIBUIÇÃO DO VOTO DO MIN. DIAS TOFFOLI POR OCASIÃO DO JULGAMENTO DO TEMA 962/STF DA REPERCUSSÃO GERAL PARA O APERFEIÇOAMENTO DA DINÂMICA DA TRIBUTAÇÃO DIRETA NO BRASIL

MARCUS LÍVIO GOMES

Introdução

A tributação direta desempenha um papel fundamental no sistema fiscal brasileiro, sendo composta por impostos que incidem diretamente sobre a renda, o patrimônio e as operações financeiras dos indivíduos e das empresas. Entre os tributos diretos mais relevantes estão o Imposto de Renda (IR), tanto para Pessoas Físicas (IRPF) quanto para Pessoas Jurídicas (IRPJ), e a Contribuição Social sobre o Lucro Líquido (CSLL). Estes tributos são essenciais para a arrecadação de receitas pelo Estado, financiando serviços públicos e investimentos em infraestrutura, saúde e educação.

Ao longo dos anos, a jurisprudência brasileira tem enfrentado diversos desafios e evoluções no campo da tributação direta, especialmente no que tange à definição do que constitui efetivamente renda ou lucro sujeito à tributação. A complexidade e a dinamicidade das atividades econômicas contemporâneas frequentemente geram situações controversas, exigindo interpretações precisas e fundamentadas dos tribunais superiores. Dentre os aspectos mais discutidos, destacam-se a tributação sobre valores indenizatórios, a incidência de impostos sobre ganhos de capital e a dedutibilidade de despesas empresariais.

Este trabalho busca explorar um dos temas centrais da jurisprudência tributária recente: a tributação dos valores acrescidos pela taxa Selic em restituições de tributos pagos indevidamente. O Supremo Tribunal Federal (STF), por meio de decisões emblemáticas como a proferida no Recurso Extraordinário (RE) 1.063.187, tem enfrentado a complexa questão da natureza jurídica desses valores e sua respectiva tributação. No voto do Ministro Dias Toffoli, notadamente influente para o desfecho atualmente firmado, fica claro o entendimento de que a taxa Selic, composta por juros de mora e correção monetária, possui caráter indenizatório e, portanto, não deve ser sujeita à incidência do IRPJ e da CSLL.

Este estudo não se limita à análise dos valores indenizatórios, mas busca oferecer uma visão abrangente sobre a tributação direta no Brasil, destacando a repercussão e a importância do voto no julgamento para toda dinâmica tributário-arrecadatória brasileira, bem como a evolução das interpretações jurídicas que moldam o cenário tributário nacional. A partir dessa abordagem, será possível compreender melhor como as decisões do STF influenciam a segurança jurídica e a justiça fiscal, contribuindo para um sistema tributário mais eficiente, coeso e previsível.

1 Do RE 1.063.187: Tema 962 da repercussão geral

1.1 Do caso concreto

O Recurso Extraordinário (RE) 1.063.187, julgado pelo Supremo Tribunal Federal (STF), envolveu a União e a empresa Electro Aço Altona S.A. A controvérsia central se configurava em torno da incidência do Imposto de Renda sobre Pessoa Jurídica (IRPJ) e da Contribuição Social sobre o Lucro Líquido (CSLL) sobre os valores recebidos a título de taxa Selic, decorrentes da repetição de indébito tributário. A taxa Selic, que combina juros de mora e correção monetária, se define enquanto um índice aplicado para corrigir valores pagos indevidamente ao fisco e devolvidos ao contribuinte.

No caso específico, a empresa Electro Aço Altona S.A. obteve a restituição de tributos pagos indevidamente, acrescidos de juros e correção monetária pela taxa Selic. A União, entretanto, exigiu a inclusão desses valores na base de cálculo do IRPJ e da CSLL, sob o entendimento de que se tratava de rendimentos tributáveis. A empresa, por sua vez, argumentou que tais valores possuíam natureza indenizatória e não deveriam ser tributados, o que gerou um impasse significativo entre as partes envolvidas.

A discussão legal envolvia a interpretação da natureza dos valores acrescidos pela taxa Selic: se seriam considerados como aumento de patrimônio ou como mera compensação por valores pagos indevidamente. Essa interpretação tem um impacto direto na definição da base de cálculo dos tributos mencionados. Isso porque, enquanto o contribuinte – Electro Aço Altona S.A. – buscava a declaração de inconstitucionalidade da exigência fiscal, a União, paralelamente, defendia a tributação dos valores restituídos, à vista da configuração de acréscimo patrimonial.

O contexto do caso foi amplamente debatido nos tribunais inferiores antes de chegar ao STF, refletindo a complexidade e a relevância da questão para o sistema tributário brasileiro. Com efeito, a decisão do STF era aguardada com grande expectativa pelo setor empresarial e pelos profissionais da área tributária, dado o impacto potencial sobre a jurisprudência relacionada à repetição de indébito tributário e à aplicação da taxa Selic.

1.2 Da controvérsia

Como adiantado, a principal controvérsia tratada no RE 1.063.187 residia na interpretação da natureza jurídica dos valores acrescidos pela taxa Selic, recebidos como restituição de tributos pagos indevidamente. Isso porque, de um lado A União defendia que tais valores configuravam acréscimo patrimonial, devendo, portanto, ser incluídos na base de cálculo do IRPJ e da CSLL. Segundo a tese da União, a incidência tributária sobre esses valores seria legítima, uma vez que aumentariam o patrimônio da empresa beneficiada pela restituição, estando, dessa forma, abrangidos pelo conceito de renda disposto no art. 153, III, e no art. 195, I, "c", ambos da Constituição Federal de 1988. Subsidiariamente, ainda alega a União que, caso a natureza da taxa Selic fosse indenizatória, isto em nada afastaria a tributação pelo IRPJ e pela CSLL, tendo em vista que estaria se tratando de indenização por lucros cessantes – que extrapola a mera finalidade de ressarcimento por danos efetivos.

Do outro lado, em contraposição ao pleito fazendário, a empresa Electro Aço Altona S.A. sustentava que a taxa Selic, ao incorporar juros de mora e correção monetária, tinha caráter indenizatório por dano emergente, isto é, de mera recomposição patrimonial, de modo a configurar natureza alheia ao fato gerador do IRPJ e da CSLL.

Os juros de mora, conforme alegado pela empresa, visam compensar a demora no ressarcimento de valores pagos indevidamente, enquanto a correção monetária apenas preserva o valor real da quantia restituída, de forma que não haveria de se falar em incremento de riqueza nova.

Como a divergência interpretativa trazia à tona uma questão de grande relevância para o Direito Tributário, a resolução teria implicações profundas, não apenas para o caso específico, mas também para inúmeros outros casos semelhantes em que valores restituídos pelo fisco são acrescidos de juros e correção monetária, de modo que o caso foi afetado pela sistemática da repercussão geral.

Além disso, a controvérsia refletia um debate mais amplo sobre a função da taxa Selic no contexto tributário. Enquanto a União via a Selic como um fator de acréscimo patrimonial passível de tributação, os contribuintes argumentavam que sua função era meramente compensatória, destinada a restaurar o *status quo* anterior à cobrança indevida de tributos.

1.3 Da conclusão do julgamento

Na conclusão do julgamento do RE 1.063.187, o Supremo Tribunal Federal, por unanimidade, decidiu pela inconstitucionalidade da incidência do IRPJ e da CSLL sobre os valores relativos à taxa Selic, recebidos em decorrência da repetição de indébito tributário. O voto do Ministro Dias Toffoli foi decisivo para a formação desse entendimento, trazendo uma interpretação clara, capaz de mitigar as dúvidas atinentes à controvérsia examinada.

No entender do Ministro Toffoli, os valores recebidos a título de taxa Selic em tudo se diferem de uma forma de acréscimo patrimonial, sendo, em verdade, uma mera recomposição de perda, possuindo, portanto, natureza indenizatória. Segundo ele, os juros de mora têm a função de reparar o prejuízo causado ao contribuinte pela demora na devolução de valores pagos indevidamente, enquanto a correção monetária apenas preserva o poder de compra desses valores. Dessa forma, não haveria base constitucional para a tributação pelo IRPJ e pela CSLL.

O STF, ao acompanhar esse entendimento, consolidou uma importante interpretação jurídica que protege os contribuintes contra a tributação indevida de valores de natureza indenizatória. A decisão reforça a segurança jurídica e a previsibilidade no âmbito tributário, estabelecendo um precedente relevante para futuros casos similares. Esse julgamento também sinaliza um compromisso do STF com a justiça fiscal e a proteção dos direitos dos contribuintes.

A conclusão do julgamento, inquestionável vitória e avanço para uma tributação coesa, coerente e justa, terminou por originar o Tema 962 da repercussão geral, nos seguintes termos: "É inconstitucional a incidência do IRPJ e da CSLL sobre os valores atinentes à taxa Selic recebidos em razão de repetição de indébito tributário".

2 Do voto do Min. Dias Toffoli

2.1 Inconstitucionalidade da incidência tributária e delimitação da controvérsia

O Ministro Dias Toffoli sustentou que os valores recebidos a título de taxa Selic não representam um acréscimo patrimonial, mas sim uma recomposição de perda, de natureza indenizatória. Essa interpretação foi central para sua argumentação sobre a inconstitucionalidade da tributação sobre tais valores. V. Exa. fundamentou que tributar esses valores iria contra a lógica do ordenamento que veda a tributação de indenizações, uma vez que estas não configuram renda ou lucro passíveis de tributação, ou seja, acréscimo patrimonial.

Cingia o debate em torno da constitucionalidade da inclusão dos valores atinentes à taxa Selic recebidos por repetição de indébito tributário, com fulcro no §1º do art. 3º da Lei nº 7.713/88, art. 17 do Decreto-Lei nº 1.598/77 e art. 43, inciso II e §1º, do CTN (Lei nº 5.172/66).

A inserção da Selic no escopo de incidência do IRPJ e da CSLL, no entender do Ministro, não se sustentaria, sobretudo, a partir da interpretação do aspecto material dos referidos tributos, da natureza jurídica dos juros de mora decorrentes de lei e da indivisibilidade da taxa Selic.

2.2 Diferenciação entre danos emergentes e lucros cessantes: natureza dos juros de mora

A diferenciação entre danos emergentes e lucros cessantes tem um papel fundamental na determinação da tributação pelo Imposto de Renda sobre Pessoa Jurídica (IRPJ) e pela Contribuição Social sobre o Lucro Líquido (CSLL), especialmente em casos envolvendo a taxa Selic na repetição de indébito tributário.

Os danos emergentes referem-se aos prejuízos efetivamente suportados pelo contribuinte devido ao pagamento indevido de tributos. Segundo o artigo 43 do Código Tributário Nacional (CTN), indenizações não constituem renda ou lucro tributável. Portanto, valores recebidos a título de indenização, como os acrescidos pela taxa Selic para compensar os danos emergentes, não são tributáveis pelo IRPJ e CSLL.

Os lucros cessantes são os ganhos que o contribuinte deixou de obter devido à privação do uso do valor pago indevidamente ao fisco. Em determinados casos, esses lucros cessantes podem ser vistos como um acréscimo patrimonial, sujeito à tributação pelo IRPJ e CSLL. Contudo, a caracterização precisa depende da natureza do caso e da demonstração de que representam efetivamente um ganho econômico para a empresa.

Portanto, a distinção entre danos emergentes (indenizações) e lucros cessantes é essencial para determinar a tributação dos valores recebidos a título de taxa Selic. A decisão do STF pela inconstitucionalidade da tributação baseou-se na interpretação de que os valores acrescidos pela taxa Selic não representam um ganho patrimonial, mas sim uma recomposição de perda, reforçando a não incidência dos tributos sobre esses valores indenizatórios.

Essa análise detalhada demonstra como a interpretação jurídica sobre os danos emergentes e lucros cessantes influencia diretamente a aplicação dos impostos IRPJ e CSLL sobre os valores recebidos em casos de repetição de indébito tributário, assegurando a conformidade com os princípios de justiça fiscal e previsibilidade no âmbito tributário.

O voto do Ministro Dias Toffoli no julgamento do RE 1.063.187 pelo Supremo Tribunal Federal (STF) enfatizou a importância da diferenciação entre danos emergentes e lucros cessantes na tributação pelo Imposto de Renda sobre Pessoa Jurídica (IRPJ) e pela Contribuição Social sobre o Lucro Líquido (CSLL), para compreensão da natureza jurídica dos juros de mora nos mais diversos ramos e contextos do Direito brasileiro.

No escopo do Direito Privado, sustentou-se que na, área das obrigações de pagamento em dinheiro, a legislação civil brasileira tradicionalmente considera que as perdas e danos, abrangendo tanto danos emergentes quanto lucros cessantes, são representados, entre outras coisas, pelos juros de mora. O Código Civil de 1916 e o Código Civil atual, de 2002, estabelecem claramente essa premissa.

O Código Civil de 1916, em seu art. 1.059, determina que as perdas e danos devidos ao credor incluem não apenas o que ele efetivamente perdeu, mas também o que razoavelmente deixou de lucrar. Já o art. 1.061 especifica que, nas obrigações de pagamento em dinheiro, as perdas e danos consistem nos juros de mora e custas, sem prejuízo da pena convencional.

O Código Civil de 2002 reitera esses princípios. Em seu art. 402, dispõe que as perdas e danos devidos ao credor abrangem, além do que ele efetivamente perdeu, o que razoavelmente deixou de lucrar. O art. 404 complementa que, nas obrigações de pagamento em dinheiro, as perdas e danos devem ser pagos com atualização monetária, abrangendo juros, custas e honorários de advogado, e, se os juros da mora não cobrirem o prejuízo, o juiz pode conceder indenização suplementar.

O entendimento predominante é que os juros de mora são uma forma de indenização pelo atraso no pagamento de uma dívida em dinheiro. O legislador reconhece que o não recebimento pontual dos valores devidos causa prejuízo ao credor, e, por isso, prevê a possibilidade de indenização complementar caso os juros de mora não sejam suficientes para cobrir as perdas efetivas.

Adicionalmente, os juros de mora teriam natureza jurídica autônoma em relação à verba em atraso. Eles não são frutos civis decorrentes da exploração econômica do capital, mas uma compensação pelo ato ilícito do devedor de não pagar os valores devidos nas datas estabelecidas. Essa distinção é importante para evitar a incidência de imposto de renda sobre os juros de mora, já que eles não constituem um acréscimo patrimonial, mas sim uma compensação por perdas sofridas.

Já no âmbito do Direito Tributário, a natureza indenizatória dos juros de mora é reconhecida. Para fins de incidência do imposto de renda, o art. 16, parágrafo único, da Lei nº 4.506/64 classifica como rendimentos de trabalho assalariado "os juros de mora e quaisquer outras indenizações pagas pelo atraso no pagamento das remunerações previstas neste artigo". Ao se referir aos juros de mora e "outras indenizações", o legislador deixou implícito o reconhecimento de que os juros de mora consistem em indenização.

A respeito da possibilidade da incidência do imposto de renda sobre valores de natureza indenizatória, a doutrina diverge. Para uma corrente, o simples fato de uma verba ter essa natureza já afasta a incidência do imposto. Sintetizo as razões geralmente utilizadas por aqueles que defendem esse posicionamento: a) a incidência do tributo sobre uma parcela indenizatória acaba diminuindo o valor da indenização, passando essa a não ser mais total, mas apenas parcial; b) a Constituição prevê a possibilidade de se instituir imposto sobre renda e proventos de qualquer natureza, e não sobre indenização; c) indenização não é produto do capital, do trabalho nem da combinação de ambos; d) lucros cessantes, embora sejam ingressos no patrimônio do lesado, não representam a certeza da existência de acréscimo patrimonial.

Para outra corrente, o entendimento de que a verba indenizatória estaria fora do âmbito da materialidade do imposto só teria sentido se ela visasse a recompor uma perda patrimonial. Nesse caso, o ingresso da parcela no patrimônio do lesado não representaria riqueza nova, mas apenas restituição de parte do patrimônio que já existia e que foi desfalcado em razão de um ilícito.

Situação distinta, entretanto, haveria no caso em que a verba indenizatória representasse um ganho que a vítima do ilícito deixou de auferir (lucros cessantes). Nessa hipótese, tal parcela representaria não uma recomposição de um patrimônio anterior, mas sim uma substituição do acréscimo patrimonial que deixou de existir por conta do ilícito. Nesse caso, não faria sentido excluir da tributação a parcela recebida a título de lucros cessantes, pois essa apenas substituiria aquele incremento do patrimônio que seria normalmente tributado se não tivesse ocorrido o dano. Sobre o tema, vide as lições de Fábio Junqueira de Carvalho, Maria Inês Murgel, Gisele Lemke, Hugo de Brito Machado, Hugo de Brito Machado Segundo, Paulo de Tarso Vieira Ramos, James Martins, José Augusto Delgado e Mary Elbe Queiroz constantes da obra "Regime tributário das indenizações", coordenada por Hugo de Brito Machado (São Paulo: Dialética, 2000).

A Professora Mary Elbe Queiroz (Imposto sobre a renda e Proventos de Qualquer Natureza. 3. ed. Saraiva.) defende a possibilidade de haver tributação das indenizações, conforme o caso, com vistas a atender os princípios constitucionais da legalidade, da isonomia, da capacidade contributiva, da generalidade e da universalidade, que delineiam e estruturam o conceito e a forma de incidência do imposto de renda. Segundo ela:

> (o) regime tributário a ser aplicado às indenizações depende da natureza do dano que se via reparar. É importante distinguir quando elas se enquadram como hipótese de incidência, por representarem verdadeiros 'acréscimos patrimoniais', riqueza nova que aumenta o patrimônio preexistente daquele que recebe a indenização; como hipóteses de não-incidências por a realidade factual não se adequar à previsão abstrata da lei e não realizar o fato gerador do tributo; ou como hipótese de isenção, por existir expressa disposição de lei que excepcione a respectiva incidência.

Na jurisprudência do Superior Tribunal de Justiça, já há muito se afastou a tese segundo a qual as verbas indenizatórias, só por terem essa natureza, estão, *ipso facto*, fora da hipótese de incidência do imposto de renda. Isso porque a palavra indenização é ampla o suficiente para abranger, dentre outros, os valores recebidos a título de danos emergentes – que não incrementam o patrimônio – e os valores recebidos a título de lucros cessantes, esses sim tributáveis pelo IR, pois substituiriam o acréscimo patrimonial que deixou de ser auferido em razão de um ilícito. Sobre o tema, destaco o REsp nº 638.389/SP, Primeira Turma, Rel. Min. Teori Zavascki, DJ de 1º.8.15.

Tudo para concluir, em irretocável entendimento, que, embora o imposto de renda possa, em tese, alcançar os valores relativos a lucros cessantes, ele jamais poderá alcançar aqueles relativos a danos emergentes.

Isto, pois, primeiro: não seria o *nomen iuris* de certa verba que determina se ela é ou não alcançada pelo IR. O que é necessário verificar é se a verba se enquadra na materialidade da exação. Assim, o simples fato de ela ser denominada de indenização não afasta, por si só, a incidência do imposto de renda. Segundo: a Constituição exige que o imposto incida sobre acréscimo patrimonial. Mas não é apenas o acréscimo patrimonial advindo do trabalho, do capital ou da combinação de ambos que pode ser alcançado pelo tributo. Terceiro: se os valores recebidos a título de danos emergentes apenas recompõem o patrimônio desfalcado sem o incrementar, não há razão para incidir o tributo sobre eles. Quarto: as quantias recebidas a título de lucros cessantes substituem o incremento patrimonial que o lesado normalmente teria se não tivesse ocorrido o dano, hipótese em que, em tese, caracterizado o acréscimo patrimonial, esse poderia ser tributado pelo imposto de renda.

Por essa análise, o Ministro concluiu que os juros de mora têm o propósito de compensar os danos emergentes causados pela demora na devolução dos valores, enquanto a correção monetária visa preservar o poder de compra da quantia restituída.

Portanto, a distinção feita pelo Ministro Dias Toffoli entre danos emergentes (indenizações) e lucros cessantes foi essencial para determinar a tributação dos valores recebidos a título de taxa Selic, em detrimento de sua natureza e definição em contraste e interação do Direito público para com o privado. Sua análise reforçou que os valores acrescidos pela taxa Selic, notadamente integrados pelos juros de mora, não representam um ganho patrimonial, mas sim uma recomposição de perda, de modo a contribuir para a não incidência dos tributos sobre esses valores indenizatórios.

Essa abordagem integrada demonstra como a interpretação jurídica fundamentada pelo voto do Ministro Dias Toffoli influenciou diretamente a decisão do STF pela inconstitucionalidade da tributação sobre a taxa Selic, assegurando a conformidade com o princípio da segurança jurídica e com previsibilidade coesiva no âmbito tributário.

2.3 Natureza da taxa Selic

O voto do Ministro Dias Toffoli no julgamento do RE 1.063.187 pelo Supremo Tribunal Federal (STF) trouxe importantes comentários sobre a natureza da taxa Selic e seu papel na controvérsia tributária envolvendo a repetição de indébito, em continuidade ao debate acerca da natureza dos juros de mora.

O Ministro argumentou que a taxa Selic, composta por juros de mora e correção monetária, não gera um acréscimo patrimonial, mas sim uma reposição dos prejuízos suportados pelo contribuinte. Essa interpretação foi crucial para entender que os valores acrescidos pela taxa Selic não representam um ganho econômico para a empresa beneficiada pela restituição de tributos. Segundo sua visão, os juros de mora têm a função de compensar os danos emergentes causados pela demora na devolução dos valores pagos indevidamente, enquanto a correção monetária apenas preserva o valor real da quantia restituída.

Além disso, o Ministro destacou que a taxa Selic possui um caráter compensatório, visando restabelecer a situação original do contribuinte antes da cobrança indevida de tributos. Essa característica compensatória foi fundamental para sua argumentação de que os valores adicionados pela taxa Selic não configuram um acréscimo patrimonial que justifique a tributação pelo Imposto de Renda sobre Pessoa Jurídica (IRPJ) e pela Contribuição Social sobre o Lucro Líquido (CSLL).

Portanto, os comentários do Ministro Dias Toffoli sobre a natureza da taxa Selic na controvérsia enfatizaram seu caráter indenizatório e compensatório. Sua análise foi decisiva para a compreensão de que os valores recebidos a título de taxa Selic não representam um lucro tributável, mas sim uma recomposição de perdas sofridas pelo contribuinte devido à cobrança indevida de tributos. Essa interpretação embasou a decisão do STF pela inconstitucionalidade da tributação sobre a taxa Selic, assegurando a justiça fiscal e a proteção dos direitos dos contribuintes.

2.4 Delimitação da materialidade do IRPJ e da CSLL

No contexto do julgamento do RE 1.063.187 pelo Supremo Tribunal Federal (STF), o Ministro Dias Toffoli abordou a delimitação da materialidade do IRPJ e da CSLL, destacando aspectos cruciais para a interpretação e aplicação desses tributos sobre os valores recebidos a título de taxa Selic.

O Ministro enfatizou que a tributação pelo IRPJ e CSLL deve respeitar os limites constitucionais e legais estabelecidos, especialmente no que se refere à definição de renda e lucro tributáveis. Acerca disso, rememorando firmes orientações doutrinárias e jurisprudenciais, o Ministro destacou ser pacífica a compreensão de que a materialidade do Imposto de Renda das Pessoas Jurídicas e da Contribuição Social sobre o Lucro Líquido está necessariamente relacionada à averiguação de acréscimo patrimonial – noção que fundamenta a concepção de renda e de proventos de qualquer natureza positivada no art. 43 do Código Tributário Nacional e, em última dimensão, balizada pelo princípio da capacidade contributiva.

Como brilhantemente destaca o Ministro, a existência de acréscimo patrimonial é pressuposta para caracterização da renda, sendo, por subsunção requisito necessário à tributação pelo IRPJ e/ou pela CSLL. Com efeito, segundo sua interpretação, os valores recebidos a título de taxa Selic não constituem uma vantagem econômica ou um incremento patrimonial que justifique a incidência desses impostos. Ao contrário, eles representam uma recomposição de perdas suportadas pelo contribuinte devido à cobrança indevida de tributos.

Ao analisar a natureza indenizatória da taxa Selic, o Ministro argumentou que os valores acrescidos pela taxa Selic não representam um acréscimo patrimonial, mas sim uma recomposição de perda, de natureza indenizatória. Essa caracterização foi fundamental para sua posição de que tais valores não devem integrar a base de cálculo do IRPJ e da CSLL, pois não configuram renda ou lucro tributáveis conforme os princípios constitucionais e legais.

Portanto, a delimitação da materialidade do IRPJ e da CSLL no julgamento do RE 1.063.187 refletiu a interpretação do Ministro Dias Toffoli sobre a natureza dos valores recebidos a título de taxa Selic. Sua análise reforçou que esses valores não representam um ganho econômico passível de tributação, mas sim uma reparação de danos sofridos pelo contribuinte. Essa visão sustentou a decisão do STF pela inconstitucionalidade da tributação sobre a taxa Selic, assegurando a justiça fiscal e a proteção dos direitos dos contribuintes frente à cobrança indevida de tributos.

3 Comentários panorâmicos ao voto

3.1 Inovação na Jurisprudência

O voto do Ministro Dias Toffoli no julgamento do RE 1.063.187 pelo Supremo Tribunal Federal (STF) não apenas esclareceu a questão da tributação dos valores recebidos a título de taxa Selic, mas também reforçou a importância da interpretação constitucional e da aplicação dos princípios de justiça fiscal. Ao destacar que "os valores acrescidos pela taxa Selic não representam um acréscimo patrimonial, mas sim uma recomposição de perda, de natureza indenizatória," o Ministro promoveu uma análise que não só protege os contribuintes contra tributações injustas, mas também estabelece um fundamento sólido para futuras decisões judiciais relacionadas à matéria tributária.

Portanto, os comentários panorâmicos ao voto do Ministro Dias Toffoli refletem sua contribuição significativa para a jurisprudência tributária brasileira. Ao inovar na interpretação da taxa Selic como indenizatória e não tributável pelo IRPJ e CSLL, o Ministro promoveu uma interpretação que fortalece a segurança jurídica e protege os direitos dos contribuintes frente à tributação indevida. Essa decisão representa um marco na jurisprudência do STF, estabelecendo um precedente importante para casos futuros envolvendo a repetição de indébito tributário e a aplicação da taxa Selic.

A decisão do Supremo Tribunal Federal (STF) no RE 1.063.187, especialmente o voto do Ministro Dias Toffoli, que reconheceu a natureza indenizatória da taxa Selic na repetição de indébito tributário, tem o potencial de influenciar significativamente a tributação em outros contextos e tributos além do Imposto de Renda sobre Pessoa Jurídica (IRPJ) e da Contribuição Social sobre o Lucro Líquido (CSLL).

A interpretação de que valores recebidos a título de taxa Selic não configura renda ou lucro tributáveis pode ser aplicada analogamente a outros tributos federais e estaduais. Tributos como o Imposto sobre Circulação de Mercadorias e Serviços (ICMS) e o Imposto sobre Produtos Industrializados (IPI), por exemplo, poderiam ser impactados, especialmente em situações de restituição de valores indevidamente pagos.

A decisão do STF promove maior segurança jurídica ao estabelecer critérios claros sobre a tributação de valores indenizatórios e compensatórios. Isso contribui para a previsibilidade no âmbito tributário, permitindo que contribuintes e empresas tenham maior certeza sobre as bases de cálculo dos tributos em situações semelhantes de repetição de indébito.

A jurisprudência estabelecida pode também influenciar debates legislativos sobre a definição de renda e lucro tributáveis, incentivando ajustes na legislação para refletir esses princípios. Isso pode resultar em mudanças normativas que garantam uma tributação mais alinhada com os princípios de justiça fiscal e equidade.

3.2 Revisitação de precedentes em prol da segurança jurídica

O voto do Ministro Dias Toffoli no RE 1.063.187 também foi marcado pela revisitação de precedentes importantes do Supremo Tribunal Federal (STF), reforçando a segurança jurídica e a previsibilidade nas questões tributárias. Ao reavaliar e reinterpretar decisões anteriores, o Ministro consolidou uma linha de entendimento que protege os direitos dos contribuintes e promove a justiça fiscal.

No seu voto, o Ministro Dias Toffoli fez referência ao julgamento do RE 855.091, em que o STF já havia analisado a natureza da taxa Selic aplicada na repetição de indébito tributário. A ementa do precedente estabelece que "é inconstitucional a incidência de Imposto de Renda sobre os valores recebidos a título de repetição de indébito tributário, acrescidos de correção monetária e juros de mora pela taxa Selic, uma vez que tais valores possuem natureza indenizatória". Esse precedente foi fundamental para reforçar a tese de que os valores acrescidos pela taxa Selic não devem ser considerados como renda ou lucro para fins de tributação pelo IRPJ e CSLL.

Outro precedente relevante citado pelo Ministro Dias Toffoli foi o RE 590.809, em que o STF decidiu que "os valores recebidos a título de indenização por danos emergentes, decorrentes de pagamentos indevidos de tributos, não configuram acréscimo patrimonial e, portanto, não são passíveis de tributação pelo Imposto de Renda". Esse julgamento reafirmou a natureza indenizatória dos valores acrescidos pela taxa Selic, sustentando a não incidência de IRPJ e CSLL sobre tais quantias.

A revisitação e reafirmação de precedentes pelo Ministro Dias Toffoli desempenham um papel crucial na promoção da segurança jurídica. A segurança jurídica é um dos pilares do Estado de Direito, essencial para garantir que os contribuintes possam prever com razoável certeza as consequências legais de seus atos e decisões financeiras.

Ao reafirmar a não incidência do IRPJ e da CSLL sobre valores recebidos a título de taxa Selic, o STF proporciona previsibilidade e estabilidade às relações tributárias. Contribuintes e empresas podem planejar suas atividades econômicas com maior confiança, sabendo que a interpretação jurídica será consistente com os precedentes estabelecidos.

A decisão também protege contra mudanças arbitrárias na aplicação da lei tributária. Ao basear-se em precedentes firmados, o STF evita interpretações voláteis e inconsistentes que poderiam gerar insegurança e imprevisibilidade, prejudicando tanto contribuintes quanto a administração tributária.

A segurança jurídica fortalece a confiança dos contribuintes no sistema judiciário. Quando as decisões judiciais são previsíveis e baseadas em precedentes sólidos, aumenta a confiança de que os direitos dos contribuintes serão protegidos e que a tributação será aplicada de maneira justa e equitativa.

Portanto, a revisitação de precedentes pelo Ministro Dias Toffoli no voto do RE 1063187 foi essencial para consolidar uma interpretação jurídica que promove a segurança jurídica e a previsibilidade nas relações tributárias. Ao reafirmar e reinterpretar decisões anteriores, o Ministro estabeleceu uma linha de entendimento clara e coerente que protege os contribuintes contra tributações indevidas, reforçando os princípios de justiça fiscal e equidade. Esses precedentes criam uma base sólida para futuras decisões judiciais e contribuem para a construção de um sistema tributário mais justo e transparente.

4 Perspectivas para o cenário tributário

A decisão do Supremo Tribunal Federal (STF) no RE 1.063.187, que reconheceu a natureza indenizatória dos valores acrescidos pela taxa Selic e sua não incidência para fins de IRPJ e CSLL, abre diversas perspectivas para o cenário tributário brasileiro. Este capítulo explora as consequências práticas dessa decisão, as reflexões sobre o futuro da tributação de valores compensatórios e as potenciais mudanças na legislação tributária.

4.1 Consequências práticas da decisão

A decisão do STF de considerar a taxa Selic como indenizatória e não tributável pelo IRPJ e CSLL traz várias consequências práticas para contribuintes e para a administração tributária. Primeiramente, contribuintes que obtiverem a repetição de indébito tributário acrescida da taxa Selic não precisarão mais incluir esses valores na base de cálculo do IRPJ e da CSLL. Isso significa uma redução significativa na carga tributária para empresas que buscam a restituição de tributos pagos indevidamente, aumentando a previsibilidade e a segurança financeira nas suas operações.

Além disso, a decisão cria um precedente importante que pode ser utilizado em outros litígios tributários, fortalecendo a argumentação de que valores de natureza indenizatória não devem ser tributados. Esse entendimento pode levar a uma redução no número de disputas judiciais sobre a tributação de valores compensatórios, aliviando a carga do Judiciário e promovendo uma resolução mais eficiente de conflitos tributários.

Para a administração tributária, a decisão exige uma adaptação nos procedimentos de fiscalização e cobrança. As autoridades fiscais precisarão ajustar suas práticas para respeitar o novo entendimento do STF, o que pode implicar mudanças nos sistemas de controle e auditoria. A administração tributária também terá que lidar com a possibilidade de um aumento nos pedidos de restituição de tributos, agora incentivados pela decisão favorável aos contribuintes.

4.2 Reflexões sobre o futuro da tributação de valores compensatórios

A decisão do STF no RE 1.063.187 também provoca reflexões importantes sobre o futuro da tributação de valores compensatórios. O reconhecimento de que a taxa Selic tem natureza indenizatória e não tributável pode influenciar a interpretação de outros valores compensatórios recebidos por contribuintes, como indenizações por danos emergentes e lucros cessantes.

Uma questão central é se outras formas de compensação financeira, frequentemente recebidas por contribuintes, podem ser consideradas não tributáveis seguindo a mesma lógica. Isso pode incluir compensações por desapropriação, indenizações trabalhistas e até mesmo compensações contratuais. A interpretação do STF pode levar a um alargamento do conceito de valores indenizatórios, redefinindo o que é considerado renda ou lucro para fins tributários.

Além disso, a decisão pode incentivar um debate mais amplo sobre a justiça fiscal e a necessidade de uma tributação mais equitativa. Se valores destinados a recompor perdas não devem ser tributados, pode-se argumentar que a legislação tributária deve ser revisada para assegurar que apenas os verdadeiros aumentos patrimoniais sejam alvo de tributação. Essa perspectiva pode levar a uma reforma tributária que busque equilibrar melhor os interesses do fisco e dos contribuintes

4.3 Potenciais mudanças na legislação tributária

A decisão do STF pode também desencadear potenciais mudanças na legislação tributária. O Congresso Nacional pode ser pressionado a revisar e atualizar as normas tributárias para refletir o entendimento do STF sobre a natureza indenizatória de certos valores. Isso pode incluir alterações no Código Tributário Nacional (CTN) e em outras leis específicas que regulam a tributação do IRPJ e da CSLL.

Uma possível mudança legislativa seria a definição mais clara do que constitui renda e lucro para fins tributários, incorporando explicitamente a exclusão de valores indenizatórios. Essa clarificação poderia reduzir a incerteza jurídica e evitar futuros litígios, proporcionando uma base mais sólida e transparente para a tributação.

Além disso, o legislador pode considerar a criação de mecanismos específicos para tratar da repetição de indébito tributário e a aplicação da taxa Selic. Isso pode envolver a regulamentação detalhada sobre como esses valores devem ser tratados contábil e fiscalmente, garantindo uma aplicação uniforme da decisão do STF em todo o país.

A decisão do STF pode ainda inspirar um movimento mais amplo de reforma tributária, buscando simplificar o sistema tributário e torná-lo mais justo e eficiente. Essa reforma pode incluir a revisão das bases de cálculo de diversos tributos, a fim de assegurar que apenas os verdadeiros aumentos de patrimônio sejam tributados, respeitando os princípios de capacidade contributiva e justiça fiscal.

Portanto, as perspectivas para o cenário tributário após a decisão do STF no RE 1.063.187 são amplas e significativas. As consequências práticas da decisão beneficiarão contribuintes, promovendo maior segurança jurídica e previsibilidade. As reflexões sobre o futuro da tributação de valores compensatórios poderão influenciar a interpretação de diversos outros tipos de compensação financeira. Finalmente, as potenciais mudanças na legislação tributária poderão consolidar e expandir os princípios estabelecidos pela decisão, contribuindo para um sistema tributário mais justo e eficiente no Brasil.

5   Implicações do voto para o Direito Tributário

O voto do Ministro Dias Toffoli no RE 1.063.187, que reconheceu a natureza indenizatória dos valores acrescidos pela taxa Selic e sua não incidência para fins de IRPJ e CSLL, traz diversas implicações significativas para o Direito Tributário brasileiro. Este capítulo aborda as consequências práticas dessa decisão, reflexões sobre o futuro da tributação de valores compensatórios e as sinalizações e diagnósticos para potenciais mudanças na legislação tributária.

5.1   Consequências práticas da decisão

O voto do Ministro Dias Toffoli no RE 1.063.187, ao considerar a taxa Selic como indenizatória e não tributável pelo IRPJ e CSLL, traz várias consequências práticas tanto para os contribuintes quanto para a administração tributária. Primeiramente, contribuintes que obtiverem a repetição de indébito tributário acrescida da taxa Selic não precisarão mais incluir esses valores na base de cálculo do IRPJ e da CSLL. Isso representa uma redução significativa na carga tributária para empresas que buscam a restituição de tributos pagos indevidamente, proporcionando maior segurança financeira e previsibilidade nas suas operações.

Além disso, a decisão estabelece um precedente importante que pode ser utilizado em outros litígios tributários, fortalecendo a argumentação de que valores de natureza indenizatória não devem ser tributados. Esse entendimento pode levar a uma diminuição no número de disputas judiciais sobre a tributação de valores compensatórios, aliviando a carga do Judiciário e promovendo uma resolução mais eficiente de conflitos tributários.

Para a administração tributária, a decisão exige uma adaptação nos procedimentos de fiscalização e cobrança. As autoridades fiscais precisarão ajustar suas práticas para respeitar o novo entendimento do STF, o que pode implicar mudanças nos sistemas de controle e auditoria. A administração tributária também terá que lidar com a possibilidade de um aumento nos pedidos de restituição de tributos, agora incentivados pela decisão favorável aos contribuintes.

5.2   Reflexões sobre o futuro da tributação de valores compensatórios

O voto do Ministro Dias Toffoli no RE 1.063.187 provoca importantes reflexões sobre o futuro da tributação de valores compensatórios. O reconhecimento de que a taxa Selic tem natureza indenizatória e não tributável pode influenciar a interpretação de outros valores compensatórios recebidos por contribuintes, como indenizações por danos emergentes e lucros cessantes.

Uma questão central é se outras formas de compensação financeira, frequentemente recebidas por contribuintes, podem ser consideradas não tributáveis seguindo a mesma lógica. Isso pode incluir compensações por desapropriação, indenizações trabalhistas e até mesmo compensações contratuais. A interpretação do STF pode levar a um alargamento do conceito de valores indenizatórios, redefinindo o que é considerado renda ou lucro para fins tributários.

Além disso, a decisão pode incentivar um debate mais amplo sobre a justiça fiscal e a necessidade de uma tributação mais equitativa. Se valores destinados a recompor perdas não devem ser tributados, pode-se argumentar que a legislação tributária deve ser revisada para assegurar que apenas os verdadeiros aumentos patrimoniais sejam alvo de tributação. Essa perspectiva pode levar a uma reforma tributária que busque equilibrar melhor os interesses do fisco e dos contribuintes.

Conclusão: sinalização e diagnóstico para potenciais mudanças na legislação tributária

O voto do Ministro Dias Toffoli no RE 1.063.187 também pode desencadear potenciais mudanças na legislação tributária. O Congresso Nacional pode ser pressionado a revisar e atualizar as normas tributárias para refletir eventual positivação do entendimento do STF sobre a natureza indenizatória de certos valores.

Uma possível mudança legislativa seria a definição mais clara do que constitui renda e lucro para fins tributários, incorporando explicitamente a exclusão de valores indenizatórios. Essa clarificação poderia reduzir a incerteza jurídica e evitar futuros litígios, proporcionando uma base mais sólida e transparente para a tributação.

Além disso, o legislador pode considerar a criação de mecanismos específicos para tratar da repetição de indébito tributário e a aplicação da taxa Selic. Isso pode envolver a regulamentação detalhada sobre como esses valores devem ser tratados contábil e fiscalmente, garantindo uma aplicação uniforme da decisão do STF em todo o país.

A decisão do STF pode ainda inspirar um movimento mais amplo de reforma tributária, buscando simplificar o sistema tributário e torná-lo mais justo e eficiente. Essa reforma pode incluir a revisão das bases de cálculo de diversos tributos, a fim de assegurar que apenas os verdadeiros aumentos de patrimônio sejam tributados, respeitando os princípios de capacidade contributiva e justiça fiscal.

Portanto, as implicações do voto do Ministro Dias Toffoli no RE 1063187 são amplas e significativas para o Direito Tributário brasileiro. As consequências práticas da decisão beneficiarão contribuintes, promovendo maior segurança jurídica e previsibilidade. As reflexões sobre o futuro da tributação de valores compensatórios poderão influenciar a interpretação de diversos outros tipos de compensação financeira. Finalmente, as sinalizações e diagnósticos para potenciais mudanças na legislação tributária poderão consolidar e expandir os princípios estabelecidos pela decisão, contribuindo para um sistema tributário mais justo e eficiente no Brasil.

Informação bibliográfica deste texto, conforme a NBR 6023:2018 da Associação Brasileira de Normas Técnicas (ABNT):

GOMES, Marcus Lívio. A irretocável contribuição do voto do Min. Dias Toffoli por ocasião do julgamento do Tema 962/STF da repercussão geral para o aperfeiçoamento da dinâmica da tributação direta no Brasil. *In*: MENDES, Gilmar Ferreira; LIRA, Daiane Nogueira de; FREIRE, Alexandre (coord.). *Constituição, democracia e diálogo*: 15 anos de Jurisdição Constitucional do Ministro Dias Toffoli. 2. ed. Belo Horizonte: Fórum, 2025. p. 1205-1218. ISBN 978-65-5518-937-7.

AS TESTEMUNHAS DE JEOVÁ, O PRINCÍPIO FUNDAMENTAL DA LIBERDADE RELIGIOSA E O DIREITO FUNDAMENTAL À VIDA. UMA ANÁLISE CONSTITUCIONAL SOBRE TRANSFUSÃO DE SANGUE E RECUSA A TRATAMENTO MÉDICO

MARIA CLAUDIA BUCCHIANERI PINHEIRO

Introdução

Um tema que tem suscitado sensível controvérsia e acalorados debates, no que tange à liberdade religiosa, refere-se ao posicionamento que deve ser adotado por médicos, hospitais (públicos ou particulares) e pelo Estado, por meio do Poder Judiciário, naquelas hipóteses em que Testemunhas de Jeová, com apoio em sua crença, recusam-se a se submeter a tratamento terapêutico do qual a transfusão de sangue é parte essencial ou indispensável. Ou seja, o debate aqui em análise se refere ao adequado equacionamento jurídico a ser conferido à questão constitucional emergente da recusa, por paciente, à específica modalidade de tratamento (transfusão de sangue), quando tal recusa se funda essencialmente na fé individual e, mais ainda, quando, dessa recusa, puder resultar o evento morte.

A complexidade da questão constitucional em referência – e para cuja reflexão o presente trabalho pretende contribuir – tanto mais se evidência quando se considera que seu equacionamento depende de atividade hermenêutica a incidir sobre dois valores fundantes e estruturantes da ordem constitucional (como o são os valores da vida e da liberdade religiosa), sendo certo, ainda, que a solução eventualmente dada à problemática terá o condão de projetar seus efeitos sobre uma multiplicidade de sujeitos (todos merecedores de respectiva tutela jurídica), quais sejam, pacientes, seus parentes mais próximos (inclusive descendentes eventualmente menores), médicos e hospitais, estes últimos a enfrentarem de modo mais próximo o conflito derivado da escolha a ser feita entre o respeito à vontade mais íntima de um paciente (externada no sentido da recusa a um tratamento) e a preservação de sua vida, ainda que, para tanto, seja preciso adotar procedimento completamente indesejado e, para as Testemunhas de Jeová, revestido de elevada gravidade e passível de sensíveis sanções no plano espiritual.[1]

Uma minoria religiosa hostilizada e seu posicionamento doutrinário em relação ao sangue

Cumpre acentuar logo de início que as Testemunhas de Jeová possuem uma crença religiosa que veda, por ser frontalmente incompatível com sua doutrina, a ingestão ou a transfusão de sangue. Esta vedação, derivada de interpretação bíblica, é tão intensa que atinge inclusive aquelas hipóteses em que as figuras do doador e do receptor se identificam, impedindo, portanto, que um paciente armazene seu próprio sangue para posterior utilização em procedimento cirúrgico. Transfusões, portanto, são totalmente vedadas por ditames impostos pela fé, independentemente do grau de necessidade em relação a esse tipo de intervenção médica e da identidade ou crença da pessoa doadora.

Essa específica doutrina religiosa seguida pelas Testemunhas de Jeová funda-se na interpretação que elas conferem aos textos do Antigo e do Novo Testamento, especialmente aqueles constantes de Gênesis 9:3-6, Levítico 17:10-14 e Deuteronômio 12:23-25. Interpretação da qual decorre a conclusão de que o ser humano não deve sustentar a sua vida pelo sangue, cuja utilização, em termos de violação espiritual, é equiparada a atos de idolatria e fornicação.[2] Para as Testemunhas de Jeová, "a aceitação consciente e voluntária de sangue significa a perda dos cuidados de Jeová e da chance de uma vida eterna em 'seu Reino'" (LOUDERBACK-WOOD, 2005, p. 783).

Para se ter a exata noção da importância, da sinceridade e da centralidade ocupada pela "vedação ao uso do sangue" no corpo doutrinário da crença seguida pelas Testemunhas, é necessário transcrever uma manifestação judicial oferecida por uma mãe, em sentido contrário à transfusão sanguínea que, naquele caso, era indispensável à saúde de sua filha recém-nascida:

> Nós acreditamos que a realização da transfusão seria quebrar um comando de Deus, que nos disse para comer da carne, mas para não nos utilizarmos do sangue. A vida está no sangue e o sangue deve ser derramado. Nós sentimos que realizar a transfusão seria quebrar um comando de Deus [...] que não apenas destruiria nossas chances, mas também as chances do bebê de uma vida futura. (MOORE, 1983, p. 281)

Mencione-se, a título ilustrativo, que também decorrem da doutrina religiosa seguida pelas Testemunhas a proibição de saudação à bandeira nacional, de celebração de aniversários, natal e feriados nacionais, e de participação e engajamento em corpos ou instituições militares, além da crença de que os governos civis estão sob o comando de Satã, estando na contramão da paz mundial.

E foi exatamente essa característica não convencional dos mandamentos impostos pela doutrina religiosa seguida pelas Testemunhas, associada à maneira insistente com a qual pregam sua fé, divulgam sua crença e procuram angariar novos adeptos, que fez

---

[1] A forma rígida com a qual as Testemunhas de Jeová lidam com o descumprimento de seus preceitos é bem descrita por Fernando Frederico de Almeida Jr. e João Bosco Penna (2001, p. 216), que relatam a maneira como o disassociado e o dissociado devem ser excluídos do convívio das demais testemunhas, não se recomendando sequer sejam cumprimentados.

[2] *Jehovah's Witnesses and the Question of Blood, Watch Tower Bible and Tract Society of Pennsylvania*, 1977, p. 17.

MARIA CLAUDIA BUCCHIANERI PINHEIRO

AS TESTEMUNHAS DE JEOVÁ, O PRINCÍPIO FUNDAMENTAL DA LIBERDADE RELIGIOSA E O DIREITO FUNDAMENTAL À VIDA. UMA ANÁLISE... | 1221

das Testemunhas de Jeová uma das minorias religiosas mais perseguidas,[3] hostilizadas e atacadas, seja por governos democráticos, seja por governos autoritários, seja, ainda, pelo totalitarismo de Hitler.[4]

Enfatize-se, no ponto, que foi precisamente em busca de sua sobrevivência e consolidação como movimento religioso que as Testemunhas de Jeová, no contexto norte-americano, criaram uma prática de litigância constitucional que teve o relevante efeito de ampliar o alcance e consolidar os objetivos subjacentes à Primeira Emenda à Constituição de 1787 (estabelecer a separação Estado-Igreja – *establishment clause* – a liberdade de crença e o livre exercício dos cultos). Daí a observação de Chuck Smith (2001, p. 539-541), no seguinte sentido:[5]

> Poucos americanos estão conscientes da valorosa contribuição que as Testemunhas de Jeová fizeram para as leis de nossa nação. A menção a elas nos remete a um persistente, algumas vezes irritante, time de oradores que vão de porta em porta e cuja agressiva campanha de proselitismo os tornou símbolo de pessoas irritantes à vida cotidiana. Doutrinadores, contudo, há muito reconhecem que as Testemunhas de Jeová são as campeãs da batalha constitucional para a proteção da liberdade religiosa. Como bem analisou um estudioso sobre a contribuição das crenças na proteção do livre exercício religioso, "dificilmente, no passado, algum único indivíduo ou grupo foi capaz de moldar o curso, ao longo do tempo, de algum tópico do nosso vasto corpo constitucional. Mas isso pode acontecer e aconteceu. E esse grupo é o das Testemunhas de Jeová". [...] Em 1950, as Testemunhas de Jeová já haviam ganho 150 casos nas Supremas Cortes Estaduais e já haviam firmado mais de 30 precedentes na Suprema Corte. Esses casos contribuíram significativamente para o alargamento da proteção à liberdade de manifestação e às liberdades religiosas garantidas pela Primeira e pela Décima Quarta Emenda à Constituição.

Essa também foi a experiência europeia, conforme se depreende do seguinte relato:

> Muito embora as Testemunhas de Jeová descrevam sua religião como Cristã e fundada na Bíblia, suas práticas religiosas, particularmente suas atividades de proselitismo, não conquistaram a aprovação popular dos seguidores das religiões já estabelecidas. Esse antagonismo se deve em parte à firme condenação, pelas Testemunhas, do envolvimento e apoio das religiões convencionais e de seus seguidores a atividades políticas e militares. Diante do declínio da tendência religiosa em geral e do contínuo crescimento das Testemunhas, as religiões majoritárias e estabelecidas voltaram-se contra o proselitismo que é característico das Testemunhas e buscaram junto aos Governos restrições a essas atividades. Tudo isso com

---

[3] Nos dizeres de James Penton (1979, p. 55), "durante o século XX nenhum grupo religioso sofreu perseguições com tamanha frequência e severidade e em tão larga escala como as Testemunhas de Jeová. Não apenas elas foram vítimas do Nazismo, fascismo, comunismo, das ditaduras na Ásia, África e América Latina, como também milhares deles foram presos, processados e banidos em razão de sua fé em nações democráticas como o Canadá, a Grã-Bretanha e os Estados Unidos. De acordo com o autor católico William J. Whalem, apenas os Judeus foram sujeitos a tratamento com similar severidade, perseguidos pela sua fé e cultura".

[4] Cf. Bergman (1996, p. 87) e Yonan (1999, p. 307 e ss.). Na Alemanha, após sofrerem perseguições já durante a República de Weimar e serem enquadradas, na década de 1990, como uma *threat to society*, as Testemunhas de Jeová obtiveram grande vitória em dezembro de 2000, quando a Corte Constitucional determinou que fosse realizado outro julgamento, pelos Tribunais Administrativos, a respeito do pedido formulado pelas testemunhas, para que possam desfrutar do *status*, já gozado por mais de 30 movimentos religiosos, de corporação de direito público (BESIER, 2001, p. 35 e ss.).

[5] Mais adiante, o autor reconhece que o estilo agressivo e não convencional de evangelização gerou muitos confrontos nas comunidades pelos Estados Unidos. Também assim se posicionou Jennifer Jacobs Henderson (2004, p. 811).

vistas ao declínio no número de seus próprios seguidores [...] Em resposta ao banimento, confisco de suas propriedades e execração pública, as Testemunhas recorreram ao Judiciário como um mecanismo de proteção de sua liberdade religiosa. As Testemunhas buscaram resguardo judicial, e não executivo ou legislativo, porque entenderam que Cortes Civis estariam em melhor posição para objetivamente avaliar a importância e relevância de provas e argumentos. [...] Nos anos 90, elas já haviam obtido 9 vitórias perante a Corte Europeia de Direitos Humanos. (WAH, 2001, p. 580; 588)

O fato é que esse histórico de perseguições, associado à relativa inferioridade numérica dos respectivos seguidores em comparação às crenças convencionais (pouco mais de seis milhões de seguidores, dispersos em 235 países), aliado ainda à não convencionalidade de suas práticas e à resistência social e jurídica que enfrentam para que possam observá-las, permite concluir que as Testemunhas de Jeová constituem um típico exemplo de "minoria religiosa hostilizada", a merecer, por isso mesmo, principalmente por parte do Estado, o tratamento empático e protetivo que deve ser conferido a todo e qualquer grupo vulnerável.[6]

Não custa mencionar, nesse ponto, que a consagração constitucional de direitos fundamentais (como os derivados do princípio maior da liberdade religiosa) desempenha uma função essencial na proteção dessas minorias.

Essencialmente contramajoritária, a proteção dos direitos fundamentais busca impedir que valores centrais sejam violados por interesses de maiorias muitas vezes eventuais. Além disso, é preciso ter em mente que aqueles que mais necessitam da previsão e da proteção de direitos são precisamente os integrantes de grupos minoritários, que, por seu pequeno poder de influência no processo de tomada de decisões públicas, encontram-se em posição de nítida vulnerabilidade tanto em face do Estado quanto em relação aos demais grupos.

Acresce que a proteção das minorias assume especial relevância no tema da religião, pois foram as reivindicações dos movimentos religiosos minoritários (ou seja, das minorias religiosas hostilizadas) que culminaram com a consagração das cláusulas amplamente protetivas, como aquela que assegura a igual liberdade religiosa de todos.[7] Daí a advertência de Jónatas Machado:

> O problema da fundamentalização e constitucionalização da liberdade religiosa faz-se precisamente em nome da proteção das confissões minoritárias contra a coligação teológico-política dominante alicerçada em um entendimento teológico e exclusivista da liberdade eclesiástica. Na essência do constitucionalismo está precisamente uma certa desconfiança,

---

6   Ana Maria D'Ávila Lopes (2008, p. 19-20), após acentuar que a proteção internacional dos direitos das minorias começou nos séculos XVI e XVII em relação à proteção das minorias religiosas, dá critérios de identificação de grupos minoritários. Para outra definição de "minoria", confira Gustavo Tepedino e Anderson Schreiber (2002).

7   Akhil Reed Omar (1998, p. 21), de seu turno, encontra um forte "majoritarianismo" subjacente às duas primeiras emendas à Constituição norte-americana. No seu entender, "the perspective furnished by the first two proposed amendments suggests that an even stronger kind of majoritarianism underlies our First Amendment. The body that is restrained is not a hostile majority of the people, but rather Congress; and the earlier two amendments remind us that congressional majorities may, in fact, have 'aristocratical' and self-interested views in opposition to views held by a majority of the people. Thus, although the First Amendment's text is broad enough to protect the rights of unpopular minorities (like Jehovah's Witnesses and Communists), the Amendment's historical and structural core was to safeguard the rights of popular majorities (like the Republicans of the late 1790s) against a possibly unrepresentative and self-interested Congress".

tipicamente republicana, em relação quer às coligações teológico-políticas quer às formas de democracia pura, desconfiança que está na base do propósito de contrapor ao voluntarismo das maiorias, políticas e religiosas, uma estrutura institucional racionalizada de limitação do exercício do poder político a partir da garantia de um catálogo de direitos fundamentais (Bill of Rights) e de princípios como o da separação de poderes e o da separação das confissões religiosas do Estado (Bill of Powers). No constitucionalismo, a fundamentalidade dos direitos fundamentais consiste, em boa medida, em os mesmos serem considerados demasiado importantes para ficarem na disponibilidade das maiorias. (MACHADO, 1994, p. 54)

Também assim para Leo Pfeffer, que, ao tratar a questão da necessária proteção a ser conferida pelo Estado aos movimentos religiosos "marginais" e ao enfatizar que tais movimentos são precisamente aqueles em favor de quem foram estabelecidos os direitos de liberdade, assim se expressou:

O objetivo da cláusula da liberdade religiosa garantida pela Primeira Emenda é o de proteger crenças impopulares. Não é necessário uma Constituição para assegurar segurança a [...] bem estabelecidas e reconhecidas religiões. O coração da Primeira Emenda seria mortalmente ferido se as religiões que hoje chamamos de cultos fossem excluídas da zona de proteção em razão de seu desprestígio aos olhos das autoridades governamentais ou da maioria da população americana. (PFEFFER, 1980)

Todas essas observações são necessárias, pois o objetivo deste estudo é lançar algumas reflexões a respeito da prática religiosa (recusa de transfusões de sangue) levada a efeito por uma "minoria religiosa hostilizada", ou seja, por integrantes de um movimento religioso vulnerável, cujas condutas, em alguns casos, heterodoxas e não convencionais, são, em regra, destinatárias de um juízo de "desconfiança ou rejeição" social. E, nesse contexto, deve-se sempre evitar que a solução dos questionamentos que emergem de tais condutas seja fundada em verdadeira "pré-compreensão" (MACHADO, 1992, p. 165-180) do fenômeno em discussão ou em verdadeiros juízos de valor (no caso, de desvalor) a respeito do próprio conteúdo do dogma de fé adotado.

O princípio da liberdade religiosa e a dicotomia crença *versus* culto

Feitas essas considerações, cumpre asseverar que, nos termos do que já manifestamos anteriormente, a liberdade religiosa qualifica-se, juridicamente, como verdadeiro princípio fundamental,[8] que se projeta em três dimensões, conferindo-lhe densidade e concretude: uma dimensão subjetiva ou pessoal; uma dimensão coletiva ou social; e uma dimensão institucional ou organizacional. É dizer: o princípio constitucional da liberdade religiosa, em toda sua amplitude, compreende uma dimensão pessoal, uma dimensão social e uma dimensão organizacional. O que significa afirmar que a limitação deste princípio fundamental a apenas duas ou a uma de suas dimensões traduz, necessariamente, a amputação do conteúdo material da liberdade religiosa que, então, estará sendo violada em seu núcleo essencial.

---

[8] Sobre as razões pelas quais entendemos ser a liberdade religiosa um princípio fundamental, confira Maria Cláudia Bucchianeri Pinheiro (2007).

Dito de outro modo, a liberdade religiosa apoia-se num tripé, composto pela dimensão subjetiva, pela dimensão coletiva[9] e pela dimensão institucional deste princípio. Ausente qualquer um desses sustentáculos, não há que se falar em liberdade religiosa, ao menos na amplitude máxima que entendemos deva ser conferida (sabido que a liberdade religiosa, enquanto princípio, admite variados graus de concretização).

A primeira dessas dimensões em que se projeta o princípio da liberdade religiosa é a dimensão subjetiva ou pessoal, significando a positivação do direito fundamental à liberdade de crença (ou de descrença). Ao contrário do que sustentam alguns autores,[10] que enxergam nessa dimensão pessoal da liberdade espiritual uma esfera indiferente à atuação estatal, dada a impossibilidade de o Estado penetrar nesta indevassável seara da consciência individual, adotamos uma postura em sentido contrário, fundada na percepção de que, muito embora não se possa invadir as esferas íntimas das convicções religiosas individuais, é possível moldá-las, conformá-las ou direcioná-las.

Assim, é de se adotar um conceito não apenas formal, mas, sobretudo, material de liberdade de crença. Conceito fundado na ideia de que, para que a escolha em matéria de fé e a formação de uma convicção religiosa sejam livres, é preciso que elas se deem em um contexto de livre mercado de ideias religiosas, no qual as crenças disputem em pé de igualdade e divulguem suas doutrinas de modo ampliado, isentas, portanto, de indevidas influências ou ingerências capazes de serem geradas por posturas estatais de censura, identificação ou preferência em matéria religiosa. A liberdade de crença, ainda, para que seja concretizada em sua inteireza, demanda, por igual, a consagração da garantia fundamental da objeção de consciência, pois somente se pode cogitar numa real liberdade de crença (ou de descrença) se dessa escolha particularizada não resultar qualquer sanção por parte do Estado.

A outra dimensão em que se projeta o princípio da liberdade religiosa é a dimensão coletiva, ou social, a motivar a criação do direito fundamental à liberdade de culto religioso, compreendidos *todos aqueles comportamentos religiosos que, manifestados, transbordam.*

Esfera individual e fazem com que a crença individual se projete para o meio social, passando a atingi-lo e a afetá-lo. Insere-se, portanto, no âmbito de incidência do direito fundamental à liberdade de culto, o direito de proselitismo, a homenagear tanto o direito de culto daquele que propaga sua fé e que a ela procura agregar adeptos, como o direito de crença daquele que, de posse das informações pregadas, pode livremente exercer sua escolha (daí o viés dúplice inerente ao direito de proselitismo).

Por fim, o princípio da liberdade religiosa também alcança uma dimensão institucional, a consagrar um espaço de autodeterminação em favor das entidades religiosas e a delimitar um núcleo de questões – como questões dogmáticas e de doutrina de fé,

---

[9] José Afonso da Silva (2003, p. 230), ao invés de contrapor a dimensão subjetiva à dimensão coletiva da liberdade religiosa, prefere cuidar de liberdade interna e liberdade externa.

[10] "Como dissemos no comentário anterior, ao tratar da consciência, a crença é problema interno do homem, é problema de fé, é cogitação que não precisa ser necessariamente exteriorizada [...] O que o dispositivo constitucional quis e quer proteger é a liberdade de culto" (CRETELLA JR., [s.d.], p. 217-218). "O pensamento é íntimo, simples função psíquica, incoercível ... Reivindica-se apenas a liberdade da palavra, que é a expressão do pensamento" (MAXIMILIANO, 1918, p. 710). "Na medida, porém, em que se manifestam, individual ou coletivamente, tais manifestações, pelo seu caráter social valioso, é que devem ser protegidas" (FERRAZ, 1997, p. 30; BARRETO, 1996, p. 249).

de organização religiosa, ritos, cultos, liturgias, sanções disciplinares, administração e arrecadação de recursos, hierarquia eclesiástica – que são, em sua grande regra, infensas à intervenção do Estado (*religious questions doctrine*).

Para a solução da questão constitucional em exame, cumpre centrar a análise nas liberdades de crença e de culto e nas limitações constitucionais que ambas podem legitimamente sofrer sem que, com isso, reste mutilado o núcleo essencial do princípio da liberdade religiosa. Pois o fato é que, presente o conflito que se estabelece entre a recusa religiosa à determinada intervenção médica e o direito à vida, que pode ser colocado em situação de risco em decorrência precisamente dessa recusa religiosa, imperioso traçar os limites dentro dos quais essas liberdades de religião podem sofrer limitações, de sorte a comportarem uma concordância prática com o direito à vida.

Pois bem, como dito anteriormente, a liberdade de culto compreende o direito fundamental que dispõem os indivíduos para externar sua fé, ou seja, para se dirigir, para se comportar de acordo com os ditames impostos pela crença. É por esse motivo, ou seja, por consubstanciar aquelas variadas condutas voltadas à externalização de uma crença religiosa, que a liberdade de culto também é chamada de liberdade positiva ou social. Sem ampla liberdade de culto, ou seja, sem que se tutele integralmente a dimensão coletiva da liberdade religiosa, esta deixa de existir. Assim, "[se] o Estado, apesar de conceder aos cidadãos o direito de terem uma religião, os puser em condições que os impeçam de a praticar, aí não haverá liberdade religiosa" (MIRANDA, 2000, p. 409).

Não se pode perder de perspectiva que o fenômeno religioso se caracteriza por uma *unidade incindível entre pensamento-conduta, ou entre crença-ação, pois o fato é que de nada adiantaria ter ampla liberdade para se crer, se os mandamentos impostos por esta crença não pudessem ser amplamente seguidos.*[11] Daí a orientação de Jónatas Machado, para quem:

> As convicções religiosas, como também as convicções de outra natureza, encerram, frequentemente, a assunção íntima e vital de um compromisso existencial e ético, com significativas repercussões comportamentais nos planos político, social, cultural, econômico, etc. Se assim é, tais convicções não podem ser artificialmente desligadas da ação humana em que se concretizam e manifestam, juntamente com a qual se subsumem a uma realidade incindível: o fenômeno religioso. (MACHADO, 1996, p. 223)

Esse magistério também é perfilhado por José Afonso da Silva, que assim se posiciona a respeito da liberdade de culto:

> A religião não é apenas sentimento sagrado puro. Não se realiza na simples contemplação do ente sagrado, não é simples adoração a Deus. Ao contrário, ao lado de um corpo de doutrina, sua característica básica se exterioriza na prática dos ritos, no culto, com suas

---

[11] Burdeal (1966, p. 315), ao tratar de liberdade de crença e sua relação indissociável com a liberdade de culto (e de culto público), afirma: "Esta liberdade não é tecnicamente uma liberdade interior, ela se consolida até a liberdade de professar sua fé. A manifestação das convicções é um corolário da liberdade de consciência e fé. Poderia ser diferente se tivermos religiões, como a religião católica, que impõem aos seus fiéis a divulgação da fé, sua manifestação, como força de exemplo e para a glória de Deus. Ora, dessas manifestações, o culto é a mais necessária e a mais visível. A liberdade de culto consiste no direito de cada um de praticar exteriormente suas cerimônias. Esse direito deve ser exercido de acordo com a liberdade religiosa e conforme as normas legais. Em alguns casos e para alguns atos da vida religiosa, o culto privado não responde a todas as exigências de uma real liberdade. A liberdade religiosa, portanto, é mais que a liberdade de crença, é a liberdade de praticar sua crença, quando ela deve se exteriorizar e se expor".

cerimônias, manifestações, reuniões, fidelidades aos hábitos, às tradições, na forma indicada pela religião escolhida. (SILVA, 2003, p. 248)

Cabe assinalar, presente este delineamento da ideia de culto, que o magistério da doutrina não raro costuma fazer um paralelo entre a liberdade de crença e a liberdade de culto. Aquela, como liberdade negativa, ou individual, ou pessoal, ou espiritual;[12] esta (a liberdade de culto) como sendo positiva, coletiva, exterior.[13] A crença, como convicção pessoal, íntima, é absoluta; o culto, como conduta positiva, externa, praticada na coletividade, submete-se às restrições que são impostas pelos direitos fundamentais titularizados pelos demais cidadãos.[14]

Quando, porém, o culto não se encerra só no santuário do coração e consciência, quando passa a ser externo, a manifestar publicamente o seu pensamento, a sua crença, ou seja, pelo ensino, ou prédica, ou pelas cerimônias, ritos ou preces em comum, quando não se trata mais somente da liberdade da consciência, e sim da liberdade do culto, então tem lugar a intervenção do legítimo e indisputável direito do poder social, já para manter e defender a sociedade (BUENO, [s.d.], p. 23).

Impende observar que a dicotomia existente entre liberdade de crença (de índole negativa, interior, pessoal) e liberdade de culto (exterior, coletiva e social), para fins de estabelecimento de um regime de inviolabilidade no que atine à primeira (liberdade de crença) e de fixação de uma disciplina jurídico-constitucional que admite limitações às práticas religiosas (liberdade de culto), também foi adotada pela Suprema Corte americana, no caso Reynolds v. United States, 98 U.S. 145 (1878), em que se discutia se a crença religiosa poderia gerar "exceções" à norma penal que, naquele precedente, proibia a prática da poligamia. Nessa assentada, a Corte concluiu que "laws are made for the government of actions, and while they cannot interfere with mere religious belief and opinions, they may with practices".

Maureen Moore (1983), ao fazer uma análise da posição da Suprema Corte americana no que atine à diversidade do tratamento jurídico-constitucional a ser conferido à liberdade de crença, de um lado, e à liberdade de culto, de outro, assim se posicionou:

> Em um grande número de casos, a Corte limitou a liberdade individual de agir naquelas áreas em que a religião se defrontava com leis seculares. Por exemplo, a Corte proibiu a poligamia religiosamente motivada (Reynolds v. United States), manteve a observância de vacinação compulsória mesmo que contrariasse crença religiosa (Jacobson v. Massachusetts), proibiu o uso de menores na venda de livros de orientação religiosa (Prince v. Massachusetts) e, mais recentemente, manteve o direito de o sistema de Seguridade Social recolher tributos dos Amish, que se recusavam, com apoio em suas crenças, a contribuir com o sistema. No caso United States v. Lee, a Corte, citando numerosos precedentes, afirmou que "nem todo fardo imposto sobre religiões é inconstitucional", e que "O Estado pode justificar a limitação da liberdade religiosa através da demonstração de que a medida é necessária ao alcance de interesse governamental superior e relevante". (MOORE, 1983, p. 297)

---

[12] Nas palavras de José Cretella Jr. ([s.d.], p. 218): "Ao contrário do culto, a crença é o estado especial da alma humana, interior, inviolável, pessoal".

[13] José Afonso da Silva (2003, p. 230) fala em liberdade interna e liberdade externa.

[14] Neste sentido, Anna Candida Cunha Ferraz (1997, p. 30), para quem a liberdade de culto "trata-se [...] de liberdade relativa, condicionada, pois que sofre limitações impostas pela lei e pelos regulamentos de polícia".

Cumpre mencionar que, muito embora a liberdade de culto não possa mesmo ser qualificada – ao contrário do que ocorre com a liberdade de crença – como inviolável (nem como absoluta), qualquer restrição dirigida às mais diversas formas de exteriorização de crenças individuais – presente a unidade incindível do fenômeno religioso – deverá ser justificada ou motivada por uma colisão de direitos igualmente fundamentais, e apenas nos estritos limites necessários a uma harmonização prática, de sorte a torná-los compatíveis entre si, com as menores restrições possíveis em um ou em cada um deles. Qualquer banalização, portanto, da dicotomia pensamento-ação ou crença-conduta, capaz de ensejar uma "generosa protecção da primeira" e uma "desvalorização da segunda" (MACHADO, 1994, p. 222-223), culminará por enfraquecer a própria tutela da liberdade religiosa e por descaracterizar o conteúdo do fenômeno religioso.

A manifestação da crença por meio de uma conduta negativa e a necessidade de tratamento jurídico-constitucional distinto

Pois bem, inobstante as ponderações acima, voltadas à afirmação da possibilidade de que a liberdade de culto venha a ser limitada se e quando vier a colidir com outro direito de estatura igualmente constitucional (limitação a ser feita nos estritos limites necessários à concordância prática dos dois valores em situação de antagonismo), é preciso destacar uma peculiaridade inerente ao caso da recusa a tratamento sanguíneo com base em crença religiosa. É que, nessa específica situação, a manifestação da crença religiosa, a externalização da fé, se dá por meio de uma conduta negativa, ou seja, de uma abstenção.

É dizer: por mais contraditório que aparentemente possa parecer, no caso específico da recusa à intervenção médica com base em crença religiosa, a crença se transborda para o mundo dos fatos, se projeta para o meio social, por meio de um não fazer, ou seja, de uma recusa. E, por tal motivo, esse não fazer, não tolerar, não permitir, em sua grande regra, terá aptidão para produzir efeitos exclusivamente na esfera jurídica do próprio autor da negativa, pois a ausência de qualquer atuação individual positiva impede que se concretize, nesse caso, a violação a qualquer direito de índole fundamental que possa ser titularizado por outrem.

Assim, o que se tem, quando da recusa à transfusão de sangue por paciente que é Testemunha de Jeová, é a manifestação de uma crença (ou seja, o exercício do direito fundamental à liberdade de culto) por meio de uma postura negativa que se mostra insuscetível, na maioria das vezes, de projetar seus efeitos na esfera jurídico-fundamental de terceiros. E, em tal situação, cumpre ao intérprete constitucional buscar uma solução de calibragem para fins de harmonização dos valores em conflito. Solução que, muito embora próxima àquela utilizada para deslinde dos casos tradicionais de colisão de direitos fundamentais (nos quais, em regra, são distintos os titulares dos direitos fundamentais em situação de antagonismo,[15] como ocorre, por exemplo, nos casos de

---

[15] Daí a redação do Artigo 18º do Pacto Internacional sobre os Direitos Civis e Políticos, que estabelece como limite às práticas religiosas, ou seja, ao direito de culto, a proteção dos direitos titularizados por outrem, ou seja, por terceiros, sem qualquer previsão, portanto, a respeito da possibilidade, ou não, da imposição de limites à liberdade de culto, quando o próprio titular desse direito, ao exercê-lo, coloca em situação de risco outros direitos que ele próprio titulariza: "Toda e qualquer pessoa tem direito à liberdade de pensamento, de consciência e de religião; este direito implica a liberdade de ter ou de adotar uma religião ou uma convicção da sua escolha, bem como a liberdade de manifestar a sua religião ou a sua convicção, individualmente ou conjuntamente com outros, tanto em público como em privado, pelo culto, cumprimento dos ritos, as práticas e o ensino. Ninguém será objeto

liberdade de informação x direito à privacidade; livre manifestação do pensamento x direito à dignidade e honra pessoal; direito de propriedade x função social da propriedade), tenha a potencialidade de conferir especial relevo e particular densidade à livre e consciente manifestação de vontade e de preferência exercida pelo agente que é o único titular de ambos os direitos conflitantes.

Cumpre reafirmar, aqui, que o que se vem asseverando é que essa abstenção ao recebimento de tratamento sanguíneo por parte de Testemunha de Jeová (frise-se, maior e capaz), em regra, não terá repercussões jurídicas na esfera de terceiros. Entretanto, casos há em que se pode, sim, vislumbrar uma potencial lesão a direito de terceiros, mesmo que o autor da recusa seja maior e capaz. Refiro-me à hipótese em que o indivíduo (repita-se, muito embora maior e capaz) possua filhos menores que ficariam completamente desassistidos na hipótese de a recusa vir a gerar o evento morte. Tais situações, a exemplificarem a aptidão de abstenção individual vir a projetar efeitos na esfera jurídica de terceiros, reclamariam solução constitucional distinta, e esse tipo de *distinguishing* vem sendo feito, nesse específico tema, pela jurisprudência norte-americana (conferir: Raleigh Fiktin-Paul Morgan Memorial Hospital *v.* Anderson – a envolver feto ainda em formação; Application of the President and Directors of Georgetown College, Inc. – a envolver a mãe de uma criança de 7 meses de idade; Powell *v.* Columbian Presbyterian Medical Center – a envolver mãe de 6 filhos) (DUQUESNE LAW REVIEW, 1972, p. 242).

Por esse modo de ver as coisas, o que se está a propor no presente caso é que o hermeneuta, ao analisar a situação em concreto (já que a solução dos conflitos de direitos fundamentais é necessariamente tópica) e ao sopesar todas as peculiaridades inerentes a um específico caso de recusa à transfusão de sangue, externada por paciente maior, capaz e com apoio em sua crença religiosa, adote como uma das regras para a harmonização do conflito, caso o mesmo indivíduo seja titular de ambos os direitos fundamentais em situação de antagonismo (liberdade de culto e direito à vida), não apenas o parâmetro da proporcionalidade (*lato* e *stricto sensu*), mas, por igual, o valor da liberdade e da dignidade da pessoa humana, a estabelecerem, juntos, a soberana ideia de que compete a todos e cada um de nós a construção de nosso próprio destino.

Não custa repetir, nesse ponto, que a adoção de determinado pensamento religioso traduz, necessariamente, uma tomada de posição individual que, ao transcender o aspecto eminentemente religioso inerente à opção realizada, representará verdadeira escolha por um específico modo de vida, por dada forma de equacionar questões existenciais, morais, éticas, políticas, sociais e culturais.

É dizer: o componente religioso, ao integrar os demais aspectos vinculados à formação da identidade individual, passará a conformar, influenciando-os, os posicionamentos e comportamentos pessoais não apenas em relação a assuntos vinculados à fé, mas, também, no que atine a uma outra infinidade de matérias a respeito das quais

---

de pressões que atentem à sua liberdade de ter ou de adotar uma religião ou uma convicção da sua escolha. A liberdade de manifestar a sua religião ou as suas convicções só pode ser objeto de restrições previstas na lei e que sejam necessárias à proteção da segurança, da ordem e da saúde públicas ou da moral e das liberdades e direitos fundamentais de outrem. Os Estados Partes no presente Pacto comprometem-se a respeitar a liberdade dos pais e, em caso disso, dos tutores legais a fazerem assegurar a educação religiosa e moral dos seus filhos e pupilos, em conformidade com as suas próprias convicções".

têm se posicionado, de maneira ativa, e na condição de verdadeiros grupos de interesse, as entidades religiosas.

E é por esse motivo que deve o Estado manter posturas de não imposição, ou seja, posturas fundadas na ausência de taxativas proibições ou de peremptórias obrigações, em relação àqueles específicos comportamentos que, por se acharem intrinsecamente vinculados a determinadas doutrinas de fé e por não possuírem a aptidão de atingir esfera juridicamente protegida de terceiros, devem ser submetidos ao juízo pessoal de ponderação e avaliação por parte de cada um dos indivíduos, que têm o inalienável direito de serem quem são, de construírem seu próprio destino[16] e de adotarem aquela específica forma de encarar o mundo (mundividência) que entendam adequada e pertinente à busca da felicidade.[17]

Daí as observações feitas pela Suprema Corte de Nova York, na análise do primeiro caso de que se tem notícia, a envolver adulto Testemunha de Jeová, a recusar transfusão de sangue com apoio em sua crença (Erikson *v.* Dilgard): "Compete ao indivíduo que será submetido a intervenção médica a última palavra a respeito, e as coisas deveriam necessariamente ser assim entendidas num sistema de governo que confere ampla proteção ao indivíduo na conquista de seus próprios desejos".

Recusa à intervenção médica. Renúncia ao direito fundamental à vida? Prática de suicídio? Assunção de riscos tolerados

Feitas as considerações acima, impende analisar um outro aspecto sensível e que é inerente ao conflito de valores em análise: um paciente Testemunha de Jeová, maior, capaz, que não tenha filhos menores e dependentes, ao recusar a prática de uma específica intervenção médica, estaria a renunciar ao direito à vida? E mais: estaria ele a cometer suicídio (o que, muito embora não traga repercussões jurídicas para aquele que recusa o tratamento, pois o ordenamento penal brasileiro deixou de tipificar a tentativa de suicídio,[18] pode gerar consequência para os médicos do paciente, que podem ser acusados de assistência ao suicídio por meio de conduta omissiva)?

De saída, é de se anotar que uma das características geralmente atribuídas aos direitos fundamentais é a nota da indisponibilidade. Estabelece-se que tais direitos, exatamente por se qualificarem como expressão verdadeira de uma pauta de valores que o próprio texto constitucional elegeu como estruturantes de toda a ordem jurídica, não

---

[16] "Submeter alguém a uma transfusão de sangue mediante o emprego da força significa fazê-lo objeto de tratos desumanos e degradantes. A possibilidade de decidir o próprio destino diante das encruzilhadas da vida é um ato que afeta a liberdade mais íntima de autodeterminação. Trata-se de decisão que não tem por base critérios sociológicos, mas encontra-se na seara dos direitos da personalidade" (SÁ; TEIXEIRA, 2005).

[17] "A expressão 'busca da felicidade' foi apropriadamente utilizada pelo Ministro José Celso de Mello Filho, que, em aparte (sessão plenária de 08/03/2008), e ao classificar como antológico o voto então proferido pelo Ministro Carlos Ayres Britto, no julgamento da Ação Direta de Inconstitucionalidade nº 3510, destacou a esperança que ele representava aos que sofrem de doenças gravíssimas e que encontram, nas pesquisas com células-tronco, uma possibilidade de cura. A expressão também é encontrada na ementa (syllabus) do julgamento proferido pela Suprema Corte Americana, no caso *Loving v. Virginia* 388 U.S 1 (1967), no qual se declarou a inconstitucionalidade de lei proibitiva de casamentos inter-raciais: 'The freedom to marry has long been recognized as one of the vital personal rights essential to the orderly pursuit of happiness by free men'."

[18] O Ministro Vicente Cernicchiaro, a respeito da inexistência, no ordenamento brasileiro, da previsão do crime de suicídio, assim expressou as razões dessa decisão de política criminal: "A irrelevância penal do suicídio decorre de Política Criminal, a fim de que a pessoa que tentou contra a própria vida seja estimulada a mudar de ideia, o que provocaria efeito contrário se instaurado inquérito policial" (voto-vista proferido no RHC nº 7.785, Rel. Min. Fernando Gonçalves. *DJ*, 11 mar. 1996).

se submetem ao poder de disposição por parte de seus titulares. Nos dizeres de Paulo Gonet Branco (MENDES; COELHO; BRANCO, 2002, p. 122-123), a "inalienabilidade traz uma consequência prática importante – a de deixar claro que a preterição de um direito fundamental não estará sempre justificada pelo mero fato de o titular do direito nela consentir".

O consentimento do respectivo titular, portanto, no sentido da aniquilação do núcleo essencial de determinado direito fundamental, qualifica-se como juridicamente irrelevante, pois tais direitos, por sua natureza mesma e por consubstanciarem verdadeira pauta objetiva de valores que permeiam e orientam toda a ordem jurídica, mostram-se insuscetíveis de atos de disposição.

Cumpre averbar, no ponto, que não se está a questionar, nesse estudo, que alguns direitos fundamentais (entre os quais o direito à vida é o maior exemplo) são de fato irrenunciáveis. Nem se está aqui a concordar com a assertiva feita pelo saudoso Professor Celso Bastos (2002, p. 5-6) (em parecer que analisa especificamente a questão das Testemunhas de Jeová e da recusa à transfusão sanguínea), no sentido de que o *caput* do art. 5º da Constituição da República assegurou unicamente a "inviolabilidade" do direito à vida e não sua indisponibilidade, tudo a indicar que o valor vida teria sido protegido unicamente contra ingerência de terceiros, e não contra iniciativas de seu próprio titular. Não!

O que se deve assentar quando se analisa a recusa de Testemunhas de Jeová à transfusão de sangue é se esse ato obstativo, negativo, fundado na liberdade individual de crença (esta, sim, absoluta e inviolável), pode ser enquadrado como uma renúncia ao direito à vida, como verdadeiro consentimento pessoal com o perecimento da própria vida.

E a resposta a tal questionamento é negativa.

Em verdade, as Testemunhas de Jeová recusam-se especificamente à transfusão de sangue não por desejarem a morte, por buscarem esse específico resultado ou por serem lenientes com sua própria saúde e com o seu próprio corpo. Elas assim procedem por entenderem que esta específica prática terapêutica foi proibida por Deus, de sorte que sua realização gerará severas sanções espirituais que, para os respectivos seguidores, são de natureza insuportável. A perda dos favores de Deus e da possibilidade de se juntar a Ele no final dos tempos é uma perspectiva que, para os seguidores da respectiva crença, afigura-se cruel (FERNANDES, [s.d.], p. 40).

Daí a corretíssima manifestação do Professor Celso Bastos (2002, p. 7):

> Em que pese aquela não tipificação penal, não se pode ver na recusa consciente das Testemunhas de Jeová em receber sangue uma forma de suicídio. Não se está aqui fazendo apologia do direito à morte. Pelo contrário, esses fiéis prezam por demais a vida. Tanto é que procuram preservá-la, dirigindo-se aos hospitais, sendo devidamente examinados e diagnosticados por médicos, quando se encontram enfermos. Todos aceitam a grande maioria dos tratamentos médicos existentes, sendo que a única ressalva consiste no transfundir sangue. De sorte que essa "recusa" também pode ser vista de outro modo: como um direito de escolher tratamento isento de sangue.

Em suma, aqueles que aderem à orientação das Testemunhas de Jeová também pretendem, como todas as pessoas, continuar vivos. Apenas ocorre que também objetivam uma vida em paz consigo mesmos, sem que a sua posição religiosa reste maculada.

O fato, portanto, é que as Testemunhas de Jeová buscam hospitais (se pretendessem morrer ou consentissem com o perecimento da vida, permaneceriam em casa à espera da consumação do resultado desejado). Buscam tratamentos. Pesquisam métodos alternativos capazes de substituir a necessidade de sangue. Não admitem, apenas, a transfusão de sangue, pois a transfusão, porque proibida pelos mandamentos impostos pela fé, significa uma insubmissão à ordem divina cujas sanções se lhes afiguram de severidade insuportável.

E é por esse motivo que as Testemunhas de Jeová não podem jamais ser caracterizadas como suicidas ou como indivíduos para quem a vida é desvestida de seu inquestionável valor (SOUZA; MORAES, 2008). Não! Não agem volitivamente na busca de determinado fim (evento morte). Não buscam antecipadamente ir ao encontro de seu Deus consentindo com o fim de uma vida. Apenas pretendem que o desejo de viver seja buscado de acordo com a crença que perfilham e que os permite levar uma vida com harmonia, dignidade e felicidade. E, para tanto, aceitam todo e qualquer tratamento alternativo que possa lhes oferecer uma outra opção de cura.

Se assim é, não se pode afirmar, de modo legítimo, que as Testemunhas de Jeová estão a dispor de seu direito à vida. Não! O fato, contudo, é que elas igualmente não toleram quaisquer imposições (fáticas ou jurídicas) voltadas à renúncia de sua liberdade religiosa (também irrenunciável). E se, de um lado, a recusa à transfusão sanguínea pode levar, ou não, ao evento morte (resultado que sempre se evita e que jamais se persegue), a aceitação dessa medida terapêutica implicará, de modo inevitável e inexorável, a ruptura do vínculo entre o indivíduo e seu Deus (com o que se estará, agora sim, renunciando à respectiva liberdade de crença).

Desse modo, a postura negativa adotada pelas Testemunhas de Jeová não pode ser encarada como uma renúncia, nem mesmo implícita ou tácita (pois ausente a anuência quanto ao resultado, que permanece indesejado) ao direito à vida. O que se tem é uma recusa, agora sim explícita e taxativa, no sentido da renúncia à crença adotada. E, para evitar uma renúncia à fé pessoal, a partir da aceitação de um dado tratamento que é proibido por Deus, assume-se um risco, tudo isso na mais sincera expectativa de que o pior resultado não se consume.

Trata-se, portanto, da assunção de um risco em relação a um resultado que se deseja positivo. Pois o fato é que a adoção de comportamento diverso (qual seja, a aceitação da medida de transfusão ou sua imposição por ordem do Estado) trará como consequência inevitável a ruptura de um vínculo divino (do indivíduo com seu Deus e com sua fé), com todas as consequências daí decorrentes. Assume-se o risco da consumação de uma consequência lesiva possível, para que se evite a consumação de consequência lesiva certa.

Assim, se, de um lado, a lesão ao direito à vida é possível, a imposição da medida de transfusão, muito embora possa mesmo salvar uma vida (resultado que permanece incerto, pois casos há em que, mesmo após a transfusão, sobrevém a morte do paciente), traz como consequência certa a aniquilação de dogma de fé.

Eis aí a difícil situação moral por que passam as Testemunhas de Jeová. Situação moral cujo deslinde somente deve competir a cada um dos envolvidos em cada uma das situações concretas. Pois somente o próprio indivíduo pode saber se o dano que será causado em sua vida, caso um mandamento imposto por sua fé venha a ser desrespeitado numa situação de urgência médica, é mesmo insuportável e irreversível. Somente aquele que segue a respectiva doutrina pode saber o espaço por ela ocupado em sua vida e a importância que ela assume na definição de sua própria identidade moral.

Daí porque a harmonização dos valores colidentes (liberdade religiosa x vida) no caso de Testemunha de Jeová que seja maior, capaz, que não tenha filhos menores e que tenha expressamente manifestado sua consciente recusa em se submeter a determinada intervenção terapêutica (o que se fez não por se desejar a morte) deve também se firmar num parâmetro de equacionamento apoiado na liberdade de autodeterminação individual, pois o certo é que somente o indivíduo pode avaliar, numa situação concreta de problema de saúde, o que é menos gravoso e oneroso para si: a submissão de sua própria vida a uma situação de risco (risco que pode ser maior ou menor a depender da situação concreta, mas que permanece sendo um risco), ou a ruptura radical com um mandamento divino derivado da crença religiosa que perfilha.

Eis o direito fundamental que, nessas "situações-limite" (típica hipótese de *hard case*), deve assistir ao indivíduo: o direito de, ele próprio, realizar a sua pessoal ponderação de valores e a sua harmonização de direitos, alcançando a concordância prática possível. Pois o fato é que, além de unicamente atingir a sua própria esfera jurídica, a solução da controvérsia não diz com a renúncia a qualquer um dos direitos fundamentais envolvidos, guardando pertinência com a importância e com o peso conferidos a determinada crença, avaliação que também só poderá ser realizada pelo próprio indivíduo interessado, pois somente a ele compete precisar a dimensão e o relevo do pensamento religioso na formação de sua individualidade.

Essa, aliás, a diretriz recomendada pela Sociedade Brasileira de Hematologia e Hemoterapia, cujo documento encaminhado aos Conselhos Regionais de Medicina no final de 1974 afirma que "quando se trata de um adulto consciente, sugere-se respeitar suas convicções, mas exige-se que ele assine uma declaração isentando de responsabilidade a instituição, o médico e quem dele cuidar" (FREDERICO JR.; PENNA, 2006, p. 242).

A solução aqui preconizada, além de não representar a renúncia a qualquer direito ou o desprezo a qualquer valor fundamental, configura a harmonização possível, numa situação de antagonismo que se aproxima de "um jogo de soma zero". Pois o fato é que a proibição ao sangue é tão central às Testemunhas de Jeová que ignorá-la significa renunciar à própria crença.[19]

Nem se afirme, ainda, que o viés objetivo dos direitos fundamentais imporia ao Estado um dever de proteção capaz de obrigá-lo a evitar que a vida individual (ou o valor da vida) seja submetida a determinados riscos (como aquele que deriva da

---

[19] Em sentido contrário ao do texto, defendendo o dever médico de transfundir contra a vontade do paciente nas hipóteses de perigo de vida, conferir o caso John F. Kennedy Memorial Hospital *v.* Heston. Conferir, ainda, em sentido contrário: Dorsa (1995, p. 103); Almeida Jr. e Penna (2001, p. 243); Novelino (2008, p. 303-307); Maia (2007, p. 91-93); Vieira (2003, p. 269); e Sá e Teixeira (2005).

recusa às transfusões de sangue, independentemente da gravidade da doença ou lesão experimentada).

É claro que, como sabido, alguns riscos a que ordinariamente se expõem a vida, a integridade física e a saúde individuais podem e devem ser minimizados por efeito da atuação protetiva que é imposta ao Estado; assim, por exemplo, normas que disciplinam o uso de cinto de segurança em automóveis, capacetes em bicicletas e motos, além daquelas que proíbem o uso de determinadas substâncias alucinógenas.

Tais exemplos de atuação interventiva do Estado, no sentido da proteção e da minimização de riscos a determinados bens e valores jurídicos, não guardam qualquer pertinência material com a questão constitucional agora em discussão, qual seja, aquela pertinente à possibilidade de legítima recusa a específico tratamento terapêutico (com a ampliação dos riscos de perecimento da vida), em razão de crença religiosa. E não guardam pertinência por não retratarem, nenhum deles, situação concreta de colisão de direitos fundamentais, apta a legitimar a limitação do campo de incidência de um ou de ambos os direitos em situação de choque.

Assim é que não há direito fundamental à direção de automóvel sem cinto, assim como não o há em relação ao uso de capacetes e tampouco no que atine ao uso de substâncias alucinógenas. Pelo que, em casos tais, as medidas de proteção estatal, além de necessárias pois exercidas no cumprimento de seu dever constitucional de proteção, não são capazes de fazer instaurar qualquer situação de limitação ou restrição a um outro direito de índole fundamental.

Diferente seria, por exemplo, se o uso de determinada substância alucinógena (proibida pelas autoridades públicas) fosse elemento essencial ou integrante de determinado culto ou prática religiosa, o que poderia fazer instaurar, agora sim, situação de potencial colisão de direitos fundamentais: de um lado, o direito à vida e à saúde (cuja proteção é dever do Estado) e, de outro, o direito fundamental ao livre exercício dos cultos religiosos.

E, se o contexto de fato fosse esse (substância alucinógena indispensável à prática de culto), somos por que o Estado deva abrir exceções para o uso de ervas e substâncias, devendo adotar todas as providências no sentido de uma adequada fiscalização e editar as normas necessárias à disciplina desse excepcional uso (somente em cultos, sob a supervisão e responsabilidade de autoridades religiosas, vedado ao consumo de menores, exceto se na presença e com a autorização de seus pais e fornecidas as devidas informações sobre os efeitos colaterais do uso dos alucinógenos). Essa, portanto, a política mais adequada ao Estado: aquela voltada não à proibição, com consequente violação integral do direito fundamental à celebração de cultos religiosos, mas, sim, direcionada a uma adequada harmonização, capaz de viabilizar a proteção simultânea de todos os direitos fundamentais em situação de antagonismo, muito embora um deles se exponha, já agora, a uma mais acentuada situação de risco.

Nesse exato sentido, o Relatório Final apresentado em 23.11.2006 pelo Grupo Multidisciplinar de Trabalho, instaurado no âmbito do Conselho Nacional Antidrogas (Conadi), para fins de análise do uso religioso da Ayahuasca (também designada "hoasca", "santo daime" e "vegetal"). As conclusões adotadas no referido Relatório Final voltam-se não à proibição, mas à adequada disciplina do uso religioso da mencionada substância, diante da autorização já conferida pelo Conselho Nacional Antidrogas por meio da Resolução nº 05/2004.

Em pensamento semelhante, a Suprema Corte americana, no julgamento do caso Alberto Gonzáles, Attorney General, *v.* O Centro Espírita Beneficente União do Vegetal, 546, U.S. (2006), entendeu legítima a importação e o uso da hoasca (listada entre as substâncias proibidas) para fins estritamente religiosos, ou seja, para sua utilização em cultos religiosos celebrados pela religião brasileira conhecida como União do Vegetal (UDV).

Portanto, o dever de proteção imposto ao Estado, em tema de direitos fundamentais, não pode e não deve assumir uma tal dimensão que lhe permita impor a um indivíduo determinada conduta positiva (voltada à minimização de riscos a dado bem jurídico), mesmo que, dessa imposição, resulte verdadeira aniquilação a outro direito igualmente fundamental titularizado pela mesma pessoa.

A recusa da validade dos fundamentos religiosos invocados pelas Testemunhas de Jeová. Pré-compreensão do fenômeno religioso

Muito embora já traçados os marcos teóricos que fundamentam a proposta ora defendida (no sentido da plena legitimidade jurídico-constitucional de recusa a tratamento médico, quando fundada em razões de ordem religiosa e quando as consequências de tal negativa não puderem atingir esfera jurídica de terceiros, sem que tal assertiva implique renúncia ao direito à vida ou mesmo em prática de suicídio, dada a ausência do elemento volitivo), algumas observações adicionais devem ser feitas.

É que a recusa a determinado tipo de tratamento médico e o apelo a práticas alternativas, quando fundados em argumentos de ordem racional, como aqueles que dizem respeito aos efeitos colaterais derivados de determinada intervenção, às dores e desconfortos a ela inerentes, ou ainda ao custo financeiro que dela decorre, parecem gerar menos perplexidade e irresignação do que aquela negativa que se funda essencialmente na fé individual, especialmente quando se considera que essa específica fé é partilhada por uma minoria religiosa hostilizada que, pela não convencionalidade de suas práticas, tem historicamente sofrido perseguições e preconceitos.

E uma das razões de ser dessa duplicidade de parâmetros de avaliação (da qual decorre a aceitabilidade de determinadas justificativas e a imprestabilidade de outras, muito embora o resultado concreto em relação ao bem jurídico "vida" possa vir a ser o mesmo) decorre da circunstância de que o discurso religioso, por sua natureza mesma, apoia-se, essencialmente, na fé, o que implica dizer que o conteúdo dos dogmas e textos religiosos só faz sentido para aquelas específicas pessoas que são filiadas à respectiva doutrina, sendo de pouca ou nenhuma validade para os que propagam crença diversa e para aqueles que em nada creem.

É por isso que as convicções religiosas (ou crenças) fazem parte daquilo, ao lado do amor, por exemplo, que se apreende pela intuição e não pela razão.[20] Daí porque são as divergências de fundo religioso aquelas de equacionamento mais delicado, pois

---

[20] Neste sentido, as palavras de Sampaio Dória (1958, p. 722), *verbis*: "Nas coisas sobrenaturais, porém, nas doutro ou doutros mundos, o caminho para se vir a saber alguma coisa já não é a observação lógica. Esta seria, quando muito, um processo auxiliar. O caminho da verdade religiosa é a fé, é a tendência íntima, mais instintiva que consciente, para aderir à verdade de certas afirmações, independentemente, e, até, contra factos e provas. Crê-se, ainda, no incrível. *Credo ad absurdum*".

ignoram todos os métodos que a lógica e razão conhecem para explicar determinados fenômenos.

Em tema religioso, portanto, não há que se falar em convencimento pela lógica do argumento,[21] o que abre perigosos flancos à utilização da força como fonte de compulsória conversão. Nos dizeres de Sampaio Dória (1958, p. 721), "as religiões se distinguem das demais realidades opináveis em duas coisas. Primeira, os assuntos religiosos são matéria de fé. Segunda, os assuntos religiosos são planos inclinados a paixões, que desvariam, a intolerâncias, que degradam".

O fato, pois, é que os discursos religiosos não se apoiam em fundamentos que sejam "intersubjetivamente válidos", o que os torna pertinentes para aquela parcela de cidadãos seguidora da respectiva crença e absolutamente inválidos para todos os demais. E essa circunstância culmina por gerar situação de incompreensão, quando se está diante de recusa a tratamento médico por Testemunha de Jeová, pois, para grande parte dos indivíduos, tal negativa e os riscos a ela inerentes acham-se esvaziados de propósito, de sentido, de conteúdo, além de despidos de qualquer motivação que os justifique.

Essa natureza do discurso religioso, portanto, aliada à não convencionalidade da prática defendida pelas Testemunhas de Jeová, que se qualificam como minoria religiosa hostilizada, muito embora não justifiquem integralmente, ajudam a compreender as razões pelas quais determinados comportamentos (como a recusa à transfusão de sangue) culminam por encontrar tamanha resistência no corpo social.

Contudo, o fato é que as crenças religiosas não precisam da chancela social nem dependem da convencionalidade de suas doutrinas para que possam ser destinatárias da proteção emergente do princípio maior da liberdade religiosa, a alcançar de modo igualitário todos os movimentos religiosos, tradicionais, ou não, numerosos, ou não.

Irretocáveis, sob tal aspecto, as observações de T. Bossert (1972, p. 612-613), no seguinte sentido:

> Afirmar que o interesse estatal na proteção da vida autoriza a realização de transfusão de sangue em Testemunhas de Jeová significa reconhecer que uma crença religiosa convencional merece mais respeito e proteção que a doutrina das Testemunhas. Reconhecidamente, a moralidade cristã tem exercido influência nas leis desse país; contudo, essa moralidade não deveria interferir na decisão sobre se crenças não-convencionais também são protegidas pela Primeira Emenda. Quando alguns doutrinadores afirmam que a interferência do Estado nas condutas religiosas é necessária à proteção de adultos contra sua própria tolice e quando as Cortes qualificam crenças não-usuais como "desilusões", então tudo leva a crer que os

---

[21] Eis o que consta, no ponto, do pensamento de Sampaio Dória (1958, p. 716-717): "Dividem-se as coisas cognoscíveis em dois grupos: as passíveis de observação científica, e aquelas para a busca de cujo conhecimento não decidem os métodos lógicos. Tanto pode o homem opinar sôbre as realidades sensíveis dêste mundo, como sôbre realidades sobrenaturais, cuja existência admita. As opiniões sôbre aquelas podem ser demonstradas de modo que a todos persuada. As opiniões sôbre estas, porém, embora atraentes, só logram adesão por aqueles que já sejam de índole mística [...]. E o que se verifica principalmente em matéria religiosa [...]. Haverá, realmente, êsse poder sobrenatural? [...] São incógnitas até hoje indecifráveis no campo da ciência. Não obstante, fazem os homens sôbre elas afirmações convictas, estruturam doutrinas, sistematizam filosofias e, ao impulso das convicções que os animem, oram, pregam, associam-se, devotam-se, e chegam até ao extremo das guerras, no empenho de propagar as opiniões que os inebriem. Os dois grupos de conhecimento são inconfundíveis: os científicos, cuja verdade, uma vez provada, todos aceitam; e os religiosos, cuja verdade, por mais calorosas que sejam as pregações, é constantemente negada por quem não tenha fé".

conceitos majoritários e tradicionais sobre o que é certo e o que é errado estão a projetar efeitos sobre os direitos da Primeira Emenda.

Daí a cautela a ser adotada sempre que se estiver a analisar situação de conflito de direitos fundamentais, no qual a liberdade religiosa (em qualquer de suas 3 perspectivas) ocupe uma das pontas. Pois o mérito inerente à crença professada, o conteúdo mesmo da doutrina pregada, o acerto ou o erro das premissas religiosas, não podem e não devem ser objeto de consideração por parte do intérprete, eis que, repise-se, é da natureza mesma das religiões que o conteúdo de determinada doutrina só faça sentido e só adquira relevância e pertinência para aqueles que adotam idêntica orientação espiritual.

Esse também é o posicionamento de Gustavo Tepedino, que, ao analisar especificamente a questão da recusa à transfusão de sangue por Testemunha de Jeová, afirmou:

> Impõe-se... o reconhecimento e respeito à religião (e à não-religião) de cada indivíduo, como aspecto fundamental de sua personalidade, e, como tal, a salvo de qualquer intervenção forçada. Somente com esta garantia se poderá falar em uma efetiva liberdade de religião, que observe a rica multiplicidade da sociedade brasileira, protegendo as minorias religiosas do julgamento pretensamente mais civilizado das maiorias.

A posição de médicos e hospitais

Finalmente, impende analisar a controvérsia em discussão (pertinente à recusa à intervenção médica com apoio em crença religiosa, mesmo que essa recusa implique grave risco à vida), já agora na perspectiva de médicos e hospitais, ou seja, na perspectiva daqueles que enfrentam mais diretamente o dilema que se instaura entre a preservação da vontade manifestada pelo indivíduo (pela recusa a dado tratamento) e a proteção de sua vida (mesmo que, para tanto, seja preciso adotar procedimento tido por intolerável pelo paciente).

Antes de tudo o mais, cumpre destacar que a abordagem da posição ocupada por médicos e hospitais em tais situações não por acaso será feita no último tópico deste estudo. É que, de fato, o tratamento jurídico a lhes ser conferido é necessariamente dependente e derivado da solução dada ao conflito de interesses que se estabelece entre a liberdade de crença e de culto, de um lado, e o direito à vida, de outro, todos eles titularizados por uma mesma pessoa. Pois o fato é que, em tema de recusa à submissão de determinado tratamento médico, o sujeito central, em torno do qual são suscitadas todas as relevantíssimas questões constitucionais aqui discutidas, é indiscutivelmente o paciente, titular da crença e da vida.

Ele, paciente, é o verdadeiro titular de todos os direitos fundamentais em rota de colisão, sendo certo que médicos e hospitais culminam por ocupar posição juridicamente acessória na definição da questão *juris*, pois o comportamento que deverão adotar está necessariamente vinculado aos limites que eventualmente são impostos aos direitos dos pacientes.

Esse, também, o posicionamento de Rodrigo Iennaco de Moraes e Rodrigo Esteves Santos Pires (2005, p. 221), *verbis*:

MARIA CLAUDIA BUCCHIANERI PINHEIRO

AS TESTEMUNHAS DE JEOVÁ, O PRINCÍPIO FUNDAMENTAL DA LIBERDADE RELIGIOSA E O DIREITO FUNDAMENTAL À VIDA. UMA ANÁLISE... | 1237

Concluir-se, à luz do disposto no art. 13, §2º, "a" do Código Penal, a omissão do médico em respeito à opção convicta do paciente é penalmente relevante quando podia e devia agir para evitar o resultado (a morte do paciente), repousa em responder, primeiro, se ele tem (o médico) o dever de cuidado, proteção e vigilância imposto pela lei, que significaria obrigação de intervir diante de iminente perigo de vida, no caso, determinada pelos arts. 46 e 56 do Código de Ética Médica. Mas também responder, depois, se esse dever se sobrepõe, numa perspectiva constitucional, ao respeito que deve guardar à autodeterminação do paciente, em atenção às convicções religiosas.

Para o Professor Paulo Sérgio Leite Fernandes ([s.d.]), "a liberdade de crença e a integridade do ser humano têm proteção constitucional. Não a tem, entretanto, o médico que pretende, fundado na superioridade de seu conhecimento especializado, violentar a vontade do paciente [...], impondo tratamento recusado".

Por esse modo de ver as coisas, e tendo em vista que a tese jurídica aqui adotada é no sentido de que a recusa à transfusão sanguínea externada por Testemunha de Jeová maior, capaz e sem filhos menores qualifica-se como legítimo exercício dos direitos fundamentais à liberdade de crença e de culto, então, em casos tais, devem os médicos e os hospitais respeitar a manifestação da vontade individual e concentrar seus esforços no sentido da utilização de técnicas terapêuticas alternativas, que dispensem o uso do sangue.

Nesse sentido, aliás, voto proferido no Conselho Regional de Medicina do Estado de São Paulo pelo Professor Marco Segre, apesar do conteúdo da Resolução nº 1021/80 do Conselho Federal de Medicina (a autorizar a transfusão de sangue pelo médico, independentemente do consentimento do paciente, naqueles casos de "iminente perigo de vida"):[22]

> Deverá o médico procurar os recursos técnicos e científicos para proteger a saúde do paciente, sem contrariar a sua vontade expressa [...]. Não se trata, entretanto, de um dever. Há que se respeitar, data vênia, a vontade de quem quer que seja legalmente competente, inclusive de morrer sem ser violentado em sua crença. Não existe, para mim, a obrigação de viver – logo, não será omissão de socorro e sim respeito à individualidade do paciente deixar de transfundir sangue quando ele não queira, procurando-se todos os recursos técnicos e científicos para proteger sua saúde, sem contrariar sua vontade expressa.

Se se entende, pois, que o paciente, mesmo recusando tratamento específico em função de crença religiosa, nada mais fez que exercer de modo legítimo e regular seus direitos fundamentais, então não resta alternativa aos profissionais da saúde que não o respeito incondicional à vontade externada pelo paciente. Pois o fato é que, na hipótese fática em discussão, não há direitos fundamentais titularizados por médicos ou hospitais que mereçam ser considerados.

Interessante destacar, no ponto, voto proferido pelo então Juiz Burger, que viria a ser *chief justice* da Suprema Corte americana, quando da análise do caso *Application of the President and Directors of Georgetown College Inc, pelo District of Columbia Circuit Court*:

---

22   Trecho de voto extraído de: "Colisão de princípios à luz do princípio da proporcionalidade: um estudo de caso" (*Revista da Escola Superior da Magistratura do Estado do Ceará*).

Esta Corte tem a obrigação de solucionar a questão prévia sobre se alguma questão passível de conhecimento judicial emerge quando um adulto legalmente competente se recusa, com apoio em sua consciência, a autorizar tratamento médico essencial à preservação de sua vida.

E, após postular pelo não conhecimento da questão, dada a inexistência de controvérsia judicial, por entender que, no caso de recusa a tratamento, o hospital não teria nenhum direito protegido que estaria sendo violado e, como consequência, não teria legitimidade ativa para iniciar a demanda, afirmou referido magistrado: "Muito embora a Senhora Jones pudesse solicitar uma ordem judicial para desfrutar de uma transfusão de sangue, isso não significa, como corolário, que o hospital titulariza o direito correlato de compelir esse procedimento".

Não há nada na Constituição Federal que estabeleça aos médicos o direito fundamental de atuar segundo suas próprias convicções no tratamento de seus pacientes. Pelo que, nesse contexto, os profissionais da saúde ou cumprem de modo integral as vontades manifestadas pelos pacientes, ou, ao contrário disso e em não se tratando de caso de emergência médica,[23] exercem o direito de recusar-lhe tratamento. Só e só.

E esse entendimento, além de não ferir o Código Penal – pois não há que se falar em prática de omissão de socorro quando a inação médica se funda no dever constitucional de respeitar manifestação de vontade livremente externada pelo indivíduo –,[24] também se harmoniza com o Código de Ética Médica,[25] que, em seu art. 32, letra "f", estabelece que "não é permitido ao médico exercer sua autoridade de maneira a limitar o direito do paciente resolver sobre sua pessoa e seu bem-estar" (FERREIRA, 1977, p. 136).

Nesse sentido, o posicionamento de Zelita da Silva Souza e Maria Isabel Dias Miorim de Moraes (2008), que, após analisarem o dispositivo constante do art. 56 do Código de Ética Médica e enfatizarem que ele não autoriza a conclusão de que o médico pode desrespeitar decisões feitas de antemão pelo paciente, concluem que o princípio da beneficência requer "que o médico faça o que beneficiará o seu paciente de acordo com a visão do paciente e não com a visão do médico", pelo que, associando-o ao valor do livre consentimento informado, chega-se à conclusão de que "respeitar as convicções religiosas do paciente adulto e capaz equivale respeitar a autonomia e autodeterminação individual", e o "respeitar a pessoa autônoma pressupõe a aceitação do pluralismo social".

E esse padrão de comportamento, é bom que se diga, independe da natureza do hospital em que se der a recusa (se público ou privado), pois o fato é que o respeito ao legítimo exercício dos direitos fundamentais emergentes do princípio maior da liberdade religiosa são oponíveis a todos e não comportam qualquer interpretação tendente a enxergar, na procura por um estabelecimento público de saúde, uma renúncia (ainda

---

[23] Sobre essa hipótese, conferir art. 47 do Código de Ética Médica

[24] Claus Roxin (2000), em trabalho sobre a eutanásia, e ao abordar os "limites do dever médico de tratamento" e "sobre quem decide", afirma que "em tais situações a questão jurídica é em princípio clara. Não haverá punibilidade porque não é permitido tratar um paciente contra a sua vontade". Nesse ponto, uma nota do tradutor relembra o estudioso que tais observações podem não se ajustar à realidade jurídica brasileira, dadas as previsões dos incisos I e II do §3º do art. 146, cuja constitucionalidade, para o tradutor, é "discutível".

[25] Para Tereza Rodrigues Vieira (2003, p. 26), "não haverá, nesse caso, responsabilidade do médico por falta de ética. Falta que ele, aliás, não cometeu, porque se o tratamento ou a transfusão não foram ministrados, isto se deu pela recusa por parte do paciente".

que tácita) aos princípios dogmáticos derivados da crença que se perfilha, em prol da avaliação a ser feita.

Pelo próprio hospital, no que atine à conveniência, ou não, à necessidade, ou não, da realização de uma transfusão de sangue.[26]

Tal posicionamento, além de denegrir a condição do paciente, que deixa de ser titular de direitos fundamentais para ocupar a subalterna condição de mero objeto de atuação dos profissionais da medicina, culmina por emprestar interpretação que limita de modo inaceitável o exercício concreto da liberdade de crença e de culto, pois o admite unicamente na perspectiva de estabelecimentos de internação particulares, de sorte a excluir, da prática concreta de tais valores, uma grande parcela dos cidadãos, que, por não possuírem recursos suficientes, estariam compelidos a optar entre a ausência de qualquer assistência médica ou a submissão ao arbítrio estatal, no âmbito dos hospitais públicos.

De mais a mais, não custa enfatizar que, lamentavelmente, muitos dos procedimentos médicos de transfusão de sangue adotados em situações de extrema gravidade centram-se mais na busca pela exclusão de qualquer tipo de responsabilização civil e penal, caso sobrevenha o evento morte, do que na necessidade e adequação do procedimento. Tanto é assim que informações prestadas pela Sociedade Brasileira de Hematologia e Hemoterapia dão conta de que

> a utilização de sangue e derivados continua sendo muito grande no Brasil, apesar dos enormes riscos inerentes a estas transfusões. Foram revisitados prontuários de 75 pacientes para se determinar a indicação de cada transfusão. Do total, apenas 25% tinham uma indicação precisa. Estes resultados mostram a necessidade de educação continuada em hemoterapia, a fim de se evitarem transfusões desnecessárias. (MARINI, 2005)

Referências

ALMEIDA JR., Fernando F.; PENNA, João Bosco. O tratamento arbitrário e o problema das Testemunhas de Jeová. Arquivos da Polícia Civil. *Revista Tecno-Científica*, São Paulo, v. 46, 2001.

BARRETO, Maria Luiza Whately. Exercício da liberdade religiosa. *Revista dos Tribunais*, São Paulo, n. 14, 1º trim. 1996.

BASTOS, Celso Ribeiro. Direito de recusa de pacientes submetidos a tratamento terapêutico às transfusões de sangue, por razões científicas e convicções religiosas. *Revista Trimestral do Centro de Apoio Operacional das Promotorias da Criança e do Adolescente*, Curitiba, v. 10, n. 35, 2º trim. 2002.

BERGMAN, Jerry. The Jehovah's Witnesses experience in the Nazi concentration camps: a history of their conflict with the Nazi state. *Journal of Church and State*, n. 38, 1996.

BESIER, Gerhard; BESIER, Renate-Maria. Jehovah's Witnesses Request for Recognition as a Corporation under Public Law in Germany: Background, Current Status, and Empirical Aspects. *Journal of Church and State*, n. 43, 2001.

BOSSERT, T. R. Freedom of Religion: One cannot refuse life-saving medical treatment on religious grounds. *Dickinson Law Review*, n. 76, 1972.

BURDEAU, Georges. *Les libertés publiques*. 3. ed. Paris: Librarie Générale de Droit et de Jurisprudence, 1966.

---

[26] Para Tereza Rodrigues Vieira (2003, p. 26), "não haverá, nesse caso, responsabilidade do médico por falta de ética. Falta que ele, aliás, não cometeu, porque se o tratamento ou a transfusão não foram ministrados, isto se deu pela recusa por parte do paciente".

CRETELLA JR., José. *Comentários à Constituição de 1988*. 3. ed. Rio de Janeiro: Forense Universitária, [s.d.]. v. 1.

DÓRIA, Sampaio. *Direito constitucional*. 4. ed. São Paulo: Max Limonad, 1958. v. 1.

DORSA, Paschoal José. O direito à vida e à liberdade de crença. Testemunhas de Jeová. Transfusão de sangue, assinatura de termo de responsabilidade e autorização. Recusa. Procedimento médico e administrativo em face da Constituição. *RT*, v. 714, abr. 1995.

DUQUESNE LAW REVIEW, Pittsburgh, v. 11, 1972.

FERNANDES, Paulo Sérgio L. *Questão do sangue*: Testemunhas de Jeová. Parecer jurídico. [s.d.].

FERRAZ, Anna Candida Cunha. O ensino religioso nas escolas públicas: Exegese do parágrafo 1º do art. 210 da CF de 05.10.1988. *Revista dos Tribunais*, São Paulo, n. 20, 1997.

FERREIRA, Talmo. A transfusão de sangue e as Testemunhas de Jeová. *Arquivos da Polícia Civil do Estado de SP*, v. 29, 1º sem. 1977.

FREDERIDO JR., Fernando; PENNA, João Bosco. O tratamento arbitrário e o problema das Testemunhas de Jeová. *Arquivos da Polícia Civil*, São Paulo, v. 46, 2006.

HENDERSON, Jennifer Jacobs. The Jehovah's Witnesses and Their Plan to Expand First Amendment Freedoms. *Journal of Church and State*, n. 46, 2004.

KAUFMANN, Roberta Fragoso M. Colisão de direitos fundamentais: o direito à vida em oposição à liberdade religiosa: o caso dos pacientes Testemunhas de Jeová internados em hospitais públicos. *Revista de Direito Público*, n. 16, 2º trim. 2007.

LOPES, Ana Maria D'Ávila. Proteção constitucional dos direitos fundamentais culturais das minorias sob a perspectiva do multiculturalismo. *Revista de Informação Legislativa*, Brasília, n. 177, 1º trim. 2008.

LOUDERBACK-WOOD, Kerry. Jehovah's witnesses, blood, transfusions, and the tort of misrepresentation. *Journal of Church and State*, n. 783, 2005.

MACHADO, Jónatas Eduardo Mendes. Liberdade religiosa numa comunidade constitucional inclusiva: dos direitos da verdade aos direitos dos cidadãos. *Boletim da Faculdade de Direito da Universidade de Coimbra*, 1996.

MACHADO, Jónatas Eduardo Mendes. Pré-compreensões na disciplina jurídica do fenômeno religioso. *Boletim da Faculdade de Direito da Universidade de Coimbra*, v. 68, 1992.

MACHADO, Jónatas Eduardo Mendes. Tomemos a sério a separação das igrejas dos Estados. *Revista do Ministério Público*, n. 58, 1994.

MAIA, Lauro Augusto Moreira. *Novos paradigmas do direito civil*. Curitiba: Juruá, 2007.

MARINI, Bruno. O caso das Testemunhas de Jeová e a transfusão de sangue: uma análise jurídico-bioética. *Jus Navigandi*, Teresina, ano 9, n. 661, 2005. Disponível em: http://jus2.uol.com.br/doutrina/texto.asp?id=6641. Acesso em: 20 jul. 2008.

MAXIMILIANO, Carlos. *Comentários à Constituição brasileira*. Rio de Janeiro: Ribeiro dos Santos, 1918.

MENDES, Gilmar Ferreira, COELHO, Inocêncio Mártires; BRANCO, Paulo Gustavo Gonet. *Hermenêutica constitucional e direitos fundamentais*. Brasília: Brasília Jurídica, 2002.

MIRANDA, Jorge. *Manual de direito constitucional*. 3. ed. Coimbra: Coimbra, 2000.

MOORE, Maureen. Their life is in the blood: Jehovah's witnesses, blood transfusions and the courts. *Northern Kentucky Law Review*, v. 10, 1983.

MORAES, Rodrigo Iennaco de; PIRES, Rodrigo Esteves P. Transfusão de sangue em pacientes Testemunhas de Jeová: religião, ética e discurso jurídico-penal. *Revista da Associação Brasileira de Professores de Ciências Penais*, v. 2, 1º sem. 2005.

NOVELINO, Marcelo. *Direito constitucional*. 2. ed. São Paulo: Método, 2008.

OMAR, Akhil Reed. *The bill of rights*: creation and reconstruction. Virginia: Yale University Press, 1998.

PENTON, James. Jehovah's witnesses and the secular state: a historical analysis of doctrine. *Journal of Church and State*, n. 21, 1979.

PFEFFER, Leo. Equal protection of unpopular sects. *New York University Law & Sociology Review*, 1980.

PINHEIRO, Maria Cláudia Bucchianeri. O Conselho Nacional de Justiça e a permissibilidade da aposição de símbolos religiosos em fóruns e tribunais: uma decisão que viola a cláusula da separação Estado-Igreja e que esvazia o conteúdo do princípio constitucional da liberdade religiosa. *Jus Navigandi*, Teresina, ano 11, n. 1457, 2007. Disponível em: www.jus2.uol.com.br/doutrina/texto.asp?id=10039.

ROXIN, Claus. A apreciação jurídico-penal da eutanásia. *Revista Brasileira de Ciências Criminais*, ano 8, n. 32, 4º trim. 2000.

SÁ, Maria de Fátima Freire de; TEIXEIRA, Ana Carolina B. Responsabilidade médica e objeção de consciência religiosa. *Revista Trimestral de Direito Civil*, ano 6, v. 21, 1º trim. 2005.

SILVA, José Afonso da. *Curso de direito constitucional positivo*. 22. ed. São Paulo: Malheiros, 2003.

SMITH, Chuck. The persecution of West Virginia Jehovah's witnesses and the expansion of legal protection for religious liberty. *Journal of Church and State*, n. 43, 2001.

SOUZA, Zelita da Silva; MORAES, Maria Isabel D. Morim de. A ética médica e o respeito às crenças religiosas. Disponível em: www.portalmedico.org.br/revista/bio1v6/eticmedica.htm. Acesso em: 20 ago. 2008.

TEPEDINO, Gustavo; SCHREIBER, Anderson. Minorias no direito civil brasileiro. *Revista Trimestral de Direito Civil*, ano 3, v. 10, 2º trim. 2002.

VIEIRA, Tereza Rodrigues. Reflexões bioéticas na recusa de transfusões de sangue em Testemunhas de Jeová. *Bioética: estudos e reflexões*, Londrina, v. 1, 2003.

WAH, Carolyn. Jehovah's Witnesses and the Responsibility of Religious Freedom: The European Experience. *Journal of Church and State*, n. 43, 2001.

YONAN, Gabriel. Spiritual Resistance of Christian Conviction in Nazi Germany: The Case of the Jehovah's Witnesses. *Journal of Church and State*, n. 41, 1999.

Informação bibliográfica deste texto, conforme a NBR 6023:2018 da Associação Brasileira de Normas Técnicas (ABNT):

PINHEIRO, Maria Claudia Bucchianeri. As Testemunhas de Jeová, o princípio fundamental da liberdade religiosa e o direito fundamental à vida. Uma análise constitucional sobre transfusão de sangue e recusa a tratamento médico. *In*: MENDES, Gilmar Ferreira; LIRA, Daiane Nogueira de; FREIRE, Alexandre (coord.). *Constituição, democracia e diálogo*: 15 anos de Jurisdição Constitucional do Ministro Dias Toffoli. 2. ed. Belo Horizonte: Fórum, 2025. p. 1219-1241. ISBN 978-65-5518-937-7.

ADPF Nº 779: DECISÃO HISTÓRICA DO SUPREMO TRIBUNAL FEDERAL NA LUTA CONTRA A VIOLÊNCIA DE GÊNERO

MARIA THEREZA DE ASSIS MOURA
MARCELO COSTENARO CAVALI
CARLA RAMOS MACEDO DO NASCIMENTO

1 Uma singela homenagem a Dias Toffoli

Nascido no aniversário da proclamação da República, no dia 15 de novembro de 1967, José Antônio Dias Toffoli foi o mais jovem Ministro do Supremo Tribunal Federal (STF) a presidir a Corte desde o Império. Seu profícuo período à frente da Presidência do Tribunal durou de 2018 a 2020. Graduado pela Faculdade de Direito da Universidade de São Paulo (Largo de São Francisco), é o 50º Ministro das Arcadas a integrar o STF.

Se prosseguir no cargo até sua aposentadoria – são esses nossos votos –, completando pouco mais de 34 anos de prestação da jurisdição constitucional, será o mais longevo magistrado da história da Corte.

Para marcar os 15 anos de jurisdição constitucional do Ministro Dias Toffoli no STF, prestamos nossa singela homenagem por meio do presente artigo, em que comentaremos um dos mais relevantes precedentes da Corte no combate à violência contra a mulher, de relatoria do nosso homenageado: a ADPF nº 779.

2 Feminicídio: um flagelo nacional

Como resultado da Comissão Parlamentar Mista de Inquérito, instaurada em 2013 no Congresso Nacional, para investigar a situação da violência contra a mulher no Brasil,[1] foi apresentado o Projeto de Lei (PL) nº 292/2013, com o objetivo de tipificar o

---

[1] Lê-se do relatório final da CMPI: "É claro que o sentimento de rejeição afeta igualmente homens e mulheres. Porém, a prática de feminicídio, antecedida pela clássica ameaça 'se não ficar comigo, não ficará com mais ninguém!', compõe um sentimento de poder masculino. Os assassinos têm amor e paixão, sim, mas por si próprios. Eles se consideram tão importantes e superiores que não admitem possa uma mulher dispensá-los. Esse sentimento de posse é um resquício das épocas em que as mulheres eram consideradas propriedade do macho. A educação

crime de feminicídio, mediante inclusão de uma qualificadora do crime de homicídio, previsto no art. 121 do Código Penal (CP).

Já na justificação daquele PL, sustentava-se a importância de serem afastadas interpretações judiciais que reconhecessem efeitos atenuantes aos chamados "crimes passionais".[2]

Aprovado o PL nº 292/2013, transformado na Lei nº 13.104/2015, que criou o tipo penal do feminicídio – ao incluir a qualificadora do inciso VI ao art. 121 do CP –, poder-se-ia esperar, ao menos em tese, em razão do efeito de prevenção geral gerado pela ameaça de pena mais gravosa, uma diminuição dos homicídios de mulheres por razões da condição de sexo feminino.

Não foi, porém, o que aconteceu. De acordo com levantamento realizado pelo Fórum Brasileiro de Segurança Pública (FBSP),[3] ao menos 10.655 mulheres foram vítimas de feminicídio no Brasil, entre os anos de 2015 e 2023. Segundo o estudo, o número de feminicídios no país cresceu 1,4% entre 2022 e 2023 e atingiu a marca de 1.463 vítimas no ano passado, indicando que mais de quatro mulheres foram vitimadas a cada dia. Esse é o maior número da série histórica iniciada pelo FBSP em 2015, quando entrou em vigor a Lei nº 13.104/2015.

A redução da violência contra a mulher é uma batalha constante. Várias medidas legislativas têm sido tomadas com esse objetivo ao longo dos anos. Antes da criação do crime de feminicídio, marco fundamental nesse tema foi o advento da Lei Maria da Penha (Lei nº 11.340/2006), que criou mecanismos para coibir a violência doméstica e familiar contra a mulher – e que vem recebendo diversos aperfeiçoamentos desde então.

Em 2021 foi aprovada a Lei nº 14.132, que inseriu o artigo 147-A no Código Penal, criando o tipo penal de perseguição (*stalking*), o qual, embora não tenha por vítimas exclusivamente as mulheres, tem em sua origem a tentativa de coarctar, antes que seja tarde demais, a evolução da perseguição que possa resultar em morte.[4]

Como resposta a ataques abusivos perpetrados contra uma vítima em audiência criminal, a Lei nº 14.245/2021 promoveu alterações no Código Penal, no Código de Processo Penal e na Lei nº 9.099/1995 (Lei dos Juizados Especiais), para coibir a prática de atos atentatórios à dignidade da vítima e de testemunhas.

Mais recentemente, a Lei nº 14.717/2023 instituiu pensão especial aos filhos e dependentes crianças ou adolescentes, órfãos em razão do crime de feminicídio.

Por outro lado, também o Supremo Tribunal Federal tem prestado relevante contribuição a essa causa. Foram diversos os precedentes importantes estabelecidos,

---

familiar e social das crianças ainda é no sentido de afagar o ego masculino, aceitando suas fraquezas e explosões violentas, e de convencer as meninas a serem "princesinhas" dóceis, submissas e compreensivas" – p. 977-978. Disponível em: https://www2.senado.leg.br/bdsf/item/id/496481. Acesso em: 17 jul. 2024.

[2] Disponível em: https://legis.senado.leg.br/sdleg-getter/documento?dm=4153090&ts=1630450234186&dispositio n=inline. Acesso em: 27 jul. 2024.

[3] Fórum Brasileiro de Segurança Pública. Feminicídios em 2023. Disponível em: https://apidspace.universilab. com.br/server/api/core/bitstreams/eca3a94f-2981-488c-af29-572a73c8a9bf/content. Acesso em: 17 jul. 2024.

[4] A primeira legislação estadual a respeito do *stalking* surgiu na Califórnia em 1990, após comoção pública pelo assassinato da atriz Rebecca Schaeffer, perseguida por um fã por cerca de três anos, seguida de casos semelhantes, nos quais medidas cautelares decretadas se mostraram insuficientes para impedir a morte das vítimas. SCHAUM, M.; PARRIS, K. *Stalked*: Breaking the silence on the crime of stalking in America. New York: Pocket Books. 1995. p. 9.

por exemplo, para reforçar a eficácia e o rigor da Lei Maria da Penha. Nesse sentido, o Tribunal reconheceu a constitucionalidade da norma que impede a aplicação da Lei dos Juizados Especiais aos casos de violência doméstica,[5] bem como da norma que autoriza, excepcionalmente, o afastamento imediato do agressor do local de convivência com a ofendida por delegado de polícia ou policial.[6] A Corte deu, também, interpretação conforme aos arts. 12, I, e 16, da Lei Maria da Penha, para estabelecer a natureza incondicionada da ação penal em caso de crime de lesão, pouco importando a extensão desta.[7] Decidiu, ainda, que o juiz não pode, sem pedido da vítima, marcar audiência para que ela desista de processar o agressor nos crimes de violência contra mulher em que a ação penal seja condicionada à sua manifestação.[8]

É nesse contexto que se insere, de igual modo, o acórdão prolatado pelo Plenário da Corte, de relatoria do Min. Dias Toffoli, na Arguição de Descumprimento de Preceito Fundamental (ADPF) nº 779 que comentamos a seguir.

3 A ADPF nº 779

3.1 A controvérsia trazida a julgamento

A ADPF nº 779 foi ajuizada pelo Partido Democrático Trabalhista (PDT) com o objetivo de conferir interpretação conforme à Constituição ao art. 23, inciso II;[9] ao art. 25, *caput* e parágrafo único, do Código Penal (CP);[10] e ao art. 65 do Código de Processo Penal (CPP),[11] a fim de se afastar a tese jurídica da "legítima defesa da honra" e se fixar entendimento acerca da soberania dos veredictos. Também se requereu a concessão de interpretação conforme à Constituição, "se esta Suprema Corte considerar necessário", ao art. 483, III, §2º, do CPP.[12]

A medida liminar foi parcialmente concedida pelo Min. Dias Toffoli e, após ajuste, referendada, unanimemente, pelo Plenário do STF.[13] Finalmente, no mérito, a ADPF foi julgada integralmente procedente. O acórdão restou assim ementado:

---

[5]   ADC nº 19, Rel. Min. Marco Aurélio, Tribunal Pleno, j. 09.02.2012.

[6]   ADI nº 6.138, Rel. Min. Alexandre de Moraes, Tribunal Pleno, j. 23.03.2022.

[7]   ADI nº 4.424, Rel. Min. Marco Aurélio, Tribunal Pleno, j. 09.02.2012.

[8]   ADI nº 7.267, Rel. Min. Edson Fachin, Tribunal Pleno, j. 22.08.2023.

[9]   Art. 23. Não há crime quando o agente pratica o fato: (...) II – em legítima defesa (...).

[10] Art. 25. Entende-se em legítima defesa quem, usando moderadamente dos meios necessários, repele injusta agressão, atual ou iminente, a direito seu ou de outrem. Parágrafo único. Observados os requisitos previstos no *caput* deste artigo, considera-se também em legítima defesa o agente de segurança pública que repele agressão ou risco de agressão a vítima mantida refém durante a prática de crimes.

[11] Art. 65. Faz coisa julgada no cível a sentença penal que reconhecer ter sido o ato praticado em estado de necessidade, em legítima defesa, em estrito cumprimento de dever legal ou no exercício regular de direito.

[12] Art. 483. Os quesitos serão formulados na seguinte ordem, indagando sobre: (...) III – se o acusado deve ser absolvido; (...). §2º Respondidos afirmativamente por mais de 3 (três) jurados os quesitos relativos aos incisos I e II do caput deste artigo será formulado quesito com a seguinte redação: O jurado absolve o acusado?

[13] O Advogado-Geral da União apresentou parecer pelo referendo da medida cautelar. O Procurador-Geral da República, que se manifestou apenas após a concessão da cautelar, também opinou pela procedência da ação, além de defender que, caso haja suscitação da tese inconstitucional, estaria fundamentada a revisão da decisão do júri por manifesta contrariedade à prova dos autos, por meio de recurso de apelação interposto pela acusação, ainda que se trate de decisão absolutória com base em quesito genérico (art. 483, §2º, do CPP).

Arguição de descumprimento de preceito fundamental. Interpretação conforme à Constituição. Artigo 23, inciso II, e art. 25, caput e parágrafo único, do Código Penal e art. 65 do Código de Processo Penal. "Legítima defesa da honra". Não incidência de causa excludente de ilicitude. Recurso argumentativo dissonante da dignidade da pessoa humana (art. 1º, inciso III, da CF), da proteção à vida e da igualdade de gênero (art. 5º, caput, da CF). Procedência parcial da arguição.

1. A "legítima defesa da honra" é recurso argumentativo/retórico odioso, desumano e cruel utilizado pelas defesas de acusados de feminicídio ou agressões contra a mulher para imputar às vítimas a causa de suas próprias mortes ou lesões. Constitui-se em ranço, na retórica de alguns operadores do direito, de institucionalização da desigualdade entre homens e mulheres e de tolerância e naturalização da violência doméstica, as quais não têm guarida na Constituição de 1988.

2. Referido recurso viola a dignidade da pessoa humana e os direitos à vida e à igualdade entre homens e mulheres (art. 1º, inciso III, e art. 5º, caput e inciso I, da CF/88), pilares da ordem constitucional brasileira. A ofensa a esses direitos concretiza-se, sobretudo, no estímulo à perpetuação do feminicídio e da violência contra a mulher. O acolhimento da tese teria o potencial de estimular práticas violentas contra as mulheres ao exonerar seus perpetradores da devida sanção.

3. A "legítima defesa da honra" não pode ser invocada como argumento inerente à plenitude de defesa própria do tribunal do júri, a qual não pode constituir instrumento de salvaguarda de práticas ilícitas. Devem prevalecer a dignidade da pessoa humana, a vedação de todas as formas de discriminação, o direito à igualdade e o direito à vida, tendo em vista os riscos elevados e sistêmicos decorrentes da naturalização, da tolerância e do incentivo à cultura da violência doméstica e do feminicídio.

4. Na hipótese de a defesa lançar mão, direta ou indiretamente, da tese da "legítima defesa da honra" (ou de qualquer argumento que a ela induza), seja na fase pré-processual, na fase processual ou no julgamento perante o tribunal do júri, caracterizada estará a nulidade da prova, do ato processual ou, caso não obstada pelo presidente do júri, dos debates por ocasião da sessão do júri, facultando-se ao titular da acusação apelar na forma do art. 593, inciso III, alínea a, do Código de Processo Penal.

5. É inaceitável, diante do sublime direito à vida e à dignidade da pessoa humana, que o acusado de feminicídio seja absolvido, na forma do art. 483, inciso III, §2º, do Código de Processo Penal, com base na esdrúxula tese da "legítima defesa da honra". Há de se exigir um controle mínimo do pronunciamento do tribunal do júri quando a decisão de absolvição se der por quesito genérico, de forma a avaliar, à luz dos atos processuais praticados em juízo, se a conclusão dos jurados se deu a partir de argumentação discriminatória, indigna, esdrúxula e inconstitucional referente ao uso da tese da legítima defesa da honra. 6. Arguição de descumprimento de preceito fundamental julgada parcialmente procedente para (i) firmar o entendimento de que a tese da legítima defesa da honra é inconstitucional, por contrariar os princípios constitucionais da dignidade da pessoa humana (art. 1º, inciso III, da CF), da proteção da vida e da igualdade de gênero (art. 5º, caput, da CF); (ii) conferir interpretação conforme à Constituição ao art. 23, inciso II, ao art. 25, caput e parágrafo único, do Código Penal e ao art. 65 do Código de Processo Penal, de modo a excluir a legítima defesa da honra do âmbito do instituto da legítima defesa; (iii) obstar à defesa, à acusação, à autoridade policial e ao juízo que utilizem, direta ou indiretamente, a tese de legítima defesa da honra (ou qualquer argumento que induza à tese) nas fases pré-processual ou processual penais, bem como durante o julgamento perante o tribunal do júri, sob pena de nulidade do ato e do julgamento; e (iv) diante da impossibilidade de o acusado beneficiar-se da própria torpeza, fica vedado o reconhecimento da nulidade referida no item anterior na hipótese de a defesa ter-se utilizado da tese da legítima defesa da honra com essa finalidade. 7. Procedência do pedido sucessivo apresentado pelo requerente, conferindo-se interpretação conforme à Constituição ao art. 483, inciso III, §2º, do Código de Processo Penal, para entender que

não fere a soberania dos vereditos do tribunal do júri o provimento de apelação que anule a absolvição fundada em quesito genérico, quando, de algum modo, possa implicar a repristinação da odiosa tese da legítima defesa da honra.

3.2 Os fundamentos do voto do Min. Dias Toffoli

Ao proferir seu voto, o relator da ADPF nº 779, Min. Dias Toffoli, *em primeiro lugar*, ressaltou que "legítima defesa da honra" não é, de fato, uma hipótese de legítima defesa – a qual pressupõe, nos termos do art. 25 do CP, uma agressão injusta, atual ou iminente; o uso moderado dos meios necessários; para a defesa de direito próprio ou de terceiro; e a presença de um ânimo de defesa (*animus defendendi*).

Ainda que o adultério possa violar a honra do parceiro, é evidente que o assassinato da vítima representa uma resposta totalmente desproporcional, que extrapola em muito a causa de exclusão de ilicitude prevista no art. 25.

Tampouco a absolvição se poderia fundar na ausência de culpabilidade, já que o Código Penal, de forma muito clara, previu que a emoção ou a paixão não excluem a imputabilidade penal (CP, art. 28, I).

Em *segundo lugar*, o voto do Min. Dias Toffoli sustentou que a tese da "legítima defesa da honra" consubstancia instrumento retórico "odioso, desumano e cruel", que tenta "imputar às vítimas a causa de suas próprias mortes ou lesões", dessa forma "contribuindo imensamente para a naturalização e a perpetuação da cultura da violência contra as mulheres no Brasil".

Em *terceiro lugar*, o relator afastou, ainda, o argumento de que a cláusula da plenitude de defesa no Tribunal do Júri garantiria o direito de se sustentar a tese de legítima defesa da honra. A se admitir esse argumento, essa cláusula acabaria por exercer a "função ultrajante de salvaguardar a prática ilícita do feminicídio ou de qualquer outra forma de violência contra a mulher, o que é inaceitável em um país em que a vida é considerada o bem jurídico mais valioso, por opção inequívoca da Constituição de 1988".

Finalmente, em *quarto lugar*, o relator defendeu a possibilidade de recurso da acusação nos casos em que o réu de feminicídio seja absolvido com fulcro em quesito genérico (o jurado absolve o acusado?), na forma do art. 483, III, §2º, do Código de Processo Penal, com base na tese da "legítima defesa da honra". Somente assim se consegue garantir um controle mínimo do pronunciamento do Tribunal do Júri a respeito da inadmissibilidade da utilização do recurso retórico da "legítima defesa da honra".

O voto do relator foi seguido por unanimidade pelos demais Ministros da Corte, gerando precedente histórico contra a violência de gênero.

4 A tese da "legítima defesa da honra" como reminiscência do patriarcado e do machismo

A tese da "legítima defesa da honra" representava apenas a manifestação mais recente de um longo percurso histórico de uma legislação penal que, fundada numa visão de mundo patriarcal e machista, perpetuava justificativas para deixar de punir a violência praticada pelo homem contra a sua mulher.

No Brasil Colônia, as Ordenações Filipinas chegavam ao ponto de autorizar que o marido executasse a mulher surpreendida em flagrante adultério.[14]

No Código Penal do Império, de 1830 (Lei de 16 de dezembro de 1830), foi extinto o direito de o homem matar sua esposa em razão do adultério. Contudo, ainda havia diferenciações entre o adultério cometido pela mulher ou pelo homem. Somente a mulher casada poderia cometer o crime de adultério, em sua forma básica, sendo punida com prisão com trabalho de um a três anos (art. 250); já o homem casado apenas cometeria o crime se tivesse uma "concubina, teúda e manteúda" (art. 251). Para a mulher, portanto, o núcleo do injusto tinha natureza moral e residia na mera infidelidade; para o marido, tinha um caráter eminentemente patrimonial e residia na existência de uma relação extraconjugal estável.

Essa mesma sistemática foi mantida no primeiro Código Penal da República, de 1890 (Decreto nº 2.847, de 11 de outubro de 1890), que tipificava o crime de adultério ou infidelidade conjugal em seu art. 279, nos seguintes termos:

> Art. 279. A mulher casada que commetter adulterio será punida com a pena de prisão cellular por um a tres annos.
> §1º Em igual pena incorrerá:
> 1º O marido que tiver concubina teuda e manteuda;
> 2º A concubina;
> 3º O co-réo adultero.

No início do século XX, crimes ditos "passionais" estampavam diariamente as capas dos jornais, sendo as reportagens invariavelmente dotadas de alta carga de reprovabilidade contra a mulher adúltera.[15] A doutrina especializada também se dedicava a justificar esses crimes, cometidos sob influência de uma suposta forte emoção decorrente do abalo à relação conjugal.[16]

Embora tanto o Código de 1830 como o de 1890 não mais previssem o direito de o marido matar a mulher que cometesse adultério, a forma como prevista a exclusão da antijuridicidade pela legítima defesa, sem estabelecer uma relação de proporcionalidade

---

[14] Lê-se do Título XXXVIII, do Livro V das Ordenações Filipinas, que "Achando o homem casado sua mulher em adultério, licitamente poderá matar assi a ella, como o adultero, salvo se o marido for peão, e o adultero Fidalgo, ou nosso Dezembargador, ou pessoa de maior qualidade. Porém, quando matasse alguma das sobreditas pessoas, achando-a com sua mulher em adultério, não morrerá por isso, mas será degradado para Africa com pregão na audiência pelo tempo, que aos Julgadores bem parecer, segundo a pessoa, que matar, não passando de trez annos". Note-se, pois, não apenas o machismo inerente à previsão, mas também a diferenciação de classes diferentes de pessoas no período.

[15] LEITE, Gisele. Decifrando os olhos de ressaca de Capitu. *Revista Síntese de Direito de Família*, Porto Alegre, v. 24, n. 140, p. 106, out./nov. 2023. Sobre esse período, Boris Fausto assim resume a visão da imprensa em relação às mulheres que liam romances: "A inclinação ao universo ficcional, a leitura de romances como comportamento negativo da mulher, aparece na imprensa e em muitos processos criminais da época, como causa de desentendimentos e violências que podem chegar ao homicídio. É como se esses romances concorressem para radicalizar uma das características intrínsecas do 'eterno feminino', uma vivência fantasiosa e permeada de sonhos, em contraste com a visão dos homens, sempre mais pragmáticos, mais próximos da vida real, da vida como ela é". FAUSTO, Boris. *O crime da galeria de cristal e os dois crimes da mala* – São Paulo, 1908-1928. São Paulo: Companhia das Letras, 2019. p. 72-73.

[16] Entre outros, LYRA, Roberto. *O amor e a responsabilidade criminal*. São Paulo: Saraiva, 1932; MORAIS, Evaristo de. *Criminalidade passional*: o homicídio e o homicídio-suicídio por amor. SP: Saraiva, 1933.

entre o bem lesado e a intensidade dos meios utilizados para sua defesa, acabava "por legitimar a continuidade dos assassinatos de mulheres consideradas infiéis".[17]

O Código Penal de 1940 manteve a tipicidade do crime de adultério (art. 240), mas finalmente acabou com a distinção existente entre o adultério cometido pela mulher e pelo homem[18] – o tipo penal somente viria a ser revogado em 2005, com o advento da Lei nº 11.106. Além disso, o Código Penal também modificou o instituto da legítima defesa, passando a exigir o uso moderado dos meios necessários para a defesa do direito (art. 25).

A despeito dessa lenta evolução legislativa, a tese da "legítima defesa da honra" persistiu sendo aplicada pelos tribunais do júri Brasil afora, sob a omissão de muitos juízes.

Nota-se, portanto, que mesmo as modificações legislativas não foram suficientes para sepultar o pretexto retórico do patriarcado, essa "manifestação e institucionalização da dominância masculina sobre as mulheres e crianças na família e a extensão da dominância masculina sobre as mulheres na sociedade em geral".[19] Especificamente, a afirmação dessa suposta superioridade masculina sobre as mulheres – o machismo – não está baseado em distinções biológicas existentes entre os sexos, mas em imposições culturais.

Em outras palavras

... a diferença entre ambos os sexos é um fato biológico, de ordem material, mas a desigualdade – assim denominada a construção de hierarquias a partir das diferenças – é a construção ideológica responsável por estruturar as mulheres, grupo formado pela metade da humanidade, nas instituições sociais patriarcais como 'o outro' que compõe uma minoria.[20]

Velhos hábitos não morrem facilmente. É necessária uma evolução sociocultural, custosamente sedimentada. Quase ao fim do primeiro quarto do século XXI, enfim, a sociedade brasileira não mais suportava a persistência de uma tese tão abominável. Coube ao STF colocar uma pá de cal sobre ela.

5 A plenitude de defesa no Tribunal do Júri e a tese da "legítima defesa da honra"

O art. 5º, XXXVIII, da Constituição estabelece que "é reconhecida a instituição do júri, com a organização que lhe der a lei, assegurados: a) a plenitude de defesa; b) o

---

[17] BARSTED, Leila L.; HERMANN, Jaqueline. *O judiciário e a violência contra a mulher*: a ordem legal e a (des)ordem familiar. Rio de Janeiro: Cepia, 1995. p. 55.

[18] O Código Civil de 1916, de sua parte, continuava a "punir" a mulher que frustrasse as expectativas sobre o seu papel. Assim, por exemplo, o art. 234 previa que "a obrigação de sustentar a mulher cessa, para o marido, quando ela abandona sem justo motivo a habitação conjugal, e a esta recusa voltar. Neste caso, o juiz pode, segundo as circunstâncias, ordenar, em proveito do marido e dos filhos, o sequestro temporário de parte dos rendimentos particulares da mulher".

[19] LERNER, Gerda. *A criação do patriarcado*: história da opressão das mulheres pelos homens. São Paulo: Cultrix, 2019. p. 290.

[20] BRAZ, Natália Palhares Torreão. "Legítima defesa da honra" masculina – O ressurgimento de um discurso retrógrado e incompatível com a dignidade humana das mulheres. *In*: RIBEIRO, Carlos Vinícius Alves; FELIX, Juliana Nunes; SOUZA, Marcelo Weizel Rabello. *Os direitos das vítimas*: reflexões e perspectivas. Brasília: ESMPU, 2023. p. 149.

sigilo das votações; c) a soberania dos veredictos; d) a competência para o julgamento dos crimes dolosos contra a vida".

Em comparação com a previsão da "plenitude de defesa" (art. 5º, XXXVIII, "a"), em outro dispositivo a Constituição já garante, em qualquer processo judicial, a "ampla defesa" (art. 5º, LV). Em geral, a doutrina reconhece que a utilização de termos distintos significa que, no júri, a possibilidade de defesa é ainda mais ampla.[21] E isso não apenas para se observar o velho adágio de que o legislador não se vale de palavras inúteis, mas também porque o tribunal popular do júri tem menos condições de corrigir erros e falhas de defesa do que um juiz togado. Nesse sentido, argumenta Gustavo Badaró:

> Nos processos perante um juiz togado, com conhecimentos técnicos, a defesa deve ser ampla, mas eventuais falhas ou equívocos do defensor podem, muitas vezes, ser corrigidos pelo juiz, na busca da decisão mais justa (por exemplo, mesmo que não alegada, o juiz pode absolver o réu por legítima defesa). Já no júri, por se tratar de um tribunal popular, em que os jurados decidem mediante íntima convicção, com base em uma audiência concentrada e oral, a defesa deve ser plena, isto é, 'uma defesa acima da média' ou irretocável'.[22]

Seria, então, a plenitude de defesa argumento suficiente para se garantir o direito de arguir-se a tese da "legítima defesa da honra"?

A resposta é negativa – e o fundamento para isso está na própria Constituição. Se a plenitude de defesa tem natureza constitucional, isso não lhe confere caráter absoluto. Como qualquer direito fundamental, a plenitude de defesa deve ser compatibilizada com outros direitos e valores constitucionais.[23]

O principal valor a ser contraposto à plenitude de defesa no Tribunal do Júri é o princípio da dignidade humana, previsto como fundamento da República Federativa do Brasil no art. 1º, III, da Constituição.

A dignidade humana é uma qualidade intrínseca a qualquer ser humano. É, ao mesmo tempo, característica que lhe define e direito que lhe pertence. Em razão somente de sua condição humana e independentemente de qualquer outro requisito ou peculiaridade, o ser humano é titular de direitos que devem ser observados pelo Poder Público e pelos particulares.

Em verdade, a dignidade humana é um sobreprincípio, ao qual todos os demais princípios, direitos e valores constitucionais devem se conformar. Nesse sentido, sustentam Gilmar Mendes, Inocêncio Mártires Coelho e Paulo Gustavo Gonet Branco que

> ... a dignidade da pessoa humana, porque sobreposta a todos os bens, valores ou princípios constitucionais, em nenhuma hipótese é suscetível de confrontar-se com eles, mas tão-somente consigo mesma, naqueles casos-limite em que dois ou mais indivíduos – ontologicamente

---

[21] Nesse sentido, NUCCI, Guilherme de Souza. *Júri*. Princípios constitucionais. São Paulo: Juarez de Oliveira, 1999. p. 141; FERNANDES, Antonio Scarance. *Processo penal constitucional*. 4. ed. São Paulo: RT, 2005. p. 163. Em sentido contrário, defendendo que "a plenitude de defesa não é diferente da exigida no processo penal em geral", cf. GRECO FILHO, Vicente. *Manual de processo penal*. 7. ed. São Paulo: Saraiva, 2009. p. 389.

[22] BADARÓ, Gustavo Henrique. *Processo penal*. 11. ed. São Paulo: RT, 2023. p. 666.

[23] Conforme se lê em inúmeros julgados do STF, não há direitos fundamentais absolutos, cabendo ao julgador fazer um juízo de ponderação entre os interesses e valores envolvidos (cf., entre outros, RE 1292275 AgR, Rel. Min. Dias Toffoli, Primeira Turma, j. 03.05.2023; ADI 3311, Rel. Min. Rosa Weber, Tribunal Pleno, j. 14.09.2022; ADI 4815, Rel. Min. Cármen Lúcia, Tribunal Pleno, j. 10.06.2015).

dotados de igual dignidade – entrem em conflitos capazes de causar lesões mútuas a esse valor supremo.[24]

Se é incontroversa a importância da dignidade humana, a maior dificuldade está em atribuir-lhe contornos concretos para a solução de conflitos com outras normas constitucionais. Embora reconhecendo a dificuldade de concretização do princípio da dignidade humana, o Min. Toffoli argumentou que, no caso específico em exame, a sua violação seria "de singular clareza, visto que o argumento da 'legítima defesa da honra' normaliza e reforça uma compreensão de desvalor da vida da mulher, tomando-a como ser secundário cuja vida pode ser suprimida em prol da afirmação de uma suposta honra masculina".[25]

Concorda-se, portanto, com a afirmação de que esse princípio impede a "objetivização de qualquer pessoa, o que está na gênese das ações feminicidas, em que o autor visualiza a pessoa do gênero feminino como objeto seu, submetida a sua dominação e funcionalização".[26]

Justamente fundado na dignidade humana, o legislador, recentemente, fez consignar, no art. 474-A do Código de Processo Penal, a vedação à utilização de linguagem, informações ou material que ofenda a dignidade da vítima ou de testemunhas durante a instrução no plenário do júri.[27] É que ao se discutir, do ponto de vista moral, a conduta da vítima, transforma-se um julgamento de homicídio/feminicídio "em um verdadeiro julgamento não do crime em si, mas do comportamento da mulher, com base em uma dupla moral sexual".[28]

Conclui-se, pois, que o princípio da plenitude de defesa no Tribunal do Júri – desde que corretamente compreendido e conformado aos imperativos do princípio da dignidade humana – não representa anteparo viável para abrigar a tese da "legítima defesa da honra".

6 O recurso da acusação contra a absolvição fundada em quesito genérico

A Lei nº 11.689/2008 procurou simplificar os quesitos a serem apresentados aos jurados no Tribunal do Júri. Atualmente, o art. 483 do CPP determina que os jurados sejam questionados a respeito da materialidade, da autoria e da absolvição. No que se

---

[24] MENDES, Gilmar Ferreira; COELHO, Inocêncio Mártires; BRANCO, Paulo Gustavo Gonet. *Curso de direito constitucional*. São Paulo: Saraiva, 2007. p. 142.

[25] Voto proferido na ADPF nº 779, p. 9. Disponível em: https://jurisprudencia.stf.jus.br/pages/search/sjur488754/false. Acesso em: 26 jul. 2024.

[26] TASSE, Adel El. Reflexões sobre os limites ao direito de defesa no processo penal brasileiro. *Revista Magister de Direito Penal e Processual Penal*, n 100, p. 131, fev./mar. 2021.

[27] CPP. Art. 474-A. Durante a instrução em plenário, todas as partes e demais sujeitos processuais presentes no ato deverão respeitar a dignidade da vítima, sob pena de responsabilização civil, penal e administrativa, cabendo ao juiz presidente garantir o cumprimento do disposto neste artigo, vedadas: I – a manifestação sobre circunstâncias ou elementos alheios aos fatos objeto de apuração nos autos; II – a utilização de linguagem, de informações ou de material que ofendam a dignidade da vítima ou de testemunhas.

[28] PIMENTEL, Silvia; PANDJIARJIAN, Valeria; BELLOQUE, Juliana. "Legítima defesa de honra". Ilegítima impunidade de assassinos: um estudo crítico da legislação e jurisprudência da América Latina. *In*: CORRÊA, Mariza; SOUZA, Érica Renata de (org.). *Vida em família*: uma perspectiva comparativa sobre crimes de honra. Campinas: Núcleo de Estudos de Gênero-Pagu/Unicamp, 2006. p. 80.

refere a esta última, não se faz necessário que todas as teses sejam individualizadas e dissecadas em suas elementares.[29]

Pela sequência do procedimento legal, inicialmente os jurados devem responder um primeiro quesito sobre a materialidade do fato e um segundo sobre autoria ou participação. Respondidos afirmativamente por mais de três jurados esses quesitos, passa-se ao terceiro quesito, formulado com a seguinte redação: "O jurado absolve o acusado?".

Trata-se do único quesito cuja redação vem já predeterminada pela lei. Em sua apreciação se concentram diversos argumentos e teses jurídicas, como excludentes de ilicitude e de culpabilidade, além de causas extralegais de exculpação, sem a necessidade de que os jurados precisem externar qualquer tipo de justificação para a sua adoção.

Admite-se, assim, a absolvição por "clemência", isso é, que, mesmo sem um argumento propriamente jurídico, os jurados decidam que o acusado não deve ser condenado. Daí pode decorrer, por conseguinte, uma absolvição em um sentido manifestamente contrário à prova dos autos.

Coloca-se, então, a questão do cabimento de recurso de apelação contra uma sentença absolutória proferida pelo Tribunal do Júri com base no quesito genérico. Recorde-se que, no caso das sentenças do júri, a apelação é recurso vinculado, cabível somente nas hipóteses previstas no art. 593, III, do CPP, dentre as quais a situação em que a decisão dos jurados for manifestamente contrária à prova dos autos (alínea "d").

Essa possibilidade recursal está fundada na ideia de que, "embora os jurados sejam soberanos para decidir, não se admite a decisão caprichosa ou arbitrária, que contrarie o conjunto probatório".[30] De modo a tentar equilibrar o princípio constitucional da soberania dos veredictos (CF, art. 5º, XXXVIII, "c") com a garantia de uma apreciação justa do caso concreto, em caso de procedência da apelação, o acusado não será condenado pelo Tribunal *ad quem*, mas submetido a novo júri.[31] Além disso, essa apelação é cabível uma única vez (CPP, art. 593, §3º).

Não obstante, existe grande controvérsia – doutrinária e jurisprudencial – acerca da compatibilidade dessa hipótese recursal com o princípio da soberania dos veredictos do Tribunal do Júri. A questão deve ser decidida em breve pelo STF, no Tema 1.087.[32]

Na ADPF nº 779, porém, o STF reconheceu que, ao menos nos casos em que a absolvição se der com base na inadmissível tese "legítima defesa da honra", é cabível a apelação fundada no art. 593, III, do CPP. Afinal, nas palavras do Min. Dias Toffoli, "eximir tal veredicto do controle jurisdicional poderia importar em uma subversão

---

[29] Conforme Guilherme de Souza Nucci, a alteração teve o objetivo de "eliminar as diversas questões vinculadas a teses defensivas de absolvição, tais como legítima defesa, estado de necessidade, erro de tipo etc." NUCCI, Guilherme de Souza. *Código de Processo Penal comentado*. 16. ed. Rio de Janeiro: Forense, 2017. p. 1134.

[30] BADARÓ, Gustavo Henrique. *Processo penal*. 11. ed. São Paulo: RT, 2023. p. 838.

[31] Essa possibilidade de recurso, assim, "Trata-se de uma exigência de um mínimo de fundamento racional para a legitimidade do voto de consciência. Em outras palavras, é por meio dessa estreita janela que o juiz togado – a princípio guiado pela persuasão racional – pode supervisionar os jurados" – MACHADO, Maíra Rocha; MACHADO, Marta Rodriguez de Assis; BARROS, Matheus de; AMARAL, Mariana Celano de Souza; MELO, Ana Clara Klink de. As Provas, os Jurados e o Tribunal: A Anulação dos Veredictos diante da Soberania do Júri. *Revista Brasileira de Ciências Criminais*, São Paulo, v. 28, n. 164, p. 94, fev. 2020.

[32] No ARE 1225185 (Rel. Min. Gilmar Mendes, Tribunal Pleno, j. 07.05.2020) reconheceu-se repercussão geral à questão. Trata-se do Tema 1.087.

de tudo o que fora explanado no presente voto, deixando brecha para que a tese da legítima defesa da honra continuasse sendo perpetuada em nossa prática judicial".[33]

Para a verificação da utilização dessa tese como fundamento decisório, será de fundamental importância o exame da ata da sessão de julgamento e da gravação audiovisual da sessão, mecanismos que devem ser aptos a registrar adequadamente os debates, alegações e fundamentos das partes.

7 Conclusão

A violência de gênero é uma das mais graves violações dos direitos humanos, afetando milhões de mulheres em todo o mundo, independentemente de idade, classe social ou etnia. Esse problema é especialmente grave no Brasil, onde há uma alarmantemente alta e persistente taxa anual de feminicídios.

A erradicação da violência contra a mulher é essencial para a construção de uma sociedade justa e igualitária. Mulheres que vivem em ambientes seguros e livres de violência têm mais oportunidades de participar plenamente na vida social, econômica e política, contribuindo para o desenvolvimento e progresso da comunidade.

A luta contra a violência de gênero é uma responsabilidade coletiva que exige comprometimento contínuo e esforços coordenados para transformar a realidade. Exigem-se políticas públicas eficazes, o fortalecimento de leis e mecanismos de proteção, além da criação de serviços de apoio acessíveis às vítimas. Campanhas de conscientização e educação são cruciais para a mudança de comportamentos sociais e o encorajamento da denúncia de abusos.

O Supremo Tribunal Federal tem oferecido uma contribuição importante para essa luta, consolidando uma jurisprudência francamente protetiva das mulheres.

É nesse contexto que se insere a ADPF nº 779, de relatoria do Min. Dias Toffoli, nosso homenageado. Ao rejeitar peremptoriamente a ilegítima tese da "legítima defesa da honra", a Corte deu importante passo na eliminação de uma visão patriarcal e machista da qual, aqui e acolá, ainda encontramos resquícios na prática judiciária brasileira.

Referências

BADARÓ, Gustavo Henrique. *Processo penal*. 11. ed. São Paulo: RT, 2023.

BARSTED, Leila L.; HERMANN, Jaqueline. *O judiciário e a violência contra a mulher*: a ordem legal e a (des) ordem familiar. Rio de Janeiro: Cepia, 1995.

BRASIL. Supremo Tribunal Federal. Ação Declaratória de Constitucionalidade nº 19. Relator Ministro Marco Aurélio. Tribunal Pleno. Julgado 09.02.2012.

BRASIL. Supremo Tribunal Federal. Ação Direta de Inconstitucionalidade nº 3.311. Relatora Ministra Rosa Weber. Tribunal Pleno. Julgado em 14.09.2022.

BRASIL. Supremo Tribunal Federal. Ação Direta de Inconstitucionalidade nº 4.424. Relator Ministro Marco Aurélio. Tribunal Pleno. Julgado em 09.02.2012.

---

[33] Voto proferido na ADPF nº 779, p. 21. Disponível em: https://jurisprudencia.stf.jus.br/pages/search/sjur488754/false. Acesso em: 26 jul. 2024.

BRASIL. Supremo Tribunal Federal. Ação Direta de Inconstitucionalidade nº 4.815. Relatora Ministra Cármen Lúcia. Tribunal Pleno. Julgado 10.06.2015.

BRASIL. Supremo Tribunal Federal. Ação Direta de Inconstitucionalidade nº 6.138. Relator Ministro Alexandre de Moraes. Tribunal Pleno. Julgado 23.03.2022.

BRASIL. Supremo Tribunal Federal. Ação Direta de Inconstitucionalidade nº 7.267. Relator Ministro Edson Fachin. Tribunal Pleno. Julgado 22.08.2023.

BRASIL. Supremo Tribunal Federal. Arguição de Descumprimento de Preceito Fundamental 779. Relator Ministro Dias Toffoli. Tribunal Pleno. Julgado em 01.08.2023.

BRASIL. Supremo Tribunal Federal. Agravo Regimental no Recurso Extraordinário. Relator Ministro Dias Toffoli. Primeira Turma. Julgado em 03.05.2023.

BRAZ, Natália Palhares Torreão. "Legítima defesa da honra" masculina – O ressurgimento de um discurso retrógrado e incompatível com a dignidade humana das mulheres. *In*: RIBEIRO, Carlos Vinícius Alves; FELIX, Juliana Nunes; SOUZA, Marcelo Weizel Rabello. *Os direitos das vítimas*: reflexões e perspectivas. Brasília: ESMPU, 2023.

FAUSTO, Boris. *O crime da galeria de cristal e os dois crimes da mala* – São Paulo, 1908-1928. São Paulo: Companhia das Letras, 2019.

FERNANDES, Antonio Scarance. *Processo penal constitucional*. 4. ed. São Paulo: RT, 2005.

GRECO FILHO, Vicente. *Manual de processo penal*. 7. ed. São Paulo: Saraiva, 2009.

LEITE, Gisele. Decifrando os olhos de ressaca de Capitu. *Revista Síntese de Direito de Família*, Porto Alegre, v. 24, n. 140, out./nov. 2023.

LERNER, Gerda. *A criação do patriarcado*: história da opressão das mulheres pelos homens. São Paulo: Cultrix, 2019.

LYRA, Roberto. *O amor e a responsabilidade criminal*. São Paulo: Saraiva, 1932.

MACHADO, Maíra Rocha; MACHADO, Marta Rodriguez de Assis; BARROS, Matheus de; AMARAL, Mariana Celano de Souza; MELO, Ana Clara Klink de. As Provas, os Jurados e o Tribunal: A Anulação dos Veredictos diante da Soberania do Júri. *Revista Brasileira de Ciências Criminais*, São Paulo, v. 28, n. 164, fev. 2020.

MENDES, Gilmar Ferreira; COELHO, Inocêncio Mártires; BRANCO, Paulo Gustavo Gonet. *Curso de direito constitucional*. São Paulo: Saraiva, 2007.

MORAIS, Evaristo de. *Criminalidade passional*: o homicídio e o homicídio-suicídio por amor. SP: Saraiva, 1933.

NUCCI, Guilherme de Souza. *Código de Processo Penal comentado*. 16. ed. Rio de Janeiro: Forense, 2017.

NUCCI, Guilherme de Souza. *Júri*. Princípios constitucionais. São Paulo: Juarez de Oliveira, 1999.

PIMENTEL, Silvia; PANDJIARJIAN, Valeria; BELLOQUE, Juliana. "Legítima defesa de honra". Ilegítima impunidade de assassinos: um estudo crítico da legislação e jurisprudência da América Latina. *In*: CORRÊA, Mariza; SOUZA, Érica Renata de (org.). *Vida em família*: uma perspectiva comparativa sobre crimes de honra. Campinas: Núcleo de Estudos de Gênero-Pagu/Unicamp, 2006.

SCHAUM, M.; PARRIS, K. *Stalked*: Breaking the silence on the crime of stalking in America. New York: Pocket Books, 1995.

TASSE, Adel El. Reflexões sobre os limites ao direito de defesa no processo penal brasileiro. *Revista Magister de Direito Penal e Processual Penal*, n. 100, fev./mar. 2021.

Informação bibliográfica deste texto, conforme a NBR 6023:2018 da Associação Brasileira de Normas Técnicas (ABNT):

MOURA, Maria Thereza de Assis; CAVALI, Marcelo Costenaro; NASCIMENTO, Carla Ramos Macedo do. ADPF nº 779: decisão histórica do Supremo Tribunal Federal na luta contra a violência de gênero. *In*: MENDES, Gilmar Ferreira; LIRA, Daiane Nogueira de; FREIRE, Alexandre (coord.). *Constituição, democracia e diálogo*: 15 anos de Jurisdição Constitucional do Ministro Dias Toffoli. 2. ed. Belo Horizonte: Fórum, 2025. p. 1243-1254. ISBN 978-65-5518-937-7.

PRAGMATISMO, SEGURANÇA JURÍDICA E JUSTIÇA SOCIAL: O LEGADO INSTITUCIONAL DO MINISTRO DIAS TOFFOLI PARA O DIREITO DO TRABALHO EM QUATRO PRECEDENTES DE REPERCUSSÃO GERAL

MARIA CRISTINA IRIGOYEN PEDUZZI
FÁBIO PORTELA LOPES DE ALMEIDA

Introdução

A trajetória do Ministro Dias Toffoli no Supremo Tribunal Federal, desde sua posse, tem privilegiado o equilíbrio e a moderação, características essenciais para a manutenção da estabilidade institucional e o fortalecimento do Estado Democrático de Direito. Destacou-se pela busca incessante do diálogo institucional, estimulando uma convivência harmoniosa entre os Poderes Judiciário, Executivo e Legislativo. Essa postura conciliadora e mediadora tem sido uma constante em suas decisões e na condução dos trabalhos da Corte, refletindo uma visão pragmática e sensível às demandas da sociedade brasileira.

Como Presidente do STF, entre 2018 e 2020, o Ministro implementou diversas iniciativas que visavam aumentar a transparência e a acessibilidade ao Judiciário. Em sua gestão, foi responsável por uma série de reformas administrativas que buscaram modernizar a estrutura do STF, tornando-o mais eficiente e responsivo às necessidades do tempo presente. Entre estas, destacam-se o programa STF Digital e o Plano de Transformação Digital, ambos concebidos para inserir o tribunal na era digital de maneira robusta e eficaz.

Com uma visão lastreada em um 'Supremo 100%' Digital, promoveu a implementação do STF Digital, plataforma que unifica todos os sistemas internos do Tribunal, suportando a automatização do processo judicial de forma flexível, centralizada e integrada. Além disso, sua gestão estabeleceu o novo formato do Diário da Justiça Eletrônico, em versão HTML, com a qual foi possível automatizar o fluxo processual desde a autuação até a baixa definitiva.[1] Por sua vez, o Plano de Transformação Digital encartou a visão estratégica de sua gestão, buscando "viabilizar uma revolução tecnológica no Tribunal verdadeiramente orientada às competências constitucionais da Corte". Com o plano, a Corte aprofundou melhorias técnicas em sistemas como o Victor (iniciado na gestão da Min. Cármen Lúcia), que utiliza ferramentas de inteligência artificial para a indexação de temas de repercussão geral e apoio na análise de jurisprudência e da admissibilidade dos recursos extraordinários.[2]

Vale lembrar, ainda, que o Ministro Dias Toffoli enfrentou os primeiros momentos da pandemia de covid-19 que assolou o planeta. Pavimentou, com sua liderança e visão estratégica na utilização adequada da tecnologia, o caminho para que o Supremo Tribunal Federal e o Poder Judiciário, como um todo, pudessem prover às partes a prestação jurisdicional, com o menor impacto possível, em sessões telepresenciais de julgamento por videoconferência.[3]

No artigo, serão discutidas algumas das contribuições relevantes do Ministro Dias Toffoli para a Justiça do Trabalho, destacando-se seu papel como Relator ou Redator Designado em julgamentos de grande impacto. Assim, a presente exposição tem caráter de reexame histórico de precedentes, revisitando julgados significativos, que marcaram a trajetória do Ministro.

Entre eles, destacam-se quatro temas de repercussão geral que se refletiram na jurisprudência trabalhista. Em primeiro lugar, sobressai o tema nº 528 de repercussão geral, no qual a Corte decidiu que a Constituição da República de 1988 recepcionou o art. 384 da Consolidação das Leis do Trabalho, confirmando a constitucionalidade do intervalo de 15 minutos para mulheres trabalhadoras anteriormente ao início da jornada extraordinária, no cenário anterior à revogação do dispositivo pela Lei nº 13.467/2017. Outro precedente relevante, instituído no julgamento do tema nº 900 de repercussão geral, que vedou o pagamento de remuneração inferior ao salário mínimo ao servidor público civil que trabalhe em jornada reduzida. Também será analisado o tema nº 242 de repercussão geral, que reconheceu a competência da Justiça do Trabalho para julgar ações de indenização decorrentes de danos sofridos em acidentes de trabalho propostas pelos sucessores do empregado. Por fim, no julgamento do tema nº 190 de repercussão geral, a Corte fixou a competência da Justiça comum para o processamento de demandas ajuizadas contra entidades privadas de previdência buscando o complemento de aposentadoria fundamentado em diferenças de parcelas contratuais.

Adicionalmente, é importante lembrar-se das ocasiões em que o Ministro Toffoli veio a defender publicamente a relevância da Justiça do Trabalho, sempre com o espírito de impulsionar o diálogo institucional e garantir a efetividade dos direitos trabalhistas, sem deixar de ponderar as consequências econômicas das decisões judiciais.[4] Sua atuação tem demonstrado uma compreensão profunda da importância institucional da Justiça do Trabalho no contexto brasileiro.

---

[1]   BRASIL. Supremo Tribunal Federal. *Relatório da Gestão 2018-2020*. Brasília: STF, 2020. p. 9.

[2]   BRASIL. Supremo Tribunal Federal, *op. cit.*, p. 163-165.

[3]   Cfr. Resoluções nºs 663 e 670 do Supremo Tribunal Federal, ambas de 2020, que estabeleceram as primeiras medidas de prevenção ao contágio da doença, bem como a Resolução nº 672/2020 da Corte, que autorizou a realização de sessões telepresenciais por videoconferência.

[4]   Cf., a propósito, HOLMES, S.; SUNSTEIN, C. *The Cost of Rights*. Nova Iorque: W.W. Norton & Company, 1999.

Neste contexto, o texto se propõe a analisar algumas contribuições do Ministro Dias Toffoli, na condição de magistrado da Suprema Corte brasileira, destacando seu papel fundamental na promoção do equilíbrio entre os poderes, na modernização do Judiciário e na defesa intransigente da democracia e dos direitos fundamentais. Pretende-se, assim, elucidar a relevância de sua atuação e o impacto de suas decisões para o fortalecimento das instituições e a promoção da Justiça do Trabalho.

1 Recepção do art. 384 da CLT (intervalo especial da mulher para a prestação de horas extraordinárias) pela Constituição de 1988

No julgamento do Recurso Extraordinário nº 658.312/SC,[5] o E. Supremo Tribunal Federal examinou a recepção do art. 384 da CLT pela Constituição de 1988, que previa a concessão de descanso de 15 minutos a mulheres, entre a jornada de trabalho normal e o labor extraordinário. Esse, o teor do dispositivo impugnado:

Art. 384 - Em caso de prorrogação do horário normal, será obrigatório um descanso de 15 (quinze) minutos no mínimo, antes do início do período extraordinário do trabalho.

O descumprimento do dispositivo por parte do empregador se traduziria no pagamento, a título de horas extraordinárias, do período intervalar previsto na norma legal.

O Recurso Extraordinário foi interposto em face de acórdão da Segunda Turma do Tribunal Superior do Trabalho (RR-345600-96.2005.5.12.0046, 2ª Turma, Relator Ministro Jose Roberto Freire Pimenta, DEJT 19/04/2011), com fundamento em violação aos arts. 5º, I, e 7º, XXX, da Constituição da República, ao fundamento de que a norma legal não teria sido recepcionada. A recorrente alegou a necessidade de analisar a controvérsia à luz do princípio da isonomia, ao argumento de não ser admissível a diferenciação apenas em razão do sexo, sob pena de se estimular discriminação no trabalho entre homens e mulheres.

O mérito do recurso foi decidido pelo Plenário do Supremo Tribunal Federal em 27.11.2014, negando provimento ao recurso extraordinário e fixando a tese de repercussão geral nº 528 de que "o art. 384 da CLT foi recepcionado pela Constituição Federal de 1988 e que a norma se aplica a todas as mulheres trabalhadoras".

A relevância da matéria deflui de sua referência histórica, até mesmo em razão de o dispositivo legal ter sido revogado pela reforma promovida pela Lei nº 13.467/2017 (art. 5, "i"). No momento do julgamento, contudo, em que pese a matéria estar pacificada no âmbito do Tribunal Superior do Trabalho no sentido da recepção do dispositivo, ainda havia debates doutrinários relevantes em torno do tema.

Com efeito, o dispositivo trazia preocupações relevantes quanto à igualdade de tratamento entre os gêneros, com ponderações inclusive quanto aos reflexos negativos do intervalo para as mulheres. Por um lado, as mulheres deveriam permanecer no trabalho – além da jornada extraordinária – pelo período correspondente ao intervalo,

---

5   RE nº 658312, Relator Dias Toffoli, Tribunal Pleno, julgado em 27.11.2014, DJe – 10.02.2015.

caso prestassem horas extras; por outro, o empregador deveria assegurar a fruição do intervalo, sob pena de pagar o equivalente com o adicional correspondente.

Como assinalam Luiz Eduardo Gunther e Noeli Gonçalves da Silva Gunther,[6] imperavam três posições doutrinárias a respeito do tema. A primeira corrente (negativista), capitaneada por autores como Alice Monteiro de Barros e Vólia Bomfim Cassar, entendia que o dispositivo não foi recepcionado pela Constituição, em razão de que o descanso, por ser irrelevante à condição estritamente biomórfica da mulher, não se traduziria em proteção, mas em potencial discriminação. A segunda corrente (positivista), por sua vez, acolhida por Amauri Mascaro Nascimento, se posicionava pela recepção do dispositivo, com fundamento no princípio da vedação ao retrocesso social. Uma terceira corrente, por sua vez, acolhia a possibilidade de estender aos homens o intervalo previsto no art. 384 da CLT.[7]

No voto condutor, o Ministro Relator Dias Toffoli revisitou a história constitucional brasileira, denotando que desde a Constituição de 1934 há previsão expressa de tratamento isonômico entre homens e mulheres, vedando privilégios ou distinções por motivo de sexo (art. 113). Do mesmo modo, assinalou ainda que a Constituição de 1946, no art. 157, II, vedou o pagamento de salários diferentes por "motivo de idade, sexo, nacionalidade ou estado civil". Por fim, em relação ao texto constitucional em vigor, referiu a cláusula geral de igualdade constante do *caput* do art. 5º, com a cláusula específica de igualdade de gênero disposta no inciso I.

Além disso, registrou que a própria Constituição da República admite hipóteses de tratamento diferenciado, a exemplo dos arts. 7º, XX (proteção do mercado de trabalho da mulher, mediante incentivos específicos fixados na legislação), e 40, §1º, III (idade diferenciada para aposentadoria entre homens e mulheres). De acordo com o Ministro, a Constituição levou em conta a exclusão histórica da mulher do mercado de trabalho, autorizando a implementação de políticas de proteção específicas, considerando os componentes biológicos e sociais, diante do acúmulo de atividades da mulher no lar e no trabalho.

O Ministro Relator entendeu não haver razão de ordem sociológica para entender que a disposição legal imporia dificuldades à inserção da mulher no mercado de trabalho, rememorando outros direitos específicos da mulher, como o salário-maternidade ou a licença-maternidade e a estabilidade-gestante:

> O dispositivo atacado não viola o art. 7o, inciso XXX, da Constituição Federal, na medida em que não diz respeito a tratamento diferenciado quanto ao salário a ser pago a homens e mulheres, a critérios diferenciados de admissão, ou mesmo a exercício de funções diversas entre diversos gêneros. Essa norma, como já salientei, com o devido respeito àqueles que advogam a tese contrária, não gera, no plano de sua eficácia, prejuízos ao mercado de trabalho feminino. Aliás, o intervalo previsto no art. 384 da CLT só tem cabimento quando a trabalhadora labora, ordinariamente, com jornada superior ao limite permitido pela lei e

---

[6] GUNTHER, Luiz Eduardo; GUNTHER, Noeli Gonçalves da Silva. A igualdade de direitos entre homens e mulheres nas relações de trabalho. *Revista eletrônica do Tribunal Regional do Trabalho da 9ª Região*, Curitiba, v. 3, n. 32, p. 39-63, jul./ago. 2014.

[7] Cf. MARQUES, Rafael da Silva. Princípio da igualdade no âmbito trabalhista – análise do artigo 384 da CLT. *Cadernos da Escola Judicial do TRT da 4ª Região*. Estudos de administração judiciária: reflexões de magistrados sobre a gestão do Poder Judiciário. n. 02/2009. Porto Alegre: HS Editora, 2009. p. 195.

o empregador exige, diante de uma necessidade, que se extrapole esse período. Adotar-se a tese da prejudicialidade nos faria inferir, também, que o salário-maternidade, a licença-maternidade, o prazo reduzido para a aposentadoria, a norma do art. 391 da CLT, que proíbe a despedida da trabalhadora pelo fato de ter contraído matrimônio ou estar grávida, e outros benefícios assistenciais e previdenciários existentes em favor das mulheres acabariam por desvalorizar a mão de obra feminina. (RE 658312, Relator Min. Dias Toffoli, Tribunal Pleno, julgado em 27-11-2014, DJe - 10-02-2015)

Além disso, seu voto consignou a compatibilidade do dispositivo legal com a Convenção sobre a Eliminação de Todas as Formas de Discriminação contra a Mulher da Organização das Nações Unidas.

Invocando o princípio *in dubio pro legislatore,* com o espírito de promoção do diálogo institucional que caracteriza sua atuação, o Ministro salientou que o debate travado no Congresso Nacional poderia reexaminar a matéria, ponderando razões fáticas e políticas efetivas para sua revogação ou ampliação para todos os trabalhadores – como, de fato, veio a ocorrer com a edição da Lei nº 13.467/2017.

O voto condutor do Ministro Dias Toffoli reforça a percepção da relevância do julgamento, diante dos fundamentos ponderados quanto à necessidade de preservação dos direitos legalmente assegurados à mulher, considerando suas particularidades biológicas e sociais de modo a reduzir as desigualdades reais no ambiente de trabalho e garantir a igualdade de oportunidades entre homens e mulheres.

2   Direito de servidores públicos ao salário mínimo (art. 7º, IV, da Constituição de 1988) na prestação de trabalho em jornada reduzida

No julgamento do Recurso Extraordinário nº 964.659/SC[8] (Tema nº 900 de repercussão geral), o Supremo Tribunal Federal (STF) enfrentou a questão da constitucionalidade da percepção de remuneração inferior ao salário mínimo por servidor público submetido a jornada reduzida. Ainda que a matéria não seja propriamente trabalhista, em razão de a hipótese versar sobre os servidores sujeitos ao vínculo estatutário, é inegável a relevância da controvérsia para a categoria de trabalhadores vinculados à Administração Pública.

---

[8]   Essa, a ementa do precedente: "Direito Constitucional e Administrativo. Remuneração inferior a um salário mínimo percebida por servidor público civil que labore em jornada de trabalho reduzida. Impossibilidade. Violação do art. 7º, inciso IV, e do art. 39, §3º, da CF. Violação do valor social do trabalho, da dignidade da pessoa humana e do mínimo existencial. Recurso extraordinário provido. 1. O pagamento de remuneração inferior ao salário mínimo ao servidor público civil que labore em jornada de trabalho reduzida contraria o disposto no art. 7º, inciso IV, e no art. 39, §3º, da CF, bem como o valor social do trabalho, o princípio da dignidade da pessoa humana, o mínimo existencial e o postulado da vedação do retrocesso de direitos sociais. 2. Restrição inconstitucional ao direito fundamental imposta pela lei municipal, por conflitar com o disposto no art. 39, §3º, da Carta da República, que estendeu o direito fundamental ao salário mínimo aos servidores públicos, sem nenhum indicativo de que esse poderia ser flexibilizado, pago a menor, mesmo em caso de jornada reduzida ou previsão em legislação infraconstitucional. 3. Lidos em conjunto, outro intuito não se extrai do art. 7º, inciso IV, e do art. 39, §3º, da Constituição Federal que não a garantia do mínimo existencial para os integrantes da administração pública direta e indireta, com a fixação do menor patamar remuneratório admissível nos quadros da administração pública. 4. Recurso extraordinário ao qual se dá provimento, com a formulação da seguinte tese para fins de repercussão geral: "[é] defeso o pagamento de remuneração em valor inferior ao salário mínimo ao servidor público, ainda que labore em jornada reduzida de trabalho" (RE nº 964659, Relator Min. Dias Toffoli, Tribunal Pleno, julgado em 08.08.2022, DJe – 01.09.2022).

O voto do Ministro Dias Toffoli, Relator do precedente, destacou-se pela defesa enfática da garantia do salário mínimo como expressão do mínimo existencial, mesmo em casos de jornada laboral reduzida.

O recurso foi interposto em face de acórdão prolatado pela Terceira Câmara Cível do Tribunal de Justiça do Estado do Rio Grande do Sul, por servidores concursados do Município de Seberi (RS), que pleiteavam a fixação de seus vencimentos em valor não inferior ao salário mínimo, mesmo trabalhando em regime de jornada reduzida de 20 horas semanais. O Tribunal de Justiça do Rio Grande do Sul havia decidido pela possibilidade de pagamento de remuneração proporcional, mas em montante inferior ao salário mínimo, para os servidores que desempenhavam jornada reduzida.

O Ministro Dias Toffoli, ao votar pelo provimento do recurso extraordinário, propôs a fixação da tese de repercussão geral de que "é defeso o pagamento de remuneração em valor inferior ao salário mínimo ao servidor público, ainda que labore em jornada reduzida de trabalho". A proposta foi acolhida por maioria, vencidos os Ministros Roberto Barroso, Nunes Marques e André Mendonça.

O Ministro Relator iniciou o voto enfatizando que o salário mínimo deve assegurar as necessidades básicas do trabalhador e sua família, conforme previsto no art. 7º, IV, da Constituição da República. Este dispositivo estabelece que o piso salarial mínimo deve ser "capaz de atender a suas necessidades vitais básicas e às de sua família com moradia, alimentação, educação, saúde, lazer, vestuário, higiene, transporte e previdência social". Em interpretação conjunta da norma com o art. 39, §3º, da Constituição, que estende aos servidores públicos a percepção do salário mínimo, entre outros direitos, entendeu que a Carta Magna não permite qualquer forma de flexibilização ou redução proporcional, mesmo em casos de jornada reduzida.

O entendimento veio fundamentado na tese de que o pagamento do salário mínimo, nessa hipótese, é uma expressão do mínimo existencial, necessário para assegurar a dignidade da pessoa humana.

O voto também se fundamentou em precedentes do STF que reiteram a impossibilidade de remuneração inferior ao salário mínimo. Referiu, por exemplo, o decidido na ADI nº 1.442/DF,[9] no qual o Ministro Celso de Mello reconheceu a íntima vinculação entre o salário mínimo e o princípio do mínimo existencial,[10] reforçando que a parcela deve atender às necessidades vitais básicas do trabalhador e de sua família.

Adicionalmente, o Ministro Toffoli invocou normas internacionais de que o Brasil é signatário, como o Pacto Internacional sobre Direitos Econômicos e Sociais e Culturais, a Declaração Americana sobre Direitos e Deveres do Homem, bem como a Carta da Organização dos Estados Americanos, que preconizam o pagamento de salário equitativo, devendo o trabalho ser exercido "em condições que assegurem a vida, a saúde e um nível econômico digno ao trabalhador e a sua família".[11]

---

[9] ADI nº 1.442, Relator Min. Celso de Mello, Tribunal Pleno, julgado em 03.11.2004, DJ 29.04.2005.

[10] A respeito do mencionado princípio, cf. TORRES, Ricardo Lobo. *O direito ao mínimo existencial*. Rio de Janeiro: Renovar, 2009; SARLET, Ingo Wolfgang; FIGUEIREDO, Mariana Filchtiner. Reserva do possível, mínimo existencial e direito à saúde: algumas aproximações. *In*: SARLET Ingo Wolfgang; TIMM, Luciano Benetti (org.). *Direitos fundamentais, orçamento e 'reserva do possível'*. Porto Alegre: Livraria do Advogado, 2008; e SARMENTO, Daniel. O mínimo existencial. *Revista de Direito da Cidade*, vol. 8, n. 4, p. 1645-1689.

[11] RE nº 964659, Relator Min. Dias Toffoli, Tribunal Pleno, julgado em 08.08.2022, DJe 01.09.2022, p. 10.

MARIA CRISTINA IRIGOYEN PEDUZZI, FÁBIO PORTELA LOPES DE ALMEIDA | 1261

PRAGMATISMO, SEGURANÇA JURÍDICA E JUSTIÇA SOCIAL: O LEGADO INSTITUCIONAL DO MINISTRO DIAS TOFFOLI PARA O DIREITO DO TRABALHO...

Por fim, referiu o princípio da vedação ao retrocesso social, evocando precedente do Supremo Tribunal Federal que julgou inconstitucional interpretação da Lei Complementar nº 101/2000 (Lei de Responsabilidade Fiscal) que possibilitasse a redução de vencimentos de servidores públicos para a adequação de despesas com pessoal.

O voto condutor do Ministro Dias Toffoli no RE 964.659 reflete uma interpretação robusta e protetiva dos direitos fundamentais dos servidores públicos, considerados como trabalhadores em sentido lato. Ao refutar a possibilidade de pagamento de remuneração inferior ao salário mínimo, mesmo em jornadas reduzidas, o Ministro reafirmou o compromisso do STF com a proteção da dignidade da pessoa humana e a promoção do mínimo existencial. Esta decisão, além de consolidar a jurisprudência sobre o tema, reforça a necessidade de observância estrita dos direitos sociais no âmbito do serviço público, contribuindo para a efetivação dos princípios constitucionais.

3 Competência da Justiça do Trabalho para processar e julgar ação de indenização decorrente de danos sofridos em acidente de trabalho

No Recurso Extraordinário 600.091/MG[12] (Tema de repercussão geral nº 242), o Ministro Dias Toffoli relatou acórdão de relevância histórica, ao reafirmar, no regime de repercussão geral, o entendimento do Supremo Tribunal Federal a respeito da competência da Justiça do Trabalho para processar e julgar ações de indenização por danos materiais e morais decorrentes de acidente de trabalho, mesmo quando ajuizadas pelos herdeiros do trabalhador falecido.

A matéria, particularmente no horizonte jurídico-processual anterior à edição da Emenda Constitucional nº 45/2004, era significativamente controvertida. Com o julgamento do Conflito de Competência nº 7.204,[13] ainda em 2005, o Supremo Tribunal

---

[12] Essa, a ementa do precedente: "Recurso extraordinário – Competência – Processual Civil e do Trabalho – Repercussão geral reconhecida – Ação de indenização decorrente de danos sofridos em acidente de trabalho – Demanda diretamente decorrente de relação de trabalho, sendo irrelevante, para fins de fixação da competência, o fato de ter sido ajuizada por sucessores do trabalhador falecido – Aplicação da norma do art. 114, inciso VI, da Constituição Federal, com a redação que a ela foi dada pela Emenda Constitucional nº 45/04 – Reconhecimento da competência da Justiça Federal do Trabalho para o processamento do feito – Recurso não provido" (RE nº 600.091/MG, Relator Min. Dias Toffoli, Tribunal Pleno, julgado em 25.05.2011, DJe – 15.08.2011).

[13] Confira-se a ementa do julgado: "CONSTITUCIONAL. COMPETÊNCIA JUDICANTE EM RAZÃO DA MATÉRIA. AÇÃO DE INDENIZAÇÃO POR DANOS MORAIS E PATRIMONIAIS DECORRENTES DE ACIDENTE DO TRABALHO, PROPOSTA PELO EMPREGADO EM FACE DE SEU (EX-)EMPREGADOR. COMPETÊNCIA DA JUSTIÇA DO TRABALHO. ART. 114 DA MAGNA CARTA. REDAÇÃO ANTERIOR E POSTERIOR À EMENDA CONSTITUCIONAL Nº 45/04. EVOLUÇÃO DA JURISPRUDÊNCIA DO SUPREMO TRIBUNAL FEDERAL. PROCESSOS EM CURSO NA JUSTIÇA COMUM DOS ESTADOS. IMPERATIVO DE POLÍTICA JUDICIÁRIA. Numa primeira interpretação do inciso I do art. 109 da Carta de Outubro, o Supremo Tribunal Federal entendeu que as ações de indenização por danos morais e patrimoniais decorrentes de acidente do trabalho, ainda que movidas pelo empregado contra seu (ex-)empregador, eram da competência da Justiça comum dos Estados-Membros. 2. Revisando a matéria, porém, o Plenário concluiu que a Lei Republicana de 1988 conferiu tal competência à Justiça do Trabalho. Seja porque o art. 114, já em sua redação originária, assim deixava transparecer, seja porque aquela primeira interpretação do mencionado inciso I do art. 109 estava, em boa verdade, influenciada pela jurisprudência que se firmou na Corte sob a égide das Constituições anteriores. 3. Nada obstante, como imperativo de política judiciária – haja vista o significativo número de ações que já tramitavam e ainda tramitam nas instâncias ordinárias, bem como o relevante interesse social em causa –, o Plenário decidiu, por maioria, que o marco temporal da competência da Justiça trabalhista é o advento da EC 45/04. Emenda que explicitou a competência da Justiça Laboral na matéria em apreço. 4. A nova orientação alcança os processos em trâmite pela Justiça comum estadual, desde que pendentes de julgamento de mérito. É dizer: as ações que tramitam perante a Justiça comum dos Estados, com sentença de mérito anterior à promulgação da EC 45/04, lá continuam até o

Federal já havia uniformizado o juízo de que a competência para decidir ações dessa natureza remanescia sobre a Justiça do Trabalho, mas a matéria ainda carecia ser decidida no regime de precedentes vinculantes.

Daí a relevância do julgamento, em que a recorrente, empregadora do *de cujus*, alegava a competência da Justiça Comum para julgar a ação de indenização por acidente de trabalho promovida pelos herdeiros do trabalhador falecido. No recurso extraordinário, argumentava que a competência deveria ser da Justiça Comum, dada a natureza do pedido formulado pelos sucessores do empregado.

O Ministro Dias Toffoli iniciou seu voto destacando a relevância da Emenda Constitucional nº 45/2004, que ampliou a competência da Justiça do Trabalho, incluindo, expressamente, no art. 114, inciso VI, da Constituição Federal, as ações de indenização por danos morais e patrimoniais decorrentes da relação de trabalho. O voto também analisa diversos julgados da Corte, reforçando a coerência e a continuidade da interpretação do STF sobre a competência da Justiça do Trabalho.

Ao final, a Corte afirmou a seguinte tese de repercussão geral: "Compete à Justiça do Trabalho processar e julgar as ações de indenização por danos morais e patrimoniais decorrentes de acidentes de trabalho propostas por empregado contra empregador, inclusive as propostas pelos sucessores do trabalhador falecido, salvo quando a sentença de mérito for anterior à promulgação da EC nº 45/04, hipótese em que, até o trânsito em julgado e a sua execução, a competência continuará a ser da Justiça Comum".

A decisão unânime do Plenário do STF, que acompanhou o voto do Ministro Toffoli, teve importantes implicações para a jurisdição brasileira. Ao consolidar a competência da Justiça do Trabalho em casos de acidente de trabalho movidos por herdeiros, o STF promove a uniformidade jurisprudencial e fortalece a segurança jurídica, evitando a fragmentação e a duplicidade de competências que poderiam gerar insegurança e morosidade na tramitação desses processos.

4 Competência para o processamento de ação ajuizada contra entidade de previdência privada com vistas a obter complementação de aposentadoria com base em parcelas vinculadas ao contrato de trabalho

Em outro julgamento relevante (RE nº 586.453/SE - Tema nº 190 de repercussão geral[14]) no qual se destacou a posição do Ministro Dias Toffoli, o E. Supremo Tribunal

---

trânsito em julgado e correspondente execução. Quanto àquelas cujo mérito ainda não foi apreciado, hão de ser remetidas à Justiça do Trabalho, no estado em que se encontram, com total aproveitamento dos atos praticados até então. A medida se impõe, em razão das características que distinguem a Justiça comum estadual e a Justiça do Trabalho, cujos sistemas recursais, órgãos e instâncias não guardam exata correlação. 5. O Supremo Tribunal Federal, guardião-mor da Constituição Republicana, pode e deve, em prol da segurança jurídica, atribuir eficácia prospectiva às suas decisões, com a delimitação precisa dos respectivos efeitos, toda vez que proceder a revisões de jurisprudência definidora de competência ex ratione materiae. O escopo é preservar os jurisdicionados de alterações jurisprudenciais que ocorram sem mudança formal do Magno Texto. 6. Aplicação do precedente consubstanciado no julgamento do Inquérito 687, Sessão Plenária de 25.08.99, ocasião em que foi cancelada a Súmula 394 do STF, por incompatível com a Constituição de 1988, ressalvadas as decisões proferidas na vigência do verbete. 7. Conflito de competência que se resolve, no caso, com o retorno dos autos ao Tribunal Superior do Trabalho" (CC 7204, Relator Min. Carlos Britto, Tribunal Pleno, julgado em 29.06.2005, DJ 09.12.2005).

14 Transcrevo o teor da ementa do precedente: "Recurso extraordinário – Direito Previdenciário e Processual Civil – Repercussão geral reconhecida – Competência para o processamento de ação ajuizada contra entidade

Federal decidiu a competência para julgar demanda ajuizada em face de entidade de previdência privada, com vistas a postular diferenças e/ou o direito à complementação de aposentadoria com base em direitos oriundos da relação de trabalho. O tema era diuturnamente debatido tanto na Justiça do Trabalho quanto na Justiça Comum, que afirmavam as respectivas competências para o processamento das demandas.[15]

Embora o feito tenha sido originalmente relatado pela Ministra Ellen Gracie, o Ministro Dias Toffoli, que a acompanhou, tornou-se o redator para o acórdão em virtude do afastamento definitivo da relatora originária. Inobstante, os fundamentos apresentados pelo Ministro foram fundamentais à decisão final da Corte, diante do intenso debate travado no Plenário do Supremo Tribunal Federal em torno da questão controvertida.

Ao final, a Corte decidiu que a competência para julgamento da matéria é da Justiça Comum, fixando modulação de efeitos para manter a competência da Justiça do Trabalho em relação a todos os processos nos quais, até a data do julgamento (20.02.2013), a justiça especializada tivesse proferido sentença de mérito.

A Ministra Ellen Gracie referiu, no seu voto, diversos precedentes do próprio Supremo Tribunal Federal que oscilavam ora reconhecendo a competência da Justiça Comum, ora a da Justiça do Trabalho. Citando o julgamento do RE nº 175.673, relatado pelo Ministro Moreira Alves, no qual a Corte utilizara como critério para fixação da competência a origem do direito vindicado – se fundada no contrato de trabalho ou em relação puramente civil com a entidade de previdência complementar –, a Ministra criticou tal fundamento, por desconsiderar que a relação entre o associado e a entidade de previdência tem natureza civil. Por essa razão, entendeu ser da Justiça Comum a competência para julgamento da controvérsia, embora fixando a modulação de efeitos já referida.

---

de previdência privada e com o fito de obter complementação de aposentadoria – Afirmação da autonomia do Direito Previdenciário em relação ao Direito do Trabalho – Litígio de natureza eminentemente constitucional, cuja solução deve buscar trazer maior efetividade e racionalidade ao sistema – Recurso provido para afirmar a competência da Justiça comum para o processamento da demanda - Modulação dos efeitos do julgamento, para manter, na Justiça Federal do Trabalho, até final execução, todos os processos dessa espécie em que já tenha sido proferida sentença de mérito, até o dia da conclusão do julgamento do recurso (20/2/13). 1. A competência para o processamento de ações ajuizadas contra entidades privadas de previdência complementar é da Justiça comum, dada a autonomia do Direito Previdenciário em relação ao Direito do Trabalho. Inteligência do art. 202, §2º, da Constituição Federal a excepcionar, na análise desse tipo de matéria, a norma do art. 114, inciso IX, da Magna Carta. 2. Quando, como ocorre no presente caso, o intérprete está diante de controvérsia em que há fundamentos constitucionais para se adotar mais de uma solução possível, deve ele optar por aquela que efetivamente trará maior efetividade e racionalidade ao sistema. 3. Recurso extraordinário de que se conhece e ao qual se dá provimento para firmar a competência da Justiça comum para o processamento de demandas ajuizadas contra entidades privadas de previdência buscando-se o complemento de aposentadoria. 4. Modulação dos efeitos da decisão para reconhecer a competência da Justiça Federal do Trabalho para processar e julgar, até o trânsito em julgado e o correspondente execução, todas as causas da espécie em que houver sido proferida sentença de mérito até a data da conclusão, pelo Plenário do Supremo Tribunal Federal, do julgamento do presente recurso (20/2/2013). 5. Reconhecimento, ainda, da inexistência de repercussão geral quanto ao alcance da prescrição de ação tendente a questionar as parcelas referentes à aludida complementação, bem como quanto à extensão de vantagem a aposentados que tenham obtido a complementação de aposentadoria por entidade de previdência privada sem que tenha havido o respectivo custeio" (RE 586.453/SE, Relatora Min. Ellen Gracie, Relator p/ Acórdão Min. Dias Toffoli, julgado em 20.02.2013, DJe – 05.06.2013).

[15] Cf., a propósito, PAMPLONA FILHO, Rodolfo. A nova competência da Justiça do Trabalho – uma contribuição para a compreensão dos limites do novo artigo 114 da Constituição Federal de 1988. *Consultoria Trabalhista*, Informativo Semanal nº 16, 2016, pp. 149-157; e MORAIS, Océlio de Jesus Carneiro. *Competência da Justiça do Trabalho e a efetividade do direito fundamental à previdência*. Doutorado. Orientação pelo prof. Dr. Pedro Paulo Teixeira Manus. São Paulo: Pontifícia Universidade Católica de São Paulo, 2013.

O Ministro Dias Toffoli convergiu com o entendimento, mas apresentando novos fundamentos, sinalizando que o Direito Previdenciário constitui subsistema jurídico dotado de autonomia própria, com fundamento no art. 202, §2º, da Constituição:

> O que temos no artigo 202, §2º, da Constituição? Que a previdência complementar não é tema de contrato de trabalho; é uma autonomia dada explicitamente pela Constituição na redação trazida pela Emenda Constitucional nº 20. É curioso verificarmos o que diz o §3º do mesmo artigo 202, que é de extrema importância:
> "§3º É vedado o aporte de recursos a União, e Municípios, Distrito Federal fundações, sociedades de economia mista e outras entidades públicas, salvo na qualidade de patrocinador, hipótese alguma, contribuição normal poderá exceder a do segurado."
> Ou seja, uma previdência complementar que seja autônoma e independente: autônoma e independente do Direito Administrativo, autônoma e independente do Direito do Trabalho. O artigo 202, §2º, autonomia em relação ao Direito do Trabalho; o $ 3º, autonomia em relação ao Estado, ao patrocinador.

O Ministro alertou, ainda, para a situação de insegurança jurídica decorrente da manutenção do entendimento de que a competência deveria ser fixada com base na causa de pedir – se fundada ou não na relação de trabalho. Como consequência de tal tese – prosseguiu o Ministro –, entendimentos divergentes quanto à matéria previdenciária poderiam se consolidar, de maneira contraditória e assistemática, nas jurisprudências do Superior Tribunal de Justiça e do Tribunal Superior do Trabalho.

Ao fim, prevaleceu o entendimento de que a Justiça Comum é a competente para julgar demandas relacionadas à previdência complementar, em consonância com a autonomia prevista no artigo 202, §2º, da Constituição Federal. A decisão não apenas pacificou o entendimento sobre a matéria, mas também promoveu a racionalização do sistema judiciário, evitando conflitos de competência e garantindo maior segurança jurídica aos jurisdicionados. A modulação dos efeitos, mantendo a competência da Justiça do Trabalho para processos com sentenças de mérito já proferidas, também assegurou a estabilidade das decisões judiciais, protegendo a confiança dos cidadãos nas instituições judiciais.

Conclusão

A trajetória do Ministro Dias Toffoli no Supremo Tribunal Federal tem sido marcada pelo compromisso com a uniformização da jurisprudência e a promoção da segurança jurídica. Sua atuação tem contribuído significativamente para a estabilidade institucional, destacando-se pela articulação de soluções que não apenas atendem às demandas imediatas da sociedade, mas que também asseguram a consistência e a previsibilidade das decisões judiciais, fortalecendo a confiança dos cidadãos no sistema judiciário.

A atuação do Ministro Dias Toffoli no Supremo Tribunal Federal tem construído um legado de fortalecimento institucional e aprimoramento da jurisprudência. A partir de sua capacidade mediadora, promotora do diálogo entre os Poderes, o Ministro tem demonstrado compromisso contínuo com a modernização e a transparência, contribuindo para uma Suprema Corte mais acessível e responsiva às demandas da sociedade.

MARIA CRISTINA IRIGOYEN PEDUZZI, FÁBIO PORTELA LOPES DE ALMEIDA

PRAGMATISMO, SEGURANÇA JURÍDICA E JUSTIÇA SOCIAL: O LEGADO INSTITUCIONAL DO MINISTRO DIAS TOFFOLI PARA O DIREITO DO TRABALHO... | 1265

Referências

BRASIL. Supremo Tribunal Federal. *Relatório da Gestão 2018-2020.* Brasília: STF, 2020.

GUNTHER, Luiz Eduardo; GUNTHER, Noeli Gonçalves da Silva. A igualdade de direitos entre homens e mulheres nas relações de trabalho. *Revista eletrônica do Tribunal Regional do Trabalho da 9ª Região,* Curitiba, v. 3, n. 32, p. 39-63, jul./ago. 2014.

HOLMES, Stephen; SUNSTEIN, Cass. *The Cost of Rights.* Nova Iorque: W.W. Norton & Company, 1999.

MARQUES, Rafael da Silva. Princípio da igualdade no âmbito trabalhista – análise do artigo 384 da CLT. *Cadernos da Escola Judicial do TRT da 4ª Região.* Estudos de administração judiciária: reflexões de magistrados sobre a gestão do Poder Judiciário. n. 02/2009. Porto Alegre: HS Editora, 2009.

MORAIS, Océlio de Jesus Carneiro. *Competência da Justiça do Trabalho e a efetividade do direito fundamental à previdência.* Doutorado. Orientação pelo prof. Dr. Pedro Paulo Teixeira Manus. São Paulo: Pontifícia Universidade Católica de São Paulo, 2013.

PAMPLONA FILHO, Rodolfo. A nova competência da Justiça do Trabalho – uma contribuição para a compreensão dos limites do novo artigo 114 da Constituição Federal de 1988. *Consultoria Trabalhista,* Informativo Semanal, n. 16, p. 149-157, 2016.

SARLET, Ingo Wolfgang; FIGUEIREDO, Mariana Filchtiner. Reserva do possível, mínimo existencial e direito à saúde: algumas aproximações. *In:* SARLET Ingo Wolfgang; TIMM, Luciano Benetti (org.). *Direitos fundamentais, orçamento e 'reserva do possível'.* Porto Alegre: Livraria do Advogado, 2008.

SARMENTO, Daniel. O mínimo existencial. *Revista de Direito da Cidade,* vol. 8, n. 4, p. 1645-1689.

TORRES, Ricardo Lobo. *O direito ao mínimo existencial.* Rio de Janeiro: Renovar, 2009.

Informação bibliográfica deste texto, conforme a NBR 6023:2018 da Associação Brasileira de Normas Técnicas (ABNT):

PEDUZZI, Maria Cristina Irigoyen; ALMEIDA, Fábio Portela Lopes de. Pragmatismo, segurança jurídica e justiça social: o legado institucional do Ministro Dias Toffoli para o Direito do Trabalho em quatro precedentes de repercussão geral. *In:* MENDES, Gilmar Ferreira; LIRA, Daiane Nogueira de; FREIRE, Alexandre (coord.). *Constituição, democracia e diálogo:* 15 anos de Jurisdição Constitucional do Ministro Dias Toffoli. 2. ed. Belo Horizonte: Fórum, 2025. p. 1255-1265. ISBN 978-65-5518-937-7.

A LIBERDADE ECONÔMICA E A LIVRE-INICIATIVA NAS DECISÕES DO MINISTRO DIAS TOFFOLI

MÁRIO AUGUSTO FIGUEIREDO DE LACERDA GUERREIRO

1 Introdução

O presente estudo tem por objeto tecer breves considerações acerca do conteúdo, alcance e limitações à liberdade econômica e à livre-iniciativa na jurisprudência do Supremo Tribunal Federal (STF) através da ótica esposada pelo Ministro Dias Toffoli. Para tanto, será adotada a metodologia do estudo de casos, mediante análise crítica de julgados recentes do STF que enfrentaram essa temática sob diferentes perspectivas, a fim de, ao final, obterem-se conclusões indicativas do posicionamento da Suprema Corte e de como ele vem sendo influenciado pela marcante atuação do Ministro Dias Toffoli.

Nessa toada, primeiramente será examinado o julgamento do Recurso Extraordinário (RE) 833.291,[1] correspondente ao Tema de Repercussão Geral 1.051, que versava a arguição de afronta ao princípio da livre-iniciativa por lei do Município de São Paulo que impunha aos *shopping centers* a implantação de ambulatórios médicos ou o fornecimento de serviços de pronto socorro para o atendimento de emergências.

Em seguida, passar-se-á ao estudo da decisão proferida no bojo do RE 1.285.904 AgR,[2] no qual se discutia a constitucionalidade de lei estadual que proibia supermercados e hipermercados de cobrarem preços diferenciados por bebidas geladas e em temperatura ambiente, assim como do RE 1.254.871 AgR,[3] no qual se questionava lei estadual que obrigava restaurantes vendedores de bebida destilada a oferecer pelo menos quatro marcas de cachaças produzidas no estado.

[1] BRASIL. Supremo Tribunal Federal. *Recurso Extraordinário 833.291.* Tema de Repercussão Geral 1.051. Tribunal Pleno, Relator Ministro Dias Toffoli, DJe de 8/1/2024. Disponível em: https://jurisprudencia.stf.jus.br/pages/search/sjur493940/false. Acesso em: 27 jun. 2024.

[2] BRASIL. Supremo Tribunal Federal. *Agravo Regimental no Recurso Extraordinário 1.285.904.* Primeira Turma, Relator Ministro Dias Toffoli, DJe de 20/6/2022. Disponível em: https://jurisprudencia.stf.jus.br/pages/search/sjur466161/false. Acesso em: 27 jun. 2024.

[3] BRASIL. Supremo Tribunal Federal. *Agravo Regimental no Recurso Extraordinário 1.254.871.* Primeira Turma, Relator Ministro Dias Toffoli, DJe de 20/6/2022. Disponível em: https://jurisprudencia.stf.jus.br/pages/search/sjur466152/false. Acesso em: 27 jun. 2024.

Espera-se extrair desses importantes precedentes algumas orientações jurispru-denciais no que concerne aos contornos dos direitos de liberdade econômica e de livre-iniciativa no contexto do ordenamento jurídico brasileiro, segundo as manifestações do Ministro Dias Toffoli, as quais vieram a ser acolhidas tanto pelo Pleno, quanto pela Primeira Turma do STF.

2 Estudo de casos

O RE 833.291 foi interposto pela Associação Brasileira de *Shopping Centers* (ABRASCE) contra decisão do Tribunal de Justiça de São Paulo que, no julgamento de representação de inconstitucionalidade, declarou a validade da Lei nº 10.947/1991, com a redação dada pela Lei nº 11.649/1994,[4] além do Decreto nº 29.728/1991,[5] todos emanados do Município de São Paulo.

A recorrente suscitou quatro argumentos centrais para sustentar o provimento do recurso extraordinário, a fim de que o STF reconhecesse a inconstitucionalidade das normas impugnadas: 1) inconstitucionalidade formal, em razão de versarem sobre seguridade social, matéria de competência privativa da União (art. 22, XXIII, da CRFB[6]); 2) inconstitucionalidade material, por estabelecerem obrigações incompatíveis com a natureza dos serviços prestados pelos *shopping centers,* visto que a disponibilização de ambulatório é medida estranha às atividades empresariais desenvolvidas em tais empreendimentos; 3) ausência de interesse local, a afastar a competência legislativa

---

[4] *Art.1º -* Torna-se obrigatória, nos Shopping-centers existentes na área do Município a implantação de ambulatório medico ou serviço de pronto-socorro equipado para o atendimento de emergência, com pelo menos um médico e uma ambulância. (Redação dada pela Lei no 11.649/1994) *Art.2º -* No caso de novas construções de "shopping-centers", não será concedido o Auto de Conclusão e o consequente alvará de funcionamento, quando a edificação não comportar área exclusivamente destinada à instalação dos serviços médicos de urgência exigidos nesta Lei. *Art.3º -* Esta Lei entrará em vigor na data de sua publicação, revogadas as disposições em contrário. MUNICÍPIO DE SÃO PAULO. *Lei nº 10.947, de 22 de janeiro de 1991* (com alterações pela Lei 11.649/1994). Disponível em: https://legislacao.prefeitura.sp.gov.br/leis/lei-10947-de-22-de-janeiro-de-1991#:~:text=LEI%20N%C2%B0%20 10.947%2C%20DE,%22%2C%20e%20d%C3%A1%20outras%20provid%C3%AAncias. Acesso em: 21 maio 2024.

[5] *Art.1º -* Nos "shoppings-centers" existentes no Município, é obrigatória a implantação, no prazo de 180 (cento e oitenta) dias a partir da publicação deste decreto, de ambulatório médico ou serviço de pronto-socorro equipados para atendimento de emergência. *Art.2º -* No caso de novas construções de "shoppings-centers", não serão concedidos o Auto de Conclusão e o consequente Alvará de Funcionamento, quando a edificação não comportar área exclusivamente destinada à instalação dos serviços médicos de que cuida este decreto. *Art.3º -* As instalações para atendimento médico de urgência deverão possuir, no mínimo: I - compartimento para recepção e espera; II - compartimento para imediato atendimento; III - compartimento para manipulação, expurgo e desinfecção. *Parágrafo único -* A soma das áreas previstas no "caput" deste artigo deverá ser igual ou superior a 20,00m2 (vinte metros quadrados). *Art.4º -* Para uso dos funcionários do atendimento médico e, eventualmente, das pessoas atendidas, deverá ser previsto sanitário com antecâmara, com área total mínima de 4,00m2 (quatro metros quadrados). *Art.5º -* As instalações previstas neste decreto deverão atender às normas de conforto e salubridade exigidas pela legislação de construções em vigor, devendo situar-se na edificação, de modo a possibilitar o acesso por ambulância. *Art.6º -* As edificações existentes e as já licenciadas, mesmo que lhes falte o Auto de Conclusão, que não atendam às disposições deste decreto, deverão apresentar projeto de reforma ou projeto modificativo a fim de obter a licença de adequação às novas disposições. *Parágrafo único -* Nos casos devidamente justificados e a critério da Comissão de Edificações e Uso do Solo - CEUSO da Secretaria da Habitação e Desenvolvimento urbano - SEHAB, poderão ser aceitas disposições diversas das estabelecidas nos artigos 4 e 5 deste decreto. *Art.7º -* Este decreto entrará em vigor na data de sua publicação. MUNICÍPIO DE SÃO PAULO. *Decreto nº 29.728, de 8 de maio de 1991.* Disponível em: https://legislacao.prefeitura.sp.gov.br/leis/ decreto-29728-de-8-de-maio-de-1991#:~:text=DECRETO%20N%C2%BA%2029.728%2C%20DE%208,abrigar%20 %22shoppings%2Dcenters%22. Acesso em: 21 maio 2024.

[6] BRASIL. *Constituição da República Federativa do Brasil de 1988.* Disponível em: https://www.planalto.gov.br/ccivil_03/ constituicao/constituicao.htm. Acesso em: 28 jun. 2024.

dos municípios, prevista pelo art. 30, I e II, da CRFB; 4) afronta aos princípios da livre-iniciativa, proporcionalidade e razoabilidade.

O voto condutor, proferido pelo Ministro Dias Toffoli (relator), acolheu o argumento da inconstitucionalidade formal das normas objeto de análise pela Suprema Corte, invocando, para tanto, o precedente firmado no Tema de Repercussão Geral 525, no qual ficou assentado que "a lei municipal que exige a contratação de funcionário para cumprir determinada tarefa em estabelecimento empresarial usurpa a competência privativa da União para legislar sobre Direito do Trabalho e Comercial (art. 22, I, da CRFB)".[7]

Sob a perspectiva material, foi igualmente reconhecida a inconstitucionalidade das normas, posto que, embora possível a intervenção do Estado no domínio econômico para assegurar valores sociais, *in casu* estaria constatada uma restrição desproporcional à livre-iniciativa.

O voto condutor do Ministro Dias Toffoli (relator) foi acompanhado pelos Ministros Luís Roberto Barroso, Gilmar Mendes, Luiz Fux, Nunes Marques e André Mendonça, formando a maioria absoluta necessária para a declaração da inconstitucionalidade de atos normativos pelo Poder Judiciário, por força do princípio da reserva de plenário, encartado no artigo 97 da CRFB.

É imperioso destacar, por outro lado, os fundamentos do voto divergente lançado pelo Ministro Edson Fachin e acompanhado pelos Ministros Cristiano Zanin, Alexandre de Moraes e Cármen Lúcia. Primeiramente, a divergência afastava a alegação de inconstitucionalidade formal, enquadrando a matéria contida na legislação atacada no âmbito do Direito do Consumidor, cuja competência legislativa é concorrente (art. 24, V e VIII, da CRFB), estando caracterizado, outrossim, o interesse local, a amparar as medidas legislativas adotadas pelo Município de São Paulo, ante o disposto pelo art. 30, I e II, da CRFB. Ademais, sob o prisma da constitucionalidade material, o voto divergente destacava a inexistência de violação à Carta Política, uma vez que, no Estado Social Democrático de Direito, o direito do consumidor se harmoniza à livre-iniciativa, à ordem econômica e à função social da propriedade, não de cogitando de qualquer violação ao texto constitucional.

Por fim, o STF fixou a seguinte tese de repercussão geral: "é inconstitucional lei municipal que estabeleça a obrigação da implantação, nos shopping centers, de ambulatório médico ou serviço de pronto-socorro equipado para o atendimento de emergência". Eis a ementa do julgado:

EMENTA Recurso extraordinário. Repercussão geral. Direito constitucional. Ação direta de inconstitucionalidade local. Leis nºs 10.947/91 e 11.649/94 e Decreto nº 29.728/91 do Município de São Paulo. Obrigação de implantação de ambulatório médico ou serviço de pronto-socorro equipado para o atendimento de emergência em shopping centers. Princípios da livre iniciativa, da razoabilidade e da proporcionalidade. Afronta. Recurso provido. 1. Invade esfera legislativa da União e afronta os princípios da livre iniciativa, da razoabilidade e da proporcionalidade a lei municipal que obrigue a implantação, nos shopping centers, de ambulatório médico ou serviço de pronto-socorro equipado

---

7   BRASIL. Supremo Tribunal Federal. *Recurso Extraordinário 839.950*. Tema de Repercussão Geral 525. Tribunal Pleno, Relator Ministro Luiz Fux, DJe de 2/4/2020. Disponível em: https://jurisprudencia.stf.jus.br/pages/search/ sjur421479/false. Acesso em: 27 jun. 2024.

para o atendimento de emergência. 2. Foi fixada a seguinte tese para o Tema nº 1.051: "É inconstitucional lei municipal que estabeleça a obrigação da implantação, nos shopping centers, de ambulatório médico ou serviço de pronto-socorro equipado para o atendimento de emergência". 3. Recurso extraordinário ao qual se dá provimento.

Houve, ainda, a oposição de embargos de declaração, meramente para a finalidade de modulação temporal dos efeitos da decisão, que passaram a ter caráter prospectivo, incidindo a partir da publicação da ata de julgamento, ressalvadas as ações judiciais em curso.

Também merece destaque o RE 1.285.904 AgR, interposto contra acórdão do Tribunal de Justiça do Rio de Janeiro que julgou inconstitucional a Lei Estadual nº 8.027/2018,[8] que proibia supermercados e hipermercados de cobrarem preços diferenciados na venda de bebidas geladas e em temperatura ambiente. Inconformada com a decisão, a Assembleia Legislativa do Rio de Janeiro arguiu violação aos artigos 1º, IV, 5º, *caput* e LIV, 24, V e VIII, 170 e 174, todos da Constituição Federal. Articulou, ainda, os princípios da isonomia, da proporcionalidade e da defesa do consumidor como contrapontos à livre-iniciativa, que não seria absoluta, podendo sofrer restrições impostas pelo Estado, dentro da sua competência para legislar.

O Ministro Dias Toffoli rechaçou essa argumentação, ressaltando que a liberdade de iniciativa – fundamento da República – é objeto de destacada proteção no ordenamento jurídico brasileiro, sendo inconstitucionais normas que a restrinjam de forma desproporcional. Assim, para além de um parâmetro constitucional contraposto a ser ponderado, seria necessária a demonstração de dados empíricos a justificarem a intervenção. E arrematou: "é vital, sob pena de indevida interferência na dinâmica econômica da atividade empresarial, que haja proporcionalidade entre a restrição à atividade econômica proposta e a finalidade de interesse público".

Especificamente quanto à norma estadual objeto de julgamento, o voto do Ministro Dias Toffoli consignou que ela desconsiderava o delicado equilíbrio exigido para a atribuição de preços a produtos oferecidos no mercado de consumo, extremamente sensível a custos desnecessários e inesperados aos agentes econômicos, tudo a afrontar a livre-iniciativa protegida pela Constituição. Por fim, a isonomia também seria aviltada, na medida em que a lei se volta apenas aos supermercados e hipermercados, conferindo tratamento diferenciado a grande segmento do mesmo setor econômico, sem justificativa plausível.

Passando ao exame do RE 1.254.871 AgR, tem-se novamente um apelo extremo interposto contra decisão proferida pelo Tribunal de Justiça do Rio de Janeiro, que, desta feita, declarou a inconstitucionalidade da Lei Estadual nº 7.595/2017,[9] que obrigava

---

[8] *Art. 1º* Ficam os supermercados e hipermercados proibidos de cobrar preço diferenciado na venda de bebidas geladas e em temperatura ambiente. *Art. 2º* Na hipótese de descumprimento do disposto nesta lei, aplica-se o disposto da Lei nº 8.078, de 11 de setembro de 1990 – Código de Defesa do Consumidor. *Art. 3º* Esta Lei entra em vigor na data de sua publicação. ESTADO DO RIO DE JANEIRO. *Lei nº 8.027, de 29 de junho de 2018.* Disponível em: http://www3.alerj.rj.gov.br/lotus_notes/default.asp?id=53&url=L2NvbnRlZWWkubnNmL2M4YWEwOTAwMDI1ZmVlZjYwMzI1NjRlYzAwNjBkZmZmL2Q5NGUzYTgzYmM0NmRkMTM4MzI1ODJiZjAwNjBhMTNl-P09wZW5Eb2N1bWVudA==. Acesso em: 27 jun. 2024.

[9] *Art. 1º* - Os bares, restaurantes e hotéis, localizados no Estado do Rio de Janeiro, que disponibilizarem para seus clientes, carta de bebidas destiladas deverão incluir, pelo menos, 4 (quatro) marcas de cachaças aqui produzidas. *Parágrafo único.* Além da marca, a carta de bebidas mencionada no caput deverá conter a informação de procedência

restaurantes vendedores de bebidas destiladas a oferecer pelo menos quatro marcas de cachaça produzidas no estado.

De forma coerente com as suas outras manifestações, o Ministro Dias Toffoli realçou a liberdade de iniciativa como um direito a merecer especial proteção estatal, por ser fundamento da República, não podendo ser restringido de forma desproporcional, sob pena de inconstitucionalidade. Dessa forma, o interesse público que justificaria a intervenção estatal na dinâmica empresarial, consubstanciado no estímulo ao consumo de produtos locais, deveria ser promovido através de meios que implicassem menor ingerência na autonomia empresarial, encontrando-se o equilíbrio entre esses preceitos em colisão.

Com base em tal linha argumentativa, o voto condutor do Ministro Dias Toffoli refletiu a compreensão da Primeira Turma do STF sobre a matéria, concluindo-se pela manutenção da decisão proferida pela Corte local, que estaria em harmonia com o disposto pelos artigos 1º, IV, e 170 da Constituição Federal, ao declarar a invalidade da Lei Estadual nº 7.595/2017.

3   Considerações finais

Como se depreende dos precedentes examinados no tópico anterior, a discussão sobre o conteúdo do direito fundamental à liberdade econômica é recorrente na Suprema Corte, mormente em vista de inevitáveis atritos com outros direitos consagrados pela ordem jurídica nacional.

Com efeito, se, de um lado, a Constituição Federal assegura a propriedade (artigos 5º, XXII, e 170, II), a livre-iniciativa (artigos 1º, IV, e 170, *caput*), o livre exercício de qualquer atividade econômica (art. 170, parágrafo único) e o livre exercício da profissão (art. 5º, XIII), de outro, ela também consagra a função social da propriedade (artigos 5º, XXIII, e 170, III), o valor social do trabalho (artigos 1º, IV, e 170, *caput*), a proteção ao meio ambiente (artigos 170, VI, e 225) e a defesa do consumidor (artigos 5º, XXXII, e 170, V).

Cabe, por conseguinte, ao intérprete da Carta Política buscar a concordância prática entre princípios e valores que, por vezes, estarão em aparente contraposição, garantindo-se, assim, a máxima efetividade e a supremacia das normas constitucionais. Para tanto, poderá se valer de instrumentos jurídicos já consagrados, como a ponderação de interesses e a razoabilidade, a fim de obter um ponto de equilíbrio entre direitos fundamentais de igual relevância.

No RE 833.291, o STF precisou atuar para assegurar a supremacia da Constituição, reconhecendo situação de inconstitucionalidade, uma vez que a legislação oriunda do Município de São Paulo impôs restrição manifestamente desproporcional à livre-iniciativa, ferindo-a de morte. Note-se que, ainda que a defesa do consumidor, invocada como

---

- em relação ao nome do Município - da cachaça. *Art. 2º* - O estabelecimento que descumprir o determinado nesta Lei terá seu nome incluído em cadastro próprio, ficando excluído de quaisquer futuros benefícios que dependam de autorização do Poder Executivo, incluindo anistia, remissão, concessão de empréstimo, renúncia fiscal e etc., sem prejuízo das penalidades previstas na Lei nº 8.078, de 11 de setembro de 1990 – Código de Defesa do Consumidor. *Art. 3º* - Esta Lei entrará em vigor na data de sua publicação. ESTADO DO RIO DE JANEIRO. *Lei nº 7.595, de 23 de maio de 2017.* Disponível em: http://alerjln1.alerj.rj.gov.br/CONTLEI.NSF/c8aa0900025feef6032564ec0060dfff/ c4b012093695118d8325812b005b4d4c?OpenDocument&Highlight=0,7595. Acesso em: 27 jun. 2024.

fundamento para a restrição à livre-iniciativa, seja um comando igualmente inserto no texto constitucional, não justifica, certamente, a completa aniquilação de outro preceito de igual estatura jurídica.

Da mesma forma, no RE 1.285.904 AgR e no RE 1.254.871 AgR, a discussão em torno da proporcionalidade da restrição imposta à liberdade econômica foi a linha condutora das decisões. É que ao empresário cabe organizar os meios de produção, analisar as condições de mercado, mensurar os custos das transações e considerar uma série de outros fatores ao ingressar no competitivo ambiente do mercado de consumo, de modo que qualquer intervenção estatal deve ser muito bem aquilatada e, inclusive, embasada em dados empíricos, sob pena de se desequilibrar o ecossistema econômico objeto de regulação e, até mesmo, de se inviabilizarem as respectivas atividades produtivas.

O Ministro Dias Toffoli observou, com argúcia, todas essas questões nos julgados analisados, sempre conferindo preponderância à livre-iniciativa, como fundamento da República, para preservar ao máximo a liberdade dos agentes econômicos contra intervenções estatais que, desprovidas de qualquer razoabilidade, cerceavam a autonomia que o empresário precisa ter para atuar de forma mais eficiente no mercado.

Não se trata, evidentemente, de tornar a liberdade econômica valor absoluto a prevalecer em qualquer hipótese, mas sim de se buscar um ponto de equilíbrio com outros princípios igualmente protegidos pela Constituição, admitindo-se eventuais limitações à livre-iniciativa sempre que forem adequadas, necessárias e proporcionais.

Em síntese, há que se reconhecer a preocupação da Suprema Corte e, mormente, do Ministro Dias Toffoli em proteger a liberdade econômica e a livre-iniciativa nas suas mais variadas facetas, ainda que, por vezes, fazendo certas concessões a outros interesses que igualmente inspiram o arcabouço jurídico brasileiro, como demonstrado no estudo de casos ora realizado.

Referências

BRASIL. *Constituição da República Federativa do Brasil de 1988*. Disponível em: https://www.planalto.gov.br/ccivil_03/constituicao/constituicao.htm. Acesso em: 28 jun. 2024.

BRASIL. Supremo Tribunal Federal. *Agravo Regimental no Recurso Extraordinário 1.254.871*. Primeira Turma, Relator Ministro Dias Toffoli, DJe de 20 junho 2022. Disponível em: https://jurisprudencia.stf.jus.br/pages/search/sjur466152/false. Acesso em: 27 jun. 2024.

BRASIL. Supremo Tribunal Federal. *Agravo Regimental no Recurso Extraordinário 1.285.904*. Primeira Turma, Relator Ministro Dias Toffoli, DJe de 20 junho 2022. Disponível em: https://jurisprudencia.stf.jus.br/pages/search/sjur466161/false. Acesso em: 27 jun. 2024.

BRASIL. Supremo Tribunal Federal. *Recurso Extraordinário 833.291*. Tema de Repercussão Geral 1.051. Tribunal Pleno, Relator Ministro Dias Toffoli, DJe de 8/1/2024. Disponível em: https://jurisprudencia.stf.jus.br/pages/search/sjur493940/false. Acesso em: 27 jun. 2024.

BRASIL. Supremo Tribunal Federal. *Recurso Extraordinário 839.950*. Tema de Repercussão Geral 525. Tribunal Pleno, Relator Ministro Luiz Fux, DJe de 2/4/2020. Disponível em: https://jurisprudencia.stf.jus.br/pages/search/sjur421479/false. Acesso em: 27 jun. 2024.

ESTADO DO RIO DE JANEIRO. *Lei nº 7.595, de 23 de maio de 2017*. Disponível em: http://alerjln1.alerj.rj.gov.br/CONTLEI.NSF/c8aa0900025feef6032564ec0060dfff/c4b012093695118d8325812b005b4d4c?OpenDocument&Highlight=0,7595. Acesso em: 27 jun. 2024.

ESTADO DO RIO DE JANEIRO. *Lei nº 8.027, de 29 de junho de 2018*. Disponível em: http://www3.alerj.rj.gov.br/lotus_notes/default.asp?id=53&url=L2NvbnRsZWkubnNmL2M4YWEwOTAwMDI1ZmVlZjYwMzI1NjRlYzA

wNjBkZmZmL2Q5NGUzYTgzYmM0NmRkMTM4MzI1ODJiZjAwNjBhMTNlP09wZW5Eb2N1bWVudA==. Acesso em: 27 jun. 2024.

MUNICÍPIO DE SÃO PAULO. *Decreto n º 29.728, de 8 de maio de 1991.* Disponível em: https://legislacao.prefeitura. sp.gov.br/leis/decreto-29728-de-8-de-maio-de-1991#:~:text=DECRETO%20N%C2%BA%2029.728%2C%20 DE%208,abrigar%20%22shoppings%2Dcenters%22. Acesso em: 21 maio 2024.

MUNICÍPIO DE SÃO PAULO. *Lei nº 10.947, de 22 de janeiro de 1991* (com alterações pela Lei 11.649/1994). Disponível em: https://legislacao.prefeitura.sp.gov.br/leis/lei-10947-de-22-de-janeiro-de-1991#:~:text=LEI%20 N%C2%B0%2010.947%2C%20DE,%22%2C%20e%20d%C3%A1%20outras%20provid%C3%AAncias. Acesso em: 21 maio 2024.

Informação bibliográfica deste texto, conforme a NBR 6023:2018 da Associação Brasileira de Normas Técnicas (ABNT):

GUERREIRO, Mário Augusto Figueiredo de Lacerda. A liberdade econômica e a livre-iniciativa nas decisões do Ministro Dias Toffoli. *In:* MENDES, Gilmar Ferreira; LIRA, Daiane Nogueira de; FREIRE, Alexandre (coord.). *Constituição, democracia e diálogo:* 15 anos de Jurisdição Constitucional do Ministro Dias Toffoli. 2. ed. Belo Horizonte: Fórum, 2025. p. 1267-1273. ISBN 978-65-5518-937-7.

O DIREITO AO ESQUECIMENTO: EQUILÍBRIO ENTRE PRIVACIDADE E MEMÓRIA NA JURISPRUDÊNCIA DO STF

MESSOD AZULAY NETO

> *"O esquecimento está tão cheio de memória*
> *que às vezes não cabem as lembranças*
> *e rancores precisam ser jogados pela borda."*
> (Mario Benedetti)[1]

> *"Felizmente, depois de algumas noites de insônia,*
> *agiu outra vez sobre mim o esquecimento."*
> (Jorge Luis Borges) [2]

Introdução

O Supremo Tribunal Federal (STF) tem sido, ao longo de sua história, um guardião incansável dos princípios constitucionais e dos direitos fundamentais. Dentro dessa nobre missão, destaca-se a figura do Ministro José Antonio Dias Toffoli, cuja trajetória exemplar e dedicados serviços prestados à nação brasileira merecem ser celebrados.

O Ministro Dias Toffoli, ao longo de sua brilhante carreira, não apenas tem se destacado por sua erudição jurídica e sensibilidade social, mas também por sua capacidade de enfrentar os mais complexos dilemas contemporâneos com coragem e equilíbrio. Um dos momentos marcantes de sua atuação foi a relatoria do Recurso Extraordinário nº 1010606, que trouxe à tona a intricada questão do direito ao esquecimento.

Nesta decisão, o Ministro Toffoli mostrou-se mais uma vez à altura dos grandes desafios do nosso tempo, conciliando o respeito à memória histórica com a necessidade

---

[1] Poeta, escritor e ensaísta uruguaio (1920-2009). Do poema: "Esse grande simulacro". Tradução Dalila Teles Veras. Publicado 'A cigarra' – revista literária, Santo André/SP, n. 35, jun. 2000.

[2] Escritor, poeta, tradutor, crítico literário e ensaísta argentino (1899-1986). Do conto: "O Aleph", publicado no livro "Ficções", Tradução Arrigucci Jr., Davi. Editora Companhia das Letras. São Paulo, 2007.

de proteger a dignidade individual contra os efeitos deletérios da superexposição e da perpetuação de fatos desabonadores. Em um mundo cada vez mais digital e interconectado, sua visão clara e ponderada revelou-se crucial para a construção de um entendimento jurídico que reflete os valores de uma sociedade democrática e justa.

Ao celebrar a vida e a obra do Ministro Dias Toffoli, reconhecemos sua inestimável contribuição para o aprimoramento do Direito brasileiro e para a proteção dos direitos humanos. Seu legado, inscrito nas páginas da jurisprudência do STF, continuará a inspirar gerações de juristas e a fortalecer a confiança da sociedade nas instituições judiciais.

Memória e esquecimento: perspectiva histórica

A memória e o esquecimento são forças em tensão na história da humanidade desempenhando papéis cruciais para o desenvolvimento cultural e civilizatório dos povos.

Na mitologia grega, a deusa Mnemosine,[3] mãe das Musas, personificava a memória e era considerada a fonte de toda inspiração artística e científica. Essa conexão mitológica destaca a memória como um elemento vital para a criatividade e o progresso intelectual. Filósofos como Platão e Aristóteles enfatizavam a memória como uma função essencial para a filosofia e o aprendizado, reconhecendo seu papel central na formação do conhecimento humano, evolução, transmissão e legado.

Em paralelo à valorização da memória, o esquecimento, que, pelo senso comum, costuma ser apontado em sentido negativo, como um dano à confiabilidade das lembranças, também tem desempenhado um papel histórico relevante, de redenção, punição ou proteção da dignidade humana, a depender do cenário ou época.

Desde os tempos mais remotos, a humanidade busca maneiras de lidar com o passado, seja por meio da recordação ou do esquecimento. Na mitologia grega, o Rio Lete,[4] um dos cinco rios do Hades, simbolizava essa dualidade. Ao beber de suas águas, as almas dos mortos esqueciam suas vidas passadas, liberando-se do fardo das memórias e preparando-se para uma nova existência. Esta ideia de purificação e renovação pelo esquecimento encontrou eco na famosa obra de Dante Alighieri, "A Divina Comédia".[5] No épico pré-renascentista, Dante descreve o Rio Lete no purgatório, onde as almas dos penitentes bebem para esquecer seus pecados. Essa ação permite que eles entrem no paraíso sem as máculas de suas transgressões, simbolizando uma redenção completa e a possibilidade de um novo começo.

Na antiguidade, o anseio de esquecimento muitas vezes se manifestava de forma punitiva. Um exemplo clássico foi a prática da *dammatio memoriae* na Roma Antiga, que

---

[3] Segundo a mitologia grega, *Mnemosine* era a deusa da memória, da lembrança. De acordo com o mito, foi a deusa que descobriu o poder da memória, nomeando vários objetos e criando conceitos para que os mortais conversassem sem brigar e pudessem se entender. Por isto é também considerada "como aquela que tudo sabe e tudo lembra, *sendo a* criadora da linguagem".

[4] Na mitologia grega, o Rio Lete fluía pelo submundo, onde suas águas causavam esquecimento àqueles que delas bebessem. Sua simbologia serve como poderosa metáfora para a tendência humana ao esquecimento, que frequentemente leva à repetição de erros passados.

[5] A Divina Comédia, de Dante Alighieri (1265-1321), é um maravilhoso poema alegórico com características épicas e teológicas. Na segunda parte da obra, Purgatório, o Lete aparece como um rio de cujas águas os pecadores tinham de beber para apagarem da memória os pecados cometidos para entrarem no Céu. Em seus versos, Dante, guiado pela alma do poeta Virgílio, atravessa o Inferno e o Purgatório até chegar ao Paraíso, onde encontra a alma de sua querida Beatriz, que busca a salvação para o seu amado.

buscava eliminar qualquer vestígio da existência de pessoas consideradas traidoras ou inimigas do Estado, após a morte. A *dammatio memoriae* envolvia a remoção do nome do indivíduo de todos os registros públicos, a destruição de suas estátuas, moedas e qualquer outro vestígio de existência. A intenção era apagar completamente as memórias do condenado, como se ele nunca tivesse existido, privando-o de qualquer legado histórico ou honra póstuma.

Um exemplo notório dessa prática é o do imperador Domiciano, que foi assassinado em 96 d.C. Seu sucessor, Nerva, ordenou a destruição de suas estátuas e a remoção de seu nome de todas as inscrições públicas. Outro exemplo célebre é o da imperatriz Valeria Messalina, esposa do imperador Cláudio, que, após sua execução, teve sua memória condenada e todas as suas imagens e menções foram sistematicamente eliminadas.

Na modernidade, o filosofo Baruch Spinoza foi alvo de tentativa de "esquecimento" em vida.[6] Excomungado da comunidade judaica de Amsterdã por suas ideias consideradas heréticas, Spinoza foi alvo de um esforço para apagar sua influência. Seus escritos foram censurados e sua memória foi atacada, numa tentativa de suprimir suas contribuições filosóficas. No entanto, suas ideias sobre a liberdade de pensamento e expressão resistiram ao tempo, influenciando gerações futuras e destacando a importância de lembrar e preservar o conhecimento.

Com o advento da era digital, a demanda por "esquecimento" ganhou novos contornos. A internet, com sua capacidade de armazenar informações indefinidamente, trouxe desafios inéditos para a concepção de privacidade e memória. Fotos, postagens e dados pessoais podem permanecer acessíveis por tempo indeterminado, causando muitas vezes danos irreparáveis à reputação e à privacidade dos indivíduos. Casos recentes e emblemáticos, como o de Mario Costeja González[7] na Espanha e o de Lebach[8] na

---

[6] Carta de excomunhão do filósofo Baruch Spinoza, emitida pela Comunidade Judaica Portuguesa de Amsterdã, em 1656:
Os senhores do Mahamad [Conselho da Sinagoga] fazem saber a Vossas Mercês: como há dias que, tendo notícia das más opiniões e obras de Baruch de Espinosa, procuraram por diferentes caminhos e promessas retirá-lo de seus maus caminhos e que, não podendo remediá-lo, antes, pelo contrário, tendo a cada dia maiores notícias das horrendas heresias que praticava e ensinava, e das enormes obras que praticava, tendo disso muitas testemunhas fidedignas que depuseram e testemunharam tudo em presença de dito Espinosa, de que ficou convencido, o qual tendo tudo examinado em presença dos Senhores Hahamín [conselheiros], deliberaram com o seu parecer que dito Espinosa seja excomungado e apartado de toda nação de Israel como atualmente o põe em herém, com o Herém seguinte:
"Com a sentença dos Anjos, com dito dos Santos, com o consentimento do Deus Bendito e o consentimento de todo este Kahal Kados, diante dos Santos Sepharin, estes, com seiscentos e treze parceiros que estão escritos neles, nós Excomungamos, apartamos, amaldiçoamos e praguejamos a Baruch de Espinosa [...]. Maldito seja de dia e maldito seja de noite, maldito seja em seu deitar e maldito seja em seu levantar, maldito ele em seu sair e maldito ele em seu entrar: não queira Adonai perdoar a ele, que então semeie o furor de Adonai e seu zelo neste homem e caia nele todas as maldições escritas no livro desta Lei. E vós, os apegados com Adonai, vosso Deus, sejais atentos todos vós hoje. Advertindo que ninguém lhe pode falar oralmente nem por escrito, nem lhe fazer nenhum favor, nem estar com ele debaixo do mesmo teto, nem junto com ele a menos de quatro côvados (três palmos, isto é, 0,66m cúbito), nem ler papel algum feito ou escrito por ele". Disponível em: https://www.conib.org.br/noticias/todas-as-noticias/carta-de-excomunhao-de-baruch-espinoza.html. Acesso em: 5 jun. 2024.

[7] O caso Mario Costeja González, julgado pelo Tribunal de Justiça da União Europeia em 2014, envolveu um cidadão espanhol que solicitou a remoção de *links* para notícias antigas sobre suas dívidas publicadas na internet. O tribunal decidiu que indivíduos têm o direito de solicitar a remoção de informações pessoais desatualizadas ou irrelevantes dos motores de busca, estabelecendo um precedente importante para o direito ao esquecimento na era digital.

[8] Nesse caso, quatro soldados foram assassinados em Lebach, na Alemanha. Dois dos acusados receberam penas de prisão perpétua, enquanto o terceiro foi condenado a seis anos de reclusão. Pouco antes do término da pena do terceiro condenado, um documentário sobre o crime, incluindo detalhes sobre as supostas relações sexuais entre os acusados e fotografias relacionadas ao caso, estava programado para ser exibido na televisão. Ciente

Alemanha, ilustram questões complexas que estabelecem precedentes para o direito ao esquecimento na era digital.

Assim, desde o Rio Lete da mitologia grega até o excesso de exposição midiático da era digital, existimos em estado de permanente "negociação" com a memória e com a maneira como essas "negociações" conferem sentidos aos silêncios em variados momentos de nossa cronologia. As intencionalidades imbrincadas nessas escolhas carregam de sentidos tanto o que é dito quanto o que é "não dito", porque se elegeu não dizer, mas que está lá em determinado lugar com seu significado. Interessa-nos, no caso, uma forma específica de esquecimento, que se efetiva a partir do silenciamento de determinados elementos em detrimento de outros, daquilo que é narrado.

Direito de esquecimento – gênese e evolução

O direito ao esquecimento é um conceito jurídico relativamente novo, que ganhou destaque com o avanço da sociedade de vigilância[9] e a facilidade de acesso a informações de cunho pessoal. Em uma era digital, onde os dados pessoais podem ser acessados rapidamente e sem controle, o direito ao esquecimento emerge como uma tentativa de equilibrar o direito à privacidade com a liberdade de informação. Este capítulo explora a gênese e a evolução desse direito, destacando as diferentes abordagens jurídicas ao redor do mundo.

Entre as garantias fundamentais de um Estado Democrático de Direito, a liberdade de expressão se destaca por ser um direito essencial, englobando a liberdade de opinião, informação e imprensa. Segundo Bezerra Junior (2018), essa liberdade inclui a manifestação do pensamento e o direito de não se manifestar e de ficar calado. Entretanto, a convivência entre a liberdade de expressão e o direito ao esquecimento apresenta desafios significativos.

Para Tartuce (2022), o direito ao esquecimento é um direito da personalidade implícito dentro do sistema jurídico brasileiro, com aplicação histórica em âmbito penal, visando a permitir a ressocialização criminal. Este direito não concede a ninguém o poder de apagar fatos ou reescrever a própria história, mas assegura a possibilidade de discutir o uso de dados pretéritos, especificamente o modo e a finalidade como são lembrados.

Para Schereiber (2017), não há em nossa ordem jurídica uma norma que expressamente se refira ao direito ao esquecimento. Isso, contudo, não configura um obstáculo ao seu reconhecimento. Da mesma forma, a segurança jurídica não é mencionada na nossa Constituição, mas é amplamente reconhecida como um princípio fundamental. De maneira semelhante, o direito ao esquecimento é visto como um desdobramento do direito à privacidade, consagrado no artigo 5º, inciso X, da Constituição, ou do direito à identidade pessoal, derivado da cláusula geral de tutela da dignidade humana.

---

disso, o condenado, prestes a ser libertado, solicitou uma liminar para impedir a exibição do documentário, alegando seu direito constitucional à reintegração social. O tribunal decidiu que, após um determinado período, o interesse público na divulgação dos detalhes do crime poderia ser superado pelo direito do condenado à ressocialização e à proteção de sua vida privada, estabelecendo um precedente significativo sobre a limitação temporal da divulgação de informações privadas.

[9] Zygmunt Bauman (1925-2017).

Viktor Mayer-Schönberger destaca que, enquanto nossa memória pessoal evolui, o passado digital permanece congelado no tempo. Esse conflito entre a memória estática digital e a memória dinâmica pessoal pode gerar divergências significativas, pois nenhuma delas representa de forma precisa e completa quem somos. A memória digital fixa-se no tempo, enquanto nossa interpretação do passado é influenciada pelo presente.

A Europa tem sido pioneira na implementação e regulamentação do direito ao esquecimento. A decisão do Tribunal de Justiça da União Europeia (TJUE) em 2014, no caso "Google Spain SL, Google Inc. v. Agência Española de Protección de Datos, Mario Costeja González", estabeleceu um marco ao reconhecer o direito dos indivíduos de solicitarem a remoção de *links* de motores de busca que contenham informações prejudiciais ou irrelevantes.

Nos Estados Unidos, o direito ao esquecimento é tratado com maior cautela devido à forte ênfase na Primeira Emenda da Constituição, que protege a liberdade de expressão e de imprensa. A legislação americana tende a focar mais em casos de difamação ou invasão de privacidade. Exemplo notável é o caso de Melvin v. Reid, onde a corte americana decidiu que a publicação de informações verídicas, ainda que antigas, é protegida pela liberdade de expressão.

Na América Latina e em países asiáticos como Japão e Coreia do Sul, o direito ao esquecimento está ganhando relevância, com abordagens variadas. Alguns países combinam aspectos das correntes europeia e americana, buscando equilibrar a privacidade com a liberdade de expressão. Estão desenvolvendo legislações específicas para abordar o direito ao esquecimento, adaptando as práticas às suas realidades culturais e legais, com um foco significativo na proteção da reputação individual.

O Enunciado nº 531, aprovado na VI Jornada de Direito Civil promovida pelo CJF/STJ, assegura que "a tutela da dignidade da pessoa humana na sociedade da informação inclui o direito ao esquecimento". Este enunciado não atribui o direito de apagar fatos pretéritos ou reescrever a própria história, mas assegura a possibilidade de discutir o uso dado aos fatos pretéritos, especialmente o modo e a finalidade com que são lembrados.

Bezerra Junior (2018) conclui que, embora o direito de informar seja essencial, ele frequentemente colide com o desejo legítimo de indivíduos de se desvincular de aspectos constrangedores do passado e buscar um novo caminho sem a constante ameaça de relembrar eventos dolorosos. Portanto, o direito ao esquecimento representa um importante equilíbrio entre o direito à privacidade e a liberdade de informação, refletindo as necessidades contemporâneas de proteção da dignidade humana em uma era digital.

Recurso extraordinário nº 1010606/RJ

No mundo virtual, nenhuma informação é considerada residual ou tóxica, passível de descarte natural ou esquecimento. A acumulação e a circulação de informações por intermédio de plataformas digitais corporificam e estendem a memória humana para o infinito e além, por caminhos sem volta. Cada compartilhamento na *web* deixa vestígios indeléveis e perenes. Daí a factícia profecia: a internet não 'esquece'.

A verdade é que o aperfeiçoamento e o uso de inteligência artificial ameaçam cada vez mais a esfera íntima dos indivíduos. Fatos do passado, públicos ou privados, estão a um clique de distância e da curiosidade incomplacente das pessoas. Relevante ou não, tudo é compartilhável, independentemente de época ou lugar.

Assim, a vida na sociedade de vigilância[10] desencadeia estranhamentos, forjando pretensões subjetivas que precisam ser negociadas na esfera jurídica, para equilíbrio e proteção do estado de direito, e de soluções possíveis que melhor atendam aos interesses em disputa.

Nesse contexto, o direito ao esquecimento aflora como ferramenta ideal de proteção à personalidade e à dignidade humana, de um lado. E de restrição à liberdade de expressão, de outro. Em meio a essas perspectivas conflitantes, o desafio é encontrar um equilíbrio que respeite tanto a necessidade de privacidade e renovação pessoal quanto o valor da transparência e dos registros históricos.

Dessa tensão, emerge o complexo debate sobre o direito ao esquecimento contemporâneo. A evolução das tecnologias digitais e a permanência das informações na *web* trouxeram à tona um dilema jurídico e ético: até que ponto a memória digital pode ser limitada em prol da privacidade e do direito ao esquecimento? Este debate chegou ao Supremo Tribunal Federal (STF) do Brasil por meio do Recurso Extraordinário nº 1010606, que resultou na redação do Tema 786.

O recurso foi interposto contra acórdão proferido pelo TJRJ, que indeferiu os pedidos indenizatórios e reparatórios formulados pelos autores da inicial, quatro irmãos de Aída Curi,[11] contra a empresa de comunicação Globo Comunicação e Participações S/A, em razão do uso não autorizado da imagem da falecida irmã.

---

[10] Zygmunt Bauman (1925-2017).

[11] Informações detalhadas sobre o caso estão disponíveis na internet, incluindo a história pessoal da vítima, conforme se pode ler resumidamente na íntegra: nascida em Belo Horizonte, Aída Jacob Curi era a terceira dos cinco filhos do casal Gattas Assad Curi e Jamila Jacob Curi. Aos quatro anos, já órfã de pai, Aída se mudou com a mãe e os irmãos para Goiás e de lá para o Rio de Janeiro. No Rio, ela foi matriculada em um educandário, no bairro de São Cristóvão, destinado a meninas órfãs. Ela só sairia de lá 12 anos depois, para viver por apenas sete meses. Apesar de receber visitas da mãe, Aída praticamente não teve contato com o mundo exterior. Inocente, casta e religiosa, ela se tornou um alvo fácil para os rapazes da chamada "juventude transviada", que começava a despontar em Copacabana. Entre eles, o playboy Ronaldo Guilherme de Souza Castro, 19 anos. Aída conheceu Ronaldo na tarde do dia 14 de julho de 1958, quando saía com uma amiga, Ione Arruda Gomes, de um curso de datilografia, em Copacabana. Bom de papo, Ronaldo conseguiu convencê-la a ir até a casa de um amigo, de onde ela teria a vista mais bonita da praia. Como o amigo não estava em casa, eles desceram do prédio e seguiram pela rua Aires Saldanha, atrás da avenida Atlântica, onde encontraram o estudante Manoel Antônio da Silva Costa. Ronaldo se afastou da moça e perguntou a Manoel por Cácio Murilo Ferreira da Silva, enteado do síndico de um prédio próximo. Cácio costumava emprestar as chaves do terraço, para onde os rapazes levavam as meninas para namorar. Manoel fez o pedido a Cácio e ele concordou. Sem imaginar o que estava para acontecer, Aída subiu com Ronaldo pelo elevador social, mas desceu logo depois, porque as chaves que Cácio emprestara só davam acesso pelos fundos do edifício. Ao descer, o casal encontrou o rapaz no térreo. Cácio os levou até o 12º andar e depois, por uma escada, até à cobertura. Logo depois, ele apagou o isqueiro, que usou para guiá-los pela cobertura escura, e fingiu descer. No entanto, o rapaz apertou o botão do elevador para o térreo e se escondeu num canto escuro para observá-los. A chegada do elevador ao térreo era a senha para que o porteiro Antônio João de Souza subisse à cobertura. Enquanto Aída se entretinha com a vista, Ronaldo tentou agarrá-la por trás. Ela resistiu, lutou e ele se tornou mais agressivo. Cácio e Antônio se aproximaram da menina e ajudaram Ronaldo a espancá-la, a rasgar sua saia e a tentar estuprá-la. Ela continuou lutando até desfalecer. Para simularem um suicídio e se livrarem da culpa, os três a colocaram sobre o parapeito da cobertura e a empurraram. O corpo de Aída chegou ao solo menos de três segundos depois. Após o crime, Ronaldo foi submetido a três julgamentos, até ter sua pena definitiva fixada em oito anos e nove meses de prisão por homicídio e tentativa de estupro. O porteiro Antônio foi absolvido após o segundo julgamento e fugiu. Cácio, que era menor de idade na época do crime, foi encaminhado ao Serviço de Assistência ao Menor. O assassinato de Aída Curi ficou marcado como o

O caso ocorreu em 1958, quando a jovem Aída, com apenas 18 anos, foi brutalmente assassinada quando voltava para casa de um curso de datilografia, no Rio de Janeiro. A jovem foi atraída, atacada e empurrada de um edifício após tentativa de estrupo. A vítima resistiu aos ataques por aproximadamente 30 minutos e acabou desfalecendo. Os agressores acharam que ela havia morrido por asfixia e, por isso, decidiram simular um suicídio, atirando-a da cobertura do prédio, pondo fim à sua vida. O crime chocou o País pela violência e pela impunidade dos acusados, evidenciando as falhas do sistema jurídico brasileiro. O caso continua sendo um símbolo de injustiça e violência contra mulheres.

Após o julgamento do recurso, com o placar de 9 votos a 1, o Supremo Tribunal Federal fixou a seguinte tese:

> É incompatível com a Constituição Federal a ideia de um direito ao esquecimento, assim entendido como o poder de obstar, em razão da passagem do tempo, a divulgação de fatos ou dados verídicos e licitamente obtidos e publicados em meios de comunicação social – analógicos ou digitais. Eventuais excessos ou abusos no exercício da liberdade de expressão e de informação devem ser analisados caso a caso, a partir dos parâmetros constitucionais, especialmente os relativos à proteção da honra, da imagem, da privacidade e da personalidade em geral, e as expressas e específicas previsões legais nos âmbitos penal e cível.

No julgamento do Recurso Extraordinário (RE) 1010606, o ministro relator Dias Toffoli iniciou seu voto com uma análise histórica sobre o direito ao esquecimento, destacando a importância das jurisprudências internacionais que antecederam o tema. Ele argumentou que a aplicação desse instituto deve ser subsidiária a outros direitos.

O ministro discutiu a nomenclatura do direito ao esquecimento, reconhecendo que a tradução do termo não é precisa, mas optou por manter a expressão já difundida no País. Em seguida, ele analisou os elementos essenciais do instituto, com destaque para a licitude da informação e o decurso do tempo, concluindo que apenas a passagem do tempo não é suficiente para justificar o direito ao esquecimento.

Dias Toffoli destacou que o direito ao esquecimento é a pretensão de impedir a divulgação de fatos verídicos e obtidos licitamente, que, com o tempo, perderam relevância pública. No entanto, ele afirmou que não existe um direito genérico ao esquecimento no ordenamento jurídico brasileiro, apenas previsões específicas que admitem a supressão de dados em determinadas condições.

O relator argumentou que institutos como a reabilitação criminal (art. 93 a 95 do CP) e a negativação de cadastro do Código de Defesa do Consumidor (art.43, §1º da Lei 8.078/90) não configuram o direito ao esquecimento, mas se relacionam com a passagem do tempo. Ele enfatizou a proteção constitucional dos direitos da personalidade, desvinculando-a do lapso temporal, e afirmou que o tempo não deve ser visto como um direito social de perdão.

Ao abordar o direito ao esquecimento no contexto digital, Dias Toffoli mencionou a Lei Geral de Proteção de Dados (LGPD), afirmando que ela não inclui disposições específicas para assegurar o direito ao esquecimento. No entanto, ele ressaltou que a

---

acontecimento que representou o fim da inocência do bairro de Copacabana. Disponível em: https://redeglobo. globo.com/Linhadireta/0,26665,GIJ0-5257-215780,00.html. Acesso em: 4 jun. 2024.

privacidade dos dados pessoais é amplamente protegida pela LGPD, que se aplica a qualquer operação de tratamento de dados.

Sobre a liberdade de expressão, o ministro argumentou que um país democrático não deve restringir o direito à informação. Ele concluiu que o direito ao esquecimento, ao ocultar informações verídicas, priva a sociedade de conhecimento integral sobre determinados contextos.

No diálogo constitucional entre liberdade de expressão e privacidade, Dias Toffoli reiterou que a liberdade de expressão deve ser um direito preferencial na democracia brasileira, sem hierarquizar direitos fundamentais. Ele afirmou que o direito ao esquecimento é incompatível com a Constituição Federal, mas que abusos devem ser analisados caso a caso.

O entendimento firmado pelo voto do relator foi que o direito ao esquecimento não encontra acolhimento em nosso ordenamento jurídico. O único ministro que divergiu, Edson Fachin, reconheceu a existência do direito ao esquecimento, mas destacou a necessidade de considerar a liberdade de expressão como preferencial, preservando os direitos da personalidade. O julgamento evidenciou a necessidade de aprofundar o estudo sobre o tema, consolidando o entendimento de que o direito ao esquecimento não é compatível com a Constituição Federal, a menos que ocorra uma mudança constitucional ou jurisprudencial significativa.

Em relação ao caso concreto tratado no Recurso Extraordinário (RE), o relator entendeu que, embora os fatos divulgados constituam uma tragédia familiar, são verídicos e fazem parte dos casos notórios de violência na sociedade brasileira, obtidos de forma lícita na época de sua ocorrência, destacando que o decurso do tempo, por si só, não torna ilícita ou abusiva sua divulgação, mesmo que sob uma nova perspectiva jornalística. Restringir essa divulgação, segundo ele, implicaria limitação desarrazoada ao exercício do direito à liberdade de expressão, informação e imprensa.

Além disso, o relator concluiu que não houve violação dos direitos da personalidade, pois a divulgação não desonrou a imagem ou o nome da vítima ou de seus familiares. Ele enfatizou que os fatos narrados no programa, embora lamentáveis, são verídicos, e as imagens reais utilizadas foram obtidas legitimamente. Para o relator, todos os crimes são de interesse da sociedade, e alguns, devido ao seu contexto de brutalidade, tornam-se objetos de documentação social e jornalística. Ele observou que a descrição e os contornos desses fatos são amplamente registrados, sem, em princípio, violar a honra ou a imagem dos envolvidos.

O relator também destacou que o programa cumpre um papel jornalístico importante ao promover questionamentos jurídico-sociais, especialmente ao considerar que debates sobre a violência contra a mulher têm incentivado a criação de normas mais rigorosas para esses casos. Assim, a abordagem do programa contribui para a conscientização e a promoção de discussões essenciais na sociedade.

Conclusão

O termo "direito ao esquecimento" começou a ser utilizado no Brasil na década de 2010, impulsionado por casos emblemáticos, como o de "Aída Curi" e o da "Chacina da

Candelária",[12] e pelo avanço da tecnologia e da internet. Com a crescente facilidade de acesso à informação, tornou-se mais fácil para qualquer pessoa buscar dados sobre o passado de alguém, muitas vezes sem considerar o contexto, a relevância e a atualidade dessas informações.

A legislação brasileira ainda está em evolução quanto ao direito ao esquecimento. O Marco Civil da Internet e a Lei Geral de Proteção de Dados (LGPD) são passos importantes, mas não abordam diretamente todas as nuances do tema. As decisões judiciais têm desempenhado um papel crucial na definição dos limites e na aplicação do direito ao esquecimento, com casos sendo analisados individualmente para equilibrar os interesses em disputa.

Nesse contexto, importante assinalar que tentativas de impedir a republicação de fatos, com o intuito de "apagar" o passado, não são novas e já foram levadas aos tribunais, mesmo sem o uso dessa nomenclatura. Um exemplo representativo é o acórdão do TJRJ, no caso Doca Street,[13] cujos recursos extraordinários e especial não foram admitidos.

Em comparação com outros países, a Europa tem sido pioneira na implementação do direito ao esquecimento, especialmente após a decisão do Tribunal de Justiça da União Europeia em 2014, que reconheceu o direito de indivíduos solicitarem a remoção de *links* prejudiciais. Nos Estados Unidos, o direito ao esquecimento é visto com mais ceticismo, devido à forte ênfase na liberdade de expressão.

O futuro do direito ao esquecimento é incerto, mas é provável que vejamos uma maior regulamentação e esforços para equilibrar os diferentes interesses em jogo. As tendências indicam uma crescente conscientização sobre a importância da privacidade, mas também uma resistência significativa à desindexação e regulamentação das chamadas "*big techs*". Essa resistência frequentemente se fundamenta em risco de censura e em defesa da liberdade de expressão. Entretanto, a fiscalização do tratamento de dados é crucial para prevenir incidentes de triste memória, como o da "Escola Base". Nesse caso, ocorrido em 1994, os donos e funcionários de uma escola infantil em São Paulo foram falsamente acusados de abuso sexual, levando a uma intensa cobertura midiática que arruinou suas vidas pessoais e profissionais, mesmo após a comprovação de sua inocência. Esse episódio ilustra o que hoje se conhece como "cultura do cancelamento", onde indivíduos são socialmente ostracizados com base em acusações não comprovadas e especulativas.

A decisão do Recurso Extraordinário (RE) 1010606 consolida a trajetória da Corte Constitucional brasileira em privilegiar a liberdade de imprensa, reafirmando seu papel crucial em uma democracia. Essa orientação é típica de países com tradições liberais,

---

[12] REsp n. 1.334.097/RJ ("Chacina da Candelária") e REsp n. 1.335.153/RJ ("Aída Curi"), ambos relatados pelo Ministro Luís Felipe Salomão, da Quarta Turma do STJ.

[13] "Doca Street" – Apelido de Raul Fernando do Amaral Street. Em 1976, ficou conhecido por assassinar a atriz Ângela Diniz, com três tiros no rosto e um na nuca. O crime foi cometido na Praia dos Ossos, em Búzios, e deixou a sociedade perplexa. A repercussão do crime foi tão grande que, pela primeira vez, houve exibição nacional de um julgamento de Tribunal do Júri no Brasil. O empresário foi julgado duas vezes e condenado, no final, a 15 anos de prisão. Cumpriu pena até o ano de 1997. Depois de sua libertação, moveu processo contra a TV Globo para impedir a exibição de um programa, denominado Linha Direta, que contava a história do crime sem sua autorização. A emissora chegou a ser condenada, em primeira instância, ao pagamento de uma indenização no valor de R$ 250 mil. Contudo, a sentença foi reformada pelo TJRJ, que entendeu que a exibição de fato verídico e público não constitui abuso contra a parte e nem retira a natureza informativa do programa. Disponível em: www.tjrj.jus.br. Processo nº 0102079-50.2003.8.19.0001. Acesso em: 8 jun. 2024.

onde a responsabilidade de decidir o que deve ser lembrado ou esquecido recai sobre a sociedade, não sobre o Judiciário. Esse princípio se baseia na crença de que a censura prévia ou a restrição à divulgação de informações verídicas e de interesse público prejudicaria o direito coletivo ao conhecimento e à transparência.

Ao adotar essa postura, o STF reflete a importância de garantir que os meios de comunicação possam operar sem restrições indevidas, mantendo o compromisso com a verdade e a informação. Em vez de permitir que o Judiciário determine quais fatos são historicamente relevantes, a Corte enfatiza que a memória coletiva e os registros históricos devem ser moldados pela dinâmica social e pela livre circulação de informações.

Essa decisão também destaca a complexidade de equilibrar a liberdade de expressão com a proteção dos direitos individuais, como a privacidade e a honra. No contexto brasileiro, isso significa que, embora a liberdade de imprensa seja amplamente protegida, é necessário um cuidado especial para evitar abusos e excessos que possam prejudicar injustamente indivíduos. Portanto, eventuais conflitos entre esses direitos devem ser analisados cuidadosamente, considerando os parâmetros constitucionais e as circunstâncias específicas de cada caso.

Em suma, a decisão do RE 1010606 não apenas reafirma a liberdade de imprensa como um pilar da democracia, mas também reconhece o papel da sociedade em decidir o que merece ser preservado ou esquecido, evitando que o Judiciário exerça um controle excessivo sobre a memória histórica.

Ademais, a decisão não exclui todas as possibilidades de litígio sobre o tema. Embora não se possa postular um direito inexistente, o STF manteve a proteção de direitos fundamentais como intimidade e honra, especificando que "eventuais excessos ou abusos no exercício da liberdade de expressão e de informação devem ser analisados caso a caso, a partir dos parâmetros constitucionais".

Ao refletirmos sobre o direito à memória em contraste com o direito ao esquecimento, encontramos recomendações profundas de figuras históricas distintas que nos oferecem perspectivas valiosas. Heródoto, frequentemente considerado o "Pai da História", nos aconselha a "pensar o passado para compreender o presente e idealizar o futuro". Essa visão destaca a importância de reconhecer e preservar nossas memórias históricas como uma forma de aprendizado contínuo. Para Heródoto, a memória coletiva é um pilar fundamental que sustenta o progresso e a sabedoria das sociedades, permitindo que as lições do passado iluminem os caminhos do presente e do futuro.

Em contrapartida, Albert Einstein nos apresenta uma visão do tempo incomensurável e metafísica, afirmando que "a distinção entre o passado, presente e futuro é apenas uma ilusão teimosamente persistente".[14] Por essa perspectiva, Einstein sugere que o tempo é uma construção relativa e que nossas percepções lineares são simplificações de uma realidade mais complexa. Esta ideia pode ser interpretada como um convite a questionar a rigidez com que tratamos nossas memórias e a considerar a fluidez da experiência humana.

Ao confrontar essas duas visões, percebemos um dilema fundamental na relação entre memória e esquecimento. Enquanto Heródoto nos incita a valorizar e preservar

---

[14] Trecho da carta de condolências do grande físico alemão Albert Einstein à família do engenheiro suíço Michele Besso, escrita em 1955.

o passado como um recurso essencial para a evolução humana, Einstein nos desafia a transcender as fronteiras tradicionais do tempo, reconhecendo a natureza ilusória das distinções temporais.

Nesse contexto, a tensão entre o direito à memória e o direito ao esquecimento se torna evidente. Devemos, por um lado, assegurar que as lembranças coletivas sejam mantidas vivas para orientar e educar futuras gerações. Por outro lado, devemos também considerar a necessidade de permitir que indivíduos e sociedades abandonem certos aspectos do passado, quando isso for essencial para a cura e o progresso.

Portanto, ao finalizar este artigo, deixo uma reflexão: talvez o equilíbrio entre lembrar e esquecer resida em uma compreensão mais profunda da natureza do tempo e da experiência humana. Reconhecendo a sabedoria de Heródoto e a perspectiva filosófica de Einstein, podemos encontrar um caminho que honre nossas memórias sem nos aprisionar nelas, permitindo que o passado ilumine o presente e inspire o futuro, enquanto aceitamos a fluidez do tempo como parte intrínseca de nossa jornada.

Referências

BARROSO, Luís Roberto. *A dignidade da pessoa humana no direito constitucional contemporâneo*: a construção de um conceito jurídico à luz da jurisprudência mundial. Belo Horizonte: Fórum, 2012.

BEZERRA JUNIOR, Luis Martius Holanda. *Direito ao Esquecimento*: a justa medida entre a liberdade informativa e os direitos da personalidade. São Paulo: Saraiva, 2018.

BINENBOJM, Gustavo. *Direito ao esquecimento*: a censura no retrovisor, 2014. Disponível em: https://www.osconstitucionalistas.com.br/direito-ao-esquecimento-a-censura-no-retrovisor. Acesso em: 20 maio 2024.

BRANCO, Sérgio. *Memória e Esquecimento na Internet*. Série Pautas em Direito. 1. ed. Porto Alegre: Arquipélago Editorial, 2017.

BRASIL. Superior Tribunal de Justiça. Recurso Especial n. 1334097◉RJ, Quarta Turma, Rel.: Min. Luis Felipe Salomão, Brasília/DF, 28 maio 2013. DJe, 10/09/2013. Disponível em: https://scon.stj.jus.br/SCON/GetInteiroTeorDoAcordao?num_registro=201201449107&dt_publicacao=10/09/2013. Acesso em: 27 maio 2024.

BRASIL. Superior Tribunal de Justiça. Recurso Especial n. 1335153◉RJ, Quarta Turma, Rel.: Min. Luis Felipe Salomão, Brasília/DF, 28 maio 2013. DJe, 10/09/2013. Disponível em: https://scon.stj.jus.br/SCON/GetInteiroTeorDoAcordao?num_registro=201100574280&dt_publicacao=10/09/2013. Acesso em: 27 maio 2024.

BRASIL. Supremo Tribunal Federal. RE 1.010.606. RJ 2021. Relator: Ministro Dias Toffoli. Disponível em: https://redir.stf.jus.br/paginadorpub/paginador.jsp?docTP=TP&docID=755910773. Acesso em: 24 maio 2024.

FERRIANI, Luciana de Paula Assis. *O direito ao esquecimento como direito da personalidade*. 2016. 245 f. Tese (Doutorado em Direito) – Pontifícia Universidade Católica de São Paulo, São Paulo, 2016.

IZQUIERDO. Ivan. *A Arte de Esquecer*: cérebro e memória. Rio de Janeiro: Vieira & Lent, 2010.

LAFER, Celso. *A reconstrução dos direitos humanos*: um diálogo com o pensamento de Hannah Arendt. São Paulo: Companhia das Letras, 1998.

MACHADO, Jónatas Eduardo Mendes. Liberdade de Expressão, Interesse Público e Figuras Públicas e Equiparadas. *Boletim da Faculdade de Direito da Universidade de Coimbra*. Coimbra, Portugal, 2009.

MARTINEZ, Pablo Dominguez. *Direito ao esquecimento*: a proteção da memória individual na sociedade da informação. Rio de Janeiro: Lumen Juris, 2014.

MAYER-SCHÖNBERGER, Viktor. *Delete*: The Virtue of Forgetting in the Digital Age. Princeton University Press, Revised ed., 2011.

RICOEUR, Paul. *A memória, a história, o esquecimento*. 1. ed. Campinas: Editora Unicamp, 2007.

RODOTÀ, Stefano; MORAES, Maria Celina Bodin de. *A Vida na Sociedade de Vigilância*: a Privacidade Hoje. 1. ed. Rio de Janeiro: Renovar, 2008.

ROSSI, Paolo. *O Passado, a Memória, o Esquecimento*: seis ensaios da história das ideias. 1. ed. São Paulo: Editora Unesp, 2010.

SANTOS, Ana Luiza Liz dos. A proteção de dados pessoais e o direito à desindexação na prática. Disponível em: https://www.conjur.com.br/2022-set-15/ana-liz-santos-direito-desindexacao-pratica/. Acesso em: 28 maio 2024.

SANTOS, Ana Luiza Liz dos. *Direito à Desindexação*: uma análise à luz da efetivação dos direitos fundamentais de personalidade. 1. ed. São Paulo: Dialética, 2022.

SARBA, Leonardo. *Dos direitos da personalidade ao direito ao esquecimento*: um panorama histórico evolutivo. 1. ed. São Paulo: Dialética, 2020.

SARLET, Ingo Wolfgang. *Dignidade da pessoa humana e direitos fundamentais na Constituição Federal de 1988*. 10. ed. Porto Alegre: Livraria do Advogado, 2015.

SARLET, Ingo Wolfgang; FERREIRA NETO, Arthur M. *O direito ao "esquecimento" na sociedade da informação*. 1. ed. Porto Alegre: Livraria do Advogado, 2018.

SÉNAC, Charles-Édouard. Le droit à l'oubli en droit public. Revue du droit public n° 4, page 1156. Date 01/07/2012. Disponível em: http://www.lextenso.fr/weblextenso/article/afficher?id=RDP2012-4-017&origin=recherche;1&d=3623234952167. Acesso em: 3 jun. 2024.

TARTUCE, Flávio. *Manual de Direito Civil*: Volume único. 12. ed. Rio de Janeiro: Forense/ Método, 2022.

TRIGUEIRO, Fábio Vinicius Maia. Direito ao esquecimento na Sociedade da informação. Dissertação de Mestrado. Universidade de Coimbra, Portugal, 2016. Disponível em: https://estudogeral.sib.uc.pt/bitstream/10316/41206/1/Disserta%C3%A7%C3%A3o.%20Direi to%20ao%20Esquecimento%20na%20 Sociedade%20da%20Informa%C3%A7%C3%A3o.pdf. Acesso em: 16 maio 2024.

WEINRICH, Harald. *Lete*: arte e crítica do esquecimento. Rio de Janeiro: Civilização Brasileira, 2001.

ZANON, João Carlos. *Direito à proteção dos dados pessoais*. São Paulo: Revista dos Tribunais, 2013.

Informação bibliográfica deste texto, conforme a NBR 6023:2018 da Associação Brasileira de Normas Técnicas (ABNT):

AZULAY NETO, Messod. O direito ao esquecimento: equilíbrio entre privacidade e memória na jurisprudência do STF. *In*: MENDES, Gilmar Ferreira; LIRA, Daiane Nogueira de; FREIRE, Alexandre (coord.). *Constituição, democracia e diálogo*: 15 anos de Jurisdição Constitucional do Ministro Dias Toffoli. 2. ed. Belo Horizonte: Fórum, 2025. p. 1275-1286. ISBN 978-65-5518-937-7.

A DEMOCRACIA E O MINISTRO DIAS TOFFOLI

MICHEL TEMER

Todos sabemos que a vontade do povo está no Texto Constitucional. Não é sem razão que esse mesmo texto escreveu que o poder emana do povo e em seu nome é exercido. Esta dicção é de natureza jurídica. Mas antes dela houve movimento político que fez nascer uma assembleia reconstituidora do Estado brasileiro. Foi veiculada, aliás, por um decreto do presidente José Sarney convertido na Emenda Constitucional nº 26. Esse documento não era jurídico, mas simplesmente político. Isso porque a Constituição de 1967 não autorizava a sua própria eliminação. Portanto, quando um ato governamental, como aquele mencionado, estabelece a possibilidade de uma assembleia nacional constituinte com o objetivo de recriar o Estado, tem ele uma significação política. E nós sabemos que a política discute temas a respeito de como deve ser o Estado. Já o Direito positivo diz o que o Estado é. Daí dizer-se que aquela Emenda nº 26 nasceu de uma grande movimentação política no País com vistas a derrogar e eliminar um Estado centralizador e autoritário para que outro, democrático, se colocasse em seu lugar. Assim, tudo o que se discutiu durante aquela assembleia era de natureza política, já que se almejava estabelecer como deveria ser o novo Estado. Não eram discussões jurídicas. Estas só nasceriam, como nasceram, após a promulgação da Constituição que formatou um novo Brasil. Se aquela expressão, antes mencionada, segundo a qual "o poder emana do povo" é jurídica, o fato é que o movimento político que levou a essa afirmação só chegou a ela porque o povo, segundo definido na Constituição anterior, determinou que seus representantes iriam revelar por escrito a sua vontade na Carta Magna do País. Aliás, não poderia ser de outra maneira. Seria impossível reunir milhões de pessoas em praça pública para dizerem como queriam reconstituir o Estado. Daí a representação popular. Observe-se que no preâmbulo da Constituição Federal está escrito: "nós, os representantes do povo brasileiro, reunidos em Assembleia Nacional Constituinte, editamos a seguinte Constituição pautada por tais e quais princípios". O preâmbulo da Constituição, a que não se costuma dar muita atenção é, na verdade, a síntese do comando que o povo deu aos seus representantes. Isso, como dito, não é negado por aquela afirmação preambular. Foi, portanto, a autoridade do povo que se impôs por meio da representação.

É, assim, o povo, **autoridade primeira**, inicial, inaugural e tal como se encontra formulado no texto Constitucional. As autoridades que esse Texto autoriza são **constituídas** e, por isso mesmo, secundárias, devendo prestar obediência à vontade primeira, do povo, que, como registrado, está escrita na Carta Magna.

Sendo assim, sempre que há uma inconstitucionalidade, a agressão não é apenas de natureza jurídica, mas também política porque viola a vontade do povo a quem as autoridades constituídas devem prestar obediência.

O povo determinou a construção de um Estado Democrático de Direito. Nesse particular convém salientar que Estado Democrático e Estado de Direito são, segundo a ciência política, expressões praticamente equivalentes, já que a ideia de Estado de Direito se contrapõe historicamente ao Estado Absolutista. Era uma substituição da vontade do soberano pela vontade do povo. Mas era tamanho o anseio de que todos tinham de abandonar o sistema autoritário, que se fez questão de enfatizar a ideia de uma democracia plena, completa, participativa, sem restrições a não ser aquelas legitimamente definidas pela vontade popular. E a democracia não é apenas uma palavra insculpida no artigo 1º do Texto Magno, mas permeia todo ele. E ao fazê-lo amalgamou os princípios liberais com os princípios sociais.

Os direitos liberais como propriedade, livre iniciativa e os direitos individuais estão ao lado dos direitos sociais na medida em que a Constituição estabelece que é direito de todos e dever do Estado a segurança, a saúde, a educação. Chega ao ponto de abrir um capítulo com a designação "direitos sociais" a partir do artigo 6º da Constituição Federal.

Ao mesmo tempo deixou claras as competências de cada um dos órgãos do Poder do Estado. Legislativo edita normas gerais, as leis; Executivo pratica os atos especiais, embora excepcionalmente possa legislar editando medidas provisórias que apenas se consolidam se aprovadas pelo Legislativo; o Judiciário jurisdiciona, ou seja, diz qual é o direito aplicável às controvérsias.

Mas, em relação a este último, a vontade popular, por meio da constituinte, ampliou seu campo de competência. Basta dizer que se nas Constituições passadas havia apenas a chamada declaração de inconstitucionalidade das leis por meio de ação direta ou pela via da exceção, o fato é que além desta foram criadas a ação direta de constitucionalidade; o controle da inconstitucionalidade por omissão, seja por meio de ação legitimada aos mesmos que têm competência para as demais ações, como descreve o artigo 103 do Texto Magno, como também entregou a cada indivíduo a capacidade de propor a mesma medida por meio do chamado mandado de injunção. Ainda mais: criou a ação de descumprimento de preceito fundamental.

Veja-se o grande elenco de medidas referentes à definição da constitucionalidade ou inconstitucionalidade de normas legais. Tudo isso derivado da adoção do sistema democrático onde o Judiciário passou a ter papel relevante na sua preservação. O próprio fenômeno do controle, que a ele se atribui, se destina a preservar as instituições democráticas no País. E, ao fazê-lo, deve levar em consideração apenas os aspectos regentes do sistema normativo, seja sob o ângulo substantivo, material, seja sob o ângulo processual.

Toda ocasião em que processos da mais variada natureza de índole constitucional chegam à Corte Suprema o julgador não há de atentar para comentários negativos ou positivos que cheguem aos seus ouvidos. Deve, apenas, aplicar rigorosamente o sistema normativo sem se importar com eventuais críticas que venham a ser feitas. E é quase impossível a inexistência de observações negativas, especialmente quando se sabe que de fora partem as decisões de natureza constitucional, também cabe a ela, Corte Suprema, número imenso de matérias de natureza penal, cível tributária etc. Importa sim, e aqui retorno à preliminar, dar cumprimento ao que o povo estabeleceu por meio da representação presente na Assembleia Constituinte. São, os ministros da Corte Suprema, assim como todas as demais autoridades públicas, figuras constituídas que não podem fugir ao figurino com que foram vestidos e empossados. Cumprir a lei e aplicá-la é o dever dos integrantes da Corte Suprema e de todo o Judiciário.

Faço essas considerações para mencionar o Ministro Dias Toffoli. Ele, como presidente do Supremo, levou em conta o fenômeno da separação de Poderes, no qual se salienta que são eles independentes, mas se devem harmonia recíproca. E é assim porque, mais uma vez digo, o povo não pode se reunir para dizer como legislar, executar e julgar.

O Poder é um só. Não existe **tripartição** dos Poderes; existe **separação** de órgãos do Poder que, repetindo, falam em nome do povo. E este disse: não se desarmonizem. Desarmonizar-se significa descumprir aquela vontade. Pois bem. Dias Toffoli, quando presidiu a Corte Suprema, levou em conta rigorosamente essas concepções.

Dialogava com os Poderes, o que não significava atendê-los. Ouvia-os, porém, para formar a sua convicção como convém a um sistema democrático. Mas sem nenhuma influência a não ser aquela que derivasse da argumentação jurídica.

Foram momentos politicamente tensos, durante o seu exercício, amenizados pela conduta cordial e democrática do então presidente daquela Casa. Reinou a harmonia entre os Poderes e unidade na Casa, sem embargo da divergência de natureza jurídica na apreciação dos casos que a ela chegavam. De igual maneira agiu na sua judicatura comum quando, como ministro, não se pautou por aquilo que poderiam dizer, mas sim pela sua convicção jurídica nascida de estudos e atenção extrema que sempre deu à ordem jurídica. Seus acórdãos reafirmam o que aqui descrevo. Pode em uma outra oportunidade ter sido vencido, apesar de ser quase sempre vencedor. Mas, quando vencido, se convencido, era capaz de modificar seu voto inaugural. Maior comportamento democrático do que este é quase impossível encontrar. Até porque tal conduta revela segurança absoluta da posição que ocupa no cenário governativo do País de que faz parte o Poder Judiciário.

É, portanto, com extrema satisfação que presto este modesto depoimento em obra que homenageia o Ministro Dias Toffoli, trazendo a público opiniões dos mais variados juristas a ressaltarem suas qualidades pessoais e intelectuais.

Informação bibliográfica deste texto, conforme a NBR 6023:2018 da Associação Brasileira de Normas Técnicas (ABNT):

TEMER, Michel. A democracia e o Ministro Dias Toffoli. *In*: MENDES, Gilmar Ferreira; LIRA, Daiane Nogueira de; FREIRE, Alexandre (coord.). *Constituição, democracia e diálogo*: 15 anos de Jurisdição Constitucional do Ministro Dias Toffoli. 2. ed. Belo Horizonte: Fórum, 2025. p. 1287-1289. ISBN 978-65-5518-937-7.

MEMÓRIA VIVA: O DIREITO DE NÃO ESQUECER

MIGUEL MATOS

A celebração dos 15 anos de atuação do Ministro José Antonio Dias Toffoli no STF é um marco profissional. Além da importância dos festejos, tais datas redondas são sempre oportunidades para reflexão. Nesse sentido, ouso fazer uma análise de como o Ministro tem engenhosamente construído seus votos na Corte.

Como relator, o Ministro Toffoli esteve à frente de casos importantes, como os que discutiram o regime especial do pagamento de precatórios (RE 636.553, ADIs nºs 4.357, 4.425, 4.103), a questão da execução da pena em segunda instância (ADI nº 5.529), o bloqueio de recursos públicos para pagamento de precatórios (ADI nº 5.581) e a aplicação do foro privilegiado para parlamentares (AP 937).

A meu ver, no entanto, merece atenção especial sua atuação na ação que debateu a (in)existência do direito ao esquecimento no ordenamento jurídico brasileiro.[1]

Como veremos, o Ministro Toffoli, no papel de relator, utilizou de modo equilibrado e estratégico diferentes hermenêuticas jurídicas, garantindo uma fundamentação sólida ao seu posicionamento pela inexistência do direito ao esquecimento, que, ao final, foi seguido pela maioria da Corte.

Caso Aída Curi

Em 1958, a cidade do Rio de Janeiro vivia seus últimos momentos como capital nacional. Dois anos depois, Brasília se tornaria o novo centro político do país, levando consigo o Supremo Tribunal Federal da Avenida Rio Branco para a Praça dos Três Poderes.

Nesse período de mudanças políticas, Copacabana foi palco de um crime de grande repercussão. Aída Curi, uma jovem de 18 anos, descendente de libaneses, foi agredida, estuprada e assassinada a caminho de casa. O grupo que cometeu o crime, tentando simular um suicídio, jogou o corpo da moça do terraço de um edifício.

---

[1] Além de se tratar de voto seguido pela maioria do Supremo e contar com proposta de tese acolhida, a decisão da Corte, afinal, foi fundamental para a segurança jurídica da atividade jornalística nacional, priorizando a liberdade de expressão, de imprensa e de informação, no mesmo sentido da ADI nº 4.815 – que permitiu a produção de biografias não autorizadas.

O caso, amplamente noticiado à época, foi relembrado 43 anos depois, em 2001, no programa Linha Direta, da Rede Globo, que reconstituiu detalhadamente o crime.

A repercussão da memória do assassinato levou a família de Aída a ajuizar ação contra a emissora, alegando que a exibição das imagens do corpo da vítima durante a reconstituição foi desrespeitosa, causando sofrimento adicional e violando o direito à memória e à dignidade de Aída. Os familiares pediam reparação por danos morais e o reconhecimento do direito ao esquecimento.

O caso chegou ao STF em 2013, após o TJ/RJ ter negado reparação material aos irmãos de Aída Curi e o STJ ter denegado recurso. Naquele ano, o Ministro Toffoli completou cinco anos como integrante da Suprema Corte e foi sorteado como relator do caso.

O voto consistente do Ministro Toffoli, como se verá, foi fundamental para que, ao final, a Corte, por maioria, fixasse a tese de que o conceito de direito ao esquecimento é incompatível com a Constituição Federal.

Manifestações

Antes de analisar o mérito, o Ministro registrou duas opiniões, frequentemente veiculadas em sua atuação jurisdicional.

O Ministro Toffoli lembrou que o fenômeno do feminicídio é epidêmico e de raiz histórica, alertando para a atenção que o Judiciário vem dando para a superação do quadro, quando, por exemplo, passou a priorizar julgamentos de casos que envolvessem violência contra a mulher.[2]

Outro ponto abordado pelo Ministro foi a proposta de extinção do tribunal do júri – para Toffoli, um "instituto falido".[3]

No caso de Aída, o primeiro júri condenou os réus Ronaldo Guilherme de Souza Castro e Cássio Murilo Ferreira dos Santos. No entanto, após alegações de erros no julgamento pela defesa, um novo júri foi realizado. No segundo julgamento, os réus foram novamente condenados, mas com penas reduzidas, já que a acusação de homicídio qualificado foi atenuada para homicídio simples.

Devido ao resultado desse e de outros casos, o Ministro Toffoli entende que as sessões do júri são pouco eficientes, não sendo realizadas com a presteza necessária para punir autores de homicídio, gerando sentimento de impunidade.

> […] sempre é um momento importante, em que toda a sociedade nos assiste, para reiterar a falência do tribunal do júri, na minha ótica e com dados concretos – não falo por achismo, falo com dados concretos. A sociedade e o Congresso Nacional devem refletir sim e o sistema de justiça deve refletir sim a respeito da falência do tribunal do júri para sancionar os crimes contra a vida (BRASIL, 2021, p. 20).

---

[2] Nesse mesmo sentido, em 2023, o Ministro votou, em caso de sua relatoria, contra a tese da legítima defesa da honra. Toffoli considerou que a defesa, ao recorrer ao argumento de "defesa da honra", utiliza retórica desumana e cruel.

[3] A manifestação do Ministro acerca da falência do instituto pode ser conferida também no julgamento do HC 178.777, de relatoria do Ministro Marco Aurélio Mello. No caso, em 2020, julgou-se a possibilidade de um homem, absolvido ao confessar tentativa de homicídio, passar por novo júri. A mesma manifestação foi proferida em 2023, em ação que discutia a tese da legítima defesa da honra.

Vale lembrar que, em 2020, enquanto presidente do STF, o Ministro Toffoli formalizou sugestões legislativas à Câmara dos Deputados para desburocratizar julgamentos do tribunal do júri.

Análise histórica e comparada

Nas palavras de Friedrich Carl von Savigny, um dos precursores da hermenêutica histórica, "o direito não é feito, ele é encontrado".

Seguindo tal perspectiva, na primeira parte de seu voto, o Ministro Toffoli abordou o surgimento do direito ao esquecimento e analisou como os sistemas jurídicos estrangeiros entendem o tema, oferecendo interpretação histórica e comparada.

S. Exa. afirmou que a primeira menção à expressão "direito ao esquecimento" ocorreu em 1967, como *"le droit à l'oubli"*, utilizada pelo professor Gerard Lyon-Caen em comentários ao caso Landru, julgado em 1967 pela Corte de Apelação de Paris. Nesse caso, a ex-amante do assassino em série Henri Landru processou um diretor de cinema e uma produtora por utilizarem sua imagem em um documentário.

Citando outros episódios franceses, como Madame M. vs. Filipachhi et Gogedipresse e Madame Monanges vs. Kern et Marque-Maillard, o Ministro observou que, na França, o direito ao esquecimento não é reconhecido. "Embora exista dever de prudência do autor quanto ao relato dos fatos, não há atentado à vida privada em publicações licitamente obtidas em debates judiciários ou relatos da imprensa" (BRASIL, 2021, p. 32), afirmou.

A perspectiva alemã também foi abordada. Nos casos Lebach e Lebach II, o réu, por assassinar soldados do Exército da República Federal da Alemanha, havia pedido que a Justiça impedisse a divulgação de um documentário sobre o crime. O Ministro Toffoli, ao citar o caso, concluiu que o julgamento não se amparou sobre o instituto do direito ao esquecimento.

> [...] a proibição da exibição do documentário sobre fato criminoso relativamente ao qual a pena já fora cumprida, ela o fez não propriamente com amparo em alegado "direito ao esquecimento", mas sim com base na proteção à personalidade do condenado ante a ausência de contemporaneidade dos fatos; a inexistência de interesse, àquele tempo, no reavivamento do caso, com a identificação do condenado, e o estímulo à ressocialização (BRASIL, 2021, p. 34).

A mesma perspectiva foi encontrada pelo Ministro no sistema norte-americano (casos Melvin vs. Reid – Red Kimono; Sidis vs. F-R Publishing Corporation; Briscoe vs. Reader's Digest Association), em que não há menção ao direito ao esquecimento, mas à tutela do direito à privacidade, além de maior consideração "ao 'interesse público' ou 'noticioso' dos fatos [...]" (BRASIL, 2021, p. 37).

Assim, via hermenêutica histórica e comparada, o Ministro Toffoli conclui que os precedentes se valeram de institutos jurídicos "bastante consolidados em suas razões de decidir, como a ressocialização, a proteção ao nome e à imagem do indivíduo" (BRASIL, 2021, p. 39) e não do direito ao esquecimento.

Perspectiva sociológica e contemporânea

Utilizando-se das técnicas hermenêuticas comparada e sociológica, o Ministro Toffoli seguiu seu voto abordando o sempre citado caso de 2014 ocorrido na Espanha, considerando que, na contemporaneidade, o tema encontra um campo mais fértil para discussão (BRASIL, 2021, p. 39).

Trouxe, assim, a ação movida por Mario González contra a Agencia Española de Protección de Datos, o jornal La Vanguardia, o Google Spain e o Google Inc. Mario alegou violação de sua privacidade e proteção de dados, pedindo a remoção de *links* que associavam seu nome a um leilão de imóvel decorrente de dívidas antigas que tinha com a Seguridade Social Espanhola.

O caso foi julgado pelo TJ/EU – Tribunal de Justiça da União Europeia, que decidiu que os provedores de busca (Google Spain e Google Inc.) deveriam desindexar informações pessoais inadequadas, impertinentes ou excessivas, ampliando, assim, a privacidade do indivíduo sem afetar o conteúdo original na *web*.

Segundo o Ministro Toffoli, o julgamento influenciou a doutrina e jurisprudência sobre o direito ao esquecimento em vários países, incluindo o Brasil. Para S. Exa., a sociedade digital e a ampliação do nível de exposição dos indivíduos aumentaram a necessidade de critérios que pudessem preservar dados pessoais e fatos sobre si.

O Ministro destacou que a decisão do tribunal reconheceu a necessidade de desindexação de informações pelos mecanismos de busca para proteger a privacidade, sem eliminar completamente o conteúdo original.

Assim, alertou que a desindexação não deve ser confundida com o direito ao esquecimento, sendo este um tema muito mais amplo, havendo "inúmeros fundamentos e interesses que podem fomentar um pedido de desindexação [...] absolutamente dissociados de um suposto de direito ao esquecimento" (BRASIL, 2021, p. 45).

Com tal interpretação sociológica, considerando o contexto moderno, as mudanças sociais e a realidade contemporânea, o Ministro afunilou o conceito de direito ao esquecimento.

Nomenclatura e elementos

Na sequência, o Ministro Toffoli dedicou-se à interpretação do instituto segundo a hermenêutica literal (gramatical), esboçando os contornos da jurisdição do STF sobre o tema.

O Ministro alertou que são inúmeras as críticas à expressão "direito ao esquecimento", não sendo a mais adequada para expressar o desejo de restringir a disseminação de informações pessoais. Ainda assim, considerou que, por ser nome já difundido na doutrina e em decisões judiciais, manteria o uso do termo.

Também destacou as inúmeras situações nas quais se poderia invocar o direito ao esquecimento. Daí decorreu a necessidade de detalhar elementos que identifiquem o conceito de forma estreita para que "se possa localizar ao menos um que se faça presente em todas as situações nas quais o direito seja invocado, e que esse (ou esses elementos), ademais, confira identidade a esse direito distintiva em face de outros [...]" (BRASIL, 2021, p. 48).

Para definir o conceito, o Ministro Toffoli trouxe dois elementos: conteúdo com informações lícitas e decurso do tempo. Sustentou que o direito ao esquecimento requer proteção contra a divulgação de fatos ou dados verdadeiros, licitamente obtidos, que, pela passagem do tempo, perderam relevância jurídica.

> Em conclusão, a partir desses elementos essenciais, podemos entender o nominado direito ao esquecimento como a pretensão apta a impedir a divulgação, seja em plataformas tradicionais ou virtuais, de fatos ou dados verídicos e licitamente obtidos, mas que, em razão da passagem do tempo, teriam se tornado descontextualizados ou destituídos de interesse público relevante (BRASIL, 2021, p. 58).

Toffoli acrescentou que no ordenamento jurídico já existe proteção penal e cível contra as informações ilícitas, além de movimento internacional de combate a notícias inverídicas.

Também ressaltou que a passagem do tempo é central para o direito ao esquecimento, pois a informação, embora verdadeira, pode se tornar descontextualizada ao longo dos anos, perdendo sua relevância e induzindo uma percepção fragmentada do indivíduo.

Direito ao esquecimento no Sistema Jurídico Nacional

O Ministro então debruçou-se sobre a hermenêutica sistemática, analisando se o direito ao esquecimento estaria previsto, ou não, no sistema jurídico pátrio.

O Ministro Toffoli destacou três posições doutrinárias relativas à (in)existência de um direito fundamental ao esquecimento, tratando-o como: (i) direito explícito, reconhecido; (ii) direito implícito, decorrente da dignidade humana ou da privacidade; ou (iii) direito cuja autonomia é inexistente, sendo admitido apenas como parte dos direitos fundamentais previstos na Constituição Federal, com reflexos no direito ordinário.

Para o Ministro, independentemente da posição, as decisões que tratam do tema sempre fazem associação entre o direito ao esquecimento e os direitos da personalidade. Portanto, por esse ponto de vista, o Ministro concluiu que no ordenamento jurídico brasileiro não existe, de forma expressa ou implícita, direito genérico ao esquecimento. S. Exa. sustenta que existem, na realidade, previsões específicas admitindo a supressão de dados ou informações após determinado tempo.

> A meu ver, a resposta para tais questionamentos vai claramente no sentido da inexistência no ordenamento jurídico brasileiro de um direito genérico com essa conformação, seja expressa ou implicitamente. O que existe no ordenamento são expressas e pontuais previsões em que se admite, sob condições específicas, o decurso do tempo como razão para supressão de dados ou informações (BRASIL, 2021, p. 59-60).

Como exemplo, o Ministro Toffoli menciona o Código de Defesa do Consumidor, segundo o qual cadastros de consumidores não podem conter informações negativas por mais de cinco anos, e o Código Penal, que prevê a reabilitação do condenado após dois anos do cumprimento da pena. No âmbito digital, o Ministro menciona o Marco Civil da Internet (Lei nº 12.965/14), que assegura a exclusão definitiva dos dados pessoais a pedido do usuário.

Tais previsões, todavia, não configuram a pretensão do direito ao esquecimento. Relacionam-se com o efeito temporal, mas não consagram um direito a que os sujeitos não sejam confrontados quanto às informações do passado. Desse modo, eventuais notícias que tenham sido formuladas – ao tempo em que os dados e/ou as informações estiveram acessíveis – não são alcançadas pelo efeito de ocultamento. Elas permanecem passíveis de circulação se os dados nelas contidos tiverem sido, a seu tempo, licitamente obtidos e tratados (BRASIL, 2021, p. 60).

Nesse sentido, Toffoli entendeu que a passagem do tempo ou mudanças sociais não transformam publicação lícita em ilícita e que o acesso à informação histórica é essencial para a ciência e para a sociedade.

Ademais, como já advertia Heráclito de Éfeso em cerca de 500 a.C., ninguém pisa duas vezes nas águas do mesmo rio, visto que as águas e o próprio ser estão em constante devir. E, se, com o tempo, mudam as águas e mudam os seres, também muda o contexto em que uma informação ou uma notícia é veiculada e apreendida no decorrer do tempo. A mudança promovida pelo tempo, porém, é de contexto social, não de fatos (BRASIL, 2021, p. 61).

Assim, para o Ministro Toffoli, negar acesso a fatos ou dados apenas porque são pretéritos é uma forma de interferir, "ainda que indiretamente, na ciência, em sua independência e em seu progresso" (BRASIL, 2021, p. 61).

S. Exa. ainda ressalta que fatos divulgados, cuja obtenção tenha sido lícita, são de potencial interesse público. E a licitude implica, também, respeito a direitos da personalidade.

Estes, protegidos pela Constituição, incluem a inviolabilidade da intimidade, vida privada, honra e imagem das pessoas, além do direito de resposta e indenização por dano moral ou material. Tais direitos, conclui o Ministro, têm sido protegidos pela jurisprudência brasileira, independentemente do aspecto temporal.

Era digital

O Ministro dedicou o item seguinte de seu voto a analisar se o direito ao esquecimento poderia ser compreendido no âmbito digital. Pela mesma hermenêutica sistêmica com a qual construiu a tese da inexistência do instituto no rol de direitos fundamentais, o Ministro Toffoli discorreu a respeito do tema no campo digital.

S. Exa. afirmou que o uso crescente de computadores e a tendência de criação de bancos de dados centralizados geram preocupações sobre o poder de vigilância de quem os coleta e processa.

[...] a legislação pretendeu cercar os dados de ampla proteção, viabilizando meios para eventuais correções/retificações que se façam necessárias, mas em nenhuma delas trouxe um direito ao indivíduo de se opor a publicações nas quais dados licitamente obtidos e tratados tenham constado (BRASIL, 2021, p.72).

Assim, destacando a LGPD como reguladora do tema no Brasil, o Ministro concluiu que a legislação não prevê explicitamente o direito ao esquecimento em âmbito digital.

Liberdade de expressão

Em consonância com a hermenêutica teleológica, o Ministro Toffoli abordou a intenção do constituinte ao instituir a liberdade de expressão como direito fundamental. No mesmo tópico, fez uso da hermenêutica constitucional, utilizando a Carta Maior do país como paradigma para fundamentar o voto.

O Ministro ressaltou que o direito à informação anda ao lado da liberdade de expressão, ambos como legados da Constituição Federal. "Graças a esse ambiente pleno de liberdade, temos assistido ao contínuo avanço das instituições democráticas do país. Por tudo isso, a liberdade e os direitos dela decorrentes devem ser defendidos e reafirmados firmemente" (BRASIL, 2021, p. 76), afirmou.

S. Exa. destacou que a Constituição atribui tratamento especial à liberdade de expressão nos meios de comunicação social, dispondo no art. 220 que a manifestação do pensamento, criação, expressão e informação não podem sofrer restrições. O §1º do dispositivo reforça essa liberdade, protegendo a informação jornalística de qualquer embaraço legal.

Assim, para o Ministro Toffoli, embora o direito ao esquecimento não vise propagar notícias falsas, ao buscar ocultar elementos pessoais de informações verdadeiras e publicações lícitas, ele acaba conduzindo a notícias incompletas, privando os destinatários de conhecer plenamente o contexto informado.

Portanto, atinge "toda a coletividade, que poderá ser privada de conhecer os fatos em toda a sua amplitude" (BRASIL, 2021, p. 78-79).

Diálogo constitucional

Quase ao final do voto, a hermenêutica constitucional é retomada, quando o Ministro propõe diálogo entre princípios e valores fundamentais da Constituição para situações nas quais um indivíduo se vê afetado pela divulgação de um fato antigo que, de alguma maneira, entenda ofensivo ao seu direito de personalidade.

Nesse sentido, o Ministro Toffoli reforça que não é pela via do obscurantismo que se pode proteger informações e dados pessoais. Assim, para justificar qualquer restrição à liberdade de expressão, deve ser identificado abuso em seu exercício.

> Em todas essas situações legalmente definidas, é cabível a restrição, em alguma medida, à liberdade de expressão, sempre que afetados outros direitos fundamentais, mas não como decorrência de um pretenso e prévio direito de ver dissociados fatos ou dados por alegada descontextualização das informações em que inseridos, por força da passagem do tempo. Não há dúvidas de que é preciso buscar a proteção dos direitos da personalidade pela via da responsabilização diante do abuso no exercício da liberdade de expressão e pela ampliação da segurança na coleta e no tratamento dos dados, a fim de se evitarem os acessos ilegais, as condutas abusivas e a concentração do poder informacional. Mas não se protegem informações e dados pessoais com obscurantismo (BRASIL, 2021, p.87-88).

O Ministro destacou o julgamento da ADI nº 4.815, no qual o STF reconheceu a liberdade de expressão dos biógrafos e a inviolabilidade da privacidade dos biografados. No caso, a Corte entendeu que a necessidade de autorização prévia é incompatível com a Constituição, já que priorizaria a privacidade em detrimento da liberdade de expressão e de informação, prejudicando a formação da memória social.

Assim, o Ministro conclui que o ordenamento jurídico brasileiro oferece proteção suficiente aos direitos da personalidade, incluindo dados pessoais, sem a necessidade de um direito ao esquecimento que possa comprometer a liberdade de expressão.

Nesse sentido, a proteção dos direitos da personalidade deve focar na responsabilização por abuso e na segurança na coleta e tratamento de dados, evitando acessos ilegais e abusos, sem recorrer ao obscurantismo.

Caso concreto

Ao final, o Ministro Toffoli nega provimento ao recurso e propõe tese no sentido de que o direito ao esquecimento é incompatível com a Constituição, e que excessos ou abusos devem ser analisados casuisticamente.

> É incompatível com a Constituição a ideia de um direito ao esquecimento, assim entendido como o poder de obstar, em razão da passagem do tempo, a divulgação de fatos ou dados verídicos e licitamente obtidos e publicados em meios de comunicação social analógicos ou digitais.
> Eventuais excessos ou abusos no exercício da liberdade de expressão e de informação devem ser analisados caso a caso, a partir dos parâmetros constitucionais – especialmente os relativos à proteção da honra, da imagem, da privacidade e da personalidade em geral – e das expressas e específicas previsões legais nos âmbitos penal e cível (BRASIL, 2021, p. 88).

O Ministro ressalta que os fatos no caso Aída, por retratarem a triste realidade, compõem "o rol de casos notórios de violência na sociedade brasileira", e que, tendo sido licitamente obtidos, não se tornam ilícitos com o transcurso do tempo, admitindo nova divulgação.

Ademais, entendeu que eventual lucro obtido pela Rede Globo não seria, por si, violador dos direitos da personalidade, já que se trata da atividade comercial principal da emissora.

O Ministro ainda elogiou a atualidade do programa Linha Direta, que, nos minutos finais, questiona se 50 anos após o crime de Aída Curi as mulheres são mais respeitadas.

"Casos como o de Aída Curi, Ângela Diniz, Daniella Perez, Sandra Gomide, Eloá Pimentel, Marielle Franco e, mais recentemente, da juíza Viviane Vieira, entre tantos outros, não podem e não devem ser esquecidos" (BRASIL, 2021, p. 93), concluiu com grande sensibilidade o Ministro.

Conclusão

Desde a nomeação, em 2009, o Ministro Dias Toffoli tem demonstrado profunda compreensão das nuances do direito e das necessidades da sociedade contemporânea. A análise detalhada do caso Aída Curi revela abordagem hermenêutica multifacetada e consistente que merece destaque.

Em seu voto como relator, o Ministro empregou hermenêutica histórica e comparada, proporcionando base robusta para iniciar uma argumentação que culminou na interpretação sociológica e contemporânea do direito ao esquecimento.

Durante sua análise, o Ministro Toffoli identificou a necessidade de delinear o tema pela hermenêutica literal e gramatical, para evitar confusões com conceitos como desindexação e a própria tutela dos direitos da personalidade.

Utilizando hermenêuticas sistêmica, teleológica e constitucional, o Ministro conclui que não há reconhecimento explícito ou implícito de direito ao esquecimento no ordenamento nacional.

S. Exa. argumenta que a Constituição Federal protege a liberdade de expressão de forma abrangente, e que qualquer tentativa de instituir um direito ao esquecimento comprometeria esse direito fundamental.

Ao propor um diálogo constitucional, Toffoli defende que a proteção dos direitos da personalidade deve focar na responsabilização por abusos, sem recorrer ao obscurantismo ou à censura. Assim, constrói uma argumentação convincente contra a existência de um direito ao esquecimento.

Foi, como observamos, uma verdadeira aula de interpretação, evocando a memória dos grandes autores da área, como o inesquecível Carlos Maximiliano, antigo integrante do Supremo Tribunal Federal (5/1936-6/1941). Esses conhecimentos do Ministro foram acumulados ao longo de anos de experiência, mas certamente tiveram suas raízes nos bancos da Velha e Sempre Nova Academia de Direito de São Paulo.

Por tudo isso, nesta celebração dos três lustros de atuação no Supremo Tribunal Federal, há muitos feitos a serem lembrados e nenhum a ser esquecido.

Referências

BRASIL. Supremo Tribunal Federal. Arguição de Descumprimento de Preceito Fundamental nº 779. Relator: Ministro Dias Toffoli. Brasília, DF, 1 ago. 2023. Disponível em: https://portal.stf.jus.br/processos/detalhe. asp?incidente=6081690. Acesso em: 15 jul. 2024.

BRASIL. Supremo Tribunal Federal. Embargos de Declaração no Habeas Corpus nº 178.777. Relator: Ministro Marco Aurélio. Brasília, DF, 22 mar. 2021. Disponível em: http://www.stf.jus.br/portal/autenticacao/ autenticarDocumento.asp?código=8F36-E4E4-0718-0870&senha=0EAC-9B4C-5D77-3010. Acesso em: 15 jul. 2024.

,BRASIL. Supremo Tribunal Federal. Recurso Extraordinário 1.010.606 Rio de Janeiro. Relator: Ministro Dias Toffoli. Ementa: Recurso extraordinário com repercussão geral. Caso Aída Curi. Direito ao esquecimento. Incompatibilidade com a ordem constitucional. Recurso extraordinário não provido. Brasília, DF: Supremo Tribunal Federal, 11 fev. 2021. Disponível em: http://www.stf.jus.br/portal/autenticacao/autenticarDocumento. asp?codigo=7E6C-AF8F-D2FD-9EE7&senha=8481-58C3-9AF0-AF59. Acesso em: 15 jul. 2024.

Informação bibliográfica deste texto, conforme a NBR 6023:2018 da Associação Brasileira de Normas Técnicas (ABNT):

MATOS, Miguel. Memória viva: o direito de não esquecer. *In*: MENDES, Gilmar Ferreira; LIRA, Daiane Nogueira de; FREIRE, Alexandre (coord.). *Constituição, democracia e diálogo*: 15 anos de Jurisdição Constitucional do Ministro Dias Toffoli. 2. ed. Belo Horizonte: Fórum, 2025. p. 1291-1299. ISBN 978-65-5518-937-7.

RESPONSABILIDADE SOLIDÁRIA DO GRUPO ECONÔMICO NA EXECUÇÃO TRABALHISTA: CONFORMAÇÃO E LIMITES À LUZ DA JURISPRUDÊNCIA DO TST E DO STF

MORGANA DE ALMEIDA RICHA

1 Introdução

De início, uma palavra sobre o homenageado nesta obra. Completados 15 anos de investidura no cargo, o Ministro Dias Toffoli registra marca indelével no Supremo Tribunal Federal. Criando pontes em defesa da Constituição e da democracia, tem como característica notória o espírito da conciliação e a capacidade de antever temas polêmicos, dado importante em sua biografia. Assim, honra a judicatura em longo percurso sob os holofotes onipresentes, operando o Direito de forma técnica, hábil e moderada.

Por seu incondicional compromisso com o interesse público e absoluta imparcialidade, é um exemplo de magistrado, o que torna ainda mais alvissareiro para o país, já grato pelo labor incansável prestado, o extenso período que, com as bênçãos de Deus, está por vir.

Dentre seus inúmeros votos de relevo, neste artigo, será abordada a intrincada e relevante questão da responsabilidade solidária e inclusão no polo passivo da execução trabalhista de empresa do grupo econômico que não integrou a fase de conhecimento. Por outras palavras, procurar-se-á examinar os aspectos material e processual do Tema 1.232 da Tabela da Repercussão Geral do STF,[1][2] recentemente afetado, sob relatoria de Sua Excelência.

---

[1] RECURSO EXTRAORDINÁRIO. REPRESENTATIVO DA CONTROVÉRSIA. DIREITO PROCESSUAL CIVIL E TRABALHISTA. EXECUÇÃO. INCLUSÃO DE EMPRESA INTEGRANTE DO MESMO GRUPO ECONÔMICO NO POLO PASSIVO. RESPONSABILIDADE SOLIDÁRIA. EMPRESA QUE NÃO PARTICIPOU DA FASE DE CONHECIMENTO. PROCEDIMENTO PREVISTO NO ARTIGO 513, §5º, DO CÓDIGO DE PROCESSO CIVIL. ALEGADA OFENSA À SÚMULA VINCULANTE 10 E AOS PRINCÍPIOS DA AMPLA DEFESA E DO CONTRADITÓRIO. MULTIPLICIDADE DE RECURSOS EXTRAORDINÁRIOS. PAPEL UNIFORMIZADOR DO SUPREMO TRIBUNAL FEDERAL. RELEVÂNCIA DA QUESTÃO CONSTITUCIONAL. MANIFESTAÇÃO PELA EXISTÊNCIA DE REPERCUSSÃO GERAL (RE 1387795 RG, Relator(a): MINISTRO PRESIDENTE, Tribunal Pleno, julgado em 08.09.2022, PROCESSO ELETRÔNICO DJe-182 DIVULG 12.09.2022 PUBLIC 13.09.2022).

[2] Tema: "Possibilidade de inclusão no polo passivo da lide, na fase de execução trabalhista, de empresa integrante de grupo econômico que não participou do processo de conhecimento".

Em atenção à segurança jurídica, estabilização da jurisprudência e isonomia, houve determinação de suspensão nacional de todos os processos em curso que versem sobre a matéria.

Na Justiça do Trabalho, no atual momento jurisprudencial, como todos sabem, há a prática de redirecionamento em cumprimento de sentença ou execução para outros entes do grupo econômico, sem contraditório e ampla defesa prévios (art. 5º, LV, da Constituição Federal[3] – *substantive due process of law*), princípios constitucionais do processo que são alçados a direitos fundamentais, mesmo para pessoas jurídicas. Em síntese, a cizânia gira em torno da compatibilidade dos arts. 133 a 137 e 513, §5º, do Código de Processo Civil de 2015[4] com os princípios processuais trabalhistas.

Essencialmente, contrapõem-se os princípios da eficiência e celeridade que regem o processo do trabalho, bem como o da superioridade do exequente trabalhista, e os princípios do contraditório, ampla defesa e devido processo legal.

Formam-se duas correntes, a que reputa imprescindível a instauração do incidente de desconsideração da personalidade jurídica, nos termos dos arts. 513, §5º, c/c 15 do CPC e a que considera que a sua inclusão de ofício, seguida dos instrumentos recursais que viabilizam o contraditório diferido, seria suficiente.

Argumenta-se, ainda, que a interpretação no sentido da inaplicabilidade do art. 513, §5º, do CPC ao grupo econômico viola a cláusula de reserva de plenário (art. 97 da CF e Súmula vinculante 10 do STF), pois eliminaria hipótese de incidência de norma jurídica sem declarar sua inconstitucionalidade.

O equacionamento da controvérsia, que envolve conformação, harmonização, ponderação dos direitos, de forma a promover os valores sociais do trabalho e da livre-iniciativa (art. 1º, IV, da CF), deve guardar as premissas de que o processo do trabalho é voltado a uma prestação jurisdicional rápida e efetiva, regido pelos princípios da simplicidade e informalidade, ao encontro do devido processo legal e do contraditório substancial, a exigir adequação dos meios aos fins, sob o pálio da cooperação.

---

3   "Aos litigantes, em processo judicial ou administrativo, e aos acusados em geral são assegurados o contraditório e ampla defesa, com os meios e recursos a ela inerentes;"

4   Art. 133. O incidente de desconsideração da personalidade jurídica será instaurado a pedido da parte ou do Ministério Público, quando lhe couber intervir no processo.
§1º O pedido de desconsideração da personalidade jurídica observará os pressupostos previstos em lei.
§2º Aplica-se o disposto neste Capítulo à hipótese de desconsideração inversa da personalidade jurídica.
Art. 134. O incidente de desconsideração é cabível em todas as fases do processo de conhecimento, no cumprimento de sentença e na execução fundada em título executivo extrajudicial.
§1º A instauração do incidente será imediatamente comunicada ao distribuidor para as anotações devidas.
§2º Dispensa-se a instauração do incidente se a desconsideração da personalidade jurídica for requerida na petição inicial, hipótese em que será citado o sócio ou a pessoa jurídica.
§3º A instauração do incidente suspenderá o processo, salvo na hipótese do §2º.
§4º O requerimento deve demonstrar o preenchimento dos pressupostos legais específicos para desconsideração da personalidade jurídica.
Art. 135. Instaurado o incidente, o sócio ou a pessoa jurídica será citado para manifestar-se e requerer as provas cabíveis no prazo de 15 (quinze) dias.
Art. 136. Concluída a instrução, se necessária, o incidente será resolvido por decisão interlocutória.
Parágrafo único. Se a decisão for proferida pelo relator, cabe agravo interno.
Art. 137. Acolhido o pedido de desconsideração, a alienação ou a oneração de bens, havida em fraude de execução, será ineficaz em relação ao requerente.
Art. 513, §5º. O cumprimento da sentença não poderá ser promovido em face do fiador, do coobrigado ou do corresponsável que não tiver participado da fase de conhecimento.

Esses são os contornos principais da discussão, mas antes, para um exame científico, cumpre perquirir os principais conceitos teóricos envolvidos.

2 A desconsideração da personalidade jurídica do grupo econômico na execução trabalhista: dogmática e procedimentalidade

A responsabilidade patrimonial nem sempre coincide com a obrigação ou dívida. Esta vem fixada em título executivo judicial (ou extrajudicial), que deverá prever o *an debeatur* (existência da dívida), *cui debeatur* (a quem é devido), *quis debeat* (quem deve), *quid debeatur* (o que é devido) e *quantum debeatur* (quanto se deve).

Assim, logo de início, há que se diferenciar a legitimidade passiva da execução e a responsabilidade secundária do grupo econômico. Apenas o sujeito passivo é o executado, enquanto responsável, as demais empresas do grupo não são executadas, ficando apenas seus bens sujeitos à execução.

A solidariedade do grupo decorre de previsão legal. Trata-se de ampliação da garantia do crédito trabalhista como contrapartida da teoria do empregador único (Súmula 129 do TST[5]), segundo a qual todos os entes integrantes do grupo têm a prerrogativa de se valer do mesmo trabalho contratado, sem que seja necessária a pactuação de novos contratos. O trabalhador pode cobrar integralmente a dívida de qualquer dos responsáveis.

Segundo Mauricio Godinho Delgado, o grupo é

> figura resultante da vinculação justrabalhista que se forma entre dois ou mais entes favorecidos direta ou indiretamente pelo mesmo contrato de trabalho, em decorrência de existir entre esses entes laços de direção ou coordenação em face de atividades industriais, comerciais, financeiras, agroindustriais ou de qualquer outra natureza econômica.[6]

Seus principais objetivos são a redução dos custos de agência e a otimização dos lucros. Inicialmente positivado o instituto como hierarquia entre empresas,[7] após

---

[5] "A prestação de serviços a mais de uma empresa do grupo econômico, durante a mesma jornada de trabalho, não caracteriza a coexistência de mais de um contrato de trabalho, salvo ajuste em contrário".

[6] *Curso de direito do trabalho*. 21. ed. São Paulo: LTr, 2024, p. 500.

[7] "RECURSO DE EMBARGOS – INTERPOSIÇÃO SOB A *REGÊNCIA DA LEI Nº 13.015/2014 – RESPONSABILIDADE SOLIDÁRIA – GRUPO ECONÔMICO – CONFIGURAÇÃO – NÃO DEMONSTRAÇÃO DE HIERARQUIA* 1. Esta Corte firmou o entendimento de que a configuração de grupo econômico exige que seja evidenciada a relação de hierarquia entre as empresas, não sendo suficiente o fato de as empresas terem sócios em comum, não se podendo atribuir responsabilidade solidária sem o devido amparo legal, sob pena de afronta direta ao princípio da legalidade. 2. Estando o acórdão embargado em sintonia com essa tese, inviável o conhecimento dos Embargos (artigo 894, II, e §2º, da CLT). Embargos não conhecidos." (E-RR-10112-38.2019.5.03.0136, Subseção I Especializada em Dissídios Individuais, Relatora Ministra Maria Cristina Irigoyen Peduzzi, DEJT 30/09/2022) (grifo acrescido).

a Reforma Trabalhista (Lei n° 13.467/2017), pacificou-se também a figura do grupo econômico por coordenação.[8] [9]

Ainda, após a Reforma, é de se cogitar se a expressão "pelas obrigações decorrentes da relação de emprego", inserta no novo texto do art. 2°, §2°, da CLT, se interpretada restritivamente, parece indicar o fim da teoria do empregador único, restringindo a solidariedade à passiva e não mais à ativa, em que cada empresa poderia exigir serviços do mesmo empregado.

O fundamento da solidariedade e redirecionamento da execução, em ampliação da coisa julgada subjetiva, além do art. 2°, §2°, da CLT, estaria nos arts. 264, 265, 275, parágrafo único, 279, 280 e 942, *caput* e parágrafo único, do Código Civil,[10] subsidiariamente aplicáveis ao direito do trabalho (art. 8°, §1°, da CLT).

---

[8] A redação anterior do art. 2°, §2°, da CLT exigia hierarquia para a formação do grupo:
"Art. 2° – Considera-se empregador a empresa, individual ou coletiva, que, assumindo os riscos da atividade econômica, admite, assalaria e dirige a prestação pessoal de serviço.
[...]
§2° – Sempre que uma ou mais empresas, tendo, embora, cada uma delas, personalidade jurídica própria, estiverem sob a direção, controle ou administração de outra, constituindo grupo industrial, comercial ou de qualquer outra atividade econômica, serão, para os efeitos da relação de emprego, solidariamente responsáveis a empresa principal e cada uma das subordinadas."
Previsão semelhante consta da Lei do Trabalho Rural (Lei n° 5.889/73). Era necessária, portanto, prova do nexo relacional, qual seja, hierarquia entre as empresas (não pessoa física ou entes sem personalidade).
Após a Lei n° 13.467/2017, que entrou em vigor em 11.11.2017, passou-se a admitir o grupo econômico também por coordenação de empresas. Eis a redação:
"Art. 2° – Considera-se empregador a empresa, individual ou coletiva, que, assumindo os riscos da atividade econômica, admite, assalaria e dirige a prestação pessoal de serviço.
[...]
§2° Sempre que uma ou mais empresas, tendo, embora, cada uma delas, personalidade jurídica própria, estiverem sob a direção, controle ou administração de outra, ou ainda quando, mesmo guardando cada uma sua autonomia, integrem grupo econômico, serão responsáveis solidariamente pelas obrigações decorrentes da relação de emprego."
E, superando antiga cizânia jurisprudencial:
"§3° Não caracteriza grupo econômico a mera identidade de sócios, sendo necessárias, para a configuração do grupo, a demonstração do interesse integrado, a efetiva comunhão de interesses e a atuação conjunta das empresas dele integrantes."

[9] "[...] III – RECURSO DE REVISTA. ACÓRDÃO REGIONAL PUBLICADO NA VIGÊNCIA DA LEI N° 13.467/2017. GRUPO ECONÔMICO. CONFIGURAÇÃO. CONTRATO DE TRABALHO INICIADO ANTES E ENCERRADO APÓS A VIGÊNCIA DA LEI N° 13.467/2017. TRANCENDÊNCIA JURÍDICA. Incontroverso tratar-se de contrato de trabalho iniciado antes e encerrado após a vigência da Lei 13.467/2017 (04.02.2016 a 11.10.2019). Antes das alterações promovidas pela Lei 13.467/2017, ao interpretar o art. 2°, §2°, da CLT, esta Corte Superior firmou jurisprudência no sentido de que o reconhecimento de grupo econômico, para fins de responsabilidade pelas obrigações decorrentes da relação de emprego, *depende da comprovação de relação de hierarquia entre as empresas. A partir da vigência da Lei 13.467/2017, após a ampliação do conceito de grupo econômico promovida pela alteração no §2° e a inclusão do §3° no art. 2° da CLT, passa-se também a admitir a hipótese de formação de grupo econômico por coordenação.* Nesse tocante, em observância às regras de direito intertemporal, cumpre ressaltar que a alteração promovida pela Lei 13.467/2017 não retroage para atingir os eventos ocorridos antes de sua vigência (*tempus regit actum*). No caso em exame, os elementos fáticos fixados no acórdão regional não permitem concluir de forma inequívoca pela existência de relação hierárquica entre as empresas. Não se trata aqui de reexame do conjunto probatório (Súmula 126 do TST), mas de enquadramento jurídico diverso à situação descrita no acórdão. Assim, a responsabilidade solidária das empresas, por formação de grupo econômico, deve limitar-se aos créditos devidos a partir de 11/11/2017. Recurso de revista conhecido e provido" (RR-10165-17.2020.5.03.0093, 5ª Turma, Relatora Ministra Morgana de Almeida Richa, DEJT 29/09/2023) (grifo acrescido).

[10] Art. 264. Há solidariedade, quando na mesma obrigação concorre mais de um credor, ou mais de um devedor, cada um com direito, ou obrigado, à dívida toda.
Art. 265 – A solidariedade não se presume; resulta da lei ou da vontade das partes;
Art. 275, parágrafo único – Não importará renúncia da solidariedade a propositura de ação pelo credor contra um ou alguns dos devedores;

MORGANA DE ALMEIDA RICHA

RESPONSABILIDADE SOLIDÁRIA DO GRUPO ECONÔMICO NA EXECUÇÃO TRABALHISTA: CONFORMAÇÃO E LIMITES À LUZ DA JURISPRUDÊNCIA... | 1305

Prescindíveis exemplos de grupos, porque sua caracterização é casuística, dependente do conjunto probatório dos autos. Negada a existência da formação, o ônus da prova é do autor, salvo se indícios permitam a inversão.

Em princípio, para sua inclusão no polo passivo da execução, por qualquer sistemática, é necessário que a prova seja sumária, desnecessitando cognição complexa.

Ao contrário do que ocorre na responsabilização subsidiária, não é mandatório que o credor cobre a dívida inteira do responsável e, apenas se não tiver sucesso, passe a exigir do segundo responsável.

Quanto à desconsideração da personalidade jurídica, *disregard doctrine*, em geral, levanta-se o véu da personalidade para atingir os sócios, afastando-se a autonomia patrimonial da pessoa jurídica. Também aplicável para atingir as demais pessoas jurídicas de um grupo, pode se dar pela teoria maior, civilista, inserta no art. 50 do CC,[11] que exige a comprovação da manipulação fraudulenta ou abusiva da sociedade ou pela teoria menor, consoante o art. 28, §5º, do CDC,[12] em que o afastamento da autonomia patrimonial decorre da simples insatisfação do crédito pela sociedade.

Como explica Daniel Assumpção, a desconsideração da personalidade jurídica tem tido seu espectro ampliado:

> Na desconsideração da personalidade jurídica clássica, expressamente prevista pelos arts. 50 do CC e 28 do CDC, a sociedade empresarial figura como devedora e os sócios como responsáveis patrimoniais secundários, ou seja, mesmo não sendo devedores, responderão com o seu patrimônio pela satisfação da dívida. A jurisprudência, entretanto, valendo-se da *ratio* das normas legais referidas, as vem interpretando de forma extensiva e criando novas modalidades de desconsideração de personalidade jurídica, não previstas expressamente em lei. Há a desconsideração da personalidade jurídica entre empresas do mesmo grupo econômico bem como a desconsideração da personalidade jurídica inversa.[13]

Inobstante o amplo uso da teoria menor do microssistema do Direito Consumerista na Justiça do Trabalho, não se pode olvidar que a desconsideração da personalidade jurídica é exceção.

Art. 279 – Impossibilitando-se a prestação por culpa de um dos devedores solidários, subsiste para todos o encargo de pagar o equivalente; mas pelas perdas e danos só responde o culpado;

Art. 280 – Todos os devedores respondem pelos juros da mora, ainda que a ação tenha sido proposta somente contra um; mas o culpado responde aos outros pela obrigação acrescida.

Art. 942 – Os bens do responsável pela ofensa ou violação do direito de outrem ficam sujeitos à reparação do dano causado; e, se a ofensa tiver mais de um autor, todos responderão solidariamente pela reparação. Parágrafo único. São solidariamente responsáveis com os autores os coautores e as pessoas designadas no art. 932.

[11] Art. 50. Em caso de abuso da personalidade jurídica, caracterizado pelo desvio de finalidade ou pela confusão patrimonial, pode o juiz, a requerimento da parte, ou do Ministério Público quando lhe couber intervir no processo, desconsiderá-la para que os efeitos de certas e determinadas relações de obrigações sejam estendidos aos bens particulares de administradores ou de sócios da pessoa jurídica beneficiados direta ou indiretamente pelo abuso.

[12] Art. 28. O juiz poderá desconsiderar a personalidade jurídica da sociedade quando, em detrimento do consumidor, houver abuso de direito, excesso de poder, infração da lei, fato ou ato ilícito ou violação dos estatutos ou contrato social. A desconsideração também será efetivada quando houver falência, estado de insolvência, encerramento ou inatividade da pessoa jurídica provocados por má administração.
§5º Também poderá ser desconsiderada a pessoa jurídica sempre que sua personalidade for, de alguma forma, obstáculo ao ressarcimento de prejuízos causados aos consumidores.

[13] *Manual de Direito Processual Civil*. Volume único. 16. ed. Salvador: Juspodivm, 2024.

José Engrácia Antunes afirma que a maioria dos casos de desconsideração envolve situações nas quais se quer "a imputação à sociedade-mãe da responsabilidade pelas consequências resultantes de actos ou omissões que, conquanto formalmente praticados pelas sociedades-filhas, sejam imputáveis ao controlo material daquela sociedade".[14]

Para melhor compreendê-los, até mesmo quanto aos direitos processuais que lhes são inerentes, percuciente a distinção feita por Lamartine Corrêa, no sentido de que o trato da pessoa natural é dirigido ao seu desenvolvimento, com proteção voltada aos âmbitos espiritual e corporal, ao passo que a pessoa jurídica volta-se para o campo dos direitos patrimoniais.[15]

Como se sabe, são direitos fundamentais constitucionalmente assentados, o direito de propriedade e as garantias do contraditório, da ampla defesa e do devido processo legal, em suas dimensões formal e substancial,[16] e eles contemplam a pessoa jurídica.

Como ensina Dinamarco, "Do contraditório, já se tem falado. Ele é, resumidamente, a garantia de participação, que nem se restringe ao processo jurisdicional só, mas constitui inerência do próprio regime democrático. A participação é que legitima todo processo político e o exercício do poder".[17]

A partir desses princípios, que se irradiam para as relações privadas, é que se deve examinar a possibilidade de redirecionamento da execução para as demais empresas do grupo econômico e a maneira como se deve fazê-lo.

O tema voltou a ganhar grande relevância na seara jurídica após o CPC de 2015, que, em seu art. 513, §5º, enuncia: "O cumprimento da sentença não poderá ser promovido em face do fiador, do coobrigado ou do corresponsável que não tiver participado da fase de conhecimento".

A partir de então, a controvérsia acerca de sua aplicação subsidiária, por harmonia com os princípios do Direito Processual do Trabalho (art. 769 da CLT), instalou-se no âmbito jurisprudencial.

Formaram-se duas correntes. A primeira entende que a simples constatação de existência do grupo econômico autorizaria a inclusão da(s) pessoa(s) jurídica(s) no polo passivo da execução. Por meio dela, haveria maior celeridade e facilidade na satisfação do crédito trabalhista, o que levou ao cancelamento da Súmula 205 do TST, em 2003, que dispunha: "O responsável solidário, integrante do grupo econômico, que não participou da relação processual como reclamado e que, portanto, não consta no título executivo judicial como devedor, não pode ser sujeito passivo na execução", como se verá no tópico seguinte.

Por outro lado, uma segunda posição entende pela necessidade de instauração do IDPJ, a fim de viabilizar que a empresa do grupo venha a influir no julgamento de mérito da causa, por não ter participado da fase de conhecimento.

Seu principal fundamento é a ausência de previsão legal para o redirecionamento da execução sem contraditório. Por outro lado, ao contrário, violaria o que dispõem

---

[14] *Os grupos de sociedades*, Almedina, 2002, p. 599.
[15] OLIVEIRA, José Lamartine Corrêa de. *A dupla crise da personalidade jurídica*. São Paulo: Saraiva, 1979, p. 360.
[16] CF/88, art. 5º, LIV – "ninguém será privado [...] de seus bens sem o devido processo legal";
LV – "aos litigantes, em processo judicial ou administrativo, e aos acusados em geral são assegurados o contraditório e ampla defesa, com os meios e recursos a ela inerentes".
[17] *A Instrumentalidade do Processo*. Malheiros. 11. ed. 2003, p. 349.

os arts. 506, 789 e 790, VII, do CPC, no sentido de que "a sentença faz coisa julgada às partes entre as quais é dada, não prejudicando terceiros" e que "o devedor responde com todos os seus bens presentes e futuros para o cumprimento de suas obrigações", estando também sujeitos à execução os bens do responsável, "nos casos de desconsideração da personalidade jurídica".

Principalmente, a corrente ganha força pelo disposto no art. 855-A da CLT, introduzido pela Reforma Trabalhista, segundo o qual, "aplica-se ao processo do trabalho o incidente de desconsideração da personalidade jurídica previsto nos arts. 133 a 137 da Lei nº 13.105, de 16 de março de 2015 – Código de Processo Civil".

Na atual conjuntura, em suma, cogita-se das seguintes medidas de redirecionamento no processo do trabalho: a) o redirecionamento automático na fase de execução, para a satisfação do crédito trabalhista;[18] b) o Incidente de Desconsideração da Personalidade Jurídica (arts. 133 a 137 do CPC[19]), por ausência de instrumento paralelo.[20]

---

[18] Nesse sentido: "ACÓRDÃO DO REGIONAL POSTERIOR À LEI 13.467/2017. AGRAVO DE INSTRUMENTO EM RECURSO DE REVISTA. FASE DE EXECUÇÃO. [...] INCLUSÃO DA EXECUTADA INTEGRANTE DO GRUPO ECONÔMICO NA FASE DE EXECUÇÃO. AUSÊNCIA DE PARTICIPAÇÃO NA FASE COGNITIVA. POSSIBILIDADE. AUSÊNCIA DE TRANSCENDÊNCIA. A interpretação prevalecente no âmbito desta Corte é no sentido da possibilidade de se investir contra o patrimônio de empresa que compõe grupo econômico, mesmo que ela não tenha participado da relação processual na fase de conhecimento. Desde o cancelamento da Súmula 205 do TST, a jurisprudência dos tribunais trabalhistas orienta-se pelo cabimento da integração ao processo, na fase de execução, de empresas do mesmo grupo econômico daquela que é executada, sem que isso implique ofensa aos princípios do contraditório e da ampla defesa. Agravo de instrumento conhecido e desprovido. [...] REDIRECIONAMENTO DA EXECUÇÃO EM FACE DE EMPRESA INTEGRANTE DO GRUPO ECONÔMICO. DESNECESSIDADE DE INSTAURAÇÃO DE INCIDENTE DE DESCONSIDERAÇÃO DA PERSONALIDADE JURÍDICA. AUSÊNCIA DE TRANSCENDÊNCIA. 1. A causa versa sobre a possibilidade de se incluir empresa no polo passivo da execução, sem instauração de Incidente de Desconsideração da Personalidade Jurídica ou suspensão do processo até o julgamento desse incidente. 2. No caso, o col. Tribunal Regional evidenciou a desnecessidade de instauração do referido incidente quando o caso versa sobre a inclusão no polo passivo da execução de empresa integrante do mesmo grupo econômico da executada principal, e que teve a oportunidade de se defender nos autos, quando apresentou embargos à execução e se insurgiu contra a configuração do grupo econômico. 3. A decisão regional está em conformidade com a jurisprudência desta Corte Superior, no sentido de que a inclusão de empresa no grupo econômico, no polo passivo da execução, não exige a instauração de incidente de desconsideração da personalidade jurídica. [...]. Agravo de instrumento integralmente conhecido e desprovido" (AIRR-AIRR-24428-22.2015.5.24.0036, 8ª Turma, Relator Ministro Alexandre de Souza Agra Belmonte, DEJT 23/09/2022).

[19] CAPÍTULO IV – DO INCIDENTE DE DESCONSIDERAÇÃO DA PERSONALIDADE JURÍDICA
Art. 133. O incidente de desconsideração da personalidade jurídica será instaurado a pedido da parte ou do Ministério Público, quando lhe couber intervir no processo.
§1º O pedido de desconsideração da personalidade jurídica observará os pressupostos previstos em lei.
§2º Aplica-se o disposto neste Capítulo à hipótese de desconsideração inversa da personalidade jurídica.
Art. 134. O incidente de desconsideração é cabível em todas as fases do processo de conhecimento, no cumprimento de sentença e na execução fundada em título executivo extrajudicial.
§1º A instauração do incidente será imediatamente comunicada ao distribuidor para as anotações devidas.
§2º Dispensa-se a instauração do incidente se a desconsideração da personalidade jurídica for requerida na petição inicial, hipótese em que será citado o sócio ou a pessoa jurídica.
§3º A instauração do incidente suspenderá o processo, salvo na hipótese do §2º.
§4º O requerimento deve demonstrar o preenchimento dos pressupostos legais específicos para desconsideração da personalidade jurídica.
Art. 135. Instaurado o incidente, o sócio ou a pessoa jurídica será citado para manifestar-se e requerer as provas cabíveis no prazo de 15 (quinze) dias.
Art. 136. Concluída a instrução, se necessária, o incidente será resolvido por decisão interlocutória.
Parágrafo único. Se a decisão for proferida pelo relator, cabe agravo interno.
Art. 137. Acolhido o pedido de desconsideração, a alienação ou a oneração de bens, havida em fraude de execução, será ineficaz em relação ao requerente.

[20] Já adotando essa compreensão: "I – AGRAVO DE INSTRUMENTO EM RECURSO DE REVISTA. LEI 13.467/2017. TRANSCENDÊNCIA JURÍDICA RECONHECIDA. Potencializada a indicada violação do art. 5º,

No processo civil, a instauração do incidente visa a dar segurança aos redirecionamentos de execuções. Quando não instaurado o incidente, o contraditório torna-se diferido. Assim, as empresas têm se valido da exceção de pré-executividade, o que evitaria a prévia garantia do juízo que é condição de admissibilidade das defesas executivas típicas.

No entanto, diante do caráter restritivo dessa via processual, como a exigência de que verse sobre questões de ordem pública acerca das quais o juiz poderia conhecer de ofício, ela raramente logra êxito. Também é necessária prova pré-constituída de sua alegação.

Após intimação do exequente para que se manifeste, em respeito ao contraditório, cabe ao juiz analisar o pedido do executado, sendo três os resultados possíveis: (a) deferimento do pedido com extinção da execução, por meio de sentença; (b) indeferimento do pedido e prosseguimento da execução, o que fará por meio de decisão interlocutória irrecorrível de imediato e (c) não decisão do pedido, com fundamento na necessidade de produção de prova, remetendo o debate do tema alegado aos embargos à execução, por meio de decisão interlocutória.

Há, ainda, a possibilidade de impetração de mandado de segurança.[21] Não obstante, como os embargos à execução e o agravo de petição permanecem como garantias

---

LIV e LV, da Constituição Federal, dá-se provimento ao agravo de instrumento para determinar o julgamento do recurso de revista. Agravo de instrumento conhecido e provido. II – RECURSO DE REVISTA. LEI Nº 13.467/2017. DESCONSIDERAÇÃO DA PERSONALIDADE JURÍDICA SEM INSTAURAÇÃO DO INCIDENTE. CERCEAMENTO DE DEFESA. DEVIDO PROCESSO LEGAL. TRANSCENDÊNCIA JURÍDICA RECONHECIDA. Com a entrada em vigor das normas processuais civis de 2015, fez-se necessário seguir a instauração do incidente de desconsideração da personalidade jurídica delineada nos arts. 133 a 137, destacando-se, também, a sua incidência subsidiária ao processo do trabalho nos termos do art. 6º, II, da Instrução Normativa 39/2016. No caso, o Tribunal Regional confirmou a desconsideração da personalidade jurídica da empresa de ofício, sem instauração do respectivo incidente processual, o que vai de encontro com a previsão do CPC/15, bem como, à época, da IN nº 39/2016, que previa a aplicação dos arts. 133 a 137, do CPC/15 na seara processual trabalhista. Assim, evidencia-se clara violação ao devido processo legal, ao contraditório e à ampla defesa, mormente considerando que o acórdão regional fora publicado quando já vigentes o Código de Processo Civil de 2015 e a Instrução Normativa nº 41/2018 desta C. Corte Superior. Precedentes. Recurso de revista conhecido e provido" (RR-12005-85.2015.5.03.0142, 6ª Turma, Relator Desembargador Convocado Jose Pedro de Camargo Rodrigues de Souza, DEJT 10/05/2024).

[21] Pelo não cabimento "RECURSO ORDINÁRIO EM MANDADO DE SEGURANÇA. ATO DITO COATOR PROFERIDO NA VIGÊNCIA DO CÓDIGO DE PROCESSO CIVIL DE 2015. EXECUÇÃO. INCLUSÃO NO POLO PASSIVO E EXECUÇÃO DE EMPRESA INTEGRANTE DE GRUPO ECONÔMICO DA EXECUTADA ORIGINÁRIA. INAPLICABILIDADE DA SISTEMÁTICA DO INCIDENTE DE DESCONSIDERAÇÃO DA PERSONALIDADE JURÍDICA AO GRUPO ECONÔMICO. INADMISSIBILIDADE DO MANDADO DE SEGURANÇA. PRECEDENTE. RESSALVA DE ENTENDIMENTO. RECURSO ORDINÁRIO CONHECIDO E DESPROVIDO. I. O cabimento do mandado de segurança está circunscrito aos seguintes elementos intersubjetivamente identificáveis: a ausência de recurso próprio no qual pode ser requerido o efeito suspensivo, a necessária lesão ou ameaça à esfera jurídica das partes – ou de terceiros –, e, por fim, os efeitos extraprocessuais do ato coator que extrapolam o âmbito contido na ação matriz. II. No caso concreto, o mandado de segurança impugna o ato coator que bloqueou e penhorou valores em 18/06/2018, circunstância tal que, *prima facie, in status assertionis*, é capaz de gerar afetação ao patrimônio jurídico da parte impetrante e tornaria admissível o mandado de segurança pela perspectiva adotada. III. No entanto, a inclusão da parte impetrante no polo passivo da execução ocorreu em decorrência do reconhecimento de grupo econômico com a executada originária da ação matriz, em 24/08/2017, e apoiou-se na fundamentação de decisão proferida no processo nº 0010295-34.2015.5.08.0128. Nessa linha de raciocínio, se o ato apontado como coator não versa sobre a inclusão da parte impetrante no polo passivo da execução e sobre o reconhecimento de grupo econômico, seria impossível desconstituir a penhora sem cassar os efeitos desse ato inicial. Dito de outro modo, a decisão de 24/08/2017, que efetivamente reconheceu a existência do grupo, não coincide com a que determinou a penhora, de 18/06/2018, que está sendo apontada como ato coator. Logo, uma vez admitido o mandado de segurança, a decadência haveria de ser pronunciada, na forma da OJ 127 da SbDI-II. IV. Como se não bastasse, o ato primeiro, decisão de 24/08/2017, baseou-se nos

contratos sociais das empresas, bem como em recentes julgamentos do mesmo juízo da ação matriz, que vêm reconhecendo a existência de grupo econômico por coordenação entre as mesmas empresas indicadas na petição de id 9c2158f, considerando um núcleo familiar encabeçando os empreendimentos, a exemplo do quanto já decidido dos processos 0000664-29.2016.5.08.0129 e 0000773-46.2016.5.08.0128, dentre outras provas, tendo, por isso, de forma fundamentada, reconhecido a existência do grupo. Desse modo, o fato de, em 18/06/2018, ter sido determinada a penhora, contra a qual se insurge a impetrante, ora recorrente, diante da concretização da lesão a sua esfera jurídica, importaria na revisão de ato já abarcado pela decadência o que também não seria possível. V. Não obstante, esta Colenda Subseção Especializada em Dissídios individuais II possui precedente pertinente ao ROT-8250-53.2018.5.15.0000, de Relatoria do Ministro Douglas Alencar Rodrigues, publicado no DEJT em 26/03/2021, dispondo não ser cabível o mandado de segurança quando a matéria versada no writ disser respeito ao reconhecimento de grupo econômico. Por tais razões, ressalvo minha posição pela admissibilidade do writ quando a matéria envolver não a existência da dívida, mas a existência do grupo, em prol do respeito ao devido processo legal, do contraditório e da ampla defesa, reconhecendo que sou vencido para em face do princípio do colegiado e por disciplina judiciária acompanhar a posição da maioria para entender também incabível o mandado de segurança e manter a decisão do Tribunal Regional que aplicou a OJ 92 da SbDI- II ao presente caso concreto. VI. Recurso ordinário de que se conhece e a que se nega provimento" (RO-722-60.2018.5.08.0000, Subseção II Especializada em Dissídios Individuais, Relator Ministro Evandro Pereira Valadão Lopes, DEJT 10/05/2024). E ainda: "MANDADO DE SEGURANÇA. RECURSO ORDINÁRIO EM AGRAVO REGIMENTAL. DECISÃO QUE REJEITA EXCEÇÃO DE PRÉ-EXECUTIVIDADE. ATO JUDICIAL ATACÁVEL MEDIANTE REMÉDIO JURÍDICO PRÓPRIO. INCIDÊNCIA DA ORIENTAÇÃO JURISPRUDENCIAL 92 DA SBDI-2 DO TST. 1. A Lei nº 12.016/2009, ao disciplinar a ação mandamental, proibiu sua impetração contra decisão judicial da qual caiba recurso com efeito suspensivo (art. 5º, II). Por sua vez, a Orientação Jurisprudencial 92 da SBDI-2 do TST evidencia o descabimento do mandado de segurança 'contra decisão judicial passível de reforma mediante recurso próprio, ainda que com efeito diferido". A vedação imposta remete à necessidade de verificar, para efeito de admissibilidade da ação mandamental, a existência de recurso próprio capaz de impugnar o ato dito coator. 2. No caso concreto, a questão debatida no mandado de segurança, consubstanciada na rejeição das exceções de pré-executividade que questionavam a legitimidade das impetrantes para compor o polo passivo da execução no processo matriz, bem como a preclusão consumativa envolvendo a existência de formação de grupo econômico, comporta o manejo de embargos à execução (art. 884 da CLT) e, posteriormente, agravo de petição, razão pela qual a via eleita encontra óbice na disciplina do art. 5º, II, da Lei nº 12.016/2009 e na compreensão da OJ 92 da SBDI-2/TST e da Súmula 267/STF. Precedentes. Recurso ordinário conhecido e desprovido" (ROT-571-17.2019.5.06.0000, Subseção II Especializada em Dissídios Individuais, Relatora Ministra Morgana de Almeida Richa, DEJT 20/05/2022). Por sua vez, em sentido contrário: "MANDADO DE SEGURANÇA. RECURSO ORDINÁRIO EM AGRAVO INTERNO. INDEFERIMENTO DA PETIÇÃO INICIAL. ATO COATOR QUE DETERMINA DE OFÍCIO A DESCONSIDERAÇÃO INVERSA DA PERSONALIDADE JURÍDICA SEM A PRÉVIA INSTAURAÇÃO DO INCIDENTE CORRESPONDENTE. INOBSERVÂNCIA DO PROCEDIMENTO PREVISTO NOS ARTS. 133 A 137, DO CPC DE 2015. PATENTE ILEGALIDADE. MITIGAÇÃO DA OJ SBDI-2 Nº 92, DO TST. CABIMENTO DA AÇÃO MANDAMENTAL. ORDEM CONCEDIDA. PRECEDENTES. 1. Trata-se de Mandado de Segurança impetrado contra decisão proferida pelo Juízo da execução no processo matriz, em que se determinou, de ofício, a inclusão dos recorrentes no polo passivo daquela ação sem a prévia instauração do incidente de desconsideração inversa da personalidade jurídica previsto nos arts. 855-A da CLT e 133 a 137 do CPC de 2015. 2. É possível divisar, nesse contexto, a ocorrência de violação do direito líquido e certo dos Impetrantes de não serem incluídos no polo passivo da execução em trâmite no feito originário sem a correta observância do rito processual definido pelos arts. 133 a 137 do CPC/2015, cuja aplicação no processo do trabalho encontra supedâneo no art. 855-A da CLT, de forma a dar concretude integral ao postulado do devido processo legal, insculpido como garantia fundamental no art. 5º, LIV, da Constituição Federal. 3. Não se descura, aqui, da previsão contida no parágrafo 1º, II, do art. 855-A da CLT, acerca da possibilidade de manejo do Agravo de Petição contra decisão interlocutória que acolher ou rejeitar o incidente de desconsideração da personalidade jurídica, circunstância que, em primeira leitura, poderia atrair a incidência da OJ SBDI-2 nº 92 desta Corte. Nada obstante, cabe salientar que, em hipóteses semelhantes à que se apresenta para exame, esta Subseção tem defendido o cabimento da ação mandamental em razão da manifesta ilegalidade do Ato Coator, de maneira a autorizar a mitigação da diretriz consubstanciada na aludida Orientação Jurisprudencial. 4. Desse modo, constatando-se que o Ato Coator promoveu *ex officio* a desconsideração inversa da personalidade jurídica da empresa executada no processo matriz sem a prévia instauração do incidente a que aludem os arts. 855-A da CLT e 133 a 137 do CPC de 2015, exsurge patente a violação de direito líquido e certo dos Impetrantes, constatação que demonstra o cabimento da ação mandamental na espécie e impõe a concessão da segurança pleiteada. 5. Recurso Ordinário conhecido e provido" (RO-6152-61.2019.5.15.0000, Subseção II Especializada em Dissídios Individuais, Relator Ministro Luiz Jose Dezena da Silva, DEJT 11/03/2022).

viáveis, a jurisprudência tem sido refratária ao uso do *mandamus*, diante do teor da OJ 92 da SBDI-2 do TST, segundo a qual: "Não cabe mandado de segurança contra decisão judicial passível de reforma mediante recurso próprio, ainda que com efeito diferido".

Ademais, há empresas que se utilizam de embargos de terceiro,[22] contido no art. 674 do CPC.[23]

Grave cizânia[24] também existe quanto à competência da Justiça do Trabalho em caso de falência, sendo a atual tendência o encaminhamento da execução para a Justiça Comum.

---

[22] Pela viabilidade: "[...] 1. LEGITIMIDADE. EMBARGOS DE TERCEIRO. INCLUSÃO NO POLO PASSIVO NA FASE DE EXECUÇÃO. GRUPO ECONÔMICO. TRANSCENDÊNCIA JURÍDICA RECONHECIDA. CONHECIMENTO E PROVIMENTO. I. Hipótese em que a Corte Regional entendeu pela ilegitimidade da Parte para opor os Embargos de Terceiro em razão da inclusão da mesma no polo passivo da demanda na condição de integrante de grupo econômico. II. O art. 674, §2º, III, do CPC/2015 não autoriza, em sua literalidade, o ajuizamento de embargos de terceiro por aquele que foi incluído no polo passivo da demanda, na fase de execução, em razão do reconhecimento da existência de grupo econômico. III. Contudo, considerando os princípios do devido processo legal, da instrumentalidade das formas, da fungibilidade e da primazia de julgamento de mérito, a discussão acerca da qualidade da Parte é tema que se confunde com o mérito, pois a mesma decisão que reconheceu a existência de grupo econômico e redirecionou a execução em desfavor do Recorrente foi a que determinou a constrição de seu patrimônio, a qual foi impugnada pelos embargos de terceiro em discussão, em que se alega que a devedora não deve ser incluída no polo passivo, tratando-se de um terceiro alheio à relação jurídica processual. Portanto, é admissível a interposição de embargos de terceiros a fim de garantir o exercício do contraditório e da ampla defesa, com o intuito de viabilizar que a Parte ao menos tente demonstrar a sua ilegitimidade para responder pelo crédito exequendo. IV. O presente caso assemelha-se à hipótese prevista no artigo 674, §2º, III, do CPC/2015, tendo em vista que o Recorrente passou a figurar no polo passivo apenas na fase de execução, sem que lhe tivesse sido assegurado prévio contraditório. V. Sob esse enfoque, reconhecida a transcendência jurídica da causa, fixa-se o entendimento no sentido de que, os embargos de terceiro são considerados via adequada para a defesa da Parte incluída no polo passivo na fase de execução, ainda que na condição de integrante de grupo econômico, sob pena de ofensa direta ao princípio devido processo legal insculpido no art. 5º, LIV, da Constituição Federal. VIII. Recurso de revista de que se conhece e a que se dá provimento" (RR-1000323-18.2021.5.02.0051, 4ª Turma, Relator Ministro Alexandre Luiz Ramos, DEJT 11/11/2022).

[23] Art. 674. Quem, não sendo parte no processo, sofrer constrição ou ameaça de constrição sobre bens que possua ou sobre os quais tenha direito incompatível com o ato constritivo, poderá requerer seu desfazimento ou sua inibição por meio de embargos de terceiro. [...]
§2º Considera-se terceiro, para ajuizamento dos embargos:
III – quem sofre constrição judicial de seus bens por força de desconsideração da personalidade jurídica, de cujo incidente não fez parte.

[24] No STF: CC 8.213 STF – Rel. Ministro Luís Roberto Barroso (13.05.2022): A decisão de desconsideração da personalidade jurídica não invade a competência do juízo falimentar, tendo em vista que os atos de constrição não serão praticados contra o patrimônio da empresa falida. Têm-se juízos diversos processando e julgando causas diversas.
Rcl 67.060 – Rel. Ministro André Mendonça (08.04.2024): "o parágrafo único do art. 82-A da Lei nº 11.101, de 2005, incluído pela Lei nº 14.112, de 2020, prevê expressamente que a 'desconsideração da personalidade jurídica da sociedade falida, para fins de responsabilização de terceiros, grupo, sócio ou administrador por obrigação desta, somente pode ser decretada pelo juízo falimentar'. Apesar de não haver expresso reconhecimento de inconstitucionalidade do supracitado dispositivo legal, o Tribunal reclamado afastou a sua incidência no caso concreto, ensejando completo esvaziamento do conteúdo da norma, a eliminar suas hipóteses de incidência, sem que tenha sido observado o previsto no art. 97 da CRFB, o que implica violação ao enunciado nº 10 da Súmula Vinculante".
No STJ: CC 181.552 – Ministro Luis Felipe Salomão (01.02.2022): CONFLITO DE COMPETÊNCIA. JUÍZO DE FALÊNCIA E TRABALHISTA. DESCONSIDERAÇÃO DA PERSONALIDADE JURÍDICA. INEXISTÊNCA DE VIS ATRACTIVA PARA A SOLUÇÃO DO REFERIDO INCIDENTE. ART. 82-A DA LEI 11.101/05 APENAS EXCEPCIONA O EFEITO SUSPENSIVO PARA A SOLUÇÃO DO REFERIDO INCIDENTE NO PROCESSO FALIMENTAR. CONFLITO DE COMPETÊNCIA NÃO CONHECIDO. 1. Não caracteriza conflito de competência a determinação feita pelo Juízo do Trabalho de instauração de incidente de desconsideração da personalidade jurídica de sociedade em recuperação judicial ou falida, direcionando os atos de execução provisória para os sócios da suscitante. 2. Conflito de competência não conhecido.
CC201.420 – Relator Ministro Moura Ribeiro (22.02.2024) No entanto, as recentes alterações trazidas pela Lei 14.112/20 à Lei nº 11.101/05 no art. 82-A determinou que a competência para decretação da desconsideração da personalidade jurídica para fins de responsabilização de terceiros passou a ser exclusiva do juízo falimentar.

MORGANA DE ALMEIDA RICHA
RESPONSABILIDADE SOLIDÁRIA DO GRUPO ECONÔMICO NA EXECUÇÃO TRABALHISTA: CONFORMAÇÃO E LIMITES À LUZ DA JURISPRUDÊNCIA...

1311

Posta a discussão da responsabilidade pelo adimplemento da obrigação, diante da pluralidade de empresas passíveis de inserção no polo passivo, a pulverização de entendimentos na Justiça do Trabalho decorre de um histórico jurisprudencial consolidado, cuja releitura no início dos anos 2000 foi determinante para o atual cenário.

3   Razões da edição e do cancelamento da Súmula 205 do TST

A edição e o cancelamento da Súmula 205 do TST envolvem discussão correlata, que antecede à deste artigo. No mencionado verbete, vedava-se a inclusão na fase de execução de empresa que não participou na fase de conhecimento.

Observe-se que era uma solução mais drástica que a ora discutida, pois nem sequer cogitava de a defesa limitar-se, em fase de execução, à existência ou não do grupo. Ao contrário, exigia-se a discussão pelas empresas da formação do título.

Dentre os precedentes que deram origem ao enunciado de súmula, está o RO-MS 203/81, em que foi Redator o Ministro Marco Aurélio Mello, julgado em 11.11.81, segundo o qual "a responsabilidade solidária do §2º, do artigo 2º, da CLT, lançada pelo legislador como referente à relação de emprego – letra expressa de lei –, não acarreta, por si só e independentemente de sentença a reconhecendo, legitimidade passiva para a execução". Seu lastro estava nos arts. 471 do CPC/73 ("a sentença faz coisa julgada às partes entre as quais é dada, não beneficiando, nem prejudicando terceiros") e 896 do CC/16 ("a solidariedade não se presume; resulta da lei ou da vontade das partes"). A esses fundamentos, somavam-se as restrições de defesa pelas empresas em fase de execução.

O enunciado foi cancelado em 28 de outubro de 2003, por ocasião da 1ª Semana do TST, por maioria, vencidos os Ministros Vantuil Abdala, João Batista Brito Pereira, Maria Cristina Irigoyen Peduzzi e Renato de Lacerda Paiva. Prevaleceram os fundamentos de que a responsabilidade podia ser invocada originariamente na fase de execução, para evitar elevado ônus ao empregado, que desconhecia da existência do grupo ao ajuizar a reclamação, bem como por ser na execução o momento em que se constata se a empregadora direta tem ou não bens suficientes à satisfação do débito.

Nas notas taquigráficas da sessão, em 5 de agosto de 2003, o Ministro Vantuil Abdala, deixa entrever as razões da criação do verbete, ao qual denomina Enunciado "Marcelo Pimentel" e "Enunciado dos Diários Associados".[25]

AgInt no CC 190.233 – Relatora Ministra Maria Isabel Gallotti, Monocrática (07.02.2023) – Desse modo, conforme constou da decisão que deferiu a liminar, em vista das modificações que a Lei n. 14.112/2020 introduziu na Lei n. 11.101/05, a desconsideração da personalidade jurídica de empresa falida, que é o caso dos autos, passou a ser da competência exclusiva do Juízo universal, estando, assim, caracterizado o conflito de competência no presente caso. Em face do exposto, conheço do conflito a fim de declarar competente para decidir acerca da desconsideração da personalidade jurídica da falida, bem como em relação aos atos de constrição de bens ou valores dos sócios da falida, o Juízo de Direito da 2ª Vara de Falências e Recuperações Judiciais de São Paulo/SP.

25   O Ministro Francisco Fausto, durante a votação em comento, embora exaltasse a disciplina do processo, defendeu a primazia do interesse social. Assim se manifestou sobre o caso dos Diários Associados: "Quero dar um depoimento. Eu era juiz da junta quando recebi, em São Paulo, um título de execução do Diário de Natal. Todas as empresas paulistas dos Diários Associados estavam falidas, não tinham mais nada, estavam sob insolvência. Comecei a execução cumprindo a carta precatória, quando saiu esse enunciado, e interrompi a execução. O grande problema é exatamente esse, [...]. O advogado poderia até saber que o Diário de Natal era igual ao Diário de Pernambuco, que o Diário de Pernambuco era igual ao Diário de São Paulo... que é igual ao Correio Braziliense. [...] Mas o empregado comum não sabe. Então, ele reclama só contra o Correio Braziliense. Aí o Correio Braziliense está

No curso da votação, em 24 de junho de 2003, o Ministro enuncia as razões de sua divergência:

> creio que atenta contra o direito de defesa, passarmos a executar uma empresa que o juiz entende que é do mesmo grupo econômico, sem que tivesse dado chance a ela de fazer prova de que pertence ao mesmo grupo econômico. Até porque a questão de ser ou não do mesmo grupo econômico, muitas vezes, é uma coisa meio tormentosa.

O Ministro Barros Levenhagen, na mesma ocasião, por sua vez, afirmou que "o enunciado abre uma incongruência, porque o conteúdo fala em débito e a chamada é de responsabilidade. [...] Devedor é uma coisa, responsável é outra. Nem sempre o responsável é o devedor. O responsável responde".

Já o Ministro Milton de Moura França explicou: "E quando nasce o direito, realmente, de se executar o grupo? Quando vou lá e constato que não há mais nada. É aí que nasce a oportunidade e isso vai dar direito à parte de discutir se ela integra ou não".

No mesmo sentido, a Ministra Maria Cristina Irigoyen Peduzzi:

> [...] admitir que quem não integra o título executivo seja chamado a responder pela execução, isso é a contramão da história. Isso é retornarmos, desculpem-me a veemência, à década de 70. Hoje não tem cabimento, é a marcha a ré, é contramão. Querer cancelar – porque isso foi feito num caso concreto. Lembro-me de que isso foi na época de um mandado de segurança dos Diários Associados que estava conforme a legislação processual, conforme a legislação comercial, e não afrontava a legislação trabalhista no ponto em que contém o princípio da proteção ao trabalhador. Não há dúvida de que a lei trabalhista, a lei social tem o escopo de proteger o mais fraco, mas a Justiça do Trabalho, em nome da qual se cometem fraudes, ignorar o Direito Comercial, ignorar o processo civil e o próprio Direito Constitucional, admitindo que, não integrado o título judicial, se ignore a coisa julgada e se responsabiliza quem não integra a execução? Com esses breves argumentos... Realmente, quando li, eu já sabia que a maioria dos integrantes da comissão... Havia vencido o Ministro Vantuil Abdala, tanto que coloquei bem grande aqui: propor a manutenção. Fiquei admirada com isso, porque acho que vai ser um retrocesso.

Pelo que se observa, as razões dos votos dissonantes anteviam a solução mediana dada pelo legislador da criação de um incidente em fase de execução para viabilizar a defesa das empresas quanto à existência do grupo, sem onerar demasiadamente a fase de conhecimento e o reclamante.

4 Matéria afetada pelo STF: Tema 1.232 da Tabela de Repercussão Geral

Em breve síntese, a Repercussão Geral é requisito prévio de admissibilidade do recurso extraordinário para o Supremo Tribunal Federal, acrescentado pela EC nº 45/2004 e aplicado a partir de 3 de maio de 2007, com a regulamentação pela Emenda

---

insolvente e aí se acabou, ele não pode mais executar nada e perdeu o direito de reclamar contra os outros. Foi isso o que aconteceu. Resultado: o patrimônio dos Diários Associados foi salvo com esse enunciado. Ficaram o Diário de Pernambuco, o Correio Braziliense, O Diário de Natal, o Estado de Minas; os outros eles esvaziaram. [...] Simplesmente a empresa está blindada e aí se esvazia totalmente e, quando eles vão para a execução, não há nada. Esse é o problema".

MORGANA DE ALMEIDA RICHA

RESPONSABILIDADE SOLIDÁRIA DO GRUPO ECONÔMICO NA EXECUÇÃO TRABALHISTA: CONFORMAÇÃO E LIMITES À LUZ DA JURISPRUDÊNCIA... | 1313

Regimental nº 21/2007 pelo RISTF. Pode ser entendido como uma arguição de relevância, a ser demonstrada pelo recorrente.

Faz parte do movimento para racionalizar o acervo da Corte Superior brasileira transformada em Corte de Cúpula, geradora de precedentes. De reativa a prospectiva.

Nos termos do art. 1.035, §1º, do CPC, "para efeito de repercussão geral, será considerada a existência ou não de questões relevantes do ponto de vista econômico, político, social ou jurídico que ultrapassem os interesses subjetivos do processo".

O julgamento do recurso extraordinário para o STF é bifásico: na primeira decisão, o Pleno diz se a questão constitucional tem repercussão geral. Na segunda, julga-se o mérito propriamente dito. O decidido tem eficácia em relação a todos os recursos que versem sobre a mesma matéria.

São antecedentes históricos do Tema em questão, no âmbito da Corte Constitucional, duas Arguições de Descumprimento de Preceito Fundamental não conhecidas, por ausência do requisito da subsidiariedade:

ADPF 488: EMENTA: CONSTITUCIONAL. ADPF. EXECUÇÃO DE CRÉDITOS TRABALHISTAS. INCLUSÃO DE PESSOAS NÃO CONSTANTES DO TÍTULO EXEQUENDO. PESSOAS FÍSICAS OU JURÍDICAS INTEGRANTES DE UM MESMO GRUPO ECONÔMICO, SEM PRÉVIA PARTICIPAÇÃO NA FASE DE CONHECIMENTO. SUBSIDIARIEDADE. ADPF NÃO CONHECIDA. 1. A existência de outros meios idôneos ao enfrentamento da lesão constitucional alegada, em razão dos quais se mostra desatendido o requisito da subsidiariedade (art. 4º, §1º, da Lei 9.882/1999), inviabiliza o imediato acesso à Arguição de Descumprimento de Preceito Fundamental. 2. Arguição ajuizada com o propósito de revisão de decisões judiciais. Não cabimento da ADPF como sucedâneo recursal. 3. Arguição de descumprimento de preceito fundamental não conhecida. (ADPF 488, Relator(a): ROSA WEBER, Relator(a) p/ Acórdão: ALEXANDRE DE MORAES, Tribunal Pleno, julgado em 13.11.2023, PROCESSO ELETRÔNICO DJe-s/n DIVULG 19.02.2024 PUBLIC 20.02.2024)

ADPF 951: Ementa: AGRAVO REGIMENTAL EM ARGUIÇÃO DE DESCUMPRIMENTO DE PRECEITO FUNDAMENTAL. ART. 448-A DA CLT. CONJUNTO DE DECISÕES DA JUSTIÇA TRABALHISTA QUE ALEGADAMENTE ATRIBUEM RESPONSABILIDADE SOLIDÁRIA ÀS EMPRESAS SUCEDIDAS SEM A DEVIDA COMPROVAÇÃO DE FRAUDE. ILEGITIMIDADE ATIVA. INOBSERVÂNCIA DO REQUISITO DA SUBSIDIARIEDADE. UTILIZAÇÃO DA ADPF COMO SUCEDÂNEO RECURSAL. AGRAVO REGIMENTAL NÃO PROVIDO. 1. A jurisprudência da CORTE exige, para a caracterização da legitimidade ativa das entidades de classe e das confederações sindicais em ações de controle concentrado, a existência de correlação direta entre o objeto do pedido de declaração de inconstitucionalidade e os objetivos institucionais da Requerente. Precedentes. 2. A existência de outros meios idôneos ao enfrentamento da lesão constitucional alegada pela Agravante, em razão dos quais se mostra desatendido o requisito da subsidiariedade (art. 4º, §1º, da Lei 9.882/1999), inviabiliza o imediato acesso à Arguição de Descumprimento de Preceito Fundamental. Precedentes. 3. Arguição ajuizada com o propósito de revisão de decisões judiciais. Não cabimento da ADPF como sucedâneo recursal. Precedentes. 4. Agravo Regimental a que se nega provimento. (ADPF 951 AgR, Relator(a): ALEXANDRE DE MORAES, Tribunal Pleno, julgado em 13.11.2023, PROCESSO ELETRÔNICO DJe-s/n DIVULG 05.02.2024 PUBLIC 06.02.2024)

Por sua vez, as Turmas tinham julgados dissonantes quanto à necessidade de instauração prévia do IDPJ:

Agravo regimental na reclamação. 2. Direito Processual e do Trabalho. 3. Grupo econômico. 4. Art. 513, §5º, do CPC. O cumprimento da sentença não poderá ser promovido em face daquele que não tiver participado da fase de conhecimento. 5. Tribunal de origem afastou aplicação do referido dispositivo, sem observar cláusula de reserva de plenário. Violação à Súmula Vinculante 10 desta Corte. Reclamação julgada procedente para determinar o rejulgamento da causa. 6. Ausência de argumentos capazes de infirmar a decisão agravada. 7. Negado provimento ao agravo regimental. (Rcl 49974 AgR, Relator(a): GILMAR MENDES, Segunda Turma, julgado em 21.02.2022, PROCESSO ELETRÔNICO DJe-054 DIVULG 21.03.2022 PUBLIC 22.03.2022)

Ementa: CONSTITUCIONAL E PROCESSUAL CIVIL. AGRAVO REGIMENTAL EM RECLAMAÇÃO. VIOLAÇÃO AO ENUNCIADO DA SÚMULA VINCULANTE 10. INOCORRÊNCIA. AUSÊNCIA DE ESVAZIAMENTO DA NORMA OU DECLARAÇÃO DE INCONSTITUCIONALIDADE. RECURSO DE AGRAVO A QUE SE NEGA PROVIMENTO. 1. No caso concreto, o reconhecimento da responsabilidade solidária da parte ora recorrente, por fazer parte de grupo econômico, ocorreu com fundamento no art. 2º, §2º, da CLT, bem como nos entendimentos doutrinários e jurisprudenciais que permeiam a temática. 2. Não houve esvaziamento ou manifestação – explícita ou implícita – sobre a inconstitucionalidade da norma prevista no art. 513, §5º, do CPC, a qual defende-se ter sido afastada pelo juízo da origem. 3. "Para a caracterização de ofensa ao art. 97 da Constituição Federal, que estabelece a reserva de plenário (*full bench*), é necessário que a norma aplicável à espécie seja efetivamente afastada por alegada incompatibilidade com a Lei Maior. Não incidindo a norma no caso e não tendo sido ela discutida, a simples aplicação da legislação pertinente ao caso concreto não é suficiente para caracterizar a violação à Súmula Vinculante 10, do Supremo Tribunal Federal" (AI 814.519-AgR-AgR, Rel. Min. ELLEN GRACIE, Segunda Turma, DJe 30/5/2011). 4. A Autoridade Reclamada limitou-se a realizar um juízo interpretativo da norma celetista, motivo pelo qual não há necessidade de observância à Cláusula de Reserva de Plenário. Precedentes. 5. Nessas circunstâncias, em que não se tem presente o contexto específico do Enunciado Vinculante 10, não há estrita aderência entre o ato impugnado e o paradigma invocado. 6. Agravo Regimental a que se nega provimento (Rcl 55101 AgR, Relator(a): ALEXANDRE DE MORAES, Primeira Turma, Dje de 12.05.2023)

O caso afetado consiste em recurso extraordinário interposto contra acórdão mediante o qual a 3ª Turma do Tribunal Superior do Trabalho entendeu ser possível a inclusão de empresa integrante de grupo econômico em execução trabalhista, sem que ela tenha participado do processo de conhecimento e sem a instauração de incidente de desconsideração da personalidade jurídica.

Em 9 de setembro de 2022, o Plenário do STF, por maioria, reconheceu a repercussão geral da matéria constitucional, dando ensejo ao Tema nº 1.232 da Gestão por Temas da Repercussão Geral, fixado nos seguintes termos: "Possibilidade de inclusão no polo passivo da lide, na fase de execução trabalhista, de empresa integrante de grupo econômico que não participou do processo de conhecimento".

O processo, no momento da conclusão deste artigo, encontra-se em fase de votação, já tendo sido proferido voto do relator em sessão virtual, no que foi acompanhado pelos Ministros Alexandre de Moraes (com voto-vista convergente) e Flávio Dino.

Em seu voto, o relator, Ministro Dias Toffoli, delimita a questão por meio dos seguintes questionamentos: (i) "a inclusão de empresa integrante de grupo econômico no polo passivo da execução trabalhista, sem que ela tenha constado do título executivo,

MORGANA DE ALMEIDA RICHA

RESPONSABILIDADE SOLIDÁRIA DO GRUPO ECONÔMICO NA EXECUÇÃO TRABALHISTA: CONFORMAÇÃO E LIMITES À LUZ DA JURISPRUDÊNCIA... | 1315

vai de encontro aos postulados do devido processo legal, do contraditório e da ampla defesa?"; e (ii) "o Tribunal de origem, ao assim proceder, afasta a incidência do art. 513, §5º, do CPC vigente – que veda o redirecionamento da execução àquele que não tenha participado da fase de conhecimento – sem a observância da cláusula de reserva de plenário (CF, art. 97) e da Súmula Vinculante nº 10?".

Consta do voto do relator, em resposta, já quanto ao mérito, proferido em 3 de novembro de 2023: "o redirecionamento da execução trabalhista operada sem oportunidade efetiva de defesa não conduz a um processo adequado e justo, por permitir a constrição judicial e, por conseguinte, a perda de bens sem a mínima possibilidade de discussão e influência do convencimento do juiz quanto às premissas fática e jurídica que a ensejaram. Convola-se o processo, assim, em instrumento de flagrante arbítrio estatal" (p. 17-8).

E ainda:

> É preciso ficar claro que não se defende aqui que a observância do devido processo legal está condicionada ao exercício de um contraditório amplo, em que se permita a revisitação de toda e qualquer matéria discutida previamente à formação do título judicial. Não é disso que se trata. O que se propõe é tão somente que o redirecionamento, em fase adiantada do processo, não prescinde da concessão de oportunidade, à pessoa jurídica chamada aos autos por supostamente pertencer ao mesmo grupo econômico, para que, assim desejando, possa se manifestar, produzir provas das próprias alegações (ou contrapor as já anexadas aos autos) e efetivamente influir no convencimento do juiz. (p. 21)
> [...]
> não há violação do art. 97 da Constituição ou da Súmula Vinculante nº 10 quando o Tribunal de origem nem sequer adentra na análise do art. 513, §5º, do CPC, apenas interpretando e aplicando ao caso concreto outras normas mais específicas." (p. 35).

Por fim, propõe a fixação da seguinte tese de repercussão geral:

> É permitida a inclusão no polo passivo da execução trabalhista de pessoa jurídica pertencente ao mesmo grupo econômico (art. 2º, §§2º e 3º da CLT) e que não participou da fase de conhecimento, desde que devidamente justificada a pretensão em prévio incidente de desconsideração da pessoa jurídica, nos termos do art. 133 a 137 do CPC, com as modificações do art. 855-A da CLT, devendo ser atendido o requisito do art. 50 do Código Civil (abuso da personalidade jurídica). Aplica-se tal procedimento mesmo aos redirecionamentos operados antes da Reforma Trabalhista de 2017.

É de se destacar nessa tese, na contramão da jurisprudência do TST, a determinação de incidência da teoria maior da desconsideração da personalidade jurídica.

5   Considerações finais

A instrumentalidade do processo não é elemento neutro. Deve ser utilizada com razoabilidade para não esvaziar direitos e, concomitantemente, para submeter o procedimento aos princípios democráticos.

Por isso, a fixação de tese no sentido da necessidade de instauração de incidente de desconsideração da personalidade jurídica para inclusão de empresa de grupo econômico que não participou da fase de conhecimento é medida salutar que não dificulta em demasia a inclusão dos responsáveis solidários e a razoabilidade do tempo do processo, ao passo em que viabiliza o devido processo legal substantivo, pelo contraditório e ampla defesa, às pessoas jurídicas, sem as restrições da exceção de pré-executividade e dos embargos à execução.

Respeitam-se, assim, a cooperação inerente ao processo judicial e o programa legislativo, consentâneo com a Constituição Federal. Propõe, ainda, solução mediana, em equilíbrio ponderado entre os valores sociais do trabalho e da livre-iniciativa. Não se imiscui na dignidade do trabalhador, tampouco dificulta sobremaneira a execução de suas verbas alimentares.

Por sua vez, a evolução jurisprudencial quanto à matéria, no âmbito do TST, com a edição e cancelamento da Súmula 205 e o dissenso jurisprudencial formado após a Reforma Trabalhista, e também no âmbito da Suprema Corte, bem demonstram que, tal como na lição de Dworkin, "Cada romancista, a não ser o primeiro, tem a dupla responsabilidade de interpretar e criar, pois precisa ler tudo o que foi feito antes para estabelecer, no sentido interpretativista, o que é o romance criado até então".[26]

Essa, a essência de nosso sistema de precedentes inaugurado pelo CPC de 2015. Esse, o papel das Cortes de Cúpula.

Com efeito, como disse Hannah Pitkin, "Ninguém tem a última palavra, porque não há última palavra".[27] O Direito é uma constante evolução. *Panta Rhei*.

Referências

ALVARO DE OLIVEIRA, Carlos Alberto. *Do formalismo no processo civil*. São Paulo: Saraiva, 1997.

ANTUNES, José Engrácia. *Os grupos de sociedades*. Coimbra: Edições Almedina, 2002.

CANOTILHO, J. J. Gomes. *Direito Constitucional e Teoria da Constituição*. 7. ed. Coimbra: Edições Almedina, 2003.

DELGADO, Mauricio Godinho. *Curso de direito do trabalho*. 21. ed. São Paulo: LTr, 2024.

DINAMARCO, Cândido Rangel. *A instrumentalidade do processo*. 14. ed. São Paulo: Malheiros, 2009.

JOBIM, Marco Félix. Art. 5º, LV. In: *Comentários à Constituição do Brasil*. 3. ed. São Paulo: SaraivaJur/ Almedina/ IDP, 2023, p. 411.

NEVES, Daniel Amorim Assumpção. *Manual de Direito Processual Civil*. Volume único. 16. ed. Salvador: Juspodivm, 2024.

OLIVEIRA, José Lamartine Corrêa de. *A dupla crise da personalidade jurídica*. São Paulo: Saraiva, 1979.

PITKIN, Hanna. "Obligation and Consent-II". *The American Political Science Review*, v. 60, n. 1, 1966.

SARLET, Ingo Wolfgang. *A Eficácia dos Direitos Fundamentais*. 11. ed. Porto Alegre: Livraria do Advogado, 2012.

SOARES, Saulo Cerqueira de Aguiar. *Direitos fundamentais do trabalho*. São Paulo: LTr, 2017.

SOUZA, André Pagani de. *Desconsideração da personalidade jurídica*: aspectos processuais. São Paulo: Saraiva, 2009.

---

[26] *Uma questão de princípio*. Tradução de Luís Carlos Borges. São Paulo: Martins Fontes, 2000, p. 217.

[27] "Obligation and Consent-II", *The American Political Science Review*, v. 60, n. 1, p. 52, 1966.

MORGANA DE ALMEIDA RICHA

RESPONSABILIDADE SOLIDÁRIA DO GRUPO ECONÔMICO NA EXECUÇÃO TRABALHISTA: CONFORMAÇÃO E LIMITES À LUZ DA JURISPRUDÊNCIA...

1317

Informação bibliográfica deste texto, conforme a NBR 6023:2018 da Associação Brasileira de Normas Técnicas (ABNT):

RICHA, Morgana de Almeida Responsabilidade solidária do grupo econômico na execução trabalhista: conformação e limites à luz da jurisprudência do TST e do STF. *In*: MENDES, Gilmar Ferreira; LIRA, Daiane Nogueira de; FREIRE, Alexandre (coord.). *Constituição, democracia e diálogo*: 15 anos de Jurisdição Constitucional do Ministro Dias Toffoli. 2. ed. Belo Horizonte: Fórum, 2025. p. 1301-1317. ISBN 978-65-5518-937-7.

O RECURSO EXTRAORDINÁRIO Nº 1.055.941 (TEMA 990) E A ATIVIDADE DE INTELIGÊNCIA: O PAPEL DO PODER JUDICIÁRIO NA PRESERVAÇÃO DOS DIREITOS FUNDAMENTAIS

NARA NISHIZAWA

I Introdução

O julgamento do Tema nº 990[1] pelo Plenário do Supremo Tribunal Federal é considerado um marco no combate e prevenção à lavagem de dinheiro, financiamento ao terrorismo e proliferação de armas (PLD/FT). Concorde-se, ou não, com a conclusão que autorizou o compartilhamento, não passa despercebida a reafirmação do papel do Poder Judiciário no controle e preservação dos direitos fundamentais à intimidade e ao sigilo de dados.

No dia 15 de julho de 2019, no bojo do Recurso Extraordinário nº 1.055.941, o Ministro Dias Toffoli, então presidente do Supremo Tribunal Federal (STF) e relator do referido processo, determinou a suspensão de todos os inquéritos e procedimentos de investigação criminal (PICs) (*i*) "que foram instaurados *à míngua de supervisão do Poder Judiciário e de sua prévia autorização* sobre os dados compartilhados pelos órgãos de fiscalização e controle" (g.n.) – assim entendidos como Secretaria da Receita Federal do Brasil (SRFB), Conselho de Controle de Atividades Financeiras (COAF/UIF), e Banco Central (Bacen) –, <u>E</u> (*ii*) que iam "além da identificação dos titulares das operações bancárias e montantes globais".

Dentre os fundamentos declinados pelo Relator, constou a proteção dos direitos à privacidade e ao sigilo de dados, uma vez que o compartilhamento dessas informações sem autorização judicial representa violação potencial aos direitos individuais assegurados pela Constituição; e que, apesar da declaração de constitucionalidade da Lei Complementar nº 105/2001 pelo Supremo Tribunal Federal, não houve um salvo-conduto da identificação dos titulares das operações bancárias e dos montantes globais

---

[1] BRASIL. STF. Recurso Extraordinário 1.055.941. Relator: DIAS TOFFOLI – Tribunal Pleno, j. 4.dez. 2019. DJE, Brasília, 18 mar. 2021.

mensalmente movimentados ("ou seja, dados genéricos e cadastrais dos correntistas, vedada a inclusão de qualquer elemento que permita identificar sua origem ou [a] natureza dos gastos a partir deles efetuados").[2] Já de antemão, pontuou que:

> a depender do que se decidir no paradigma da controvérsia, o risco de persecuções penais fundadas no compartilhamento de dados bancários e fiscais dos órgãos administrativos de fiscalização e controle com o Ministério Público, sem o adequado balizamento dos limites de informações transferidas, podem redundar em futuros julgamentos inquinados de nulidade por ofensa às matrizes constitucionais da intimidade e do sigilo de dados (art. 5º, incisos X e XII, da CF).

A medida teve repercussão imediata e ampla, tanto no cenário jurídico quanto na imprensa, tendo sido objeto de intensas críticas e debates.[3]

Da referida decisão, além da oposição de embargos de declaração pela Procuradoria-Geral da República, houve manifestações de outros grupos do Ministério Público Federal, como dos membros da 2ª e 5ª Câmara de Coordenação e Revisão,[4] e das denominadas Forças-Tarefas da Lava Jato e Greenfield.[5]

De um modo geral, as críticas se centraram no suposto impacto negativo sobre a segurança pública e a efetividade do sistema de justiça, além de que a medida contrariaria recomendações internacionais, em especial aquelas que confeririam maior amplitude às ações das unidades de inteligência financeira e sua interação com outros órgãos públicos, dificultando a prevenção e o combate à corrupção e lavagem de dinheiro. De

---

[2] BRASIL. STF. Ação Direta de Inconstitucionalidade nº 2.386. Relator: DIAS TOFFOLI – Tribunal Pleno, j. 24 fev. 2016. DJE, Brasília, 21 out. 2026; BRASIL. STF. Ação Direta de Inconstitucionalidade nº 2.390. Relator: DIAS TOFFOLI – Tribunal Pleno, j. 24 fev. 2016. DJE, Brasília, 21 out. 2026; BRASIL. STF. Ação Direta de Inconstitucionalidade nº 2.397. Relator: DIAS TOFFOLI – Tribunal Pleno, j. 24 fev. 2016. DJE, Brasília, 21 out. 2026; BRASIL. STF. Ação Direta de Inconstitucionalidade nº 2.859. Relator: DIAS TOFFOLI – Tribunal Pleno, j. 24 fev. 2016. DJE, Brasília, 21 out. 2026.

[3] A título de exemplo: *Toffoli suspende inquérito com dados do Coaf a pedido da defesa de Flávio Bolsonaro.* G1, Brasília, 16 jul. 2019. Disponível em: https://g1.globo.com/politica/noticia/2019/07/16/toffoli-atende-flavio-bolsonaro-e-suspende-apuracoes-com-dados-do-coaf-e-do-fisco-sem-aval-judicial.ghtml. Acesso em: 9 ago. 2024; *Caso Queiroz: Uso de dados do Coaf sem autorização judicial é 'promiscuidade', diz ministro Marco Aurélio.* BBC News Brasil, Brasília, 16 jul. 2019. Disponível em: https://www.bbc.com/portuguese/brasil-48259927. Acesso em: 9 ago. 2024 ; *Nota pública a respeito da suspensão de investigações originadas de relatórios de órgãos de controle.* ANPR, Brasília, 16 jul. 2019. Disponível em: https://www.anpr.org.br/comunicacao/noticias/nota-publica-a-respeito-da-suspensao-de-investigacoes-originadas-de-relatorios-de-orgaos-de-controle. Acesso em: 9 ago. 2024; *PGR diz ter 'preocupação' com decisão sobre compartilhamento de dados do Coaf e estuda recurso.* G1, Brasília, 17 jul. 2019. Disponível em: https://g1.globo.com/politica/noticia/2019/07/17/pgr-diz-ter-preocupacao-com-decisao-sobre-compartilhamento-de-dados-do-coaf-e-estuda-recurso.ghtml. Acesso em: 9 ago. 2024; *ANPR: Decisão de Toffoli sobre Coaf causa prejuízo ao país.* Valor Econômico, Brasília, 17 jul. 2019. Disponível em: https://valor.globo.com/politica/noticia/2019/07/17/anpr-decisao-de-toffoli-sobre-coaf-causa-prejuizo-ao-pais.ghtml. Acesso em: 9 ago. 2024; *Decisão de Toffoli sobre Coaf suspende ao menos 700 processos na Justiça.* Congresso em Foco, Brasília, 26 out. 2019. Disponível em: https://congressoemfoco.uol.com.br/judiciario/toffoli-suspende-investigacoes-com-dados-do-coaf/. Acesso em: 9 ago. 2024; *MPF diz que 935 investigações pararam após decisões de Toffoli sobre Coaf.* Exame, São Paulo, 18 nov. 2019. Disponível em: https://exame.com/brasil/mpf-diz-que-935-investigacoes-pararam-apos-decisoes-de-toffoli-sobre-coaf/. Acesso em: 9 ago. 2024; *MPF contabiliza 935 investigações paralisadas por decisão de Toffoli sobre Coaf.* O Globo, Rio de Janeiro, 18 nov. 2019. Disponível em: https://oglobo.globo.com/brasil/mpf-contabiliza-935-investigacoes-paralisadas-por-decisao-de-toffoli-sobre-coaf-24049891. Acesso em: 9 ago. 2024.

[4] *Câmaras do MPF pedem revogação de decisões de Toffoli sobre Coaf.* Estado de Minas, Belo Horizonte, 18 nov. 2019. Disponível em: https://www.em.com.br/politica/. Acesso em: 9 ago. 2024.

[5] *Forças-tarefas da Lava Jato e Greenfield divulgam nota pública sobre decisão do ministro Dias Toffoli – Procuradoria da República em São Paulo.* Procuradoria da República em São Paulo, São Paulo, 17 jul. 2019. Disponível em: https://www.mpf.mp.br/sp/sala-de-imprensa/noticias-sp/forcas-tarefas-da-lava-jato-e-greenfield-divulgam-nota-publica-sobre-decisao-do-ministro-dias-toffoli. Acesso em: 9 ago. 2024.

acordo ainda com o Procurador-Geral de Justiça do Estado de São Paulo, a decisão teria também afetado investigações relacionadas à lavagem de dinheiro por organizações criminosas, como o Primeiro Comando da Capital (PCC).[6]

A decisão foi também tema da reunião plenária do Groupe d'Action Financière/The Financial Action Task Force (on Money Laundering) (Gafi/Fatf) ocorrida em outubro de 2019, ocasião em que, embora o Brasil tenha deixado de figurar na lista de jurisdições que possuem deficiência estratégica na PLD/FT com a edição da Lei nº 13.810/2019[7] e do Decreto nº 9.825/2019,[8] suscitou-se que a medida liminar levantou preocupações quanto à capacidade do país em cumprir os padrões internacionais de combate à lavagem de dinheiro e o financiamento do terrorismo.[9]

A Organização para a Cooperação e Desenvolvimento Econômico (OCDE), de modo similar, manifestou especial preocupação "em ações recentes tomadas pelos Poderes Executivo, Legislativo e Judiciário do Estado brasileiro que podem afetar seriamente a capacidade do Brasil de cumprir plenamente suas obrigações sob a Convenção Anticorrupção da OCDE".[10]

A referida decisão (e os fatos que se sucederam) evidenciou que: (*i*) haveria pressão interna e externa (internacional) para autorizar o compartilhamento sem prévia autorização judicial, e (*ii*) enfrentávamos situação de total assimetria de informação, senão de verdadeiro desconhecimento e descontrole a respeito da forma de compartilhamento de dados entre os órgãos administrativos de fiscalização e controle (SRFB, Bacen e COAF) e as autoridades de persecução penal e o Poder Judiciário. Tanto é que, na decisão proferida pelo Ministro Dias Toffoli, foi determinado à PGR, SRFB, COAF, Procuradorias-Gerais de Justiça, Conselho Nacional do Ministério Público e Tribunal de Contas da União que apresentassem "informações pormenorizadas a respeito do procedimento adotado em relação ao compartilhamento de dados e ao seu nível de detalhamento das informações".

Posteriormente, com a conclusão da análise do Recurso Extraordinário nº 1.055.941 – no bojo do qual se firmou o Tema nº 990 de Repercussão Geral –, o Supremo Tribunal Federal declarou a constitucionalidade do compartilhamento com os órgãos de persecução penal, *sem autorização judicial prévia*, da íntegra do procedimento fiscalizatório da SRFB e dos RIFs produzidos pelo COAF. A questão foi fixada sob o Tema nº 990 de Repercussão Geral:

---

6   *Decisão de Toffoli sobre Coaf paralisa investigações sobre PCC, diz procurador-geral de Justiça de SP*. BBC News Brasil, 17 jul. 2019. Disponível em: https://www.bbc.com/portuguese/brasil-49010201. Acesso em: 9 ago. 2024.

7   Dispõe sobre o cumprimento de sanções impostas por resoluções do Conselho de Segurança das Nações Unidas, incluída a indisponibilidade de ativos de pessoas naturais e jurídicas e de entidades, e a designação nacional de pessoas investigadas ou acusadas de terrorismo, de seu financiamento ou de atos a ele correlacionados.

8   Regulamenta a Lei nº 13.810/2019 para dispor sobre o cumprimento de sanções impostas por resoluções do Conselho de Segurança das Nações Unidas.

9   *Outcomes FATF Plenary, 16-18 October 2019*. Disponível em: https://www.fatf-gafi.org/en/publications/Fatfgeneral/Outcomes-plenary-october-2019.html. Acesso em: 31 jul. 2024.

10   *Capacidade do Brasil de investigar suborno estrangeiro está ameaçada, diz grupo da OCDE*. Folha de S.Paulo, São Paulo, 21 out. 2019. Disponível em: https://www1.folha.uol.com.br/mercado/2019/10/capacidade-do-brasil-de-investigar-suborno-estrangeiro-esta-ameacada-diz-grupo-da-ocde.shtml. Acesso em: 9 ago. 2024; *Nota da OCDE responsabiliza Congresso e STF por retrocesso no combate à corrupção*. Instituto Politeia, 13 nov. 2019. Disponível em: https://www.gazetadopovo.com.br/instituto-politeia/. Acesso em: 9 ago. 2024.

Tema 990

1. É constitucional o compartilhamento dos relatórios de inteligência financeira da UIF e da íntegra do procedimento fiscalizatório da Receita Federal do Brasil, que define o lançamento do tributo, com os órgãos de persecução penal para fins criminais, sem a obrigatoriedade de prévia autorização judicial, devendo ser resguardado o sigilo das informações em procedimentos formalmente instaurados e sujeitos a posterior controle jurisdicional.

2. O compartilhamento pela UIF e pela RFB, referente ao item anterior, deve ser feito unicamente por meio de comunicações formais, com garantia de sigilo, certificação do destinatário e estabelecimento de instrumentos efetivos de apuração e correção de eventuais desvios.

Ao fixar o enunciado, a Suprema Corte deixou muito claro que não se tratava de espécie de salvo-conduto. Firmou-se, de maneira muito clara, que tal compartilhamento não estaria à margem do controle judicial.

Neste ponto, há ainda que se ressaltar diferenças operacionais entre a Receita Federal e o COAF que conduzem a situações bastante distintas, a depender do órgão de origem das informações compartilhadas.

Nos casos de investigação criminal instaurada a partir da *íntegra do procedimento fiscalizatório*, houve contraditório prévio com a participação do contribuinte – ainda que em âmbito administrativo, cuja legislação específica (Lei Complementar nº 105/2001) conta com dispositivos direcionados a compatibilizar as várias esferas de direitos. No julgamento das ADIs nºs 2.390, 2.386, 2.397 e 2.859, que resultou na declaração de constitucionalidade dos arts. 5º e 6º da LC nº 105/2001, o Supremo Tribunal Federal declarou a imprescindibilidade de observância dos seguintes procedimentos para que a autoridade fiscal possa ter acesso aos dados acobertados pelo sigilo constitucional:

i) pertinência temática entre as informações bancárias requeridas na forma do art. 6º da LC nº 105/01 e o tributo objeto de cobrança no processo administrativo instaurado;

ii) prévia notificação do contribuinte quanto à instauração do processo (leia-se, o contribuinte deverá ser notificado da existência do processo administrativo previamente à requisição das informações sobre sua movimentação financeira) e relativamente a todos os demais atos;

iii) submissão do pedido de acesso a um superior hierárquico do agente fiscal requerente;

iv) existência de sistemas eletrônicos de segurança que sejam certificados e com registro de acesso, de modo que torne possível identificar as pessoas que tiverem acesso aos dados sigilosos, inclusive para efeito de responsabilização na hipótese de abusos;

v) estabelecimento de mecanismos efetivos de apuração e correção de desvios;

vi) amplo acesso do contribuinte aos autos, garantindo-lhe a extração de cópias de quaisquer documentos e decisões, de maneira a permitir que possa exercer a todo tempo o controle jurisdicional dos atos da administração, segundo atualmente dispõe a Lei 9.784/1999.

Já no caso dos Relatórios de Inteligência Financeira (RIF) produzidos pelo COAF (espontaneamente, ou por intercâmbio) não há qualquer contraditório prévio. O cidadão sequer tem conhecimento dos dados (sigilosos) que estão de posse da unidade de inteligência. O contraditório (potencialmente) se instaurará com incorporação do RIF ao processo criminal e quando houver acesso à informação pelo investigado, o que, não raras vezes, ocorre quando já realizadas medidas extremamente invasivas, como quebra de sigilos fiscal, bancário, telefônico e telemático, busca e apreensão e até mesmo prisão.

NARA NISHIZAWA

O RECURSO EXTRAORDINÁRIO Nº 1.055.941 (TEMA 990) E A ATIVIDADE DE INTELIGÊNCIA: O PAPEL DO PODER JUDICIÁRIO NA PRESERVAÇÃO... | 1323

A exigência, portanto, de formalização das interações entre os órgãos de investigação criminal e o COAF tem especial relevância – muito maior, diga-se, do que no caso do compartilhamento da íntegra do procedimento fiscalizatório.

O presente artigo visa a analisar criticamente o impacto da decisão do Supremo Tribunal Federal no Recurso Extraordinário nº 1.055.941 (Tema 990) sobre a atividade de inteligência no Brasil, com enfoque específico na importância da supervisão judicial no controle do compartilhamento de dados e na preservação dos direitos fundamentais à privacidade e sigilo de informações, perpassando pelas críticas formuladas à época e as pressões para conformidade com padrões globais de combate ao crime, bem como as implicações da estreita relação entre as atividades de inteligência e de persecução penal no país.

II O sistema global de proteção à lavagem de dinheiro e o COAF

Como mencionado na introdução, os debates a respeito do compartilhamento de informações entre o COAF e as autoridades de persecução penal não passou despercebido aos organismos internacionais. Isso se deve, em grande medida, ao movimento de internacionalização do Direito Penal que vem ocorrendo há algumas décadas,[11] com o deslocamento dos centros de competência e decisão para a sociedade internacional e o estabelecimento de parâmetros gerais de condução para governança nacional, por meio de uma ininterrupta e contínua regulamentação, criando espécies de sistema globais de proibição.[12] Em estudo conduzido em 2001, foram identificados pelo menos 27 crimes tipificados em 276 tratados internacionais celebrados entre 1815 e 1999.[13]

O compromisso das autoridades de fiscalização constante para a identificação de situações de potencial prática de lavagem de dinheiro ganhou força com a Convenção das Nações Unidas contra o Tráfico Ilícito de Entorpecentes e Substâncias Psicotrópicas (Convenção de Viena, de 1988). Posteriormente, as normativas sobre o assunto foram se proliferando e alcançando cada vez mais abrangência. Por exemplo, a Convenção das Nações Unidas contra a Corrupção (Convenção de Mérida, de 2003) impôs aos estados-parte a instituição de rígidos controles administrativos desde a regulamentação e supervisão dos bancos e das instituições financeiras não bancárias, como o estabelecimento de um departamento de inteligência financeira que sirva de centro nacional de recompilação, análise e difusão de informação sobre possíveis atividades de lavagem de dinheiro.

Em âmbito global, diversos são os organismos internacionais que se ocupam do tema, como a Organização das Nações Unidas (ONU), OCDE, Comitê de Supervisão Bancária

---

[11] JAPIASSU, Carlos Eduardo. *Temas de Direito Penal Internacional*. 1. ed. Rio de Janeiro: Jorge Luis Fortes Pinheiro da Camara, 2014.

[12] XAVIER DE OLIVEIRA, Marcus Vinícius. Direito Penal Internacional, Estado Constitucional e o Problema da Mitigação da Soberania na Persecução dos Crimes Internacionais Próprios. *Quaestio Iuris*, vol. 11, n. 3, 2034-2070, 2018.

[13] BASSIOUNI, M. Cherif. Universal Jurisdiction for International Crimes: Historical Perspectives and Contemporary Practice. *Virginia Journal of International Law*, n. 42, 81-162, fall 2001.

de Basileia, Grupo de Egmont,[14] Banco Mundial e Fundo Monetário Internacional, entre outros.

Especificamente no que toca ao combate e prevenção à lavagem de dinheiro, financiamento ao terrorismo e proliferação de armas, o de maior proeminência é o já mencionado Gafi/Fatf, criado em 1989 para atuar na vanguarda da propagação de orientações a órgãos governamentais do mundo todo. Desde a sua fundação, a organização tem concentrado seus esforços em estabelecer padrões globais a serem implementados pelos países e identificar ameaças de lavagem de dinheiro e financiamento do terrorismo. Uma das suas primeiras medidas foi a publicação de documento contendo 40 Recomendações em 1990, posteriormente revisadas em 1996, 2003 e 2012 – além de diversas Notas Interpretativas destinadas a esclarecer a aplicação das Recomendações e fornecer orientações adicionais.[15]

Embora as Recomendações não sejam mandatórias ou vinculantes, sob aspectos técnico-jurídicos, são reconhecidas pelo FMI e o Banco Mundial como padrão (nacional e internacional) de controle eficaz de PLD/FT. Para que se tenha dimensão da sua relevância, no ano de 2019, o Conselho de Segurança das Nações Unidas reforçou a importância da implementação das Recomendações do Gafi/Fatf:

> Enfatizando o papel fundamental desempenhado pelas Nações Unidas, em particular pelo Conselho de Segurança, na luta contra o terrorismo e destacando o papel essencial do Grupo de Ação Financeira (GAFI) no estabelecimento de normas globais para prevenir e combater o branqueamento de capitais e o financiamento do terrorismo e proliferação e a sua rede global de organismos regionais do tipo GAFI, e tomando nota com apreço da estratégia consolidada do GAFI em matéria de combate ao financiamento do terrorismo e do seu plano operacional [...]
> 4. Insta encarecidamente todos os Estados a implementarem as normas internacionais abrangentes incorporadas nas quarenta recomendações revisadas do Grupo de Ação Financeira contra lavagem de dinheiro e financiamento do terrorismo e proliferação e nas suas notas interpretativas; [...]
> 15. Insta aos Estados Membros que ainda não o fizeram a criar unidades de informação financeira que operem de forma independente e autônoma, com vista a reforçar os seus respectivos quadros para prevenir e suprimir o financiamento do terrorismo, em conformidade com as normas do GAFI;[16] (tradução livre)

A preocupação com a efetividade das medidas inclui ressalva específica para que países assegurem que as leis de sigilo das instituições financeiras não inibam a implementação de suas Recomendações (Recomendação nº 9), além de prestar, de maneira rápida, construtiva e efetiva, a mais ampla assistência jurídica mútua possível

---

[14] O Grupo de Egmont reúne mais de 160 Unidades de Inteligência Financeira, unidas em uma plataforma para supervisionar e/ou contribuir para o fortalecimento dos mecanismos de compartilhamento de informações entre seus membros a fim de combater a lavagem de dinheiro, financiamento do terrorismo e crimes subjacentes associados. O principal órgão do Grupo é composto pelos chefes das UIFs (*HoFIU – heads of financial intelligence units*), que tomam decisões baseadas em consenso sobre assuntos que afetam os membros, estrutura, orçamento e princípios-chave. O HoFIU se comunica regularmente por meio da Egmont Secure Web e se reúne pelo menos uma vez por ano durante a reunião plenária anual do Grupo Egmont.

[15] The FATF Recommendations, International Standards on Combating Money Laundering and the Financing of Terrorism & Proliferation. Disponível em: https://www.fatf-gafi.org/publications/fatfrecommendations/documents/fatf-recommendations.html. Acesso em: 12 abr. 2022.

[16] ONU. Conselho de Segurança. Resolução nº 2.462, de 28 de março de 2019.

com relação a investigações, processos e procedimentos relacionados à PLD/FT com outros países, sem oposição de teses de sigilo ou confidencialidade (Recomendação nº 36 e ss.).

No Brasil, a implementação das Recomendações do Gafi/Fatf passa pela edição da Lei de Combate à Lavagem de Dinheiro, Lei nº 9.613/1998. Além de dispor sobre os crimes de lavagem ou ocultação de bens, direitos e valores, foi criado o Conselho de Controle de Atividades Financeiras (COAF) para funcionar como Unidade de Inteligência Financeira (UIF), com a função de "coordenar e propor mecanismos de cooperação e de troca de informações que viabilizem ações rápidas e eficientes no combate à ocultação ou dissimulação de bens, direitos e valores" (cfr. §2º do art. 14), podendo, ainda, "requerer aos órgãos da Administração Pública as informações cadastrais bancárias e financeiras de pessoas envolvidas em atividades suspeitas" (cfr. §3º, do art. 14). Igualmente, é também dever do COAF comunicar "às autoridades competentes para a instauração dos procedimentos cabíveis, quando concluir pela existência de crimes previstos nesta Lei, de fundados indícios de sua prática, ou de qualquer outro ilícito" (cfr. art. 15 da Lei nº 13.974/2020).

De acordo com a classificação do Banco Mundial, pelo menos em tese, o COAF se enquadraria no chamado modelo *administrativo*, fazendo parte da estrutura de supervisão dos entes obrigados e das instituições financeiras, sem vinculação (direta ou indireta) às autoridades judiciárias, policiais ou de persecução penal.[17] [18] Em casos como tais,

> a intenção principal é estabelecer uma 'zona neutra' entre o setor financeiro (e, de forma geral, as entidades e profissionais sujeitos à obrigação de notificação) e as agências a cargo de investigar e processar os crimes financeiros.[19] (tradução livre).

Nesse seu papel, segundo o COAF, o RIF não consistiria em imputação acusatória, nem mesmo de mero indiciamento, mas tão somente *elemento de inteligência* com avaliação de potencial *atipicidade* e *suspeição* de operações e movimentações financeiras, que deve ser encaminhado às autoridades competentes para a instauração dos procedimentos cabíveis.[20] O órgão funcionaria como mero *hub* de recebimento e processamento de comunicações de operações suspeitas (e outras relevantes) de lavagem de dinheiro,

---

[17] A classificação do Banco Mundial leva em conta a vinculação/subordinação do órgão. O Banco Mundial identifica a existência de quatro modelos básicos de UIF: (*i*) administrativo; (*ii*) coercitivo/policial (*law-enforcement type*); (*iii*) judicial ou persecutório (*prosecutorial-type*); e (*iv*) híbrido. O que é comum, de todo modo, é o seu funcionamento como uma espécie de *hub* de processamento de informações de inteligência financeira e posterior distribuição às diversas autoridades competentes, dentro e fora do país, e transversalmente, entre quaisquer dos poderes, níveis de governo ou âmbitos institucionais de PLDFT (BANCO MUNDIAL. *Unidades de inteligencia financiera*: Panorama general. Washington, DC, 2004, p. 9).

[18] Enquanto autoridade administrativa, central e independente, as atribuições do COAF vão além daquela de inteligência financeira, a ele incumbindo também (*i*) poder funcional normativo, (*ii*) poder funcional de fiscalização sobre atividades que não contam com órgão fiscalizador ou regulador próprio, e aplicação de penas administrativas, e (*iii*) coordenação e proposição de mecanismos de cooperação conjuntamente com os demais órgãos supervisores.

[19] BANCO MUNDIAL. *Unidades de inteligencia financiera*: Panorama general. Washington, DC, 2004. p. 10.

[20] Igualmente, quando do julgamento do Recurso Extraordinário (RE) nº 1.055.941 pelo Supremo Tribunal Federal (STF), a Corte fixou em *obter dictum* que a base de dados do COAF e os relatórios de inteligência não constituem prova criminal, tratando-se, em realidade, de meio de obtenção de prova (BRASIL. STF. Recurso Extraordinário 1.055.941. Relator: DIAS TOFFOLI – Tribunal Pleno, j. 4 dez. 2019. DJE, Brasília, 18 mar. 2021).

crimes antecedentes e financiamento do terrorismo, com a posterior disseminação dos seus resultados.

Nada obstante (e como se constatou quando da decisão – em caráter liminar – proferida pelo Ministro Dias Toffoli em julho de 2019, no RE nº 1.055.941), a realidade brasileira tem apontado inegável proximidade entre os órgãos financeiros e as autoridades judiciárias, policiais ou de persecução penal – senão, verdadeira simbiose. A prática indica que talvez não exista tal *zona neutra* no Brasil, servindo o órgão de inteligência como uma espécie de *longa manus* dos órgãos de investigação e processamento criminal.

III Ponto nodal da supervisão judicial: convergência entre inteligência e investigação penal

No Brasil, desde o ano de 2018, do total de RIFs produzidos pelo COAF, mais da metade deles é decorrente de pedidos realizados por autoridades públicas (chegando a 88% em 2022) – esse é o chamado *RIF de intercâmbio/a pedido*. Em outras palavras, a quantidade de RIFs disseminados espontaneamente pelo COAF é muito pouco representativa, correspondendo, em 2022,[21] a menos de 12% (doze por cento) do total de relatórios produzidos pelo órgão.

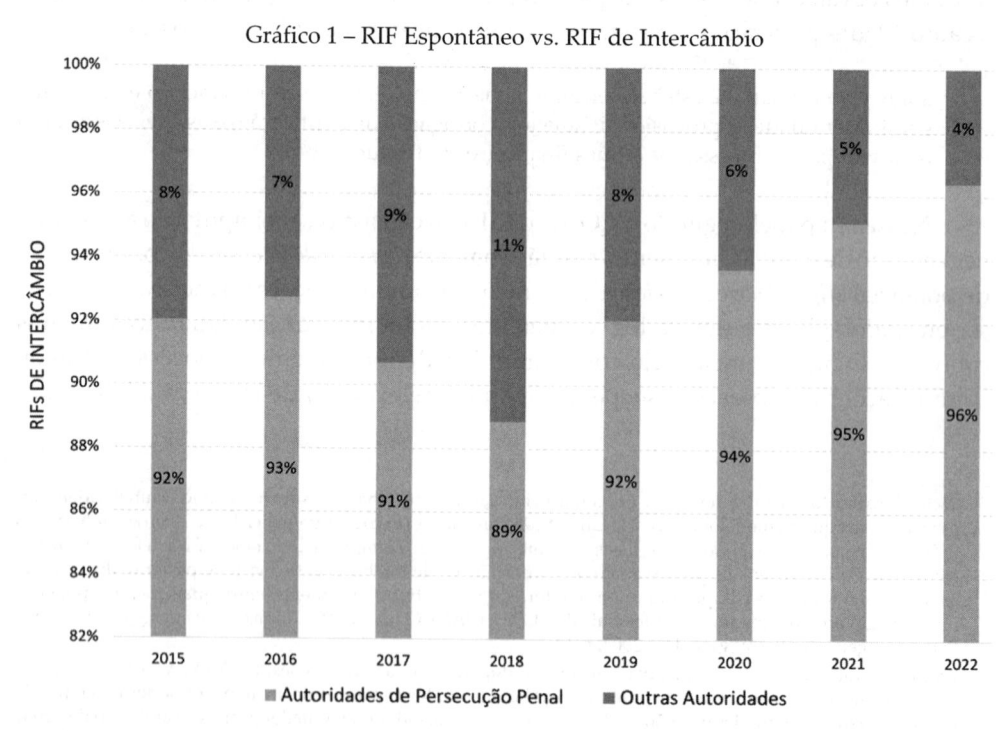

Gráfico 1 – RIF Espontâneo vs. RIF de Intercâmbio

Fonte: Coaf em Números.[22]

---

[21] Não são apresentados dados para o ano de 2023, uma vez que o COAF deixou de apresentar tais informações de maneira segregada.

[22] Fonte: https://www.gov.br/coaf/pt-br/acesso-a-informacao/Institucional/coaf-em-numeros-1. Acesso em: 14 out. 2023.

Ainda, se analisarmos os números apenas dos já referidos *RIFs de intercâmbio*, que são aqueles produzidos a pedido de autoridades, é possível constatar que a maior parte dos relatórios de inteligência foi elaborada para atender requerimento das autoridades de persecução penal. No ano de 2022, por exemplo, 96% (noventa e seis por cento) do total de *RIFs de intercâmbio* foram solicitados e tiveram por destinatários autoridades que, ao menos potencialmente, são voltadas à persecução penal:[23]

Gráfico 2 – Autoridades de Persecução Penal vs. outras autoridades

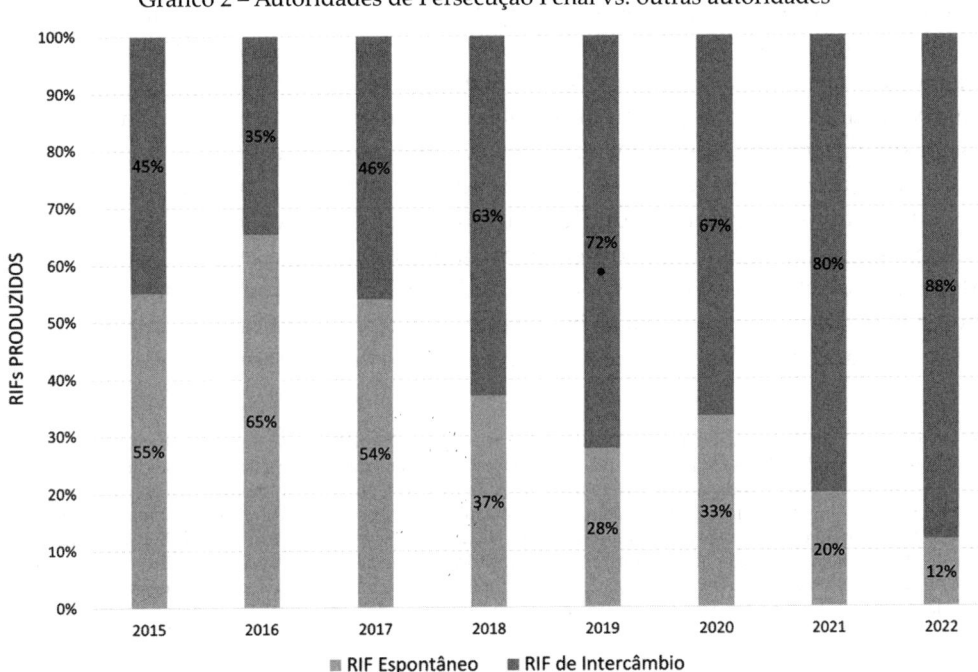

Fonte: Coaf em Números.

Tais dados indicam clara convergência entre investigações de inteligência e a investigação penal. Há pelo menos cinco anos, os RIFs gerados e disseminados de forma espontânea pelo COAF deixaram de ser maioria, tendo representado em 2022 meros 12% (doze por cento) do total produzido pelo órgão. Isto é, em 2022, 88% (oitenta e oito por cento) do total de RIFs produzidos pela unidade de inteligência foram elaborados a pedido de outas autoridades (*RIFs de intercâmbio*). E, se considerado tão somente o universo desses RIFs de intercâmbio, nada menos que 96% (noventa e seis por cento) deles foram solicitados e tiveram por destinatários autoridades de persecução penal.

A notável preponderância dos RIFs de intercâmbio comparativamente àqueles espontâneos foi destacada pelo próprio Ministro Dias Toffoli no RE nº 1.055.941.

---

[23] Mais especificamente: Departamento de Polícia Federal, Justiça Estadual, Justiça Federal, Ministério Público Estadual, Ministério Público Federal, outros do Ministério Público, outros do Poder Judiciário, Polícia Civil, Polícia Militar, e Procuradoria-Geral da República.

É importante esse esclarecimento porque, pela fala de Vossa Excelência, ficou parecendo que o Ministério Público não faz nenhum tipo de solicitação. O Ministério Público faz solicitação sim.

Pode não ser na forma de requisição, mas faz na forma de requerimento. (p. 12 do inteiro teor do acórdão)

Historicamente, o compartilhamento de informações financeiras tem sido tema sensível, especialmente devido à proteção dos direitos individuais e à privacidade dos dados bancários. Nunca foi segredo que a Administração Pública está de posse de um sem-número de dados bancários e fiscais dos cidadãos – e, a cada dia que passa, especialmente em razão das novas tecnologias, o volume só aumenta. Assim como também nunca se negou que tais informações (em menor ou maior grau) chegavam às mãos dos órgãos de persecução penal sem autorização judicial.

A situação, porém, era – e continua sendo – muito mais complexa.

Logo após o julgamento do RE nº 1.055.941, o Supremo Tribunal Federal volta a analisar a possibilidade de fornecimento a outras autoridades de informações ou documentos sobre as atividades e assuntos de inteligência produzidos, em curso, ou sob a custódia da Agência Brasileira de Inteligência com os órgãos componentes do Sistema Brasileiro de Inteligência – Sisbin[24] (e vice-versa), conforme autorização do art.

---

[24] Conforme Portaria da Presidência da República GAB/DG/ABIN/PR nº 926, de 6 de setembro de 2023, integram o Sisbin, na qualidade de órgão dedicados: Centro Gestor e Operacional do Sistema de Proteção da Amazônia do Sistema de Proteção da Amazônia do Ministério da Defesa; Coordenação de Inteligência da Diretoria de Proteção Ambiental do Instituto Brasileiro de Meio Ambiente e Recursos Naturais Renováveis do Ministério do Meio Ambiente e Mudança do Clima; Coordenação-Geral de Pesquisa e Investigação da Subsecretaria-Geral da Receita Federal do Brasil do Ministério da Fazenda; Secretaria-Executiva do Conselho de Controle de Atividades Financeiras do Banco Central do Brasil; Assessoria Especial de Informações Estratégicas e Inteligência da Agência Nacional dos Transportes Terrestres do Ministério dos Transporte; Gerência de Inteligência da Superintendência da Ação Fiscal da Agência Nacional da Aviação Civil do Ministério dos Portos e Aeroportos; Instituto Chico Mendes de Conservação da Biodiversidade do Ministério do Meio Ambiente e Mudança do Clima; Inteligência da Agência Nacional do Petróleo, Gás Natural e Biocombustíveis do Ministério das Minas e Energia; Superintendência-Executiva da Agência Nacional de Telecomunicações do Ministério das Comunicações. Já como órgãos associados: Coordenação de Inteligência da Previdência Social do Gabinete da Secretaria-Executiva do Ministério da Previdência Social; Coordenação-Geral de Combate a Ilícitos Transnacionais da Secretaria de Assuntos Multilaterais Políticos da Secretaria-Geral das Relações Exteriores do Ministério das Relações Exteriores; Coordenação-Geral de Inteligência Trabalhista da Subsecretaria de Análise Técnica da Secretaria-Executiva do Ministério do Trabalho e Emprego; Gabinete do Ministro do Ministério da Saúde; Secretaria-Executiva do Banco Central do Brasil; Secretaria-Executiva do Ministério da Ciência, Tecnologia e Inovação; Secretaria-Executiva do Ministério do Meio Ambiente e da Mudança do Clima; Gabinete do Diretor-Presidente da Agência Nacional de Vigilância Sanitária do Ministério da Saúde; Secretaria Nacional de Proteção e Defesa Civil do Ministério da Integração e do Desenvolvimento Regional; Departamento de Recuperação de Ativos e Cooperação Jurídica Internacional da Secretaria Nacional de Justiça do Ministério da Justiça e Segurança Pública; Diretoria de Investimentos da Secretaria Nacional de Aviação Civil do Ministério de Portos e Aeroportos; Secretaria-Executiva do Ministério da Agricultura e Pecuária; Coordenação-Geral de Integridade do Departamento Nacional de Infraestrutura de Transportes do Ministério dos Transportes; Secretaria-Executiva do Ministério das Comunicações; Secretaria-Executiva do Ministério de Minas e Energia; Secretaria-Executiva do Ministério de Portos e Aeroportos; Secretaria-Executiva do Ministério Dos Transportes; Gabinete da Advocacia-Geral da União; Superintendência de Gestão de Segurança e Inteligência da Diretoria de Operações e Serviços Técnicos da Empresa Brasileira de Infraestrutura Aeroportuária do Ministério de Portos e Aeroportos; Coordenação-Geral de Estratégia de Recuperação de Créditos da Procuradoria-Geral Adjunta da Dívida Ativa da União e do Fundo de Garantia do Tempo de Serviço da Procuradoria-Geral da Fazenda Nacional do Ministério da Fazenda; Diretoria de Pesquisas e Informações Estratégicas da Secretaria-Executiva da Controladoria-Geral da União; Gerência de Planejamento e Inteligência da Fiscalização da Superintendência de Fiscalização e Coordenação das Unidades Regionais da Agência Nacional de Transportes Aquaviários do Ministério de Portos e Aeroportos; Comissão Nacional de Segurança Pública nos Portos, Terminais e Vias Navegáveis do Ministério da Justiça e Segurança Pública; Diretoria de Gestão Estratégica do Instituto Nacional de Colonização e Reforma Agrária do Ministério

4º, parágrafo único, e art. 9º-A, da Lei nº 9.883, de 7 de dezembro de 1999. Quando do julgamento da Ação Declaratória de Inconstitucionalidade nº 6.529, a Suprema Corte decidiu que tal compartilhamento somente pode se dar se (*i*) vinculado a *interesse público objetivamente comprovado* e com (*ii*) motivação específica, sem o que não seria possível o exame da legitimidade de atos da Administração Pública (ADI nº 6.529[25]). Ao conferir interpretação conforme à Constituição, estabeleceu o STF que:

> ... a) os órgãos componentes do Sistema Brasileiro de Inteligência somente podem fornecer dados e conhecimentos específicos à ABIN quando comprovado o interesse público da medida, afastada qualquer possibilidade de o fornecimento desses dados atender a interesses pessoais ou privados;
> b) qualquer solicitação de dados deverá ser devidamente motivada para eventual controle de legalidade pelo Poder Judiciário;
> c) mesmo presente interesse público, os dados referentes às comunicações telefônicas ou dados sujeitos à reserva de jurisdição não podem ser compartilhados na forma do dispositivo legal, decorrente do imperativo de respeito aos direitos fundamentais;
> d) nas hipóteses cabíveis de fornecimento de informações e dados à ABIN, são imprescindíveis procedimento formalmente instaurado e existência de sistemas eletrônicos de segurança e registro de acesso, inclusive para efeito de responsabilização em caso de eventual omissão, desvio ou abuso.

O problema da separação entre atividades de inteligência e de persecução criminal ganhou centralidade nas últimas décadas, especialmente nas democracias liberais mais consolidadas.[26] Ao analisar as legislações sobre serviços de inteligência, comparando o que denomina de *países com prolongada tradição democrática* (Alemanha, Bélgica, Canadá, Espanha, França, Reino Unido, Estados Unidos e Itália) e *países latino-americanos* (Brasil, Chile e Argentina), José Manuel Ugarte destaca que a falta de regulamentação e respeito dos limites e controles das atividades de inteligências nestes últimos é um dos principais desafios para a sua compatibilização com o Estado Democrático:

> Sin embargo, en términos generales puede afirmarse que aún en buena parte de Latinoamérica las estructuras, órganos y organismos de inteligencia responden a las características siguientes:
> • inexistencia de distinción entre conflictos externos e internos o entre inteligencia externa e interna o doméstica, y los fines de la atribución de competencia a los organismos de inteligencia. En casos extremos se asigna a un único organismo de inteligencia la competencia en materia de inteligencia interior, exterior y contrainteligencia, colocándose a tal organismo bajo la dependencia directa del Presidente de la Nación;
> • inexistencia de límites claros en lo relativo a competencias de los organismos de inteligencia, particularmente en materia de inteligencia interior, e
> • inexistencia de controles y recaudos eficaces para la protección de los derechos y garantías individuales ante abusos con motivo de la actividad de inteligencia.

---

do Desenvolvimento Agrário e Agricultura Familiar; Gabinete do Ministro do Ministério da Educação; Gabinete do Ministro do Ministério dos Direitos Humanos e da Cidadania; Secretaria Nacional de Trânsito do Ministério dos Transportes.

[25] BRASIL. STF. Ação Direta de Constitucionalidade 6.529. Relatora: CÁRMEN LÚCIA – Tribunal Pleno, j. 11 out. 2021. DJE, Brasília, 22 out. 2021.

[26] UGARTE, José Manuel. *Legislación de inteligencia: especialización y control, legitimidad y eficacia*. Guatemala: Editorial Serviprensa, 2000.

Las conclusiones resultan obvias. En las aún incompletas transiciones hacia la democracia de los países latinoamericanos, las cuestiones relativas a la actividad de inteligencia permanecen entre aquellas que requieren significativos cambios.

Resulta necesario en tales países asegurar que la actividad de inteligencia, de fundamental importancia en los Estados modernos, tenga lugar a través de estructuras y con garantías equiparables a las de los países citados como modelo. Fundamentalmente, se requiere una actividad de inteligencia dotada de límites y de control.

Asegurar que la actividad de inteligencia tenga lugar de modo compatible con el Estado democrático, constituye uno de los desafíos fundamentales que plantean las transiciones latinoamericanas.[27]

Tradicionalmente, as atividades de inteligência desenvolvidas pelos serviços secretos encarregados da segurança nacional mantinham-se separadas da investigação criminal e alheias ao processo penal. Com a crescente preocupação com os chamados delitos graves e a delinquência organizada, a inteligência de fins preventivos e de combate à criminalidade ganha relevância a partir de uma compreensão de que medidas de inteligência são muito mais eficazes para identificar ilícitos e desbaratar associações criminosas do que grandes operações ostensivas.

Se, entre 1900 a 1950, a atividade de inteligência era, basicamente, a *clássica/consultiva*, empregada para fins militares e políticos e voltada a subsidiar processos decisórios e estratégicos, posteriormente, passou a abranger também a ideia de uma *inteligência executiva*, como ferramenta de prevenção, monitoramento e combate ao crime, voltada a subsidiar as atividades de natureza executiva com provas, formando-se a noção de inteligência *criminal* (*criminal intelligence*) ou inteligência de *segurança pública* (*law enforcement intelligence*).[28] Se, tradicionalmente, as atividades de inteligência desenvolvidas pelos serviços secretos encarregados da segurança nacional se mantinham separadas da investigação criminal e alheias ao processo penal, com a crescente preocupação com os chamados delitos graves e a delinquência organizada, a inteligência de fins preventivos e de combate à criminalidade passou a ganhar relevância.

No Brasil, o mesmo movimento é observado. Para que se tenha ideia, atualmente, haveria mais de 150 *agências* ou *serviços* de inteligência distribuídos nas mais diversas esferas da federação e poderes, tendo mais da metade delas surgido apenas nos últimos oito anos.[29] Via de regra, a inteligência criminal ou de segurança pública está a cargo das polícias – no caso do Brasil, estaduais (civis e militares) e federal. Nada obstante, atualmente também se identifica o desenvolvimento desses mesmos órgãos de inteligência criminal no âmbito dos Ministérios Públicos estaduais e federal.

---

[27] UGARTE, José Manuel. *Legislación de inteligencia: especialización y control, legitimidad y eficacia.* Guatemala: Editorial Serviprensa, 2000, p. 30.

[28] No que toca à classificação da atividade de inteligência, Gonçalves identifica ampla diversificação na classificação por categorias, devendo estas ser orientadas pelo escopo de cada uma delas, para reconhecer pelo menos sete categorias de inteligência: inteligência nacional ou militar; inteligência estratégica, policial ou criminal; inteligência tática ou financeira; inteligência externa ou fiscal; inteligência doméstica (*security intelligence*) ou competitiva; contrainteligência ou inteligência estratégica; contraespionagem e avaliação ou inteligência de Estado (externa e doméstica) (GONÇALVES, Joanisval Brito. *Atividade de inteligência e legislação correlata.* 6. ed. Rio de Janeiro: Impetus, 2018).

[29] FEITOZA, Denilson. *In:* GONÇALVES, Joanisval Brito. *Atividade de inteligência e legislação correlata.* 6. ed. Rio de Janeiro: Impetus, 2018. Capítulo apresentação da Série.

NARA NISHIZAWA

O RECURSO EXTRAORDINÁRIO Nº 1.055.941 (TEMA 990) E A ATIVIDADE DE INTELIGÊNCIA: O PAPEL DO PODER JUDICIÁRIO NA PRESERVAÇÃO... | 1331

Essa inteligência criminal tem como escopo questões (em sua maioria táticas) de repressão e apoio à investigação de ilícitos e grupos infratores. É por meio desse tipo de atividade que se podem levantar indícios e tipologias que auxiliam o trabalho da polícia judiciária e do Ministério Público.

Em âmbito nacional, as atividades de inteligência clássica estão sujeitas ao controle externo pelo Poder Legislativo.[30] Já a inteligência policial, quando no escopo da atividade de polícia judiciária, está sujeita ao controle externo do Ministério Público.[31] De outro lado, não existe controle judicial específico da atividade de inteligência criminal.

Dizer-se, então, que haveria uma separação clara entre as atividades de inteligência e de persecução criminal não parece algo tão evidente ou trivial assim, ainda mais quando analisados os dados estatísticos do COAF. Igualmente, para além da sua contestada natureza jurídica e valor probatório, o próprio fato de os relatórios de inteligência serem admitidos como provas – ainda que não para condenação, mas apenas para medidas cautelares – é sintoma de que a atividade de inteligência não está tão separada assim do procedimento criminal. Se tais campos não estão claramente separados – senão já imbricados –, deve-se perquirir em que âmbito, com que alcance e sob quais condições pode-se admitir o uso desses elementos de inteligência.[32] Afinal, os órgãos com atividades de inteligência possuem acesso a um amplo universo de informações e dados dos cidadãos e a proximidade das atividades de inteligências com aquelas de persecução penal favorece (imensamente) a violação de limites constitucionais. Daí a inegável importância do precedente firmado pela Suprema Corte, que reafirma o papel do Poder Judiciário na supervisão e controle de tal compartilhamento.

A supervisão judicial é relevante para *identificação e correção de abusos por parte das autoridades investigativas*. No julgamento do RE nº 1.055.941, foi enfatizado que a ausência de supervisão pode resultar em procedimentos de investigação criminal conduzidos sem qualquer controle, colocando em risco as garantias constitucionais dos investigados. Igualmente, a supervisão judicial é útil para conferir legitimidade às ações investigativas, assegurando que o Ministério Público e outros órgãos não atuem de maneira arbitrária.

De outra sorte, a supervisão judicial ainda contribui para a *eficiência e segurança jurídica* das investigações, de modo a garantir que os dados financeiros e fiscais compartilhados não excedam os limites estabelecidos em lei, evitando assim nulidades processuais e assegurando a validade das provas obtidas a partir de tais dados. Além do que há um efeito indireto de aprimoramento da *transparência e responsabilidade das*

---

30   Art. 6º O controle e fiscalização externos da atividade de inteligência serão exercidos pelo Poder Legislativo na forma a ser estabelecida em ato do Congresso Nacional.
§1º Integrarão o órgão de controle externo da atividade de inteligência os líderes da maioria e da minoria na Câmara dos Deputados e no Senado Federal, assim como os Presidentes das Comissões de Relações Exteriores e Defesa Nacional da Câmara dos Deputados e do Senado Federal.
§2º O ato a que se refere o caput deste artigo definirá o funcionamento do órgão de controle e a forma de desenvolvimento dos seus trabalhos com vistas ao controle e fiscalização dos atos decorrentes da execução da Política Nacional de Inteligência (BRASIL. Lei nº 9.883, de 7 de dezembro de 1999).

31   Art. 129. São funções institucionais do Ministério Público: [...] VII - exercer o controle externo da atividade policial, na forma da lei complementar mencionada no artigo anterior (BRASIL. Constituição da República Federativa do Brasil de 1988, de 5 de outubro de 1988).

32   BACHMAIER WINTER, Lorena. Información de Inteligencia y Proceso Penal. *In: Terrorismo, Proceso Penal y Derechos Fundamentales*. Madrid: Marcial Pons, p. 45-101, 2012, p. 48.

ações de inteligência, na medida em que se exige a indicação de motivação específica e vinculada ou determinado interesse público comprovado.

Além de tudo – e o pano de fundo de toda a discussão travada pela Suprema Corte –, a proteção dos direitos fundamentais é a pedra de toque da supervisão judicial, ante o elevado risco de violação de direitos constitucionais, como privacidade e sigilo de dados.

A supervisão judicial é imprescindível para equilibrar a necessidade de segurança com a proteção dos direitos individuais. A decisão do Supremo Tribunal Federal no RE nº 1.055.941 – em menor medida, integrada pela conclusão na ADI nº 6.529 – demonstra a importância de uma regulamentação rigorosa e a aplicação de controles judiciais para assegurar que as atividades de inteligência e investigação sejam conduzidas de maneira legal e constitucional.

IV Conclusão

Como se constata, ainda que se entenda que o RIF produzido pelo COAF seja, ao menos formalmente, produto de uma atividade de inteligência, não há como negar que o relatório é primordialmente voltado a auxiliar investigações criminais, que, por sua vez, originarão futuras ações penais. Aliás, não seria demasiado afirmar que o COAF serve de braço de auxílio (instrutório) às autoridades de persecução penal.

Nada obstante, ainda que existam compromissos internacionalmente assumidos, a ordem jurídica interna não pode ser ignorada ou atropelada.

Se, de um lado, como aponta Bachmaier Winter, o uso de informações de inteligência tem ganhado relevância por conta da insuficiência ou incapacidade do processo penal em dar uma resposta adequada a fenômenos de delinquência grave;[33] de outro, como vem sendo alertado por Botini[34] e Greco e Leite,[35] há questões específicas de limitação do poder informacional do Estado, especificamente no que toca ao COAF, que precisam ser urgentemente endereçadas – idealmente pelo Poder Legislativo, senão, ao menos, por meio de construção jurisprudencial, pelo Poder Judiciário.

Caminhando em paralelo, Ademar Borges ressalta que o Direito Comparado tem submetido as atividades de inteligência a dois importantes *constrangimentos jurídicos*: que tais atividades sejam inteiramente reguladas por lei e que não podem se confundir com a competência para a promoção de investigações criminais.[36]

Assim, uma vez que o COAF tem acesso a um amplo conjunto de dados sensíveis dos cidadãos, a sua extrema proximidade aos órgãos de repressão criminal – como se

---

[33] BACHMAIER WINTER, Lorena. Información de Inteligencia y Proceso Penal. *In: Terrorismo, Proceso Penal y Derechos Fundamentales*. Madrid: Marcial Pons, p. 45-101, 2012, p. 46.

[34] BOTTINI, Pierpaolo. Os limites da atuação do Coaf. *Consultor Jurídico*, 29 mar. 2021. Disponível em: https://www.conjur.com.br/2021-mar-29/direito-defesa-limites-atuacao-coaf. Acesso em: 15 out. 2023.

[35] GRECO, Luís; LEITE, Alaor. Discussão do Supremo sobre caso COAF joga luz sobre lacuna legislativa. *Folha de São Paulo*, 19 nov. 2019. Disponível em: https://www1.folha.uol.com.br/poder/2019/11/discussao-do-supremo-sobre-caso-coaf-joga-luz-em-lacuna-legislativa.shtml. Acesso: 15 out. 2023. GRECO, Luís; LEITE, Alaor. Gestão do poder informacional no processo penal no RHC 147.707-STJ. *Consultor Jurídico*, 14 set. 2023. Disponível em: https://www.conjur.com.br/2023-set-14/leite-teixeira-gestao-poder-informacional-processo-penal. Acesso: 15 out. 2023.

[36] BORGES, Ademar. O relatório de inteligência financeira como meio de obtenção de prova no processo penal. *In: Revista Brasileira de Ciências Criminais*, São Paulo, vol. 176, ano 29, p. 69-105, fev. 2021, p. 71.

verifica no presente – pode, facilmente, violar limites constitucionais impostos à atividade persecutória do Estado, em especial do devido processo legal, sem que pudesse se sujeitar ao controle (prévio) do Poder Judiciário.[37]

Ao limitarmos o discurso de que a atividade de inteligência do COAF – como, aliás, tem sido sustentado pelo próprio órgão – não se misturaria ou se confundiria com elementos de prova; ou que o campo da inteligência e do processo penal seriam diferentes; ou que o Brasil assumiu determinados compromissos internacionais que impediriam a imposição de determinadas regras, deixamos de abordar um problema real: de que o campo da inteligência e do processo penal não estão claramente separados e que, de fato, andam de mãos dadas. O quão distante da persecução penal está um órgão administrativo em que mais de 80% (oitenta por cento) dos relatórios de inteligência produzidos atende a pedidos e tem por destino autoridade de persecução penal?

Em se admitindo – tal e como, aliás, impõem os compromissos internacionais assumidos pelo Brasil – que a resposta jurisdicional penal necessita dessas informações de inteligência, é imprescindível considerarmos em que área, alcance e condições (materiais e formais) deve se dar essa cooperação. Daí a importância da tese firmada pelo Supremo Tribunal Federal no RE nº 1.055.941, que esboçou as premissas básicas ao controle judicial posterior.

Em se tratando de democracia e controle da Administração Pública, é fundamental que se tenha clara a ideia de que este é alicerce daquela. O poder/dever/necessidade de controle da Administração, pelos administrados, é intrínseco ao modelo democrático: sem esse controle, a administração carece de legitimidade, o cidadão corre o risco de sofrer arbitrariedades por parte dos órgãos e agentes estatais e o regime democrático deixa de existir.[38]

A pretensão de estabelecer limites claros e tendencialmente intransponíveis entre essas duas atividades estatais tem como pano de fundo as ideias de proteção do direito fundamental à proteção de dados, e de submissão integral dessas sensíveis funções estatais – cujo desempenho resulta em múltiplas restrições de direitos fundamentais – ao princípio da legalidade, entre outros. As trocas de dados pessoais entre órgãos de inteligência e de repressão criminal devem estar submetidas, portanto, a um regime de rígida excepcionalidade e de estrita legalidade.[39]

Do contrário, admitir o uso indiscriminado do RIF – tal e como era feito e segue defendendo o COAF – é o mesmo que se admitir o uso de um método de investigação (criminal) sem qualquer possibilidade efetiva de controle posterior judicial, em franco acossamento aos direitos fundamentais. No limite, ter-se-ia que admitir a hipótese de uma investigação prospectiva, uma espécie de *fishing expedition*,[40] que avançaria de

---

[37] PESSOA, Adriano Monte. A atividade de inteligência da Receita Federal no Combate aos Crimes contra a Ordem Tributária. *In: Revista Dialética de Direito Tributário*, v. 198, p. 7-12, 2012.

[38] GONÇALVES, Joanisval Brito. *Políticos e espiões: o controle da atividade de inteligência*. 2. ed. Rio de Janeiro: Impetus, 2019, p. 25.

[39] BORGES, Ademar. O relatório de inteligência financeira como meio de obtenção de prova no processo penal. *In: Revista Brasileira de Ciências Criminais*, São Paulo, vol. 176, ano 29, p. 69-105, fev. 2021, p. 71.

[40] Consoante define Philipe Benoni Melo e Silva, "Trata-se *fishing expedition* de uma investigação especulativa indiscriminada, sem objetivo certo ou declarado, que 'lança' suas redes com a esperança de 'pescar' qualquer prova, para subsidiar uma futura acusação. Ou seja, é uma investigação prévia, realizada de maneira muito ampla e genérica para buscar evidências sobre a prática de futuros crimes. Como consequência, não pode ser aceita no

forma aberta, indeterminada e indiscriminada sobre a generalidade dos cidadãos – o que não se pode admitir em um Estado de Direito.

Não é despiciendo o alerta da Prado, para quem

> a indispensabilidade de um eficiente sistema de controles epistêmicos goza de especial importância atualmente, porque vulgarizou-se o apelo, no âmbito da investigação, aos métodos ocultos de pesquisa (interceptação das comunicações e afastamento de sigilos) e de um modo geral a totalidade dos elementos informativos que subsidiam acusações encontra-se alicerçada em elementos obtidos dessa maneira.[41]

Na ausência de previsão legal, há que se pensar formas de propiciar a reconstrução histórica do RIF, desde a obtenção dos dados, passando pelo processamento e geração do relatório e seu posterior compartilhamento com as autoridades investigativas, até a sua incorporação definitiva no processo criminal. Do mesmo modo, há inafastável relevância em se discutir, sob o ponto de vista material, quais tipos de informações podem ser compartilhados entre os órgãos. Todos esses registros são fundamentais para o controle da cadeia de custódia da prova, mais particularmente da integridade do processo que resulta na confecção e no compartilhamento do RIF – ônus esse atribuível à acusação.

Ainda que se trate de elemento de inteligência, deve sempre haver um procedimento formal, documentado e acessível ao investigado. O filtro processual contra as provas ilícitas depende justamente da possibilidade de rastreio das provas à sua fonte de origem; do contrário, sucumbirá à paridade de armas e demais princípios constitucionais caros ao devido processo penal.

Especificamente ao tratar do controle judicial das atividades de inteligência, Gonçalves destaca que "[e]ste controle deve ser amplo e profundo e alcançar a essência da atividade de inteligência, não se restringindo a meros aspectos processuais".[42]

Compete ao juiz controlar que se cumpram todos os requisitos de verificabilidade dos fatos e assegurar a igualdade de armas, para que o processo penal concreto não seja uma mera cerimônia protocolar, mero ritual precedente à imposição do castigo. O controle dos elementos aportados pelas partes é indispensável não apenas para assegurar a eficácia do preceito constitucional do contraditório, senão também para garantir que o processo, como entidade epistêmica, esteja eticamente fundamentado.

O Estado Democrático de Direito exige que a atividade de inteligência, em especial pela sua convergência progressiva com a investigação penal, seja submetida a controle que permita a análise da adequação às estritas finalidades públicas a que se dirige. A democracia não admite arbitrariedades e exige que todos se submetam à lei.

Neste traço, como bem pontuado pelo i. Ministro Dias Toffoli:

> Independentemente do sentido de meu voto [...], digo que o fundamental [...] é a necessidade de supervisão judicial. Se tivermos uma solução para isso, eu penso que nós estaremos

---

ordenamento jurídico brasileiro, sob pena de malferimento das balizas de um processo penal democrático de índole Constitucional". Disponível em: https://bit.ly/3kY5Wrn. Acesso em: 14 abr. 2022.

[41] PRADO, Geraldo. *Prova penal e sistema de controles epistêmicos*: a quebra da cadeia de custódia das provas obtidas por métodos ocultos. 1. ed. Madrid: Marcial Pons, 2014, p. 43.

[42] GONÇALVES, Joanisval Brito. *Políticos e espiões*: o controle da atividade de inteligência. 2. ed. Rio de Janeiro: Impetus, 2019, p. 157.

engrandecendo o sistema de Justiça como um todo e protegendo as próprias instituições persecutórias de eventuais abusos, o que é nosso dever constitucional.

[...] Talvez, o mais importante aqui seja a questão da supervisão judicial, para evitar abusos de investigações de gaveta que servem apenas para assassinar reputações, sem ter elemento ilícito nenhum. Isso pode ser utilizado contra qualquer cidadão, contra qualquer empresa. E isso é nosso dever coactar. Então, eu, desde logo, me coloco, Ministro Alexandre, diante do que Vossa Excelência lembrou. Talvez, o mais importante aqui seja a questão da supervisão judicial, para evitar abusos de investigações de gaveta que servem apenas para assassinar reputações, sem ter elemento ilícito nenhum. Isso pode ser utilizado contra qualquer cidadão, contra qualquer empresa. E isso é nosso dever coactar (p. 99 do inteiro teor do acórdão).

A supervisão judicial emerge, portanto – e na linha da conclusão do RE nº 1.0055.941 – como elemento crucial de equilíbrio e correção, assegurando que o combate à criminalidade (simples, complexa ou grave) não viole princípios básicos e constitucionalmente assegurados.

Referências

BACHMAIER WINTER, Lorena. Información de Inteligencia y Proceso Penal. *In: Terrorismo, Proceso Penal y Derechos Fundamentales*. Madrid: Marcial Pons, 2012, p. 45-101.

BANCO MUNDIAL. *Unidades de inteligencia financiera*: panorama general. Washington, DC, 2004.

BASSIOUNI, M. Cherif. Universal Jurisdiction for International Crimes: Historical Perspectives and Contemporary Practice. *Virginia Journal of International Law*, n. 42, 81-162, fall 2001.

BORGES, Ademar. O relatório de inteligência financeira como meio de obtenção de prova no processo penal. *In: Revista Brasileira de Ciências Criminais*, São Paulo, vol. 176, ano 29, p. 69-105, fev. 2021.

BOTTINI, Pierpaolo. Os limites da atuação do Coaf. *Consultor Jurídico*, 29 mar. 2021. Disponível em: https://www.conjur.com.br/2021-mar-29/direito-defesa-limites-atuacao-coaf. Acesso: 15 out. 2023.

FEITOZA, Denilson. *In*: GONÇALVES, Joanisval Brito. *Atividade de inteligência e legislação correlata*. 6. ed. Rio de Janeiro: Impetus, 2018. Capítulo apresentação da Série.

FINANCIAL ACTION TASK FORCE. *Anti-money laundering and combating the financing of terrorism. Mutual evaluation report summary on Federative Republic of Brazil*, 25 june 2010. Disponível em: http://www.fatfgafi.org/media/fatf/documents/reports/mer/MER%20Brazil%20full.pdf.

FINANCIAL ACTION TASK FORCE. *Mutual Evaluations. Statement on Brazil, June 2019*. Disponível em: http://www.fatfgafi.org/publications/mutualevaluations/documents/brazil-statement-june-2019.html.

FINANCIAL ACTION TASK FORCE. *Padrões Internacionais de Combate à Lavagem de Dinheiro e ao Financiamento do Terrorismo e da Proliferação. As Recomendações do GAFI, fevereiro de 2012*. Disponível em: https://www.fatfgafi.org/media/fatf/documents/recommendations/pdfs/FATF-40-Rec-2012-PortuguesePort.pdf.

GONÇALVES, Joanisval Brito. *Atividade de inteligência e legislação correlata*. 6. ed. Rio de Janeiro: Impetus, 2018.

GONÇALVES, Joanisval Brito. *Políticos e espiões*: o controle da atividade de inteligência. 2. ed. Rio de Janeiro: Impetus, 2019.

GRECO, Luís; LEITE, Alaor. Discussão do Supremo sobre caso COAF joga luz sobre lacuna legislativa. *Folha de São Paulo*, 19 nov. 2019. Disponível em: https://www1.folha.uol.com.br/poder/2019/11/discussao-do-supremo-sobre-caso-coaf-joga-luz-em-lacuna-legislativa.shtml. Acesso: 15 out. 2023.

GRECO, Luís; LEITE, Alaor. *Gestão do poder informacional no processo penal no RHC 147.707-STJ*, Consultor Jurídico, 14 set. 2023. Disponível em https://www.conjur.com.br/2023-set-14/leite-teixeira-gestao-poder-informacional-processo-penal. Acesso em: 15 out. 2023.

JAPIASSU, Carlos Eduardo. *Temas de Direito Penal Internacional*. 1. ed. Rio de Janeiro: Jorge Luis Fortes Pinheiro da Camara, 2014.

ONU. Conselho de Segurança. Resolução nº 2.462, de 28 de março de 2019.

Outcomes FATF Plenary, 16-18 October 2019. Disponível em: https://www.fatf-gafi.org/en/publications/Fatfgeneral/Outcomes-plenary-october-2019.html. Acesso em: 31 jul. 24.

PESSOA, Adriano Monte. A atividade de inteligência da Receita Federal no Combate aos Crimes contra a Ordem Tributária. *In: Revista Dialética de Direito Tributário*, v. 198, 2012.

PRADO, Geraldo. *Prova penal e sistema de controles epistêmicos*: a quebra da cadeia de custódia das provas obtidas por métodos ocultos. 1. ed. Madrid: Marcial Pons, 2014.

UGARTE, José Manuel. *Legislación de inteligencia*: especialización y control, legitimidad y eficacia. Guatemala: Editorial Serviprensa, 2000.

XAVIER DE OLIVEIRA, Marcus Vinícius. Direito Penal Internacional, Estado Constitucional e o Problema da Mitigação da Soberania na Persecução dos Crimes Internacionais Próprios. *Quaestio Iuris*, vol. 11, n. 3, p. 2034-2070, 2018.

Informação bibliográfica deste texto, conforme a NBR 6023:2018 da Associação Brasileira de Normas Técnicas (ABNT):

NISHIZAWA, Nara. O Recurso Extraordinário nº 1.055.941 (Tema 990) e a atividade de inteligência: o papel do Poder Judiciário na preservação dos direitos fundamentais. *In*: MENDES, Gilmar Ferreira; LIRA, Daiane Nogueira de; FREIRE, Alexandre (coord.). *Constituição, democracia e diálogo*: 15 anos de Jurisdição Constitucional do Ministro Dias Toffoli. 2. ed. Belo Horizonte: Fórum, 2025. p. 1319-1336. ISBN 978-65-5518-937-7.

CONTROLE FINANCEIRO E ORÇAMENTÁRIO DO PODER JUDICIÁRIO E AS COMPETÊNCIAS CONSTITUCIONAIS DO CONSELHO NACIONAL DE JUSTIÇA E DO TRIBUNAL DE CONTAS DA UNIÃO: O CASO DO MS 39.264/DF

NELSON GUSTAVO MESQUITA RIBEIRO ALVES
CAIO CASTAGINE MARINHO

1 Introdução

A criação do Conselho Nacional de Justiça (CNJ) foi um marco fundamental na história do Poder Judiciário brasileiro: afirmação simultânea dos postulados republicanos e da independência da função jurisdicional. Afirmam-se os postulados republicanos na medida em que qualifica o controle e fiscalização sobre os aspectos ético-disciplinares da magistratura e sobre a atuação administrativa e financeira dos Tribunais, ao passo que se afirma a independência ao assentar que esse controle cabe primordialmente a um órgão que, a despeito de não se constituir em órgão jurisdicional, integra a estrutura judiciária nacional, reduzindo-se, assim, as possibilidades de ingerências externas que possam comprometer a autonomia da jurisdição.[1]

Ideia semelhante já defendia o Supremo Tribunal Federal (STF), conforme ficou registrado no julgamento da ADI nº 3.367/DF, cujo acórdão, da lavra do Ministro Cezar Peluso, afirmava o surgimento do CNJ enquanto imperativo do regime republicano, revestindo-se o Conselho da incumbência de harmonizar o convívio entre a independência jurisdicional e os instrumentos de responsabilização dos magistrados.[2] Doutrinariamente, têm-se as lições de Dalmo Dallari, que advogava a necessidade de

---

[1] O Conselho Nacional de Justiça (CNJ) foi criado pela Emenda Constitucional nº 45/2004, que modificou, entre outras disposições, o art. 92, de modo a incluir o Conselho entre os órgãos que compõem o Poder Judiciário Nacional.

[2] ADI nº 3.367, Relator(a): CEZAR PELUSO, Tribunal Pleno, julgado em 13.04.2005, DJ 17.03.2006 PP-00004 EMENT VOL-02225-01 PP-00182 REPUBLICAÇÃO: DJ 22.09.2006 PP-00029.

um órgão central com a capacidade de exercer controle democrático sobre o desempenho do Poder Judiciário e resguardar a independência dos juízes.[3]

As normas trazidas pela Emenda Constitucional nº 45, de 2004, seguem essa lógica, tal como se observa do art. 103-B, §4º, inciso I, que assenta a competência do CNJ tanto em termos de controle da atuação administrativa e financeira quanto em termos de zelo pela independência do Poder Judiciário.[4]

A criação do CNJ, contudo, suscita uma problemática quanto às suas competências, que, em certa medida, concorrem com as competências até então atribuídas ao Tribunal de Contas da União, que, a teor do disposto no art. 71, incumbe-se do julgamento das contas dos administradores e demais responsáveis por dinheiros, bens e valores públicos da administração direta e indireta da União.

Ao estabelecer as atribuições do Conselho no que tange ao zelo pela observância dos princípios da Administração Pública, o Constituinte Derivado o fez de modo a não afastar as competências do Tribunal de Contas da União:

> Art. 103-B [...]
> §4º Compete ao Conselho o controle da atuação administrativa e financeira do Poder Judiciário e do cumprimento dos deveres funcionais dos juízes, cabendo-lhe, além de outras atribuições que lhe forem conferidas pelo Estatuto da Magistratura:
> II - zelar pela observância do art. 37 e apreciar, de ofício ou mediante provocação, a legalidade dos atos administrativos praticados por membros ou órgãos do Poder Judiciário, podendo desconstituí-los, revê-los ou fixar prazo para que se adotem as providências necessárias ao exato cumprimento da lei, *sem prejuízo da competência do Tribunal de Contas da União;*

Portanto, zelar pela observância dos princípios da Administração Pública, na esfera do Poder Judiciário, é uma competência atribuída primacialmente ao Conselho Nacional de Justiça – competência essa que não exclui, nem prejudica, o exercício das competências próprias do Tribunal de Contas da União (TCU).

A despeito de preservar a competência do TCU, o Constituinte Derivado não estabeleceu nenhuma hierarquia entre os órgãos, tampouco o poder de um invalidar as deliberações do outro. Diante dessa dificuldade, na hipótese de conflito entre deliberações do TCU e do CNJ, a respeito da legalidade e constitucionalidade de ato relacionado a recursos públicos federais, praticado por órgão do Poder Judiciário da União, qual das deliberações há de prevalecer? Para responder ao problema que se coloca neste artigo, de grandes préstimos será a decisão monocrática do homenageado desta obra coletiva, o Ministro Dias Toffoli, prolatada no MS 39.264/DF.

O *mandamus*, de autoria da Associação dos Juízes Federais do Brasil (Ajufe), questionava, especificamente, a legitimidade de acórdão do TCU, que suspendia ato do Conselho da Justiça Federal (CJF), referendado pela Corregedoria Nacional de Justiça.

---

[3] DALLARI, Dalmo de Abreu. Juízes independentes, judiciário sob controle social. *Revista da Associação dos Magistrados do Estado do Rio de Janeiro*, v. 2, n. 8, p. 33, maio/jun. 2003.

[4] Art. 103-B. O Conselho Nacional de Justiça compõe-se de 15 (quinze) membros com mandato de 2 (dois) anos, admitida 1 (uma) recondução, sendo: [...] §4º Compete ao Conselho o *controle da atuação administrativa e financeira do Poder Judiciário* e do cumprimento dos deveres funcionais dos juízes, cabendo-lhe, além de outras atribuições que lhe forem conferidas pelo Estatuto da Magistratura: I - *zelar pela autonomia do Poder Judiciário* e pelo cumprimento do Estatuto da Magistratura, podendo expedir atos regulamentares, no âmbito de sua competência, ou recomendar providências;

Na compreensão da Ajufe, que veio a prevalecer na decisão do Ministro Dias Toffoli, não tinha o TCU competência para suspender uma decisão do CNJ, que, no contexto de sua atribuição de controle do Poder Judiciário, reconhecia a legitimidade do ato do CJF.

2 Poder Judiciário, sua missão de defesa dos direitos e garantias fundamentais e a exigência de autonomia da função jurisdicional

A Constituição da República é manifesta ao estabelecer que a lei não excluirá da apreciação do Poder Judiciário qualquer lesão ou ameaça a direito (art. 5º, inciso XXXV). Essa disposição constitucional posiciona o Poder Judiciário enquanto última trincheira na defesa dos direitos e garantias fundamentais. Compete a esse Poder, portanto, zelar, em última instância, pelo Estado de direito e pelo regime democrático.

Exatamente por essa razão o Constituinte revestiu o Judiciário de amplas garantias voltadas a concretizar sua independência. Sendo o Judiciário responsável pela tutela dos direitos fundamentais e do regime democrático, não pode ele estar sujeito a qualquer tipo de interferência externa, mesmo que oriunda de outros órgãos ou poderes constituídos. O controle do Poder Judiciário é organizado internamente, por meio de um escalonamento constituído de órgãos autônomos, cujo vértice posiciona-se no STF.

Em referência à importância dessas garantias, o Ministro Gilmar Mendes, sustenta, em sede doutrinária, que "[t]ais garantias são imprescindíveis para a independência e imparcialidade dos órgãos jurisdicionais e, dessa forma, são pressupostos de efetividade do direito fundamental à tutela judicial efetiva".[5]

Em sentido semelhante, José Afonso da Silva afirma que aos órgãos jurisdicionais "incumbe a solução dos conflitos de interesses, aplicando a lei aos casos concretos, inclusive contra o governo e a administração", de sorte que essa "elevada missão, que interfere na liberdade humana e se destina a tutelar os direitos subjetivos, só poderia ser confiada a um poder do Estado, distinto do Legislativo e do Executivo, que fosse cercado de garantias constitucionais de independência".[6]

De modo a tornar evidente a sofisticada estrutura constitucional pela qual se assegurou a independência do Poder Judiciário, ressalta-se a classificação de José Afonso da Silva quanto às garantias dos órgãos jurisdicionais. Segundo o destacado constitucionalista, essas garantias dividem-se em institucionais, que protegem o Judiciário como um todo, e funcionais, que asseguram independência e imparcialidade aos membros da magistratura.

As garantias funcionais estão previstas no art. 95, incisos I a III e parágrafo único, da Constituição Federal. Enquanto garantias de independência têm-se a vitaliciedade, inamovibilidade e irredutibilidade de subsídio, ao passo que enquanto garantias de imparcialidade têm-se, resumidamente, as vedações em relação ao exercício de outro cargo ou função, recebimento de custas ou participação em processos, dedicação a atividade político-partidária, entre outras.[7]

5   MENDES, Gilmar Ferreira; BRANCO, Paulo Gustavo Gonet. *Curso de direito constitucional*. 16. ed. São Paulo: Saraiva Educação, 2021, p. 2128.
6   SILVA, José Afonso. *Curso de direito constitucional positivo*. 37. ed. São Paulo: Malheiros, 2014, p. 594-595.
7   SILVA, José Afonso. *Curso de direito constitucional positivo*. 37. ed. São Paulo: Malheiros, 2014, p. 595.

Acerca das garantias institucionais, há as garantias de autonomia orgânico-administrativa (art. 96 da CF) e as garantias de autonomia financeira (art. 99 da CF). A autonomia financeira do Poder Judiciário manifesta-se pela prerrogativa dos Tribunais de elaborar suas propostas orçamentárias, observados apenas os limites definidos na Lei de Diretrizes Orçamentárias. Por seu turno, a autonomia orgânico-administrativa manifesta-se pela competência privativa dos Tribunais de auto-organização, elegendo seus órgãos diretivos, definindo seu regimento interno, delineando sua estrutura interna etc.

Em reforço às garantias institucionais do Poder Judiciário, está a previsão constitucional de órgãos próprios e específicos de controle administrativo, financeiro e orçamentário. Na estrutura do Poder Judiciário nacional, o Constituinte Derivado (EC nº 45/2004) acrescentou o CNJ, com competência para controlar a atuação administrativa e financeira do Poder Judiciário, zelando pela observância do art. 37 da Constituição Federal – dispositivo que materializa os princípios da Administração Pública – e apreciando, de ofício ou mediante provocação, a legalidade dos atos administrativos praticados pelos membros e órgãos desse Poder (art. 103-B, §4º, II).

Para além do CNJ, cabe destacar a existência do CJF, que tem previsão desde o texto originário da Constituição enquanto órgão central de supervisão administrativa e orçamentária da Justiça Federal de primeiro e segundo graus, com poderes correicionais e cujas decisões possuem caráter vinculante (art. 105, §1º, II).

O CNJ e CJF integram a estrutura constitucional que reveste o Poder Judiciário da necessária independência para o exercício efetivo da sua missão de defesa do Estado de direito e do regime democrático. Ambos os Conselhos concretizam, simultaneamente, os princípios republicanos, que exigem prestação de contas e controle dos órgãos e autoridades públicas, e a independência do Judiciário, que exige mecanismos de proteção contra interferências indevidas de outros órgãos e poderes constituídos.

Portanto, a criação do CNJ corrobora as garantias institucionais do Poder Judiciário, constituindo-se em órgão de cúpula administrativa, que se volta a tutelar a independência da função jurisdicional, de sorte que suas decisões, prolatadas no contexto de suas atribuições finalísticas, precisam ser objeto de deferência e respeito, sob pena de subversão da autonomia e independência da Justiça.

3 Especificidade do CNJ e sua primazia no controle dos atos administrativos e financeiros do Poder Judiciário

Conforme aludido, a Constituição Federal instituiu órgãos específicos para exercer o controle administrativo e financeiro do Poder Judiciário. Na esfera da Justiça Federal, essa competência recai sobre o CJF, ao passo que, em âmbito nacional, essa competência é do CNJ. Aliás, o já citado constitucionalista José Afonso da Silva suscita a ideia de uma compreensão equivocada naquilo que toca ao chamado controle externo do Poder Judiciário, destacando o jurista a importância do papel do CNJ:

> Outro ponto muito controvertido, sempre, foi o do chamado controle externo do Poder Judiciário. Esta expressão peca por sua má significação, porque transmite a ideia de que o Poder Judiciário seria controlado por um órgão externo. Isso é inconcebível, porque então este órgão externo é que seria o Poder. Isso não exclui a necessidade de um órgão não

judiciário para o exercício de certas funções de controle administrativo, disciplinar e de desvios de condutas da magistratura, como é previsto em Constituições de vários países. [...] O Conselho Nacional de Justiça, criado pelo art. 103-B introduzido pela EC-45/2004, assume algumas dessas funções e, por isso, [...] certamente poderá prestar bons serviços ao sistema nacional de administração da Justiça [...].[8]

Assim, não há dúvida de que o Constituinte Derivado, ao criar o CNJ, pretendeu atribuir-lhe a primazia no que diz respeito ao controle e fiscalização da atuação administrativa e financeira do Poder Judiciário, de maneira que a competência do TCU tem natureza complementar, não lhe sendo dado colocar-se em posição de ascendência ou de sobreposição ao Conselho, com poderes de cassar ou rever as decisões do CNJ, proferidas no exercício da sua missão constitucional de zelar pelos princípios da Administração Pública no âmbito do Poder Judiciário.

Evidente que não se está aqui a negar as competências do TCU ou sustentar a imunidade do CNJ em face do controle da Corte de Contas. O CNJ é um órgão mantido pela União e, enquanto tal, gerencia recursos públicos federais, para efeito de cumprimento de suas funções institucionais. Praticamente todos os dias o Conselho exerce alguma atividade envolvendo os recursos públicos que estão sob sua gestão. O Conselho ordena o pagamento de servidores e de fornecedores de bens e serviços, realiza procedimentos licitatórios, celebra contratos, convênios e outros ajustes etc. Trata-se de atos de gestão, atos que expressam a atividade-meio do CNJ. Esses atos, sim, estão sob a alçada da competência fiscalizatória do Tribunal de Contas da União.

O que não está sob a alçada de competência da Corte de Contas são as decisões proferidas pelo Conselho, enquanto órgão colegiado e competente para a fiscalização administrativa e financeira do Poder Judiciário. Se ambos os órgãos, no exercício de suas atribuições constitucionais, debruçam-se sobre a legitimidade do mesmo ato de determinado órgão do Poder Judiciário, chegando a conclusões distintas, há de prevalecer a decisão do CNJ, porquanto é o órgão com competência específica para fiscalizar a atuação administrativa e financeira do Poder Judiciário – órgão a quem o Constituinte Derivado conferiu a primazia para o exercício dessa função.

Foi esse um dos argumentos levantados pelo Ministro Dias Toffoli em sua decisão, no MS 39.264/DF, conforme se observa do seguinte trecho:

> Todavia, é preciso esclarecer que, nos termos do art. 103-B, §4º, inciso II, da Constituição, a competência atribuída ao CNJ de apreciar a legalidade dos atos administrativos praticados pelo Poder Judiciário, é exercida "sem prejuízo da competência do Tribunal de Contas da União", o que não se confunde com a revisão de atos próprios da atuação finalística do CNJ, igualmente previstos na Carta da República.

Além da decisão do Ministro Toffoli, há de se mencionar também o julgamento do MS 38.745/AgR, pela Segunda Turma, em que restou afirmada a interferência do TCU em "relevante parcela de competência do Pode Judiciário", tendo em vista a atuação da Corte de Contas em face de ordem do Tribunal de Justiça do Estado do Piauí para

---

[8] SILVA, José Afonso. *Curso de direito constitucional positivo*. 37. ed. São Paulo: Malheiros, 2014. p. 594-595; 574.

bloqueio de valores em conta de titularidade do Estado, na qual estavam depositados recursos pagos pela União referentes ao Precatório Fundef.

Ficou afirmado no acórdão que o processamento de precatórios é uma incumbência administrativa dos Tribunais, razão pela qual não estaria sujeita à fiscalização do TCU, mas sim do CNJ. Por oportuno, segue trecho do julgado:

> Como se sabe, cumpre aos Tribunais de Justiça – mormente por sua Presidência – decidir sobre questões ligadas ao processamento de precatórios. [...]
> Exatamente por isso, a correção da atividade dos Tribunais de Justiça, quanto à matéria em liça, não poderia, em hipótese alguma, colocar-se sob o círculo de atribuições do Tribunal de Contas da União.
> Lado outro, está entre as atribuições constitucionalmente previstas do Conselho Nacional de Justiça, a de exercer o controle da atuação administrativa e financeira do Poder Judiciário sobre a gestão dos precatórios.

Também não se quer dizer que as decisões do CNJ são imunes a controle. Contra a decisão do CNJ haverá sempre a via de controle perante o Supremo Tribunal Federal, por força do art. 102, inciso I, alínea "r", da Constituição Federal. Logo, havendo discordâncias quanto às deliberações do Conselho, à disposição dos interessados e legitimados estará a via judicial, perante a Corte Suprema, a quem o Constituinte outorgou, com exclusividade, o controle das decisões do Conselho Nacional de Justiça.

Portanto, considerando a especificidade do Conselho Nacional de Justiça – órgão que recebeu do Constituinte a atribuição, com primazia, de zelar pelos princípios da Administração Pública na esfera do Poder Judiciário –, tem-se que suas deliberações, havidas no exercício de sua competência finalística, não podem ser sindicadas pelo Tribunal de Contas da União – órgão que, a despeito da ressalva na parte final do inciso II, do §4º, do art. 103-B, não foi investido na posição de ascendência ou de sobreposição ao CNJ, não lhe cabendo, portanto, rever ou cassar as decisões do Conselho.

4 Unidade do Poder Judiciário e a abrangência das competências do CNJ e do TCU

Em sua decisão, o Ministro Dias Toffoli ainda trabalhou eximiamente o argumento da diferença de alcance entre as competências do Conselho Nacional de Justiça e do Tribunal de Contas da União, bem assim o modo como essa diferença pode impactar a lógica de um Poder Judiciário que se rege pelo princípio da unicidade.

Conforme articulado pelo Ministro, em sua decisão monocrática, o Judiciário brasileiro tem caráter nacional, sendo essa uma das características que o diferencia, em termos formais, dos demais Poderes constituídos. Além disso, essa característica tem norteado diversas decisões da Suprema Corte no sentido de prestigiar a uniformidade, no que tange a direitos, deveres e prerrogativas da magistratura, a exemplo da fixação de teto remuneratório único para todos os magistrados, sejam eles federais, sejam eles estaduais.

Essa concepção de um Poder Judiciário revestido de unidade, de caráter nacional, ainda ficou assentada no julgamento da já citada ADI nº 3.367/DF, em que se discutia a constitucionalidade da criação do CNJ. Por ocasião do julgamento, o relator, Ministro Cezar Peluso, afirmou que a decomposição e ramificação do Poder Judiciário atendem unicamente às exigências de racionalização, não lhe retirando, portanto, a natureza nacional e unitária, de modo que a existência de um órgão como CNJ, com competência nacional, em nada afrontaria o pacto federativo.

A magistratura, igualmente, enquanto veículo de expressão do poder jurisdicional também se reveste do atributo da unicidade. Não à toa, todos os magistrados, indistintamente, estão sujeitos aos mesmos direitos, deveres e prerrogativas, conforme disposto no art. 95 da Constituição Federal e da Lei Orgânica Nacional (LC nº 35/1979).

Portanto, não se pode admitir que os órgãos do Poder Judiciário ou seus membros sejam tratados de forma distinta, pois o órgão e a carreira são nacionais, revestindo-se de unidade tanto em termos de direitos, deveres e prerrogativas quanto em termos disciplinar e correicional, tal como afirmado pela Suprema Corte.

O Tribunal de Contas da União, por outro lado, exerce seu poder fiscalizatório – respeitados os limites constitucionais e legais – apenas sobre os órgãos do Poder Judiciário da União, sendo sua competência de natureza federal. O Conselho Nacional de Justiça, como dito, exerce sua competência sobre os órgãos do Poder Judiciário em nível nacional. Permitir, portanto, que o TCU venha a cassar ou invalidar as decisões e normativas do CNJ, que, via de regra, dizem respeito a toda a estrutura judiciária nacional, implicaria a quebra dessa lógica unitária, dado o alcance limitado das decisões do TCU, que não abrangeriam os órgãos da Justiça Estadual.

Segue, a propósito, trecho da decisão do Ministro Toffoli:

> Dito isso, lembro que a Constituição define as competências do Tribunal de Contas *da União* no exercício de sua atribuição de auxiliar o Congresso Nacional no controle financeiro externo da União e de suas entidades da administração direta e indireta.
> No caso sob exame, o Conselho Nacional de Justiça emitiu decisão no exercício de sua competência de controle da atuação do Poder Judiciário, *cuja abrangência é nacional e, portanto, extrapola o âmbito de competência da Corte de Contas federal.*

Além da decisão mencionada, ainda sobre o tema, importa ressaltar recente decisão do Ministro Luís Roberto Barroso, que concedeu medida liminar em mandado de segurança, também impetrado pela Ajufe, o MS 39.821/DF. No caso, questiona-se a competência do TCU para fiscalizar os valores oriundos das penas de prestação pecuniária, pagas no contexto do processo penal. Na ocasião, argumentou-se que o CNJ já tem regulamentação sobre a matéria, a Resolução CNJ nº 558/2024, em que são definidos o modo de gestão e aplicação desses recursos, em nível nacional, sendo que a fiscalização desses recursos competiria, assim, ao CNJ, e não ao TCU.

O Ministro Luís Roberto Barroso, acolhendo os fundamentos da impetração, concedeu medida de urgência para suspender a fiscalização do TCU, que vinha ocorrendo no âmbito da Justiça Federal – algo que pode ser visto como uma dimensão da necessidade de se resguardar a uniformidade de tratamento no âmbito do Judiciário. Ou seja, fosse admitida a ingerência do TCU sobre tais recursos, ter-se-ia uma situação em que a regulamentação do CNJ alcançaria apenas os órgãos da Justiça Estadual, tornando-se inaplicável aos órgãos do Poder Judiciário da União.

Portanto, também sob a perspectiva de assegurar uniformidade de tratamento a todos os órgãos e membros do Poder Judiciário, em respeito aos caráteres unitário e nacional desse Poder, não é dado ao TCU colocar-se em posição de ascendência ao CNJ, para cassar ou invalidar as decisões do Conselho, que impactam direta ou indiretamente em toda a estrutura judiciária nacional e magistratura.

5 Subversão do papel institucional outorgado pela Constituição ao CNJ

Por fim, outro argumento trabalhado pelo Ministro Dias Toffoli, em sua decisão monocrática, diz respeito à subversão da posição institucional do CNJ, caso se admita que o TCU tenha o poder de rever as decisões finalísticas do Conselho. Conforme pontuado pelo Ministro, o Supremo Tribunal Federal evoluiu em sua jurisprudência no que tange à sua competência para julgar as ações contra atos do CNJ.

Até então, o STF entendia que apenas as ações mandamentais deveriam ser propostas perante a Corte, de modo que as ações ordinárias, propostas em face da União, deveriam ser ajuizadas em primeiro grau de jurisdição. Contudo, o STF alterou sua compreensão, passando a admitir que todas as ações contra atos do CNJ, seja qual for a classe, devem ser propostas na Suprema Corte. Isso porque admitir que os magistrados de primeira instância exerçam controle sobre os atos do CNJ seria o mesmo que admitir o poder de o fiscalizado fiscalizar o seu fiscal.

Ao CNJ, como dito, cabe exercer o controle da atuação administrativa e financeira do Poder Judiciário e dos aspectos ético-disciplinares da magistratura. Subverteria a posição institucional do CNJ, portanto, admitir que um juiz de primeiro grau, sujeito à sua fiscalização, pudesse invalidar ou cassar as suas decisões.

A esse respeito, segue trecho da decisão do Ministro Toffoli:

> Como visto, esta Suprema Corte possui firme entendimento no sentido de que deve ser instaurada a respectiva competência primária em ações que impugnam atos do Conselho Nacional de Justiça, editados no exercício das competências de dimensões nacionais que a Constituição lhe confere, que não podem ser tolhidas por decisões exaradas de juízos que a ele se submetem, sob pena de subversão da posição institucional outorgada ao Conselho pela Carta de 1988.
>
> O mesmo entendimento deve ser seguido, no presente caso, acerca do controle a ser exercido pelo Tribunal de Contas da União, pois a atuação da Corte de Contas não pode subverter o papel institucional outorgado pela Constituição ao Conselho Nacional de Justiça.

Ainda que o TCU não esteja sob fiscalização do CNJ, fato é que qualquer magistrado federal pode, em ação ordinária, julgar os atos da Corte de Contas da União. Quer dizer, a se assentar a possibilidade de o TCU exercer controle sobre as decisões de mérito proferidas pelo CNJ, no exercício de suas funções finalísticas, ter-se-ia uma situação no mínimo estranha, em que o magistrado de primeira instância teria o poder de controlar o controlador (TCU) de seu órgão de controle (CNJ). Trata-se, pois, de uma subversão da posição institucional do CNJ admitir que o TCU venha a se colocar em lugar de exercer revisão ou controle das decisões do Conselho, tal como muito bem pontuado pelo Ministro Dias Toffoli, em sua decisão prolatada no MS 39.264/DF.

6   Conclusão

A criação do CNJ representa um avanço importante no que diz respeito ao fortalecimento tanto do princípio republicano quanto da independência do Poder Judiciário. Seu surgimento, contudo, suscitou algum grau de controvérsia referente às suas competências quando confrontadas com as competências do Tribunal de Contas da União, sobretudo tendo em vista que o Constituinte Derivado, ao estabelecer a competência do CNJ de zelar pela observância dos princípios da Administração Pública no âmbito do Judiciário, o fez sem prejuízo das competências da Corte de Contas.

No entanto, conforme visto, a competência do TCU para fiscalizar a atuação financeira do Poder Judiciário da União tem natureza complementar, porquanto é evidente que, ao criar um órgão especificamente vocacionado ao controle do Poder Judiciário, o Constituinte pretendeu atribuir a primazia desse controle a esse órgão, o CNJ.

Dessa forma, na hipótese de haver conflito entre as decisões do CNJ e do TCU, no que diz respeito à legitimidade de atos de órgãos do Poder Judiciário da União, há de prevalecer a decisão do CNJ. Essa compreensão decorre da necessidade de resguardar a independência do Poder Judiciário, de prestigiar a lógica da unicidade que rege a estrutura judiciária nacional e a magistratura e de evitar a subversão da posição institucional do Conselho Nacional de Justiça.

Foi essa a compreensão manifestada pelo homenageado desta obra coletiva, o insigne Ministro Dias Toffoli, em sua decisão monocrática prolatada no MS 39.264/DF, o que revela o contributo importante de Sua Excelência para a preservação das competências do Conselho, da independência do Judiciário, da autonomia funcional da magistratura federal e, em última medida, dos princípios do Estado de Direito.

Essa, contudo, não foi a única decisão da Corte Suprema envolvendo conflito de competência entre CNJ e TCU. Há também o MS 38.745/AgR, em que a Segunda Turma assentou o entendimento de que o processamento de precatórios, por se tratar de atividade administrativa do Poder Judiciário, sujeita-se à fiscalização do CNJ, e não do TCU. Além disso, houve também decisão monocrática do Ministro Luís Roberto Barroso, no MS 39.821/DF, em que concedida medida liminar para suspender os efeitos de acórdão do TCU que autorizava fiscalização, no âmbito da Justiça Federal, sobre a gestão dos recursos oriundos da pena de prestação pecuniária, paga no contexto do processo penal. O Presidente do STF compreendeu que essa fiscalização é de competência do CNJ, não cabendo ingerência do TCU.

As decisões do Ministro Dias Toffoli no MS 39.264/DF, da Segunda Turma no MS 38.745/AgR e do Ministro Luís Roberto Barroso no MS 39.821/DF revelam a importância do Supremo Tribunal Federal no contexto de solução dos conflitos de competência entre órgãos constitucionais, tendo afirmado, nos três casos, a relevância do CNJ para a independência do Poder Judiciário e da magistratura – requisito elementar à preservação dos direitos e garantias fundamentais – e, consequentemente, a necessidade de respeito às suas decisões e atos normativos regulamentares.

Referências

DALLARI, Dalmo de Abreu. Juízes independentes, judiciário sob controle social. *Revista da Associação dos Magistrados do Estado do Rio de Janeiro*, v. 2, n. 8, maio/jun. 2003.

MENDES, Gilmar Ferreira; BRANCO, Paulo Gustavo Gonet. *Curso de direito constitucional*. 16. ed. São Paulo: Saraiva Educação, 2021.

SILVA, José Afonso. *Curso de direito constitucional positivo*. 37. ed. São Paulo: Malheiros, 2014.

Informação bibliográfica deste texto, conforme a NBR 6023:2018 da Associação Brasileira de Normas Técnicas (ABNT):

ALVES, Nelson Gustavo Mesquita Ribeiro; MARINHO, Caio Castagine. Controle financeiro e orçamentário do Poder Judiciário e as competências constitucionais do Conselho Nacional de Justiça e do Tribunal de Contas da União: o caso do MS 39.264/DF. *In*: MENDES, Gilmar Ferreira; LIRA, Daiane Nogueira de; FREIRE, Alexandre (coord.). *Constituição, democracia e diálogo*: 15 anos de Jurisdição Constitucional do Ministro Dias Toffoli. 2. ed. Belo Horizonte: Fórum, 2025. p. 1337-1346. ISBN 978-65-5518-937-7.

A VALORIZAÇÃO DA RECLAMAÇÃO ENQUANTO INSTRUMENTO PARA A REALIZAÇÃO DO PAPEL DO SUPREMO TRIBUNAL FEDERAL A PARTIR DE DECISÕES DO MINISTRO DIAS TOFFOLI

OSMAR MENDES PAIXÃO CÔRTES

I Considerações iniciais

A reclamação é medida originária de competência dos Tribunais, prevista na Constituição Federal e hoje bem regulada pelo Código de Processo Civil.

Ela é essencial para a manutenção do sistema baseado em precedentes, consolidado pelo atual Código, mas, também, instrumento fundamental de que dispõe o Supremo Tribunal Federal para realizar o seu papel.

A reclamação foi construída a partir da jurisprudência do STF e desenvolvida sempre tendo em mente a ideia de manutenção da autoridade do Tribunal (e a consequente realização da sua função constitucional).

No presente estudo trata-se do tema, iniciando pela objetiva análise da origem, evolução da reclamação e sua atual regulação. Em seguida, são trazidas decisões do homenageado, Ministro Dias Toffoli, que demonstram a valorização da medida e, ao final, conclui-se que a reclamação é um instrumento essencial para a realização do papel constitucional do Supremo Tribunal Federal.

II Origem e evolução do cabimento da reclamação[1]

A reclamação surgiu a partir de uma construção jurisprudencial no Supremo Tribunal Federal. Antes de qualquer previsão legislativa, o STF viu-se diante da necessidade de admitir a medida com base na ideia dos poderes implícitos – quem pode decidir pode controlar a aplicação e o cumprimento da decisão.

---

[1] Para maior aprofundamento no assunto, vide nosso artigo Reflexões sobre a Reclamação na reforma do processo constitucional brasileiro, *in*: VALE, André Rufino do; QUINTAS, Fábio Lima; ABBOUD, Georges (coord.). *Reforma do processo constitucional brasileiro*. São Paulo: Almedina, 2022.

Na paradigmática Reclamação 141, em 25 de janeiro de 1952, de relatoria do Ministro Rocha Lagôa, ficou assentado:

> Ementa.
> A competência não expressa dos tribunais federais pode ser ampliada por construção constitucional. Não seria o poder, outorgado ao Supremo Tribunal Federal de julgar em recurso extraordinário as causas decididas por outros tribunais, se lhe não fora possível fazer prevalecer os seus próprios pronunciamentos, acaso desatendidos pelas justiças locais. A criação dum remédio de direito para vindicar o cumprimento fiel das suas sentenças, está na vocação do Supremo Tribunal Federal e na amplitude constitucional e natural de seus poderes. Necessária e legítima é assim a admissão do processo de Reclamação, como o Supremo Tribunal tem feito. É de ser julgada procedente a Reclamação quando a justiça local deixa de atender a decisão do Supremo Tribunal Federal.

Se o Tribunal poderia julgar os recursos levados à sua apreciação e proferir decisões, nada mais lógico e consequente do que poder controlar a aplicação do que foi decidido. Se assim não fosse, a própria previsão da sua competência constitucional ficaria esvaziada. Imaginemos se as decisões tomadas fossem simplesmente desconsideradas quando da sua implementação ou execução – de nada adiantaria tê-las proferido.

O debate, nessa primeira reclamação no âmbito da Suprema Corte, levou à interposição de embargos infringentes. Do voto do Ministro Ribeiro da Costa, nos embargos infringentes interpostos, destaca-se:

> A reclamação é uma modalidade processual, por si mesma excepcional, só admitida nos casos em que uma decisão da mais alta Côrte do País periclita na sua força executória, naquilo em que se traduz a garantia de um direito através do julgado do Tribunal na sua sentença. Vem a reclamação; com que efeito? Com que objetivo? Com que mira? Evidentemente, a defesa do julgado proferido pelo Tribunal. Há um julgado a que, na instância local, se negou cumprimento, por via oblíqua, por interpretação errada, violenta, daquilo que constitui o objeto do julgado. Nesses casos, pois, a reclamação se equipara quanto aos efeitos, quanto a força executória, ao processo do *habeas corpus*. Concedida a medida de liberdade pelo Supremo Tribunal Federal, como se poderia admitir, depois disso, – a liberdade já garantida ao cidadão (...).

Interessante destacar que se entendeu que uma interpretação errada equivaleria ao descumprimento da decisão, sendo plenamente justificável a reclamação para que a Suprema Corte impusesse o correto cumprimento do que decidido. Em certa medida, é dizer: se há dúvida na interpretação do objeto do julgado, quem pode dizer a correta interpretação dada à sua decisão é o próprio Tribunal que a proferiu, no caso, o Supremo Tribunal Federal.

Vale anotar, ainda, que, quando do julgamento da RCL 141, houve divergência no sentido de não se admitir a reclamação justamente pela falta de previsão normativa. Abhner Arabi bem resume que o principal fundamento "dessa posição minoritária repousava justamente sobre a ausência de previsão normativa da reclamação no direito brasileiro".[2] Do voto divergente do ministro Abner de Vasconcelos extrai-se o seguinte trecho: "força é convir que o recurso de reclamação não está previsto nas leis de processo".

---

[2]   ARABI, Abhner Youssif Mota. *Reclamação constitucional*: origem e evolução. Belo Horizonte: Fórum, 2021. p. 23.

A reclamação tem essa origem jurisprudencial fruto da necessidade de se ter um instrumento com tamanha força para impor o respeito à autoridade do Tribunal. E é interessante que não encontra paralelo em ordenamentos estrangeiros, conforme bem constata Marcelo Navarro Ribeiro Dantas.[3] Daniel Mitidiero, analisando esse paradigmático caso Meirelhes Cintra, anota que o "STF decidiu que, nada obstante não outorgada expressamente, a competência para fazer valer o julgado está implícita na competência para julgar".[4]

Após a construção pela jurisprudência, em 1957 o Regimento Interno do STF passou a prever a medida no Título III, capítulo V-A (DJ de 03.10.1957). Abhner Arabi destaca, acerca de características da reclamação já nessa primeira regulamentação regimental:

> Na primeira regulamentação do procedimento da reclamação, que, a essa altura ainda não tinha a estatura constitucional, já apareciam características interessantes, algumas delas que se mantêm até hoje, ainda que aperfeiçoadas. Previam-se, por exemplo, a legitimidade ativa do procurador-geral da República ou de interessado na causa, a possibilidade de avocação do processo nas situações de usurpação de competência, a necessidade de apresentação de prova documental, a requisição de informação à autoridade reclamada e a possibilidade de que outros interessados apresentassem impugnação à reclamação.[5]

Assim, ainda sob a vigência do Código de Processo Civil de 1939, a Suprema Corte passou a admitir, no seu Regimento Interno, a medida, com a intenção de resguardar sua competência e preservar a autoridade dos seus julgados.

Daniel Mitidiero bem anota que:

> O primeiro desafio foi vencido com o caso Meirelhes Cintra v. Flaury Meirelhes, julgado pelo Pleno em 1952. Alçando mão da teoria dos poderes implícitos desenvolvida na doutrina americana em 1788 e posteriormente acolhida pela U.S. Supreme Court em 1819, o STF decidiu que o seu poder seria 'vão', 'se lhe não fora possível fazer prevalecer os sues próprios pronunciamentos, acaso desatendidos pelas justiças locais'. Assim, a 'criação dum remédio de direito para vindicar o cumprimento fiel das suas sentenças, está na vocação do Supremo Tribunal Federal e na amplitude constitucional e natural de seus poderes'.[6]

Apenas com a Constituição de 1967 é que o STF foi autorizado a estabelecer, no Regimento Interno, nos termos do artigo 115, parágrafo, "c", "o processo e o julgamento dos feitos de sua competência originária ou de recurso".

Em 1988, a Constituição Federal trouxe, no artigo 102, I, "l", a previsão da competência originária do STF para apreciar "a reclamação para a preservação de sua competência e garantia da autoridade de suas decisões". E seguindo o paralelismo de competência entre o STF e o STJ, houve, também, a previsão da reclamação para o Superior Tribunal de Justiça (artigo 105, I, "f").

---

[3] DANTAS, Marcelo Navarro Ribeiro. *Reclamação constitucional no direito brasileiro*. Porto Alegre: Sérgio Antônio Fabris Editor, 2000. p. 385.

[4] MITIDIERO, Daniel. *Reclamação nas Cortes Supremas*: entre a autoridade da decisão e a eficácia do precedente. p. 20. São Paulo: Thomson Reuters Brasil, 2020.

[5] ARABI, Abhner Youssif Mota. *Reclamação constitucional*: origem e evolução. Belo Horizonte: Fórum, 2021. p. 25.

[6] *Reclamação nas Cortes Supremas*: entre a autoridade da decisão e a eficácia do precedente. p. 19 e 20. São Paulo: Thomson Reuters Brasil, 2020.

E em 1990, a Lei nº 8.038 dedicou o capítulo II à reclamação.

Uma mais detida regulamentação, todavia, só se observa com o atual CPC, que dedicou o artigo 988 ao assunto, estendendo expressamente a medida para todo e qualquer tribunal, trazendo hipóteses de cabimento detalhadas, enfatizando a importância da medida para a manutenção do sistema de precedentes e trazendo detalhes procedimentais.

E o seu cabimento sofre, em determinados momentos, aberturas. Basta notar que o STF, notadamente a partir da paradigmática Reclamação 4335/AC, admitiu em alguns casos a medida para impor a observância a decisões tomadas em processos de controle difuso de constitucionalidade.

Fugindo da linha tradicional de que apenas decisões tomadas em processos de controle concentrado produzem efeitos vinculantes e *erga omnes*, o Tribunal admitiu a reclamação, mesmo não tendo havido a suspensão da lei declarada inconstitucional pelo Senado Federal.

Outros estudos já foram dedicados ao assunto,[7] mas vale lembrar, resumidamente, que a Corte Constitucional, pelas razões principalmente do voto do relator, considerou que o ato de suspensão de uma lei pelo Senado é meramente político, devendo-se impor a observância a decisões em controle difuso de constitucionalidade até em nome do papel constitucional do Tribunal. Na mesma linha o entendimento tomado nos autos da RCL 2280/RJ. Luiz Guilherme Marinoni faz coro ao aumento da vinculação das decisões do STF ainda que não em controle concentrado, pontuando que "não há motivo para limitar a eficácia vinculante apenas às decisões com igual eficácia no controle objetivo".[8]

Por outro lado, o STF (e também o STJ) reduziu o cabimento da reclamação no tocante aos recursos repetitivos. Mesmo sendo a sistemática destes recursos distinta da tradicional dos recursos – por afetar-se um caso para julgamento da tese que será decisivamente firmada, devendo ser observada –, os Tribunais adotaram majoritariamente o entendimento de que não se deve admitir a reclamação quando recursos sobrestados forem mal indeferidos ou forem mal julgados após a decisão no caso paradigma.

Algumas limitações foram impostas ainda à luz do CPC anterior, não se admitindo, por regra, reclamação contra decisão que aplica o entendimento firmado em repetitivo ou em repercussão geral. Desde o julgamento da Questão de Ordem no AI 760358 (Rel. Min. Presidente. Tribunal Pleno. DJ de 19.02.2010) foi estabelecido que a reclamação, além do agravo de instrumento, é incabível contra a decisão que aplica (mal) o entendimento firmado em recurso repetitivo. Cabível apenas o agravo interno no próprio Tribunal *a quo*.

No que toca à repercussão geral, também o STF já vinha entendendo que os precedentes não são dotados de eficácia *erga omnes*. Ainda que deva ocorrer a observância ao paradigma, se houver o desrespeito por parte do Tribunal de origem, deve-se tentar resolver o problema no âmbito da própria Corte Inferior, não podendo haver, *per saltum*, a atuação do STF. Merece referência a Rcl 17914/MS (Rel. Min. Lewandowski. Segunda Turma. DJ de 04.09.2014) onde restou consignado que "não cabe reclamação fundada em precedentes sem eficácia geral e vinculante" e que "conquanto o decidido nos recursos extraordinários submetidos ao regime da repercussão geral vincule os outros

---

[7]   A "objetivação" no processo civil: as características do processo objetivo no procedimento recursal. *In: Revista de Processo – RePro*, São Paulo, n. 178, p. 220-226, dez. 2009.

[8]   MARINONI, Luiz Guilherme. *Precedentes obrigatórios*. 4. ed. São Paulo: Revista dos Tribunais, 2016. p. 299.

OSMAR MENDES PAIXÃO CÔRTES | 1351

A VALORIZAÇÃO DA RECLAMAÇÃO ENQUANTO INSTRUMENTO PARA A REALIZAÇÃO DO PAPEL DO SUPREMO TRIBUNAL FEDERAL A PARTIR...

órgãos do Poder Judiciário, sua aplicação aos demais casos concretos (...) não poderá ser buscada, diretamente, nesta Suprema Corte, antes da apreciação da controvérsia pelas instâncias ordinárias".

No mesmo sentido, a decisão na Rcl 17512/SP (Rel Min. Barroso. Primeira Turma. DJ de 25.09.2014), segundo a qual "as decisões proferidas em sede de recurso extraordinário, ainda que em regime de repercussão geral, não geram efeitos vinculantes aptos a ensejar o cabimento de reclamação, que não serve como sucedâneo recursal".

O legislador, pela Lei nº 13.256/16, ajustou a regulamentação da reclamação à linha da jurisprudência já firmada.

O atual CPC alteraria em muito a jurisprudência dos Tribunais Superiores, na medida em que expressamente previa a reclamação para a hipótese, entre outras, de garantir a observância de precedente proferido em julgamento de casos repetitivos ou em incidente de assunção de competência.

A Lei nº 13.256/2016, todavia, alterou o dispositivo para limitar a reclamação contra decisões que aplicam mal precedentes em repetitivos ou em repercussão geral. O atual inciso IV do artigo 988 estabelece que ela é cabível, quanto aos repetitivos, para garantir a observância a precedentes de incidente de resolução de demandas repetitivas ou de incidente de assunção de competência.

E no inciso II, do §5º do artigo 988, especifica que é inadmissível a reclamação "proposta perante o Supremo Tribunal Federal ou o Superior Tribunal de Justiça para garantir a observância de precedente de repercussão geral ou de recurso especial em questão repetitiva" se não "esgotadas as instâncias ordinárias".

Ou seja, com as alterações da Lei nº 13.256/2016, a reclamação não é cabível sempre e diretamente para o Tribunal Superior quando for mal aplicado um precedente (seja indeferindo um recurso especial ou extraordinário sobrestado, seja rejulgando-o). Mas poderá ser cabível se a parte tentar resolver com os remédios possíveis o problema no Tribunal inferior e não conseguir.

Merece ser referido, ainda, que ao mesmo tempo em que algumas limitações processuais e procedimentais são impostas, há certo alargamento do cabimento da medida em dados casos. Quando essencial que o Tribunal interfira e corrija decisões proferidas em desrespeito à sua jurisprudência, a reclamação tem sido aceita.

Inclusive, ainda que excepcionalmente, já se admitiu a reclamação para rever precedentes da Suprema Corte, o que confirma a importância da medida.[9]

Nas palavras do Ministro Dias Toffoli, "a reclamatória exsurge como instrumento de promoção do diálogo, nesta Suprema Corte, entre o caso concreto e os precedentes obrigatórios", sobretudo quando há desrespeito à autoridade da decisão do STF, usurpação da competência da Corte ou necessidade "de revisitação dos fundamentos do precedente, tendo em vista a alteração do ordenamento jurídico vigente ao tempo do julgamento ou das circunstâncias fáticas históricas que impactaram a interpretação da norma, com possibilidade de sua superação (*overruling*)".[10]

---

[9] Para mais detalhes sobre o tema, vide nosso, em coautoria, A reclamação como forma de "recall" de decisões vinculantes, publicado na *Revista Consultor Jurídico* (www.conjur.com.br), em 14.04.2024.

[10] Rcl nº 28.995/DF, Rel. Min. Dias Toffoli, DJe 05.09.18.

Sobre a admissão da reclamação para provocar a revisão de entendimentos firmados em controle concentrado e em repercussão geral, especificar entendimentos firmados em ações de controle concentrado, bem como interpretar os efeitos de modulação de decisão vinculante, vale referir, por exemplo, a Reclamação nº 4.374/PE, na qual o STF reconheceu que a reclamação é "instrumento de (re)interpretação da decisão proferida em controle de constitucionalidade abstrato. (...) Com base na alegação de afronta a determinada decisão do STF, o Tribunal poderá reapreciar e redefinir o conteúdo e o alcance de sua própria decisão. E, inclusive, poderá ir além, superando total ou parcialmente a decisão-parâmetro da reclamação, se entender que, em virtude de evolução hermenêutica, tal decisão não se coaduna mais com a interpretação atual da Constituição".[11]

Na mesma linha, na Reclamação nº 25.236/SP, assentou-se que "deve ser viabilizada a revisão da tese firmada no RE 592.730, Rel. Min. Menezes Direito, a fim de permitir a adaptação da jurisprudência desta Corte às novas mudanças fáticas e constitucionais. (...) Eventual revisão da jurisprudência da Corte em sede de reclamação não é novidade neste Tribunal, haja vista o julgamento da Rcl 4.374".[12]

Por sua vez, na Rcl nº 29.303, o STF confirmou que, em razão de "modificações fáticas e legislativas supervenientes ao julgamento paradigma", é possível o "excepcional conhecimento da ação reclamatória pelo E. Plenário para dar maior alcance ao conteúdo da decisão anteriormente proferida em sede de controle abstrato de constitucionalidade".[13]

Nesse contexto, pode-se afirmar que a reclamação passou a ser uma forma de *"recall"* de decisões vinculantes, de modo a ajustá-las, adaptá-las, interpretá-las e até mesmo alterá-las.

III Decisões de valorização da medida

O Ministro Dias Toffoli proferiu, como relator ou redator designado, relevantes decisões no sentido de valorizar a reclamação constitucional.

---

[11] "A oportunidade de reapreciação das decisões tomadas em sede de controle abstrato de normas tende a surgir com mais naturalidade e de forma mais recorrente no âmbito das reclamações. É no juízo hermenêutico típico da reclamação – no 'balançar de olhos' entre objeto e parâmetro da reclamação – que surgirá com maior nitidez a oportunidade para a evolução interpretativa no controle de constitucionalidade. Assim, ajuizada a reclamação com base na alegação de afronta a determinada decisão do STF, o Tribunal poderá reapreciar e redefinir o conteúdo e o alcance de sua própria decisão. E, inclusive, poderá ir além, superando total ou parcialmente a decisão-parâmetro da reclamação, se entender que, em virtude de evolução hermenêutica, tal decisão não se coaduna mais com a interpretação atual da Constituição. Parece óbvio que a diferença entre a redefinição do conteúdo e a completa superação de uma decisão resume-se a uma simples questão de grau. No juízo hermenêutico próprio da reclamação, a possibilidade constante de reinterpretação da Constituição não fica restrita às hipóteses em que uma nova interpretação leve apenas à delimitação do alcance de uma decisão prévia da própria Corte. A jurisdição constitucional exercida no âmbito da reclamação não é distinta; como qualquer jurisdição de perfil constitucional, ela visa a proteger a ordem jurídica como um todo, de modo que a eventual superação total, pelo STF, de uma decisão sua, específica, será apenas o resultado do pleno exercício de sua incumbência de guardião da Constituição." Rcl nº 4.374/PE, Rel. Min. Gilmar Mendes, Plenário, Julgamento em 18.04.2013. Vale, ainda, conferir a RCL 66.772/SP. Rel. Min. Alexandre de Moraes. DJ de 26.03.2024.

[12] Rcl nº 25.236/SP, Rel. Min. Luís Roberto Barroso, Primeira Turma, julgado em 10.10.2022.

[13] Rcl nº 29.303/RJ, Rel. Min. Edson Fachin, Plenário, julgado em 06.03.2023.

Ciente da importância da medida para a realização do papel constitucional do Supremo Tribunal Federal, o Ministro já entendeu, por exemplo, que a medida é um meio excepcional e destinado a preservar a autoridade da Corte.

Veja-se o que decidido nos autos da RCL 5.954 (DJ de 22.10.2010).

Nesse acórdão, foi consignado que a reclamação é um meio processual excepcional e subsidiário, utilizado apenas quando não há instrumentos recursais disponíveis. Não é um substituto de recurso, mas serve para preservar a competência do STF. Ainda à luz da legislação processual anterior (CPC/73), o Ministro mostra a sua preocupação em autorizar medidas *per saltum* para o STF, ao passo que consigna o cabimento imediato em casos extremos em nome da preservação da autoridade do Tribunal. Foi destacada obra de Egas Dirceu Moniz de Aragão, a qual enfatiza que a reclamação possui caráter supletivo e é utilizada na ausência de qualquer outro meio normal de submeter um tema ao STF:

> (...) a reclamação é meio excepcional. Deve ser utilizada subsidiariamente, à míngua de instrumentos recursais, pois não se apresenta como sucedâneo de recurso. Em antigas – e ainda úteis – lições da doutrina autorizada de Egas Dirceu Moniz de Aragão (A correição parcial. São Paulo: J. Bushatsky, 1969. p. 108-109), encontra-se a assertiva no sentido de que, na reclamação, "não se visa a compor um conflito de interesse mas, unicamente, preservar a competência do Supremo Tribunal, posto que, como ficou destacado, todos os casos de reclamação se contêm nesse único".
>
> Adiante, o autor ainda escreve, com igual acerto, que:
>
> "No estudo de seu cabimento sobressai o caráter supletivo da reclamação. O acesso ao Supremo Tribunal é discriminado nem só pela própria Constituição Federal, que disciplina os casos de sua competência, originária e de recursos, como pelas leis processuais, que dispõem sobre os remédios de que podem socorrer-se os interessados para obviar aos males oriundos de conflitos judiciais. Desde a ação, que é o mais amplo de todos os meios processuais, até os mais restritos, destinados a resolver situações ou incidentes que afetem o transcorrer da relação processual, a lei contém todo o procedimento.
>
> (...)
>
> Segue-se que a reclamação é, indisfarçavelmente, uma medida singular, cujo cabimento é condicionado pela ausência de outra qualquer fórmula normal de submeter um dado tema ao Supremo Tribunal" (MONIZ DE ARAGÃO, Egas Dirceu. *Op. cit.* p. 113).
>
> Na espécie, a reclamação foi adequadamente manejada.
>
> O reclamante não objetivou atingir o grau máximo de jurisdição *per saltum*. Seu intuito ultrapassou a mera defesa de interesses subjetivos, na medida em que invocou a preservação da eficácia do que decidido pelo STF no acórdão paradigma cujos efeitos transbordam dos limites intersubjetivos por sua própria natureza. A reclamação, ademais, permitiu que fosse posta em causa a autoridade da Corte e sua necessária defesa, o que se faz com a dilatação do conteúdo essencial do acórdão paradigma para o caso dos autos.
>
> Esperar o trâmite normal do recurso na Justiça incompetente seria dar curso a clamorosa ignorância de decisão soberana e incontrastável do STF. Para coibir esse estado de coisas, não há remédio mais apropriado que a reclamação constitucional.

Acerca da possibilidade de mitigação da regra do artigo 989, III, do Código de Processo Civil, o Ministro (redator designado para o acórdão) bem entendeu, em decisão proferida na RCL 60821 (DJ de 25.06.2024) que a reclamação constitucional é uma ação especial destinada a preservar a autoridade do STF. Nesse contexto, permite-se que o contraditório se estabeleça após o juízo de procedência com base em precedente vinculante ou jurisprudência reiterada do STF. Para garantir o exercício do contraditório e da ampla defesa, basta que a parte beneficiária seja informada, nos autos do processo, sobre a decisão do STF baseada em precedente vinculante. Isso economiza tempo e recursos do Judiciário e promove maior reflexão na contraposição em sede reclamatória, conforme o princípio da cooperação processual do art. 6º do CPC/2015:

> Outrossim, a reclamação constitucional constitui ação sui generis voltada à preservação da autoridade do STF. Nessa medida, é admitida a mitigação da regra do inciso III do art. 989 do CPC, de modo que eventual contraditório se estabeleça após o juízo de procedência fundado em precedente vinculante e/ou reiterada jurisprudência da Corte em torno do paradigma, com a ciência da parte beneficiária da decisão reclamada acerca do entendimento paradigma do STF.
>
> Nessas circunstâncias, entendo que, para o regular exercício do contraditório e da ampla defesa, é suficiente que a parte beneficiária seja cientificada, nos autos do processo em referência na reclamação, do teor da decisão do STF com fundamento em precedente vinculante, poupando tempo e recursos escassos do Poder Judiciário, além de viabilizar maior reflexão no exercício da contraposição em sede reclamatória, em atenção ao princípio da cooperação processual disciplinado no art. 6º do CPC, in verbis:
>
> "Art. 6º Todos os sujeitos do processo devem cooperar entre si para que se obtenha, em tempo razoável, decisão de mérito justa e efetiva."

Uma terceira decisão do ministro homenageado (redator designado) merece referência – a proferida nos autos da RCL 14129 (DJ de 19.04.2018). No acórdão, foi consignado que a reclamação baseada em tese de repercussão geral só é cabível contra ato jurisdicional, pois a sistemática de repercussão geral é um instrumento processual do Poder Judiciário (art. 102, §3º, da CF/88). Ressalta que o STF tem a última palavra em questões constitucionais com repercussão geral, e a jurisdição se encerra na Corte de origem ou na instância especial, dependendo do caso. Da ementa merece destaque:

> A reclamação com fundamento em tese de repercussão geral somente tem cabimento contra ato jurisdicional, uma vez que a sistemática é instituto processual inerente à atividade fim do Poder Judiciário (art. 102, §3º, da CF/88), exsurgindo como um instrumento de racionalização da Justiça.

E do inteiro teor do voto do Ministro Dias Toffoli, anotando a excepcionalidade da medida:

> Assim, a viabilidade da presente reclamatória demandaria que o STF avançasse em matérias relacionadas à competência das Cortes de Contas para aplicar multa pela má gestão de recursos públicos, à origem desses recursos, à exigibilidade do título formado perante a corte de contas.
>
> No caso, portanto, não se controverte eventual restrição à competência do Tribunal de Contas do Estado no tocante à fiscalização das contas prestadas pela Mesa da Assembleia Legislativa (objeto da ADI nº 849/MT), ampliação de atribuição da Assembleia Legislativa para fiscalizar contas apresentadas pela Mesa Diretora da Assembleia Legislativa, pelo Tribunal de Contas Estadual, pelo Tribunal de Justiça do Estado de Pernambuco ou pelas Mesas Diretoras das Câmaras Municipais (objeto da ADI nº 1.779/PE) ou a concessão de poder à Assembleia Legislativa para rever o julgamento das contas operado pelo Tribunal

de Contas no exercício legítimo do controle externo ou "sustar (...) as licitações e eventuais casos de dispensa e inexigibilidade de licitação" (objeto da ADI nº 3.715/TO).

A pretensão deduzida nesta reclamação, na verdade, demanda a solução de controvérsia acerca do critério de definição de competência do Poder Legislativo para julgar as contas anuais do Poder Executivo respectivo: se em função da qualidade da pessoa que presta as contas ou em razão do conteúdo submetido a julgamento – considerada, nessa segunda hipótese, a possibilidade de o chefe do Pode Executivo concentrar atos de governo (inerentes ao cargo político que ocupa e a sua responsabilidade orçamentária) e atos de gestão de despesas (de natureza eminentemente técnica).

A procedência da presente reclamação exige, ainda, que essa Suprema Corte aprecie questões atinentes aos limites da atuação dos tribunais de contas estaduais ou dos tribunais de contas municipais, onde houver, na fiscalização de atos de gestão de contratos e serviços praticados diretamente pelo chefe do Poder Executivo, matéria que exige o conhecimento das peculiaridades de cada caso e, nesse sentido, ultrapassa o julgamento abstrato realizado em sede de controle concentrado de constitucionalidade por esta Suprema Corte nas ações paradigmas (ADI nºs 879/MT, 3.715/TO e 1779/PE).

IV A reclamação enquanto instrumento para a realização do papel constitucional do Supremo Tribunal Federal

O papel constitucional do Supremo Tribunal Federal está estampado na sua competência – dar a última palavra acerca da Constituição Federal e garantir a unidade da Federação.

Vale lembrar que antes mesmo da Constituição de 1891 o Tribunal já detinha o mister (pelo Decreto nº 848, de 1890) de, através do que posteriormente ganhou o nome de recurso extraordinário (oriundo do *writ of error*), coordenar a aplicação da legislação federal a fim de evitar que os Estados (pelos seus Tribunais) a descumprissem.

Isso porque um descumprimento da legislação federal por parte do Estado colocaria em risco a integridade e a unidade do modelo federativo (adotado pela Constituição de 1890).

Toda a regulamentação posterior do recurso extraordinário, em momentos de menor e de maior abertura democrática, bem demonstra o fortalecimento da competência do STF para manter a unidade da federação e também para dar a interpretação última às normas constitucionais, como intérprete qualificado e máximo.

Nesse contexto, a reclamação destaca-se.

Consoante já anotado, a medida foi gestada no âmbito do Supremo Tribunal Federal, ainda na década de 1950, e construída para ser um instrumento de garantia do cumprimento das decisões e da preservação da autoridade do Tribunal.

Se a Corte tem competências constitucionalmente previstas, fundamental que haja um instrumento para a fiscalização do respeito a essas competências.

De que adiantaria tomar decisões acerca de normas constitucionais e mantendo a unidade da federação se forem descumpridas quando da sua aplicação? A não aplicação de uma decisão que deve ser observada afronta a competência do Tribunal de proferir decisões cumprindo seu papel constitucional.

Se os princípios constitucionais da efetividade, da celeridade e da segurança jurídica guardam relação com a medida, a sistemática atual de valorização de precedentes estimulou mais ainda o aprimoramento e a utilização da reclamação.

O atual CPC, nessa linha, estendeu-a para todos os Tribunais, tratou do procedimento e bem regulou as hipóteses de cabimento.

Como legislação infraconstitucional, o Código trata de detalhes, concretizando o permissivo constitucional da medida (prevista, na Constituição da República, para o STF e para o STJ – artigos 102, I, "l", e 105, I, "f").

As decisões referidas, de relatoria do homenageado, Ministro Dias Toffoli, confirmam a valorização da reclamação enquanto instrumento de relevância ímpar.

O Ministro faz questão de anotar que a medida é excepcional, ou seja, pela sua importância e forte impacto não pode ser utilizada como um sucedâneo recursal, como um meio ordinário de impugnação de uma decisão judicial.

Até por se tratar de uma medida originária, não se confunde com um recurso e a banalização da sua utilização, levaria ao seu desprestígio. A sua admissão deve ocorrer em casos de claro desrespeito ao que decidido pelo Supremo Tribunal Federal, não havendo outras formas de impugnação da decisão que desrespeita a autoridade da Corte Superior (em linha do estabelecido na legislação processual especificamente quanto aos recursos repetitivos/repercussão geral – parágrafo 5º, II, do artigo 988 do CPC).

Também, na segunda decisão referida, o Ministro Dias Toffoli deixa clara a sua preocupação com a efetividade das decisões tomadas em reclamações. Tanto é assim que autoriza que o contraditório seja diferido e realizado após a ciência da parte nos autos do processo em que proferida a decisão reclamada (que descumpriu o decidido no âmbito do STF). A autoridade do Tribunal, confirmada pelo juízo de procedência da reclamação, deve ser resguardada imediatamente – o contraditório é garantido, assim, não pela necessidade de previamente ouvir-se a parte interessada, mas é respeitado se for garantido em um momento posterior. Isso, em nome da necessidade de se apreciar imediata e rapidamente o pedido formulado na reclamação.

E, por fim, a terceira decisão referida, demonstra que a reclamação não pode ter o seu cabimento elastecido em demasia, admitindo-a, por exemplo, contra decisões tomadas por órgãos não jurisdicionais em casos de repercussão geral alegada como descumprida. Se o STF define tese em repercussão geral, apenas decisões tomadas em processos judiciais podem descumpri-la.

E, ainda, o Ministro confirma a excepcionalidade já referida da reclamação constitucional no caso de alegado descumprimento de tese firmada em repercussão geral/recurso repetitivo – na linha da legislação processual civil, ela só pode ser utilizada depois de exauridas as tentativas recursais de aplicação da tese paradigma firmada no âmbito da Suprema Corte.

Referências

ALVIM, Teresa Arruda *et al. Primeiros Comentários ao Código de Processo Civil*. 3. ed. São Paulo: Thomson Reuters, 2020.

ARABI, Abhner Youssif Mota. *Reclamação constitucional*: origem e evolução. Belo Horizonte: Fórum, 2021.

CÔRTES, Osmar Mendes Paixão. A "objetivação" no processo civil: as características do processo objetivo no procedimento recursal. *In: Revista de Processo – RePro*, São Paulo, n. 178, dez. 2009.

CÔRTES, Osmar Mendes Paixão. A reclamação no novo CPC – Fim das limitações impostas pelos Tribunais Superiores ao cabimento? *In: Revista de Processo – RePro*, São Paulo, n. 244, jun. 2015.

OSMAR MENDES PAIXÃO CÔRTES

A VALORIZAÇÃO DA RECLAMAÇÃO ENQUANTO INSTRUMENTO PARA A REALIZAÇÃO DO PAPEL DO SUPREMO TRIBUNAL FEDERAL A PARTIR... | 1357

CÔRTES, Osmar Mendes Paixão. A reclamação para os Tribunais Superiores no Novo CPC, com as alterações da Lei 13.256/2016. *In: Revista de Processo – RePro*, São Paulo, n. 257, jul. 2016.

CÔRTES, Osmar Mendes Paixão. A objetivação do processo e o ativismo judicial no contexto do pós-positivismo. *In: Revista de Processo – RePro*, São Paulo, n. 251, jan. 2016.

CÔRTES, Osmar Mendes Paixão. Natureza e efeitos da decisão em recurso repetitivo: uma tentativa de sistematizar a observância à tese firmada na decisão paradigma. *In: Revista de Processo – RePro*, São Paulo, n. 273, nov. 2017. São Paulo: Revista dos Tribunais, 2017.

CÔRTES, Osmar Mendes Paixão. Reclamação – A ampliação do cabimento no contexto da "objetivação" do processo nos Tribunais Superiores. *In: Revista de Processo – RePro*, São Paulo, n. 197, jul. 2011.

CÔRTES, Osmar Mendes Paixão. *Recursos repetitivos, súmula vinculante e coisa julgada*. Brasília: Gazeta Jurídica, 2018.

CÔRTES, Osmar Mendes Paixão. O futuro da reclamação contra o descumprimento de decisão em recurso especial repetitivo. *In: Revista Caderno Virtual*, Brasília, v. 3, n. 45, 2019.

CÔRTES, Osmar Mendes Paixão. O futuro da reclamação – cabimento contra o descumprimento de decisão em recurso especial repetitivo à luz da decisão da Corte Especial do Superior Tribunal de Justiça nos autos da RCL 36.476/SP. *In: Revista de Processo – RePro*, São Paulo, n. 316, jun. 2021.

CÔRTES, Osmar Mendes Paixão; MAZZOLA, Marcelo. A reclamação como forma de "recall" de decisões vinculantes. *Revista Consultor Jurídico* (www.conjur.com.br), em 14.04.2024.

DANTAS, Bruno. *Repercussão geral*: perspectivas histórica, dogmática e de direito comparado – questões processuais. 3. ed. São Paulo: Revista dos Tribunais, 2012.

DANTAS, Bruno. *Teoria dos Recursos Repetitivos*: tutela pluri-individual nos recursos dirigidos ao STF e ao STJ (arts. 543-B e 543-C do CPC). São Paulo: Revista dos Tribunais, 2015.

DANTAS, Marcelo Navarro Ribeiro. *Reclamação constitucional no direito brasileiro*. Porto Alegre: Sérgio Antônio Fabris Editor, 2000.

HOUAISS, Lívia Pitelli Zamarian. *A reclamação constitucional no Supremo Tribunal Federal*: um estudo empírico da recalcitrância judicial. Londrina: Thoth, 2021.

MANCUSO, Rodolfo de Camargo. *Sistema brasileiro de precedentes*: natureza, eficácia, operacionalidade. 2. ed. São Paulo: Revista dos Tribunais, 2016.

MARINONI, Luiz Guilherme. *Precedentes obrigatórios*. 4. ed. São Paulo: Revista dos Tribunais, 2016.

MITIDIERO, Daniel. *Reclamação nas Cortes Supremas*: entre a autoridade da decisão e a eficácia do precedente. São Paulo: Thomson Reuters Brasil, 2020.

PUGLIESE, William. *Precedentes e a civil law brasileira*: interpretação e aplicação do novo Código de Processo Civil. São Paulo: Revista dos Tribunais, 2016.

VALE, André Rufino do; QUINTAS, Fábio Lima; ABBOUD, Georges (coord.). *Reforma do processo constitucional brasileiro*. São Paulo: Almedina, 2022.

XAVIER, Carlos Eduardo Rangel. *Reclamação constitucional e precedentes judiciais*: contributo a um olhar crítico sobre o Novo Código de Processo Civil. São Paulo: Revista dos Tribunais, 2016.

Informação bibliográfica deste texto, conforme a NBR 6023:2018 da Associação Brasileira de Normas Técnicas (ABNT):

CÔRTES, Osmar Mendes Paixão. A valorização da reclamação enquanto instrumento para a realização do papel do Supremo Tribunal Federal a partir de decisões do Ministro Dias Toffoli. *In*: MENDES, Gilmar Ferreira; LIRA, Daiane Nogueira de; FREIRE, Alexandre (coord.). *Constituição, democracia e diálogo*: 15 anos de Jurisdição Constitucional do Ministro Dias Toffoli. 2. ed. Belo Horizonte: Fórum, 2025. p. 1347-1357. ISBN 978-65-5518-937-7.

PGBL: NATUREZA JURÍDICA, ESTRUTURA ATUARIAL E DIREITO SUCESSÓRIO

OTAVIO LUIZ RODRIGUES JR.
CARLOS V. VON ADAMEK
RODRIGO XAVIER LEONARDO

Introdução

O PGBL – Plano Gerador de Benefício Livre é um arranjo jurídico-atuarial de previdência complementar privada e aberta, com natureza geral equivalente à homóloga dos negócios aleatórios e securitários.[1][2] A possibilidade de incidência do Imposto sobre Transmissão Causa Mortis e Doação – ITCMD sobre o PGBL foi objeto de afetação em repercussão geral pelo Supremo Tribunal Federal em 2022.[3] Tais contingências levam à necessidade de investigação dos aspectos atuariais e civilísticos do PGBL, sendo este o objeto do presente estudo, que se divide em 3 seções: (1) definição da natureza jurídica e da estrutura atuarial do PGBL; (2) apreciação das relações entre o PGBL e os direitos sucessórios; (3) exame da matéria no âmbito do Superior Tribunal de Justiça.

Esta pesquisa fez-se com revisão de literatura jurídica sobre o PGBL, com forte ênfase no direito civil, especificamente em ordem a estabelecer possíveis conexões desse plano com o direito dos seguros. Na pesquisa jurisprudencial, a base de dados do Superior Tribunal de Justiça foi nuclear, embora haja referências a acórdãos de alguns tribunais de justiça e a citação a um aresto fundamental do Supremo Tribunal Federal, de relatoria do Min. Néri da Silveira.[4]

---

[1] A posição dos autores neste capítulo é puramente teórica e não vincula entendimentos judiciais ou jurídicos anteriores ou posteriores à sua publicação.

[2] O autor Otavio Luiz Rodrigues Jr. é bolsista de Produtividade em Pesquisa do CNPq – Nível. Este trabalho é apoiado indiretamente pelo CNPq. O autor também integra o Programa de Pós-Graduação em Direito da Universidade de São Paulo e da Universidade Nove de Julho (São Paulo).

[3] "Repercussão geral em recurso extraordinário. Direito Tributário. Discussão a respeito da incidência do ITCMD sobre o plano Vida Gerador de Benefício Livre (VGBL) e o Plano Gerador de Benefício Livre (PGBL) na hipótese de morte do titular do plano. Matéria constitucional. Repercussão geral reconhecida" (STF. RE nº 1.363.013 RG. Rel. Min. Dias Toffoli, Tribunal Pleno, j. 12.5.2022. *DJe*-098, 23 maio 2022).

[4] STF. RE nº 115.308-3/RJ. Rel. Min. Néri da Silveira, Primeira Turma, j. 17.5.1988.

A participação nesta obra é tributária de uma homenagem ao Ministro Dias Toffoli, no marco de seus 15 anos de Supremo Tribunal Federal. Os autores, em maior ou menor medida, conhecem ou ajudaram na construção da trajetória de Dias Toffoli em sua brilhante carreira pública na Subchefia para Assuntos Jurídicos (SAJ), na Advocacia-Geral da União e no Supremo Tribunal Federal. Este *liber amicorum* é uma feliz expressão de sua legitimidade moral e jurídica, além de seu papel no Estado brasileiro contemporâneo.

1   Natureza jurídica e estrutura atuarial do PGBL

O sistema previdenciário brasileiro possui uma modalidade privada, que se divide, pelo critério da complementação segmentada ou não segmentada, pelo tipo de ente gestor: (a) *Previdência Complementar Aberta*, operada por Entidades Abertas de Previdência Complementar (EAPCs) ou por seguradoras; (b) *Previdência Complementar Fechada*, geridas por Entidades Fechadas de Previdência Complementar (EFPCs), os "fundos de pensão", "que são criadas, exclusivamente, para operar planos destinados a grupos específicos de trabalhadores, as EAPCs são acessíveis a qualquer cidadão que deseja se precaver financeiramente para a chegada da aposentadoria".[5] O Plano Gerador de Benefício Livre – PGBL é uma das espécies de produtos oferecidos pelas EAPCs, que foi criado em 1997, cuja natureza é a de um plano de previdência complementar.[6]

Segundo Arlete Nesse e Fabio Giambiagi, desde a criação do PGBL em 1997, na sequência da instituição do Plano Real (Lei nº 9.069, de 29.6.1995), o crescimento dos investimentos em Previdência Complementar no Brasil foi significativo: (a) 1997-2001: 40,2%; (b) 2001-2018: 49,4%.[7] O ano de 2001, que foi escolhido como marco divisório dos períodos, justifica-se por ter-se dado a edição da Lei Complementar nº 109, de 29.5.2001, que dispõe sobre o regime de Previdência Complementar e dá outras previdências, que revogou a Lei nº 6.435, de 15.7.1977, que dispunha sobre as entidades de Previdência Privada, o marco jurídico das antigas Entidades Fechadas de Previdência Privada – EFPPs.[8] Embora "a maior parte dos recursos" permaneça "concentrada em renda fixa, seguido dos multimercados e de forma persistente nos últimos dez anos", é notável a "expressiva evolução do montante sob a gestão de EAPCs e sociedades seguradoras",

---

5   NESE, Arlete; GIAMBIAGI, Fabio. *Fundamentos da previdência complementar*: da administração à gestão de investimentos. São Paulo: Atlas, 2020. Capítulo 5 (edição eletrônica).

6   "Por seu turno, o PGBL constitui plano de previdência complementar" (MAIA JÚNIOR, Mairan Gonçalves. A previdência privada como instrumento de planejamento sucessório. *Pensar*, v. 25, n. 14, p. 1-13, jan./mar. 2020. p. 3); "Nesta sede, interessa referir a previdência complementar aberta, que oferece planos que podem ser contratados por qualquer pessoa. Entre eles, estão o VGBL e o PGBL, que são planos por sobrevivência (de seguro de pessoas e de previdência complementar aberta, respectivamente) que, após um período de acumulação de recursos (período de diferimento), proporcionam aos investidores (segurados e participantes) uma renda mensal, que poderá ser vitalícia ou por período determinado ou um pagamento único. O primeiro (VGBL) é classificado como seguro de pessoa, enquanto o segundo (PGBL) é um plano de previdência complementar" (NEVARES, Ana Luiza Maia. Os planos de previdência privada (VGBL e PGBL) na perspectiva familiar e sucessória: critérios para sua compatibilização com a herança e a meação. *Revista Brasileira de Direito Civil – RBDCivil*, v. 28, p. 257-274, abr./jun. 2021. p. 259).

7   NESE, Arlete; GIAMBIAGI, Fabio. *Fundamentos da previdência complementar*: da administração à gestão de investimentos. São Paulo: Atlas, 2020. Capítulo 5 (edição eletrônica).

8   Sobre o regime de previdência complementar fechado do período entre 1977-2001, consultar: MARTINEZ, Wladimir Novaes. *Primeiras lições de previdência complementar*. São Paulo: LTr, 1996; RODRIGUES JR., Otavio Luiz. Aposentadoria aos 55 anos: impossibilidade de aplicação retroativa do limite etário aos associados de entidades fechadas de previdência privada. *Revista de Previdência Social*, v. 22, n. 206, p. 10-14, jan. 1998.

o que "sugere que os produtos PGBL e VGBL conquistaram credibilidade junto ao público consumidor".[9]

O PGBL, por sua natureza de um típico plano de previdência complementar aberta, tem como característica o provimento ao segurado de um benefício de renda, cuja fundação se deu em um denominado "período de diferimento", a saber, um intervalo de acumulação no tempo. Esse plano possui algumas características financeiras, atuariais e tributárias próprias, em contraste com o VGBL – Vida Gerador de Benefício Livre, um outro produto com viés securitário.[10]

(a) *Público-alvo*: os beneficiários do PGBL fazem uso da declaração completa do Imposto de Renda; contribuem para o Regime Geral de Previdência Social – RGPS ou para o Regime Próprio de Previdência Social – RPSS; contribuem em até 12% de sua renda bruta anual ao PGBL.

(b) *Situação fiscal*: (i) na fase do diferimento – "Podem deduzir o valor das contribuições em até 12% da renda bruta anual, se contribuintes do RGPS ou RPPS.[11] Em caso de resgate, há incidência da alíquota do regime tributário definido, sobre todo o valor"; (ii) na fase do gozo do benefício: incidirá a alíquota do regime tributário definido sobre o valor do benefício; (iii) na fase do diferimento: não há incidência do Imposto de Renda e não há redução das quotas quando da imposição tributária.[12]

Em 19.2.2024, o Conselho Nacional de Seguros Privados, órgão vinculado ao Ministério da Fazenda, baixou a Resolução CNSP nº 463, de 19.2.2024, que alterou as regras de funcionamento e os critérios para operação da cobertura por sobrevivência oferecida em plano de previdência complementar aberta. Com essa nova regulação oficial, o PGBL – Plano Gerador de Benefício Livre passou a ser assim definido:

> quando, durante o período de acumulação, a remuneração da PMBaC for baseada na rentabilidade da(s) carteira(s) de investimentos de FIE(s), no(s) qual(is) esteja(m) aplicada(s) a totalidade dos respectivos recursos, sem garantia de remuneração mínima e de atualização de valores e sempre estruturado na modalidade de contribuição variável, podendo facultar a contratação, durante o período de acumulação, de pagamentos financeiros programados na forma definida no regulamento e na nota técnica atuarial. (Art. 6º, inc. I, Resolução CNSP nº 463/2024)

Desse modo, o PGBL corresponde a um arranjo jurídico-atuarial em que, no *período de acumulação* (intervalo de tempo compreendido entre a data do início da vigência da cobertura por sobrevivência e a data do comprometimento total dos recursos para contratação de renda, resgate e portabilidade), a remuneração da "provisão matemática

---

[9] NESE, Arlete; GIAMBIAGI, Fabio. *Fundamentos da previdência complementar*: da administração à gestão de investimentos. São Paulo: Atlas, 2020. Capítulo 5 (edição eletrônica).

[10] NESE, Arlete; GIAMBIAGI, Fabio. *Fundamentos da previdência complementar*: da administração à gestão de investimentos. São Paulo: Atlas, 2020. Capítulo 5 (edição eletrônica).

[11] ARAÚJO NETO, Raul Lopes de. Análise econômica do direito aplicada à tributação das entidades de previdência complementar. *Revista do Mestrado em Direito da UCB*, v. 4, n. 2, p. 356-388, 2010. p. 381.

[12] NESE, Arlete; GIAMBIAGI, Fabio. *Fundamentos da previdência complementar*: da administração à gestão de investimentos. São Paulo: Atlas, 2020. Capítulo 5 (edição eletrônica).

de benefícios a conceder" (PMBaC) baseia-se na rentabilidade da carteira de investimento do chamado "fundo de investimento especialmente constituído" (FIE). Essa carteira pode ser plúrima, daí a norma usar a alternativa de carteira ou carteiras, o que é mais comum. Os recursos serão totalmente aplicados nesse FIE. Em relação a estes, não há garantia de remuneração mínima ou de sua atualização. Além disso, não se admite um contrato de benefício definido. O PGBL, até como resultado de experiências desastrosas com modelos atuariais de repartição e de benefício definido, adota a *contribuição variável*. Essa restrição implica o reconhecimento de um nível não desprezível de álea quando da percepção do benefício. Se o beneficiário sobreviver ao período de acumulação, ele terá o *quantum* perceptível calculado "com base no saldo acumulado da respectiva PMBaC e no fator renda". Embora, as contribuições, *rectius*, seu valor e o prazo de pagamento, possam ser previamente definidos (art. 7º, inc. I, Resolução CNSP nº 463/2024). É possível, contudo, a contratação, no período de acumulação ou diferimento, de "pagamentos financeiros programados", os quais seguirão estritamente o regulamento e a nota técnica atuarial.

A normativa de 2024 prevê a hipótese de adoção, desde que isso esteja clausulado no momento da firmatura do contrato, de fundo de investimento especialmente constituído (FIE) associado ao plano, com "percentual decrescente de exposição a investimento com maior risco, durante o período de acumulação" (art. 6º, §2º, Resolução CNSP nº 463/2024). O PGBL também pode ser contratado com opção de um benefício de renda vitalícia (art. 6º, §3º, Resolução CNSP nº 463/2024).

Outro aspecto muito relevante no PGBL está na determinação de que "os recursos das contribuições pagas pelos participantes serão aplicados pela EAPC em FIE(s), de acordo com os percentuais previamente estabelecidos pelo participante na proposta de inscrição" (art. 27, Resolução CNSP nº 463/2024), ainda que haja a possibilidade de que o participante solicite a alteração desses percentuais, desde que isso seja admitido pela "regulamentação específica" (art. 28, Resolução CNSP nº 463/2024).

O PGBL não é um modelo monolítico. Ele possui algumas variantes, além do PGBL típico, ao exemplo do PGBL Programado, o PRGP – Plano com Remuneração Garantida e Performance, o PAGP – Plano com Atualização Garantida e Performance, o PRSA – Plano com Remuneração Garantida e Performance sem Atualização, o PRI – Plano de Renda Imediata, e o PDR – Plano com Desempenho Referenciado.[13] Em algumas dessas modalidades, há a previsão de contratação de benefício definido (PRGP, PGAP e PRI), o que é atualmente pouco usual.[14]

É necessário, ainda no âmbito das conexões entre a regulação previdenciária e as ciências atuariais, fixar alguns tópicos relevantes para a delimitação do PGBL como um arranjo jurídico profundamente influenciado por externalidades econômicas, biométricas e estatístico-atuariais. Essa demarcação do contrato é fundamental para

---

[13] NESE, Arlete; GIAMBIAGI, Fabio. *Fundamentos da previdência complementar*: da administração à gestão de investimentos. São Paulo: Atlas, 2020. Capítulo 5 (edição eletrônica).

[14] "Enquanto a comercialização dos planos PGBL e VGBL crescem vertiginosamente, outros planos de previdência permanecem quase desconhecidos. É o caso dos Planos com Remuneração Garantida e Performance (PRGP), com Atualização Garantida e Performance (PAGP), do Vida com Remuneração Garantida e Performance (VRGP) e do Vida com Atualização Garantida e Performance (VAGP)" (ALMEIDA, Edson Sebastião de. Previdência complementar: PEC 6/2019 no contexto previdenciário atual e a tributação do imposto de renda. *Revista Síntese: Direito Previdenciário*, v. 19, n. 94, p. 28-82, jan./fev. 2020. p. 38).

ressaltar a impossibilidade de se identificar o PGBL com um ativo patrimonial mobiliário equiparável em níveis de identidade absoluta a fundos especulativos do mercado financeiro. Apresentar-se-ão 3 causas jurídico-atuariais para essa segregação conceitual e técnica:

(a) *Controle regulatório sobre a formação da cesta de títulos componentes de FIE (fundo de investimento especialmente constituído)*: inicialmente, a composição da carteira é estritamente baseada na regulamentação oficial, com investimento em FIEs da Epac em percentuais específicos. No PGBL-S (soberano), a título de exemplo, a cesta pode ser formada por títulos de emissão do Tesouro Nacional e do Banco Central do Brasil; créditos securitizados pelo Tesouro Nacional; títulos estaduais ou municipais sujeitos a determinadas normas legais; quotas de fundos de investimento, cuja carteira seja representada apenas pelos títulos públicos já referidos, "dos quais a seguradora seja a única quotista".[15]

(b) *Transferência dos riscos para o participante em razão de externalidades econômicas, biométricas e estatístico-atuariais*: uma visão clássica do modelo previdenciário, influenciada pela supervivência de modelos de repartição, como o existente em regimes públicos de Previdência Social, baseia-se nos planos de benefícios definidos (BD). Como já se assinalou, "para além das pressões que os sistemas de pensões da Segurança Social estão a sofrer, é cada vez mais notório em muitos países, uma mudança nos planos de pensões profissionais", daí que:

> os planos de pensões de benefícios definidos (BD) financiados pela entidade patronal estão a ser substituídos por planos de pensões de contribuição definida (CD), transferindo as responsabilidades de investimento e poupança na reforma para os trabalhadores, o que acata um maior risco para estes.[16]

Os planos BD estiveram na raiz da grave crise das entidades de previdência complementar no final dos anos 1990 e início dos anos 2000. Uma das consequências desse problema foi a aprovação da Emenda Constitucional nº 20, de 15.12.1998, que determinou fosse editada lei complementar sobre normas gerais relativas à previdência complementar no âmbito público.

Esse mecanismo de deslocamento de riscos colocou o participante em uma posição de significativa aleatoriedade quanto ao benefício a ser fruído, ao menos na maior parte das modalidades de planos complementares. A causa disso está nas externalidades de variada origem e natureza a que os planos se sujeitam. Vejam-se algumas delas:

(b.1) *Inflação ou deflação*: esses dois fenômenos econômicos impactam o valor disponível pelos indivíduos para a conservação de seu nível de vida. Objetivamente, um plano, como o PGBL, é afetado pela inflação ou pela deflação por efeito

---

15   AZEVEDO, Gustavo Henrique Wanderley de. *Seguros, matemática atuarial e financeira*: uma abordagem introdutória. 2. ed. São Paulo: Saraiva Educação, 2018. p. 252.

16   FILIPE, Rita Alexandra Mirra. *Avaliação atuarial de um plano de pensões*: estudo de caso no contexto alemão. Dissertação (Mestrado) – Faculdade de Ciências, Departamento de Estatística e Investigação Operacional, Universidade de Lisboa, Lisboa, 2024. p. 3.

da incapacidade de se manter "apropriadamente o padrão médio de consumo das famílias", quando comparados contribuição e benefício final.[17]

(b.2.) *Tábuas biométricas (tábuas ou tabelas de mortalidade; tábuas ou tabelas de sobrevivência; tábuas ou tabelas atuariais)*: essas tábuas são instrumentos atuariais que registram, "a partir de um grupo inicial de pessoas, quantas é que vão atingir diferentes idades até à extinção completa do grupo". Dito de outro modo, essas tábuas apresentam "a taxa de mortalidade ocorrida numa população definida, durante um intervalo de tempo selecionado, ou ainda, de outro ponto de vista, a taxa de sobrevivência do nascimento até à morte".[18] Essas tábuas, a despeito da qualidade dos estudos atuariais que lhes conformam, "estão em constante mudança ao longo do tempo, quer por pandemias globais mortais (o caso recente da pandemia de Covid-19), quer por guerras, quer por desenvolvimento na saúde global das populações, entre outras causas".[19] Uma das razões dos graves problemas enfrentados pelos fundos de pensão nos anos 1990-2000, para além do uso de metodologias atuariais ultrapassadas, como a repartição simples e o benefício definido, recaiu na desatualização das tábuas biométricas e na incapacidade de predição do rápido envelhecimento populacional e do aumento da expectativa de vida em níveis desproporcionais às tendências das décadas anteriores a 1970. Esse fenômeno é mundial. Na Alemanha, em 2018, "as tabelas de mortalidade Heubeck 2005 G, anteriormente utilizadas nas avaliações atuariais, foram atualizadas". A empresa responsável, que elabora esses estudos desde 1948, teve de alterar substancialmente as tábuas biométricas em razão dos câmbios significativos em variáveis como "a probabilidade de mortalidade, de incapacidade, casamento, entre outros fatores", os quais passaram a ser "refletidos nas novas tabelas de mortalidade". Assim,

em comparação com a anterior tabela de mortalidade, na Heubeck RT 2018 G as taxas de mortalidade são inferiores, devido ao aumento da esperança média de vida na Alemanha, assim como, as taxas de incapacidade e de mortalidade para participantes com incapacidade são, também, mais baixas.

Adotou-se ainda a tabela unissexo para abranger "casos mais específicos (como por exemplo, divórcios) e fatores socioeconômicos, como o nível de rendimento na velhice, passaram a ser considerados na determinação da mortalidade dos indivíduos".[20]

---

[17] FILIPE, Rita Alexandra Mirra. *Avaliação atuarial de um plano de pensões*: estudo de caso no contexto alemão. Dissertação (Mestrado) – Faculdade de Ciências, Departamento de Estatística e Investigação Operacional, Universidade de Lisboa, Lisboa, 2024. p. 7.

[18] FILIPE, Rita Alexandra Mirra. *Avaliação atuarial de um plano de pensões*: estudo de caso no contexto alemão. Dissertação (Mestrado) – Faculdade de Ciências, Departamento de Estatística e Investigação Operacional, Universidade de Lisboa, Lisboa, 2024. p. 9.

[19] FILIPE, Rita Alexandra Mirra. *Avaliação atuarial de um plano de pensões*: estudo de caso no contexto alemão. Dissertação (Mestrado) – Faculdade de Ciências, Departamento de Estatística e Investigação Operacional, Universidade de Lisboa, Lisboa, 2024. p. 9.

[20] FILIPE, Rita Alexandra Mirra. *Avaliação atuarial de um plano de pensões*: estudo de caso no contexto alemão. Dissertação (Mestrado) – Faculdade de Ciências, Departamento de Estatística e Investigação Operacional, Universidade de Lisboa, Lisboa, 2024. p. 11.

Somente essa vinculação às tábuas biométricas e seu impacto global no plano serviria de argumento para distinguir o PGBL de uma aplicação financeira ordinária ou de um instrumento de planejamento sucessório elisivo das normas tributárias, como se pretende caracterizá-lo em alguns estudos.[21] A título de comparação, veja-se o efeito dessas tábuas no âmbito do Regime Geral de Previdência Social, especificamente do Estado do Rio Grande do Sul, em combinação com outros elementos (alguns deles tratados na sequência):

> Caldart e outros (2014) concluem pela maior relevância da taxa de juros ante todas as demais premissas, ao analisar a robustez do resultado atuarial do RPPS do Estado do Rio Grande do Sul. Concluíram empiricamente os autores pela maior sensibilidade do resultado, em ordem decrescente, à taxa de juros, taxa de crescimento salarial e tábua biométrica (probabilidades de sobrevivência e óbito).[22]

As tábuas atuariais, adiante-se, podem combinar-se em relação a diferentes variáveis: (a) sobrevivência/mortalidade de válido; (b) sobrevivência/mortalidade de inválido; (c) entrada em invalidez; (d) conjugalidade e parentalidade do segurado; (e) número de filhos e idade dos descendentes.

Tudo isso, aliado a outras premissas, impacta a eleição de um plano previdenciário, como é o caso do PGBL, ao exemplo do "regime de tributação (tradicional progressivo e opcional regressivo)", o que "é um problema complexo e dinâmico, que envolve projeções de fluxo de caixa de longo prazo, influenciado por diversas variáveis inter-relacionadas, como a taxa de administração, de carregamento, tábua biométrica e demais parâmetros do plano, além do valor de renda tributável, poupança e gastos dedutíveis do indivíduo".[23]

As fórmulas atuariais, no caso do PGBL, levam em conta a "função de sobrevivência", que "oferece um modelo preditivo de mortalidade". Mas, não se fica apenas nesse aspecto:

> No ramo atuarial, a saída de um indivíduo do plano de pensões pode não depender apenas da morte deste, isto é, de um fator apenas (Modelo de Decremento Único). Existem muitos outros fatores de decremento que podem ser considerados, tais como: reforma por velhice, reforma por incapacidade e saída da empresa, que ajudam a dar resposta a muitas perguntas do dia a dia de um atuário.[24]

No PGBL, há inclusive maior dificuldade nessa formulação dado não se tratar de um plano oferecido por uma entidade fechada, com um público segmentado de trabalhadores, cujo perfil biométrico é bem mais preditivo do que um universo amplo, assimétrico e heterogêneo como é o do público de contratantes de Entidades Abertas de Previdência Complementar.

---

[21] Posição francamente minoritária. Por todos: FITERMAN, Mauro. Os complexos contratos de previdência privada e a colação: por um exame da teoria do abuso do direito. *Revista dos Tribunais*, v. 104, n. 953, p. 101-110, mar. 2015.

[22] MARTINS, Fábio Garrido Leal. *Três ensaios sobre a Previdência Social e Complementar brasileira*. Tese (Doutorado) – Instituto COPPEAD de Administração, Universidade Federal do Rio de Janeiro, Rio de Janeiro, 2020. p. 24-25.

[23] MARTINS, Fábio Garrido Leal. *Três ensaios sobre a Previdência Social e Complementar brasileira*. Tese (Doutorado) – Instituto COPPEAD de Administração, Universidade Federal do Rio de Janeiro, Rio de Janeiro, 2020. p. 48.

[24] FILIPE, Rita Alexandra Mirra. *Avaliação atuarial de um plano de pensões*: estudo de caso no contexto alemão. Dissertação (Mestrado) – Faculdade de Ciências, Departamento de Estatística e Investigação Operacional, Universidade de Lisboa, Lisboa, 2024. p. 9-11.

(b.3.) *Evolução da taxa de juros*: elemento de grande influência na equação econômico-financeira e atuarial do PGBL, a taxa de juros é considerada "uma das variáveis mais suscetíveis dentro do modelo de custeio do fundo de pensão, haja visto envolver processos de capitalização com períodos de até 60 anos, que vão desde a fase de acumulação das reservas e o efetivo pagamento dos benefícios de aposentadoria".[25] Embora haja estudo que aprecia em um impacto "de até 25% de uma mudança (aumento ou redução) de 1(um) ponto percentual na variável taxa de juros de longo prazo", essa externalidade só pode ser devidamente aferida se combinada com "características populacionais do plano, do número de decrementos, da escala salarial e do método utilizado para mensurar o passivo atuarial do plano de benefícios".[26]

Como equiparar o PGBL a uma aplicação financeira ordinária? No PGBL, o impacto da variação da taxa de juros é ainda superior ao experimentado por investimentos de renda fixa e, diferentemente deste, é necessariamente conjugado com outros fatores típicos do regime previdenciário, ao exemplo das tábuas atuariais.[27]

(c) *Regime tributário adequado*: a utilização da experiência alemã nesse campo é interessante para se eliminar o viés existente no debate brasileiro sobre tributação do PGBL. As chamadas "pensões privadas" ou "provisões para aposentadoria" são formas complementares de provisionamento, contratadas "por intermédio de bancos e companhias de seguros, através de bens imobiliários, apólices de seguros, produtos bancários, poupanças de dinheiro, entre outros", sendo certo que, "como forma de motivação e estímulo à contribuição para este pilar, o próprio governo oferece incentivos, tais como, subsídios e isenções fiscais, a alguns planos privados". Sua expansão na Alemanha, assim como em outros países, como é o caso do Brasil, deve-se a uma mudança de cultura previdenciária:

No passado, os indivíduos dependiam predominantemente das prestações de benefícios provenientes do Seguro Público de Pensões, mas com a evolução demográfica a tender para uma Alemanha envelhecida [...], muitos pensionistas têm vindo a abordar o planeamento da reforma de uma forma mais diversificada e, sempre que possível, apoiando-se nos três pilares ao mesmo tempo.[28]

---

25 PINHEIRO, Ricardo Pena. *Riscos demográficos e atuariais nos planos de benefício definido e de contribuição definida num fundo de pensão*. Tese (Doutorado) – Faculdade de Ciências Econômicas, Universidade Federal de Minas Gerais, Belo Horizonte, 2005. p. 43.

26 PINHEIRO, Ricardo Pena. *Riscos demográficos e atuariais nos planos de benefício definido e de contribuição definida num fundo de pensão*. Tese (Doutorado) – Faculdade de Ciências Econômicas, Universidade Federal de Minas Gerais, Belo Horizonte, 2005. p. 44.

27 MARTINS, Fábio Garrido Leal. *Três ensaios sobre a Previdência Social e Complementar brasileira*. Tese (Doutorado) – Instituto COPPEAD de Administração, Universidade Federal do Rio de Janeiro, Rio de Janeiro, 2020. p. 25; WINKLEVOSS, Howard E. *Pension Mathematics with numerical illustrations*. 2. ed. Filadélfia: Pension Research Council of the Wharton School of the University of Pennsylvania, 1993. p. 31-57, esp.

28 FILIPE, Rita Alexandra Mirra. *Avaliação atuarial de um plano de pensões*: estudo de caso no contexto alemão. Dissertação (Mestrado) – Faculdade de Ciências, Departamento de Estatística e Investigação Operacional, Universidade de Lisboa, Lisboa, 2024. p. 20.

É importante observar que são absolutamente ordinárias e estimuladas as diferenciações de regime tributário para os planos complementares, ao estilo dos dois mais famosos na Alemanha, o *Rürup* e o *Riester*. No caso do plano *Rürup* (ou *Rürüp-Renten*), ainda há poucos estudos empíricos sobre seu impacto no sistema alemão, mas um recente estudo demonstrou sua importância para os trabalhadores autônomos e no papel dos incentivos fiscais para seu êxito. Segundo Swen Kuper, a existência desses incentivos, ao menos nos resultados preliminares de sua investigação, é reveladora de seu enorme impacto para o novo modelo.[29]

(d) *Ausência de garantias mínimas de rentabilidade*: um dos efeitos da modernização do regime atuarial na previdência complementar está, além do abandono do modelo de repartição e dos planos BD, na ausência de garantias sobre a rentabilidade mínima do PGBL. Isso está diretamente relacionado com o impacto das externalidades citadas na letra (b) desta seção 1 do capítulo.[30] Como efeito indireto desse processo, tem-se um nível de transparência superior ao existente no período anterior à Lei Complementar nº 109/2001, quando os participantes ficavam à mercê de gestões opacas dos haveres lastreadores das reservas técnicas de seus planos.

2   PGBL e direitos sucessórios

A estrutura jurídico-atuarial do PGBL é compatível com uma política de incentivos à acumulação individual e privada de ativos para fins previdenciários complementares, como observado na seção 1 deste capítulo. Tal se reflete no art. 69 da Lei Complementar nº 109/2001.[31] O PGBL possui 2 fases operacionais: (a) período de investimento; (b) período de benefício. Uma das características diferenciadoras do PGBL está na forma de fruição dos direitos adquiridos com sua contratação: (a) percepção pessoal e direta do benefício de renda, nos termos e formas do negócio jurídico; (b) direito de resilição do contrato; (c) direito de estipular em favor de terceiros o valor do benefício contratado.[32] O essencial, contudo, está na compreensão de que o PGBL deve ser compreendido "como previdência, ou seja, uma quantia a ser depositada mensalmente (no caso do PGBL)

---

[29] KUPER, Swen. Steuerliche Förderung von Rürup-Renten. Erste empirische Ergebnisse auf Basis der amtlichen Lohn- und Einkommensteuerstatistik. *Sozialer Fortschritt*, v. 66, fascículo 2, p. 155-177, 2017.

[30] "Os planos nas modalidades PGBL e VGBL são considerados modernos, já que não oferecem uma garantia mínima de rentabilidade, retratando com fidelidade a realidade do mercado financeiro e da economia nacional. Soma-se a tal argumento o fato de possuírem maior grau de transparência, pois oferecem aos participantes a possibilidade de acompanhar a rentabilidade das cotas em fundo de investimentos diariamente, informando-se prontamente sobre os ganhos ou perdas dos recursos" (ALMEIDA, Edson Sebastião de. Previdência complementar: PEC 6/2019 no contexto previdenciário atual e a tributação do imposto de renda. *Revista Síntese: Direito Previdenciário*, v. 19, n. 94, p. 28-82, jan./fev. 2020. p. 38).

[31] "Art. 69. As contribuições vertidas para as entidades de previdência complementar, destinadas ao custeio dos planos de benefícios de natureza previdenciária, são dedutíveis para fins de incidência de imposto sobre a renda, nos limites e nas condições fixadas em lei. §1º Sobre as contribuições de que trata o caput não incidem tributação e contribuições de qualquer natureza. §2º Sobre a portabilidade de recursos de reservas técnicas, fundos e provisões entre planos de benefícios de entidades de previdência complementar, titulados pelo mesmo participante, não incidem tributação e contribuições de qualquer natureza" (Lei Complementar nº 109/2001).

[32] Parcialmente nesse sentido: NEVARES, Ana Luiza Maia. Os planos de previdência privada (VGBL e PGBL) na perspectiva familiar e sucessória: critérios para sua compatibilização com a herança e a meação. *Revista Brasileira de Direito Civil – RBDCivil*, v. 28, p. 257-274, abr./jun. 2021. p. 263.

[...] que não será movimentado, e muito menos resgatado. Qualquer outra forma de pensamento [...] ocasionará um ônus maior que os benefícios oferecidos pelos gerentes".[33]

Quanto à natureza previdenciária, não há dúvidas relevantes nesse enquadramento do PGBL. Sua equiparação a um contrato de natureza securitária é também defendida por parte relevante da doutrina de direito civil,[34] ao estilo de Mairan Gonçalves Maia Júnior,[35] Ana Luiza Maia Nevares,[36] além de Viviane Girardi e Luana Maniero Moreira.[37] Tal efeito implica uma simplificação argumentativa: o PGBL, a exemplo do VGBL, é *também* um seguro e, como tal, não se sujeita aos institutos sucessórios, particularmente à incidência do Imposto sobre Transmissão *Causa Mortis* e Doação de quaisquer bens ou direitos (art. 155, inc. I, CF/1988). Essa é uma tendência seguida pelos tribunais de justiça, em ordem a

> adotar o mesmo entendimento para os planos de previdência privada aberta na modalidade PGBL (Plano Gerador de Benefício Livre), realçando a natureza securitária dos valores pagos ao terceiro beneficiário no caso de morte do participante e, portanto, afastando esses valores da condição de herança.[38]

---

[33] GONÇALVES, Antonio Baptista. PGBL x VGBL: a realidade tributária para o investidor financeiro. *Revista Tributária e de Finanças Públicas*, v. 14, n. 68, p. 107-116, maio/jun. 2006. p. 107-108; 115.

[34] Em outras áreas do direito há posições semelhantes: "Como as reservas constituídas nos planos VGBL e PGBL possuem natureza e finalidade securitárias, não são transmissíveis, por sucessão *mortis causa*, aos herdeiros legítimos ou testamentários do falecido, quando indicados beneficiários no plano de previdência privada" (TESSARI, Cláudio; POHLMANN, Marcelo. Reforma tributária no Rio Grande do Sul: das ilegalidades e inconstitucionalidades da incidência do ITCMD na transmissão das reservas de previdência privada PGBL e VGBL. *Revista de Estudos Tributários*, v. 23, n. 138, p. 38-65, jan./fev. 2021). Em sentido idêntico, agora no direito processual civil: PIRES, Cristina Caroline da Silva. Tributação e seguro: planos de previdência privada (VGBL e PGBL) equiparados ao seguro de vida sob a controvérsia jurídica da não incidência do imposto de transmissão causa mortis (ITCM). *In*: RIBEIRO, Paulo Dias de Moura; LUCON, Paulo Henrique dos Santos; SARRO, Luís Antônio Giampaulo; CRESTANA, Luís Fernando (Coord.). *Processo civil e seguro*. São Paulo: Quartier Latin, 2023. v. 2. p. 650. Registre-se, contudo, orientação discrepante no direito civil, embora amplamente minoritária: FITERMAN, Mauro. Os complexos contratos de previdência privada e a colação: por um exame da teoria do abuso do direito. *Revista dos Tribunais*, v. 104, n. 953, p. 101-110, mar. 2015; BELTRÃO, Silvio Romero; TEIXEIRA, Ana Patrícia Maia Allain. Natureza jurídica do plano de previdência privada do tipo PGBL e seus efeitos jurídicos na seara sucessória. *Revista Jurídica Luso-Brasileira*, ano 9, n. 4, p. 1529-1610, 2023.

[35] "Caso não apresentasse natureza securitária e, portanto, fosse reconhecida sua natureza de patrimônio transmissível *mortis causa*, os fundos depositados nos planos (VGBL e PGBL) seriam transmissíveis aos sucessores, pois comporiam o monte da herança a partilhar" (MAIA JÚNIOR, Mairan Gonçalves. A previdência privada como instrumento de planejamento sucessório. *Pensar*, v. 25, n. 14, p. 1-13, jan./mar. 2020. p. 9).

[36] NEVARES, Ana Luiza Maia. Os planos de previdência privada (VGBL e PGBL) na perspectiva familiar e sucessória: critérios para sua compatibilização com a herança e a meação. *Revista Brasileira de Direito Civil – RBDCivil*, v. 28, p. 257-274, abr./jun. 2021. p. 268.

[37] "Por sua essência previdenciária, com expressa previsão de aplicação das normas securitárias, a princípio, os valores vertidos ao plano e pagos aos beneficiários não serão considerados herança para todos os efeitos de direito. Logo, há dispensa do procedimento do inventário e arrolamento, o que confere agilidade no pagamento e isenção tributária" (GIRARDI, Viviane; MOREIRA, Luana Maniero. A previdência privada aberta como instrumento ao planejamento sucessório. *In*: TEIXEIRA, Daniele Chaves (Coord.). *Arquitetura do planejamento sucessório*. 2. ed. Belo Horizonte: Fórum, 2020. p. 644-645).

[38] OLIVEIRA, Carlos E. Elias de; COSTA-NETO, João. *Direito civil*: volume único. 3. ed. rev. e atual. Rio de Janeiro: Método, 2024. p. 1496-1497. Os autores citados reproduzem 2 acórdãos a respeito dessa orientação, um do Tribunal de Justiça do Estado de São Paulo e o outro do Tribunal de Justiça do Estado de Santa Catarina: "AGRAVO DE INSTRUMENTO – Inventário – Decisão que decidiu que a previdência privada (PGBL) deve ser equiparada à poupança, de forma que o valor deve ser partilhado na forma da lei, independentemente da indicação do beneficiário, determinando assim a expedição de ofício ao Banco Bradesco para a indicação do saldo atual acumulado em PGBL do falecido – Inconformismo – O instituto da previdência privada possui natureza securitária, não podendo ser equiparado a mera poupança para fins de herança, sob pena de turvação do próprio escopo do PGBL –Recurso provido. (TJ-SP – AI: 20992565720158260000 SP 2099256-57.2015.8.26.0000,

Parte da doutrina especializada amplia o foco argumentativo para ressaltar a impossibilidade de separar o VGBL e o PGBL quanto à matriz previdenciária complementar comum e, por efeito, ainda que guardem diferenças operacionais, à identidade de regime jurídico securitário para fins de não incidência das normas sucessórias em relação a ambos. Esta é a orientação de Ivy Cassa: o art. 73 da Lei Complementar nº 109/2001 determina a aplicação das normas de seguro privado às Entidades Abertas de Previdência Complementar: "As entidades abertas serão reguladas também, no que couber, pela legislação aplicável às sociedades seguradoras". Essa identidade de fundamento legal reforça a tese da uniformidade de tratamento jurídico ao PGBL e ao VGBL nos diversos setores jurídicos.[39]

A tese da fungibilidade de essência previdenciário-securitária tem um aliado na Superintendência de Seguros Privados – Susep, dado que o "órgão que regula e fiscaliza o mercado de seguros e de previdência complementar aberta, admite que o VGBL é um produto de previdência, tal como o PGBL, e que sua colocação como seguro se deve a questões regulatórias e fiscais".[40] Embora este capítulo louve-se preponderantemente no direito privado e nas ciências atuariais, não se pode ignorar o conteúdo do 6º Relatório de Análise e Acompanhamento dos Mercados Supervisionados de 2018, da Susep/Coget, no qual expressamente se afirma:

> Os produtos dos mercados de seguros e previdência complementar aberta foram reagrupados de acordo com as características de cada produto, e classificados como produto de seguro ou de acumulação. O VGBL, por exemplo, apesar de estar contabilizado como produto de seguro (de sobrevivência), foi classificado neste relatório como um produto do mercado de acumulação. Isso porque o VGBL é, de fato, um produto de acumulação (previdência), semelhante ao PGBL, inserido no âmbito do seguro de pessoas por razões regulatórias e fiscais.[41]

No 11º Relatório de Análise e Acompanhamento dos Mercados Supervisionados de 2023, divulgado em 30 de maio daquele ano, a Susep reproduziu literalmente a classificação do PGBL e do VGBL de 2018.[42] Reitere-se, todavia, que a natureza jurídica

Relator: José Aparício Coelho Prado Neto, Data de Julgamento: 01/03/2016, 9ª Câmara de Direito Privado, Data de Publicação: 01/03/2016)"; "AGRAVO DE INSTRUMENTO. AÇÃO DE INVENTÁRIO. PRETENSÃO DE HERDEIRO DE TRAZER AO MONTE PARTILHÁVEL INVESTIMENTOS DE PREVIDÊNCIA PRIVADA DO VIÚVO MEEIRO, CASADO SOB O REGIME DA COMUNHÃO UNIVERSAL DE BENS COM A AUTORA DA HERANÇA. INVESTIMENTO DE PGBL E VGBL. INVIABILIDADE. NATUREZA SECURITÁRIA. INCIDÊNCIA DO ART. 794, DO CC. IMPOSSIBILIDADE DE PARTILHA DE TAIS BENS. PRECEDENTES DO STJ. RECURSO CONHECIDO E DESPROVIDO (TJ-SC – AI: 4026071642019824000 São Francisco do Sul 4026071-64.2019.8.24.0000, Relator: Saul Steil, Data de Julgamento: 26/11/2019, Terceira Câmara de Direito Civil)".

[39] CASSA, Ivy. *Contrato de previdência privada*. São Paulo: MP Editora, 2009. p. 296 (também citado e com idêntica ordem de ideias por: OLIVEIRA, Carlos E. Elias de; COSTA-NETO, João. *Direito civil*: volume único. 3. ed. rev. e atual. Rio de Janeiro: Método, 2024. p. 1496-1497, nota de rodapé 217.

[40] CARVALHO, Fabio Junqueira de; MURGEL, Maria Inês. VGBL – Um caso de diferenciação injustificada de tributação. *In*: MACHADO, Hugo de Brito (Coord.); MACHADO SEGUNDO, Hugo de Brito; MACHADO, Schubert de Farias (Org.). *Tributação e desigualdade pós-pandemia*. Indaiatuba: Foco, 2023. p. 147.

[41] BRASIL. Susep/Coget. *6º Relatório de Análise e Acompanhamento dos Mercados Supervisionados*. Rio de Janeiro: Susep, 2018. p. 2. Citado ainda em: CARVALHO, Fabio Junqueira de; MURGEL, Maria Inês. VGBL – Um caso de diferenciação injustificada de tributação. *In*: MACHADO, Hugo de Brito (Coord.); MACHADO SEGUNDO, Hugo de Brito; MACHADO, Schubert de Farias (Org.). *Tributação e desigualdade pós-pandemia*. Indaiatuba: Foco, 2023. p. 147.

[42] "Neste relatório, os produtos dos mercados de seguros e previdência complementar aberta estão agrupados de acordo com as características de cada produto, e são classificados como produto de seguro ou de acumulação.

do PGBL não pode ser condicionada ao entendimento de um órgão regulador, até porque a aplicação das normas securitárias e previdenciárias a essa modalidade de plano é um efeito do art. 73 da Lei Complementar nº 109/2001 e da conformação constitucional do art. 155, inc. I, CF/1988.

Admitida a equiparação categorial entre PGBL e VGBL, ressalvadas as preocupações com a fraude à legítima[43] ou o uso dos planos como sucedâneo ilícito de aplicações financeiras,[44] é inevitável o reconhecimento da não incidência do ITCMD no âmbito do PGBL. Trata-se de uma interpretação adequada do art. 794 do Código Civil: "No seguro de vida ou de acidentes pessoais para o caso de morte, o capital estipulado não está sujeito às dívidas do segurado, nem se considera herança para todos os efeitos de direito", em combinação com o art. 73 da Lei Complementar nº 109/2001. O capital empregado para formar as reservas técnicas do plano de previdência complementar não é apto a responder por dívidas do segurado e muito menos integra o acervo de bens sucedíveis.[45] Dito de outro modo, "o artigo 794 do Código Civil é taxativo no sentido de que os seguros de vida não podem ser juridicamente tratados como heranças".[46]

A doutrina clássica do direito civil é uniforme quanto a essa interpretação, ao estilo de Caio Mario da Silva Pereira;[47] Clóvis Beviláqua[48] (que emprestava leitura ampliativa ao art. 1.475[49] do Código Civil de 1916, equivalente funcional ao art. 794 do Código Civil de 2002); e Francisco Cavalcanti Pontes de Miranda, que concebeu o *princípio da incolumidade da soma do seguro*.[50] Para os civilistas contemporâneos, ao se comparar o

---

O VGBL, por exemplo, apesar de ser contabilizado como produto de seguro (de sobrevivência), está classificado neste relatório como um produto do mercado de acumulação. Isso porque o VGBL possui características que, do ponto de vista econômico, se assemelham às dos produtos de acumulação, como o PGBL" (BRASIL. Susep/CGITI/Cogid. *6º Relatório de Análise e Acompanhamento dos Mercados Supervisionados*. Rio de Janeiro: Susep, 2023. p. 2).

[43] Por todos, veja-se: DIAS, Eduardo Rocha. Liberdade de indicação dos beneficiários nos planos de previdência privada: um diálogo entre a Constituição, o Código Civil e a legislação previdenciária. *Revista dos Tribunais*, v. 103, n. 948, p. 117-134, out. 2014.

[44] "Na hipótese, o Tribunal de origem, após a análise do contrato de VGBL firmado pelo de cujus, e dos elementos fático-probatórios dos autos, concluiu que o plano de previdência privada firmado pelo falecido não possui natureza securitária, mas de verdadeira aplicação financeira, podendo ser incluído na partilha. A modificação de tal entendimento é inviável no âmbito estreito do recurso especial, a teor do disposto nas Súmulas 5 e 7 do STJ" (STJ. AgInt no AREsp nº 921.715/SP. Rel. Min. Raul Araújo, Quarta Turma, j. 26.10.2020. *DJe*, 24 nov. 2020).

[45] NEVARES, Ana Luiza Maia. Os planos de previdência privada (VGBL e PGBL) na perspectiva familiar e sucessória: critérios para sua compatibilização com a herança e a meação. *Revista Brasileira de Direito Civil – RBDCivil*, v. 28, p. 257-274, abr./jun. 2021. p. 260.

[46] NASCIMENTO, Paulo Nelson Lemos Basto. Exigência de imposto sobre a transmissão causa mortis e doação de quaisquer bens ou direitos (ITD) na transmissão de planos de previdência privada vida gerador de benefício livre (VGBL): Inconstitucionalidade e ilegalidade. *Revista de Direito Tributário Contemporâneo*, v. 3, n. 11, p. 81-94, mar./abr. 2018. p. 88.

[47] A herança "pressupõe a existência do bem no patrimônio do *de cujus*, e sua transmissão ao sucessor, por causa da morte". Assim sendo, "a soma não está sujeita às dívidas do segurado, nem suporta o imposto de transmissão *mortis causa*" (PEREIRA, Caio Mário da Silva. *Instituições de direito civil*: contratos. Atualização e colaboração de Caitlin Mulholland. 25. ed. Rio de Janeiro: Forense, 2022. v. 3. p. 436).

[48] BEVILÁQUA, Clóvis. *Código Civil dos Estados Unidos do Brasil comentado* – Obrigações. Rio de Janeiro: Francisco Alves, 1926. v. 5. t. 2. p. 236.

[49] "Art. 1.475. A soma estipulada como benefício não está sujeita às obrigações, ou dívidas do segurado" (Código Civil de 1916).

[50] Segundo Pontes de Miranda, "se não houvesse regra jurídica que estabelecesse a inconstringibilidade da soma segurada pelos credores do beneficiário, o que ele recebesse iria ao patrimônio sem qualquer incolumidade". Em sendo assim: "O que o beneficiário recebe é *iure próprio*, e não pela transmissão da propriedade da soma ao contratante e automaticamente a ele. Se o seguro é seguro de vida, não se há de pensar em transmissão hereditária, mesmo se o contraente indicou no testamento o beneficiário. [...] Se o segurado destina a importância do seguro

revogado art. 1.475, CCB/1916, com o vigente art. 794, CCB/2002, este último segue de perto o *princípio da incolumidade*, "que, no seguro de vida ou de acidentes pessoais para o caso de morte, o capital estipulado não está sujeito às dívidas do segurado". A redação atual é mais completa, todavia, "ao dizer que essa modalidade de seguro não se considera herança para todos os efeitos de direito".[51] Essa concepção é adequada porque tais haveres nunca integraram o patrimônio do segurado e, por igual causa, não podem ser considerados parte do acervo hereditário.[52] A doutrina posterior ao Código de 2002 é taxativa em que

> o montante conferido a título de indenização no seguro de vida ou de acidente pessoal para o caso de morte não se caracteriza como herança, razão pela qual não estará sujeito às dívidas do falecido, não integrando o inventário (CC, art. 794). O capital estipulado é, portanto, impenhorável e não se sujeita à colação.[53]

O direito civil, sob essa óptica, é reflexivo da natureza atuarial do PGBL, a saber: (a) um plano de previdência privada complementar e aberta; (b) que, no período de diferimento, tem a remuneração da Provisão Matemática de Benefícios a Conceder suportada na rentabilidade da carteira de investimentos do FIE, cuja composição é estritamente controlada por normas regulatórias; (c) todos os recursos alocados para lastrear as reservas técnicas empregam-se em investimentos sem garantia de remuneração mínima e de atualização; (d) atuarialmente, em regra, a contribuição é variável e os benefícios não são definidos *ex ante*.[54] Essa conexão do PGBL, assim como do VGBL, com a estrutura securitária do arranjo negocial, dá-se em razão de questões próprias ao direito privado: a álea é o núcleo do PGBL e do VGBL. Não há comutatividade entre a alocação de haveres lastreadores e os benefícios a serem recebidos. Inexiste o controle pelo participante ou pela operadora sobre a rentabilidade do FIE ou a estabilidade da operação. E isso não ocorre por efeitos próprios do mercado de renda fixa, mas pela existência de um fator adicional de perturbação da previsibilidade do PGBL, devidamente exaurido na seção 1 deste capítulo: as externalidades econômicas, atuariais, estatísticas e judiciais, que não se verificam total ou parcialmente em aplicações financeiras ordinárias.

Outro ponto de contato entre o VGBL e o PGBL: os riscos biométricos são tão prejudiciais ao arranjo securitário-previdenciário quanto as oscilações típicas das carteiras de investimentos do respectivo plano. Além disso, a taxa de juros, o tempo de diferimento (acumulação) e as variações biométricas expõem ambos os planos a um

---

à solução de dívida, tal destinação não é iure hereditário, ainda quando os beneficiários não nomeados sejam os herdeiros (MIRANDA, Francisco Cavalcanti Pontes de. *Tratado de direito privado*: direito das obrigações: contrato de seguro (continuação). Atualização de Bruno Miragem. 3. ed. São Paulo: Revista dos Tribunais, 2012. t. 46. p. 95-96).

51 VENOSA, Sílvio de Salvo. *Direito civil*: contratos. 24. ed. 2. reimpr. Rio de Janeiro: Atlas, 2024. p. 352.

52 TERSI, Flávio Henrique Amado. Comentário ao art. 794. In: MACHADO, Antonio Claudio da Costa (Org.); CHINELLATO, Silmara (Coord.). *Código Civil interpretado*: artigo por artigo, parágrafo por parágrafo. 14. ed. Barueri: Manole, 2021. p. 663-665. Em sentido idêntico: ZULIANI, Ênio Santarelli. Comentário ao art. 794. In: NANNI, Giovanni Ettore. *Comentários ao Código Civil*: direito privado contemporâneo. 2. ed. São Paulo: Saraiva Educação, 2021. p. 732.

53 TEPEDINO, Gustavo; KONDER, Carlos Nelson; BANDEIRA, Paula Greco. *Fundamentos do direito civil*: contratos. 4. ed. Rio de Janeiro: Forense, 2023. p. 535.

54 AZEVEDO, Gustavo Henrique Wanderley de. *Seguros, matemática atuarial e financeira*: uma abordagem introdutória. 2. ed. São Paulo: Saraiva Educação, 2018. p. 102.

nível de incerteza que só é agravado pelos efeitos de políticas macroeconômicas ou de políticas regulatórias cambiantes. No Brasil, o direito dos seguros do Código de 2002 não é mais um ramo autônomo e organizado sob a autonomia privada. Há um círculo regulatório a envolver os negócios jurídicos securitários. Se o art. 757 do Código Civil exige que o segurador seja "entidade para tal fim legalmente autorizada", sua atuação "pressupõe a regular integração do segurador ao Sistema Nacional de Seguros Privados, com sujeição ao Conselho Nacional de Seguros Privados – CNSP e à fiscalização da Superintendência de Seguros Privados – SUSEP".[55]

Quanto aos efeitos sucessórios, o PGBL favorece-se de sua especificidade securitário-previdenciária, assim como o VGBL, por ultrapassarem o caráter bilateral da relação entre duas partes contratantes. Há o elemento do mutualismo, que converte os haveres lastreadores das reservas técnicas em uma espécie de garantia global da solvabilidade do plano e do pagamento dos benefícios. É correta a afirmação, baseada no art. 794 do Código Civil, de que "o capital estipulado, a rigor, consiste, por um lado, em obrigação do segurador e, por outro lado, o direito ao crédito do beneficiário. Exatamente por isso que não há incidência do imposto de transmissão *causa mortis*".[56]

Outras características do PGBL podem ser mobilizadas para sustentar a não incidência do ITCMD sobre suas operações:[57] (a) os benefícios devidos após o evento morte do titular do plano serão pagos às pessoas indicadas na apólice. Tal liberdade de eleição aproxima o PGBL, nesta cláusula, da estipulação em favor de terceiro do art. 436 do Código Civil; (b) a já mencionada origem normativa comum, a Lei Complementar nº 109/2001, especialmente seu art. 73; (c) tanto o VGBL quanto o PGBL são "planos por sobrevivência" deferentes de benefícios de renda;[58] (d) "o plano previdenciário é tipo especial de seguro, o que se confirma pela decisão do STF no RE n.º 115.308-3/RJ, razão pela qual incide o disposto no art. 777 do CC/2002, o qual prevê que o disposto naquele capítulo (pertinente a seguro) somente é aplicável no que couber ao seguro regido por lei própria".[59]

Como afirmado pelo Ministro Néri da Silveira, no citado RE nº 115.308-3/RJ, qualquer contrato em que se receba algo para cobrir risco futuro e incerto é seguro: "Obriga-se a Apelante a indenizar o associado ou cliente do prejuízo resultante de riscos futuros, previstos no contrato, preenchendo, pois, integralmente, a definição legal,

---

[55] GRAVINA, Maurício Salomoni. *Direito dos seguros*. 2. ed. São Paulo: Almedina, 2022. p. 276. No mesmo sentido: "Os contratos de seguro sofrem, ainda, expressivo controle estatal, a partir da incidência da regulamentação setorial, especialmente da Superintendência de Seguros Privados (SUSEP) e do Conselho Nacional de Seguros Privados (CNSP). [...] O negócio securitário consiste, portanto, em atividade extremamente regulada, ainda que verse sobre interesses eminentemente privados. Por isso mesmo, somente pode figurar como seguradora entidade legalmente autorizada (CC, art. 757, parágrafo único),10 devendo ser observado, para tanto, o disposto no art. 74 do Decreto-Lei 73/66" (TEPEDINO, Gustavo; KONDER, Carlos Nelson; BANDEIRA, Paula Greco. *Fundamentos do direito civil*: contratos. 4. ed. Rio de Janeiro: Forense, 2023. p. 478).

[56] LEME, Fernanda Paes. Comentário ao art. 794. In: GOLDBERG, Ilan; JUNQUEIRA, Thiago (Org.). *Direito dos seguros*: comentários ao Código Civil. 1. ed. 2. reimpr. Rio de Janeiro: Forense, 2023. p. 496.

[57] MAIA JÚNIOR, Mairan Gonçalves. A previdência privada como instrumento de planejamento sucessório. *Pensar*, v. 25, n. 14, p. 1-13, jan./mar. 2020. p. 9.

[58] STJ. AgInt no AREsp nº 720.037/SC. Rel. Min. Maria Isabel Gallotti, Quarta Turma, j. 3.5.2016. *DJe*, 11 maio 2016.

[59] CARVALHO, Rodrigo José de Kuhl. As entidades abertas de previdência complementar sem fins lucrativos e o novo Código Civil. *Revista dos Tribunais*, v. 93, n. 830, p. 77-129, dez. 2004. p. 127, também citado por: MAIA JÚNIOR, Mairan Gonçalves. A previdência privada como instrumento de planejamento sucessório. *Pensar*, v. 25, n. 14, p. 1-13, jan./mar. 2020. p. 7.

doutrinária e jurisprudencial de contrato de seguro". Em outra passagem do voto, o relator adequadamente assinala:

> o contrato é aleatório e não comutativo. Enquanto as taxas ou mensalidades são devidas pela mera celebração do contrato, o risco situa-se no campo de mera possibilidade de vir a ser devido, se ocorrido o evento previsto no contrato. É cediço que, para o segurador, só a soma de prêmios é que permite uma contrapartida equivalente: o prêmio, em verdade, isoladamente considerado não é cifra de compensação, senão tida em seu conjunto pela dispersão das probabilidades de ocorrência de eventos, só estatisticamente previsíveis e atuarialmente estimáveis [...].[60]

A ausência de sinalagmaticidade e comutatividade encerra um efeito comum ao PGBL e ao VGBL: a natureza securitária, com a inevitável aplicação do art. 794 do Código Civil e a não incidência do ITCMD.

3 PGBL e a jurisprudência do Superior Tribunal de Justiça

O PGBL, como demonstrado na seção 1, é um plano de previdência complementar aberta que, em decorrência do aporte de recursos (período de diferimento), oferece aos participantes uma renda mensal que poderá ocorrer de forma vitalícia, por período determinado ou por pagamento único. Após extensos debates, o Superior Tribunal de Justiça, em sua função de uniformização do direito federal, reconheceu, em grande medida, esse caráter do PGBL. O STJ conferiu-lhe, em sua jurisprudência, a essência jurídico-previdenciária, mas com eficácia securitária em termos sucessórios.

Como a solução de questões que envolvem o PGBL interessa tanto ao direito público quanto ao direito privado, a jurisprudência sobre a natureza jurídica do plano torna-se mais inteligível quando organizada por temas principais:

(a) *Caráter de benefício complementar para fins de partilha*: a Quarta Turma do STJ entende que os valores aportados ao PGBL compõem um patrimônio que, vencida a carência, pode ser resgatado, pois tem a finalidade de manter o padrão de vida do participante ou de beneficiários, em especial nas etapas mais maduras e contingenciais da existência.[61] Para a Terceira Turma, inclusive, os valores de PGBL somente deixarão de integrar a partilha quando se tornarem pensão, porque é nesse momento que assumirão autêntica natureza previdenciária e serão excluídos da comunhão de bens (art. 1.659, VII, do CC/2002).[62]

(b) *Caráter previdenciário e a questão tributária*:

(b.1) *Isenção por moléstia grave*: de acordo com a Segunda Turma do STJ, para fins da isenção prevista no art. 6º, XIV, da Lei nº 7.713, de 22.12.1988, c/c art. 39, §6º, do Decreto nº 3.000, de 26.3.1999, revogado pelo Decreto nº 9.580, de 22.11.2018 (proventos de aposentadoria ou reforma recebidos

---

60 STF. RE nº 115.308-3/RJ. Rel. Min. Néri da Silveira, Primeira Turma, j. 17.5.1988.

61 STJ. REsp nº 1.593.026/SP. Rel. Min. Luis Felipe Salomão, relatora para acórdão Ministra Maria Isabel Gallotti, Quarta Turma, j. 23.11.2021. *DJe*, 17 dez. 2021.

62 STJ. REsp nº 1.695.687/SP. Rel. Min. Ricardo Villas Bôas Cueva, relatora para o acórdão Ministra Nancy Andrighi, Terceira Turma, j. 5.4.2022. *DJe*, 19 abr. 2022.

em casos de moléstia grave), é irrelevante se o PGBL possui natureza previdenciária ou securitária, pois seus efeitos práticos serão previdenciários, isto é, "uma renda mensal – que poderá ser vitalícia ou por período determinado – ou um pagamento único correspondentes à sobrevida do participante/beneficiário".[63]

(b.2) *Incidência de imposto de renda em casos gerais*: assim como se dá no VGBL, o imposto de renda também incide no momento do resgate ou do recebimento da renda no benefício complementar do PGBL. Enquanto no VGBL o imposto de renda recai apenas sobre rendimentos, no PGBL incide o imposto de renda sobre o valor total a ser resgatado ou recebido sob a forma de renda. No PGBL, a opção pela declaração completa de ajuste anual de imposto de renda permitirá ao participante deduzir as contribuições do respectivo exercício no limite máximo de 12% da renda bruta anual. Desse modo, tanto a Terceira quanto a Quarta Turmas do STJ concluem que o PGBL pode ser contratado por pessoa natural ou jurídica.[64]

(b.3) *Incidência de ITCMD*: em alguns estados, como é o caso do Rio de Janeiro, editaram-se leis que preveem expressamente a incidência de ITCMD sobre os valores de PGBL, o que afastaria a competência do STJ para analisar a adequação da norma estadual à Constituição, conquanto não obste a competência do STF (art. 102, III, "d", da CF/1988). A repercussão geral da matéria foi reconhecida pelo STF.[65] Tal efeito não suprime a competência do STJ para definir a "natureza jurídica infraconstitucional" desse instituto.[66] No REsp nº 1.961.488/RS, a propósito, a Segunda Turma do STJ admitiu expressamente a natureza securitária do PGBL quanto aos fins tributários.[67] Para isso, empregou como fundamento a circunstância de o PGBL exteriorizar-se como seguro social quando o contrato segue seu programa específico, o que faz com que os valores aportados não configurem herança e não integrem a base de cálculo do Imposto de Transmissão *causa mortis* e Doação.

---

[63] STJ. REsp nº 1.583.638/SC. Rel. Min. Mauro Campbell Marques, Segunda Turma, j. 3.8.2021. *DJe*, 10 ago. 2021.

[64] STJ. REsp nº 2.004.210/SP. Rel. Min. João Otávio de Noronha, Quarta Turma, j. 7.3.2023. *DJe*, 2.5.2023; STJ. REsp nº 1.695.687/SP. Rel. Min. Ricardo Villas Bôas Cueva, relatora para acórdão Ministra Nancy Andrighi, Terceira Turma, j. 5.4.2022. *DJe*, 19 abr. 2022.

[65] É o caso da Lei estadual nº 7.174/2015, do Rio de Janeiro, que dispõe sobre o imposto sobre a transmissão *causa mortis* e doação de quaisquer bens ou direitos (ITD), e, após as alterações trazidas pela Lei estadual nº 7.786/2017, foi submetida à representação de inconstitucionalidade no TJRJ, sendo a controvérsia, com a interposição de recurso extraordinário, motivadora do reconhecimento da repercussão geral da incidência do ITCMD sobre o plano Vida Gerador de Benefício Livre (VGBL) e o Plano Gerador de Benefício Livre (PGBL) na hipótese de morte do titular do plano, haja vista a existência de debate constitucional (STF. RE nº 1.363.013 RG. Rel. Min. Dias Toffoli, Tribunal Pleno, j. 12.5.2022. *DJe*, 23 maio 2022, submetido ao Pleno, mas ainda pendente de decisão final).

[66] STJ. REsp nº 2.004.210/SP. Rel. Min. João Otávio de Noronha, Quarta Turma, j. 7.3.2023. *DJe*, 2 maio 2023.

[67] STJ. REsp nº 1.961.488/RS. Rel. Min. Assusete Magalhães, Segunda Turma, j. 16.11.2021. *DJe*, 17 nov. 2021.

Conclusões

O PGBL é um arranjo previdenciário, fundado na Lei Complementar nº 109/2001, com natureza aleatória e, por extensão, securitária, com período de acumulação e posterior fase de pagamento de benefícios de renda. Sua estrutura atuarial reveste-lhe juridicamente de elementos indissociáveis da ausência de sinalagma e de comutatividade, além de sujeitar esse contrato a externalidades comprometedoras da previsão de benefícios futuros em valores certos e determinados. O PGBL insere-se em um movimento global, ao estilo do que ocorre em Estados europeus, de favorecimento e de estímulo à Previdência Complementar Aberta. Ele é uma resposta a tempos em que não há mais empregabilidade universal vinculada a pessoas jurídicas estáveis e nos quais as tábuas biométricas expõem os graves problemas do fim do bônus demográfico, associado à ampliação (positiva em termos existenciais) da expectativa de vida (mas sem que houvesse preparação para suportar essa externalidade).

A incidência do ITCMD, sem previsão expressa do art. 155, inc. I, CF/1988, mas autorizada por algumas leis estaduais, é incompatível com: (a) a natureza do PGBL e sua estrutura atuarial; (b) seus fundamentos legais (Lei Complementar nº 109/2001, arts. 69 e 73 c/c art. 794, Código Civil); (c) as normas e os entendimentos regulamentares sobre o plano (11º Relatório de Análise e Acompanhamento dos Mercados Supervisionados de 2023 c/c Resolução CNSP nº 463, de 19.2.2024); (d) a jurisprudência consolidada do STJ; e (e) antigo precedente do STF, no sentido de que se houver álea e risco, existirá cariz securitário a timbrar o contrato.

Referências

ALMEIDA, Edson Sebastião de. Previdência complementar: PEC 6/2019 no contexto previdenciário atual e a tributação do imposto de renda. *Revista Síntese: Direito Previdenciário*, v. 19, n. 94, p. 28-82, jan./fev. 2020.

ARAÚJO NETO, Raul Lopes de. Análise econômica do direito aplicada à tributação das entidades de previdência complementar. *Revista do Mestrado em Direito da UCB*, v. 4, n. 2, p. 356-388, 2010.

AZEVEDO, Gustavo Henrique Wanderley de. *Seguros, matemática atuarial e financeira*: uma abordagem introdutória. 2. ed. São Paulo: Saraiva Educação, 2018.

BELTRÃO, Silvio Romero; TEIXEIRA, Ana Patrícia Maia Allain. Natureza jurídica do plano de previdência privada do tipo PGBL e seus efeitos jurídicos na seara sucessória. *Revista Jurídica Luso-Brasileira*, ano 9, n. 4, p. 1529-1610, 2023.

BEVILÁQUA, Clóvis. *Código Civil dos Estados Unidos do Brasil comentado* – Obrigações. Rio de Janeiro: Francisco Alves, 1926. v. 5. t. 2.

CARVALHO, Fabio Junqueira de; MURGEL, Maria Inês. VGBL – Um caso de diferenciação injustificada de tributação. *In*: MACHADO, Hugo de Brito (Coord.); MACHADO SEGUNDO, Hugo de Brito; MACHADO, Schubert de Farias (Org.). *Tributação e desigualdade pós-pandemia*. Indaiatuba: Foco, 2023. p. 139-152.

CARVALHO, Rodrigo José de Kuhl. As entidades abertas de previdência complementar sem fins lucrativos e o novo Código Civil. *Revista dos Tribunais*, v. 93, n. 830, p. 77-129, dez. 2004.

CASSA, Ivy. *Contrato de previdência privada*. São Paulo: MP Editora, 2009.

DIAS, Eduardo Rocha. Liberdade de indicação dos beneficiários nos planos de previdência privada: um diálogo entre a Constituição, o Código Civil e a legislação previdenciária. *Revista dos Tribunais*, v. 103, n. 948, p. 117-134, out. 2014.

FILIPE, Rita Alexandra Mirra. *Avaliação atuarial de um plano de pensões*: estudo de caso no contexto alemão. Dissertação (Mestrado) – Faculdade de Ciências, Departamento de Estatística e Investigação Operacional, Universidade de Lisboa, Lisboa, 2024.

FITERMAN, Mauro. Os complexos contratos de previdência privada e a colação: por um exame da teoria do abuso do direito. *Revista dos Tribunais*, v. 104, n. 953, p. 101-110, mar. 2015.

GONÇALVES, Antonio Baptista. PGBL x VGBL: a realidade tributária para o investidor financeiro. *Revista Tributária e de Finanças Públicas*, v. 14, n. 68, p. 107-116, maio/jun. 2006.

GRAVINA, Maurício Salomoni. *Direito dos seguros*. 2. ed. São Paulo: Almedina, 2022.

KUPER, Swen. Steuerliche Förderung von Rürup-Renten. Erste empirische Ergebnisse auf Basis der amtlichen Lohn- und Einkommensteuerstatistik. *Sozialer Fortschritt*, v. 66, fascículo 2, p. 155-177, 2017.

LEME, Fernanda Paes. Comentário ao art. 794. *In*: GOLDBERG, Ilan; JUNQUEIRA, Thiago (Org.). *Direito dos seguros*: comentários ao Código Civil. 1. ed. 2. reimpr. Rio de Janeiro: Forense, 2023.

MAIA JÚNIOR, Mairan Gonçalves. A previdência privada como instrumento de planejamento sucessório. *Pensar*, v. 25, n. 14, p. 1-13, jan./mar. 2020.

MARTINEZ, Wladimir Novaes. *Primeiras lições de previdência complementar*. São Paulo: LTr, 1996.

MARTINS, Fábio Garrido Leal. *Três ensaios sobre a Previdência Social e Complementar brasileira*. Tese (Doutorado) – Instituto COPPEAD de Administração, Universidade Federal do Rio de Janeiro, Rio de Janeiro, 2020.

MIRANDA, Francisco Cavalcanti Pontes de. *Tratado de direito privado*: direito das obrigações: contrato de seguro (continuação). Atualização de Bruno Miragem. 3. ed. São Paulo: Revista dos Tribunais, 2012. t. 46.

NESE, Arlete; GIAMBIAGI, Fabio. *Fundamentos da previdência complementar*: da administração à gestão de investimentos. São Paulo: Atlas, 2020.

NEVARES, Ana Luiza Maia. Os planos de previdência privada (VGBL e PGBL) na perspectiva familiar e sucessória: critérios para sua compatibilização com a herança e a meação. *Revista Brasileira de Direito Civil – RBDCivil*, v. 28, p. 257-274, abr./jun. 2021.

OLIVEIRA, Carlos E. Elias de; COSTA-NETO, João. *Direito civil*: volume único. 3. ed. rev. e atual. Rio de Janeiro: Método, 2024.

PEREIRA, Caio Mário da Silva. *Instituições de direito civil*: contratos. Atualização e colaboração de Caitlin Mulholland. 25. ed. Rio de Janeiro: Forense, 2022. v. 3.

PINHEIRO, Ricardo Pena. *Riscos demográficos e atuariais nos planos de benefício definido e de contribuição definida num fundo de pensão*. Tese (Doutorado) – Faculdade de Ciências Econômicas, Universidade Federal de Minas Gerais, Belo Horizonte, 2005.

PIRES, Cristina Caroline da Silva. Tributação e seguro: planos de previdência privada (VGBL e PGBL) equiparados ao seguro de vida sob a controvérsia jurídica da não incidência do imposto de transmissão causa mortis (ITCM). *In*: RIBEIRO, Paulo Dias de Moura; LUCON, Paulo Henrique dos Santos; SARRO, Luís Antônio Giampaulo; CRESTANA, Luís Fernando (Coord.). *Processo civil e seguro*. São Paulo: Quartier Latin, 2023. v. 2. p. 641-654.

RODRIGUES JR., Otavio Luiz. Aposentadoria aos 55 anos: impossibilidade de aplicação retroativa do limite etário aos associados de entidades fechadas de previdência privada. *Revista de Previdência Social*, v. 22, n. 206, p. 10-14, jan. 1998.

TEPEDINO, Gustavo; KONDER, Carlos Nelson; BANDEIRA, Paula Greco. *Fundamentos do direito civil*: contratos. 4. ed. Rio de Janeiro: Forense, 2023.

TERSI, Flávio Henrique Amado. Comentário ao art. 794. *In*: MACHADO, Antonio Claudio da Costa (Org.); CHINELLATO, Silmara (Coord.). *Código Civil interpretado*: artigo por artigo, parágrafo por parágrafo. 14. ed. Barueri: Manole, 2021.

TESSARI, Cláudio; POHLMANN, Marcelo. Reforma tributária no Rio Grande do Sul: das ilegalidades e inconstitucionalidades da incidência do ITCMD na transmissão das reservas de previdência privada PGBL e VGBL. *Revista de Estudos Tributários*, v. 23, n. 138, p. 38-65, jan./fev. 2021.

VENOSA, Sílvio de Salvo. *Direito civil*: contratos. 24. ed. 2. reimpr. Rio de Janeiro: Atlas, 2024.

WINKLEVOSS, Howard E. *Pension Mathematics with numerical illustrations*. 2. ed. Filadélfia: Pension Research Council of the Wharton School of the University of Pennsylvania, 1993.

ZULIANI, Ênio Santarelli. Comentário ao art. 794. *In*: NANNI, Giovanni Ettore. *Comentários ao Código Civil*: direito privado contemporâneo. 2. ed. São Paulo: Saraiva Educação, 2021.

Informação bibliográfica deste texto, conforme a NBR 6023:2018 da Associação Brasileira de Normas Técnicas (ABNT):

RODRIGUES JR., Otavio Luiz; VON ADAMEK, Carlos V.; LEONARDO, Rodrigo Xavier. PGBL: natureza jurídica, estrutura atuarial e direito sucessório. *In*: MENDES, Gilmar Ferreira; LIRA, Daiane Nogueira de; FREIRE, Alexandre (coord.). *Constituição, democracia e diálogo*: 15 anos de Jurisdição Constitucional do Ministro Dias Toffoli. 2. ed. Belo Horizonte: Fórum, 2025. p. 1359-1377. ISBN 978-65-5518-937-7.

O CONTEÚDO GARANTIDOR – E NÃO PARALISANTE – DO PRINCÍPIO DA PRECAUÇÃO: NOTAS SOBRE O JULGAMENTO DO RE 627189/SP (TEMA Nº 479 DO STF)

PABLO COUTINHO BARRETO

Introdução

O presente artigo tem por objetivo principal abordar a forma como o princípio da precaução interfere na análise de riscos humanos e ecológicos [riscos ao meio ambiente], exercendo uma pressão normativa com vistas à adoção de uma postura antecipatória desses riscos por parte de agentes públicos e privados diante da incerteza científica característica da sociedade contemporânea.

Parte-se da ideia de que o direito ao meio ambiente é um direito fundamental, enquanto dimensão do princípio da dignidade da pessoa humana, previsto na Constituição Federal e em diversos normativos internacionais cogentes, e a sua proteção demanda uma postura de antecipação ao risco ambiental como salvaguarda da própria sobrevivência das gerações presentes e futuras.

A partir daí, segue a análise do [controvertido] conteúdo jurídico e dos limites do princípio da precaução, instrumento de maior relevância no cenário normativo do Direito Ambiental, dado o seu papel garantidor do direito fundamental ao meio ambiente diante de ameaças invisíveis, dentro de um contexto de probabilidades.

Após essa contextualização, parte-se para a análise do paradigmático julgamento do Recurso Extraordinário nº 627.189/SP, de relatoria do Ministro Dias Toffoli, que corresponde ao Tema nº 479 da Gestão por Temas da Repercussão Geral do Supremo Tribunal Federal, no qual se debateu, intensamente, o conteúdo jurídico do princípio da precaução, para se firmar a tese de estarem ausentes, por ora, fundamentos fáticos ou jurídicos a obrigar as concessionárias de energia elétrica a reduzir o campo eletromagnético das linhas de transmissão de energia elétrica abaixo do patamar legal.

Por fim, apresentam-se considerações acerca da fundamentalidade do direito ao meio ambiente e a imprescindibilidade de se assegurá-lo por meio do princípio da precaução, sem, entretanto, encará-lo como um óbice impeditivo às ações antrópicas que envolvam quaisquer espécies de riscos ambientais, dada a necessidade de se ponderar os direitos fundamentais envolvidos no caso concreto, tal como realizado no julgamento do RE nº 627189/SP.

1 A construção internacional de um direito ao meio ambiente

A revolução industrial radicalizou a gravidade do impacto antrópico sobre o meio ambiente. A expansão geométrica da produção e do consumo associada à ausência de preocupação com a capacidade de suporte da natureza caracterizaram esse período.[1] Entretanto, a preocupação com a degradação do meio ambiente é mais recente. Nasce e se espraia nas últimas décadas do século passado.

Ao longo do século XX, diversos impactos ambientais graves moldaram a construção de uma consciência acerca da necessidade de se proteger o meio ambiente da ação humana. São exemplos a explosão das bombas nucleares de Hiroshima e Nagasaki (1945); a contaminação da baía de Minamata no Japão por mercúrio (1956); os drásticos efeitos do uso do pesticida DDT, relatados na obra *Silent Spring* de Rachel Carson (1962); o vazamento de dioxina em Seveso na Itália (1976); o vazamento de gases tóxicos em Bhopal na Índia (1984); o acidente nuclear da usina de Chernobyl na Ucrânia (1986); dentre outros tantos.

A consciência de caráter global dos danos causados pela interferência humana no meio ambiente, gestada no século passado, deflagrou o processo de elaboração de diversas normas de Direito Internacional com foco na proteção ambiental, destacando-se a Declaração das Nações Unidas sobre o Meio Ambiente Humano (Conferência de Estocolmo 1972), dentre elas.

Ainda que se reconheça a importância de legislações ambientais de alguns países anteriores à assinatura da Declaração de Estocolmo sobre o Meio Ambiente Humano, esse documento internacional é considerado o grande marco do processo histórico de reconhecimento do direito ao meio ambiente equilibrado.[2]

Está expresso na Declaração de Estocolmo que, graças à rápida aceleração da ciência e da tecnologia, o homem adquiriu o poder de transformar, de inúmeras maneiras e em uma escala sem precedentes, tudo que o cerca; e que a proteção do meio ambiente é uma questão fundamental que afeta o bem-estar dos povos e o desenvolvimento econômico do mundo inteiro, um desejo urgente dos povos de todo o mundo e um dever de todos os governos.[3]

E mais, a Declaração de Estocolmo de 1972 consagrou, de forma expressa, um direito humano ao meio ambiente em seu Princípio 1:

---

[1] BARRETO, Pablo Coutinho. *Conflitos ambientais, o direito à água e mediação*: A atuação do Ministério Público Federal em Sergipe no baixo São Francisco. 1. ed., 2014, p. 27.

[2] "(...) a história do Direito Ambiental passa, necessariamente, pelo surgimento e desenvolvimento do Direito Ambiental Internacional". SARLET, Ingo Wolfgang; FENSTERSEIFER, Tiago. *Direito ambiental*: introdução, fundamentos e teoria geral. São Paulo: Saraiva, 2014, p. 152.

[3] É na natureza que o homem se envolve e se desenvolve. O homem pertence à natureza e deve a ela a sua sobrevivência. Ao mesmo tempo em que o homem a constrói [cultural e materialmente], ele a destrói. O certo é que, embora essa relação seja marcada por uma tensão permanente, seus destinos – homem e natureza – estão atados por correntes inquebrantáveis (BARRETO, Pablo Coutinho. *Conflitos ambientais, o direito à água e mediação*: A atuação do Ministério Público Federal em Sergipe no baixo São Francisco. 1. ed., 2014, p. 27).

PABLO COUTINHO BARRETO

O CONTEÚDO GARANTIDOR – E NÃO PARALISANTE – DO PRINCÍPIO DA PRECAUÇÃO: NOTAS SOBRE O JULGAMENTO DO RE 627189/SP (TEMA Nº 479...

1381

O homem tem o direito fundamental à liberdade, à igualdade e ao desfrute de condições de vida adequadas em um meio ambiente de qualidade tal que lhe permita levar uma vida digna e gozar de bem-estar, tendo a solene obrigação de proteger e melhorar o meio ambiente para as gerações presentes e futuras.

Autores como Guido Soares[4] e Cançado Trindade[5] estabelecem um paralelo evolutivo entre a internacionalização da proteção aos direitos humanos e a da proteção ao meio ambiente e reconhecem que a Declaração de Estocolmo detém a mesma importância para o Direito Internacional e para a Diplomacia dos Estados que possui a Declaração Universal dos Direitos do Homem (1948). Ambas as Declarações têm exercido o papel de verdadeiros guias e parâmetros na definição de princípios mínimos que devem figurar tanto nas legislações nacionais dos Estados quanto na adoção de grandes textos do Direito Internacional na atualidade.

A influência da Declaração de Estocolmo no sentido de orientar a inserção do direito à proteção ambiental nos textos constitucionais que lhe seguiram é evidente. Nesse sentido, é a lição de José Afonso da Silva:

A Declaração de Estocolmo abriu o caminho para que as Constituições supervenientes reconhecessem o meio ambiente ecologicamente equilibrado como um direito fundamental entre os direitos sociais do Homem com sua característica de direitos a serem realizados e direitos a não serem perturbados.[6]

De acordo com Canotilho, a Constituição portuguesa (1976) e a Constituição espanhola (1978) inauguraram a consagração do direito fundamental ao meio ambiente em textos constitucionais. Em Portugal, o direito ao ambiente encontra-se entre os direitos sociais, econômicos e culturais, enquanto na Espanha é um direito fundamental orientador.[7]

Entre nós, a Constituição Federal de 1988 foi a primeira que reconheceu o meio ambiente como direito fundamental, estabelecendo em seu artigo 225 que todos têm direito ao meio ambiente ecologicamente equilibrado, bem de uso comum do povo e essencial à sadia qualidade de vida, impondo-se ao Poder Público e à coletividade o dever de defendê-lo e preservá-lo para as presentes e futuras gerações.

As Constituições brasileiras anteriores não se preocuparam em estabelecer um direito ao meio ambiente ecologicamente equilibrado, pois a visão de garantia de direitos restringia-se aos direitos individuais e sociais. Essa mudança paradigmática decorreu da consideração do ambiente como essencial à vida, impondo-se a minimização dos impactos produzidos pela ação humana.[8]

---

4   SOARES, Guido Fernando Silva. *Direito internacional do meio ambiente*: emergência, obrigações e responsabilidades. 2. ed. São Paulo: Atlas, 2003, p. 55.

5   CANÇADO TRINDADE, Antônio Augusto. *Direitos Humanos e meio ambiente*: paralelo dos sistemas de proteção internacional. Porto Alegre: S. A. Fabris, 1993.

6   SILVA, José Afonso da. *Direito ambiental constitucional*. 8. ed. São Paulo: Malheiros Editores, 2010.

7   CANOTILHO, José Joaquim Gomes. *Estudos sobre direitos fundamentais*. Coimbra: Coimbra Editora, 2004, p. 179-185.

8   SAMPAIO, José Adércio Leite; MASCARENHAS, Carolina Miranda do Prado. *O Direito Fundamental ao Meio Ambiente Ecologicamente Equilibrado Necessita de um Estado Ambiental?* Disponível em: https://www.indexlaw.org/index.php/garantiasfundamentais/article/view/1626. Acesso em: 10 jul. 2024.

Quando se fala em proteção ambiental estão em jogo formas de garantir a qualidade de vida humana, em função dos elementos e valores que o meio ambiente congrega, como saúde, segurança, cultura, identidade. É a essencialidade do equilíbrio ecológico que faz do direito ao meio ambiente um direito fundamental da pessoa humana. Preservar o ambiente é garantir vida sadia e com qualidade. Garantir vida com qualidade é promover a dignidade da pessoa humana.[9]

2 A fundamentalidade do direito ao meio ambiente

Os direitos fundamentais são um tipo de direito subjetivo cuja nota distintiva reside em sua fundamentalidade. A fundamentalidade constitui uma propriedade exclusiva específica dos direitos fundamentais. Desse modo, a classificação de um direito como fundamental demanda a análise do conceito de fundamentalidade e das propriedades formais e materiais que lhe conformam.[10]

Antes, porém, é preciso ressaltar que o conceito de direito fundamental é um dos mais tormentosos da Teoria da Constituição. Nas palavras de José Adércio Leite Sampaio: "Há um conceito histórico, um conceito ideal, um conceito material, um conceito estrutural, um conceito formal, um conceito funcional, um conceito político, um conceito dogmático, um conceito jurídico entre outros tantos".[11]

A fundamentalidade de um direito subjetivo decorre da combinação de propriedade formais e materiais. Carlos Bernal Pulido ensina que um direito precisa manifestar pelo menos uma propriedade formal e outra material para ser considerado um direito fundamental. As propriedades formais guardam relação com a fonte do direito que empresta validade ao direito fundamental. São quatro as propriedades formais dos direitos fundamentais: (i) estar inserido no capítulo relativo aos direitos fundamentais da Constituição; (ii) pertencer ao texto da Constituição; (iii) integrar o bloco constitucional; ou (iv) ter reconhecida a posição de direito fundamental pela jurisdição constitucional.[12]

Por sua vez, as propriedades materiais dos direitos fundamentais conferem fundamentalidade a partir da característica de proteger interesses fundamentais do indivíduo relacionados (i) à liberdade; (ii) autonomia; (iii) igualdade; e (iv) satisfação das necessidades básicas.[13]

Em outra perspectiva, pode-se afirmar que os direitos materialmente fundamentais podem ser encarados como um desdobramento do princípio da dignidade da pessoa

---

[9] REIS, João Emilio de Assis. O direito ao ambiente e o direito à moradia: colisão e ponderação de direitos fundamentais. *Veredas do Direito*, Belo Horizonte, v. 10, n. 20, p. 289-314, jul./dez. 2013, p. 78.

[10] PULIDO, Carlos Bernardo. A fundamentalidade dos direitos fundamentais. *In*: ASENSI, Felipe Dutra; PAULA, Daniel Giotti (coord.). *Tratado de direito constitucional*, volume I: constituição, política e sociedade. 1. ed. Rio de Janeiro: Elsevier, 2014, p. 387.

[11] SAMPAIO, José Adércio Leite. Constituição e Meio Ambiente na Perspectiva do Direito Constitucional Comparado. *In*: SAMPAIO, José Adércio Leite; WOLD, Chris; NARDY, Afrânio. *Princípios de Direito Ambiental na Dimensão Internacional e Comparada*. Belo Horizonte: Del Rey, 2003, p. 89.

[12] PULIDO, Carlos Bernardo A fundamentalidade dos direitos fundamentais. *In*: ASENSI, Felipe Dutra; PAULA, Daniel Giotti (coord.). *Tratado de direito constitucional*, volume I: constituição, política e sociedade. 1. ed. Rio de Janeiro: Elsevier, 2014, p. 395.

[13] PULIDO, Carlos Bernardo A fundamentalidade dos direitos fundamentais. *In*: ASENSI, Felipe Dutra; PAULA, Daniel Giotti (coord.) *Tratado de direito constitucional*, volume I: constituição, política e sociedade. 1. ed. Rio de Janeiro: Elsevier, 2014, p. 400.

humana. Isso porque as dimensões dos direitos humanos e fundamentais, na sua essência, materializam as diferentes refrações do princípio da dignidade da pessoa humana, pilar central da arquitetura constitucional contemporânea.[14]

Luís Roberto Barroso esclarece que a dignidade da pessoa humana expressa um conjunto de valores civilizatórios incorporados ao patrimônio da humanidade. O conteúdo jurídico do princípio vem associado aos direitos fundamentais, envolvendo aspectos dos direitos individuais, políticos e sociais. Seu núcleo material elementar é composto do mínimo existencial, locução que identifica o conjunto de bens e utilidades básicas para a subsistência física e indispensável ao desfrute da própria liberdade. Aquém daquele patamar, ainda quando haja sobrevivência, não há dignidade.[15]

Ainda que a maioria dos direitos fundamentais individualmente considerados se conectem com a dignidade da pessoa humana de forma diferenciada em sua amplitude e intensidade, os direitos fundamentais, os objetivos estatais e as variantes das formas estatais têm a dignidade como premissa e encontram-se a seu serviço.[16]

Para Ingo Sarlet, a partir da premissa de que os direitos fundamentais constituem – ainda que com intensidade variável – explicitações da dignidade da pessoa, por via de consequência e, ao menos em princípio, em cada direito fundamental se faz presente um conteúdo ou, pelo menos, alguma projeção da dignidade da pessoa.[17]

É nesse contexto que podemos afirmar que a fundamentalidade do direito ao meio ambiente decorre da associação de propriedades formais (estar inserida no texto constitucional e ter sua fundamentalidade reconhecida pela Suprema Corte) e propriedades materiais (proteger interesses fundamentais do indivíduo).

O direito fundamental ao meio ambiente apresenta-se como uma dimensão ecológica do conteúdo normativo do princípio da dignidade da pessoa humana.[18] Por conseguinte, a proteção do meio ambiente como direito fundamental tem sua matriz no princípio da dignidade humana e é, ao mesmo tempo, garantia do direito à vida e à saúde, dentre outros.[19]

Ressalte-se que a circunstância de o direito ao meio ambiente estar fora do catálogo de direitos constante no Título III da Constituição Federal (Direitos e Garantias Fundamentais, artigos 5º a 17) em nada afeta a sua fundamentalidade. Já tendo o Supremo

---

[14] SARLET, Ingo Wolfgang; FENSTERSEIFER, Tiago. Estado socioambiental e mínimo existencial (ecológico): algumas aproximações. In: SARLET, Ingo Wolfgang (org.). Estado socioambiental e direitos fundamentais. Porto Alegre: Livraria do Advogado Editora, 2010, p. 19.

[15] BARROSO, Luis Roberto. Fundamentos teóricos e filosóficos do novo direito constitucional brasileiro. Revista da Academia Brasileira de Direito Constitucional, Curitiba, vol. 1, n. 1, p. 68, 2001.

[16] HABERLE, Peter. A dignidade humana como fundamento da comunidade estatal. In: SARLET, Ingo Wolfgang (org.). Dimensões da Dignidade: ensaios de filosofia do direito e direito constitucional. 2. ed. Porto Alegre. Livraria do Advogado, 2009, p. 81.

[17] SARLET, Ingo Wolfgang. A eficácia dos direitos fundamentais: uma teoria geral dos direitos fundamentais na perspectiva constitucional. 10. ed. Porto Alegre: Livraria do Advogado, 2009, p. 96.

[18] SARLET, Ingo Wolfgang; FENSTERSEIFER, Tiago. Direito ambiental: introdução, fundamentos e teoria geral. São Paulo: Saraiva, 2014, 241.

[19] NICKEL, James W. The Human Right to a Safe Environment: Philosophical Perspectives on Its Scope and Justification. Yale Journal of International Law, v. 18, p. 281-295, 1993.

Tribunal Federal reconhecido ser o direito ao meio ambiente um típico direito fundamental de terceira geração, que assiste a todo o gênero humano e a todas as gerações.[20]

Atribuir a qualidade de fundamentalidade ao direito ao meio ambiente resulta em consequências significativas. De início, leva à formulação de um princípio de primariedade, no sentido de que a nenhum agente público ou privado é lícito tratar o meio ambiente como valor subsidiário, acessório, menor ou desprezível. Além disso, avulta a sua aplicação direta, imediata, vinculando as relações públicas e privadas, independentemente da existência de regulamentação. E mais, o direito ao meio ambiente, enquanto direito fundamental, tem como características a irrenunciabilidade, a inalienabilidade e a imprescritibilidade.[21]

A partir da fundamentalização de direitos que estão conectados a beneficiários fragmentários (titularidade difusa do direito), futuros (intergeracional) ou destituídos de voz ou estatura processual própria (seres vivos não humanos e os processos ecológicos essenciais), tem-se a presunção absoluta de que a sua existência ou afirmação independe da permanente e imediata reação das vítimas contra violações eventualmente perpetradas.[22]

Essa fundamentalidade também opera no sentido de agregar elementos ambientais ao conteúdo mínimo existencial, abrindo-se o caminho para uma dimensão ecológica do direito ao mínimo existencial. Assim, da compreensão da existência de necessidades humanas básicas na perspectiva das gerações presentes e futuras surge a exigência de um patamar mínimo de qualidade ambiental sem o qual a dignidade humana estaria sendo violada em seu núcleo essencial.[23]

Existiria, assim, um mínimo existencial ecológico essencial à preservação da integridade física, moral e intelectual das pessoas, razão pela qual se constituiria um direito fundamental personalíssimo, uma vez que está interligado com a própria dignidade da pessoa humana, nas palavras de Édis Milaré.[24]

Diante desse cenário, não basta a previsão de normas protetivas de direito material reconhecendo o direito fundamental ao meio ambiente: é essencial que se assegure todo um instrumental jurídico para uma tutela efetiva diante dos riscos aos quais está submetido em escala global.

---

[20] Vide ADI 3540 MC, Relator(a): CELSO DE MELLO, Tribunal Pleno, julgado em 01.09.2005, DJ 03.02.2006 PP-00014 EMENT VOL-02219-03 PP-00528.

[21] BENJAMIN, Antonio Herman. Constitucionalização do ambiente e ecologização da Constituição Brasileira. *In*: CANOTILHO, José Joaquim Gomes; LEITE, José Rubens Morato (org.). *Direito Constitucional Ambiental Brasileiro*. 3. ed. rev. São Paulo: Saraiva, 2010, p. 118.

[22] BENJAMIN, Antonio Herman. Constitucionalização do ambiente e ecologização da Constituição Brasileira. *In*: CANOTILHO, José Joaquim Gomes; LEITE, José Rubens Morato (org.). *Direito Constitucional Ambiental Brasileiro*. 3. ed. rev. São Paulo: Saraiva, 2010, p. 119.

[23] SARLET, Ingo Wolfgang; FENSTERSEIFER, Tiago. *In*: SARLET, Ingo Wolfgang (org.). *Estado socioambiental e direitos fundamentais*. Porto Alegre: Livraria do Advogado, 2010, p. 25-27.

[24] MILARÉ, Édis. *Direito ao ambiente*: a gestão ambiental em foco. 7. ed. São Paulo: Revista dos Tribunais, 2011, p. 136.

3   A necessária antecipação ao risco humano e ecológico como salvaguarda das gerações presentes e futuras

Atualmente, vivemos em uma sociedade submetida a riscos inerentes ao processo de industrialização e ao uso de novas tecnologias[25] – o risco faz parte da sociedade contemporânea[26] – na qual há uma universalização das ameaças e uma tendência imanente à globalização dos riscos da modernização.

Por isso, afirma-se que, em um planeta globalizado, todos os principais problemas – os metaproblemas que condicionam o enfrentamento de todos os outros – são globais e, assim, não admitem soluções locais. Não há, nem pode haver, soluções locais para problemas originados e reforçados globalmente.[27]

Esses riscos são artificiais, gerados pelas novas tecnologias utilizadas pelo homem, e não naturais. Sua magnitude é crescente e sua dimensão é global, pois ameaçam um número indeterminado de pessoas e, até mesmo, a própria existência humana como tal. Trata-se de grandes riscos tecnológicos, de alcance global, ligados à exploração intensiva dos recursos naturais.

No constructo teórico da sociedade de risco levado a efeito por Ulrich Beck, as sociedades contemporâneas não se singularizam apenas por sua capacidade de gerar riquezas, mas também pelos riscos que criam a partir de seus sistemas produtivos e científicos. Assim, as pessoas estão expostas atualmente a riscos de toda espécie – sociais, sanitários, tecnológicos, ecológicos etc. – ligados à modernização das sociedades. Visualiza-se uma dimensão perigosa para o desenvolvimento do conhecimento e da tecnologia. As consequências do desenvolvimento científico e industrial são o perigo e o risco, que vêm acompanhados da possibilidade de catástrofes e resultados imprevisíveis na dimensão estruturante da sociedade.[28]

A falta de conhecimento científico e a sua incerteza implicam riscos concretos ou potenciais (visíveis e previsíveis) e riscos abstratos (invisíveis e imprevisíveis). Essa difusão subjetiva, temporal e espacial das situações de risco e perigo conduz a pensar o meio ambiente de forma distinta, superando o modelo tradicional. Por isso, afirma-se que "o risco, atualmente, é um dos maiores problemas enfrentados quando se objetiva uma efetiva proteção jurídica do meio ambiente".[29]

Até porque há uma invisibilidade dos riscos ecológicos, decorrente do fato de que o Estado e os setores privados interessados utilizam meios e instrumentos para ocultar

---

[25]   BECK, Ulrich. *Sociedade de risco*: rumo a uma outa modernidade. Trad. Sebastião Nascimento. São Paulo: Ed. 34, 2010.

[26]   A noção de risco não existia para as grandes civilizações anteriores ao período moderno, uma vez que os acontecimentos estavam ligados à ideia de destino, sorte ou vontade divina. Embora este pensamento ainda exista na atualidade é tido geralmente como superstições e não como explicação aceitável para certos eventos, diferente, portanto, do risco que marca a dinâmica da modernidade contemporânea (GIDDENS, Anthony. *Mundo em descontrole*. Trad. Maria Luiza X. de A. Borges. 6. ed. Rio de Janeiro: Record, 2007, p. 34).

[27]   BAUMAN, Zygmunt. *Tempos líquidos*. Trad. Carlos Alberto Medeiros. Rio de Janeiro: Zahar Editora, 2007.

[28]   BECK, Ulrich. *Sociedade de risco*: rumo a uma outa modernidade. Trad. Sebastião Nascimento. São Paulo: Ed. 34, 2010, p. 39.

[29]   LEITE, José Rubens Morato. Sociedade de risco e Estado. *In*: CANOTILHO, José Joaquim Gomes; LEITE, José Rubens Morato (org.). *Direito Constitucional Ambiental Brasileiro*. 3. ed. rev. São Paulo: Saraiva, 2010, p. 153.

as origens e os efeitos do risco ecológico, com o objetivo de transmitir para a sociedade uma falsa ideia de que o risco ecológico está controlado.[30]

E é esse cenário de incertezas, de riscos invisíveis e potencializados inerentes ao processo de industrialização e ao uso das novas tecnologias, associado à dimensão de danos à humanidade e ao meio ambiente de difícil ou incerta reparação que enseja uma virada epistemológica em relação à utilização dos recursos naturais. De uma perspectiva reativa, calcada na ideia de ressarcimento pela ocorrência do dano, a gestão de riscos ambientais incorpora uma perspectiva proativa, antecipatória à lesão ao meio ambiente.

Somente com a adoção de uma postura que se antecipa à ocorrência da lesão, baseada no conceito de risco humano e ecológico, ou seja, de risco ao meio ambiente, que se pode salvaguardar os interesses fundamentais das gerações presentes e futuras.

Seja pelo caráter frequentemente irreversível do dano ambiental, seja devido ao forte conteúdo axiológico do direito fundamental ao meio ambiente, a obrigação de prevenir a ocorrência de lesão ao meio ambiente é alçada à categoria de princípio norteador de todo o direito ambiental. Por decorrência dela, exige-se dos Estados a implementação de medidas específicas de proteção antes mesmo que um dano ambiental aconteça.[31]

A obrigação de se antecipar à ocorrência de danos ambientais é estruturante do Direito Ambiental (interno e internacional). Há um vínculo estreito entre a finalidade protetiva do meio ambiente e a necessidade de uma abordagem antecipatória, preventiva. A obrigação de reparar o dano causado deve ser o último recurso, sempre sendo preferível evitar o risco ambiental, seja concreto ou abstrato.

A obrigação de prevenir a ocorrência de danos ambientais traz inerente ao seu conteúdo a ideia de não ser apenas uma norma para compensar os impactos que possam ocorrer. A sua finalidade é proteger o meio ambiente de consequências prejudiciais graves, o que presume a adoção de medidas e instrumentos para se antecipar à ocorrência do dano, mitigando os riscos das atividades eminentemente perigosas.

Três elementos se somam para caracterizar a imprescindibilidade de uma postura antecipatória em favor do direito fundamental ao meio ambiente: risco de dano grave, incerteza científica sobre a capacidade de evitá-lo e o dever de impedir a concretização do risco. Ainda que não haja uma clareza acerca da presença de risco humano e ecológico, dada a dimensão do dano em potencial, a balança da ponderação deve pesar em favor do meio ambiente.

A necessidade de antecipação ao risco humano e ecológico, ainda que probabilístico, constitui-se no cerne do princípio da precaução e deve direcionar todo processo de tomada de decisões que possam impactar de forma danosa as gerações presentes e futuras. Funciona, assim, como instrumento imprescindível para assegurar a fruição do direito fundamental ao meio ambiente.

---

[30] LEITE, José Rubens Morato; BELCHIOR, Germana Parente Neiva. Dano ambiental na sociedade de risco: uma visão introdutória. *In*: FERREIRA, Heline Sivini; CAVALCANTE FERREIRA, Maria Leonor Paes (org.). *Dano ambiental na sociedade de risco*. São Paulo: Saraiva, 2012, p. 16.

[31] BORGES, Leonardo Estrela. *As obrigações de prevenção no direito ambiental internacional*. São Paulo: Saraiva, 2017.

4   O conteúdo garantidor – e não paralisante – do princípio da precaução (Tema nº 479 do STF)

A regulação e a gestão de questões ambientais construídas a partir dos conceitos tradicionais de dano e de obrigação de reparação não se mostram suficientes para tratar o incremento exponencial de riscos humanos e ecológicos presentes na sociedade contemporânea.

É necessário superar o modelo cartesiano de racionalidade científica, fundado na certeza, para a criação de uma nova gestão de riscos, lastreada na incerteza científica, a partir da utilização de instrumentos preventivos e precaucionais, de modo a fazer frente a toda a complexidade ambiental em uma sociedade de risco.[32]

Surge daí a premência da adoção de uma perspectiva proativa, antecipatória, impeditiva e inibitória à lesão ao meio ambiente, amparada em condutas precautórias em relação aos riscos potenciais ao meio ambiente, que possuam uma dimensão de difícil ou incerta reparação. Para além da prevenção de danos concretos, perceptíveis, há que se acolher a precaução dos riscos abstratos, invisíveis.

A partir desse cenário, há um esforço para a construção teórica e dogmática do denominado princípio da precaução. A precaução enquanto princípio somente começa a aparecer em instrumentos jurídicos internacionais em meados da década de 1980,[33] embora antes disso tivesse figurado como uma diretriz do programa ambiental da Alemanha Ocidental e tenha antecedentes em doutrina alemã [*Vorsorgeprinzip*].[34]

O princípio da precaução veio a ser acolhido de forma expressa no Princípio 15 da Declaração de Princípios do Rio nos seguintes termos:

> Com a finalidade de proteger o meio ambiente, os Estados deverão aplicar amplamente o critério de precaução conforme suas capacidades. Quando houver perigo de dano grave ou irreversível, a falta de certeza científica absoluta não deverá ser utilizada como razão para que seja adiada a adoção de medidas eficazes em função dos custos para impedir a degradação ambiental.[35]

Para Aurélio Virgílio Veiga Rios, o princípio da precaução é consequência e derivação do princípio da prevenção ao dano ambiental. Fruto da urgência e da prudência, em uma combinação de instrumentos para lidar com as causas e consequências dos danos ambientais originados pelos mais diversos fatores.[36] Na mesma linha, Alexandre Kiss

---

[32]   LEITE, José Rubens Morato; BELCHIOR, Germana Parente Neiva. Dano ambiental na sociedade de risco: uma visão introdutória. In: FERREIRA, Heline Sivini; CAVALCANTE FERREIRA, Maria Leonor Paes (org.). *Dano ambiental na sociedade de risco*. São Paulo: Saraiva, 2012, p. 13-14.

[33]   SANDS, Philippe. O princípio da precaução. In: PLATIAU, Ana Flávia Barros; VARELLA, Marcelo Dias (org.). *Princípio da precaução*. Belo Horizonte: Del Rey, 2004, p. 29.

[34]   MACHADO, Paulo Affonso Leme. *Direito ambiental brasileiro*. 17. ed. rev. atual. e ampl. São Paulo: Malheiros Editores, 2009, p. 68.

[35]   Princípio nº 15 da Declaração de Princípios da Conferência das Nações Unidas sobre Ambiente e Desenvolvimento realizada na cidade do Rio de Janeiro, entre 3 e 14 de junho de 1992.

[36]   RIOS, Aurélio Virgílio Veiga. O princípio da precaução e a sua aplicação na justiça brasileira: estudo de casos. In: PLATIAU, Ana Flávia Barros; VARELLA, Marcelo Dias (org.). *Princípio da precaução*. Belo Horizonte: Del Rey, 2004, p. 374-375.

e Dinah Shelton categorizam o princípio da precaução como uma espécie de princípio da prevenção mais qualificado ou mais desenvolvido.[37]

Ambos os princípios nascem com a finalidade de conferir uma proteção jurídica ao direito fundamental do meio ambiente. Entretanto, enquanto a prevenção busca evitar os riscos já conhecidos em função de processos causais reconhecidos cientificamente, o princípio da precaução associa-se à ideia de se precaver diante da insegurança e da incerteza das consequências do uso de determinada substância, processo ou tecnologia, que podem levar a situações irreversíveis para o meio ambiente.[38]

A prevenção atua no sentido de inibir o risco de dano potencial, ou seja, procura-se evitar que uma atividade sabidamente perigosa venha a produzir os efeitos indesejáveis. Em outra frente, o princípio da precaução opera para inibir o risco de perigo potencial de que determinado comportamento ou atividade sejam abstratamente perigosos.[39]

A principal característica do princípio da precaução é a imposição de condutas de cautela mesmo sem a certeza científica acerca da existência concreta de riscos. É da sua essência ser preferível que os governos ajam erroneamente, na premissa de que uma determinada atividade causará danos inaceitáveis, e, consequentemente, restrinjam ou proíbam a atividade, em vez de agirem erroneamente com base na premissa de que a atividade não causará tal dano e a permitam.[40]

Tem incidência quando não há informação científica suficiente, de forma que reste caracterizada a possibilidade de danos sobre o meio ambiente, a saúde das pessoas, dos animais e ou das plantas e que seus efeitos sejam graves e incompatíveis com a proteção adotada.[41]

O alcance do princípio da precaução, um verdadeiro princípio *in dubio pro ambiente*, permeia a esfera decisória estatal – em todos os seus níveis – e privada, implicando um viés normativo no sentido de se evitar falsos negativos em relação a riscos ambientais e de se optar pelo erro na adoção de medidas excessivamente protetivas em detrimento do erro na escolha de medidas insuficientes.

Expressa, assim, a disposição normativa de que agentes públicos e privados devem adotar todas as medidas possíveis para se evitar a quebra do equilíbrio ecológico diante de um cenário de ausência de certeza científica acerca dos impactos ambientais de uma determinada atividade humana. Desempenha, assim, o papel de princípio garantidor do direito fundamental ao meio ambiente diante de um cenário de incertezas.

Solange Teles da Silva ensina que o princípio da precaução constitui um princípio geral do Direito Ambiental que define uma nova dimensão da gestão de riscos ao direito fundamental ao meio ambiente. Busca implementar uma lógica de segurança que vai além da ótica preventiva e questiona a razão do desenvolvimento das atividades perigosas. Segundo ela, o escopo do princípio da precaução não se resume em determinar quais

---

[37] KISS, Alexandre; SHELTON, Dinah. *Guide to international environmental law*. Leiden/Boston: Martinus Hijhoff Puiblishers, 2007, p. 95.

[38] SARLET, Ingo Wolfgang; FENSTERSEIFER, Tiago. *Princípios do direito ambiental*. São Paulo: Saraiva, 2014, p. 160-164.

[39] LEITE, José Rubens Morato; AYALA, Patryck de Araújo. *Direito Ambiental na Sociedade de Risco*. São Paulo: Forense, 2002, p. 62.

[40] TROUWBORST, Arie. *Precautionary rights and duties of states*. Leiden: Brill, 2006, p. 196.

[41] MILARÉ, Édis. *Direito ao ambiente*: a gestão ambiental em foco. 7. ed. São Paulo: Revista dos Tribunais, 2011, p.

são os riscos que dada sociedade deseja correr. Abrange, também, o questionamento acerca da razão de ser de determinada atividade.[42]

Uma situação de incerteza científica não pode justificar a omissão pública ou privada na tomada de decisões sobre a proteção do direito ao meio ambiente. Diante de ameaças ainda não afastadas por meio de avaliação científica conclusiva sobre a periculosidade da atividade humana ou sobre o nexo causal entre a ameaça e os possíveis efeitos, devem ser adotadas as medidas necessárias e suficientes, em tempo oportuno, que possam afastá-las. O princípio da precaução recomenda um comportamento *in dubio pro ambiente*, que, entretanto, não supõe um juízo de precedência absoluta que desconstitua a proteção dos demais valores envolvidos em uma relação de colisão.[43]

Nessa linha, Paulo Affonso Leme Machado esclarece que a aplicação do princípio da precaução não objetiva vedar completamente as atividades e obras humanas, em tudo prevendo catástrofes. A precaução mira a sadia qualidade de vida para as presentes e futuras gerações, bem como a permanência da natureza no planeta. O que se pretende é minimizar os riscos dos quais não se tem certeza da nocividade no plano científico.[44]

Em outras palavras, o princípio da precaução não pode ser encarado como um obstáculo definitivo às ações antrópicas que envolvam quaisquer espécies de riscos ambientais. Há que prevalecer uma visão moderada na sua aplicação, que leve em consideração os demais direitos fundamentais a serem ponderados no caso concreto e persiga os vetores de proporcionalidade, não discriminação, consistência, análise de custo-benefício e estágio de desenvolvimento científico. A sua finalidade é garantir a fruição do direito fundamental ao meio ambiente pelas gerações atuais e vindouras, sem, contudo, paralisar as inovações e o progresso científico cujos efeitos sejam conhecidos e aceitáveis sob uma ótica de proteção humana e dos processos ecológicos.

José Adércio Leite Sampaio afirma que tem preponderado uma visão moderada na aplicação do princípio da precaução, que considera os riscos, os custos financeiros e os benefícios envolvidos na atividade humana em análise. Nesse sentido, a precaução coincide com uma operação de benefício global razoável, apurado entre os componentes financeiros e imateriais em jogo, entre o risco e o retorno social esperado com o empreendimento.[45]

No âmbito da União Europeia, em que o princípio da precaução é amplamente utilizado, algumas diretrizes oficiais sobre a sua interpretação foram fixadas no ano 2000, por meio da Comunicação da Comissão Europeia relativa ao princípio da precaução. Este importante documento estabeleceu cinco linhas para guiar a aplicação do princípio: a) proporcionalidade – as medidas não podem ser desproporcionais ao nível desejado de proteção e não devem postular risco zero; b) não discriminação – situações comparáveis

---

[42] SILVA, Solange Teles. Princípio da Precaução: uma nova postura em face dos riscos e incertezas científicas. *In:* PLATIAU, Ana Flávia Barros; VARELLA, Marcelo Dias (org.). *Princípio da precaução.* Belo Horizonte: Del Rey, 2004, p. 84-85.

[43] LEITE, José Rubens Morato *et al.* Princípios fundamentais do direito ambiental. *In:* LEITE, José Rubens Morato (coord.). *Manual de direito Ambiental.* São Paulo: Saraiva, 2015, p. 97.

[44] MACHADO, Paulo Affonso Leme. *Direito ambiental brasileiro.* 17. ed. rev. atual. e ampl. São Paulo: Malheiros Editores, 2009, p. 69.

[45] LEITE SAMPAIO, José Adércio. Constituição e Meio Ambiente na Perspectiva do Direito Constitucional Comparado. *In:* SAMPAIO, José Adércio Leite; WOLD Chris; NARDY Afrânio. *Princípios de Direito Ambiental na Dimensão Internacional e Comparada.* Belo Horizonte: Del Rey, 2003, p. 62.

não devem ser tratadas diferentemente e situações distintas não devem ser consideradas da mesma forma, exceto se houver razões objetivas para fazê-lo; c) consistência – as medidas devem ser comparáveis em natureza e finalidade com medidas já adotadas em áreas equivalentes em que todas as informações científicas estejam disponíveis; d) análise custo-benefício – da ação ou falta de ação sempre que for possível e apropriada, sem prejuízo de outros métodos de análises que sejam relevantes; e e) exame do desenvolvimento científico – as medidas devem ser adotadas de forma provisória sempre que informações científicas não forem totalmente confiáveis.[46]

Se a ponderação deve pender em favor da proteção do direito fundamental ao meio ambiente[47] – papel garantidor do princípio da precaução – quando houver incerteza científica acerca do impacto da ação antrópica, o princípio da precaução também não pode legitimar uma tomada de decisão arbitrária.[48] Longe de deixar espaço à arbitrariedade de uma decisão autoritária, longe de ser "anticientífica", o princípio da precaução pode ser a força motriz de pesquisas inéditas.[49]

Embora o conteúdo jurídico do princípio da precaução ainda seja objeto de discussão e seu alcance demande um maior refinamento, não há como se distanciar de uma posição ponderada, intermediária entre posições extremadas e minimalistas.[50]

E essa perspectiva moderada foi justamente a adotada pelo Ministro Dias Toffoli, relator do RE nº 627189/SP, cristalizada no Tema nº 479 da Repercussão Geral.

Com inegável maestria ao delinear o voto condutor do referido julgamento, o Ministro Dias Toffoli debruçou-se sobre a aplicação de normas internacionais e nacionais em contextos de incerteza científica sobre riscos à saúde e ao meio ambiente para definir o princípio da precaução como

> (...) um critério de gestão de risco a ser aplicado sempre que existirem incertezas científicas sobre a possibilidade de um produto, evento ou serviço desequilibrar o meio ambiente ou atingir a saúde dos cidadãos, o que exige que o Estado analise os riscos, avalie os custos das medidas de prevenção e, ao final, execute as ações necessárias, as quais serão decorrentes de decisões universais, não discriminatórias, motivadas, coerentes e proporcionais.[51]

Avançou, também, pontuando que eventual controle pelo Poder Judiciário quanto à legalidade e à legitimidade na aplicação do princípio precautório há de ser realizado com extrema prudência, com um controle mínimo, diante das incertezas que reinam no campo científico. E que deve ser verificado tão somente:

---

[46] LEITE SAMPAIO, José Adércio. Dano ambiental na sociedade de risco: uma visão introdutória. *In:* FERREIRA, Heline Sivini; CAVALCANTE FERREIRA, Maria Leonor Paes (org.). *Dano ambiental na sociedade de risco.* São Paulo: Saraiva, 2012, p. 66-67.

[47] MARTINS, Ana Gouveia e Freitas. *O princípio da precaução no direito do ambiente.* Lisboa: AAFDL, 2002, p. 55.

[48] Nesse sentido, há referência expressa na Comunicação da Comissão relativa ao princípio da precaução (COMISSÃO EUROPEIA. *Comunicação da Comissão relativa ao princípio da precaução.* (COM2000 1 FINAL). Bruxelas, fev. 2000. Disponível em: http://eur-lex.europa.eu/legal-content/PT/TXT/?uri=celex:52000DC0001. Acesso em: 10 jul. 2024, p. 14).

[49] LARRÈRE, Catherine. Le principe de précaution et ses critiques. *Innovations,* vol. 18, n. 2, p. 18, 2003.

[50] Sobre as diversas concepções do princípio da precaução conferir GARDIMER, Stephen M. A Core Precautionary Principle. *The Journal of Political Philosophy,* vol. 14, n. 1, p. 33-60, 2016; e KOURILSKY, Philippe; VINEY, Geneviève. *Le Principe de Précaution:* rapport au premier ministre (15 octobre 1999). Paris: Odile Jacob, 2000, p. 56 e ss.

[51] RE 627189, Relator(a): DIAS TOFFOLI, Tribunal Pleno, julgado em 08.06.2016, ACÓRDÃO ELETRÔNICO REPERCUSSÃO GERAL – MÉRITO DJe-066 DIVULG 31.03.2017 PUBLIC 03.04.2017).

(...) se na escolha do Estado, foram adotados os procedimentos mencionados e se as decisões legislativas e/ou administrativas produzidas obedecem a todos os fundamentos de validade das opções discricionárias, como os requisitos da universalidade, da não discriminação, da motivação explícita, transparente e congruente, e da proporcionalidade da opção adotada (...).[52]

Seguiu esclarecendo que a aplicação do princípio somente deve ser exigida quando existente certo nível de evidência sobre um risco e quando a margem de segurança seja excedida; ou seja, incidirá o princípio quando houver incertezas científicas sobre riscos possíveis, a fim de se evitarem impactos potencialmente prejudiciais ao meio ambiente e/ou à saúde pública e que, diante dos fatos concretamente analisados no julgamento do referido recurso extraordinário, não havia evidências científicas convincentes de exposição humana a valores de campos eletromagnéticos acima dos limites fixados pela International Commission on Non-Ionizing Radiation Protection (ICNIRP), utilizados pela Organização Mundial da Saúde (OMS) e acolhidos como parâmetro seguro pela legislação brasileira.

Ao fim, registrando a possibilidade de novos debates e deliberações em caso de surgirem "efetivas e reais razões científicas e/ou políticas para a revisão do que se deliberou no âmbito normativo", concluiu que:

não foram violados os limites da legalidade, tendo sido observadas as normas de organização e de procedimento na proteção dos direitos fundamentais referidos; tampouco se vislumbra violação dos pressupostos da motivação e da proporcionalidade. Assim, há de se respeitar a decisão política, pois, como salientado por Olivier Godard, a responsabilidade da opção, dentro do âmbito do logos humano, do razoável, considerando-se as circunstâncias fáticas e os dados científicos disponíveis, há de ser objeto de decisão pelos meios políticos, e não pelos tribunais.

Na perspectiva moderada acolhida pelo STF no Tema nº479 da Repercussão Geral, o recurso ao princípio da precaução ocorre na hipótese de risco potencial, ainda que não se possa quantificar a sua amplitude ou precisar os seus efeitos devido à insuficiência ou ao caráter inconclusivo dos dados científicos, sem deixar perder de vista, porém, que a escolha da resposta [agir ou não agir] a ser dada também resulta de uma decisão política, que depende do nível de risco aceitável pela sociedade que a ele se sujeitará.[53]

5   Considerações finais

A fundamentalidade do direito ao meio ambiente, enquanto expressão de uma dimensão ecológica da dignidade da pessoa humana, é reconhecida em normativos de *hard law* e *soft law* do Direito Internacional e está presente na Constituição de diversos países, inclusive tem assento no art. 225 da Constituição Federal de 1988.

---

[52]   RE 627189, Relator(a): DIAS TOFFOLI, Tribunal Pleno, julgado em 08-06-2016, ACÓRDÃO ELETRÔNICO REPERCUSSÃO GERAL – MÉRITO DJe-066 DIVULG 31.03.2017 PUBLIC 03.04.2017).

[53]   Conforme delineado, inclusive, de forma expressa na Comunicação da Comissão relativa ao princípio da precaução. *In*: COMISSÃO EUROPEIA. Comunicação da Comissão relativa ao princípio da precaução. (COM2000 1 FINAL). Bruxelas, fev. 2000. Disponível em: http://eur-lex.europa.eu/legal-content/PT/TXT/?uri=celex:52000DC0001. Acesso em: 10 jul. 2024, p. 14-16.

Na sociedade contemporânea, vive-se em um cenário de incertezas científicas, de riscos invisíveis e potencializados que exige a adoção de uma postura antecipatória, baseada no conceito de risco humano e ecológico, ou seja, de risco ao meio ambiente, de modo a salvaguardar os interesses fundamentais das gerações presentes e futuras.

O princípio da precaução surge como instrumento essencial à garantia do direito fundamental ao meio ambiente. A necessidade de antecipação ao risco humano e ecológico, ainda que probabilístico, é o cerne do princípio da precaução e deve direcionar todo processo de tomada de decisões que possam impactar o meio ambiente.

Seu conteúdo jurídico, ainda que seja objeto de discussão, impõe a agentes públicos e privados o dever de adotar todas as medidas possíveis para se evitar a quebra do equilíbrio ecológico diante de um cenário de ausência de certeza. Desempenha, assim, o papel de princípio garantidor do direito fundamental ao meio ambiente diante de um cenário de incertezas.

De outro lado, o princípio da precaução não pode ser encarado como óbice impeditivo às ações antrópicas que envolvam quaisquer espécies de riscos ambientais. Há que se ponderar a sua aplicação em face dos demais direitos fundamentais envolvidos no caso concreto, levando-se em consideração os vetores de proporcionalidade, não discriminação, consistência, análise de custo-benefício e estágio de desenvolvimento científico.

O escopo do princípio da precaução é garantir a fruição do direito fundamental ao meio ambiente pelas gerações atuais e vindouras, sem, contudo, paralisar as inovações e o progresso científico cujos efeitos sejam conhecidos e aceitáveis sob uma ótica de proteção humana e dos processos ecológicos.

Acertadamente, o Supremo Tribunal Federal acolheu a perspectiva moderada do princípio da precaução no julgamento do RE nº 627189/SP, brilhantemente relatado pelo Ministro Dias Toffoli, que restou cristalizada no âmbito do Tema nº 479 da Repercussão Geral.

Referências

ALEXY, Robert. *Teoria dos Direitos Fundamentais*. Tradução de Virgílio Afonso da Silva. 5. ed. São Paulo: Malheiros, 2015.

BARROSO, Luís Roberto. Fundamentos teóricos e filosóficos do novo direito constitucional brasileiro. *Revista da Academia Brasileira de Direito Constitucional*, Curitiba, vol. 1, n. 1, 2001.

BAUMAN, Zygmunt. *Tempos líquidos*. Trad. Carlos Alberto Medeiros. Rio de Janeiro: Zahar Editora, 2007.

BECK, Ulrich. *Sociedade de risco*: rumo a uma outa modernidade. Trad. Sebastião Nascimento. São Paulo: Ed. 34, 2010.

BENJAMIN, Antonio Herman. Constitucionalização do ambiente e ecologização da Constituição Brasileira. *In*: CANOTILHO, José Joaquim Gomes; LEITE, José Rubens Morato (org.). *Direito Constitucional Ambiental Brasileiro*. 3. ed. rev. São Paulo: Saraiva, 2010, p. 77-150.

BORGES, Leonardo Estrela. *As obrigações de prevenção no direito ambiental internacional*. São Paulo: Saraiva, 2017.

CANOTILHO, José Joaquim Gomes. *Estudos sobre direitos fundamentais*. Coimbra: Coimbra Editora, 2004.

COMISSÃO EUROPEIA. *Comunicação da Comissão relativa ao princípio da precaução*. (COM2000 1 FINAL). Bruxelas, fev. 2000. Disponível em: http://eur-lex.europa.eu/legal-content/PT/TXT/?uri=celex:52000DC0001. Acesso em: 10 jul. 2024.

GARDIMER, Stephen M. A Core Precautionary Principle. *The Journal of Political Philosophy*, vol. 14, n. 1, 20016, p. 33-60.

GIDDENS, Anthony. *Mundo em descontrole*. Trad. Maria Luiza X. de A. Borges. 6. ed. Rio de Janeiro: Record, 2007.

HABERLE, Peter. A dignidade humana como fundamento da comunidade estatal. *In:* SARLET, Ingo Wolfgang (org.). *Dimensões da Dignidade*: ensaios de filosofia do direito e direito constitucional. 2. ed. Porto Alegre. Livraria do Advogado, 2009.

KOURILSKY, Philippe; VINEY, Geneviève. *Le Principe de Précaution*: rapport au premier ministre (15 octobre 1999). Paris: Odile Jacob, 2000.

KISS, Alexandre; SHELTON, Dinah. *Guide to international environmental law*. Leiden/Boston: Martinus Hijhoff Puiblishers, 2007.

LARRÈRE, Catherine. Le principe de précaution et ses critiques. *Innovations*, vol. 18, n. 2, p. 9-26, 2003.

LEITE, José Rubens Morato. Sociedade de risco e Estado. *In:* CANOTILHO, José Joaquim Gomes; LEITE, José Rubens Morato (org.). *Direito Constitucional Ambiental Brasileiro*. 3. ed. rev. São Paulo: Saraiva, 2010, p. 151-226.

LEITE, José Rubens Morato. et. al. *Manual de direito Ambiental*. São Paulo: Saraiva, 2015.

LEITE, José Rubens Morato; AYALA, Patryck de Araújo. *Direito Ambiental na Sociedade de Risco*. São Paulo: Forense, 2002.

LEITE, José Rubens Morato; BELCHIOR, Germana Parente Neiva. Dano ambiental na sociedade de risco: uma visão introdutória. *In:* FERREIRA, Heline Sivini; CAVALCANTE FERREIRA, Maria Leonor Paes (org.). *Dano ambiental na sociedade de risco*. São Paulo: Saraiva, 2012.

MACHADO, Paulo Affonso Leme. *Direito ambiental brasileiro*. 17. ed. rev. atual. e ampl. São Paulo: Malheiros Editores, 2009.

MARTINS, Ana Gouveia e Freitas. *O princípio da precaução no direito do ambiente*. Lisboa: AAFDL, 2002.

MILARÉ, Édis. *Direito ao ambiente*: a gestão ambiental em foco. 7. ed. São Paulo: Revista dos Tribunais, 2011.

NICKEL, James W. The Human Right to a Safe Environment: Philosophical Perspectives on Its Scope and Justification. *Yale Journal of International Law*, v. 18, p. 281-295, 1993.

PULIDO, Carlos Bernardo. A fundamentalidade dos direitos fundamentais. *In:* ASENSI, Felipe Dutra; PAULA, Daniel Giotti (coord.). *Tratado de direito constitucional*, volume I: constituição, política e sociedade. 1. ed. Rio de Janeiro: Elsevier, 2014.

REIS, João Emilio de Assis. O direito ao ambiente e o direito à moradia: colisão e ponderação de direitos fundamentais. *Veredas do Direito*, Belo Horizonte, v. 10, n. 20, p. 289-314, jul./dez. 2013.

RIOS, Aurélio Virgílio Veiga. O princípio da precaução e a sua aplicação na justiça brasileira: estudo de casos. *In:* PLATIAU, Ana Flávia Barros; VARELLA, Marcelo Dias (org.). *Princípio da precaução*. Belo Horizonte: Del Rey, 2004, p. 373-400.

SAMPAIO, José Adércio Leite. Constituição e Meio Ambiente na Perspectiva do Direito Constitucional Comparado. *In:* SAMPAIO, José Adércio Leite; WOLD, Chris; NARDY, Afrânio. *Princípios de Direito Ambiental na Dimensão Internacional e Comparada*. Belo Horizonte: Del Rey, 2003.

SAMPAIO, José Adércio Leite; MASCARENHAS, Carolina Miranda do Prado. *O Direito Fundamental ao Meio Ambiente Ecologicamente Equilibrado Necessita de um Estado Ambiental?* Disponível em: https://www.indexlaw. org/index.php/garantiasfundamentais/article/view/1626. Acesso em: 10 jul. 2024.

SANDS, Philippe. O princípio da precaução. *In:* PLATIAU, Ana Flávia Barros; VARELLA, Marcelo Dias (org.). *Princípio da precaução*. Belo Horizonte: Del Rey, 2004, p. 29-46.

SARLET, Ingo Wolfgang. *A eficácia dos direitos fundamentais*: uma teoria geral dos direitos fundamentais na perspectiva constitucional. 10. ed. Porto Alegre: Livraria do Advogado, 2009.

SARLET, Ingo Wolfgang; FENSTERSEIFER, Tiago. *Direito ambiental*: introdução, fundamentos e teoria geral. São Paulo: Saraiva, 2014.

SARLET, Ingo Wolfgang; Estado socioambiental e mínimo existencial (ecológico): algumas aproximações. *In:* SARLET, Ingo Wolfgang (org.). *Estado socioambiental e direitos fundamentais*. Porto Alegre: Livraria do Advogado Editora, 2010, p. 11-38.

SARLET, Ingo Wolfgang; *Princípios do direito ambiental*: São Paulo: Saraiva, 2014.

SILVA, José Afonso da. *Direito ambiental constitucional*. 8. ed. São Paulo: Malheiros Editores, 2010.

SILVA, Solange Teles da. Princípio da precaução: uma nova postura em face dos riscos e incertezas científicas. *In:* PLATIAU, Ana Flávia Barros; VARELLA, Marcelo Dias (org.). *Princípio da precaução*. Belo Horizonte: Del Rey, p.75-92. 2004.

SUNSTEIN, Cass. R. Beyond the precautionary principle. *University of Pennsylvania Law Review*, v. 151, p. 1003-1058, 2003.

TROUWBORST, Arie. *Precautionary rights and duties of states*. Leiden: Brill, 2006.

Informação bibliográfica deste texto, conforme a NBR 6023:2018 da Associação Brasileira de Normas Técnicas (ABNT):

BARRETO, Pablo Coutinho. O conteúdo garantidor – e não paralisante – do princípio da precaução: notas sobre o julgamento do RE 627189/SP (Tema nº 479 do STF). *In*: MENDES, Gilmar Ferreira; LIRA, Daiane Nogueira de; FREIRE, Alexandre (coord.). *Constituição, democracia e diálogo*: 15 anos de Jurisdição Constitucional do Ministro Dias Toffoli. 2. ed. Belo Horizonte: Fórum, 2025. p. 1379-1394. ISBN 978-65-5518-937-7.

15 ANOS EM 15 JULGAMENTOS: GRANDES CONTRIBUIÇÕES DO MINISTRO DIAS TOFFOLI PARA A EVOLUÇÃO JURISPRUDENCIAL E O AVANÇO CIVILIZATÓRIO DA SOCIEDADE BRASILEIRA

PAULO SÉRGIO DOMINGUES

1 Introdução

No cenário jurídico brasileiro contemporâneo, poucos nomes se destacam tanto quanto o do Ministro José Antonio Dias Toffoli, membro do Supremo Tribunal Federal (STF). Sua trajetória, marcada por dedicação à justiça e pelo fortalecimento das instituições democráticas, merece ser celebrada, mais ainda ao tempo em que se comemora década e meia de sua profícua jurisdição constitucional.

José Antonio Dias Toffoli nasceu em Marília, São Paulo, em 15 de novembro de 1967. Desde cedo, demonstrou interesse pelas ciências jurídicas, tendo cursado a Faculdade de Direito da Universidade de São Paulo (USP) no período de 1986 a 1990. Sua formação acadêmica sólida e sua dedicação aos estudos prepararam-no para uma carreira de destaque no âmbito jurídico brasileiro.

A exitosa carreira de Dias Toffoli se desenvolveu, de início, como advogado em São Paulo e posteriormente em Brasília, onde também foi professor de Direito Constitucional de 1996 a 2002. Ingressou, na sequência, nos domínios das funções públicas da alta administração federal, atuando como Subchefe para Assuntos Jurídicos da Casa Civil da Presidência da República de janeiro de 2003 até julho de 2005.

Conquanto curto o período de exercício da função, Dias Toffoli soube atuar com enorme empenho e desenvoltura na elaboração e análise de diversas proposições legislativas, dentre as quais se destacam o novo modelo do setor elétrico (Medida Provisória nº 144/03, convertida na Lei nº 10.848/04); a reestruturação do setor ferroviário (Medida Provisória nº 246/05); o projeto de lei de instituição da Política Nacional de Biossegurança (PL nº 2.401/03, conhecido como "PL dos Transgênicos", convertido na Lei nº 11.105/05); o projeto de lei de instituição da Política Nacional de Saneamento Básico (PL nº 5.296/05); e o projeto de lei de instituição do Programa Federal de Proteção

Especial às Crianças e Adolescentes Ameaçados de Morte (PL nº 5.234/05). Instalou, ainda, o Centro de Estudos da Subchefia para Assuntos Jurídicos da Casa Civil da Presidência da República, com a missão de estimular a pesquisa de temas jurídicos relevantes para a Administração Pública e promover maior intercâmbio entre seus órgãos jurídicos.

Em 12 de março de 2007, Dias Toffoli tornou-se Advogado-Geral da União (AGU), o mais elevado órgão de assessoramento jurídico do Poder Executivo Federal. No exercício dessa nobre função, criou a Ouvidoria-Geral da AGU e a Câmara de Conciliação e Arbitragem da Administração Federal, tendo idealizado e realizado, em 2008, o primeiro Congresso Brasileiro das Carreiras Jurídicas de Estado. Teve a oportunidade, ainda, de atuar em casos de grande relevância para o Estado brasileiro, demonstrando toda a sua habilidade em lidar com questões complexas e seu comprometimento com a defesa dos interesses públicos.

Em 23 de outubro de 2009, José Antonio Dias Toffoli tomou posse como Ministro do Supremo Tribunal Federal, assumindo, com apenas 41 anos de idade, uma posição de extrema responsabilidade no mais alto tribunal do país. Sua atuação como magistrado se distingue, desde sempre, pela busca incessante pela justiça, equilibrando o rigor técnico com uma compreensão profunda das nuances sociais e políticas que permeiam as decisões judiciais.

Durante seu tempo no STF, o Ministro Dias Toffoli participou de julgamentos que tiveram impacto significativo na vida dos brasileiros, abordando temas que vão desde direitos individuais até questões complexas de ordem constitucional. Exerceu a Presidência do Tribunal Superior Eleitoral de 13 de maio de 2014 a 12 de maio de 2016, bem como a Presidência do STF e do Conselho Nacional de Justiça (CNJ) de 13 de setembro de 2018 a 10 de setembro de 2020. A visão progressista aliada ao respeito pela estabilidade institucional faz de Dias Toffoli um dos pilares do judiciário brasileiro contemporâneo.

Este trabalho buscará apresentar um pouco sobre quem é o Ministro Dias Toffoli por meio de uma exposição, ainda que sucinta, de 15 importantes julgamentos do STF capitaneados por esse grande magistrado ao longo dos seus primeiros 15 anos de jurisdição constitucional. Dentre tantos casos que poderiam ser rememorados, optou-se por um recorte, de modo a conferir atenção especial àqueles que envolvam temática social e que tenham sido submetidos ao regime da repercussão geral, *i.e.*, de observância obrigatória por todos os órgãos judiciários do país. Constituem tais julgados, como se verá, relevantes contribuições do STF para o avanço da cidadania e das relações sociais no país, vocalizadas por meio da compreensão do Ministro Dias Toffoli haurida em votos verdadeiramente paradigmáticos.

2 Julgamentos de relevância social da Relatoria do Ministro Dias Toffoli em matéria trabalhista

Em termos de disciplina das relações sociais do trabalho, colhem-se relevantes contribuições do Ministro Dias Toffoli ao longo dos seus primeiros 15 anos de atuação no STF.

PAULO SÉRGIO DOMINGUES

15 ANOS EM 15 JULGAMENTOS: GRANDES CONTRIBUIÇÕES DO MINISTRO DIAS TOFFOLI PARA A EVOLUÇÃO JURISPRUDENCIAL E O AVANÇO... | 1397

Cite-se, de saída, o quanto decidido no **RE nº 964.659/RS**, julgado em 08 de agosto de 2022 e correspondente ao Tema 900 da repercussão geral. Cuidava-se, no caso citado, de servidoras públicas municipais submetidas a uma jornada reduzida de trabalho, de apenas 20 (vinte) horas semanais. Por conta disso, percebiam remuneração inferior ao valor fixado como salário mínimo nacional e pleiteavam, pela via jurisdicional e com base no art. 7º, IV, da Constituição Federal, a condenação do município contratante ao pagamento de remuneração equivalente ao salário mínimo.

Prevaleceu no STF a posição defendida pelo Ministro Dias Toffoli, no sentido de que a Constituição Federal de 1988, em seu art. 7º, IV, estabeleceu o direito fundamental ao salário mínimo, visando à edificação de um Estado constitucional e social por meio da promoção da dignidade da pessoa humana. Essa norma, ademais, seria aplicável também às relações entre servidores públicos civis estatutários e o Estado, nos termos do art. 39, §3º, da Constituição Federal, de modo que compete ao Poder Público assegurar uma remuneração mínima a seus servidores suficiente para dar conta das necessidades básicas do trabalhador e sua família, em linha com um dos fundamentos da República Federativa do Brasil: o valor social do trabalho (art. 1º, IV). Assim se decidindo, estabeleceu o STF tese de repercussão geral no sentido de que "é defeso o pagamento de remuneração em valor inferior ao salário mínimo ao servidor público, ainda que labore em jornada reduzida de trabalho".

Ainda na mesma temática, cite-se também o **ARE nº 660.010/PR**, julgado em 30 de outubro de 2014 e correspondente ao Tema 514 da repercussão geral. Nesse julgamento emblemático, também se assegurou, a partir do entendimento do Ministro Dias Toffoli, a garantia da irredutibilidade dos vencimentos dos trabalhadores, que, no caso concreto, estava sob risco ante a estipulação de aumento de carga de trabalho de 20 para 40 horas semanais sem qualquer correspondente aumento de remuneração. Consagrou-se a tese de efeitos vinculantes, nos termos propostos pelo relator, de que "a ampliação de jornada de trabalho sem alteração da remuneração do servidor consiste em violação da regra constitucional da irredutibilidade de vencimentos".

Tema polêmico também decidido pelo STF segundo a compreensão do Ministro Dias Toffoli foi aquele relativo à possibilidade de desconto na remuneração de servidores públicos decorrente de paralisação pela adesão a movimento grevista.

A matéria foi decidida em 27 de outubro de 2016 no **RE nº 693.456/RJ**, correspondente ao Tema 531 da repercussão geral. Tratava-se, na origem, de mandado de segurança impetrado por servidores públicos estaduais com vistas à cessação de descontos efetuados em seus vencimentos pelos dias de paralisação em razão de greve ocorrida no ano de 2006. Após uma exposição da evolução histórica do direito de greve, ressaltou o Ministro Dias Toffoli que o STF, em mandados de injunção, reconheceu aos servidores públicos a possibilidade de exercício do direito de greve nada obstante a omissão do Poder Legislativo em editar lei disciplinadora, aplicando-se aos servidores, até a edição de lei específica, os diplomas legais que regulam a greve para os trabalhadores da iniciativa privada (Leis nº 7.701/88 e nº 7.783/89). Disse o Ministro Dias Toffoli, então, que a participação do servidor civil em movimento grevista, a par de ser um direito, constitui uma opção de risco, razão pela qual traz consigo consequências potencialmente prejudiciais aos exercentes do direito. Dentre tais consequências, tem-se o não pagamento dos dias não trabalhados, nos quais, porque não trabalhados, não se pode exigir do Poder Público contraprestação alguma por trabalho que não foi desempenhado, com excepcional ressalva dos casos em que reste configurada conduta temerária do próprio Poder Público, de insuflação do movimento grevista. O desconto dos dias parados, ressaltou o Ministro Dias Toffoli, não tem efeito disciplinar punitivo, mas constitui medida necessária para impedir o enriquecimento sem causa, além de fomentar, indiretamente, as negociações visando à superação do impasse entre trabalhadores e gestores públicos. Sintetizando os fundamentos determinantes do julgado, estabeleceu-se a seguinte tese de repercussão geral:

> A administração pública deve proceder ao desconto dos dias de paralisação decorrentes do exercício do direito de greve pelos servidores públicos, em virtude da suspensão do vínculo funcional que dela decorre, permitida a compensação em caso de acordo. O desconto será, contudo, incabível se ficar demonstrado que a greve foi provocada por conduta ilícita do Poder Público.

Finaliza-se esse tópico relembrando as decisões do STF, de relatoria do Ministro Dias Toffoli, no **RE nº 596.478/RR** e no **RE nº 658.312/SC**, respectivamente correspondentes aos Temas 191 e 528 da repercussão geral. No primeiro deles, decidido em 13 de junho de 2012 em uma virada jurisprudencial capitaneada pelo relator, declarou-se constitucional o art. 19-A da Lei nº 8.036/90, que dispõe ser devido o depósito do Fundo de Garantia do Tempo de Serviço (FGTS) na conta de trabalhador cujo contrato com a Administração Pública seja declarado nulo por ausência de prévia aprovação em concurso público, desde que preservado o seu direito ao salário. No segundo caso, julgado em 15 de setembro de 2021, discutia-se a constitucionalidade do art. 384 da CLT, que previa intervalo de 15 minutos apenas para mulheres antes do início de jornada extraordinária de trabalho. Na linha do entendimento do Ministro Dias Toffoli, decidiu o STF pela constitucionalidade da previsão legal, sob a compreensão de que o princípio da igualdade não é absoluto, e o tratamento diferenciado entre homens e mulheres legitima-se quando tem por escopo a ampliação de direitos fundamentais sociais e desde que observada proporcionalidade na compensação das diferenças entre os sexos. Na análise do dispositivo legal em xeque, o tratamento diferenciado foi considerado válido e proporcional à luz de considerações de ordem histórica (exclusão da mulher do mercado regular de trabalho), orgânica ou biológica (menor resistência física da mulher em comparação aos homens), e social (o fato de ser comum o acúmulo pela mulher de atividades no lar e no ambiente de trabalho). Em razão desses fundamentos, encampou-se proposta do relator de fixação da seguinte tese jurídica: "O art. 384 da CLT, em relação ao período anterior à edição da Lei nº 13.467/17, foi recepcionado pela Constituição Federal de 1988, aplicando-se a todas as mulheres trabalhadoras".

3 Julgamentos relevantes do Ministro Dias Toffoli em matéria de Seguridade Social

A contribuição do Ministro Dias Toffoli para a solução de grandes questões jurídicas que aportaram no STF ao longo dos últimos 15 anos também se fez presente

PAULO SÉRGIO DOMINGUES

15 ANOS EM 15 JULGAMENTOS: GRANDES CONTRIBUIÇÕES DO MINISTRO DIAS TOFFOLI PARA A EVOLUÇÃO JURISPRUDENCIAL E O AVANÇO... | 1399

na seara da Seguridade Social. São expressivos os acórdãos de recursos extraordinários relatados pelo Ministro Toffoli que, submetidos à repercussão geral, conferiram soluções apaziguadoras para importantes controvérsias previdenciárias e da área da saúde.

O caso mais emblemático, seguramente, diz respeito ao tema da desaposentação, matéria enfrentada pelo STF em 27 de outubro de 2016 no **RE nº 661.256/SC**, correspondente ao Tema 503 da repercussão geral.

A relatoria do recurso extraordinário coube ao Ministro Roberto Barroso, que proferiu voto no sentido de reconhecer a possibilidade da adoção do instituto da desaposentação, ou seja, do cômputo do tempo de contribuição do segurado posterior à sua aposentadoria para fins de obtenção de nova aposentadoria, de maior valor.

Prevaleceu, no entanto, o entendimento divergente manifestado pelo Ministro Dias Toffoli, no sentido de que, embora a Constituição Federal não vede, expressamente, a desaposentação, tampouco a prevê especificamente como um direito do segurado, não havendo, em verdade, previsão legal que valide o instituto. Admitir-se, então, a possibilidade da desaposentação, sem uma revisão prévia do sistema que criou o fator previdenciário e sem uma reestruturação dos cálculos gerais atuariais da Previdência Social, implicaria ofensa ao princípio da solidariedade que informa a Seguridade Social, e também ao princípio da isonomia com que devem ser tratados todos os segurados. Afirmou-se, então, que havendo, no futuro, razões efetivas para debater-se a instituição e a regulamentação da desaposentação, deveria ser respeitado o espaço democrático para esses debates, qual seja, o Congresso Nacional, com profundas discussões quanto aos impactos econômicos e sociais da medida. Concluiu a maioria dos integrantes do STF, em linha com o pensamento do Ministro Dias Toffoli, pelo provimento dos recursos extraordinários do INSS, fixando-se a seguinte tese sintetizadora da *ratio decidendi*: "No âmbito do Regime Geral de Previdência Social (RGPS), somente lei pode criar benefícios e vantagens previdenciárias, não havendo, por ora, previsão legal do direito à 'desaposentação', sendo constitucional a regra do art. 18, §2º, da Lei nº 8213/91".

Com louvável coerência argumentativa, relembre-se ainda o julgamento do **RE nº 1.221.446/RJ** (Tema 1.095 da repercussão geral), ocorrido em 21 de junho de 2021. Nesse caso, relatado pelo Ministro Dias Toffoli, discutia-se a possibilidade de concessão do auxílio previsto no art. 45 da Lei nº 8.213/91 ("auxílio-acompanhante") a todas as espécies de aposentadoria, e não somente às decorrentes de invalidez, desde que comprovado pelo segurado aposentado a necessidade de ajuda permanente de terceiros para os atos do dia a dia. Nesse caso, destacou o Ministro Toffoli mais uma vez que não se pode promover a criação ou a ampliação de benefícios ou vantagens previdenciárias sem previsão legal, ainda que com o louvável propósito de proteger pessoas que precisem da ajuda de terceiros. A tese jurídica assentada nesse julgado refletiu, mais uma vez, a posição do STF liderada pelo Ministro Dias Toffoli:

> No âmbito do Regime Geral de Previdência Social (RGPS), somente lei pode criar ou ampliar benefícios e vantagens previdenciárias, não sendo possível, por ora, a extensão do auxílio da grande invalidez (art. 45 da Lei nº 8.213/91) a todas às espécies de aposentadoria.

Ainda na temática previdenciária, é importante registrar o quanto foi decidido pelo STF, nos termos do voto proferido pelo Ministro Dias Toffoli, quando do julgamento do

RE nº 791.961/PR, em 08 de junho de 2020. Nesse caso, catalogado como Tema 709 da repercussão geral, discutia-se a constitucionalidade do art. 57, §8º, da Lei nº 8.213/91, que veda a percepção do benefício previdenciário de aposentadoria especial pelo segurado que continuar exercendo atividade ou operação nociva à sua saúde ou à sua integridade física. Destacou o Ministro Relator, em prol da constitucionalidade do dispositivo legal, que a aposentadoria especial tem nítido caráter protetivo do segurado, ante a natureza desgastante ou extenuante do serviço por ele executado, o que justifica a obtenção do direito à aposentadoria com o cumprimento de menos tempo de atividade laboral. Sendo absoluta a presunção de incapacidade daquele que obtém a aposentadoria especial, e sendo o intuito da norma retirar antecipadamente o segurado do ambiente laboral que é nocivo à sua saúde, não haveria sentido em permitir que ele continuasse trabalhando no mesmo ambiente após a aposentação. Aliás, a aposentadoria especial é mais vantajosa, em termos de cálculo da renda inicial, do que outras formas de aposentação, justamente para assegurar a retirada do segurado do meio insalubre no qual exercia suas atividades, poupando-o e protegendo-o. Manter o segurado no mesmo meio, após a obtenção da aposentadoria, violaria a *ratio essendi* do instituto e, ademais, conferiria tratamento privilegiado ao segurado, transformando a aposentadoria em complemento de renda, sem que a vaga no mercado de trabalho fosse aberta em prol de trabalhadores mais jovens e carentes de emprego e renda. Como tese principal referente à controvérsia, assentou-se: "É constitucional a vedação de continuidade da percepção de aposentadoria especial se o beneficiário permanece laborando em atividade especial ou a ela retorna, seja essa atividade especial aquela que ensejou a aposentação precoce ou não".

Caso de enorme impacto social decidido pelo STF nos termos da orientação preconizada pelo Ministro Dias Toffoli ocorreu em 03 de agosto de 2021, por meio do **RE nº 883.168/SC** (Tema 526 da repercussão geral). Discutiu-se, nesse caso, a possibilidade de o concubinato gerar efeitos previdenciários, quando a união concubinária for simultânea a um casamento válido. Em seu voto, afirmou o eminente relator que o STF já havia afirmado, em precedente análogo, a impossibilidade jurídica de coexistência simultânea entre um casamento válido e uma união estável, inclusive para fins previdenciários (Tema 529 da repercussão geral). Desse modo, com maior razão, considerou-se incapaz de gerar efeitos previdenciários a coexistência simultânea de casamento e relação concubinária, fixando-se a seguinte tese de repercussão geral:

> É incompatível com a Constituição Federal o reconhecimento de direitos previdenciários (pensão por morte) à pessoa que manteve, durante longo período e com aparência familiar, união com outra casada, porquanto o concubinato não se equipara, para fins de proteção estatal, às uniões afetivas resultantes do casamento e da união estável.

Ao encerramento deste tópico, relembre-se importante julgamento do STF ocorrido em 03 de dezembro de 2015, da relatoria do Ministro Dias Toffoli e atinente ao tema da saúde pública. Trata-se do **RE nº 581.488/RS**, correspondente ao Tema 579 da repercussão geral, no qual se discutia a constitucionalidade da regra que proíbe, no âmbito do Sistema Único de Saúde (SUS), a internação em acomodações superiores ou o atendimento diferenciado por médico do próprio SUS ou conveniado, mediante o pagamento da diferença de valores correspondentes ("diferença de classe"). Nesse relevante julgado, revelador de mais uma virada jurisprudencial no STF, assentou o Ministro Toffoli que o SUS está baseado nos princípios da universalidade, da integralidade e da equidade, este último a representar que serviços de todos os níveis sejam prestados de forma isonômica em situações similares. Isso revela a incompatibilidade do pagamento da "diferença de classe" com as normas constitucionais e legais pertinentes ao tema, em especial a isonomia, a dignidade da pessoa humana e o caráter equitativo do SUS previsto no art. 196 da Constituição Federal. Ressaltou Toffoli, ademais, que não se poderia conceber um atendimento público de saúde que se pretenda igualitário e que compreenda, dentro de si, diversas possibilidades de atendimento de acordo com a capacidade econômico-financeira do paciente, sobretudo quando esse atendimento se encontra a cargo do Estado. Arrematou o relator afirmando que a "diferença de classe", o atendimento via SUS por médico privado e a dispensa de triagem prévia à internação hospitalar violam o princípio da equidade de acesso à saúde pública no Brasil, de modo que permitir tais práticas seria aceitar a instituição de privilégios odiosos, desprovidos de qualquer respaldo constitucional. Sintetizou-se o entendimento na seguinte tese jurídica:

> É constitucional a regra que veda, no âmbito do Sistema Único de Saúde, a internação em acomodações superiores, bem como o atendimento diferenciado, por médico do próprio Sistema Único de Saúde (SUS) ou por conveniado, mediante o pagamento da diferença dos valores correspondentes.

4 Outros julgamentos da relatoria do Ministro Dias Toffoli no STF de elevada repercussão social

Além dos casos citados nos tópicos anteriores, de notória importância social pelo enfrentamento de questões trabalhistas, previdenciárias e de saúde pública, valem ser rememorados outros julgamentos do STF dos últimos 15 anos orientados pela visão do Ministro Dias Toffoli e que igualmente tiveram enorme impacto na sociedade brasileira.

Veja-se, nesse sentido, o acórdão relatado pelo Ministro Dias Toffoli quando do julgamento do **RE nº 670.422/RS**, concluído em 15 de agosto de 2018 e correspondente ao Tema 761 da repercussão geral, no qual se discutia a possibilidade de alteração de gênero no assento de registro civil de transexual, masculino ou feminino, mesmo sem a realização de procedimento cirúrgico de redesignação de sexo.

Nesse emblemático caso, afirmou o Ministro Dias Toffoli, a princípio, que na atualidade não se coloca mais em dúvida o direito subjetivo do transexual de alterar a categoria sexual constante de seu assento de nascimento e o seu prenome, substituindo-o pelo apelido público e notório pelo qual é conhecido, desde que se cuide de indivíduo submetido à cirurgia de redesignação ou confirmação de gênero. Todavia, mesmo para aqueles que não tenham, por qualquer motivo, realizado qualquer procedimento cirúrgico de confirmação de gênero, o direito à modificação do nome civil há de ser reconhecido, em nome da dignidade da pessoa humana e à constatação de que é evidente a exposição desses indivíduos a situações vexatórias caso a modificação daquele atributo da personalidade não seja viabilizada. Relembrou-se, ademais, que a imutabilidade do nome não é absoluta em nosso ordenamento.

Quanto à modificação do sexo registral sem cirurgia de redesignação, afirmou-se a necessidade de se reconhecer a identidade de gênero, de modo a se assegurar ao indivíduo uma proteção completa, sendo violador da utilidade do Direito deferir-se a modificação do nome do transexual, adaptando-o à sua aparência física e à sua identidade psicológica, e manter-se a anotação registral original relativa ao sexo. Por fim, considerou-se o quanto deliberado pelo STF na ADI nº 4.275/DF para ampliar o alcance da decisão para todos os transgêneros, assentando-se, como tese jurídica principal, que:

> O transgênero tem direito fundamental subjetivo à alteração de seu prenome e de sua classificação de gênero no registro civil, não se exigindo, para tanto, nada além da manifestação da vontade do indivíduo, o qual poderá exercer tal faculdade tanto pela via judicial como diretamente pela via administrativa.

Cite-se, em acréscimo, o tema candente do chamado "direito ao esquecimento", decidido pelo STF em 11 de fevereiro de 2021, no bojo do **RE nº 1.010.606/RJ** (Tema 786 da repercussão geral).

Em um longo e profundo voto, o Ministro Dias Toffoli expôs diversos casos concretos relativos ao tema, colhidos junto à experiência internacional. Destacou, além disso, que a preocupação do voto residia em conferir um tratamento jurídico adequado à divulgação lícita de fatos e informações verdadeiros, já que o ordenamento é pródigo em regras de coibição da desinformação e da propagação ilícita de acontecimentos, sejam eles verdadeiros ou falsos, sendo muitos os dispositivos voltados à proteção da pessoa, da personalidade e da privacidade nesse contexto. Segundo Toffoli, a par da divulgação de fatos verdadeiros, um segundo componente essencial do chamado direito ao esquecimento está no decurso do tempo, ou seja, na utilização da informação em contexto temporal muito distante do momento da ocorrência do fato, gerando, potencialmente, descontextualização, perda do interesse público e percepção fragmentada da pessoa envolvida. Buscou o Ministro Dias Toffoli, então, estabelecer um conceito jurídico preciso para o direito ao esquecimento, definindo-o como:

> A pretensão apta a impedir a divulgação, seja em plataformas tradicionais ou virtual, de fatos ou dados verídicos e licitamente obtidos, mas que, em razão da passagem do tempo, teriam se tornado descontextualizados ou destituídos de interesse público relevante.

Em prosseguimento, afirmou o relator que, a seu ver, inexiste no ordenamento brasileiro um "direito genérico" com tal conformação, havendo, em verdade, pontuais previsões normativas em que se admite, sob condições específicas, o decurso do tempo como razão bastante para supressão de dados ou informações. A liberdade de expressão, ademais, como regra, não admite restrições prévias para o seu exercício, além do que pretender o ocultamento de elementos pessoais constantes de informações verdadeiras em publicações lícitas termina por submeter notícias fidedignas à incompletude. Como síntese de todo o pensamento capitaneado por Toffoli, estabeleceu o STF a seguinte tese jurídica:

> É incompatível com a Constituição a ideia de um direito ao esquecimento, assim entendido como o poder de obstar, em razão da passagem do tempo, a divulgação de fatos ou dados verídicos e licitamente obtidos e publicados em meios de comunicação social analógicos ou digitais. Eventuais excessos ou abusos no exercício da liberdade de expressão e de informação

devem ser analisados caso a caso, a partir dos parâmetros constitucionais – especialmente os relativos à proteção da honra, da imagem, da privacidade e da personalidade em geral – e das expressas e específicas previsões legais nos âmbitos penal e cível.

Goza de elevada relevância social também a decisão produzida pelo STF em 02 de junho de 2011, mais uma vez a partir da relatoria do Ministro Dias Toffoli, no **RE nº 363.889/DF**, equivalente ao Tema 392 da repercussão geral. Discutia-se a possibilidade de superação da coisa julgada para possibilitar nova ação de investigação de paternidade em face de viabilidade de realização de exame de DNA na nova ação a ser intentada.

Na situação concreta, em uma primeira ação ajuizada, o pedido declaratório da paternidade fora julgado improcedente por falta de provas, já que o autor, a quem deferida a gratuidade judiciária, não pode realizar o exame genético essencial para o deslinde da controvérsia. Destacou o Ministro Dias Toffoli, então, que a garantia da imutabilidade da coisa julgada não é absoluta, cabendo sua relativização se contrariar conteúdo normativo da Constituição Federal, situação presente no caso específico, considerados o direito à informação genética e o direito fundamental de filiação. A proposta sagrou-se vencedora, assentando-se, então, as seguintes teses:

> I – É possível a repropositura de ação de investigação de paternidade, quando anterior demanda idêntica, entre as mesmas partes, foi julgada improcedente, por falta de provas, em razão da parte interessada não dispor de condições econômicas para realizar o exame de DNA e o Estado não ter custeado a produção dessa prova;
> II – Deve ser relativizada a coisa julgada estabelecida em ações de investigação de paternidade em que não foi possível determinar-se a efetiva existência de vínculo genético a unir as partes, em decorrência da não realização do exame de DNA, meio de prova que pode fornecer segurança quase absoluta quanto à existência de tal vínculo.

Rememora-se, ainda, decisão de grande repercussão para o mercado de aquisição de imóveis e financiamento imobiliário, produzida em 08 de abril de 2021 no julgamento do **RE nº 627.106/PR** (Tema 249 da repercussão geral), a envolver a constitucionalidade do procedimento de execução extrajudicial da garantia hipotecária oferecida pelo devedor, originalmente previsto no Decreto-lei nº 70/66 e hoje regulamentado nos termos da Lei nº 14.711/2023. Conferindo-se segurança jurídica para todos os atores do Sistema Financeiro da Habitação (SFH), sejam mutuários ou instituições financeiras, reafirmou-se antigo entendimento do STF acerca da constitucionalidade do procedimento, lembrando-se que ele não é realizado de forma aleatória, e se submete a controle judicial se irregularidades vierem a ocorrer durante seu trâmite. A tese jurídica proposta pelo Ministro Dias Toffoli, e acolhida pelo STF, assentou que "é constitucional, pois foi devidamente recepcionado pela Constituição Federal de 1988, o procedimento de execução extrajudicial previsto no Decreto-lei nº 70/66".

Por fim, vale recordar um último e não menos relevante caso de apelo social, consistente no **RE nº 733.433/MG** (Tema 607 da repercussão geral). Decidido em 04 de novembro de 2015 nos termos do voto do Ministro Relator, Dias Toffoli, por meio desse precedente discutiu o STF a legitimidade ativa da Defensoria Pública para o ajuizamento de ação civil pública. Reconheceu-se que a Defensoria Pública constitui instituição essencial à Justiça, cuja atuação, no entanto, não pode fugir à sua missão constitucional de proteção e defesa jurídica apenas dos necessitados, e não da sociedade em geral.

Assim, em se tratando de ação civil pública, há de se aferir a pertinência temática entre o pedido formulado e a função institucional daquele órgão. Em se tratando de proteção a direitos individuais homogêneos ou coletivos *stricto sensu*, a constatação da hipossuficiência dos interessados é mais facilmente aferível e, por decorrência, a pertinência temática legitimadora da atuação da Defensoria Pública. Reconheceu-se, no entanto, a legitimidade ativa do órgão, mesmo em se tratando de direitos difusos, quando a defesa desse direito beneficiar, em sua essência, os economicamente necessitados, que, como alertado no voto do relator, não se confundem com os vulneráveis, ainda que exista uma grande zona de intersecção entre os dois grupos. À luz de tais fundamentos, firmou-se tese jurídica a dizer que "a Defensoria Pública tem legitimidade para a propositura de ação civil pública que vise a promover a tutela judicial de direitos difusos e coletivos de que sejam titulares, em tese, pessoas necessitadas".

5   Conclusão

Os precedentes do STF acima sumariados representam uma pequena amostra da contribuição do Ministro Dias Toffoli para a evolução jurisprudencial e para o avanço da sociedade brasileira ao longo dos 15 anos de sua jurisdição constitucional. O contributo de Toffoli, de toda forma, vai muito além dos exemplos enumerados, e, em verdade, trata-se de uma obra ainda em construção, sendo muitos os temas fundamentais do Direito que serão confiados, em anos vindouros, à prudência e ao engenho do ilustre homenageado.

O legado de José Antonio Dias Toffoli para o país, contudo, transcende suas decisões judiciais. Como presidente do STF em períodos turbulentos da política nacional, sua liderança foi fundamental para manter a estabilidade institucional e o respeito às leis. Sua postura conciliatória e sua capacidade de dialogar com diferentes segmentos da sociedade o tornaram um exemplo de como a magistratura pode contribuir para o fortalecimento democrático de um país. Muitos exemplos poderiam ser trazidos sobre como essa atuação preservou o equilíbrio entre os Poderes da República e o Estado Democrático de Direito, mas isso certamente será tema para texto futuro.

Em síntese, José Antonio Dias Toffoli é não apenas um jurista de renome, mas um defensor incansável da justiça e dos valores democráticos. Sua trajetória no Supremo Tribunal Federal deixará uma marca indelével na história do Brasil, inspirando futuras gerações de magistrados a seguir seus passos de integridade, sabedoria e comprometimento com o bem comum. Esta homenagem não apenas reconhece seus feitos, mas também celebra sua dedicação e serviço ao país.

Informação bibliográfica deste texto, conforme a NBR 6023:2018 da Associação Brasileira de Normas Técnicas (ABNT):

DOMINGUES, Paulo Sérgio. 15 Anos em 15 Julgamentos: Grandes Contribuições do Ministro Dias Toffoli para a Evolução Jurisprudencial e o Avanço Civilizatório da Sociedade Brasileira. *In*: MENDES, Gilmar Ferreira; LIRA, Daiane Nogueira de; FREIRE, Alexandre (coord.). *Constituição, democracia e diálogo*: 15 anos de Jurisdição Constitucional do Ministro Dias Toffoli. 2. ed. Belo Horizonte: Fórum, 2025. p. 1395-1404. ISBN 978-65-5518-937-7.

PARÂMETROS PARA DEFINIÇÃO DOS CRITÉRIOS PARA REPERCUSSÃO GERAL

PAULO HENRIQUE DOS SANTOS LUCON

1 Introdução

O presente ensaio analisa a repercussão geral e os critérios utilizados pela jurisprudência do Supremo Tribunal Federal para o reconhecimento desse importante instituto para os recursos extraordinários e o aprimoramento da ordem jurídica. A uniformidade da interpretação e a aplicação do Direito constituem deveres de todos os tribunais da federação, como assentado pelo artigo 926 do Código de Processo Civil. Em particular, as cortes superiores desempenham papel preponderante nesse sentido, justamente por sua função nomofilática[1] e geração dos instrumentos de uniformização na definição do Direito, conforme preceituado pelo artigo 927 do mesmo diploma.

É sabido que o Supremo Tribunal Federal e o Superior Federal de Justiça constituem órgãos centrais na formação do sistema jurídico, estabelecendo a jurisprudência e definindo os precedentes relevantes para o cenário jurídico brasileiro. Assim, o dever de uniformidade das decisões deve ser respeitado a fim de que seja estabelecido um sistema íntegro, seguro e dotado de previsibilidade.

Em vista do relevante papel de tais Cortes, são estabelecidas medidas que buscam restringir o conhecimento dos recursos especiais e extraordinários às matérias que, efetivamente, impactem a vida social e jurídica nacional, de modo a privilegiar e objetivar a atividade dos tribunais superiores diante de sua função institucional.

Nessa linha é que se insere a repercussão geral, relevante "filtro" aplicado para a admissibilidade do recurso extraordinário no Supremo Tribunal Federal. Sua base normativa é o artigo 102, §3º, da Constituição Federal, de acordo com o qual "no recurso extraordinário o recorrente deverá demonstrar a repercussão geral das questões

---

[1] Conforme explica Teresa Arruda Alvim, "[...] a *função nomofilática* não pode ser compreendida independentemente da função *uniformizadora*. Isso significa que a *regra positiva*, a *norma escrita*, não pode ser dissociada de sua interpretação. Se assim é, essa interpretação – em que, como vimos, há sempre um quê de criatividade, ainda que em graus diferentes – deve ser *uniformizada*, como imperativo que deriva da necessidade de respeito ao princípio da igualdade" (ALVIM, Teresa Arruda. Papel criativo da jurisprudência, precedentes e formas de vinculação. *Revista de Processo*, São Paulo, v. 333, p. 373-405, nov. 2022).

constitucionais discutidas no caso, nos termos da lei, a fim de que o Tribunal examine a admissão do recurso, somente podendo recusá-lo pela manifestação de dois terços de seus membros".

A previsão constitucional é complementada pela da lei processual civil. O artigo 1.035, §1º, do Código de Processo Civil define que, "para efeito de repercussão geral, será considerada a existência ou não de questões relevantes do ponto de vista econômico, político, social ou jurídico que ultrapassem os interesses subjetivos do processo". Há ainda causas que gozam de presunção de repercussão geral, indicadas no §3º do mesmo artigo.

No entanto, é ainda necessário investigar o que satisfaz o critério da repercussão geral – ou, nos termos da lei, "questões relevantes do ponto de vista econômico, político, social ou jurídico que ultrapassem os interesses subjetivos do processo". Essa análise encontra um rico acervo na jurisprudência do Supremo Tribunal Federal. Neste artigo, procurar-se-á identificar elementos para reconhecimento da repercussão geral a partir de decisões proferidas ou relatadas pelo Min. José Antonio Dias Toffoli, que, em outubro de 2024, completa 15 anos de atuação na Suprema Corte nacional e produziu profícuo material sobre o tema.

Assim, com o intuito de compreender possíveis parâmetros para o reconhecimento da repercussão geral e prestar uma singela homenagem, serão analisados dois recursos de sua relatoria que examina o instituto em tela:

a. Repercussão Geral no Recurso Extraordinário 1.417.155 – RN, decidida em plenário em 7 de novembro de 2023, na qual se identifica a presença ou não de repercussão geral; e

b. Repercussão Geral no Recurso Extraordinário 1.321.219 – CE, decidida em plenário em 13 de agosto de 2021, no qual, inicialmente, a repercussão geral foi identificada, mas, após revisão, foi afastada.

Assim, o escopo do presente ensaio é analisar a repercussão geral e os parâmetros utilizados pelo Ministro Dias Toffoli para sua identificação. A ideia central é compreender melhor o instituto da repercussão geral e verificar a contribuição do homenageado à jurisprudência do Supremo Tribunal Federal e ao sistema jurídico nacional.

2 Uniformização jurisprudencial

A segurança jurídica compreende o conjunto de condições presente em um ordenamento jurídico que permita o prévio conhecimento dos efeitos diretos de atos que venham a ser praticados. Por essa razão, a toda evidência, a segurança jurídica abrange previsibilidade, isonomia e outros aspectos que erijam a proteção das relações jurídicas e proporcionem a legitimidade do sistema jurídico, garantindo ao jurisdicionado o prévio conhecimento das consequências jurídicas de um ato.[2] Além disso, a segurança jurídica apresenta-se no cenário jurídico em que uma relação realizada sob a vigência

---

[2] O princípio da segurança jurídica busca a "criação no âmbito jurisdicional um estado de estabilidade das situações jurídicas e de previsibilidade de comportamento do Estado-juiz". LUCON, Paulo Henrique dos Santos.

de uma norma deve perdurar mesmo quando tal norma é substituída ou extirpada do ordenamento.[3]

A pluralidade de órgãos jurisdicionais e a diversidade cultural e socioeconômica proporcionam um cenário de variabilidade de interpretação e aplicação do Direito. À vista disso, a uniformização da jurisprudência procura eliminar a insegurança jurídica e social. Assim é que constitui dever dos tribunais uniformizar a jurisprudência e a aplicação do Direito, à luz dos artigos 926 e 927 do Código de Processo Civil, com o objetivo de, justamente, garantir a segurança jurídica.

O sentido normativo é proporcionado pela uniformidade na interpretação diuturnamente realizada pelos órgãos jurisdicionais, isto é, a aplicação dos textos normativos ganha sentido em função da análise de casos concretos e das decisões judiciais. Assim, a uniformização da jurisprudência, que indica a devida interpretação e aplicação das normas, é um modo de garantir a segurança jurídica, em vista da dupla indeterminação presente no discurso do legislador: [4]

i. textos equívocos e;
ii. normas vagas, isto é, situações em que a legislação não evidencia todas as situações possíveis, dependendo da interpretação dos juízes e tribunais para colmatar tais lacunas.

O já referido artigo 926 do Código de Processo Civil indica que os tribunais devem manter a jurisprudência (i) uniforme, (ii) estável, (iii) íntegra e (iv) coerente. Referido dispositivo busca, então, racionalizar a jurisprudência – termo utilizado de forma genérica, incluindo súmulas e precedentes – com o objetivo de proporcionar ao ordenamento jurídico brasileiro previsibilidade, isonomia e segurança.

Se de um lado o artigo 926 exige que as Cortes Superiores sigam uma unidade do Direito, que universaliza a interpretação e aplicação do Direito, de outro aponta o

"Segurança jurídica no Novo CPC". *In*: LUCON, Paulo Henrique dos Santos; OLIVEIRA, Pedro Miranda de (coord.). *Panorama atual do Novo CPC*. Florianópolis: Empório do Direito, 2016, p. 328.

[3] SILVA, José Afonso da. *Curso de direito constitucional positivo*. 45. ed. São Paulo: Juspodivm, 2024, p. 439. No âmbito dos limites temporais da lei, o autor entende que "uma importante condição da segurança jurídica está na relativa certeza de que os indivíduos têm de que as relações realizadas sob o império de uma norma devem perdurar ainda quanto tal norma seja substituída. [...] A realização efetiva desse interesse juridicamente protegido chamado direito subjetivo, não raro fica na dependência da vontade do seu titular. Diz-se, então, que o direito lhe pertence, já integra o seu patrimônio, mas ainda não fora exercido. Se vem lei nova, revogando aquela sob cujo império se formara o direito subjetivo, cogitar-se-á de saber que efeitos surtirá sobre ele. Prevalece a situação subjetiva constituída sob o império da lei velha, ou, ao contrário, fica ela subordinada aos ditames da lei nova? É nessa colidência de normas no tempo que entra o tema da proteção dos direitos subjetivos que a Constituição consagra no art. 5º, XXXVI, sob o enunciado de que *a lei não prejudicará o direito adquirido, o ato jurídico perfeito e a coisa julgada*".

[4] MARINONI, Luiz Guilherme. *Comentários ao Código de Processo Civil*: volume XV. São Paulo: Revista dos Tribunais, 2016, p. 36. De acordo com o autor "a percepção de que a norma é o resultado da interpretação (em outras palavras, a tomada de que ao discurso do legislador não é suficiente para guiar o comportamento humano, tendo em conta a sua dupla de indeterminação – textos são equívocos e normas são vagas) abriu espaço para que se pensasse na decisão judicial não só como um meio de solução de determinados casos concreto, mas também como um meio para promoção da unidade do direito. Mais precisamente, chegou-se à conclusão de que em determinadas situações, *as razões adotadas na justificação das decisões*, servem como elementos capazes de *reduzir a indeterminação* do discurso jurídico, podendo servir como concretizações reconstrutivas de mandamentos normativos".

dever das Cortes e dos juízes tornarem isonômicos e amplos tanto a compreensão como o emprego das normas.

Por representar a síntese de determinada tese jurídica, as súmulas são dotadas de importante papel na aplicação e observância do Direito, porque auxiliam o exercício do dever constitucional de motivação das decisões. Já a jurisprudência dominante constitui base para a formulação dos enunciados de súmulas,[5] destacando a orientação do tribunal sobre a aplicação do Direito em tema específico. Nesse sentido, a súmula constitui um meio para a solução de casos que, por sua vez, não pode ser compreendida como um enunciado geral.

Importante aspecto na evolução das súmulas no sistema jurídico brasileiro deu-se com a Emenda Constitucional nº 45/2004, que deu origem ao instituto das súmulas vinculantes. Como se sabe, há diferenças relevantes entre a súmula vinculante e a súmula persuasiva. Aquela exige um cuidado muito maior na sua elaboração, que deve seguir as premissas estabelecidas no art. 103-A da Constituição Federal e abranger matéria exclusivamente constitucional.

No entanto, o texto constante de uma súmula, seja qual for a sua natureza, não é suficiente para a interpretação de casos concretos. Nesse sentido, o §2º do artigo 926 do Código de Processo Civil destaca que os tribunais não devem se esquecer das circunstâncias fáticas que motivaram a criação da súmula.[6] Assim, três caminhos podem ser traçados: a aplicação da súmula ao caso concreto, a sua superação ou ainda a sua distinção.[7]

Ainda na importante linha da uniformização do Direito, destacam-se o precedente e a jurisprudência vinculantes, institutos igualmente necessários para a garantia da igualdade na ordem jurídica, como já exposto antes. O artigo 927 do Código de Processo Civil indica que os juízes e tribunais devem observar (i) as decisões do Supremo Tribunal Federal em controle concentrado de constitucionalidade, (ii) os enunciados

5   TAVARES, André Ramos. *In*: MARCATO, Antonio Carlos (coord.). *Código de Processo Civil interpretado*. São Paulo: Atlas, 2022, p. 1.483.
6   CARVALHO, Fabiano. *Comentários ao Código de Processo Civil*: volume XIX. São Paulo: SaraivaJur, 2022, p. 37-39.
7   MARINONI, Luiz Guilherme; MITIDIERO, Daniel. *Comentários ao Código de Processo Civil*: volume XVI. São Paulo: Revista dos Tribunais, 2016, p. 119-120 e 146-147. Sobre o *distinguishing*, os autores afirmam que "o código de 2025 fala na necessidade de o juiz identificar os 'fundamentos determinantes' dos julgados a fim de demonstrar que 'o caso sob julgamento se ajusta àqueles fundamentos' (art. 489, §1º, inciso V). Ainda, fala na necessidade de o juiz, para deixar de seguir um precedente ou jurisprudência vinculante, 'demonstrar a existência de distinção no caso em julgamento' (art. 489, §1º, inciso V). Daí a oportunidade de se enfrentar o conceito de distinções (*distinguishing* – na terminologia do *common law*) como técnica processual da mais alta importância para a operação prática do Código de 2015. [...] Ao realizar o *distinguishing*, o juiz deve atuar com prudência e a partir de critérios. Como é óbvio, poder para fazer o *distinguishing* está longe de significar sinal aberto para o juiz desobedecer precedentes que não lhe convêm. Ademais, reconhece-se na cultura do *common law* que o juiz é facilmente desmascarado quando tenta distinguir casos com base em fatos materialmente irrelevantes. [...] Em suma, o *distinguishing* tem basicamente duas funções em uma teoria dos precedentes. Em primeiro lugar, visa permitir a distinção entre casos a fim de que determinado precedente não seja aplicado de forma indevida. Em segundo lugar, visa a viabilizar o desenvolvimento do direito mediante a extinção e a limitação dos precedentes". No âmbito do *overruling*, os autores dispõem que "outra ferramenta básica para o sistema de precedentes é a superação (*overruling*). [...] Deixe-se claro que o *overruling* é ideal quando se tem motivo para abandonar entendimento antes fixado. As razões que justificaram a *transformation* em épocas passadas, como tutela da estabilidade do sistema de precedentes e a preservação da confiança nos julgamentos, não têm motivo para prevalecer quando se tem a clareza de que o *overruling* é necessário para preservar a confiança no sistema. Não fosse por isso, como adverte de seu lado Eisenberg, a claridade do *overruling* tem maior probabilidade de levar a um coerente desenvolvimento dos precedentes, do que a deliberadamente opaca natureza da *transformation*".

de súmula vinculante, (iii) os acórdãos em incidente de assunção de competência ou de resolução de demandas repetitivas e em julgamento de recursos extraordinário e especial repetitivos, (iv) os enunciados das súmulas do Supremo Tribunal Federal em matéria constitucional e do Superior Tribunal de Justiça em matéria infraconstitucional e (v) a orientação do plenário ou do órgão especial aos quais estiverem vinculados. As ferramentas interpretativas da *distinção* e da *superação* devem ser cuidadosamente aplicadas nos casos relacionados pelo artigo 927. Não obstante, a experiência mostra que na grande maioria dos casos há uma aplicação do texto constante das súmulas sem o cuidado e a reflexão necessária, principalmente quando se está diante de um caso em que se faz necessária a distinção.

É certo, no entanto, que a rejeição da aplicação do precedente consiste em uma recusa de vinculação do Direito.[8] Se não há respeito ao precedente, não há unidade na ordem jurídica, isonomia e segurança na ordem jurídica.

Traçadas essas premissas, "filtros" são estabelecidos como mecanismos para reduzir a demanda e uniformizar as causas julgadas no Supremo Tribunal Federal e no Superior Tribunal de Justiça.[9] Dessa forma, ferramentas tecnológicas são aplicadas para que o volume e relevância das causas sejam coerentes com as funções e objetivos dos referidos Tribunais.

No âmbito dos recursos especiais, a Súmula nº 7 do Superior Tribunal de Justiça indica que "a pretensão de simples reexame de prova não enseja recurso especial".[10] Nesse sentido, o recurso especial que requer a análise fática do caso não é aceito. As causas apresentadas ao Superior Tribunal de Justiça, que estão em desacordo com a referida súmula, são obstadas, uma vez que não constitui função das cortes superiores revolver matéria fática já examinada pelas instâncias ordinárias inferiores. O equivalente, no âmbito do Supremo Tribunal Federal, é a Súmula nº 279, segundo a qual "para simples reexame de prova não cabe recurso extraordinário".

Já os recursos extraordinários possuem um "filtro" em especial que deve ser julgado e identificado de forma preliminar e independente, antes dos demais requisitos de admissibilidade serem analisados: a repercussão geral.

3 Repercussão geral

A repercussão geral é requisito intrínseco de admissibilidade do recurso extraordinário. Introduzida pela já mencionada Emenda Constitucional nº 45/2004, a repercussão geral é um instituto utilizado para reduzir o volume de processos e conferir operatividade ao Supremo Tribunal Federal enquanto Corte guardiã da Constituição Federal. Além disso, proporciona racionalidade e uniformidade ao ordenamento jurídico brasileiro,

---

8   MARINONI, Luiz Guilherme; MITIDIERO, Daniel. *Comentários ao Código de Processo Civil*: volume XVI. São Paulo: Revista dos Tribunais, 2016, p. 65.

9   LUCON, Paulo Henrique dos Santos. *Conexão, continência, litispendência*: relação entre demandas no processo individual, coletivo e estrutural. 3. ed. São Paulo: Revista dos Tribunais, 2024, p. 265. Sobre o tema, "não há dúvida de que a repercussão geral representa um filtro que diminui os recursos endereçados ao Supremo Tribunal Federal. Mas seu escopo principal é uniformizar a interpretação de matéria constitucional sem que a Corte constitucional brasileira tenha de decidir uma infinidade de casos semelhantes relacionados com a correta interpretação da mesma questão constitucional".

10 Súmula nº 7, Corte Especial, julgado em 28.6.1990, DJ de 3.7.1990, p. 6478.

já que seleciona causas de relevante impacto. Isso indica que, além de limitar o volume das ações, a exigência da repercussão geral promove a uniformização da interpretação de matéria constitucional.

Desse modo, o exame da existência ou não da repercussão geral no caso concreto reforça o papel social e jurídico do Supremo Tribunal Federal. Se não for identificada a presença de repercussão geral, a Corte não examinará nem mesmo as hipóteses de cabimento do recurso. Nesse sentido, o requisito da repercussão constitui um verdadeiro requisito preliminar ou prévio do recurso extraordinário disciplinado pelo artigo 102, §3º, da Constituição Federal.

Com a finalidade de proporcionar um processo justo para todos, todos os processos que versem sobre o tema são suspensos no território nacional quando reconhecida a repercussão geral. Por se tratar de questão essencial para a análise do recurso, há mecanismos para que o procedimento da repercussão geral seja legítimo.[11] Na legislação infraconstitucional, a repercussão geral é disciplinada pelo artigo 1.035 do Código de Processo Civil, segundo o qual "o Supremo Tribunal Federal, em decisão irrecorrível, não conhecerá do recurso extraordinário quando a questão constitucional nele versada não tiver repercussão geral, nos termos deste artigo". E ainda, de acordo com o §1º do aludido dispositivo, "para efeito de repercussão geral, será considerada a existência ou não de questões relevantes do ponto de vista econômico, político, social ou jurídico que ultrapassem os interesses subjetivos do processo".

Por ser um requisito prévio de admissibilidade, a repercussão geral deve ser demonstrada pelo recorrente, sem, no entanto, ser necessária a sua demonstração como antecedente lógico do recurso. Por indicar que a causa ultrapassa os interesses subjetivos das partes, torna-se em muitos casos necessária a exposição de todo o contexto no qual se insere a controvérsia, com destaque à sua dimensão extraprocessual. Ainda, presume-se repercussão geral quando a decisão recorrida contrariar súmula ou jurisprudência dominante do Supremo Tribunal Federal ou se a decisão tiver reconhecido a inconstitucionalidade de tratado ou lei federal, nos termos do art. 97 da Constituição Federal, sendo ínsita em tais casos a dimensão *ultra partes* da controvérsia submetida à análise.

Nesse quadro, é possível que a questão tenha repercussão geral e, ainda, não preencha os requisitos constitucionais de cabimento. Isso ocorre, pois a repercussão geral é um mecanismo elaborado pelo legislador constitucional que busca limitar a atuação e o exame do Supremo Tribunal Federal a causas cujo impacto extrapole o

---

[11] CÔRTES, Osmar Mendes Paixão. A evolução da repercussão geral. *In*: NERY JUNIOR, Nelson, ALVIM, Teresa Arruda; OLIVEIRA, Pedro Miranda de (coord.). *Aspectos polêmicos dos recursos cíveis e assuntos afins*: volume 14. São Paulo: Thomson Reuters, 2018, p. 302. O autor dispõe sobre os mecanismos para a justa e legítima análise da repercussão geral: "nos termos do caput do art. 1.035 do atual CPC e do regimento Interno do Supremo Tribunal Federal, a decisão sobre a repercussão geral é irrecorrível. Mas é importante esclarecer que irrecorrível é a decisão originária sobre repercussão geral. A decisão que, eventualmente, aplicar mal um precedente sobre a repercussão geral, se monocrática, pode ser objeto de agravo, nos termos do próprio Regimento Interno (art. 327, §2º). Ou seja, colegiada será, necessariamente, e irrecorrível, a decisão originária sobre determinada matéria – se tem ou não repercussão geral. Por outro lado, a aplicação a casos futuros do precedente colegiado pode ocorrer monocraticamente. Na tentativa de legitimar o procedimento da repercussão geral, já que, uma vez tomada uma decisão sobre um tema, o STF, no caso de negativa de repercussão, não julgará mais a matéria, são admitidas manifestações de terceiro, a serem deferidas pelo relator do processo. A decisão que apreciar o pedido de ingresso de terceiro é irrecorrível".

âmbito do processo em análise. Não há dúvida de que a repercussão geral é a primeira questão a ser analisada na causa, já que esse "filtro" busca selecionar causas que serão julgadas pelo Supremo Tribunal Federal que tenham uma importância que ultrapasse os limites da discussão *inter partes*.

Há repercussão geral quando a causa é relevante em um dos âmbitos indicados nos §§1º e 3º do artigo 1.035 do Código de Processo Civil. Ou seja, a causa apresenta repercussão geral quando a questão em debate apresenta transcendência que vá além dos limites da lide. Importante destacar que a denominada transcendência pode ser caracterizada em uma perspectiva qualitativa ou quantitativa. Do ponto de vista qualitativo, a questão debatida deve ser relevante ao desenvolvimento e sistematização do Direito, seja ele processual ou substancial. No âmbito quantitativo, importa o número de pessoas que podem ser impactadas pela decisão do Supremo Tribunal Federal sobre determinada causa.[12] Nesse aspecto, a questão constitucional relaciona-se com direitos, individuais homogêneos, coletivos em sentido estrito ou ainda difusos.

O recurso que verse sobre questão que já foi decidida pelo Supremo Tribunal Federal pode ter seu seguimento negado, desde já, pelo presidente ou vice-presidente do tribunal local. Com esse mecanismo, a uniformidade entre situações idênticas é promovida e evita-se a remessa de recursos ao Supremo Tribunal Federal claramente inadmissíveis. Assim, há notória redução do volume de casos remetidos ao Superior Tribunal Federal, com eficiência e economicidade, evitando assim a reanálise de causas nas quais anteriormente não foi identificada a transcendência, consoante a disciplina do artigo 1.030, inc. I, "a", que dispõe sobre a repercussão geral em relação ao seguimento de recursos extraordinários. Uma vez "recebida a petição do recurso pela secretaria do tribunal, o recorrido será intimado para apresentar contrarrazões no prazo de 15 (quinze) dias, findo o qual os autos serão conclusos ao presidente ou ao vice-presidente do tribunal recorrido, que deverá: I – negar seguimento: a) a recurso extraordinário que discuta questão constitucional à qual o Supremo Tribunal Federal não tenha reconhecido a existência de repercussão geral ou a recurso extraordinário interposto contra acórdão

---

[12] MARINONI, Luiz Guilherme; MITIDIERO, Daniel. *Comentários ao Código de Processo Civil*: volume XVI. São Paulo: Revista dos Tribunais, 2016, p. 271-272. Os autores dispõem sobre o assunto: "haverá repercussão geral não propriamente quando o recurso impugnar acórdão que contrarie súmula ou jurisprudência dominante do Supremo Tribunal Federal, mas em que se alegue a violação de precedentes do Supremo Tribunal Federal. A relevância da causa deve aquilatada do ponto de vista econômico, político, social ou jurídico. Basta que a causa seja relevante sob um desses pontos de vista. Não é necessário que o seja sob todos. Há relevância sob o ponto de vista jurídico, por exemplo, quando o acórdão recorrido toma por inconstitucional determinada norma infraconstitucional. A transcendência da controvérsia constitucional levada ao conhecimento do Supremo Tribunal Federal pode ser caracterizada tanto em uma perspectiva qualitativa como quantitativa. Na primeira, interessa para a individualização da transcendência o importe da questão debatida para a sistematização e desenvolvimento do direito; na segunda, o número de pessoas suscetíveis de alcance, atual ou futuro, pela decisão daquela questão pelo Supremo e, bem assim, a natureza do direito posto em causa. Observe-se que eventuais questões envolvendo a reta observância ou frontal violação de direitos fundamentais, materiais ou processuais, tendo em conta a dimensão objetiva desses, apresentam a princípio transcendência. Constituindo os direitos fundamentais, objetivamente considerados, uma tábua mínima de valores de determinada sociedade em dado contexto histórico, cujo respeito interessa a todos, natural que se reconheça, num primeiro momento, a transcendência de questões envolvendo, por exemplo, afirmações concernentes a violações ou ameaças de violações das imitações ao poder constitucional de tributar, ou aos direitos fundamentais inerentes ao processo justo. São exemplos de transcendência qualitativa. Demandas envolvendo direitos individuais homogêneos, direitos coletivos e direitos difusos, tanto em seus aspectos materiais como processuais, também contam, em tese, com a nota da transcendência, mas já aí a perspectiva quantitativa".

que esteja em conformidade com entendimento do Supremo Tribunal Federal exarado no regime de repercussão geral".

O reconhecimento da repercussão geral pelo Supremo Tribunal Federal, além de seguir o que dispõem a Constituição Federal e o Código de Processo Civil, é disciplinado pelo Regimento Interno do Supremo Tribunal Federal, em seus artigos 322 a 329. É evidente, no entanto, que os parâmetros para o reconhecimento da repercussão geral não são estabelecidos institucionalmente, fazendo com que a identificação da repercussão geral seja produto da análise da dimensão do caso concreto e da compreensão do julgador sobre a causa.

Traçadas essas premissas gerais, passa-se a analisar dois casos em que foram estabelecidos parâmetros para se avaliar a existência ou não de repercussão geral em causas do Supremo Tribunal Federal.

4   Análise de repercussão geral em decisões relatadas pelo Min. Dias Toffoli

Durante sua atuação no Supremo Tribunal Federal, o Ministro Dias Toffoli analisou diversas causas, identificando ou não a presença de repercussão geral. Desse modo, sua atuação contribuiu para a definição do instituto e para o aperfeiçoamento da jurisprudência do Supremo Tribunal Federal. A fim de analisar as decisões e os parâmetros adotados, a seguir serão examinados dois casos de início mencionados:

a. Repercussão Geral no Recurso Extraordinário 1.417.155 – RN, rel. Min. Dias Toffoli, julgado em 7 de novembro de 2023;
b. Repercussão Geral no Recurso Extraordinário 1.321.219 – CE, rel. Min. Dias Toffoli, julgado em 13 de agosto de 2021.

Tome-se, primeiramente, a Repercussão Geral no Recurso Extraordinário 1.417.155 – RN,[13] em que foi reconhecida a repercussão geral. Com relação ao objeto do recurso, o Min. Dias Toffoli, na qualidade de relator, destacou que se questionam, "nessa ação direta, a taxa de prevenção e combate a incêndios, busca e salvamento (resgate de pessoas não envolvidas em acidentes automobilísticos) em imóveis localizados no Estado do Rio Grande do Norte e a taxa de proteção contra incêndio, salvamento e

---

[13]   STF, Tribunal Pleno, Recurso Extraordinário 1.417.155 – RN, Relator Min. Dias Toffoli, julgamento em 07.11.2023, votação por unanimidade, publicado em 01.12.2023. EMENTA: Repercussão geral em recurso extraordinário. Direito tributário. Constitucionalidade das taxas de prevenção e combate a incêndios, busca, salvamento e resgate instituídas por estados-membros. Presença de matéria constitucional e de repercussão geral. O relator afirma que "A causa gira em torno de saber se os serviços em questão consistem em serviços públicos específicos e divisíveis prestados ao contribuinte ou postos a sua disposição, nos termos do art. 145, II, da Constituição Federal. Considero que a matéria constitucional debatida nos autos é relevante do ponto de vista jurídico, social e econômico e ultrapassa o interesse subjetivo das partes. Isso tem causado diferença de tratamento entre estados-membros. Em alguns estados, tem-se mantido a cobrança do tributo. Atente-se, a propósito, que ainda está vigente a Súmula nº 549 da Corte, a qual preceitua que "a Taxa de Bombeiros do Estado de Pernambuco é constitucional, revogada a Súmula nº 274". Afora isso, é certo que a matéria muito pode impactar os cofres públicos dos estados que continuam cobrando as taxas questionadas na presente demanda. Nesse cenário, é ainda importante considerar que, costumeiramente, a receita decorrente dessas exações é destinada à manutenção das atividades desenvolvidas pelos corpos de bombeiros militares. Há, assim, nova oportunidade de o Tribunal se debruçar sobre a constitucionalidade das taxas de prevenção e combate a incêndios, busca, salvamento e resgate instituídas por estados-membros e, nessa toada, ponderar sobre a manutenção da Súmula nº 549".

resgate em via pública, relativamente a veículos automotores licenciados na mesma unidade federada. A causa gira em torno de saber se os serviços em questão consistem em serviços públicos específicos e divisíveis prestados ao contribuinte ou postos a sua disposição, nos termos do art. 145, II, da Constituição Federal".

Sobre a repercussão geral no referido recurso extraordinário, o Ministro relator afirmou que a matéria constitucional em debate seria relevante do ponto de vista jurídico, social e econômico, ultrapassando o interesse subjetivo das partes. Para adotar essa conclusão, foi destacado que:

a. inexistiam precedentes sobre o assunto na mesma direção em repercussão geral;
b. a decisão proferida neste caso poderia ter reflexo sobre as diferentes taxas em municípios e estados;
c. no âmbito econômico, a matéria analisada seria relevante no sentido de atingir os cofres públicos; e
d. finalmente, sob a perspectiva social, haveria relevância por se tratar de taxa sobre serviços prestados à sociedade – prevenção e combate a incêndios, busca, salvamento e resgate.

Com esses apontamentos, foram fornecidos alguns parâmetros, a partir do caso concreto, que podem ser tomados de base para, em recursos futuros, se discutir a relevância jurídica, política, econômica e social das matérias, na linha fornecida pelo artigo 1.035, §1º, do Código de Processo Civil.

Por outro lado, no julgamento da Repercussão Geral no Recurso Extraordinário 1.321.219 – CE,[14] decidiu-se que referida pretensão recursal não apresentava repercussão geral. O aludido recurso foi objeto de revisão do reconhecimento da repercussão geral. Anteriormente, a repercussão geral do tema havia sido identificada, porém o tema perdeu relevância, após a perda de eficácia da Medida Provisória nº 908/2019.

A causa versava, fundamentalmente, sobre a "concessão do Auxílio Emergencial Pecuniário para pescadores profissionais artesanais, após a perda de eficácia da Medida Provisória 908/2019, com base no preenchimento dos requisitos legais à época em que vigente referido ato normativo". Inicialmente, a repercussão geral foi reconhecida sob a perspectiva de sua relevância, principalmente, social – considerando a vulnerabilidade dos pescadores atingidos por um desastre natural em 2019. A Medida Provisória nº

---

14 STF, Tribunal Pleno, Recurso Extraordinário 1.321.219 – CE, Relator Min. Dias Toffoli, julgamento em 27.11.2023, votação por unanimidade, publicado em 18/12/2023. EMENTA: Recurso extraordinário. Tema nº 1.159. Medida Provisória nº 908/19. Encerramento de prazo de vigência. Concessão de auxílio emergencial. Pescador profissional artesanal inscrito e ativo no registro geral da atividade pesqueira. Revisão do reconhecimento da repercussão geral. 1. Prevê o art. 323-B do RISTF que "[o] Relator poderá propor, por meio eletrônico, a revisão do reconhecimento da repercussão geral quando o mérito do tema ainda não tiver sido julgado" (incluído pela Emenda Regimental nº 54, de 1º de julho de 2020). 2. Considerando a compreensão de que o art. 62, §11, da Constituição Federal deve ser examinado pela Suprema Corte de acordo com cada caso concreto e tendo em vista a realidade, suas consequências, bem como a natureza jurídica e o caráter excepcional do auxílio emergencial previsto na MP nº 908/16, o qual foi concedido aos pescadores profissionais artesanais que preencheram os requisitos necessários, foi revisto o Tema nº 1.159, assentando-se não ter ele repercussão geral. 3. Foi fixada a seguinte tese para o Tema nº 1.159: "Não possui repercussão geral a discussão sobre a concessão do Auxílio Emergencial Pecuniário aos pescadores profissionais artesanais, após a perda de eficácia da Medida Provisória nº 908/2019, com base no preenchimento dos requisitos legais à época em que vigente referido ato normativo". 4. Recurso extraordinário ao qual se nega seguimento.

908/2019 objetivou mitigar os impactos e dar suporte aos pescadores impactados à época. No entanto, posteriormente, verificou-se a ausência da relevância do que foi debatido no recurso extraordinário – questão burocrática de registro de pescadores em análise pelo recurso extraordinário.[15]

A revisão do reconhecimento de repercussão geral pode ocorrer, nos termos do artigo 323-B do Regimento Interno do Supremo Tribunal Federal, nos casos em que o mérito do tema ainda não tenha sido julgado. Nesse sentido, a reanálise da repercussão geral do tema no Recurso Extraordinário 1.321.219 – CE foi possível porque seu mérito ainda não havia sido objeto de apreciação. Assim, o Ministro relator do recurso propôs a revisão da repercussão geral. Durante o processamento de sua revisão, foi constatado que a causa havia perdido a sua relevância, propondo-se a fixação da seguinte tese: "não possui repercussão geral a discussão sobre a concessão do Auxílio Emergencial Pecuniário aos pescadores profissionais artesanais, após a perda de eficácia da Medida Provisória nº 908/2019, com base no preenchimento dos requisitos legais à época em que vigente referido ato normativo".

A análise das causas expostas permite identificar parâmetros utilizados pelo Supremo Tribunal Federal, sob a relatoria do Min. Dias Toffoli, com o objetivo de reconhecer ou descartar a presença da repercussão geral.

Primeiramente, a relevância da causa para a jurisprudência e também para a uniformização da interpretação e aplicação do Direito é um aspecto pertinente para identificar a presença da repercussão geral. O impacto da causa no campo jurídico é sempre questão relevante para a identificação da repercussão geral. Dessa maneira, um dos parâmetros utilizados é a contribuição das causas para o Direito e para a jurisprudência. Isto é, utiliza-se da transcendência qualitativa da causa para aferir a sua repercussão geral.

Ainda, outro parâmetro utilizado é a identificação dos possíveis impactos da causa, ou seja, os resultados decorrentes do reconhecimento da repercussão geral e do futuro julgamento da causa são questões consideradas pelo julgador. Desse modo, é necessário analisar de que modo as causas podem influenciar a realidade, relacionando as possíveis repercussões da causa com as perspectivas econômica, política, social ou

---

[15] STF, Tribunal Pleno, Recurso Extraordinário 1.321.219 – CE, Relator Min. Dias Toffoli, julgamento em 27.11.2023, votação por unanimidade, publicado em 18.12.2023. O relator Min. Dias Toffoli explica que "Em segundo lugar, é preciso realçar a natureza do auxílio emergencial. A concessão desse auxílio buscava exatamente minorar os efeitos de uma tragédia ambiental que acometeu a costa brasileira e afetou um número expressivo de pescadores, os quais, de uma hora para outra, se viram impossibilitados de exercer as atividades que serviam ao sustento da família. [...] a instância de origem assentou que o demandante preencheu todos os requisitos para o recebimento do auxílio de emergência discutido nos autos. Nessa toada, concluiu que o pescador não poderia ser prejudicado pela demora da Administração Pública em analisar seu requerimento de licença de pescador profissional. [...] Como se nota, o caso concreto possui uma especialidade: o fato de a própria Administração Pública ter demorado na análise do requerimento da licença de pescador profissional, o que teria feito com que o nome do autor não fosse incluído por ela, no tempo devido, na lista do MAPA a que se refere o parágrafo único do art. 3º da MP nº 908/19. [...] As argumentações acima, das quais se depreendem o inequívoco caráter excepcional do auxílio e sua concessão em favor de pescadores profissionais artesanais que preencheram os requisitos necessários, já seriam suficientes para chancelar a ausência de repercussão geral do presente tema, seja pela ausência da relevância da questão debatida no recurso extraordinário (em que se pretende obstar tal concessão, a qual beneficia pessoas com vulnerabilidade presumida), seja pelo fato de essa questão demandar o reexame da causa à luz do conjunto fático-probatório constante dos autos e da legislação infraconstitucional".

jurídica. Assim, utiliza-se da transcendência quantitativa da causa para identificar a sua repercussão geral.

Portanto, pelos exemplos trazidos, houve a contribuição para a matéria em análise neste ensaio, na medida em que suas decisões promovem parâmetros objetivos para a identificação da repercussão geral.

5 Conclusão

Em síntese, o ensaio apresenta as seguintes conclusões:

i. A uniformidade das decisões é necessária como forma de garantir a segurança jurídica, como é disciplinado pelos artigos 926 e 927 do Código de Processo Civil;

ii. A uniformidade das decisões é a invariabilidade da interpretação e aplicação do Direito. A uniformidade jurisprudencial é a manifestação da racionalidade e isonomia durante a interpretação e aplicação, proporcionando sentido e previsibilidade ao texto normativo;

iii. Os precedentes e jurisprudência vinculantes são institutos essenciais à uniformidade da jurisprudência e, assim, devem ser respeitados. Assim, súmulas e outros institutos jurídicos dotados de objetivo semelhante devem ser respeitados em função da unidade da ordem jurídica e são utilizados como meios importantes de selecionar as causas a serem julgadas pelas Cortes Superiores;

iv. A repercussão geral é um "filtro" aplicado aos recursos extraordinários que busca limitar a atuação do Supremo Tribunal Federal (i) às causas relevantes do ponto de vista econômico, político, social ou jurídico que ultrapassem os interesses subjetivos do processo, (ii) a recursos que impugnem acórdão que contrarie súmula ou jurisprudência dominante no Supremo tribunal Federal ou (iii) a recursos que impugnem acórdão que tenha reconhecido a inconstitucionalidade de tratado ou de lei federal. Além disso, a causa apresenta repercussão geral quando há transcendência, que pode ser qualitativa ou quantitativa. Enquanto a transcendência qualitativa indica a relevância no âmbito do desenvolvimento do Direito, a transcendência quantitativa representa o número de pessoas que podem ser impactadas pela decisão.

v. O objetivo da verificação da repercussão geral é diminuir o volume de recursos para análise no Supremo Tribunal Federal, uniformizar os recursos e selecionar causas que possuem relevância na perspectiva indicada no artigo 1.035 do Código de Processo Civil.

vi. Ao analisar a Repercussão Geral no Recurso Extraordinário 1.417.155 – RN e a Repercussão Geral no Recurso Extraordinário RE 1.321.219 – CE, de relatoria do Ministro Dias Toffoli, são identificados parâmetros para a verificação da repercussão geral. A relevância jurídica do caso constitui verdadeiro indicador para verificação da repercussão geral, ou seja, o impacto do caso no desenvolvimento do Direito. Tal parâmetro, utilizado pelo Min. Dias Toffoli, é baseado na transcendência qualitativa da causa. Outro norteador utilizado é a análise do impacto do julgamento da causa, em que foram identificadas as possíveis repercussões do caso concreto, concluindo ser relevante a sua análise e revelando um critério fundado na transcendência quantitativa da causa.

vii. Assim, nos julgados analisados verificou-se uma importante contribuição para a construção de parâmetros norteadores para a verificação da repercussão geral.

Referências

ALVIM, Teresa Arruda. Papel criativo da jurisprudência, precedentes e formas de vinculação. *Revista de Processo*, São Paulo, v. 333, p. 373-405, nov. 2022.

CARVALHO, Fabiano. *Comentários ao Código de Processo Civil*: volume XIX. São Paulo: SaraivaJur, 2022.

CÔRTES, Osmar Mendes Paixão. A evolução da repercussão geral. *In*: NERY JUNIOR, Nelson; ALVIM, Teresa Arruda; OLIVEIRA, Pedro Miranda de (coord.). *Aspectos polêmicos dos recursos cíveis e assuntos afins*: volume 14. São Paulo: Thomson Reuters, 2018.

LUCON, Paulo Henrique dos Santos. *Conexão, continência, litispendência*: relação entre demandas no processo individual, coletivo e estrutural. 3. ed. São Paulo: Revista dos Tribunais, 2024.

LUCON, Paulo Henrique dos Santos. Segurança jurídica no Novo CPC. *In*: LUCON, Paulo Henrique dos Santos; OLIVEIRA, Pedro Miranda de (coord.). *Panorama atual do Novo CPC*. Florianópolis: Empório do Direito, 2016.

MARINONI, Luiz Guilherme; MITIDIERO, Daniel. *Comentários ao Código de Processo Civil*: volume XVI. São Paulo: Revista dos Tribunais, 2016.

MARINONI, Luiz Guilherme. *Comentários ao Código de Processo Civil*: volume XV. São Paulo: Revista dos Tribunais, 2016.

SILVA, José Afonso da. *Curso de direito constitucional positivo*. 45. ed. São Paulo: Juspodivm, 2024.

TAVARES, André Ramos. *In*: MARCATO, Antonio Carlos (coord.). *Código de Processo Civil interpretado*. São Paulo: Atlas, 2022.

Informação bibliográfica deste texto, conforme a NBR 6023:2018 da Associação Brasileira de Normas Técnicas (ABNT):

LUCON, Paulo Henrique dos Santos. Parâmetros para definição dos critérios para repercussão geral. *In*: MENDES, Gilmar Ferreira; LIRA, Daiane Nogueira de; FREIRE, Alexandre (coord.). *Constituição, democracia e diálogo*: 15 anos de Jurisdição Constitucional do Ministro Dias Toffoli. 2. ed. Belo Horizonte: Fórum, 2025. p. 1405-1416. ISBN 978-65-5518-937-7.

SERVIÇOS PRESTADOS POR APLICATIVOS: GERA OU NÃO VÍNCULO EMPREGATÍCIO. HOMENAGEM AOS 15 ANOS DE JURISDIÇÃO CONSTITUCIONAL DO MINISTRO DIAS TOFFOLI

PAULO DIAS DE MOURA RIBEIRO

1 Apresentação

Convidado que fui para participar de obra coletiva em homenagem aos 15 anos de jurisdição constitucional do Ministro Dias Toffoli, do Supremo Tribunal Federal, imediatamente a ele aderi e me propus a pensar em um tema de abrangência nacional (afinal, todos os que chegam ao STF têm tal característica) e que estivesse instigando a comunidade jurídica por seus reflexos sociais.

Em assim pensando, acabei por me lembrar que talvez o sistema de transporte por aplicativos atingisse tal finalidade.

Daí a razão pela qual este artigo, dedicado ao prestigioso Ministro Dias Toffoli, ícone da magistratura soberana, culto, simpático e afável, tratará, ainda que sem gigantismo, do tema sobre serviços prestados por aplicativos.

2 Histórico do debate

A primeira manifestação que refletia na questão do vínculo trabalhista foi da lavra deste subscritor que, no Conflito de Competência levado à Segunda Seção do Superior Tribunal de Justiça (CC nº 164.544/MG), decidiu que o prestador de serviço por aplicativo não tem vínculo de subordinação com a empresa proprietária da plataforma, de tal forma que o pedido de ressarcimento de danos por prejuízos sofridos pela suspensão de sua conta com a Uber deveria ser processado perante o Juízo de Direito do Juizado Especial Cível de Poços de Caldas/MG.

A ementa do conflito de competência, autoexplicativa, ficou assim redigida:

CONFLITO NEGATIVO DE COMPETÊNCIA. INCIDENTE MANEJADO SOB A ÉGIDE DO NCPC. AÇÃO DE OBRIGAÇÃO DE FAZER C.C. REPARAÇÃO DE DANOS MATERIAIS

E MORAIS AJUIZADA POR MOTORISTA DE APLICATIVO UBER. RELAÇÃO DE TRABALHO NÃO CARACTERIZADA. SHARING ECONOMY. NATUREZA CÍVEL. COMPETÊNCIA DO JUÍZO ESTADUAL.

1. A competência *ratione materiae*, via de regra, é questão anterior a qualquer juízo sobre outras espécies de competência e, sendo determinada em função da natureza jurídica da pretensão, decorre diretamente do pedido e da causa de pedir deduzidos em juízo.

2. Os fundamentos de fato e de direito da causa não dizem respeito a eventual relação de emprego havida entre as partes, tampouco veiculam a pretensão de recebimento de verbas de natureza trabalhista. A pretensão decorre do contrato firmado com empresa detentora de aplicativo de celular, de cunho eminentemente civil.

3. As ferramentas tecnológicas disponíveis atualmente permitiram criar uma nova modalidade de interação econômica, fazendo surgir a economia compartilhada (*sharing economy*), em que a prestação de serviços por detentores de veículos particulares é intermediada por aplicativos geridos por empresas de tecnologia. Nesse processo, os motoristas, executores da atividade, atuam como empreendedores individuais, sem vínculo de emprego com a empresa proprietária da plataforma.

4. Compete a Justiça Comum Estadual julgar ação de obrigação de fazer c.c. reparação de danos materiais e morais ajuizada por motorista de aplicativo pretendendo a reativação de sua conta UBER para que possa voltar a usar o aplicativo e realizar seus serviços.

5. Conflito conhecido para declarar competente a Justiça Estadual.

(STJ. CC nº 164.544/MG, relator Ministro MOURA RIBEIRO, Segunda Seção, j. 28/8/2019, DJe de 4/9/2019)

Não muito tempo depois o tema foi levado ao Supremo Tribunal Federal, questionando as mesmas razões de direito trabalhista.

A relatoria coube ao Ministro Alexandre de Moraes, que, acolhendo as mesmas razões deste signatário, negou o vínculo trabalhista. Confira-se trecho da decisão:

[...]
Realmente, a relação estabelecida entre o motorista de aplicativo e a plataforma reclamante mais se assemelha com a situação prevista na Lei 11.442/2007, do transportador autônomo, sendo aquele proprietário de vínculo próprio e que tem relação de natureza comercial. Nesse sentido, cito trecho de ementa de julgado do STJ no Conflito de Competência 164.544/MG, Rel. Min. MOURA RIBEIRO:

"CONFLITO NEGATIVO DE COMPETÊNCIA. INCIDENTE MANEJADO SOB A ÉGIDE DO NCPC. AÇÃO DE OBRIGAÇÃO DE FAZER C.C. REPARAÇÃO DE DANOS MATERIAIS E MORAIS AJUIZADA POR MOTORISTA DE APLICATIVO UBER. RELAÇÃO DE TRABALHO NÃO CARACTERIZADA. SHARING ECONOMY. NATUREZA CÍVEL. COMPETÊNCIA DO JUÍZO ESTADUAL.

1. A competência ratione materiae, via de regra, é questão anterior a qualquer juízo sobre outras espécies de competência e, sendo determinada em função da natureza jurídica da pretensão, decorre diretamente do pedido e da causa de pedir deduzidos em juízo.

2. Os fundamentos de fato e de direito da causa não dizem respeito a eventual relação de emprego havida entre as partes, tampouco veiculam a pretensão de recebimento de verbas de natureza trabalhista. A pretensão decorre do contrato firmado com empresa detentora de aplicativo de celular, de cunho eminentemente civil.

3. As ferramentas tecnológicas disponíveis atualmente permitiram criar uma nova modalidade de interação econômica, fazendo surgir a economia compartilhada (*sharing economy*), em que a prestação de serviços por detentores de veículos particulares é intermediada por aplicativos geridos por empresas de tecnologia. Nesse processo, os motoristas, executores

PAULO DIAS DE MOURA RIBEIRO | 1419

SERVIÇOS PRESTADOS POR APLICATIVOS: GERA OU NÃO VÍNCULO EMPREGATÍCIO. HOMENAGEM AOS 15 ANOS DE JURISDIÇÃO CONSTITUCIONAL...

da atividade, atuam como empreendedores individuais, sem vínculo de emprego com a empresa proprietária da plataforma.

4. Compete a Justiça Comum Estadual julgar ação de obrigação de fazer c.c. reparação de danos materiais e morais ajuizada por motorista de aplicativo pretendendo a reativação de sua conta UBER para que possa voltar a usar o aplicativo e realizar seus serviços. 5. Conflito conhecido para declarar competente a Justiça Estadual." (DJe 4/9/2019)

Diante do exposto, com base no art. 161, parágrafo único, do Regimento Interno do Supremo Tribunal Federal, JULGO PROCEDENTE o pedido de forma sejam cassados os atos proferidos pela Justiça do Trabalho (Processo 0010140.79.2022.5.03.0110) e DETERMINO a remessa dos autos à Justiça Comum.

(STF. Rcl 59.795, Relator: ALEXANDRE DE MORAES, j. 19/5/2023, DJe 24/5/2023)

Ainda numa segunda oportunidade, o Ministro Alexandre de Moraes negou o reconhecimento do vínculo trabalhista. O acórdão recebeu a ementa a seguir transcrita:

CONSTITUCIONAL. TRABALHISTA E PROCESSUAL CIVIL. RECLAMAÇÃO. OFENSA AO QUE DECIDIDO POR ESTE TRIBUNAL NA ADC 48, NA ADPF 324 E NA ADI 5.835-MC. OCORRÊNCIA. RECLAMAÇÃO JULGADA PROCEDENTE. 1. O reconhecimento de vínculo de emprego entre motorista parceiro e as plataformas de mobilidade desconsidera as conclusões do SUPREMO TRIBUNAL FEDERAL no julgamento da ADC 48, da ADPF 324 e da ADI 5835 MC, que permitem diversos tipos de contratos distintos da estrutura tradicional do contrato de emprego regido pela CLT. 2. Reclamação julgada procedente. (STF. Rcl 60.347, Relator: ALEXANDRE DE MORAES, Primeira Turma, julgado em 05/12/2023, PROCESSO ELETRÔNICO DJe-s/n DIVULG 18/03/2024 PUBLIC 19/03/2024)

Por fim, o assunto voltou ao Superior Tribunal de Justiça, agora em um pedido de indenização manifestado por um motorista que, tendo sofrido assalto quando prestava serviço de transporte em seu veículo, pretendeu receber danos morais e materiais da gerenciadora do aplicativo Uber.

O acórdão, também da lavra deste subscritor, não acolheu o recurso especial do prestador de serviço, negando a ele provimento no REsp nº 2.018.788/RS.

A ementa merece transcrição:

CIVIL. PROCESSUAL CIVIL. RECURSO ESPECIAL. AÇÃO INDENIZATÓRIA POR DANOS MATERIAIS E MORAIS. ROUBO PRATICADO POR PASSAGEIROS CONTRA MOTORISTA DE APLICATIVO. RESPONSABILIDADE CIVIL DA EMPRESA GERENCIADORA DO APLICATIVO (UBER). IMPOSSIBILIDADE. CASO FORTUITO EXTERNO. IMPREVISIBILIDADE E INEVITABILIDADE DA CONDUTA. AUTONOMIA E INDEPENDÊNCIA NA RELAÇÃO PROFISSIONAL DESEMPENHADA POR APLICATIVO E SEUS MOTORISTAS CREDENCIADOS. AUSÊNCIA DO DEVER DE INDENIZAR. AUSÊNCIA DE NEXO CAUSAL ENTRE A CONDUTA DA UBER (GERENCIADORA DE APLICATIVO) E O FATO DANOSO. RISCO DA ATIVIDADE DE TRANSPORTE. DISSÍDIO JURISPRUDENCIAL NÃO CONHECIDO. SÚMULA 83 DO STJ. RECURSO ESPECIAL PARCIALMENTE CONHECIDO E, NESSA EXTENSÃO, DESPROVIDO.

1. É do terceiro a culpa de quem pratica roubo contra o motorista de aplicativo. Caso fortuito externo a atuação da UBER.

2. A jurisprudência do STJ orienta-se no sentido de que o roubo é fato de terceiro que rompe o nexo de causalidade. Precedentes.

3. Inexistência, por outro lado, de vínculo de subordinação entre motoristas de aplicativo e a empresa gerenciadora da plataforma.

Precedentes (Nesse sentido, confira-se: STJ, CC nº 164.544/MG, de minha relatoria, DJe 4/9/2019; e recente julgado do STF, Rcl nº 59.795, de relatoria do Min. ALEXANDRE DE MORAES, Dje 19/5/2023).

4. Não há ingerência da UBER na atuação do motorista de aplicativo, considerado trabalhador autônomo (art. 442-B, da CLT), salvo quanto aos requisitos técnicos necessários para esse credenciamento que decorrem estritamente da relação estabelecida entre o transportador e a gerenciadora da plataforma, e que se limitam à parceria entre eles ajustada.

5. Assalto, fato de terceiro, estranho ao contrato de fornecimento/gerenciamento de aplicativo tecnológico oferecido pela UBER, para a intermediação entre o passageiro e o motorista credenciado, foge completamente de sua atividade-fim, caracterizando fortuito externo.

6. Dissídio jurisprudencial não demonstrado. Acórdão em consonância com a orientação do STJ. Súmula 83 do STJ. Não conhecimento.

7. Recurso especial parcialmente conhecido e, nessa extensão, desprovido.

(STJ. REsp nº 2.018.788/RS, relator Ministro MOURA RIBEIRO, Terceira Turma, j. 20/6/2023, DJe de 27/6/2023)

3   A matéria perante o Tribunal Superior do Trabalho

É curioso notar que também o Tribunal Superior do Trabalho, em algumas passagens, foi chamado a se pronunciar sobre a presença ou não do vínculo trabalhista de motorista de aplicativo com a Uber.

A primeira manifestação do Tribunal Superior do Trabalho, ocorrida após o Conflito de Competência julgado pelo Superior Tribunal de Justiça, recebeu a relatoria do Ministro Breno Medeiros no RR nº 1000123-89.2017.5.02.0038, que negou a relação de emprego, na ementa que se vê a seguir:

AGRAVO DE INSTRUMENTO EM RECURSO DE REVISTA. ACÓRDÃO PUBLICADO NA VIGÊNCIA DA LEI Nº 13.015/2014. VÍNCULO DE EMPREGO. MOTORISTA. UBER. AUSÊNCIA DE SUBORDINAÇÃO. Em razão de provável caracterização de ofensa ao art. 3º, da CLT, dá-se provimento ao agravo de instrumento para determinar o prosseguimento do recurso de revista. Agravo de instrumento provido. RECURSO DE REVISTA. ACÓRDÃO PUBLICADO NA VIGÊNCIA DA LEI Nº 13.015/2014. VÍNCULO DE EMPREGO. MOTORISTA. UBER. AUSÊNCIA DE SUBORDINAÇÃO. TRANSCENDÊNCIA JURÍDICA RECONHECIDA. Destaque-se, de início, que o reexame do caso não demanda o revolvimento de fatos e provas dos autos, isso porque a transcrição do depoimento pessoal do autor no acórdão recorrido contempla elemento fático hábil ao reconhecimento da confissão quanto à autonomia na prestação de serviços. Com efeito, o reclamante admite expressamente a possibilidade de ficar "off line", sem delimitação de tempo, circunstância que indica a ausência completa e voluntária da prestação dos serviços em exame, que só ocorre em ambiente virtual. Tal fato traduz, na prática, a ampla flexibilidade do autor em determinar sua rotina, seus horários de trabalho, locais que deseja atuar e quantidade de clientes que pretende atender por dia. Tal autodeterminação é incompatível com o reconhecimento da relação de emprego, que tem como pressuposto básico a subordinação, elemento no qual se funda a distinção com o trabalho autônomo. Não bastasse a confissão do reclamante quanto à autonomia para o desempenho de suas atividades, é fato incontroverso nos autos que o reclamante aderiu aos serviços de intermediação digital prestados pela reclamada, utilizando-se de aplicativo que oferece interface entre motoristas previamente cadastrados e usuários dos serviços. Dentre os termos e condições relacionados aos referidos serviços, está a reserva ao motorista do equivalente a 75% a 80% do valor pago pelo usuário, conforme consignado pelo e. TRT. O referido percentual revela-se superior ao que esta Corte vem

admitindo como bastante à caracterização da relação de parceria entre os envolvidos, uma vez que o rateio do valor do serviço em alto percentual a uma das partes evidencia vantagem remuneratória não condizente com o liame de emprego. Precedentes. Recurso de revista conhecido e provido.
(TST. Processo nº TST-RR nº 1000123-89.2017.5.02.0038, Rel. Ministro BRENO MEDEIROS, 5ª Turma, j. 5/2/2020)

Já a segunda manifestação que se tem notícia recebeu a relatoria do Ministro Alexandre Luiz Ramos, lançada no AIRR nº 10.575-88, negou o reconhecimento da relação trabalhista.

Eis a ementa do acórdão:

AGRAVO DE INSTRUMENTO EM RECURSO DE REVISTA INTERPOSTO PELA RECLAMANTE. ACÓRDÃO REGIONAL PUBLICADO NA VIGÊNCIA DAS LEIS Nºs 13.015/2014 E 13.467/2017. PROCEDIMENTO SUMARÍSSIMO. RELAÇÃO DE EMPREGO. RECONHECIMENTO DE VÍNCULO. TRABALHADOR AUTÔNOMO. MOTORISTA. APLICATIVO. UBER. IMPOSSIBILIDADE. TRANSCENDÊNCIA JURÍDICA RECONHECIDA. NÃO PROVIMENTO. I. Discute-se a possibilidade de reconhecimento de vínculo de emprego entre motorista profissional que desenvolve suas atividades com utilização do aplicativo de tecnologia "Uber" e a sua criadora, Uber do Brasil Tecnologia Ltda. II. Pelo prisma da transcendência, trata-se de questão jurídica nova, uma vez que se refere à interpretação da legislação trabalhista (arts. 2º, 3º, e 6º, da CLT), sob enfoque em relação ao qual ainda não há jurisprudência consolidada no âmbito do Tribunal Superior do Trabalho ou em decisão de efeito vinculante no Supremo Tribunal Federal. Logo, reconhece-se a transcendência jurídica da causa (art. 896-A, §1º, IV, da CLT). III. Na hipótese, o Tribunal Regional manteve, pelos próprios fundamentos, a sentença em que se reconheceu a condição de trabalhador autônomo do Reclamante. No particular, houve reconhecimento na instância ordinária de que o Reclamante ostentava ampla autonomia na prestação de serviços, sendo dele o ônus da atividade econômica. Registrou-se, ainda, a ausência de subordinação do trabalhador para com a Reclamada, visto que "o autor não estava sujeito ao poder diretivo, fiscalizador e punitivo da ré". Tais premissas são insusceptíveis de revisão ou alteração nessa instância extraordinária, conforme entendimento consagrado na Súmula nº 126 do TST. IV. A relação de emprego definida pela CLT (1943) tem como padrão a relação clássica de trabalho industrial, comercial e de serviços. As novas formas de trabalho devem ser reguladas por lei própria e, enquanto o legislador não a edita, não pode o julgador aplicar indiscriminadamente o padrão da relação de emprego. O contrato regido pela CLT exige a convergência de quatro elementos configuradores: pessoalidade, onerosidade, não eventualidade e subordinação jurídica. Esta decorre do poder hierárquico da empresa e se desdobra nos poderes diretivo, fiscalizador, regulamentar e disciplinar (punitivo). O enquadramento da relação estabelecida entre o motorista de aplicativo e a respectiva plataforma deve se dar com aquela prevista no ordenamento jurídico com maior afinidade, como é o caso da definida pela Lei nº 11.442/2007, do transportador autônomo, assim configurado aquele que é proprietário do veículo e tem relação de natureza comercial. O STF já declarou constitucional tal enquadramento jurídico de trabalho autônomo (ADC 48, Rel. Min. Roberto Barroso, DJE nº 123, de 18/05/2020), a evidenciar a possibilidade de que nem todo o trabalho pessoal e oneroso deve ser regido pela CLT. V. O trabalho pela plataforma tecnológica – e não para ela -, não atende aos critérios definidos nos artigos 2º e 3º da CLT, pois o usuário-motorista pode dispor livremente quando e se disponibilizará seu serviço de transporte para os usuários-clientes, sem qualquer exigência de trabalho mínimo, de número mínimo de viagens por período, de faturamento mínimo, sem qualquer fiscalização ou punição por esta decisão do motorista, como constou das premissas fáticas

incorporadas pelo acórdão Regional, ao manter a sentença de primeiro grau por seus próprios fundamentos, em procedimento sumaríssimo. VI. Sob esse enfoque, fixa-se o seguinte entendimento: o trabalho prestado com a utilização de plataforma tecnológica de gestão de oferta de motoristas-usuários e demanda de clientes-usuários, não se dá para a plataforma e não atende aos elementos configuradores da relação de emprego previstos nos artigos 2º e 3º da CLT, inexistindo, por isso, relação de emprego entre o motorista profissional e a desenvolvedora do aplicativo, o que não acarreta violação do disposto no art. 1º, III e IV, da Constituição Federal. VII. Agravo de instrumento de que se conhece e a que se nega provimento.
(TST. Processo nº TST-AIRR-10575-88.2019.5.03.0003, Rel. Ministro ALEXANDRE LUIZ RAMOS, 4ª Turma, j. 9/9/2020)

Por fim, no RRAg nº 100853-94.2019.5.01.0067, sob a relatoria do Ministro Alexandre Agra Belmonte, por maioria, houve o reconhecimento de obrigações trabalhistas por parte da gerenciadora do aplicativo, criando-se a celeuma.

Veja-se a ementa do acórdão:

A UBER, EMPRESA AMERICANA QUE ORIGINALMENTE SE CHAMAVA UBERTAXI, NÃO É EMPRESA DE APLICATIVOS PORQUE NÃO VIVE DE VENDER TECNOLOGIA DIGITAL PARA TERCEIROS. O QUE ELA VENDE É TRANSPORTE, EM TROCA DE PERCENTUAL SOBRE AS CORRIDAS E POR MEIO DE APLICATIVO DESENVOLVIDO PARA ELA PRÓPRIA. CABELEIREIROS E MANICURES, QUANDO MUDAM DE SALÃO, A CLIENTELA VAI ATRÁS. OS MOTORISTAS DE TÁXI BUSCAM PASSAGEIROS E FORMAM CLIENTELA. MOTORISTAS DE UBER TÊM SEUS VEÍCULOS POR ELA CLASSIFICADOS, SEGUEM REGRAS RÍGIDAS, NÃO FORMAM CLIENTELA, NÃO FIXAM PREÇO, TÊM SUA LOCALIZAÇÃO, TRAJETOS E COMPORTAMENTO CONTROLADOS E, QUANDO SÃO EXCLUÍDOS DO APLICATIVO SOBRE O QUAL NÃO TÊM QUALQUER INGERÊNCIA, FICAM SEM TRABALHO.
O PODER DE LOGAR, DESLOGAR, CLASSIFICAR, PONTUAR, ESCOLHER O MAIS PONTUADO (O MAIS PRODUTIVO PARA A EMPRESA) É EXCLUSIVAMENTE DA UBER. A SUBORDINAÇÃO CLÁSSICA, HISTÓRICA OU ADMINISTRATIVA A QUE SE REFERE A CLT NO ART. 3º É A DEPENDÊNCIA ECONÔMICA DERIVADA DA IMPOSSIBILIDADE OBREIRA DE CONTROLE DOS MEIOS PRODUTIVOS. A SUBORDINAÇÃO A QUE ALUDE O ART. 2º É A SUBORDINAÇÃO EXECUTIVA, QUE CONFERE MAIOR OU MENOR AUTONOMIA AO TRABALHADOR CONFORME A ATIVIDADE DESENVOLVIDA OU AS CARACTERÍSTICAS DA PRESTAÇÃO DE SERVIÇOS. NOS TERMOS DO PARÁGRAFO ÚNICO DO ART. 6º, DA CLT "OS MEIOS TELEMÁTICOS E INFORMATIZADOS DE COMANDO, CONTROLE E SUPERVISÃO SE EQUIPARAM, PARA FINS DE SUBORDINAÇÃO JURÍDICA, AOS MEIOS PESSOAIS E DIRETOS DE COMANDO, CONTROLE E SUPERVISÃO DO TRABALHO ALHEIO" E O FATO DO TRABALHADOR NÃO TER HORÁRIO DE TRABALHO CONSTA DA CLT EM RELAÇÃO AO TELETRABALHADOR EMPREGADO, EXATAMENTE QUANDO REMUNERADO POR PRODUÇÃO.
(TST. Processo nº TST-RRAg-100853-94.2019.5.01.0067, Rel. Ministro ALEXANDRE AGRA BELMONTE, 8ª Turma, j. 19/12/2022)

PAULO DIAS DE MOURA RIBEIRO | 1423

SERVIÇOS PRESTADOS POR APLICATIVOS: GERA OU NÃO VÍNCULO EMPREGATÍCIO. HOMENAGEM AOS 15 ANOS DE JURISDIÇÃO CONSTITUCIONAL...

4   A matéria no campo legislativo e a reclamação constitucional

Diante do impasse jurisdicional, está em discussão o Projeto de Lei Complementar nº 12/2024, em trâmite na Câmara dos Deputados, que não solucionou a questão, porque só dispôs sobre remuneração mínima e previdência social:

> Art. 9º A remuneração mínima do trabalhador de que trata o caput do art. 3º será proporcionalmente equivalente ao salário-mínimo nacional, acrescido do ressarcimento dos custos incorridos pelo trabalhador na prestação do serviço de transporte remunerado privado individual de passageiros, nos termos do disposto em regulamento.
> §1º Os custos a que se refere o caput contemplam, no mínimo, os custos e as tarifas relativos ao uso do aparelho celular, ao combustível, à manutenção do veículo, ao seguro automotivo, aos impostos e à depreciação do veículo automotor.
> §2º Fica estabelecido, como remuneração mínima, o valor horário de R$ 32,10 (trinta e dois reais e dez centavos), devendo ser contabilizado, para fins desse cálculo, somente o período entre a aceitação da viagem pelo trabalhador e a chegada do usuário ao destino.
> §3º O valor da remuneração a que se refere o §2º é composto de R$ 8,03 (oito reais e três centavos), a título de retribuição pelos serviços prestados, e de R$ 24,07 (vinte e quatro reais e sete centavos), a título de ressarcimento dos custos incorridos pelo trabalhador na prestação do serviço de transporte remunerado privado individual de passageiros.
> §4º Os valores a que se referem os §2º e §3º deste artigo serão reajustados mediante a aplicação da sistemática de valorização do salário mínimo prevista no caput e no §1º do art. 3º da Lei nº 14.663, de 28 de agosto de 2023.
> §5º A remuneração mínima estabelecida neste artigo será verificada de forma agregada, a cada mês, pela empresa operadora de aplicativo.
> §6º Caso o valor recebido pelas horas trabalhadas, calculado na forma prevista neste artigo, seja inferior ao valor horário estabelecido, a empresa deverá apurar e realizar o repasse complementar da diferença, observado o prazo previsto no inciso II do §3º do art.10.
> §7º É vedado às empresas operadoras de aplicativo limitar a distribuição de viagens quando o trabalhador atingir a remuneração horária mínima de que trata este artigo.
>
> Art. 10. Para fins de enquadramento previdenciário, o trabalhador que preste o serviço de transporte remunerado privado individual de passageiros em veículo automotor de quatro rodas, com intermediação de empresa operadora de aplicativo, nos termos do disposto no art. 3º, será considerado contribuinte individual e sua contribuição será calculada mediante a aplicação da alíquota de sete inteiros e cinco décimos por cento sobre o salário-de-contribuição, observado o limite máximo do Regime Geral de Previdência Social.
> §1º O salário-de-contribuição para a obrigação de que trata o caput corresponde a vinte e cinco por cento do valor bruto auferido no mês.
> §2º A empresa operadora de aplicativo de transporte remunerado privado individual de passageiros de que trata o art. 2º contribuirá à alíquota de vinte por cento, incidente sobre o salário de contribuição do trabalhador que preste serviço por ela intermediado, no mês, calculado na forma prevista no §1º.

Assim, diante do debate que não pacificou o assunto de enorme relevância social, sobreveio Reclamação Constitucional (65.897/SP), de relatoria do homenageado, que, determinando o seu processamento, decidiu:

> [...]
> Entendo que a decisão acima evidencia recusa do TRT 2 em se manifestar, fundamentadamente, sobre controvérsia atinente à constituição de vínculo empregatício com "motociclista de

entrega de mercadorias via aplicativo" à luz da *ratio* que informa o julgado na ADPF nº 324, na ADI nº 5625 e na ADC nº 48, no sentido de que "o princípio constitucional da livre iniciativa garante aos agentes econômicos liberdade para eleger suas estratégias empresariais dentro do marco vigente (CF/1988, art. 170). A proteção constitucional ao trabalho não impõe que toda e qualquer prestação remunerada de serviços configure relação de emprego (CF/1988, art. 7º). Precedente: ADPF 524, Rel. Min. Luís Roberto Barroso." (ADC nº 48, Rel. Min. Roberto Barroso, Plenário, DJe de 19/5/20 - grifos nossos)

Registro, ademais, que, conforme recente julgamento unânime do Plenário desta Suprema Corte, de 2/3/24, nos autos do RE nº 1.446.336, foi submetida à sistemática da repercussão geral a seguinte temática:

"Reconhecimento de vínculo empregatício entre motorista de aplicativo de prestação de serviços de transporte e a empresa administradora de plataforma digital." (Tema 1.291 RG - grifo nosso)

Entendo que o julgamento da presente reclamação constitucional deve viabilizar o desenvolvimento, no âmbito do TRT 2, do debate para que, na hipótese de eventual recurso extraordinário dessa decisão, seja o processo regularmente submetido a sistemática da repercussão geral pelo Tema nº 1291, preservando-se, assim, a competência do Plenário do STF e a cultura de precedentes vinculantes reforçada com a edição da EC nº 45/2004 e a instituição da repercussão geral.

Ante o exposto, nos termos do art. 161, parágrafo único, do Regimento Interno desta Suprema Corte, julgo parcialmente procedente presente reclamação para cassar a decisão do TRT 2 proferida nos autos do Processo nº 1000963-33.2019.5.02.0005, devendo a autoridade reclamada proceder a nova decisão no caso concreto, observadas as diretrizes traçadas nesta reclamação.

Encaminhe-se cópia desta decisão ao TRT 2 e ao TST, tendo em vista o feito estar tramitando atualmente nesse último, para que juntem aos autos do processo em referência, dando ciência do trâmite da presente ação à parte beneficiária da decisão ora questionada para, querendo, apresentar recurso no STF, comprovando a data em que foi notificada.
(STF. Rcl 6.5897, Rel. Ministro DIAS TOFFOLI, j. 25/3/2024, DJe 1/4/2024)

5 Conclusões

Como se vê, a questão do provável vínculo empregatício entre motorista de aplicativo e o seu gerenciador não foi solvida no plano legislativo.

Por isso, restará ao Judiciário e em especial ao homenageado conduzir a reclamação constitucional a ele distribuída, para trazer segurança jurídica àqueles prestadores de serviço e aos gerenciadores das respectivas plataformas.

Que o manto de Nossa Senhora Aparecida proteja sempre o Ministro Dias Toffoli.

Referências

STF. Rcl 59.795, Relator: ALEXANDRE DE MORAES, j. 19/5/2023, DJe 24/5/2023.

STF. Rcl 60.347, Relator: ALEXANDRE DE MORAES, Primeira Turma, julgado em 05/12/2023, PROCESSO ELETRÔNICO DJe-s/n DIVULG 18/03/2024 PUBLIC 19/03/2024.

STF. Rcl 6.5897, Rel. Ministro DIAS TOFFOLI, j. 25/3/2024, DJe 1/4/2024.

STJ. CC nº 164.544/MG, Rel. Ministro MOURA RIBEIRO, Segunda Seção, j. 28/8/2019, DJe de 4/9/2019.

STJ. REsp nº 2.018.788/RS, Rel. Ministro MOURA RIBEIRO, Terceira Turma, j. 20/6/2023, DJe de 27/6/2023.

TST. Processo nº TST-RR nº 1000123-89.2017.5.02.0038, Rel. Ministro BRENO MEDEIROS, 5ª Turma, j. 5/2/2020.

PAULO DIAS DE MOURA RIBEIRO | 1425

SERVIÇOS PRESTADOS POR APLICATIVOS: GERA OU NÃO VÍNCULO EMPREGATÍCIO. HOMENAGEM AOS 15 ANOS DE JURISDIÇÃO CONSTITUCIONAL...

TST. Processo nº TST-AIRR-10575-88.2019.5.03.0003, Rel. Ministro ALEXANDRE LUIZ RAMOS, 4ª Turma, j. 9/9/2020.

TST. Processo nº TST-RRAg-100853-94.2019.5.01.0067, Rel. Ministro ALEXANDRE AGRA BELMONTE, 8ª Turma, j. 19/12/2022.

Informação bibliográfica deste texto, conforme a NBR 6023:2018 da Associação Brasileira de Normas Técnicas (ABNT):

RIBEIRO, Paulo Dias de Moura. Serviços prestados por aplicativos: gera ou não vínculo empregatício. Homenagem aos 15 anos de jurisdição constitucional do Ministro Dias Toffoli. *In*: MENDES, Gilmar Ferreira; LIRA, Daiane Nogueira de; FREIRE, Alexandre (coord.). *Constituição, democracia e diálogo*: 15 anos de Jurisdição Constitucional do Ministro Dias Toffoli. 2. ed. Belo Horizonte: Fórum, 2025. p. 1417-1425. ISBN 978-65-5518-937-7.

A CONTRIBUIÇÃO DO MINISTRO DIAS TOFFOLI PARA A CONCRETIZAÇÃO DA AGENDA 2030 DA ONU EM TRÊS PRECEDENTES COM REPERCUSSÃO GERAL

PEDRO FELIPE DE OLIVEIRA SANTOS
STEPHANIE GABRIELLE NEVES SANTOS

Introdução

O Ministro José Antonio Dias Toffoli tem servido ao país como Ministro do Supremo Tribunal Federal (STF) desde 2009.[1] Tanto no exercício da jurisdição quanto na atuação como gestor, Sua Excelência tem contribuído consideravelmente para a consolidação de nossa democracia e de suas instituições, bem como para o incremento da eficiência do Poder Judiciário.

Como Presidente do Supremo Tribunal Federal e do Conselho Nacional de Justiça, no biênio de 2018 a 2020,[2] o Ministro Dias Toffoli adotou como diretrizes a eficiência, a transparência e a responsabilidade direcionadas a uma sociedade plural, conectada e digital do século XXI (Vide "Relatório da Gestão",[3] confeccionado pelo Supremo Tribunal Federal). Esses pontos são identificados na gestão que favoreceu o ininterrupto funcionamento do STF no ano de 2020 – em um cenário desafiador com a pandemia, declarada em março de 2020 pela Organização Mundial da Saúde (OMS) – garantindo a prestação jurisdicional de qualidade. Além disso, ressalta-se que o Plenário manteve as sessões semanais por videoconferência e inovou com a transmissão das sessões das Turmas em tempo real no YouTube, além dos meios já realizados, pela televisão e pelo rádio.

---

[1] BRASIL. *Supremo Tribunal Federal*. Termo de Posse de sua Excelência o Senhor José Antonio Dias Toffoli, no cargo de Ministro do Supremo Tribunal Federal, em 23 de outubro de 2009. Livro para Registro dos Termos de Posse, 1977. p. 71.

[2] BRASIL. *Supremo Tribunal Federal*. Termo de Posse de sua Excelência o Senhor José Antonio Dias Toffoli, nos cargos de Presidente do Supremo Tribunal Federal e do Conselho Nacional de Justiça, em 13 de setembro de 2018. Livro para Registro dos Termos de Posse, 1977. p. 88.

[3] BRASIL. *Supremo Tribunal Federal*. Relatório da Gestão 2018-2020. Brasília: STF, 2020.

A tecnologia também foi primordial para o incremento da produtividade da Corte. A gestão do Ministro Dias Toffoli na Presidência do STF foi responsável por uma das mudanças estruturais mais significativas na história da Corte, consistente na universalização do Plenário Virtual. Logo no início da pandemia, Sua Excelência propôs aos pares a aprovação de Emenda Regimental que ampliou as classes processuais que poderiam ser submetidas ao julgamento virtual. Essa dinamização do processo deliberativo da Corte gerou impactos imediatos: no final de 2018, havia mais de 1.200 processos liberados para julgamento no Plenário; essa fila foi reduzida no ano seguinte para 369 processos, uma redução de mais de 70% (setenta por cento), em um cenário em que 95% dos feitos já tramitavam eletronicamente, com a aproximação do Supremo 100% digital. No mesmo sentido, em 2020, os temas julgados em ambiente virtual representaram 59%, enquanto os temas julgados em ambiente presencial representaram 41% do acervo total de processos.

Outro destaque importante na gestão do Ministro refere-se ao aperfeiçoamento do "Projeto Victor" – inteligência artificial cujo desenvolvimento se iniciou ainda durante a gestão da Ministra Cármen Lúcia, em parceria com a Universidade de Brasília (UnB) – para identificar os recursos extraordinários vinculados a temas de repercussão geral. A implementação do Robô Victor proporcionou maior eficiência na análise dos temas de repercussão geral de maior reincidência, com redução de tempo de análise nas tarefas de admissibilidade recursal.

Na atuação jurisdicional, o exercício da judicatura pelo Ministro Toffoli destaca-se pelo olhar humanista. É interessante ressaltar a manifestação dessa característica na sua atuação como Relator em julgamentos de repercussão geral, com relação direta aos objetivos de desenvolvimento sustentável (ODS) estabelecidos pela Agenda 2030, da Organização das Nações Unidas. A propósito, o Ministro é entusiasta do tema, tendo implementado a Agenda 2030 no Poder Judiciário, por meio da Resolução CNJ n. 296/2019, que criou a Comissão Permanente de Acompanhamento dos Objetivos de Desenvolvimento Sustentável e da Agenda 2030.

Com o intuito de analisar a contribuição do Ministro Toffoli na concretização da Agenda 2030 da ONU, este artigo fará a análise de três julgamentos relatados por Sua Excelência, em temas com repercussão geral reconhecida, com relação intrínseca com os Objetivos de Desenvolvimento Sustentável.

Primeiro, analisaremos o Tema n. 788, que se correlaciona ao ODS 16 (Paz, Justiça e Instituições Eficazes), em que se discute, à luz do artigo 5º, incisos II e LVII, da Constituição Federal, a recepção do artigo 112, inciso I, do Código Penal, segundo o qual a prescrição da pretensão executória tem início no dia em que transitou em julgado a sentença condenatória para a acusação.

Em segundo lugar, analisaremos o Tema n. 704, referente aos ODS 8 (Trabalho decente e crescimento econômico), ODS 9 (indústria, inovação e infraestrutura), ODS 16 (Paz, Justiça e Instituições Eficazes) e ODS 17 (Parcerias e meios de implementação); o qual aborda a constitucionalidade da "cota de tela", que consiste na obrigatoriedade de exibição de filmes nacionais nos cinemas brasileiros.

Por fim, será examinado o Tema n. 808, relacionado ao ODS 3 (Saúde e bem-estar), com o julgamento que fixou a tese da não incidência de imposto de renda sobre juros de mora devidos pelo atraso no pagamento de remuneração por exercício de emprego, cargo ou função da pessoa física.

Interpretação conforme a Constituição referente à contagem do prazo prescricional da pretensão punitiva

O Supremo Tribunal Federal examinou o artigo 112, inciso I, do Código Penal, quanto à correta determinação do termo inicial da prescrição após sentença condenatória irrecorrível no julgamento do Recurso Extraordinário com Agravo n. 848.107/DF,[4] no tema de repercussão geral n. 788. Este é o teor do dispositivo impugnado:

> Art. 112 - No caso do art. 110 deste Código, a prescrição começa a correr: (Redação dada pela Lei n. 7.209, de 11.7.1984)
> I - do dia em que transita em julgado a sentença condenatória, para a acusação, ou a que revoga a suspensão condicional da pena ou o livramento condicional;

---

[4] Transcrevo o teor da ementa do precedente: EMENTA Constitucional. Tema n. 788. Repercussão geral. Penal. Extinção da punibilidade. Prazo prescricional. Termo inicial. Pena concretamente fixada. Modalidade executória. Artigo 112, inciso I, primeira parte, do Código Penal. Literalidade. Aposto "para a acusação" após a expressão "trânsito em julgado". Necessária harmonização. Presunção de inocência (CF, art. 5º, inciso LVII). Garantia de necessidade de trânsito em julgado em definitivo para o início do cumprimento da pena. Inconstitucionalidade superveniente. ADC n. 44, 53 E 54. Fluência de prazo prescricional antes da constituição definitiva do título executivo. Impossibilidade. Necessário nascimento da pretensão e da inércia estatal. Retirada da locução "para a acusação" após a expressão "trânsito em julgado". Fixação de tese em consonância com a leitura constitucional do dispositivo. Recurso extraordinário ao qual se dá provimento. 1. A questão em foco é saber se, à luz do art. 5º, incisos II e LVII, da Constituição Federal, o art. 112, inciso I, do Código Penal foi por recepcionado pelo ordenamento jurídico, diante da previsão literal de que a fluência do prazo prescricional da pretensão executória estatal pela pena concretamente aplicada em sentença se inicia com o trânsito em julgado para a acusação. 2. Nas ADC n. 43, 44 e 53, cujo objeto se traduziu no cotejo da redação dada ao art. 283 do Código de Processo Penal pela Lei 12.403/11 com o princípio da presunção de inocência (art. 5º, inciso LVII, da CF), a Suprema Corte assentou a necessidade de trânsito em julgado para ambas as partes como condição para a execução da pena. 3. A partir da revisão do entendimento anterior 'que viabilizava a execução provisória da pena ', pôs-se em discussão se a expressão do citado dispositivo "para a acusação" manter-se-ia hígida, por determinar a fluência do prazo prescricional antes da formação do título executivo. 4. Reconhecidas a afronta ao princípio da presunção de inocência (conformado, quanto à execução da pena nas ADC n. 43, 44 e 53), pela manutenção no ordenamento jurídico de regra que pressupõe a (vedada) execução provisória, a disfuncionalidade sistêmica e a descaracterização do instituto da prescrição, declara-se não recepcionado o dispositivo frente à Constituição Federal apenas quanto à locução "para a acusação". 5. Fixa-se, em consequência, a seguinte tese: A prescrição da execução da pena concretamente aplicada começa a correr do dia em que transita em julgado a sentença condenatória para ambas as partes, momento em que nasce para o Estado a pretensão executória da pena, conforme interpretação dada pelo Supremo Tribunal Federal, nas ADC n. 43, 44 e 54, ao princípio da presunção de inocência (art. 5º, inciso LVII, da Constituição Federal). 6. No caso concreto, entretanto, nas datas nas quais foram proferidas as decisões que declararam prescrita a pretensão executória: tanto pelo TJDF como pelo STJ (e embora o entendimento na Suprema Corte já fosse em mesmo sentido do presente voto), não havia decisões vinculantes na Suprema Corte. Desse modo, o condenado obteve decisões favoráveis prolatadas pelo sistema de Justiça, que não afrontaram precedentes vinculantes da Suprema Corte, ocorrendo a estabilização de seu status libertatis. Preponderam, nesse contexto, os princípios da segurança jurídica e da proteção da confiança e aplicam-se iguais rati decidendi a todos os casos em situação idêntica. Não foiprovido, por essas razões, o recurso extraordinário. 7. Modulam-se os efeitos da tese para que seja aplicada aos casos i) nos quais a pena não tenha sido declarada extinta pela prescrição em qualquer tempo e grau de jurisdição; e ii) cujo trânsito em julgado para a acusação tenha ocorrido após 12/11/20 (data do julgamento das ADC n. 43, 44 e 53). 8. Declara-se a não recepção pela Constituição Federal da locução "para a acusação", contida na primeira parte do inciso I do art. 112 do Código Penal, conferindo a ela interpretação conforme à Constituição para se entender que a prescrição começa a correr do dia em que transita em julgado a sentença condenatória para ambas as partes.

Na origem, o Ministério Público do Direito Federal interpôs recurso extraordinário com agravo contra acórdão do Tribunal de Justiça do Distrito Federal, que fundamentou a extinção da pretensão punitiva em razão da data do trânsito em julgado da sentença condenatória para a acusação. Assim, o recurso objetivou afastar a contagem do prazo a partir da data do trânsito em julgado da sentença para ambas as partes.

O recorrente dispôs que o acórdão recorrido teria vilipendiado o artigo 5º, incisos II e LVII, da Constituição Federal, com a aplicação do artigo 112, inciso I, do Código Penal, para reconhecer a prescrição em favor do recorrido. Por isso, requereu-se o provimento ao recurso para impedir o julgamento da prescrição nesse contexto.

Em seu voto, o Ministro Dias Toffoli também registrou os parâmetros constitucionais, com a relevância atribuída ao artigo 5º, da Constituição Federal:

> Art. 5º Todos são iguais perante a lei, sem distinção de qualquer natureza, garantindo-se aos brasileiros e aos estrangeiros residentes no País a inviolabilidade do direito à vida, à liberdade, à igualdade, à segurança e à propriedade, nos termos seguintes:
> [...]
> II – ninguém será obrigado a fazer ou deixar de fazer alguma coisa senão em virtude de lei;
> [...]
> LVII - ninguém será considerado culpado até o trânsito em julgado de sentença penal condenatória."

Diante disso, a controvérsia acerca de qual é o termo inicial para a contagem do prazo prescricional é reconhecida diante da sua relevância constitucional. Outrossim, o Relator enfatizou que a constitucionalidade do inciso I, do artigo 112, do Código Penal, se relaciona de forma direta com outra interpretação recente do STF: o Estado não pode determinar a execução da pena contra condenado com base em título executivo não definitivo, em razão da ênfase ao princípio da presunção da inocência, conforme previsão constitucional supracitada.

Já quanto à execução da pena, a Suprema Corte apresentou dois entendimentos diversos: 1) só poderá ser iniciada após o trânsito em julgado para ambas as partes; 2) poderá ser iniciada no esgotamento das instâncias jurisdicionais provisórias.

O Ministro Dias Toffoli apresentou uma análise da evolução da jurisprudência do STF nesta matéria, iniciada em 28 de junho de 1991, em que o Tribunal entendeu, por unanimidade, que a expedição de mandado de prisão, como requisito para o início da execução provisória da pena, não conflita com a previsão do artigo 5º, inciso LVII, da Constituição (HC n. 68.276/DF). No entanto, com o julgamento do HC n. 84.078/MG, em 5 de fevereiro de 2009, a Corte exarou novo entendimento, em que passou a exigir o trânsito em julgado da condenação para a acusação e para a defesa, de modo que, antes desse momento processual, a prisão só poderia ser decretada ou mantida a título de cautelar.

Dessa forma, o STF passou a apresentar fundamentação no sentido de que haveria a necessidade do trânsito em julgado para ambas as partes, com o objetivo de figurar o marco interruptivo da prescrição, com menção ao princípio da inocência.

O Ministro também mencionou a alteração legislativa da Lei n. 12.403/2011, que proporcionou nova disposição ao artigo 283, do Código de Processo Penal:

Art. 283. Ninguém poderá ser preso senão em flagrante delito ou por ordem escrita e fundamentada da autoridade judiciária competente, em decorrência de sentença condenatória transitada em julgado ou, no curso da investigação ou do processo, em virtude de prisão temporária ou prisão preventiva.

A partir disso, restabeleceu-se como condição para o início do cumprimento da pena o trânsito em julgado da sentença penal (condenatória) para ambas as partes.

Com essa análise jurisprudencial, o Ministro tece considerações sobre a história da prescrição no direito brasileiro, como inicialmente prevista no Código Penal de 1890, que tinha o termo inicial determinado na contagem do dia em que a sentença transitou em julgado. Segundo o Relator, a condição da literalidade do dispositivo do artigo 112, inciso I, deve ser analisada para averiguar se ela pode ser adequada ao instituto da prescrição (pressupostos e finalidades). Para esse estudo, mencionou três condições apresentadas por Pontes de Miranda: (i) a possibilidade da pretensão; (ii) a prescritibilidade da pretensão; (iii) o transcurso do prazo prescricional, com a função de estabilidade da ordem jurídica.

Desse modo, a inércia determina, em regra, o início da contagem do prazo prescricional, enquanto não houver pretensão punitiva, com o trânsito em julgado da sentença, não haverá de se iniciar o período prescricional. Assim, para que seja declarada a inércia, é necessário que o Estado tenha a possibilidade de exercer sua pretensão apenas após o trânsito em julgado da sentença para ambas as partes.

Outrossim, o entendimento diverso, de acordo com a aplicação da literalidade do artigo, além de contrariar a ordem jurídico-normativa, conforme argumentado pelo Ministro Dias Toffoli, teria o efeito prático de ocasionar o recurso da acusação diante de todas as decisões. Isso porque haveria o claro objetivo de postergar o início da fluência do termo inicial da prescrição, que só começaria após o trânsito em julgado para a acusação.

Ante a exegese realizada pelo Ministro, verifica-se a necessidade de reconhecimento da redução do texto do inciso I, do artigo 112 do Código Penal, sem mencionar o trânsito em julgado para a acusação, mas sim, o trânsito em julgado para ambas as partes.

Constata-se que essa decisão, além de evidenciar a necessidade da interpretação conforme a Constituição, salientou o prejuízo no caso concreto da interpretação do artigo 112, inciso I, do Código Penal em sua totalidade.

Desse modo, o voto analisado representou a ênfase à proteção ao princípio da presunção da inocência, em virtude da consolidação do entendimento de que a pretensão executória da pena imposta pelo Estado só é possibilitada após o trânsito em julgado da ação condenatória, para ambas as partes, momento em que se iniciará o prazo prescricional. Assim, o Relator estabeleceu que o elemento da inércia, necessário para a constatação da prescrição, só pode ocorrer após o Estado contemplar a pretensão punitiva do réu.

Por isso, evidencia-se o impacto da tese proferida pelo Ministro para a construção de uma sociedade sustentável com o cumprimento do ODS 16 (Paz, Justiça e Instituições Eficazes).

Análise da "cota de tela": obrigatoriedade de exibição de filmes brasileiros em salas de cinema

No Recurso Extraordinário 627.432/MG, Tema de repercussão geral n. 704,[5] o Ministro Dias Toffoli foi relator do voto que fixou a tese de constitucionalidade da "cota de tela", que consiste na obrigatoriedade de exibição de filmes nacionais nos cinemas brasileiros, bem como a viabilização das sanções administrativas decorrentes da inobservância dessa norma.

O acórdão é interessante na medida em que a recorrente busca discutir a possibilidade de edição da "cota de tela" prevista no dispositivo do artigo 55, da Medida Provisória n. 2.228-1, de 6 de setembro de 2001, com a seguinte redação:

> Art. 55. Por um prazo de vinte anos, contados a partir de 5 de setembro de 2001, as empresas proprietárias, locatárias ou arrendatárias de salas, espaços ou locais de exibição pública comercial exibirão obras cinematográficas brasileiras de longa-metragem, por um número de dias fixado, anualmente, por decreto, ouvidas as entidades representativas dos produtores, distribuidores e exibidores.
>
> §1º A exibição de obras cinematográficas brasileiras far-se-á proporcionalmente, no semestre, podendo o exibidor antecipar a programação do semestre seguinte.
>
> §2º A ANCINE aferirá, semestralmente, o cumprimento do disposto neste artigo.
>
> §3º As obras cinematográficas e os telefilmes que forem exibidos em meios eletrônicos antes da exibição comercial em salas não serão computados para fins do cumprimento do disposto no caput
>
> Art. 59. O descumprimento da obrigatoriedade de que trata o art. 55 sujeitará o infrator a multa correspondente a 5% (cinco por cento) da receita bruta média diária de bilheteria do complexo, apurada no ano da infração, multiplicada pelo número de dias do descumprimento. (Redação dada pela Lei n. 12.599, de 2012)
>
> §1º Se a receita bruta de bilheteria do complexo não puder ser apurada, será aplicada multa no valor de R$ 100,00 (cem reais) por dia de descumprimento multiplicado pelo número de salas do complexo. (Redação dada pela Lei n. 12.599, de 2012)
>
> §2º A multa prevista neste artigo deverá respeitar o limite máximo estabelecido no caput do art. 60. (Redação dada pela Lei n. 12.599, de 2012).

---

[5] Transcrevo o teor da ementa do precedente: EMENTA Recurso extraordinário com repercussão geral. Direito Constitucional. Medida provisória. Obrigatoriedade de exibição de filmes brasileiros em salas de cinema. Cota de tela. Constitucionalidade. Recurso extraordinário não provido. 1. O recurso extraordinário foi interposto em face de acórdão por meio do qual a Terceira Turma do Tribunal Regional Federal da 4ª Região julgou improcedente ação declaratória ajuizada pelo Sindicato das Empresas Exibidoras Cinematográficas do Estado do Rio Grande do Sul, na qual se discute a obrigatoriedade de exibição de filmes brasileiros em salas de cinema. 2. É inviável o acolhimento da desistência do recurso extraordinário protocolado após o reconhecimento da repercussão geral da temática recursal. Há precedente no sentido "da impossibilidade de desistência de qualquer recurso ou mesmo de ação após o reconhecimento de repercussão geral da questão constitucional" (RE n. 693.456/RJ-RG, Rel. Min. Dias Toffoli, Tribunal Pleno, DJe de 19/10/17). 3. O exame jurisdicional sobre o mérito do requisito da urgência somente deve ocorrer em casos excepcionais, mormente quando evidenciado o abuso de poder por parte do Poder Executivo. Precedentes. No exame da medida provisória que versa acerca da defesa dos altos valores constitucionais (defesa, promoção e difusão da cultura nacional) envolvidos em cenário que se mostra profundamente permeado por oligopólios, é inviável atestar-se, de pronto, a ausência do requisito da urgência ou a evidência de abuso de poder pelo Executivo na normatização do tema. 4. A Medida Provisória n. 2.228-1/2001 promoveu intervenção voltada a proporcionar a efetivação do direito à cultura, sem, por outro lado, atingir o núcleo dos direitos à livre iniciativa, à livre concorrência e à propriedade privada, tendo apenas adequado as liberdades econômicas a sua função social. 5. Recurso extraordinário desprovido. 6. Tese: São Constitucionais a denominada cota de tela, consistente na obrigatoriedade de exibição de filmes nacionais nos cinemas brasileiros, e as sanções administrativas decorrentes da inobservância da cota.

O Ministro Dias Toffoli rechaçou a argumentação da edição da Medida Provisória em análise, na medida em que o exame jurisdicional sobre o mérito do requisito da urgência só deveria ocorrer em casos excepcionas com o evidente abuso de poder por parte do Poder Executivo, conforme precedentes da Corte.

No mérito, o Ministro ressaltou as particularidades do mercado audiovisual, como controlado por grandes grupos empresariais, os quais definem se determinada produção cinematográfica será exibida nos cinemas, o que dificulta a inserção de obras externas ao nicho predominante. Para tanto, o Ministro utiliza de fundamentações de autores e pesquisas, a exemplo do estudo da Associação Brasileira da Produção de Obras Audiovisuais (APRO) realizada em conjunto com o Serviço Brasileiro de Apoio às Micro e Pequenas Empresas (SEBRAE): "As empresas produtoras que compõem o mercado audiovisual internacional – o qual movimenta mais de 400 bilhões de dólares/ano – concentram-se especialmente em 3 países ou continentes: EUA (68,8%), Japão (15,4%) e Europa (11,4%)".[6]

Diante disso, o Ministro justificou o motivo que desencadeou a escrita da Medida Provisória, com a instituição da "cota de tela": a forte concentração produtiva, bem como a existência de "barreiras de mercado" impostas à produção audiovisual nacional. Assim, concluiu pela necessidade da proteção e promoção do setor de audiovisual devidamente estabelecidas pela norma em análise.

Entretanto, há controvérsia *sub judice* enfatizada pelo Ministro em relação às disposições dos artigos 170 e 174, da Constituição Federal, que constam no título *"Da Ordem Econômica e Financeira"*, os quais protegem a livre iniciativa e livre concorrência, além da análise em conjunto com os artigos 215; 216 e 216-A, do título "Da Ordem Social" também da Constituição. Assim, evidencia-se o direito ao livre exercício de qualquer atividade econômica, conforme previsão pelo artigo 170; bem como o papel do Estado com as funções de fiscalização, incentivo e planejamento, normatizado pelo artigo 174.

O Ministro ressaltou, no voto, que a livre iniciativa e o livre mercado devem ser lidos à luz do artigo 174, da Carta Magna, de modo a resultar na observação da possibilidade de atuação do Estado como ente fiscalizador, determinante para o setor público e indicativo para o setor privado. Assim, é evidenciado que a "cota de tela" é mecanismo de incentivo estatal sobre a ordem econômica, de modo a não afetar a livre iniciativa, tampouco o livre mercado.

O Ministro dispôs que, embora seja provocada alguma restrição "às empresas proprietárias, locatárias ou arrendatárias de salas, espaços ou locais de exibição pública comercial", ocorre o favorecimento da economia nacional a partir do fomento à produção audiovisual brasileira. Nesse sentido, exemplifica esse contexto com o caso da vitória do filme "Parasita" no Oscar, conforme ponderações do Instituto de Direito, Economia Criativa e Artes (IDEA), que salientou a Coreia do Sul como "um caso de sucesso no mundo todo de como estruturar a cadeia produtiva", na medida em que proporcionou o crescimento da economia nacional.

O tópico da proteção à cultura nacional também se faz presente no voto e o Ministro explicou, com muita assertividade, o relevante papel do cinema na identidade

---

[6]   Mapeamento e Impacto Econômico do Setor Audiovisual no Brasil 2016 – Resumo Executivo. Disponível em: http://www.abap.com.br/pdfs/publicacoes/mapeamento.pdf. Acesso em: 23 fev. 2021.

cultural, como um valor protegido de forma incisiva pelos artigos 215, 216 e 216-A, do texto constitucional.

Com efeito, não se trata apenas de se resguardarem as manifestações culturais, como também de se encontrarem meios de favorecer as manifestações com valores culturais, identificado diretamente no caso do cinema. Por isso, o constituinte previu um importante papel ao Estado com forte atuação positiva ao difundir e promover os meios de acesso às manifestações culturais para todos os cidadãos, inclusive em cooperação com os agentes privados da área cultural (artigo 216-A, §1º, inciso IV, da Constituição Federal).

Em síntese, é evidente a relevância do voto do Ministro Dias Toffoli, em virtude da fundamentação aclarada, com base em diversas fontes do Direito, que permitem a conclusão de uma justificativa dessa atuação do legislador no mercado cinematográfico, com o objetivo de proporcionar o acesso às fontes da cultura nacional, bem como a valorização do patrimônio nacional. Essa perspectiva vislumbrada pelo Relator apresentou impacto na concretização de quatro objetivos da Agenda 2030: DS 8 (Trabalho decente e crescimento econômico), ODS 9 (indústria, inovação e infraestrutura), ODS 16 (Paz, Justiça e Instituições Eficazes) e ODS 17 (Parcerias e meios de implementação).

Não incidência do imposto de renda nos juros moratórios devidos em razão do atraso no pagamento remuneratório por exercício de emprego, cargo ou função

Outro julgamento muito relevante de autoria do Ministro Dias Toffoli (RE n. 855091/ RS – Tema n. 808 de repercussão geral[7]) analisou, principalmente, parte do parágrafo único do artigo 16, da Lei n. 4.506/1964, não recepcionada pela Constituição Federal, que prevê a incidência do imposto de renda sobre juros de mora decorrentes de atraso das remunerações provenientes do exercício de empregos, cargos ou funções. No caso, a União interpôs recurso extraordinário contra o acórdão do Tribunal Regional Federal da 4ª Região que decidiu pela não incidência do imposto de renda sobre valor recebido a título de juros de mora.

---

[7] Transcrevo o teor da ementa do precedente: EMENTA Recurso extraordinário. Repercussão Geral. Direito Tributário. Imposto de renda. Juros moratórios devidos em razão do atraso no pagamento de remuneração por exercício de emprego, cargo ou função. Caráter indenizatório. Danos emergentes. Não incidência. 1. A materialidade do imposto de renda está relacionada com a existência de acréscimo patrimonial. Precedentes. 2. A palavra indenização abrange os valores relativos a danos emergentes e os concernentes a lucros cessantes. Os primeiros, correspondendo ao que efetivamente se perdeu, não incrementam o patrimônio de quem os recebe e, assim, não se amoldam ao conteúdo mínimo da materialidade do imposto de renda prevista no art. 153, III, da Constituição Federal. Os segundos, desde que caracterizado o acréscimo patrimonial, podem, em tese, ser tributados pelo imposto de renda. 3. Os juros de mora devidos em razão do atraso no pagamento de remuneração por exercício de emprego, cargo ou função visam, precipuamente, a recompor efetivas perdas (danos emergentes). Esse atraso faz com que o credor busque meios alternativos ou mesmo heterodoxos, que atraem juros, multas e outros passivos ou outras despesas ou mesmo preços mais elevados, para atender a suas necessidades básicas e às de sua família. 4. Fixa-se a seguinte tese para o Tema n. 808 da Repercussão Geral: "Não incide imposto de renda sobre os juros de mora devidos pelo atraso no pagamento de remuneração por exercício de emprego, cargo ou função". 5. Recurso extraordinário não provido.

PEDRO FELIPE DE OLIVEIRA SANTOS, STEPHANIE GABRIELLE NEVES SANTOS | 1435

A CONTRIBUIÇÃO DO MINISTRO DIAS TOFFOLI PARA A CONCRETIZAÇÃO DA AGENDA 2030 DA ONU EM TRÊS PRECEDENTES COM REPERCUSSÃO GERAL

Com isso, o Ministro enfatizou que a incidência do imposto de renda pressupõe acréscimo patrimonial. Todavia, as parcelas de origem indenizatória visam apenas à recomposição do patrimônio, de modo a não o aumentar, conforme entendimento já formulado pelo Supremo Tribunal Federal.

Para além disso, o Ministro enfatizou a previsão do artigo 153, inciso III, da Constituição Federal, que dispõe sobre a competência da União na instituição do imposto sobre renda e proventos de qualquer natureza. O Ministro destacou os entendimentos doutrinários e jurisprudenciais sobre a interpretação do conceito de "acréscimo patrimonial", de modo a evidenciar que tanto a renda, quanto os proventos de qualquer natureza, devem representar ganhos ou riquezas novas, para inclusive garantir o princípio da capacidade contributiva.[8]

Nesse ínterim, o Ministro reiterou a necessidade de o acréscimo patrimonial representar disponibilidade econômica, proveniente do valor exasperado ao patrimônio do contribuinte, ou disponibilidade jurídica, que seria o crédito desse numerário acrescido que o contribuinte passa a dispor, não obstante a condição de ainda não ter a quantia em mãos.[9]

Concluiu pela necessidade de verificar se os juros de mora legais constituem ou não acréscimo patrimonial. Com a análise dos dispositivos do Código Civil (artigo 1.059, artigo 1.061, artigo 402 e artigo 404), o Ministro constatou que a expressão "juros moratórios" designa a indenização pelo atraso no pagamento da dívida em dinheiro. Essa condição também é reconhecida na legislação tributária, em que o legislador definiu, no artigo 16, parágrafo único, da Lei n. 4.506/1964, a classificação como rendimento de trabalho assalariado "os juros de mora e quaisquer outras indenizações". Essa referência aos juros de mora e "outras indenizações" evidenciou o reconhecimento de que esse montante exigido consiste em indenização, que não perfaz acréscimo patrimonial.

Quanto ao aspecto da "indenização", o Ministro destacou que o termo abrange os valores auferidos a título de "danos emergentes" – que não incrementam o patrimônio- e os valores recebidos a título de "lucros cessantes" – tributados pelo imposto de renda, pois esses sim, substituiriam o acréscimo patrimonial que deixou de ser auferido, em razão de um ilícito, não ocorrido na situação analisada.

Após, ele destacou a necessidade de verificação se os juros de mora devidos em razão do atraso no adimplemento de obrigação de pagar em dinheiro, no contexto da remuneração devida ao trabalhador decorrente de exercício, cargo ou função representam "lucros cessantes" ou "danos emergentes". Assim, o Ministro vislumbrou que o atraso dessa remuneração devida gera danos emergentes ao credor, na medida em que, se houvesse o pagamento tempestivo, seria desencadeado acréscimos em seu patrimônio. Exemplifica que o dinheiro recebido no caso fático é utilizado para organização de suas finanças, com o suprimento de suas necessidades e de seus familiares com moradia, alimentação, educação, saúde, higiene, transporte, dentre outros. Desse modo, com o atraso dessa verba, o credor buscará, naturalmente, outros meios para atender essas necessidades básicas, exemplificadas pelo Relator: uso do rotativo e/ou da linha de crédito

---

[8] CARRAZZA, Roque Antonio. *Imposto sobre a renda*: perfil constitucional e temas específicos. 3. ed. São Paulo: Malheiros Editores, 2009. p. 57.

[9] MACHADO, Hugo de Brito. *Curso de direito tributário*. 30. ed. São Paulo: Malheiros, 2009. p. 317.

do cartão de crédito, uso do cheque especial, obtenção de empréstimos, prolongamento do tempo de utilização de linha de crédito já contratada, entre outras.

A partir disso, o Ministro concluiu pela razoabilidade de pensar que esses meios alternativos atraem, além da cobrança de tarifas, multas e juros, que exaurem os percentuais geralmente fixados nos juros de mora. Adicionalmente, imagina a possibilidade de o trabalhado também ficar sujeito a compras a prazo, atrasar a satisfação das próprias despesas, bem como a inscrição do nome em cadastros de inadimplentes, entre outros.

Assim, depreendeu que os juros de mora legais visam recompor, de modo estimado, esses gastos extras que o credor precisa suportar, haja vista o atraso de verba de natureza alimentar que tinha direito. O Ministro ainda citou pesquisas sobre a condição financeira das famílias e dos consumidores no Brasil:

> Pesquisa da Confederação Nacional do Comércio (CNC) revela que, em janeiro de 2017, mais de 55% das famílias 'relataram ter dívidas entre cheque pré-datado, cartão de crédito, cheque especial, carnê de loja, empréstimo pessoal, prestação de carro e seguro'. Ainda segundo a pesquisa, 'o cartão de crédito foi apontado como um dos principais tipos de dívida por 77,3% das famílias endividadas'.
>
> Em estudo, o Serviço de Proteção ao Crédito (SPC Brasil) e a Confederação Nacional de Dirigentes Lojistas (CNDL) mostraram, por meio do Indicador de Reserva Financeira, que, em fevereiro de 2017, apenas 20% 'dos consumidores guardou alguma quantia de dinheiro' (RE n. 855901, Relator Dias Toffoli, Tribunal Pleno, julgado em 15/03/2021, DJe – 08/04/2021).

Nesse cenário, o Ministro também enfatizou que para os juros de mora serem caracterizados com a natureza de lucros cessantes, seria necessário pressupor, por exemplo, que o trabalhador normalmente aplicaria a integralidade da verba não recebida em algum instrumento que lhe gerasse renda equivalente aos juros de mora, no decorrer dos meses que não recebeu a quantia. No entanto, com a análise do quadro fático brasileiro, o Ministro entendeu que essa presunção não se reputa razoável.

Por isso, conclui que a questão em tela demonstra a situação de não incidência tributária do imposto de renda sobre os juros de mora, com uma análise muito sensível em um voto que realizou um estudo da diferença entre "danos emergentes" e "lucros cessantes", além da realização de um exame necessário sobre a situação econômica nacional, para afastar a incidência do imposto de renda no caso.

Conclusão

O percurso do Ministro Dias Toffoli no Supremo Tribunal Federal tem representado o compromisso com a concretização dos direitos fundamentais previstos em nossa Constituição Federal, sempre cioso da necessidade de fortalecimento do Estado Democrático de Direito. O olhar humanista do Ministro é evidente em seus votos. Marca registrada dessa característica é a construção de uma agenda de julgamentos alinhada com os Objetivos de Desenvolvimento Sustentável da Agenda 2030 da Organização das Nações Unidas, especialmente em temas com repercussão geral reconhecida, com um olhar atento e ponderado às condições reais do país, às desigualdades sociais e à necessidade de construção de um ambiente nacional justo, democrático e com instituições fortes.

Referências

BRASIL. *Supremo Tribunal Federal*. Relatório da Gestão 2018-2020. Brasília: STF, 2020.

BRASIL. Supremo Tribunal Federal. Termo de Posse de sua Excelência o Senhor José Antonio Dias Toffoli, no cargo de Ministro do Supremo Tribunal Federal, em 23 de outubro de 2009. Livro para Registro dos Termos de Posse, 1977.

BRASIL. *Supremo Tribunal Federal*. Termo de Posse do Excelentíssimo Senhor Ministro José Antonio Dias Toffoli nos cargos de Vice-Presidente do Supremo Tribunal Federal e do Conselho Nacional de Justiça, em 12 de setembro de 2016. Livro de Registro de Termos de Posse, 1977.

BRASIL. *Supremo Tribunal Federal*. Termo de Posse de sua Excelência o Senhor José Antonio Dias Toffoli, nos cargos de Presidente do Supremo Tribunal Federal e do Conselho Nacional de Justiça, em 13 de setembro de 2018. Livro para Registro dos Termos de Posse, 1977.

CARRAZZA, Roque Antonio. *Imposto sobre a renda*: perfil constitucional e temas específicos. 3. ed. São Paulo: Malheiros Editores, 2009.

MACHADO, Hugo de Brito. *Curso de direito tributário*. 30 ed. São Paulo: Malheiros, 2009.

MAPEAMENTO e Impacto Econômico do Setor Audiovisual no Brasil 2016 - Resumo Executivo. Disponível em: http://www.abap.com.br/pdfs/publicacoes/mapeamento.pdf. Acesso em: 23 fev. 2021.

MIRANDA, Pontes de. *Tratado de direito privado*. Parte Geral: Tomo VI. Exceções. Direitos mutilados, Exercício dos Direitos, pretensões, ações e exceções. Prescrição. Atualizado por ALVES, Vilson Rodrigues. Campinas: Bookseller, 2000.

Informação bibliográfica deste texto, conforme a NBR 6023:2018 da Associação Brasileira de Normas Técnicas (ABNT):

SANTOS, Pedro Felipe de Oliveira; SANTOS, Stephanie Gabrielle Neves. A contribuição do Ministro Dias Toffoli para a concretização da Agenda 2030 da ONU em três precedentes com repercussão geral. *In*: MENDES, Gilmar Ferreira; LIRA, Daiane Nogueira de; FREIRE, Alexandre (Coord.). *Constituição, democracia e diálogo*: 15 anos de Jurisdição Constitucional do Ministro Dias Toffoli. 2. ed. Belo Horizonte: Fórum, 2025. p. 1427-1437. ISBN 978-65-5518-937-7.

AUTORITARISMO E EXCEÇÃO NA OPERAÇÃO LAVA JATO

PEDRO ESTEVAM ALVES PINTO SERRANO
ANDERSON MEDEIROS BONFIM

Introdução

O Excelentíssimo Senhor Ministro Dias Toffoli, nos autos da Petição nº 12.357, anulou atos praticados pelo juízo da 13ª Vara Federal de Curitiba no âmbito, ao reconhecer violações ao devido processo legal, ao contraditório e à ampla defesa. Nas suas palavras, houve "clara a mistura da função de acusação com a de julgar, corroendo-se as bases do processo penal democrático". É inspirado na referida decisão que, no presente estudo, homenageamos o Excelentíssimo Senhor Ministro Dias Toffoli, o qual desnudou, na citada decisão, os artifícios do lavajatismo, isso em nome da defesa do Estado Democrático de Direito.

Apresentado o propósito científico que inspira o presente estudo, insta consignar, inicialmente, que a clássica dogmática jurídica costuma preceituar que a obediência à racionalidade jurídica – especialmente em suas características de passividade, vinculação ao Direito, imparcialidade e dever de fundamentação – conferiria ao sistema de justiça uma qualificação técnico-jurídica que sempre legitimaria suas decisões. Entretanto, a teoria da decisão jurídica, o que inclui a judicial, não se reduz, como pretende a vetusta processualística, à mera compreensão de tais aspectos.

Ao Judiciário cabe, nas democracias contemporâneas, a última palavra em termos de interpretação da ordem jurídica. Em países como os latino-americanos, providos de Constituições analíticas, grande parte das decisões sobre os diversos campos da vida pública, da vida em comunidade e dos comportamentos humanos acabam sendo transferidas do âmbito legislativo para o jurisdicional. Ocorre que referida matéria é comumente subestimada no âmbito da teoria geral do Estado e do processo penal, nos quais são escassos os estudos questionadores da concretização, na sua acepção plena, do Estado de Direito nos procedimentos democráticos e de persecução penal.

1 O mito da concretização do Estado de Direito e a exceção líquida permanente

No âmbito da teoria geral do Estado, não são raras as afirmações de que vivenciamos a concretização plena do Estado Democrático e de Direito. Entretanto, trata-se de um projeto humano e político, uma concepção abstrata que nunca se realizou completamente em nenhuma sociedade histórica conhecida. Além disso, o tema do Estado de exceção, bem como as medidas de exceção no interior das democracias contemporâneas, constituindo-se em contrafação do Estado de Direito, é raramente estudado.

É notória a resistência ao trato da questão, ainda que Jacques Derrida tenha apontado que nenhuma teoria está completa se não compreender suas afasias, exceções e ruídos.[1] É possível que a resistência decorra da forte influência, ao menos no meio jurídico latino-americano, do positivismo analítico de origem kelseniana que, não aceitando a aplicação do direito posto ao caso concreto como objeto passível de tratamento racional pela ciência jurídica, deixou de reconhecer a decisão de exceção como indagação jurídica relevante.

As medidas de exceção percebidas na rotina democrática variam de forma e legitimação, dependendo do grau de desenvolvimento do Estado em que são verificadas. Nos países de capitalismo periférico, há um Estado de exceção permanente, de fato, que convive com um Estado de direito permanente, formal.

Consoante acurada análise de Ernst Fraenkel quanto ao totalitarismo do século XX, a emergência do por ele intitulado de Estado dual, pressupunha a coexistência de Estado-Norma e de um Estado de prerrogativas: de um lado, normas relativas às relações privadas e ao sistema de justiça visavam, essencialmente, garantir previsibilidade e continuidade do sistema capitalista, ao passo que, no campo dos direitos fundamentais, prevalecia a exceção pela suspensão do Direito e da Constituição.[2]

Mais especificamente, há um tipo de exceção meramente aparente, estabelecida de forma autorizada e regulada pelo direito, em que a suspensão de direitos concretiza-se em uma forma de "direito especial", próprio a ser aplicado em situações de guerra ou grave conflito interno. Por outro lado, há a exceção verdadeira ou real, em que, por vontade política soberana, decisionista, suspende-se o direito sem qualquer racionalidade transversal.

2 A exceção em Carl Schmitt e Giorgio Agamben: da incorporação ao direito ao campo de indeterminação

A discussão acerca da teoria do Estado de exceção encontra uma divisão entre aqueles que o inserem no ordenamento jurídico, tais como Santi Romano, Hauriou e Mortari, que concebem o Estado de exceção como parte integrante do direito positivo e, ainda, Hoerni, Ranelletti e Rossiter, os quais entendem o Estado de exceção como um direito natural do Estado à sua própria conservação. Por outro lado, há aqueles que o

---

[1] DERRIDA, Jacques. *Força de lei*: o "fundamento místico da autoridade". São Paulo: Martins Fontes, 2007. p. 12.
[2] FRAENKEL, Ernst. *O Estado dual*. São Paulo: Contracorrente, 2024. p. 139.

consideram a teoria do Estado de exceção como um fenômeno extrajurídico, dentre os quais se incluem Biscaretti, Balladore-Pallieri e Carré de Malberg.[3]

Em Carl Schmitt, a topologia *dentro-fora* pode ser explicada por meio da exceção como doutrina da soberania. Ao enunciar que soberano é aquele que decide sobre a exceção, garante a ancoragem desta à ordem jurídica. Ou seja, em que pese a exceção representar a suspensão da norma posta, a decisão do soberano sobre tal suspensão só é válida porque este é juridicamente responsável pela decisão. Segundo o autor, "o soberano se coloca fora da ordem jurídica normalmente vigente, porém a ela pertence, pois ele é competente para a decisão sobre se a Constituição pode ser suspensa *in toto*".[4]

Carl Schmitt abandonou a distinção entre poder constituinte e constituído como base da ditadura soberana. A soberania é definida pelo poder de decidir sobre o Estado de exceção, suspendendo o direito. Ainda que a conclusão seja aparentemente paradoxal, Carl Schmitt busca inscrever a decisão sobre o Estado de exceção no interior do direito. Daí porque tratará do tema topograficamente, numa relação *dentro-fora* do direito. O fundamento do Estado e do direito, portanto, para Carl Schmitt, é a decisão política, e não uma norma jurídica hipotética de reconhecimento ou posta. Segundo afirma, "a ordem jurídica, como toda ordem, repousa em uma decisão e não em uma norma".[5]

O principal objetivo de Carl Schmitt é inscrever a teoria da exceção no contexto jurídico. É na distinção entre norma e decisão que o Estado de exceção ganha contornos jurídicos, pois "suspendendo a norma, o estado de exceção 'revela (…) em absoluta pureza um elemento formal especificamente jurídico: a decisão' (…). Os dois elementos, norma e decisão, mostram assim a sua autonomia".[6]

A definição schmittiana de Estado de exceção é, portanto, "o lugar em que a oposição entre a norma e a sua realização atinge a máxima intensidade". A consequência é, portanto, "um campo de tensões jurídicas em que o mínimo de vigência formal coincide com o máximo de aplicação real e vice-versa. Mas também nessa zona extrema, ou melhor, exatamente em virtude dela, os dois elementos do direito mostram sua íntima coesão".[7] O que se verifica é que "o estado de exceção separa, pois, a norma da sua aplicação para tornar possível a aplicação. Introduz no direito uma zona de anomia para tornar possível a normatização efetiva do real".[8]

Giorgio Agamben, por outro lado, constatou que "a simples oposição topográfica (dentro/fora) implícita nessas teorias parece insuficiente para dar conta do fenômeno que deveria explicar". De todo modo, preceitua que a exceção "não é nem exterior nem interior ao ordenamento jurídico e o problema de sua definição diz respeito a um patamar, ou a uma zona de indiferença, em que dentro e fora não se excluem, mas se indeterminam".[9]

A decisão soberana acerca da anormalidade e da emergência para instaurar a suspensão do direito e propiciar a exceção permitiu, ao longo da história recente das

---

[3]   AGAMBEN, Giorgio. *Estado de exceção*. São Paulo: Boitempo, 2011. p. 38.
[4]   SCHMITT, Carl. *Teologia política*. Tradução de Elisete Antoniuk. Belo Horizonte: Del Rey, 2006. p. 8.
[5]   SCHMITT, Carl. *Teologia política*. Tradução de Elisete Antoniuk. Belo Horizonte: Del Rey, 2006. p. 10.
[6]   AGAMBEN, Giorgio. *Estado de exceção*. São Paulo: Boitempo, 2011. p. 56.
[7]   AGAMBEN, Giorgio. *Estado de exceção*. São Paulo: Boitempo, 2011. p. 56.
[8]   AGAMBEN, Giorgio. *Estado de exceção*. São Paulo: Boitempo, 2011. p. 58.
[9]   AGAMBEN, Giorgio. *Estado de exceção*. São Paulo: Boitempo, 2011. p. 39.

democracias contemporâneas, a continuidade dos mecanismos excepcionais violadores do Estado de direito em, exemplificativamente, processos penais de exceção.

3 Notas sobre o processo penal de exceção

A doutrina do Direito penal do inimigo, criada na década de 1980 pelo jurista alemão Günther Jakobs, propõe uma distinção entre o Direito penal do cidadão e um direito penal do inimigo. O primeiro, formado pela aplicação das normas penais vigentes, com respeito às garantias individuais dos cidadãos e exercida nos estritos limites do poder punitivo estatal impostos no âmbito da legalidade e o segundo, um direito penal especial, voltado aos inimigos, em que há a aplicação de atos lícitos ou ilícitos aos indivíduos que põe em risco a segurança nacional.

Enquanto nos Estados Unidos e na Europa continental podemos reconhecer de forma explícita uma jurisprudência do Direito penal de exceção e medidas de exceção no direito penal por meio da criação de leis especiais – ou direito penal do inimigo para ficarmos na expressão cunhada por Günther Jakobs – em razão de um direito especial que é criado para questões de segurança nacional, identificadas com as ameaças terroristas, no Brasil é o próprio direito comum que é utilizado para combater o inimigo.

No Brasil, não se trata de aplicar um Direito penal ou processual diferenciado, mas de se valer de interpretações das normas penais comuns como mecanismos para se instaurar as medidas de exceção. Eis a manifestação do autoritarismo líquido e da exceção na "operação Lava Jato".

A exceção caracteriza-se pela simplificação da decisão a si mesma, sem qualquer mediação pelo direito. Ademais, caracteriza-se por uma provisoriedade inerente, pois não trata de extinguir o direito, mas de suspendê-lo em situações específicas. Por fim, deparamo-nos com um poder que se apresenta de forma bruta e, por consequência, por sua não autolimitação, nem mesmo por qualquer regra de coerência ou racionalidade. Por fim, a decisão judicial de exceção não se influencia nem produz "jurisprudência" para situações semelhantes juridicamente. Mudando-se os atores envolvidos ou o fim político, muda-se a decisão, retornando-se ao Direito ou produzindo nova exceção.

4 Operação Lava Jato: das generalidades às medidas de exceção líquida

O processo penal é informado por determinados princípios basilares, dentre os quais se incluem, em especial, a imparcialidade. Assim, antes que elenquemos, exemplificativamente, em manifestas violações ao princípio da imparcialidade no âmbito da "operação Lava Jato", é importante que fixemos, perfunctoriamente, seus contornos dogmáticos.

A imparcialidade, para Artur Cesar de Souza, assume as feições de objetividade, isenção, neutralidade e transparência.[10] A objetividade ou juridicidade relaciona-se à ausência de influências de ordem subjetiva, pessoal ou antijurídica e adoção de critérios

---

[10] SOUZA, Artur Cesar de. *A parcialidade positiva do juiz*. São Paulo: Almedina, 2018. p. 42.

lógico-racionais e estritamente jurídicos.[11] A imparcialidade como isenção veda a atuação do juiz que tenha "inclinação pessoal negativa no resultado da decisão".[12] A neutralidade afasta posições políticas e partidárias e coloca o juiz como um terceiro entre as partes (defesa e acusação).[13] Por fim, a transparência impõe ao juiz que suas decisões sejam fundamentadas.[14]

Assim considerando, e para elucidar que a "operação Lava Jato" arquitetou-se através de medidas de exceção líquida, a primeira questão que se coloca é que não houve atuação equidistante do juízo em relação à defesa e à acusação. O juízo, ferindo a imparcialidade no seu viés neutralidade, orientou a acusação com vistas à obtenção de elementos de prova.

Ademais, o comprometimento da imparcialidade fica igualmente evidenciado quando se constata que o juízo acolheu pedido do Ministério Público Federal e determinou a realização de condução coercitiva para evitar "possíveis tumultos" com "confronto entre manifestantes políticos favoráveis e desfavoráveis". Ocorre que o Código de Processo Penal prevê expressamente, em seu art. 260, que a condução coercitiva só pode ser determinada no caso de o acusado não atender à intimação para o interrogatório, o que não chegou a ocorrer. Veja-se, portanto, que se feriu a imparcialidade no seu corolário objetividade ou juridicidade.

Em 12.07.2017, foi proferida sentença para condenar Luiz Inácio Lula da Silva à prática dos crimes de corrupção passiva e lavagem de dinheiro. A instrução processual recursal foi extremamente rápida. Os autos de aproximadamente 250 mil páginas foram remetidos ao TRF4 em 23.08.2017. De forma inédita, o Desembargador Relator elaborou voto e relatório em 56 dias úteis. O Desembargador Revisor liberou o feito para julgamento em 7 dias úteis.

Em 08.07.2018, nos autos do Habeas Corpus nº 5025614-40.2018.4.04.0000, o Desembargador Federal Rogério Favreto concedeu ordem para o fim de restabelecer a liberdade de Luiz Inácio Lula da Silva. Mesmo no gozo de férias, o então Juiz Sérgio Fernando Moro telefonou para o então Diretor-Geral da Polícia Federal, Rogério Galloro, e proferiu decisão no sentido de que o Desembargador Federal Rogério Favreto não teria competência para tomar qualquer decisão.

O então juiz Sérgio Fernando Moro, durante o processo eleitoral de 2018, realizou diálogos com a cúpula da campanha do então Presidente eleito. Logo após a divulgação do resultado das eleições presidenciais da ocasião, o então Juiz Sérgio Fernando Moro emitiu nota pública com congratulações ao Presidente eleito.

Em 01.10.2018, às vésperas do primeiro turno das eleições de 07.10.2018, o então Juiz Sérgio Fernando Moro, de ofício, levantou o sigilo de parte da delação premiada de Antonio Palocci Filho, assumido uma posição processual com propósitos político-partidários.

Veja-se, portanto, que, além de violações aos direitos fundamentais, ao devido processo legal, ao princípio da imparcialidade da jurisdição e dos deveres impostos aos

---

11 SOUZA, Artur Cesar de. *A parcialidade positiva do juiz*. São Paulo: Almedina, 2018. p. 42.
12 SOUZA, Artur Cesar de. *A parcialidade positiva do juiz*. São Paulo: Almedina, 2018. p. 44.
13 SOUZA, Artur Cesar de. *A parcialidade positiva do juiz*. São Paulo: Almedina, 2018. p. 45.
14 SOUZA, Artur Cesar de. *A parcialidade positiva do juiz*. São Paulo: Almedina, 2018. p. 46.

membros do Ministério Público, a "operação Lava Jato" orquestrou, em detrimento da própria democracia brasileira, da estabilidade das nossas instituições e das empresas nacionais, um projeto de domínio político e de ascensão messiânica de agentes públicos.

Muito além de violar formalismos processuais ou de manifestar, simplesmente, uma interpretação rigorosamente punitivista de normas jurídicas, a "operação Lava Jato" fulminou a própria relação que se estabelece entre o Estado e os indivíduos em termos civilizatórios, subverteu a nossa democracia constitucional e destruiu mercados estruturantes da economia brasileira.

Considerações finais

A "operação Lava Jato", a pretexto de combater a corrupção, acarretou efeitos nefastos para os direitos fundamentais à dignidade e à liberdade. Regras de prevenção abrangentes, modelo de força-tarefa fortalecedor de personalismos e de protagonismo individual e fragilização do sistema acusatório contribuíram, decisivamente, para a ascensão desse que deve figurar como um dos maiores escândalos da história do Judiciário brasileiro e da mais nefasta manifestação, desde a ditadura militar de 1964, do poder de persecução do Estado travestido em seus propósitos.

Dentre muitos exemplos, elenquemos a espetacularização de investigações e operações policiais, a teatralização do devido processo legal, o apogeu do discurso punitivista, a quebra do princípio da imparcialidade, a realização de cooperações jurídicas internacionais selvagens, os vazamentos seletivos de informações sigilosas, a utilização de colaborações premiadas e de acordos de leniência como meios irrefutáveis de prova, o tratamento desumano e degradante dispensado a investigados e réus e, dentre outros exemplos, a realização de buscas, apreensões, conduções coercitivas e prisões preventivas ilegais.

É nesse contexto que devemos rememorar que a história humana não ocorre através de fases estanques, como às vezes a descrição didática em períodos transparece. Elementos de conformação política e social do período anterior podem ser – e comumente são – identificados nos subsequentes. Inexistem, inclusive, garantias contra retrocessos e involuções. O autoritarismo e a exceção lavajatistas devem ser constantemente desnudados.

Não podemos subestimar a "operação Lava Jato". O olhar para o futuro pressupõe o reconhecimento dos nossos fracassos, a insuficiência dos nossos manuais clássicos em responder aos desafios contemporâneos e a falibilidade das nossas instituições. O efetivo avanço na prevenção, na investigação e na repressão da corrupção no Brasil requer, ainda, preservação da nossa memória histórica.

Referências

AGAMBEN, Giorgio. *Estado de exceção*. São Paulo: Boitempo, 2011.

AGAMBEN, Giorgio. *Homo sacer*: o poder soberano e a vida nua. Belo Horizonte: UFMG, 2004.

DERRIDA, Jacques. *Força de lei*: o "fundamento místico da autoridade". São Paulo: Martins Fontes, 2007.

FRAENKEL, Ernst. *O Estado dual*. São Paulo: Contracorrente, 2024.

SCHMITT, Carl. *Teologia política*. Tradução de Elisete Antoniuk. Belo Horizonte: Del Rey, 2006.

SOUZA, Artur Cesar de. *A parcialidade positiva do juiz*. São Paulo: Almedina, 2018.

ZAFFARONI, Eugenio Raúl. *O inimigo no direito penal*. Rio de Janeiro: Revan, 2011.

Informação bibliográfica deste texto, conforme a NBR 6023:2018 da Associação Brasileira de Normas Técnicas (ABNT):

SERRANO, Pedro Estevam Alves Pinto; BONFIM, Anderson Medeiros. Autoritarismo e exceção na operação Lava Jato. *In*: MENDES, Gilmar Ferreira; LIRA, Daiane Nogueira de; FREIRE, Alexandre (coord.). *Constituição, democracia e diálogo*: 15 anos de Jurisdição Constitucional do Ministro Dias Toffoli. 2. ed. Belo Horizonte: Fórum, 2025. p. 1439-1445. ISBN 978-65-5518-937-7.

TOFFOLI E A PROTEÇÃO DE DADOS

PIERPAOLO CRUZ BOTTINI
SÉRGIO RENAULT

Temos particular orgulho de escrever um artigo em homenagem a Dias Toffoli. Trata-se de um Ministro com habilidades e prudência de destaque, forjadas em uma trajetória singular, com a qual compartilhamos alguns momentos, e que nos legitimam prestar um testemunho pessoal sobre suas qualidades.

Formado nas Arcadas, na Faculdade de Direito da USP. Frequentou o XI de Agosto, o movimento estudantil, e atuou no Departamento Jurídico, onde no atendimento à população carente muitos estudantes ganham a experiência necessária para futuros embates jurídicos.

Egresso da faculdade, o então advogado revelou seu caráter progressista e democrático, atuou em causas relevantes na seara eleitoral e participou da gestão pública, na Subchefia de Assuntos Jurídicos da Casa Civil e na Advocacia-Geral da União, onde pudemos acompanhar de perto seu empenho em construir um país diferente, com maior distribuição de renda e justiça social.

Não foi surpresa sua nomeação para o STF. Advogado dedicado e íntegro, mostrou as qualidades necessárias para ser escolhido pelo Presidente Lula para o mais alto cargo jurídico no País. Sentou-se na cadeira, vestiu a toga, e atuou com independência e firmeza na defesa da Constituição e dos direitos fundamentais.

Assumiu a Presidência da Corte em um ambiente difícil e conflagrado. O Tribunal andava às voltas com conflitos agudos entre Ministros e temas polêmicos, que atraíam a atenção da mídia e da sociedade civil, como o ensino domiciliar, a lei de cotas, a homofobia e o indulto. Começavam a desaguar no Supremo recursos contra decisões e atos da Operação Lava Jato, exigindo respostas sobre questões sensíveis à opinião popular.

O STF estava no centro da arena política, no palco dos embates e no foco de atenção da imprensa. Se antes as manifestações populares na Praça dos Três Poderes ocorriam defronte do Planalto ou do Congresso, seu local geográfico foi deslocado para a Corte Suprema.

Nesse cenário sensível e polarizado, Dias Toffoli optou pelo diálogo. Reuniu em sua posse representantes dos mais diversos movimentos sociais, diferentes setores e partidos políticos, trabalhou pela distensão e declarou ser tempo do Judiciário se recolher e aprimorar programas de prestação jurisdicional. À frente do CNJ, dedicou-se a temas relevantes da administração da Justiça, como o uso da inteligência artificial para ampliar o acesso e a eficiência dos julgamentos, com resultados práticos na redução do acervo de processos e na modernização da gestão.

Mas nem tudo ocorreu como planejado. As disputas pelo poder foram envolvidas por discursos de ódio, potencializados pelas redes sociais. Como relevante ator institucional, o STF e seus integrantes não foram poupados, exigindo de seu Presidente atos para além da diplomacia institucional. O Presidente da República à época, enquanto candidato, sugeriu o aumento do número de Ministros do STF, estratégia adotada pelo governo militar para garantir a maioria de integrantes indicados pelo Executivo recém-empossado. Seu filho declarou que bastava um cabo e um soldado para fechar a Corte.

O STF tornou-se alvo das ruas e de ataques virtuais. Bonecos de Ministros surgiram nas manifestações, vaias e insultos os acompanharam em aviões e restaurantes, e inúmeras notícias falsas sobre suas vidas, carreiras e atos inundaram a internet. No Senado, parlamentares buscavam assinaturas para a instalação da CPI da Lava Toga, enquanto outros se debruçavam sobre pedidos de *impeachment* feitos contra Ministros da Corte.

Nesse contexto, mais uma vez a figura de Dias Toffoli foi relevante. Determinou a instauração de inquérito para apurar *fake news* e sua propagação e criou um grupo para analisar e combater o uso deturpado das redes sociais para divulgação de fatos inverídicos, sementes de uma trincheira relevante para a defesa da democracia no futuro. Ao mesmo tempo intensificou o diálogo com a imprensa, firmou um pacto com os demais Poderes, e recebeu a sociedade civil, tentando manter o equilíbrio e buscando soluções institucionais.

Dosou cautela e firmeza em uma gestão de tempos difíceis, um equilíbrio para o qual certamente sua experiência política foi essencial.

O retorno à jurisdição após a presidência foi marcado por decisões relevantes, muitas delas em defesa de direitos e garantias fundamentais. Dentre elas, vale destacar aquela proferida no Recurso Extraordinário nº 1.055.941, julgado ao final de 2019, do qual foi relator, sobre a qual passamos a discorrer.

O Recurso em questão tratava da possibilidade de a Receita Federal e o Coaf compartilharem informações com órgãos de persecução penal sem autorização judicial. Questão antiga, que assombrava investigadores e advogados, com seus respectivos temores de impunidade e arbitrariedade, foi submetida à Corte para a definição dos contornos da produção e uso de elementos de prova ou indícios da prática de crimes fiscais e de lavagem de dinheiro.

Tratemos aqui da parcela da decisão relacionada ao Coaf, passo importante para a assentar a legalidade do compartilhamento de dados e evitar desvios na reserva de jurisdição na quebra de dados.

Órgão indispensável ao combate à *lavagem de dinheiro*, o Coaf é o órgão que *recebe informações* sobre atos suspeitos de lavagem de dinheiro praticados nos mais diversos ramos de atividades. A lei de lavagem de dinheiro prevê que profissionais que atuam em certos setores mais sensíveis à lavagem de dinheiro – como bancos, corretoras imobiliárias, cartórios, comerciantes de artigos de luxo, joalheiros – têm a obrigação de comunicar ao poder público atividades suspeitas de lavagem de dinheiro das quais tenham conhecimento (Lei nº 9.613/1998, art. 11). Assim, se o cliente de uma instituição financeira recebe em sua conta uma certa quantia de dinheiro em espécie, incompatível com sua atividade econômica, o banco comunica a existência de uma conduta suspeita.

O órgão que recebe essas comunicações é o Coaf. Sua atribuição não é investigar ou apurar atos de lavagem de dinheiro, mas apenas recolher e organizar as informações prestadas pelos profissionais *obrigados* e repassá-las às autoridades de investigação criminal em determinadas situações, através de um Relatório de Informações Financeiras, conhecido como RIF (Lei nº 9.613/1998, art. 14). O RIF *não supõe* um juízo de valor sobre a *legalidade* ou *ilegalidade* da operação. Apenas relata uma suspeita, um estranhamento, a partir do qual será *iniciada* uma investigação pela autoridade com *competência* para tal.

Ao receber e repassar informações sobre operações suspeitas, o Coaf trabalha com dados sensíveis, muitos deles com sigilo reconhecido e sob reserva de jurisdição, que somente poderiam ser acessados com autorização judicial. É o caso de movimentações bancárias, como o citado recebimento de dinheiro em espécie por algum correntista do banco.

No julgamento do citado Recurso Extraordinário nº 1.055.941,[1] o STF, orientado pelo voto do relator ora homenageado, entendeu que o *compartilhamento* dos RIFs com autoridades de investigação – como o Ministério Público – não demanda autorização judicial. Segundo a Corte, não se trata de *quebra de sigilo bancário* porque o Coaf não repassa informações *detalhadas* sobre contas e operações financeiras, mas apenas comunica a existência de operações *específicas* e *pontuais,* que podem caracterizar *lavagem de dinheiro,* a depender do contexto no qual se realizam. O Coaf *não tem acesso* a extratos bancários ou a informações amplas sobre todas as movimentações do cliente do banco, mas apenas àquela considerada *suspeita* pela instituição obrigada. No exemplo dos depósitos em espécie sem aparente justificativa, o banco comunica ao Coaf a existência de *apenas* aquela operação, sem qualquer outra informação a respeito das operações financeiras o do estado patrimonial do operador.

No entanto, e isso foi fundamental no voto do relator, o Coaf não pode ir além do *recebimento passivo* das informações. Não é sua atribuição solicitar mais dados às instituições comunicantes, mas apenas sistematizar aquelas recebidas nos termos da lei. Como afirmou o próprio Coaf, nos autos do citado recurso: "o Coaf atém-se unicamente às informações recebidas. Pode eventualmente requisitar que a instituição financeira esclareça o conteúdo de algumas delas. Porém, jamais para solicitar informações outras, alheias ao escopo da comunicação em questão".

A grande questão que ficou em aberto é a possibilidade das instituições de persecução penal, como o Ministério Público, podem *requisitar* informações ao Coaf, para além daquelas constantes no RIF. Imagine-se que um promotor recebe um relatório de inteligência financeira com a descrição de atos suspeitos de uma pessoa, e, para

---

[1]   RE nº 1.055.941, Rel. Min. Dias Toffoli, j. 04.12.2019.

verificar melhor o contexto, requer ao Coaf *novos dados e informações* que não constavam naquele documento inicial.

Ainda que a Corte não tenha se manifestado expressamente em relação ao tema por ocasião daquele julgamento, o Ministro ora homenageado já antecipou posicionamento importante, no qual explicitou que: "É extremamente importante enfatizar, ainda, a absoluta e intransponível impossibilidade da geração de RIF por encomenda (*fishing expedition*) contra cidadãos que não estejam sob investigação criminal de qualquer natureza ou em relação aos quais não haja alerta já emitido de ofício pela unidade de inteligência com fundamentos na análise de informações contidas em sua base de dados".

Ao menos em dois votos posteriores, o Ministro Dias Toffoli desenvolveu essa tese e sustentou a inviabilidade dos RIFs por encomenda.[2] E de forma correta. A Lei nº 9.613/1998 estabelece que o Coaf, dentro de sua autonomia operacional, define de antemão os critérios sobre quais informações recebidas farão parte do relatório encaminhado às autoridades públicas. Dados não constam do documento são aqueles tidos por *não suspeitos* pelas regras do órgão, de forma que não podem ser requeridos posteriormente pelas autoridades policiais ou pelo Ministério Público. Caso queiram acesso a informações adicional, necessárias à investigação, devem submeter o pleito ao juiz competente, para que avalie o contexto e decida se mais dados podem ser compartilhados com investigadores.

Essa questão complementar é objeto da Ação Direta de Inconstitucionalidade nº 7.624/DF, apresentada pelo Conselho Federal da OAB em 09.04.2024, onde se espera que a Corte analise a questão, com atenção ao posicionamento do Ministro homenageado, a fim de definir de forma definitiva e com clareza os limites da atuação do Coaf perante os órgãos de investigação.

A posição de Dias Toffoli perante a atividade investigatória do Estado não é uma tomada de posição em favor de réus, ou contra a persecução, mas a defesa da legalidade e da primazia da Constituição sobre qualquer arbítrio, seja com boa ou má intenção. É o reconhecimento de que o poder desmedido deve ser contido, porque no longo prazo sempre tende ao excesso e ao abalo do Estado de Direito.

O voto discutido é apenas um em vários do Ministro homenageado que poderiam ser objeto de análise, e certamente o serão ao longo da presente obra. Mas reflete um pouco de seu caráter e de sua atividade como juiz, que agrega não apenas conhecimento técnico, mas uma sensibilidade jurídica, para a qual certamente contribuíram os anos no Departamento Jurídico do XI de Agosto, o período no Poder Executivo, e sua atividade como advogado, na qual se deparou com temas e questões sensíveis, cuja solução demandava uma percepção interdisciplinar do direito e uma dose de bom senso, sempre necessária àquele que gerencia expectativas e pretensões de terceiros.

---

[2]   HC nº 202.522/DF e MS nº 38.175/DF.

Informação bibliográfica deste texto, conforme a NBR 6023:2018 da Associação Brasileira de Normas Técnicas (ABNT):

BOTTINI, Pierpaolo Cruz; RENAULT, Sérgio. Toffoli e a proteção de dados. *In*: MENDES, Gilmar Ferreira; LIRA, Daiane Nogueira de; FREIRE, Alexandre (coord.). *Constituição, democracia e diálogo*: 15 anos de Jurisdição Constitucional do Ministro Dias Toffoli. 2. ed. Belo Horizonte: Fórum, 2025. p. 1447-1451. ISBN 978-65-5518-937-7.

DIAS TOFFOLI: 15 ANOS DE ATUAÇÃO NO STF PAUTADA NA PERSPECTIVA DE GÊNERO

RENATA GIL

1 CONSIDERAÇÕES INICIAIS

A atuação do Ministro Dias Toffoli no Supremo Tribunal Federal (STF) leva sua marca registrada: ser guardião incansável dos direitos fundamentais do ser humano. Desde seu ingresso na Suprema Corte, o ministro não apenas enriqueceu a atuação da Corte com o seu conhecimento jurídico, como também se tornou símbolo e baluarte do compromisso com os direitos humanos e a igualdade social.

O ministro tomou posse no Supremo Tribunal Federal em 2009. Antes de sua nomeação, teve uma carreira de destaque como advogado e consultor jurídico. Foi advogado-geral da União, tendo atuado ainda como assessor jurídico do Partido dos Trabalhadores (PT).

Toffoli é conhecido por importantes decisões em questões eleitorais. Foi presidente do Tribunal Superior Eleitoral.

Ao longo de sua trajetória no STF, tem demonstrado preocupação com a proteção dos direitos fundamentais e das garantias constitucionais e defendido a importância das liberdades individuais.

Durante sua presidência no STF (2018-2020), buscou promover o diálogo entre os poderes e manter postura moderada. Nesse período, promoveu ainda diversas iniciativas voltadas à modernização e eficiência do sistema judiciário, incluindo o aprimoramento da transparência e acessibilidade das decisões judiciais.

O ministro tem se pronunciado sobre temas controvertidos, como a descriminalização do porte de drogas para consumo pessoal, a validade da prisão após condenação em segunda instância, entre outros. Suas posições frequentemente refletem um equilíbrio entre conservadorismo e progressismo. É um construtor de pontes e modulador de decisões.

Seu perfil de atuação no STF é marcado por uma abordagem que busca adequar princípios constitucionais com as demandas contemporâneas da sociedade brasileira, sempre com um foco na preservação da institucionalidade e dos direitos fundamentais.

Ao longo dos 15 anos de atuação no STF, Dias Toffoli proferiu inúmeras decisões que impactaram significativamente a sociedade brasileira em pautas cruciais, como a proteção dos direitos das minorias e o fortalecimento do Estado democrático de direito. Entre essas atuações, estão incluídas decisões vanguardistas em prol da igualdade de gênero e pelo fortalecimento do Poder Judiciário, para as quais se reservará especial atenção ao longo deste artigo.

2 A atuação do Ministro Dias Toffoli na defesa da igualdade de gênero e da participação feminina em espaços de poder

2.1 O julgamento da ADPF nº 779: a inconstitucionalidade da tese da "legítima defesa da honra"

O julgamento da Arguição de Descumprimento de Preceito Fundamental (ADPF) nº 779, sob a relatoria do Ministro Dias Toffoli, merece expressivo destaque na jurisprudência da Suprema Corte no que diz respeito à proteção dos direitos das mulheres e à promoção da igualdade de gênero.

Na mencionada ação, o Partido Democrático Trabalhista (PDT) contestava a utilização da "legítima defesa da honra" como justificativa para o cometimento de crimes de feminicídio e violência contra as mulheres. A tese, segundo o proponente da ação, perpetuava a desigualdade de gênero e a violência doméstica, violando preceitos fundamentais da Constituição de 1988.

Como é notório, a tese foi largamente utilizada em casos de feminicídio, como uma tentativa de justificar o comportamento criminoso de homens cuja honra supostamente teria sido ofendida pelo comportamento de uma mulher. Tratava-se da perpetuação de estigmas machistas enraizados em nossa sociedade, que causavam – e ainda causam – um alastramento da violência de gênero, culpabilizando a vítima pela atitude do agressor.

No julgamento da ADPF nº 779, o Ministro Toffoli enfatizou em seu voto que a "legítima defesa da honra" não encontra amparo jurídico na legítima defesa prevista no Código Penal. Realçou, nesse sentido, que a traição, situada no âmbito das relações amorosas, ainda que possua desvalor ético e moral, não configura agressão injusta que justifique uma reação violenta. Ademais, destacou que o ato de violência motivado por adultério não é uma forma de defesa, mas, sim, uma agressão desproporcional, covarde e criminosa contra a mulher.

O voto ainda ressaltou que a tese da "legítima defesa da honra" nada mais é do que uma ferramenta argumentativa odiosa, desumana e cruel, utilizada para imputar às vítimas a causa de suas próprias mortes ou lesões. O ministro apontou que essa tese institucionaliza a desigualdade entre homens e mulheres e tolera a violência doméstica, em total desacordo com a Constituição de 1988.

Assim, propôs a interpretação conforme à Constituição aos arts. 23, inc. II, e 25 do Código Penal (CP) e ao art. 65 do Código de Processo Penal (CPP), a fim de afastar a noção de "legítima defesa da honra". Com isso, ele consignou em seu voto que qualquer utilização dessa tese, direta ou indiretamente, nas fases pré-processual ou processual, deveria ser considerada nula.

O julgado de relatoria do Ministro Dias Toffoli, referendado pelo Plenário da Corte, representou um avanço muito significativo na proteção dos direitos das mulheres no Brasil. Ao declarar inconstitucional a tese da "legítima defesa da honra", o STF reafirmou o compromisso com a dignidade da pessoa humana, a igualdade de gênero e, sobretudo, a proteção à vida.

É inegável que a violência contra a mulher é uma questão crítica no Brasil, com estatísticas alarmantes que evidenciam a necessidade de ações enérgicas e contínuas. Vale mencionar, pela relevância, dados da Operação Átria, realizada pelo Ministério da Justiça e Segurança Pública (MJSP) em março de 2024,[1] que revelam o aumento significativo de atendimentos a mulheres vítimas de violência: foram registrados 129,9 mil casos, um aumento de 63% em relação ao mesmo período em 2023.

Essa operação abrangeu 1.765 municípios, resultou em 10,4 mil prisões e 179 apreensões de menores infratores, além de 68 mil medidas protetivas de urgência solicitadas, um aumento substancial comparado aos 37,9 mil pedidos no ano anterior.

Os crimes mais frequentemente apurados no âmbito da operação incluem feminicídio, lesão corporal, descumprimento de medida protetiva, injúria, ameaça, difamação, estupro, sequestro e cárcere privado e perseguição. A Operação Átria destaca a importância da integração entre as forças de segurança pública e a sociedade civil para combater a violência contra a mulher de forma eficaz.

Nesse contexto, o julgamento da ADPF nº 779 significa, de fato, um marco na história da Suprema Corte. Ao declarar a inconstitucionalidade da legítima defesa da honra, Toffoli enviou uma mensagem clara de que o sistema judicial não tolerará justificativas arcaicas e discriminatórias para a violência de gênero. Sua atuação como relator deste caso fortalece o entendimento de que a justiça deve ser um instrumento de igualdade e proteção para todos os cidadãos, independentemente de gênero.

2.2 Outras atuações de destaque na defesa das pautas de gênero

Ainda no contexto do reconhecimento de direitos das mulheres, vale lembrar que foi o Ministro Dias Toffoli (durante o breve, mas relevante, momento em que assumiu interinamente o cargo de chefe do Poder Executivo brasileiro) quem sancionou a Lei Federal nº 13.718, de 24.9.2018, responsável por tipificar os crimes de importunação sexual e de divulgação de cena de estupro.

A referida lei, que retirou a importunação sexual do rol das contravenções penais, inserindo-a no Código Penal como um crime efetivo, é um marco significativo sob diferentes vieses, sobretudo porque o momento de sua discussão no Congresso Nacional foi marcado por forte comoção social advinda de graves e lamentáveis casos de homens que importunaram sexualmente mulheres em ônibus em São Paulo (SP).

A lei tipificou os crimes de importunação sexual, instituindo pena de reclusão, de 1 (um) a 5 (cinco) anos. Tipificou, ainda, o crime de divulgação de cena de estupro, além de ter tornado pública incondicionada a natureza da ação penal dos crimes contra a

---

[1] OPERAÇÃO Átria: atendimentos a mulheres vítimas de violência têm aumento de 63% em 2024. *Gov.br*, 2 abr. 2024. Disponível em: https://www.gov.br/mj/pt-br/assuntos/noticias/operacao-atria-atendimentos-a-mulheres-vitimas-de-violencia-tem-aumento-de-63-em-2024#:~:text=Bras%C3%ADlia%2C%2002%2F04%2F2024,2024%2C%20 contra%2079%C5%20mil. Acesso em: 25 jul. 2024.

liberdade sexual e dos crimes sexuais contra vulnerável. Não bastasse, a lei estabeleceu causas de aumento de pena para estes últimos crimes e, por fim, definiu como causas de aumento de pena o estupro coletivo e o estupro corretivo, em que o agressor tenta controlar o comportamento sexual da vítima.

Ou seja, a Lei Federal nº 13.718/2018 criou dois tipos penais, acresceu e reajustou majorantes, modificou a natureza da ação penal e ainda revogou a contravenção penal de importunação ofensiva ao pudor, antigamente disposta no art. 61 do Decreto-Lei nº 3.688, de 3.10.1941 (Lei de Contravenções Penais). Trata-se, sem sombra de dúvidas, de uma legislação moderna e adequada à realidade ora vivenciada por uma infinidade de mulheres brasileiras, vítimas das mais diferentes formas de violência, que até então sequer eram percebidas como um crime.

Não se pode olvidar, ademais, de outros julgados e iniciativas igualmente louváveis de autoria do ministro ora homenageado, também circunscritos ao tema da igualdade de gênero e da defesa dos direitos das mulheres.

Toffoli foi relator no Recurso Extraordinário nº 658.312-SC, em que o STF reconheceu a recepção, pela Constituição de 1988, do art. 384 da CLT, que dispunha, antes de ser revogado pela Lei nº 13.467/2017, sobre o intervalo de 15 minutos para trabalhadora mulher antes do serviço extraordinário. O ministro, acompanhado por unanimidade por seus pares, reconheceu que a condição especial de mulher legitima um tratamento diferenciado para salvaguardar seus direitos, tendo em vista fatores como a histórica exclusão da mulher no mercado de trabalho, a jornada dupla a que a trabalhadora mulher está socialmente submetida via de regra, e as próprias diferenças biológicas existentes entre homem e mulher, fixando-se, por fim, a tese: "O art. 384 da CLT, em relação ao período anterior à edição da Lei n. 13.467/2017, foi recepcionado pela Constituição Federal de 1988, aplicando-se a todas as mulheres trabalhadoras".

Ao julgar a Ação Rescisória nº 1.857-MG, Dias Toffoli destacou que o marido de funcionária pública falecida tem direito a receber pensão por morte independentemente de comprovação de invalidez, ante o princípio da igualdade entre homem e mulher consagrado na Constituição Federal de 1988, ainda que a lei anterior local preveja de maneira diversa, como é o caso da Lei estadual mineira nº 9.380/86. Encerra seu voto com a seguinte reflexão:

> Com efeito, a previsão de requisitos diferenciados para a concessão de pensionamento entre homens e mulheres não atende ao princípio da isonomia. Sob o pálio da igualdade, há de se dispensar tratamento equivalente a ambos os gêneros, haja vista que a Constituição originalmente, ao compor a normação previdenciária incidente sobre os servidores públicos, foi silente quanto a eventual rol de dependentes do segurado-servidor ou à fixação de requisitos para a configuração da relação de dependência a ensejar qualquer diversificação. Nesse diapasão, afigura-se ofensiva ao postulado da isonomia a previsão da invalidez como circunstância necessária à concessão do benefício para o marido, quando, em contraponto, não se faz tal exigência em relação ao consorte do sexo feminino.

Em novembro de 2023, o Ministro Dias Toffoli concedeu medida liminar na Ação Direta de Inconstitucionalidade (ADI) nº 7.486, em que a Procuradoria-Geral da República (PGR) questionou lei estadual do Pará que permitia a fixação de porcentagens de vagas para homens e mulheres nos concursos públicos para oficiais e praças da Polícia Militar do Estado do Pará (PM-PA).

A decisão foi tomada devido à limitação de apenas 20% das vagas para mulheres, o que, segundo Toffoli, contraria o princípio constitucional da isonomia. Além de suspender as provas, o ministro também suspendeu os efeitos do dispositivo legal da referida lei, destacando que a Constituição Federal assegura a igualdade entre homens e mulheres e proíbe a diferenciação de critérios de admissão por sexo no serviço público.

O Ministro Toffoli posicionou que, embora a Constituição permita requisitos diferenciados de admissão, esses devem estar relacionados à natureza do cargo e não devem violar preceitos fundamentais. No caso em questão, o ministro entendeu que não foram encontradas justificativas para a diferença de aptidão entre os sexos na atividade policial e afirmou que a lei paraense perpetua a exclusão histórica das mulheres do mercado de trabalho. Toffoli ressaltou que permitir às mulheres concorrerem a todas as vagas não prejudica os homens, pois todos competem, igualmente, com a seleção final baseada na aptidão individual.

Mais recentemente, em junho de 2024, o ministro adotou posicionamento semelhante no julgamento da ADI nº 7.479/TO, também de sua relatoria, em que se questionava lei estadual que restringia a participação feminina em concursos da Polícia Militar e do Corpo de Bombeiros Militar a 10% (dez por cento) das vagas disponíveis. Assim como no caso anterior, a lei foi declarada inconstitucional, consolidando e perpetuando entendimento jurisprudencial de suma relevância para as pautas de gênero.

Ainda merece destaque a atuação do Ministro Dias Toffoli na criação da Política Nacional de Incentivo à Participação Feminina no Poder Judiciário. Logo após sua posse como presidente do STF (2018), reunido com lideranças femininas da Magistratura Nacional, o ministro anunciou a assinatura de portaria do Conselho Nacional de Justiça (CNJ) que instituiu grupo de trabalho para dar efetividade à Resolução CNJ nº 255/2018.[2]

Em discurso proferido naquela oportunidade, o ministro tratou sobre a desigualdade de gênero no âmbito da Magistratura, trazendo à tona dados estatísticos. Segundo ressaltou o ministro à época, "[a]s magistradas representam 44% dos juízes substitutos, 39% dos titulares, 23% de desembargadoras e apenas 16% nos tribunais superiores".[3] Com isso, ele demonstrou que há uma diminuição gradual da participação feminina no Poder Judiciário, na medida em que se avança na carreira e que se consideram cargos mais altos. O ministro acrescentou:

> Um sistema de Justiça com poucas mulheres nos seus quadros e nos seus postos de comando é um sistema de Justiça incompleto. É um sistema que opera a partir de uma visão limitada e parcial do mundo, o que impacta na própria qualidade da prestação jurisdicional. A mulher fornece um olhar diferenciado à atividade judicial.[4]

---

2   Institui a Política Nacional de Incentivo à Participação Institucional Feminina no Poder Judiciário.

3   ALMOÇO no STF reúne lideranças femininas da Magistratura. *Imprensa Ajuris*, Porto Alegre, 2018. Disponível em: https://ajuris.org.br/almoco-no-stf-reune-liderancas-femininas-da-magistratura/. Acesso em: 25 jul. 2024.

4   ALMOÇO no STF reúne lideranças femininas da Magistratura. *Imprensa Ajuris*, Porto Alegre, 2018. Disponível em: https://ajuris.org.br/almoco-no-stf-reune-liderancas-femininas-da-magistratura/. Acesso em: 25 jul. 2024.

No ano seguinte (2019), ainda como presidente da Suprema Corte, Toffoli participou de encontro com a bancada feminina do Congresso Nacional. O ministro demonstrou novamente seu profundo conhecimento das desigualdades de gênero em espaços de poder, mais uma vez utilizando-se de números e estatísticas para evidenciar a existência de um quadro de sub-representação feminina no Brasil. Como bem pontuou o ministro naquele evento:

> As mulheres representam 52% do eleitorado brasileiro. No entanto, segundo pesquisa divulgada no início de 2018, pelo IBGE, em um ranking de 190 países, o Brasil ocupa a 152ª posição em relação ao percentual de parlamentares homens e mulheres na Câmara dos Deputados.[5]

Tais pronunciamentos simbolizam o olhar atento e interinstitucional às pautas de gênero e à defesa de uma maior isonomia na participação feminina nas mais diversas esferas de influência, sobretudo do Poder Público.

3   Histórico de atuação do Ministro Dias Toffoli em casos emblemáticos

Antes mesmo de adentrar à Suprema Corte, Toffoli já defendia a pauta dos direitos humanos e garantias fundamentais, atuando, na condição de advogado-geral da União, em casos emblemáticos, como o que decidiu pela constitucionalidade das pesquisas com células-tronco, permitindo avanços significativos na medicina regenerativa. Toffoli consignou, à época, que as pesquisas com células-tronco são essenciais para o desenvolvimento de novos tratamentos e cura de doenças, e que a legislação deveria apoiar a ciência e a inovação.

Durante os anos em que esteve à frente da AGU, Toffoli se manifestou sobre vários outros temas de destacada repercussão. Defendeu, por exemplo, que a união homoafetiva deveria ser reconhecida como entidade familiar, na forma do art. 226 da Constituição Federal. Em seu entendimento, a lei deveria ser interpretada à luz das transformações da sociedade. Nesse sentido, mesmo que a Constituição não mencionasse explicitamente a união homoafetiva como entidade familiar no capítulo sobre a família, essa interpretação refletiria a realidade posta.

Após assumir o cargo de ministro do STF, Toffoli proferiu uma série de decisões de vultoso impacto, como foi o caso de sua defesa dos direitos das comunidades indígenas e quilombolas, especialmente em decisões que reforçaram a necessidade de demarcação e de proteção das terras desses povos. Em abril de 2023, vale frisar, o ministro foi convidado pela Universidade da Califórnia, unidade de São Francisco, a palestrar sobre essa temática, de sorte a expor à comunidade jurídica internacional as dificuldades enfrentadas pelos povos indígenas brasileiros.

A título de exemplo dessa atuação, tem-se a decisão proferida pelo ministro no Mandado de Segurança (MS) nº 32.709, no qual se pretendia impedir a expedição

---

de decreto homologatório de demarcação da Terra Indígena Morro dos Cavalos. Na oportunidade, o ministro consignou:

> a dinâmica relacional desse grupo indígena com o Morro dos Cavalos não se dá apenas pela sua efetiva presença no local quando do advento da Constituição Federal de 1988, mas sobretudo pela sua relação simbólica com a terra, da qual muitas vezes se afastou pela presença dos colonizadores, sem, contudo, perder o vínculo com o que chama de mundo original.[6]

Mantendo essa compreensão a respeito da relação simbólica dos indígenas com a terra, o ministro votou de forma contrária ao marco temporal para demarcação de terras indígenas, no emblemático julgamento do Recurso Extraordinário (RE) nº 1.017.365.

No caso, Toffoli enfatizou que a Constituição de 1988 configura um sistema inovador de regulamentação das terras indígenas, rompendo com as normativas anteriores que pouco ou nada referenciavam os direitos desses povos. Ele salientou a existência de um verdadeiro sistema de posse indígena, abrangendo aspectos como a centralidade das terras no modo de vida indígena, o usufruto exclusivo dessas terras, o aproveitamento econômico, a nulidade das ocupações não indígenas e o direito de defesa em âmbito judicial.

Em seu voto, o ministro afirmou:

> Afasta-se, assim, da demarcação, o caráter constitutivo, já que ela não cria, extingue ou modifica uma relação jurídica, mas apenas declara a preexistência de um direito. Não obstante, sua existência é necessária para visibilizar a posse sobre as terras, possibilitar o usufruto exclusivo pelos indígenas e cercar de certeza jurídica o modo de vida dos povos indígenas.[7]

O combate à corrupção e à impunidade também foi uma das prioridades de Toffoli em sua atuação no STF. Exemplo disso foi a sua atuação como relator do Habeas Corpus (HC) nº 127.483/PR, em que reafirmou que a sanção premial é uma contraprestação legítima pela colaboração efetiva do delator, seguindo a linha da jurisprudência da Corte, firmada no HC nº 99.736/DF, segundo a qual negar ao colaborador a sanção premial acordada constitui conduta desleal do Estado.

No julgamento do HC nº 127.483/PR, Toffoli destacou a importância das colaborações premiadas como instrumento para combater a corrupção e o crime organizado, demarcando que esses acordos conferem segurança jurídica e incentivam a cooperação dos investigados com a justiça, possibilitando o desmantelamento de esquemas criminosos complexos. Em seu voto, observou:

> [O]s princípios da segurança jurídica e da proteção da confiança tornam indeclinável o dever estatal de honrar o compromisso assumido no acordo de colaboração, concedendo

---

6   BRASIL. Supremo Tribunal Federal. Mandado de Segurança (MS) 32.709. Relator: Min. Dias Toffoli, julgado em 10 de fevereiro de 2014, publicado em 20 de fevereiro de 2014. *Lex: jurisprudência do Supremo Tribunal Federal*, 2014.

7   BRASIL. Supremo Tribunal Federal. Recurso Extraordinário (RE) 1.017.365. Relator: Min. Edson Fachin, julgado em 09 de fevereiro de 2022, publicado em 11 de fevereiro de 2022. *Lex: jurisprudência do Supremo Tribunal Federal*, 2022.

a sanção premial estipulada, legítima contraprestação ao adimplemento da obrigação por parte do colaborador.[8]

Ainda no âmbito do direito penal, Toffoli também teve um papel crucial na decisão sobre a execução provisória da pena após condenação em segunda instância, no julgamento da Ação Declaratória de Constitucionalidade (ADC) nº 43/DF. Sendo o último a votar, exerceu o difícil papel de desempatar o acirrado resultado do julgamento, que concluiu pela ilegalidade da execução de penas antes que todos os recursos cabíveis sejam manejados e devidamente julgados.

Vale salientar, ademais, o zelo dispensado pelo ministro a pautas relacionadas à saúde pública. Conhecedor da história do Sistema Único de Saúde (SUS) desde criança, pois José Carlos Seixas, um dos idealizadores do SUS, é primo de sua mãe, Toffoli sempre proferiu decisões que reforçaram a igualdade no acesso à saúde.

Nesse sentido, é paradigmático o julgamento do Tema nº 579/STF da repercussão geral, cujo *leading case* era o Recurso Extraordinário (RE) nº 581.488/RS, de relatoria do Ministro Toffoli. Discutia-se, no caso, a possibilidade, ou não, de pagamento de determinado valor para melhoria do tipo de acomodação oferecida a paciente internado pelo SUS.

Sublinhou, em seu voto:

> [O] legislador constituinte estabeleceu expressamente que o atendimento público de saúde brasileiro deve pautar-se não só pela universalidade e pela integralidade do serviço, mas também pela equidade. Não estabeleceu o constituinte, no tocante a tais requisitos, exceção alguma. Portanto, no que concerne ao Sistema Único, o tratamento igualitário é uma regra que não comporta exceções.[9]

Firme nesse entendimento, seguido à unanimidade pelo Plenário da Corte, foi fixada a tese de que:

> É constitucional a regra que veda, no âmbito do Sistema Único de Saúde, a internação em acomodações superiores, bem como o atendimento diferenciado por médico do próprio Sistema Único de Saúde, ou por médico conveniado, mediante o pagamento da diferença dos valores correspondentes.[10]

Trata-se, à toda evidência, de decisão que contribuiu para a consolidação de um sistema de saúde mais justo e igualitário, beneficiando todos os seus usuários.

Por fim, é indispensável mencionar o voto proferido pelo Ministro Dias Toffoli no julgamento da ADC nº 39, em que se analisava a validade do Decreto Presidencial nº 2.100, de 20.12.1996, que retirou o Brasil da Convenção nº 158 da Organização Internacional do Trabalho (OIT).

---

[8] BRASIL. Supremo Tribunal Federal. Habeas Corpus (HC) 127.483. Relator: Min. Dias Toffoli, julgado em 07 de abril de 2015, publicado em 10 de abril de 2015. *Lex: jurisprudência do Supremo Tribunal Federal*, 2015.

[9] BRASIL. Supremo Tribunal Federal. Recurso Extraordinário (RE) 581.488. Relator: Min. Dias Toffoli, julgado em 03 de dezembro de 2015, publicado em 08 de abril de 2016. *Lex: jurisprudência do Supremo Tribunal Federal*, 2016.

[10] BRASIL. Supremo Tribunal Federal. Recurso Extraordinário (RE) 581.488. Relator: Min. Dias Toffoli, julgado em 03 de dezembro de 2015, publicado em 08 de abril de 2016. *Lex: jurisprudência do Supremo Tribunal Federal*, 2016.

A mencionada norma proíbe demissões sem justa causa e estabelece os proce-dimentos a serem observados para a terminação de contratos de trabalho. A medida impactava significativamente as normas trabalhistas brasileiras, mas apenas alguns meses após a aprovação da norma pelo Congresso e de sua respectiva promulgação, o Presidente Fernando Henrique Cardoso fez uso da faculdade prevista no art. 17, item 1, da Convenção nº 158/OIT para denunciá-la, de modo que o Brasil se desvinculou da norma ainda naquele mesmo ano.

O Ministro Dias Toffoli, relator do caso, afirmou que a retirada de normas internacionais não pode ser uma decisão unilateral do presidente, exigindo prévia aprovação do Congresso Nacional. Ele destacou o risco de retrocessos em políticas protetivas, visto que a prerrogativa poderia eventualmente recair sobre mandatário de perfil autoritário e sem zelo em relação a direitos conquistados. Ao final, o Plenário julgou procedente o pedido formulado na ADC nº 39, mantendo válido o decreto de retirada da Convenção nº 158/OIT, sob a seguinte tese de julgamento: "[a] denúncia pelo Presidente da República de tratados internacionais aprovados pelo Congresso Nacional, para que produza efeitos no ordenamento jurídico interno, não prescinde da sua aprovação pelo Congresso".[11]

4   Destaque à atuação do Ministro Dias Toffoli enquanto presidente da Suprema Corte

Pela oportunidade do presente artigo, não há como deixar de mencionar a relevância da atuação do Ministro Dias Toffoli como presidente do STF entre setembro de 2018 e setembro de 2020. Toffoli destacou-se, sem dúvidas, pela sua capacidade de gestão e inovação. Ele implementou mudanças significativas, como a criação de câmaras de conciliação na Advocacia-Geral da União e a introdução do Documento Nacional de Identidade no Tribunal Superior Eleitoral, demonstrando compromisso com a modernização e eficiência das instituições.

Nessa linha, é imprescindível realçar a constante preocupação do ministro com a produtividade da Corte. Sempre pautado pela celeridade, eficiência, transparência e responsabilidade ética, Toffoli alcançou marcas históricas de produtividade em seu gabinete, com uma sensível diminuição do respectivo acervo processual.

O ministro também foi responsável pela criação do Observatório Nacional sobre Questões Ambientais, Econômicas e Sociais de Alta Complexidade e Grande Impacto e Repercussão, uma parceria entre o Poder Judiciário e o Ministério Público. O objetivo do mencionado observatório é promover a integração institucional, elaborar estudos e propor medidas concretas de aperfeiçoamento do sistema nacional de justiça, nas vias extrajudicial e judicial, para enfrentar tragédias como a de Brumadinho.

---

11   BRASIL. Supremo Tribunal Federal. Ação Declaratória de Constitucionalidade (ADC) 39. Relator: Min. Dias Toffoli, julgado em 16 de junho de 2023, publicado em 18 de agosto de 2023. *Lex: jurisprudência do Supremo Tribunal Federal*, 2023.

Recorda-se, por oportuno, do discurso de abertura do Ano Judiciário de 2019[12] proferido pelo ministro, em que destacou o papel do STF na promoção do equilíbrio institucional entre os poderes, visando ao fortalecimento do Estado democrático de direito.

Em meio às turbulências políticas e à intensa polarização da sociedade, o ministro afirmou que a função do STF se exerce sem predomínio ou interferências nas competências constitucionais dos poderes da República: "É a Justiça que harmoniza, com independência e com base na autoridade do Direito, da Constituição e das leis, os conflitos democráticos da sociedade. Sem Justiça não há paz social".

Toffoli ressaltou, ainda, a missão do Judiciário como defensor dos direitos e garantias fundamentais, das liberdades públicas, da liberdade de expressão e de manifestação, dos direitos das minorias e dos vulneráveis e da dignidade da pessoa humana. "É a sujeição incondicional dos juízes à Constituição e às leis que legitima o Poder Judiciário a ocupar essa posição estratégica de moderadora dos conflitos entre as pessoas, os Poderes e os entes da Federação", fala que revela a intenção pacificadora dos inúmeros conflitos sociais e políticos vivenciados à época – e que repercutem até o presente momento.

O Ministro Toffoli ainda ressaltou a importância do diálogo interinstitucional e da ação coordenada entre os poderes para a condução das reformas necessárias ao país. Ele lembrou, ademais, dos pactos republicanos propostos em 2004 e em 2009 pelo STF, que resultaram em reformas expressivas para o aprimoramento do sistema de justiça, como a revisão da legislação sobre lavagem de dinheiro e sobre crime organizado.

A partir dessa experiência bem-sucedida, Toffoli propôs a celebração de um novo grande pacto envolvendo reformas fundamentais, como a previdenciária e a fiscal/tributária: "Esse pacto abrange, necessariamente, uma repactuação federativa, evitando que estados e municípios cheguem a um quadro insustentável de inadimplência".

E a história nos revela a profundidade do discurso de Toffoli. Os pactos assumidos foram concretizados, inclusive resultando futuramente nas grandes reformas constitucionais mencionadas, demonstrando que a condução da Suprema Corte, mesmo em momentos tão turbulentos da história do nosso país, não poderia ter sido exercida de forma mais exemplar. Assim, seja pela quantidade, seja pela qualidade dos julgados e de todas as demais atividades institucionais, é inegável o valoroso legado deixado pelo Ministro Dias Toffoli.

5   Conclusões: um olhar para o futuro

O Brasil atravessa momentos desafiadores em sua história democrática, mas a presença de ministros como Toffoli na Suprema Corte representa acalento aos anseios daqueles que seguem acreditando na prevalência da justiça, na defesa dos direitos fundamentais e na promoção da paz social.

Durante estes últimos 15 anos de atuação como ministro do STF, Dias Toffoli destacou-se pela sua habilidade de equilibrar os poderes institucionais e promover a

---

[12]   BRASIL. Supremo Tribunal Federal. Dias Toffoli abre Ano Judiciário defendendo equilíbrio institucional entre os Poderes. *Supremo Tribunal Federal*, Brasília, 2019. p. 6. Disponível em: https://www.stf.jus.br/arquivo/biblioteca/PastasMinistros/DiasToffoli/Discursos/Proferidos/1188242.pdf. Acesso em: 25 jul. 2024.

independência do Judiciário, sempre com um olhar voltado para a igualdade e para a inclusão social. Sua gestão à frente do STF foi marcada por inovação e eficiência, refletindo um compromisso com a modernização das instituições, com a melhoria do sistema de justiça e com construção de uma sociedade mais inclusiva, especialmente se considerando a perspectiva de gênero.

A celebração deste marco temporal na trajetória não apenas do ministro e da Suprema Corte, mas da própria sociedade brasileira, é uma homenagem mais do que necessária a um jurista que dedicou sua vida à causa da justiça e dos direitos humanos. Seu trabalho incansável em favor de um Brasil mais justo e igualitário é fruto de sua dedicação e integridade. Sem sombra de dúvidas, Toffoli continuará sendo uma figura central no cenário jurídico brasileiro e o seu legado servindo de inspiração para futuras gerações de operadores do direito.

Referências

AGU defende reconhecimento de união homoafetiva. *Consultor Jurídico*, São Paulo, 9 jun. 2008. Disponível em: https://www.conjur.com.br/2008-jun-09/agu_defende_reconhecimento_uniao_homoafetiva/. Acesso em: 25 jul. 2024.

ALMOÇO no STF reúne lideranças femininas da Magistratura. *Imprensa Ajuris*, Porto Alegre, 2018. Disponível em: https://ajuris.org.br/almoco-no-stf-reune-liderancas-femininas-da-magistratura/. Acesso em: 25 jul. 2024.

BRASIL. Câmara dos Deputados. Supremo Tribunal Federal: Ministro Dias Toffoli defende maior participação das mulheres na política. *Câmara dos Deputados*, Brasília, 2019. Disponível em: https://www2.camara.leg.br/a-camara/estruturaadm/secretarias/secretaria-da-mulher/noticias/ministro-dias-toffoli-defende-maior-participacao-das-mulheres-na-politica. Acesso em: 25 jul. 2024.

BRASIL. Presidência da República. *Lei Federal nº 13.718, de 24 de setembro de 2018*. Disponível em: https://www.planalto.gov.br/ccivil_03/_ato2015-2018/2018/lei/l13718.htm. Acesso em: 25 jul. 2024.

BRASIL. Supremo Tribunal Federal. Ação Declaratória de Constitucionalidade (ADC) 43. Relator: Min. Marco Aurélio, julgado em 07 de novembro de 2019, publicado em 12 de novembro de 2020. *Lex: jurisprudência do Supremo Tribunal Federal*, 2020.

BRASIL. Supremo Tribunal Federal. Ação Declaratória de Constitucionalidade (ADC) 39. Relator: Min. Dias Toffoli, julgado em 16 de junho de 2023, publicado em 18 de agosto de 2023. *Lex: jurisprudência do Supremo Tribunal Federal*, 2023.

BRASIL. Supremo Tribunal Federal. Ação Direta de Inconstitucionalidade (ADI) 7486. Relator: Min. Dias Toffoli, julgado em 05 de junho de 2024, publicado em 12 de junho de 2024. *Lex: jurisprudência do Supremo Tribunal Federal*, 2024.

BRASIL. Supremo Tribunal Federal. Ação Direta de Inconstitucionalidade (ADI) 7479. Relator: Min. Dias Toffoli, julgado em 05 de junho de 2024, publicado em 12 de junho de 2024. *Lex: jurisprudência do Supremo Tribunal Federal*, 2024.

BRASIL. Supremo Tribunal Federal. Ação Direta de Inconstitucionalidade (ADI) 3486. Relator: Min. Dias Toffoli, julgado em 12 de setembro de 2023, publicado em 14 de novembro de 2023. *Lex: jurisprudência do Supremo Tribunal Federal*, 2023.

BRASIL. Supremo Tribunal Federal. Ação Direta de Inconstitucionalidade (ADI) 3493. Relator: Min. Dias Toffoli, julgado em 12 de setembro de 2023, publicado em 14 de novembro de 2023. *Lex: jurisprudência do Supremo Tribunal Federal*, 2023.

BRASIL. Supremo Tribunal Federal. Arguição de Descumprimento de Preceito Fundamental (ADPF) 779. Relator: Min. Dias Toffoli, julgado em 01º de agosto de 2023, publicado em 06 de outubro de 2023. *Lex: jurisprudência do Supremo Tribunal Federal*, 2023.

BRASIL. Supremo Tribunal Federal. Dias Toffoli abre Ano Judiciário defendendo equilíbrio institucional entre os Poderes. *Supremo Tribunal Federal*, Brasília, 2019. Disponível em: https://www.stf.jus.br/arquivo/biblioteca/PastasMinistros/DiasToffoli/Discursos/Proferidos/1188242.pdf. Acesso em: 25 jul. 2024.

BRASIL. Supremo Tribunal Federal. Habeas Corpus (HC) 127.483. Relator: Min. Dias Toffoli, julgado em 07 de abril de 2015, publicado em 10 de abril de 2015. *Lex: jurisprudência do Supremo Tribunal Federal*, 2015.

BRASIL. Supremo Tribunal Federal. Mandado de Segurança (MS) 32.709. Relator: Min. Dias Toffoli, julgado em 10 de fevereiro de 2014, publicado em 20 de fevereiro de 2014. *Lex: jurisprudência do Supremo Tribunal Federal*, 2014.

BRASIL. Supremo Tribunal Federal. *Posse na presidência do Supremo Tribunal Federal*: ministro Dias Toffoli, presidente; ministro Luiz Fux, vice-presidente: sessão solene realizada em 13 de setembro de 2018. Brasília: Supremo Tribunal Federal, 2019. 1 recurso online (52 p.: il., fots. color.). Disponível em: https://www.stf.jus.br/arquivo/cms/publicacaoPublicacaoInstitucionalPossePresidencial/anexo/Plaqueta_possepresidencial_DiasToffoli.pdf. Acesso em: 25 jul. 2024.

BRASIL. Supremo Tribunal Federal. Recurso Extraordinário (RE) 1.017.365. Relator: Min. Edson Fachin, julgado em 09 de fevereiro de 2022, publicado em 11 de fevereiro de 2022. *Lex: jurisprudência do Supremo Tribunal Federal*, 2022.

BRASIL. Supremo Tribunal Federal. Recurso Extraordinário (RE) 581.488. Relator: Min. Dias Toffoli, julgado em 03 de dezembro de 2015, publicado em 08 de abril de 2016. *Lex: jurisprudência do Supremo Tribunal Federal*, 2016.

CONSELHO NACIONAL DE SAÚDE (Brasil). *Presidente do STF declara apoio ao SUS durante audiência contra EC 95*. Brasília, DF, 2019. Disponível em https://conselho.saude.gov.br/ultimas-noticias-cns/219-presidente-do-stf-declara-apoio-ao-sus-durante-audiencia-contra-ec-95. Acesso em: 25 jul. 2024.

OPERAÇÃO Átria: atendimentos a mulheres vítimas de violência têm aumento de 63% em 2024. *Gov.br*, 2 abr. 2024. Disponível em: https://www.gov.br/mj/pt-br/assuntos/noticias/operacao-atria-atendimentos-a-mulheres-vitimas-de-violencia-tem-aumento-de-63-em-2024#:~:text=Bras%C3%ADlia%2C%2002%2F04%2F2024,2024-%2C%20contra%2079%2C5%20mil. Acesso em: 25 jul. 2024.

TOFFOLI acredita que STF permitirá pesquisas com células-tronco. *Consultor Jurídico*, São Paulo, 28 maio 2008. Disponível em: https://www.conjur.com.br/2008-mai-28/toffoli_acredita_stf_permitira_pesquisas_cientificas/. Acesso em: 25 jul. 2024.

Informação bibliográfica deste texto, conforme a NBR 6023:2018 da Associação Brasileira de Normas Técnicas (ABNT):

GIL, Renata. Dias Toffoli: 15 anos de atuação no STF pautada na perspectiva de gênero. *In*: MENDES, Gilmar Ferreira; LIRA, Daiane Nogueira de; FREIRE, Alexandre (coord.). *Constituição, democracia e diálogo*: 15 anos de Jurisdição Constitucional do Ministro Dias Toffoli. 2. ed. Belo Horizonte: Fórum, 2025. p. 1453-1464. ISBN 978-65-5518-937-7.

JUSTIÇA CONSTITUCIONAL NA FEDERAÇÃO

REYNALDO SOARES DA FONSECA
RAFAEL CAMPOS SOARES DA FONSECA

1 Introdução

Este artigo versa sobre um aspecto inerente ao Acesso à Justiça, o tratamento isonômico a todos os jurisdicionados em território nacional. Por evidente, à luz da dinamicidade do Direito e da criatividade dos juristas, as inevitáveis dissonâncias entre posições jurisprudenciais no Sistema de Justiça desaguam em última instância no STJ para questões da legislação federal e no STF para controvérsias constitucionais. Portanto, ocupamo-nos neste singelo contributo acadêmico da posição federalista do STF na engenharia constitucional brasileira, bem como da contribuição pessoal feita pelo Ministro Dias Toffoli nessa seara.

Antes de adentrar no tema propriamente dito, torna-se imperativo cumprimentar os organizadores nas pessoas do Professor e Ministro do Supremo Tribunal Federal Gilmar Ferreira Mendes, da Conselheira do CNJ Daiane Nogueira de Lira e do Professor e Conselheiro Direto da Anatel Alexandre Freire, pela felicidade na escolha do Homenageado e dos eixos temáticos em torno do qual gravitam a presente coletânea.

O Ministro do STF José Antônio Dias Toffoli é um juiz, estadista e jurista com reconhecida trajetória na construção de soluções institucionais e jurídicas dotadas de excelência, engenhosidade e criatividade. Essa qualidade precede a toga, uma vez que sua atuação na Advocacia-Geral da União e na Casa Civil foram caracterizadas por diálogos perenes e instituições longevas. Nesse sentido, em importante celebração de seus 15 anos de atuação no STF, o legado e os desafios enfrentados na gestão do Ministro Dias Toffoli como Presidente do STF merecem e merecerão estudos da academia, de modo a contextualizá-la na história recente da República brasileira.

Sendo assim, este contributo acadêmico cinge-se a quatro partes, além desta introdução e de considerações finais.[1] Na primeira, teceremos comentários sobre o

---

[1] Para outras finalidades, estudo com estruturação semelhante já foi desenvolvido pelos autores em: FONSECA, Rafael Campos Soares da; FONSECA, Reynaldo Soares da. Acesso à Justiça e a posição constitucional do Supremo Tribunal Federal como árbitro da Federação. In: DANTAS, Marcelo Navarro Ribeiro (Org.). *Inovações*

acesso à justiça como movimento social e cultural do século XX e a emergência do modelo de Tribunal Multiportas a partir da década de 1970. A segunda parte será dedicada ao entendimento da imperatividade no cenário brasileiro de um Tribunal da Federação, desde a proclamação do binômio república-federação no final do século XIX. Na terceira parcela do artigo, haverá verticalização sobre as competências jurisdicionais previstas no art. 102 da Constituição da República e imputadas ao Supremo Tribunal Federal. Enfim, a quarta parte tratará da obrigatoriedade das decisões expedidas pelo STF no tempo e no espaço, em que se investigará exatamente a concretização dos direitos fundamentais, à luz de um ideal de efetividade do processo civil.

2 Acesso à Justiça e Tribunal Multiportas[2]

Na condição de movimento cultural, o acesso à justiça representa o ideal de buscar-se por um sistema jurídico igualmente acessível a todos, assim como o imperativo de produção de resultados individuais e coletivos materialmente justos. Sob a perspectiva jurídica, o acesso à justiça é um direito com assento constitucional que sintetiza uma situação jurídica de garantias processuais, julgamento equitativo e eficaz em lapso temporal razoável. Na verdade, trata-se da ideia central do processo constitucional, porquanto coordenada as normas estruturantes desse setor jurídico, garantindo a universalidade da jurisdição com observância do devido processo legal e do contraditório.[3]

De maneira compreensiva, Mauro Cappelletti descreve obstáculos à consecução do acesso à Justiça em três vertentes: a econômica, em razão da qual a pobreza é limitadora material e cognitiva à realização dos direitos; a organizadora, mediante a qual se transformam as categorias jurídicas básicas do processo com o objetivo de abarcar os interesses coletivos e difusos; e a processual, por intermédio da qual tipos tradicionais de procedimento são inadequados aos seus deveres de tutela.[4]

Enfim, aborda-se o paradigma do Tribunal Multiportas, tal como preconizado no Código de Processo Civil, de maneira a responder se há nele potencialidade como chave responsiva ao cenário processual em tela. Em termos de litígios, compreende-se a litigância em questão tanto pela constituição de precedentes por parte do Superior Tribunal de Justiça e do Supremo Tribunal Federal que reconstroem interpretativamente a norma jurídica a partir de demandas, garantindo a unidade do ordenamento jurídico, quanto pela administração da Justiça em larga escala com as finalidades de estabilizar as expectativas sociais sobre a conduta humana.

---

no sistema de justiça: meios alternativos de resolução de conflitos, justiça multiportas e iniciativas para a redução da litigiosidade e o aumento da eficiência nos tribunais: estudos em homenagem a Múcio Vilar Ribeiro Dantas. São Paulo: Thomson Reuters Brasil, 2021.

[2] Parcela do argumento desenvolvido nesta seção já estivera presente em ensaio do segundo autor a respeito do esgotamento de certo modelo de processo tributário em: FONSECA, Rafael Campos Soares da. Sistema Multiportas no Novo Código de Processo Civil e a Crise da Execução Fiscal: uma revisita a partir do observatório da macrolitigância fiscal. In: BUÍSSA, Leonardo; BEVILACQUA, Lucas (Org.). *Processo Tributário*. 2. ed. Belo Horizonte: Fórum, 2020. p. 117-128.

[3] CINTRA, Antonio Carlos de Araújo; GRINOVER, Ada Pellegrini; DINAMARCO, Cândido Rangel. *Teoria Geral do Processo*. 24. ed. São Paulo: Malheiros, 2008.

[4] CAPPELLETTI, Mauro. O Acesso à Justiça e a Função do Jurista em Nossa Época. *Revista de Processo*, v. 61, p. 144-160, jan./mar. 1991.

O modelo de Tribunal Multiportas foi inicialmente concebido por Frank Sander em 1976, de maneira a apresentar resposta à insatisfação popular com a administração da justiça em sociedades desenvolvidas ocidentais. Trata-se, portanto, de instituição consistente no encaminhamento dos conflitos sociais, formalizados ou não em processo, para o fórum mais adequado para a solução da controvérsia.

Sob essa perspectiva, cada demanda deve ser submetida à técnica de solução mais adequada, a consensualidade é posta em primeiro plano e o cidadão torna-se o principal ator na resolução do conflito. No caso brasileiro, o art. 3º do CPC dispõe ser norma fundamental do processo civil a submissão dos litígios aos meios consensuais em primeiro plano. Ademais, imputa a todos os sujeitos processuais o dever de promoção de todos os meios necessários para que o procedimento seja adequado ao dever de tutela.

Nesse contexto, a efetividade do sistema multiportas depende do enfrentamento de desafios formativos, culturais e estruturais do sistema de justiça e das carreiras jurídicas. Assim, há fundamento normativo para a atuação de uma advocacia negocial vocacionada à desjudicialização de demandas, com a devida remuneração pelo trabalho, em consonância com o art. 2º, parágrafo único, VI, do Estatuto da Ordem dos Advogados do Brasil. Exige-se, portanto, do patrono de qualquer causa, no mínimo, disposição para negociar e dispor de embasamento econômico lastreado em relação custo-benefício.

Por outro lado, o art. 165, §2º, do CPC, preconiza o seguinte: "Os tribunais criarão centros judiciários de solução consensual de conflitos, responsáveis pela realização de sessões e audiências de conciliação e mediação e pelo desenvolvimento de programas destinados a auxiliar, orientar e estimular a autocomposição". Nesse escopo, os arts. 7º e 8º da Resolução 125 do Conselho Nacional de Justiça preveem tanto os Centros Judiciários de Solução de Conflitos e Cidadania quanto os Núcleos Permanentes de Métodos Consensuais de Solução de Conflitos. O intuito da norma é superar a carência estrutural ocasionada pela falta de recursos humanos (servidores e juízes) e materiais (infraestrutura) para a promoção da negociação, por intermédio da construção de espaços qualificados para engajamento de jurisdicionados.

É consabido que por largo período o postulado da indisponibilidade do interesse público obstaculizou a inserção da consensualidade na estratégia de litígio das Fazendas Públicas, contudo os resultados dessa política pública de recuperação de ativos demonstraram o insucesso dessa visão de Estado e do regime jurídico público. No entanto, essa visão de mundo encontra-se superada pelas inovações do sistema de Justiça. Basta ver que em relação ao crédito tributário, o próprio Supremo Tribunal Federal fundamentou sua interpretação constitucional na ADI nº 5.135, de relatoria do Ministro Roberto Barroso, de acordo com a proporcionalidade da medida restritiva de direito em função do fim almejado, isto é, a cobrança extrajudicial de débitos tributários e a recuperação célere de créditos tributários.

Em síntese, não há óbice normativo ou jurisprudencial para a adoção de diretrizes oriundas do sistema multiportas no processo judicial. Além disso, a flexibilidade e robustez social do instrumento processual indicam sua imprescindibilidade para repensar um novo relacionamento processual entre Fazenda Pública e os administrados. Por outro lado, defendemos que hodiernamente o pacto federativo pátrio está eminentemente judicializado, o que indica a existência de um federalismo de confronto, em que os mandatários eleitos olvidam-se de encaminhar seus impasses e dilemas às instâncias democráticas adequadas e passam a submetê-los ao STF, desde que traduzidos para a gramática jurídica.

3 A Necessidade de um Tribunal da Federação

A afirmação de um órgão judicial de cúpula responsável por compor os conflitos atinentes à divisão territorial do poder e garantir tratamento estatal igualitário aos jurisdicionados residentes em todo o território nacional precede a consolidação do controle de constitucionalidade, entendido como defesa da supremacia constitucional em acepções formal e material, como função autônoma do Poder Judiciário.

Ainda no período imperial, o Supremo Tribunal de Justiça controlava os erros e acertos das Relações em recursos de revista, cujas denegações eram quantitativamente mais expressivas às concessões, porque as últimas se davam em hipóteses de nulidade manifesta ou injustiça notória em sentenças proferidas por todos os juízos em última instância,[5] explicando a adoção da terminologia "recursos extraordinários" na transição entre os períodos monárquico e republicano.[6]

No entanto, a partir de longo processo histórico, é possível concluir que os discursos judiciais de proteção dos direitos fundamentais tornaram-se mais proeminentes,[7] no plano discursivo, em comparação aos argumentos atinentes ao federalismo, especialmente com base no modelo de controle de constitucionalidade erigido na Constituição da República de 1988.[8] Vale registrar que se cuida de tendência global do segundo pós-guerra e com mais ênfase nas últimas décadas consistente em convergência no plano da argumentação jurídica da centralidade dos direitos fundamentais na jurisdição constitucional. Isso porque verificou-se uma relação próxima entre a ascensão do Poder Judiciário e a dispersão retórica dos direitos.[9] Por outro lado, focaliza-se aqui as particularidades brasileiras desse movimento global.[10]

---

[5] Art. 6º da Lei de 18 de setembro de 1828, que instituiu o Supremo Tribunal de Justiça.

[6] Segundo Pedro Lessa, trata-se de imperativo decorrente do regime federativo no qual há dualidade de leis e de justiças, devendo o STF assegurar a aplicação das leis federais, o que inclui a Constituição, identificando-se com o *writ of error* dos norte-americanos. Ademais, noticia que o nome jurídico foi aceito, apesar de algumas objeções e resistências, sendo consagrado na legislação desde o art. 24 da Lei nº 22/1894: LESSA, Pedro. *Do Poder Judiciário*. Brasília: Senado Federal, 2003. p. 100-103. No que tange à ampla prevalência de juízos de desprovimento dos recursos de revista no período imperial: LOPES, José Reinado de Lima. O Supremo Tribunal de Justiça no Apogeu do Império (1840-1871). *In*: LOPES, José Reinaldo de Lima (Org.). *O Supremo Tribunal de Justiça do Império*: 1828-1889. São Paulo: Saraiva, 2010.

[7] Exemplo dessa ênfase na correlação entre a jurisdição constitucional e os direitos fundamentais pode ser encontrado em obra de Aliomar Baleeiro decorrente de palestras na Universidade de Brasília em que defendeu o papel precípuo do STF como sentinela da Constituição e das liberdades públicas: BALEEIRO, Aliomar. *O Supremo Tribunal Federal, Êsse Outro Desconhecido*. Rio de Janeiro: Forense, 1968. p. 58-71.

[8] RODRIGUES, Gilberto Marcos Antonio; LORENCINI, Marco Antonio Garcia Lopes; ZIMMERMANN, Augusto. The Supreme Federal Court of Brazil: protecting democracy and centralized power. In: ARONEY, Nicholas; KINCAID, John (Ed.). *Courts in Federal Countries*: federalists or unitarists? Toronto: University of Toronto Press, 2017. p. 133-134.

[9] JAKAB, András; DYEVRE, Arthur; ITZCOVICH, Giulio. Conclusion. In: JAKAB, András; DYEVRE, Arthur; ITZCOVICH, Giulio (Ed.). *Comparative Constitutional Reasoning*. Cambridge: Cambridge University Press, 2017. p. 783-784.

[10] *"Despite the diffusion of common practices and generic argumentation frameworks such as rights and proportionality, local particularities continue to abound. Courts are subject to country-specific constraints variously arising from the particular wording of the constitutional charter, the constellation of political forces, the prevailing conceptions of acceptable judicial*

Sendo assim, o papel histórico do Judiciário na formação do Estado brasileiro, desde o Tribunal da Relação na Bahia no período colonial até o Supremo Tribunal Federal na República Velha, perpassando pelo Supremo Tribunal de Justiça imperial, é objeto monográfico pela própria complexidade.[11] Registra-se, por exemplo, no primeiro período republicano, a atuação do STF na consolidação do federalismo. Na "História do Supremo Tribunal Federal", de Lêda Boechat, há volume próprio para tratar desse aspecto. A autora apresenta tese segundo a qual por intermédio do controle de constitucionalidade de leis estaduais, notadamente tributárias, o STF atuou como fator de equilíbrio do sistema federal em contraposição à "Política dos Estados" inaugurada na presidência de Campos Sales.[12]

Trata-se, por conseguinte, de tema de longo alcance e poucos estudos no âmbito das ciências sociais aplicadas à ação institucional do Supremo Tribunal Federal no âmbito da estabilização política levada a efeito no período da República Velha, sendo a cúpula do Poder Judiciário republicano chamada a compor lides por instrumentos processuais variados, como o *habeas corpus*, bem como integrar a dinâmica conflitiva de emergência da cidadania.[13] Trata-se de atuação jurisdicional de caráter mediador em casos de intervenção federal, estados de sítio[14] e dualidade eleitoral.[15]

A esse respeito, constam no sítio institucional do STF como "julgamentos históricos" casos relacionados à Revolta da Armada, Revolução Federalista, limites interestaduais entre o Estado do Paraná e o Estado de Santa Catarina relativos à Guerra do Contestado, Conselho Municipal do Distrito Federal, dualidade de Assembleias no Estado do Rio de Janeiro e da Bahia e posse de Nilo Peçanha como presidente do Estado fluminense.

Para efeitos de compreender o STF como Tribunal da Federação, são relevantes não só os julgamentos de conflitos federativos entre União e Estados e entre os últimos que foram processados pela competência do STF em todas as constituições republicanas, mas também a resolução de conflitos de jurisdição e atribuições, defesa da ordem constitucional e uniformização da interpretação do direito, a última função desde a viabilização da "tomada de assentos"[16] com o Decreto Legislativo nº 2.684/1875, regulamentado pelo

---

conduct, the legacy of traumatic historical events or even from the judges' varying degree of ability and creativity when it comes to crafting persuasive arguments. For all these reasons, global convergence cannot continue to co-exist with myriad local singularities" (JAKAB, András; DYEVRE, Arthur; ITZCOVICH, Giulio. Conclusion. In: JAKAB, András; DYEVRE, Arthur; ITZCOVICH, Giulio (Ed.). *Comparative Constitutional Reasoning*. Cambridge: Cambridge University Press, 2017. p. 791).

[11] LIMA, Martonio Mont'Alverne Barreto. *Staat und Justiz in Brasilien: zur historischen Entwicklung der Justizfunktion in Brasilien*: kolonialgerichtsbarkeit in Bahia, Richterschaft im Kaiserreich und Verfassungsgerichtsbarkeit in der Republik. Frankfurt am Main: Lang, 1999. p. 188-197.

[12] RODRIGUES, Lêda Boechat. *História do Supremo Tribunal Federal*: Defesa do Federalismo, 1899-1910. Rio de Janeiro: Civilização Brasileira, 1965. v. 2. p. 2.

[13] COSTA, Emilia Viotti da. *O Supremo Tribunal Federal e a Construção da Cidadania*. 2. ed. São Paulo: Unesp, 2006. KOERNER, Andrei. *Judiciário e Cidadania na Constituição da República Brasileira (1841-1920)*. Curitiba: Juruá, 2010.

[14] PEIXOTO, Rodrigo Luiz. O Supremo Tribunal Federal e o Estado de Sítio na República Velha: a jurisprudência do Supremo Tribunal Federal sobre o Estado de Sítio, do início da República até a Revolução de 30 (1893-1930). *Quaestio Iuris*, Rio de Janeiro, v. 10, n. 2, p. 1090-1124, 2017.

[15] SATO, Leonardo Seiichi Sasada. *Um Poder da Moderação?* Política e Justiça no Supremo Tribunal Federal da Primeira República. Tese (Ciência Política) – Universidade Estadual do Rio de Janeiro, Rio de Janeiro, 2018.

[16] Por uma visão global dessa inovação institucional: NEVES, Antonio Castanheira. *O Instituto dos 'Assentos' e a Função Jurídica dos Supremos Tribunais*. Coimbra: Coimbra, 1983.

Decreto nº 6.142/1876. Igualmente, a função institucional do Tribunal na estruturação federativa do sistema político exige especial consideração.

Com esteio nessa chave analítico, entendemos possível investigar os aspectos federativos no mister constitucional do STF a partir de suas composições, competências jurisdicionais e decisões, além dos aspectos federativos do controle de constitucionalidade brasileiro.

4 Competências jurisdicionais

Sob a perspectiva do princípio federativo, mostra-se também importante ao jurista um exame das competências jurisdicionais do STF e da conformação jurídica das decisões tomadas pelo Tribunal. Quanto ao primeiro aspecto, não há dúvidas ser a função precípua do STF a guarda da Constituição (art. 102, CR/88). Esse poder pode ser pensado em termos de competências, categoria que se traduz em medida da jurisdição.[17] Assim, esses critérios limitadores da adequada distribuição das demandas judiciais podem ser sistematizados relativamente ao STF pela topografia constitucional em originários e recursal ordinário e extraordinário. Opta-se, portanto, por um exame mais exaustivo em contraposição a identificar, principalmente, nos arts. 36, III, e 102, I, "a" e "f", e III, da Constituição de 1988, os fundamentos das funções federativas dessa Corte.

Em primeiro plano, tem-se a ação direta de inconstitucionalidade em face de leis ou ato federais e estaduais, que inclui a modalidade omissiva e a medida cautelar, e a ação declaratória de constitucionalidade com objeto exclusivo em lei ou ato federal, assim como a arguição de descumprimento de preceito fundamental submetida à disciplina legal (arts. 102, I, "a" e "p", e §1º, CR/88). Registra-se que no controle abstrato e concentrado de constitucionalidade não se veiculam apenas os conflitos federativos, mas também o desenho federalista da relação entre poderes do Estado e da União.[18]

Por outro lado, o caráter de tribunal federal mostra-se relevante nos critérios competenciais subjacentes ao foro por prerrogativa de função e aos crimes de responsabilidade (art. 102, I, "b" e "c", CR/88). A despeito da ênfase conferida aos princípios republicano e democrático, a estruturação federativa do poder também é variável relevante na temática, como se depreende da recente viragem jurisprudencial a respeito das medidas processuais penais aplicáveis ao parlamentar federal ou estadual e de quem é a autoridade competente para tanto.

As implicações federativas da atribuição de competências originária e recursal para julgamento das ações e remédios expressamente previstos no texto constitucional,[19] notadamente *habeas corpus, habeas data,* mandado de segurança, reclamação e mandado de injunção (arts. 102, I, "d", "i", "l", "q", e II, "a", CR/88), são evidentes em contexto de coordenação técnica do Judiciário encabeçada pelo STF, a quem compete promover

---

[17] CARNEIRO, Athos Gusmão. *Jurisdição e Competência.* 4. ed. São Paulo: Saraiva, 1991. p. 45.

[18] OLIVEIRA, Vanessa Elias de. Poder Judiciário: árbitro dos conflitos constitucionais entre estados e união. *Lua Nova,* São Paulo, n. 78, p. 225, 2009.

[19] Exame exaustivo e didático pode ser encontrado em: FERNANDES, Bernardo Gonçalves. *Curso de Direito Constitucional.* 11. ed. Salvador: JusPodivm, 2019. p. 669-815.

a unidade do ordenamento jurídico e consequentemente a supremacia constitucional em todo o território nacional.

Merece registro apartado pela significância ao conceito de federalismo judicial a construção da reclamação constitucional, porque em sua primeira fase o STF fundamentou-se na teoria dos poderes implícitos formulada pela Suprema Corte norte-americana, isto é, desenvolveu-se essa garantia processual como meio de solução de problemas os quais não encontravam resposta eficiente nos outros meios disponíveis. Baseado no fim de exercer seu poder de resolver os casos submetidos à sua apreciação, o Tribunal gerou um novo meio que estaria implicitamente disponível pela Constituição. Ribeiro Dantas é claro ao analisar a Rcl 141 julgada em janeiro de 1952, identificando como motivos para a criação do novo remédio de direitos as hipóteses de não cumprimento integral dos julgados do STF, diante do decidido por outras instâncias judiciárias, ou mesmo por invasão de sua competência. Em síntese, esse problema pragmático ocasionou a criação pretoriana de nova medida processual, inicialmente como corolário do direito de petição e agora como manifestação do direito de ação, nos casos de ofensa à autoridade das decisões do STF especialmente daquelas dotadas de efeitos vinculantes, bem como em prol da preservação de sua competência.[20] Do mesmo modo, são relevantes as experiências e os interditos pela jurisprudência do Tribunal relacionados a essa medida processual nas Justiças Estaduais, por ofensa ao princípio da simetria e da competência legislativa da União para dispor sobre Direito Processual, antes do advento do CPC/15.

No escopo dos agentes da União que representa a República Federativa do Brasil, compete originariamente ao STF julgar extradições de estrangeiros e os litígios entre Estado estrangeiro ou organismo internacional e União, Estado ou Distrito Federal (arts. 102, I, "e" e "g", CR/88), o que encontra rupturas na competência da justiça federal de primeira instância para processar as mesmas demandas quando estejam no polo processual os municípios ou pessoa, com recurso ordinário ao STJ, ou na competência de homologação de sentença estrangeira ou concessão de *exequatur* às cartas rogatórias pelo STJ (arts. 105, I, "h", II, "c", e 109, II, CR/88).

A composição de causas e conflitos federativos entre a União e os Estados, a União e o Distrito Federal, ou entre uns e outros, inclusive as respectivas entidades da administração indireta, consiste em fonte precípua da caracterização do STF como Tribunal da Federação. Ao lado da já clássica divisão jurisprudencial entre conflitos federativos e da Federação mediante diferenciação pela potencialidade de abalo institucional ao pacto federativo,[21] é pouco conclusivo um exame exauriente da casuística em ACO sobre os parâmetros jurisprudenciais para fixação da competência do Tribunal nesse tópico.[22] De todo modo, é visto com preocupação acadêmica a ausência de maior quantidade e

---

[20] DANTAS, Marcelo Navarro Ribeiro. *Reclamação Constitucional no Direito Brasileiro*. Porto Alegre: Sergio Antonio Fabris, 2000. p. 169 e 182.

[21] "A Constituição da República confere ao Supremo Tribunal Federal a posição eminente de Tribunal da Federação (CF, art. 102, I, 'f'), atribuindo-lhe, nessa condição institucional, o poder de dirimir controvérsias cuja potencialidade ofensiva revele-se apta a vulnerar os valores que informam o princípio fundamental que rege, em nosso ordenamento jurídico, o pacto da Federação" (BRASIL. Supremo Tribunal Federal. *Agravo Regimental em Ação Cível Originária 2.654*. Rel. Min. Celso de Mello, Tribunal Pleno, j. 03.03.2016, DJe 53 Publ. em: 22.03.2016).

[22] ECHEVERRIA, Andrea de Quadros Dantas. *O Árbitro da Federação Pode Influenciar o Jogo do Resgate? O impacto da jurisprudência federalista do STF na crise fiscal dos Estados brasileiros*. Tese (Direito) – Centro Universitário de Brasília, Brasília, 2019. p. 132-171.

qualidade de estudos a respeito dessa questão, à luz do volume de ações ajuizadas e respectivos valores das causas.

Igualmente, a dimensão territorial da política e da jurisdição encontram endereço nos conflitos de competência entre tribunais superiores e quaisquer cortes e atribuições suscitados perante o STF, assim como nas ações movidas em face de atos do CNJ e do CNMP e naquelas em que todos os membros da magistratura sejam direta ou indiretamente interessados (art. 102, I, "n", "o" e "r", CR/88).

Por fim, o controle difuso de constitucionalidade encontra supervisão última na competência do STF em processar e julgar recursos extraordinários movidos em face de decisões que representem causas decididas em única ou última instância nas hipóteses de contrariedade a dispositivo constitucional, declaração de inconstitucionalidade de tratado ou lei federal, julgamento de validade de lei ou ato de governo local em face da Constituição da República ou do mesmo expediente de validez de lei local contraposta à lei federal (art. 102, III, CR/88). Nesse sentido, o STF possui o dever de guardar a uniformidade espacial e temporal do direito, o que encontra na prática temperamentos discricionários em fenômeno já identificado como "ativismo judicial à brasileira".[23] Essa competência encontra-se robustecida pela repercussão geral das questões constitucionais (art. 102, §3º, CR/88) e pela equiparação promovida pela legislação processual entre controles difuso e concentrado no tocante à observância de precedentes pelos juízos das demais instâncias e à eficácia rescisória dos julgamentos do STF (arts. 525, §12, 535, §5, 927, I e III, CPC/15).

5 Obrigatoriedade das decisões no espaço e no tempo

No que diz respeito às decisões do STF, mostra-se relevante abordar, em função dos reflexos federativos, a eficácia contra todos (*erga omnes*) e no tempo o efeito vinculante das decisões de controle objetivo, a expansão dos efeitos de qualquer decisão da Corte e o papel do Senado Federal no controle difuso, a súmula vinculante, os poderes processuais instrutórios ou ordenatórios em face dos demais órgãos judiciais e as técnicas de decisão utilizadas pelo STF.

A eficácia das decisões definitivas de mérito possui assento constitucional, desde a EC nº 45/2004, preconizando-se a produção de efeitos *erga omnes*, considerada a jurisdição em todo o território nacional, e efeitos vinculantes aos demais órgãos do Poder Judiciário e à Administração Pública dos três níveis federativos. O objetivo é a harmonização da jurisprudência constitucional em um sistema caracterizado pelo método difuso de controle.[24] Por construção jurisprudencial, a mesma eficácia pode ser concedida às decisões cautelares, como se depreende da ADC-MC 4, de relatoria do Ministro Sydney Sanches.[25] No aspecto dos limites subjetivos dos efeitos vinculantes, ficam o próprio

[23] VERÍSSIMO, Marcos Paulo. A Constituição de 1988, vinte anos depois: Suprema Corte e ativismo judicial "à brasileira". *Revista Direito GV*, São Paulo, v. 4, n. 2, p. 407-440, jul./dez. 2008.
[24] RAMOS, Elival da Silva. *Controle de Constitucionalidade no Brasil*: perspectivas de evolução. São Paulo: Saraiva, 2010. p. 387-388.
[25] BRASIL. Supremo Tribunal Federal. *Medida Cautelar em Ação Declaratória de Constitucionalidade 4*. Rel. Min. Sydney Sanches, Tribunal Pleno, j. 11.02.1998, DJ 21.05.1999.

Tribunal em interpretação evolutiva e o Poder Legislativo aptos a alterarem o quadro fático-normativo no qual se fundamentou o juízo definitivo e prévio.[26]

Por sua vez, os limites objetivos dizem respeito à observância do dispositivo e da fundamentação dos julgados do STF. Em litígios de precatórios, o STF assentou a transcendência não só do dispositivo, mas igualmente dos motivos determinantes do julgado.[27] Essa diretriz jurisprudencial reverteu-se no mesmo contexto pela mudança na composição do Tribunal.[28] No mesmo sentido, isto é, da eficácia expansiva dos julgamentos do STF, sem contudo reconhecer eficácia geral e vinculante ao controle difuso de constitucionalidade, pareciam caminhar os pronunciamentos do STF, com base no assentado na Rcl 4.335, de relatoria do Ministro Gilmar Mendes.[29]

Porém, na tumultuada sucessão de julgamentos relativos à proibição do amianto crisotila, registra-se haver corrente majoritária do STF inclinando-se em *obiter dicta* a equiparar a eficácia das decisões produzidas pelo STF,[30] independentemente do método de controle, no bojo da ADI nº 3.406, de relatoria da Ministra Rosa Weber,[31] com vistas a declarar o vício de validade de forma incidental da lei federal permissiva

---

[26] A propósito, ver *inter alia*: BRASIL. Supremo Tribunal Federal. *Ação Direta de Inconstitucionalidade 2.903*. Rel. Min. Celso de Mello, Tribunal Pleno, j. 1.12.2005, DJe Publ. em 19.09.2008. BRASIL. Supremo tribunal federal. *Agravo Regimental em Reclamação 2.617*. Rel. Min. Cezar Peluso, Tribunal Pleno, j. 23.02.2005, DJ 20.05.2005. A título de diálogo institucional, caminha em sentido diverso, embora sem impossibilitar a reversão legislativa de posição jurisprudencial: "5. Consectariamente, a reversão legislativa da jurisprudência da Corte se revela legítima em linha de princípio, seja pela atuação do constituinte reformador (i.e., promulgação de emendas constitucionais), seja por inovação do legislador infraconstitucional (i.e., edição de leis ordinárias e complementares), circunstância que demanda providências distintas por parte deste Supremo Tribunal Federal. 5.1. A emenda constitucional corretiva da jurisprudência modifica formalmente o texto magno, bem como o fundamento de validade último da legislação ordinária, razão pela qual a sua invalidação deve ocorrer nas hipóteses de descumprimento do art. 60 da CRFB/88 (i.e., limites formais, circunstanciais, temporais e materiais), encampando, neste particular, exegese estrita das cláusulas supraconstitucionais. 5.2. A legislação infraconstitucional que colida frontalmente com a jurisprudência (*leis in your face*) nasce com presunção *iuris tantum* de inconstitucionalidade, de forma que caberá ao legislador ordinário o ônus de demonstrar, argumentativamente, que a correção do precedente faz-se necessária, ou, ainda, comprovar, lançando mão de novos argumentos, que as premissas fáticas e axiológicas sobre as quais se fundou o posicionamento jurisprudencial não mais subsistem, em exemplo acadêmico de mutação constitucional pela via legislativa. Nesse caso, a novel legislação se submete a um escrutínio de constitucionalidade mais rigoroso, nomeadamente quando o precedente superado amparar-se em cláusulas pétreas" (BRASIL. Supremo Tribunal Federal. *Ação Direta de Inconstitucionalidade 5.105*. Rel. Min. Luiz Fux, Tribunal Pleno, j. 1.20.2015, DJe 49 Publ. em 16.03.2016).

[27] BRASIL. Supremo Tribunal Federal. *Reclamação 2.363*. Rel. Min. Gilmar Mendes, Tribunal Pleno, j. 23.10.2003, DJ 01.04.2005. BRASIL. Supremo Tribunal Federal. *Reclamação 1.987*. Rel. Min. Maurício Corrêa, Tribunal Pleno, j. 01.10.2003, DJ 21.05.2004.

[28] BRASIL. Supremo Tribunal Federal. *Reclamação 3.014*. Rel. Min. Ayres Britto, Tribunal Pleno, j. 10.03.2010, DJe 91 Publ. em 21.05.2010.

[29] BRASIL. Supremo Tribunal Federal. *Reclamação 4.335*. Rel. Min. Gilmar Mendes, Tribunal Pleno, j. 20.03.2014, DJe 28 Publ em 22.10.2014. Em sede doutrinária, confiram-se: ZAVASCKI, Teori Albino. *Eficácia das Sentenças na Jurisdição Constitucional*. Dissertação (Direito) – Faculdade de Direito, Universidade Federal do Rio Grande do Sul, Porto Alegre, 2000. SILVA, Diogo Bacha e. Eficácia expansiva no controle difuso de constitucionalidade: esse outro desconhecido. *Revista de Direito Administrativo*, Rio de Janeiro, v. 227, p. 113-131, jan./abr. 2017.

[30] Na verdade, extrai-se de leitura atenta do inteiro teor do acórdão da ADI nº 3.406 que seis Ministros (Gilmar Mendes, Luiz Fux, Dias Toffoli, Celso de Mello, Edson Fachin e Cármen Lúcia) manifestarem-se favoravelmente a duas conclusões correlatas, mas diversas, que são a equiparação dos regimes aplicáveis aos controles difuso e concentrado e a eficácia vinculante das decisões do STF abarcarem dispositivo e fundamentos determinantes. Por isso, a bem da segurança jurídica, mostra-se necessário que em um futuro próximo a Corte volte ao tema para aclarar seu posicionamento majoritário.

[31] BRASIL. Supremo Tribunal Federal. *Ação Direta de Inconstitucionalidade 3.406*. Rel. Min. Rosa Weber, Tribunal Pleno, j. 29.11.2017, DJe 19 Publ. em 01.02.2019.

ao fundamento de "inconstitucionalização progressiva" em decorrência dos fatos e dos compromissos internacionais assumidos pelo Brasil.

Posto esse registro, impende registrar a maior consistência dogmática de considerar a resolução senatorial como fator suspensivo da eficácia das leis federais e estaduais declaradas incidentalmente inconstitucionais pelo STF, em consonância ao art. 52, X, da Constituição da República,[32] indicando, no entanto, a tendência jurisprudencial a sufragar a interposição do Senado Federal, caso não seja apenas elemento de publicização da decisão mediante suposta mutação constitucional, como fator de mera expansão da eficácia subjetiva do julgamento de controle incidental, posição que se haure de embargos declaratórios do RE nº 718.874, de relatoria do Ministro Alexandre de Moraes, julgados mais recentemente e com a mesma composição plenária de julgadores, a respeito da contribuição ao FUNRURAL.[33]

Quanto à eficácia temporal das decisões do STF, em evidente paradoxo à opção consistente em termos dogmáticos entre as teorias de nulidade e de anulabilidade dos vícios e sanções de inconstitucionalidade,[34] encontra-se no universo decisório do Tribunal a atribuição de marco temporal à sanção de ilicitude constitucional distinto do momento de criação da norma, por força do art. 27 da Lei nº 9868/1999, no controle abstrato e do art. 927, §3º, do CPC, no controle concreto. Na verdade, a problemática dos efeitos de decisões judiciais no tempo consiste em objeto complexo de estudo do direito constitucional comparado.[35] Isso apresenta evidentes reflexos no âmbito da governança federativa, conforme se verifica a partir da experiência brasileira, pois daí surgiram as soluções mais criativas do STF a esse propósito, atribuindo-se eficácia *pro futuro*[36] ou ajustando os efeitos decisionais ao exercício financeiro.[37]

A previsão da Súmula Vinculante na Reforma do Judiciário com a adição do art. 103-A ao texto constitucional também merece breves considerações. Assim, com a vigência da Lei nº 11.714/2006, passou a haver a possibilidade institucional ao STF de editar, com a aquiescência de 2/3 de seus Ministros, enunciado de súmula com efeito vinculante e eficácia imediata, salvo outro momento fixado pelo próprio editor, em relação aos demais órgãos do Poder Judiciário e à Administração Pública direta e indireta, nas esferas federal, estadual e municipal, cujo objeto seja a validade, interpretação de normas determinadas em que haja controvérsia atual que acarreta grave insegurança jurídica e relevante multiplicação de processos sobre idêntica questão. Nesse ponto, essa modalidade de súmula passou de método de racionalização e cognoscibilidade dos trabalhos da Corte inventado na década de 1960 por Nunes Leal para ato normativo geral e abstrato de

---

[32] RAMOS, Elival da Silva. *A Inconstitucionalidade das Leis*: vício e sanção. São Paulo: Saraiva, 1994. p. 120-126.

[33] BRASIL. Supremo Tribunal Federal. *Embargos Declaratórios em Recurso Extraordinário 718.874*. Rel. Min. Alexandre de Moraes, Tribunal Pleno, j. 23.05.2018.

[34] RAMOS, Elival da Silva. *Controle de Constitucionalidade no Brasil*: perspectivas de evolução. São Paulo: Saraiva, 2010. p. 389.

[35] POPELIER, Patricia *et. al.* (Coord.). *The Effects of Judicial Decisions in Time*. Cambridge: Intersentia, 2014.

[36] BRASIL. Supremo Tribunal Federal. *Ação Direta de Inconstitucionalidade 875*. Rel. Min. Gilmar Mendes, Tribunal Pleno, j. 24.02.2010, DJe 76 Publ. em 30.04.2010. BRASIL. Supremo Tribunal Federal. *Ação Direta de Inconstitucionalidade 4.171*. Rel. Min. Ellen Gracie, Rel. p/ Ac. Ricardo Lewandowski, Tribunal Pleno, j. 20.05.2015, DJe 164, Publ. em 21.08.2015.

[37] BRASIL. Supremo Tribunal Federal. *Arguição de Descumprimento de Preceito Fundamental 190*. Rel. Min. Edson Fachin, Tribunal Pleno, j. 29.09.2016, DJe 87 Publ. em 27.04.2017.

observância nacional, mesmo que pautados em sucessivas decisões anteriores do STF sobre a matéria. Cuida-se de um passo a mais em direção à centralização jurisdicional.

Em relação aos poderes instrutórios ou acautelatórios da jurisdição constitucional, percebe-se a intenção da instituição em formar um microssistema de controle abstrato de constitucionalidade, valendo-se de possibilidades processuais, independentemente da via aventada pelos legitimados. De acordo com o §1 do art. 12-F da Lei nº 9868/1999, a medida cautelar em ação direta de inconstitucionalidade por omissão pode consistir na suspensão de processos judiciais ou de procedimentos administrativos, ou ainda em outra providência a ser fixada pelo Tribunal. No mesmo diploma, o art. 21 admite ao STF deferir pedido de medida cautelar na ação declaratória de constitucionalidade, consistente na determinação de que os juízes e os Tribunais suspendam o julgamento dos processos que envolvam a aplicação do objeto da ação até seu julgamento definitivo.

Por sua vez, a Lei nº 9882/1999 em seu art. 5º, §3º, admite a suspensão do andamento de processos ou efeitos de decisões judiciais, ou de qualquer outra medida que apresente relação com a matéria objeto da arguição de descumprimento de preceito fundamental, salvo se decorrentes da coisa julgada. Embora instado a tanto por ações objetivas em face desses diplomas, o STF nunca chegou a chancelar a constitucionalidade desses poderes, utilizando-os em espécie de fato consumado decorrente da presunção de validade da legislação, embora fosse pressuposto de suas aplicações a análise da constitucionalidade dos instrumentos.

Por fim, o vigente CPC trouxe em seu art. 1.035, §5º, do CPC, com a finalidade declarada de aumentar a racionalidade e a eficiência no campo processual, que permite ao Relator de caso líder processado sob a sistemática da repercussão geral suspender com eficácia nacional os processos que veiculem controvérsia posta na gestão por tema da sistemática da repercussão geral. O limite de um ano do expediente que era previsto no §10 do art. 1.035 da codificação jamais entrou em vigor, visto que foi revogado pela Lei nº 13.256/2016. Ademais, a expressão verbal "deverá ser" constante no §9º do mesmo dispositivo legal teve significado incrementado para compreender uma faculdade do Relator no universo da discricionariedade jurisdicional.[38]

Observa-se, portanto, uma clara tendência de expandir as possibilidades cognitivas e decisórias do STF, sem alterar o método de controle de constitucionalidade, em detrimento da estruturação federativa do sistema de Justiça, tampouco estabelecendo-se parâmetros precisos para a ocorrência dessa interferência. Nesse sentido, em perspectiva otimista, confia-se na prudência do órgão colegiado e de todos os Ministros individualmente considerados para a construção heurística desses caminhos.

Por fim, as técnicas de decisão e a criatividade jurisdicional no estabelecimento de sentenças atípicas ou manipulativas são temáticas de complexidade invulgar no campo do Direito Processual Constitucional. Aqui, abre-se apenas um parêntese para destacar sua utilização em impasses da Federação nos quais os agentes políticos não encontram de forma evidente ou postergam soluções, como são os casos da repartição de rendas

---

[38] "2. A suspensão de processamento prevista no §5º do art. 1.035 do CPC não é consequência automática e necessária do reconhecimento da repercussão geral realizada com fulcro no caput do mesmo dispositivo, sendo da discricionariedade do relator do recurso extraordinário paradigma determiná-la ou modulá-la" (BRASIL. Supremo Tribunal Federal. *Questão de Ordem em Repercussão Geral no Recurso Extraordinário 966.177*. Rel. Min. Luiz Fux, Tribunal Pleno, j. 07.06.2017, DJe 19 Publ. em 01.02.2019).

mediante o Fundo de Participação dos Estados[39] e das compensações financeiras decorrentes da desoneração do ICMS nas exportações.[40] A funcionalidade federativa desses desfechos é, ainda, bastante incerta, demandando melhor maturação institucional e análise crítica pela academia.

6 Considerações finais

A título de aportar esforço laudatório à figura do eminente Ministro do STF José Antônio Dias Toffoli, este artigo pretendeu refletir sobre a posição institucional do STF no pacto federativo brasileiro, ao que o inseriu como árbitro judicial da Federação.

Portanto, perquirimos sobre a necessidade de um Tribunal da Federação na tradição constitucional brasileira. Antecedente à consolidação do controle de constitucionalidade e de uma retórica de direitos fundamentais, a afirmação de um órgão judicial de cúpula responsável por compor os conflitos atinentes à divisão territorial do poder e garantir tratamento estatal igualitário aos jurisdicionados residentes em todo o território nacional consistiu no principal motivo da dualidade do Estado-Juiz, divisando-se a Justiça Comum em Estadual e Federal.

Em seguida, investigamos a condição de Tribunal da Federação do STF a partir de duas categorias basilares, as competências jurisdicionais na vigente ordem constitucional imputadas ao órgão e a obrigatoriedade no tempo e no espaço de suas decisões. Entre juízes e processo, compreendemos haver um desenvolvimento do federalismo brasileiro pela via judicial.

Enfim, defendemos que uma reorientação do olhar que se dirige ao Sistema de Justiça para que se entenda o fato de que a importância federativa do Estado-Juiz transcende argumentos formalistas ou de eficiência, ao que devemos valorizar o componente federalista deste Poder republicano.

Referências

BALEEIRO, Aliomar. *O Supremo Tribunal Federal, Êsse Outro Desconhecido*. Rio de Janeiro: Forense, 1968.

BEVILACQUA, Lucas; FONSECA, Rafael Campos Soares da. Compensações pela desoneração do ICMS nas exportações de bens primários e semielaborados. In: SCAFF, Fernando Facury *et. al. Federalismo (s)em juízo*. São Paulo: Noeses, 2019. p. 363-393.

BRASIL. Supremo Tribunal Federal. *Ação Direta de Inconstitucionalidade 875*. Rel. Min. Gilmar Mendes, Tribunal Pleno, j. 24.02.2010, DJe 76 Publ. em 30.04.2010.

BRASIL. Supremo Tribunal Federal. *Ação Direta de Inconstitucionalidade 2.903*. Rel. Min. Celso de Mello, Tribunal Pleno, j. 1.12.2005, DJe Publ. em 19.09.2008.

---

[39] CORREIA NETO, Celso de Barros. ADI 875: a inconstitucionalidade dos critérios de rateio do Fundo de Participação dos Estados. In: FUCK, Luciano Felício; HORBACH, Beatriz Bastide (Org.). *O Supremo por seus Assessores*. São Paulo: Almedina, 2014.

[40] Análise mais vertical já foi pelo segundo subscritor feita em: BEVILACQUA, Lucas; FONSECA, Rafael Campos Soares da. Compensações pela desoneração do ICMS nas exportações de bens primários e semielaborados. In: SCAFF, Fernando Facury *et. al. Federalismo (s)em juízo*. São Paulo: Noeses, 2019. p. 363-393. Igualmente, pela posição dos Estados exportadores, conferir obra coletiva a respeito desse tema: CRUZ, Luiz Sávio de Souza; BATISTA JÚNIOR, Onofre Alves (Org.). *Desonerações de ICMS, Lei Kandir e o Pacto Federativo*. Belo Horizonte: Assembleia Legislativa do Estado de Minas Gerais, 2019.

BRASIL. Supremo Tribunal Federal. *Ação Direta de Inconstitucionalidade 3.406*. Rel. Min. Rosa Weber, Tribunal Pleno, j. 29.11.2017, DJe 19 Publ. em 01.02.2019.

BRASIL. Supremo Tribunal Federal. *Ação Direta de Inconstitucionalidade 4.171*. Rel. Min. Ellen Gracie, Rel. p/ Ac. Ricardo Lewandowski, Tribunal Pleno, j. 20.05.2015, DJe 164, Publ. em 21.08.2015.

BRASIL. Supremo Tribunal Federal. *Ação Direta de Inconstitucionalidade 5.105*. Rel. Min. Luiz Fux, Tribunal Pleno, j. 1.20.2015, DJe 49 Publ. em 16.03.2016.

BRASIL. Supremo tribunal federal. *Agravo Regimental em Reclamação 2.617*. Rel. Min. Cezar Peluso, Tribunal Pleno, j. 23.02.2005, DJ 20.05.2005.

BRASIL. Supremo Tribunal Federal. *Agravo Regimental em Ação Cível Originária 2.654*. Rel. Min. Celso de Mello, Tribunal Pleno, j. 03.03.2016, DJe 53 Publ. em: 22.03.2016.

BRASIL. Supremo Tribunal Federal. *Arguição de Descumprimento de Preceito Fundamental 190*. Rel. Min. Edson Fachin, Tribunal Pleno, j. 29.09.2016, DJe 87 Publ. em 27.04.2017.

BRASIL. Supremo Tribunal Federal. *Embargos Declaratórios em Recurso Extraordinário 718.874*. Rel. Min. Alexandre de Moraes, Tribunal Pleno, j. 23.05.2018.

BRASIL. Supremo Tribunal Federal. *Medida Cautelar em Ação Declaratória de Constitucionalidade 4*. Rel. Min. Sydney Sanches, Tribunal Pleno, j. 11.02.1998, DJ 21.05.1999.

BRASIL. Supremo Tribunal Federal. *Reclamação 1.987*. Rel. Min. Maurício Corrêa, Tribunal Pleno, j. 01.10.2003, DJ 21.05.2004.

BRASIL. Supremo Tribunal Federal. *Reclamação 2.363*. Rel. Min. Gilmar Mendes, Tribunal Pleno, j. 23.10.2003, DJ 01.04.2005.

BRASIL. Supremo Tribunal Federal. *Reclamação 3.014*. Rel. Min. Ayres Britto, Tribunal Pleno, j. 10.03.2010, DJe 91 Publ. em 21.05.2010.

BRASIL. Supremo Tribunal Federal. *Reclamação 4.335*. Rel. Min. Gilmar Mendes, Tribunal Pleno, j. 20.03.2014, DJe 28 Publ em 22.10.2014.

BRASIL. Supremo Tribunal Federal. *Questão de Ordem em Repercussão Geral no Recurso Extraordinário 966.177*. Rel. Min. Luiz Fux, Tribunal Pleno, j. 07.06.2017, DJe 19 Publ. em 01.02.2019.

CAPPELLETTI, Mauro. O Acesso à Justiça e a Função do Jurista em Nossa Época. *Revista de Processo*, v. 61, p. 144-160, jan./mar. 1991.

CARNEIRO, Athos Gusmão. *Jurisdição e Competência*. 4. ed. São Paulo: Saraiva, 1991.

CINTRA, Antonio Carlos de Araújo; GRINOVER, Ada Pellegrini; DINAMARCO, Cândido Rangel. *Teoria Geral do Processo*. 24. ed. São Paulo: Malheiros, 2008.

CORREIA NETO, Celso de Barros. ADI 875: a inconstitucionalidade dos critérios de rateio do Fundo de Participação dos Estados. In: FUCK, Luciano Felício; HORBACH, Beatriz Bastide (Org.). *O Supremo por seus Assessores*. São Paulo: Almedina, 2014.

COSTA, Emilia Viotti da. *O Supremo Tribunal Federal e a Construção da Cidadania*. 2. ed. São Paulo: Unesp, 2006.

CRUZ, Luiz Sávio de Souza; BATISTA JÚNIOR, Onofre Alves (Org.). *Desonerações de ICMS, Lei Kandir e o Pacto Federativo*. Belo Horizonte: Assembleia Legislativa do Estado de Minas Gerais, 2019.

DANTAS, Marcelo Navarro Ribeiro. *Reclamação Constitucional no Direito Brasileiro*. Porto Alegre: Sergio Antonio Fabris, 2000.

ECHEVERRIA, Andrea de Quadros Dantas. *O Árbitro da Federação Pode Influenciar o Jogo do Resgate?* O impacto da jurisprudência federalista do STF na crise fiscal dos Estados brasileiros. Tese (Direito) – Centro Universitário de Brasília, Brasília, 2019.

FERNANDES, Bernardo Gonçalves. *Curso de Direito Constitucional*. 11. ed. Salvador: JusPodivm, 2019.

FONSECA, Rafael Campos Soares da; FONSECA, Reynaldo Soares da. Acesso à Justiça e a posição constitucional do Supremo Tribunal Federal como árbitro da Federação. In: DANTAS, Marcelo Navarro Ribeiro (Org.). *Inovações no sistema de justiça*: meios alternativos de resolução de conflitos, justiça multiportas e iniciativas para a redução da litigiosidade e o aumento da eficiência nos tribunais: estudos em homenagem a Múcio Vilar Ribeiro Dantas. São Paulo: Thomson Reuters Brasil, 2021.

FONSECA, Rafael Campos Soares da. Sistema Multiportas no Novo Código de Processo Civil e a Crise da Execução Fiscal: uma revisita a partir do observatório da macrolitigância fiscal. In: BUÍSSA, Leonardo; BEVILACQUA, Lucas (Org.). *Processo Tributário*. 2. ed. Belo Horizonte: Fórum, 2020.

JAKAB, András; DYEVRE, Arthur; ITZCOVICH, Giulio. Conclusion. In: JAKAB, András; DYEVRE, Arthur; ITZCOVICH, Giulio (Ed.). *Comparative Constitutional Reasoning*. Cambridge: Cambridge University Press, 2017.

KOERNER, Andrei. *Judiciário e Cidadania na Constituição da República Brasileira (1841-1920)*. Curitiba: Juruá, 2010.

LESSA, Pedro. *Do Poder Judiciário*. Brasília: Senado Federal, 2003.

LIMA, Martonio Mont'Alverne Barreto. *Staat und Justiz in Brasilien: zur historischen Entwicklung der Justizfunktion in Brasilien*: kolonialgerichtsbarkeit in Bahia, Richterschaft im Kaiserreich und Verfassungsgerichtsbarkeit in der Republik. Frankfurt am Main: Lang, 1999.

LOPES, José Reinado de Lima. O Supremo Tribunal de Justiça no Apogeu do Império (1840-1871). *In*: LOPES, José Reinaldo de Lima (Org.). *O Supremo Tribunal de Justiça do Império*: 1828-1889. São Paulo: Saraiva, 2010.

NEVES, Antonio Castanheira. *O Instituto dos 'Assentos' e a Função Jurídica dos Supremos Tribunais*. Coimbra: Coimbra, 1983.

OLIVEIRA, Vanessa Elias de. Poder Judiciário: árbitro dos conflitos constitucionais entre estados e união. *Lua Nova*, São Paulo, n. 78, p. 223-250, 2009.

PEIXOTO, Rodrigo Luiz. O Supremo Tribunal Federal e o Estado de Sítio na República Velha: a jurisprudência do Supremo Tribunal Federal sobre o Estado de Sítio, do início da República até a Revolução de 30 (1893-1930). *Quaestio Iuris*, Rio de Janeiro, v. 10, n. 2, p. 1090-1124, 2017.

POPELIER, Patricia *et. al.* (Coord.). *The Effects of Judicial Decisions in Time*. Cambridge: Intersentia, 2014.

RAMOS, Elival da Silva. *A Inconstitucionalidade das Leis*: vício e sanção. São Paulo: Saraiva, 1994.

RAMOS, Elival da Silva. *Controle de Constitucionalidade no Brasil*: perspectivas de evolução. São Paulo: Saraiva, 2010.

RODRIGUES, Gilberto Marcos Antonio; LORENCINI, Marco Antonio Garcia Lopes; ZIMMERMANN, Augusto. The Supreme Federal Court of Brazil: protecting democracy and centralized power. In: ARONEY, Nicholas; KINCAID, John (Ed.). *Courts in Federal Countries*: federalists or unitarists? Toronto: University of Toronto Press, 2017.

RODRIGUES, Lêda Boechat. *História do Supremo Tribunal Federal*: Defesa do Federalismo, 1899-1910. Rio de Janeiro: Civilização Brasileira, 1965. v. 2.

SATO, Leonardo Seiichi Sasada. *Um Poder da Moderação?* Política e Justiça no Supremo Tribunal Federal da Primeira República. Tese (Ciência Política) – Universidade Estadual do Rio de Janeiro, Rio de Janeiro, 2018.

SILVA, Diogo Bacha e. Eficácia expansiva no controle difuso de constitucionalidade: esse outro desconhecido. *Revista de Direito Administrativo*, Rio de Janeiro, v. 227, p. 113-131, jan./abr. 2017.

VERÍSSIMO, Marcos Paulo. A Constituição de 1988, vinte anos depois: Suprema Corte e ativismo judicial "à brasileira". *Revista Direito GV*, São Paulo, v. 4, n. 2, p. 407-440, jul./dez. 2008.

ZAVASCKI, Teori Albino. *Eficácia das Sentenças na Jurisdição Constitucional*. Dissertação (Direito) – Faculdade de Direito, Universidade Federal do Rio Grande do Sul, Porto Alegre, 2000.

Informação bibliográfica deste texto, conforme a NBR 6023:2018 da Associação Brasileira de Normas Técnicas (ABNT):

FONSECA, Reynaldo Soares da; FONSECA, Rafael Campos Soares da. Justiça Constitucional na Federação. *In*: MENDES, Gilmar Ferreira; LIRA, Daiane Nogueira de; FREIRE, Alexandre (coord.). *Constituição, democracia e diálogo*: 15 anos de Jurisdição Constitucional do Ministro Dias Toffoli. 2. ed. Belo Horizonte: Fórum, 2025. p. 1465-1478. ISBN 978-65-5518-937-7.

A AUTORREGULAÇÃO REGULADA COMO MECANISMO REGULATÓRIO PARA A INTELIGÊNCIA ARTIFICIAL (IA) NO DIREITO EUROPEU E BRASILEIRO

RICARDO CAMPOS

1 Introdução

A oportunidade de participar deste livro em homenagem ao Ministro Toffoli não é apenas uma grande honra, mas também a oportunidade de abordar o tema da regulação de novas tecnologias a partir da perspectiva do direito comparado. Ministro Toffoli se destacou não somente como um importante ator na construção e manutenção das instituições democráticas em sua função pública nos diversos cargos que exerceu até o de ministro do Supremo Tribunal Federal. Ele foi também relator de diversos processos sobre novas tecnologias e emitir importantes votos em tantos outros processos sobre o tema. O ministro vem curando uma trajetória de grande destaque diante do desafio de tutelar juridicamente a proteção de direitos nos âmbitos das novas tecnologias, conferindo ao tema um olhar sensível, atento e dogmaticamente inovador. Esse artigo brinda o irretocável trabalho do Ministro Toffoli no enfrentamento desse contexto, atento a novos desenvolvimentos e buscando sempre uma adaptação do direito aos novos contextos tecnológicos.

A inteligência artificial se faz cada vez mais presente em nosso cotidiano. À medida que tecnologia avança e se populariza, contudo, surgem preocupações sobre seu impacto nos direitos dos cidadãos, trazendo consigo questões éticas, jurídicas e socioeconômicas. Nos últimos anos, esforços têm sido empreendidos para encontrar um equilíbrio adequado entre a inovação tecnológica e a proteção dos interesses públicos e direitos individuais, o que se manifesta tanto por meio de abordagens regulatórias variadas.

Há uma insuperável dificuldade de se estabelecer um consenso que acomode as diferentes noções jurídicas envolvidas na adoção de um regime universalmente aplicável para a IA. Não obstante, algumas iniciativas regulatórias, como as recomendações da Unesco e da OCDE para o desenvolvimento e uso da tecnologia, parecem caminhar em uma mesma direção: conquanto haja divergências quanto ao conteúdo e à forma de implementação das diretrizes, o respeito à privacidade e proteção dos dados pessoais, a necessidade de um regime de responsabilidade, e requisitos de segurança, transparência, explicabilidade e não discriminação parecem representar um denominador comum nos mais diversos instrumentos regulatórios.

O ponto é que, por mais que simbolizem a boa vontade global para a regulação da IA, esses documentos trazem princípios e compromissos gerais e voluntários, deixando à margem algumas vezes os interesses econômicos e políticos subjacentes à corrida do ouro contemporânea. É diante disso que Estados também buscam organizar estruturas e padrões internos próprios, em conformidade com suas características sociais, econômicas e políticas específicas, seja estabelecendo "meros" princípios éticos que guiem o desenvolvimento da IA, seja definindo regras mais robustas e rígidas.

A União Europeia, por exemplo, tem buscado construir uma abordagem regulatória que promova a adoção da IA, ao mesmo tempo em que aborde uma série de riscos a ela associados. Há uma preocupação com um quadro regulatório que possibilitasse a construção de um ecossistema de confiança entre empresas e consumidores, mas que acelere a adoção da tecnologia no espaço europeu. Para isso, o bloco tem enfrentado o desafio de estabelecer uma definição de IA flexível o suficiente para acomodar a dinamicidade da tecnologia, bem como as vantagens da adoção de uma abordagem baseada em risco, a fim de que seja eficaz sem ser excessivamente prescritiva. É nesse contexto que se dá a publicação, em 2021, da proposta de Regulamento sobre a IA – o chamado *AI Act*.

Ao contrário da UE, as regulações nos EUA são elaboradas, de maneira geral, em nível estadual e setorial, de forma descentralizada e vertical. Recentemente, porém, mudando a tendência, o Presidente Biden emitiu uma ordem executiva intitulada Decreto Executivo sobre o Desenvolvimento e Uso Seguro e Confiável da Inteligência Artificial (em tradução livre), que estabelece uma série de compromissos voluntários a serem cumpridos pelas empresas que pretendem desenvolver e empregar a tecnologia no país.

Outro exemplo que não se pode deixar de citar é o da China, país com a mais robusta regulação sobre a temática, contando com leis específicas sobre assuntos como recomendação algorítmica e manipulação profunda de conteúdos. A abordagem chinesa, diferentemente da europeia e americana, enxerga a forte atuação estatal como um diferencial apto a promover, em primeiro lugar, o fortalecimento do mercado interno chinês, tendo como consequência uma posição hegemônica no desenvolvimento da tecnologia em perspectiva global. A estratégica chinesa envolve a aproximação do Estado com as principais empresas de IA do país, o que nos leva a um ponto interessante da discussão sobre a regulação dessa tecnologia. Segundo reportagem do *Washington Post*, quando a Administração para o Ciberespaço da China (CAC) teve sua primeira reunião com as empresas para discutir a regulação de algoritmos, os representantes estatais "demonstraram pouca compreensão dos detalhes técnicos", fazendo com que os representantes das empresas empregassem uma combinação de metáforas e linguagem simplificada para abordar o assunto. Isso deixa claro que, em se tratando da regulação da IA (e outras tecnologias emergentes), confiar apenas no aparato estatal para estabelecer normas e diretrizes de desenvolvimento pode ser um fator negativo do ponto de vista da inovação.

RICARDO CAMPOS

A AUTORREGULAÇÃO REGULADA COMO MECANISMO REGULATÓRIO PARA A INTELIGÊNCIA ARTIFICIAL (IA) NO DIREITO EUROPEU E BRASILEIRO | 1481

Nesse sentido, é preciso considerar também que, no atual contexto de crescente algoritmização da vida humana, o direito, sendo parte fundamental da estrutura normativa da sociedade, se vê sujeito a pressões inexistentes há até relativamente pouco tempo. O recente[41] advento de legislações de proteção de dados pessoais em todo o mundo é um exemplo disso, e que muito bem ressalta como uma das funções do direito moderno é conciliar as camadas normativas (jurídicas) às novas tecnologias.[42] Nesse sentido, não haveria lei de *uma* ou mesmo *da* sociedade, mas a lei é, em certo sentido, a própria sociedade.[43]

Isso porque revoluções tecnológicas sempre se entrelaçam com o contexto intelectual, social, político e econômico vigente, sendo profundamente integradas a esses aspectos e gerando consequências colaterais. Revoluções tecnológicas trazem desconstrução de conceitos, paradigmas, estruturas e identidades anteriormente seguras, contribuindo para a sua reavaliação crítica à luz do novo estágio da tecnologia e do desenvolvimento social.[44] Ainda na década de 1990, o Sociólogo Niklas Luhmann já apresentava dúvidas teóricas sobre o futuro desenvolvimento do direito nessa sociedade marcada por uma emergente revolução tecnológica. Em suas obras, percebe-se a busca pela compreensão de uma sociedade cada vez mais focada em novas tecnologias e seus efeitos transfronteiriços, para a qual os mecanismos tradicionais do direito e da política, centrados no Estado-Nação, têm cada vez mais dificuldade de desempenhar o mesmo papel que tradicionalmente desempenhavam.

A articulação do direito e da proteção do indivíduo (e de seus direitos e garantias fundamentais) parece, assim, um desafio mais complexo se comparado com o momento em que a estruturação normativa social se concentrava no Estado como ente regulador. Especialmente com o advento de novas tecnologias computacionais, de informação e comunicação, as estruturas normativas que moldam, influenciam ou mesmo permitem o exercício de direitos não podem mais depender exclusivamente do agir estatal. Na realidade, não é exagero afirmar que "[u]ma visão estadocêntrica da criação do Direito tornou-se irrealista e inadequada".[45]

Dessa forma, novas construções normativas tendem a estruturar o campo de ação do indivíduo, das corporações e do Estado com base na modelagem do próprio meio e no desenho do modelo empresarial que subjaz o desenvolvimento dessas tecnologias emergentes. Nisto, aliás, reside o caráter moderno do direito: lidar com uma complexidade indeterminada e indeterminável de fatores, mas também ser um motor para a construção de novas e complexas relações sociais.

Uma das maneiras mais eficientes de se alcançar esse objetivo é por meio da autorregulação regulada. A autorregulação, que surge no contexto de crise da regulação

---

[41] Fazemos referência principalmente aos numerosos desdobramentos normativos da última década, sem desconsiderar, contudo, a (relativamente curta) existência de normas sobre privacidade e proteção de dados pessoais desde a década de 1970.

[42] DESCOMBES, V. *Die Rätsel der Identität*. Berlim: [s.n.], 2013. p. 226 e seguintes; VESTING, T. *Gentleman, Manager, Homo Digitalis. Der Wandel der Rechtssubjektivität in der Moderne*. Weilerswist: [s.n.], 2021.

[43] LUHMANN, N. *Das Recht der Gesellschaft*. Frankfurt am Main: Suhrkamp, 1993.

[44] BELOY, M. Post-human Constitutionalism? A Critical Defence of Anthropocentric and Humanist Traditions in Algorithmic Society. *In*: BELOY, M. (Org.). *The IT Revolution and its Impact on State, Constitutionalism and Public Law*. Oxford: Hart Publishing, 2021.

[45] HAHN, T. M. *Autorregulação na Lei Geral de Proteção de Dados Pessoais*: conceitos, controles e projeções. No prelo.

estatal tradicional pelo aumento da complexidade social atrelado à absorção por atividades privadas de tarefas estatais, visa conjugar duas das dimensões da sociedade: os objetivos públicos, orientados pelo interesse público, relacionados ao conhecimento setorial da sociedade privada para implementar tais objetivos.[46] Como explica o constitucionalista Dieter Grimm, é justamente no ponto de interligação da dimensão procedimental, direito estatal e complexidade social que este novo instituto do direito administrativo se apresenta como a forma mais evoluída da "proceduralização",[47] uma forma de regulação mais eficiente, que foca essencialmente na cooperação entre o Estado regulador e os atores ou setores sociais a serem regulados.[48]

Um dos institutos que melhor ilustra como a autorregulação regulada permite o acompanhamento normativo jurídico aos impactos da tecnologia é o do direito à proteção de dados pessoais, que será a base da discussão travada neste artigo. Posteriormente, procedemos à análise da autorregulação nas normas regulatórias para a IA na Europa e no Brasil, comparando as duas abordagens.

2 A autorregulação a partir da experiência da proteção de dados pessoais

2.1 A autorregulação no Regulamento Geral de Proteção de Dados (GDPR) europeu

O GDPR apresenta uma abordagem detalhada para a autorregulação, principalmente por meio de seus mecanismos de certificação, conforme descrito nos arts. 42 e 43. Essa abordagem, que pode ser enquadrada como uma forma de "autorregulação regulada", representa um híbrido entre a autorregulação tradicional e uma supervisão governamental mais rigorosa. O modelo do GDPR valoriza os benefícios da autorregulação, como o conhecimento específico da indústria e a flexibilidade, enquanto aborda falhas comuns, como a aplicação inconsistente e a falta de fiscalização efetiva.

---

[46] VOßKUHLE, Andreas. Regulierte Selbstregulierung – Zur Karriere eines Schlüsselbegrilis. *In*: BERG, Wilfried *et al*. (Org.). *Regulierte Selbstregulierung als Steuerungskonzept des Gewährleistungsstaates*: Ergebnisse des Symposiums aus Anlaß des 60. Geburtstages von Wolfgang Hoffmann-Riem. 1. ed. [s.l.]: Duncker & Humblot, 2016. p. 197.

[47] O modelo da "proceduralização", aqui entendido como um terceiro paradigma do direito, diferencia-se em relação aos pressupostos da produção e reprodução da normatividade jurídica na sociedade moderna quando comparado com os modelos anteriores, da centralidade do Estado e da ponderação: "por um lado, ele se diferencia do legado do quod omnes tangit, na medida em que não concentra (somente) na unidade de um sistema político nacional as estruturas de produção e reprodução da normatividade jurídica. Por outro lado, perante o paradigma da ponderação, o modelo da proceduralização não reduz as condições de reprodução da normatividade jurídica à colisão de princípios abstratos a serem levados a cabo dentro dos quadros de uma jurisdição constitucional. [...] a proceduralização parte justamente da falência, ou melhor, a insuficiência dos dois modelos anteriores ao tomar os requisitos de ambos os paradigmas, nomeadamente a centralidade do Estado (quod omnes tangit) e a materialização do direito em princípios abstratos mediatizados pela jurisdição constitucional (ponderação)" (ABBOUD, Georges; CAMPOS, Ricardo. A autorregulação regulada como modelo do direito proceduralizado. *In*: ABBOUD, Georges; JÚNIOR, Nelson; CAMPOS, Ricardo. *Fake news e regulação*. São Paulo: Revista dos Tribunais, 2022). Sobre o tema, cf. GRIMM, Dieter. Regulierte Selbstregulierung in der Tradition des Verfassungsstaats. *In*: BERG, Wilfried *et al*. (Org.). *Regulierte Selbstregulierung als Steuerungskonzept des Gewährleistungsstaates*: Ergebnisse des Symposiums aus Anlaß des 60. Geburtstages von Wolfgang Hoffmann-Riem. 1. ed. [s.l.]: Duncker & Humblot, 2016.

[48] ABBOUD, Georges; CAMPOS, Ricardo. A autorregulação regulada como modelo do direito proceduralizado. *In*: ABBOUD, Georges; JÚNIOR, Nelson; CAMPOS, Ricardo. *Fake news e regulação*. São Paulo: Revista dos Tribunais, 2022.

No contexto do Regulamento, a certificação deixou de ser apenas uma ferramenta para as organizações declararem voluntariamente a conformidade e se transformou em um instrumento regulatório importante, que indica um compromisso maior e a conformidade com os padrões estabelecidos pelo GDPR.[49] As certificações devem ser emitidas por entidades acreditadas, que passam por uma inspeção rigorosa e são aprovadas pelas autoridades nacionais de proteção de dados (DPAs). Estas autoridades têm um papel crucial, pois não apenas facilitam o processo, mas também monitoram e fiscalizam ativamente os padrões estabelecidos por essas entidades, assegurando que os órgãos de certificação sejam competentes e estejam bem preparados para avaliar a conformidade com as exigências rigorosas do GDPR.

Essa integração exige que os órgãos de certificação e seus processos estejam alinhados com critérios específicos do GDPR, garantindo que contribuam de forma eficaz para o ecossistema geral de proteção de dados, melhorando a transparência do processo de certificação, pois as certificações são supervisionadas pelas DPAs. As organizações certificadas devem manter altos padrões de proteção de dados, sendo sua conformidade objeto de revisões periódicas, isto é, um monitoramento contínuo que ajuda a mitigar as falhas de responsabilidade que são frequentemente observadas em estruturas exclusivamente autorregulatórias.

Além disso, o processo de certificação do GDPR incentiva as organizações a adotarem as melhores práticas em proteção de dados ao promover uma cultura de conformidade e melhoria contínua, beneficiando não apenas as organizações, mas também o público em geral e os titulares de dados pessoais cujos dados são processados. Ao estruturar o *framework* para certificação, o GDPR efetivamente preenche a lacuna entre a autorregulação e a regulação estatal, pois oferece a flexibilidade e personalização específica da indústria típicas da autorregulação, ao mesmo tempo que garante que essa liberdade não abra espaço para padrões relaxados ou não conformidade. Destaca-se, assim, o compromisso do GDPR em manter altos padrões de proteção de dados em toda a Europa, aprimorando tanto a responsabilidade organizacional quanto a proteção de dados pessoais.

Em suma, a autorregulação regulada do GDPR por meio de certificação propõe uma abordagem equilibrada que utiliza as vantagens da autorregulação – como visão de mercado, inovação e flexibilidade – enquanto garante uma supervisão robusta para manter a confiança pública e proteger os direitos dos titulares de dados. Este modelo pode servir de exemplo para outros quadros regulatórios que buscam aproveitar os benefícios da autorregulação sem renunciar à fiscalização e responsabilidade providas pelos mecanismos regulatórios tradicionais.

---

[49] LACHAUD, E. The General Data Protection Regulation and the rise of certification as a regulatory instrument. *Computer Law & Security Review*, v. 34, n. 2, p. 244-256, 1º abr. 2018.

2.2 A autorregulação na Lei Geral de Proteção de Dados Pessoais (LGPD) brasileira

No Brasil, inspirada no RGPD, a Lei Geral de Proteção de Dados Pessoais (LGPD) incorporou contornos do instituto da autorregulação regulada.[50] Conforme previsto em seu art. 50, *caput*, a LGPD dispõe que controladores e operadores, no âmbito de suas competências, individualmente ou por meio de associações, poderão formular regras de boas práticas e de governança que estabeleçam as condições de organização, o regime de funcionamento, os procedimentos, incluindo reclamações e petições de titulares, as normas de segurança, os padrões técnicos, as obrigações específicas para os diversos envolvidos no tratamento, as ações educativas, os mecanismos internos de supervisão e de mitigação de riscos e outros aspectos relacionados ao tratamento de dados pessoais. Essas regras de boas práticas e de governança poderão ser reconhecidas e divulgadas pela Autoridade Nacional de Proteção de Dados (ANPD), conforme art. 50, §3º, da LGPD.

A variedade de temas que podem ser abordados por meio da autorregulação regulada é extensa, cobrindo um leque exemplificativo de possibilidades que podem ser exploradas por meio deste instituto. Entre elas, estão as reclamações e petições de titulares de dados, que proporcionam um meio para que indivíduos possam expressar preocupações ou solicitar correções relacionadas ao uso de seus dados pessoais. Normas de segurança são igualmente importantes, estabelecendo padrões mínimos para a proteção de dados contra acessos não autorizados ou perdas. Padrões técnicos garantem a compatibilidade e a segurança entre diferentes sistemas e tecnologias. Ações educativas são fundamentais para informar e conscientizar tanto os profissionais quanto o público em geral sobre a importância e os métodos de proteção de dados pessoais. Mecanismos internos de supervisão e de mitigação de riscos ajudam as organizações a monitorar e ajustar suas práticas de maneira proativa para evitar violações de dados. Além desses aspectos, outros elementos relacionados ao tratamento de dados pessoais também são considerados, proporcionando uma abordagem abrangente e detalhada para a gestão e proteção de informações pessoais.

Ao permitir que o controlador e o operador de dados formulem regras de boas práticas e de governança no âmbito de suas competências sobre aspectos do tratamento de dados pessoais, o art. 50 concentra dois institutos jurídicos no ambiente regulatório da proteção de dados pessoais:

> a possibilidade de o Estado reconhecer fontes normativas não legislativas e o exercício voluntário de responsabilização e autolimitação da autonomia desses agentes de tratamento, sendo função da ANPD, como Autoridade de Garantia, conferir segurança jurídica e fixar as diretrizes desses fenômenos multiparticipativos.[51]

O ponto é que, uma vez que o artigo em questão concedeu à ANPD uma ampla margem de autonomia para reconhecer e divulgar essas regras sem especificar os

---

[50] Também no debate em torno do PL da Lei de Transparência nas redes, popularizada como "Lei das *Fake News*", optou por incorporar o instituto da autorregulação regulada. Para tanto, ver, sobre o assunto, MARANHÃO, Juliano; CAMPOS, Ricardo. Exercício de autorregulação regulada das redes sociais no Brasil. *In*: NERY, N. Campos; ABBOUD, George (Org.). *Fake news e regulação*. São Paulo: RT, 2018.

[51] HAHN, T. M. *Autorregulação na Lei Geral de Proteção de Dados Pessoais*: conceitos, controles e projeções. No prelo.

critérios para tal faculdade, verificou-se, na prática, "subutilização do instituto pelos agentes de tratamento diante de uma série de questionamentos relacionados a como ele seria operacionalizado".[52] Houve "uma desconfiança no instituto quase ao ponto de torná-lo opaco, sem despertar a atenção e o interesse inclusive no âmbito acadêmico, se comparado a outros temas da LGPD".

Destarte, se por um lado a LGPD importou de forma satisfatória a autorregulação regulada, por outro, em termos de selos e certificações, há necessidade de maior embasamento normativo por meio de regulamentação, pela Autoridade Nacional de Proteção de Dados, ou modificação legislativa, vez que o tema é somente tratado como base legal para transferência internacional de dados.[53] A ANPD, como órgão acreditador, poderia regulamentar selos e certificações para inúmeros temas de conformidade com a LGPD, abrindo margem para entidades certificadoras, devidamente acreditadas, auditarem de forma imparcial os agentes de tratamento, propiciando uma atuação responsiva, com intervenção mínima e atuação indutora de comportamentos do administrado.

3 A regulação da inteligência artificial a partir de mecanismos autorregulatórios

3.1 Considerações iniciais

A governança da IA, como visto, implica desafios éticos, legais, regulatórios e técnicos, o que tem gerado debates sobre quando/se são necessários quadros legais-regulatórios, se abordagens éticas ou técnicas são suficientes e se os quadros éticos e regulatórios existentes cobrem adequadamente os impactos da IA.[54] No entanto, permanece claro que a confiança nos sistemas e produtos de IA é um critério fundamental para a ampla adoção da IA,[55] pois "a confiança constrói o alicerce das sociedades, economias e desenvolvimento sustentável", e é evidente que "indivíduos, organizações e sociedades só poderão realizar plenamente o potencial da IA se a confiança puder ser estabelecida em seu desenvolvimento, implantação e uso".[56]

De modo geral, é possível identificar duas categorias amplas de mecanismos de autorregulação. A primeira categoria inclui rotulagem, selos, esquemas de certificação, selos de qualidade e selos de confiança. Estes são caracterizados como mecanismos que estabelecem determinado padrão para aplicações de inteligência artificial (IA) e delineiam

---

[52] HAHN, T. M. *Autorregulação na Lei Geral de Proteção de Dados Pessoais*: conceitos, controles e projeções. No prelo.

[53] Capítulo V, da LGPD.

[54] CATH, Corinne. Governing Artificial Intelligence: Ethical, Legal and Technical Opportunities and Challenges. *Philosophical Transactions of the Royal Society A: Mathematical, Physical and Engineering Sciences*, v. 376, n. 2133. Disponível em: https://royalsocietypublishing.org/doi/10.1098/rsta.2018.0080. Acesso em: 5 out. 2023.

[55] EUROPEAN COMMISSION. *Proposal for a Legal Act of the European Parliament and the Council laying down Requirements for Artificial Intelligence*. Inception impact assessment. Disponível em: https://eur-lex.europa.eu/legal-content/EN/TXT/PDF/?uri=PI_COM:Ares(2020)3896535&from=EN. Acesso em: 5 out. 2023; EUROPEAN COMMISSION. *White Paper on Artificial Intelligence*: A European Approach to Excellence and Trust. Disponível em: https://ec.europa.eu/info/sites/default/files/commission-white-paper-artificial-intelligence-feb2020_en.pdf. Acesso em: 5 out. 2023.

[56] THIEBES, Scott; LINS, Sebastian; SUNYAEV, Ali. Trustworthy Artificial Intelligence. *Electron Markets*, v. 31, p. 447-464, 2021. Disponível em: https://link.springer.com/article/10.1007/s12525-020-00441-4. Acesso em: 5 out. 2023.

um conjunto de critérios pelos quais esse padrão é avaliado, geralmente por meio de um processo de auditoria. A segunda categoria engloba códigos de conduta e códigos de ética, que podem ser descritos como declarações que estabelecem e definem requisitos ou princípios que devem ser seguidos por organizações que desenvolvem ou adquirem aplicações de IA. Esses códigos têm como objetivo garantir o desenvolvimento e uso seguro e ético desses sistemas, embora geralmente não definam critérios mensuráveis e não incluam um processo de auditoria.[57]

As iniciativas de rotulagem visam beneficiar tanto os consumidores e os usuários finais das aplicações de IA quanto as organizações que as desenvolvem. Para o primeiro grupo, um dos principais objetivos dessas iniciativas é aumentar a confiança nas aplicações de IA, sinalizando a confiabilidade técnica e a qualidade. Mecanismos de autorregulação também podem potencialmente aumentar a concorrência, criando transparência e comparabilidade entre as aplicações de IA disponíveis no mercado.[58] Já em relação às organizações que desenvolvem aplicações de IA, um dos principais benefícios dessas iniciativas é ajudar a entender como se conformar às normas emergentes e às boas práticas para uma tecnologia como a IA. Relacionado aos objetivos pretendidos dessas iniciativas, um aspecto fundamental compartilhado pela maioria delas é o uso de um processo de auditoria realizado por terceiros e de forma independente. No mesmo sentido, os códigos de conduta visam aumentar a confiança entre os usuários finais e consumidores e garantir boas práticas na aquisição e uso de sistemas de IA que sejam seguros e éticos.[59]

D'Angelo *et al.* destacam várias oportunidades trazidas por iniciativas de rotulagem, códigos de conduta e outros mecanismos de autorregulação em desenvolvimento para aplicações de inteligência artificial (IA). Entre as principais oportunidades estão a promoção do desenvolvimento ético e do uso de produtos e serviços de IA, o que é crucial dada a frequente percepção desses sistemas como opacos. Além disso, essas iniciativas ajudam a construir confiança nos produtos e serviços de IA. Outro aspecto importante é o fortalecimento dos relacionamentos entre as partes interessadas na cadeia de suprimentos de IA à medida que esta é desenvolvida e implementada. Tais mecanismos também são fundamentais para sinalizar padrões específicos para empresas e usuários finais no mercado, definindo padrões de mercado e potencialmente aumentando a competitividade em um cenário global. Por fim, eles propõem a reintrodução da supervisão humana em processos tecnológicos, ressaltando a importância da interação humana na gestão da tecnologia.

---

[57] D'ANGELO, Camilla *et al. Labelling initiatives, codes of conduct and other self-regulatory mechanisms for artificial intelligence applications*: From principles to practice and considerations for the future. Santa Monica, CA: RAND Corporation, 2022. Disponível em: https://www.rand.org/pubs/research_reports/RRA1773-1.html. Acesso em: 5 out. 2023.

[58] D'ANGELO, Camilla *et al. Labelling initiatives, codes of conduct and other self-regulatory mechanisms for artificial intelligence applications*: From principles to practice and considerations for the future. Santa Monica, CA: RAND Corporation, 2022. Disponível em: https://www.rand.org/pubs/research_reports/RRA1773-1.html. Acesso em: 5 out. 2023.

[59] D'ANGELO, Camilla *et al. Labelling initiatives, codes of conduct and other self-regulatory mechanisms for artificial intelligence applications*: From principles to practice and considerations for the future. Santa Monica, CA: RAND Corporation, 2022. Disponível em: https://www.rand.org/pubs/research_reports/RRA1773-1.html. Acesso em: 5 out. 2023.

RICARDO CAMPOS

A AUTORREGULAÇÃO REGULADA COMO MECANISMO REGULATÓRIO PARA A INTELIGÊNCIA ARTIFICIAL (IA) NO DIREITO EUROPEU E BRASILEIRO | 1487

Os desafios relacionados à autorregulação em aplicações de inteligência artificial (IA) são numerosos e complexos. Primeiramente, a própria complexidade das aplicações de IA torna difícil a criação e aplicação de critérios para avaliar princípios éticos e legais. Essa complexidade também exige o envolvimento de várias partes interessadas no projeto e na implementação da avaliação. Além disso, os potenciais custos e ônus da avaliação podem desencorajar a adesão das partes interessadas, especialmente no caso de pequenas empresas, que podem achar o processo proibitivamente caro ou oneroso. No *design* e implementação de esquemas de autorregulação, há *trade-offs* significativos entre a proteção dos consumidores e o estímulo à inovação e competição no mercado. Outro desafio é garantir a legitimidade e a responsabilidade das iniciativas por meio de auditorias transparentes realizadas por terceiros. A proliferação de diferentes iniciativas também pode confundir empresas e consumidores, possivelmente levando a uma redução na confiança nessas medidas. Por fim, existe o desafio de incentivar a adoção de mecanismos voluntários de autorregulação, o que pode ser particularmente difícil em um ambiente competitivo em que a conformidade pode parecer uma desvantagem estratégica.[60]

Esses desafios apontam a complexidade e a necessidade de abordagens cuidadosamente equilibradas para garantir que os esforços de autorregulação sejam eficazes e benéficos tanto para a indústria de IA quanto para os consumidores. A autorregulação para IA representa uma perspectiva promissora para fomentar seu desenvolvimento ético e responsável, e diversos fatores podem ser ponderados para fortalecer e apoiar esse enfoque. Por exemplo, o envolvimento ativo de uma ampla gama de partes interessadas, de diferentes disciplinas, na concepção e desenvolvimento de ferramentas autorregulatórias para a IA pode potencializar o compromisso e a aceitação dessas iniciativas, o que permite incorporar uma diversidade de perspectivas e conhecimentos, enriquecendo o processo. É imprescindível considerar, ainda, que a busca por abordagens inovadoras é essencial para lidar com os custos percebidos e os ônus associados à implementação de mecanismos de autorregulação. Além disso, a inovação proporciona flexibilidade e adaptabilidade na avaliação de sistemas de IA promovendo um ambiente favorável à inovação.

3.2 A experiência europeia

Embora não especificado no próprio *AI Act* europeu, foram feitas recomendações adicionais sobre o uso de esquemas de certificação voluntária e selos no *white paper* da Comissão Europeia sobre Inteligência Artificial,[61] e uma lei da UE que estabelece esquemas de rotulagem voluntária foi proposta como uma opção política na avaliação

---

[60] D'ANGELO, Camilla *et al. Labelling initiatives, codes of conduct and other self-regulatory mechanisms for artificial intelligence applications*: From principles to practice and considerations for the future. Santa Monica, CA: RAND Corporation, 2022. Disponível em: https://www.rand.org/pubs/research_reports/RRA1773-1.html. Acesso em: 5 out. 2023.

[61] EUROPEAN COMMISSION. *White Paper on Artificial Intelligence*: A European Approach to Excellence and Trust. Disponível em: https://ec.europa.eu/info/sites/default/files/commission-white-paper-artificial-intelligence-feb2020_en.pdf. Acesso em: 5 out. 2023.

inicial de impacto da Comissão Europeia para o *AI Act*.[62] Com o objetivo de aumentar a "confiança dos usuários em sistemas de IA e promover a adoção geral da tecnologia", o *white paper* propôs esquemas de *labelling* voluntários para IA de baixo risco que

> possibilitariam aos operadores econômicos sinalizar que seus produtos e serviços habilitados para IA são confiáveis [...] permitindo que os usuários reconheçam facilmente que os produtos e serviços em questão estão em conformidade com determinados padrões objetivos e padronizados em toda a UE, indo além das obrigações legais normalmente aplicáveis.[63]

Embora a participação no esquema de *labelling* seja voluntária, os fornecedores que optarem por participar deverão cumprir certos requisitos em toda a UE (além da legislação da UE existente) para poderem exibir um rótulo de qualidade de IA. O selo indicaria ao mercado que a aplicação de IA é confiável.

Com base nessas propostas, um número crescente de iniciativas voluntárias e autorregulatórias para o desenvolvimento ético da IA tem sido apresentado por partes interessadas do setor privado, da sociedade civil e das esferas científicas e de formulação de políticas. Por exemplo, a Bertelsmann Stiftung propôs a criação de um selo ético para sistemas de IA.[64] Dinamarca[65] e Malta[66] recentemente publicaram estratégias nacionais para a IA, nas quais delineiam propostas para um programa de selo e certificação para produtos e serviços de IA. Um número de outras organizações, como o Grupo Parlamentar de Todos os Partidos sobre Análise de Dados, o Instituto de Engenheiros Eletricistas e Eletrônicos (IEEE) e o Fórum Econômico Mundial, também propuseram ideias para esquemas de rotulagem ou certificação de IA.[67] A maioria dessas iniciativas ainda precisa ser desenvolvida e testada na prática. Da mesma forma, um número crescente de códigos de conduta para IA vem sendo desenvolvido por associações da indústria, institutos acadêmicos e de pesquisa, entidades corporativas e entidades do setor público, como o desenvolvido para o Serviço Nacional de Saúde do Reino Unido[68] (NHS).

A proposta de uso de esquemas de selos e códigos de conduta para aplicações de IA de baixo risco se deve em parte à implementação desses mecanismos autorregulatórios

---

[62] EUROPEAN COMMISSION. *Proposal for a Legal Act of the European Parliament and the Council laying down Requirements for Artificial Intelligence*. Inception impact assessment. Disponível em: https://eur-lex.europa.eu/legal-content/EN/TXT/PDF/?uri=PI_COM:Ares(2020)3896535&from=EN. Acesso em: 5 out. 2023.

[63] EUROPEAN COMMISSION. *White Paper on Artificial Intelligence*: A European Approach to Excellence and Trust. Disponível em: https://ec.europa.eu/info/sites/default/files/commission-white-paper-artificial-intelligence-feb2020_en.pdf. Acesso em: 5 out. 2023.

[64] VDE, Bertelsmann Stiftung. *From Principles to Practice*: An interdisciplinary framework to operationalize AI ethics. Disponível em: https://www.bertelsmann-stiftung.de/fileadmin/files/BSt/Publikationen/GrauePublikationen/WKIO_2020_final.pdf. Acesso em: 5 out. 2023.

[65] THE DANISH GOVERNMENT. *National Strategy for Artificial Intelligence*. 2019. Disponível em: https://en.digst.dk/media/19337/305755_gb_version_final-a.pdf. Acesso em: 5 out. 2023.

[66] MALTA. *Towards an AI Strategy*: High-level policy document for public consultation. 2019. Disponível em: https://malta.ai/wp-content/uploads/2019/04/Draft_Policy_document_-_online_version.pdf. Acesso em: 5 out. 2023.

[67] AN ETHICAL AI Future: Guardrails and catalysts to make artificial intelligence a force for good. *Policy Connect*, 2023. Disponível em: https://www.policyconnect.org.uk/research/ethical-ai-future-guardrails-catalysts-make-artificial-intelligence-force-good/fulltext. Acesso em: 5 out. 2023.

[68] NEW code of conduct for artificial intelligence systems used by the NHS. *Gov.uk*, 2019. Disponível em: https://www.gov.uk/government/news/new-code-of-conduct-for-artificial-intelligence-ai-systems-used-by-the-nhs. Acesso em: 5 out. 2023.

RICARDO CAMPOS

A AUTORREGULAÇÃO REGULADA COMO MECANISMO REGULATÓRIO PARA A INTELIGÊNCIA ARTIFICIAL (IA) NO DIREITO EUROPEU E BRASILEIRO | 1489

em outras indústrias.[69] Rótulos e selos, em particular, são usados de forma ubíqua na indústria de alimentos, em que os valores nutricionais são uniformemente codificados por cores e o desempenho de sustentabilidade dos produtos é, por exemplo, visualmente evidenciado pelos padrões e selos. No contexto de esquemas de rotulagem e informações ambientais, os esquemas de ecorrotulagem se mostraram úteis na harmonização das abordagens dos países em relação aos critérios ambientais e na redução dos custos administrativos, com o potencial de aumentar o comércio de bens certificados ambientalmente.[70]

Contudo, embora esses exemplos sejam comparações úteis, as diferenças da rotulagem no contexto digital precisam ser levadas em consideração, tendo em mente questões específicas da indústria, como proteção de dados pessoais, o rápido desenvolvimento da tecnologia e a territorialidade, que apresentam desafios únicos.[71] Observações semelhantes podem ser feitas sobre códigos de conduta, que, embora comuns em diversos setores e indústrias, precisariam ser adaptados para abordar as preocupações e características exclusivas dos sistemas de IA, devendo atender, no caso da União Europeia, aos requisitos para IA de alto risco conforme proposto pelo *AI Act*.[72]

3.3 A experiência brasileira

No contexto brasileiro, por sua vez, a regulação da inteligência artificial passou por um movimento quase pendular, iniciado pela Estratégia Brasileira de Inteligência Artificial (EBIA), à qual se somou o PL nº 21/2020, de caráter eminentemente principiológico. Por outro lado, o PL nº 2.338/23, resultado do trabalho de uma Comissão de Juristas instituída para debater o assunto, inspirou-se amplamente no modelo do *AI Act*, reproduzindo inúmeras de suas normas. Além disso, um "marco legal para a inteligência artificial" no Brasil foi objeto de debate pela Comissão Temporária Interna sobre Inteligência Artificial (CTIA) do Senado, cujo propósito foi examinar os projetos concernentes ao relatório final aprovado pela Comissão de Juristas, bem como eventuais novos projetos que disciplinem a matéria. Desse debate, surgiu um projeto de lei substitutivo, que se propõe a ser um meio-termo entre as duas principais abordagens existentes até então. Com efeito, dentro de algumas preocupações do novo anteprojeto de lei para a IA, estão aquelas desenvolvimentistas dentro do dilema secular de inovação e regulação,

---

[69] D'ANGELO, Camilla *et al*. *Labelling initiatives, codes of conduct and other self-regulatory mechanisms for artificial intelligence applications*: From principles to practice and considerations for the future. Santa Monica, CA: RAND Corporation, 2022. Disponível em: https://www.rand.org/pubs/research_reports/RRA1773-1.html. Acesso em: 5 out. 2023.

[70] KLINTMAN, Mikaël. A Review of Public Policies Relating to the Use of Environmental Labelling and Information Schemes (ELIS). *OECD Environment Working Papers*, n. 105. Disponível em: https://www.oecd-ilibrary.org/environment/a-review-of-public-policies-relating-to-the-use-of-environmental-labelling-and-information-schemes-elis_5jm0p34bk7hb-en. Acesso em: 5 out. 2023.

[71] D'ANGELO, Camilla *et al*. *Labelling initiatives, codes of conduct and other self-regulatory mechanisms for artificial intelligence applications*: From principles to practice and considerations for the future. Santa Monica, CA: RAND Corporation, 2022. Disponível em: https://www.rand.org/pubs/research_reports/RRA1773-1.html. Acesso em: 5 out. 2023.

[72] EUROPEAN COMMISSION. *Proposal for a Regulation of the European Parliament and of the Council laying down Harmonised Rules on Artificial Intelligence (Artificial Intelligence Act) and Amending Certain Union Legislative Acts*. Disponível em: https://eur-lex.europa.eu/legal-content/EN/TXT/?uri=CELEX%3A52021PC0206. Acesso em: 5 out. 2023.

buscando-se o ponto ideal que não alije o Brasil, que tem enorme potencial na criação de novas tecnologias e ideias da corrida internacional, e preserve a mitigação de riscos, que são sempre potencializados em um país continental, com muitas diferenças raciais e sociais, entre outras.

No que tange à autorregulação, a abordagem do anteprojeto apresentado pela CTIA é notavelmente integrativa e colaborativa, visando estabelecer uma estrutura de governança que alia autoridades estatais e entidades de autorregulação. A inclusão de entidades de autorregulação no Sistema Nacional de Regulação e Governança de Inteligência Artificial (SIA) configura uma estratégia crucial para implementar um sistema regulatório que valoriza a expertise específica da indústria enquanto mantém a supervisão e a fiscalização necessárias para garantir a conformidade com os padrões éticos e legais. O art. 40 do anteprojeto traz definições sobre o funcionamento e composição do SAI.

Nesse sentido, o texto explicita a participação de "entidades de autorregulação" como integrantes do SIA, sugerindo um modelo no qual o setor privado tem um papel ativo na criação e implementação de padrões de conduta, o que pode incluir a definição de práticas éticas, segurança da informação e padrões técnicos específicos para o desenvolvimento e a aplicação da IA. As "entidades acreditadas de certificação" também são mencionadas como parte do SIA, indicando que a certificação desempenhará um papel fundamental na verificação da adesão às normas estabelecidas tanto pelo setor quanto pela regulamentação estatal. Isso ressalta uma abordagem semelhante ao modelo do GDPR de "autorregulação regulada", em que a certificação não é apenas um selo de conformidade, mas um instrumento regulatório ativo que promove a conformidade contínua e avaliações periódicas.

Quanto aos objetivos e fundamentos do sistema, o anteprojeto destaca a importância de valorizar e reforçar as competências regulatórias das agências e órgãos reguladores, em harmonia com as diretrizes gerais da autoridade competente que o coordena. Isso implica um esforço para alinhar os padrões de autorregulação com os regulamentos governamentais mais amplos, garantindo que as práticas de IA sejam seguras, éticas e responsáveis. Nessa perspectiva, o sistema visa à colaboração descentralizada entre agências e órgãos reguladores em diferentes níveis governamentais (federal, estadual, distrital e municipal), o que é essencial para um campo tão dinâmico e transversal como a IA. Além disso, busca a harmonização com outras áreas regulatórias transversais, como defesa da concorrência e proteção do consumidor, indicando uma abordagem holística para lidar com os desafios multidimensionais que a IA apresenta.

O art. 41 do anteprojeto, por sua vez, estabelece as competências e responsabilidades da autoridade competente, designada como o órgão coordenador do Sistema Nacional de Regulação e Governança de Inteligência Artificial (SIA). Este artigo esclarece o papel fundamental desta autoridade na estrutura regulatória e de governança da IA no Brasil, refletindo um modelo de governança que incorpora tanto regulamentação quanto autorregulação, similar ao discutido anteriormente com o GDPR.

Nos termos do anteprojeto, a autoridade competente deve desempenhar o papel de representação do Brasil em fóruns internacionais sobre inteligência artificial, assegurando que o país esteja em sintonia com práticas e padrões globais e capaz de influenciar o desenvolvimento da regulamentação internacional da IA. A autoridade,

RICARDO CAMPOS

A AUTORREGULAÇÃO REGULADA COMO MECANISMO REGULATÓRIO PARA A INTELIGÊNCIA ARTIFICIAL (IA) NO DIREITO EUROPEU E BRASILEIRO | 1491

em colaboração com outros órgãos reguladores do Sistema Nacional de Regulação e Governança de Inteligência Artificial, tem o poder de expedir normas vinculantes que abrangem aspectos críticos como os direitos garantidos pela legislação, os requisitos de transparência na utilização de sistemas de IA, a certificação de sistemas considerados de alto risco, a avaliação de impacto algorítmico e os procedimentos para reportar incidentes graves. Estas normas são essenciais para garantir que as entidades envolvidas com IA cumpram padrões rigorosos, protegendo assim os direitos dos cidadãos e a integridade dos sistemas de IA.

Além disso, a autoridade é responsável por emitir diretrizes gerais, que, embora não obrigatórias, orientam o desenvolvimento, a implementação e o uso de sistemas de IA, moldando práticas responsáveis no setor. A autoridade também pode celebrar acordos regulatórios com membros do sistema para definir regras específicas e procedimentos de coordenação, facilitando a colaboração efetiva entre diferentes entidades reguladoras e setores da IA. Sua participação nos processos normativos de outros órgãos reguladores, embora não vinculativa, é fundamental para assegurar uma abordagem coesa à regulamentação da IA em diversos setores. Ainda, a autoridade possui plenas competências normativas, regulatórias e sancionatórias em setores econômicos que não possuem um órgão regulador específico ou entidade de autorregulação credenciada, garantindo uma regulação abrangente e inclusiva da IA em todas as áreas da atividade econômica. Nos ambientes de *sandbox* regulatório que envolvem IA, a autoridade é notificada sobre as atividades e pode intervir para garantir que os experimentos estejam alinhados com os objetivos e princípios da lei, permitindo a inovação controlada e proporcionando um espaço para testar novas tecnologias e modelos de negócios sob supervisão regulatória.

Já o art. 42 do projeto de lei brasileiro sobre inteligência artificial estabelece um mecanismo específico para a resolução de controvérsias dentro do Sistema Nacional de Regulação e Governança de Inteligência Artificial (SIA). Segundo este artigo, a Câmara de Mediação e de Conciliação da Administração Pública Federal[73] é designada como a entidade responsável por mediar e conciliar disputas que possam surgir entre a autoridade competente e as demais entidades integrantes do SIA. O art. 42 do anteprojeto é estratégico para o funcionamento eficiente do sistema regulatório, visto que designa um órgão específico para gerenciar as controvérsias dentro do SIA, uma vez que busca para assegurar uma resolução rápida e especializada de conflitos em um campo tão dinâmico e complexo como o da inteligência artificial, contribuindo significativamente para a estabilidade e eficácia do sistema regulatório.

Além disso, a mediação e conciliação desempenham um papel importante na manutenção de um ambiente colaborativo e construtivo dentro do SIA. Ao resolver disputas de forma amigável, evitam-se desentendimentos e fragmentação, que são contrários aos objetivos de uma regulamentação coesa e eficiente. Trata-se de abordagem que não só promove a harmonia dentro do sistema, mas também protege o processo

---

[73] A Câmara de Mediação e de Conciliação é um órgão que já existe dentro da estrutura da Administração Pública Federal do Brasil, e tem como função geral oferecer meios alternativos para a resolução de conflitos, evitando a necessidade de litígios prolongados nos tribunais. A atribuição de tal responsabilidade a esta Câmara no contexto do SIA indica um esforço para garantir que as disputas sejam resolvidas de maneira eficiente e eficaz, preservando os relacionamentos entre as partes e assegurando que o foco permaneça na governança e na regulação efetiva da inteligência artificial (Disponível em: https://www.gov.br/agu/pt-br/composicao/cgu/cgu/ccafdir).

regulatório de potenciais rupturas. Outro ponto importante é a economia de recursos proporcionada pela resolução de disputas por meio de mediação e conciliação, que tende a ser menos custosa em comparação com a litigância tradicional. Esta economia é benéfica não apenas em termos financeiros, mas também no que diz respeito à otimização do tempo, permitindo que as entidades envolvidas redirecionem rapidamente seu foco para suas atividades principais. Por fim, a flexibilidade e adaptabilidade são características fundamentais dessa abordagem. A utilização da Câmara permite que as soluções sejam especialmente adaptadas às especificidades do setor de IA, levando em conta as nuances técnicas e as necessidades particulares das entidades envolvidas. Isso é essencial em um setor em que as decisões regulatórias têm profundos impactos tecnológicos e econômicos, garantindo que as soluções não apenas resolvam os conflitos, mas também apoiem o desenvolvimento saudável da inteligência artificial.

O art. 43 do anteprojeto define as funções da autoridade competente dentro do SIA, esclarecendo como a autorregulação, códigos de conduta e outras práticas de governança são promovidas e administradas no contexto da IA no Brasil. A autoridade competente tem a responsabilidade de proteger os direitos fundamentais que podem ser impactados pelo uso de sistemas de IA, devendo garantir uma supervisão rigorosa e a implementação de medidas protetivas. Além disso, a autoridade é encarregada de estimular a adoção de boas práticas e códigos de conduta no desenvolvimento e uso de IA, o que incentiva padrões de comportamento que enfatizam a ética, a transparência e a responsabilidade. Importante também é o poder da autoridade de realizar auditorias internas e exigir auditorias externas independentes para verificar a conformidade dos sistemas de IA com a legislação, garantindo que os códigos de conduta e práticas de autorregulação sejam eficazes e não apenas formais. A autoridade também deve fomentar a cooperação internacional para alinhar as práticas brasileiras com as melhores práticas globais e pode negociar compromissos para resolver irregularidades ou incertezas jurídicas, adaptando ou melhorando os códigos de conduta conforme necessário. Já o credenciamento de instituições para conduzir auditorias e pesquisas assegura que a supervisão dos sistemas de IA seja realizada por entidades qualificadas, fortalecendo o sistema de autorregulação. Ademais, a autoridade tem a capacidade de tratar denúncias anônimas, essencial para permitir a identificação e correção de violações sem risco de retaliação para os denunciantes.

Finalmente, para os propósitos que aqui nos interessam, cumpre destacar que o art. 44 do anteprojeto estabelece que todos os regulamentos e normas criados pela autoridade competente devem ser precedidos por uma consulta pública. Essa regra visa garantir a transparência e a participação democrática no processo de formulação de políticas e regulamentações que afetam a governança e o uso da inteligência artificial no país.

4   Considerações finais

Como bem explica o constitucionalista Dieter Grimm, a autorregulação depende em grande parte da cooperação entre o Estado regulador e os atores sociais a serem

RICARDO CAMPOS

A AUTORREGULAÇÃO REGULADA COMO MECANISMO REGULATÓRIO PARA A INTELIGÊNCIA ARTIFICIAL (IA) NO DIREITO EUROPEU E BRASILEIRO | 1493

regulados.[74] A autorregulação regulada representa uma via promissora para fomentar o desenvolvimento ético e responsável da IA, ao mesmo tempo em que haja flexibilidade e adaptabilidade necessárias para a inovação. Diversos fatores podem ser ponderados para fortalecer e apoiar esse enfoque: a participação ativa e multidisciplinar de uma ampla gama de partes interessadas na concepção e construção de ferramentas autorregulatórias para a IA pode potencializar o compromisso e a aceitação dessas iniciativas, o que permite incorporar uma diversidade de perspectivas e conhecimentos, enriquecendo o processo como um todo. Além disso, a busca por abordagens inovadoras é essencial para lidar com os custos percebidos e os ônus associados à implementação de mecanismos de autorregulação.

Em vez de se almejar uma abordagem pretensamente universal, que facilmente se tornaria obsoleta, é imprescindível considerar os diferentes processos de formação de conhecimento existentes na sociedade digital atual. A utilização de ferramentas de autorregulação, adaptadas a contextos e casos de uso específicos, incentiva a adoção voluntária dessas ferramentas. Ao fim e ao cabo, isso permite a adaptação das normas às necessidades singulares das diversas aplicações da IA, estabelecendo um ambiente regulatório que respeita e promove direitos fundamentais e, ao mesmo tempo, estimula o desenvolvimento e a inovação.

Referências

ABBOUD, Georges; CAMPOS, Ricardo. A autorregulação regulada como modelo do direito proceduralizado. *In*: ABBOUD, Georges; JÚNIOR, Nelson; CAMPOS, Ricardo. *Fake news e regulação*. São Paulo: Revista dos Tribunais, 2022.

BELOY, M. Post-human Constitutionalism? A Critical Defence of Anthropocentric and Humanist Traditions in Algorithmic Society. *In*: BELOY, M. (Org.). *The IT Revolution and its Impact on State, Constitutionalism and Public Law*. Oxford: Hart Publishing, 2021.

CATH, Corinne. Governing Artificial Intelligence: Ethical, Legal and Technical Opportunities and Challenges. *Philosophical Transactions of the Royal Society A: Mathematical, Physical and Engineering Sciences*, v. 376, n. 2133. Disponível em: https://royalsocietypublishing.org/doi/10.1098/rsta.2018.0080. Acesso em: 5 out. 2023.

D'ANGELO, Camilla et al. *Labelling initiatives, codes of conduct and other self-regulatory mechanisms for artificial intelligence applications*: From principles to practice and considerations for the future. Santa Monica, CA: RAND Corporation, 2022. Disponível em: https://www.rand.org/pubs/research_reports/RRA1773-1.html. Acesso em: 5 out. 2023.

DESCOMBES, V. *Die Rätsel der Identität*. Berlim: [s.n.], 2013.

EUROPEAN COMMISSION. *Proposal for a Legal Act of the European Parliament and the Council laying down Requirements for Artificial Intelligence*. Inception impact assessment. Disponível em: https://eur-lex.europa.eu/legal-content/EN/TXT/PDF/?uri=PI_COM:Ares(2020)3896535&from=EN. Acesso em: 5 out. 2023.

EUROPEAN COMMISSION. *White Paper on Artificial Intelligence*: A European Approach to Excellence and Trust. Disponível em: https://ec.europa.eu/info/sites/default/files/commission-white-paper-artificial-intelligence-feb2020_en.pdf. Acesso em: 5 out. 2023.

GRIMM, Dieter. Regulierte Selbstregulierung in der Tradition des Verfassungsstaats. *In*: BERG, Wilfried *et al.* (Org.). *Regulierte Selbstregulierung als Steuerungskonzept des Gewährleistungsstaates*: Ergebnisse des Symposiums aus Anlaß des 60. Geburtstages von Wolfgang Hoffmann-Riem. 1. ed. [s.l.]: Duncker & Humblot, 2016.

---

[74] GRIMM, Dieter. Regulierte Selbstregulierung in der Tradition des Verfassungsstaats. *In*: BERG, Wilfried *et al.* (Org.). *Regulierte Selbstregulierung als Steuerungskonzept des Gewährleistungsstaates*: Ergebnisse des Symposiums aus Anlaß des 60. Geburtstages von Wolfgang Hoffmann-Riem. 1. ed. [s.l.]: Duncker & Humblot, 2016.

HAHN, T. M. *Autorregulação na Lei Geral de Proteção de Dados Pessoais*: conceitos, controles e projeções. No prelo.

KLINTMAN, Mikaël. A Review of Public Policies Relating to the Use of Environmental Labelling and Information Schemes (ELIS). *OECD Environment Working Papers*, n. 105. Disponível em: https://www.oecd-ilibrary.org/environment/a-review-of-public-policies-relating-to-the-use-of-environmental-labelling-and-information-schemes-elis_5jm0p34bk7hb-en. Acesso em: 5 out. 2023.

LACHAUD, E. The General Data Protection Regulation and the rise of certification as a regulatory instrument. *Computer Law & Security Review*, v. 34, n. 2, p. 244-256, 1º abr. 2018.

LUHMANN, N. *Das Recht der Gesellschaft*. Frankfurt am Main: Suhrkamp, 1993.

MALTA. *Towards an AI Strategy*: High-level policy document for public consultation. 2019. Disponível em: https://malta.ai/wp-content/uploads/2019/04/Draft_Policy_document_-_online_version.pdf. Acesso em: 5 out. 2023.

MARANHÃO, Juliano; CAMPOS, Ricardo. Exercício de autorregulação regulada das redes sociais no Brasil. *In*: NERY, N. Campos; ABBOUD, George (Org.). *Fake news e regulação*. São Paulo: RT, 2018.

NEW code of conduct for artificial intelligence systems used by the NHS. *Gov.uk*, 2019. Disponível em: https://www.gov.uk/government/news/new-code-of-conduct-for-artificial-intelligence-ai-systems-used-by-the-nhs. Acesso em: 5 out. 2023.

THE DANISH GOVERNMENT. *National Strategy for Artificial Intelligence*. 2019. Disponível em: https://en.digst.dk/media/19337/305755_gb_version_final-a.pdf. Acesso em: 5 out. 2023.

THIEBES, Scott; LINS, Sebastian; SUNYAEV, Ali. Trustworthy Artificial Intelligence. *Electron Markets*, v. 31, p. 447-464, 2021. Disponível em: https://link.springer.com/article/10.1007/s12525-020-00441-4. Acesso em: 5 out. 2023.

VDE, Bertelsmann Stiftung. *From Principles to Practice*: An interdisciplinary framework to operationalize AI ethics. Disponível em: https://www.bertelsmann-stiftung.de/fileadmin/files/BSt/Publikationen/GrauePublikationen/WKIO_2020_final.pdf. Acesso em: 5 out. 2023.

VESTING, T. *Gentleman, Manager, Homo Digitalis*. Der Wandel der Rechtssubjektivität in der Moderne. Weilerswist: [s.n.], 2021.

VOßKUHLE, Andreas. Regulierte Selbstregulierung – Zur Karriere eines Schlüsselbegrilis. *In*: BERG, Wilfried *et al.* (Org.). *Regulierte Selbstregulierung als Steuerungskonzept des Gewährleistungsstaates*: Ergebnisse des Symposiums aus Anlaß des 60. Geburtstages von Wolfgang Hoffmann-Riem. 1. ed. [s.l.]: Duncker & Humblot, 2016.

Informação bibliográfica deste texto, conforme a NBR 6023:2018 da Associação Brasileira de Normas Técnicas (ABNT):

CAMPOS, Ricardo. A autorregulação regulada como mecanismo regulatório para a inteligência artificial (IA) no direito europeu e brasileiro. *In*: MENDES, Gilmar Ferreira; LIRA, Daiane Nogueira de; FREIRE, Alexandre (coord.). *Constituição, democracia e diálogo*: 15 anos de Jurisdição Constitucional do Ministro Dias Toffoli. 2. ed. Belo Horizonte: Fórum, 2025. p. 1479-1494. ISBN 978-65-5518-937-7.

ACESSO À JUSTIÇA E MÉTODOS ALTERNATIVOS DE RESOLUÇÃO DE CONFLITOS

1 Apresentação

Vivemos um período recente da nossa história em que as instituições democráticas brasileiras foram ameaçadas, mas se mantiveram firmes. A reverência incondicional à autoridade suprema da Constituição e das leis da República Federativa do Brasil resultou no enaltecimento da dignidade da Justiça e no fortalecimento do Poder Judiciário na sua missão de pacificação social.

É nesse contexto de um Judiciário forte e atuante que, tradicionalmente, o estudo dos meios de solução de conflitos costuma ser feito por uma perspectiva evolutiva, enfocando-se o primitivismo de certos mecanismos e seu constante aprimoramento, em direção à consagração da força estatal acima dos particulares, pelo exercício da jurisdição.[1]

A discussão mais atual no Brasil sugere que o passo inicial se deu nas reflexões teóricas sobre a adequação de técnicas para solução de conflitos nos Estados Unidos da América, mais especificamente, na *Pound Conference on the Causes of Popular Dissatisfaction with the Administration of Justice*, realizada no ano de 1976, nos Estados Unidos, em que fora proferida palestra de Frank Sander, professor da Universidade de Harvard, sob o nome de *Varieties of Dispute Processing.*[2]

Em sua teoria, Sander parte da constatação da explosão de causas judiciais e do congestionamento crescente do Judiciário para afirmar a necessidade de examinarem-se critérios para encaminhar cada tipo de disputa para um tipo de mecanismo de sua solução, fruto do que se convencionou chamar *ADR (Alternative Dispute Resolution)*

---

[1] CINTRA, Antonio Carlos de Araújo; GRINOVER, Ada Pellegrini; DINAMARCO, Cândido Rangel. *Teoria geral do processo*. 30. ed. São Paulo: Malheiros, 2014. p. 38.

[2] SANDER, Frank E. A. Varieties of dispute processing. *In*: LEVIN, A. Leo; WHEELER, Russell R. *The Pound Conference*: Perspectives on Justice in the future. St. Paul/Minnesota: West Publishing Co., 1979. p. 65-87.

movement – cujas ideias originaram o conceito de Tribunal Multiportas (*Multidoor Courthouse*), de modo a aprimorar efetivo acesso à justiça.[3]

2 Acesso à justiça

O problema do acesso à justiça, assinala Kazuo Watanabe, está em encontrar-se uma solução "justa, tempestiva e adequada".[4] Por sua vez, Maria Tereza Sadek assevera:

> [...] acesso à justiça tem um significado mais amplo do que acesso ao Judiciário. Acesso à justiça significa a possibilidade de reconhecer direitos, de procurar canais civilizados para a solução pacífica de ameaças ou de impedimento a direitos e alta probabilidade de aceitar a decisão. Assim, tem-se que considerar uma variada gama de instituições que se dedicam de forma exclusiva ou dentre suas atribuições a ofertar serviços de justiça. É claro que a ampliação do conceito de acesso à justiça implica reconhecer a legitimidade de canais não judiciais como também a legitimidade de distintas naturezas de soluções ofertadas.[5]

Nessa linha, no julgamento da ADPF nº 279/SP (Rel. Min. Cármen Lúcia), tive a oportunidade de proferir voto, no seguinte sentido:

> Acesso à justiça, despiciendo dizer, é direito individual e social de primeira grandeza. O efetivo acesso à justiça é pressuposto para a garantia de gozo dos outros direitos, os quais dependem de mecanismos que garantam sua proteção.
> Essa é também a concepção que subjaz à Constituição Federal não restando dúvidas de que o direito inscrito no art. 5º, XXXV, da Constituição da República, implica direito a acesso efetivo à Justiça.
> Nesse sentido, José Gomes Canotilho afirma, quanto ao conteúdo e à normatividade do direito de acesso aos tribunais, que
> "[a] centralidade da garantia do acesso ao direito da tutela jurisdicional efectiva tem razões que merecem ser explicitadas: (i) em primeiro lugar ela pressupõe um catálogo de direitos fundamentais, pois qualquer comunidade de direito é necessariamente uma comunidade de direitos; (ii) em segundo lugar, só uma protecção jurisdicional efectiva realiza a dimensão de juridicidade do poder, no seu sentido básico de proibição da autodefesa e de afirmação do monopólio estatal da coerção; (iii) em terceiro lugar, o recorte do direito de acesso ao direito e à tutela jurisdicional como direito autônomo e específico permite fazer funcionar uma tutela dos direitos a vários níveis [...] O direito de acesso ao direito e à justiça é um direito complexo "marcado por normas", pois nele se precipitam várias dimensões constitutivas a que correspondem outros tantos níveis de garantia."
> Confira-se a lição do já citado autor Kazuo Watanabe, para quem tal garantia corresponde ao acesso à ordem jurídica justa, assim composta:
> "(1) Direito à informação e perfeito conhecimento do direito substancial, bem como à organização de pesquisas permanentes a cargo de especialistas e orientadas à aferição constante da adequação entre a ordem jurídica e a realidade socioeconômica do país. (2) Direito de acesso à justiça adequadamente organizada e formada por juízes inseridos na

---

[3] O modelo proposto, entretanto, não foi imune a críticas, como a de Owen Fiss, que ataca severamente a cultura do acordo como melhor solução judicial de litígios. *Vide* FISS, Owen M. Against settlement. *Yale Law Journal*, v. 93, n. 6, 1984. p. 1.075.

[4] WATANABE, Kazuo. Modalidade de mediação. *In*: DELGADO, José *et al*. *Mediação*: um projeto inovador. Brasília: Centro de Estudos Judiciários, CJF, 2003. p. 46.

[5] SADEK, Maria Tereza. Efetividade de direitos e acesso à Justiça. *In*: RENAULT, Sérgio Rabello Tamm; BOTTINI, Pierpaolo (Org.). *Reforma do Judiciário*. São Paulo: Saraiva, 2005. p. 280-281.

realidade social e comprometidos com o objetivo de realização da ordem jurídica justa. (3) Direito à preordenação dos instrumentos processuais capazes de promover a efetiva tutela de direitos. (4) Direito à remoção de todos os obstáculos que se anteponham ao acesso efetivo à justiça com tais características."

O ponto de vista de Watanabe é bem aceito pela doutrina brasileira, e não difere significativamente do de Cândido Rangel Dinamarco, para quem acesso à Justiça "significa ser admitido em juízo, poder participar, contar com a participação adequada do juiz e, ao fim, receber um provimento jurisdicional consentâneo com os valores da sociedade".

A magnitude desse direito que levou Cappelletti e Garth a afirmarem ser o acesso à Justiça requisito fundamental o mais básico dos direitos humanos de um sistema jurídico moderno e igualitário que pretenda garantir, e não apenas proclamar os direitos de todos depende de que o direito de acesso à Justiça seja compreendido em toda a sua amplitude. Esta perspectiva expressa, nas palavras de Carlos Alberto de Salles, uma preocupação prioritária do sistema processual com a realização do direito material.

Ainda, Helena Campos Refosco ressalta que o acesso à justiça se apresenta como direito de feição liberal e social. Ao exibir essa dupla natureza, ele visa garantir o acesso das grandes coletividades à prestação jurisdicional inclusiva, imparcial, célere, eficiente e segura.

Ainda na década de 1970, teve origem o movimento internacional de acesso à justiça, coordenado por Mauro Cappelletti e Bryant Garth, denominado Projeto Florença.[6] Gize-se, *en passant*, que as atividades do aludido movimento são divididas em três ondas: sendo a primeira voltada ao desenvolvimento da assistência judiciária; a segunda, à proteção de interesses transindividuais; e a terceira diretamente relacionada aos métodos consensuais de solução de conflitos.

Com relação à terceira onda, transcrevo as palavras de Cappelletti:

Por "obstáculos processual" entendo o fato de que, em certas áreas ou espécies de lígios, a solução normal o tradicional processo litigioso em Juízo pode não ser o melhor caminho a ensejar a vindicação efetiva de direitos. Aqui, a busca há de visar reais alternativas (*stricto sensu*) aos juízos ordinários e aos procedimentos usuais.

Essa ideia decerto não é nova: a conciliação, a arbitragem, a mediação foram sempre elementos importantes em matéria de solução de conflitos. Entretanto, há um novo elemento consistente em que as sociedades modernas descobriram novas razões para preferir tais alternativas. É importante acentuar que essas novas razões incluem a própria essência do movimento de acesso à Justiça, a saber, o fato de que o processo judicial agora é, ou deveria ser, acessível a segmentos cada vez maiores da população, aliás, ao menos teoricamente, a toda a população.[7]

Esse conjunto de reflexões, na ordem internacional, inspirou diversos autores no Brasil. A exemplo, Ada Pellegrini Grinover defendeu a "deformalização de controvérsias", conforme a seguir exposto:

[...] o termo há de ser utilizado em duas distintas acepções: de um lado, a "deformalização" do próprio processo, utilizando a técnica processual em busca de um processo mais simples, rápido, econômico, de acesso fácil e direto, apto a solucionar com eficiência tipos particulares

---

6   CAPPELLETTI, Mauro; GARTH, Bryant. *Acesso à justiça*. Tradução de Ellen Gracie Northfleet. Porto Alegre: Sergio Antonio Fabris Editor, 2002.

7   CAPPELLETTI, Mário. Os métodos alternativos de solução de conflitos no quadro do movimento universal de acesso à justiça. *Revista de Processo*, v. 74, 1994. p. 87-88.

de conflitos de interesses. De outro lado, a "deformalização" das controvérsias, buscando para elas, de acordo com sua natureza, equivalentes jurisdicionais, como vias alternativas ao processo, capazes de evitá-lo, para solucioná-las mediante instrumentos institucionalizados de mediação. A deformalização do processo insere-se, portanto, no filão jurisdicional, enquanto a deformalização das controvérsias utiliza-se de meios extrajudiciais.[8]

Destarte, inspirado pelos tribunais multiportas, de origem norte-americana, o Brasil passou a investir numa verdadeira política pública de resolução alternativa de conflitos. Com isso, os métodos consensuais ganharam força para solucionar disputas individuais e coletivas, como será abordado a seguir.

3 Evolução do sistema brasileiro de métodos consensuais de solução de conflitos

O incentivo aos mecanismos consensuais estava presente no início da formação nacional, previsto em alguns dispositivos da Constituição Imperial de 1824.[9] Seus arts. 161 e 162 expressamente exigiam a "reconciliação", a ser conduzida pelos juízes de paz, previamente à instauração de qualquer litígio. Essas disposições constitucionais eram reforçadas em diversos dispositivos infraconstitucionais.

Entretanto, a política de incentivo à conciliação foi abandonada assim que proclamada a República, em 1890. O Decreto nº 359/1890 desobrigou as partes da conciliação prévia, extinguindo a figura dos juízes de paz.

Os mecanismos consensuais continuaram ausentes, como política de Estado para solução dos conflitos em matérias gerais, da Constituição Republicana de 1890 à Constituição Ditatorial de 1967/1969. Sua reintrodução, ainda que tímida, se deu no Código de Processo Civil de 1973, o qual previu a conciliação como forma de encerramento do processo.

Com o processo de redemocratização brasileira, na década de 1980, os mecanismos de participação social e de soluções alternativas de conflitos passaram a ser cada vez mais valorizados. Marcos pioneiros nesse período são a Lei nº 7.347/1984 (Lei de Ação Civil Pública) e a Lei nº 7.244/1984 (Lei dos Juizados de Pequenas Causas), que simplificaram procedimentos para ampliação do acesso à justiça, incentivado a conciliação. A seu lado, o advento do Código de Defesa do Consumidor, em 1990, e a criação de um verdadeiro microssistema de tutela de direitos difusos, coletivos e individuais homogêneos permitiu a ampliação da defesa de direitos.

De extrema relevância, ainda, foram os dispositivos da Constituição Federal de 1988, que afirma em seu preâmbulo "o compromisso do Estado Brasileiro com a solução pacífica das controvérsias na ordem interna e internacional". Ademais, tem-se o princípio do acesso à justiça, decorrente do disposto no art. 5º, XXXV, do Texto Magno, o qual dispõe que "a lei não excluirá da apreciação do Poder Judiciário lesão ou ameaça a direito".

---

[8] GRINOVER, Ada Pellegrini. Deformalização do processo e deformalização das controvérsias. *Revista de Processo*, São Paulo, n. 46, abr./jun. 1987. p. 63.

[9] LUCHIARI, Valeria Ferioli Lagrasta. *Mediação judicial*: análise da realidade brasileira – Origem e evolução até a Resolução n. 125, do Conselho Nacional de Justiça. Rio de Janeiro: Forense, 2012. p. 65-75.

Nesse aspecto, é importante frisar que o princípio da inafastabilidade da jurisdição (art. 5º, XXXV, CF/1988) não implica a exigência de uma decisão adjudicatória que imponha uma solução ao caso concreto, mas uma resposta adequada, efetiva e oportuna aos que buscam a tutela do Judiciário. Dependendo da disputa, a resposta mais adequada pode passar pelos meios consensuais, que integram, assim, o conceito de jurisdição e de acesso à justiça.

Conforme desenvolve Carlos Alberto de Salles, o objetivo do legislador constitucional, ao incluir o acesso à justiça no rol de garantias constitucionais, não era prever o ingresso do cidadão ao sistema judicial, mas "propiciar uma resposta adequada a qualquer ameaça ou lesão a direito".[10]

Não obstante, apesar da valorização à conciliação trazida pelos juizados especiais, regulamentados pelas leis nºs 9.099/1995 e 10.259/2001, não houve mudança substancial na estrutura geral de funcionamento do sistema jurídico-processual.

Após a Emenda Constitucional nº 45/2004, passa-se a adotar uma noção de acesso à justiça relacionada à celeridade, eficiência e previsibilidade. Essas noções foram as bases para, então, em 2010, o Conselho Nacional de Justiça (CNJ) regulamentar os mecanismos consensuais, por meio da Resolução nº 125, e instituir a Política Judiciária Nacional de Tratamento Adequado dos Conflitos de Interesses, implementada durante o período em que exerci a presidência desse órgão. Outras legislações especiais também foram influenciadas pelas inovações da lógica consensual, como: a Lei nº 9.307/1996, que regulamentou a arbitragem no Brasil, e a Lei nº 11.101/2005, que criou o instituto da recuperação judicial e extrajudicial de empresas.

Com isso, a mediação e a conciliação passaram a ganhar relevância tanto nos estudos de direito processual quanto nas políticas públicas desenvolvidas pelo Poder Judiciário nacional e locais para melhoria da prestação jurisdicional.

A consolidação da política de incentivo aos mecanismos consensuais deu-se com a promulgação do novo Código de Processo Civil (Lei nº 13.105/2015) e, em específico, da Lei de Mediação (Lei nº 13.140/2015), que incorporaram e aprimoraram grande parte da regulamentação do CNJ, destacando os mecanismos autocompositivos como técnicas processuais adequadas para o aprimoramento do acesso à justiça.

À luz do art. 3º, §§2º e 3º, do Código de Processo Civil de 2015, é obrigação do Estado promover, "sempre que possível, a solução consensual dos conflitos", bem assim dos juízes, advogados, defensores públicos e membros do Ministério Público estimular "a conciliação, a mediação e outros métodos de solução consensual de conflitos [...], inclusive no curso do processo judicial".

Além disso, a reforma da Lei de Introdução às Normas do Direito Brasileiro (LINDB), concretizada pela Lei nº 13.655/2018, introduziu o art. 26, que é um verdadeiro marco legal para acordos administrativos, estabelecendo duas possibilidades para a estipulação de acordos, a escolha de mecanismos alternativos de solução de controvérsias ou o acordo resolutivo da própria controvérsia.

---

[10] SALLES, Carlos Alberto de. Mecanismos alternativos de solução de controvérsias e acesso à justiça: a inafastabilidade da tutela jurisdicional recolocada. *In*: FUX, Luiz; NERY JR., Nelson; WAMBIER, Teresa Arruda Alvim. *Processo e Constituição*. Estudos em homenagem ao Professor José Carlos Barbosa Moreira. São Paulo: Revista dos Tribunais, 2006. p. 784.

Especificamente, no âmbito da Justiça Federal, as práticas negociais começaram a ser observadas a partir de 2002, em processos relativos ao Sistema Financeiro de Habitação (SFH).[11] Posteriormente, sob forte influência do CPC/2015, em 2016, duas resoluções do Conselho da Justiça Federal (CJF) reafirmaram a importância dos meios consensuais: (i) a Resolução nº CJF 398/2016, que dispõe sobre a Política Judiciária de Solução Consensual dos Conflitos de Interesses; e (ii) a Resolução CJF nº 397/2016, que institui o Fórum Nacional Previdenciário e da Conciliação, criando ambiente propício para o debate interinstitucional entre o Judiciário e entidades ligadas à Previdência Social.

Logo, é possível afirmar hoje a existência de um sistema brasileiro de métodos consensuais de solução de conflitos, utilizados de forma extrajudicial e judicial, formado pelos diplomas supracitados.[12] Essa relevância ganhou força nas varas de família, nos conflitos de natureza fiscal, nos casos de superendividamento e nos conflitos fundiários.

Recentemente, a política nacional de soluções autocompositivas do Poder Judiciário direcionou-se também aos conflitos coletivos já judicializados. Para elucidar a questão, menciono que, em razão do crescimento urbano, as grandes cidades passaram a proporcionar conflitos relacionados à posse, propriedade e mesmo ocupação de áreas. Essas disputas trazem considerável complexidade, pois têm em seu bojo discussões envolvendo direitos obrigacionais, reais e registrais. Em certos casos, há também questões urbanísticas e ambientais, atraindo a atenção do Poder Público.

Nesse contexto, somado às dificuldades decorrentes da pandemia de Covid-19, o Supremo Tribunal Federal, no âmbito do julgamento da ADPF nº 828/DF (Rel. Min. Roberto Barroso), decidiu, no final de 2022, pela instalação imediata de Comissões de Conflitos Fundiários pelos Tribunais de Justiça e pelos Tribunais Regionais Federais do país, que poderão atuar em qualquer fase do litígio.

No voto condutor do acórdão, o relator narrou a experiência da Comissão de Conflitos Fundiários do TJPR, da seguinte forma:

> Criada em 23 de outubro de 2019, a Comissão de Conflitos Fundiários (CFF) do TJPR (comissão.fundiarios@tjpr.jus.br) tem buscado soluções consensuais para os conflitos fundiários urbanos e rurais, seja na fase pré-processual, seja após a propositura da ação judicial. O objetivo principal do órgão, composto por três juízes, três desembargadores e uma servidora do Tribunal, é promover o diálogo entre os interessados e realizar visitas técnicas nas áreas em litígio, com a elaboração de relatório circunstanciado sobre as condições da ocupação e da comunidade, que servirá de subsídio para uma eventual composição entre as partes ou para a decisão a ser proferida pelo juiz da causa.

Ao comentar o papel do Conselho Nacional de Justiça na instalação das Comissões de Conflitos Fundiários nos TJs e TRFs, em pronunciamento de abril de 2023, a Ministra Rosa Weber destacou que é missão do CNJ trabalhar para implementação de melhorias que aprimorem o Poder Judiciário na sua finalidade maior: a entrega de prestação

---

[11] TAKAHASHI, Bruno et al. *Manual de mediação e conciliação na Justiça Federal.* Brasília: Conselho da Justiça Federal, 2019.

[12] GRINOVER, Ada Pellegrini. Os métodos consensuais de solução de conflitos no novo CPC. *In*: BONATO, Giovanni (Org.). *O novo Código de Processo Civil*: questões controvertidas. São Paulo: Atlas, 2015. p. 1- 2.

jurisdicional célere e eficaz na solução dos conflitos que envolvem imóveis urbanos e rurais.[13]

4 Pressupostos de admissibilidade e de adequação dos meios consensuais

A legislação processual prevê que a solução consensual deve ser estimulada por todos os atores processuais (art. 3º, §3º, do CPC/2015), sendo dever do juiz tentar, a qualquer momento, que as partes façam autocomposição (art. 139, V, do CPC/2015). Ou seja, expande-se a possibilidade de que o acordo seja buscado em qualquer fase e grau de jurisdição, e independentemente de posições jurídicas relacionadas à marcha processual.

Ainda, sob a ótica subjetiva, no Código de Processo Civil de 2015, há forte prestígio à autonomia da vontade das partes – cuja base é a liberdade como proteção fundamental prevista no art. 5º da Carta Magna. Consoante a lei processual, "ninguém poderá pleitear direito alheio em nome próprio, salvo quando autorizado pelo ordenamento jurídico" (art. 18). Portanto, deve haver coincidência entre as partes da relação processual e os titulares do direito material – excepcionada a legitimação extraordinária negociada prevista no aludido artigo.

A esse respeito, cito trecho de importante precedente do Plenário da Suprema Corte, nos autos da ADPF nº 165/DF, nos quais proferi o voto condutor do acórdão que homologou, por unanimidade de votos, o acordo firmado por legitimados coletivos privados, que representando seus associados, acordaram sobre o pagamento dos expurgos inflacionários de poupança. Vejamos:

> Impende ainda abordar a viabilidade do acordo ante a inexistência de previsão legal específica para que avenças coletivas sejam firmadas por legitimados coletivos privados, como são as associações que representam os poupadores, diferentemente do que ocorre com os entes públicos (ver art. 5º, §6º, da Lei da Ação Civil Pública).
> Nesse ponto, esclareço que a ausência de disposição expressa não afasta a viabilidade do acordo. No meu entendimento, a existência de previsão explícita unicamente quanto aos entes públicos diz respeito ao fato de que somente podem fazer o que a lei determina, ao passo que aos entes privados é dado fazer tudo aquilo que a lei não proíbe, segundo preconiza o princípio da legalidade.
> Não faria sentido prever um modelo que autoriza a justiciabilidade privada de direitos e, simultaneamente, deixar de conferir aos entes privados as mais comezinhas faculdades processuais, tais como a de firmar acordos.

Especialmente, no âmbito do direito público, a legislação pátria é manifesta no sentido de que há permissão, por parte dos estados, do Distrito Federal e dos municípios, de suas autarquias e fundações públicas, bem como das empresas públicas e sociedades de economia mista federais, de uso desses mecanismos alternativos à sentença judicial. Tal discussão já foi amplamente veiculada na doutrina, quando o embate ocorria no cenário da utilização da arbitragem por parte da Administração Pública. Ademais, o novel art. 26 da LINDB traz uma verdadeira autorização genérica para acordos.

---

[13] Disponível em: https://www.cnj.jus.br/rosa-weber-destaca-papel-de-comissoes-de-mediacao-para-solucionar-conflitos-fundiarios. Acesso em: 2 jun. 2023.

Desse modo, não merece prosperar a eventual alegação de falta de normatização, sobretudo para a Administração Pública que, calcada no dogma da legalidade e da indisponibilidade de bens, refugiava-se nesses fundamentos para evitar eventuais acordos, porquanto o CPC/2015, a Lei de Mediação e a LINDB estipulam uma verdadeira cláusula geral de acordos para a Administração Pública.

Uma vez fixados os critérios subjetivos, passo aos requisitos objetivos da técnica de negociação de conflitos.

A Lei de Mediação tem como objeto o conflito que verse sobre direitos disponíveis ou indisponíveis que admitam transação (art. 3º, *caput*). *Litteris*:

> Art. 3º Pode ser objeto de mediação o conflito que verse sobre direitos disponíveis ou sobre direitos indisponíveis que admitam transação.
> §1º A mediação pode versar sobre todo o conflito ou parte dele.
> §2º O consenso das partes envolvendo direitos indisponíveis, mas transigíveis, deve ser homologado em juízo, exigida a oitiva do Ministério Público.

Como se vê, diferentemente de diplomas legais anteriores, a mencionada Lei nº 13.140/2015 reconhece a existência de direitos disponíveis, direitos absolutamente indisponíveis e direitos indisponíveis que admitem a transação, constituindo um verdadeiro avanço para afastar obstáculos à possibilidade de acordos sobre direitos indisponíveis.

No tocante à transação, o art. 841 do Código Civil de 2002 dispõe que "só quanto a direitos patrimoniais de caráter privado se permite a transação". A esse respeito, Silvo Venosa assevera que "nos termos do art. 841, não podem ser objetos de transação os direitos não patrimoniais e os de natureza pública. O poder público só pode transigir quando expressamente autorizado por lei ou regulamento".[14] E complementa que "os direitos indisponíveis, direta ou indiretamente, afetam a ordem pública".[15]

De acordo com os ensinamentos de Pontes de Miranda, "a transação é o negócio jurídico bilateral, em que duas ou mais pessoas acordam em concessões recíprocas, com o propósito de pôr termo a controvérsia sobre determinada, ou determinadas relações jurídicas, seu conteúdo, extensão, validade ou eficácia".[16]

Transigere est alienare – como assevera Pontes de Miranda, "para transigir, exige-se o poder dispor".[17] Portanto, a definição dos contornos da disponibilidade de direitos é essencial para estabelecer critérios que indiquem quais bens podem figurar como objeto da transação.

De um lado, o poder de dispor diz respeito ao valor social dos bens tutelados, de forma que a disponibilidade está relacionada aos interesses individuais e a indisponibilidade

---

14 VENOSA, Silvo. *Direito civil*: teoria geral das obrigações e teoria geral dos contratos. 15. ed. São Paulo: Atlas, 2015. p. 311.

15 VENOSA, Silvo. *Direito civil*: teoria geral das obrigações e teoria geral dos contratos. 15. ed. São Paulo: Atlas, 2015.

16 MIRANDA, Pontes de. *Tratado de direito privado*: parte especial. Direito das obrigações. Extinção das dívidas e obrigações. Dação em soluto. Confusão. Remissão de dívidas. Novação. Transação. Outros modos de extinção. 3. ed. São Paulo: Revista dos Tribunais, 1984. t. XXV. p. 117-118.

17 MIRANDA, Pontes de. *Tratado de direito privado*: parte especial. Direito das obrigações. Extinção das dívidas e obrigações. Dação em soluto. Confusão. Remissão de dívidas. Novação. Transação. Outros modos de extinção. 3. ed. São Paulo: Revista dos Tribunais, 1984. t. XXV. p. 166.

aos bens jurídicos coletivos.[18] Por outro lado, alguns autores defendem que a natureza dos direitos impede sua disposição ainda que haja legítimo interesse do titular (i.e., indisponibilidade objetiva), ou as características do titular impõe restrições ao poder de dispor (i.e, indisponibilidade subjetiva).[19]

Como dito, a Lei de Mediação prevê a possibilidade de transação sobre direitos indisponíveis. Ou seja, as partes podem transigir sobre a forma de quitação das obrigações estabelecidas ou admitidas como válidas, ainda que não tenham o poder de dispor do direito, podendo fixar as diretrizes de cumprimento da obrigação, como a forma de pagamento, o prazo e o valor a ser atribuído ao negócio jurídico.

Em sede doutrinária, Ada Pellegrini Grinover, ao comentar o antigo Projeto de Lei nº 7.169/2014 (antes da edição da Lei nº 1.3140/2015), afirma, de modo indubitável, que as condições de cumprimento de obrigações relacionadas a direitos indisponíveis podem ser transacionadas sem que isso signifique a transação do próprio direito.[20]

A esse respeito vale citar que, previamente à Lei de Mediação, o Superior Tribunal de Justiça já tinha entendimento quanto à possibilidade de transação envolvendo direitos difusos. *In verbis*:

> PROCESSO CIVIL. AÇÃO CIVIL PÚBLICA POR DANO AMBIENTAL. AJUSTAMENTO DE CONDUTA. TRANSAÇÃO DO MINISTÉRIO PÚBLICO POSSIBILIDADE.
> 1. A regra geral é de não serem passíveis de transação os direitos difusos.
> 2. Quando se tratar de direitos difusos que importem obrigação de fazer ou não fazer deve-se dar tratamento distinto, possibilitando dar à controvérsia a melhor solução na composição do dano, quando impossível o retorno ao status quo ante.
> 3. A admissibilidade de transação de direitos difusos é exceção à regra.
> 4. Recurso especial improvido (REsp 299.400/RJ, Rel. Min. Francisco Peçanha Martins, redatora para acórdão Ministra Eliana Calmon).

Essa discussão é ainda mais relevante na área do direito público, em que tal fenômeno se mostra mais complexo. Nesse sentido, colaciono entendimento doutrinário do Ministro aposentado Eros Grau:

> Pois não há qualquer correlação entre disponibilidade ou indisponibilidade de direito patrimoniais e disponibilidade ou indisponibilidade do interesse público. Dispor de direitos patrimoniais é transferi-los a terceiros. Disponíveis são os direitos patrimoniais que podem ser alienados. A administração, para a realização do interesse público, pratica atos, da mais variada ordem, dispondo de determinados direitos patrimoniais, ainda que não possa fazê-lo em relação a outros deles. Por exemplo, não pode dispor dos direitos patrimoniais que detém sobre os bens públicos de uso comum. Mas é certo que inúmeras vezes deve dispor de direitos patrimoniais, sem que com isso esteja a dispor do interesse público, porque a realização destes últimos é alcançada mediante disposição daqueles.[21]

18   MALUF, Carlos Alberto Dabus. *A transação no direito civil e no processo civil.* 2. ed. São Paulo: Saraiva, 1999. p. 65.
19   CINTRA, Antonio Carlos de Araújo; GRINOVER, Ada Pellegrini; DINAMARCO, Candido Rangel. *Teoria geral do processo.* 26. ed. São Paulo: Malheiros, 2010.
20   GRINOVER, Ada Pellegrini. Conciliação e mediação endoprocessuais na legislação projetada. *Revista Síntese Direito Civil e Processual Civil*, v. 13, n. 91, 2014. p. 71-92.
21   GRAU, Eros Roberto. Arbitragem e contrato administrativo. *Revista Trimestral de Direito Público*, São Paulo, n. 32, 2000. p. 20.

Ainda sobre a transigibilidade de direitos indisponíveis envolvendo o interesse público, cito o ARE nº 1.291.514/PR, de minha relatoria, em decisão monocrática referendada, por unanimidade de votos, pelo Plenário do Supremo Tribunal Federal, na qual foi homologado acordo celebrado entre o Itaú Unibanco S/A e o Estado do Paraná, relativo ao cumprimento do "Contrato de Compromisso de Compra e Venda de títulos públicos, com caução".

Naquela oportunidade, no voto condutor do acórdão, apresentei a seguinte justificativa:

> O Código de Processo Civil consagrou os métodos consensuais para solução de conflitos em seu art. 3º, abrindo-se a possibilidade de que o acordo seja buscado em qualquer fase e grau de jurisdição, e independentemente de posições jurídicas relacionadas à marcha processual. Com esta mudança de paradigma, atualmente entende-se que a transigibilidade encontra-se presente mesmo em demandas que versem sobre direitos indisponíveis, sendo facultado às partes decidir sobre forma, prazo e local de cumprimento da obrigação. O que se busca, em última análise, é o efetivo adimplemento das obrigações e a satisfação das partes com o resultado do processo.

Ora, como é sabido, o art. 3º, §1º, da Lei de Mediação dispõe sobre a possibilidade de acordo parcial, nas hipóteses em que as partes cheguem a um consenso apenas em relação à parte do objeto litigioso, sendo possível, portanto, transacionar sobre fração do pedido, remetendo-se o restante para decisão judicial.

Em disputas complexas, como é o caso das controvérsias imobiliárias, a opção de acordo parcial é extremamente relevante para dirimir o conflito, com base na instrumentalidade do processo e na pacificação social.

Nesse sentido, faço remissão ao recente acordo de parte do objeto litigioso, referente ao conflito federativo que trata do arquipélago de Fenando de Noronha, firmado entre a União e o Estado de Pernambuco e homologado pelo Plenário da Suprema Corte, no âmbito da ACO nº 3.568/DF, do qual fui relator, em acórdão assim ementado:

> REFERENDO EM JULGAMENTO PARCIAL ANTECIPADO DO MÉRITO. AÇÃO CÍVEL ORIGINÁRIA. CONFLITO FEDERATIVO. ARQUIPÉLAGO DE FERNANDO DE NORONHA. COMPOSIÇÃO A QUE CHEGARAM AS PARTES SOBRE PRATICAMENTE A INTEGRALIDADE DOS TEMAS EM DEBATE. CONTRATO DE CESSÃO DE USO DE BENS PÚBLICOS. TERMO ENTABULADO ENTRE DIFERENTES ESFERAS ADMINISTRATIVAS. NECESSIDADE DE AUTORIZAÇÃO LEGISLATIVA PARA QUE OS CHEFES DO PODER EXECUTIVO DISPONHAM SOBRE BENS DE USO COMUM DO POVO. INVALIDADE *EX TUNC*. PRESERVAÇÃO DOS ATOS ADMINISTRATIVOS PRATICADOS EM NOME DO PRINCÍPIO DA BOA-FÉ E DA SEGURANÇA JURÍDICA.
> I – Reconhecida a competência desta Suprema Corte para julgar a presente ação originária, uma vez que instaurado conflito federativo entre a União e Estado-membro (art. 102, I, f, da Constituição Federal).
> II - A União e o Estado de Pernambuco, após reiteradas sessões de conciliação, chegaram a um consenso quanto à possibilidade de estabelecer um marco regulatório com efeitos prospectivos sobre o Arquipélago de Fernando de Noronha, aguardando-se, neste momento, a sua oportuna homologação pelo Supremo Tribunal Federal.
> III - É perfeitamente possível um acordo parcial estruturante, que trate de aspectos relacionados ao objeto da lide e possa, inclusive, ampliar seu escopo para abarcar situações

não descritas na petição inicial e que sejam igualmente relevantes para prevenir conflitos futuros.

IV - O inciso II do art. 356 do CPC autoriza o julgamento antecipado parcial do mérito, consistente em técnica processual que prestigia o devido processo legal e a duração razoável do processo.

V - A cessão de uso de bem público por parte da Administração serve para que órgãos da mesma pessoa jurídica - ou de pessoas diversas - fiquem incumbidos de desenvolver atividades que, de algum modo, traduzam interesse para a coletividade.

VI - É assente em nosso ordenamento a necessidade de autorização legislativa para que essa espécie contratual se dê entre entidades integrantes de esferas distintas, na forma dos arts. 48, V, e art. 188, §1º, ambos da Constituição Federal, e do art. 4º, §1º, da Constituição do Estado de Pernambuco.

VII - É que a cessão de bens de uso comum do povo a outros entes não supõe mero ato discricionário da Administração, mormente porque se trata de negócio jurídico com inegável modificação do uso – e por vezes também da finalidade - do patrimônio público, razão pela qual sua ocorrência não prescinde da rigorosa observância do princípio da legalidade administrativa.

VIII - A indigitada avença padece de manifesto vício formal, à míngua de regular autorização legislativa, desprovida de atributos, portanto, para a geração de efeitos jurídicos.

IX - Considerando os princípios que informam o federalismo cooperativo, a fim de solucionar matéria de grande repercussão na esfera jurídica dos entes públicos envolvidos, e também de particulares, referendou-se a decisão de declaração de invalidade do contrato de cessão de uso em condições especiais da Ilha de Fernando de Noronha, desde a sua assinatura. Ficam preservados, contudo, os atos administrativos praticados durante a sua vigência, em homenagem ao princípio da boa-fé e da segurança jurídica, sem prejuízo da possibilidade de revisão desses mesmos atos, por mérito administrativo, pelo Poder Público competente.

Outrossim, a Lei de Mediação trata da possibilidade de solução consensual para o conflito que verse sobre direitos disponíveis ou sobre direitos indisponíveis que admitam transação. Nesse caso, para a resolução total ou parcial do conflito, o consenso das partes envolvendo direitos indisponíveis, mas transigíveis, deve ser homologado em juízo.

Anoto, por oportuno, que Cândido Rangel Dinamarco, ao tratar da homologação judicial, ensina:

> Homologar significar agregar a um ato realizado por outro sujeito a autoridade do sujeito que o homologa. [...] Ao homologar um ato compositivo celebrado entre as partes o juiz não soluciona questão alguma, referente ao *meritum causae*, nem decide sobre a pretensão deduzida na inicial. Limita-se a envolver o ato nas formas de uma decisão judiciária, sendo-lhe absolutamente vedada qualquer verificação da conveniência dos negócios celebrados e muito menos avaliar as oportunidades de vitória porventura desperdiçadas por uma das partes ao negociar. [...] Por isso, cumpre ao juiz proceder apenas ao exame externo dos atos dispositivos, mediante uma atividade que se chama delibação [...]. São cinco os pontos que lhe cumpre verificar, mas nenhum deles referente aos possíveis direitos das partes: a) se realmente houve uma declaração de vontade de reconhecer o pedido, de renunciar ao direito ou de ajustar mútuas concessões entre as partes; b) se a matéria comporta ato de disposição (CC, art. 841); c) se os contratantes são titulares do direito do qual dispõem total ou parcialmente; d) se são capazes de transigir; e) se estão adequadamente representados. Esses pontos dizem respeito à ordem pública e sua verificação constitui dever do juiz – quer

alguma das partes a haja requerido ou mesmo de ofício – negando homologação ao ato se lhe faltar algum dos requisitos, um só que seja.[22]

De tal modo, esclareço que a homologação do acordo não chancela, nem legitima, nenhuma tese jurídica proposta nos autos da lide, abrangendo tão somente as disposições patrimoniais firmadas no âmbito da disponibilidade das partes.

5   Considerações finais

Especificamente no tocante aos mecanismos de resolução de conflitos, faço referência a três importantes casos perante a Supremo Tribunal Federal que evidenciam a sua versatilidade e efetividade.

A ADPF nº 165/DF, da qual fui relator, foi ajuizada pela Confederação Nacional do Sistema Financeiro – Consif, que pedia a suspensão de qualquer decisão judicial que tivesse por objeto a reposição das perdas decorrentes dos planos econômicos (Planos Cruzado, Bresser, Verão e Collor I).

Depois de quase 9 anos tramitando no STF, em 11.12.2017, um acordo foi celebrado entre a Consif e as associações de defesa dos consumidores, mediado pela Advocacia-Geral da União e com participação do Banco Central.

No voto condutor do acórdão homologador do acordo, ficou estabelecido que é possível a negociação em processo de índole objetiva desde que fique demonstrado que há no feito um conflito intersubjetivo subjacente (*e.g.*, pagamento dos expurgos inflacionários de poupança).

O termo inicial do referido acordo foi prorrogado, por unanimidade da Suprema Corte, pela segunda vez, em 2022.

Outro acordo que merece destaque foi aquele firmado entre a União e o Estado de Pernambuco e homologado pelo Plenário da Suprema Corte no âmbito da ACO nº 3.568/DF, em que também fui relator, e cujo objeto litigioso se referia ao conflito federativo envolvendo o arquipélago de Fenando de Noronha.

Nesse ensejo, fez-se alusão aos princípios que informam o federalismo cooperativo a fim de solucionar matéria de grande repercussão na esfera jurídica dos entes públicos e de particulares. Foi referendada decisão de declaração de invalidade do contrato de cessão de uso em condições especiais da Ilha de Fernando de Noronha, preservando os atos administrativos praticados durante a sua vigência.

Por fim, outro caso de relevo perante o Supremo Tribunal Federal foi o ARE nº 1.291.514/PR, de minha relatoria, cuja decisão foi referendada, por unanimidade de votos, pelo Plenário da Corte, para homologar o acordo celebrado entre o Itaú Unibanco S/A e o Estado do Paraná, relativo ao cumprimento do contrato de compromisso de compra e venda de títulos públicos, com caução.

Tal acordo foi paradigmático, pois se entendeu que a transigibilidade se encontra presente mesmo em demandas que versem sobre direitos indisponíveis, sendo facultado às partes decidir sobre forma, prazo e local de cumprimento da obrigação.

---

[22]   DINAMARCO, Cândido Rangel. *Instituições de direito processual civil.* 7. ed. São Paulo: Malheiros, 2017. p. 320-321.

Conquanto homologações de acordos não chancelem nem legitimem teses jurídicas propostas nos autos das lides, abrangendo tão somente as disposições patrimoniais firmadas no âmbito da disponibilidade das partes, elas se mostram extremamente relevantes para concretização da instrumentalidade do processo, além de significarem o reconhecimento estatal do decidido pelas partes.

Portanto, o fortalecimento da política de resolução de conflitos, em suas múltiplas formas, terá cada vez mais protagonismo para atrair investimentos e fomentar o ambiente de negócios no Brasil. Em discurso que proferi na Semana Nacional da Conciliação, coordenada pelo CNJ, destaquei que "temos que sair de uma cultura de litigiosidade e ir para uma cultura de pacificação. E isso será feito pela promoção de meios alternativos de solução de controvérsias, como a conciliação, a mediação e a arbitragem".[23]

Informação bibliográfica deste texto, conforme a NBR 6023:2018 da Associação Brasileira de Normas Técnicas (ABNT):

LEWANDOWSKI, Ricardo. Acesso à justiça e métodos alternativos de resolução de conflitos. *In*: MENDES, Gilmar Ferreira; LIRA, Daiane Nogueira de; FREIRE, Alexandre (coord.). *Constituição, democracia e diálogo*: 15 anos de Jurisdição Constitucional do Ministro Dias Toffoli. 2. ed. Belo Horizonte: Fórum, 2025. p. 1495-1507. ISBN 978-65-5518-937-7.

---

[23] Disponível em: https://www.conjur.com.br/2014-nov-28/lewandowski-defende-conciliacoes-desafogar-judiciario. Acesso: 2 jun. 2023.

PATENTES FARMACÊUTICAS E SUA LIMITAÇÃO TEMPORAL: A IMPORTÂNCIA DO JULGAMENTO DA ADI Nº 5.529/DF PELO SUPREMO TRIBUNAL FEDERAL

RICHARD PAE KIM
JOÃO PAULO DIAS RAMOS

Introdução

Grande honra poder homenagear, por meio deste artigo, o eminente Ministro Dias Toffoli, discorrendo a respeito de um tema de sensível de repercussão social e econômica. Como adiante se verá, o emblemático julgamento pela nossa Suprema Corte, que foi conduzido pelo importante voto do eminente Relator, ora homenageado, que declarou a inconstitucionalidade do parágrafo único, do artigo 40, da Lei da Propriedade Industrial (Lei nº 9.279/96), traduziu-se em significativos benefícios diretos não só para a saúde pública, mas também para a economia e a sociedade.

Nesta oportunidade, renovamos a admiração outrora manifestada em prévias publicações científicas dedicadas ao grande jurista que, desde 23.10.2009, tem atuado com lucidez e brilhantismo não só no Supremo Tribunal Federal, mas também no Tribunal Superior Eleitoral e que presidiu com grande competência o Conselho Nacional de Justiça nos anos de 2018 a 2020.

Sobre o tema, de proêmio, há que se registrar que, em nosso país, os produtos farmacêuticos foram excluídos da proteção patentária específica até o advento da Lei nº 9.279/96. A insegurança jurídica sobre as patentes farmacêuticas era tanta que especialistas chegaram a afirmar que, durante a década de 1980, a prevalência de um regime jurídico omisso, segundo algumas interpretações, "foi definido como 'débil', e que motivou "um longo período de conflito comercial com os Estados Unidos", que por sua vez, "impôs ao Brasil sanções comerciais severas" (Marques, 2000, p. 8). Aliás, a Associação dos Fabricantes Americanos de Drogas Farmacêuticas (*Pharmaceutical Manufacturing Association* – PMA) chegou inclusive a divulgar inúmeras matérias na mídia internacional chamando o Brasil de "país pirata" (Nogués, 1990).

Com a lei publicada em 1996, que entrou em vigor a partir de abril de 1997, as patentes aos produtos e processos farmacêuticos também recebeu normatização e esperava-se uma estabilização da segurança jurídica sobre o tema. Nas décadas de 1990 a 2010, o Brasil contribuiu com aproximadamente 40% das patentes concedidas na América Latina, sendo que, desse total, a maior parte pertence à área biológica. No entanto, a grande maioria dos direitos de patente concedida no Brasil pertence a grupos empresariais estrangeiros, especialmente dos Estados Unidos (Marques, 2000).

No que toca ao prazo dessas patentes, como é de amplo conhecimento, a declaração de inconstitucionalidade pela nossa Suprema Corte no julgamento da ADI nº 5.529/ DF, em maio de 2021, da previsão legal contida no ora revogado parágrafo único, do artigo 40, da Lei nº 9.279/96, o qual assegurava a extensão do prazo de vigência das patentes de invenções e modelos de utilidade, em hipóteses de prolongada tramitação da análise do requerimento pelo Instituto Nacional de Propriedade Industrial – INPI, praxe que se tornou habitual no contexto das patentes farmacêuticas, regra geral detida por laboratórios estrangeiros.

O Colendo Tribunal assentou que o prolongamento indevido dos prazos de patente permitidos pela lei fere os princípios da segurança jurídica, da eficiência da Administração Pública, da ordem econômica e do direito à saúde dos cidadãos brasileiros. A declaração de inconstitucionalidade do dispositivo não alcançou, no entanto, outras patentes já concedidas e ainda vigentes em decorrência da extensão do prazo.

Neste trabalho pretende-se analisar não só o regime jurídico nacional sobre o tema, mas também avaliar a importância do referido julgamento pela Suprema Corte e descortinar algumas preocupações que vêm surgindo sobre o cumprimento da decisão judicial em comento.

1   Regime jurídico das patentes farmacêuticas no Brasil

De acordo com o artigo 5º, inciso XXIX, da Constituição Federal, "[a] lei assegurará aos autores de inventos industriais privilégio temporário para sua utilização, bem como proteção às criações industriais, à propriedade das marcas, aos nomes de empresas e a outros signos distintivos, tendo em vista o interesse social e o desenvolvimento tecnológico e econômico do País".

Esta garantia constitucional institui, dentre outros, o denominado direito à propriedade industrial, disciplinado pela Lei Federal nº 9.279/96 (mais conhecida como Lei de Propriedade Industrial ou, simplesmente, LPI) e respectivas alterações legislativas.

Nesse contexto, insere-se o regime jurídico das patentes farmacêuticas no Brasil.

Antes, contudo, de aprofundar o estudo sobre as patentes farmacêuticas, cumpre-nos situar e definir o conceito de propriedade intelectual, gênero dentro do qual compreendida a propriedade industrial, garantida pela citada norma constitucional.

A respeito, dispõe o artigo 2º da Convenção que institui a Organização Mundial da Propriedade, de 14.07.1967, incorporada ao ordenamento jurídico brasileiro por meio do Decreto Legislativo nº 78/1974, que "[p]ara os fins da presente Convenção, entende-se por (…) « propriedade intelectual », os direitos relativos: – às obras literárias, artísticas e científicas, – às interpretações dos artistas intérpretes e às execuções dos artistas executantes, aos fonogramas e às emissões de radiodifusão, – às invenções em todos os domínios da actividade humana, — às descobertas científicas, – aos desenhos e modelos industriais, – às marcas industriais, comerciais e de serviço, bem como às firmas comerciais e denominações comerciais, – à protecção contra a concorrência desleal; e todos os outros direitos inerentes à actividade intelectual nos domínios industrial, científico, literário e artístico".[1]

Compreende-se, assim, de acordo com a citada convenção internacional, que a propriedade industrial é um dos direitos abrangidos pela propriedade intelectual, gênero dentro do qual contidas diversas outras espécies de criações do ser humano.

A doutrina especializada registra que a inteligência do homem e a atividade da imaginação criativa se manifestam no domínio das artes e das ciências, como no campo da técnica e das indústrias, em obras de vários gêneros, que encontram proteção legal e constituem origem de variadas relações jurídicas (Gama, 2010, p. 33).

Ainda, sobre o conceito doutrinário da propriedade industrial, este pode ser definido como "o conjunto dos institutos jurídicos que visam garantir os direitos de autor sobre as produções intelectuais do domínio da indústria e assegurar a lealdade da concorrência comercial e industrial", ou, de modo mais geral, como "o conjunto de normas legais e princípios jurídicos de proteção à atividade do trabalho, no campo das indústrias, e a seus resultados econômicos, abrangendo assim, a proteção das produções intelectuais do domínio industrial (invenções, modelos de utilidade e desenhos e modelos industriais), e toda a matéria relativa à representação da concorrência desleal, inclusive as marcas, o nome comercial, as indicações de origem dos produtos, etc." (Gama, 2010, p. 36).

A referida Lei Federal nº 9.279, de 14 de maio de 1996, a qual, nos termos do respectivo artigo 1º, "[r]egula direitos e obrigações relativos à propriedade industrial", dispõe em seu artigo 2º, que "[a] proteção dos direitos relativos à propriedade industrial, considerado o seu interesse social e o desenvolvimento tecnológico e econômico do País, efetua-se mediante a concessão de patentes de invenção e de modelo de utilidade (inciso I)".

Depreende-se do citado inciso I do artigo 2º da norma regente que um dos instrumentos jurídicos de proteção dos direitos da propriedade industrial no Brasil é a concessão de patentes de invenção.

Conceituando o termo patente instituído pelo dispositivo em referência, propõe a doutrina que a patente é "um direito industrial concedido ao titular da invenção ou modelo de utilidade. A patente é concedida pelo INPI e materializa-se em um documento (carta patente) representativo da concessão do privilégio de exploração" (Cometti, 2019, p. 160).

Em paralelo, o conceito doutrinário de invenção, aplicado à temática das patentes, pode ser definido como "um tipo específico de criação intelectual (...) passíveis de serem protegidas por meio de patentes, desde que sigam alguns pré-requisitos descritos em lei. As invenções são o resultado do esforço intelectual do inventor e buscam sempre uma solução técnica para algum problema encontrado na prática" (Magalhães, 2011, p. 107).

Inspiração do conceito proposto pela doutrina para as patentes de invenção, o artigo 6º da Lei de Propriedade Industrial estatui que "[a]o autor de invenção ou modelo de

---

[1]   ORGANIZAÇÃO MUNDIAL DA PROPRIEDADE INTELECTUAL. *Convenção que institui a Organização Mundial da Propriedade Intelectual.* Genebra, 2002. Disponível em: https://www.wipo.int/edocs/pubdocs/pt/wipo_pub_250.pdf. Acesso em: 22 jun. 2024.

utilidade será assegurado o direito de obter a patente que lhe garanta a propriedade, nas condições estabelecidas nesta Lei".

Delimitando o objeto passível de proteção mediante concessão de patentes, prescreve o subsequente artigo 8º da LPI que "[é] patenteável a invenção que atenda aos requisitos de novidade, atividade inventiva e aplicação industrial", seguindo o artigo 10 a enumeração taxativa de nove incisos, arrolando diversas criações humanas que o legislador optou por não considerar como inventos, para os fins dessa lei.

Cumpre ressalvar, ainda, que, para configuração da invenção, necessário que o objeto idealizado pelo criador não esteja compreendido no estado da técnica, assim entendido como "[t]udo aquilo tornado acessível ao público antes da data de depósito do pedido de patente, por descrição escrita ou oral, por uso ou qualquer outro meio, no Brasil ou no exterior" (artigo 11, §1º, da LPI).

Por oportuno, a despeito da proteção legal conferida pelo atual ordenamento jurídico brasileiro às patentes farmacêuticas pela atual Lei de Propriedade Industrial, antes da vigência do citado diploma legal, editado no ano de 1996, a legislação regente não assegurava quaisquer direitos à propriedade industrial de fármacos.

Pelo contrário, o então Código de Propriedade Industrial (Lei nº 5.772/71), no respectivo artigo 9º, alínea "c", previa que não poderiam ser objeto de patentes, dentre outros inventos, "[a]s substâncias, matérias, misturas ou produtos alimentícios, químico-farmacêuticos e medicamentos, de qualquer espécie, bem como os respectivos processos de obtenção ou modificação".

Igualmente, o anterior Código de Propriedade Industrial, instituído pelo pretérito Decreto-Lei nº 7.903/45, dispunha no respectivo artigo 8º, item 2º, que não poderiam ser objeto de patentes "[a]s invenções que tiverem por objeto substâncias ou produtos alimentícios e medicamentos de qualquer gênero". Contudo, a despeito das expressas vedações à concessão de patentes de medicamentos, no período compreendido entre a vigência do Decreto-Lei nº 7.903/45 até o advento da atual Lei nº 9.279/96, desde o Brasil Império vigoraram leis e regras esparsas que asseguraram a proteção indistinta da propriedade intelectual de invenções, sem qualquer ressalva no tocante aos produtos oriundos da indústria farmacêutica.[2]

Concluído este breve introito normativo, cumprindo a proposta de estabelecer o regime jurídico aplicável ao objeto deste capítulo, finalmente podemos situar, contemporaneamente, as patentes farmacêuticas como instrumentos jurídicos de proteção da atividade inventiva, com aplicação industrial, conferindo ao titular da criação farmacológica o direito exploração econômica exclusiva da criação intelectual, por prazo temporário e de forma condicionada ao atendimento da respectiva função social, como adiante melhor se verá.

---

[2] A propósito, confira-se detalhado histórico da legislação correlata que precedeu a atual Lei de Propriedade Industrial no artigo de COTRIM, Bruno Almeida; Corrêa, Alexandra Barbosa de Godoy; Caldas, Diogo Oliveira Muniz. Evolução da Legislação Concernente às Patentes Farmacêuticas no Brasil. *Revista da EMERJ* – Escola de Magistratura do Estado do Rio de Janeiro, Rio de Janeiro, v. 24, n. 3, p. 27-52, set./dez. 2022. Disponível em: https://www.emerj.tjrj.jus.br/revistaemerj_online/edicoes/revista_v24_n3/revista_v24_n3_27.pdf. Acesso em: 20 jul. 2024.

2 Prazo de vigência das patentes

A respeito do prazo de vigência das patentes, dispõe o artigo 40 da Lei Federal nº 9.279/1996 que "[a] patente de invenção vigorará pelo prazo de 20 (vinte) anos e a de modelo de utilidade pelo prazo 15 (quinze) anos contados da data de depósito".

Por vez, o parágrafo único do referido artigo 40, declarado inconstitucional pela ADI nº 5.529, dispunha que "[o] prazo de vigência não será inferior a 10 (dez) anos para a patente de invenção e a 7 (sete) anos para a patente de modelo de utilidade, a contar da data de concessão, ressalvada a hipótese de o INPI estar impedido de proceder ao exame de mérito do pedido, por pendência judicial comprovada ou por motivo de força maior".

Vale destacar que, poucos meses após a publicação da ata de julgamento da ADI nº 5.529/DF, ocorrida em 13.05.2021, o citado parágrafo único do artigo 40, declarado inconstitucional pela Suprema Corte, foi objeto de expressa revogação pelo Poder Legislativo, operada por meio do art. 57, inciso XXVI, da Lei nº 14.195, de 26 de agosto de 2021.

Na mesma oportunidade, o diploma legal em referência também revogou o art. 229-C da Lei de Propriedade Industrial, o qual previa que "[a] concessão de patentes para produtos e processos farmacêuticos dependerá da prévia anuência da Agência Nacional de Vigilância Sanitária – ANVISA".

Referida norma revogadora, também conhecida como Lei do Ambiente de Negócios, é fruto da conversão em lei da Medida Provisória nº 1.040, de 2021, cuja exposição de motivos concentrava-se no intuito de melhorar o ambiente de negócios no Brasil, bem como impactar positivamente a posição do país na classificação geral do relatório *Doing Business* do Banco Mundial.[3]

Feitas tais observações, para os fins a que se destinam este segundo capítulo do presente ensaio, detemo-nos no prazo de vigência das patentes de invenções, considerada a natureza inventiva dos produtos da indústria farmacêutica, não se lhes aplicando a regra pertinente aos modelos de utilidade.

Nesse aspecto, estipulada a regra geral do prazo de 20 (vinte) anos para as patentes de invenções, contados da data do depósito do pedido, a polêmica redação do revogado parágrafo único do artigo 40 da LPI assegurava prazo mínimo de 10 (dez) anos, contados, agora, da *data de concessão*, diversamente portanto do prazo geral, cujo termo inicial corresponde *à data do depósito*.

O contexto histórico que deu azo à ora superada previsão legal do parágrafo único do artigo 40 era a tramitação usualmente prolongada dos pedidos de patentes depositados junto ao INPI – Instituto Nacional de Propriedade Industrial, autarquia vinculada ao Ministério da Indústria e do Comércio, criada pela Lei nº 5.648/70, com competência, dentre outras, para análise de todos os pedidos de patentes formulados no Brasil.

Como visto, a proteção legal da propriedade industrial dos fármacos ressurgiu, depois de mais de meio século de vedações por sucessivas legislações, editadas desde

---

3   EMI nº 00049/2021 ME AGU MJSP MME SG. Brasília, 18 de março de 2021. Disponível em: https://www.planalto. gov.br/ccivil_03/_ato2019-2022/2021/Exm/Exm-MP-1040-21.pdf. Acesso em: 05 jul. 2024.

ao menos o ano de 1945, a partir da vigência da Lei nº 9.279/96, a qual, adequando-se ao *Acordo sobre os Aspectos dos Direitos de Propriedade Intelectual Relacionados com o Comércio (Acordo TRIPS)*, estendeu o direito às patentes a produtos outrora não abrangidos pelo regime de exploração econômica exclusiva.

A partir de então, o volume de pedidos de patentes formulados no país sofreu brutal incremento, notadamente em razão da intensa produção industrial global de produtos farmacológicos, doravante protegida sob o enfoque da propriedade intelectual, de modo que o INPI não detinha a necessária estrutura para processá-los em tempo hábil.

Sob tais circunstâncias, acumulou-se ao longo dos anos seguintes considerável acervo de depósito de pedidos de patentes, pendentes de apreciação pela autarquia federal, fenômeno conhecido como *backlog*.[4]

Assim, em um caso hipotético, mas bastante corriqueiro, caso a autarquia federal demorasse mais de 15 (dez) anos para concluir a análise de um requerimento de patente, contados desde o depósito inicial do pedido, o prazo de proteção se estenderia por outros 10 (dez) anos, transcorrendo, no total, 25 (vinte e cinco) anos desde o depósito, superando o prazo conferido pela regra geral do *caput* do artigo 40 da LPI, cingido a 20 (vinte) anos.

A *mens legis* da questionada disposição legal era a de assegurar um prazo razoável de vigência das patentes nas hipóteses de excessiva demora na concessão do direito, no caso das patentes de invenções, superior a dez anos.

No entanto, a finalidade original da norma não vinha sendo atingida.

Conforme precisamente observado no julgamento da ADI nº 5.529, "[a] norma questionada retroalimenta o *backlog*, contribuindo para gerar o fenômeno que ela busca contornar, em direta afronta aos princípios da razoável duração do processo (art. 5º, LXXVIII, CF) e da eficiência administrativa (art. 37, caput, CF)".[5]

De fato, o *backlog* de pedidos de patentes junto ao INPI não se deve, exclusivamente, à incapacidade estrutural de a autarquia lidar com o acúmulo de requerimentos, mas também à própria conduta dos depositantes, que não poucas vezes, durante a vigência da extensão legal do prazo de vigência das patentes previsto no parágrafo único do artigo 40 da LPI, criavam as condições necessárias para que a apreciação dos correspondentes pedidos se protelasse, beneficiando diretamente o detentor do direito de exploração econômica do invento, com a concessão de prazos dilatados, por vez até décadas, em manifesta afronta ao caráter temporário da garantia constitucional conferida pelo artigo 5º, inciso XXIX, da Constituição da República.

---

4   Sobre o tema, *vide* trabalho de GARCEZ Jr.; MOREIRA, Jane de Jesus da Silveira. O *blacklog* de patentes no Brasil: o direito à razoável duração do procedimento administrativo. *Revista Direito GV*, v. 13, n.1, jan./abr. 2017. Disponível em: https://periodicos.fgv.br/revdireitogv/article/view/68912/66505. Acesso em: 22 jul. 2024.

5   Item 8 da ementa do acórdão da ADI nº 5.529/DF, *in verbis*: 8. A prorrogação do prazo de vigência da patente prevista na Lei de Propriedade Industrial, além de não contribuir para a solução do atraso crônico dos processos submetidos ao INPI, acaba por induzir ao descumprimento dos prazos previstos no caput do art. 40, pois ameniza as consequências da mora administrativa e prolonga o período de privilégio usufruído pelos depositantes, em prejuízo dos demais atores do mercado, além da própria Administração Pública e da sociedade como um todo. Há elementos suficientes nos autos que apontam para o fato de que a norma questionada retroalimenta o *backlog*, contribuindo para gerar o fenômeno que ela busca contornar, em direta afronta aos princípios da razoável duração do processo (art. 5º, LXXVIII, CF) e da eficiência administrativa (art. 37, caput, CF).

Aliás, tal circunstância foi expressamente relevada no acórdão da ADI nº 5.529 como um dos fundamentos centrais que ensejaram a declaração de inconstitucionalidade do dispositivo, constando da ementa do julgado a seguinte referência:

> 7. Estando vigente o parágrafo único do artigo 40, o prazo entre o depósito e a concessão de uma patente sempre será indeterminado, com ou sem backlog no INPI, visto que o tempo de processamento pelo escritório de patentes é um elemento indeterminado, dadas a complexidade envolvida na análise desse tipo de pedido – que é variável e depende do produto e do setor tecnológico pertinentes – e as intercorrências que podem ocorrer no trâmite administrativo –, algumas delas ensejadas pelos próprios requerentes no intuito de se beneficiarem da extensão automática prevista na norma questionada. Nesse sentido, mesmo que o INPI venha a superar o atraso crônico na análise dos pedidos de patentes, remanescerá a inconstitucionalidade do parágrafo único do art. 40. (g.n.)

Nesse ponto, transcrevemos trecho de parecer do ex-Ministro da Suprema Corte e Professor Emérito da Faculdade de Direito da Universidade de São Paulo, Eros Grau, que compilou os seguintes pontos fulcrais de questionamento da norma inconstitucional:

> (i) prolonga, injustificadamente, o privilégio de exploração exclusiva de produtos e processos industriais, em prejuízo de quantos possam concorrer como titulares da patente e, ainda, dos consumidores, beneficiários da livre concorrência nos mercados;
> (ii) impede que virtuais concorrentes do depositante do pedido de patente tenham conhecimento da data a partir da qual poderão explorar economicamente os produtos ou processos objeto da patente, o que compromete a calculabilidade e a previsibilidade indispensáveis à atuação dos agentes econômicos no mercado, vale dizer, certeza e segurança jurídica; e
> (iii) permite, viabiliza, incita comportamentos adversos à livre concorrência da parte de depositantes de pedidos de patente, comportamentos voltados, tanto quanto isso se torne possível, ao retardamento do processo de exame do pedido de patente conduzido pelo Poder Executivo; quanto mais lento for esse exame, mais extenso será o privilégio de utilização exclusiva dos produtos e processos patenteados" (doc. 6, fl. 13, grifos nossos).

Sem prejuízo, a previsão legal de dilação do prazo de vigência das patentes, constante do referido parágrafo único do artigo 40, não encontrava paralelo no Acordo TRIPS que deu ensejo à edição da Lei nº 9.796/96, tampouco guardava similitude com normas locais de países estrangeiros, tratando-se de verdadeira inovação do legislador brasileiro, sem precedentes em normativas estrangeiras.[6]

Convém registrar, por oportuno, que nos termos do artigo 44 da LPI, uma vez concedida a patente, o que se dá por meio de instrumento denominado carta-patente, surge para o titular o direito de obter indenização pela exploração indevida do invento patenteado, inclusive durante o período entre a publicação do pedido anteriormente depositado e a ulterior concessão da patente – regra geral, muitos anos mais tarde.

Desta forma, a par do vetusto texto do parágrafo único, do artigo 40, verifica-se que a Lei de Propriedade Industrial já continha previsão destinada, de certo modo, a compensar os efeitos da eventual mora na apreciação do pedido previamente, porquanto

---

6   Estudo de direito comparado, em parceria com o Grupo de Direito e Pobreza da Universidade de São Paulo (GDP/USP), revelou que a lei brasileira não encontrava paralelo no mundo e permitia monopólios sobre medicamentos que ultrapassavam 30 (trinta) anos, conforme referenciado às páginas 13-15 do v. acórdão da ADI nº 5.529/DF.

assegurada restará a indenização pela ocasional exploração irregular do objeto da patente, ocorrida em momento antecedente à concessão da respectiva carta.

Estabelecidos tais pontos de conflito da norma impugnada, assim é que, proposta a ADI nº 5.529/DF pelo então Excelentíssimo Procurador-Geral da República Rodrigo Janot, em 18.05.2016, sobreveio em 06.05.2021 a ulterior declaração à inconstitucionalidade do parágrafo único, do artigo 40, da Lei de Propriedade Industrial pelo Plenário do Supremo Tribunal Federal, sob a atenta relatoria do Excelentíssimo Ministro Dias Toffoli, por meio de minucioso acórdão de 439 (quatrocentas e trinta e nove) laudas, constituindo verdadeira obra de referência técnica sobre a matéria, em resultado por ampla maioria de votos, vencidos apenas dois dentre os onze integrantes do colegiado, Excelentíssimos Ministros Roberto Barroso e Luiz Fux, com publicação da respectiva ata de julgamento em 13.05.2021.

Haja vista a sensível repercussão econômica e social do julgamento, modulando os efeitos da respectiva declaração de inconstitucionalidade, o Tribunal, por maioria, conferiu-lhe efeitos *ex nunc*, a partir da publicação da ata de julgamento, de forma a se manter as extensões de prazo concedidas com base no preceito legal, mantendo, assim, a validade das patentes já concedidas e ainda vigentes em decorrência do aludido preceito.

Todavia, como será abordado no próximo capítulo, promovendo o devido cumprimento da função social da propriedade industrial, foram rigorosamente ressalvadas da modulação (i) as ações judiciais propostas até o dia 07 de abril de 2021, inclusive e (ii) as patentes que tenham sido concedidas com extensão de prazo relacionadas a produtos e processos farmacêuticos e a equipamentos e/ou materiais de uso em saúde, operando-se, em ambas as situações, o efeito *ex tunc*, o que resultará na perda das extensões de prazo concedidas com base no parágrafo único do art. 40 da LPI, respeitado o prazo de vigência da patente estabelecido no *caput* do art. 40 da Lei nº 9.279/96 e resguardados eventuais efeitos concretos já produzidos em decorrência da extensão de prazo das referidas patentes.[7]

Em suma, nos limites do objeto deste segundo capítulo, conclui-se que, a partir da declaração de inconstitucionalidade do parágrafo único do artigo 40 da LPI, posteriormente revogado por lei em sentido estrito editado pelo Poder Legislativo, o prazo de vigência das patentes de invenções consolidou-se no lapso improrrogável de 20 anos contados da data do depósito (observado o prazo de 15 anos para as patentes de modelos de utilidade), tornando regra única o prazo previsto no *caput* do correspondente

---

[7]   Íntegra da decisão que modulou os efeitos do julgamento da ADI nº 5.529/DF: "[O] Tribunal, por maioria, modulou os efeitos da decisão de declaração de inconstitucionalidade do parágrafo único do art. 40 da LPI, conferindo-se a ela efeitos *ex nunc*, a partir da publicação da ata deste julgamento, de forma a se manter as extensões de prazo concedidas com base no preceito legal, mantendo, assim, a validade das patentes já concedidas e ainda vigentes em decorrência do aludido preceito, ficando ressalvadas da modulação (i) as ações judiciais propostas até o dia 7 de abril de 2021, inclusive (data da concessão parcial da medida cautelar no presente processo) e (ii) as patentes que tenham sido concedidas com extensão de prazo relacionadas a produtos e processos farmacêuticos e a equipamentos e/ou materiais de uso em saúde, operando-se, em ambas as situações, o efeito *ex tunc*, o que resultará na perda das extensões de prazo concedidas com base no parágrafo único do art. 40 da LPI, respeitado o prazo de vigência da patente estabelecido no *caput* do art. 40 da Lei 9.279/1996 e resguardados eventuais efeitos concretos já produzidos em decorrência da extensão de prazo das referidas patentes. Tudo nos termos do voto do Relator, vencidos os Ministros Edson Fachin, Rosa Weber e Marco Aurélio. Os Ministros Roberto Barroso e Luiz Fux (Presidente) modulavam os efeitos da decisão em maior extensão. BRASIL. *Inteiro teor do acórdão da ADI 5.529/DF, com trecho de voto do Relator Ministro Dias Toffoli*. Disponível em: https://portal.stf.jus.br/processos/detalhe.asp?incidente=4984195. Acesso em: 07 jul. 2024.

artigo 40, excluída, definitivamente, a possibilidade de dilação da vigência, ainda que haja eventual prolongamento da apreciação do requerimento formulado junto ao INPI.

3 Função social da propriedade intelectual e direito fundamental à saúde como elementos de limitação ao direito às patentes farmacêuticas

De acordo com o artigo 5º, inciso XXIII da Constituição Federal, a propriedade atenderá à sua função social. Assim, por disposição constitucional expressa, propositadamente inscrita dentre o rol dos direitos fundamentais previstos no artigo 5º da Carta Magna, o particular poder de usar, gozar, dispor e reaver o bem objeto de propriedade, prerrogativa que assiste ao titular do direito, encontra-se obrigatoriamente condicionado ao atendimento dos interesses da coletividade, isto é, da sociedade.

Igualmente compreendido como direito fundamental, desta feita insculpido no rol dos direitos sociais arrolados no artigo 6º da CRFB, e mais adiante aprofundado no respectivo artigo 196, o direito à saúde há de ser a todos disponibilizado, sendo dever do Estado assegurá-lo mediante políticas sociais e econômicas que visem, dentre outras finalidades, *à redução do risco de doenças e ao acesso universal e igualitário às ações e serviços para sua promoção, proteção e recuperação.*[8]

Partindo da premissa de que as patentes são instrumentos de tutela do direito à propriedade industrial, tem-se por consequência lógica que tal direito também se encontra condicionado ao atendimento da respectiva função social, que, como visto, compreende a promoção dos direitos da coletividade, dentre os quais o direito fundamental social à saúde.

Dito de outra forma, o direito do titular da patente de invenções encontra-se adstrito ao cumprimento da finalidade social a que se destina o bem objeto de tutela, ou melhor, a prerrogativa de exploração econômica exclusiva temporária, garantida ao idealizador do invento, deve se harmonizar com os interesses coletivos direta ou reflexamente atingidos pela fruição da patente.

Por conseguinte, sopesada a amplíssima destinação coletiva dos produtos farmacêuticos em geral, consumidos diariamente por considerável fração da população global, movimentando anualmente bilhões de dólares,[9] a função social da propriedade intelectual dos fármacos, de forma específica, é *sensivelmente* relevante.

Ora, se vasto é o espectro de pessoas atingidas pela invenção farmacêutica tutelada pela correspondente patente, proporcionalmente mais oneroso há de ser o encargo relacionado ao cumprimento da função social da propriedade industrial correlata,

---

8   Dispõe o artigo 196, *caput,* da Constituição Federal, que *A saúde é direito de todos e dever do Estado, garantido mediante políticas sociais e econômicas que visem à redução do risco de doença e de outros agravos e ao acesso universal e igualitário às ações e serviços para sua promoção, proteção e recuperação.*

9   Em 2023, somente no Brasil, a indústria farmacêutica movimentou cerca de 190 bilhões de reais, conforme noticiado pelo jornal O Globo. Indústria farmacêutica movimenta R$190 bilhões em 2023. *Portal O Globo,* 12 mar. 2024. Disponível em: https://oglobo.globo.com/patrocinado/dino/noticia/2024/03/12/industria-farmaceutica-movimenta-r-190-bilhoes-em-2023.ghtml. Acesso em: 12 jul. 2024.
    Para além do Brasil, os números globais são ainda mais impressionantes: estima-se que, no mesmo ano de 2023, a cifra movimentada chegou a aproximados 1.6 trilhões de dólares, conforme publicação do site Statista.com. Revenue of the worldwide pharmaceutical market from 2001 to 2023. *Statista,* 22 maio 2024. Disponível em: https://www.statista.com/statistics/263102/pharmaceutical-market-worldwide-revenue-since-2001/#statisticContainer. Acesso em: 14 jul. 2024.

merecendo especial atenção dos operadores do direito responsáveis pela fiscalização da obrigação.

No julgamento da ADI nº 5.529/DF, tais peculiaridades da função social da propriedade industrial dos inventos farmacológicos foram sobrelevadas na fundamentação do acórdão, merecendo diversas referências ao longo da decisão, em especial um inteiro capítulo, intitulado Da violação da função social da propriedade intelectual (art. 5º, inciso XXIX, c/c o art. 170, inciso III, da CF), da livre concorrência e da defesa do consumidor (art. 170, incisos IV e V, da CF), além de especiais destaques no item 14 da respectiva ementa, *in verbis*:

> 14. A temporariedade da patente permite a harmonização da proteção à inventividade com o <u>cumprimento da função social da propriedade</u>, pois, apesar de resguardar os direitos dos autores de inventos ou modelos de utilidade por um período determinado, incentivando e remunerando os investimentos em inovação, garante ao restante da indústria e, em última análise, à sociedade, a possibilidade de se apropriar dos benefícios proporcionados pelos produtos da criatividade a partir da extinção dos privilégios de sua exploração.

Consoante se depreende das razões de decidir adotadas pela Suprema Corte, se, de um lado, o resguardo dos direitos de exploração econômica exclusiva dos inventos incentiva e remunera a pesquisa e inovação, fomentando o desenvolvimento científico e tecnológico, por outro lado, a temporariedade das patentes assegura o cumprimento da função social da propriedade, compreendida em sua acepção intelectual, possibilitando à coletividade o devido usufruto dos benefícios gerados pela criação inventiva.

Em termos práticos, a garantia do direito às patentes de medicamentos estimula os custosos investimentos da indústria farmacêutica na pesquisa aplicada à criação de novos remédios, assegurando a justa remuneração dos laboratórios pelas despesas empenhadas.

No entanto, o direito à exploração econômica deve se revestir de caráter estritamente temporário, sem que haja demasiado protraimento – como previa o inconstitucional e revogado parágrafo único do artigo 40 da LPI – sob pena de indevida oneração da sociedade, privada por longo prazo do justo acesso, por preços razoáveis, ao medicamento resultante da atividade inventiva.

Nesse sentido, a importância do cumprimento do requisito constitucional da temporalidade das patentes, expressamente prevista no art. 5º, inciso XXIX da Constituição Federal,[10] foi destacada na ementa do acórdão da ADI nº 5.529/DF, *verbi gratia*:

> 13. A temporalidade prevista no art. 5º, inciso XXIX, da CF/88 deve ser interpretada à luz do escopo da proteção patentária, que não se restringe a tutelar os interesses dos inventores/depositantes das patentes, garantindo, também, o usufruto do invento por toda a sociedade (i) a partir de regras claras e (ii) por prazo razoável. Portanto, a vantagem concorrencial concedida a autores de invenções ou modelos de utilidade deve ter vigência determinada e previsível, de forma que não apenas seus beneficiários, mas também os demais atores da indústria, possam aferir com exatidão a data do término da vigência da patente. Nesse

---

[10] A lei assegurará aos autores de inventos industriais <u>privilégio temporário</u> para sua utilização, bem como proteção às criações industriais, à propriedade das marcas, aos nomes de empresas e a outros signos distintivos, tendo em vista o interesse social e o desenvolvimento tecnológico e econômico do País (g.n.).

sentido, o dispositivo questionado não observa o quesito da temporariedade, pois, ao se vincular a vigência da patente à data de sua concessão, ou seja, indiretamente ao tempo de tramitação do respectivo processo no INPI, se indetermina o prazo de vigência do benefício, o que concorre para a extrapolação dos prazos previstos no caput do art. 40 da LPI e para a falta de objetividade e previsibilidade de todo o processo.

Tal condicionamento do privilégio de exploração econômica exclusiva do invento torna-se ainda mais impositivo ao se confrontar o direito à propriedade industrial com a garantia constitucional do direito à saúde, seja ela pública ou privada.

Como afirmado, nos termos do artigo 196 da Constituição Federal, cumpre ao Estado o dever de promover a saúde mediante políticas públicas que visem, dentre outros objetos, *o acesso universal e igualitário às ações e serviços para sua promoção, proteção e recuperação*.

Logo, afigurar-se-ia contrária à Constituição da República legislação que promovesse o excessivo prolongamento da vigência das patentes farmacêuticas em benefício exclusivo do detentor do autor do invento, circunstância que, em última análise, iria de encontro à norma programática constitucional de garantir o acesso amplo e igualitário aos produtos farmacológicos, descumprindo o obrigatório encargo da função social da propriedade intelectual.

Isso porque, conforme melhor se verá no capítulo seguinte, a vigência estendida das patentes farmacêuticas limitava a eficácia dos recursos públicos empenhados na promoção do direito à saúde, tornando mais onerosa a aquisição de medicamentos e insumos protegidos pelo benefício de exploração econômica exclusiva temporária decorrente da carta patente, encarecidos em razão do pagamento de elevados preços aos laboratórios responsáveis pela criação inventiva, únicos responsáveis pela comercialização do produto.

É dizer, em se tratando de medicamentos, o protraimento da quebra das patentes, adiando a entrada em domínio público das invenções da indústria farmacêutica, traduz-se em retardo do acesso ao mercado de genéricos, implicando manutenção prolongada de preços altos praticados pelos laboratórios detentores do privilégio exclusivo de exploração econômica, onerando, por conseguinte, políticas públicas de saúde e tornando mais custoso o acesso da população aos fármacos.

Necessário observar, em paralelo, que a dilação do prazo de vigência das patentes contraria a livre concorrência, um dos princípios da ordem econômica instituído pelo artigo 170, inciso IV, da Constituição Federal.

De fato, o prolongamento indeterminado do direito à exploração exclusiva dos inventos, como permitia o obsoleto parágrafo único do artigo 40 da LPI, que na prática, podia se arrastar por décadas, traduzia hipótese latente de abuso do poder econômico, violando a disposição constitucional do art. 173, §4º, da CRFB, de acordo com o qual "[A] lei reprimirá o abuso do poder econômico que vise à dominação dos mercados, à eliminação da concorrência e ao aumento arbitrário dos lucros".

Nesse sentido, a precisa remissão do item 15 da ementa do v. acórdão da ADI nº 5.529/DF:

15. O parágrafo único do art. 40 da LPI autoriza o <u>adiamento da entrada da concorrência no mercado e a permanência dos efeitos da exclusividade por prazo indeterminado e excessivo, proporcionando a dominação dos mercados, a eliminação da concorrência e o aumento arbitrário dos lucros</u>, aprofundando a desigualdade entre os agentes econômicos e transformando o que era justificável e razoável em inconstitucional, estando configurada, portanto, <u>ofensa à função social da propriedade intelectual</u> (art. 5º, inciso XXIX, c/c o art. 170, inciso III), <u>à livre concorrência</u> e à defesa do consumidor (art. 170, incisos IV e V). (g.n.)

A título de adendo, registre-se que a possibilidade de licenciamento compulsório das patentes, prevista nos artigos 71 e seguintes da Lei nº 9.279/96, representa importante instrumento de promoção da função social da propriedade intelectual, em especial no que se refere à indústria farmacêutica.

De acordo com a previsão legal em referência, reeditada no contexto da pandemia de Covid-19 pela Lei nº 14.200, de 02 de setembro de 2021, o Poder Público, em casos excepcionais de emergência ou calamidade, poderá determinar o licenciamento obrigatório de patentes, viabilizando a exploração do invento por terceiros, mediante pagamento de uma indenização ao detentor da patente, desde que o titular ou licenciado não atenda à necessidade transitória que lhe deu azo.

Ainda em linha com o cumprimento da função social das patentes, o artigo 71-A, introduzido na LPI pela mesma Lei nº 14.200/21, dispõe que "[p]oderá ser concedida, por razões humanitárias e nos termos de tratado internacional do qual a República Federativa do Brasil seja parte, licença compulsória de patentes de produtos destinados à exportação a países com insuficiente ou nenhuma capacidade de fabricação no setor farmacêutico para atendimento de sua população".

Expostas tais razões é que se chega, com bastante segurança, à conclusão antecipada no título do terceiro capítulo do presente artigo, que encerra a correlação de conceitos jurídicos intimamente ligados: o direito às patentes farmacêuticas, por se tratar de uma faceta do direito à propriedade, sob a espécie intelectual, subespécie industrial, encontra-se condicionado ao cumprimento da respectiva – e amplíssima – função social, e por tais razões é sobremaneira limitado.

Referida limitação, como visto, não se compatibilizava com o excessivo prolongamento do prazo de vigência das patentes, outrora assegurado pelo parágrafo único, do art. 40, da Lei de Propriedade Industrial, donde a declaração de inconstitucionalidade da norma em comento é merecedora de aplausos não só pela comunidade jurídica, mas principalmente pela sociedade civil, reflexamente beneficiada pelo fim do questionado privilégio.

4   A importância do julgamento da ADI nº 5.529/DF pelo Supremo Tribunal Federal

Prosseguindo no desenvolvimento da ideia introduzida no parágrafo conclusivo do capítulo anterior, há de se reconhecer a relevantíssima importância da declaração de inconstitucionalidade do parágrafo único, do art. 40, da Lei nº 9.279/96, sobretudo no contexto em que proclamada, em pleno auge da pandemia de Covid-19, em maio de 2021, configurando-se como um dos julgamentos do Supremo Tribunal Federal de maior repercussão econômica e social dos tempos recentes.

Os benefícios diretos e indiretos proporcionados pela extinção do prazo dilatado das patentes de inventos são os mais diversos, conforme alhures ponderado pela Corte Constitucional, porém, quando projetados sobre a esfera da saúde pública, ainda mais intensa se revela a manifestação dos respectivos efeitos.

Em primeiro lugar, e por óbvio, a facilitação do acesso aos medicamentos não mais sujeitos a infindáveis proteções patentárias, doravante passíveis de exploração econômica não exclusiva por laboratórios diversos, traduz-se em economia pública e privada, por proporcionar nítida redução do preço de produtos farmacológicos em geral – medicamentos e insumos destinados à saúde.

Com isso, otimiza-se o emprego dos recursos públicos destinados não só à aquisição da extensa lista de medicamentos disponibilizados gratuitamente à população pelo Sistema Único de Saúde,[11] mas também daqueles decorrentes de decisões judiciais ordenando o massivo custeio de fármacos não incorporados em atos normativos do poder público.

Ainda, por via reflexa se beneficiam os particulares em geral, com a sensível redução da conta habitualmente empenhada em gastos com medicamentos, que em alguns casos corresponde a significativa parcela do orçamento familiar, sobretudo quando se trata de idosos ou portadores de doenças crônicas.

No contexto da pandemia de Covid-19, a declaração de inconstitucionalidade do dispositivo, ocorrida em maio de 2021, logo após o primeiro pico histórico de mortes pela infecção do vírus,[12] em um dos momentos mais críticos da saúde pública brasileira, revelou-se ainda mais benéfica aos cofres públicos, tornando mais econômica a aquisição de medicamentos disponibilizados pelo Sistema Único de Saúde.

Nesse sentido, consta do v. acórdão da ADI nº 5.529/DF menção a estudo da Universidade Federal do Rio de Janeiro, citado pela Procuradoria Geral da República, autora da ação direta, que "[a]ponta prejuízo da ordem de mais de 1 bilhão de reais por ano aos cofres públicos pela compra de medicamentos que tiveram o prazo de proteção aos direitos dos autores estendido, bem como auditoria do TCU na qual que se indicaram prejuízos causados à coletividade decorrentes do dispositivo impugnado e se recomendou ao Congresso Nacional a revogação da norma".[13]

Ainda, de acordo com números levantados pela ABIA – Associação Brasileira Interdisciplinar de AIDS, primeiro *amicus curiae* a atuar no julgamento da ADI nº 5.529/ DF, representando o Grupo de Trabalho em Propriedade Intelectual (GTPI), estima-se que cerca de 3.435 (três mil, quatrocentos e trinta e cinco) patentes farmacêuticas que se encontravam em vigor perderam validade ou terão prazos de vigência drasticamente reduzidos com a declaração de inconstitucionalidade do parágrafo único do artigo 40 da LPI, dando margem à produção de medicamentos genéricos, em grande maioria

---

[11] A respeito, confira-se a Relação Nacional de Medicamentos Essenciais – RENAME, que apresenta os medicamentos oferecidos à população gratuitamente pelo Sistema Único de Saúde – SUS, disponível em: https://www.gov.br/saude/pt-br/composicao/sectics/rename. Acesso em: 20 jul. 2024.

[12] Gráficos históricos da evolução da pandemia no Brasil disponíveis em: https://covid.saude.gov.br/. Acesso em: 20 jul. 2024.

[13] Trecho do relatório do acórdão da ADI Nº 5.529/DF, p. 7, disponível em: www.stf.jus.br. Acesso em: 07 jul. 2024.

por laboratórios brasileiros, com consequente queda de preço dos fármacos outrora produzidos por laboratórios titulares das respectivas patentes, regra geral estrangeiros.[14]

Nesse ponto, comporta aclamações a rigorosa exceção da modulação dos efeitos da decisão da Suprema Corte no que se refere, especificamente, às patentes farmacêuticas.

Como referido no capítulo segundo deste artigo, em que pese a modulação geral da aludida declaração de inconstitucionalidade, que conferiu efeitos *ex nunc* a partir da publicação da ata do respectivo julgamento, isto é, sem retroagir a situações jurídicas previamente constituídas, mantendo as extensões de prazo concedidas com base no preceito legal e, por conseguinte, a validade das patentes já concedidas e ainda vigentes em decorrência do preceito impugnado, houve por bem a Corte Suprema asseverar que as patentes relacionadas a produtos e processos farmacêuticos e a equipamentos e/ou materiais de uso em saúde sofreriam os efeitos imediatos e retroativos (*ex tunc*) da decisão.[15]

Com isso, respeitado o prazo de vigência previsto na regra geral do *caput* do artigo 40, as patentes beneficiadas pela questionada extensão de prazo prevista no parágrafo único do dispositivo, quando referentes à indústria farmacêutica e a insumos sanitários, resguardados eventuais efeitos concretos já produzidos, foram imediatamente suprimidas, a partir da publicação da ata de julgamento, ocorrida em 13.05.2021.[16]

Vale observar, a eficácia do parágrafo único do art. 40 da LPI, no que se refere às patentes relacionadas a produtos e processos farmacêuticos e a equipamentos e/ou materiais de uso em saúde, já se encontrava suspensa desde a publicação da decisão antecipatória da tutela proferida pelo do Excelentíssimo Ministro Relator Dias Toffoli,

---

[14] De acordo com a publicação da ABIA, "Tais patentes envolvem pelo menos 15 (quinze) medicamentos de câncer, dos quais 8 já poderão ser imediatamente adquiridos em versão genérica, conforme disponibilidade; 10 medicamentos de Diabetes, dos quais 4 já podem ser comprados em versão genérica este ano e outros 3 a partir do ano que vem; e 5 medicamentos de HIV/Aids, dos quais 2 já podem ter queda de preço imediata e 3 a partir do ano que vem. Além disso, se torna possível a oferta de versões genéricas, ainda este ano, de medicamentos para: rinite alérgica, síndrome do intestino irritável, bexiga hiperativa, doença pulmonar obstrutiva crônica, artrite reumatoide e artrite psoriática. Todas essas condições de saúde somadas, afetam cerca de 118 milhões de pessoas, mais da metade da população brasileira. O impacto na saúde foi um elemento central na deliberação dos ministros, que consideraram a extensão do prazo uma medida abusiva, que gerava privilégios para grandes empresas farmacêuticas e prejuízos para o interesse público, para as políticas sociais e para a realização do direito constitucional à saúde" (STF define medicamentos mais acessíveis à população e grande economia para o SUS. *GTPI*, 13 maio 2021. Disponível em: https://deolhonaspatentes.org/stf-define-medicamentos-mais-acessiveis-a-populacao-e-grande-economia-para-o-sus/. Acesso em: 12 jul. 2024).

[15] Confira-se, a propósito, a íntegra da decisão que modulou os efeitos da declaração de inconstitucionalidade do parágrafo único do artigo 40 da LPI, reproduzida na nota de rodapé nº 7.

[16] Em emblemático caso concreto levado a julgamento da Suprema Corte a respeito do alcance da modulação dos efeitos da declaração de inconstitucionalidade do parágrafo único do artigo 40 da LPI, no que se refere às patentes farmacêuticas, em discussão envolvendo o laboratório nacional EMS e a indústria farmacêutica alemã Bayer, a 1ª Turma do Supremo Tribunal Federal ratificou, por unanimidade de votos, o descabimento da extensão das patentes de medicamentos além do prazo de 20 anos, contados desde a data do pedido. Em voto do Ministro Luiz Fux, destacou-se que a EMS poderia importar e produzir a versão genérica do anticoagulante *rivaroxabana* mesmo antes da publicação da ata de julgamento da Ação Direta de Inconstitucionalidade nº 5.529/DF. Noutras palavras, o Supremo reconheceu o direito do laboratório brasileiro de produzir o fármaco no período compreendido entre a data de expiração do prazo de 20 anos da patente, ocorrida em dezembro de 2020, e a data da publicação da ata de julgamento do *leading case*, em 13 de abril de 2021, porquanto já encontrava definitivamente extinto o direito da farmacêutica estrangeira à exploração econômica exclusiva da invenção. Confira-se, a respeito, RCL nº 59091/SP, número único STF 0073217-50.2023.1.00.0000, Relator Ministro Luiz Fux. Disponível em: https://portal.stf.jus.br/processos/detalhe.asp?incidente=6615262. Acesso em: 15. jul. 2024.

proferida em 08.04.2021, sem efeitos *ex tunc*, contudo, produzindo efeitos apenas partir daquela respectiva data.[17]

Feitas tais considerações a respeito dos benefícios à economia pública e à sociedade civil, para além da redução do custo de produtos da indústria farmacêutica em geral – que por si só já legitimaria o reconhecimento da inegável importância do julgamento da ADI nº 5.529/DF, tem-se ainda os anexos benefícios à livre concorrência, princípio basilar da ordem econômica constitucional, como visto na referência ao artigo 170 da CF/88.

Neste aspecto, bem sintetizado pelo Relator do v. acórdão da ação direta, eminente Ministro Dias Toffoli:

> [o] parágrafo único do art. 40 da LPI autoriza o adiamento da entrada da concorrência no mercado e a permanência dos efeitos da exclusividade por prazo indeterminado e excessivo, com sérios impactos sobre os preços dos produtos e, consequentemente, sobre o acesso dos consumidores a tais produtos. Assim, o prolongamento arbitrário do privilégio vem em prejuízo do mercado como um todo, proporcionando justamente o que a Constituição buscou reprimir, ou seja, a dominação dos mercados, a eliminação da concorrência e o aumento arbitrário dos lucros, aprofundando a desigualdade entre os agentes econômicos e transformando o que era justificável e razoável em inconstitucional. O direito de propriedade industrial, para ser exercido, deve ser considerado necessário e adequado para o fim a que se destina, sem incorrer em agressão ou nulificação dos demais preceitos constitucionais aplicáveis, como os princípios que regem a ordem econômica. Ocorre que, no caso presente, verifica-se contrariedade a tais princípios, notadamente à livre concorrência e à defesa do consumidor, pois o artigo questionado barra a atuação de agentes econômicos da indústria por prazo que se prolonga de forma incerta e imprevisível, permitindo uma proteção injustificadamente longa à propriedade industrial.[18]

Em suma, a polêmica declaração de inconstitucionalidade do parágrafo único do artigo 40 da Lei de Propriedade Industrial, proclamada na ADI nº 5.529/DF, não ilesa de duro confronto com interesses econômicos privados, manifestados ao longo da tramitação da ação direta, elenca-se dentre as mais emblemáticas e ousadas decisões proferidas pela Suprema Corte, porquanto ao promover o cumprimento da norma constitucional inscrita no artigo 5º, inciso XXIX,[19] da CRFB/88, conferindo caráter efetivamente temporário ao privilégio de utilização exclusiva dos inventos industriais, sem demasiados prolongamentos, assegurou a um só tempo a promoção de sensíveis garantias constitucionais fundamentais, notadamente o direito à saúde e

---

[17] Decisão liminar que deferiu em parte a antecipação da tutela requerida pela autora da ação direta, proferida em 7/4/2021 pelo Ministro Relator Dias Toffoli: "(...)Pelo exposto, defiro parcialmente o pedido de tutela provisória de urgência apresentado pela Procuradoria-Geral da República, *ad referendum* do Plenário, para suspender a eficácia do parágrafo único do art. 40 da Lei nº 9.279, de 14 de maio de 1996, somente no que se refere às patentes relacionadas a produtos e processos farmacêuticos e a equipamentos e/ou materiais de uso em saúde, com efeitos ex nunc, por se tratar de decisão liminar (art. 11 §1º, da Lei nº 9.868/1999). Dê-se ciência desta decisão à Presidência da Corte. Comunique-se. Publique-se. Brasília, 07 de abril de 2021". Disponível em: https://portal. stf.jus.br/processos/detalhe.asp?incidente=4984195. Acesso em: 15 jul. 2024.

[18] Inteiro teor do acórdão da ADI nº 5.529/DF, trecho de voto do Ministro Dias Toffoli, p. 64-65. Disponível em: https://portal.stf.jus.br/processos/detalhe.asp?incidente=4984195. Acesso em: 07 jul. 2024.

[19] XXIX – a lei assegurará aos autores de inventos industriais privilégio temporário para sua utilização, bem como proteção às criações industriais, à propriedade das marcas, aos nomes de empresas e a outros signos distintivos, tendo em vista o interesse social e o desenvolvimento tecnológico e econômico do País.

à livre concorrência, proporcionando benefícios diretos e reflexos à sociedade civil e à economia pública e privada.

5   Considerações finais

O Plenário de nossa Suprema Corte, sobrelevando que o questionado dispositivo legal tratado neste trabalho malferia a garantia do caráter meramente temporário do privilégio de exploração econômica exclusiva dos inventos industriais, insculpida no artigo 5º, inciso XXIX, da CRFB/88, houve por bem declarar a inconstitucionalidade da previsão normativa, modulando os efeitos da respectiva decisão, e ressalvando os efeitos para as patentes de produtos e processos farmacêuticos e equipamentos e/ou materiais de uso em saúde, em corajosa atuação que, promovendo o interesse público e coletivo, decretou a imediata extinção das correlatas patentes que vigoravam com prazo de vigência estendido.

Vale registrar que a proclamação da inconstitucionalidade da disposição legal em comento, que vigorou por aproximados 25 anos desde a edição original da Lei nº 9.279/96, deflagrou um movimento de amplo reconhecimento da contrariedade da norma ao ordenamento jurídico, culminando, poucos meses depois, na revogação do parágrafo único, do artigo 40, pelo próprio Poder Legislativo, operada por meio da Lei nº 14.195/21.

Desde então, com a supressão do prazo dilatado de vigência das patentes de inventos e modelos de utilidade, estabeleceu-se a regra única dos pertinentes prazos de 20 e 15 anos, sem exceções, conferindo plena eficácia ao requisito da temporariedade do privilégio, como desde o início quis o legislador constituinte, ao inserir o inciso XXIX no rol dos direitos fundamentais instituídos pelo artigo 5º da Carta Magna.

No entanto, um alerta há de ser feito. Embora o prazo da patente farmacêutica exista para que os inventores possam vender o produto sem concorrência, direito este que é constitucional como defendemos também neste trabalho, não se poderá admitir que o sistema, o regime jurídico de um país, tenha em seu emaranhado de regras espaços para artimanhas, armadilhas, para estender de forma ilegítima o tempo, a obstruir a produção de genéricos e de biossimilares que possam baratear os medicamentos em prol de todos.

Infelizmente há preocupantes notícias[20] de que o INPI não tem conseguido cumprir com os prazos legais dos processos administrativos e que há dezenas de ações, sendo três reclamações no Supremo Tribunal Federal, culpando o órgão federal pela ineficiência dos processos administrativos e, com isso, as farmacêuticas vem buscando prolongar os prazos das patentes. Não bastasse isso, há hodiernamente em trâmite mais de dez projetos de lei no Congresso Nacional objetivando alterar a Lei de Propriedade Industrial, dentre eles, um que permite à empresa solicitar patente e efetuar alterações no pedido até o requerimento do exame pelo INPI, regra que, caso aprovada, pode viabilizar na

---

[20]   Conforme dados extraídos do artigo de ARCURI, Reginaldo. Pesquisa e inovação no setor farmacêutico sob ameaça. *Correio Braziliense*, Opinião, 28 maio 20204. Disponível em: https://www.correiobraziliense.com.br/opiniao/2024/05/6865854-artigo-pesquisa-e-inovacao-no-setor-farmaceutico-sob-ameaca.html. Acesso em: 23 jul. 2024.

RICHARD PAE KIM, JOÃO PAULO DIAS RAMOS

PATENTES FARMACÊUTICAS E SUA LIMITAÇÃO TEMPORAL: A IMPORTÂNCIA DO JULGAMENTO DA ADI Nº 5.529/DF PELO SUPREMO TRIBUNAL FEDERAL | 1525

prática que haja um atraso na análise pelo órgão federal e, assim, conseguir maior prazo de exclusividade na comercialização de um medicamento.

Caso se concretize qualquer uma das referidas estratégias, perderá o consumidor, o cidadão e os entes que compõe o Sistema Único de Saúde, os maiores compradores dos medicamentos.

A vigília é necessária, a fim de que não haja retrocesso nos avanços alcançados.

Por derradeiro, registramos novamente que a presente obra, à toda evidência, é mais uma entre diversas e justas homenagens feitas a um magistrado que revela no bojo de suas equilibradas decisões o conteúdo máximo da Justiça. Ao verdadeiro juiz de toga, comprometido com as instituições, a democracia e a cidadania de cada um dos brasileiros e brasileiras, todo o nosso respeito.

Referências

ABRÃO, Eliane Yachouh. *Direitos de Autor e Direitos Conexos*. São Paulo: Editora do Brasil, 2002.

ARCURI, Reginaldo. Pesquisa e inovação no setor farmacêutico sob ameaça. *Correio Braziliense*, Opinião, 28 maio 20204. Disponível em: https://www.correiobraziliense.com.br/opiniao/2024/05/6865854-artigo-pesquisa-e-inovacao-no-setor-farmaceutico-sob-ameaca.html. Acesso em: 23 jul. 2024.

BATISTA, Cláudia Karina Ladeia; CALIL, Mário Lúcio Garcez. O direito fundamental de acesso a medicamentos e a função social da propriedade imaterial no Brasil. *Revista de Direito Sanitário*, São Paulo v. 17, n. 1, p. 106-121, mar./jun. 2016. Disponível em: https://doi.org/10.11606/issn.2316-9044.v17i1p106-121. Acesso em: 20 jul. 2024.

BRASIL. *Inteiro teor do acórdão da ADI 5.529/DF, com trecho de voto do Relator Ministro Dias Toffoli*. Disponível em: https://portal.stf.jus.br/processos/detalhe.asp?incidente=4984195. Acesso em: 07 jul. 2024.

CERQUEIRA GAMA, João da. *Tratado da Propriedade Industrial*. Rio de Janeiro: Lumen Juris, 2010. v. 1.

COELHO, Fábio Ulhoa. *Manual de Direito Comercial*. Direito de Empresa. 21. ed. São Paulo: Saraiva. 2009.

COMETTI, Marcelo Tadeu. *Manual de Direito Empresarial*. Salvador: Juspodivm, 2019. v. Único.

COTRIM, Bruno Almeida; CORRÊA, Alexandra Barbosa de Godoy; CALDAS, Diogo Oliveira Muniz. Evolução da Legislação Concernente às Patentes Farmacêuticas no Brasil. *Revista da EMERJ* – Escola de Magistratura do Estado do Rio de Janeiro, Rio de Janeiro, v. 24, n. 3, p. 27-52, set./dez. 2022. Disponível em: https://www.emerj.tjrj.jus.br/revistaemerj_online/edicoes/revista_v24_n3/revista_v24_n3_27.pdf. Acesso em: 20 jul. 2024.

DONANE, Jeremias Arone. Patentes farmacêuticas de medicamentos nos países de terceiro mundo: uma leitura a volta da Covid-19. *Revista do Ministério Público de Contas do Estado do Paraná*, v. 10, n. 18, p. 150-164, 2023. Disponível em: https://revista.mpc.pr.gov.br/index.php/RMPCPR/article/view/143. Acesso em: 20 jul. 2024.

GARCEZ Jr.; MOREIRA, Jane de Jesus da Silveira. O *blacklog* de patentes no Brasil: o direito à razoável duração do procedimento administrativo. *Revista Direito GV*, v. 13, n.1, jan./abr. 2017. Disponível em: https://periodicos.fgv.br/revdireitogv/article/view/68912/66505. Acesso em: 22 jul. 2024.

IDS – Instituto Dannemann Siemsen de Estudos de Propriedade Intelectual. *Comentários à lei de propriedade industrial*. Rio de Janeiro: Renovar, 2005.

MAGALHÃES, Vladimir Garcia. *Propriedade Intelectual*: Biotecnologia e Biodiversidade. São Paulo: Fiuza, 2011.

MARQUES, Marília Bernardes. Patentes farmacêuticas e acessibilidade aos medicamentos no Brasil. *História, Ciências, Saúde e Manguinhos*, v. 1, n. 7, 21 mar./jun. 2000.

NOGUÉS, J. Patents and pharmaceutical drugs: understanding the pressures and developing countries. *Journal of World Trade*, v. 24, n. 6, p. 81-104, 1990.

VIERA, Jair Lot. *Código de Propriedade Industrial e Legislação Complementar*. São Paulo: Edipro, 2003.

Informação bibliográfica deste texto, conforme a NBR 6023:2018 da Associação Brasileira de Normas Técnicas (ABNT):

KIM, Richard Pae; RAMOS, João Paulo Dias. Patentes farmacêuticas e sua limitação temporal: a importância do julgamento da ADI nº 5.529/DF pelo Supremo Tribunal Federal. *In*: MENDES, Gilmar Ferreira; LIRA, Daiane Nogueira de; FREIRE, Alexandre (coord.). *Constituição, democracia e diálogo*: 15 anos de Jurisdição Constitucional do Ministro Dias Toffoli. 2. ed. Belo Horizonte: Fórum, 2025. p. 1509-1526. ISBN 978-65-5518-937-7.

CONTRIBUTOS DO MINISTRO DIAS TOFFOLI À DOGMÁTICA DA COLABORAÇÃO PREMIADA

RODRIGO CAPEZ

Introdução

O Ministro Dias Toffoli, de quem tive a honra de ser juiz instrutor e juiz auxiliar no Supremo Tribunal Federal e no Conselho Nacional de Justiça por seis luminares anos de grande aprendizado, e de quem tive a satisfação de ser contemporâneo nos bancos acadêmicos da Faculdade de Direito do Largo de São Francisco, a par de sua reconhecida trajetória no Direito Público, em que se destacou, antes do seu ingresso no Supremo Tribunal Federal, por sua atuação, v.g., na Justiça Eleitoral e na chefia da Advocacia-Geral da União, é um grande civilista, cujas origens deitam raízes nas aulas e na obra do eterno professor titular de Direito Civil das Arcadas, Antonio Junqueira de Azevedo, de quem o Ministro teve a felicidade de ser aluno.

Sua sólida formação civilista pode ser constatada, dentre outros, no voto condutor do acórdão proferido no Recurso Extraordinário nº 363.889, de sua relatoria, julgado em 02.06.11 pelo Pleno do Supremo Tribunal Federal, tendo como objeto, na seara do Direito de Família, o direito fundamental ao conhecimento da paternidade genética.[1]

O presente artigo tem por objeto os contributos do Ministro Dias Toffoli, por intermédio de votos proferidos em *habeas corpus*, ação direta de inconstitucionalidade, petição e inquéritos, à dogmática da colaboração premiada, dentre eles, de modo paradigmático, a análise do instituto sob a óptica da teoria do negócio jurídico, do professor Antonio Junqueira de Azevedo, notadamente à luz dos planos da existência, validade e eficácia.

---

[1] Para uma análise aprofundada do voto condutor do RE n º363.889, Pleno, Relator o Ministro Dias Toffoli, DJe de 16.12.11, *vide* RODRIGUES JÚNIOR, Otávio Luiz. Dignidade humana e direito privado contemporâneo a contribuição metodológica do Recurso Extraordinário nº 363.889. *In*: MORAES, Alexandre de; MENDONÇA, André Luiz de Almeida (Coord.). *Democracia e sistema de justiça*: obra em homenagem aos 10 anos do Ministro Dias Toffoli no Supremo Tribunal Federal. Belo Horizonte: Fórum, 2020. p. 485-497.

1 Leading case: Habeas Corpus nº 127.483/PR

O *Habeas Corpus* nº 127.483/PR, relator o Ministro Dias Toffoli, j. 27.08.15, DJe de 03.02.16, é o *leading case* do Plenário do Supremo Tribunal Federal a respeito da colaboração premiada prevista na Lei nº 12.850/13, no qual temas de grande relevância foram enfrentados, como, dentre outros, a natureza jurídica da colaboração premiada, o direito subjetivo do colaborador à sanção premial, o acordo sobre efeitos extrapenais de natureza patrimonial da condenação e a impossibilidade de o delatado impugnar o acordo de colaboração.

Como destacado pelo Ministro Celso de Mello no julgamento da PET nº 7.074/DF-QO, Pleno, Relator o Ministro Edson Fachin, j. 29.06.17, DJe de 03.05.18, o HC nº 127.483/PR "constitui *precedente de consulta necessária*".

1.1 Natureza jurídica da colaboração premiada: negócio jurídico processual e meio de obtenção de prova

O Supremo Tribunal Federal, no HC nº 127.483/PR, relator o Ministro Dias Toffoli, assentou que o acordo de colaboração premiada

> enquadra-se na categoria negócio jurídico processual, uma vez que o seu objeto é a cooperação do imputado para a investigação e para o processo criminal, atividade de natureza processual, ainda que se agregue a esse negócio jurídico o efeito substancial (de direito material) concernente à sanção premial a ser atribuída a essa colaboração.

Evidenciando tratar-se de um negócio jurídico processual, a lei de regência da colaboração premiada, em sua primitiva redação, referia-se a um "acordo de colaboração" e às "negociações" para sua formalização (art. 4º, §6º, da Lei nº 12.850/13).

A robustecer esse entendimento, o denominado Pacote Anticrime (Lei nº 13.964/19), em face exatamente do quanto assentado pelo Supremo Tribunal Federal no HC nº 127.483/PR, incluiu na Lei nº 12.850/13 o art. 3º-A, para estabelecer que "o acordo de colaboração premiada é negócio jurídico processual e meio de obtenção de prova, que pressupõe utilidade e interesse públicos".

O voto condutor do HC nº 127.483/PR, com base em Antonio Junqueira de Azevedo,[2] estabeleceu que

> o exame do negócio jurídico deve ser feito em três planos sucessivos: i) da existência, pela análise de seus elementos, a fim de se verificar se o negócio é existente ou inexistente; ii) da validade, pela análise de seus requisitos, a fim de se verificar se o negócio existente é válido ou inválido (subdividido em nulo e anulável; e iii) da eficácia, pela análise de seus fatores, a fim de se verificar se o negócio existente e válido é eficaz ou ineficaz em sentido estrito.

E prossegue:

> Ao tratar do plano da existência, o saudoso Mestre da "velha e sempre nova Academia de Direito" do Largo de São Francisco aduz que

---

[2] AZEVEDO, Antonio Junqueira de. *Negócio jurídico*: existência, validade e eficácia. 4. ed. atual. de acordo com o novo Código Civil (Lei nº 10.406, de 10/1/02). São Paulo: Saraiva, 2002.

"[e]lemento do negócio jurídico é tudo aquilo que lhe dá existência no campo do direito. Classificam-se, conforme o tipo de abstração, em elementos gerais, isto é, próprios de todo e qualquer negócio jurídico; categoriais, isto é, próprios de cada tipo de negócio; e particulares, isto é, existentes, sem serem gerais ou categoriais, em determinado negócio. Os elementos gerais subdividem-se em intrínsecos (ou constitutivos), que são a forma, o objeto e as circunstâncias negociais, e extrínsecos, que são o agente, o lugar e o tempo do negócio. Os categoriais subdividem-se em inderrogáveis (ou essenciais) e derrogáveis (ou naturais); os primeiros definem o tipo de negócio e os segundos apenas defluem de sua natureza, sem serem essenciais à sua estrutura (...)" (*op. cit.*, p. 31-40).

Por sua vez, validade é

(...) a qualidade que o negócio deve ter ao entrar no mundo jurídico, consistente em estar de acordo com as regras jurídicas ('ser regular'). Validade, é, pois, como o sufixo da palavra indica, qualidade de um negócio existente. "Válido" é adjetivo com que se qualifica o negócio jurídico formado de acordo com as regras jurídicas (Antonio Junqueira de Azevedo, *op. cit.*, p. 42).

Assim, requisitos de validade são as qualidades que os elementos do negócio jurídico devem ter para que esse seja válido.

"Por isso mesmo, se o negócio jurídico é declaração de vontade e se os elementos gerais intrínsecos, ou constitutivos, são essa mesma declaração tresdobrada em objeto, forma e circunstâncias negociais, e se os requisitos são qualidades dos elementos, temos que: a declaração de vontade, tomada principalmente como um todo, deverá ser: a) resultante de um processo volitivo; b) querida com plena consciência da realidade; c) escolhida com liberdade; d) deliberada sem má-fé (se não for assim, o negócio poderá ser nulo, por exemplo, no primeiro caso, por coação absoluta, ou falta de seriedade; anulável por erro ou dolo, no segundo; por coação relativa, no terceiro; e por simulação, no quarto). O objeto deverá ser lícito, possível e determinado ou determinável; e a forma, ou será livre, porque a lei nenhum requisito nela exige, ou deverá ser conforme a prescrição legal. Quanto às circunstâncias negociais, não têm requisitos exclusivamente seus, já que elas são o elemento caracterizador da essência do próprio negócio, são aquele quid que qualifica uma manifestação, transformando-a em declaração.

Quanto aos elementos gerais extrínsecos, temos que: a) o agente deverá ser capaz e, em geral, legitimado para o negócio; b) o tempo, se o ordenamento impuser que o negócio se faça em um determinado momento, quer essa determinação seja em termos absolutos, quer seja em termos relativos (isto é, por relação a outro ato ou fato), deverá ser o tempo útil; e c) o lugar, se, excepcionalmente, tiver algum requisito, há de ser o lugar apropriado" (*idem*, p. 42-43).

Finalmente,

"[o] terceiro e último plano em que a mente humana deve projetar o negócio jurídico para examiná-lo é o plano da eficácia. Nesse plano, não se trata, naturalmente, de toda e qualquer possível eficácia prática do negócio, mas sim, tão só, da sua eficácia jurídica e, especialmente, da sua eficácia própria ou típica, isto é, da eficácia referente aos efeitos manifestados como queridos" (...)

De fato, muitos negócios, para a produção de seus efeitos, necessitam dos fatores de eficácia, entendida a palavra fatores como algo extrínseco ao negócio, algo que dele não participa, que não o integra, mas contribui para a obtenção do resultado visado.

Em arremate, o voto condutor do HC nº 127.483/PR assentou que, "embora essa doutrina se refira ao negócio jurídico privado, sua lição é inteiramente aplicável ao negócio jurídico processual da colaboração premiada".

No caso específico da colaboração premiada, o voto condutor do acórdão aduziu que, "uma vez aceita por uma das partes a proposta formulada pela outra, forma-se o acordo de colaboração, que, ao ser formalizado por escrito, passa a existir (plano da existência)".

Para o Relator, não se confundem "proposta" e "acordo", uma vez que a primeira é retratável (art. 4º, §10, da Lei nº 12.850/13), mas não o segundo. Caso o colaborador desista de cumprir seus termos, não se cuidará de retratação, "mas de simples inexecução de um negócio jurídico perfeito".

De maneira inédita, o Ministro Dias Toffoli escrutinou os dispositivos legais que disciplinam o acordo de colaboração premiada sob os planos da existência, da validade e da eficácia do negócio jurídico.

Os elementos de existência do acordo de colaboração premiada, segundo o Relator, estão previstos no art. 6º, da Lei nº 12.850/13:

> O acordo deverá ser feito por escrito e conter: i) o relato da colaboração e seus possíveis resultados; ii) as condições da proposta do Ministério Público ou do delegado de polícia; iii) a declaração de aceitação do colaborador e de seu defensor; e iv) as assinaturas do representante do Ministério Público ou do delegado de polícia, do colaborador e de seu defensor.

Quanto à "especificação das medidas de proteção ao colaborador e à sua família" (art. 6º, V, da lei de regência), concluiu-se que "constitui um elemento particular eventual, uma vez que o acordo somente disporá sobre tais medidas 'quando necessário'".

Quanto ao plano subsequente da validade, o Supremo Tribunal Federal entendeu que

> o acordo de colaboração somente será válido se: i) a declaração de vontade do colaborador for a) resultante de um processo volitivo; b) querida com plena consciência da realidade; c) escolhida com liberdade e d) deliberada sem má-fé; e ii) o seu objeto for lícito, possível e determinado ou determinável.

O próprio art. 4º, *caput* e seu §7º, da Lei nº 12.850/13 estabelece, como requisitos de validade do acordo, a voluntariedade do agente, a regularidade e a sua legalidade.

Destacou-se, no voto condutor do HC nº 127.483/PR,

> que requisito de validade do acordo é a liberdade psíquica do agente, e não a sua liberdade de locomoção.
> A declaração de vontade do agente deve ser produto de uma escolha com liberdade (= liberdade psíquica), e não necessariamente em liberdade, no sentido de liberdade física.

Para a Suprema Corte, fator determinante para a colaboração premiada é a ausência de coação, pouco importando que o colaborador esteja preso ou solto, uma vez que "entendimento em sentido contrário importaria em negar injustamente ao preso a possibilidade de firmar acordo de colaboração e de obter sanções premiais por seu cumprimento, em manifesta vulneração ao princípio da isonomia".

Finalmente, superados os planos da existência e da validade, a teor do HC nº 127.483/PR, chega-se ao plano da eficácia: "o acordo existente e válido somente será eficaz se for submetido à homologação judicial (art. 4º, §7º, da Lei nº 12.850/13)".

Para o Supremo Tribunal Federal, esse

provimento interlocutório, que não julga o mérito da pretensão acusatória, mas sim resolve uma questão incidente, tem natureza meramente homologatória, limitando-se a se pronunciar sobre a 'regularidade, legalidade e voluntariedade' do acordo (art. 4º, §7º, da Lei nº 12.850/13).

Nessa atividade de delibação, o juiz, no entendimento da Suprema Corte, "não emite nenhum juízo de valor a respeito das declarações eventualmente já prestadas pelo colaborador à autoridade policial ou ao Ministério Público, tampouco confere o signo da idoneidade a seus depoimentos posteriores".

A homologação, portanto, não implica que o juiz tenha admitido como idôneas as declarações do colaborador, e "constitui simples fator de atribuição de eficácia do acordo de colaboração. Sem essa homologação, o acordo, embora possa existir e ser válido, não será eficaz, ou seja, não se produzirão os efeitos jurídicos diretamente visados pelas partes".

Por fim, registrou o voto condutor do acórdão que,

havendo um acordo de colaboração existente, válido e eficaz, nos termos do art. 4º, I a V, da Lei nº 12.850/13, a aplicação da sanção premial nele prevista dependerá do efetivo cumprimento pelo colaborador das obrigações por ele assumidas, com a produção de um ou mais dos seguintes resultados: a) identificação dos demais coautores e partícipes da organização criminosa e das infrações penais por eles praticadas; b) revelação da estrutura hierárquica e da divisão de tarefas da organização criminosa; c) prevenção de infrações penais decorrentes das atividades da organização criminosa; d) recuperação total ou parcial do produto ou do proveito das infrações penais praticadas pela organização criminosa; e) localização de eventual vítima com a sua integridade física preservada.

Caso não se alcance nenhum desses resultados, "restará demonstrado o inadimplemento do acordo por parte do colaborador, e não se produzirá a consequência por ele almejada (aplicação da sanção premial)".

Além de negócio jurídico processual, a colaboração premiada, na exata dicção legal (art. 3º, I, da Lei nº 12.850/13), é considerada meio de obtenção de prova, assim como, v.g., a busca e apreensão, a interceptação de comunicações telefônicas e o afastamento dos sigilos bancário e fiscal.

O Supremo Tribunal Federal, no HC nº 127.483/PR, distinguiu os meios de prova (*mezzi di prova*) dos meios de pesquisa de prova (*mezzi di ricerca della prova*), aduzindo que, enquanto os primeiros são diretamente utilizáveis para a formação do convencimento judicial a respeito da veracidade ou não de um fato (tais como o testemunho, a perícia, o documento), os meios de obtenção de prova não constituem, por si sós, fonte de convencimento judicial, destinando-se à aquisição de elementos ou fontes de prova que poderão, estes sim, servir à reconstrução histórica dos fatos.

Para o voto condutor do acórdão, "o acordo de colaboração não se confunde com os depoimentos prestados pelo agente colaborador", haja vista que, "enquanto o acordo de colaboração é meio de obtenção de prova, os depoimentos propriamente ditos do colaborador constituem meio de prova, que somente se mostrarão hábeis à formação do convencimento judicial se vierem a ser corroborados por outros meios idôneos de prova".

1.2 Direito subjetivo do colaborador à sanção premial

O Supremo Tribunal Federal, no HC nº 99.736/DF, Primeira Turma, Relator o Ministro Ayres Britto, DJe de 21.05.10, ao tratar do instituto da delação premiada previsto no art. 14 da Lei nº 9.807/99, decidiu que constitui conduta desleal do Estado negar-se ao delator a sanção premial a que faria jus, em ofensa ao princípio da moralidade previsto no art. 37, *caput*, da Constituição Federal.

Esse direito subjetivo do colaborador às sanções premiais acordadas, caso a colaboração seja efetiva e produza os resultados almejados, voltou a ser reconhecido pelo Ministro Dias Toffoli, Relator do HC nº 127.483/PR, que expressamente invocou aquele precedente.

Anotou o Relator, em seu voto, que "a justiciabilidade, ou seja, sua exigibilidade judicial, é a nota característica do direito subjetivo", de acordo com Martin Borowski.[3]
Assentou ainda que

> os princípios da segurança jurídica e da proteção da confiança tornam indeclinável o dever estatal de honrar o compromisso assumido no acordo de colaboração, concedendo a sanção premial estipulada, legítima contraprestação ao adimplemento da obrigação por parte do colaborador.

Assim, para o voto condutor do acórdão, por força de seu direito subjetivo à sanção premial, o colaborador, para exigir o adimplemento da obrigação estatal, pode recorrer da sentença que não a aplicar ou que vier a fazê-lo em desconformidade com o acordo judicialmente homologado.

Para que esse direito subjetivo possa ser exercido, convém relembrarmos que, como requisito de validade do acordo de colaboração, o seu objeto deve ser "lícito, possível e determinado ou determinável".

Dessa feita, a determinação ou determinabilidade do objeto do acordo é de extrema relevância não apenas por se tratar de um requisito de validade, como também para possibilitar a sua correta execução.

Para a perfeita compreensão da natureza e da extensão da sanção premial acordada, é mister que, tanto quanto possível, as cláusulas que a disciplinem não suscitem dúvidas.

Cabe ao juiz, portanto, antes de homologar o acordo de colaboração, no controle de sua legalidade e regularidade, determinar, se o caso, o seu aditamento para sanar omissões, contradições ou ambiguidades, de modo a evitar que, futuramente, por ocasião da sentença, constituam a gênese de aporias e perplexidades.

Importante ressaltar que o direito subjetivo do colaborador à outorga da sanção premial foi reafirmado pelo Plenário do Supremo Tribunal Federal, com larga invocação do HC nº 127.483/PR, no julgamento da PET nº 7.074/DF-QO, Pleno, Relator o Ministro Edson Fachin, j. 29.06.17, DJe de 03.05.18.

---

[3] BOROWSKI, Martin. *La estructura de los derechos fundamentales*. Trad. Carlos Bernal Pulido. Bogotá: Universidad Externado de Colombia, 2003. p. 40-47 e 119-120.

1.3 Acordo de colaboração e efeitos extrapenais de natureza patrimonial da condenação

Nos termos do art. 91, II, "b", do Código Penal, constitui efeito da condenação a perda, em favor da União, ressalvado o direito do lesado ou terceiro de boa-fé, do produto do crime ou de qualquer bem ou valor que constitua proveito auferido pelo agente com a prática do fato criminoso.

Também o art. 7º, I, da Lei nº 9.613/98, estabelece a perda, em favor da União – e dos Estados, nos casos de competência da Justiça Estadual –, de todos os bens, direitos e valores relacionados, direta ou indiretamente, à prática dos crimes de lavagem ou ocultação de bens, direitos e valores, inclusive aqueles utilizados para prestar a fiança, ressalvado o direito do lesado ou de terceiro de boa-fé.

Com base nesses dispositivos legais e no art. 4º da Lei nº 12.850/13, que prevê, como sanções premiais, apenas o perdão judicial, a redução em até 2/3 (dois terços) da pena privativa de liberdade ou a sua substituição por restritiva de direitos, sem qualquer referência aos possíveis efeitos da condenação, observou-se no HC nº 127.483/PR que, segundo parte da doutrina, em razão do princípio da legalidade, o acordo não pode dispor aquelas questões patrimoniais.[4]

O voto condutor do HC nº 127.483/PR, todavia, reputou válidas as cláusulas de acordo de colaboração relacionadas ao proveito auferido pelo colaborador com a prática dos crimes a ele imputados.

Para o Ministro Dias Toffoli,

[a] Convenção das Nações Unidas contra o Crime Organizado Transnacional (Convenção de Palermo), aprovada pelo Congresso Nacional pelo Decreto Legislativo nº 231/03 e incorporada ao ordenamento jurídico brasileiro pelo Decreto nº 5.015, de 12 de março de 2004, expressamente admite que os seus signatários adotem 'as medidas adequadas' para que integrantes de organizações criminosas colaborem para o desvendamento de sua estrutura e a identificação de coautores e partícipes.[5]

Dentre essas "medidas adequadas", aduziu o Relator que se insere expressamente a redução de pena para o delator "que coopere de forma substancial na investigação ou no julgamento dos autores de uma infração prevista na presente Convenção".

---

[4]   PEREIRA, Frederico Valdez. *Delação Premiada* – legitimidade e procedimento. 3. ed. São Paulo: Juruá, 2016. p. 140-141. Esse autor admite aquela possibilidade apenas nos casos de perdão judicial, tendo em vista a natureza declaratória da sentença que o concede.

[5]   Convenção das Nações Unidas contra o Crime Organizado Transnacional (Convenção de Palermo), artigo 26. Medidas para intensificar a cooperação com as autoridades competentes para a aplicação da lei. 1. Cada Estado Parte tomará as medidas adequadas para encorajar as pessoas que participem ou tenham participado em grupos criminosos organizados: a) A fornecerem informações úteis às autoridades competentes para efeitos de investigação e produção de provas, nomeadamente: i) A identidade, natureza, composição, estrutura, localização ou atividades dos grupos criminosos organizados; ii) As conexões, inclusive conexões internacionais, com outros grupos criminosos organizados; iii) As infrações que os grupos criminosos organizados praticaram ou poderão vir a praticar; b) A prestarem ajuda efetiva e concreta às autoridades competentes, susceptível de contribuir para privar os grupos criminosos organizados dos seus recursos ou do produto do crime. 2. Cada Estado Parte poderá considerar a possibilidade, nos casos pertinentes, de reduzir a pena de que é passível um arguido que coopere de forma substancial na investigação ou no julgamento dos autores de uma infração prevista na presente Convenção.

A seu ver,

[t]ambém a Convenção das Nações Unidas Contra a Corrupção (Convenção de Mérida), aprovada pelo Congresso Nacional pelo Decreto Legislativo nº 348/05 e incorporada ao ordenamento jurídico brasileiro pelo Decreto nº 5.687, de 31 de janeiro de 2006, estabelece, em seu art. 37.2, que "[c]ada Estado Parte considerará a possibilidade de prever, em casos apropriados, a mitigação de pena de toda pessoa acusada que preste cooperação substancial à investigação ou ao indiciamento dos delitos qualificados de acordo com a presente Convenção".

Apesar de o confisco não constituir propriamente uma pena acessória, mas sim um efeito extrapenal da condenação (art. 91, II, "b", do Código Penal), o Relator do HC nº 127.483/PR, "a partir de uma interpretação teleológica das expressões 'redução de pena', prevista na Convenção de Palermo, e 'mitigação de pena', prevista na Convenção de Mérida", concluiu que elas compreendem, "enquanto abrandamento das consequências do crime, não apenas a sanção penal propriamente dita, como também aquele efeito extrapenal da condenação".

Logo, "havendo previsão em Convenções firmadas pelo Brasil para que sejam adotadas 'as medidas adequadas para encorajar' formas de colaboração premiada, tais como a redução ou mitigação da pena (no sentido de abrandamento das consequências do crime)", o Relator do HC nº 127.483/PR reputou lícito que o acordo de colaboração disponha sobre o destino de bens adquiridos com o produto da infração pelo colaborador, em seu nome ou de interposta pessoa, dentre as sanções premiais a que fará jus.

De acordo com o voto condutor do acórdão,

se a colaboração exitosa pode afastar ou mitigar a aplicação da própria pena cominada ao crime (respectivamente, pelo perdão judicial ou pela redução de pena corporal ou sua substituição por restritiva de direitos), a fortiori, não há nenhum óbice a que também possa mitigar os efeitos extrapenais de natureza patrimonial da condenação, como o confisco 'do produto do crime ou de qualquer bem ou valor que constitua proveito auferido pelo agente com a prática do fato criminoso' (art. 91, II, b, do Código Penal), e de todos os bens, direitos e valores relacionados, direta ou indiretamente, à prática dos crimes de lavagem ou ocultação de bens, direitos e valores (art. 7º, I, da Lei nº 9.613/98).
Ademais, se a colaboração frutífera também pode conduzir ao não oferecimento da denúncia (art. 4º, §4º, Lei nº 12.850/13) e, por via de consequência, à impossibilidade de perda patrimonial como efeito da condenação, nada obsta que determinados bens do colaborador possam ser imunizados contra esse efeito no acordo de colaboração, no caso de uma sentença condenatória.

Em suma, concluiu o Relator não ser "desarrazoado que o Estado-Administração, representado pelo titular da ação penal pública, possa dispor, no acordo de colaboração, sobre questões de natureza patrimonial, ressalvado o direito de terceiros de boa-fé".

1.4 Impossibilidade de o delatado impugnar o acordo de colaboração

O Supremo Tribunal Federal, no HC nº 127.483/PR, relator o Ministro Dias Toffoli, j. 27.08.15, DJe de 03.02.16, decidiu que,

[p]or se tratar de um negócio jurídico processual personalíssimo, o acordo de colaboração premiada não pode ser impugnado por coautores ou partícipes do colaborador na organização criminosa e nas infrações penais por ela praticadas, ainda que venham a ser expressamente nominados no respectivo instrumento quando do "relato da colaboração e seus possíveis resultados" (art. 6º, I, da Lei nº 12.850/13).

Entendeu-se que o acordo de colaboração,

como negócio jurídico personalíssimo, não vincula o delatado e não atinge diretamente sua esfera jurídica: *res inter alios acta*. Sua finalidade precípua a aplicação da sanção premial ao colaborador, com base nos resultados concretos que trouxer para a investigação e o processo criminal.

Para o Supremo Tribunal Federal,

a homologação do acordo de colaboração, por si só, não produz nenhum efeito na esfera jurídica do delatado, uma vez que não é o acordo propriamente dito que poderá atingi-la, mas sim as imputações constantes dos depoimentos do colaborador ou as medidas restritivas de direitos fundamentais que vierem a ser adotadas com base nesses depoimentos e nas provas por ele indicadas ou apresentadas – o que, aliás, poderia ocorrer antes, ou mesmo independentemente, de um acordo de colaboração.

Tanto isso é verdade que o direito do imputado colaborador às sanções premiais decorrentes da delação premiada prevista no art. 14 da Lei nº 9.807/99; no art. 1º, §5º, da Lei nº 9.613/98 (Lavagem de Dinheiro); no art. 159, §4º, do Código Penal, na redação dada pela Lei nº 9.269/96 (extorsão mediante sequestro); no art. 25, §2º, da Lei nº 7.492/86 e no art. 41 da Lei nº 11.343/06 (Lei de Drogas), independe da existência de um acordo formal homologado judicialmente.

Ao disciplinarem a delação premiada, esses outros diplomas legais reputam suficiente, para a aplicação das sanções premiais, a colaboração efetiva do agente para a apuração das infrações penais, identificação de coautores ou partícipes, localização de bens, direitos ou valores auferidos com a prática do crime ou libertação da vítima, a demonstrar, mais uma vez, que não é o acordo propriamente dito que atinge a esfera jurídica de terceiros.

De toda sorte, o Supremo Tribunal Federal, no HC nº 127.483/PR, reconheceu aos delatados a legitimidade para

confrontar, em juízo, as afirmações sobre fatos relevantes feitas pelo colaborador e as provas por ele indicadas, bem como para impugnar, a qualquer tempo, as medidas restritivas de direitos fundamentais eventualmente adotadas em seu desfavor com base naquelas declarações e provas, inclusive sustentando sua inidoneidade para servir de plataforma indiciária para a decretação daquelas medidas – mas não, repita-se, para impugnar os termos do acordo de colaboração feito por terceiro.

Concluiu-se, ainda, que "negar-se ao delatado o direito de impugnar o acordo de colaboração não implica desproteção a seus interesses", uma vez que, além de poder confrontar, nos procedimentos em que figurar como imputado, as declarações do colaborador e as provas com base nelas obtidas, nenhuma sentença condenatória poderá ser proferida com base apenas nessas declarações (art. 4º, §16, Lei nº 12.850/13).

Para a Suprema Corte,

[n]ão resta dúvida de que o delatado, no exercício do contraditório, terá o direito de inquirir o colaborador, seja na audiência de interrogatório, seja em audiência especificamente designada para esse fim.

Assegura-se, dessa forma, a "paridade de armas" entre o delatado e o órgão acusador, entendida como "o indispensável *equilíbrio* que deve existir entre as oportunidades concedidas às partes para que, ao apresentar suas provas e alegações ao juiz ou tribunal, não seja colocado em desvantagem em relação à parte contrária" (GOMES FILHO, Antonio Magalhães. *A motivação das decisões penais*. 2. ed. São Paulo: Revista dos Tribunais, 2013. p. 36).

A propósito, a impossibilidade de o delatado impugnar o acordo de colaboração feito por terceiro foi reconhecida por unanimidade no julgamento do Supremo Tribunal Federal que denegou a ordem no HC nº 127.483/PR, impetrado contra ato do Ministro Teori Zavascki, Relator da PET nº 5.244/DF, que havia homologado o termo de colaboração premiada de Alberto Youssef.

Esse entendimento, posteriormente, foi revisitado pela Segunda Turma do Supremo Tribunal Federal, no julgamento do HC nº 142.205/PR, Relator o Ministro Gilmar Mendes, j. 25.08.20, DJe de 1º.10.20, onde se assinalou que

[a] lógica civilista deve ser lida com cautelas na esfera penal. Ao mesmo tempo, o acordo de colaboração premiada é um meio de obtenção de provas, de investigação, em que o Estado se compromete a conceder benefícios a imputado por um fato criminoso, com o objetivo de incentivar a sua cooperação à persecução penal.

Embora o acordo de colaboração premiada, nos termos da Lei 12.850/2013, possa apresentar distintos objetivos, em regra a sua principal função probatória é instruir o processo penal, visando à melhor persecução penal de coimputados nos fatos investigados. Ou seja, o Estado oferece um tratamento mais leniente a um acusado com o objetivo de obter provas para punir outros imputados. Resta evidente, portanto, que o acordo de colaboração premiada acarreta gravoso impacto à esfera de direitos de eventuais corréus delatados. E, mais do que isso, toca intimamente em interesses coletivos da sociedade, tendo em vista que possibilita a concessão de benefícios penais pelo Estado.

Por um lado, ainda que o Supremo tenha bem ressaltado que a homologação do acordo de colaboração premiada não assegura ou atesta a veracidade das declarações do delator, não se pode negar que o uso midiático de tais informações acarreta gravíssimos prejuízos à imagem de terceiros. Além disso, há julgados desta Corte que, de modo questionável, autorizam a decretação de prisões preventivas ou o recebimento de denúncias com base em declarações obtidas em colaborações premiadas.

Ou seja, é evidente e inquestionável que a esfera de terceiros delatados é afetada pela homologação de acordos ilegais e ilegítimos.

(...)

Devemos lembrar, por exemplo, das delações firmadas (e homologadas) com o ex-Senador Delcídio Amaral, cujas declarações abalaram a República e denegriram a imagem de diversos cidadãos, mas, ao final das investigações, restaram completamente esvaziadas e infundadas. Ou seja, violaram direitos fundamentais que deveriam ser protegidos pelo Poder Judiciário e acabaram por tornarem-se imprestáveis à persecução penal.

Sem dúvidas, a tese adotada pelo Supremo Tribunal Federal no sentido de não impugnabilidade do acordo por terceiros possuía, naquele momento, premissas pertinentes. Contudo, isso ocasionou uma quase total intangibilidade e incontrolabilidade dos acordos de delação, ao passo que aqueles que poderiam impugná-lo (colaborador e MP), normalmente almejarão interesse completamente inverso, no sentido de fazer o máximo para a sua manutenção. Por efeito colateral, tornamos os acordos de colaboração premiada praticamente intocáveis.

Para o voto condutor desse acórdão,

[o] fato de que os coimputados possam, posteriormente, defender-se das declarações dos delatores em exame cruzado na audiência de instrução e julgamento não esvazia a necessidade de controle de legalidade na homologação do acordo. Trata-se de fases diferentes do procedimento probatório: admissibilidade do meio de obtenção e, depois, exercício do contraditório no momento de produção do meio de prova.

Portanto, em razão do impacto na esfera de direitos de terceiros e da necessidade de legalidade dos benefícios penais oferecidos pelo Estado, pensa-se que o acordo de colaboração premiada deve ser passível de impugnação e controle judicial.

Seria de todo conveniente, ou mesmo crucial, passados nove anos do julgamento do *leading case* da relatoria do Ministro Dias Toffoli, que essas judiciosas e respeitáveis ponderações, que contrastam com o entendimento fixado no HC nº 127.483/PR, fossem objeto de novo debate no Plenário do Supremo Tribunal Federal, a fim de se ratificar ou eventualmente retificar a posição inicialmente adotada.

2 Inquéritos nº 3.994, 3.998 e 4.074 – declarações do colaborador e justa causa para ação penal

O art. 4º, §16, da Lei nº 12.850/13 dispunha, em sua redação originária, que "nenhuma sentença condenatória será proferida com fundamento apenas nas declarações de agente colaborador".

Por ocasião do juízo de admissibilidade, pela Segunda Turma do Supremo Tribunal Federal, das denúncias oferecidas pela Procuradoria-Geral da República nos Inquéritos nº 3.994 (j. 18.12.17, DJe de 06.04.18), 3.998 (j. 18.12.17, DJe de 09.03.18) e 4.074 (j. 18.12.17, DJe de 17.10.18), o Ministro Dias Toffoli, redator para os acórdãos, ao votar pela sua rejeição por falta de justa causa, destacou nos votos condutores que,

se os depoimentos do réu colaborador, sem outras provas minimamente consistentes de corroboração, não podem conduzir à condenação, também não podem autorizar a instauração da ação penal, por padecerem, parafraseando Vittorio Grevi, da mesma presunção relativa de falta de fidedignidade.

Ao ver do Ministro Dias Toffoli,

(...) a colaboração premiada, como meio de obtenção de prova, tem aptidão para autorizar a deflagração da investigação preliminar, visando "adquirir coisas materiais, traços ou declarações dotadas de força probatória".

Essa, em verdade, constitui a sua verdadeira vocação probatória.

Todavia, os depoimentos do colaborador premiado, sem outras provas idôneas de corroboração, não se revestem de densidade suficiente para lastrear um juízo positivo de admissibilidade da acusação, o qual exige a presença do *fumus commissi delicti*.

Com aduz Rodrigo Capez, o *fumus commissi delicti*, que se funda em um juízo de probabilidade de condenação, traduz-se, em nosso ordenamento, na prova da existência do crime e na presença de indícios suficientes de autoria (*Prisão e medidas cautelares diversas: a individualização da medida cautelar no processo penal*. São Paulo: Quartier Latin, 2017, p. 444).

Se "nenhuma sentença condenatória será proferida com fundamento apenas nas declarações de agente colaborador" (art. 4º, §16, da Lei nº 12.850/13), é lícito concluir que essas declarações, por si sós, não autorizam a formulação de um juízo de probabilidade de condenação e, por via de consequência, não permitem um juízo positivo de admissibilidade da acusação.

Tão cirúrgico se mostrou o raciocínio desenvolvido pelo Ministro Dias Toffoli nos votos condutores desses acórdãos, que a Lei nº 13.964/19 (Pacote Anticrime), incorporando seus fundamentos, deu nova redação ao art. 4º, §16, da Lei nº 12.850/13, para estabelecer que "nenhuma das seguintes medidas será decretada ou proferida com fundamento apenas nas declarações do colaborador: I – medidas cautelares reais ou pessoais; II – *recebimento de denúncia ou queixa-crime*; III – sentença condenatória".

3 Ação Direta de Inconstitucionalidade nº 5.508 – os modelos de premialidade

O Ministro Dias Toffoli, em voto proferido no julgamento da ADI nº 5.508/DF, Pleno, Relator o Ministro Marco Aurélio, j. 20.06.18, DJe de 05.11.19, lançou à reflexão uma questão fundamental: qual o modelo de premialidade adotado pelo Brasil e, por via de consequência, qual a extensão dos poderes negociais do Ministério Público?

Destacou o Ministro Dias Toffoli em seu voto:

> Ennio Amodio, ao tratar dos colaboradores da justiça nos processos continental e de *common law*, observa que os sistemas continentais europeus se alinham ao modelo de premialidade legal, ao passo que Inglaterra e Estados Unidos da América se valem do modelo de premialidade negocial. Assim,
> "à *fattispecie* da premialidade legal, cujos pressupostos são delineados pela lei penal substancial e remetidos à verificação jurisdicional, se contrapõem as várias formas de isenção do processo e da pena que no processo penal angloamericano são permitidas pela discricionariedade da ação penal conferida ao *prosecutor*".[6]
> A seu ver, enquanto a premialidade do tipo continental sempre se submete a um penetrante controle judicial, a de *common law*, dado o caráter intrinsecamente privado e disponível da acusação penal, é gerida de forma exclusiva pelo promotor. Mesmo quando há intervenção do juiz – ao aplicar a pena ao coimputado que se declara culpado ou ao ratificar o requerimento de "immunity" apresentado pelo promotor –, cuida-se de um controle formal, acoplado à vontade das partes, substancialmente protagonistas da conclusão do negócio.
> De acordo com o eminente jurista italiano, enquanto o pentito de Common Law "desaparece" da cena processual por intermédio de um provimento que poderia ser comparado a um arquivamento ou a uma absolvição concedidos pelo "nosso Ministério Público", o pentito da área continental, ao invés, se submete a um filtro judicial, que examina sua responsabilidade e os pressupostos para a concessão do prêmio.[7]

---

[6] AMODIO, Ennio. *Processo penale, diritto europeo e common law* – dal rito inquisitorio al giusto processo. Milano: Giuffrè, 2003. p. 256-257.

[7] AMODIO, Ennio. *Processo penale, diritto europeo e common law* – dal rito inquisitorio al giusto processo. Milano: Giuffrè, 2003. p. 258.

O Ministro Dias Toffoli, no referido voto, apresentou um profundo estudo da colaboração premiada sob o prisma do Direito Comparado, mais precisamente sob a óptica do modelo estadunidense (sistema de *Common Law*) e do modelo italiano (sistema *romano-germânico*), na busca da definição do modelo de colaboração premiada adotado pela legislação brasileira, fazendo um paralelo com o escorço histórico do instituto no Brasil, que deita suas raízes no período colonial, mais precisamente no Livro V das Ordenações Filipinas, que entrou em vigor no Brasil em 1603 e somente foi revogado mais de 200 anos depois, em 1830, pelo Código Criminal do Império.

Em seu voto, o Ministro Dias Toffoli, após reconhecer a legitimidade da autoridade policial para firmar acordos de colaboração premiada, ressaltou que seu poder negocial, contudo, é mais limitado do que o do Ministério Público.

A seu ver,

(...) nas condições da proposta da autoridade policial somente podem figurar, de modo genérico, as sanções premiais expressamente previstas no art. 4º, *caput* e seu §5º, da Lei nº 12.850/13 a que fará jus o colaborador, a critério do juiz, em razão da efetividade de sua cooperação, exigindo-se, antes de sua homologação, a manifestação, sem caráter vinculante, do Ministério Público.
Esse limitado poder negocial da autoridade policial deriva do fato de a polícia judiciária não ser titular da ação penal pública e de a colaboração premiada, em suas mãos, constituir tão somente um meio de obtenção de prova.
A autoridade policial, portanto, não tem discricionariedade para eleger, desde logo, a quantidade de pena ou para estabelecer o regime de cumprimento de pena a que estará sujeito o colaborador.

Prossegue o Ministro Dias Toffoli:

Diversamente, ao Ministério Público, dada sua condição de titular da ação penal pública em um sistema acusatório (art. 129, I, CF), devem ser reconhecidos poderes mais amplos para negociar sanções premiais.
A meu ver, especificamente no tocante ao Ministério Público, a colaboração premiada, além de meio de obtenção de prova, tem a natureza de acordo penal, cuja eficácia será objeto de análise na fase da sentença (art. 4º, §11 da Lei n. 12.850/13), o que não significa revisitá-lo para glosa, sob pena de violação do princípio da segurança jurídica, mas, simplesmente, estabelecer a eventual correspondência entre o que foi acordado e os resultados da atividade de colaboração previstos no art. 4º, I a V, da Lei n. 12.850/13.
(...)
Nesse diapasão, a Lei nº 12.850/13, apartando-se do rígido sistema de premialidade legal, de matriz romano-germânica, historicamente adotado pelo Brasil, instituiu um sistema premial misto, ao conceder ao Ministério Público poderes negociais característicos do sistema de *Common Law*.
Essa, a meu sentir, é a interpretação que deve ser conferida à expressão 'condições da proposta do Ministério Público ou do delegado de polícia' prevista no art. 6º, II, da Lei nº 12.850/13.

Nesse sentido, a Primeira Turma do Supremo Tribunal Federal, no julgamento do INQ. nº 4.405-AgR, Relator o Ministro Luís Roberto Barroso, j. em 27.02.18, DJe de 05.04.18, decidiu que a fixação de sanções premiais não expressamente previstas na Lei nº 12.850/2013, mas aceitas de modo livre e consciente pelo investigado não geram invalidade do acordo. O princípio da legalidade veda a imposição de penas mais graves do que as previstas em lei, por ser garantia instituída em favor do jurisdicionado em face do Estado. Deste modo, não viola o princípio da legalidade a fixação de pena mais favorável, não havendo falar-se em observância da garantia contra o garantido.

Digno de registro, em sentido diverso, o posicionamento do Ministro Ricardo Lewandowski ao recusar, por decisão proferida em 14.11.17, a homologação de acordo de colaboração premiada firmado na PET nº 7.265, aos fundamentos de que "não há qualquer autorização legal para que as partes convencionem a espécie, o patamar e o regime de cumprimento de pena", bem como de que "não cabe às partes contratantes estabelecer novas hipóteses de suspensão do processo criminal ou fixar prazos e marcos legais de fluência da prescrição diversos daqueles estabelecidos pelo legislador".

Também o Ministro Gilmar Mendes, no voto proferido no julgamento da ADI nº 5.508/DF, externou o entendimento de que "o Ministério Público não pode negociar a sanção a ser aplicada".

Como por ele ressaltado em voto proferido no julgamento da PET nº 7.074/DF-QO,

[o] estabelecimento de balizas legais para o acordo é uma opção de nosso sistema jurídico, para assegurar a isonomia e evitar a corrupção dos imputados, mediante incentivos desmesurados à colaboração, e dos próprios agentes públicos, aos quais se daria um poder sem limite sobre a vida dos imputados. Um sistema que oferece vantagens sem medida propicia a corrupção dos imputados, incentivados a delatar não apenas a verdade, mas o que mais for solicitado pelos investigadores.

Por sua vez, o Ministro Edson Fachin, no voto condutor da PET nº 7.074/DF-QO, destacou que "o instituto da colaboração premiada é regido por normas de direito público, circunstância que delimita o ambiente negocial acerca dos benefícios que serão ofertados ao colaborador, disciplinados no art. 4º, *caput*, §2º e §5º, da Lei n. 12.850/2013".

Trata-se, portanto, de um tema de alta indagação, de graves repercussões, que ainda precisa ser enfrentado pelo Plenário do Supremo Tribunal Federal, a fim de se assentar em definitivo, observadas as balizas assinaladas pelo Ministro Dias Toffoli no voto proferido na ADI nº 5.508/DF, se o Brasil adotou o modelo da premialidade estritamente legal ou o modelo da premialidade amplamente negocial.

Referências

AMODIO, Ennio. *Processo penale, diritto europeo e common law* – dal rito inquisitorio al giusto processo. Milano: Giuffrè, 2003.

AZEVEDO, Antonio Junqueira de. *Negócio jurídico*: existência, validade e eficácia. 4. ed. atual. de acordo com o novo Código Civil (Lei nº 10.406, de 10/1/02). São Paulo: Saraiva, 2002.

BOROWSKI, Martin. *La estructura de los derechos fundamentales*. Trad. Carlos Bernal Pulido. Bogotá: Universidad Externado de Colombia, 2003.

PEREIRA, Frederico Valdez. *Delação Premiada* – legitimidade e procedimento. 3. ed. São Paulo: Juruá, 2016.

RODRIGUES JÚNIOR, Otávio Luiz. Dignidade humana e direito privado contemporâneo a contribuição metodológica do Recurso Extraordinário nº 363.889. *In*: MORAES, Alexandre de; MENDONÇA, André Luiz de Almeida (Coord.). *Democracia e sistema de justiça*: obra em homenagem aos 10 anos do Ministro Dias Toffoli no Supremo Tribunal Federal. Belo Horizonte: Fórum, 2020.

Informação bibliográfica deste texto, conforme a NBR 6023:2018 da Associação Brasileira de Normas Técnicas (ABNT):

CAPEZ, Rodrigo. Contributos do Ministro Dias Toffoli à dogmática da colaboração premiada. *In*: MENDES, Gilmar Ferreira; LIRA, Daiane Nogueira de; FREIRE, Alexandre (coord.). *Constituição, democracia e diálogo*: 15 anos de Jurisdição Constitucional do Ministro Dias Toffoli. 2. ed. Belo Horizonte: Fórum, 2025. p. 1527-1541. ISBN 978-65-5518-937-7.

REFLEXÕES SOBRE A PRESIDÊNCIA DE DIAS TOFFOLI NO SUPREMO TRIBUNAL FEDERAL: UM LEGADO DE DIÁLOGO E FORTALECIMENTO INSTITUCIONAL

RODRIGO MAIA

Ao longo de minha trajetória política, tive o privilégio de testemunhar e participar de momentos cruciais para o fortalecimento da democracia brasileira. Entre esses momentos, destaco o período em que tive a honra de presidir a Câmara dos Deputados, coincidindo parcialmente com a gestão do Ministro Dias Toffoli à frente do Supremo Tribunal Federal (STF). No momento em que celebramos os 15 anos de atuação do Ministro no Supremo Tribunal Federal, compartilho aqui minhas reflexões sobre esse período tão significativo para as instituições brasileiras, analisando os desafios enfrentados, as conquistas alcançadas e o legado que ele vem cuidadosamente ajudando a construir para o futuro de nossa República.

O início de uma nova era

A posse do Ministro Dias Toffoli como Presidente do STF, em 13 de setembro de 2018, marcou o início de uma era de intenso diálogo entre os Poderes e de enfrentamento a desafios sem precedentes na história recente do Brasil. Como então Presidente da Câmara dos Deputados, tive a oportunidade de trabalhar em estreita colaboração com o Ministro Toffoli, buscando soluções constitucionais para questões complexas que se apresentaram ao longo de nossas gestões.

Recordo-me com nitidez do nosso primeiro encontro após sua posse. Era uma sexta-feira, 14 de setembro de 2018. Naquela manhã, discutimos diversos temas, entre eles, um julgamento crucial para garantir o uso de recursos do fundo partidário para as campanhas femininas naquele ano eleitoral. Tratava-se da modulação dos efeitos da decisão tomada na Ação Direta de Inconstitucionalidade (ADI) nº 5.617. Pouco tempo depois, o Plenário do Tribunal acolheu a proposta do relator, Ministro Fachin, no sentido de que os recursos de anos anteriores acumulados nas contas específicas para a promoção e a difusão da participação política feminina fossem transferidos para as contas individuais das candidatas, sem redução do percentual de 30% do montante do fundo alocado para candidaturas femininas. Na prática, uma decisão que assegurou mais recursos para impulsionar mulheres na política eleitoral brasileira.

Esse encontro inicial foi emblemático do que viria a ser uma característica marcante da gestão Toffoli: a busca constante pelo diálogo e pela cooperação entre os Poderes. Essa decisão sobre o financiamento de campanhas femininas foi apenas uma, entre tantas outras tomadas nos anos que se seguiram, em que o Congresso Nacional e o Supremo Tribunal Federal buscaram construir, de forma conjunta e alinhada, soluções que reforçassem as prerrogativas das instituições republicanas e os direitos fundamentais.

Desafios imprevistos e respostas inovadoras

Ao assumirmos nossas respectivas posições de liderança, o Ministro Dias Toffoli no Judiciário e eu, já desde meados de 2016, na Câmara, não tínhamos como imaginar a magnitude dos desafios que se colocariam para nossas instituições. O Brasil estava prestes a mergulhar em uma das crises mais severas de sua história, exigindo de nós, líderes dos Poderes da República, e de nossas equipes uma capacidade de adaptação e resposta sem precedentes.

A pandemia de COVID-19, que se alastrou pelo mundo em 2020, trouxe consigo não apenas uma crise sanitária, mas também desafios econômicos, sociais e institucionais de proporções monumentais. Diante desse cenário completamente novo e desafiador, o Ministro Toffoli e eu nos vimos unidos na defesa de um princípio fundamental: as exigências do isolamento social não poderiam, em hipótese alguma, inviabilizar o funcionamento regular das instituições da República.

Foi nesse contexto que tanto o Congresso Nacional quanto o Supremo Tribunal Federal demonstraram sua capacidade de adaptação e resiliência. Encontramos meios de ajustar nossos trabalhos às restrições impostas pela pandemia, garantindo a continuidade das atividades essenciais ao funcionamento do Estado Democrático de Direito.

A resposta do Legislativo

No âmbito do Poder Legislativo, implementamos rapidamente um sistema de deliberação remota, permitindo que os parlamentares continuassem a exercer suas funções mesmo diante das restrições de mobilidade e do necessário distanciamento social.

Essa inovação tecnológica e processual nos permitiu aprovar medidas urgentes e essenciais para o enfrentamento da crise. Entre elas, penso que é importante destacar a aprovação do estado de calamidade pública, que flexibilizou regras fiscais e orçamentárias para permitir uma resposta mais ágil do governo diante da crise; a criação do auxílio emergencial, garantindo uma renda básica para milhões de brasileiros que tiveram suas atividades econômicas interrompidas pela pandemia; a aprovação de medidas de apoio ao micro e pequeno empreendedor, como o Programa Nacional de Apoio às Microempresas e Empresas de Pequeno Porte (Pronampe); a discussão e aprovação de medidas para garantir o acesso à educação durante o período de isolamento social, incluindo a flexibilização do calendário escolar e a distribuição de recursos para a

RODRIGO MAIA 1545

REFLEXÕES SOBRE A PRESIDÊNCIA DE DIAS TOFFOLI NO SUPREMO TRIBUNAL FEDERAL: UM LEGADO DE DIÁLOGO E FORTALECIMENTO INSTITUCIONAL

implementação do ensino remoto; e a elaboração e aprovação de um orçamento de guerra, permitindo maior flexibilidade nos gastos públicos para o enfrentamento da pandemia.

Essas ações legislativas, que contaram com o respaldo e parceria do STF e do Ministro Dias Toffoli, foram fundamentais para mitigar os impactos da crise e demonstrar a capacidade de resposta do Congresso Nacional mesmo em circunstâncias excepcionais.

A atuação do Supremo Tribunal Federal

Paralelamente, o Supremo Tribunal Federal, sob a liderança do Ministro Dias Toffoli, também se adaptou rapidamente às novas circunstâncias. A Corte adotou o sistema de julgamentos virtuais, expandindo significativamente sua capacidade de deliberação e decisão mesmo diante das restrições impostas pela pandemia.

Além das adaptações processuais, o STF desempenhou um papel crucial na interpretação e aplicação da Constituição diante dos desafios inéditos trazidos pela crise sanitária. O Tribunal garantiu a autonomia dos estados e municípios na adoção de medidas de enfrentamento à pandemia, reafirmando os princípios gerais que governam o modelo federativo brasileiro. Além disso, validou as medidas de isolamento social e de restrição de atividades econômicas como instrumentos legítimos de combate à propagação do vírus, garantiu a transparência nas informações sobre a pandemia, assegurando o direito à informação da população e protegeu direitos fundamentais, como o acesso à saúde e à educação. Em todo esse contexto, o Ministro Dias Toffoli foi figura central no processo de mediação de conflitos entre a União, os estados e municípios, buscando sempre soluções que preservassem a harmonia institucional e o interesse público.

Essas decisões foram fundamentais para estabelecer um arcabouço jurídico claro e consistente para o enfrentamento da pandemia, garantindo algum nível de segurança jurídica em um tempo de grandes incertezas.

O diálogo entre os Poderes como pilar da democracia

Um aspecto que merece destaque especial na gestão do Ministro Dias Toffoli à frente do STF foi seu incansável empenho em promover o diálogo entre os Poderes. Essa postura não apenas facilitou a resolução de conflitos institucionais, mas também fortaleceu o próprio tecido democrático brasileiro.

Ao longo de sua gestão, o Ministro Toffoli promoveu encontros entre os chefes dos Poderes, que ajudaram a melhorar o ambiente político e permitiram discussões francas sobre os desafios enfrentados pelo Brasil. Essa prática de diálogo institucional foi especialmente valiosa durante a pandemia, permitindo uma coordenação mais eficaz das ações de enfrentamento à crise.

Como Presidente da Câmara dos Deputados, participei ativamente desses diálogos e pude testemunhar, em primeira mão, o compromisso do Ministro Toffoli com a harmonia entre os Poderes. Sua capacidade de ouvir, mediar e construir consensos foi fundamental para superar impasses e encontrar soluções constitucionalmente adequadas para os desafios que se apresentavam.

A modernização do judiciário

Outro aspecto marcante da gestão do Ministro Dias Toffoli foi seu compromisso com a modernização e eficiência do Poder Judiciário. Sob sua liderança, o Supremo Tribunal Federal implementou uma série de medidas visando aprimorar a prestação jurisdicional e tornar a Corte mais ágil e eficiente. Podemos citar, nesse sentido, o aperfeiçoamento do Plenário Virtual, que permitiu um aumento significativo na capacidade de julgamento do Tribunal, a implementação de novas tecnologias e processos de trabalho, resultando em uma verdadeira transformação digital do STF e a adoção de medidas para redução do acervo processual, que levaram, todas em seu conjunto, a uma diminuição de 70% no número de processos pendentes no Plenário do STF, até aquele momento, o menor nível em quase um quarto de século. Além disso, a comunicação do Tribunal com a sociedade também experimentou melhorias significativas, com a ampliação dos canais de transparência e maior divulgação das atividades da Corte.

É fundamental destacar, ainda, o fortalecimento dos mecanismos de repercussão geral e de precedentes vinculantes, contribuindo para uma maior segurança jurídica e previsibilidade das decisões judiciais. Essas medidas não apenas tornaram o STF mais eficiente, mas também serviram de exemplo e inspiração para todo o sistema judiciário.

A gestão do Ministro Toffoli demonstrou que é possível conciliar a tradição e a solenidade do Poder Judiciário com as demandas de modernização e eficiência exigidas pela sociedade contemporânea.

A defesa das instituições democráticas

Contudo, o aspecto mais notável e corajoso da gestão do Ministro Dias Toffoli à frente do STF foi sua firme defesa das instituições democráticas em um período marcado por tensões políticas e ameaças à estabilidade institucional. A instauração do Inquérito nº 4.781 representou uma ação concreta e necessária pela defesa da independência do Poder Judiciário diante de ameaças abertas e veladas.

O Ministro Toffoli não hesitou em se posicionar – em várias ocasiões – contra ataques às instituições da República, demonstrando coragem e altivez na defesa do Estado Democrático de Direito. Sua atuação foi fundamental para conter tentativas de desestabilização do sistema político e garantir o respeito à Constituição e às leis. O posicionamento firme contra a disseminação de *fake news* e contra os ataques coordenados às instituições democráticas foi uma marca de sua gestão, bem como o combate a discursos antidemocráticos e a reafirmação constante do compromisso do STF com os direitos humanos e os valores republicanos. Podemos dizer, com segurança, que sua firmeza e determinação livraram o Brasil de percorrer uma trajetória sombria e, quiçá, irreversível.

O legado de uma gestão transformadora

Ao analisar o conjunto da obra da gestão do Ministro Dias Toffoli à frente do Supremo Tribunal Federal, me parece evidente o caráter transformador e o legado duradouro que ela deixa para as instituições brasileiras.

RODRIGO MAIA

REFLEXÕES SOBRE A PRESIDÊNCIA DE DIAS TOFFOLI NO SUPREMO TRIBUNAL FEDERAL: UM LEGADO DE DIÁLOGO E FORTALECIMENTO INSTITUCIONAL | 1547

Sua gestão consolidou um modelo de diálogo institucional que deve servir de referência para o futuro. A capacidade de promover o entendimento entre os Poderes, mesmo em momentos de tensão, é um ativo precioso para a estabilidade democrática e, infelizmente, cada vez mais escasso em nosso Brasil.

A modernização e aumento da eficiência do STF também devem ser levados em conta aqui. Dias Toffoli demonstrou que é possível conciliar a complicada ritualística do Poder Judiciário com as demandas sociais por celeridade e transparência, que cobram prazos razoáveis e procedimentos claros não só da magistratura, mas de todos os Poderes da República. As inovações implementadas durante sua gestão inspiraram mudanças em todo o sistema judiciário brasileiro (e mesmo para além do Judiciário).

Por fim, a firme defesa das instituições democráticas em momentos de turbulência política reafirmou o papel crucial do STF como guardião da Constituição e dos valores republicanos. A coragem demonstrada pelo Ministro Toffoli ao enfrentar ameaças à ordem democrática fortaleceu a confiança da sociedade no sistema de freios e contrapesos de nossa República.

A capacidade de adaptar o funcionamento do Tribunal às circunstâncias extraordinárias da pandemia, garantindo a continuidade da prestação jurisdicional em um momento crítico, demonstrou a resiliência e a responsabilidade da Corte.

Conclusão

Revisito nestas linhas, em boa medida, o discurso que fiz por ocasião da recepção do Ministro Dias Toffoli na Câmara dos Deputados, em sessão de 9 de setembro de 2020, já próximo à conclusão de seu mandato como Presidente do STF. Como conversamos naquela ocasião, não poderia deixar de ressaltar aqui um pouco sobre uma experiência que, em minha percepção, foi fundamental para forjá-lo como homem público. Trata-se de sua passagem pelos quadros do Poder Legislativo. Sem entender esse ponto em particular, entenderemos mal suas premissas e toda sua atuação. A trajetória do Ministro no Legislativo teve início em 1994, quando atuou na Assembleia Legislativa de São Paulo, e se estendeu de 1995 a 2000, período em que trabalhou como assessor jurídico na Câmara dos Deputados.

Durante esses anos cruciais, Toffoli teve a oportunidade de vivenciar de perto o processo legislativo e a dinâmica complexa da política nacional, tanto em nível estadual quanto federal. Essa experiência lhe proporcionou uma compreensão profunda da importância da diversidade de ideias e da necessidade de construir soluções negociadas para os desafios institucionais.

No ambiente legislativo, Toffoli pôde observar e participar de debates que envolviam uma pluralidade de visões e interesses, representativos da diversidade da sociedade brasileira. Essa exposição à multiplicidade de perspectivas certamente influenciou sua abordagem como jurista e, depois, como ministro do STF, onde demonstrou habilidade em considerar diferentes pontos de vista ao analisar questões constitucionais extremamente desafiadoras.

Além disso, o trabalho no Legislativo, especialmente os anos na Câmara dos Deputados, lhe proporcionou uma compreensão prática de como as leis são formuladas e das nuances do processo político, conhecimento valioso para um membro da Suprema Corte encarregado de interpretar e aplicar essas mesmas leis e de velar pelo processo que regula sua feitura.

A valorização da construção negociada de soluções institucionais, tão característica do ambiente legislativo, refletiu-se em sua atuação como presidente do STF, onde Toffoli frequentemente buscou o diálogo e o consenso entre os Poderes. Essa abordagem, em minha visão moldada por sua experiência no Legislativo, foi crucial para navegar períodos de tensão institucional e para promover a harmonia entre os Poderes, conforme preconizado pela Constituição.

Como ex-Presidente da Câmara dos Deputados, tive o privilégio de trabalhar em estreita colaboração com Dias Toffoli durante toda a sua gestão. Posso afirmar, sem sombra de dúvida, que sua atuação foi fundamental para a preservação da estabilidade institucional em um dos períodos mais desafiadores da história recente do Brasil e que seu exemplo há de perdurar e ensinar a todos nós. Ele nos lembra de que a democracia não é um sistema que se sustenta por si só. Ela exige o compromisso constante de seus líderes e cidadãos, a disposição para o diálogo e a coragem para defender seus princípios fundamentais. Sua gestão à frente do STF personificou esses valores e, por isso, deixa uma contribuição que certamente inspirou e seguirá inspirando as lideranças brasileiras.

Que possamos, como nação, como lideranças políticas e sociais, como juristas e como cidadãos, honrar esse legado, mantendo vivo o espírito de diálogo, modernização e defesa intransigente da democracia que marcou a gestão do Ministro Dias Toffoli. Seu exemplo ilumina o caminho para a construção de um Brasil mais justo, próspero e verdadeiramente democrático para nossas gerações futuras.

São Paulo, agosto de 2024.

Informação bibliográfica deste texto, conforme a NBR 6023:2018 da Associação Brasileira de Normas Técnicas (ABNT):

MAIA, Rodrigo. Reflexões sobre a presidência de Dias Toffoli no Supremo Tribunal Federal: um legado de diálogo e fortalecimento institucional. *In*: MENDES, Gilmar Ferreira; LIRA, Daiane Nogueira de; FREIRE, Alexandre (coord.). *Constituição, democracia e diálogo*: 15 anos de Jurisdição Constitucional do Ministro Dias Toffoli. 2. ed. Belo Horizonte: Fórum, 2025. p. 1543-1548. ISBN 978-65-5518-937-7.

HOMENAGEM AOS 15 ANOS DE JURISDIÇÃO CONSTITUCIONAL DO MINISTRO DIAS TOFFOLI

RODRIGO OTÁVIO SOARES PACHECO

Inicialmente, devemos agradecer ao honroso convite que nos foi feito pelo Ministro Gilmar Ferreira Mendes, pela Dra. Daiane Nogueira de Lira, Conselheira do Conselho Nacional de Justiça e pelo Dr. Alexandre Freire, Conselheiro Diretor da Agência Nacional de Telecomunicações, ilustres organizadores, para participar desta oportuna coletânea em homenagem aos 15 anos de Jurisdição Constitucional do Ministro Dias Toffoli no Supremo Tribunal Federal (STF), que serão completados no próximo dia 23 de outubro de 2024.

Introdução

Tendo em vista que cabe ao Senado Federal, nos termos do disposto no art. 101, parágrafo único, da Constituição Federal (CF), aprovar a escolha dos Ministros da Suprema Corte, também preliminarmente registramos breve recordação do relatório por meio do qual, em 30 de setembro de 2009, a Casa da Federação aprovou o nome do Ministro Dias Toffoli para compor o STF.

Esse relatório registrava que, no desempenho da elevada e honrosa função de Advogado-Geral da União, o Ministro Dias Toffoli já atuava diretamente na Corte, realizando a atividade de representação judicial da União. De março de 2007, quando assumiu aquela função, até o mês de julho de 2009, foram efetuadas 3.284 (três mil e duzentas e oitenta e quatro) Manifestações Judiciais e distribuídos 280 (duzentos e oitenta) Memoriais em demandas referentes ao controle constitucional.

Ademais, o relatório também registrava que na sua atividade funcional na Advocacia-Geral da União o Ministro Dias Toffoli estudou, analisou e se posicionou quanto a diversos temas relevantes para a Jurisdição Constitucional. Dentre esses, destacamos a Demarcação de Terras Indígenas, a Proteção ao Meio Ambiente, as Pesquisas com Células-Tronco, o Programa Universidade para Todos; o Passe Livre para Idosos e Portadores de Necessidades Especiais; além da Incidência do ICMS na base de cálculo do PIS/COFINS.

Desde que ingressou no STF em 23 de outubro de 2009, o Ministro Dias Toffoli vem exercendo a atividade jurisdicional de forma profícua e ativa, tendo ocupado a Presidência entre 13 de setembro de 2018 e 10 de setembro de 2020. Enquanto Presidente do STF – não podemos também deixar de fazer referência –, o Ministro Dias Toffoli adotou importante iniciativa em defesa do Pacto Republicano em nosso País. Tal pacto englobou os três Poderes e teve ampla participação da sociedade civil. Foi um pacto baseado no diálogo e que visou à ação coordenada em prol de objetivos comuns, o que rendeu bons frutos para a nossa Democracia.

Em se tratando de homenagear os 15 anos de Jurisdição Constitucional do Ministro Dias Toffoli, cabe voltar os olhos para julgamentos especialmente relevantes da Suprema Corte em que o homenageado contribuiu e participou de forma expressiva na promoção da defesa de direitos fundamentais e da ordem democrática. Sendo muitos e diversos esses julgamentos ao longo de uma década e meia, e considerando que o nosso espaço na presente coletânea tem a sua limitação natural, vamos nos ater a dois julgamentos substanciais do Pretório Excelso que reafirmaram a supremacia da CF de 5 de outubro de 1988 e que tiveram a decisiva participação do ora homenageado, como relator: o Habeas Corpus (HC) nº 127.900 e a Arguição de Descumprimento de Preceito Fundamental (ADPF) nº 779.

1   O HC nº 127.900: plenitude do direito de defesa com resguardo da segurança jurídica

O primeiro julgamento que ora recordamos foi realizado no âmbito do *Habeas Corpus* (HC) nº 127.900, em 2016, quando a Corte Suprema mais uma vez reafirmou a supremacia da Constituição. Nesse HC, impetrado com base no art. 101, I, "i", da CF, que inscreve a competência do STF para processar e julgar, originariamente, o *habeas corpus* quando o coator for Tribunal Superior (no caso o Superior Tribunal Militar), a Corte decidiu que nas ações penais da Justiça Militar, da Justiça Eleitoral e em todos os procedimentos especiais penais especiais, o interrogatório do acusado deve também ser obrigatoriamente realizado ao final da instrução, nos termos do art. 400 do Decreto Lei nº 3.689, de 3 de outubro de 1941 (Código de Processo Penal – CPP), com a redação dada pela Lei nº 11.719, de 20 de junho de 2008, afastando a aplicação do art. 302 do Decreto-Lei nº 1.002, de 21 de outubro de 1969 (Código de Processo Penal Militar – CPPM).

Cabe destacar que o fundamento para tal decisão foi a necessidade de adequação do sistema acusatório do processo penal militar aos preceitos constitucionais, buscando a máxima efetividade dos princípios do contraditório e da ampla defesa, consoante proclama o art. 5º, inciso LV, da Lei Maior de 1988.

Por outro lado, o Ministro Dias Toffoli, como relator, acolhendo tese formada no debate no Pleno do Tribunal no curso do processo, opinou pela incidência do novo entendimento firmado, conforme acima, aos processos cuja instrução não havia ainda se encerrado, bem como, por óbvio, aos futuros, o que foi aprovado na decisão. E aqui devemos sublinhar a adequada prudência do relator, ao enfatizar a necessidade de se resguardar situações consolidadas, ao determinar o seguinte: *"de modo a não comprometer o princípio da segurança jurídica (CF, art. 5º, XXXVI) nos feitos já sentenciados, essa orientação deve ser aplicada somente aos processos penais militares cuja instrução não se tenha encerrado (...)"*, fazendo-nos recordar lição do Ministro Eros Grau no sentido de que o direito é prudência, daí jurisprudência. Ao assim proceder, o Ministro Dias Toffoli e a Corte Suprema deram a justa relevância a outro princípio constitucional primordial, o da segurança jurídica (*v.g.* art. 5º, XXXVI, da CF).

Cumpre também consignar que até então a Suprema Corte estava dividida sobre a matéria, com a Primeira Turma, entendendo que a realização do interrogatório ao final da instrução criminal, prevista no art. 400 do CPP, na redação dada pela Lei nº 11.719, de 2008, também se aplicaria às ações penais em trâmite na Justiça Militar, em detrimento do art. 302 do CPPM, com base no entendimento de que se deve buscar a máxima efetividade das garantias constitucionais do contraditório e da ampla defesa (art. 5º, LV), dimensões elementares do devido processo legal (art. 5º, LIV) e cânones essenciais do Estado Democrático de Direito (art. 1º, *caput*). Já a Segunda Turma firmara entendimento diverso, resolvendo a antinomia jurídica aparente entre as regras no mesmo plano hierárquico, de um lado o art. 400 do CPP e de outro o art. 302 do CPPM, adotando então o critério da especialidade, no qual lei especial derroga a lei geral no que lhe for contrária.

E aqui devemos dar relevo à importância da atuação do Ministro Dias Toffoli para pacificar e unificar a jurisprudência da Suprema Corte como relator, ao ponderar:

> com as vênias daqueles que pensam de modo diverso, reitero o entendimento que externei por ocasião do julgamento do HC nº 121.907/AM. Penso que a Lei nº 11.719/08 adequou o sistema acusatório democrático, integrando-o de forma mais harmoniosa aos preceitos constitucionais da Carta de República de 1988, assegurando-se maior efetividade a seus princípios, notadamente, os do contraditório e da ampla defesa (art. 5º, inciso LV). *Nesse particular, por ser mais benéfica (lex mitior) e harmoniosa com a Constituição Federal, há de preponderar, no processo penal militar (Decreto-Lei nº 1.002/69), a regra do art. 400 do Código de Processo Penal, devendo ser ressaltado que sua observância não traz, sob nenhuma hipótese, prejuízo à instrução nem ao princípio da paridade de armas entre acusação e defesa.*

O Ministro Toffoli também arguiu a tese de que a inobservância do CPP na hipótese em questão acarretaria prejuízo evidente à defesa dos acusados, em face dos correspondentes princípios constitucionais, pois a não realização de interrogatório ao final da instrução lhes subtrai a possibilidade de se manifestar, pessoalmente, sobre a prova acusatória coligida em seu desfavor (contraditório) e de, no exercício do direito de audiência (ampla defesa), influir na formação do convencimento do julgador, como ensina a doutrina do processo penal constitucional.

E ainda trouxe à colação as justas palavras de Juarez de Freitas no sentido de que se a norma especial colidir, parcial ou totalmente, com o princípio superior, há de preponderar esse último.[1]

O Ministro Toffoli recordou em seu voto que, afastando o princípio da especialidade, o STF tem assentado a prevalência das normas contidas no CPP em feitos criminais de sua competência originária, regidos pela Lei nº 8.038, de 28 de maio de 1990.

---

[1] FREITAS, Juarez. *A Sistemática do Direito*. 5. ed. São Paulo: Malheiros, 2010. p. 108.

Cumpre ainda consignar que a doutrina foi ao encontro da decisão do STF no HC nº 127.900. Assim, Manoel Jorge e Silva Neto e Cícero Robson Coimbra Neves, comentando a decisão, registraram:[2]

> Inaugurando com exemplo mais remoto, a Lei nº 11.719, de 20 de junho de 2008, alterou a dinâmica do processo penal comum, deslocando o ato de interrogatório para o final da instrução criminal, em claro prestígio à amplitude de defesa e ao contraditório, como ocorre na dinâmica da atual redação do art. 400 do CPP. Entretanto, no Código de Processo Penal Militar, o interrogatório continuou a ser o primeiro ato da instrução criminal (art. 404), até que o Supremo Tribunal Federal, no Habeas Corpus nº 127.900/ AM, julgado em 3 de março de 2016, sob relatoria do Ministro Dias Toffoli, decidiu pela inconstitucionalidade dos dispositivos do CPPM, impondo a aplicação da mesma dinâmica do processo penal comum.

Por sua vez, Ataliba Dias Ramos[3] bem registrou que tramita no Congresso Nacional o Projeto de Lei (PL) nº 9.436, de 2017, de autoria da Comissão de Relações Exteriores e de Defesa Nacional da Câmara dos Deputados, que busca alterar diversos artigos do CPPM, a fim de compatibilizar o regramento processual penal militar com o comum e com a Constituição Federal.

Nos termos da redação que o PL nº 9.436, de 2017, está dando ao art. 302 do CPP na atual fase de sua tramitação, "o interrogatório, que será realizado após a instrução, constitui meio de prova, e também de defesa do investigado ou acusado e será realizado na presença de seu defensor (NR)".[4]

Desse modo, muito provavelmente em breve a norma processual penal militar positivada estará na mesma linha da decisão do Supremo Tribunal Federal de que aqui tratamos e da qual foi relator o Ministro Dias Toffoli. Assim, cumpre também lembrar a importante atuação do Congresso Nacional, que deu maior efetividade ao direito de defesa, ao alterar o art. 400 do CPP, que serviu de fundamento para a decisão que ora comentamos, mediante a aprovação da Lei nº 11.719, de 2008, tendo a Corte Suprema sob a relatoria do Ministro Dias Toffoli no julgamento em pauta ratificado e reforçado a garantia constitucional da ampla defesa.

A esse respeito, recordamos as palavras do Ministro Ricardo Lewandowski, por ocasião do julgamento em pauta, ao votar com o relator, Ministro Dias Toffoli:

> (...) aderindo completamente aos argumentos de Vossa Excelência, queria apenas dizer o seguinte, até para fixar isso: longe de estarmos afrontando o princípio da separação dos Poderes, nós estamos prestando uma deferência aos legisladores, pois estamos interpretando o Código de Processo Penal exatamente na mesma linha que os legisladores o fizeram, em se tratando do Código de Processo Penal comum. Não há uma afronta, não há um

---

2   SILVA NETO, Manoel Jorge; NEVES, Cícero Robson Coimbra. Inconstitucionalidade por Espelhamento no Sistema de Persecução Penal Militar. *Revista Magister de Direito Penal e Processual Penal*, Porto Alegre, v. 19, n. 113, p. 89-108, abr./maio 2023.

3   RAMOS, Ataliba Dias. A decisão do Supremo Tribunal Federal e a nova sistemática do interrogatório nos termos do PL 9436/2017. *Revista do Ministério Público Militar*, Brasília-DF, Ano XLVII, Edição n. 38, p. 199-224, nov. 2022.

4   BRASIL. *Projeto de Lei nº 9.436, de 2017*. Altera dispositivos do Decreto-lei nº 1.002, de 21 de outubro de 1969 – Código de Processo Militar, bem como revoga o artigo 90-A da Lei nº 9.099, de 26 de setembro de 1995. Disponível em: https://www.camara.leg.br/proposicoesWeb/prop_mostrarintegra?codteor=2117344&filename=Tramitacao-PL%20 9436/2017. Acesso em: 20 ago. 2024.

choque. E mais, nós estamos prestando homenagem ao próprio princípio da ampla defesa da Constituição.

E também a ponderação do Ministro Celso de Mello:

Sabemos que a reforma processual penal estabelecida por legislação editada em 2008 revelou-se mais consentânea com as novas exigências estabelecidas pelo moderno processo penal de perfil democrático, cuja natureza põe em perspectiva a essencialidade do direito à plenitude de defesa e ao efetivo respeito, pelo Estado, da prerrogativa inelimínável do contraditório. Esta Suprema Corte, bem por isso, tendo presentes as inovações produzidas pelos diplomas legislativos que introduziram expressivas reformas em sede processual penal (como a Lei nº 11.719/2008), veio a adequar, mediante construção jurisprudencial, a própria Lei nº 8.038/90, fazendo incidir, nos processos penais originários, a regra que, fundada na já mencionada Lei nº 11.719/2008 (CPP, art. 400), definiu o interrogatório como o último ato da fase de instrução probatória, por entender que se tratava de medida evidentemente mais favorável ao réu (...).

Da decisão aprovada em 3 de março de 2016, nos termos do voto do Ministro Dias Toffoli, destacamos os itens seguintes:

(...)
4. A Lei nº 11.719/08 adequou o sistema acusatório democrático, integrando-o de forma mais harmoniosa aos preceitos constitucionais da Carta da República de 1988, assegurando-se maior efetividade a seus princípios, notadamente, os do contraditório e da ampla defesa (art. 5º, inciso LV).
5. Por ser mais benéfica (lex mitior) e harmoniosa com a Constituição Federal, há de preponderar, no processo penal militar (Decreto-Lei nº 1.002/69), a regra do art. 400 do Código de Processo Penal.
6. De modo a não comprometer o princípio da segurança jurídica (CF, art. 5º, XXXVI) nos feitos já sentenciados, essa orientação deve ser aplicada somente aos processos penais militares cuja instrução não se tenha encerrado, o que não é o caso dos autos, já que há sentença condenatória proferida em desfavor dos pacientes desde 29/7/14.
7. Ordem denegada, com a fixação da seguinte orientação: a norma inscrita no art. 400 do Código de Processo Penal comum aplica-se, a partir da publicação da ata do presente julgamento, aos processos penais militares, aos processos penais eleitorais e a todos os procedimentos penais regidos por legislação especial incidindo somente naquelas ações penais cuja instrução não se tenha encerrado.

Por fim, voltamos a sublinhar o que consideramos ponderação adequada do Ministro Dias Toffoli, como relator da matéria. Por um lado, fazendo valer a supremacia da Constituição, materializada no caso no direito à ampla defesa e, por outro, acolhendo também o princípio constitucional da segurança jurídica, em julgamento que teve elemento decisivo em norma legal aprovada pelo Congresso Nacional para melhor ajustar a garantia do direito de defesa à Lei Maior.

Realmente, trata-se de um julgado que merece destaque nos anais da Suprema Corte e nas páginas dos livros que se dedicam ao direito penal e ao direito processual penal.

2   A ADPF nº 779: inconstitucionalidade da tese da "legítima defesa da honra", prevalência da dignidade da pessoa humana e da igualdade de gênero

No julgamento da Arguição de Descumprimento de Preceito Fundamental (ADPF) nº 779, que iniciado em 2021 foi concluído em 2023, o Ministro Dias Toffoli também teve atuação fundamental na decisão adotada, como relator que foi da matéria, tendo o STF feito o enfrentamento de questão das mais relevantes e dramáticas da nossa realidade social, o feminicídio, com o qual não é possível qualquer contemporização caso pretendamos ser uma sociedade efetivamente civilizada.

Na ocasião, a Corte Suprema aprovou, por unanimidade, tese que materializa verdadeiro marco divisório no que se refere ao tratamento da igualdade de gênero pela Jurisdição Constitucional e que declarou a inconstitucionalidade da tese da chamada "legítima defesa da honra".

A esse respeito, a edição deste ano de 2024 do Atlas da Violência, recém-publicada no dia 21 de junho, sob a coordenação do Instituto de Pesquisa Econômica Aplicada (IPEA) e do Fórum Brasileiro de Segurança Pública (FBSP), registra que, entre os anos de 2012 e 2022, 48.289 mulheres foram assassinadas no Brasil, sendo que, somente no ano de 2022, foram 3.806 mortes, o que representa 3,5 homicídios a cada 100 mil mulheres.[5]

Conforme registrado nos autos da ADPF nº 779, a Comissão Interamericana de Direitos Humanos (CIDH), ainda em 2019, expressou sua preocupação pela prevalência alarmante de assassinatos de mulheres por motivo de estereótipo de gênero no Brasil e exortou o País "a implementar estratégias abrangentes para prevenir tais eventos e cumprir sua obrigação de investigar, julgar e punir os responsáveis; bem como oferecer proteção e reparação integral a todas as vítimas".

Além disso, o "Mapa da violência de 2015: Homicídio de mulheres no Brasil", lançado por instituições parceiras de direitos humanos (ONU Mulheres, Organização Pan-Americana da Saúde, Secretaria Especial de Políticas para as Mulheres, e Faculdade Latino-Americana de Ciências Sociais), registrava que o Brasil detinha a 5ª maior taxa de feminicídios do mundo.

Portanto, sob todos os aspectos é crucial a adoção de medidas para a superação da chaga do feminicídio no Brasil. E é nesse contexto que devemos compreender a decisão da Corte Suprema no julgamento da ADPF nº 779, ajuizada pelo Partido Democrático Trabalhista (PDT), com fulcro nos arts. 102, §2º e 103, VIII, da CF c/c art. 2º, I, da Lei nº 9.882, de 3 de dezembro de 1999, que conferem a partido político com representação no Congresso Nacional a legitimidade para propor essa espécie de ação; bem como com base no art. 1º, parágrafo único, I, da referida Lei, por se tratar de relevante controvérsia constitucional sobre lei ou ato normativo federal, estadual ou municipal, incluídos os anteriores à CF, como é o caso do CP e do CPP.

O objetivo da ADPF era obter interpretação conforme à Constituição para o art. 23, inciso II; para o art. 25, *caput* e parágrafo único, do Decreto-Lei nº 2.848, de 7 de

---

[5]   ESTRELA, Giovanna. Em 10 anos, mais de 48 mil mulheres foram assassinadas no Brasil. *Portal Metrópoles*, 26 mar. 2023. Disponível em: https://www.metropoles.com/brasil/em-10-anos-mais-de-48-mil-mulheres-foram-assassinadas-no-brasil. Acesso em: 20 ago. 2024.

1940 (Código Penal – CP) e para o art. 65 do CPP, a fim de impugnar a tese da "legítima defesa da honra" e fixar entendimento adequado acerca da soberania dos veredictos no tribunal do júri. Além disso, o objetivo da ADPF era que fosse dada interpretação conforme à CF, se a Corte entendesse necessário, para o art. 483, inciso III, §2º do CPP. Como é sabido, o art. 23, II, do CP, firma a excludente de ilicitude da legítima defesa e o art. 25, *caput*, estabelece que se entende estar situação de legítima defesa quem, usando moderadamente dos meios necessários, repele injusta agressão, atual ou iminente, a direito seu ou de outrem. O parágrafo único do mesmo art. 25 registra que, observados os requisitos previstos no *caput*, considera-se também em legítima defesa o agente de segurança pública que repele agressão ou risco de agressão a vítima mantida refém durante a prática de crimes. Por sua vez, o art. 483, inciso III, §2º do CPP, trata da chamada absolvição genérica ou por clemência pelo tribunal do júri.

Em seu voto condutor, destaca o Ministro Dias Toffoli:

> A ideia que subjaz à "legítima defesa da honra" – perdão do autor de feminicídio ou agressão praticada contra a esposa ou companheira adúltera – tem raízes arcaicas no direito brasileiro, constituindo um ranço, na retórica de alguns operadores do direito, de institucionalização da desigualdade entre homens e mulheres e de tolerância e naturalização da violência doméstica, as quais não têm guarida na Constituição de 1988.

Registrando que a tese da "legítima defesa da honra" pelo assassinato da esposa pelo marido encontrava guarida nas Ordenações Filipinas, e que o Código Criminal do Império do Brasil, de 1830, e também o primeiro Código Penal da República, de 1890, conquanto não trouxessem tal tétrica previsão eram extremamente desiguais na tipificação do adultério com relação aos gêneros, o Ministro Dias Toffoli pondera sobre tal prática:

> A partir de então, foi no discurso jurídico acerca da legítima defesa que se abriu espaço para a tolerância em relação aos homicídios cometidos por homens contra esposas consideradas adúlteras, visando à tutela da honra masculina, a qual era reforçada pela lei civil, que, trazendo conceitos como "mulher honesta" e "mulher já deflorada", conferia tratamento extremamente desigual entre os gêneros.
> (…)
> Percebe-se, portanto, o anacronismo da ideia de legítima defesa da honra, a qual remonta a uma concepção rigidamente hierarquizada de família, na qual a mulher ocupa posição subalterna e tem restringida sua dignidade e sua autodeterminação. Segundo essa percepção, o comportamento da mulher, especialmente no que se refere a sua conduta sexual, seria uma extensão da reputação do "chefe de família", que, sentindo-se desonrado, agiria para corrigir ou cessar o motivo da desonra.

E, contestando o uso da tese da "legítima defesa da honra" nos processos penais, conclui:

> Trata-se, além do mais, de tese violadora dos direitos à vida e à igualdade entre homens e mulheres (art. 5º, *caput* e inciso I, da CF), também pilares de nossa ordem constitucional. A ofensa a esses direitos concretiza-se, sobretudo, no estímulo à perpetuação do feminicídio e da violência contra a mulher. Com efeito, o acolhimento da tese da legítima defesa da honra tem a potencialidade de estimular práticas violentas contra as mulheres ao exonerar seus perpetradores da devida sanção.

Por todo o exposto, concluo que o recurso à tese da "legítima defesa da honra" é prática que não se sustenta à luz da Constituição de 1988, por ofensiva à dignidade da pessoa humana, à vedação da discriminação e aos direitos à igualdade e à vida, não devendo ser veiculada pela defesa, pela acusação, pela autoridade policial ou pelo juízo, direta ou indiretamente, no curso do processo penal nas fases pré-processual e processual, sob pena de nulidade do respectivo ato postulatório e do julgamento, inclusive quando praticado no tribunal do júri.

Cumpre também recordar que em seu voto a Ministra Cármen Lúcia anota como, infelizmente, a tese da "legítima defesa da honra" não é reminiscência de passado distante, mas está presente no Brasil contemporâneo:

> A submissão do corpo e da vida da mulher ao homem e sua morte era estabelecida como lícita e a adoção dessa tese pela defesa e acolhida pelo Júri é até mesmo aceita por uma parcela muito significativa da sociedade. A vitimização do réu nesses casos se faz indo em busca de informações sobre a mulher, "o que ela teria feito para merecer isso". Portanto, sendo merecedora do assassinato no caso do feminicídio, o homem não teria feito nada demais. Isso não é algo que esteja afastado da realidade brasileira de 2023.

Cabe igualmente lembrar o voto da Ministra Rosa Weber, no qual é feita descrição adequada da tese da "legítima defesa da honra". De acordo com a Ministra Rosa, "trata-se de construção jurídica, fundada em estereótipos de gênero e noções discriminatórias do papel social feminino, destinada a explorar o preconceito das pessoas comuns do Conselho de Sentença nos julgamentos perante o Tribunal do Júri".

Em sua decisão, a Corte Suprema, pela unanimidade dos Ministros, julgou integralmente procedente o pedido formulado na ADPF nº 779, conforme os termos do voto do Ministro Dias Toffoli, para:

> (i) firmar o entendimento de que a tese da legítima defesa da honra é inconstitucional, por contrariar os princípios constitucionais da dignidade da pessoa humana (art. 1º, inciso III, da CF), da proteção da vida e da igualdade de gênero (art. 5º, caput, da CF);
> (ii) conferir interpretação conforme à Constituição ao art. 23, inciso II, e 25, caput e parágrafo único, do Código Penal e ao art. 65 do Código de Processo Penal, de modo a excluir a legítima defesa da honra do âmbito do instituto da legítima defesa;
> (iii) obstar à defesa, à acusação, à autoridade policial e ao juízo que utilizem, direta ou indiretamente, a tese de legítima defesa da honra (ou qualquer argumento que induza à tese) nas fases pré-processual ou processual penais, bem como durante o julgamento perante o tribunal do júri, sob pena de nulidade do ato e do julgamento; e
> (iv) diante da impossibilidade de o acusado beneficiar-se da própria torpeza, fica vedado o reconhecimento da nulidade referida no item iii na hipótese de a defesa ter-se utilizado da tese da legítima defesa da honra com essa finalidade.
> Por fim, foi julgado procedente o pedido apresentado pelo requerente, conferindo-se também interpretação conforme à Constituição ao art. 483, inciso III, §2º, do CPP, entendendo-se que não fere a soberania dos veredictos do tribunal do júri o provimento de apelação que anule a absolvição fundada em quesito genérico, quando, de algum modo, possa implicar a repristinação da odiosa tese da legítima defesa da honra.

Por outro lado, cabe reconhecer aspecto polêmico presente na ADPF nº 779 e que diz respeito à relação entre a decisão adotada pelo STF e a instituição do tribunal do júri. A CF assegura a plenitude da defesa e a soberania dos veredictos (art. 5º, XXXVII, "*a*" e "*c*"). E, com base nesse reconhecimento constitucional, parcela da doutrina e dos operadores do direito expressa entendimento no sentido de que a tese da "legítima defesa da honra" está acolhida pela garantia constitucional da plenitude de defesa no âmbito do tribunal do júri.[6] Assim, afirma-se que o jurado pode absolver o réu com fulcro em argumentos de qualquer ordem, inclusive inconstitucionais ou não jurídicos, em face do art. 483 do CPP, que, ao dispor sobre a ordem de formulação dos quesitos, determina que sejam os jurados genericamente inquiridos se o acusado deve ser absolvido. Após indagações relativas à materialidade e à autoria delitiva, sobrevirá o questionamento definitivo acerca da absolvição do réu. A norma não afirma a possibilidade de absolvição por clemência, contudo, a amplitude do quesito a ser formulado ("O jurado absolve o acusado?") permitiu que opiniões nesse sentido prosperassem.[7]

Em contrapartida a essa perspectiva, outra parcela da doutrina e dos operadores do direito pondera que, juntamente com a plenitude de defesa, a soberania do veredito deve ser submetida à interpretação sistemática, que as harmonize com os demais princípios e direitos fundamentais constitucionais. No caso da ADPF nº 779, especialmente com os princípios da dignidade da pessoa humana e da igualdade de gênero entre homens e mulheres (art. 1º, III; art. 5º, I). Portanto, nessa perspectiva, a plenitude de defesa não tem o alcance irrestrito que alguns proclamam.[8]

Especificamente quanto à soberania dos veredictos, cabe ponderar que embora o tribunal de apelação possa cassar a absolvição e ordenar um novo julgamento, não poderá reformar a sentença e exarar acórdão que verse sobre o mérito da causa. Como bem salientado por Gustavo Badaró:[9]

> A soberania dos veredictos deve ser entendida como a impossibilidade de outro órgão judiciário substituir os jurados na decisão da causa. Não significa, portanto, poder absoluto ou ilimitado dos jurados, o que faria com que se tivesse que admitir como válido um julgamento que apresentasse resultado ilegal ou arbitrário. (…) A decisão dos jurados não é substituída pelo Tribunal de Justiça, que se limita a cassá-la, determinando que novo julgamento seja proferido. A soberania significa que o tribunal popular dará a última palavra quanto ao mérito do crime de competência do júri. Entretanto, não significa que haverá um único veredito.

Ainda sobre a compatibilidade da soberania das decisões do tribunal do júri com a possibilidade de apelação contra tais decisões em nosso direito, o Ministro Edson Fachin muito apropriadamente recordou em seu voto palavras do então deputado Gustavo Capanema, relator na Câmara dos Deputados do projeto que resultou na Lei nº 263, de 23 de fevereiro de 1948, que à luz da Constituição de 1946, dispôs sobre o

---

[6]   *V.g.* LACERDA, Nilson Luis, Absolvição por clemência à luz da soberania dos veredetos: (im)possibilidade de apelação contra decisão manifestamente contrária à prova dos autos? *Revista EMERJ*, Rio de Janeiro, v. 25, n. 2, p. 9-21, jul./dez. 2023.

[7]   Cf. ABBOUD, Georges; SCAVUZZI, Maira; KROSCHINSKY, Mathaus, A controlabilidade do discurso no Tribunal do Júri – A legítima defesa da honra e a condição feminina. *Revista dos Tribunais*, v. 1061, p. 95-113, mar. 2024.

[8]   Cf. ABBOUD, Georges; SCAVUZZI, Maira; KROSCHINSKY, Mathaus, A controlabilidade do discurso no Tribunal do Júri – A legítima defesa da honra e a condição feminina. *Revista dos Tribunais*, v. 1061, p. 95-113, mar. 2024.

[9]   Citado por ABBOUD, Georges; SCAVUZZI, Maira; KROSCHINSKY, Mathaus, A controlabilidade do discurso no Tribunal do Júri – A legítima defesa da honra e a condição feminina. *Revista dos Tribunais*, v. 1061, p. 95-113, mar. 2024.

tribunal do júri e que inclusive tratava da apelação contra suas decisões. Dizia então o ilustre homem público mineiro:

> A apelação da decisão do júri, quando contrária à evidência do processo e para submeter o réu ao julgamento de novo júri, foi instituída em nosso país pela Lei n. 261, de 3 de dezembro de 1841, que reformou o Código do Processo Criminal de 1832. *Malgrado as críticas desde logo suscitadas, o princípio perdurou*. Sobre a matéria, doutrinava Pimenta Bueno: "Temos ouvido algumas opiniões manifestarem-se contra essa disposição da lei, mas pensamos que elas não têm razão. O júri tem sem dúvida o direito de decidir segundo sua convicção, mas convicção sincera e moral, que não pode nem deve contrariar a evidência das provas e debates concludentes; e que quando contraria, faz duvidar da sua boa fé e imparcialidade, ou supor um erro substancial. O injusto é sempre injusto, qualquer que seja o tribunal que o profira. O recurso, portanto, não desnatura a instituição; só o que é verdadeiramente justo é que apoia a liberdade e com ela a ordem pública".

Cumpre ainda recordar o registro que o Ministro Dias Toffoli faz em seu voto de lição esclarecedora do sempre lembrado Ministro Celso de Mello, no sentido de que

> não há garantias individuais de ordem absoluta, mormente com o escopo de salvaguardar práticas ilícitas. Logo, a cláusula tutelar da plenitude de defesa, invocada para sustentar a tese de "legítima defesa da honra", teria a função ultrajante de salvaguardar a prática ilícita do feminicídio ou de qualquer outra forma de violência contra a mulher, o que é inaceitável em um país em que a vida é considerada o bem jurídico mais valioso, por opção inequívoca da CF de 1988.

Cabe reconhecer, ainda, que no âmbito da ADPF nº 779, há conflito efetivo e real entre normas constitucionais. De um lado, a dignidade da pessoa humana, a igualdade entre homens e mulheres, o direito à vida, garantias da Lei Maior (arts. 1º, III e 5º, *caput* e I). De outro, a instituição do júri ao qual a CF assegura a plenitude de defesa e a soberania dos veredictos (art. 5º, XXXVIII, "a" e "c"). E, consoante a doutrina e a prática da Jurisdição Constitucional, frente a conflito de normas constitucionais efetivo e real, cabe resolvê-lo para garantir a integridade e a harmonia da Constituição. Para tanto, por vezes, no caso concreto das normas em conflito real e efetivo, uma deve preponderar e, por consequência, outra deve ceder. Assim, no caso da ADPF nº 779 prevaleceram a dignidade do ser humano, a igualdade de gênero e o direito à vida.

De outra parte, registre-se que o Congresso Nacional vem dando passos decisivos no sentido da superação da nossa desigualdade histórica entre os gêneros também no campo prevenção e da repressão da violência endêmica contra a mulher, com a aprovação de uma série de medidas nesse sentido, cujo marco basilar é a Lei nº 11.340, de 7 de agosto de 2006 (Lei Maria da Penha), que, nos termos de sua ementa, criou mecanismos para coibir a violência doméstica e familiar contra a mulher de forma a prevenir, punir e pôr fim a essa espécie de agressão.

Também devemos fazer menção à Lei nº 11.340, de 9 de março de 2015, que alterou o CP para definir o feminicídio como o homicídio qualificado contra a mulher por razões da condição de sexo feminino (art. 121, §2º, VI, do CP), considerando-se que há tais razões quando o crime envolve violência doméstica e familiar e/ou menosprezo ou discriminação à condição de mulher (art. 121, §2º-A, do CP).

Mais próxima da decisão da ADPF nº 779, cumpre também registrar a ainda recente Lei nº 14.245, de 22 de novembro de 2021 (Lei Mariana Ferrer), que coíbe a prática de atos atentatórios à dignidade da vítima e de testemunhas e estabelece causa de aumento de pena no crime de coação no curso do processo, mediante alterações no CP, no CPP e na Lei nº 9.099, de 26 de setembro de 1995 (Lei dos Juizados Especiais Cíveis e Criminais). Da Lei nº 14.245, de 2021, destacamos os arts. 400-A e 474-A acrescidos ao CPP, e que estão plenamente em linha com a decisão adotada na ADPF nº 779, especialmente quanto ao seu item "iii", que como visto acima, obsta às partes, ao juízo e à autoridade policial, que utilizem, direta ou indiretamente a tese da "legítima defesa da honra" em todo o curso do processo.

Ademais, por especialmente relevante para o contexto de que aqui tratamos, cabe registrar que o Senado Federal aprovou no ano de 2022 o Projeto de Lei (PL) nº 2.325, de 2021, da iniciativa da Senadora Zenaide Maia e que está alinhado com a ADPF nº 799, cuja medida liminar foi também inspiração para sua apresentação. Nos termos do art. 65 da CF, a proposição foi encaminhada à Câmara dos Deputados para revisão, tendo sido apensada ao PL nº 781, da deputada Renata Abreu, também de 2021, que trata da mesma matéria. Na Comissão de Constituição e Justiça e de Cidadania da Câmara, foi aprovado parecer favorável aos dois projetos, sob a forma de Substitutivo, em dezembro de 2023, estando a matéria pronta para a pauta do Plenário da Câmara dos Deputados.

Conforme o Substitutivo, está sendo acrescentado §2º ao art. 25 do CP para dispor que não se considera em legítima defesa aquele que, a pretexto de defesa da honra, intimidade ou imagem do agente ou de terceiros, por ação ou omissão, pratica infração penal contra mulher em situação de violência doméstica e familiar, nos termos da Lei Maria da Penha, ou em casos de feminicídio. Ademais, está sendo também alterada a alínea "a" do inciso III do art. 65 do CP para dispor que não se considera que o crime tenha sido cometido por motivo de relevante valor moral ou social, quando se tratar do crime de violência doméstica e familiar, nos termos da Lei Maria da Penha, ou de feminicídio. E igualmente está sendo alterado o §1º do art. 121 do CP para estabelecer que, em caso de crime de violência doméstica e familiar, nos termos da Lei Maria da Penha, e de feminicídio, não se aplica a redução de pena prevista no dispositivo.

Enfim, conforme palavras do Ministro Alexandre de Moraes ao somar-se ao voto do Ministro Dias Toffoli na ADPF nº 779, o tema do feminicídio exige a atuação conjunta de todos os Poderes da República e da sociedade como um todo, a fim de pôr cabo não somente ao discurso discriminatório, mas à impunidade daqueles envolvidos em crimes tão selvagens, cruéis e desumanos. E, nesse diapasão, o voto do Ministro Dias Toffoli mostrou que a técnica pode caminhar junto à sensibilidade a favor de uma causa tão nobre quanto à igualdade de gênero.

Conclusão

Caminhamos para a conclusão da nossa participação nesta justa e oportuna homenagem. Como acima registrado, optamos por tratar de duas entre as decisões da Corte Suprema especialmente relevantes que tiveram o Ministro Dias Toffoli como relator, conduzindo o STF no enfrentamento de temas fulcrais para a nossa Jurisdição Constitucional.

No julgamento do *Habeas Corpus* nº 127.900, a decisão foi no sentido da afirmação do direito de defesa, com o resguardo da segurança jurídica. Na ADPF nº 779, foi afirmada a inconstitucionalidade da tese da "legítima defesa da honra", com prevalência da dignidade da pessoa humana e da igualdade de gênero.

Em ambos os casos, sem embargo de suas especificidades, sob a condução do Ministro Dias Toffoli, o STF concluiu pela reafirmação da supremacia da Constituição e da Jurisdição Constitucional, seja em face de normas pretéritas à Lei Maior, no caso do HC, seja em face de costumes perversos e arraigados, no caso da ADPF nº 779.

E, sobre o reforço e a ampliação da Jurisdição Constitucional efetivados pela CF de 5 de outubro de 1988, que conferiu expressamente à Corte Suprema a sua guarda, missão que vem sendo efetivamente cumprida, lembramos as palavras de José Afonso da Silva, ao comentar o art. 102, *caput*, da Lei Maior:

> Outrora se dizia que o STF era "guarda e oráculo da Constituição". Mas não era dicção constitucional. Só agora a Constituição, no artigo em comentário, o qualifica como *guarda da Constituição*. Isso vale, em primeiro lugar, dizer que ele é o intérprete maior da Constituição, que nessa matéria suas decisões valem como entendimento último do texto constitucional; em segundo lugar, significa que ele constitui o centro da jurisdição constitucional, mormente como Tribunal constitucional concentrado.[10]

Por fim, reiteramos os agradecimentos ao convite com que nos honraram os organizadores, para estarmos presentes nesta coletânea em homenagem ao Ministro Dias Toffoli, nos seus 15 anos de Jurisdição Constitucional e de sua ativa presença no Pretório Excelso.

Referências

ABBOUD, Georges; SCAVUZZI, Maira; KROSCHINSKY, Mathaus, A controlabilidade do discurso no Tribunal do Júri – A legítima defesa da honra e a condição feminina. *Revista dos Tribunais*, v. 1061, p. 95-113, mar. 2024.

BRASIL. *Projeto de Lei nº 9.436, de 2017*. Altera dispositivos do Decreto-lei nº 1.002, de 21 de outubro de 1969 – Código de Processo Militar, bem como revoga o artigo 90-A da Lei nº 9.099, de 26 de setembro de 1995. Disponível em: https://www.camara.leg.br/proposicoesWeb/prop_mostrarintegra?codteor=2117344&filename=Tramitacao-PL%209436/2017. Acesso em: 20 ago. 2024.

ESTRELA, Giovanna. Em 10 anos, mais de 48 mil mulheres foram assassinadas no Brasil. *Portal Metrópoles*, 26 mar. 2023. Disponível em: https://www.metropoles.com/brasil/em-10-anos-mais-de-48-mil-mulheres-foram-assassinadas-no-brasil. Acesso em: 20 ago. 2024.

FREITAS, Juarez. *A Sistemática do Direito*. 5. ed. São Paulo: Malheiros, 2010.

LACERDA, Nilson Luis, Absolvição por clemência à luz da soberania dos veredictos: (im)possibilidade de apelação contra decisão manifestamente contrária à prova dos autos? *Revista EMERJ*, Rio de Janeiro, v. 25, n. 2, p. 9-21, jul./dez. 2023.

SILVA, José Afonso da. *Comentário Contextual à Constituição*. São Paulo: Malheiros, 2005.

---

10 SILVA, José Afonso da. *Comentário Contextual à Constituição*. São Paulo: Malheiros, 2005. p. 536.

SILVA NETO, Manoel Jorge; NEVES, Cícero Robson Coimbra. Inconstitucionalidade por Espelhamento no Sistema de Persecução Penal Militar. *Revista Magister de Direito Penal e Processual Penal*, Porto Alegre, v. 19, n. 113, p. 89-108, abr./maio 2023.

Informação bibliográfica deste texto, conforme a NBR 6023:2018 da Associação Brasileira de Normas Técnicas (ABNT):

PACHECO, Rodrigo Otávio Soares. Homenagem aos 15 anos de Jurisdição Constitucional do Ministro Dias Toffoli. *In*: MENDES, Gilmar Ferreira; LIRA, Daiane Nogueira de; FREIRE, Alexandre (coord.). *Constituição, democracia e diálogo*: 15 anos de Jurisdição Constitucional do Ministro Dias Toffoli. 2. ed. Belo Horizonte: Fórum, 2025. p. 1549-1561. ISBN 978-65-5518-937-7.

O QUARTO PODER: ORIGINALIDADE E PECULIARIDADE DA CONSTITUIÇÃO DE 1824 – UM CONTRIBUTO AO VOTO DO MINISTRO DIAS TOFFOLI NA ADI Nº 6457

RONALD CHRISTIAN ALVES BICCA
ROBERTA MARIA RANGEL

1 Introdução

O Supremo Tribunal Federal, por ocasião do julgamento da Ação Direta de Inconstitucionalidade nº 6457, proposta pelo Partido Democrático Trabalhista (PDT) contra os arts. 1º, *caput*; e 15, *caput* e §§1º, 2º e 3º da Lei Complementar Federal nº 97, de 09.06.1999, que dispõe sobre as normas gerais para a organização, o preparo e o emprego das Forças Armadas (com as alterações das Leis Complementares nº 117, de 2.9.2004 e nº 136, de 25.8.2010) decidiu, por unanimidade, julgá-la parcialmente procedente, para conferir interpretação conforme aos citados dispositivos da Lei Complementar nº 97/1999.

Na ocasião, o Supremo Tribunal Federal, dentre outras considerações, ressaltou que "(i) [a] missão institucional das Forças Armadas na defesa da Pátria, na garantia dos poderes constitucionais e na garantia da lei e da ordem não acomoda o exercício de poder moderador entre os poderes Executivo, Legislativo e Judiciário". Ao proferir seu voto em tal ação de controle concentrado, o Ministro Dias Toffoli destacou, com bastante ênfase, que o Poder Moderador foi previsto apenas na Constituição do Império (1824), discorrendo, com maestria, dentro do espaço de um voto e fora do escopo acadêmico, sobre seu histórico e o papel desse quarto Poder na ordem constitucional então vigente.

No sentido de reforçar o referido voto, os autores do presente artigo pretendem demonstrar seu acerto, fazendo uma análise que julgam enriquecer o debate levantado na manifestação do Ministro Dias Toffoli naquela oportunidade. No caso, trazem peculiaridades e curiosidades em relação a esse quarto Poder, no intuito de contribuírem com as razões trazidas pelo Ministro em tal julgamento.

2 Constitucionalismo no século XIX

Ainda no ensejo do transcurso do segundo centenário da Constituição de 25 de março de 1824 – a primeira e a mais duradoura das Cartas Magnas que nosso país já teve – numerosos comentários vêm sendo divulgados, em artigos e em livros de autoria coletiva, por juristas e historiadores.[1]

No presente artigo, a partir de um levantamento de Direito Constitucional comparado do século XIX e de uma adequada contextualização histórica, pretende-se destacar o caráter inovador e peculiar da Constituição Imperial no tocante a um quarto Poder neutro ou moderador, que não foi assimilado nem imitado pelos textos constitucionais de outros países, tornando-se assim uma singularidade da nossa primeira Constituição – bem como da Constituição que em 1826 D. Pedro I outorgou a Portugal e que vigorou quase ininterruptamente e com poucas emendas até o fim da Monarquia lusa, em 1910.[2]

Historicamente falando, a Constituição de 1824 foi uma das primeiras promulgadas no século XIX – um século no qual, como norma quase geral, numerosas monarquias que nunca tiveram Constituições escritas, redigiram e adotaram esse Instrumento.

O fato de não terem antes constituições escritas não significa, como geralmente se supõe, que tenham sido sempre monarquias absolutas ou absolutistas, no sentido pejorativo que tais designações adquiriram com o tempo e até hoje conservam na linguagem corrente. De fato, nas monarquias tradicionais constituídas e consolidadas no Medievo europeu, não havia nada que se parecesse com a separação de poderes tal como a preconizada pelo barão Charles-Louis de Montesquieu em *O Espírito das Leis*.[3]

---

[1] Veja-se, à guisa de exemplo, a coletânea *No Bicentenário da Constituição de 1824: estudos sobre a formação constitucional do Brasil Império*, organizada por Ibsen Noronha e publicada no corrente ano de 2024, com prefácio do Príncipe D. Bertrand de Orleans e Bragança, em edição conjunta luso-brasileira (NORONHA, Ibsen (Org.). *No Bicentenário da Constituição de 1824*: estudos sobre a formação constitucional do Brasil Império. São Luís-Porto: Livraria Resistência Cultural e Editora Caminhos Romanos, 2024. p. 530). Dessa obra coletiva participaram cerca de 20 juristas ou historiadores portugueses e brasileiros, entre os quais o autor do presente artigo. Veja-se também *A Constituição do Império do Brasil de 1824: edição comemorativa de 200 anos, comentada*, organizada por Rafael Nogueira e com a participação de sete autores (NOGUEIRA, Rafael (Org.). *A Constituição do Império do Brasil de 1824*: edição comemorativa de 200 anos. São Paulo: LVM Editora, 2024. p. 208).

[2] Intitulada "Carta Constitucional da Monarquia Portuguesa", foi outorgada por D. Pedro enquanto D. Pedro IV de Portugal a 29 de abril de 1826, três dias antes de abdicar em favor de sua filha D. Maria da Glória. Vigorou até maio de 1828, quando as Cortes restauraram a monarquia tradicional e aclamaram como rei D. Miguel I. Voltou a viger de agosto de 1834, depois de derrotado e deposto D. Miguel I, até setembro de 1836, quando uma revolução liberal suspendeu-a e restaurou a Constituição liberal elaborada pelas Cortes de 1821-1822; e voltou novamente a reger os destinos de Portugal em janeiro de 1842, em virtude de outro golpe de estado permanecendo, depois disso, em vigor e com poucas emendas até o fim da monarquia lusa, em outubro de 1910. Teve, no total, 72 anos de vigência e foi a mais longeva de todas as Constituições portuguesas. Seu texto integral pode ser encontrado em: *Carta Constitucional da Monarquia Portuguesa*, de 1826. Disponível em: https://www.parlamento.pt/Parlamento/Documents/CartaConstitucional.pdf. Acesso em: 26 jul. 2024. Um quadro comparativo entre as duas Constituições petrinas, a brasileira de 1824 e a portuguesa de 1826, pode ser encontrado em: PINHEIRO-FERREIRA, Silvestre. *Observações sobre a Carta Constitucional do Reino de Portugal e a Constituição do Imperio do Brazil*. Paris: Off. Typ. de Casimir, 1831.

[3] A edição original dessa obra que influenciaria a fundo a redação da Constituição norte-americana e, depois disso, a maior parte das Constituições modernas, foi publicada em Genebra, em 1748 (MONTESQUIEU, Baron Charles-Louis de. Genève: *De l'Esprit des loix. Ou du rapport que les loix doivent avoir avec la constitution de chaque gouvernement, les moeurs, le climat, la religion, le commerce, &c. à quoi l'auteur a ajouté des recherches nouvelles sur les loix romaines touchant les successions, sur les loix françoises, & sur les loix féodales*. Genève: Barrillot & Fils, 1748).

RONALD CHRISTIAN ALVES BICCA, ROBERTA MARIA RANGEL

O QUARTO PODER: ORIGINALIDADE E PECULIARIDADE DA CONSTITUIÇÃO DE 1824 – UM CONTRIBUTO AO VOTO DO MINISTRO DIAS TOFFOLI... | 1565

Na verdade, nas monarquias tradicionais formadas organicamente na sociedade medieval, mesmo quando as funções de governo – fossem elas de caráter legislativo, executivo ou judiciário – se concentrassem na pessoa do soberano, isso não significava que a autoridade deste não fosse limitada. Havia limites para ela, determinados sobretudo pelos costumes praticados pelos povos. Recorde-se, a propósito, que no Medievo os costumes eram fontes do Direito, a par do Direito Natural, garantido este, paralelamente, pela influência de ordem moral sempre sentida das autoridades eclesiásticas.[4] Existiam limites que um monarca, conquanto em tese absoluto, na prática jamais ousaria transpor. Havia ainda, pontualmente, acordos explícitos pactuados e até jurados entre certos monarcas e seus súditos, que faziam força de lei e eram respeitados por ambas as partes.

O exemplo mais conhecido deles é a célebre *Magna Carta*, pela qual o clero e a nobreza da Inglaterra limitaram em 1215 os poderes do rei João Sem-Terra. Esse documento é considerado o mais remoto antecessor não somente do moderno Direito Constitucional, mas também da própria noção moderna de Direitos Humanos.[5] Menos conhecido, mas também de grande importância histórica foi a *Aranybulla* (Bula de Ouro*)* pela qual, em 1222, a nobreza magiar limitou significativamente os poderes considerados abusivos do rei André II. Esse pacto medieval manteve força legal e foi obedecido pelos reis da Hungria durante séculos, até a revolução húngara de 1848.[6]

Carece de razão, pois, quem suponha que o simples fato de um regime monárquico que não tenha uma Constituição escrita, no sentido moderno e corrente do termo, seja necessariamente absolutista e antidemocrático. Talvez nenhuma Constituição democrática seja tão sólida e perene quanto a inglesa, que se baseia nos costumes assentados e nunca foi formalizada por um documento escrito. Existiam no passado, em diversas nações, costumes governativos que, embora não formalizados em Constituições *stricto sensu* – e às vezes nem sequer escritos, na prática eram sempre observados e se impunham a todos, soberanos e súditos, à maneira de leis fundamentais que ninguém ousava violar. É por isso que teóricos e historiadores do monarquismo distinguem, como entidades diferentes, as "Constituições históricas" e as "Constituições escritas".

---

[4]   Sobre o Direito Natural, enquanto fonte do Direito Positivo, ver: TAPARELLI D´AZEGLIO, Luigi. *Essai théorique de Droit Naturel*. 3. ed. Tournai: Vve. H. Casterman, 1883. Sobre o Direito medieval *in genere*, e especificamente sobre o Direito Natural transcendente e baseado na concepção religiosa prevalecente na Idade Média, ver: NORONHA, Ibsen. *Lições de História da Cultura Jurídica*. Porto- Coimbra: Editora Caminhos Romanos, 2024. p. 91-50. Sobre a Escola Racionalista de Direito Natural, desenvolvida no século XVIII a partir de Hugo Grotius, com bases laicas e não transcendentes, ver: NORONHA, Ibsen, *op. cit.*, p. 208-253. Sobre o jusnaturalismo racionalista em Portugal do século XVIII, ver: BICCA, Ronald. *Breve História da Advocacia Pública, do Ministério Público e da Advocacia de Estado*: uma investigação luso-brasileira. São Luís: Livraria Resistência Cultural Editora, 2023. p. 67-68; MARCOS, Rui Manuel de Figueiredo. *A História do Direito e o seu Ensino na Escola de Coimbra*. Coimbra: Edições Almedina, 2014. p. 35-54; MARCOS, Rui Manuel de Figueiredo. *História da Administração Pública*. Coimbra: Edições Almedina, 2016. p. 50-62; e VILLEY, Michel. *A formação do pensamento jurídico moderno*. São Paulo: Martins Fontes, 2005. p. 612-674.

[5]   *Magna Charta Libertatum, seu Concordiam inter regem Johannen at barones pro concessione libertatum ecclesiae et regni angliae* (Grande Carta das liberdades, ou concordata entre o rei João e os barões para a concessão das liberdades da Igreja e do reino inglês). Ver seu texto integral e comentado em: HOWARD, A. E. D. *Magna Carta, text and commentary*. Coll. Magna carta essays. Charlottesville: University press of Virginia, 1964. v. I.

[6]   Ver, a respeito desse curioso documento medieval: BLAZOVICH, László. The origins of the Golden Bull and its most important provisions as reflected in Hungarian constitutional and legal history. In: LAJOS, Besenyei; ERSZEGI, Geza; GORLERO, Maurizio Pedrazza. *De Bulla Aurea Andreae Regis Hungariae MCCXXII*. Verona: Edizioni Valdonega, 1999. p. 181-190; ÉRSZEGI, Géza. A history of the genesis of the Golden Bull and how it was handed down through the ages, with comments on its text. In: LAJOS, Besenyei; ERSZEGI, Geza; GORLERO, Maurizio Pedrazza. *De Bulla Aurea Andreae Regis Hungariae MCCXXII*. Verona: Edizioni Valdonega, 1999. p. 191-201.

Não havia, por exemplo, nenhuma Constituição escrita e nenhum texto legal na França de fins do século XVI que determinasse a religião do soberano, mas era consuetudinariamente de consenso que ele deveria ser católico. Por razões históricas que se perdiam na noite dos tempos, não poderia o rei da França ser de outra religião. Por isso, quando o calvinista Henrique III, rei de Navarra, herdou a coroa da França, a população de Paris se recusou a recebê-lo enquanto não se tornasse católico. Foi somente depois de ele ter abjurado o calvinismo e se convertido oficialmente ao catolicismo que a cidade lhe abriu as portas e ele pode ser reconhecido, em 1589, como Henrique IV, rei da França.

De fato, o Direito Constitucional é mais antigo e mais amplo do que parece. Não procede ele necessariamente de uma Constituição escrita, promulgada e em vigor, mas pode ter raízes anteriores, mais profundas e por vezes nem sequer formalizadas. É o que reconheceu, já no século XIX, o grande constitucionalista francês Rodolphe Dareste:

> Por vezes, o direito constitucional escrito se reduz a um único documento, qualificado como Constituição, Carta ou Estatuto fundamental; mas por vezes há que procurá-lo em uma série de leis, ditas constitucionais, fundamentais ou orgânicas, que muitas vezes datam de épocas muito diversas; em todas as partes ele deve ser completado pelo costume e pela tradição que em alguns casos, como no da Inglaterra, formam a base do direito público e relegam a lei escrita a um papel secundário e menor. As Constituições, onde elas existem, geralmente oferecem exposições incompletas do direito público e consagram desenvolvimentos muito desiguais aos diversos ramos desse direito: umas se limitam a expor em linhas gerais as relações dos poderes públicos (Espanha, Itália etc.), outras regulamentam essas mesmas relações com certa minúcia (Países Baixos, Saxe, Wurttemberg, Hamburgo); um grande número delas se empenham na definição e enumeração dos "direitos dos cidadãos" para lhes assegurar uma solene garantia; algumas, incursionando no terreno propriamente dito administrativo, ocupam-se de questões concretas de finanças (Saxe), ou da situação do funcionalismo público (Wurttemberg). Essa extrema diversidade se explica pelo caráter e sobretudo pelo desenvolvimento histórico de cada nação.[7]

Na monarquia tradicional portuguesa, antes de o modelo absolutista do século XVIII se implantar, também havia limites à autoridade – teoricamente já absoluta – do monarca, até mesmo em matéria administrativa. As municipalidades, por exemplo, gozavam de muito ampla autonomia e se governavam localmente sem interferência do poder régio, por um sistema consuetudinariamente praticado desde tempos imemoriais. Usufruíam também de direitos de autonomia e privilégios respeitados pelos reis às Corporações de Ofício, assim como às Universidades e às Santas Casas – sem falar nas instituições eclesiásticas, que gozavam de direitos e privilégios tão extensos que quase constituíam uma semi-soberania. Até mesmo em matéria tributária a autoridade dos reis absolutos era limitada; clero e nobreza eram isentos de impostos, mas o povo pagante não ficava sujeito ao arbítrio total do fisco:

> Para se ter ideia da autonomia de que gozava o povo em Portugal, basta lembrar que os reis não criavam um imposto novo, ou modificavam a destinação de um antigo, sem prévio

---

[7] DARESTE, F. R.; DARESTE, P. *Les Constitutions modernes. Recueil des Constitutions actuellement en vigueur dans les divers états d'Europe, d'Amérique et du monde civilisé traduites sur les textes et accompagnées de notices historiques et de notes explicatives.* 2. ed. Paris: Augustin Challamel, Éditeur, 1891. v. 2. p. XIV.

consentimento da chamada *"Casa dos Vinte e Quatro"* (organismo que reunia os representantes dos ofícios mecânicos de Lisboa e, como tal, representava o elemento popular do Reino), ou, conforme o caso, das Cortes Gerais (grandes assembleias convocadas de tempos em tempos pelo monarca, da qual participavam representantes das três classes, ou, como se chamavam, dos três *Braços* ou *Estados* da nação: Clero, Nobreza e Povo). Tão firme e estabelecida era, consuetudinariamente, essa praxe, que causou grande escândalo o fato de o Marquês de Pombal ter, em 1762, restabelecido unilateralmente um antigo imposto, a *"décima sobre todos os bens, rendas, ordenados, maneios e ofícios deste Reino para se acudir às despesas da guerra".*[8]

Sem dúvida, na etapa final do *Ancien Régime* ocorreu em quase toda a Europa um acentuado processo de hipertrofia do poder real, com a centralização das funções governativas na pessoa do monarca, que se identificava com o próprio Estado. No caso português, o auge dessa fase pode ser situado no prolongado governo de Sebastião José de Carvalho e Melo, marquês de Pombal, ministro todo-poderoso do rei D. José I, que reinou de 1750 a 1777. É a essa fase da história das instituições monárquicas que se pode designar adequadamente como absolutista. Se o absolutismo hipertrofiou o poder régio, paradoxalmente o enfraqueceu, porque o isolou dos seus naturais pontos de apoio na estrutura da sociedade. Na verdade, pode-se, nesse sentido, dizer que o absolutismo consistiu num desvirtuamento do próprio princípio monárquico e afinal, por via de consequência, preparou a Revolução Francesa.[9]

Essa Revolução marcou o ponto de partida e, ao mesmo tempo, tornou-se o grande referencial para todo o moderno Direito Constitucional. Apenas uma grande Constituição escrita – a norte-americana – começou a ser elaborada em 1787, um pouco antes da Revolução Francesa, mas somente entrou em vigor dois anos depois, precisamente no mesmo ano em que a tomada da Bastilha, ocorrida a 14 de julho de 1789, desencadearia o processo revolucionário francês.[10]

A Constituição norte-americana é, ao mesmo tempo, a mais antiga e a mais sucinta e breve das Constituições nacionais escritas. Possui apenas 7 artigos, que no texto manuscrito original ocupam não mais do que 5 páginas. Ao longo de seus 235 anos de existência, recebeu tão somente 27 emendas, adicionadas ao seu texto original à maneira de apêndices. As 10 primeiras emendas consagram direitos individuais dos cidadãos norte-americanos, sendo por isso designadas, coletivamente, como *Bill of Rights* (Carta de Direitos). As demais foram sendo introduzidas gradativamente, à medida que as circunstâncias o exigiam, mas sempre de modo muito parcimonioso. A estabilidade da Lei Magna sempre foi grandemente prezada nos Estados Unidos.

---

8   SANTOS, Armando Alexandre dos. *Parlamentarismo, sim!* Mas à brasileira: com Monarca e com Poder Moderador eficaz e paternal. São Paulo: Artpress, 2015. p. 134-135.

9   SANTOS, A. A. dos. *Parlamentarismo, sim!*(...), p. 139-40.

10   Antes da Constituição norte-americana, já em 1755 houve uma primeira e fugaz constituição escrita instaurada na ilha da Córsega por Pascal Paoli (1725-1807), militar e político que chefiava a luta dos corsos contra a dominação genovesa. Pela Constituição de Paoli, que data de 1755, a Córsega independente se organizaria com um sistema de separação dos poderes, podendo até mesmo mulheres, em determinados casos, exercer o direito de voto. A cessão da Córsega à França, feita pela República de Gênova, e a tomada da ilha pelas tropas francesas puseram fim, em 1769, ao sistema instaurado por Paoli. Ver, a respeito, *Enciclopedia Universal Ilustrada Europeo-Americana.* Madrid: Espasa-Calpe, 1920, verbetes "Córcega" (t. XV, p. 506-510) e "Pascual Paoli" (t. XLI, p. 919).

Entretanto, se a Constituição Federal norte-americana caracteriza-se pela brevidade textual e por sua admirável estabilidade, o mesmo não se dá com as Constituições dos Estados componentes da Federação:

> Os Estados Unidos apresentam o contraste evidente de uma Constituição Federal secular (17 de setembro de 1787), intacta na sua forma primitiva apesar das emendas que lhe foram acrescentadas, e ao mesmo tempo ter Constituições particulares nos Estados submetidas a um contínuo e quase sistemático processo de revisão. Tal atividade constitucional, longe de arrefecer, parece pelo contrário ter-se acelerado (…). Um publicista americano (Hitchcock, *American States Constitutions*, 1887) calculou que no período que se estende de 1777 até 1860, 69 Constituições diferentes e 101 emendas foram aprovadas no conjunto dos 32 Estados que em 1860 compunham a União; no período de 27 anos que vai de 1860 até 1887, 35 novas Constituições e 114 emendas são registradas no balanço da história constitucional dos 38 Estados existentes em 1887. E nessas cifras não foram computadas as revisões constitucionais descartadas pelo sufrágio popular: 6 Constituições e 28 projetos de emenda foram dessa forma rejeitadas.[11]

Se a Constituição federal americana se cinge a princípios gerais por sua natureza permanente e imutável, as Constituições dos Estados americanos propendem para o detalhismo e, por isso mesmo, exigem revisões frequentes e adquirem um caráter de transformismo contínuo.[12]

A Constituição americana, sem embargo de suas peculiaridades, inspirou numerosas outras Cartas Magnas adotadas nos dois séculos que se seguiram em todo o planeta. Mesmo quando se afastaram bastante de seu modelo, sempre a vêm tomando como referência básica os redatores de textos constitucionais das duas últimas centúrias. A própria Revolução Francesa a tomou como referência e nela se inspirou para a composição da primeira Constituição revolucionária aprovada, após dois anos de debates acalorados, no dia 3 de setembro de 1791. Curta seria sua duração, pois não chegou a completar um ano de existência e já estava devorada pela dinâmica do processo revolucionário.

A Constituição francesa de 1791, embora tenha sido de muito curta vigência e tenha dado lugar a sucessivas outras Constituições revolucionárias igualmente efêmeras nas várias etapas da Revolução (Convenção, Diretório, Consulado, Império e, por fim, Restauração dos Bourbon), teve enorme importância e marcou época. O fato de ter incluído em seu texto a Declaração dos Direitos do Homem e do Cidadão, e de ter estabelecido medidas para limitar a autoridade do rei Luís XVI constituíram uma espécie de baliza para muitas Constituições que deram entrada no panorama internacional ao longo de todo o século XIX; de um modo geral, preocupavam-se elas com os direitos individuais e com a limitação dos poderes régios.

O fato é que se em 1800 a maior parte da Europa e quase todo o resto do mundo viviam em regime de monarquia absoluta, cem anos depois se contavam nos dedos os países civilizados que ainda viviam sem instituições regidas por uma Constituição

---

[11] DARESTE, F. R.; DARESTE, P., 1891, vol. I, p. XIV.

[12] "Enquanto o Congresso reluta em tocar na Constituição federal, as legislaturas particulares parecem considerar seus textos orgânicos como instrumentos indefinidamente aperfeiçoáveis, da mesma forma como o são as leis ordinárias" (DARESTE, F. R.; DARESTE, P., 1891, vol. I, p. XIV).

escrita que, de um modo ou de outro, propunham-se a garantir direitos individuais e a equilibrar as funções governativas de modo a, pelo menos teoricamente, impedir tiranias.

Em 1814, após a primeira queda de Bonaparte, o rei Luís XVIII outorgou aos franceses uma Carta Constitucional que em muitos aspectos retornou ao estatuído em 1791 pela primeira e efêmera Constituição revolucionária, que admitia um monarca no trono, mas com autoridade bastante reduzida, e proclamava os direitos individuais. A Constituição de 1814, que vigorou na França até a Revolução de 1830 (com o breve intervalo dos Cem Dias do retorno de Napoleão), de certa forma constituiu uma sintética solução de compromisso entre a restauração da antiga Monarquia bourboniana e os princípios revolucionários novos.[13]

Sob a inspiração da Carta francesa de 1814, seguiu-se a adoção de Constituições nos Países Baixos (a 29 de março de 1814), na Noruega (a 4 de novembro de 1814), no Reino da Baviera (a 26 de maio de 1818), no Grão-Ducado de Bade (a 22 de agosto de 1818) e no Reino de Wurttemberg (a 25 de setembro de 1819).[14] De um modo geral, a preocupação desses textos constitucionais influenciados a fundo pela Revolução Francesa era, de um lado, limitar os poderes dos soberanos (hipertrofiados no período do chamado absolutismo régio) e, de outro lado, garantir aos cidadãos um corpo mínimo de direitos fundamentais.

O Direito Constitucional moderno, tal como hoje o entendemos – ou seja, aquele que decorre das Constituições escritas e as considera como fontes primeiras e únicas de toda a ordenação jurídica dos povos –, teve início no século XIX e desenvolveu-se grandemente no século XX. Antes disso, simplesmente inexistia. É, portanto, um ramo da Ciência do Direito relativamente novo e com a particularidade de se ter formado a partir de textos legais oficialmente adotados, e não de uma prática rotineira e constante ao longo dos séculos. O jurista italiano Vittorio Emanuele Orlando, que lecionou nas Universidades de Palermo e de Roma, explicou que essa origem diferenciada do Direito Constitucional tem como consequência limitar, de certa forma, as próprias Constituições, que se veem forçadas a estabelecer apenas princípios gerais do Direito, quando não optam por entrar no detalhismo.[15] No primeiro caso, ou reconhecem e avalizam um Direito consuetudinariamente praticado ou deixam para a legislação infraconstitucional a tarefa de estabelecer regramentos mais específicos e particularizados. No segundo caso, correm o risco de estabelecer coisas que mais tarde, sujeitas à prova do tempo, vão se revelando inadequadas ou impraticáveis, o que acarreta a necessidade de adotar

---

[13] Ver, a respeito do processo de elaboração dessa Constituição: SIMON, Pierre. *L'élaboration de la Charte constitutionnelle de 1814*. Paris: Éd. Cornély, 1906. Sobre seu significado e seu caráter ideológico, ver: FERREIRA, Oscar. *Le constitutionnalisme octroyé*. Paris: Eska, 2019. Acerca da influência exercida por ela na elaboração de outras constituições, ver: LE DIVELLEC, Armel. La Charte de 1814 dans l'histoire des constitutions politiques libérales. *Jus politicum*, n. 13, décembre 2014.

[14] DARESTE, F. R.; DARESTE, P., 1891, vol. I, p. VII.

[15] "Desprovidas daquela elaboração secular e orgânica que permitiram uma codificação tão perfeita do direito privado, as cartas constitucionais não podem ser tomadas como se contivessem uma coordenação metódica dos princípios essenciais do direito público" (ORLANDO, Vittorio Emanuele. *Principes de Droit Public et Constitutionnel*. Paris: Albert Fontemoing, 1902. p. 196).

sucessivas emendas ao texto constitucional – recurso esse que, naturalmente, não condiz com a estabilidade e a segurança que se espera de uma Carta Magna.[16]

Outra Constituição que também serviu de baliza e teve importância considerável para o constitucionalismo do século XIX foi a chamada Constituição de Cádiz, aprovada nessa cidade da Andaluzia, em 1812, pelas Cortes Gerais Extraordinárias do Reino da Espanha. Na ocasião, o Reino se encontrava em boa parte dominado pelas tropas invasoras de Napoleão e estava, ademais, acéfalo, com o rei Fernando VII aprisionado por Napoleão. A Constituição de Cádiz era profundamente liberal e inspirou-se nos postulados da Revolução Francesa. Embora reconhecesse Fernando VII como chefe de Estado, afirmava o princípio da soberania popular e estabelecia a separação dos poderes. Mesmo tendo sido redigida às pressas, revelou-se extremamente extensa, com 384 artigos, e muito detalhista. Não teve longa duração, pois Fernando VII revogou-a em 1814, logo que pode retornar do exílio, e restabeleceu a antiga monarquia absoluta.[17]

A importância histórica da Constituição de Cádiz reside no fato de ela ter influenciado ou inspirado numerosas nações hispano-americanas que, no contexto do vazio de poder causado pela ausência de Fernando VII, aplicaram os princípios teóricos da Constituição gaditana e proclamaram suas independências.[18] Todo o constitucionalismo da América espanhola é credor da influência dessa Constituição, que também faria sentir seus efeitos em Portugal e no Brasil.

3 A Constituição Imperial de 1824 e o Poder Moderador

Quando em agosto de 1820 rebentou no Porto uma revolta de cunho liberal, assumiu desde logo com a finalidade explícita de dotar o Reino de uma Constituição que limitasse os poderes até então absolutos do Rei D. João VI e assegurasse os direitos individuais dos cidadãos. Em consequência dessa revolta, foram eleitas as Cortes Gerais Extraordinárias e Constituintes da Nação Portuguesa, as quais se reuniram em janeiro de 1821 e estenderam seus trabalhos até outubro de 1822, quando entrou em vigor, com aprovação e juramento régio, uma nova Constituição em que era palpável e indisfarçável a influência da Constituição espanhola de 1812. Os meses em que estava sendo elaborada foram extremamente conturbados, para não dizer caóticos. Representantes do Reino do Brasil tiveram assento nessas Cortes, mas foram hostilizados e não puderam impedir que as Cortes, de modo autoritário e imprudente, tomassem decisões e adotassem

---

[16] Essa a principal crítica que se costuma fazer à atual Constituição Brasileira, em vigor desde 1988. Extremamente detalhista, já recebeu, em 35 anos de existência, 131 Emendas Constitucionais, as quais produziram a modificação de 1677 dispositivos constitucionais; além disso, estão tramitando, no Congresso brasileiro, nada menos que 1221 Propostas de Emenda à Constituição, de acordo com levantamento realizado pelo Escritório Mattos Filho (Disponível em: https://www.mattosfilho.com.br/unico/aniversario-constituicao-emendas/).

[17] O texto integral da Constituição de Cádiz, traduzido para o português e publicado em Portugal em 1820, pela gráfica da Universidade de Coimbra e com autorização do governo revolucionário, pode ser encontrado em: *Constituição Política da Monarquia Hespanhola promulgada em Cadiz em 19 de Março de 1812*. Traduzida para o Portuguez por A. M. F. Coimbra, na Real Imprensa da Universidade, 1820, Com Licença do Governo. Disponível em: https://www.fd.unl.pt/Anexos/Investigacao/987.pdf. Acesso em: 26 jul. 2024.

[18] Sobre reflexos dessa Constituição na América hispânica, ver: CHUST, Manuel. *La cuestión de la nación americana en las Cortes de Cádiz*. Valencia: UNED-UNAM, 1998; RODRÍGUEZ, J. E. *La independencia de la América española*. México: FCE, 1996; e FERRER MUÑOZ, Manuel. *La Constitución de Cádiz y su aplicación en la Nueva España*. México: Instituto de Investigaciones Jurídicas, Universidad Nacional Autónoma de México, 1993.

medidas gravemente prejudiciais ao Brasil, que estava, nesse período, sob a autoridade do Príncipe-Regente D. Pedro. As atitudes hostis em relação ao Brasil tiveram o efeito de precipitar um rompimento com Portugal, pois na prática pareciam conducentes ao propósito de "recolonizar" o Brasil, reduzindo seu *status* de paridade com Portugal no âmbito da Monarquia lusa.[19] A correspondência de D. Pedro com seu pai ao longo desse período permite acompanhar em detalhes esse processo de distanciamento até chegar ao rompimento, por efeito e sob a ação das Cortes.[20]

Depois de entrada em vigor a Constituição, o caráter turbulento e provocador da Cortes não cessou, mas até se intensificou pelo que, em junho de 1823, em decorrência do movimento chamado "Vilafrancada", conduzido pelo infante D. Miguel, D. João VI declarou suspensa a Constituição e prometeu substituí-la por outra. Sua duração não chegou a um ano.

Entrementes, também no Império do Brasil se reunia, a 3 de maio de 1823, uma Assembleia Geral Constituinte e Legislativa, com o escopo de elaborar a primeira Constituição política do novo Império. No discurso de abertura dos trabalhos, o Imperador foi muito claro ao definir a missão da Assembleia:

> Como Imperador Constitucional, e muito especialmente como Defensor Perpétuo deste Império, disse ao Povo no dia 1.º de dezembro do ano próximo passado, em que, fui coroado, e sagrado, "que com a minha espada defenderia a Pátria, a Nação, e a Constituição, se fosse digna do Brasil e de mim". Ratifico hoje muito solenemente perante vós esta promessa, e espero, que me ajudeis a desempenhá-la, fazendo uma Constituição sábia, justa, adequada, e executável, ditada pela razão e não pelo capricho, que tenha em vista somente a felicidade geral, que nunca pode ser grande sem que esta Constituição tenha bases sólidas, bases que a sabedoria dos séculos tenha mostrado que são as verdadeiras, para darem uma justa liberdade aos povos e toda a força necessária ao Poder executivo. Uma Constituição, em que os três Poderes sejam bem divididos de forma que não possam arrogar direitos que lhes não compitam, mas que sejam de tal modo organizados e harmonizados que se lhes torne impossível, ainda pelo decurso do tempo, fazerem-se inimigos, e cada vez mais concorram de mãos dadas para a felicidade geral do Estado. Afinal, uma Constituição que, pondo barreiras inacessíveis ao despotismo, quer real, quer aristocrático, quer democrático, afugente a anarquia e plante a árvore daquela liberdade a cuja sombra deve crescer a união, tranquilidade e independência deste Império, que será o assombro do Mundo novo, e velho.[21]

---

19 "As Côrtes de Lisboa, convocadas, por effeito da revolução liberal portugueza de 1820, não pareciam ter tido fito mais ambicionado do que o de restabelecerem no Brazil, equiparado á metropole em 1816 por uma formula dualista, a servidão colonial que fôra de facto abolida pela installação no Rio de Janeiro, em 1808, d'el-rei D. João VI, e da sua côrte (...) Aquella politica erronea tinha levado á separação dos dois reinos unidos" (LIMA, Manuel de Oliveira. *O Imperio brazileiro*: 1822-1889. São Paulo: Cia. Melhoramentos de São Paulo, 1927. p. 71). Na mesma página, o autor fala de brasileiros como Araújo Lima, Moniz Tavares, Vergueiro, Antônio Carlos e outros mais que tinham sido eleitos deputados às Cortes de Lisboa e nelas tomaram assento, tendo porém que "abandonar a assembléa das Necessidades porque chegou um momento em que sua posição se tornou difficil e até arriscada.. A ralé vaiava-os das galerias e nas ruas, e no recinto os seus collegas portuguezes os crivavam de injurias e de ameaças". Sobre a revolução portuguesa de 1820 e suas repercussões no Brasil, ver: AMEAL, João. *História de Portugal*: das origens até 1940. Porto: Livraria Tavares Martins, nova edição, 1949. p. 525-534; CALMON, Pedro. *História do Brasil*. Rio de Janeiro: Livraria José Olympio Editôra, 1961. v. 7. p. 1454-1466; GALANTI, Pe; Raphael Maria S. J. *Historia do Brasil*. 2. ed. São Paulo: Duprat & Comp., 1912. p. 84-93, p. 154-161.

20 EGAS, Eugênio. *Cartas de Dom Pedro, Príncipe Regente, a seu pai Dom João VI, Rei de Portugal*. Salvador: Edição da Assembleia Legislativa da Bahia, 2023.

21 Discurso do Imperador D. Pedro I no dia 3 de maio de 1823, na abertura da Assembleia Geral Constituinte e Legislativa do Império.

O equilíbrio e a harmonia dos poderes era, assim, a meta visada pelo Imperador e proposta aos Constituintes. Receava ele que o empenho em combater e obstaculizar o despotismo régio tivesse como efeito produzir outros tipos de despotismo: o oligárquico ou o demagógico. Esse receio, D. Pedro deixa ainda mais claro na sequência de seu discurso, no qual alude explicitamente à anarquia vivida em Portugal em decorrência da elaboração e vigência da Constituição liberal de 1822:

> Todas as Constituições, que à maneira das de 1791 e 92 têm estabelecido suas bases e se têm querido organizar, a experiência nos tem mostrado que são totalmente teoréticas e metafísicas, e por isso inexequíveis; assim o prova a França, Espanha, e ultimamente Portugal. Elas não têm feito, como deviam, a felicidade geral; mas sim, depois de uma licenciosa liberdade, vemos que em uns países já apareceu, e em outros ainda não tarda a aparecer o despotismo em um, depois de ter sido exercitado por muitos, sendo consequência necessária, ficarem os povos reduzidos à triste situação de presenciarem e sofrerem todos os horrores da anarquia.[22]

A Assembleia iniciou seus trabalhos, mas logo apareceram divisões internas e formaram-se grupos antagônicos que impediram o andamento dos trabalhos e produziam efeitos caóticos.[23] Em poucos meses, a cidade do Rio de Janeiro estava à beira da anarquia, e D. Pedro, no dia 12 de novembro de 1823, declarou dissolvida a Assembleia Constituinte. Nos meses seguintes, o monarca elaborou, junto a uma comissão de notáveis, a nova Constituição que outorgaria ao Império no dia 25 de março do ano seguinte. Nessa data ela foi jurada e posta em vigor.

D. Pedro, conhecendo bem as incertezas e a combustibilidade de uma Assembleia Constituinte, não quis submeter essa Constituição a uma delas. Mas procurou a legitimidade popular institucional de outra forma, aliás mais consentânea com a tradição da monarquia portuguesa: procurou-a, e encontrou-a, nas Câmaras Municipais de todo o Brasil, que a receberam e acolheram com entusiasmo.[24]

A Constituição Imperial de 1824, sem embargo de sua origem conturbada e do fato de não ter sido elaborada por uma Assembleia Constituinte regular, foi sem dúvida a mais adequada para, naquele quadro emergencial, assegurar a unidade e a continuidade da Nação Brasileira. Entre tantos fatores centrífugos de desagregação, sem ela – e sem a continuação da Dinastia na pessoa de D. Pedro, como salientou Manuel de Oliveira Lima[25] – muito provavelmente o Brasil se teria desintegrado, fraccionando-se em nacionalidades menores e autônomas, à maneira do ocorrido com a América espanhola. O valor intrínseco da Constituição de 1824 foi realçado por Afonso Arinos:

---

[22] Discurso do Imperador D. Pedro I no dia 3 de maio de 1823, na abertura da Assembleia Geral Constituinte e Legislativa do Império.

[23] Sobre as conturbações que acompanharam a trajetória da Assembleia Constituinte até seu desfecho, ver: RODRIGUES, José Honório. *A Assembleia Constituinte do Brasil*. Petrópolis: Editora Vozes, 1974.

[24] GALANTI, Pe; Raphael Maria S. J. *Historia do Brasil*. 2. ed. São Paulo: Duprat & Comp., 1912. p. 196-198.

[25] "A conservação no Brazil do Principe Real como regente emprestara ás aspirações locaes de emancipação politica, divergentes umas das outras, impregnadas de particularismo, um centro notavel de attracção e cohesão que n'outras circumstancias lhes teria faltado e cuja ausencia teria sem a menor duvida animado a desaggregação da enorme colonia, ou, melhor dito, conjuncto de colonias, que na verdade já tinham ultrapassado tal condição, á qual as queria de novo sujeitar um liberalismo de nome, mais do que de essencia" (LIMA, Manuel de Oliveira. *O Imperio brazileiro*: 1822-1889. São Paulo: Cia. Melhoramentos de São Paulo, 1927. p. 71).

Ela foi um grande código político, dos maiores produzidos pela ciência e experiência políticas do século XIX. Não precisamos, a rigor, demonstrar juridicamente esta opinião, porque ela se impõe, desde logo, como fato histórico. Não poderia deixar de ser uma grande lei, aquela que, vencendo óbices e dificuldades sem conta, propiciou a consolidação da Independência e da unidade nacionais, e tornou possível, durante 65 anos, o desenvolvimento geralmente pacífico do Império brasileiro, oásis de ordem, equilíbrio e relativa civilização, em comparação com o drama circundante da anarquia sul-americana. Com todos os seus defeitos e insuficiências, o Império é uma página de glória na vida do Brasil, e a sua Constituição, flexível, moderada, liberal e prudente, praticada por uma série de verdadeiros estadistas, se inscreve entre os mais felizes documentos políticos do século passado.[26]

O grande diferencial da Constituição de 1824, o elemento que lhe garantiu eficácia e durabilidade nas instituições brasileiras do Império, foi a previsão do Poder Moderador, um Poder neutro indispensável para equilibrar e assegurar a harmonia dos demais, sendo atributo personalíssimo do Imperador:

Art. 98 – O poder moderador é a chave de toda a organização política, e é delegado privativamente ao Imperador, como chefe supremo da nação e seu primeiro representante, para que, incessantemente vele sobre a manutenção da independência, equilíbrio e harmonia dos mais poderes políticos.[27]

---

[26] ARINOS. Afonso. *Curso de Direito Constitucional Brasileiro*. Rio de Janeiro: Forense, 1960. p. 88.

[27] O mais profundo e filosófico comentador do Poder Moderador foi o paraibano Braz Florentino Rodrigues de Souza, professor da Academia de Direito do Recife e autor de: *Do Poder Moderador: ensaio de Direito Constitucional contendo a analyse do Tit. V, Cap. 1 da Constituição Política do Brazil* (SOUZA, Braz Florentino Rodrigues de. *Do Poder Moderador*: ensaio de Direito Constitucional contendo a analise do Tit. V, Cap. 1 da Constituição Política do Brazil. Recife: Typographia Universal, 1864). Outros juristas do Império também comentaram a Constituição de 1824: José Antonio Pimenta Bueno, Marquês de São Vicente (BUENO, José Antonio Pimenta (Marquês de São Vicente). *Direito Publico Brazileiro e Analyse da Constituição do Império*. Rio de Janeiro: Typographia de J. Villeneuve e C., 1857); José Maria Correia de Sá e Benevides (BENEVIDES, José Maria Correia de Sá e. *Analyse da Constituição Politica do Imperio do Brazil*. São Paulo: Typographia King, 1890; e BENEVIDES, José Maria Correia de Sá e. *Philosophia Elementar do Direito Publico*: Interno, Temporal e Universal. São Paulo: Typ. Baruel, Pauperio e Companhia, 1887); Pedro Autran da Matta Albuquerque (ALBUQUERQUE, Pedro Autran da Matta. *Elementos de Direito Publico*. Pernambuco: Typ. Imparcial, 1849); Manoel Godofredo de Alencastro Autran (AUTRAN, Manoel Godofredo de Alencastro. *Constituição Politica do Imperio do Brazil*. Rio de Janeiro: Eduardo & Henrique Laemmert, 1881); Lourenço José Ribeiro (RIBEIRO, Lourenço José. *Analize da Constituição Politica do Imperio do Brazil*. 1829, reedição nos Arquivos do Ministério da Justiça, abr./jun. 1977); Nicoláo Rodrigues dos Santos França e Leite (LEITE, Nicoláo Rodrigues dos Santos França e. *Considerações politicas sobre a Constituição do Imperio do Brazil*. Rio de Janeiro: Typ. de J. M. A. A. de Aguiar, 1872); Joaquim Pires Machado Portella (PORTELLA, Joaquim Pires Machado. *Constituição Política do Império do Brazil confrontada com outras Constituições e annotada*. Rio de Janeiro: Typographia Nacional, 1876); F. I. de Carvalho Moreira, Barão do Penedo e J. M. F. Pereira de Barros (MOREIRA, F. I de Carvalho (Barão do Penedo); BARROS, J. M. F. Pereira de. *Constituição politica do Impé rio do Brasil*. Rio de Janeiro: Eduardo & Henrique Laemmert, 1855); Joaquim Rodrigues de Sousa (SOUSA, Joaquim Rodrigues de. *Analyse e commentario da Constituição Politica do Império do Brazil, ou theoria e pratica do Governo Constitucional Brazileiro*. São Luiz do Maranhão: B. de Mattos, 1867 e 1870. v. 2); F. Franco de Sá (SÁ, F. Franco de. *A Reforma da Constituição*: Estudo de Historia Patria e Direito Constitucional. Rio de Janeiro: Typ. Nacional, 1880; e José Carlos Rodrigues (RODRIGUES, José Carlos. *Constituição Politica do Imperio do Brazil*. Rio de Janeiro: Eduardo & Henrique Laemmert, 1863). Visões mais modernas sobre o Poder Moderador do Império e a Constituição de 1824 podem ser encontradas em: TOFFOLI, José Antonio Dias; RODRIGUES JÚNIOR, Otávio Luiz. *Direitos Fundamentais e a Constituição de 1824*. In: NORONHA. Ibsen (org.) *No Bicentenário da Constituição de 1824*: estudos sobre a formação constitucional do Brasil Império. São Luís-Porto: Livraria Resistência Cultural e Editora Caminhos Romanos, 2024. p. 30-61; TÔRRES, João Camillo de Oliveira. *A Democracia Coroada (Teoria Política do Império do Brasil)*. Rio de Janeiro: Livraria José Olympio Editôra, 1957; SCANTIMBURGO, João de. *O Poder Moderador*: história e teoria. São Paulo: Pioneira, 1980; SANTOS, Armando Alexandre dos. *Parlamentarismo, sim!* Mas à brasileira: com Monarca e com Poder Moderador eficaz e paternal. São Paulo: Artpress, 2015; e GOMES, David F. L. *A Constituição de 1824 e o problema da modernidade*: o conceito moderno de constituição, a história constitucional brasileira e a teoria da constituição no Brasil. Belo Horizonte/São Paulo: D´Plácido, 2020. Outras

A originalidade da Constituição de 1824 está precisamente no fato de haver instituído esse quarto Poder, neutro e imparcial, confiado a uma autoridade extrínseca aos quadros políticos, com a finalidade de assegurar o equilíbrio dos demais Poderes de Estado. É verdade que D. Pedro inspirou-se no constitucionalista franco-suíço Benjamin Constant de Rebecque (1767-1830), que já anteriormente idealizara, em um projeto de Constituição que redigiu como apêndice ao seu *Curso de Política Constitucional*, a existência de quatro Poderes: o Executivo, o Legislativo, o Judiciário e, para garantir o equilíbrio dos três, um quarto Poder neutro, que chamou de Poder Real. São suas palavras:

> Os três poderes políticos, assim como os conhecemos até agora, o Poder Executivo, o Legislativo e Judiciário, são três molas que devem cooperar, cada uma em sua função, para o movimento geral; entretanto, quando essas molas desajustadas se cruzam, se entrechocam e se entravam, é necessária uma força que as recoloque no seu devido lugar. Tal força não pode residir em uma das três, pois lhe serviria para destruir as outras; é preciso que ela seja externa, neutra, de algum modo, para que sua ação se aplique em toda parte que se fizer necessária, de modo a ser preservadora e reparadora, sem ser hostil.[28]

O fato de Benjamin Constant o ter precedido na ideia e inspirado na execução em nada tira o mérito de D. Pedro I, que foi o autor moral (e pelo menos em considerável parte o autor material) das duas únicas Constituições do século XIX, que não só explicitamente previram a existência desse quarto Poder neutro, como efetivamente tiveram aplicação: a Constituição brasileira de 1824 e a Constituição portuguesa de 1826. Somente por isso e se mais não tivesse feito, D. Pedro já teria assegurado um merecido reconhecimento entre os estudiosos e os cultores do Direito Constitucional.

4 Conclusão

Com efeito, o exame acurado de mais de uma centena de Constituições políticas vigentes em todo o planeta no século XIX permite que se afirme com certeza terem sido as duas Constituições de D. Pedro as únicas que vigoraram de fato, e que previram a existência desse quarto Poder. Esse exame foi feito com base em duas edições diferentes da exaustiva e confiável coletânea *Les Constitutions modernes*, elaborada no último quartel do século XIX por dois constitucionalistas franceses, Rodolphe Dareste (1824-1911) e Pierre Dareste (1851-1937).

Na primeira delas, datada de 1883, os dois autores dedicam 41 páginas ao Brasil, com o texto integral, traduzido para o francês, da Constituição de 1824, do Ato Adicional de 12 de agosto de 1834 e da lei de 12 de maio de 1840 (que interpretou alguns artigos do Ato Adicional). Todos os textos são anotados e comentados pelos autores, que também

---

abordagens contemporâneas podem ser encontradas nas duas coletâneas citadas na nota 2 supra: NORONHA. Ibsen (org.). *No Bicentenário da Constituição de 1824*: estudos sobre a formação constitucional do Brasil Império. São Luís-Porto: Livraria Resistência Cultural e Editora Caminhos Romanos, 2024; e NOGUEIRA, Rafael (Org.). *A Constituição do Império do Brasil de 1824*: edição comemorativa de 200 anos. São Paulo: LVM Editora, 2024.

[28] CONSTANT, Benjamin. *Cours de Politique Constitutionelle*. Paris: Librairie de Guillaumin et Cie., 1872. p. 178.

incluem a bibliografia em que se basearam.[29] Na segunda, de 1891, há apenas três páginas sobre o Brasil, noticiando que a Constituição do Império havia sido derrogada em 1889, historiando os trabalhos da Assembleia Constituinte convocada por Deodoro da Fonseca e informando que uma nova Constituição já havia sido adotada pelas autoridades republicanas, mas ainda não haviam recebido na Europa seu texto completo.[30]

Referências

ALBUQUERQUE, Pedro Autran da Matta. *Elementos de Direito Publico*. Pernambuco: Typ. Imparcial, 1849.

AMEAL, João. *História de Portugal*: das origens até 1940. Porto: Livraria Tavares Martins, nova edição, 1949.

ARINOS. Afonso. *Curso de Direito Constitucional Brasileiro*. Rio de Janeiro: Forense, 1960.

AUTRAN, Manoel Godofredo de Alencastro. *Constituição Politica do Imperio do Brazil*. Rio de Janeiro: Eduardo & Henrique Laemmert, 1881.

BENEVIDES, José Maria Correia de Sá e. *Analise da Constituição Politica do Imperio do Brazil*. São Paulo: Typographia King, 1890.

BENEVIDES, José Maria Correia de Sá e. *Philosophia Elementar do Direito Publico*: Interno, Temporal e Universal. São Paulo: Typ. Baruel, Pauperio e Companhia, 1887.

BICCA, Ronald. *Breve História da Advocacia Pública, do Ministério Público e da Advocacia de Estado*: uma investigação luso-brasileira. São Luís: Livraria Resistência Cultural Editora, 2023.

BLAZOVICH, László. The origins of the Golden Bull and its most important provisions as reflected in Hungarian constitutional and legal history. *In*: LAJOS, Besenyei; ERSZEGI, Geza; GORLERO, Maurizio Pedrazza. *De Bulla Aurea Andreae Regis Hungariae MCCXXII*. Verona: Edizioni Valdonega, 1999. p. 181-190.

BUENO, José Antonio Pimenta (Marquês de São Vicente). *Direito Publico Brazileiro e Analise da Constituição do Império*. Rio de Janeiro: Typographia de J. Villeneuve e C., 1857.

CALMON, Pedro. *História do Brasil*. Rio de Janeiro: Livraria José Olympio Editôra, 1961. v. 7.

Carta Constitucional da Monarquia Portuguesa, de 1826. Disponível em: https://www.parlamento.pt/Parlamento/Documents/CartaConstitucional.pdf. Acesso em: 26 jul. 2024.

CHUST, Manuel. *La cuestión de la nación americana en las Cortes de Cádiz*. Valencia: UNED-UNAM, 1998.

CONSTANT, Benjamin. *Cours de Politique Constitutionelle*. Paris: Librairie de Guillaumin et Cie., 1872.

Constituição Politica da Monarquia Hespanhola promulgada em Cadiz em 19 de Março de 1812. Traduzida para o Portuguez por A. M. F. Coimbra, na Real Imprensa da Universidade, 1820, Com Licença do Governo. Disponível em: https://www.fd.unl.pt/Anexos/Investigacao/987.pdf. Acesso em: 26 jul. 2024.

Constituições do Brasil. Organização, revisão e feitura dos índices por Carlos Eduardo Barreto. 6. ed. atualizada. São Paulo: Saraiva, 1971, v. 2.

DARESTE, F. R.; DARESTE, P. *Les Constitutions modernes. Recueil des Constitutions actuellement en vigueur dans les divers états d'Europe, d'Amérique et du monde civilisé traduites sur les textes et accompagnées de notices historiques et de notes explicatives*. 1. ed. Paris: Augustin Challamel, Éditeur, 1883. v. 2.

DARESTE, F. R.; DARESTE, P. *Les Constitutions modernes. Recueil des Constitutions actuellement en vigueur dans les divers états d'Europe, d'Amérique et du monde civilisé traduites sur les textes et accompagnées de notices historiques et de notes explicatives*. 2. ed. Paris: Augustin Challamel, Éditeur, 1891. v. 2.

---

29 DARESTE, F. R.; DARESTE, P. *Les Constitutions modernes. Recueil des Constitutions actuellement en vigueur dans les divers états d'Europe, d'Amérique et du monde civilisé traduites sur les textes et accompagnées de notices historiques et de notes explicatives*. 1. ed. Paris: Augustin Challamel, Éditeur, 1883. v. 2. p. 556-596.

30 DARESTE, F. R.; DARESTE, P. *Les Constitutions modernes. Recueil des Constitutions actuellement en vigueur dans les divers états d'Europe, d'Amérique et du monde civilisé traduites sur les textes et accompagnées de notices historiques et de notes explicatives*. 2. ed. Paris: Augustin Challamel, Éditeur, 1891. v. 2. p. 548-550.

Discurso do Imperador D. Pedro I no dia 3 de maio de 1823, na abertura da Assembleia Geral Constituinte e Legislativa do Império. Disponível em: https://pt.wikisource.org/wiki/Discurso_de_Dom_Pedro_I_%283_de_maio_de_1823%. Acesso em: 24 jul. 2024.

EGAS, Eugênio. *Cartas de Dom Pedro, Príncipe Regente, a seu pai Dom João VI, Rei de Portugal.* Salvador: Edição da Assembleia Legislativa da Bahia, 2023.

Enciclopedia Universal Ilustrada Europeo-Americana. Madrid: Espasa-Calpe, 1920.

ÉRSZEGI, Géza. A history of the genesis of the Golden Bull and how it was handed down through the ages, with comments on its text. In: LAJOS, Besenyei; ERSZEGI, Geza; GORLERO, Maurizio Pedrazza. *De Bulla Aurea Andreae Regis Hungariae MCCXXII.* Verona: Edizioni Valdonega, 1999. p. 191-201.

GALANTI, Pe; Raphael Maria S. J. *Historia do Brasil.* 2. ed. São Paulo: Duprat & Comp., 1912.

FERREIRA, Oscar. *Le constitutionnalisme octroyé.* Paris: Eska, 2019.

FERRER MUÑOZ, Manuel. *La Constitución de Cádiz y su aplicación en la Nueva España.* México: Instituto de Investigaciones Jurídicas, Universidad Nacional Autónoma de México, 1993.

GOMES, David F. L. *A Constituição de 1824 e o problema da modernidade:* o conceito moderno de constituição, a história constitucional brasileira e a teoria da constituição no Brasil. Belo Horizonte/São Paulo: D'Plácido, 2020.

HOWARD, A. E. D. *Magna Carta, text and commentary.* Coll. Magna carta essays. Charlottesville: University press of Virginia, 1964. v. I.

LE DIVELLEC, Armel. La Charte de 1814 dans l'histoire des constitutions politiques libérales. *Jus politicum,* n. 13, décembre 2014.

LEITE, Nicoláo Rodrigues dos Santos França e. *Considerações politicas sobre a Constituição do Imperio do Brazil.* Rio de Janeiro: Typ. de J. M. A. A. de Aguiar, 1872.

LIMA, Manuel de Oliveira. *O Imperio brazileiro:* 1822-1889. São Paulo: Cia. Melhoramentos de São Paulo, 1927.

MARCOS, Rui Manuel de Figueiredo. *A História do Direito e o seu Ensino na Escola de Coimbra.* Coimbra: Edições Almedina, 2014.

MARCOS, Rui Manuel de Figueiredo. *História da Administração Pública.* Coimbra: Edições Almedina, 2016.

MOREIRA, F. I de Carvalho (Barão do Penedo); BARROS, J. M. F. Pereira de. *Constituição politica do Imperio do Brasil.* Rio de Janeiro: Eduardo & Henrique Laemmert, 1855.

MONTESQUIEU, Baron Charles-Louis de. Genève: *De l'Esprit des loix. Ou du rapport que les loix doivent avoir avec la constitution de chaque gouvernement, les moeurs, le climat, la religion, le commerce, &c. à quoi l'auteur a ajouté des recherches nouvelles sur les loix romaines touchant les successions, sur les loix françoises, & sur les loix féodales.* Genève: Barrillot & Fils, 1748.

NORONHA, Ibsen (Org.). *No Bicentenário da Constituição de 1824:* estudos sobre a formação constitucional do Brasil Império. São Luís-Porto: Livraria Resistência Cultural e Editora Caminhos Romanos, 2024.

NORONHA, Ibsen. *Lições de História da Cultura Jurídica.* Porto- Coimbra: Editora Caminhos Romanos, 2024.

NOGUEIRA, Rafael (Org.). *A Constituição do Império do Brasil de 1824:* edição comemorativa de 200 anos. São Paulo: LVM Editora, 2024.

ORLANDO, Vittorio Emanuele. *Principes de Droit Public et Constitutionnel.* Paris: Albert Fontemoing, 1902.

PINHEIRO-FERREIRA, Silvestre. *Observações sobre a Carta Constitucional do Reino de Portugal e a Constituição do Imperio do Brazil.* Paris: Off. Typ. de Casimir, 1831.

PORTELLA, Joaquim Pires Machado. *Constituição Política do Império do Brazil confrontada com outras Constituições e annotada.* Rio de Janeiro: Typographia Nacional, 1876.

RIBEIRO, Lourenço José. *Analize da Constituição Politica do Imperio do Brazil.* Pernambuco, 1829, reedição nos Arquivos do Ministério da Justiça, abr./jun. 1977.

RODRIGUES, José Carlos. *Constituição Politica do Imperio do Brazil.* Rio de Janeiro: Eduardo & Henrique Laemmert, 1863.

RODRIGUES, José Honório. *A Assembleia Constituinte do Brasil.* Petrópolis: Editora Vozes, 1974.

RODRÍGUEZ, J. E. *La independencia de la América española*. México: FCE, 1996.

SÁ, F. Franco de. *A Reforma da Constituição*: Estudo de Historia Patria e Direito Constitucional. Rio de Janeiro: Typ. Nacional, 1880.

SANTOS, Armando Alexandre dos. *Parlamentarismo, sim!* Mas à brasileira: com Monarca e com Poder Moderador eficaz e paternal. São Paulo: Artpress, 2015.

SCANTIMBURGO, João de. *O Poder Moderador*: história e teoria. São Paulo: Pioneira, 1980.

SIMON, Pierre. *L'élaboration de la Charte constitutionnelle de 1814*. Paris: Éd. Cornély, 1906.

SOUSA, Joaquim Rodrigues de. *Analyse e commentario da Constituição Politica do Império do Brazil, ou theoria e pratica do Governo Constitucional Brasileiro*. São Luiz do Maranhão: B. de Mattos, 1867 e 1870. v. 2.

SOUZA, Braz Florentino Rodrigues de. *Do Poder Moderador*: ensaio de Direito Constitucional contendo a analyse do Tit. V, Cap. 1 da Constituição Politica do Brazil. Recife: Typographia Universal, 1864.

TAPARELLI D´AZEGLIO, Luigi. *Essai théorique de Droit Naturel*. 3. ed. Tournai: Vve. H. Casterman, 1883.

TOFFOLI, José Antonio Dias; RODRIGUES JÚNIOR, Otávio Luiz. Direitos Fundamentais e a Constituição de 1824. In: NORONHA. Ibsen (org.). *No Bicentenário da Constituição de 1824*: estudos sobre a formação constitucional do Brasil Império. São Luís-Porto: Livraria Resistência Cultural e Editora Caminhos Romanos, 2024. p. 30-61.

TÔRRES, João Camillo de Oliveira. *A Democracia Coroada (Teoria Política do Império do Brasil)*. Rio de Janeiro: Livraria José Olympio Editôra, 1957.

VILLEY, Michel. *A formação do pensamento jurídico moderno*. São Paulo: Martins Fontes, 2005.

Informação bibliográfica deste texto, conforme a NBR 6023:2018 da Associação Brasileira de Normas Técnicas (ABNT):

BICCA, Ronald Christian Alves; RANGEL, Roberta Maria. O quarto Poder: originalidade e peculiaridade da Constituição de 1824 – um contributo ao voto do Ministro Dias Toffoli na ADI nº 6457. In: MENDES, Gilmar Ferreira; LIRA, Daiane Nogueira de; FREIRE, Alexandre (coord.). *Constituição, democracia e diálogo*: 15 anos de Jurisdição Constitucional do Ministro Dias Toffoli. 2. ed. Belo Horizonte: Fórum, 2025. p. 1563-1577. ISBN 978-65-5518-937-7.

O SIGILO DAS COMUNICAÇÕES ENTRE O ADVOGADO E SEU CLIENTE: PONDERAÇÕES JURÍDICAS À LUZ DOS DIREITOS FUNDAMENTAIS E DAS INTERFACES ELETRÔNICAS DE VIOLAÇÃO

SEBASTIÃO BOTTO DE BARROS TOJAL
IGOR SANT'ANNA TAMASAUSKAS

1   Introdução

Escrever acerca da efeméride relativa aos 15 anos de jurisdição de um Ministro da Suprema Corte Brasileira, especialmente quando essa jurisdição se exerceu ao longo dos *15 últimos* anos de nossa história, é uma tarefa que demanda grande esforço quanto ao recorte temático, tendo em vista a profusão de assuntos candentes e respectivos tratamentos conferidos pelo STF.

No presente artigo, optamos por tratar de uma decisão específica que perpassa as duas principais funções jurisdicionais do Supremo Tribunal Federal nesses recentes anos: como Corte guardiã de direitos fundamentais previstos pela Constituição e como instância criminal.[1]

Nessa linha, analisaremos a decisão proferida nos autos do INQ 4.940, que determinou a impossibilidade de utilização, em investigação criminal, de conversas eletrônicas entre cliente e advogado, por mais óbvio que isso possa parecer. Abordaremos duas vertentes de análise que compreendem a ampla defesa no caso: proteção do sigilo profissional do advogado (a mais óbvia) e a proteção dos dados eletrônicos em face do Estado (espécie de "novo direito"), indicando os direitos fundamentais em pauta na decisão em análise.

Este artigo é dividido em quatro partes: além desta breve introdução, no capítulo 2 serão apresentadas teorias acerca do sigilo de comunicação advogado-cliente e algumas figuras parcelares (*client privilege, duty of confidentiality, work-product doctrine*), obtidas

---

[1]   De maneira ampliativa às atribuições esperadas de uma Corte Constitucional, a abarcar jurisdição criminal quanto a determinadas autoridades e, mais recentemente, também situações envolvendo a segurança e prerrogativas da própria Corte (INQ 4.781).

da revisão de literatura de obras do *common law*, no qual o assunto é abordado com maior profundidade. Procuraremos apresentar um contexto histórico desse *direito-dever* profissional, bem como as extensões e limites quanto ao que deve ser resguardado.

No capítulo 3, pretende-se abordar a necessidade de ponderação da atuação investigativa estatal face às novas tecnologias, que permitem um acesso inaudito à intimidade do indivíduo.

Retomaremos, na conclusão, os fundamentos – e acertos – da decisão adotada pelo Min. Dias Toffoli, nos autos do INQ 4.940.

2   O sigilo da comunicação entre advogado e cliente

2.1   Considerações conceituais e perspectivas teóricas do sigilo profissional

A atividade da advocacia é indissociável do exercício de direitos fundamentais que delimitam a ação do Estado em desfavor do indivíduo: é por intermédio da relação de extrema confiança estabelecida entre profissional e cliente que são revelados elementos para a construção da defesa, em sua forma ampla segundo o devido processo legal, cuja inobservância acarreta nulidade à decisão que interfira na liberdade ou no patrimônio (CF, art. 5º, LIV e LV).

Trata-se, pois, de garantia estabelecida não somente em favor da parte investigada ou acusada em processo judicial ou do profissional encarregado de sua defesa; sua imbricação com os direitos fundamentais alça-a a verdadeiro predicado de tutela do Estado Democrático de Direito, porque estabelecida em limitação ao poder de interferência estatal na sociedade.

A própria Constituição dedica um artigo específico à advocacia – atividade privada, conquanto de elevado interesse público – e a ela atribui indispensabilidade à administração da *justiça* (art. 133), um dos mais relevantes pilares que sustenta a convivência em sociedade (Haidt, 2020).

Justamente por tal razão é que, embora garantia do litigante, revela-se um dever ao advogado, que deve proteger as informações recebidas de seu constituinte, sob pena de violação ética grave (art. 34 do Código de Ética e Disciplina da OAB), inclusive sob risco de punição criminal (art. 154 do Código Penal).

A legislação brasileira tutela a relação advogado-cliente em diversas passagens, *v.g.*, ao vedar a utilização de elementos pertencentes aos clientes do advogado objeto de investigação (do art. 7º, §6º, da Lei nº 8.906/94), ao criminalizar a violação de prerrogativas da advocacia (art. 7º-B, da Lei nº 8.906/94) e ao proscrever a apreensão de documento em posse do defensor do acusado, salvo se tratar-se de elemento do corpo de delito (art. 243, §2º, CPP).

Todavia, para uma compreensão mais adequada quanto às garantias dessa relação, soa relevante buscar a maneira pela qual o tema é tratado no *common law*, sobretudo quanto a alguns aspectos relevantes, mais detalhadamente desenvolvidos. Emergem, portanto, três figuras parcelares, a saber: (i) *client privilege*, (ii) *duty of confidentiality* e (iii) *work-product doctrine*.

A primeira dessas figuras, *client privilege*, ou *attorney-client privilege*, decorre de princípio legal de preservação da confidencialidade de comunicações entre advogados

SEBASTIÃO BOTTO DE BARROS TOJAL, IGOR SANT'ANNA TAMASAUSKAS | 1581

O QUARTO PODER: ORIGINALIDADE E PECULIARIDADE DA CONSTITUIÇÃO DE 1824 – UM CONTRIBUTO AO VOTO DO MINISTRO DIAS TOFFOLI...

e respectivos clientes, como forma de assegurar a que as discussões tratadas no âmbito dessa relação profissional não seja devassado a terceiros, pois, comprometendo eventuais linhas e, ou, argumentos defensivos.

Como destacam Greenwald e Slachetka (2023, p. 3), esse privilégio foi estabelecido com base em duas assunções: a adequada assistência jurídica impõe a divulgação ampla de problemas legais do cliente e esse cliente somente sentir-se-á seguro a revelar os detalhes necessários para a representação adequada, acaso tenha um mínimo de garantia quanto à proteção de suas confidências. Nessa linha, "seu propósito é encorajar uma comunicação completa e franca entre advogados e seus clientes e, assim, promover interesses públicos mais amplos na observância da lei e na administração da justiça"[2] (Bopp e Lay, 2012, p. 907).

Protegem-se, portanto, comunicações escritas e verbais, estabelecidas com o propósito de fornecer assistência jurídica (pela parte do advogado), ou obtê-la (pelo indivíduo que busca orientação legal). Divisam-se, pois, alguns elementos caracterizadores de uma comunicação abrangida pela tutela do *attorney-client privilege*:

1. **Confidencialidade**: expectativa razoável do indivíduo de que suas confidências permanecerão preservadas de divulgação a terceiros;
2. **Presença de advogado e destinatário da orientação jurídica**: dado o alcance da proteção, é imperativo que o aconselhamento seja conferido pelo detentor do privilégio profissional de oferecê-lo (o advogado) ao destinatário (o cliente e eventuais intermediários, como intérpretes e tradutores);
3. **Finalidade**: protegem-se comunicações estabelecidas com o objetivo de aconselhamento jurídico, inclusive consultas sobre direitos e deveres, interpretação de documentos e definição de estratégias;
4. **Regra de exclusão**: trata-se de regra que exclui a validade da utilização, como prova, de elementos obtidos com sua violação.

Como regra, essa proteção manifesta-se em questões práticas, como a impossibilidade de se obrigar o advogado a testemunhar acerca de temas que envolvam a consultoria jurídica prestada e a confidencialidade da documentação, eletrônica inclusive, trocada no âmbito da relação profissional, quer se trate de temas criminais, quer civis.

Bottini e Estellita (2016) analisam a questão do privilégio advogado-cliente à luz de obrigações de reporte de operações suspeitas, no contexto do enfrentamento à lavagem de capitais. Nesse trabalho, ressaltam a necessidade de um equilíbrio entre o dever ético de confidencialidade e as obrigações legais impostas pelo Estado, garantindo assim a integridade do sistema jurídico e a confiança pública na advocacia.

Veremos, linhas a seguir, hipóteses de inaplicabilidade da regra protetiva, sobretudo quando a atividade da defesa se confunde com atividade criminosa do indivíduo; noutro giro: a nobre proteção não pode ser utilizada como escudo para práticas ilegais.

Outra abordagem de tutela da relação é o *duty of confidentiality*. Trata-se de proteção mais ampla que a conferida às situações abrangidas pelo *attorney-client privilege* e

---

[2] Tradução livre.

conforma-se como uma obrigação de ordem ética imposta ao advogado, quanto a abster-se de divulgar informações sobre seus clientes.

Bell, Spahn e Rizek (2007) destacam que o dever ético de confidencialidade às vezes se assemelha ao privilégio advogado-cliente, mas tem uma fonte diferente, um propósito diferente e um alcance diferente. O "dever ético se aplica em todos os momentos e não surge apenas quando um terceiro busca acesso às comunicações entre advogado e cliente. Em contraste, o privilégio advogado-cliente é uma regra probatória que protege certas comunicações limitadas de serem divulgadas se um terceiro buscar descobri-las" (*ob. cit.*, p. 5).

A lógica da proteção é similar: o cliente deve sentir-se devidamente assegurado de que as informações disponibilizadas a seu advogado não serão por ele devassadas a terceiros, com a finalidade de reforçar a possibilidade de uma comunicação ampla e capaz de assegurar a plenitude do exercício de seu direito de defesa. Ao mesmo tempo, essa restrição visa limitar a espetacularização da atividade e do próprio sistema de justiça e, em determinados casos – sobretudo os criminais e os envolvendo relações familiares – protege-se a dignidade humana dos envolvidos.

Esse dever de confidencialidade emerge da própria relação estabelecida entre o advogado e o cliente, impossibilitando a divulgação não autorizada de informações recebidas em razão de uma prestação de serviços jurídicos. São três os fundamentos do dever: (i) contratual, ante a relação de prestação de serviços estabelecida; (ii) por equidade, dada a razão pela qual a confidencialidade é assegurada,[3] inclusive como regra pública; e (iii) profissional, tendo a corporação o dever de fiscalizar a regra deôntica, com poderes sancionatórios em hipótese de seu descumprimento.

Outra vertente de análise é a proteção conferida pela *work-product doctrine*. Aqui, a garantia recai sobre materiais de trabalho do advogado, não necessariamente cobertos pelo privilégio advogado-cliente ou pelo dever de confidencialidade.

A construção dessa teoria tem como marco o caso Hickman v. Taylor, em 1947,[4] cuja síntese factual permite divisar exatamente o seu alcance: Taylor era proprietário de um rebocador que naufragou, levando a óbito alguns de seus tripulantes. Seu advogado conduziu uma série de entrevistas com os sobreviventes e com outras pessoas com a finalidade de determinar a causa do acidente e estabelecer as hipóteses defensivas. Representantes de uma das vítimas, Hickman, demandaram acesso a esse material. Houve a objeção ao acesso, dada a garantia de privacidade que deve ser assegurada para que o advogado estabeleça sua estratégia de defesa.

Assim, confere-se proteção a uma amplitude maior de elementos, não abarcados pelas outras duas abordagens. Todavia, para que se materialize, a proteção está limitada

---

[3] Como visto, assegura-se o dever, inclusive publicamente, para que o cliente se sinta em ambiente seguro para divulgar informações essenciais à sua defesa.

[4] "Historicamente, um advogado é um oficial do tribunal e está obrigado a trabalhar para o avanço da justiça, ao mesmo tempo em que protege fielmente os interesses legítimos de seus clientes. No desempenho de seus diversos deveres, no entanto, é essencial que um advogado trabalhe com um certo grau de privacidade, livre de intrusões desnecessárias por parte das partes adversárias e seus advogados" (US SUPREME COURT. *Hickman v. Taylor*, 329 U.S. 495, 510, 1947. Disponível em: https://supreme.justia.com/cases/federal/us/329/495/. Acesso em: 21 ago. 2024).

a materiais que envolvam o trabalho de advogado relacionado a um litígio potencial ou já instalado, preservando-os do conhecimento da outra parte em conflito.

Em conclusão parcial deste capítulo, temos a seguinte tabela-síntese acerca das três abordagens desenvolvidas pela doutrina e prática norte-americanas:

Tabela 1 – Abordagens desenvolvidas pela doutrina e prática norte-americanas

	Proteção	Finalidade
Attorney-client privilege	Comunicações estabelecidas entre advogado e cliente, sobre qualquer aspecto de uma relação jurídica	Garantir sigilo ao cliente/potencial cliente, para que a análise jurídica de seu caso seja a mais minuciosa possível
Duty of confidentiality	Dever ético do advogado de não divulgação de qualquer aspecto relacionado à relação com o cliente	Garantir que aspectos da relação, inclusive a sua própria existência, seja preservado do conhecimento público
Work product doctrine	Proteção especial de qualquer material produzido por um advogado em relação a um litígio existente ou potencial	Garantir que a produção intelectual do advogado, relacionada a um litígio permaneça confidencial em relação à outra parte

Fonte: Elaboração própria.

2.2 Remissões históricas do direito-dever de sigilo profissional

Para melhor compreendermos o papel do sigilo profissional do advogado na efetivação da ampla defesa, vale empreender uma breve digressão histórica sobre sua origem, que emergiu em seus contornos mais modernos na Inglaterra medieval, entre os séculos XVI e XVII (Hofmann; Lustenberger, 2022). Todavia, como ressaltou Ho Hock Lai (1995), a falta de registros suficientes até a metade do século XVI não exclui a possibilidade da utilização do instituto anteriormente ao período. De outro lado, certo é que sua história se confunde com a própria ampliação dos direitos fundamentais no processo acusatório, com o respectivo ganho de sua institucionalidade à medida que se positivavam os valores da ampla defesa e do Estado de Direito.

Observa-se que a confidencialidade sempre foi um dever associado ao exercício da advocacia. Conforme expõe Radin (1928), o caráter sigiloso das comunicações entre advogado e cliente tem origem no exercício de funções análogas às modernas pela nobreza medieval, cujo código de conduta marcava-se pela honra ou relações de confiança entre as partes, e de cujo meio emergira grande parte dos advogados.[5] Outra parte da profissão advinha de "funcionários" de famílias nobres ou abastadas, competindo-lhes a administração do patrimônio e dos negócios das últimas baseada no dever geral de lealdade.

---

[5]   No mesmo sentido, expõem Hofmann e Lustenberger (2022), para quem, para além do dever atrelado ao código de honra, encontra-se o sigilo congregado com a regra segundo a qual a capacidade processual do cliente somente pode ser exercida mediante a representação por um advogado, e, por essa razão, devem se assegurar as condições necessárias para que o cliente forneça todas as informações relevantes ao advogado, que, por sua vez, delas depende para o exercício adequado do assessoramento jurídico.

Como explica Christensen Glenn,[6] a proteção ao sigilo da comunicação entre advogado e seu cliente fora instituído muito mais em razão da "virtude" da posição do primeiro, e como uma forma de proteção à sua discrição e honra, do que para a proteção do segundo.[7] Preservava-se o sigilo das comunicações entre o advogado que representava seu cliente em um julgamento, pois, no exercício de tais funções, compreendia-se como integrante do próprio tribunal,[8] de modo que, uma vez concluído o julgamento da matéria, sobre a mesma também cessava o sigilo anteriormente aplicável. Menciona-se, ainda, como *ratio* para a proteção conferida à comunicação entre o advogado e seu cliente, o fundamento mais pragmático da necessária representação judicial nas cortes, isto é, o fato de uma parte no processo judicial não poder falar por si, mas somente por intermédio de seu advogado (Auburn, 2000).[9]

Assim, aplicando-se o sigilo quer em função da "dignidade" da profissão, quer por força da inaptidão de falar por si próprio no tribunal, não alcançava a proteção conferida pelo instituto ao cliente, ou à informação do cliente, propriamente dita, mas apenas prevenia o advogado da obrigação de revelar as informações recebidas por força do exercício profissional. O titular das informações transmitidas, por outro lado, poderia ser obrigado a revelá-las, ainda que contra si. Com o desenvolvimento do instituto do sigilo das comunicações enquanto regra jurídica, a confidencialidade passou a ser compreendida e justificada a partir da proteção ao cliente (Hazard, 1978),[10] isto é, deslocou-se o fundamento histórico do advogado e seu código de honra para o cliente e sua garantia à ampla defesa, sobretudo do século XVIII em diante (Lai, 1995).[11]

---

[6]   GLENN, Christensen. Principles, Politics and Privilege: How the Crime-Fraud Exception Can Preserve the Strength of the Attorney-Client Privilege for Government Lawyers and Their Clients. *Fordham Urban Law Journal*, v. 40, n. 4, p. 1449-1491, mar. 2016.

[7]   A tese do fundamento da honra da profissão foi primeiramente teorizada por John Henry Wigmore (Evidence in Trials at Common Law, *McNaughton Review*, 1961, v. 8). Como explicitado por Ho Hock Lai (1995), nos poucos casos em que se evocou o argumento do sigilo do advogado, a "honra" da proteção poderia ser compreendida implicitamente articulada na descrição da prerrogativa profissional. Por não contar com numerosos exemplares de tal fundamentação e por ser tal fundamento encontrado apenas implicitamente, é frequentemente contestado por parte dos autores que analisaram o tema.

[8]   Segundo lição de Hazard (*Ob. cit.*, 1978), as funções atualmente compreendidas no assessoramento jurídico, que vão além da representação em uma corte de justiça, como aconselhamento e consultas, não estavam compreendidas na "dignidade" a que se alçava a defesa em um julgamento, e, por tal razão, nem sempre se encontravam acobertadas pelo sigilo, e sim apenas nas circunstâncias em que a comunicação se relacionasse diretamente com o caso pendente de julgamento.

[9]   Para Auburn (2000, p. 7), o prestígio não era largamente atribuído à profissão, independentemente da origem social do advogado, sendo que o sigilo como regra se fundamentou "mais em questões práticas e na aparente ilogicidade de obrigar um advogado a testemunhar sobre questões sobre as quais o seu cliente não poderia ter falado" (tradução livre). Confira-se: AUBURN, Jonathan. *Legal Professional Privilege*: Law and Theory. Hart Publishing, 2000.

[10]   HAZARD, Geoffrey C. An historical perspective on the attorney-client privilege. *California Law Review*, v. 66, p. 1061-1091, 1978.

[11]   Introduziu-se a perspectiva da unidade entre o cliente e seu advogado para fins processuais: "o advogado é considerado como o alter-ego do seu cliente; o oponente deve extrair o que ele puder do próprio cliente e não deve obter de modo forçado a informação dele por meio de seu advogado. Relacionado a isso se encontra uma importante teoria que fundamentou a prerrogativa no princípio da 'segurança': o direito do cliente não pode ser prejudicado pela busca, como ele deve, de assistência legal" (LAI, 1995, p. 578, tradução livre. No original: *"the lawyer is considered as his client's alter-ego; the opponent is to extract what he can from the client himself and must not force information out of him through his lawyer. Related to this is an important theory that grounded the privilege on the 'safety' principle: that a client's right should not be prejudiced by seeking, as he must, legal assistance"*).

Nada obstante a ênfase crescente na defesa dos interesses do cliente, descreve-se que, ainda nos idos do século XIX, o sigilo era considerado prerrogativa e dever entre advogado e cliente em relação ao que havia sido revelado entre eles (Rice, 1998);[12] devia-se, portanto, sobretudo à relação de confiança entre ambos, e não se baseava, como atualmente, na natureza sigilosa de quaisquer comunicações e no direito à ampla defesa. A ampliação do sigilo para todas as comunicações entre o advogado e seu cliente, independentemente da atividade de assessoramento jurídico envolvida, passou a ganhar corpo sobretudo a partir do ganho de complexidade das funções da advocacia.

Diante da exposição empreendida, nota-se o seguinte movimento, relativamente ao objeto de proteção e ao fundamento jurídico do sigilo profissional da advocacia: da tutela ao advogado, passou-se a concentrar a preocupação do sigilo em seu cliente, e, da justificativa na honra e na relação de confiança entre os sujeitos, passou-se a legitimá-lo juridicamente na ampla defesa e na intimidade individual, ambos valores constitucionais.

Mencione-se, ainda, que também há referências aos contornos primevos do dever de confidencialidade do advogado, que, por sua vez, remontariam à Roma Antiga, com a inadmissibilidade do *testimonium domesticum*, isto é, o testemunho do escravo contra seu senhor. A proibição baseava-se não no direito do senhor de não ser traído pelo seu escravo, e sim na atribuição a esse último do *status* de membro de sua família, com a consequente e mútua fidelidade (*fides*) das relações, o que valeria tanto para os testemunhos em seu favor, como para os contrários (Radin, 1928).[13] A regra fundamentava-se na alta probabilidade de um testemunho falso por parte das pessoas vinculadas pela relação de fidelidade.

Para o caso daqueles que exerciam atividades análogas à moderna advocacia em Roma (os então advogados e jurisconsultos),[14] remonta o instituto do sigilo profissional à *Lex Acilia de Repetundis*, introduzida por volta de 120 a. C., que dispunha que o representante judicial da parte não poderia ser convocado como testemunha, seja a favor ou contra seu representado (Hofmann; Lustenberger, 2022).[15]

No Brasil, já ao tempo das Ordenações Filipinas, que vigoraram de 1603 até a promulgação do Código Civil de 1916, e que foram as primeiras a regular mais extensa e detalhadamente a profissão da advocacia,[16] previu-se o dever de sigilo profissional dos advogados, relativamente à revelação em juízo das informações a que tiveram acesso

---

[12] RICE, Paul. Attorney-client privilege: the eroding concept of confidentiality should be abolished. *Duke Law Journal*, v. 47, n. 5, p. 853-898, mar. 1998.

[13] RADIN, Max, *ob. cit.*

[14] Como ensina José Carlos Moreira Alves (*Direito Romano*. Rio de Janeiro: Grupo GEN, 2021. E-book. ISBN 9786559640645. Acesso em: 17 jul. 2024), a atividade dos jurisconsultos poderia ser resumida em três aspectos: *cauere, agere* e *respondere*. Segundo o autor, "[c]*auere* é expressão técnica que indica a atuação do jurista no formular e redigir os negócios jurídicos, para evitar prejuízo à parte interessada, por inobservância de formalidades; *agere* é a atividade – no que concerne ao processo – semelhante à desenvolvida no *cauere*; e *respondere* diz respeito aos pareceres dos jurisconsultos sobre questões de direito controvertidas". Por sua vez, a atuação no processo judicial propriamente dita era reservada aos advogados da Roma Antiga.

[15] HOFMANN, Robin; LUSTENBERGER, Livio, *ob. cit.*

[16] As ordenações anteriores, as Afonsinas e Manuelinas (disponíveis em: https://bd.camara.gov.br/bd/handle/bdcamara/20280) não regularam de modo completo a advocacia, prevendo apenas sanções para os advogados que atuassem em favor da parte adversa, em seu Livro V, Título LXIIII, no caso da primeira, e os requisitos para o exercício da profissão, no Livro I, Título XXXVIII, da segunda.

no exercício de suas funções.[17] De outro lado, ainda que revelassem tais informações, aos juízes competiria recusá-las e negar-lhes audiência.

No primeiro Regulamento da Ordem dos Advogados Brasileiros, o Decreto nº 20.784/1931 definiu como um direito dos advogados a guarda do sigilo profissional.[18] Em seguida, a Lei nº 4.215/1963, que dispôs sobre o Estatuto da Ordem dos Advogados do Brasil, atribuiu ao instituto a condição de dever,[19] com a correlata obrigação de recusar-se a depor como testemunha "em processo no qual funcionou ou deva funcionar, ou sobre fato relacionado com pessoa de quem seja ou foi advogado, mesmo quando autorizado ou solicitado pelo constituinte" (art. 87, XVI). O Código de Processo Penal, desde sua versão original de 1941, proibiu o depoimento das pessoas que, em razão da profissão, devam guardar sigilo profissional (art. 207). O tipo penal da violação do segredo profissional encontra-se previsto no Código Penal de 1940, em seu art. 154.

Em perspectiva comparada, a previsão da Lei nº 8.906/1994 confere ao sigilo profissional o status expresso de direito (art. 7º, II e XIX), assim como de um dever, pois sua deliberada violação constitui infração disciplinar (art. 34, VII). Atualmente, portanto, o sigilo das comunicações entre advogado e cliente sustenta-se não só em um senso prático de impedimento ou redução da litigiosidade,[20] como também no direito fundamental da ampla defesa, da intimidade e no interesse público, como será mais bem desenvolvido no item seguinte.

2.3 Extensão e limites do sigilo: o que e quem é resguardado

De tudo o quanto exposto até o presente momento, a proteção que é conferida ao exercício da atividade jurídica encontra-se intimamente ligada ao exercício do direito de defesa (dentre outros direitos fundamentais), notadamente com a limitação da atuação do Estado em desfavor do indivíduo.

Para além da própria inviolabilidade[21] da atividade em si (*v.g.*, art. 2º, §3º, da Lei n. 8.906.94), o art. 7º do EOAB estabelece uma série de prerrogativas relacionadas ao sigilo de que trata o presente trabalho:

(i) inviolabilidade de seu escritório ou local de trabalho, bem como de seus instrumentos de trabalho, de sua correspondência escrita, eletrônica, telefônica e telemática, desde que relativas ao exercício da advocacia (inciso II);

---

[17] Em conformidade com o Livro I, Título XLVIII, 12, das Ordenações Filipinas: "E os procuradores não irão a casa dos julgadores fallar-lhes nos feitos, de que forem Juizes, em quanto a demanda durar: nem os Julgadores o consentirão, nem os ouvirão em suas casas, antes lhes dirão de nossa parte, que se vão" (Disponível em: https://www2.senado.leg.br/bdsf/item/id/242733).

[18] Art. 25. São direitos dos advogados: (...) III, guardar sigilo profissional; (...)

[19] Art. 87 - São deveres do advogado e do provisionado: (...) V – guardar sigilo profissional; (...).

[20] Confira-se: "A política pública envolvida não é principalmente a relutância geral em encorajar quebras de confiança, ou a desaprovação fundamental da autoincriminação, mas a política de desencorajar litígios. O litígio é evitado se todos os factos forem apresentados sem reservas ao consultor jurídico, e aumenta se o cliente evita cautelosamente qualquer declaração, exceto aquela que ele pensa que apoiará a sua causa" (RADIN, Max, *ob. cit.*, p. 491, tradução livre. No original: "*The public policy involved is not primarily the general disinclination to encourage breaches of confidence, or the fundamental disapproval of self-incrimination, but the policy of discouraging litigation. Litigation is avoided if all facts are unreservedly placed before the legal adviser, and it is increased if the client cautiously avoids any statement except that which he thinks will support his cause*").

[21] *No exercício da profissão, o advogado é inviolável por seus atos e manifestações, nos limites desta lei.*

SEBASTIÃO BOTTO DE BARROS TOJAL, IGOR SANT'ANNA TAMASAUSKAS | 1587

GARANTIR QUE A PRODUÇÃO INTELECTUAL DO ADVOGADO, RELACIONADA A UM LITÍGIO PERMANEÇA CONFIDENCIAL EM RELAÇÃO À OUTRA PARTE...

(ii) comunicação, pessoal e reservada, com os clientes, mesmo sem procuração, quando esses se acharem presos, detidos ou recolhidos em estabelecimentos civis ou militares, ainda que considerados incomunicáveis (inciso III);

(iii) presença de representante da OAB, quando preso em flagrante, por motivo ligado ao exercício da advocacia, para lavratura do auto respectivo, sob pena de nulidade e, nos demais casos, a comunicação expressa à seccional da OAB (inciso IV);

(iv) recusa a depor como testemunha em processo no qual funcionou ou deva funcionar, ou sobre fato relacionado com pessoa de quem seja ou foi advogado, mesmo quando autorizado ou solicitado pelo constituinte, bem como sobre fato que constitua sigilo profissional (inciso XIX).

Ainda que de maneira não sistemática, esses dispositivos tutelam a atividade sob as três vertentes adrede analisadas (privilégio advogado-cliente, dever de confidencialidade e *work-product doctrine*).

A amplitude do direito de defesa – garantia assegurada por cláusula pétrea da Constituição – é indissociável da liberdade do direito assegurado ao advogado para exercer a sua função e essa é a razão para que ostente tantas prerrogativas quanto às comunicações estabelecidas com o cliente, quanto ao dever de confidencialidade e quanto aos materiais produzidos no âmbito de sua prestação de serviços.

Esses fundamentos de proteção, contudo, não são absolutos e encontram limitações, de modo a se evitar que se constituam elementos de práticas de crimes ou outros ilícitos: a garantia do sigilo advogado-cliente não prevalece na hipótese de as comunicações em questão serem utilizadas para o cometimento de novas atividades criminosas ou antijurídicas.

Outra situação de afastamento da confidencialidade, *v.g.*, envolve disputa contratual entre ex-cliente e advogado, caso em que possa ser exigida a divulgação de determinados detalhes da relação – inicialmente protegidos – para aferir o cumprimento regular da atividade jurídica. Nessa hipótese, contudo, parece-nos que o afastamento da proteção está limitado à finalidade em questão, mas não a outros fins, por exemplo, de levar ao conhecimento de terceiros eventualmente relacionados com o ex-cliente.

Bottini e Estellita (2016) trazem ainda um importante *discrímen* entre *inviolabilidade* e *sigilo*, analisando as consequências práticas da violação da prerrogativa:

> A inviolabilidade é mais abrangente que o sigilo porque não se refere apenas àquele que recebe a informação e tem o dever de guardá-la, mas também a resguarda contra terceiros, como autoridades públicas, que não podem acessar dados ou documentos em posse ou dirigidos ao advogado, nem mesmo por ordem judicial. Assim, cautelares de busca e apreensão ou de quebra de sigilo telefônico ou telemático devem excluir as comunicações com o advogado, ou os documentos entregues a este. Quando tal condição não é conhecida com antecedência, deverão ser excluídas dos autos tais provas tão logo o juiz perceba a natureza inviolável dos elementos juntados.

3 Proteção da comunicação privada em face do Estado: a vulneração da ampla defesa em tempos de totalitarismo digital

3.1 Avanços tecnológicos e intrusão virtual por instâncias estatais

A capacidade do ser humano dominar outros recursos, combiná-los e transmitir adiante diferenciou-nos como espécie e permitiu importantes saltos evolutivos, sobretudo quanto à tecnologia aplicada à comunicação, notadamente nos últimos 50 anos, com elevada aceleração nestas duas últimas décadas.

Fomos alçados a uma elevada capacidade de comunicação, a partir de diminutos equipamentos eletrônicos, que transformaram objetos triviais, como telefone e relógio, em verdadeiros *hubs* de informação, capazes de "ler" nossos mais recônditos segredos – até mesmo aqueles sobre os quais pouco ou nada sabemos ao certo.

A partir da coleta de informações simples, como localização geográfica, e outras relacionadas a questões econômicas, pesquisas em buscadores de conteúdo na *internet*, ou mesmo dados ofertados em troca da utilização de determinadas plataformas, nossa vida é atualmente escrutinada em nível inaudito, capaz inclusive de prever determinados tipos de comportamento, por exemplo, a decisão pela aquisição de determinado bem, acaso devidamente provocados por determinados estímulos em nossas portas comunicacionais modernas, como mensagens em determinados aplicativos ou mesmo pelo já tradicional serviço de *e-mail*.

O poder aliado a esse conjunto monumental de informações é visível: as empresas de mídia tradicionais sucumbiram ao vertiginoso crescimento das companhias que mantêm plataformas de acesso a determinadas funcionalidades *on-line*, em contrapartida à coleta e tratamento de dados em patamares ciclópicos.

Alie-se a essa base de dados, digamos, lícita, a possibilidade de intrusões indevidas nos equipamentos que nos cercam e, rotineiramente, processam informações básicas de nosso dia a dia, como meio de pagamento, mensageria, e até mesmo o meio para o qual foram originalmente criados, o recebimento de ligações telefônicas.

Atualmente, ostentando câmeras cada vez mais potentes e microfones dotados de grande capacidade, nossos telefones, acaso manipulados de determinada maneira, podem se comportar como os *televisores bidirecionais*, que Orwell anteviu há 75 anos.

Já se mostra possível a reconstrução dos passos de determinado indivíduo, independentemente de uma determinação judicial prévia, a partir do cruzamento de conexões de seu terminal celular com a rede de atendimento. Diz-se *decisão judicial prévia* porque esses dados ficam registrados na base das companhias telefônicas, ante imposição legal,[22] pelo prazo de cinco anos; basta, portanto, que a decisão judicial seja emitida em até cinco anos do período em que se deseje reconstruir o caminho percorrido pelo indivíduo.

---

[22] BRASIL. *Lei nº 12.850, de 2 de agosto de 2013*. Define organização criminosa e dispõe sobre a investigação criminal, os meios de obtenção da prova, infrações penais correlatas e o procedimento criminal; altera o Decreto-Lei nº 2.848, de 7 de dezembro de 1940 (Código Penal); revoga a Lei nº 9.034, de 3 de maio de 1995; e dá outras providências. Presidência da República, Secretaria-Geral, Brasília, DF, 2013. Disponível em: Acesso em: 21 ago. 2024. Art. 17. As concessionárias de telefonia fixa ou móvel manterão, pelo prazo de 5 (cinco) anos, à disposição das autoridades mencionadas no art. 15, registros de identificação dos números dos terminais de origem e de destino das ligações telefônicas internacionais, interurbanas e locais.

SEBASTIÃO BOTTO DE BARROS TOJAL, IGOR SANT'ANNA TAMASAUSKAS | 1589

GARANTIR QUE A PRODUÇÃO INTELECTUAL DO ADVOGADO, RELACIONADA A A UM LITÍGIO PERMANEÇA CONFIDENCIAL EM RELAÇÃO À OUTRA PARTE...

Nossos dispositivos de acesso à *internet* registram, ademais, nossas pegadas virtuais, permitindo inferir diversos aspectos de nossa personalidade, ou de nossa conduta, que podem ser objeto de interesse para investigação ou instrução judicial.

Essas poucas linhas, não tão hipotéticas, mostram a necessidade de uma atuação do Estado tendente a regular a atividade de intervenção nessa seara, como a limitação ao afastamento do sigilo de comunicações telefônicas (Lei nº 9.296/96) e o equivalente em relação à *internet* (Lei nº 12.965/14).

3.2 Sigilo das comunicações eletrônicas e exposição das informações

Dada a real possibilidade de devassar a intimidade do indivíduo, o afastamento de sigilo – qualquer sigilo – é regulado por cláusula pétrea na Constituição,[23] ressalvando-se o seu desvelamento somente em casos específicos (investigação criminal ou instrução processual penal).

A Lei nº 9.296/96, que trata do afastamento de sigilo telefônico, o faz com o cuidado de estabelecê-lo como regra de exceção, como se verifica nos incisos I a III, do art. 2º. Há a necessidade de constatação de *indícios razoáveis de autoria ou participação em infração penal*, da excepcionalidade da medida (ou seja, quando a prova não puder se materializar por outro meio) além de o objeto da investigação referir-se à infração penal de natureza mais grave (não se realiza a interceptação para hipóteses apenadas com detenção).

Além disso, o afastamento do sigilo deve correr em autos apartados, preservando-se a integralidade dos registros e da diligência em geral, bem como vedando-se o acesso a terceiros (art. 8º).

De forma similar opera-se a captação de registros ambientais, também sendo reservada para hipóteses criminais mais graves e quando não houver outro meio suficiente para a realização da prova pretendida (art. 8º-A).

Acerca da indispensabilidade da demonstração de meio suficiente alternativo ao afastamento do sigilo, confira-se, dentre outros, Badaró (2020, p. 600):

> A impossibilidade deve ser *justificada* com a demonstração de que a investigação é inviável por outros meios, por exemplo, a busca e apreensão, o reconhecimento pessoal, as provas testemunhais, a obtenção dos registros das ligações telefônicas etc. Por óbvio, não basta repetir os termos da lei e afirmar que a investigação não poderia ser realizada por outros meios. É necessário indicar, concretamente, por que a reconstrução dos fatos será impossível sem a interceptação telefônica. O dispositivo deixa evidente que a interceptação telefônica "só deve ser utilizada como *ultima ratio*".

A reforçar tal compreensão, mediante a técnica de repercussão geral,[24] o Supremo Tribunal Federal estabeleceu que: "(...) a decisão judicial inicial e as prorrogações [quanto a interceptações] sejam devidamente motivadas, com justificativa legítima,

---

[23] Art. 5º, XII: É inviolável o sigilo da correspondência e das comunicações telegráficas, de dados e das comunicações telefônicas, salvo, no último caso, por ordem judicial, nas hipóteses e na forma que a lei estabelecer para fins de investigação criminal ou instrução processual penal;

[24] BRASIL. Supremo Tribunal Federal. *Tema nº 661, RE nº 625263*, Rel. Min. Gilmar Mendes, Rel. p/ Acordão Min. Alexandre de Moraes, Tribunal Pleno, julgado em 17.03.2022, Pub. 06.06.2022.

ainda que sucinta, a embasar a continuidade das investigações. São ilegais as motivações padronizadas ou reproduções de modelos genéricos sem relação com o caso concreto".

Há, pois, que dialogar com a necessidade de justa causa e da *imprescindibilidade da prova, que, por outros meios, não pudesse ser feita*, como vem decidindo também o Superior Tribunal de Justiça.[25]

Em se tratando de dados relativos a conexões com a *internet*, a regulação é conferida pelo art. 22 da Lei nº 12.956/14, admitindo-se a sua utilização tanto para a seara civil quanto a criminal, todavia vinculada a uma atividade antijurídica, mediante a demonstração de indícios mínimos de sua prática, além da justificação motivada para o afastamento do sigilo. Em qualquer hipótese, há obrigação de preservação das informações recebidas, bem como obstar-se a violação da intimidade, da honra e da vida privada do alvo da medida (art. 23).

Assim, havendo a necessidade de devassar comunicações eletrônicas – constatada, regra geral, pela indispensabilidade da medida, associada à prática de um ato ilícito, aqui cível ou criminal – deve-se proceder mediante controle jurisdicional, preservando-se, em todo o caso, mensagens e informações não necessárias para a investigação ou instrução.

3.3 O necessário incremento da tutela do sigilo profissional do advogado em meios eletrônicos

Quando se conjugam os elementos de tutela do sigilo advogado-cliente, destacado na parte 2 deste trabalho, com a excepcionalidade do seu afastamento em hipóteses gerais, como retratado linhas acima, emerge um quadro de maior gravidade e, portanto, de cuidado na atuação do Estado.

O ordenamento ampara um nível de proteção mais intenso ao sigilo das informações que tramitam entre advogado e seu cliente, independentemente do meio, físico ou digital, pelo qual fluam.

A proteção conferida a atividade advocatícia somente não prevalecerá acaso o próprio advogado encontre-se em situação de prática ilícita; não se o admite senão em evidente hipótese de abuso da proteção legal, com a finalidade de amparar o antijurídico. Fora de tal situação, a violação da prerrogativa poderá ser, inclusive, considerada crime (art. 7º-B, da Lei nº 8.906/94).

É o que se infere de relevante posição incorporada como fundamentação na decisão do Min. Dias Toffoli, nos autos do INQ n. 4.940/DF:

> Com efeito, para se preservar a higidez do devido processo legal, e, em especial, o equilíbrio constitucional entre o Estado-acusador e a defesa, é inadmissível que autoridades com poderes investigativos desbordem de suas atribuições para transformar defensores em investigados, subvertendo a ordem jurídica. São, pois, ilegais quaisquer incursões investigativas sobre a origem de honorários advocatícios, quando, no exercício regular da profissão, houver efetiva prestação do serviço.
> (...)
> Por fim, conforme assentei no Plenário desta Suprema Corte, "a imunidade profissional é indispensável para que o advogado possa exercer condigna e amplamente seu múnus

---

[25] Dentre outros, BRASIL. Superior Tribunal de Justiça. *AgRg no AREsp nº 1.360.839/RJ*, Rel. Min. Sebastião Reis Júnior, Sexta Turma, julgado em 07.12.2021, DJe de 25.03.2022.

público" (ADI 1.127/DF). (MC-HC no 129.569/DF. Relator: Ministro Ricardo Lewandowski, publicada em 30 de julho de 2015).

Notam-se, portanto, que os elementos fundamentais da tutela da relação advogado-cliente encontram-se presentes na decisão analisada: (i) há uma relação profissional estabelecida e que envolve a prestação de serviços de advocacia; (ii) a comunicação sobre a qual foi estendida a proteção possui imbricação com o exercício do direito de defesa (exclusão de capítulo investigatório que possuía título *das tratativas de* [nome do investigado] *com seu advogado"*; (iii) não há mínimo sinal de envolvimento do advogado com eventual prática criminosa (como assentou o Min. Dias Toffoli, *não se constata nos autos* prática criminosa por parte do advogado).

4   Conclusão

A proteção de determinados predicados fundantes do Estado Democrático de Direito passa, inexoravelmente, pela observância de regras inerentes ao exercício do direito de defesa, por mais que a conduta de determinadas pessoas possa soar repugnante e odiosa à coletividade. O próprio homenageado já alertava, em 2012, acerca dos riscos inerentes ao atropelo de direitos fundamentais:

> (...) julgo não ser ocioso avivar a memória coletiva sobre a correlação histórica e os riscos do discurso moralizante, quando ele chega ao extremo de desrespeitar o núcleo essencial de direitos fundamentais, ainda que de indivíduos pelos quais não se exprime uma opinião das mais favoráveis (ADC n. 29-DF, voto do min. Dias Toffoli, j. 15.02.2012).

Nessa linha, num contexto de grande litigiosidade e crescente incremento tecnológico, devem ser preservadas funções de limitação do poder estatal, como o é a atividade da advocacia. O custo de se mitigar a tutela dessa atividade é inerentemente maior que o benefício que possa vir a ser auferido com uma persecução dita mais eficaz em determinado caso concreto; quando menos, estar-se-á assegurando limites ao Estado, justamente nesta quadra atual, quando já se aventa a superação do modelo de liberdades asseguradas pela democracia liberal nas diversas nações.

Referências

ANDERSON, Jeff *et al*. Work product doctrine. *Cornell Law Review*, v. 68, p. 789, 1983. Disponível em: https://core.ac.uk/download/pdf/73976679.pdf. Acesso em: 20 ago. 2024.

AUBURN, Jonathan. *Legal Professional Privilege*: Law and Theory. Hart Publishing, 2000.

BADARÓ, Gustavo. *Processo penal*. 8. ed. São Paulo: Thomson Reuters Brasil, 2020.

BELL, Craig; SPAHN, Thomas; RIZEK, Christopher. A guide to the attorney-client privilege and work product doctrine for tax practitioners. *William & Mary Law School Scholarship Repository*, n. 60, 2007. Disponível em: https://scholarship.law.wm.edu/cgi/viewcontent.cgi?article=1060&context=tax. Acesso em: 16 jul. 2024.

BOPP, Michael; LAY, Delisa. The availability of common law privileges for witnesses in congressional investigations. *Harvard Journal of Law & Public Policy*, v. 35, n. 3, p. 907, 2012. Disponível em: https://journals.law.harvard.edu/jlpp/wp-content/uploads/sites/90/2013/10/35_3_897_Bopp_Lay.pdf. Acesso em: 16 jul. 2024.

BOTTINI, Pierpaolo Cruz; ESTELLITA, Heloísa. *A confiança, o sigilo e a inviolabilidade*. São Paulo: Revista dos Tribunais, 2016. v. 970.

BRASIL. *Lei nº 12.850, de 2 de agosto de 2013*. Define organização criminosa e dispõe sobre a investigação criminal, os meios de obtenção da prova, infrações penais correlatas e o procedimento criminal; altera o Decreto-Lei nº 2.848, de 7 de dezembro de 1940 (Código Penal); revoga a Lei nº 9.034, de 3 de maio de 1995; e dá outras providências. Presidência da República, Secretaria-Geral, Brasília, DF, 2013. Disponível em: Acesso em: 21 ago. 2024.

BRASIL. Superior Tribunal de Justiça. *AgRg no AREsp nº 1.360.839/RJ*, Rel. Min. Sebastião Reis Júnior, Sexta Turma, julgado em 07.12.2021, DJe de 25.03.2022.

BRASIL. Supremo Tribunal Federal. *Tema nº 661, RE nº 625263*, Rel. Min. Gilmar Mendes, Rel. p/ Acordão Min. Alexandre de Moraes, Tribunal Pleno, julgado em 17.03.2022, Pub. 06.06.2022.

GLENN, Christensen. Principles, Politics and Privilege: How the Crime-Fraud Exception Can Preserve the Strength of the Attorney-Client Privilege for Government Lawyers and Their Clients. *Fordham Urban Law Journal*, v. 40, n. 4, p. 1449-1491, mar. 2016.

GREENWALD, David M.; SLACHETKA, Michele L. *Protecting confidential legal information*. Jenner & Block LLP, 2023. Disponível em: https://www.jenner.com/a/web/kWjUNH1R2pH413dWnGepTN/2023-protecting-confidential-legal-information.pdf. Acesso em: 16 jul. 2024.

HAIDT, Jonathan. *A mente moralista*. Rio de Janeiro: Alta Cult, 2020.

HAZARD, Geoffrey C. An historical perspective on the attorney-client privilege. *California Law Review*, v. 66, p. 1061-1091, 1978.

HOFMANN, Robin; LUSTENBERGER, Livio. Reporting obligations for attorneys in money laundering cases: attorney-client privilege under pressure? *German Law Journal*, v. 24, p. 825-837, 2023.

LAI, Ho Hock. History and judicial theories of legal professional privilege. *Singapore Journal of Legal Studies*, p. 558-596, 1995.

MOORE, Nancy. Limits to attorney-client confidentiality: a philosophically informed and comparative approach to medical and legal ethics. Boston University School of Law v. 36, n. 2, 1985. Disponível em: https://core.ac.uk/download/pdf/327208284.pdf. Acesso em: 16 jul. 2024.

MOREIRA ALVES, José Carlos. *Direito Romano*. Rio de Janeiro: Grupo GEN, 2021. E-book. ISBN 9786559640645.

POPKIN, William D. Client-Lawyer Confidentiality. Articles by Maurer Faculty. *Paper 951*, 1981. Disponível em: http://www.repository.law.indiana.edu/facpub/951. Acesso em: 16 jul. 2024.

RADIN, Max. The privilege of confidential communication between lawyer and client. *California Law Review*, v. 16, n. 6, p. 487-497, set. 1928.

RICE, Paul. Attorney-client privilege: the eroding concept of confidentiality should be abolished. *Duke Law Journal*, v. 47, n. 5, p. 853-898, mar. 1998.

Scourtes v. Fred W. Albrecht Grocery Co., 15 F.R.D. 55 (N.D. Ohio 1953). Disponível em: https://casetext.com/case/scourtes-v-fred-w-albrecht-grocery-co. Acesso em: 16 jul. 2024.

US SUPREME COURT. *Hickman v. Taylor*, 329 U.S. 495, 510, 1947. Disponível em: https://supreme.justia.com/cases/federal/us/329/495/.Acesso em: 21 ago. 2024.

Informação bibliográfica deste texto, conforme a NBR 6023:2018 da Associação Brasileira de Normas Técnicas (ABNT):

TOJAL, Sebastião Botto de Barros; TAMASAUSKAS, Igor Sant'Anna. O sigilo das comunicações entre o advogado e seu cliente: ponderações jurídicas à luz dos direitos fundamentais e das interfaces eletrônicas de violação. *In*: MENDES, Gilmar Ferreira; LIRA, Daiane Nogueira de; FREIRE, Alexandre (coord.). *Constituição, democracia e diálogo*: 15 anos de Jurisdição Constitucional do Ministro Dias Toffoli. 2. ed. Belo Horizonte: Fórum, 2025. p. 1579-1592. ISBN 978-65-5518-937-7.

A VEDAÇÃO DO FINANCIAMENTO DE CAMPANHAS POR PESSOAS JURÍDICAS: NOVAS REFLEXÕES SOBRE O TEMA

SÉRGIO SILVEIRA BANHOS

A busca pelo aprimoramento da Democracia, o senso do justo e a elevada sensibilidade com os temas sociais espelham a atuação do homenageado, Ministro José Antonio Dias Toffoli, paulista de Marília, palmeirense de coração, formado nas Arcadas, brilhante advogado, subchefe da área de assuntos jurídicos da Casa Civil da Presidência da República, advogado-geral da União, ministro do Supremo Tribunal Federal e do Tribunal Superior Eleitoral, tendo presidido ambas as Cortes com a sua principal marca: a continuada busca pelas soluções consensuais. Um líder natural; um ser humano diferenciado.

O financiamento de campanhas eleitorais é matéria muito cara ao Estado Democrático de Direito. Como registrou o Ministro Dias Toffoli,[1] a denominação mais adequada ao tema não seria financiamento de campanhas, nem mesmo financiamento partidário, mas financiamento da própria democracia. Daí a razão do referido tema manter-se em constante debate na quase totalidade das democracias do mundo ocidental. E não seria diferente aqui no Brasil.

A vedação ao financiamento por parte de pessoas jurídicas a partir do julgamento da ADI nº 4.650 pelo STF torna-se objeto precioso de avaliação continuada. A matéria foi objeto de densa abordagem quando do julgamento da referida ação. Nos votos proferidos naquela decisão, houve profícuo debate com posições contrapostas e sobrepostas advindo um acórdão histórico, tendo em vista a verticalidade em que as teses foram debatidas.

Não se pretende questionar se o tema seria ou não objeto de ADI, se havia inconstitucionalidade a ser debatida pelo STF. Isso não está mais na agenda. Essa matéria preliminar já foi decidida pelo plenário da Corte Suprema, e isso basta. O fato é que o STF àquela ocasião apreciou a temática e decidiu pela impossibilidade de as empresas participarem como doadoras nos certames eleitorais.

---

[1] BRASIL. Supremo Tribunal Federal. *Acórdão. Ação Direta de Inconstitucionalidade nº 4.650*. Relator Min. Luiz Fux, Tribunal Pleno, julgado em 17.09.2015, DJe 23.02.2016.

Por sua inegável importância, esse conteúdo encontra-se na agenda contemporânea de quase todos os países democráticos. É objeto de congressos nacionais e internacionais. E isso se dá porque a relação entre recursos financeiros e política, como salientou em seu voto o Ministro Gilmar Mendes,[2] "é extremamente complexa e uma breve pesquisa da realidade de outros países comprova que não há fórmulas universais à regulação da matéria".

Como registra Daniel Zovatto,[3] "a história e a experiência comparada mostram que a relação entre dinheiro e política foi, é e continuará sendo complexa e que ela constitui uma questão fundamental para a qualidade e a estabilidade da democracia".

O desafio, como observa o professor Rubio Ferreira,[4] é "criar os meios para que a relação entre dinheiro e política seja cada vez mais transparente e possibilite ao cidadão o exercício do voto informado, ao mesmo tempo em que estimule os partidos a exercer um controle recíproco para ajustar sua conduta às normas existentes e às expectativas da cidadania".

Tudo isso porque, nas palavras de E. H. Monjobi, "embora a democracia não tenha preço, ela tem um custo de funcionamento que é preciso pagar e por isso é indispensável que seja o sistema democrático que controle o dinheiro, e não o oposto".[5]

O enfrentamento da matéria, por essas circunstâncias, nunca será de fácil lida. Na intenção de preservar ao máximo a legitimidade na escolha dos representantes políticos, o ingresso de verbas para financiamento de campanhas será sempre ensejador de dúvidas. Se, por um lado, tem-se que o poder econômico das empresas pode afetar os certames, por outro, não se pode deixar de considerar que outros abusos, também potencialmente nocivos, podem ainda resistir sob outras facetas, como a dos recursos não contabilizados, o caixa dois.

A única certeza que temos é que o dispêndio de recursos financeiros em campanhas é inevitável. Daí o paradoxo assinalado pelo Ministro Teori Zavascki[6] no sentido de que "o dinheiro pode fazer muito mal à democracia, mas ele, na devida medida, é indispensável ao exercício e à manutenção de um regime democrático".

Em uma perspectiva histórica, até o julgamento da ADI nº 4.650, os gastos de campanhas eleitorais eram financiados com doações de recursos de pessoas físicas, de pessoas jurídicas e do Fundo Partidário.

Até então as doações de pessoas jurídicas eram em valor superior àquelas realizadas por pessoas físicas. Os custos das campanhas também vinham aumentando drasticamente, principalmente a partir das doações de empresas. O quadro não era nada bom. Algo realmente teria de mudar, mas será que a proibição de doação por empresas foi suficiente para promover a esperada, e necessária, concorrência isonômica entre os candidatos?

---

[2] BRASIL. Supremo Tribunal Federal. *Acórdão. Ação Direta de Inconstitucionalidade nº 4.650*. Relator Min. Luiz Fux, Tribunal Pleno, julgado em 17.09.2015, DJe 23.02.2016.

[3] ZOVATTO, Daniel. *Financiamento dos partidos e campanhas eleitorais na América Latina*: uma análise comparada. Campinas: Opinião Pública, 2005.

[4] FERREIRA, Rubio. Financiamento político: rendición de cuentas y divulgación. *In*: GRINER, S.; ZOVATTO, D. (Ed.). *De las normas a las buenas prácticas*. San José: OEA, 2004.

[5] MOJOBI, E. H. *Dinero y contienda político-electoral*. México: Fondo de Cultura Económica, 2003.

[6] BRASIL. Supremo Tribunal Federal. *Acórdão. Ação Direta de Inconstitucionalidade nº 4.650*. Relator Min. Luiz Fux, Tribunal Pleno, julgado em 17.09.2015, DJe 23.02.2016.

Nessa perspectiva é que se buscará revisitar os principais argumentos que levaram o Supremo Tribunal Federal a entender, por maioria de votos, pela impossibilidade de as pessoas jurídicas participarem como doadoras nos certames eleitorais.

Foram essencialmente dois núcleos de argumentos que sustentaram a inconstitucionalidade do financiamento de campanhas por parte de empresas:

(i) o primeiro, a violação aos princípios democrático, republicano e da igualdade entre candidatos, além da captura do processo político pelo poder econômico, que afetaria a moralidade dos certames; e

(ii) o segundo, a ausência do *status* de "cidadão" da pessoa jurídica, que não a habilitaria a exercer atos de cidadania.

O primeiro dos argumentos diz com a alegada assimetria de chances entre os candidatos, dado que o antigo modelo de financiamento privilegiaria aqueles que tivessem a possibilidade de introduzir em suas campanhas significativas quantias a partir de boas ligações com pessoas jurídicas.

Essa desigualdade de oportunidade política violaria o princípio da isonomia entre os candidatos, permitindo a eventual captura do político pelos titulares do poder econômico, malferindo, em decorrência direta, os princípios democrático e republicano.

Segundo a maioria da Corte, a moralidade dos certames também seria posta em xeque. As empresas se sentiam coagidas a colaborar nos certames eleitorais. Isso favoreceria a corrupção. E a consequência não seria outra que a de obter influência futura sobre os candidatos eleitos na destinação e execução dos orçamentos, nas licitações e na execução dos contratos, no processo legislativo, dentre tantos outros. Afinal, as futuras decisões administrativas e a formulação das novas leis seriam, ao ver da maioria que definiu o julgado, a *mais-valia* proporcionada pelo modelo.

Outro argumento que pautou os debates no referido julgado referiu-se à alegada ausência de cidadania. É que para alguns dos julgadores o exercício da cidadania não comportaria a participação de empresas porque não teria significado cívico algum o investimento empresarial de vultosas quantias em campanhas. De fato, o que se verificava na prática àquela época era a contribuição de uma mesma empresa para a campanha dos principais candidatos antagônicos em disputa.

Esse comportamento traduziria, no entender da maioria dos julgadores, mais um agir estratégico do que ideológico. Mais do que apoiar candidatos ou partidos significava a intenção de não contrariar interesses contrapostos, com a finalidade de garantir a boa imagem com todos os competidores, para não perder, em qualquer circunstância, as eleições. De registrar que, nesse modelo, nessas condições equivocadas de doar, nem às empresas tal modelo agradava.

A Constituição, entretanto, não faz relação alguma entre a capacidade de votar e a possibilidade de financiar campanhas. Não há, por exemplo, impedimento algum às pessoas físicas que estejam eventualmente com cidadania suspensa de exercer o seu direito de financiar campanhas.

Como registrou o Ministro Teori Zavascki,[7] "as pessoas jurídicas, embora não votem, embora sejam entidades artificiais do ponto de vista material, ainda assim fazem parte da nossa realidade social na qual desempenham papel importante e indispensável, inclusive como agentes econômicos produtores de bens e serviços geradores de empregos e de oportunidades de realização aos cidadãos".

A proibição de doação para campanhas por empresas revela a curta memória política do Brasil. É de se recordar que a permissão de doação por parte de pessoas jurídicas ocorreu exatamente após os escândalos da era Collor, da CPI PC Farias.

Naquela ocasião estava em vigor a Lei nº 5.682/1971, no bojo da qual havia vedação expressa[8] à doação de empresas. A edição da Lei nº 9.096/1995 ocorreu exatamente sob o argumento de que se buscava àquele momento evitar abusos, gastos excessivos e a corrupção eleitoral.

Ponderável também o argumento de que as pessoas jurídicas só contribuem por interesse. Não se contesta esse fato; o interesse é inerente à atividade empresarial. O mesmo também ocorre com as pessoas físicas: não há desinteressados políticos. Questionável, isso sim, é afirmar que as razões para doar para as campanhas políticas sejam sempre traduzíveis em interesses espúrios.

Ao contrário. Não se pode esquecer que é efetivamente legítimo o interesse de pessoas físicas e jurídicas em ver eleitos candidatos favoráveis a impulsionar certas reformas legislativas ou em ver priorizadas determinadas políticas públicas, por exemplo.

Nociva à democracia é a corrupção política. Doações originadas de atividades ilegais, de organizações criminosas, de pessoas físicas cooptadas para simular doações em valores com os quais não poderiam arcar, da fraude da contribuição mediante o uso de CPF de pessoas falecidas, do abuso de poder exercido sobre empregados e servidores na forma de contribuição estimulada ou compulsória; essas, sim, são práticas espúrias e devem ser combatidas com rigor. Não bastasse esse grave quadro, a proibição de doação por empresas não evitou a busca por dinheiro em espécie.

É inquestionável que os candidatos com maior capacidade de arrecadar recursos experimentam reais vantagens em relação aos demais. Não há dúvida que a probabilidade de vitória sofre severa influência desse aporte de recursos. A experiência das eleições passadas, sem a influência registrada de recursos provenientes de pessoas jurídicas, não afetou de forma contundente os resultados dos certames: mantiveram-se favorecidas as grandes agremiações, que são as que recebem maiores cotas do fundo partidário e do fundo especial de financiamento de campanhas.

Em sendo assim, em relação aos princípios da isonomia, da democracia e da república, a exclusão da contribuição financeira por parte de pessoas jurídicas não logrou afetar o *establishment*: as grandes agremiações em geral continuaram grandes.

A doação por pessoas jurídicas pode ter ocorrido ainda de maneira pior, de forma transversa: da pessoa jurídica à determinada pessoa física, que ao final repassaria os valores ao candidato. Há ainda notícia de que candidatos que objetivavam a reeleição

---

7   BRASIL. Supremo Tribunal Federal. *Acórdão. Ação Direta de Inconstitucionalidade nº 4.650*. Relator Min. Luiz Fux, Tribunal Pleno, julgado em 17.09.2015, DJe 23.02.2016.

8   Art. 91. É vedado aos Partidos:
    (…) IV – receber, direta ou indiretamente, sob qualquer forma ou pretexto, auxílio ou recurso procedente de empresa privada, de finalidade lucrativa, entidade de classe ou sindical.

gastaram dinheiro público da cota parlamentar com empresas cujos donos são exatamente seus doadores de campanha.

Dessa forma, mais do que evitar a participação de empresas nas doações de campanha, relevante é o estabelecimento de novos critérios com maiores restrições para doação por parte de empresas. Proibir a doação de empresas para candidaturas adversárias e vedar a participação das empresas doadoras em licitações e contratos com a Administração que ajudaram financeiramente a eleger são medidas simples que parecem mais eficazes.

O alto custo das eleições financiadas pelo erário também poderia justificar um retorno do custeio pelas corporações. A título de exemplo, foram destinados aos partidos políticos para as eleições de 2024 o valor significativo de R$4,9 bilhões para o fundo especial de financiamento de campanha. Essa quantia poderia muito bem ser endereçada a outras necessidades públicas.

E mais. Não obstante o modelo adotado, uma mais justa definição da distribuição das cotas do fundo partidário e de campanha deve ser implementada. A busca da transparência, viabilizando o controle dos gastos pelos candidatos, pelas agremiações e pela sociedade deve ser cada vez mais estimulada, somada à fiscalização diligente das doações, com a participação integrada dos órgãos conveniados com o Tribunal Superior Eleitoral, tais como o Tribunal de Contas da União, o Ministério Público Federal, o Ministério Público Eleitoral, a Polícia Federal, a Receita Federal, o Conselho de Controle de Atividades Financeiras, entre outros, com o objetivo de se ter uma eficaz identificação de indícios de crimes eleitorais relacionados ao financiamento das campanhas eleitorais.

Em suma, o que se mostra necessário combater com empenho é a influência econômica abusiva, desleal, espúria, que desiquilibre a igualdade entre os candidatos. No mundo contemporâneo, não se toleram mais as práticas ilegítimas de arrecadação de recursos, de excessos de gastos, de corrupção política.

A proibição de doação por pessoas jurídicas, como observado nas eleições passadas, não gerou o efeito esperado. A corrupção nas eleições, o abuso do poder econômico, as verbas espúrias, clandestinas e o caixa dois não desapareceram. Isso porque haverá sempre uma rápida reação, com o cometimento de práticas nocivas, por parte daqueles a quem não interessa o prestígio dos princípios democrático e republicano.

O caminho que se pensa adequado considera o retorno da contribuição por parte das pessoas jurídicas, revestida de maiores restrições. Só aquelas empresas que se adequarem aos rigores na novel legislação estariam aptas a doar.

Evitar-se-á, assim, a doação por parte daquelas que já tenham contratos firmados com a Administração; será proibida a participação em licitações e a celebração de contratos de qualquer natureza até o término do respectivo mandato e no âmbito da circunscrição eleitoral respectiva das empresas que financiarem campanha de candidato vitorioso; empresas serão proibidas de doar para candidatos adversários no mesmo certame, o que evitará a extorsão e prestigiará a demonstração de preferência legítima das pessoas jurídicas pela linha de pensamento e pelo agir político de determinado candidato.

Com essas simples restrições, serão mais administráveis os legítimos conflitos de interesse entre os setores políticos, sociais e econômicos, minimizando a captura dos candidatos pelos financiadores de campanha. Nas palavras do Ministro Celso de

Mello,[9] "o que a Constituição da República não tolera nem admite é o abuso do poder econômico; não porém o seu regular exercício cuja atuação não provoca os efeitos perversos – e deslegitimadores dos resultados eleitorais – que decorrem dos excessos que efetivamente devem ser coibidos".

Com um sistema de financiamento que estabeleça limites realistas de gastos, com a manutenção e o aprimoramento de ferramentas de controle e fiscalização de recursos, com o prestígio aos convênios firmados pela Justiça Eleitoral com outros órgãos da Administração, ensejando maior transparência das informações e permitindo análise em tempo quase real das contas por parte dos demais candidatos, das agremiações e da própria sociedade, além do aperfeiçoamento das sanções para torná-las mais adequadas aos tempos de agora, não se vê qualquer óbice para o retorno do financiamento de campanhas por parte de empresas, garantida a isonomia entre os candidatos, prestigiados os princípios democrático e republicano.

O que se propõe para reflexão é se, com esse novo arcabouço de medidas, com o contexto atual, com um sistema de financiamento que estabeleça limites realistas de gastos, com a manutenção e o aprimoramento de ferramentas de controle e fiscalização de recursos, com o prestígio aos convênios firmados pela Justiça Eleitoral com outros órgãos da Administração, ensejando maior transparência das informações e permitindo a análise em tempo quase real das contas por parte dos demais candidatos, das agremiações adversárias e da própria sociedade, além do aperfeiçoamento das sanções para torná-las mais adequadas aos tempos de agora, com tudo isso, será que não é chegada a hora de reavaliar o retorno do financiamento de campanha eleitorais por parte de empresas?

Afinal, como dizia Heráclito, o pai da dialética, "não há no mundo nada mais permanente que a mudança (...)". E, para inaugurar um renovado pensar sobre essa eventual mudança de orientação, ninguém mais habilitado, em razão do seu verticalizado conhecimento jurídico, da sua sensibilidade política e do seu espírito público, que o ora homenageado, Ministro Dias Toffoli.

Referências

BRASIL. Supremo Tribunal Federal. *Acórdão. Ação Direta de Inconstitucionalidade nº 4.650*. Relator Min. Luiz Fux, Tribunal Pleno, julgado em 17.09.2015, DJe 23.02.2016.

FERREIRA, Rubio. Financiamiento político: rendición de cuentas y divulgación. *In*: GRINER, S.; ZOVATTO, D. (Ed.). *De las normas a las buenas prácticas*. San José: OEA, 2004.

MOJOBI, E. H. *Dinero y contienda político-electoral*. México: Fondo de Cultura Económica, 2003.

ZOVATTO, Daniel. *Financiamento dos partidos e campanhas eleitorais na América Latina*: uma análise comparada. Campinas: Opinião Pública, 2005.

---

[9]   BRASIL. Supremo Tribunal Federal. *Acórdão. Ação Direta de Inconstitucionalidade nº 4.650*. Relator Min. Luiz Fux, Tribunal Pleno, julgado em 17.09.2015, DJe 23.02.2016.

Informação bibliográfica deste texto, conforme a NBR 6023:2018 da Associação Brasileira de Normas Técnicas (ABNT):

BANHOS, Sérgio Silveira. A vedação do financiamento de campanhas por pessoas jurídicas: novas reflexões sobre o tema. *In*: MENDES, Gilmar Ferreira; LIRA, Daiane Nogueira de; FREIRE, Alexandre (coord.). *Constituição, democracia e diálogo*: 15 anos de Jurisdição Constitucional do Ministro Dias Toffoli. 2. ed. Belo Horizonte: Fórum, 2025. p. 1593-1599. ISBN 978-65-5518-937-7.

TOFFOLI SOBRE KELSEN

TERCIO SAMPAIO FERRAZ JUNIOR

O Ministro José Antonio Dias Toffoli frequentemente utiliza conceitos de Hans Kelsen em suas decisões, particularmente a ideia de que a função do juiz é aplicar a lei conforme ela está posta, sem influências ideológicas ou partidárias. Toffoli sublinha que o magistrado deve fazer um juízo técnico, aderindo à norma aprovada pelos representantes eleitos do povo, em vez de tentar reinterpretar ou ajustar a lei conforme suas próprias convicções pessoais ou de justiça.

Toffoli destaca, assim, que muitas vezes decide contra sua própria vontade, pois entende que sua função é aplicar a Constituição e as leis conforme estabelecidas, refletindo a *teoria pura do direito* de Kelsen, que enfatiza a separação entre a norma jurídica e as considerações políticas ou morais. Essa abordagem técnica do direito é vista como crucial para manter a objetividade e a integridade do sistema jurídico.

Essas fundamentações refletem uma perceptível influência de Kelsen no exercício da atividade jurídica de Toffoli e mostram, afinal, como suas teorias continuam a moldar decisões judiciais importantes no Brasil. Vale, nessa linha, sua observação sobre o impacto de Kelsen na jurisprudência do STF, não necessariamente pelas citações de parte de seus Ministros, mas, sobretudo, no uso ainda que silente de expressões por Kelsen consagradas (*tribunal constitucional, pirâmide, hierarquia, ordem escalonada de normas, monismo jurídico*).

Kelsen (1881-1973) é, aliás, um autor que impressiona por suas diversas facetas. Teórico do direito, filósofo e sociólogo, teórico do Estado, iniciador da lógica jurídica que tanto lhe deve, Kelsen teve uma vida cercada por experiências difíceis que marcaram de modo geral a intelectualidade judaica, desde o início do século XX, na Áustria e na Alemanha. Autor intelectual da Constituição republicana austríaca, Kelsen foi juiz (1921- 1930) da Corte Constitucional da Áustria. Tendo nascido em Praga, publicou sua mais famosa obra – Teoria Pura do Direito – em 1934, traduzida em todas as línguas modernas. Professor de extraordinários méritos, o advento do nazismo obrigou-o a um exílio nos Estados Unidos, onde, na Universidade de Berkeley, permaneceu até a morte.

Foi, por todos os motivos, um autor que certamente impressionou o jovem aluno José Antonio Dias Toffoli em 1986, quando ingressou na Faculdade de Direito da USP. No primeiro ano, na disciplina Introdução ao Estudo do Direito, teve de ler textos escolhidos da Teoria Pura do Direito de Kelsen, uma leitura que marcava os alunos pelo vigor do seu pensamento e que, de algum modo, ficava-lhes na memória acadêmica e profissional.

Não causa surpresa, assim, o fato de Toffoli ter escrito, em colaboração com Otavio Luiz Rodrigues Jr., um *Estudo Introdutório* para a edição brasileira da "Autobiografia" de Hans Kelsen.[1] Desse texto, doravante citado como *Introdução*, merecem relevo algumas passagens que lhe revelam o interesse e o senso de oportunidade na percepção da influência do grande pensador, cuja atualidade alcança os nossos dias.

Toffoli, testemunhando seu aprendizado, reconhece em Kelsen um "divisor de águas para toda a teoria jurídica contemporânea" (*Introdução* p. XXII). E com razão.

Note-se que sua *teoria pura do direito* logo conheceu grande respeito para além das fronteiras austríacas. Lembra Toffoli a repercussão de suas ideias até no longínquo extremo oriente, em especial no Japão (p. LX). Com efeito, acrescentaria eu que, por ocasião dos 50 anos de Kelsen, uma obra contendo ensaios em sua homenagem já podia dar o testemunho da sua importância em todo o mundo (*Festschrift Hans Kelsen*, Viena, 1931). Nessa coletânea, o japonês Kisaburo Yokota mencionava-o, ao lado de Stammler, como o mais significativo filósofo do direito da atualidade. E o coreano Tomoo Otaka exigia que a metodologia kelseniana devesse significar, no futuro (estávamos em 1931), a única forma possível de conhecimento autônomo do direito. Na Europa, o espanhol Luis Legaz y Lacambra afirmava, no mesmo livro, que o pensamento jurídico do século XX teria de ser "um permanente diálogo com Kelsen". E, de fato, 32 anos depois, em Salzburg, num simpósio sobre *o direito natural na teoria política*, a disputa em torno de suas ideias ocuparia de forma preponderante os participantes.

"Kelsen é, antes de tudo, um autor marcado pela polêmica", diz Toffoli (*Introdução* p. XVIII). Com efeito, desde o princípio de sua vida acadêmica, Kelsen colocava-se diante da presença avassaladora do positivismo jurídico de várias tendências, somada à reação dos teóricos da livre interpretação do direito, o que punha em questão a própria autonomia metódica da ciência jurídica. Para alguns, o caminho dessa metodologia apontava para um acoplamento com outras ciências humanas, como a sociologia, a psicologia e até com princípios das ciências naturais. Para outros, a ciência jurídica deveria desembocar em critérios de livre valoração, não faltando os que recomendavam uma volta aos parâmetros do direito natural.

Nessa discussão, como se sabe, o pensamento de Kelsen seria marcado pela tentativa de conferir à ciência jurídica um método e um objeto próprios, capazes de superar confusões metodológicas e de dar ao jurista uma autonomia conforme padrões científicos reconhecidos.

Mas foi justamente a consequente redução do objeto e do método do conhecimento adequadamente jurídico à norma que causou inúmeras polêmicas.

Na *Introdução*, Toffoli chama a atenção para duas direções em que Kelsen incorreu em polêmica. De um lado, sua oposição ao jusnaturalismo. De outro, o fato de ter sido continuamente acusado de *formalista reducionista*, por esquecer as dimensões sociais e

---

[1] TOFFOLI, José Antonio Dias; LUIZ JUNIOR, Otavio. *Hans Kelsen, o jurista e suas circunstâncias* (Estudo Introdutório para a edição brasileira da "Autobiografia" de Hans Kelsen): KELSEN, Hans. *Autobiografia de Hans Kelsen*. São Paulo: Forense Universitária, 2011 e 2018.

valorativas, por fazer do fenômeno jurídico uma mera forma normativa, despida de seus caracteres existencialmente humanos. Sua intenção, no entanto, como ressalva Toffoli, não foi jamais a de negar os aspectos multifários de um fenômeno complexo como é o direito, mas de escolher, dentre eles, um que coubesse autonomamente ao jurista, garantindo-lhe rigor de pensamento.

De fato, para Kelsen, uma atitude cognitiva que se ocupasse simultaneamente de todos os aspectos do fenômeno corria o risco de se perder em debates estéreis e, pior, de não se impor conforme os critérios de rigor inerentes a qualquer pensamento que se pretendesse científico. Kelsen, nesse sentido, foi um ardoroso defensor da neutralidade científica aplicada à ciência jurídica. Sempre insistiu na separação entre o ponto de vista jurídico e o moral e político. A ciência do direito não caberia fazer julgamentos morais nem avaliações políticas sobre o direito vigente. Numa linha de afastar influências ideológicas, na Teoria Pura do Direito, ao falar do "direito como ideologia", cita Marx em uma nota de rodapé, afirmando que

> [c]onstitui elemento característico da teoria da sociedade em Marx desqualificar a descrição do Direito – imposto por uma classe dominante a uma classe dominada – como um sistema de normas, afirmando que essa descrição se caracteriza como uma ideologia que falsifica a realidade no interesse da classe dominante.

Não obstante, Kelsen nunca deixou de dar atenção à relevância subjetiva do fenômeno jurídico. Chama a atenção de Toffoli a relação biográfica de Kelsen com Freud, que, como anota ele, "está presente de maneira silenciosa" na Autobiografia.

Embora ausente nas memórias, é interessante assinalar o interesse de Kelsen por Freud. Recordo, a propósito, que Kelsen e Sigmund Freud tiveram uma correspondência breve e significativa em 1922. As cartas trocadas não são até hoje discutidas mais amplamente ou mesmo publicadas em detalhes completos, embora sejam mencionadas em biografias e estudos sobre ambos os pensadores, o que se pode tomar como uma evidência do intercâmbio de ideias entre seus diferentes campos do saber.

O teor dessa troca de cartas gira em torno de questões relacionadas à psicanálise e à teoria do direito, com Kelsen interessado nas ideias de Freud e buscando compreendê-las mais profundamente para aplicá-las ao seu campo de estudo. A correspondência reflete um momento de convergência intelectual no início do século XX, quando as fronteiras entre as disciplinas estavam sendo questionadas e exploradas de novas maneiras.

Kelsen estava particularmente interessado na forma como a psicanálise poderia informar a teoria do direito, ainda que viesse a se concentrar na estrutura formal das normas jurídicas independentemente de considerações sociológicas ou psicológicas.

Kelsen inicia a correspondência expressando sua profunda admiração pelo trabalho de Freud e mencionando a importância das descobertas psicanalíticas para diversos campos de estudo. Levanta algumas questões sobre como a psicanálise poderia esclarecer a compreensão das normas jurídicas e dos mecanismos de controle social, especificamente sobre a relação entre a repressão (um conceito central na psicanálise) e a obediência às leis. Destaca, assim, seu interesse particular em como os conceitos psicanalíticos podem ser aplicados à teoria do direito, dizendo acreditar que a psicanálise poderia fornecer sugestões valiosas sobre a motivação humana, algo fundamental para a criação e a aplicação das normas jurídicas.

Em suas respostas, Freud agradece a Kelsen pelo interesse em seu trabalho, expressando sua satisfação ao ver que suas teorias estariam sendo consideradas em campos tão diversos quanto o direito.

Freud reconhece que a psicanálise pode oferecer sugestões para a compreensão das normas jurídicas e do comportamento legal, mencionando que as leis e as normas sociais são, de fato, construções humanas que podem ser analisadas através da lente psicanalítica (para Freud, o direito seria um mecanismo coercitivo usado pela sociedade para impulsionar o ser humano à sublimação em favor da coletividade). A propósito, sugere a Kelsen a leitura de algumas de suas obras mais recentes, nas quais discutia questões relacionadas à estrutura social e às normas, por achar que esses textos poderiam oferecer uma base teórica para Kelsen explorar as interseções entre psicanálise e direito.

Embora não haja evidências de que as ideias de Freud tenham causado alguma interferência significativa na teoria de Kelsen, a correspondência demonstra o empenho de Kelsen em buscar uma compreensão mais ampla das forças subjetivas, subjacentes à estrutura formal que moldam as normas jurídicas.

O que leva a um outro ponto também destacado na *Introdução*, referente a Max Weber, com quem Kelsen, em sua estada em Heidelberg, não chegou a ter contato, expressando, no entanto, por ele, a maior admiração, ao revelar, tempos depois, ter-se familiarizado com sua obra.

Chama a atenção Toffoli, na *Introdução*, para o fato de a concepção weberiana do Direito ser estruturalmente diversa da formulada por Kelsen. Não obstante, salienta a importância de Weber para sua obra, no que tem razão.

Nessa linha, a propósito, parece-me interessante atentar para seu livro "Sociedade e Natureza",[2] no contexto da discussão sobre a sociologia do direito e a ciência jurídica, em que ocorrem as abordagens teóricas e metodológicas sobre a compreensão das normas sociais e jurídicas.

Há um ponto de confluência entre as abordagens: o papel da sanção na estrutura da norma. Ao longo do texto, com larga pesquisa antropológica, é significativa insistência de Kelsen no postulado teórico da *retribuição*, particularmente como castigo e menos como recompensa. De todo modo, trata-se de uma exigência incontornável: abrir-se para as relações entre as disciplinas.

Nessa medida, assim se expressa Kelsen (no Prefácio escrito para a tradução castelhana, Buenos Aires, 1945):

> Separar uma teoria normativa do direito de uma sociologia do direito dos fenômenos que são as causas e os efeitos do fato de os homens pensarem em termos de uma dada lei e, especialmente, de uma sociologia da ideia de justiça e da crença nela como um ideal, não significa ignorar ou negar a existência e a importância desses fenômenos e a legitimidade de uma sociologia ocupada com esses objetos. Como nunca cometi esse erro, não o acho contraditório, nem que se trate de uma evasão a um campo científico muito remoto, que depois de ter trabalhado uma teoria normativa do direito, volto à sociologia da justiça.

---

[2] KELSEN, Hans. *Society and Nature*. Chicago: University of Chicago Press, 1943; tradução para o espanhol, KELSEN, Hans. Buenos Aires: Editorial Depalma, 1945.

Precisamente isso, segundo Kelsen, seria necessário para responder à pergunta, não de qual é a *essência* da justiça, mas de qual é o *papel* que essa ideia, que domina o psiquismo humano em quase todas as suas objetivações, desempenha na história intelectual da sociedade. O que, afinal, significa indagar sobre sua *verdadeira função na sociedade*.

Com isso, Kelsen reconhece um importante papel da sociologia. Afinal, conclui ele, *se toda a civilização tem um caráter social, a história da civilização, especialmente a história das ideias, não pode prescindir da sociologia; e a sociologia, então, como crítica à civilização.*

Bem a propósito lembra Toffoli na *Introdução* um comentário de Kelsen ao fato de ter assumido, em Berkeley, uma docência no Departamento de Ciência Política e não na Faculdade de Direito: *"Talvez o direito como objeto do conhecimento científico pertença realmente mais a uma faculdade filosófica, histórica ou de ciências sociais"*. O que desfaz, certamente, a falsa impressão de um Kelsen obtusamente normativista e infenso a qualquer outra abordagem científica do direito. Ou, como observa Toffoli na *Introdução*, enfrenta-se, assim, "a confusa crítica ao positivismo jurídico, sem que se faça diferenciação entre suas várias acepções, e, nesse ponto, Hans Kelsen tem merecido injustas censuras por teses que ele nunca defendeu".

Oportuna a observação, em especial, para a experiência vivida nos dias de hoje de uma transformação no modo de encarar a Constituição. É inegável, atualmente, no Brasil, o crescimento de uma prática jurisdicional que funciona em sucessões decisórias, que se estabilizam por mútuas e ocasionais vinculações, na qual decisões tomadas se alastram até certo ponto e se interrompem, podendo ser retomadas novamente, donde às vezes a sensação de desfalecimento da Constituição diante do poder para interpretá-la. Ou seja, *ponderalizada*, a experiência jurisdicional torna-se presa de um jogo de estímulos e respostas que parece exigir mais uma visão meramente pragmática do julgador, que vê transformada sua ação decisória em mera argumentação, sujeita a modificar-se de acordo com as presumíveis consequências.

Significativa, a propósito, a observação de Toffoli na *Introdução*:

> No Brasil, os ataques a Hans Kelsen e à teoria pura do direito intensificaram-se na primeira década do século XXI. Antes, havia a oposição dos jusnaturalistas e daqueles ligados à teoria crítica do direito. Hoje, tem-se a prevalência do papel contestador de movimentos ditos neoconstitucionalistas ou pós-positivistas, conceitos ainda marcados por extrema assimetria de conteúdos teóricos e certa fluidez de discurso, especialmente no abuso com que se recorre aos princípios para se justificar determinadas posições de clara afronta à literalidade do texto normativo (*Introdução*, p. XXII).

Em certa medida, prossegue ele, a confrontação com os paradigmas kelsenianos esconde outro debate, que se relaciona com a ampliação do protagonismo judiciário, com o enfraquecimento do Poder Legislativo (e da própria lei) e com a necessidade de se conferir maior poder decisório (com discricionariedade mais ampla) aos magistrados.

Importante, nessa direção, a menção de Toffoli à parte final do art. 1º da Constituição da primeira República austríaca, formulação devida a Kelsen, que proclamava, de maneira peculiar, não exatamente que "todo **poder** emana do povo", mas que "seu **direito** emana do povo" (negritei).

É justamente a oportuna substituição de *poder* por *direito* que *reconduziria o problema da legitimidade do Estado para o direito e não para o poder.*

Acertada observação. Com efeito, para o *constitucionalismo* tradicional, enquanto uma inovação relativamente recente na história das instituições políticas, surgida no último quartel do Século XVIII, o poder supremo pressupõe uma pluralidade de *poderes* reais e atuantes, diante dos quais o *poder* soberano é qualitativamente diferente. O *poder* soberano é um *poder da lei* que combina, centraliza e incorpora as capacidades da coletividade. Essa concepção (enfatizada desde Bodin – Les six livres de la République)[3] repousa num entendimento de que existe um relacionamento de mútuo reforço entre *poder* soberano e representação legislativa: o *poder* soberano é dotado de império não apenas porque é o *poder* de uma comunidade, mas uma comunidade dotada *poder* legislativo.

Atualmente, no entanto, esse modelo sofre um ostensivo questionamento que atinge o Estado em suas principais configurações,[4] seja o Estado percebido como fonte de organização política (fenômeno da centralização das fontes), seja o Estado como esfera pública (fenômeno da diferenciação orgânica e a administração), seja o Estado como monopólio do império (fenômeno da distribuição das prerrogativas de julgamento), seja o Estado-Nação (fenômeno da internacionalização).

Ora, em meio a essa crise, bem entendido, o projeto kelseniano poderia até servir para uma orientação esclarecedora.

Nesse quadro, insere-se, afinal, seu projeto de uma *Corte Constitucional*, cuja repercussão constitucional é expressiva até os dias atuais, como bem ressalta Toffoli na *Introdução* (p. XLVI), ao lembrar que mesmo a França, sabidamente refratária à intervenção judicial nas atividades legislativas, desde 2008 admite o controle de constitucionalidade *a posteriori.*

Ressalte-se, assim, em um sentido alargado, o papel de uma suprema corte, que exigiria, de um lado, normas pré-estabelecidas na Constituição abstratamente (função instrumental); de outro, a satisfação de questões específicas, concretamente delimitadas (função expressiva). A chave da legitimidade desse papel estaria na congruência entre as duas funções, aliás, crucial para a funcionalidade do modelo.

Ou seja, a combinatória daquelas duas funções seria garantida pelo papel instrumental do juiz constitucional que, configurado mediante regras neutralizadoras de sua atividade (imparcialidade, independência, mandato permanente, salvo por limite de idade), tornar-se-ia o instrumento capaz de realizar a divisão tripartida dos poderes. Nesse sentido, toda a atividade de uma Corte Suprema deveria ser, funcionalmente, marcada por procedimentos jurisdicionais que permitissem que os atingidos por decisões vivenciassem um futuro incerto (a realização abstrata da segurança jurídica), mas sentindo-se seguros, desde o presente, por força dos procedimentos nos quais se engajam.

Ora, a linha kelseniana, ao acentuar o papel exercido pelo modelo de jurisdição constitucional, com forte apelo para o papel de uma *Corte Constitucional* na concepção do

---

[3] Ver DUGUIT, par Léon. *Traité de Droit Constitutionnel*. Paris: Fontemoing, 1927. Tome Premier. p. 599.

[4] Cf. DELMAS-MARTY, Mireille. *Por um direito comum*. Tradução de Maria Ermantina de Almeida Prado Galvão. São Paulo: Martins Fontes, 2004.

Estado como uma estrutura jusnormativa, vai, desse modo, para além de uma percepção de que uma constituição serve apenas para autolimitar o poder.

A concepção kelseniana alude, de certo modo, a uma configuração teórica em que o poder deixa de ser percebido como uma *res*, uma coisa que se tem, detém, transmite e precisa ser limitado pela lei, para ser tomado como uma forma de relação normativa, donde a soberania popular não mais restrita a um poder de império enquanto um poder qualitativamente capaz de imposições contra as vontades particulares e, portanto, imperatividade estatal: proibições e obrigações, para tornar-se *regulação*, isto é, capacidade de fazer com que as vontades sejam conformadas (pela lei) antes de serem exercidas (autorizações, permissões expressas), como, aliás, reconhecido por Kelsen na edição de 1960 de sua Teoria Pura do Direito.

Por conta dessa atualidade de pensamento, na *Introdução*, Toffoli termina por lembrar que a "Autobiografia" encerra-se em outubro de 1947, mas que Kelsen, permanecendo em Berkeley até o final de sua vida, *não deixou de prosseguir sua profícua existência.*

Entendo valer mencionar, nessa esteira, a significativa honestidade acadêmica de Kelsen, posta à mostra em sua obra póstuma *Allgemeine Theorie der Normen* (Teoria Geral das Normas), publicada em 1979.

Nela percebe-se que Kelsen, ele próprio, levanta dúvidas sobre o estatuto teórico da norma fundamental por ele formulada como norma pressuposta da razão jurídica, ao reformar-lhe o estatuto teórico como uma *ficção*: um ato de vontade fictício, o que conduziu a teoria pura a novos e complexos problemas.

Se a decisão competente, mediante interpretação realizada por um juiz, é puro ato de vontade, como conciliar a noção de direito como sistema normativo com a noção de limite (sistema como conjunto de normas jurídicas, delimitado em face de outros sistemas)? Sua distinção entre sistema estático e sistema dinâmico e a atribuição à norma de uma moldura para o ato jurisdicional competente não superaria o problema. Ainda que se pudesse dizer que o sistema estático (concatenação do universo normativo) ocorre mediante um conjunto de normas descritas mediante proposições, donde sua possível organização conceitual (direito público e privado, direito subjetivo e objetivo, sujeito, capacidade, competência, relações jurídicas etc.), capaz de conferir ao ato jurisdicional seu limite: quando se trataria de uma obrigação, uma competência, uma relação jurídica dentro de um caso dado, a dinâmica do sistema (produção normativa) explodiria esse limite, pois todo e qualquer conteúdo normativo será possível em face de um paradoxo: desde que haja vontade competente, há norma e há norma desde que haja vontade competente, donde tudo resulta em ato de vontade. Limitar essa possibilidade por meio de regras analíticas (racionalidade das implicações na dinâmica do sistema) seria não uma solução, mas um desafio. Desafio a que Kelsen se propôs, ao final da vida, mas que lhe foi interrompido pela morte: sua obra póstuma abre sendas interessantes e preciosas, mas inacabadas.

Ora, justamente essa honestidade intelectual como independência da mente não foi, no entanto, apenas um apanágio acadêmico na vida de Kelsen. Espelha-se, afinal, como ressalta Toffoli, na sua vida pública: "o cientista e o juiz constitucional mantiveram-se em conformidade a certos padrões, forjados desde o início de sua carreira" (*Introdução*, p. XLVIII).

É o que se comprovaria pela recusa de Kelsen a sua indicação para voltar à Corte Constitucional após a Reforma de 1929, quando a Áustria começava a se perder nos descaminhos do nazismo. Justificava-se Kelsen então por não querer "(...) exercer uma função judicial como homem de confiança de partido nenhum; considerava isso totalmente incompatível com a independência de um magistrado" (*Introdução*, p. XLVII).

O que, por fim, não ficou sem reflexo na própria experiência de Toffoli como Ministro do STF.

Em seu voto na Medida Cautelar na Arguição de Descumprimento de Preceito Fundamental, ADPF nº 572, Distrito Federal, por incitamento ao fechamento do STF, ameaça de morte e prisão de seus membros, objeto limitado a manifestações que denotem risco efetivo à independência do poder judiciário, proteção da liberdade de expressão e de imprensa, o Ministro Toffoli invocou a coragem de Kelsen, em voto-condutor na Corte austríaca, voto que desagradava segmentos religiosos, parte da imprensa e o Governo da época (1928), tornando-o objeto de ataques e municiando o Partido Social-Cristão, visivelmente decidido a eliminar a Corte Constitucional, o que se tornaria fato com o surgimento da reforma constitucional de 1929.

Kelsen, lembra o Ministro, "terminou por deixar a Corte Constitucional logo depois desse episódio", sublinhando, com ênfase, a importância de seu gesto: "E todos nós sabemos o que ocorreu com a democracia austríaca nos anos seguintes. Ninguém defendeu a Corte Constitucional. Ninguém defendeu a democracia. E eis que a pálida e escura noite do totalitarismo veio e destruiu a civilização e seus valores".

Referências

DELMAS-MARTY, Mireille. *Por um direito comum*. Tradução de Maria Ermantina de Almeida Prado Galvão. São Paulo: Martins Fontes, 2004.

DUGUIT, par Léon. *Traité de Droit Constitutionnel*. Paris: Fontemoing, 1927. Tome Premier.

KELSEN, Hans. *Autobiografia de Hans Kelsen*. São Paulo: Forense Universitária, 2011 e 2018.

KELSEN, Hans. *Society and Nature*. Chicago: University of Chicago Press, 1943.

Informação bibliográfica deste texto, conforme a NBR 6023:2018 da Associação Brasileira de Normas Técnicas (ABNT):

FERRAZ JUNIOR, Tercio Sampaio. Toffoli sobre Kelsen. *In*: MENDES, Gilmar Ferreira; LIRA, Daiane Nogueira de; FREIRE, Alexandre (coord.). *Constituição, democracia e diálogo*: 15 anos de Jurisdição Constitucional do Ministro Dias Toffoli. 2. ed. Belo Horizonte: Fórum, 2025. p. 1601-1608. ISBN 978-65-5518-937-7.

15 ANOS DE DEFESA DA JUSTIÇA SOCIAL SOB A ÓTICA LGBTI+

TONI REIS

AMANDA SOUTO BALIZA

A conquista de direitos pela população LGBTI+ no Brasil faz parte de uma construção realizada a muitas mãos, com muita luta e o Supremo Tribunal Federal teve um papel fundamental nisso.

Os movimentos sociais LGBTI+ por muito tempo se organizaram de modo a buscar seus direitos pela via do Legislativo, o que seria o ideal, mas, apesar disso, até o fechamento desse texto, nenhuma lei federal que tenha como foco garantir proteções ou direitos à população LGBTI+ no Brasil estava em vigor.

No final dos anos 2000 essa estratégia passou por uma reformulação, os direitos passaram a ser buscados também pela via do Judiciário. Em 2006, a Dra. Maria Berenice Dias elaborou estudo em que mapeou 37 direitos que a população LGBTI+ não tinha em relação ao resto da sociedade.

Os avanços no debate social sobre a população LGBTI+ são inegáveis, em mais de 500 anos de existência da nação passamos por uma fase de criminalização durante as Ordenações do Reino, até chegarmos em um período de conquista de direitos que aconteceu nos últimos 15 anos.

E é sobre esse período que desejamos falar, sobre a atuação do Ministro Dias Toffoli enquanto garantidor da democracia, dos direitos humanos e da Justiça Social.

O reconhecimento jurídico de quase todos os direitos da população LGBTI+ foi conquistado no âmbito do Supremo Tribunal Federal e, em uma linha do tempo, o que iniciou esse movimento foi o julgamento, em 2011, da ADI nº 4277, o reconhecimento da união estável entre pessoas do mesmo sexo.

Processo emblemático que contou com sustentação oral do então advogado Luís Roberto Barroso, hoje presidente de nossa Corte Constitucional.

À época, o Ministro Dias Toffoli estava impedido de julgar a questão por ter sido autor do parecer da Advocacia Geral da União no mesmo processo. Mesmo não votando, seu parecer foi fundamental na construção daquela decisão que foi reconhecida como patrimônio documental pela UNESCO.

Em seu parecer, afirmou categoricamente que o tratamento diferenciado que até então existia não apresentava justificativa plausível, defendendo assim a possibilidade de uniões homoafetivas:

> Com efeito, pode-se afirmar que o tratamento diferenciado entre as entidades familiares expressamente previstas na Constituição Federal e as uniões homoafetivas não apresenta justificativa plausível, sob a ótica do princípio da igualdade. E ofensivo ao senso comum – e à força normativa do princípio da isonomia – que, no caso do artigo 1.723 do Código Civil, possa ser reconhecida como entidade familiar a união estável entre o homem e a mulher, sendo afastado similar tratamento àqueles que mantêm união homoafetiva estável – cuja relação funda-se nos mesmos pressupostos de liberdade e de afeto que as outras uniões.

Nos processos que foram julgados posteriormente, agiu sempre com observância da Constituição Federal, garantindo direitos a grupos marginalizados. Sem dúvidas observou o papel contramajoritário esperado do STF.

Avançando na linha do tempo, em 2015 foi julgada a ADPF nº 291. No julgamento, o STF reconheceu, com voto do Ministro Toffoli, que as expressões "pederastia ou outro" e "homossexual ou não" no art. 235 do Código Penal Militar, seriam discriminatórias, e, portanto, não recepcionadas pela Constituição Federal.

Em 2018, antes de assumir a presidência da Suprema Corte Brasileira, também declarou seu impedimento no julgamento da ADI nº 4275, em razão de ter emitido o parecer pela Advocacia Geral da União.

Nessa ocasião, o STF reconheceu a possibilidade de retificação de registro civil por pessoas trans diretamente em cartório, um julgamento extremamente importante para a população trans brasileira.

Ainda que não tenha votado, seu parecer enquanto AGU foi de grande importância, no mérito se manifestou pela procedência do pedido

> De fato, impedir que o transexual altere seu prenome e sexo civil significaria negar-lhe o direito de viver como quer, de buscar a felicidade e de desenvolver livremente sua própria personalidade, contrariando a convicção imutável que possuem a respeito de sua identidade sexual.
> (...)
> Impõe-se, portanto, em um Estado Democrático de Direito, a adoção de mecanismos democráticos capazes de possibilitar que uma sociedade pluralista exista enquanto sociedade pluralista (ou seja, que possibilitem a realização dos projetos plurais existentes em uma sociedade), dentre os quais se destaca a indispensabilidade da tolerância para a sociedade moderna, a significar essencialmente "que a vida em sociedade tem sentido enquanto o outro puder realizar seus projetos de vida tanto quanto Conforme sintetiza Ronald Dworkin, (...) ninguém pode melhorar a vida de outrem o forçando a comportar-se diferentemente, contra sua vontade e convicções".

No dia 13 de junho de 2019, durante sua presidência, os mais importantes processos para a população LGBTI+ brasileira foram julgados conjuntamente, a ADO nº 26 e o MI nº 4.733.

Pautar o processo naquele momento foi um ato de grande coragem, seguiu o voto vencido do Ministro Ricardo Lewandowski no sentido de reconhecer a omissão legislativa, mas não criminalizar a homotransfobia.

O voto vencedor, por sua vez, reconheceu a homotransfobia enquanto crime da modalidade de racismo social, o que nos parece ser a melhor das opções aventadas durante o julgamento.

Outro marco importante na construção da cidadania LGBTI+ foi o julgamento da ADI nº 5543 em 2020, ainda sob a presidência do Ministro Toffoli, que reconheceu a inconstitucionalidade da alínea d, do inciso XXX do art. 25 da RDC 34 que proibia a doação de sangue por "indivíduos do sexo masculino, que tiveram relações sexuais com outros indivíduos do mesmo sexo e/ou as parceiras sexuais destes" nos últimos 12 meses.

A saúde sempre foi uma das pautas prioritárias da população LGBTI+, mas a tecnologia não foi capaz de acompanhar os avanços sociais, exemplo disso foram os bloqueios realizados aos atendimentos de pessoas trans no SUS.

Com a possibilidade de retificação de gênero na certidão de nascimento, os sistemas de informação do SUS foram incapazes de acompanhar em tempo real os desafios que aquilo proporcionaria. A situação mais clássica a título de elucidação é do homem trans que, embora tenha retificado seu gênero para o masculino, ainda necessitaria de acompanhamentos médicos com ginecologista.

O sistema, ao verificar que uma pessoa do gênero masculino tentava acessar essa especialidade, bloqueava o atendimento, o que resultou na ADPF nº 787 relatada pelo Ministro Gilmar Mendes.

No voto do relator, acompanhado por Dias Toffoli, foi determinado que o Ministério da Saúde procedesse com as alterações necessárias para que isso não mais ocorresse.

Esses foram os processos mais emblemáticos sobre a pauta LGBTI+, embora outros tenham sido julgados também com apoio do Ministro Toffoli, a exemplo da declaração de inconstitucionalidade das dezenas de leis municipais e estaduais discriminatórias sancionadas ou promulgadas nos últimos anos, que pretendiam impedir e até penalizar o ensino sobre diversidade sexual e de gênero nas escolas.

Ainda durante a presidência do Ministro Toffoli, e por sua iniciativa, foi elaborada e disseminada a publicação "Diversidade: Jurisprudência do STF e Bibliografia Temática", que reuniu as decisões emblemáticas do STF proferidas desde 2011 no campo do reconhecimento dos direitos da população LGBTI+ brasileira, apresentando-as de forma prática e acessível, contribuindo exemplarmente para a expansão da desmistificação e do conhecimento a respeito.

Por fim, registramos que o Ministro Toffoli é, sem dúvidas, um dos mais acessíveis que temos na Suprema Corte, todos os pedidos de audiência foram concedidos, atendendo-nos com muita empatia e polidez, de forma resolutiva.

Sempre foi muito transparente sobre o papel que exercia, muitas vezes disse "sim" aos pedidos formulados nos processos, algumas vezes disse "não", mas sempre com respostas fundamentadas e transparentes.

Para nós da comunidade LGBTI+, é um dos Ministros que mais votou favorável aos princípios constitucionais da igualdade, segurança jurídica, dignidade da pessoa humana, ajudando-nos a conquistar nossos direitos.

Se hoje o Brasil é o oitavo país no mundo em Direitos LGBTI+ conquistados, com certeza o nome do Ministro Toffoli deve ser lembrado como uma das pessoas que mais contribuiu nessa construção.

É uma pessoa muito gentil e atenciosa e, mesmo nos momentos mais difíceis, sempre se comprometia a estudar mais, se aprofundar no tema, convocar audiências públicas, sempre foi muito receptivo aos memoriais e às informações prestadas pelos amigos da corte.

A Justiça teve uma contribuição muito grande do trabalho do Ministro Toffoli e de sua equipe. Nós da Aliança Nacional LGBTI+, Rede Gay Latino e Associação Brasileira de Famílias Homotransafetivas, agradecemos esse papel de um grande jurista, um excelente exemplo para a magistratura e todo o Sistema de Justiça.

Referências

BRASIL. Supremo Tribunal Federal. Ação Direta de Inconstitucionalidade: *ADI nº 4275*. Relator Ministro Marco Aurélio. Disponível em: http://redir.stf.jus.br/paginadorpub/paginador. jsp?docTP=TP&docID=749297200&prcID=2691371. Acesso em: 03 ago. 2024.

BRASIL. Supremo Tribunal Federal. Ação Direta de Inconstitucionalidade: *ADI nº 4277*. Relator Ministro Ayres Brito. Disponível em: http://redir.stf.jus.br/paginadorpub/paginador.jsp?docTP=TP&docID=1538528&prcID=11872. Acesso em: 03 ago. 2024.

BRASIL. Supremo Tribunal Federal. Ação Direta de Inconstitucionalidade: *ADI nº 5543*. Relator Ministro Edson Fachin. Disponível em: http://redir.stf.jus.br/paginadorpub/paginador. jsp?docTP=TP&docID=753608126&prcID=4996495. Acesso em: 03 ago. 2024.

BRASIL. Supremo Tribunal Federal. Ação Direta de Inconstitucionalidade por Omissão: *ADO nº 26*. Relator Ministro Celso de Mello. Disponível em: http://portal.stf.jus.br/processos/detalhe.asp?incidente=4515053. Acesso em: 03 ago. 2024.

BRASIL. Supremo Tribunal Federal. Arguição de Descumprimento de Preceito Fundamental: *ADPF nº 291*. Relator Ministro Roberto Barroso. Disponível em: http://redir.stf.jus.br/paginadorpub/paginador. jsp?docTP=TP&docID=10931627&prcID=4462545. Acesso em: 03 ago. 2024.

BRASIL. Supremo Tribunal Federal. Comunicação. *Decisão do STF sobre união homoafetiva é reconhecida como patrimônio documental*. 12 dez. 2018. Disponível em: https://portal.stf.jus.br/noticias/verNoticiaDetalhe. asp?idConteudo=398482Acesso em: 05 ago. 2024.

BRASIL. Supremo Tribunal Federal. *Diversidade*: jurisprudência do STF e bibliografia temática. Brasília: STF, Secretaria de Documentação, 2020. Disponível em: https://bibliotecadigital.stf.jus.br/xmlui/handle/123456789/3962. Acesso em: 05 ago. 2024.

GWERCMAN, S. O Brasil e os homossexuais: Sim. *Rev. Superinteressante*, 30 jun. 2004. Atualizado em: 31 out. 2016. Disponível em: https://super.abril.com.br/comportamento/o-brasil-e-os-homossexuais-sim/. Acesso em: 05 ago. 2024.

PORTUGAL. *Ordenações Afonsinas*. Dos que praticam o pecado de Sodomia. 1446. Livro V, Título XVII.

PORTUGAL. *Ordenações Filipinas*. Dos que praticam o pecado de sodomia, e com alimárias. 1603. Livro V, Título XIII.

PORTUGAL. *Ordenações Manuelinas*. Dos que praticam o pecado de sodomia, e com alimárias. 1512. Livro V, Título XII.

Informação bibliográfica deste texto, conforme a NBR 6023:2018 da Associação Brasileira de Normas Técnicas (ABNT):

REIS, Toni; BALIZA, Amanda Souto. 15 anos de defesa da Justiça Social sob a ótica LGBTI+. *In*: MENDES, Gilmar Ferreira; LIRA, Daiane Nogueira de; FREIRE, Alexandre (coord.). *Constituição, democracia e diálogo*: 15 anos de Jurisdição Constitucional do Ministro Dias Toffoli. 2. ed. Belo Horizonte: Fórum, 2025. p. 1609-1612. ISBN 978-65-5518-937-7.

O HOMEM E SEUS SONHOS DE JUSTIÇA E DEMOCRACIA

VALTÉRCIO DE OLIVEIRA

Surpreende-me, sempre, encontrar o sonho externado pelas pessoas. Preenche-me a alma, torna-me mais humano, fortalece-me e, um pouco, pacifica meus anseios quando, ao deparar-me com o sonho alheio, percebo que se conjuga com os meus próprios sonhos.

Espalhar a ideia da democracia como forma de espelhar neste mundo a igualdade e a Justiça que todos almejamos, este é o meu sonho. Mitigar a beligerância, instituir a pacificação nos litígios, sempre me pareceu palpável, como magistrado da Justiça Especializada na solução das lides laborais que, desde sua gênese, traz forte o viés conciliador, em consonância com o art. 764, caput, da CLT: "Os dissídios individuais ou coletivos submetidos à apreciação da Justiça do Trabalho serão sempre sujeitos à conciliação" (Brasil, 1943).

A sociedade em que hoje vivemos tem contornos vastos, de complexidade imensurável, resultada da globalização, e evidencia-se a concepção geral de que uma Justiça ideal para todos é pretensão irreal porque, unicamente, fundeada na verdade concreta da certeza de sua solidez e confiança que por vezes não se manifesta. Na verdade, a Justiça Retributiva que se vive é monocultural e excludente – mostra-se em descompasso com o reclame social. A Justiça que praticamos, aparelhada pelo Direito – ciência eminentemente política e, basicamente, brotada dos interesses da classe dominante – traz insatisfações populares num crescendo sempre perturbador, ante os embates que se aferrenham ao longo do tempo a exigir solução.

Por ter viva em mim a noção do que é certo e do que é errado, manifesto minha insatisfação com o que vejo e, como aplicador do Direito, preso, inegavelmente, ao contexto temporal, histórico, social e valorativo em que inserido, nutro minhas dúvidas e dou asas a elucubrações acerca das medidas possíveis, passíveis de minimizar as distâncias decorrentes do fosso social que se alarga no panorama delineado, refreando os acessos e, amiúde, cerrando as portas da democracia.

Presente em mim, essa reflexão se aprofunda, de há muito. Porém, por um feliz contorno de caminho, fui conduzido ao papel de Conselheiro do Conselho Nacional de Justiça, nomeado por indicação do Tribunal Superior do Trabalho (TST), para ocupar a vaga da Justiça do Trabalho, destinada a magistrados de segundo grau (2017-2019) e, grata oportunidade, o meu anseio se encontrou com o de outro magistrado, o Ministro Dias Toffoli, então Presidente do Supremo Tribunal Federal e do CNJ, um apaixonado pela democracia e pela busca de fazer a Justiça possível para o maior número de pessoas, me apresenta às ideias e à metodologia da Justiça Restaurativa.

Para prosseguir nessa trilha, buscando fazer realidade o sonho comum que já ecoava em muitos lidadores do direito, findo o meu mandado de Conselheiro do CNJ, fui designado pelo Ministro Toffoli para exercer as atribuições de Juiz Auxiliar da Presidência do Conselho Nacional de Justiça (Portaria CNJ n. 8, de 16 de janeiro de 2020).

Com efeito, o conceito é de fácil compreensão: "Justiça Restaurativa é um processo pelo qual todas as partes ligadas a uma ofensa em particular se reúnem para resolver coletivamente como lidar com as consequências da ofensa e suas implicações para o futuro" (Marshall, 1996).

A implementação de uma Justiça Restaurativa foi aqui desenvolvida em 2003 pelas mãos do então Juiz de 1º Grau, hoje Desembargador do TJRS, Leoberto Brancher, em Caxias do Sul. A partir dessa iniciativa, veio a lume, fruto de parceria entre o governo brasileiro e a Organização das Nações Unidas (ONU), no início do século XXI, ganhando importância no âmbito do Poder Judiciário, em decorrência de três projetos-piloto em convênio com a Secretaria de Reforma do Judiciário do Ministério da Justiça e o Programa das Nações Unidas para o Desenvolvimento (PNUD), nos primeiros programas oficiais, em 2012, em Brasília (DF), Porto Alegre (RS) e São Caetano do Sul (SP), as principais referências históricas para o movimento no Brasil, experiências que possibilitaram a expansão da abordagem restaurativa.

Após as primeiras experimentações institucionais da Justiça restaurativa, aqui iniciadas em seara penal, na busca de maior flexibilização do sistema, o CNJ institui a Política Nacional de Justiça Restaurativa, no âmbito do Poder Judiciário, com a Resolução n. 225/2016, na gestão do Ministro Ricardo Lewandowski.

Contudo, o Ministro Dias Toffoli, enquanto Presidente da Corte Constitucional e do Conselho Nacional de Justiça, efetivamente, inicia e dinamiza os trabalhos do Comitê Gestor da Justiça Restaurativa do CNJ – Portaria n. 137/2018 – firmando modificações estruturais na Portaria n. 91/2016 que instituíra o Comitê Gestor.

Esse é o caminho desenhado pelo Ministro Dias Toffoli como chefe do Judiciário brasileiro, rumo que se reflete em sua atuação na Suprema Corte e no Conselho Nacional de Justiça e de cujo empenho sou testemunha muito próxima por ter funcionado como coordenador do Comitê Gestor Nacional de Justiça Restaurativa do CNJ, depois, é editada a Portaria n. 42, de 2 de março de 2020, atualizando a composição do Comitê.

O caminho adotado leva à frente e se ramifica. A concepção da Justiça Restaurativa se lastreia em um conjunto ordenado e sistêmico de princípios, métodos, técnicas e atividades próprias, visando à conscientização sobre os fatores relacionais, institucionais e sociais motivadores de conflitos e violência. Entre os princípios que orientam a Justiça Restaurativa estão a reparação dos danos, atendimento às necessidades de todos os envolvidos, informalidade, voluntariedade, imparcialidade, participação, confidencialidade, celeridade e urbanidade.

Parafraseando Kay Pranis (2011), há uma possibilidade de atingir o respeito aos direitos fundamentais do cidadão e a inclusão social que repara e cura a vítima e insere o ofensor na comunidade de modo culturalmente flexível, inclusivo, norteado pelo respeito às diferenças e tolerância, mantendo o diálogo comunitário face a face, reflexivo e respeitoso, hábil a tocar as vidas uns dos outros, sentindo a dor uns dos outros e encontrando um caminho que se ajuste a nossos próprios anseios e para o buscado pelos outros.

Do Ministro Toffoli ouvi que: "Justiça Restaurativa é a conciliação humana", no Tribunal de Justiça da Bahia (TJBA), em sua Conferência Magna, proferida na abertura do 2º Seminário de Justiça Restaurativa, em 9 de dezembro de 2019, no auditório do Tribunal de Justiça do Estado da Bahia – TJBA, em que defende o uso das práticas restaurativas como um importante provocador da pacificação social e da recomposição das relações sociais rompidas pelo conflito: "Buscamos uma sociedade mais justa e mais fraterna, erigida pela responsabilidade e pela cidadania. Estamos em um momento em que as tecnologias nem sempre têm sido utilizadas como instrumento de diálogo e entendimento. Diferentemente, muitas vezes têm sido usadas como ferramentas para propagar a desinformação e os discursos de ódio e intolerância, baseados na emoção, distanciados da temperança e da racionalidade. O papel exercido pelo CNJ, nesse cenário, consiste em desenvolver políticas públicas que contemplem novas formas de pacificação dos conflitos em tempo socialmente tolerável".

Destarte, o Ministro Toffoli, presidente do CNJ, no evento, afirma que a Justiça Restaurativa desponta como um novo modelo de Justiça, permitindo a solução e o restabelecimento da paz: "Trata-se de um novo modelo de Justiça que busca reverter a sensação de impunidade e insegurança, privilegiando o envolvimento das partes atingidas pelo conflito, com fortalecimento do diálogo e da coesão social, corrigindo os males em sua essência" (Toffoli, 2019); e defende a utilização das técnicas de Justiça Restaurativa como um caminho de inovação institucional, lembrando que, para funcionar, é preciso haver a cooperação dos órgãos de segurança e Justiça: "É preciso agir por meio de planejamento estratégico, programas e ações que envolvam o compromisso de todos os órgãos do Poder Judiciário, bem como a cooperação de órgãos e instituições dos demais poderes e da sociedade civil" (Toffoli, 2019).

Por certo, o acesso à Justiça e o sucesso na busca pela solução adequada de Justiça, anseio de todo e qualquer cidadão desta nação, só se alcançam por meio da conciliação, mediação e da própria Justiça Restaurativa, como importantes formas de se alcançar a pacificação plena do conflito.

A Resolução CNJ n. 288/2019, desenvolvida por um grupo de trabalho de que participei, define a política institucional do Poder Judiciário para a promoção da aplicação de alternativas penais com enfoque restaurativo. Essa política institucional traz para o campo das alternativas penais uma nova linguagem, indicando que as penas e medidas alternativas deveriam adotar um enfoque restaurativo (CNJ, 2019).

Em plagas da *Justiça do Trabalho*, tardiamente movidos pelas novas regras insertas no Código de Processo Civil – CPC, de 2015, regente subsidiário do processo do trabalho legitimado, vicejam as iniciativas conciliatórias, impondo a prática de um novo processo, cooperativo, colaborativo, focado nas soluções amistosas de lides e retoma essa especializada a consciência ampla do seu DNA de composição de conflitos, priorizando o uso de mecanismos horizontalizados e autocompositivos, mediante soluções participativas e ajustadas à realidade das partes em litígio, voltada à restauração das relações sociais, à reparação dos danos e à promoçã̧o da cultura da paz (Brasil, 2015).

O *Direito do Trabalho*, nascido para equilibrar o socialmente polarizado mundo do trabalho, é fruto de um campo de batalhas e conflitos em que a hipossuficiência de uma das partes é regra e gera uma clássica divergência de interesses entre ambas sobre uma matéria, um interesse ou um bem da vida, onde se pensa que as aspirações de cada um dos litigantes não podem ser atendidas, simultaneamente, porque imaginam seus objetivos como incompatíveis.

Por conseguinte, nesse ambiente, não se pode esquecer que estão envolvidos três aspectos principais: o trabalhador (a vítima), que tem um protagonismo dentro do processo, o empregador (o ofensor), que será responsabilizado pelo ato que cometeu, e a comunidade, onde se inserem os atores sociais e que lida com os conflitos interpessoais.

Impõe-se na Justiça do Trabalho a maior utilização do diálogo como ferramenta e a inclusão de meios/ferramentas, com a participação de um mediador/facilitador do diálogo, incentivando as partes em um processo voluntário cooperativo hábil a proporcionar o aprendizado para enfrentar conflitos futuros, com horizontalidade, inclusão e voz ativa autorizada a todos, evidenciando uma conotação positiva do conflito, mediante participação das partes diretamente envolvidas, permitindo a formação de consciência e entendimento da responsabilização individual, com foco na efetiva satisfação de cada parte e o restabelecimento das relações durante a construção dos acordos pelas próprias partes.

Essa atuação de privilegiar a solução do problema é similar à proposta pela Justiça Restaurativa que exige a participação das partes direta e indiretamente envolvidas no conflito, responsabilização coletiva na reparação de danos e atendimento de necessidades de todos, levando à construção de planos de ação pela comunidade. Os valores que regem a Justiça Restaurativa são: empoderamento, participação, autonomia, respeito, busca de sentido e de pertencimento na responsabilização pelos danos causados e, também, na satisfação das necessidades evidenciadas a partir de cada situação conflituosa.

Na *relação juslaboral* tais valores precisam ser concretizados mediante o encontro da fala de todos os afetados pela situação de conflito, direta ou indiretamente, permitindo, também, o encontro de instituições corresponsáveis pelo encaminhamento das situações de conflito e na construção de condições de convivência no porvir e, também, na construção coletiva pelas redes secundárias de atendimento das estratégias de promoção de maior participação e responsabilidade compartilhada por todos os afetados, levando à efetiva reparação dos danos e ao atendimento das necessidades de todos os afetados, individual e socialmente, numa preocupação concomitante de restauração da relação antes de os danos serem causados, num equacionamento projetivo dessa relação para evitar novas emergências do conflito e a ruptura das relações sociais, na releitura de referências culturais e das instituições, com a consequente implementação de um novo paradigma de ação, articulado e comprometido com o envolvimento participativo de todos para o apontamento das melhores soluções dos problemas enfrentados, transformando culturalmente a sociedade, com reflexão e de revisão de seus valores e de papéis governamentais, tomando-se não apenas as questões individuais, mas também aquilo que representam coletivamente.

Quem praticou o ato ofensivo deve assumir a responsabilidade pelo que praticou, compreendendo as consequências para o outro e para si mesmo das escolhas que fez. A responsabilidade pelas implicações do ato ofensivo não é apenas de quem praticou o ato, mas de um conjunto de atores sociais, inclusive do Poder Público e da comunidade, consoante todo um conjunto de valores e princípios que nos levam a uma mudança paradigmática, à mudança nas nossas percepções, crenças e forma de organização que embasarão, renovadas, nossas ações e relações pelo futuro.

Assim considerando, as práticas restaurativas podem ser usadas também na prevenção e no enfrentamento do assédio moral, do assédio sexual e da discriminação. Tudo deriva de serem criadas conexões, mediante as práticas restaurativas, a fim de trabalhar dimensões relacionais e institucionais. Há diversas possibilidades de aplicação que podem ser também identificadas a partir de casos concretos.

A Mediação de Conflitos segue como princípio fomentar profissionais públicos e privados à instrumentalidade de autocomposição de resolução de conflitos dentro da perspectiva da prática de Justiça Restaurativa, como um método de resolução de conflitos, com ampla formação multiprofissional do enfoque teórico-conceitual e prático das estratégias de tratamento dos conflitos, prevenção à violência e promoção dos direitos humanos, capacitando para a utilização/aplicação das metodologias de intervenção propostas em diferentes setores da sociedade e espaços de atuação profissional, públicos e privados.

A Justiça Restaurativa se diferencia da imposição de uma solução por um terceiro externo à relação – posto assumido pelo Juiz, única e exclusivamente, originalmente – convocando os envolvidos a compreenderem, assumirem responsabilidades e serem protagonistas na busca de soluções para os problemas vivenciados e na reparação dos danos ocasionados. Por meio das metodologias restaurativas, procura-se identificar o que ocasionou o fato, quem sofreu danos e quais valores foram violados, quais são as necessidades dos envolvidos e como essas necessidades poderão ser supridas.

Esse contexto traz a consequente visão prospectiva, visando a resultados efetivos e duradouros tanto na dimensão individual quanto na coletiva e, consequentemente, à prevenção de conflitos e à pacificação social. Assim, o foco do diálogo não se situa apenas na finalização do processo apresentado, mas nas relações e nas necessidades subjacentes, com a efetiva busca da reparação dos danos e a recomposição do tecido social afetado. Há uma preocupação com a responsabilização ativa, levando também à reparação de danos de forma mais efetiva, em que a vítima é valorizada diante da possibilidade de sua participação ativa, permitindo-se ao agente do dano a real compreensão da profundidade e qualidade dos danos causados, bem como eficaz reparação, numa abordagem multifocal que autoriza resultados efetivos não só na dimensão individual e, também, na coletiva.

Os sucessivos marcos político-normativos demonstram a pujança do movimento restaurativo no Brasil, em curso há quase duas décadas. Os frutos colhidos se mostram doces e, sem dúvida, apesar do já relativamente longo período de experiências restaurativas no cenário nacional, ainda se trata de um universo em expansão, com muito ainda por ser percorrido.

É um novo paradigma de Justiça que apresenta desafios vários e que cada vez mais se estende para além da circunscrição judiciária; um novo modo de conceber e experimentar a justiça vem encontrando adesão e terrenos para se instalar e multiplicar, ademais neste momento em que se verifica a polarização social no país. Isso, porquanto, experiências como a de Justiça Restaurativa e dos círculos de mediação trazem uma solução importante que se deve estimular e apoiar, inexoravelmente, para voos mais altos, construindo uma cultura de paz.

Iniciativas já demonstram a redução das demandas judiciais, advinda de uma complexa e estruturada concepção teórica baseada nos princípios constitucionais da autonomia coletiva, replicada na norma consolidada – art. 625-D – mediante a negociação coletiva, lastreada nos princípios da paridade, do tripartismo basilar, do diálogo social, da interatividade das instituições do trabalho (coletivas e do poder público) (Brasil, 1943).

A mediação realizada pelo Ministério do Trabalho e Emprego e pelo Ministério Público do Trabalho, além dos Termos de Ajustamento de Condutas, os Acordos e Convenções Coletivas, se mostram exitosas formas de resolução do conflito trabalhista.

Todavia, porque, por sua peculiaridade, traz ângulos e desdobramentos que, por vezes, transcendem as partes envolvidas, com as inafastáveis conotações sociológicas, porque abarcam partes materialmente desiguais.

Assim, mais e mais soluções, abrangentes e efetivas, precisam ser encontradas, além dos métodos tradicionais de resolução de conflitos, deixando no passado o sistema de Justiça ora adotado mais preocupado com a sanção a ser imposta ao transgressor da norma trabalhista, deixando em segundo plano o objetivo de atender aos anseios de quem sofre os efeitos dessa transgressão.

Esse vazio pode ser preenchido pelo sistema restaurativo, que não se preocupa apenas com a reparação material do dano, mas se volta, também, à reparação moral e criação de paradigmas democráticos.

A Justiça do Trabalho, ao meu pensar, é o ramo do Judiciário brasileiro mais propício a abraçar a Justiça Restaurativa, pois nasceu com o intuito efetivo de promover a conciliação nas audiências, o que conflui para o potencial pacificador da Justiça Restaurativa, desenvolvido em cada caso concreto como ferramenta de construção da forma adequada de tratar os conflitos trabalhistas, mediante escuta restaurativa, debate restaurativo, mediação restaurativa, mediação vítima-transgressor, círculos restaurativos, câmaras restaurativas e câmaras de família, no âmbito das Comissões de Conciliação Prévia, em Núcleos de Conciliação e Restauração da Justiça do Trabalho. Tudo voltado a servir de fator diminuidor da taxa de litigiosidade e do número de processos trabalhistas, uma vez que a restauração tende a favorecer o acordo em primeira audiência – ou sessão restaurativa, evitando também o abandono da causa pelo autor nas causas de menor expressão econômica, sem dúvida uma solução mais ajustada para o conflito.

A abordagem da Justiça Restaurativa em determinados conflitos trabalhistas pode ser nova luz e trazer soluções ainda mais compartilhadas, alcançando a reintegração do trabalhador como nos casos de estabilidade provisória de emprego, a exemplo dos trabalhadores membros da CIPA (art. 10, II, alínea "a" - ADCT), da gestante (art. 10, II, "b" - ADCT), do dirigente sindical (art. 8º da CF/88 e art. 543, parágrafo 3º da CLT), dos dirigentes de cooperativa (art. 55 da Lei n. 5.764/1971), dos trabalhadores que sofreram acidente de trabalho (art. 118 da Lei n. 8.213/1991).

Muito da cultura do acolhimento e das práticas da Justiça Restaurativa já é aplicado na Justiça do Trabalho por meio dos Centros Judiciários de Métodos Consensuais de Solução de Disputas (CEJUSCs) na realização das audiências de conciliação.

Nessa zona cinzenta que é, ainda, a lide trabalhista, o círculo restaurativo, com a abordagem interdisciplinar e treinamento especial (com o auxílio dos psicólogos judiciais e assistentes sociais judiciais) e com o diálogo franco, sem a procura de culpados, pode ser oferecido pelo juiz às partes que, de comum acordo – elemento fundamental no processo restaurativo –, aceitem a breve suspensão do processo para que o círculo aconteça, contribuindo para o esclarecimento da situação fática posta a dirimir em cada caso, facilitando a superação da questão emocional que, em certas circunstâncias, impede a volta do empregado (despedido com ou sem justa causa). Isso favorece a continuidade da relação de emprego – este o mais importante dos princípios de Direito do Trabalho porque confere a permanência do vínculo empregatício, com a integração do trabalhador na estrutura e na dinâmica empresariais – a cumprir, satisfatoriamente – objetivo teleológico desse ramo de direito ao assegurar melhores condições de contratação e gerenciamento da força de trabalho em sociedade.

Ainda, a metodologia e os princípios da Justiça Restaurativa podem ser usados nos casos em que se discute a justa causa ou a culpa recíproca no Processo do Trabalho que eliminam ou reduzem pela metade a indenização devida em caso de culpa exclusiva do empregador (art. 484 da CLT) e, para o empregador, sendo caso de dispensa por justa causa, significa pagar, forçosamente, a metade desses valores (Brasil, 1943). A reconstituição do diálogo franco entre as partes, possibilitada pela abordagem restaurativa, pode esclarecer o problema trazido, favorecendo um acordo.

Sobre a aplicação da Justiça Restaurativa no âmbito do Direito Coletivo do Trabalho, ainda faltam estudos, mas pode ser a solução de conflitos coletivos porquanto, nesses meandros, oferece-se à vítima a oportunidade de reunir-se com o infrator em ambiente seguro e estruturado, acompanhado de facilitadores, para um enfrentamento em espaço cooperativo, onde ambos podem, assistidos, construir um plano restaurativo para abordar o conflito e resolvê-lo (transformá-lo ou administrá-lo).

Destarte, nos círculos de construção de paz, vive-se um processo de diálogo que cria, intencionalmente, lugar em que as pessoas possam sentir-se seguras para discutir problemas difíceis ou dolorosos, com o objetivo de melhorar os relacionamentos e resolver as diferenças, pensar soluções que se coadunam com cada participante do processo. Alicerça-se na suposição de que cada um dos participantes tem igual valor e dignidade, sendo a todos garantido o direito de participação para que encontrem a boa solução para o problema.

A Justiça Restaurativa permite a necessária mudança de paradigmas e de cultura institucional, trazendo um novo olhar que se volta à solução de conflitos com o fito de transformar as relações interpessoais, tornando-as mais saudáveis e justas. É inegável a utilização das práticas restaurativas na Justiça Laboral porquanto o caminho para a reconstrução da relação anterior fica livre, deixando para trás o estigma desta Justiça

Especializada, de ser a Justiça dos desempregados, já que o tratamento do conflito por uma equipe multidisciplinar conduz à manutenção dos empregos.

Aprender e replicar a cultura do diálogo e do pertencimento é um dos pilares da Justiça Restaurativa, técnica de solução de conflitos que, cada vez mais, vem sendo implementada nas diversas relações processuais no Poder Judiciário brasileiro.

Ademais, ressalto que, no tocante ao campo administrativo intrainstitucional, há relevantes experiências em relação à gestão de pessoas, que se mostraram muito salutares no distanciamento social imposto pela pandemia de covid-19. No âmbito de gestão de pessoas da Justiça do Trabalho, o enfoque restaurativo proporciona acolhimento dentro da instituição, sentimento de pertencimento, humanização das relações, motivação e sentido para equipes.

Por tal razão, o Tribunal Superior do Trabalho – TST reforça o viés conciliatório com práticas basilares da Justiça Restaurativa, visa estimular a cultura do acolhimento e do diálogo, também para o público interno e, promove o seminário: "Justiça Restaurativa: um caminho para a construção de ambientes de trabalho justos e equitativos", em que servidoras e servidores debateram formas de ampliar a técnica, prevenir casos de assédio e discriminação, incentivar a criação de espaços de trabalho justos e equitativos, em que prevaleçam os relacionamentos saudáveis (TST, 2024).

Tendo em seu DNA uma natureza conciliatória, essa Justiça Especializada está, naturalmente, vocacionada para a resolução dos conflitos, de forma ativa, colaborativa e duradoura, as partes interessadas na solução dos conflitos de índole laboral. A ação restaurativa já ocorre no primeiro ato de uma reclamação trabalhista, na audiência de conciliação, oportunizando às partes expressar a sua indignação brotada das agressões praticadas na relação humana, facultando a palavra e, assim, dar condição de serem ouvidos os litigantes, num aprendizado da escuta e da interação a fim de não apenas resolver um conflito, mas trazer a efetiva pacificação. Uma ação simples, como tornar as salas de audiência mais acolhedoras, é iniciativa que possibilita concretizar o viés conciliador da Justiça do Trabalho, respeitando a condição humana, construindo alicerces e erigindo a convicção das pessoas de que somos todos servidores e iguais nossos sonhos de chegar a uma solução racional dos problemas.

O futuro se constrói com sonhos que, sonhados por muitos, se concretizam. O sonho de JUSTIÇA e DEMOCRACIA, latente, mais e mais, se incorpora à realidade do Poder Judiciário, em todos os seus ramos. Muito disso se deve ao empenho do Ministro Dias Toffoli.

Desse modo, vale ressaltar que o Ministro Dias Toffoli teve uma atuação dinâmica em sua gestão na Suprema Corte e no Conselho Nacional de Justiça, dinamizando todos os comitês e comissões democraticamente, não só na busca de valorização dos servidores e magistrados, com a implantação de medidas de melhorias de condições de trabalho, inclusive na saúde, mas, sobretudo, na agilização da entrega da prestação jurisdicional, visando à promoção social do jurisdicionado.

Do poeta Carlos Drummond de Andrade, guardo inspiradores versos que, em suma, preconizam, "Ninguém é igual a ninguém. Todo ser humano é um estranho ímpar", porém nossos caminhos se entrelaçam, as relações humanas e os laços formados ao longo da caminhada nos contagiam, enriquecem e os eleitos nos guiam para sobreviver e prosperar, alimentados de sonhos.

Referências

ANDRADE, Carlos Drummond de. *Igual-Desigual*. Disponível em: https://www.tudoepoema.com.br/carlos-drummond-de-andrade-igual-desigual/#google_vignette. Acesso em: 29 jul. 2024.

BRASIL. Tribunal Superior do Trabalho. *Justiça do Trabalho reforça viés conciliatório com práticas da Justiça Restaurativa*. Disponível em: https://tst.jus.br/-/justi%C3%A7a-do-trabalho-refor%C3%A7a-vi%C3%A9s-conciliat%C3%B3rio-com-pr%C3%A1ticas-da-justi%C3%A7a-restaurativa. Acesso em: 29 jul. 2024.

BRASIL. [Constituição (1988)]. *Constituição da República Federativa do Brasil de 1988*. Brasília, DF: Presidência da República, [2024]. Disponível em: http://www.planalto.gov.br/ccivil_03/Constituicao/Constituicao.htm. Acesso em: 29 jul. 2024.

BRASIL. *Decreto-Lei nº 5.452, de 1º de maio de 1943*. Aprova a Consolidação das Leis do Trabalho. Disponível em: https://www.planalto.gov.br/ccivil_03/decreto-lei/del5452.htm. Acesso em: 29 jul. 2024.

BRASIL. Conselho Nacional de Justiça. *Resolução nº 288, de 25 de junho de 2019*. Define a política institucional do Poder Judiciário para a promoção da aplicação de alternativas penais, com enfoque restaurativo, em substituição à privação de liberdade. Disponível em: https://atos.cnj.jus.br/atos/detalhar/2957. Acesso em: 29 jul. 2024.

BRASIL. Conselho Nacional de Justiça. *Resolução nº 225, de 31 de maio de 2016*. Dispõe sobre a Política Nacional de Justiça Restaurativa no âmbito do Poder Judiciário e dá outras providências. Disponível em: https://atos.cnj.jus.br/atos/detalhar/2289.Acesso em: 29 jul. 2024.

BRASIL. Conselho Nacional de Justiça. *Portaria nº 137, de 31 de outubro de 2018*. Altera o Anexo da Portaria no 91, de 17 de agosto de 2016, que trata da composição do Comitê Gestor da Justiça Restaurativa. Disponível em: https://atos.cnj.jus.br/atos/detalhar/2729. Acesso em: 29 jul. 2024.

BRASIL. Conselho Nacional de Justiça. *Portaria nº 91, de 17 de agosto de 2016*. Institui o Comitê Gestor da Justiça Restaurativa. Disponível em: https://atos.cnj.jus.br/atos/detalhar/2326. Acesso em: 29 jul. 2024.

BRASIL. Conselho Nacional de Justiça. *Portaria nº 42, de 2 de março de 2020*. Altera o anexo da Portaria nº 91, de 17 de agosto de 2016, que informa a composição do Comitê Gestor da Justiça Restaurativa. Disponível em: https://atos.cnj.jus.br/atos/detalhar/3214. Acesso em: 29 jul. 2024.

BRASIL. Conselho Nacional de Justiça. *Portaria nº 8, de 16 de janeiro de 2020*. Designa Desembargador para exercer as atribuições de Juiz Auxiliar da Presidência do Conselho Nacional de Justiça. Disponível em: https://atos.cnj.jus.br/atos/detalhar/3163.Acesso em: 29 jul. 2024.

BRASIL. *Lei nº 13.105, de 16 de março de 2015*. Código de Processo Civil. Disponível em: http://www.planalto.gov.br/ccivil_03/_ato2015-2018/2015/lei/l13105.htm. Acesso em: 29 jul. 2024.

BRASIL. *Lei nº 5.764, de 6 de dezembro de 1971*. Define a Política Nacional de Cooperativismo, institui o regime jurídico das sociedades cooperativas, e dá outras providências. Disponível em: https://www.planalto.gov.br/ccivil_03/leis/l5764.htm#:~:text=LEI%20N%C2%BA%205.764%2C%20DE%2016,cooperativas%2C%20e%20d%C3%A1%20outras%20provid%C3%AAncias. Acesso em: 29 jul. 2024.

BRASIL. *Lei nº 8.213, de 24 de julho de 1991*. Dispõe sobre os Planos de Benefícios da Previdência Social e dá outras providências. Disponível em: https://www.planalto.gov.br/ccivil_03/leis/l8213cons.htm. Acesso em: 29 jul. 2024.

PRANIS, Kay. *Círculos de justiça restaurativa e de construção de paz*: guia do facilitador. Tradução de Fátima de Bastiani. Porto Alegre: Tribunal de Justiça do Estado do Rio Grande do Sul, 2011.

TOFFOLI, Dias. Conferência Magna. *In*: SEMINÁRIO JUSTIÇA RESTAURATIVA, 2. Tribunal de Justiça do Estado da Bahia – TJBA, 9 dez. 2019.

Informação bibliográfica deste texto, conforme a NBR 6023:2018 da Associação Brasileira de Normas Técnicas (ABNT):

OLIVEIRA, Valtércio de. O homem e seus sonhos de justiça e democracia. *In*: MENDES, Gilmar Ferreira; LIRA, Daiane Nogueira de; FREIRE, Alexandre (Coord.). *Constituição, democracia e diálogo*: 15 anos de Jurisdição Constitucional do Ministro Dias Toffoli. 2. ed. Belo Horizonte: Fórum, 2025. p. 1613-1622. ISBN 978-65-5518-937-7.

DO DIREITO À MORADIA À CORTE: UM *ITER* DA CIDADANIA

VERA LÚCIA SANTANA ARAÚJO

A chamada para compor uma coletânea que homenageia os primeiros quinze anos do Ministro José Antônio Dias Toffoli no Supremo Tribunal Federal me colheu de surpresa ante a honra de saber estar, imerecidamente, com o melhor do pensamento jurídico brasileiro, sobressaindo de pronto o tamanho da responsabilidade dessas linhas.

Ao mesmo tempo, aflorou-me saudável nostalgia, posto que me transportei a um tempo longínquo, digamos, do século passado, literalmente, visto sob essa marcação cronológica, pois remonta, sim, aos anos mil novecentos e noventa e alguma coisa, quando o jovem advogado aportou na Capital da República trazendo singular bagagem, advogado forjado na melhor advocacia popular, assentada na Associação em Defesa da Moradia – ADM, sob a batuta do já saudoso José Laurindo e Henrique Pacheco, na Zona Leste da cidade de São Paulo.

Sobre a qualidade da formação dessa verdadeira escola de juristas, não escapa do objeto dessas linhas registrar que o mesmo celeiro jurídico produziu outro grande quadro da magistratura brasileira, a Juíza Gláucia Falsarella Pereira Foley, sua colega dos aprendizados valiosos, que vão para além das clássicas salas de aula e seguramente dão 'régua e compasso' para a vida, notadamente para manter necessárias centralidades de origem quando a vida nos arrebata para lugares impensados naqueles tempos de pensar o Direito como instrumental emancipatório do movimento popular.

Em Brasília, não tardou que o Doutor Toffoli fosse notado, ante seus tantos predicados e em meio a um bom punhado de gente querida, algumas essenciais em nossas vidas, que nos inspiram a partir de algum lugar, as 'mal traçadas linhas' aqui assentadas saem transmutadas em memórias afetivas, envoltas pela evocação de nomes como Jorge Ferreira, meu compadre, de quem ele foi advogado em causa da maior nobreza, o 'direito ao Chorinho' nas tardes de sábado; Luiz Carlos Sigmaringa Seixas, nosso constituinte de invulgar capacidade de articulação por todos os Poderes da República; e José Paulo Sepúlveda Pertence, o mago do pensar jurídico, para nominar algumas pessoas de marcas indeléveis em nossas histórias, elos entre nós.

Nesse revolver de histórias, 'causos', mas especialmente da rica trajetória do operador do Direito que ganhou densidade, experimentando múltiplas atividades, destaque à área eleitoral, tenho como fundamental reconhecer que o caminhar do advogado Toffoli perpassou também pela advocacia privada, alçou-lhe à categoria de causídico respeitado, com concorrida banca advocatícia.

Paralelamente, e é por essa esteira que vou adentrar, as notáveis funções do assessor jurídico sindical, depois com breve passagem pela Assembleia Legislativa do Estado de São Paulo, lugar que *de per si* qualifica sobremaneira um jovem profissional do direito, foram ganhando relevo na esfera pública, com a extraordinária experiência de viver o Poder Legislativo em função de alto assessoramento parlamentar na Câmara dos Deputados, *locus* onde se desenvolve a maximização da arte do diálogo, da convivência com os contrários na elaboração de normas que devem auxiliar a materialização de direitos, a concretização de princípios que conferem efetividade à cidadania, num período de grande efervescência legiferante regulamentadora ainda da Constituição da República Federativa do Brasil, de 5 de outubro de 1988.

Essa trilha do assessoramento jurídico por moradia popular, pelo movimento sindical e por distintas instâncias parlamentares revela traços de uma identidade com nichos coletivos, afeitos à partilha das reflexões e busca da construção conjunta das saídas e resoluções dos litígios ou a proposição normativa das relações sociais, na mais larga acepção do termo, que é o que se dá nos parlamentos.

Noutra etapa, os passos firmes, sólidos, que o conduziram ao topo da organização do Estado democrático de direito, eis que o advogado de importante banca vem a ocupar assento de grande relevo na estrutura do Poder Executivo, primeiramente na Presidência da República, no cargo de Subchefe de Assuntos Jurídicos da Casa Civil, lugar talvez predestinado a gerar ministros da Alta Corte.

Na condição de Subchefe de Assuntos Jurídicos da Casa Civil, lidando com todos os maiores problemas afetos à decisão e assinatura do Chefe do Poder Executivo, o profissional experimentado, embora de pouca idade, demonstrou envergadura e certamente soube, muitas vezes, ser o 'algodão entre cristais', a operar com as demandas da política estrito senso, atribuição dos eleitos, por excelência, auxiliando na composição de interesses à luz do direito, esgrimindo a técnica jurídica acurada noutras situações, oferecendo, como o fez, a segurança jurídica que era necessária à gestão política da Presidência da República.

Sobre sua posição naquele posto, quero emprestar meu testemunho, que dá conta do envolvimento do então advogado como agente público compromissado com a formulação das políticas públicas que a realidade nacional exige, de modo que possamos conferir concretude às promessas de bem-estar que estão insertas na Constituição Cidadã, e destaco a discussão, elaboração do Decreto nº 4887, de 20 de novembro de 2003, que "regulamenta o procedimento para identificação, reconhecimento, delimitação, demarcação e titulação das terras ocupadas por remanescentes das comunidades dos quilombos de que trata o art. 68 do Ato das Disposições Constitucionais Transitórias".

Quanto ao mérito dessa questão, tendo eu integrado o primeiro Grupo de Trabalho Interministerial com vistas à regulamentação requerida pelo dispositivo constitucional, o artigo 68 do ADCT, como falávamos, posso e devo dizer da incontestável importância dessa regulação para a cidadania negra brasileira, ante a historicidade das lutas antiescravagistas que ancoraram o reconhecimento, pelo legislador constituinte, de que os territórios da liberdade sempre buscada pelas descendências africanas teriam que receber a titularidade jurídica.

O referido decreto, registre-se, ganhou legitimação social, em especial dos povos quilombolas, diretamente interessados, que tiveram representantes no processo democrático de elaboração do texto que ainda hoje encontra resistência das forças retrógradas, negadoras dos direitos básicos de quem detém posse e uso sustentável de terras ancestralmente ocupadas, e à época de sua edição sofreu contestação perante o Supremo Tribunal Federal, que ao final reconheceu, por ampla maioria, a constitucionalidade do ato regulamentador do Executivo Federal.

No que tange à relevância do tema para o Ministro Dias Toffoli, é interessante notar que a matéria mereceu escrita sua, em conjunto com Daiane Nogueira de Lira, para homenagear a Ministra Rosa Weber, no belo trabalho do grupo, Ela Pede Vista, no Estudos em Homenagem à Ministra Rosa Weber (2023, p. 402), prestes a deixar a Presidência e o próprio Supremo Tribunal Federal.

No artigo, autor e autora se reportam ao Grupo de Trabalho então constituído, integrado em seu Subgrupo Jurídico por Maria Elizabeth Guimarães Teixeira Rocha, hoje Ministra do Superior Tribunal Militar, reafirmando a vocação ministerial da Subchefia para Assuntos Jurídicos da Casa Civil da Presidência da República, sob cuja coordenação resultou na edição do citado Decreto nº 4.887/2003, que ganhou a vitoriosa relatoria, por divergência, da Ministra Rosa Weber, na Ação Direta de Inconstitucionalidade nº 3.239.

As experiências acumuladas pelo advogado de espírito público legaram muito mais à democratização do Estado, na forma de sustentação jurídica às políticas públicas de inclusão, de concretização da cidadania.

Na qualidade de Ministro da Advocacia-Geral da União, a gestão Dias Toffoli fez sobressair o papel da advocacia pública no suporte a políticas públicas que, podemos dizer sem qualquer margem de erro, mudaram o retrato social brasileiro e, neste ponto, é impossível negar os impactos sociais decorrentes do Programa Universidade para Todos (Prouni), que alavancou o acesso à formação superior de parcelas excluídas da população brasileira, levando a jovens de periferias, de pequenas cidades do imenso Brasil, o sonho feito realidade de cursar uma universidade, construir uma profissão que dá mobilidade social a famílias fadadas à incontornável exclusão.

Na sequência talvez da arrojada política do Prouni, o Brasil deu a largada para alguma reparação histórica e enfrentamento dos abismos econômicos, sociais, políticos, em todos os níveis, que apartam negros e brancos na sociedade, ante a entranhada estrutura racista que impede à maioria da população, que é parda, negra, a vivência da cidadania.

É esta a perspectiva das políticas de ação afirmativa que intentam combater o racismo, promover a inclusão racial com a adoção de políticas indutoras de ingresso e permanência na escola, em todos os níveis, cabendo destacar a política de cotas raciais nas universidades, que teve início no governo federal, fortemente motivado pela consistente reivindicação e participação dos movimentos negros na formulação dessa ferramenta transformadora, que já expõe alguma presença negra em escalões mais elevados dos poderes institucionais. A AGU, Ministro Dias Toffoli à frente, sustentou as medidas governamentais tendentes à materialização do princípio da igualdade.

Ação outra, de fundamental relevância para os povos indígenas, em questão crucial à existência física e antropológica dos povos indígenas, é a demarcação de seus territórios ancestrais, garantidos por dever constitucional, ante a vontade do legislador constituinte, especificamente sobre a terra indígena Raposa Serra do Sol, matéria existencialmente cara à plenitude dos direitos dos povos originários, sistematicamente agredidos, mesmo em territórios demarcados, mas é certo que há atuação firme da AGU naqueles autos, na defesa da ordem constitucional garantidora da territorialidade dada pela Carta de 1988.

Ante a compreensão de que a efetividade dos direitos individuais e coletivos perpassa todas as dimensões dos saberes humanos, com interfaces da ciência como produção de conhecimentos e tecnologias a serviço das melhores condições de vida e saúde, a judicialização sobre células-tronco embrionárias foi o objeto da Ação Direta de Inconstitucionalidade nº 3.510/DF, num julgamento altamente mobilizador de setores organizados da sociedade, não apenas científica, mas também religiosa, posto que o assunto envolve múltiplos olhares e o Supremo Tribunal Federal teve a percepção da importância de ouvir amplamente a todas, todos. Nesse processo, a Advocacia-Geral da União, sob a condução do Ministro Toffoli, não titubeou em sustentar, perante o STF, que "a ofensa à dignidade da pessoa humana exige a existência da pessoa humana, hipótese que não se configura em relação ao embrião *in vitro*" (2013, p. 55), como registra Vanessa Martins, Advogada da União, no artigo Pesquisa com Células-tronco Embrionárias – Lei de Biossegurança e Ação Direta de Inconstitucionalidade nº 3.510/DF, em Publicações da Escola da AGU – 25 Anos da Constituição e a Defesa da União no STF – Casos Emblemáticos.

Noutra questão de grande destaque na construção de uma cidadania ativa, compatível com a dignidade humana, princípio fundante da República, reprise-se, tivemos mais uma vez o Supremo Tribunal Federal como espaço maior, repositório de esperanças do direito de viver, e aqui cuidamos da agenda do reconhecimento da união estável homoafetiva, enfrentado na Ação Direta de Inconstitucionalidade – ADI nº 4277, que encampou a Arguição de Descumprimento de Preceito Fundamental – ADPF nº 132 e teve julgamento conjunto.

O Brasil, como bem sabemos, exacerba na intolerância contra a orientação sexual e assim não reconhece o direito à felicidade humana de casais do mesmo sexo, culminando em práticas homofóbicas com números devastadores, inclusive de homicídios contra pessoas homossexuais, e mais uma vez a manifestação processual da União, pela via de sua Advocacia-Geral, orientada pelos preceitos fundamentais sustentados pelo Ministro, firmou:

> Mérito: observância dos direitos fundamentais à igualdade e à liberdade. Exigências do bem comum. Direito comparado Decisões dos Tribunais Superiores. Manifestação pelo conhecimento parcial da ADPF para que, nessa parte, seja julgado procedente, sem pronúncia de nulidade, com interpretação conforme a Constituição [somente dos dispositivos do Decreto-lei estadual nº 200/75), a fim de contemplar os parceiros da união homoafetiva no conceito de família (ADI nº 4277 do STF, p. 6 do Acórdão).

Com pronunciamento direto, a AGU concorreu para que o Estado reconheça os direitos civis, previdenciários, das famílias homoafetivas, e esse legado igualmente integra o fazer permanente da cidadania brasileira com o aporte indispensável do Ministro Dias Toffoli.

Da Advocacia-Geral da União para o assento no Supremo Tribunal Federal, que não tardou, em 23 de outubro de 2009, o advogado José Antônio Dias Toffoli, seguramente, carregou consigo inequívoca expressão de um saber jurídico ilustrado por vivências de realidades distantes dos palácios, e não é impróprio afirmar que sua formação, com passagem nos Poderes Legislativo e Executivo, confere destacada capacidade de leitura e interpretação jurídica com dimensão ampliada, pois, além das escolas de pensamento e de hermenêutica jurídica, os referenciais de vida conformam os perfis humanos, e magistrados e magistradas são pessoas com saberes altamente qualificados para exercitar sua missão constitucional, mas sempre pessoas humanas.

Com efeito, a largueza das vivências amealhadas pelo jurista aqui celebrado permitiu, indubitavelmente, a construção de um juiz constitucional jovem, cônscio de que a celeridade em alçar tão elevado voo somente fazia maior o peso dos olhares e juízos sobre o Ministro que vinha de pública atuação em defesa de direitos sociais, coletivos.

De fato, o fazer cotidiano da prestação jurisdicional, ou seja, o manejar do Direito para 'distribuir justiça', numa acepção comum de compreensão sobre o Poder Judiciário, desafia homens e mulheres a operarem com a capacidade intelectiva também para o despojar de subjetividades, de modo a maximizar o pensar, exercitar a razão, situar-se a distância da cena e assumir o lugar da fala da imparcialidade como expressão do ato de julgar, e aqui me socorro da 'orelha' de apresentação do livro A Vida do Espírito – O Pensar, o Querer, o Julgar, de Hannah Arendt, que vaticina:

> A posição de quem julga é desinteressada. Julgar não é agir. O espectador, ao julgar, situa-se distante da cena em que estão envolvidos os que agem. É o que confere ao juízo a sua imparcialidade. O juízo alimenta-se de um entusiasmo sem limites por aquilo que é presenciado. O entusiasmo exige o assentimento dos demais, o que constitui um público. O juízo é a mais política das atividades do espírito (Orelha de livro, 1993).

Desenhado assim o cenário, entra em palco, digo, em Plenário, o Ministro Dias Toffoli, nome adotado nos assentamentos do Tribunal, aos 42 anos, levando uma juventude experimentada notadamente nas lides da República sim, ante a ocupação de funções de alta relevância na gestão democrática do Estado, em plena consonância com o nosso ordenamento constitucional – indicado pelo Presidente da República, sabatinado pela Comissão de Constituição e Justiça e aprovado pelo Senado Federal!

Considerando que, historicamente, a Carta Política consagrada pela Assembleia Nacional Constituinte em 1988 é um documento ainda novo, ante sua incompletude em eficácia, sendo evidentes os débitos do Estado erigido pela Constituição com a efetividade da cidadania prometida, a integração de um Ministro que atuou auxiliando na elaboração da legislação ordinária e na execução das ações de política governamental e de Estado haveria de ser festejada, mesmo porque, no dizer da Ministra do Superior Tribunal Militar, Maria Elizabeth Guimarães Teixeira Rocha, no artigo A Formação Jurídico-Política Brasileira. A Constituição de 1988 e o Pacto Democrático:

Em conclusão, dúvidas não restam ser a atual Lei Fundamental brasileira um repositório de valores éticos, fecundadora de uma autêntica e legítima ordem normativa. Fruto da realização de um constitucionalismo moderno, ela representa um instrumento de transformação da realidade nacional. Documento jurídico altamente meritório e sobremodo sensível às desigualdades econômicas, se traduz num importante pacto que, a despeito de haver completado mais de duas décadas de existência, ainda conserva o que dissera o deputado Ulysses Guimarães, então Presidente da Assembléia Constituinte de 1986: "um cheiro de amanhã (2011, p. 667).

Nesses primeiros 15 anos de judicatura no Tribunal que é a própria representação do Poder Judiciário, Dias Toffoli já ocupou inclusive a Presidência da República, pois seu biênio 2018 a 2020, apenas dez dias após ser empossado na Chefia do Poder Judiciário e do Conselho Nacional de Justiça, em 13 de setembro, tendo sido o mais jovem ministro do STF a assumir a Presidência da Corte, foi chamado a receber o comando do país, observada a linha sucessória constitucional, qual seja, Vice-Presidente da República, Presidente da Câmara dos Deputados, Presidente do Senado Federal e era ele Presidente do Supremo Tribunal Federal. Isso ocorreu porque o ano era 2018, de eleições gerais, e os Presidentes das Casas Legislativas não podiam fazê-lo, sob pena de se tornarem inelegíveis para as eleições de outubro daquele ano, em franca campanha.

Aliás, podemos dizer que a formatação constitucional do Poder Judiciário brasileiro, com a submissão ao império dos fatos, concorreu para fazer do Ministro Dias Toffoli, desde seu ingresso no órgão máximo do sistema judiciário, um homem provado no desempenho das múltiplas funções, uma vez que também já esteve na composição do Tribunal Superior Eleitoral, o Tribunal da Democracia, desde 2009, na condição de Ministro Substituto e, em 2012, foi empossado Titular da Casa que presidiu em 2014.

Sem enveredar por feitos de suas gestões até mesmo como Presidente da República, interino, não podemos afastar o registro de que foi sob sua Presidência no Supremo Tribunal Federal que o Brasil encarou os dificílimos primeiros meses da pandemia de Covid-19. Com o rápido alastramento da doença, o crescente número de mortes e as precariedades nas repostas executivas que exigiam, portanto, a intervenção provocada, motivada, do Poder Judiciário, sendo certo de que a presteza das decisões judiciais amenizaram em parte os dramáticos e perversos efeitos devastadores de uma pandemia que mais uma vez atingiu mais fortemente as famílias que já vivem à margem da proteção constitucional devida pelo Estado – fazer isolamento em barracos e habitações subumanas, e ver essa realidade seguramente impingiu ao Presidente do STF uma dor maior, posto que sua iniciação na vida prática do direito foi justamente com a agenda do direito à moradia.

Naquele momento, a gestão teve que ser ainda muito mais ativa, célere, incrementando o ambiente virtual para acorrer as demandas de gestoras e gestores em busca de condições de algum socorro às vítimas da avassaladora Covid-19.

Nos tempos de normalidade, chamemos assim, a atividade fundamental de magistradas e magistrados é responder às provocações no sentido das partes legítimas para fazê-las buscar do Estado a imposição de ordem de fazer ou não fazer de outra parte, uma vez que o judiciário é o único Poder que somente pode agir se instado para tal. De forma simplista, é assim que funciona nosso ordenamento constitucional.

Em que pese o 'lugar de fala' da magistratura serem os autos do processo, em que são proferidas decisões até final julgamento e trânsito em julgado de tudo quanto sentenciado, muitas injunções da vida política nacional impuseram que o Supremo Tribunal Federal, notadamente, ganhasse proeminência como guardião do Estado democrático de direito, da própria República e de sua Constituição Federal, e o Ministro Dias Toffoli não fugiu à luta, honrando o juramento de posse ministerial.

Diante das conjunturas e contingências, o magistrado Dias Toffoli, em manifestações públicas, tais como pronunciamentos, entrevistas, comentários, não economiza em reafirmar seus princípios democráticos, realce à defesa das liberdades de expressão e comunicação como suporte mesmo do Estado democrático de direito, além da reafirmação dos direitos decorrentes da primazia dada pela Carta Magna, à dignidade humana como princípio fundante da República Federativa do Brasil.

A persistência das condições mantenedoras das desigualdades econômicas, sociais e políticas se reflete em todos os níveis e estratos da sociedade e assim se pronuncia também no déficit de representatividade em todos os poderes, sendo certo que o racismo e o machismo da história escravagista e patriarcal do Brasil exigem do Poder Judiciário, nomeadamente pelo Supremo Tribunal Federal, um fazer jurisdicional que incida sobre a concretude e eficácia da norma constitucional.

Sobre as inovações produzidas pela Assembleia Constituinte de 1986, que ganhou força normativa levada pela intensa mobilização social em torno das pautas sociais, sob a forma até mesmo das "Emendas Populares", estabelecendo uma correlação de forças políticas que ultrapassavam os limites dos acordos partidários, parlamentares, tudo isso resultou num texto que enseja debates envolvendo renomados pensadores do direito, a exemplo do trabalho organizado pelo grande professor italiano, Luigi Ferrajoli, com os brasileiros Lenio Luiz Streck e André Karam Trindade, "Garantismo, hermenêutica e (neo)constitucionalismo – um debate com Luigi Ferrajoli", que escrevem, à guisa de 'tréplica':

> O interesse das intervenções aqui publicadas vem acentuado pela importância das especificidades da experiência constitucional brasileira. A Constituição de 1988, de fato, inaugurou aquilo que podemos chamar, em face das inovações por ela introduzidas, "constitucionalismo de terceira geração", exigindo, portanto, que se repensasse, posteriormente, o próprio paradigma constitucional.
> (...)
> As suas novidades são muitas e todas de grande relevância: um amplo catálogo de direitos sociais, entre os quais os direitos de última geração, como aquele "a um ambiente ecologicamente equilibrado" (art. 225), e de direitos dos trabalhadores, inclusive a garantia contra a despedida "sem justa causa" e o direito a um salário mínimo fixado em lei (art. 7, I e IV) (2012, p. 231).

O cotejo das anotações extraídas da alentada abordagem do mestre italiano com a realidade nacional que perpetua desigualdades e desequilíbrios até mesmo na prestação jurisdicional do Estado, somado a recentes turbulências institucionais ameaçadoras de solapar a democracia em permanente devir, reforça a percepção de que o Ministro Dias Toffoli tem feito entregas consentâneas com a Carta que ansiamos praticada, efetivada, e destacamos alguns julgados que pensamos expressar seu compromisso com o ideário da Lei Maior.

Nessa linha, em difícil perfilamento de critérios para a seleção de alguns julgados que reputamos de largo alcance e profunda densidade nas lutas ainda travadas numa sociedade manifestamente recalcitrante à materialização do estado de bem-estar social que a soberania constituinte legou ao povo brasileiro, pinçamos processos que dialogam com o cotidiano das maiorias minorizadas estruturalmente e assim são miras fáceis para duas formas brutais de violência – do Estado, contra a gente negra, e individualizada, de gênero, em que o feminicídio é o grau mais elevado da misoginia que nega às mulheres o direito de viver.

Desnecessário dizer sobre os 'filtros' que levaram à seleção de dois processos para corroborar o que vimos, ressaltando na densa e muito intensa vivência do jovem de Marília, estado de São Paulo, tornando mais ilustre a cidade.

Assim, trazemos à colação julgado que reputo crucial num país que ostenta inaceitáveis índices de violação dos direitos humanos, afrontando, a um só tempo, nossa chamada Constituição Cidadã, como cunhou magistralmente o doutor Ulysses Guimarães, antes referido, mas igualmente, todo o Direito Convencional, ao qual a República brasileira se submete por decisão soberana do Congresso Nacional, especialmente após a Emenda Constitucional nº 45, de 2004, que aditou ao texto regente:

> Art. 5º (...)
> §3º Os tratados e convenções internacionais sobre direitos humanos que forem aprovados, em cada Casa do Congresso Nacional, em dois turnos, por três quintos dos votos dos respectivos membros, serão equivalentes às emendas constitucionais (DOU, Seção 1, p. 9).

Como bem se vê, a inserção do país no Sistema Internacional de Proteção dos Direitos Humanos segue a melhor tradição do Brasil, desde a edição da Declaração Universal dos Direitos Humanos, mas, a despeito de toda positivação garantidora da dignidade humana, não é isso que verificamos e, mais grave, comumente as grandes violações passam por ação direta de agentes do Estado, gravidade essa que se eleva porque os poderes constituídos não revelam suas capacidades institucionais na apuração e sanção das violências que maculam a ordem democrática consagrada pela Carta.

Ainda pela força cogente da Emenda Constitucional nº 45/2004, importante disposição veio a dar a melhor conformação processual à estatura dada a tratados e convenções internacionais, como antes transcrito, a Constituição adotou as seguintes modificações à competência processual para os crimes contra os direitos humanos:

> Art. 109. Aos juízes federais compete processar e julgar:
> (...)
> V-A as causas relativas a direitos humanos a que se refere o §5º deste artigo
> (...)
> §5º Nas hipóteses de grave violação de direitos humanos, o Procurador-Geral da República, com a finalidade de assegurar o cumprimento de obrigações decorrentes de tratados internacionais de direitos humanos dos quais o Brasil seja parte, poderá suscitar, perante o Superior Tribunal de Justiça, em qualquer fase do inquérito ou processo, incidente de deslocamento de competência para a Justiça Federal (DOU, Seção 1, p. 10).

Com os expressos comandos, as organizações de defesa dos direitos humanos, mais particularmente familiares, nomeadamente, mães vitimadas pela perda especialmente de seus filhos, comumente jovens negros, exauridas ante a repetição da dor absoluta, inexpugnável, expressada na frase *Não. Ele não está,* que dá nome ao livro de Maíra de Deus Brito, resultado de cuidadosa pesquisa de mestrado na Universidade de Brasília, ouvindo mães do Rio de janeiro, hoje doutoranda, em trabalho que toca pelo diálogo direto, sem meias-palavras, com mães sem filhos, porque os perderam para a violência estatal, sendo certo que essa perda é dupla, pois, afora a dor inominável do luto comum a todas as mulheres que vivem a morte de um filho, há uma permanente realimentação do sofrimento diante da impunidade dos agentes que usurpam as funções públicas do Estado para o cometimento dos mais bárbaros ataques à vida humana.

Sobre a conquista constitucional da federalização, houve insurgência processual legal de entidades de magistradas e magistrados, via da Ação Direta de Inconstitucionalidade nº 3486, que teve julgamento conjunto com a ADI nº 3493, relatoria do nosso homenageado, Ministro Dias Toffoli, e por razões que sobressaem de pronto merece realce nessas notas.

Sendo certo não caber aqui qualquer digressão sobre as motivações das associações que acionaram o STF, importa extrair da ementa do acórdão lavrado pelo Relator:

> Grave violação dos direitos humanos. Ilícito civil ou penal. Proteção do Estado Brasileiro. Responsabilidade internacional. União como ente central e garante. Risco de descumprimento de obrigações previstas em tratados e convenções internacionais. Possibilidade de agir internamente. Interesse expresso da União. Inexistência de ofensa ao pacto federativo e à autonomia dos órgãos judiciários. Caráter nacional e de unidade do Poder Judiciário (p. 2).

O fragmento trazido dimensiona bem o alcance do debate, para situar no campo próprio da jurisdição da federal, da União, a responsabilidade pelo julgamento das causas que podem e devem levar a República Federativa do Brasil a se defender em fóruns internacionais, em virtude do descumprimento do direito internacional convencional. Quanto ao mérito, impossível não exceder na transcrição, o voto condutor da decisão unânime do STF impõe:

> Com efeito, um dos objetivos da reforma constitucional foi, justamente, a proteção do Estado Brasileiro contra a penalização, em nível internacional, pelo descumprimento das normas de garantia dos direitos humanos nos casos de ineficiência das instituições internas de persecução e punição das violações de direitos humanos.
> Em verdade, a criação do nominado incidente de deslocamento de competência foi fruto da sucessiva frustração institucional na apuração e na condenação dos autores de ilícitos penais que atentavam gravemente contra os direitos humanos.
> Tal fato foi constatado, por exemplo, no caso da condenação do Brasil na Corte Interamericana de Direitos Humanos pela morte do senhor Damião Ximenes Lopes e pela omissão na investigação e na condenação dos acusados, quando verificada a ofensa aos arts. 8º e 25 do Pacto de São José da Costa Rica (Convenção Interamericana de Direitos Humanos), tendo em vista as garantias e a proteção judiciais asseguradas aos familiares da vítima pelo referido tratado (p. 6-7).

As razões de voto expõem sem tergiversação a responsabilidade do Estado brasileiro com a mantença da ordem jurídica que assegura a todas, todos, a inviolabilidade do direito à vida, e todas as demais garantias daí decorrentes, notadamente porque a dignidade humana é princípio fundante da República Federativa do Brasil!

A extensão da barbárie diária contra a juventude negra no país já ensejou duas Comissões Parlamentares de Inquérito, em ambas as Casas Legislativas, com relatórios contundentes, recomendações firmes em direção a todos os entes da Federação e todos os Poderes, mas tais documentos dormitam em arquivos mortos, possivelmente, assim como mortas estão as vítimas que levaram ao reconhecimento da extrema gravidade, fundamentando denúncias de genocídio da juventude negra.

Noutra ponta, com igual relevância, recaiu sobre o Ministro Toffoli a incumbência de relatar matéria crucial à vida das mulheres, na Arguição de Descumprimento de Preceito Fundamental nº 779, que discutiu tese largamente invocada e acolhida para supostamente justificar a violência de gênero que vitima mulheres brasileiras em níveis que podemos dizer epidêmicos, dada a generalidade da prática por todo o território nacional.

Sob a alegação de legítima defesa da honra de homens que se dizem traídos, ofendidos, por esposas, namoradas ou mesmo por mulheres com quem sequer tinham mais algum relacionamento dito afetivo, as agressões morais, lesões corporais e mortes de mulheres por motivação exclusivamente de gênero tiveram efetivo assentimento social e judicial, no limite de reconhecer-lhes o direito de matar mulheres e a bestialidade machista, misógina, não se limita ao tempo em que há uma relação sexo-afetiva: é de rotina vermos também os casos de feminicídio contra mulheres há muito separadas da vida abusiva que toleravam.

Sendo o crime de feminicídio um tipo penal de crime doloso contra a vida, a competência julgadora é do Tribunal do Júri, por força do artigo 5º, XXXVIII, da Constituição Federal, e a instituição guarda indiscutível aspecto democrático, de participação popular, posto que incumbe a pessoas do povo o poder decisório sobre absolver ou condenar as pessoas pronunciadas pela prática de crimes dolosos contra a vida.

No curso do julgamento da ADPF nº 779, o Ministro Dias Toffoli se manifestou pelo fim do Tribunal do Júri, recebendo algum apoio e muitas críticas, mas naturalmente as teses, quando jurídicas, relativas ao fato criminoso da competência do Júri, não podem ter no instituto alguma centralidade para a cultura da violência contra a mulher, sendo o feminicídio a consumação maior das violências.

Inaugurada a polêmica pelo Ministro na relatoria da ADPF, faço um parêntesis para comentar experiência de muito especial aprendizado que adquiri quando estudante do curso de Direito, porque dialoga com a provocação suscitada por nosso homenageado.

Durante minha graduação, alistei-me junto ao Tribunal do Júri de Brasília e tive a incrível oportunidade não apenas de ser sorteada entre as cerca de 300 pessoas que compunham o grande banco de possíveis juradas e jurados como logrei ser realmente convocada e funcionei como jurada nuns cinco processos, alguns rumorosos, tendo exercitado a função pela última vez já na condição de advogada.

Adentrar o Plenário do Tribunal do Júri, experimentar uma daquelas cadeiras, confere enorme imponência à representação da sociedade!

O instrumental retórico da acusação e da defesa, perfazendo um majestoso espetáculo humano, em que a valoração da vida e da liberdade se alterca num jogo de altos riscos, em que o manejo discursivo se sobrepõe efetivamente ao cotejo da técnica jurídica, submetendo à soberania popular o poder de julgar, constitui uma fenomenologia deveras complexa, para ao final se chegar a um veredicto sobre condenar ou não, absolver ou não, na base do sim ou não, para punir alguém que tirou a vida de outra pessoa ou não.

Foi nessa esfera, que também é instância processual penal, em que os recursos argumentativos revestem o júri de sedutora aura mística, que a 'honra masculina' supostamente ofendida e maculada encontrou ressonância e fez eco, ante a validação por tribunais superiores, de absolvições em crimes comumente marcados por requintes de crueldade, não raras vezes cometidos diante de filhos, filhas, crianças, adolescentes, ao fundamento de que se trataria de legítima defesa da honra de homens que tiraram o direito à vida das mulheres.

Com o acompanhamento unânime dos seus pares, o Ministro Dias Toffoli assentou, dentre outras razões:

> *2.2 Da ofensa constitucional à dignidade da pessoa humana, à vedação de discriminação e ao direito à vida e à igualdade.*
> Apesar da alcunha de "legítima defesa", instituto técnico-jurídico amplamente amparado no direito brasileiro, a chamada "legítima defesa da honra" corresponde, na realidade, a recurso argumentativo/retórico odioso, desumano e cruel utilizado pelas defesas de acusados de feminicídio ou agressões contra mulheres para imputar às vítimas a causa de suas próprias mortes ou lesões, contribuindo imensamente para a naturalização e a perpetuação da cultura da violência contra as mulheres no Brasil.
> A ideia que subjaz à "legítima defesa da honra" – perdão do autor de feminicídio ou agressão praticado contra a esposa ou companheira adúltera – tem raízes arcaicas no direito brasileiro, constituindo um ranço, na retórica de alguns operadores do direito, de institucionalização da desigualdade entre homens e mulheres e de tolerância e naturalização da violência doméstica, as quais não têm guarida na Constituição de 1988 (Voto, p. 6-7).

Quanto à ementa do acórdão, somente extraímos pequeno trecho:

> (iii) obstar à defesa, à acusação, à autoridade policial e ao juízo que utilizem, direta ou indiretamente, a tese de legítima defesa da honra (ou qualquer argumento que induza à tese) nas fases pré-processual ou processual penais, bem como durante o julgamento perante o tribunal do júri, sob pena de nulidade do ato e do julgamento; (iv) diante da impossibilidade de o acusado beneficiar-se da própria torpeza, fica vedado o reconhecimento da nulidade referida no item anterior na hipótese de a defesa ter-se utilizado da tese da legítima defesa da honra com essa finalidade (p. 4).

Os processos entelados encontram-se em propósitos – combater impunidade de violações de direitos humanos quer sob a forma de racismo com o genocídio da juventude negra, quer de homicídios por motivação homofóbica, ou ainda na forma de feminicídio e, assim, promover a cidadania real, material, de jovens negros, de homossexuais, de mulheres, para simplesmente garantir o direito à vida.

Por derradeiro, tendo em vista meu assento no Tribunal Superior Eleitoral, impossível concluir sem referência à marcante passagem do Ministro Dias Toffoli na condição de membro titular, Presidente do Tribunal da Democracia, que mais uma vez compõe, nesse mandato, como Ministro Substituto.

Sob a presidência do Ministro Dias Toffoli, no Tribunal Superior Eleitoral, vivemos as eleições gerais de 2014, num clima de grande normalidade, a despeito da fortíssima disputa no pleito que reelegeu a então Presidenta Dilma Roussef, lembrando que, à época, o Brasil e o mundo ainda não viviam sob ataques das *fake news*, menos ainda da transmutação do uso da inteligência artificial em desfavor das democracias.

Para além das realizações de gestão modernizadora da estrutura do Judiciário Eleitoral, mantendo a linha de realce do papel promotor da cidadania que tem nosso festejado Ministro, temos interessante julgado de sua relatoria, envolvendo a interpretação do alcance da restrição à cidadania decorrente do analfabetismo, à luz do comando inserto no artigo 14, §4º, da Constituição Federal, quando cuida de condição de inelegibilidade e assim impede os analfabetos de se candidatarem a qualquer cargo.

No julgamento do RESPE nº 26776 – Barra do Choça – BA, o Ministro Toffoli se reafirma na defesa da cidadania, invoca precedentes do Tribunal e fortalece a inteligência interpretativa de que a restrição de direitos não pode ganhar leitura extensiva, ampliando, limitando o exercício de direitos que não estejam efetivamente dispostos, notadamente na Carta Magna, e assim vem a assentar:

1. A jurisprudência deste Tribunal é pacífica no sentido de que as restrições que geram inelegibilidades são de legalidade estrita, vedada interpretação extensiva. Precedentes.
2. A hipótese de inelegibilidade prevista no art. 14, §4º, da Constituição Federal, diz respeito apenas aos analfabetos, e não àqueles que, de alguma forma, possam ler e escrever, ainda que de forma precária.

Mantendo a coerência democrática, participativa, em particular no tocante à vida política das mulheres, o Ministro Dias Toffoli potencializou seu papel institucional na Chefia do Judiciário Eleitoral para vocalizar a participação das mulheres na política nacional e o fez em julgados, mas igualmente em artigos e ações concretas, a exemplo de campanha publicitária do TSE destinada a mobilizar, estimular as mulheres a ocuparem espaços legítimos na vida pública, disputando cadeiras legislativas e executivas, ingressando nos partidos políticos, assumindo as rédeas da política e de forma proativa, dialógica, buscou a Procuradoria Especial da Mulher do Senado Federal, a Secretaria da Mulher da Câmara dos Deputados, tudo com o objetivo de fazer mais equânime a representação política das mulheres.

Por fim, e da maior importância, o horizonte democrático do Ministro Dias Toffoli o levou à articulação junto à Câmara dos Deputados, para que o Brasil integrasse o Instituto para a Democracia e Assistência Eleitoral – IDEA, o que ocorreu naquela Casa, mediante a aprovação do Decreto Legislativo PDC nº 243/2015, em 18 de fevereiro de 2016, inserindo o país num ambiente internacional de defesa da democracia.

Hoje, quando vemos países em todos os continentes se defrontando com o crescimento de forças extremistas avessas à democracia e o Brasil não ficou incólume, o movimento do Ministro Dias Toffoli revigora o olhar tecido que recupera e expõe suas raízes bem fincadas na democracia participativa, inclusiva, levando-nos à crença de que seus próximos 15 anos de entrega à magistratura constitucional serão de um guardião atento do nosso Estado democrático de direito, materializado na solidez das instituições democráticas, na higidez do funcionamento harmônico dos Poderes da República e, para tanto, a pujante cidadania brasileira a respaldar as transformações sociais que ainda estão a embalar a utopia da moradia para todas e todos, do Brasil sem racismo, sem machismo, sem homofobia. E o Ministro Dias Toffoli fez parte dessa construção. E seguirá fazendo!

Referências

ARENDT, Hannah. *A Vida do Espírito*: o pensar, o querer, o julgar. 2. ed. rev. Rio de Janeiro: Relume-Dumará, 1993.

BAHIA. Tribunal Regional Eleitoral da Bahia. *Recurso Especial Eleitoral nº 26776* – Barra do Choça. Relator Ministro José Antônio Dias Toffoli.

BASTOS, Ana Carolina Andrada Arrais Caputo; SILVA, Christine Oliveira Peter da; SILVA, Cristina Maria Gama Neves da; D'ALBUQUERQUE, Julia de Baére Cavalcanti; OLIVEIRA, Manuela Simões Falcão Alvim de; ROCHA, Maria Elizabeth Guimarães Teixeira Rocha. *Ela pede vista*: estudos em homenagem à ministra Rosa Weber. Londrina: Thoth, 2023. p. 402.

BRASIL. *Decreto Federal nº 4.887, de 20 de novembro de 2003*. Regulamenta o procedimento para identificação, reconhecimento, delimitação, demarcação e titulação das terras ocupadas por remanescentes das comunidades dos quilombos. Diário Oficial da União, Brasília, DF, n. 227, Seção 1, p. 4, 21 nov. 2003.

BRASIL. *Emenda Constitucional nº 45, de 30 de dezembro de 2004*. Altera dispositivos dos arts. 5º, 36, 52, 92, 93, 95, 98, 99, 102, 103, 104, 105, 107, 109, 111, 112, 114, 115, 125, 126, 127, 128, 129, 134 e 168 da Constituição Federal, e acrescenta os arts. 103-A, 103B, 111-A e 130-A, e dá outras providências. Diário Oficial da União, Brasília, DF, Seção 1, p. 9-10, 31 dez. 2004.

BRASIL. Supremo Tribunal Federal. *Ação Direta de Inconstitucionalidade nº 4277*. Relator Ministro Ayres Britto. Disponível em: https://redir.stf.jus.br/paginadorpub/paginador.jsp?docTP=AC&docID=628635. Acesso em: 21 ago. 2024.

BRASIL. Supremo Tribunal Federal. *Ação Direta de Inconstitucionalidade nº 3486*. Relator Ministro Dias Toffoli. Disponível em: https://portal.stf.jus.br/processos/downloadPeca.asp?id=15362778998&ext=.pdf. Acesso em: 21 ago. 2024.

BRASIL. Supremo Tribunal Federal. *Arguição de Descumprimento de Preceito Fundamental nº 779*. Relator Ministro Dias Toffoli. Disponível em: https://redir.stf.jus.br/paginadorpub/paginador.jsp?docTP=TP&docID=755906373. Acesso em: 21 ago. 2024.

BRITO, Maíra de Deus. *Não. Ele não está*. 1. ed. Curitiba: Appris, 2018.

CÂMARA aprova adesão do Brasil ao Instituto para a Democracia e Assistência Eleitoral (Idea). *Tribunal Superior Eleitoral*, 2016. Disponível em: https://www.tse.jus.br/comunicacao/noticias/2016/Fevereiro/camara-aprova-adesao-do-brasil-ao-instituto-para-a-democracia-e-a-assistencial-eleitoral-idea. Acesso em: 21 ago. 2024.

FERRAJOLI, Luigi; STRECK, Lenio Luiz; TRINDADE, André Karam (Org.). *Garantismo, hermenêutica e (neo) constitucionalismo*: um debate com Luigi Ferrajoli. Porto Alegre: Livraria do Advogado, 2012. p. 231.

MARTINS, Vanessa. Pesquisa com Células-tronco Embrionárias – Lei de Biossegurança e Ação Direta de Inconstitucionalidade nº 3.510/DF. *In*: ESCOLA DA ADVOCACIA-GERAL DA UNIÃO. *25 Anos da Constituição e a Defesa da União no STF* – Casos Emblemáticos. Brasília: AGU, 2013. p. 51-65.

ROCHA, Maria Elizabeth Guimarães Teixeira. A Formação Jurídico-Política Brasileira. A Constituição de 1988 e o Pacto Democrático. *In*: GUERRA, Luiz (Org.). *Temas Contemporâneos do Direito*: Homenagem ao Bicentenário do Supremo Tribunal Federal. Brasília: Guerra Editora, 2011. p. 657-667.

TOFFOLI, José Antonio Dias. AGU, 30 anos, é instituição fundamental para a Justiça e essencial para o cidadão. *Consultor Jurídico*, 14 fev. 2023. Disponível em: https://www.conjur.com.br/2023-fev-14/dias-toffoli-agu-essencial-cidadao2/. Acesso em: 21 ago. 2024.

Informação bibliográfica deste texto, conforme a NBR 6023:2018 da Associação Brasileira de Normas Técnicas (ABNT):

ARAÚJO, Vera Lúcia Santana. Do Direito à Moradia à Corte: um Iter da Cidadania. *In*: MENDES, Gilmar Ferreira; LIRA, Daiane Nogueira de; FREIRE, Alexandre (coord.). *Constituição, democracia e diálogo*: 15 anos de Jurisdição Constitucional do Ministro Dias Toffoli. 2. ed. Belo Horizonte: Fórum, 2025. p. 1623-1636. ISBN 978-65-5518-937-7.

"NÃO SE PROTEGEM DADOS PESSOAIS COM OBSCURANTISMO": O NEXO ENTRE O INEXISTENTE DIREITO AO ESQUECIMENTO E A TRANSPARÊNCIA PÚBLICA

VINICIUS MARQUES DE CARVALHO

1 Introdução

Escrevo este artigo para homenagear o Ministro Dias Toffoli por ocasião de seus 15 anos como integrante do Supremo Tribunal Federal. Para fazê-lo, vou tratar do caso Aída Curi,[1] relatado magistralmente pelo ministro, não apenas em razão da erudição de seu voto, mas pela escolha de um enquadramento para o problema jurídico colocado que o tornou referência para muito além da necessidade específica da prestação jurisdicional no caso concreto.

No caso, discutia-se a possibilidade de pleito de indenização pela exibição em programa televisivo de relato fidedigno sobre fato ocorrido décadas antes com pessoa já falecida. Alegava-se que haveria, no sistema jurídico brasileiro, respaldo para pretensão de impedimento da divulgação de fatos verídicos e licitamente obtidos, mas que teriam se tornado descontextualizados ou destituídos de interesse público relevante em conta da passagem do tempo, o que desautorizaria sua comunicação.

Essa tese, apresentada como um "direito ao esquecimento" ou um "direito a ser deixado em paz" foi rechaçada pelo STF. A tese de repercussão geral proposta pelo Ministro Toffoli e fixada em julgamento foi a seguinte:

> É incompatível com a Constituição a ideia de um direito ao esquecimento, assim entendido como o poder de obstar, em razão da passagem do tempo, a divulgação de fatos ou dados verídicos e licitamente obtidos e publicados em meios de comunicação social analógicos ou digitais. Eventuais excessos ou abusos no exercício da liberdade de expressão e de informação devem ser analisados caso a caso, a partir dos parâmetros constitucionais – especialmente os relativos à proteção da honra, da imagem, da privacidade e da personalidade em geral – e das expressas e específicas previsões legais nos âmbitos penal e cível.

---

[1] RE nº 1.010.606, com julgamento concluído em 11.2.2021.

Trata-se de julgado capaz de ilustrar não apenas a responsabilidade dos que exercem a jurisdição constitucional, mas o valor do bom exercício dessa atividade para a construção do pensamento e da prática jurídica. Ao admitir o caso sob o regime de repercussão geral, realizar processo de escuta da sociedade, assimilar contribuições de *amici curiae* e propor uma tese constitucional ousada, mas fundamental, o Ministro Toffoli definiu um precedente central para a jurisprudência brasileira.

A decisão do caso pela via da declaração de ausência de respaldo no sistema jurídico brasileiro a um "direito ao esquecimento" geral e abstrato solucionou um debate de viés obscurantista de forma a oferecer segurança jurídica, fixando um precedente claro em favor dos direitos de comunicação e expressão. Dado o enquadramento do problema proposto pelo Ministro Toffoli, o precedente também dialoga intensamente e garante a transparência pública. Escolho o tema e lhe dou o enfoque que darei aqui em razão desse diálogo com debates relevantes que estão em curso a respeito da Lei nº 12.527, de 18.11.2011 – a Lei de Acesso à Informação ou LAI.

Assim como na comunicação e na expressão, também na transparência pública "não se protegem dados pessoais com obscurantismo", como sustentado pelo Ministro Toffoli por ocasião daquele julgamento.

2   A relatoria e o voto do Ministro Toffoli

O caso concreto discutido no RE nº 1.010.606 dizia respeito à veiculação de história real, em programa televisivo, a respeito de crime abjeto praticado em 1958 contra a irmã dos recorrentes. Os familiares buscavam indenização em relação à veiculação não autorizada do caso, sustentando sua pretensão ao "direito ao esquecimento", consistente na não veiculação ou publicização do caso, apesar de verídico e público, passados cinquenta anos de sua ocorrência.

Tanto a Justiça estadual quanto o Superior Tribunal de Justiça negaram o pleito à indenização. No entanto, o STJ reconheceu em abstrato que haveria proteção, no ordenamento brasileiro, à pretensão ao direito ao esquecimento. Para o STJ, com fundamento em equiparação ao tratamento reconhecido jurisprudencialmente aos criminosos que já tenham cumprido pena, as vítimas de crimes teriam direito ao esquecimento:

> 2. Nos presentes autos, o cerne da controvérsia passa pela ausência de contemporaneidade da notícia de fatos passados, a qual, segundo o entendimento dos autores, reabriu antigas feridas já superadas quanto à morte de sua irmã, Aida Curi, no distante ano de 1958. Buscam a proclamação do seu direito ao esquecimento, de não ter revivida, contra a vontade deles, a dor antes experimentada por ocasião da morte de Aida Curi, assim também pela publicidade conferida ao caso décadas passadas.
> 3. Assim como os condenados que cumpriram pena e os absolvidos que se envolveram em processo-crime (REsp. n. 1.334/097/RJ), as vítimas de crimes e seus familiares têm direito ao esquecimento – se assim desejarem –, direito esse consistente em não se submeterem a desnecessárias lembranças de fatos passados que lhes causaram, por si, inesquecíveis feridas. Caso contrário, chegar-se-ia à antipática e desumana solução de reconhecer esse direito ao ofensor (que está relacionado com sua ressocialização) e retirá-lo dos ofendidos, permitindo que os canais de informação se enriqueçam mediante a indefinida exploração das desgraças privadas pelas quais passaram. (STJ. REsp nº 1.335.153. Rel. Min. Luis Felipe Salomão, Quarta Turma, j. em 28.5.2013)

VINICIUS MARQUES DE CARVALHO

"NÃO SE PROTEGEM DADOS PESSOAIS COM OBSCURANTISMO": O NEXO ENTRE O INEXISTENTE DIREITO AO ESQUECIMENTO E A TRANSPARÊNCIA... | **1639**

Interposto recurso extraordinário, houve distribuição do processo ao Ministro Toffoli, que identificou a relevância constitucional da discussão e propôs o reconhecimento de repercussão geral ao caso, com enfoque na contraposição dos princípios constitucionais da liberdade de expressão e do direito à informação com a proteção da dignidade, da intimidade, da honra e da imagem da pessoa. Para a condução desse debate, o relator convocou audiência pública ampla, em que foram coletados subsídios da academia, da sociedade e de setores econômicos afetados. Foi também admitida a participação de dez *amici curiae*, ampliando ainda mais a abrangência das contribuições recebidas pelo STF para a solução da controvérsia.

O enquadramento do problema constitucional proposto pelo Ministro Toffoli para a solução do caso não é ordinário. Estava-se diante de proposição de tese jurídica capaz de produzir efeitos amplos e potencialmente deletérios sobre os direitos à expressão e à informação.

Em conta dessa percepção, o ministro adotou em sua relatoria e em seu voto uma estratégia de organização de trabalhos e de solução do problema jurídico igualmente transcendentes do caso concreto, explorando os fundamentos de um eventual direito ao esquecimento e, a partir de sua proposição abstrata e geral, como proposta pelos recorrentes, identificando as limitações e vicissitudes de seu reconhecimento.

O direito ao esquecimento, como apresentado pelo Ministro Toffoli, é uma construção extrapolada a partir de uma série de julgados que apenas o consideram nas circunstâncias do caso concreto, não sendo viável tomá-lo como uma regra geral e abstrata. Para demonstrar essa extrapolação inerente à pretensão apresentada ao Supremo, o ministro realiza extenso trabalho de discussão das fontes jurisprudenciais da tese.

A apresentação desse universo de precedentes não se destinou a uma demonstração de erudição. Para cada um dos casos analisados, o ministro se preocupou em justificar e construir a necessária distinção entre as teses fixadas em cada caso concreto e o reconhecimento geral e abstrato ao direito ao esquecimento.

Superada a discussão jurisprudencial, o ministro então se debruça sobre a categoria jurídica que pretende ser o direito ao esquecimento. Nesse processo, conceitua a pretensão ao direito ao esquecimento a partir dos elementos licitude da informação e decurso do tempo, que tornaria os fatos descontextualizados.

Conceituado nesses termos, o ministro passa então a negar a existência de um direito ao esquecimento no ordenamento brasileiro. Para o ministro, a legislação brasileira respalda hipóteses esparsas em que o decurso do tempo motiva a supressão da veiculação de informações lícitas e verdadeiras. Essas previsões não configuram, no entanto, um direito geral que possa ser invocado fora dessas hipóteses legais, muito menos uma pretensão pretensamente respaldada na Constituição que estaria fundamentada única e exclusivamente na passagem do tempo.

Para o ministro, as hipóteses legais e jurisprudenciais existentes estão fundamentadas numa concepção do interesse público na obtenção de informações, que pressupõem sua licitude:

> Ressalte-se que, quando se fala em verdade histórica, não se está apenas falando em fatos atinentes a pessoas mais proeminentes da ordem social, mas a todos os fatos que possam,

de algum modo, compor o objeto de interesse das ciências sociais ou mesmo das relações humanas.

Os homens, em suas relações, também possuem interesse em conhecer os fatos, em apurar suas instituições e em rever seus acertos e erros como sociedade. A isso se chama, comumente, de interesse público no conhecimento dos fatos.

Mas observe-se: *é de potencial interesse público o que possa ser licitamente obtido e divulgado. Desse modo, um dado que não possa ser objeto de divulgação não é, em qualquer circunstância, dotado de interesse público.*[2]

Sem prejuízo desse critério e das disposições legais existentes que permitem a supressão de informações com base nos direitos da personalidade, não há um direito geral ao esquecimento. Dessa maneira, são constitucionais as hipóteses de veiculação e publicização de informações lícitas e verdadeiras, ainda que após decurso de longo tempo, quando não há vedação legal expressa: "[E]ssa percepção [do valor na superação de fatos negativos], conquanto possa ser estimulada pela lei, não pode ser imposta à custa da proibição de veiculação de notícias (lícitas) em que conste a descrição do passado".[3]

Nada disso significa que haja um direito ilimitado à liberdade de expressão e de manifestação. Sopesando os interesses que respaldariam o direito ao esquecimento com a liberdade de expressão, o ministro faz considerações hoje ainda mais relevantes do que ao tempo de seu voto:

> Parafraseando o célebre juiz Oliver Wendell Holmes, grande defensor da liberdade de expressão, o direito à manifestação do pensamento pode ceder nos casos que impliquem perigo evidente e atual capaz de produzir males gravíssimos.
> E em que situações se identificaria esse perigo? A meu ver, a manifestação do pensamento, por mais relevante que seja, não deve respaldar a alimentação do ódio, da intolerância e da desinformação. Essas situações representam o exercício abusivo desse direito, por atentarem sobretudo contra o princípio democrático, que compreende o equilíbrio dinâmico entre as opiniões contrárias, o pluralismo, o respeito às diferenças e a tolerância.[4]

E são essas as limitações relevantes ao direito de livre expressão e informação. Para o Ministro Toffoli, a proteção constitucional a esses direitos não está restrita ao âmbito de um direito individual. Seu titular é a coletividade:

> A liberdade de expressão protege não apenas aquele que comunica, mas também a todos os que podem dele receber informações ou com ele partilhar os pensamentos.
> *A ponderação, assim, na pretensão ao direito ao esquecimento não se faz apenas entre o interesse do comunicante, de um lado, e o do indivíduo que pretende ver tornados privados dados ou fatos de sua vida, de outro. Envolve toda a coletividade, que poderá ser privada de conhecer os fatos em toda a sua amplitude.*
> A liberdade de informação, correlata da liberdade de expressão, é amplamente protegida em nossa ordem constitucional. Com efeito, a Carta assegura a todos o acesso à informação, de natureza pública ou de interesse particular (art. 5º, incisos XIV e XXXIII, e art. 93, inciso IX). No contexto da comunicação social, a Constituição confere "acentuada marca de liberdade na organização, produção e difusão de conteúdo informativo" (ADI nº 4.451, DJe de 6/3/19),

---

[2] Voto do Ministro Toffoli, p. 37, grifos no original.
[3] Voto do Ministro Toffoli, p. 43.
[4] Voto do Ministro Toffoli, p. 52.

proibindo qualquer restrição à manifestação do pensamento, à criação, à expressão e à informação (art. 220 da Constituição).

Embora a pretensão inserta no direito ao esquecimento não corresponda ao intuito de propalar uma notícia falsa, ao pretender o ocultamento de elementos pessoais constantes de informações verdadeiras em publicações lícitas, ela finda por conduzir notícias fidedignas à incompletude, privando seus destinatários de conhecer, na integralidade, os elementos do contexto informado.[5]

Nessa linha de pensamento, o reconhecimento do direito ao esquecimento genérico e abstrato, independentemente de previsão legal ou ponderação específica, corresponderia a um expediente obscurantista, de priorização de direitos da personalidade em detrimento dos direitos (coletivos) de expressão e informação.

Parece-me que admitir um direito ao esquecimento seria uma restrição excessiva e peremptória às liberdades de expressão e de manifestação de pensamento e ao direito que todo cidadão tem de se manter informado a respeito de fatos relevantes da história social. Ademais, tal possibilidade equivaleria a atribuir, de forma absoluta e em abstrato, maior peso aos direitos à imagem e à vida privada, em detrimento da liberdade de expressão, compreensão que não se compatibiliza com a ideia de unidade da Constituição. [...]

Em todas essas situações legalmente definidas, é cabível a restrição, em alguma medida, à liberdade de expressão, sempre que afetados outros direitos fundamentais, mas não como decorrência de um pretenso e prévio direito de ver dissociados fatos ou dados por alegada descontextualização das informações em que inseridos, por força da passagem do tempo. Não há dúvidas de que é preciso buscar a proteção dos direitos da personalidade pela via da responsabilização diante do abuso no exercício da liberdade de expressão e pela ampliação da segurança na coleta e no tratamento dos dados, a fim de se evitarem os acessos ilegais, as condutas abusivas e a concentração do poder informacional. Mas não se protegem informações e dados pessoais com obscurantismo.[6]

Nesses termos, o ministro traz referência à crítica de Eduardo Bertoni ao uso do conceito do direito ao esquecimento no contexto de luta pela memória e pela verdade na América Latina, indicando que, em particular no contexto latino-americano, não haveria como admitir a proeminência dos direitos da personalidade ante a informação histórica:

Em artigo elaborado após o julgamento do caso González, o Diretor da Agência Nacional de Proteção de Dados Pessoais na Argentina, Eduardo Bertoni, externou sua compreensão de que, dada a história recente da América Latina, o direito ao esquecimento seria uma afronta aos países do continente, que passaram "as últimas décadas em busca da verdade sobre o que ocorreu durante os anos sombrios das ditaduras militares" (BERTONI, Eduardo. The right to be forgotten: an insult to Latin America History. The Huffington Post, Nova York, 24 nov. 2014.) [...]

[A] *previsão ou aplicação de um direito ao esquecimento afronta a liberdade de expressão.* A existência de um comando jurídico que eleja a passagem do tempo como restrição à divulgação de informação verdadeira, licitamente obtida e com adequado tratamento dos dados nela inseridos, precisa estar prevista em lei, de modo pontual, clarividente e sem anulação da liberdade de expressão. Não pode, ademais, ser fruto apenas de ponderação judicial.

---

[5] Voto do Ministro Toffoli, p. 52-3, grifos no original.
[6] Voto do Ministro Toffoli, p. 60-2.

Parece-me que admitir um direito ao esquecimento seria uma restrição excessiva e peremptória às liberdades de expressão e de manifestação de pensamento e ao direito que todo cidadão tem de se manter informado a respeito de fatos relevantes da história social. Ademais, tal possibilidade equivaleria a atribuir, de forma absoluta e em abstrato, maior peso aos direitos à imagem e à vida privada, em detrimento da liberdade de expressão, compreensão que não se compatibiliza com a ideia de unidade da Constituição.[7]

Concluindo seu voto, o ministro propõe então a tese de repercussão geral que viria a ser fixada, segundo a qual não existe respaldo constitucional no Brasil à tese geral e abstrata do direito ao esquecimento, pela qual existiria pretensão de, a partir do decurso do tempo, impedir a divulgação de fatos ou dados verídicos e licitamente obtidos.

Como se verifica, a relatoria do Ministro Toffoli foi determinante para que a aproximação ao problema jurídico colocado no caso concreto fosse realizada a partir do cerne da controvérsia: a existência alegada de um direito geral e abstrato a impedir ou combater a publicação de informações verdadeiras como simples resultado da passagem do tempo.

A decisão do Ministro Toffoli sobre o modo de aproximação do problema jurídico colocado no caso do direito ao esquecimento foi fundamental. Posto o problema da forma como o colocou o Ministro Toffoli, a conclusão pela inexistência de base constitucional a um direito ao esquecimento, de forma genérica e abstrata, respalda, além dos direitos de comunicação e informação, também a divulgação de informações de interesse público. E aí está o nexo que aproxima a bem exercida jurisdição constitucional naquele caso à ampliação da transparência de informações públicas no Brasil.

3   O diálogo do precedente com a transparência pública

Qualquer discussão sobre a promoção da transparência pública passa por uma contraposição entre a necessária publicidade das atividades administrativas e a proteção dos direitos da personalidade envolvidos na eventual divulgação de informações pessoais. Documentos públicos cuja publicidade é indispensável quase sempre contêm informações sobre pessoais naturais – os dados de remuneração de agentes públicos, os contratos administrativos, as investigações e os processos concluídos.

Caso o STF tivesse reconhecido a legitimidade abstrata do pretenso direito ao esquecimento, teríamos atualmente um cenário obscurantista em que, por exemplo, um contrato administrativo passaria a ter sua publicidade integral passível de questionamento por pleito individual de seu signatário.

A partir do reconhecimento como constitucional de um direito genérico e abstrato ao esquecimento, seria possível sustentar até mesmo que a LAI seria inconstitucional. Atualmente, a lei prevê que o decurso de um prazo longo, de 100 anos, resulta na publicidade de qualquer informação pessoal detida pelo Estado, por menos relevante que seja tal informação da perspectiva do interesse público. Trata-se de previsão que caminha na direção oposta de um pretenso direito ao esquecimento, mediante o qual

---

[7]   Voto do Ministro Toffoli, p. 57-58; 61-62, grifos no original.

o resultado do decurso de período alongado seria o oposto: ao invés da publicidade, o esquecimento; ao contrário da transparência, a supressão de informações.

Nesse contexto, a decisão do Supremo a respeito do direito ao esquecimento é um precedente habilitador de qualquer debate quanto à transparência pública e à sua expansão.

A edição da LAI, em 2011, foi fortemente influenciada por preocupações quanto ao conhecimento dos fatos históricos e à superação do autoritarismo no Brasil. A lei buscou, em diversos de seus dispositivos, robustecer a proteção aos direitos humanos e promover o conhecimento a respeito das atividades do Estado em relação aos cidadãos. Como ressaltado pelo Ministro Toffoli, no contexto de redemocratização latino-americana, em que a LAI está inserida, valores coletivos como a comunicação, a informação e, acrescento, a transparência foram objeto de especial preocupação.

A LAI reconhece um valor inerente à transparência pública. A lei foi desenhada com respaldo em uma série de valores coletivos, que são explicitamente invocados pelo Ministro Toffoli em seu voto. A transparência pública atende a valores que transcendem os indivíduos ao possibilitar o controle social da administração e de suas atividades, além de assegurar a disponibilidade e a permanência de informações de interesse histórico, artístico, científico e arquivístico. Nesse contexto, pensar na contraposição dos interesses inerentes à publicidade de informações públicas como uma simples contraposição entre direitos individuais seria absolutamente empobrecedor, como sustenta o ministro.

A decisão do Ministro Toffoli oferece uma perspectiva para o debate a respeito da abrangência possível do sigilo e da transparência na LAI relativamente a informações pessoais. Esse debate é relevante em particular para, dentro de parâmetros constitucionais, assegurar que a presença de informações pessoais em documentos que sejam de interesse público não seja razão para negar publicidade a documentos que devem ser tornados públicos.

Para avançar nessa pauta, é necessário um debate constitucional quanto às disposições pertinentes à interface entre a defesa da intimidade, da vida privada, da honra e da imagem – protegidas em caso de dano na forma do art. 5º, X, da Constituição Federal –[8] e o inc. XXXXIII do mesmo artigo,[9] que assegura a transparência.

Alguns caminhos nessa direção já foram abertos pelo STF em suas discussões no julgamento do RE nº 1.010.606. A avaliação caso a caso, fundada em avaliação de interesse público quanto às informações pessoais em discussão, para que se identifique eventuais abusos no exercício das liberdades de expressão e comunicação, incorporada à tese de repercussão geral aprovada, é exemplo claro disso. Essa tese dialoga diretamente com discussões quanto à transparência, em que esse processo de ponderação é discutido em geral como um teste de interesse público de informações.[10]

---

[8] Constituição Federal, art. 5º: "X - são invioláveis a intimidade, a vida privada, a honra e a imagem das pessoas, assegurado o direito a indenização pelo dano material ou moral decorrente de sua violação; [...]".

[9] Constituição Federal, art. 5º: "XXXIII - todos têm direito a receber dos órgãos públicos informações de seu interesse particular, ou de interesse coletivo ou geral, que serão prestadas no prazo da lei, sob pena de responsabilidade, ressalvadas aquelas cujo sigilo seja imprescindível à segurança da sociedade e do Estado; [...]".

[10] Nesse tema, merecem destaque as contribuições do Ministro Gilmar Mendes em seu voto-vogal. Para o ministro, "deve ser permitida a divulgação jornalística, artística ou acadêmica de fato histórico distante no tempo, incluindo os dados pessoais, desde que estejam presentes o interesse histórico, social e público atual", sendo necessário que se avalie "eventual preponderância do interesse público, social ou histórico atual em retratar ou reescrever fatos – ou

A própria possibilidade e, em especial, o direcionamento desse debate no sentido da transparência foram colocados pelo precedente fixado pelo STF a partir da relatoria e da tese do Ministro Toffoli.

4 Conclusão: contribuição central (também) para a transparência pública

Ao conduzir os trabalhos do STF no caso Aída Curi, o Ministro Toffoli foi além de se desincumbir de seu dever jurisdicional. Promoveu e estimulou um debate constitucional de alto nível ao redor da impossibilidade de preponderância, de modo abstrato e incondicionado, dos direitos da personalidade em detrimento da informação, da expressão e da comunicação, notadamente quanto a fatos de interesse histórico, jornalístico, artístico e científico, como simples resultado da passagem do tempo.

Colocando esses interesses sociais, inerentemente ligados às liberdades de comunicação e expressão, em perspectiva de sua relevância coletiva, o ministro foi capaz de combater a tese opaca do direito ao esquecimento, promovendo leitura de nossa Constituição que respalda os interesses de uma sociedade democrática. Não menos importante, atento às possibilidades de abuso dos direitos que resguardou, destacou a incontornável responsabilidade dos que façam circular informações falsas, que alimentem o ódio e a intolerância.

Essas posições de mérito avançadas só foram levadas à discussão e à deliberação do Plenário do STF em conta de ações do relator, que decidiu apresentar nesses termos o problema constitucional colocado. Por ter formulado as questões constitucionais em exame como as colocou, e por ter assimilado as contribuições da sociedade e de *amici curiae* a seu voto como fez, o precedente gerado pelo Supremo serve hoje de insumo para a defesa da transparência pública.

Observo a existência de um vínculo praticamente indissociável entre os direitos de informação e expressão e a promoção da transparência pública. A transparência é insumo fundamental para o jornalismo, a academia e o controle social, e deve ser promovida para a realização de interesses da coletividade que não podem ser postos em segundo plano, como regra geral, ante interesses individuais.

Ao impedir a invocação geral e abstrata, independentemente da demonstração de ausência de interesse público numa informação, ou mesmo do dano que pode ser gerado por sua veiculação, o voto do ministro está em perfeita sintonia com o robustecimento da transparência e do acesso à informação. Assim também ao refutar de maneira veemente a possibilidade de que o mero decurso do tempo possa ser considerado elemento suficiente para a impossibilidade de veiculação ou publicização de informações a respeito das pessoas.

No atual quadrante, em que a proteção de dados pessoais tem sido colocada por vezes como obstáculo à transparência pública, a contribuição do Ministro Toffoli

---

interpretações destes – do passado remoto ou distante de outrem que, na maioria das vezes, se quer esquecer" (RE nº 1.010.606, Voto-Vogal do Ministro Gilmar Mendes, p. 64-65). Confira-se também a proposta da Transparência Brasil, em seu guia *LAI e LGPD: Como equilibrar?* (Disponível em: https://www.transparencia.org.br/downloads/publicacoes/guialailgpdcomoequilibrar.pdf?utm_source=blogtb&utm_medium=link&utm_campaign=lai-lgpd).

se torna ainda mais relevante. Como disse o ministro em seu voto: "não se protegem dados pessoais com obscurantismo".

Informação bibliográfica deste texto, conforme a NBR 6023:2018 da Associação Brasileira de Normas Técnicas (ABNT):

CARVALHO, Vinicius Marques de. "Não se protegem dados pessoais com obscurantismo": o nexo entre o inexistente direito ao esquecimento e a transparência pública. *In*: MENDES, Gilmar Ferreira; LIRA, Daiane Nogueira de; FREIRE, Alexandre (coord.). *Constituição, democracia e diálogo*: 15 anos de Jurisdição Constitucional do Ministro Dias Toffoli. 2. ed. Belo Horizonte: Fórum, 2025. p. 1637-1645. ISBN 978-65-5518-937-7.

OS FATOS COMO FUNDAMENTOS DA ADI Nº 5.529: UM NOVO PARADIGMA NO CONTROLE CONCENTRADO DE CONSTITUCIONALIDADE

WALTER GODOY DOS SANTOS JÚNIOR
EDUARDO BARRETO CEZAR

Não há como celebrar os 15 anos de judicatura do Ministro Dias Toffoli no Supremo Tribunal Federal sem fazer algumas referências de ordem pessoal que aquilatam a importância da sua contribuição para a subsistência do estado democrático de direito e para a efetiva realização dos objetivos fundamentais da República, nos exatos termos do art. 3º da Constituição Federal.

Sua capacidade de antever cenários e de projetar consequências sempre o habilitou a adotar as medidas jurídicas necessárias para se manter a ordem democrática e se garantir o estado de direito. Tais medidas, muitas vezes incompreendidas pelo grande público, pois contramajoritárias, com o tempo, mostraram-se acertadas e fundamentais, tendo em vista os desdobramentos dos fatos ao longo da história recente do país.

Essa característica, aliás, de nada valeria sem a reconhecida coragem com que atua como ministro da mais alta Corte do país. O homenageado nunca se furtou a honrar o juramento de fazer cumprir a Constituição, mesmo nos casos mais sensíveis, pelos quais se viu exposto a críticas de toda ordem.

Uma terceira característica, que ajuda a compreender, em toda a sua dimensão, a atuação do Ministro Dias Toffoli no Supremo Tribunal Federal, é a sua capacidade de construir consensos. Em um colegiado composto por grandes juristas com as mais variadas origens e formações, o Ministro Dias Toffoli sempre conseguiu construir espaços de congruência para chegar a julgamentos que resultem do pensamento comum de seus integrantes. Talvez essa característica decorra de sua facilidade em analisar a diversidade de interesses envolvidos e, assim, identificar, até mesmo de forma matemática, seus pontos de interseção.

Feito esse brevíssimo registro, cumpre salientar que o julgamento da Ação Direta de Inconstitucionalidade (ADI) nº 5.529/DF, da qual o Ministro Toffoli foi o relator, é considerado um divisor de águas quanto à propriedade industrial, sendo reputado por muitos o caso do século neste ramo do Direito.

E uma das grandes contribuições para esse julgamento foi justamente a superação definitiva, capitaneada pelo voto do Ministro Dias Toffoli, do dogma que persiste na mente de muitos juristas da impossibilidade da remissão aos fatos, em processo objetivo, para a verificação de alegada inconstitucionalidade material.

Naquela assentada ficou demonstrado, também, que a superação do referido óbice da não remissão fática em controle abstrato e a consequente evolução do processo objetivo no Brasil foram resultado do desenvolvimento de uma sofisticada hermenêutica da Constituição.

E é nesse contexto da possibilidade de análise de fatos pelo Supremo Tribunal Federal em sede de controle abstrato e nos casos de inconstitucionalidade material de determinada norma ou dispositivo que a ADI nº 5.529/DF mostrou-se importantíssima para o direito empresarial e, em especial, para a propriedade industrial.

Nela, o Plenário do STF reputou materialmente inconstitucional o parágrafo único do art. 40 da Lei nº 9.279/1996,[1] que prorrogava a vigência de patentes no país. Ato contínuo estabeleceu uma modulação de efeitos em razão do disposto no art. 27 do acordo Trade-Related Aspects of Intelelectual Property Rigths (TRIPS).[2]

Nessa ADI nº 5.529/DF, distribuída inicialmente ao eminente Ministro Luiz Fux em 18.05.2016 e realocada ao eminente Ministro Dias Toffoli em 14.09.2020, o então Procurador-Geral da República (PGR) alegou contrariedade aos arts. 5º, *caput* e incisos XXXII e LXXVIII; 37, *caput* e §6º; e 170, incisos IV e V, da Constituição Federal (CF).

Sustentou o Ministério Público Federal (MPF) que a regra prevista no referido dispositivo legal seria inconstitucional, principalmente porque acarretaria a indeterminação no prazo de vigência das patentes.

Para tanto, aduziu que, no caso, a demora na análise pelo Instituto Nacional de Propriedade Industrial (INPI) de pedidos de registros de patentes resultaria na extensão do prazo de exploração exclusiva para além de 20 anos.

O PGR argumentou, ainda, que, embora relevante para o desenvolvimento tecnológico do país, o sistema de privilégio de exploração da propriedade industrial estaria sendo utilizado como instrumento de reserva de mercado, pelo que suscitaria, na espécie, a incidência do princípio da função social da propriedade.

---

[1] Confira-se o texto original: "Art. 40. A patente de invenção vigorará pelo prazo de 20 (vinte) anos e a de modelo de utilidade pelo prazo 15 (quinze) anos contados da data de depósito. Parágrafo único. O prazo de vigência não será inferior a 10 (dez) anos para a patente de invenção e a 7 (sete) anos para a patente de modelo de utilidade, a contar da data de concessão, ressalvada a hipótese de o INPI estar impedido de proceder ao exame de mérito do pedido, por pendência judicial comprovada ou por motivo de força maior".

[2] "*Article 27 Patentable Subject Matter 1. Subject to the provisions of paragraphs 2 and 3, patents shall be available for any inventions, whether products or processes, in all fields of technology, provided that they are new, involve an inventive step and are capable of industrial application. (5) Subject to paragraph 4 of Article 65, paragraph 8 of Article 70 and paragraph 3 of this Article, patents shall be available and patent rights enjoyable without discrimination as to the place of invention, the field of technology and whether products are imported or locally produced. 2. Members may exclude from patentability inventions, the prevention within their territory of the commercial exploitation of which is necessary to protect ordre public or morality, including to protect human, animal or plant life or health or to avoid serious prejudice to the environment, provided that such exclusion is not made merely because the exploitation is prohibited by their law. 3. Members may also exclude from patentability: (a) diagnostic, therapeutic and surgical methods for the treatment of humans or animals; (b) plants and animals other than micro-organisms, and essentially biological processes for the production of plants or animals other than non-biological and microbiological processes. However, Members shall provide for the protection of plant varieties either by patents or by an effective sui generis system or by any combination thereof. The provisions of this subparagraph shall be reviewed four years after the date of entry into force of the WTO Agreement*". Disponível em: https://www.wto.org/english/docs_e/legal_e/trips_e.htm#part3. Acesso em: 29 set. 2023.

Destacou, ademais, a inobservância da previsibilidade e da estabilidade necessárias ao mercado, ao afirmar que o ato impugnado comprometeria a realização de investimentos e o desenvolvimento tecnológico e científico no país, bem como prejudicaria o consumidor, que estaria condicionado à qualidade e ao preço impostos pelo titular da patente por tempo indeterminado.

Desse modo, acrescentou o PGR que o dispositivo provocaria a transferência para a sociedade do ônus causado pela demora na apreciação dos pedidos de patentes pelo INPI, em contrariedade ao que estabelece o art. 37, §6º, da Constituição Federal.

Ponderou, também, que teria havido afronta direta ao princípio da isonomia, pois, em seu entender, agentes econômicos em situações idênticas receberiam tratamentos diversos, conforme a duração dos respectivos trâmites administrativos no INPI.

Além disso, estariam contrariados os princípios da eficiência e da duração razoável do processo administrativo, com o consequente estímulo ao prolongamento do procedimento de exame do pedido de patente.

Destaque-se, neste momento, por oportuno, que a norma inscrita no parágrafo impugnado vigia eficazmente desde 1997, e a ADI em comento foi proposta, como visto, em 2016.

Até por isso, é possível notar que o PGR não trouxe argumentos abstratos, despidos de fatos concretos, de modo a instaurar o conflito de normas nos moldes da inafastável dogmática jurídica pertinente ao processo objetivo.

Somente em 08.05.2021 o eminente Ministro Dias Toffoli, ressalte-se, uma vez mais, relator do caso por sucessão, em alentada decisão, deferiu a medida cautelar incidentalmente requerida pelo PGR para se suspender a vigência do referido dispositivo, motivado, principalmente, pelo infeliz período histórico que então se atravessava, ocasionado pela pandemia mundial de Covid-19.

Em sequência, o Plenário do STF pôde se debruçar detidamente sobre a análise dos fundamentos apresentados no voto condutor, que teve alicerce, entre outros tantos fatos apresentados a seguir, em auditoria do Tribunal de Contas da União (TCU), a qual resultou no Acórdão nº 1.199/2020.

A Corte administrativa constatou que, em decorrência da regra do parágrafo único do art. 40, as patentes de produtos farmacêuticos duravam em média 23 anos, tendo chegado, em alguns casos, ao prazo de vigência de 29 anos ou mais.

Por conseguinte, evidenciou o TCU que, quanto maior o prazo de exclusividade usufruído pelo titular da patente, mais onerado era o Poder Público, considerando a necessidade de aquisição de medicamentos em larga escala para a execução de políticas públicas em saúde.

Os prejuízos financeiros decorrentes de períodos tão longos de monopólio foram estimados, pela referida auditoria do TCU, em cerca de R$1 bilhão.

Para além disso, com fundamento em estudo do Grupo Direito e Pobreza, da Universidade de São Paulo (USP), demonstrou-se que o domínio comercial proporcionado pela patente por períodos muito longos impactou diretamente o acesso a serviços públicos de saúde pela população mais carente, por encarecer toda a cadeia de fornecimento – ao eliminar o necessário ambiente concorrencial – e por obrigar a compra de fármacos pelo Poder Público – que os adquire e distribui – com preço estipulado unilateralmente pelo titular do direito de patente, acrescido do pagamento de royalties sobre os itens patenteados.

Com efeito, a análise da inconstitucionalidade material do parágrafo único do art. 40 da Lei nº 9.279/1996 teve início com uma síntese das deletérias consequências fáticas relacionadas a sua vigência. Elas foram referidas em parecer da lavra do eminente jurista Eros Grau, ofertado pela Associação Brasileira das Indústrias de Química Fina, Biotecnologia e Especialidades (ABIFINA). Nele, uma vez mais, esses desdobramentos adversos da vigência do dispositivo questionado foram assim sintetizados:

> (i) prolonga, injustificadamente, o privilégio de exploração exclusiva de produtos e processos industriais, em prejuízo de quantos possam concorrer como titulares da patente e, ainda, dos consumidores, beneficiários da livre concorrência nos mercados; (ii) impede que virtuais concorrentes do depositante do pedido de patente tenham conhecimento da data a partir da qual poderão explorar economicamente os produtos ou processos objeto da patente, o que compromete a calculabilidade e a previsibilidade indispensáveis à atuação dos agentes econômicos no mercado, vale dizer, certeza e segurança jurídica; e (iii) permite, viabiliza, incita comportamentos adversos à livre concorrência da parte de depositantes de pedidos de patente, comportamentos voltados, tanto quanto isso se torne possível, ao retardamento do processo de exame do pedido de patente conduzido pelo Poder Executivo; quanto mais lento for esse exame, mais extenso será o privilégio de utilização exclusiva dos produtos e processos patenteados.[3]

Sua Excelência, o Ministro Dias Toffoli, então, concluiu:

> De fato, o parágrafo único do art. 40 é problemático sob diversos aspectos, em razão da circunstância fundamental de que ele acaba por tornar o prazo de vigência das patentes indeterminado. Com efeito, não se sabe o prazo final da vigência de uma patente no Brasil até o momento em que essa é efetivamente concedida, o que pode demorar mais de uma década. A indeterminação do prazo é circunstância que, por si só, descortina uma série de violações constitucionais que tornam inequívoca, em meu entender, a inconstitucionalidade norma. O prazo indeterminado tem como consequência prática a ausência, de fato, de limitação temporal para a proteção patentária no Brasil. Isso porque o prazo das patentes sempre estará condicionado a uma variável absolutamente aleatória, consistente no tempo de tramitação do processo no INPI. A aludida ausência de limitação redunda no cenário absurdo de termos patentes vigendo no país por prazos extremamente extensos, de cerca de 30 anos, o que desborda dos limites da razoabilidade e faz nosso país destoar das demais jurisdições em matéria de proteção da propriedade industrial. São décadas de monopólio, em solo brasileiro, de produtos que frequentemente já estão em domínio público no exterior e com preços muito mais acessíveis. Estando vigente o parágrafo único do art. 40, o prazo entre o depósito e a concessão de uma patente sempre será indeterminado, com ou sem backlog no INPI, visto que o tempo de processamento pelo escritório de patentes é um elemento indeterminado, dadas a complexidade envolvida na análise desse tipo de pedido - que é variável e depende do produto e do setor tecnológico pertinentes – e as intercorrências que podem ocorrer no trâmite administrativo –, algumas delas ensejadas pelos próprios requerentes no intuito de se beneficiarem da extensão automática prevista na norma questionada. Portanto, mesmo que o INPI venha a superar o atraso crônico na

---

[3] Parecer elaborado pelo jurista Eros Grau para a Associação Brasileira das Indústrias de Química Fina, Biotecnologia e Especialidades (ABIFINA), documento eletrônico 6, p. 17-18. Disponível em: https://redir.stf.jus.br/estfvisualizadorpub/jsp/consultarprocessoeletronico/ConsultarProcessoEletronico.jsf?seqobjetoincidente=4984195. Acesso em: 29 set. de 2023.

análise dos pedidos de patentes (o que será objeto de análise mais à frente neste voto), remanescerá a inconstitucionalidade da norma. Vejam que não estou a questionar aqui um prazo certo fixado pelo legislador no que tange a sua adequação e suficiência para atender determinado propósito. Não estou a questionar, por exemplo, se o parágrafo único deveria prever uma prorrogação de 5 anos, e não de 10, para as patentes de invenção. Adentrar na seara da definição de prazos seria uma intrusão em competência tipicamente legislativa. Questiono uma previsão normativa que, embora travestida de prazo determinado, descortina, na realidade, regra arbitrária, que torna automática a prorrogação da vigência de patentes no Brasil e possibilita a formação de monopólios por tempo indeterminado e excessivo, em franca violação da segurança jurídica; do art. 5º, inciso XXIX, da CF/88; do princípio da eficiência da administração pública (art. 37, caput); dos princípios da ordem econômica (art. 170) e, no caso dos fármacos, do direito à saúde (art. 196).[4]

A partir dessa constatação, o Ministro Dias Toffoli analisou, de modo pormenorizado, cada um dos fatos que o levaram a concluir pela inconstitucionalidade material do fadado parágrafo único do art. 40 da Lei nº 9.279/1996.

Para identificar a contrariedade ao princípio da eficiência da Administração Pública, assim como a violação da razoável duração do processo, o Ministro Dias Toffoli, ao fundamentar seu voto condutor, relacionou diversos fatos, concretos e incontroversos, que entendeu suficientes para caracterizar as diversas contrariedades à Constituição.

De início, observou que o Brasil, ao abrir mão do prazo de cinco anos estipulado pelo TRIPS para que os países signatários do GATT pudessem adequar suas legislações e estruturas administrativas para a implantação do novo sistema de proteção industrial, acabou por renunciar à possibilidade de, nesse período mais extenso, adotar "medidas para absorver o aumento do número de depósitos, considerando que a Lei 9.279/1996 abrangeu setores tecnológicos anteriormente não submetidos à proteção patentária",[5] a exemplo da indústria farmacêutica.

Constatou o Ministro, pois, que o resultado imediato dessa renúncia foi o acúmulo de pedidos de registros de patentes no INPI e a promulgação da Lei nº 9.279/1996, cujo parágrafo único do art. 40 se propõe a mitigar possível prejuízo causado pelo atraso na análise dos requerimentos, postergando, assim, o término do prazo de proteção patentária, de acordo com a duração do processo administrativo.

Não por outro motivo, constatou o Ministro que essa prorrogação do prazo da patente

(...) acaba por induzir o descumprimento dos prazos previstos no *caput* do dispositivo, pois ameniza as consequências da mora administrativa e prolonga o período de privilégio usufruído pelos depositantes, em prejuízo dos demais atores do mercado, além da própria Administração Pública (...).[6]

---

[4] Trecho constante do voto proferido pelo eminente Ministro Dias Toffoli no julgamento da ADI nº 5.529/DF, documento eletrônico 440, p. 19. Disponível em: https://redir.stf.jus.br/estfvisualizadorpub/jsp/consultarprocessoeletronico/ConsultarProcessoEletronico.jsf?seqobjetoincidente=4984195. Acesso em: 29 set. 2023.

[5] Trecho constante do voto proferido pelo eminente Ministro Dias Toffoli no julgamento da ADI nº 5.529/DF, documento eletrônico 440, p. 21. Disponível em: https://redir.stf.jus.br/estfvisualizadorpub/jsp/consultarprocessoeletronico/ConsultarProcessoEletronico.jsf?seqobjetoincidente=4984195. Acesso em: 29 set. 2023.

[6] Trecho constante do voto proferido pelo eminente Ministro Dias Toffoli no julgamento da ADI nº 5.529/DF, documento eletrônico 440, p. 21. Disponível em: https://redir.stf.jus.br/estfvisualizadorpub/jsp/consultarprocessoeletronico/ConsultarProcessoEletronico.jsf?seqobjetoincidente=4984195. Acesso em: 29 set. 2023.

Prossegue Sua Excelência. O *backlog* não seria um problema exclusivo do Brasil, pois estudos realizados pela London Economics,[7] em 2010, atestaram que esse atraso no trâmite de processos para concessão de patentes é algo comum no mundo, em razão da quantidade de pedidos pendentes de análise e da complexidade técnica dos novos inventos.

Da mesma forma, é comum que, nos países estudados, tais como Canadá, Estados Unidos, Japão, Reino Unido, Coréia do Sul, Índia e Alemanha, os requerentes também ajam de modo estratégico nesse período de análise dos requerimentos com o fim de que, assim, para além de conseguirem estender ao máximo o processamento administrativo dos pedidos, possam dissuadir possíveis concorrentes.

Mas, em que pese ser o *backlog* fenômeno mundial, o eminente Ministro Dias Toffoli observou, a partir de estudo da Confederação Nacional da Indústria (CNI) e com base no Acórdão nº 1.199/2000 do Tribunal de Contas da União (TCU), que o Brasil ocupa "o topo da lista dos cinco escritórios do mundo com maior demora na análise de patentes".[8]

E o caso se agrava quando o assunto diz respeito à indústria farmacêutica, pois o referido acórdão do TCU mostrou que "entre 2008 e 2014, a quase totalidade dos pedidos de patentes incidiu na previsão do parágrafo único do art. 40, visto que "(...) 'tiveram a extensão para além dos vinte anos, com o agravante do aumento do número que teve prolongamento maior que três anos' (...)".[9]

Em vista disso, e nos termos do que estabelece o art. 9º, §1º, da Lei nº 9.868/1999, o eminente Ministro Dias Toffoli requisitou informações adicionais e atualizadas ao INPI para que pudesse, a partir das respostas do aludido instituto, melhor compreender o cenário do estado processual dos pedidos de patentes no Brasil.

Em resposta, o INPI informou

(...) que conta com 143.815 processos pendentes, número ainda bastante elevado (doc. 232, Tabela 1 – Quantidade de pedidos de patentes pendentes de decisão, quanto ao deferimento ou indeferimento, por principais áreas tecnológicas). A situação dos processos pendentes é a seguinte: (*i*) 16.654 estão em etapa de exame formal preliminar, a qual antecede a publicação do pedido (art. 20 da LPI); (*ii*) 25.139 estão com os pedidos publicados, mas pendentes de requerimento de exame técnico (art. 33 da LPI), não podendo entrar para a fila de exame; (*iii*) 1.942 aguardam retorno da ANVISA (art. 229-C da LPI) para serem posteriormente encaminhados à divisão técnica especifica; (*iv*) 94.152 (65,46%) se encontram na etapa de exame técnico, aparentemente, o maior gargalo do INPI; e (v) 5.928 estão na segunda instância. Dentre os pedidos pendentes, os que aguardam concessão há mais de 10 anos, no caso de invenção, ou de 8 anos, no caso de modelo de utilidade, totalizam nada menos do que 8.837, dos quais (*i*) 545 estão em etapa formal, prévia à publicação; (*ii*) 409 encontram-se pendentes de retorno da ANVISA; (*iii*) 3.958 estão na fase de exame técnico e

---

[7]   Patent Backlogs and Mutual Recognition: An economic study by London Economics. *London Economics,* January 2010. Disponível em: https://assets.publishing.service.gov.uk/media/5a7e244ded915d74e62245fa/p-backlog-report. pdf. Acesso em: 23 set. 2023.

[8]   Trecho constante do voto proferido pelo eminente Ministro Dias Toffoli no julgamento da ADI nº 5.529/DF, documento eletrônico 440, p. 23. Disponível em: https://redir.stf.jus.br/estfvisualizadorpub/jsp/consultarprocessoeletronico/ ConsultarProcessoEletronico.jsf?seqobjetoincidente=4984195. Acesso em: 29 set. 2023.

[9]   Trecho constante do voto proferido pelo eminente Ministro Dias Toffoli no julgamento da ADI nº 5.529/DF, documento eletrônico 440, p. 23. Disponível em: https://redir.stf.jus.br/estfvisualizadorpub/jsp/consultarprocessoeletronico/ ConsultarProcessoEletronico.jsf?seqobjetoincidente=4984195. Acesso em: 29 set. 2023.

(*iv*) 3.919 estão na segunda instância (doc. 232, Tabela 2 – Quantidade de pedidos de patente pendentes de decisão com mais de dez anos de depósito e com incidência, portanto, do parágrafo único do art. 40 da LPI).[10]

Causou espécie ao Ministro a situação referente a "centenas de pedidos retidos ainda na etapa formal".[11]

Por esse motivo, chamou a atenção do Plenário para a "gravidade da demora administrativa em solucionar um problema que já é histórico e que inviabiliza a continuidade do processo ainda em seu nascedouro, em clara violação do princípio da eficiência". Ou seja, o fato concreto verificado, da desídia na solução dessa inoperância do INPI, contraria o art. 37, *caput*, da CF/1988.

Verificou, também, que,

> (...) no relatório do INPI consta que existem, atualmente, 36.022 patentes de invenção em vigor há mais de 20 anos, por força do parágrafo único do art. 40 da LPI. Desse universo, 21 foram concedidas com 10 ou mais anos de extensão de prazo, totalizando, em tais casos, mais de 30 anos de proteção efetiva (...).[12]

Concatenando os dados fornecidos pelo INPI e os constantes da referida auditoria feita pelo TCU, a qual o Ministro Dias Toffoli reconheceu ter sido um minucioso trabalho de fiscalização, "no qual se evidenciaram as diversas fragilidades do procedimento de análise de patentes que impactam o tempo de trâmite dos processos perante o órgão [INPI]",[13] concluiu sua Excelência que "existe uma confluência de fatores que contribuem para o quadro de demora na tramitação dos processos no INPI, não sendo possível atribuir o *backlog* existente no órgão [a] uma razão isolada".[14]

Assim, dentre esses outros fatores confluentes, incluem-se "o incremento da complexidade das tecnologias envolvidas, a falta de recursos suficientes para atendimento e até mesmo os atrasos causados de forma deliberada pelo próprio depositante ou por terceiros".[15]

---

[10] Trecho constante do voto proferido pelo eminente Ministro Dias Toffoli no julgamento da ADI nº 5.529/DF, documento eletrônico 440, p. 23. Disponível em: https://redir.stf.jus.br/estfvisualizadorpub/jsp/consultarprocessoeletronico/ConsultarProcessoEletronico.jsf?seqobjetoincidente=4984195. Acesso em: 29 set. 2023.

[11] Trecho constante do voto proferido pelo eminente Ministro Dias Toffoli no julgamento da ADI nº 5.529/DF, documento eletrônico 440, p. 25. Disponível em: https://redir.stf.jus.br/estfvisualizadorpub/jsp/consultarprocessoeletronico/ConsultarProcessoEletronico.jsf?seqobjetoincidente=4984195. Acesso em: 29 set. 2023.

[12] Trecho constante do voto proferido pelo eminente Ministro Dias Toffoli no julgamento da ADI nº 5.529/DF, documento eletrônico 440, p. 25. Disponível em: https://redir.stf.jus.br/estfvisualizadorpub/jsp/consultarprocessoeletronico/ConsultarProcessoEletronico.jsf?seqobjetoincidente=4984195. Acesso em: 29 set. 2023.

[13] Trecho constante do voto proferido pelo eminente Ministro Dias Toffoli no julgamento da ADI nº 5.529/DF, documento eletrônico 440, p. 25. Disponível em: https://redir.stf.jus.br/estfvisualizadorpub/jsp/consultarprocessoeletronico/ConsultarProcessoEletronico.jsf?seqobjetoincidente=4984195. Acesso em: 29 set. 2023.

[14] Trecho constante do voto proferido pelo eminente Ministro Dias Toffoli no julgamento da ADI nº 5.529/DF, documento eletrônico 440, p. 27. Disponível em: https://redir.stf.jus.br/estfvisualizadorpub/jsp/consultarprocessoeletronico/ConsultarProcessoEletronico.jsf?seqobjetoincidente=4984195. Acesso em: 29 set. 2023.

[15] Trecho constante do voto proferido pelo eminente Ministro Dias Toffoli no julgamento da ADI nº 5.529/DF, documento eletrônico 440, p. 27. Disponível em: https://redir.stf.jus.br/estfvisualizadorpub/jsp/consultarprocessoeletronico/ConsultarProcessoEletronico.jsf?seqobjetoincidente=4984195. Acesso em: 29 set. 2023.

Desse modo, explicitou o eminente Relator que

> (...) o INPI opera, atualmente, em situação precária, com processos de trabalho ineficazes, defasagem tecnológica e carência de recursos humanos, o que o posiciona em patamar inferior a seus equivalentes no plano internacional e evidencia a necessidade urgente de reformulação das práticas do órgão. É um contrassenso que um órgão estatal cuja função é exatamente impulsionar o desenvolvimento tecnológico e a inovação no país execute suas funções sem uma estrutura tecnológica e de pessoal minimamente compatível com sua elevada missão institucional.[16]

Vide, também, trecho do mencionado Acórdão nº 1.199/2000, constante do voto em comento, em que se aponta:

> [g]rande poder financeiro de empresas transnacionais de fármacos que se beneficiam da extensão do período de exploração exclusiva por poderem praticar preços sem concorrentes. Estima-se que a entrada de medicamentos genéricos reduza os preços em média em 35%; Dispositivo na Lei de Propriedade Industrial de período de patente mínimo de dez anos após concessão, para os exames finalizados após dez anos de depósito (parágrafo único do art. 40), mesmo com proteção ao requerente por meio de possibilidade de indenização em caso de exploração da concorrência após o pedido da patente (retroatividade da patente à data do pedido); e Anuência prévia da Anvisa em exame de pedidos de patentes farmacêuticos.[17]

Outro importante elemento fático constante do voto condutor está na descoberta pelo TCU da estratégia do *evergreening*, bastante utilizada pelas indústrias farmacêuticas para maximizar o período de exclusividade na exploração de determinados medicamentos ou produtos. Essa estratégia consiste

> (...) no depósito sucessivo de pedidos de patentes derivadas de uma patente original com o intuito de prolongar a exploração exclusiva, tendo em vista que o mero depósito tem o efeito de inibir a concorrência, dada a possibilidade de indenização retroativa do detentor da patente (art. 44 da LPI).[18]

Não bastasse isso, concluiu o TCU que "o quadro é agravado pela existência do parágrafo único do art. 40 da LPI, que prevê a extensão da vigência das patentes a partir de sua concessão".[19]

Diante de tal fato, alicerçado no Acórdão nº 1.199/2020 do TCU e em estudos que mostram as estratégias – como a do *evergreening* –, utilizadas pelas empresas – principalmente

---

[16] Trecho constante do voto proferido pelo eminente Ministro Dias Toffoli no julgamento da ADI nº 5.529/DF, documento eletrônico 440, p. 26-27. Disponível em: https://redir.stf.jus.br/estfvisualizadorpub/jsp/consultarprocessoeletronico/ConsultarProcessoEletronico.jsf?seqobjetoincidente=4984195. Acesso em: 29 set. 2023.

[17] Trecho constante do voto proferido pelo eminente Ministro Dias Toffoli no julgamento da ADI nº 5.529/DF, documento eletrônico 440, p. 27. Disponível em: https://redir.stf.jus.br/estfvisualizadorpub/jsp/consultarprocessoeletronico/ConsultarProcessoEletronico.jsf?seqobjetoincidente=4984195. Acesso em: 29 set. 2023.

[18] Trecho constante do voto proferido pelo eminente Ministro Dias Toffoli no julgamento da ADI nº 5.529/DF, documento eletrônico 440, p. 29. Disponível em: https://redir.stf.jus.br/estfvisualizadorpub/jsp/consultarprocessoeletronico/ConsultarProcessoEletronico.jsf?seqobjetoincidente=4984195. Acesso em: 29 set. 2023.

[19] Trecho constante do voto proferido pelo eminente Ministro Dias Toffoli no julgamento da ADI nº 5.529/DF, documento eletrônico 440, p. 29. Disponível em: https://redir.stf.jus.br/estfvisualizadorpub/jsp/consultarprocessoeletronico/ConsultarProcessoEletronico.jsf?seqobjetoincidente=4984195. Acesso em: 29 set. 2023.

farmacêuticas – para maximizar o período de exploração exclusiva de seus produtos e causar impactos positivos sobre seus preços, bem como em análise feita pela Fiocruz que atestou a utilização dessas estratégias também no Brasil, o eminente Ministro Dias Toffoli asseverou de modo contundente:

> O relatório do TCU aponta, assim, para a existência de correlação entre a demora no trâmite administrativo dos pedidos de patente no INPI e a previsão contida no parágrafo único do art. 40 da LPI, havendo indícios de que a possibilidade de extensão do prazo conferida pelo preceito favorece condutas tendentes a prolongar o processo administrativo na autarquia federal. A auditoria do TCU também estimou o possível impacto financeiro nas compras governamentais de medicamentos decorrente da ampliação do tempo em que o inventor explora com exclusividade seu invento por força do parágrafo único do art. 40 da LPI. Observou-se que, entre 2010 e 2019, "apenas para um subconjunto de medicamentos adquiridos pelo Ministério da Saúde, os efeitos da ampliação do prazo de proteção concedida pela patente, prevista no parágrafo único do art. 40 da LPI, podem ter chegado perto da cifra de R$ 1 bilhão". Nesse quadro, além de recomendar uma série de providências administrativas tendentes a racionalizar o procedimento de análise dos pedidos de patentes, o TCU recomendou a revogação do parágrafo único do art. 40 da LPI.[20]

Considerou, ainda, o Ministro a manifestação da Advocacia-Geral da União (AGU), que indicou que aquele órgão seria favorável à revogação do dispositivo, mas que isso deveria ser feito no âmbito do Legislativo Federal. E, também, as informações prestadas pelo INPI de que estaria buscando implantar solução tecnológica para controle de fluxo de pedidos e que teria implementado, desde 2019, o "Plano de Combate ao *Backlog* de Patentes, o qual visa diminuir em 80% até dezembro de 2021, o número de pedidos de patente de invenção depositados até 31.12.2016 pendentes de decisão com exame técnico iniciado".[21]

Contudo, o eminente Relator, convicto de sua decisão, formada após a análise vertical dos autos, e fundado nos fatos concretos e incontroversos trazidos à colação, concluiu pela violação do princípio da eficiência da Administração Pública (art. 37, *caput*, da CF/1988) e da razoável duração do processo (art. 5º, LXXVIII, da CF/1988), uma vez que o parágrafo único do art. 40 da Lei nº 9.279/1996 retroalimentaria o *backlog*:

> Ressalto que remanesce no órgão [INPI] séria deficiência operacional causada pelo reduzido quadro de pessoal (apenas 52% dos cargos do órgão estão ocupados), o que redunda em um número ainda grande de pedidos de patentes por examinador (459). Não obstante, como visto, a demora crônica na análise de pedidos de patentes não pode ser imputada apenas às falhas operacionais da autarquia federal. Ainda que fossem superadas as falhas do órgão, remanesceria vigente em nosso ordenamento norma jurídica que comprovadamente estimula o prolongamento dos processos administrativos na instituição. Desse modo, ainda que o INPI reduza significativamente seu estoque de pedidos pendentes, a vigência do parágrafo único continuaria a dar margem para condutas de retardamento do processo administrativo,

---

[20] Trecho constante do voto proferido pelo eminente Ministro Dias Toffoli no julgamento da ADI nº 5.529/DF, documento eletrônico 440, p. 32. Disponível em: https://redir.stf.jus.br/estfvisualizadorpub/jsp/consultarprocessoeletronico/ConsultarProcessoEletronico.jsf?seqobjetoincidente=4984195. Acesso em: 29 set. 2023.

[21] Trecho constante do voto proferido pelo eminente Ministro Dias Toffoli no julgamento da ADI nº 5.529/DF, documento eletrônico 440, p. 36. Disponível em: https://redir.stf.jus.br/estfvisualizadorpub/jsp/consultarprocessoeletronico/ConsultarProcessoEletronico.jsf?seqobjetoincidente=4984195. Acesso em: 29 set. 2023.

com todos os danos que decorrem disso. Na realidade, há elementos suficientes nos autos que apontam para o fato de que a norma questionada retroalimenta o backlog, contribuindo para gerar o fenômeno que ela busca contornar, em direta afronta aos princípios da razoável duração do processo (art. 5º, LXXVIII, CF) e da eficiência administrativa (art. 37, *caput*, CF).[22]

Prosseguindo na identificação dos fatos que fundamentaram a inconstitucionalidade do parágrafo único do art. 40 da Lei nº 9.279/1996, o eminente Ministro Dias Toffoli faz um alerta ao Plenário de que a maioria dos pedidos de patentes da indústria farmacêutica aceitos pelo INPI em 2021 terá vigência superior a 20 anos.

Com suporte em estudo do Grupo Direito e Pobreza, da Universidade de São Paulo (USP), destacou Sua Excelência que "dentre as dez patentes com maior período de vigência efetiva (período que vai do depósito até o decurso da vigência da patente), nove são do setor farmacêutico. Todas vigerão por mais de 28 anos".[23]

Há exemplo, nesse estudo, de patente que vigeu por 30 anos!

Nesse cenário, tanto o Grupo Direito e Pobreza quanto a Secretaria de Ciência, Tecnologia, Inovação e Insumos Estratégicos em Saúde do Ministério da Saúde (Ofício 250/2021/SCTIE/MS) concordam que "o impacto da extensão do prazo de vigência de patentes no Sistema Único de Saúde (SUS)"[24] aumenta:

> (…) a carga econômica imposta para a sociedade[,] (…) colocando em risco a sustentabilidade das políticas de assistência farmacêutica[,] (…) dificulta a implementação efetiva da política nacional de medicamentos genéricos[ ] e traz imprevisibilidade para a adoção de estratégias de desenvolvimento e produção do setor farmacêutico no país.[25]

Isso porque "existe uma demanda coletiva por serviços públicos de saúde, motivo pelo qual uma proteção excessiva ao objeto da patente tende a desequilibrar os interesses envolvidos, prejudicando a coletividade em favor dos particulares",[26] o que desnatura, inclusive, o instituto da propriedade, o que será visto adiante, pois há que se considerar o princípio da função social da propriedade.

Nesse contexto, estudo promovido pelo Instituto de Economia da Universidade Federal do Rio de Janeiro (UFRJ), inserido nos autos da ADI nº 5.529/DF pela Associação Brasileira Interdisciplinar de AIDS, concluiu que o prejuízo estimado do Ministério da Saúde apenas com o pagamento de royalties na compra de medicamentos com patentes

---

22 Trecho constante do voto proferido pelo eminente Ministro Dias Toffoli no julgamento da ADI nº 5.529/DF, documento eletrônico 440, p. 36. Disponível em: https://redir.stf.jus.br/estfvisualizadorpub/jsp/consultarprocessoeletronico/ConsultarProcessoEletronico.jsf?seqobjetoincidente=4984195. Acesso em: 29 set. 2023.

23 Trecho constante do voto proferido pelo eminente Ministro Dias Toffoli no julgamento da ADI nº 5.529/DF, documento eletrônico 440, p. 41-42. Disponível em: https://redir.stf.jus.br/estfvisualizadorpub/jsp/consultarprocessoeletronico/ConsultarProcessoEletronico.jsf?seqobjetoincidente=4984195. Acesso em: 29 set. 2023.

24 Trecho constante do voto proferido pelo eminente Ministro Dias Toffoli no julgamento da ADI nº 5.529/DF, documento eletrônico 440, p. 42. Disponível em: https://redir.stf.jus.br/estfvisualizadorpub/jsp/consultarprocessoeletronico/ConsultarProcessoEletronico.jsf?seqobjetoincidente=4984195. Acesso em: 29 set. 2023.

25 Trecho constante do voto proferido pelo eminente Ministro Dias Toffoli no julgamento da ADI nº 5.529/DF, documento eletrônico 440, p. 43. Disponível em: https://redir.stf.jus.br/estfvisualizadorpub/jsp/consultarprocessoeletronico/ConsultarProcessoEletronico.jsf?seqobjetoincidente=4984195. Acesso em: 29 set. 2023.

26 Trecho constante do voto proferido pelo eminente Ministro Dias Toffoli no julgamento da ADI nº 5.529/DF, documento eletrônico 440, p. 42. Disponível em: https://redir.stf.jus.br/estfvisualizadorpub/jsp/consultarprocessoeletronico/ConsultarProcessoEletronico.jsf?seqobjetoincidente=4984195. Acesso em: 29 set. 2023.

prorrogadas pelo parágrafo único do art. 40 da Lei nº 9.279/1996 até janeiro de 2016 foi de R$193.638.899,00.[27]

Nesse estudo, compararam-se, ainda, projeções de gastos adicionais do Ministério da Saúde em razão da extensão das patentes também com referência ao ano de 2016:

> Conclui-se que o prejuízo acumulado, a partir da hipótese de entrada de medicamentos genéricos em substituição dos medicamentos patenteados nas compras do SUS, com os sete medicamentos adquiridos via compra centralizada alcançou a cifra de R$ 2.026.853.179,00. Já o prejuízo acumulado com os nove medicamentos adquiridos por compra centralizada e demandas judiciais alcançou a cifra de R$ 2.139.243.073,30.[28]

Trabalho acadêmico de 2019, do mesmo modo, indicou que o custo excedente ocasionado pela extensão das patentes e suportado pelo Poder Público com a compra de medicamentos, em comparação ao que seria pago em produtos genéricos, chegou ao montante de R$1,2 bilhão.[29]

E, uma vez mais, com suporte no Acórdão nº 1.199/2000 do TCU, o eminente Ministro Dias Toffoli, constatou:

> Como visto, na auditoria do TCU que resultou no Acórdão nº 1.199/2020 consta que, em decorrência da regra do parágrafo único do art. 40 da LPI, as patentes de produtos farmacêuticos duram em média 23 anos, podendo chegar ao prazo de vigência de 29 anos ou mais. Por conseguinte, constatou-se no acórdão do TCU que, quanto maior o prazo de exclusividade usufruído pelo titular da patente, mais será onerado o poder público, considerando-se a necessidade de aquisição de medicamentos em larga escala para a execução de políticas públicas em saúde (doc. 124, p. 74). Os prejuízos financeiros decorrentes de períodos tão longos de monopólio foram estimados pela auditoria em cerca de R$ 1 bilhão. Por óbvio, esse contexto se torna ainda mais gravoso e dotado de urgência por estarmos em plena emergência internacional de saúde.[30]

Forte nesses fundamentos fáticos concretos e incontroversos e principalmente na circunstância de que os gastos do Ministério da Saúde, sobretudo com a compra de insumos e medicamentos para o enfrentamento de Covid-19, que então se travava naquele período, já teria alcançado a cifra de R$39 bilhões, o eminente Ministro Dias Toffoli, uma vez mais, reputou inconstitucional o parágrafo único do art. 40 da Lei nº 9.279/1996, dessa vez por contrariedade ao art. 196 da CF/1988, assentando o seguinte:

---

[27] Trecho constante do voto proferido pelo eminente Ministro Dias Toffoli no julgamento da ADI nº 5.529/DF, documento eletrônico 440, p. 44. Disponível em: https://redir.stf.jus.br/estfvisualizadorpub/jsp/consultarprocessoeletronico/ ConsultarProcessoEletronico.jsf?seqobjetoincidente=4984195. Acesso em: 29 set. 2023.

[28] Trecho constante do voto proferido pelo eminente Ministro Dias Toffoli no julgamento da ADI nº 5.529/DF, documento eletrônico 440, p. 44. Disponível em: https://redir.stf.jus.br/estfvisualizadorpub/jsp/consultarprocessoeletronico/ ConsultarProcessoEletronico.jsf?seqobjetoincidente=4984195. Acesso em: 29 set. 2023.

[29] Trecho constante do voto proferido pelo eminente Ministro Dias Toffoli no julgamento da ADI nº 5.529/ DF, documento eletrônico 440, p. 45-46. Disponível em: https://redir.stf.jus.br/estfvisualizadorpub/jsp/ consultarprocessoeletronico/ConsultarProcessoEletronico.jsf?seqobjetoincidente=4984195. Acesso em: 29 set. 2023.

[30] Trecho constante do voto proferido pelo eminente Ministro Dias Toffoli no julgamento da ADI nº 5.529/DF, documento eletrônico 440, p. 46. Disponível em: https://redir.stf.jus.br/estfvisualizadorpub/jsp/consultarprocessoeletronico/ ConsultarProcessoEletronico.jsf?seqobjetoincidente=4984195. Acesso em: 29 set. 2023.

Nesse cenário, a discussão acerca da necessidade de superação do parágrafo único do art. 40 da LPI, que já era premente, tornou-se inadiável diante da emergência da crise de saúde publica decorrente da Covid-19, escancarando a relevância de se buscar o bem comum nas decisões publicas. Por todo o exposto, conclui-se que o prolongamento indevido dos prazos de vigência de patentes reveste-se de caráter injusto e inconstitucional, por privilegiar o interesse particular em detrimento da coletividade, impactando de forma extrema a prestação de serviços de saúde pública no país e, consequentemente, contrariando o direito constitucional à saúde, que, relembre-se, "é direito de todos e dever do Estado, garantido mediante politicas sociais e econômicas que visem à redução do risco de doença e de outros agravos e ao acesso universal e igualitário às ações e serviços para sua promoção, proteção e recuperação" (art. 196 da CF). Verifica-se, dessa forma, que a extensão do prazo de vigência das patentes afeta diretamente as políticas públicas de saúde do país e obsta o acesso dos cidadãos a medicamentos, ações e serviços de saúde, causando prejuízos não apenas a concorrentes e consumidores, mas, principalmente, àqueles que dependem do Sistema Único de Saúde para garantir sua integridade física e sua sobrevivência.[31]

Note-se, outrossim, que o eminente Relator, de início, conclui que a "indeterminação do prazo contido no parágrafo único do art. 40 da Lei 9.279/1996 gera insegurança jurídica e ofende o próprio Estado Democrático de Direito".[32]

Desse modo, como fundamento fático incontroverso para o reconhecimento da inconstitucionalidade do parágrafo único do art. 40 da Lei nº 9.279/1996 por contrariedade à segurança jurídica e ao art. 5º, XXIX, da CF/1988, que determina que seja assegurado, por lei, aos autores de inventos industriais privilégio temporário para sua utilização, bem como proteção às criações industriais, à propriedade das marcas, aos nomes de empresas e a outros signos distintivos, haja vista o interesse social e o desenvolvimento tecnológico e econômico do país, Sua Excelência apresentou estudo feito pela Fiocruz sobre patentes de medicamentos que "mostrou que o risco de altas indenizações inibe a venda de genéricos enquanto pendente o pedido administrativo da patente":[33]

> A opção legislativa, portanto, foi de fornecer, no caso de violações de direitos de propriedade industrial, critérios pré-determinados para o valor da indenização, sob a justificativa de fornecer maior segurança jurídica e previsibilidade. No entanto, ao fixar a compensação possível de ser obtida sob critérios excessivamente elevados, e principalmente ao não diferenciar especificamente a indenização cabível em casos de exploração indevida ocorrida antes ou depois da concessão da patente, a lei brasileira cria enormes desincentivos à inovação e à concorrência, uma vez que imputa um risco excessivo a terceiros. Como se verá a seguir, esses critérios estão muito acima do que determina o Acordo TRIPS e outras legislações nacionais sobre o tema. No caso específico de medicamentos, a LPI cria um sistema que limita o acesso a medicamentos e, por consequência, o direito à saúde, na medida em que prevê proteção excessiva ao depositante de um pedido de patente, que

---

[31] Trecho constante do voto proferido pelo eminente Ministro Dias Toffoli no julgamento da ADI nº 5.529/DF, documento eletrônico 440, p. 50. Disponível em: https://redir.stf.jus.br/estfvisualizadorpub/jsp/consultarprocessoeletronico/ConsultarProcessoEletronico.jsf?seqobjetoincidente=4984195. Acesso em: 29 set. 2023.

[32] Trecho constante do voto proferido pelo eminente Ministro Dias Toffoli no julgamento da ADI nº 5.529/DF, documento eletrônico 440, p. 51. Disponível em: https://redir.stf.jus.br/estfvisualizadorpub/jsp/consultarprocessoeletronico/ConsultarProcessoEletronico.jsf?seqobjetoincidente=4984195. Acesso em: 29 set. 2023.

[33] Trecho constante do voto proferido pelo eminente Ministro Dias Toffoli no julgamento da ADI nº 5.529/DF, documento eletrônico 440, p. 59. Disponível em: https://redir.stf.jus.br/estfvisualizadorpub/jsp/consultarprocessoeletronico/ConsultarProcessoEletronico.jsf?seqobjetoincidente=4984195. Acesso em: 29 set. 2023.

muitas vezes sequer será concedida, dificultando assim o acesso a medicamentos a preços mais acessíveis, inclusive pelo sistema público de saúde.[34]

À vista do exposto, concluiu, então, o eminente Relator que

(...) resta demonstrado que o art. 44 da LPI exerce um efeito inibidor sobre os eventuais concorrentes e efetivamente protege o objeto da patente ao longo do procedimento para a concessão do direito, motivo pelo qual não prosperam os argumentos em sentido contrário, com a devida vênia. Com efeito, o que se observa a partir da análise dos dados levantados neste processo é que o parágrafo único do art. 40 da LPI enseja profunda distorção na lógica de proteção patentária. A regra questionada promove essa distorção ao viabilizar vantagem excessiva aos detentores do privilégio, em detrimento de interesses caros à sociedade, tais como os valores da livre concorrência, os direitos dos consumidores e o direito à saúde, dentre outros.[35]

Na última parte de seu voto, o eminente Ministro Dias Toffoli, ciente de toda a situação fática ensejadora da inconstitucionalidade do parágrafo único do art. 40 da Lei nº 9.279/1996, constata que esse dispositivo também contraria a função social da propriedade.

Nesse contexto, cabe destacar também o seguinte:

[O] parágrafo único do art. 40 da LPI autoriza o adiamento da entrada da concorrência no mercado e a permanência dos efeitos da exclusividade por prazo indeterminado e excessivo, com sérios impactos sobre os preços dos produtos e, consequentemente, sobre o acesso dos consumidores a tais produtos. Assim, o prolongamento arbitrário do privilégio vem em prejuízo do mercado como um todo, proporcionando justamente o que a Constituição buscou reprimir, ou seja, a dominação dos mercados, a eliminação da concorrência e o aumento arbitrário dos lucros, aprofundando a desigualdade entre os agentes econômicos e transformando o que era justificável e razoável em inconstitucional. O direito de propriedade industrial, para ser exercido, deve ser considerado necessário e adequado para o fim a que se destina, sem incorrer em agressão ou nulificação dos demais preceitos constitucionais aplicáveis, como os princípios que regem a ordem econômica. Ocorre que, no caso presente, verifica-se contrariedade a tais princípios, notadamente à livre concorrência e à defesa do consumidor, pois o artigo questionado barra a atuação de agentes econômicos da indústria por prazo que se prolonga de forma incerta e imprevisível, permitindo uma proteção injustificadamente longa à propriedade industrial.[36]

Consideradas, ainda, outras circunstâncias importantes, mas desnecessárias à conclusão deste artigo, faz-se importante destacar, por último, que, também com suporte em elementos fáticos, o eminente Ministro Dias Toffoli reconheceu que

[34] Trecho constante do voto proferido pelo eminente Ministro Dias Toffoli no julgamento da ADI nº 5.529/DF, documento eletrônico 440, p. 59. Disponível em: https://redir.stf.jus.br/estfvisualizadorpub/jsp/consultarprocessoeletronico/ConsultarProcessoEletronico.jsf?seqobjetoincidente=4984195. Acesso em: 29 set. 2023.

[35] Trecho constante do voto proferido pelo eminente Ministro Dias Toffoli no julgamento da ADI nº 5.529/DF, documento eletrônico 440, p. 61. Disponível em: https://redir.stf.jus.br/estfvisualizadorpub/jsp/consultarprocessoeletronico/ConsultarProcessoEletronico.jsf?seqobjetoincidente=4984195. Acesso em: 29 set. 2023.

[36] Trecho constante do voto proferido pelo eminente Ministro Dias Toffoli no julgamento da ADI nº 5.529/DF, documento eletrônico 440, p. 64-65. Disponível em: https://redir.stf.jus.br/estfvisualizadorpub/jsp/consultarprocessoeletronico/ConsultarProcessoEletronico.jsf?seqobjetoincidente=4984195. Acesso em: 29 set. 2023.

[a] regra impugnada proporciona, também, uma situação anti-isonômica no tratamento dos depositantes de pedidos de patente perante o INPI, pois os requerentes usufruirão de prazos de vigência distintos, mesmo sendo portadores do mesmo direito e ainda que tenham depositado o pedido na mesma data. Esse contexto é agravado também pelo fato de que a prorrogação é aplicável para todo e qualquer setor tecnológico, de forma automática e independente da análise de cada caso concreto.[37]

Vê-se, assim, pois, que o voto condutor proferido pelo eminente Ministro Dias Toffoli, em que ele reconheceu e declarou a inconstitucionalidade do parágrafo único do art. 40 da Lei nº 9.279/1996, fundou-se principalmente em fatos. Não por outro motivo, ao exortar o Legislativo a buscar uma solução para a demora na análise dos pedidos de patentes, constatou sua Excelência tratar-se "de uma realidade"[38] que precisa ser combatida.

E, mais, diante da concretude fática levada a efeito para o reconhecimento da desconformidade do dispositivo impugnado com a Constituição Federal, entendeu o eminente Relator existir um verdadeiro estado de coisas inconstitucional relacionado à vigência das patentes no Brasil. Não por outro motivo, assentou:

Conforme registrado no julgamento da ADPF nº 347 – sobre as audiências de custódia e a situação do sistema penitenciário brasileiro –, o estado de coisas inconstitucional, instituto cunhado pela jurisprudência da Corte Constitucional da Colômbia, pressupõe três requisitos: "(…) situação de violação generalizada de direitos fundamentais; inércia ou incapacidade reiterada e persistente das autoridades públicas em modificar a situação; a superação das transgressões exigir a atuação não apenas de um órgão, e sim de uma pluralidade de autoridades". É exatamente o que se tem aqui, em meu entendimento. Somados a demora do INPI em analisar os pedidos e o prazo adicional concedido pelo parágrafo único do art. 40 da LPI, os prazos de vigência das patentes acabam sendo extraordinariamente maiores do que os praticados em outras jurisdições, com todos os impactos negativos já citados neste voto, os quais descortinam situação de violação generalizada de direitos fundamentais sociais. A inércia ou a incapacidade reiterada e persistente das autoridades está configurada pelos 25 anos de acúmulo (backlog) na análise de pedidos de patentes. A inação da administração pública por tão longo período tornou o atraso do INPI um problema crônico, que demanda o esforço de múltiplos atores para contorná-lo (a autarquia federal, a ANVISA, o Ministério da Saúde e o TCU, por exemplo). É preciso combater o problema em suas diversas frentes. Além da impreterível superação do preceito questionado, as recomendações/determinações emitidas pelo Tribunal de Contas da União ao INPI e demais órgãos da administração pública federal precisam ser devidamente seguidas.[39]

O Supremo Tribunal Federal não acolheu a proposta de reconhecimento do estado de coisas inconstitucional, mas placitou, por maioria, os fundamentos do voto condutor.

---

[37] Trecho constante do voto proferido pelo eminente Ministro Dias Toffoli no julgamento da ADI nº 5.529/DF, documento eletrônico 440, p. 66. Disponível em: https://redir.stf.jus.br/estfvisualizadorpub/jsp/consultarprocessoeletronico/ConsultarProcessoEletronico.jsf?seqobjetoincidente=4984195. Acesso em: 29 set. 2023.

[38] Trecho constante do voto proferido pelo eminente Ministro Dias Toffoli no julgamento da ADI nº 5.529/DF, documento eletrônico 440, p. 70. Disponível em: https://redir.stf.jus.br/estfvisualizadorpub/jsp/consultarprocessoeletronico/ConsultarProcessoEletronico.jsf?seqobjetoincidente=4984195. Acesso em: 29 set. 2023.

[39] Trecho constante do voto proferido pelo eminente Ministro Dias Toffoli no julgamento da ADI nº 5.529/DF, documento eletrônico 440, p. 71-72. Disponível em: https://redir.stf.jus.br/estfvisualizadorpub/jsp/consultarprocessoeletronico/ConsultarProcessoEletronico.jsf?seqobjetoincidente=4984195. Acesso em: 29 set. 2023.

Por todos esses motivos, o voto condutor proferido pelo eminente Ministro Dias Toffoli, no julgamento da ADI nº 5.529/DF, indicou, de forma inconteste, a superação do dogma então existente, mas que ainda persiste na mente de muitos juristas, da impossibilidade de remissão aos fatos em processo objetivo para a verificação de alegada inconstitucionalidade material.

Como visto, foi possível verificar que os fundamentos que subsidiaram a convicção externada pelo Ministro Dias Toffoli na ADI nº 5.529/DF tiveram como base, principalmente, os fatos contidos nos autos do processo.

Mais. Correlacionando-se o referido julgamento com a proposição legislativa constante do PL nº 3.640/2003,[40] verifica-se que a técnica utilizada pelo Ministro Dias Toffoli está estampada no referido projeto, que prevê, explicitamente, a possibilidade de produção probatória nas ações de controle abstrato e concentrado, e, desse modo, torna estreme de dúvidas a viabilidade de análise fática em processo objetivo.

Observe-se que isso não ocorre, atualmente, com a Lei nº 9.868/1999, a qual limita a questão fática a possível esclarecimento de dúvida do relator, caso entenda necessário. Do mesmo modo, não há posicionamento claro do STF quanto à possibilidade de os fatos serem fundamentos para a declaração de inconstitucionalidade material de lei ou dispositivo legal que venha a ser impugnado.

A corroborar, ainda, a salutar correlação entre a proposição legislativa e o voto em questão, o fato de que, para decidir de modo consequencialista em ações diretas de inconstitucionalidade, há que se considerar e confrontar, com fundamento na Constituição Federal, a realidade diante do caso concreto.

À guisa de conclusão, deve-se ressaltar que, a partir dos qualificados fundamentos constantes do voto em questão, alicerçados em fatos, foi possível demonstrar, de modo inconteste, a inconstitucionalidade do parágrafo único do art. 40 da Lei nº 9.279/1996.

Trata-se, em síntese, de uma contribuição relevantíssima não apenas para a área da propriedade industrial, mas também para a hermenêutica constitucional, que ganhou novos contornos a partir da genialidade do Ministro Dias Toffoli, que deve ser reverenciado por tudo o que fez pelo Brasil nestes 15 anos de Supremo Tribunal Federal.

Referências

BRASIL. *Inteiro teor do acórdão da ADI 5.529/DF, com trecho de voto do Relator Ministro Dias Toffoli.* Disponível em: https://portal.stf.jus.br/processos/detalhe.asp?incidente=4984195. Acesso em: 07 jul. 2024.

Patent Backlogs and Mutual Recognition: An economic study by London Economics. *London Economics,* January 2010. Disponível em: https://assets.publishing.service.gov.uk/media/5a7e244ded915d74e62245fa/p-backlog-report.pdf. Acesso em: 23 set. 2023.

---

[40] Dispõe sobre o processo e o julgamento das ações de controle concentrado de constitucionalidade perante o Supremo Tribunal Federal; e altera a Lei nº 13.105, de 16 de março de 2015 (Código de Processo Civil).

Informação bibliográfica deste texto, conforme a NBR 6023:2018 da Associação Brasileira de Normas Técnicas (ABNT):

SANTOS JÚNIOR, Walter Godoy dos; CEZAR, Eduardo Barreto. Os Fatos como Fundamentos da ADI nº 5.529: um Novo Paradigma no Controle Concentrado de Constitucionalidade. *In*: MENDES, Gilmar Ferreira; LIRA, Daiane Nogueira de; FREIRE, Alexandre (coord.). *Constituição, democracia e diálogo*: 15 anos de Jurisdição Constitucional do Ministro Dias Toffoli. 2. ed. Belo Horizonte: Fórum, 2025. p. 1647-1662. ISBN 978-65-5518-937-7.

ELE ATRAVESSOU A PRAÇA

WALTER JOSÉ FAIAD DE MOURA

O professor estadunidense George Edward White trouxe à literatura jurídica uma abordagem interessante que buscou identificar *perfis* das carreiras de juízes modelares ou paradigmáticos à comunidade jurídica daquele país, na ideia de reunir elementos passíveis de unificá-los em torno de um elo tradicional e sintetizador, de modo a elaborar referenciais para aquela magistratura.

A obra[1] de White analisou diversas composições da Suprema Corte dos Estados Unidos, de Marshall a William Douglas, por intermédio de uma série de biografias e do comportamento dos julgadores diante de importantes casos por eles apreciados, findando por categorizar momentos históricos nos quais, ao fim e ao cabo, conferiu-se àquela instituição (a Suprema Corte estadunidense) o reconhecimento de um importante alicerce de estabilização para seu povo e a pacificação social.

O marco teórico do historiador jurídico George Edward, diferentemente da ideia de *tradição ensinada* (por seu compatriota Roscoe Pound[2]), acrescentou à trama de tecido costumeiro dos bons juízes um novo fio atinente à importância que grandes esforços – individuais e coletivos – têm por detrás (e entre) as decisões proferidas pela referida Corte, ora para absorver tensões e enfrentar novos pressupostos sociais, ora para rever posições diante de diferentes contextos sócio-políticos, embora sempre se mantendo apta a construir consensos.

O foco do presente manuscrito, longe de traçar comparações entre o sistema judicial norte-americano e o brasileiro, é percorrer, ao menos na percepção de um recente e marcante instante da história nacional, o raciocínio e a metodologia analítica de White, relativamente à figura de um dos Juízes do Supremo Tribunal Federal do Brasil, o Ministro José Antonio Dias Toffoli, diante das vicissitudes do biênio em que ele exerceu a Presidência da Corte.

Entre setembro de 2018 e setembro de 2020, Toffoli esteve à frente do STF, coincidindo com um período muito caro aos brasileiros, demarcado pelo início de tensionamento extremado entre os Poderes da União, o qual acabou por colocar diversas

---

[1]   WHITE, George Edward. *The American judicial tradition*: Profiles of leading American judges. London: Oxford University Press, 2007. p. 46.

[2]   POUND, Roscoe. The Lay Tradition as to the Lawyer. *Michigan Law Review*, v. 12, n. 8, p. 631, 1914.

instituições representativas do Poder Público, convicções e tradições sob prova de fogo. Foi tempo em que aflorou visível ruptura do equilíbrio de forças na relação entre os Poderes Judiciário, Executivo e Legislativo, obviamente refletindo sobre o comportamento da população em superfície de convulsionamento e apreensão.

Historicamente, a tripartição *harmônica* dos Poderes foi declarada no texto da Carta de 1988, muito embora tenha seu desempenho prático anômalo (e *à brasileira*), no qual o comando formal estabelecido convive com uma realidade de interações pouco estáveis, consoante já registrava Dalmo de Abreu Dallari.[3] Em 1995, pouco após o *impeachment* de um Presidente da República, ele descreveu seu discernimento sobre o dogma da harmonia entre os Poderes, posto à prova e em prática em um período curto de vigência da Carta de 1988:

> A análise do comportamento dos órgãos de Estado, mesmo onde a Constituição consagra enfaticamente a separação dos poderes, demonstra que sempre houve uma intensa interpenetração. Ou o órgão de um dos poderes pratica atos que, a rigor, seriam de outro, ou se verifica a influência de fatores extralegais, fazendo com que algum dos poderes predomine sobre os demais, guardando-se apenas a aparência de separação.

Ao longo das primeiras três décadas de vigência da Constituição de 1988, a perspectiva do professor Dalmo Dallari, que foi testemunha e artífice da retomada democrática, não se distanciou de movimentos pelo desequilíbrio. Embora a chamada Constituição Cidadã tenha nascido embebida de experiências reais e desagradáveis vivenciadas ao longo dos anos de chumbo e suas cicatrizes causadas pela eliminação de liberdades e recessão democrática,[4] a Constituição foi testada novamente 30 anos depois, justamente no início da gestão Toffoli à frente do Supremo Tribunal Federal. Em vez de consagrar *bodas de pérola* com a sociedade,[5] quiçá reforçando a sua eficácia social, ou mesmo traçar projetos e adaptações estruturantes para as novas dinâmicas políticas, o momento foi realmente de lutar para resguardar conquistas ainda recentes e evitar retrocessos. Os 30 anos da Constituição, comemorados em outubro de 2018, foram palco de uma revivência dos paradoxos que já se esperavam superados e consolidados sob o seio desta Nação.

Em rápido retrospecto, o trecho percorrido pela gestão Toffoli no STF se iniciou em um País que acabara de revisitar a figura de um *impeachment* presidencial, sucedido por uma eleição presidencial absolutamente tensa e polarizada, no auge das múltiplas repercussões do megalitígio que se convencionou chamar *lava jato*. De 2018 a 2019, a pauta da última instância judicial brasileira foi ocupada majoritariamente com a

---

3 ABREU DALLARI, Dalmo de. *Elementos de teoria geral do Estado*. São Paulo: Saraiva, 1995. p. 195.
4 SCHUBSKY, Cassio *et al.* Estado de direito já. *Os trinta anos da Carta aos Brasileiros*. São Paulo: Lettera, 2007. p. 26. Neste livro, há também textos de Dalmo Dallari.
5 Segundo estudo reproduzido por Pedro Henrique Nascimento Zanon, ao longo de suas 7 constituições, a duração média das seis primeiras cartas foi de aproximadamente 28 anos, pelo qual a superação dos primeiros trinta anos foi realmente paradigmática. *In:* ZANON, Paulo Nascimento. *A ética da tolerância como marco no constitucionalismo latino-americano*. São Paulo: Dialética, 2023. p. 126.

apreciação de denúncias, recursos e teses penais que envolviam diretamente membros das cúpulas do Executivo e do Legislativo.[6]

Longe de uma assunção meramente teórica, o clima político aqui tracejado foi permeado pela eclosão de uma série de episódios que colocaram Congresso Nacional e Executivo Federal em rota de colisão direta, tendo o Supremo ao centro, em uma situação de evidente perda do elo condutor entre tais Poderes para se estabilizarem a partir dos instrumentos elementares do debate urbano e da prática das relações políticas. Longe disso, foi inaugurada uma fase explícita caracterizada pela adoção de medidas contramajoritárias, discursos de retraimento e constantes ameaças de ruptura do *status quo*.

Na cena política, em profunda ebulição, temas outrora inquestionáveis tomaram a pauta pública com direito ao ressurgimento de questões elementares à nossa estrutura de Estado Democrático, trazendo à Ágora, com uma frequência cada vez mais rotineira, o pronunciamento de ideias propondo a revisão do papel da polícia, do militarismo, do parlamento, das liberdades, da justiça e até mesmo a negação ao fundamento da democracia representativa. Somam-se, ainda, a tudo isso dois Estados brasileiros sob intervenção parcial da União Federal (Roraima e Rio de Janeiro) e uma pandemia global de saúde pública que paralisou o planeta.

Na percepção internacional, em julho de 2020, foi publicado apontamento feito pelo organismo internacional independente *Centro Stanley – pela Paz e pela Segurança* que constatou, sob a designação de "desafios democráticos", a existência de propostas de governo do Executivo brasileiro constantemente barradas pelo Congresso Nacional, tendência de isolamento internacional, de rompimento da comunicação interinstitucional, ataques da Presidência da República ao Supremo Tribunal Federal, sem contar novos intentos de processos de *impeachment* dirigidos contra membros dos três braços da União. Em conclusão, o documento abordou a possível reprodução do estilo *trumpista* à realidade tupiniquim para, ao final, recomendar fortemente o estabelecimento de um *novo pacto para o Brasil* pautado na busca por mais diálogo e tolerância.[7]

Em 2019, a influência mundial que a gestão Trump exerceu em outros governos, à frente da maior potência ocidental, foi retratada por Steven Levitsky e Daniel Ziblat[8] como um estilo que pausou a tolerância política e diplomática tradicionais, para exercer seus poderes em um estilo belicoso, inflexível e de discursos abruptos. Para os autores, foi um momento de desatenção aos estertores invisíveis da vida pública e um encaminhamento a projetos não democráticos. Bastaram pautas não convergentes naquele País para que, em vez de superar dilemas por intermédio de coalizões, a intolerância justificou investidas tendentes à autocracia e ao aniquilamento formal de minorias ou oposições.

---

[6] Em 2019, o Supremo Tribunal Federal, por intermédio do gabinete de S. Exa., o Ministro Luiz Edson Fachin, emitiu um relatório consignando as partes envolvidas e os temas julgados, "especificamente para reunião com pesquisadores da Fundação Getúlio Vargas", p. 19-22. Disponível em: http://www.stf.jus.br/arquivo/cms/noticiaNoticiaStf/anexo/FGVVaersoFinal.pdf. Acesso em: 8 jul. 2024.

[7] Disponível em: https://stanleycenter.org/wp-content/uploads/2020/07/DPMVA-BrazilDemocraticChallengesAmidCOVID-19-Rodrigues-620.pdf. Acesso em: 8 jul. 2024.

[8] LEVITSKY, Steven; ZIBLATT, Daniel. *How democracies die*. Broadway Books: Nova York, 2019. p. 104-108.

No Brasil, constatou-se um aparente reflexo da interação proposta por Levitsky e Ziblat. Em 2020, o rotativo nacional Folha de S. Paulo, abandonou suavizações textuais para expressar que, naquele ano, foram *quatro meses de episódios explosivos da crise política em meio à pandemia,*[9] em episódios que cristalizaram um momento de nítida quebra do fator *harmônico,* o qual deveria guiar a correlação entre os três poderes. O Ministro Luís Roberto Barroso, do STF, denominou esse interregno de *populismo autoritário,* sendo que "o Brasil não escapou dessa onda, tendo vivido, entre 2018 e 2022, uma série de situações que levaram as agências internacionais a detectarem um declínio da democracia".[10]

O jurista Manoel Carlos de Almeida Neto,[11] com atualidade e apuro, exemplificou sua teoria das *Constituições materiais paralelas* consubstanciadas em *fatores reais de poder,* exatamente no contexto do período aqui examinado, e escreveu expressamente, com o peso medido de cada palavra, os riscos reais e iminentes que a belicosidade instalada estava a conclamar: "De fato, são alarmantes os atuais movimentos de grupos organizados da sociedade em campanha aberta pelo fechamento do Congresso Nacional e do Supremo Tribunal Federal, em busca de uma hegemonia do Poder Executivo [...]".

O professor Cláudio Pereira de Sousa Neto[12] elencou algumas dissintonias e anacronismos sistêmicos do biênio em questão, o que refletiria em graves fraturas causadas pelo flerte com o que denominou *ataques à independência dos poderes e à autonomia das instituições.* Cláudio capta a fotografia daquele momento em um capítulo dedicado a narrar a perigosa normalização da troca de agressões interinstitucionais entre as altas partes da República:

> No primeiro semestre de 2020, além de se proteger contra a possibilidade do *impeachment,* por meio da concessão de espaço no governo ao Centrão, Bolsonaro intensificou suas ameaças ao Supremo Tribunal Federal. Passou a mencionar publicamente a possibilidade de descumprir decisões judiciais proferidas contra ele [...]. A manifestação do presidente seguia a interpretação proposta pelo jurista Ives Gandra – o mesmo que, anos antes, havia sustentado a mutação *impeachment* em moção de desconfiança, segundo a qual 'se um Poder sentir-se atropelado pelo outro, poderá solicitar às Forças Armadas que ajam como Poder Moderador para repor, naquele ponto, a lei e a ordem, se esta, realmente, tiver sido ferida pelo Poder em conflito com o postulante'. Bolsonaro levava ao limite a estratégia de erosão institucional. Para descaracterizar a intervenção das Forças Armadas como golpe de Estado, atribuía-lhe o exercício de função moderadora, quando tivesse lugar o conflito entre poderes, extraindo sua possiblidade jurídica do texto constitucional.

A quadra foi delicada, indiscutivelmente, independentemente de apego a ideologias ou posições partidárias (esquerda, centro ou direita), fato é que os controles ínsitos ao exercício dos cargos de mando, de certa forma, se esvaeceram. E, no sinal de perda de

---

9   Disponível em: https://www1.folha.uol.com.br/poder/2020/03/relembre-quatro-meses-de-episodios-explosivos-da-crise-politica-em-meio-ao-coronavirus.shtml.

10   BARROSO, Luiz Roberto. Trinta e cinco anos da Constituição de 1988: as voltas que o mundo dá. *In:* FACHIN, Luiz Edson; BARROSO, Luiz Roberto; CRUZ, Álvaro Ricardo de Souza (Coord.). *A Constituição da democracia em seus 35 anos.* Belo Horizonte: Fórum, 2023. p. 62.

11   ALMEIDA NETO, Manoel Carlos de. *O colapso das Constituições do* Brasil: uma reflexão pela democracia. Belo Horizonte: Fórum, 2022. p. 182-183.

12   SOUZA NETO, Cláudio Pereira de. *Democracia em crise no* Brasil: valores constitucionais, antagonismo político e dinâmica institucional. Editora Contracorrente, 2020. p. 128.

controle, autocontrole ou controle alheio *sobre seu próprio comportamento*, já advertia Karl Deutch,[13] o Estado se depara com *conflitos* e *lutas*. Para uma jovem democracia, como a brasileira, era tudo o que se deveria evitar.

E, diante dessa tribulação, o que se observou do comportamento do Supremo Tribunal Federal e seus membros, sob a lente metodológica de George White? Como reagiu a cúpula do Poder Judiciário brasileiro sob a situação de enfrentamentos às instabilidades desse ambiente de riscos e desventuras anunciadas?

As conclusões mais recentes, já teorizadas, enxergam um espírito de corpo do STF que reagiu ao ambiente por intermédio da formulação de sua pauta de julgamentos, do poder que há no agendamento das questões que são postas para análise do Plenário, o que tem reconhecido "potencial de provocar conflitos entre o Judiciário e os Poderes". Foi nessa linha que concluíram, em livro publicado em 2019, Recondo e Weber,[14] sob o enfoque jornalístico no qual tecem análises que revelam crítica sobre o aspecto do comportamento organizacional da Corte.

Os dois autores acima concluíram que, relativamente a ataques institucionais sofridos pelo STF, advindos dos outros Poderes, com ênfase no início de 2018, aflorou individualmente no protagonismo de alguns de seus membros (os quais "se tornaram atores políticos relevantes") e, coletivamente, em espírito de corpo, o STF "chegou ao ápice da sua capacidade de exercer o poder que lhe foi içado pela Constituição". Como pontos fracos, haveria comportamentos voluntariosos individuais e de "avanço sobre a política", o que contribuiria para relativo descrédito público da Instituição.

Os mesmos Recondo e Weber, em 2022, ao editarem nova obra sobre o Supremo,[15] com tratamento de episódios ocorridos no último ano da gestão de Dias Toffoli, reiteraram a mesma conclusão de que, sob ameaça, o STF reforçou tendência de reação internamente fortalecida (em um grupo de membros alinhados entre si) e até mais defensiva, diante das investidas que se mantiveram por parte do Congresso e do Executivo, em perspectiva de escolher:

> [...] o que julgar, quando julgar e como julgar. Decidiu não de forma estratégica. Decidiu decidir como entendesse mais adequado. Reinterpretou determinados conforme suas estratégias processuais e institucionais, mudou seus próprios entendimentos conforme a circunstância de momento, decidiu casos com um olho no direito e outro na conjuntura política. No nome de quem estava sendo processado.

Para esta primeira linha de ideias, o Supremo brasileiro teria iniciado a travessia desse período crítico mercê de sua capacidade institucional e operacional de pautar e julgar questões para dar prontas respostas aos ataques sofridos contra a soberania de suas decisões e sua função essencial de guardar o texto constitucional com seus primados democráticos basilares.

---

13 DEUTSCH, Karl Wolfgang. *Análise das relações internacionais*. Brasília: Editora Universidade de Brasília, 1978. p. 147.

14 RECONDO, Felipe; WEBER, Luiz. *Os onze*: o STF, seus bastidores e suas crises. São Paulo: Editora Companhia das Letras: 2019. p. 331-334.

15 RECONDO, Felipe; WEBER, Luiz. *O tribunal*: como o Supremo se uniu ante a ameaça autoritária. : São Paulo: Companhia das Letras, 2023. p. 238.

Permite-se, aqui, então, a analogia de que a reação intermediada por julgamentos consistiu em forma de inibir a reiteração de atos dirigidos contra a Corte, absorvendo impactos externos para se preservar. Na percepção do estudo seminal de Martin Meznar e Douglas Nigh e sob a perspectiva científica da Administração e suas teorias de gerenciamento estratégico para lidar com crises ou diante de ambientes externos de turbulência, quando temas públicos tangenciam organizações fechadas e conservadoras, estas tendem a reduzir incertezas a partir de planos reativos que se classificariam como "para-choques".[16] Com maior dificuldade de adaptação e mudanças comportamentais, a ideia é que, assim agindo, resta-lhes se valer dos meios típicos que têm à sua disposição para atravessar momentos turbulentos.

Ainda segundo a ótica dos teóricos da gestão, o percurso no qual o STF percorreu constituiu o que se designa por *ambiente de incertezas*, tomando de empréstimo a expressão que afigura situações complexas e de instabilidade pelas quais grandes corporações – inclusive instituições públicas – passam, enquanto seus respectivos arcabouços gerenciais (recursos) não apresentam ferramentais prontos ou estruturas decisórias seguras que lhes garantam, ao final, dimensionar probabilisticamente um resultado de autopreservação, bom desempenho, reputação e integridade.[17] A literatura técnica desse campo do conhecimento ainda traz o conceito de *ecossistema ambíguo*, ocorrente quando organizações são cobradas por maior dinamismo (mudanças de paradigmas) ou por complexidade ambiental extremada (insegurança gerada por atores externos).[18] [19]

Na busca de tradições e referências, a investigação aqui proposta parte da tendência que o Supremo Tribunal Federal tem de se valer dos instrumentos institucionalizados na Constituição, nas leis e regras regimentais para interagir com fatores e demandas externas, nada mais.

Na perspectiva clássica da função jurisdicional desenhada nos modelos em que o Brasil se inspirou, o ideário nos leva à figura do Juiz integrante do STF que há de se limitar a aguardar ser provocado para, dentro do processo judicial, adjudicar a questão a ele trazida, pelo certo ou pelo errado. É realmente uma revelação da figura já mencionada do para-choques, tantas vezes observada em inúmeras crises.

No final da década de 1960, José Luiz Anhaia de Mello[20] recontou alguns desafios postos ao juiz constitucional, ora o colocando frente a um legislador descomprometido com limites normativos, ora com chefes de poder "carismáticos", ambos a desafiarem a

---

[16] MEZNAR, Martin B.; NIGH, Douglas. Buffer or bridge? Environmental and organizational determinants of public affairs activities in American firms. *Academy of management journal*, v. 38, n. 4, p. 979, 1995.

[17] FINKEL, Adam M. Confronting Uncertainty. *Center for Risk Management Resources for the Future*. Washington, DC, 1990. p. 20-21.

[18] VECCHIATO, Riccardo. Environmental uncertainty, foresight and strategic decision making: An integrated study. *Technological Forecasting and Social Change*, v. 79, n. 3, p. 439-441, 2012.

[19] Embora seja uma fonte de literatura própria para a gestão privada, as ricas analogias da ciência da Administração validam-se – dado seu alto poder explicativo – também para o campo da Administração Pública, inclusive quanto às avaliações feitas para momentos de crises que potencialmente abalam os alicerces de determinada instituição (seja ela pública ou privada). As assunções do *novo gerencialismo* ganham campo no setor público, não apenas na organização de atividades e processos, mas também nos novos e mais desafiadores papéis que o gestor público deve desempenhar. TERRY, Larry D. Administrative leadership, neo-managerialism, and the public management movement. *Public Administration Review*, p. 196, 1998.

[20] ANHAIA MELLO, José Luiz de. *Da separação de poderes à guarda da Constituição*. Revista dos Tribunais: São Paulo, 1968. p. 63.

ordem constitucional. Mas, ao magistrado, segundo Anhaia, estaria reservada apenas e exclusivamente a perspectiva de consumar todo o seu poder nos limites das ideias postas em um julgamento, nada mais.

Um pouco mais adiante, no tempo, o Ministro do STF Themístocles Brandão Cavalcanti reforçou esses limites para o exercício dos Poderes de quem está incumbido de julgar o controle de constitucionalidade:[21]

> Se a interpretação constitucional não está em lide, os atos do Congresso ou do Executivo não são discutíveis perante os tribunais. Esta é a preliminar de anulação judiciária de tais casos. Mas se uma pessoa, real ou supostamente lesada pelo desmando legislativo ou administrativo, não mover a instauração de lide, a justiça ignora a inconstitucionalidade. Óbvio é, portanto, que a intervenção judiciária não pode estabelecer onde não houver agravo ao direito de uma pessoa. Mas a justiça 'emudece, enquanto a discussão de um feito não lhe abre os olhos'. A jurisdição dos tribunais não se exercita senão sobre uma pendência 'trazida à presença dos juízes sob a forma prescrita na lei'. Aguardam eles 'que a questão lhes seja submetida judicialmente, em contestação entre indivíduo e indivíduo'. O notável poder de que dispõem, 'só é suscetível de uso indireto, não se pondo em atividade senão por força de litígios, em que demandem particulares, Estado ou União'. Não há exemplo de declaração de inconstitucionalidade que não haja sido provocada 'por contenda judicial'. Isto porto, 'o tribunal não resolve diretamente sobre os atos da legislatura: delibera tão-somente para o caso de que se trata', e 'determina unicamente o direito dos pleiteantes'.

Sob esse prisma, tradicionalmente, assuntos políticos sem autos não seriam assuntos do Supremo. É o que também deixou escapar Evandro Lins e Silva, recém-empossado Procurador-Geral da República (e que posteriormente iria ao STF), ao receber uma demanda de Jango (então Presidente da República) sobre as dificuldades graves de sua gestão (com direito à conhecida "ameaça de renúncia"), recomendando-o levá-las aos Ministros do Supremo de então. Lá chegando, Evandro deparou-se com uma expressão comportamental tipicamente fechada e de para-choques, reportada por ele mesmo como um "não quiseram se envolver, porque o assunto era político".[22] O contorno dado ao perfil do magistrado foi de isolamento do mundo político, de afastamento de manifestações que não sejam as contidas em despachos, votos ou sessões de julgamento, até mesmo como sinalização de prudência.

O ângulo de visão que limita um Juiz do STF estritamente à judicatura e seus atos de ofício (art. 35, II, da LOMAN), como ilustrou Lins e Silva, tem por anteposto uma espécie de recomendação velada para que não haja a expansão de suas falas, atos ou relacionamentos para fora do gabinete ou das salas de sessões do Plenário. É regra não escrita e presente no senso comum da comunidade jurídica ocidental, que não passou despercebida na clássica obra de Piero Calamandrei ao defender que "no sistema de legalidade, baseado na divisão dos poderes, a justiça deve ser rigorosamente separada da política".[23] Ocorre que a interpretação do comportamento da Corte apenas pelo seu

---

21 CAVALCANTI, Themístocles Brandão. *Do controle da constitucionalidade.* Forense: Rio de Janeiro, 1966. p. 57-58.
22 ROCHA, Dora *et al. O salão dos passos perdidos*: depoimento ao CPDOC. Rio de Janeiro: Nova Fronteira, 1997. p. 340.
23 CALAMANDREI, Piero; BRANDÃO, Eduardo. *Eles, os juízes, vistos por nós, os advogados.* São Paulo: Martins Fontes, 2000. p. 244.

corpus decisório e colegiado, constrito a seus julgamentos, passa por cima de algumas realidades eloquentes pelas quais perpassaram seus membros, além de tais circunstâncias representarem a perda de variáveis e fenômenos absolutamente relevantes para a historicização e a assimilação correta dos fatos.

O olhar *administrativo* é diferente das lentes jornalísticas e dos panoramas que tentam associar o comportamento organizacional do STF apenas à coletânea de seus julgados, comparados à dogmática constitucionalista e de sua jurisprudência. A perspectiva gerencial mede não apenas a eficácia das soluções adotadas pelas organizações em níveis corporativos, mas tem especial atenção aos níveis individuais de condutas, assim considerando "aspectos motivacionais, psicológicos e comportamentais dos indivíduos" que compõem a organização estudada.[24]

Sob tal sentido, para saber o que fez o Supremo a respeito dos dilemas pandêmicos, ameaças iminentes de exceção democrática, ataques abertos ou velados etc., bastaria ler e conhecer as decisões ali proferidas? A solução dada para o caso A ou B seria capaz de reproduzir a postura da Corte diante dos desafios que o tempo lhe infligiu? A visão colegiada e decisória é válida e possível, praticável e robusta, mas deixa de captar toda a historicidade de alguns fenômenos que merecem o devido registro acadêmico e científico, não por exaltações ou protagonismos, mas pelo valor que tiveram e terão para o futuro.

A dimensão individual do comportamento do julgador pode revelar, igualmente às prolações do órgão a que compõe, elementos contundentes da Instituição da qual faz parte, transcendendo-se às suas manifestações formais encartadas em processos e sessões de julgamentos, sem que essa leitura se misture com a conhecida locução *ativismo judicial*.[25] O destino deste operador do Direito (tido por *ativista*) é e seria, indiscutivelmente, a retaguarda do *bureau* e, quando muito, atender aos protocolos formais já traçados anteriormente.

Ocorre, porém, que até mesmo no formalismo do Poder Judiciário, lê-se do Regimento Interno do Supremo Tribunal Federal[26] que há duas funções precípuas ao seu Presidente, sendo uma de ordem institucional operativa: "dirigir-lhe os trabalhos e presidir-lhe as sessões plenárias, cumprindo e fazendo cumprir este regimento" (art. 13, III, RISTF); e outra de ordem interinstitucional representativa: "velar pelas prerrogativas do Tribunal e representá-lo perante os demais poderes e autoridades" (art. 13, I e II, RISTF).

A primeira delas encerra-se no continente da função jurisdicional típica, de onde surge a multicitada força que a formulação dos temas pautados para julgamento tem e impacta sobre o ambiente externo. De outro lado, os incisos I e II, do art. 13, do RISTF trazem um papel que, atentamente lido, revela a função extra jurisdicional sobre a figura da Presidência, articulada pelos verbos *velar* e *representá-lo* justamente diante dos demais braços da República (perante o Executivo e o Legislativo). Sob tais comandos, não se

---

[24] NETO, Alexandre Shigunov. *Avaliação de desempenho*: as propostas que exigem uma nova postura dos administradores. Rio de Janeiro: Book Express, 2000. p. 71.

[25] DA SILVA MARTINS, Ives Gandra. O ativismo judicial e a ordem constitucional. *Revista Brasileira de Direito Constitucional*, v. 18, n. 1, p. 28, 2011.

[26] BRASIL. Supremo Tribunal Federal (STF). Regimento interno [recurso eletrônico]. Brasília: STF, Secretaria de Altos Estudos, Pesquisas e Gestão da Informação, 2023 [art. 13].

lê a limitação do devido processo legal para que o chefe do Poder Judiciário exerça tal *múnus* exclusivamente entre as paredes do terceiro andar do Edifício Sede do STF – na Praça dos Três Poderes – ou sobre a cadeira central do respectivo Plenário.

Meznar e Nigh ensinam que as organizações postas sob ataque dependem de outra forte tática vital para evoluir, sobreviver e crescer: a construção de "pontes". Para essa faceta do comportamento organizacional de grandes entidades, os pesquisadores ensinam que, diferentemente de para-choques, também é exigido dos membros organizacionais a reflexão sobre adoção de condutas que sejam ativas para interações positivas e restauradoras com o ambiente externo, também como forma proficiente de reduzir incertezas e instabilidades.[27] Dez anos depois de seu primeiro estudo associado a Nigh, Meznar publica outra pesquisa com Johnson na qual replica a força que estratégias *ponte* têm na governança de contingências, aplicando-as ao campo do setor público e suas nuances, seja para lidar com concorrentes (no setor privado) ou com adversários (no setor público).[28]

E o que são as pontes, sobretudo para o setor público, senão as bases do *autocontrole do Estado*, voltando a Karl Deutsch,[29] ou simplesmente a não guerra descrita pelo general estrategista Carl Phillip Gottlieb von Clausewitz, e o momento da *suspensão*:[30]

> [...] a suspensão do acto de guerra está em contradição com sua própria natureza, pois os dois exércitos, como dois elementos incompatíveis, devem devorar-se mutualmente, sem descanso, do mesmo modo que a água e o fogo nunca se equilibram, mas actuam um sobre o outro até o completo desaparecimento dum deles.

Enquanto os comandos de para-choque definem reações de suportar e devolver em contornos que, além de medir forças e demonstrar poder, hão de fazer surgir heróis e bandidos, vencedores e vencidos, aquele que se esforça para atravessar o outro lado do campo (inimigo), a margem contraposta, pode enfrentar um julgamento reativo e contrário de seu próprio grupo, sobretudo se considerada a nossa cultura de apego ao *sobranceiro* e de certa descrença quanto ao poder da *polidez, simpatia* ou à capacidade de se colocar e ladear a outrem.[31]

Abandonar ou suspender o campo de batalha traz implicações presumidas de quem não é dado a ela, pois a diplomacia não está nas mãos do soldado, assim como o cônsul não empunha trabucos nem baionetas. Clausewitz e sua sanha beligerante presumem momentos de trégua como uma "forma de lentidão moral" ou um "receio do perigo", apregoando que, sob fogo, devem fluir os impulsos aptos a não deixar o movimento contínuo de ataques e contra-ataques parar a relojoaria do combate.[32] Em bom português, uma frase do senso comum eternizada pelo artista Evandro Mesquita

[27] MEZNAR, Martin B.; NIGH, Douglas. Buffer or bridge? Environmental and organizational determinants of public affairs activities in American firms. *Academy of management journal*, v. 38, n. 4, p. 982, 1995.

[28] MEZNAR, Martin B.; JOHNSON JR, Julius H. Business-government relations within a contingency theory framework: Strategy, structure, fit, and performance. *Business & Society*, v. 44, n. 2, p. 119-143, 2005.

[29] DEUTSCH, Karl Wolfgang. *Análise das relações internacionais*. Brasília: Editora Universidade de Brasília, 1978. p. 102.

[30] CLAUSEWITZ, Carl Von. Da Guerra. Tradução de Maria Teresa Ramos. São Paulo: Martins Fontes, 1979. p. 251.

[31] DE HOLANDA, Sergio Buarque. *Raízes do Brasil*. Brasília: Editora Universidade de Brasília, 1963. p. 195.

[32] CLAUSEWITZ, Carl Von. *Da Guerra*. Tradução de Maria Teresa Ramos. São Paulo: Martins Fontes, 1979. p. 252.

vaticinou o fado da atuação de quem está na clausura das reações de para-choques: *enquanto houver bambu tem flecha*.[33]

E quem foi Dias Toffoli, de 2018 a 2020, posicionado no topo funcional do mais importante tribunal do Brasil? Esse membro do STF foi e será sempre lembrado como o que atravessou a Praça dos Três Poderes para, literalmente, erguer uma ponte até então destruída pelas limitações (para-choques) criadas entre o Executivo, o Legislativo e o próprio Judiciário.

Empiricamente,[34] se feita uma pesquisa de notícias disponíveis em sítios de notícia com jornalísticos com os termos "visita" e "presidente" e "república" e "supremo" e "2018" e "2019", dois buscadores diferentes apresentam mais de 400 resultados cada. Em leituras amostrais feitas pelos editoriais alcançados, observou-se em comum o registro de mais de uma dezena de episódios ao longo do período apurado e a presença de palavras que denotam certa perplexidade quanto às *visitas*, contextos de *quebra de protocolo* e, também relevante, comentários de possível avanço *político-partidário* do Presidente da República. A menor parte dos *links* destacou aspectos institucionais que claramente se tornaram relevantes – *e. g.*, visita oficial ocorrida em 7 de novembro de 2018, na qual o recém-empossado Ministro do STF manifesta, ao lado do recém-eleito candidato à Presidente da República, na qual Toffoli se pronunciou para a mídia aberta com mensagem apregoando "harmonia entre os Poderes", "respeito institucional" e um "pacto republicano".[35]

As leituras feitas do ciclo de contatos construídos por Dias Toffoli já constam de análises literárias, como a já referida obra de Recondo e Weber, e dão conta de adjetivações pouco consentâneas com a relevância formal e concreta que vieram a repercutir nos anos subsequentes. O juiz que atravessou a praça seria, para referidos autores, apenas um *jeitoso*, um *bombeiro de plantão* ou até um *jogador*.[36] Mas, sem qualquer demérito a quem salva vidas ou à importância envolta na teoria dos jogos, Toffoli, naqueles patamares, agiu mais próximo do que George Edward White categorizou como a articulação que a magistratura deve ter com a interdisciplinaridade, com os domínios da história e da ciência política, muito além da hermenêutica legal,[37] dado que se um bom perfil para os quadros da magistratura fosse feito apenas de conhecimento legal, ao menos na atualidade, os computadores e as aplicações de Inteligência Artificial podem, em um futuro próximo, fechar a cúpula do Poder Judiciário.

No uso das suas atribuições regimentais, Toffoli adotou as prerrogativas de seu cargo para estabelecer agenda histórica e incessante de diálogos interinstitucionais, que envolveu não apenas parlamentares, mas também representantes das Forças Armadas

---

[33] MESQUITA, Evandro Nahid de. Enquanto tiver bambu tem flecha. *In*: MESQUITA, Evandro Nahid de; FREJAT, Roberto; BASTOS, Ronaldo. *Disco Planos Aéreos*. Poligram, 1988.

[34] Levantamento de dados simples, com critérios expressos que apuraram 406 e 419 resultados, consultando-se os 20 primeiros textos de cada lista, a partir da escolha de editoriais jornalísticos *on-line* de circulação nacional, excluindo-se *blogs* e páginas sem editorial jornalístico.

[35] Vídeo disponível em: https://noticias.uol.com.br/politica/ultimas-noticias/2018/11/07/no-stf-toffoli-e-bolsonaro-prometem-harmonia-entre-governo-e-judiciario.htm. Acesso em: 2 abr. 2019.

[36] RECONDO, Felipe; WEBER, Luiz. *O tribunal*: como o Supremo se uniu ante a ameaça autoritária. São Paulo: Companhia das Letras, 2023. p. 45-46.

[37] WHITE, George Edward. *The American judicial tradition*: Profiles of leading American judges. London: Oxford University Press, 2007. p. 298.

e o então Presidente da República, Jair Messias Bolsonaro. Esse desiderato não o fez abandonar a função jurisdicional da Corte Suprema, tampouco lhe afetou os predicados de processar e julgar as questões postas com sua conhecida independência, tal qual ele próprio deixou descrito em texto de livro editado recentemente:[38]

> Ainda em março de 2019, tomei a mais difícil decisão do período em que ocupei a Presidência do Supremo Tribunal Federal (2018-2020): a abertura do inquérito para apurar *fake News* e ataques à Corte e a seus integrantes (Inquérito n. 4.781), a qual se baseou na aplicação do regimento interno do Tribunal.

Por ironia ou não, no mesmo texto retrocitado, Toffoli fala dos desafios de defesa da Democracia com particular reverência às lições de Celso Lafer e Hannah Arendt, mencionando quase que intuitivamente o timbre pacificador no qual ele mesmo foi forjado, em busca e rumo de consensos ou *pontes*:[39]

> As duras lições da história da humanidade no século XX e as reflexões de Hannah Arendt, de indiscutível atualidade neste início de milênio, foram generosamente compartilhadas pelo Professor Lafer em cada oportunidade que teve para discutir os rumos do Brasil democrático legado à minha geração e às gerações futuras, resultante da coragem do trabalho e da capacidade de dialogar e construir consensos das brasileiras e brasileiros que nos antecederam.

Na particularidade topográfica e arquitetônica em que Brasília foi projetada e construída, é irônico que não mais que meio quilômetro, ou menos de dez minutos de caminhada (feita a pé mesmo), divida dois palácios e um congresso fisicamente. No entanto, toda essa proximidade geográfica não foi capaz de permitir um mínimo estreitamento que fosse capaz, ao menos, de emanar respeito ou tolerância, ao ponto da já retratada tela de conflitos experimentados na troca de gestão da Presidência da República, entre 2017 e 2018.

Adentrar os corredores do Congresso ou subir às salas do Palácio do Planalto não é atividade político-partidária, e quem assim pensa, desconhece os deveres ínsitos da representação institucional incumbe ao seu empossado. A atividade político-partidária é vedada pelo art. 26, "c", da LOMAN, mas não se confunde com a vida pública dos juízes em meio a mandatários de Poder, em especial, quando esse indivíduo se interpõe como representante de um tribunal exposto abertamente a um processo de amedrontamento e atemorização postos a céu aberto. O mesmo Calamandrei, acima referenciado, depois de apregoar a separação entre o julgador e o político, afirmou que tal segmentação é, na verdade, um imaginário (ou "bonitas palavras" as quais devem ser entendidas *cum grano salis*), na justa medida em que foi ele testemunha ocular de *magistrados heroicos* que atravessaram a planície política e, individualmente, combateram

---

[38] TOFFOLI, José Antonio Dias. Hannah Arendt e a defesa da democracia. *In*: FACHIN, Luiz Edson; BARROSO, Luiz Roberto; CRUZ, Álvaro Ricardo de Souza (Org.). A Constituição da democracia em seus 35 anos. Fórum: Belo Horizonte, 2023. p. 134.

[39] TOFFOLI, José Antonio Dias. Hannah Arendt e a defesa da democracia. *In*: FACHIN, Luiz Edson; BARROSO, Luiz Roberto; CRUZ, Álvaro Ricardo de Souza (Org.). A Constituição da democracia em seus 35 anos. Fórum: Belo Horizonte, 2023. p. 123.

o fascismo, inclusive "dispostos a perder o posto e até enfrentar o confinamento para defender sua independência".[40]

Toffoli tornou-se exemplo referencial à magistratura em sua mudança atitudinal de deixar o gabinete presidencial do Supremo para dar concretude à representação lídima do Poder Judiciário e defender, por intermédio do diálogo, a quase monotemática pauta de não agressão e tolerância para as diferenças enraizadas na polarização que suplantou o pleito eleitoral de 2017. Talvez, votar questões sensíveis e atreladas à troca de farpas seria mais fácil, na imagem permitida (e ilustrativa) de que – em alguns momentos – acórdãos do STF mais pareciam lanças atravessando barricadas fronteiriças. Entre uma e outra, a opção de conversar lhe pesou ainda mais o encargo, se for lembrado o clamor público desfavorável que opositores ao Presidente da República recém-eleito, correligionários do ex-Presidente responsável por sua nomeação (no ano de 2009), expressaram contra sua pessoa, abdicando do devido reconhecimento quanto aos efeitos pacificadores e dissuasivos que sua conduta gerou ao País.

Quem assim age para se propor ao diálogo, deixa de lado o cômputo de perdas e ganhos, assumindo as adversidades para manter a autoridade da Instituição da qual faz parte, valorizando-a sem conturbar ainda mais a já combalida relação entre Legislativo e Executivo do pós-2018. É a escolha da *não guerra* (de Clausewitz) viabilizando o poder que tem a *conversa* de *arena* capaz, só ela, de materializar um "poder certamente amplo, e suficiente segurança para a liberdade da nação", conforme prelúdio de John Stuart Mill quando tratou das *funções inerentes aos corpos representativos*.[41] Tal postura arrefeceu ânimos, refreou paixões e deu suspensão a ímpetos que já estavam postos no tabuleiro político.

Em avaliação atual, na qual outras circunstâncias não menos graves aportaram à cena política brasileira – citando, por todos, o episódio de 8 de janeiro de 2023 – a reflexão trazida é aventar: e se não existissem os diálogos interinstitucionais iniciados por Toffoli em 2018, qual não seria potencialidade do fatídico ataque à Praça dos Três Poderes?

A gestão de José Antonio Dias Toffoli na Presidência do STF trouxe um legado indelével e de grande realce às funções representativas regimentais que este cargo exige de seus ocupantes, a traduzir e concretizar o melhor significado do dever de *velar pelas prerrogativas* da Corte, sob a perspectiva de que falar, agir e atuar em nome de uma instituição julgadora transcende a mera função jurisdicional e, em verdade, exige uma habilidade pouco tratada na literatura que aborda os líderes do Judiciário: a pronta hospitalidade,[42] mesmo e principalmente diante da hostilidade. É da vida à tolerância pelas ferramentas da política, não apenas em um movimento de travessia, mas na perspectiva de crer nela como instrumento edificante, nas palavras de Scalia.[43]

Entre tensões e distensões, a ciência da gestão tem a ensinar – em sua lógica de analogias inteligentes – que as organizações podem enfrentar ambientes externos de

---

[40] CALAMANDREI, Piero; BRANDÃO, Eduardo *Eles, os juízes, vistos por nós, os advogados*. São Paulo: Martins Fontes, 2000. p. 227.

[41] MILL, John Stuart; SANTOS JR., Manoel Innocêncio de Lacerda. *Considerações sobre o governo representativo*. Brasília: Editora Universidade de Brasília, 1981. p. 55.

[42] Aqui, o sentido direto de hospitalidade definido por Jaques Derrida. Hospitality. Angelaki: *Journal of Theoretical Humanities*, v. 5, n. 3, p. 8, 2000.

[43] SCALIA, Antonin. *On Faith*: Lessons from an American Believer. Crown Forum: New York, 2019. p. 133.

tensão a partir da colisão e do fechamento – na figura ilustrativa do para-choques, quando necessário –, mas também se solidificar a partir da edificação de pontes. José Antonio Dias Toffoli, ao atravessar a praça, foi artífice da defesa plena do Estado Democrático de Direito e estandarte da integridade das instituições republicanas brasileiras, em nome do Tribunal que presidiu e sob o manto de seus pares, pavimentando uma linha densa de opção, nos momentos mais críticos da República, pelo diálogo aberto e público com os demais Poderes.

Referências

ABREU DALLARI, Dalmo de. *Elementos de teoria geral do Estado*. São Paulo: Saraiva, 1995.

ALMEIDA NETO, Manoel Carlos de. *O colapso das Constituições do Brasil*: uma reflexão pela democracia. Belo Horizonte: Fórum, 2022.

ANHAIA MELLO, José Luiz de. *Da separação de poderes à guarda da Constituição*. Revista dos Tribunais: São Paulo, 1968.

BARROSO, Luiz Roberto. Trinta e cinco anos da Constituição de 1988: as voltas que o mundo dá. *In:* FACHIN, Luiz Edson; BARROSO, Luiz Roberto; CRUZ, Álvaro Ricardo de Souza (Coord.). *A Constituição da democracia em seus 35 anos*. Belo Horizonte: Fórum, 2023.

BRASIL. *Supremo Tribunal Federal* (STF). Regimento interno [recurso eletrônico]. Brasília: STF, Secretaria de Altos Estudos, Pesquisas e Gestão da Informação, 2023.

CALAMANDREI, Piero; BRANDÃO, Eduardo. *Eles, os juízes, vistos por nós, os advogados*. São Paulo: Martins Fontes, 2000.

CAVALCANTI, Themístocles Brandão. *Do controle da constitucionalidade*. Rio de Janeiro: Forense, 1966.

CLAUSEWITZ, Carl Von. *Da Guerra*. Tradução de Maria Teresa Ramos. São Paulo: Martins Fontes, 1979.

DEUTSCH, Karl Wolfgang. *Análise das relações internacionais*. Brasília: Editora Universidade de Brasília, 1978.

FINKEL, Adam M. *Confronting Uncertainty*. Center for Risk Management Resources for the Future. Washington, DC, 1990.

HOLANDA, Sergio Buarque de. *Raízes do Brasil*. Brasília: Editora Universidade de Brasília, 1963.

HOSTIPITALITY. Angelaki: Journal of Theoretical Humanities, v. 5, n. 3, p. 8, 2000.

LEVITSKY, Steven; ZIBLATT, Daniel. *How democracies die*. Broadway Books: Nova York, p. 104-108, 2019.

MESQUITA, Evandro Nahid de. Enquanto tiver bambu tem flecha. *In:* MESQUITA, Evandro Nahid de; FREJAT, Roberto; BASTOS, Ronaldo. *Disco Planos Aéreos*. Poligram, 1988.

MEZNAR, Martin B.; JOHNSON JR, Julius H. Business-government relations within a contingency theory framework: Strategy, structure, fit, and performance. *Business & Society*, v. 44, n. 2, p. 119-143, 2005.

MEZNAR, Martin B.; NIGH, Douglas. Buffer or bridge? Environmental and organizational determinants of public affairs activities in American firms. *Academy of management journal*, v. 38, n. 4, p. 979, 1995.

MILL, John Stuart; SANTOS JR., Manoel Innocêncio de Lacerda. *Considerações sobre o governo representativo*. Brasília: Editora Universidade de Brasília, p. 55, 1981.

NETO, Alexandre Shigunov. *Avaliação de desempenho*: as propostas que exigem uma nova postura dos administradores. Rio de Janeiro: Book Express, 2000.

POUND, Roscoe. The Lay Tradition as to the Lawyer. *Michigan Law Review*, v. 12, n. 8, p. 631, 1914.

RECONDO, Felipe; WEBER, Luiz. *O tribunal*: como o Supremo se uniu ante a ameaça autoritária. São Paulo: Companhia das Letras, 2023.

RECONDO, Felipe; WEBER, Luiz. Os onze: o STF, seus bastidores e suas crises. São Paulo: Companhia das Letras, 2019.

ROCHA, Dora et al. *O salão dos passos perdidos*: depoimento ao CPDOC. Rio de Janeiro: Nova Fronteira, 1997.

SCALIA, Antonin. *On Faith*: Lessons from an American Believer. Crown Forum: New York, 2019.

SCHUBSKY, Cassio et al. *Estado de direito já*. Os trinta anos da Carta aos Brasileiros. São Paulo: Lettera, 2007.

SILVA MARTINS, Ives Gandra da. O ativismo judicial e a ordem constitucional. *Revista Brasileira de Direito Constitucional*, v. 18, n. 1, p. 28, 2011.

SOUZA NETO, Cláudio Pereira de. *Democracia em crise no Brasil*: valores constitucionais, antagonismo político e dinâmica institucional. Contracorrente, 2020.

TERRY, Larry D. Administrative leadership, neo-managerialism, and the public management movement. *Public Administration Review*, p. 196, 1998.

TOFFOLI, José Antonio Dias. Hannah Arendt e a defesa da democracia. *In*: FACHIN, Luiz Edson; BARROSO, Luiz Roberto; CRUZ, Álvaro Ricardo de Souza (Org.). A Constituição da democracia em seus 35 anos. Fórum: Belo Horizonte, 2023.

VECCHIATO, Riccardo. Environmental uncertainty, foresight and strategic decision making: An integrated study. *Technological Forecasting and Social Change*, v. 79, n. 3, p. 439-441, 2012.

WHITE, George Edward. *The American judicial tradition*: Profiles of leading American judges. London: Oxford University Press, 2007.

ZANON, Pedro Henrique Nascimento. *A ética da tolerância como marco no constitucionalismo latino-americano*. São Paulo: Dialética, 2023.

Informação bibliográfica deste texto, conforme a NBR 6023:2018 da Associação Brasileira de Normas Técnicas (ABNT):

MOURA, Walter José Faiad de. Ele atravessou a praça. *In*: MENDES, Gilmar Ferreira; LIRA, Daiane Nogueira de; FREIRE, Alexandre (Coord.). *Constituição, democracia e diálogo*: 15 anos de Jurisdição Constitucional do Ministro Dias Toffoli. 2. ed. Belo Horizonte: Fórum, 2025. p. 1663-1676. ISBN 978-65-5518-937-7.

Admar Gonzaga Neto
Advogado. Ex-ministro do Tribunal Superior Eleitoral.

Afrânio Vilela
Ministro do Superior Tribunal de Justiça desde 22/11/2023, assumiu a Presidência da 2ª Turma em 15/1/2024. Graduado em Direito pela Universidade Federal de Uberlândia – UFU, com especialização em Direito Processual Civil, em 1985. Pós-graduado *lato sensu* em Gestão Judiciária pela Universidade de Brasília – UnB, em 2016. Tem inúmeras publicações jurídicas e artigos científicos, participação em congressos nacionais e internacionais e comissões de concursos e bancas.

Alberto Bastos Balazeiro
Ministro do Tribunal Superior do Trabalho. Doutor em Direito Constitucional (IDP). Mestre em Direito (UCB). Coordenador do Comitê Gestor Nacional do Programa Trabalho Seguro.

Alessandra Gomes Faria Baldini
Juíza Federal. Juíza Auxiliar no Supremo Tribunal Federal. Mestre em Direito pela Uninove.

Alessandra Vanessa Alves
Doutoranda em Direito Empresarial pela Uninove. Especialista em Direito Sanitário pela Fiocruz, em parceria com a Escola Superior do Ministério Público da União – ESMPU. Consultora Jurídica no Ministério dos Povos Indígenas desde julho de 2023. Foi Assessora do Ministro Dias Toffoli de agosto de 2013 a março de 2021.

Alexandre Agra Belmonte
Ministro do TST. Doutor em Direito e Sociedade. Mestre em Direito das Relações Sociais pela UGF. Especialista em Direito Privado Aprofundado pela UFF. Doutor Honoris Causa pela USU. Presidente da Academia Brasileira de Direito do Trabalho. Professor permanente do programa de pós-graduação *stricto sensu* da UNESA. Professor colaborador do programa de pós-graduação do IESB. Professor da Fundação Getulio Vargas. Autor de livros e artigos jurídicos.

Alexandre Fidalgo
Advogado. Mestre em Direito pela PUC. Doutor em Direito pela USP. Membro da Comissão de liberdade de expressão da CFOAB. Membro da Comissão de liberdade de expressão da OABSP. Membro da Comissão de Direito Bancário da OABSP. Membro do Conselho Jurídico da FIESP. Sócio-fundador do escritório Fidalgo Advogados.

Alexandre Freire
Conselheiro Diretor da Agência Nacional de Telecomunicações - ANATEL. *Visiting Professor* na Wolfgang Goethe Universität Frankfurt am Main. *Executive Certificate in Public Policy from Harvard Kennedy School University*. Doutor em Direito pela PUC-SP. Mestre em Direito pela UFPR. Ex-Assessor Especial da Presidência do STF. Professor da Universidade Nove de Julho.

Alexandre Luiz Ramos
Ministro do Tribunal Superior do Trabalho. Mestre e Doutor em Direito.

Alexandre Teixeira de Freitas Bastos Cunha
Conselheiro do Conselho Nacional de Justiça. Desembargador Federal do Trabalho. Doutor em Direito pela Universidade Complutense de Madri.

Alonso Freire
Doutor em Direito Público pela Universidade do Estado do Rio de Janeiro – UERJ. Mestre em Direito Constitucional pela Universidade Federal de Minas Gerais – UFMG. Professor de Direito Constitucional do IDP. Ex-Assessor de Ministro do Supremo Tribunal Federal. Advogado em Brasília.

Aloysio Corrêa da Veiga
Ministro Vice-Presidente Tribunal Superior do Trabalho. Corregedor-Geral da Justiça do Trabalho em 2020/2022. Conselheiro do Conselho Nacional de Justiça em 2017/2019. Diretor da Escola Nacional de Formação e Aperfeiçoamento de Magistrados do Trabalho – ENAMAT em 2011/2013 e fev./out. 2022. Membro da Academia Brasileira de Direito do Trabalho – ABDT. Membro do Instituto dos Advogados Brasileiros – IAB. Membro da Academia Brasiliense de Direito do Trabalho. Membro da Academia Paulista de Letras Jurídicas. Membro Honorário da Academia Petropolitana de Letras Jurídicas. Membro Honorário da Academia Petropolitana de Letras. Professor Honoris Causa da Faculdade de Direito da Universidade Católica de Petrópolis.

Amanda Souto Baliza
Advogada com atuação em Direito Antidiscriminatório. Conselheira Seccional pela Ordem dos Advogados do Brasil, Seção Goiás. Presidente da Comissão da Diversidade Sexual e de Gênero da OAB Nacional. Conselheira Nacional de Direitos LGBTQIA+ do Ministério de Direitos Humanos e da Cidadania. Coordenadora da área jurídica da Aliança Nacional LGBTI+ e da Associação Brasileira de Famílias Homotransafetivas.

Amaury Rodrigues Pinto Júnior
Ministro do Tribunal Superior do Trabalho. Doutor em Direito pela Universidade de São Paulo (USP). Membro da Academia Nacional de Direito Desportivo.

Ana Carolina Tannuri Laferté Marinho
Advogada da União. Assessora do Ministro Dias Toffoli.

Anderson Medeiros Bonfim
Doutorando em Direito Administrativo pela Pontifícia Universidade Católica de São Paulo – PUC-SP, instituição na qual obteve os títulos de mestre em Direito Administrativo e Bacharel em Direito.

André Cyrino
Professor Associado da Faculdade de Direito da Universidade do Estado do Rio de Janeiro (UERJ).

André Ramos Tavares
Ministro do Tribunal Superior Eleitoral. Professor Titular da Faculdade de Direito do Largo São Francisco – USP. Professor Permanente dos Programas de Doutorado e Mestrado em Direito da PUC-SP.

Anselmo Moreira Gonzalez
Doutorando em Processo Civil pela PUC-SP. Mestre em Direito Constitucional pelo IDP/DF. Pós-Graduado em Processo Civil pela PUC-SP. Graduado pela Faculdade de Direito da Universidade

Mackenzie. Consultor Jurídico da FEBRABAN. Presidente da Comissão de Direito Bancário da OAB/SP – Pinheiros. Membro da Comissão de Direito Bancário do Instituto dos Advogados de São Paulo (IASP).

Antônio Augusto de Queiroz
Jornalista. Analista e consultor político. Mestre em Políticas Públicas e Governo pela FGV. É Sócio-Diretor das empresas Consillium Soluções Institucionais e Governamentais e Diálogo Institucional Assessoria e Análise de Políticas Públicas. Foi Diretor de Documentação do Diap. Membro do Conselho de Desenvolvimento Econômico e Social Sustentável da Presidência da República – o Conselhão.

Antônio Augusto Junho Anastasia
Possui graduação em Direito pela Universidade Federal de Minas Gerais (1983) e mestrado em Direito pela Universidade Federal de Minas Gerais (1990). Foi Professor de Direito Administrativo da Faculdade de Direito da UFMG de 1993 a 2022. Atualmente é Professor da FGV, do IDP, da UNIPAC e do IMEPAC. Foi Secretário-Executivo dos Ministérios do Trabalho e da Justiça de 1995 a 2001; Secretário de Estado de diversas pastas no Governo de Minas Gerais; Vice-Governador do Estado de Minas Gerais de 2007 a 2010; Governador do Estado de Minas Gerais de 2010 a 2014; Senador da República por Minas Gerais de 2015 a 2022. Atualmente é Ministro do Tribunal de Contas da União desde 2022.

Antônio Avelar Sinfrônio
Advogado. Contador. Economista. Mestre em Direito pelo Instituto Brasileiro de Ensino, Desenvolvimento e Pesquisa (IDP/BSB). Pós-Graduado em Matemática Aplicada pela Universidade de Brasília. Analista do Banco Central do Brasil.

Antonio Carlos Ferreira
Ministro do Superior Tribunal de Justiça.

Antonio Cláudio Ferreira Netto
Formado pela Universidade do Rio de Janeiro. Diretor Jurídico do Grupo Globo. Diretor do Instituto Innovare.

Arlindo Chinaglia
Médico formado pela Universidade de Brasília (UnB). Presidente do Sindicato dos Médicos de São Paulo. Deputado Estadual (1991-1994). Secretário de Implementação das Subprefeituras na Prefeitura de São Paulo (2001-2002). É Deputado Federal desde 1995. Atualmente está em seu oitavo mandato. Foi Líder dos Governos Lula e Dilma na Câmara dos Deputados e Presidente da Câmara dos Deputados (2007-2009).

Arnaldo Versiani
Advogado e Ex-Ministro do Tribunal Superior Eleitoral.

Artur Vidigal de Oliveira
Bacharel em Direito pela AEUDF (1982). Especialista em Direitos Humanos pela UnB/ESMPDFT/ Universidade de Essex, (2000). Advogado inscrito na OAB/DF sob nº 5.189. Procurador-Geral do INCRA (1989/1990). Consultor da União da Advocacia Geral da União (2007/2010). Ministro do Superior Tribunal Militar – STM (2010). Vice-Presidente do STM (2015/2017). Diretor da Escola Nacional de Formação e Aperfeiçoamento de Magistrados da Justiça Militar da União – ENAJUM (2023/2024).

Augusto Aras
Professor Doutor da Universidade de Brasília (UnB). Ex-procurador-geral da República.

Bárbara Crateús Santos
Assessora da Presidência do CFOAB. Mestre em Direito (UnB).

Beatriz de Araújo Haikal Leite
Sócia de Proteção de Dados e Inteligência Artificial no Becker Bruzzi Lameirão Advogados. Graduada em Direito pela Pontifícia Universidade Católica do Rio de Janeiro (PUC-Rio). Pós-graduada em Estado e Sociedade pela Associação do Ministério Público do Estado do Rio de Janeiro (AMPERJ). Certified Information Privacy Manager (CIPM) pela International Association of Privacy Professionals (IAPP). Membro da IAPP.

Benedito Gonçalves
Ministro do STJ. Formado em Ciências Jurídicas e Sociais pela Faculdade Nacional de Direito, da Universidade Federal do Rio de Janeiro (UFRJ). Especialista em Direito Processual Civil. Mestre em Direito. Ministro do Superior Tribunal de Justiça (STJ).

Bruno Takahashi
Juiz federal do Tribunal Regional Federal da 3ª Região (TRF3). Doutor e mestre em Direito Processual pela Universidade de São Paulo (USP). Coordenador da Central de Conciliação de São Paulo (CECON) (biênios 2018-2020 e 2020-2022). Membro do Comitê Gestor Nacional da Conciliação (CGN) (2016-2019).

Caio Castagine Marinho
Juiz Federal e atual Presidente da Ajufe.

Camila Plentz Konrath
Juíza instrutora do Gabinete do Ministro Dias Toffoli no Supremo Tribunal Federal (STF). Ex-juíza auxiliar da Corregedoria-Geral do Conselho da Justiça Federal (CJF), da Corregedoria-Geral do Tribunal Superior Eleitoral (TSE). Ex-secretária-geral adjunta do Conselho Nacional de Justiça (CNJ). Juíza federal.

Camile Sabino Bezerra Corrêa
Formada em Ciência Política pela Universidade de Brasília. Formada em Direito pelo Centro Universitário Unieuro. Pós-Graduada em Contratos e Responsabilidade Civil pelo Instituto de Desenvolvimento e Pesquisa (IDP). Especialização em Governo e Direito na Universidad Autonoma de Madrid. Especialização em Administração Pública na *École* Nationale D'Administration (L'ÉNA), em Paris. Assessora de Gabinete do Ministro Benedito Gonçalves.

Carla Ramos Macedo do Nascimento
Assessora de Ministro do Supremo Tribunal Federal (STF). Defensora Pública do Estado do Rio de Janeiro. Doutoranda em Direito do Estado pela Universidade de São Paulo (USP). Mestra em Direito Público pela Universidade do Estado do Rio de Janeiro (UERJ).

Carlos Eduardo Esteves Lima
Consultor de Orçamentos. Consultor Autônomo. Especialista em Políticas Públicas e Gestão Governamental pela ENAP. Especialista em Avaliação Contingente de Projetos pela Universidade de los Andes e Engenheiro Civil pela UFMG. Foi Ministro de Estado-Chefe da Casa Civil da Presidência da República e Secretário-Executivo da Casa Civil da Presidência da República, membro do Conselho Consultivo do Departamento de Pesquisas Judiciárias do Conselho Nacional de Justiça e de conselhos estatutários de empresas públicas e sociedades de economia mista.

Carlos Eduardo Lacerda Baptista
Assessor de Ministro do Supremo Tribunal Federal. Especialista em Direito Público.

Carlos V. von Adamek
Desembargador do Tribunal de Justiça do Estado de São Paulo.

Carmen Lilian Oliveira de Souza
Assessora-Chefe do Plenário do Supremo Tribunal Federal. Mestranda em Direito Empresarial pela Universidade Nove de Julho/SP. Pós-graduada em Direito da Administração Pública. Bacharel em Direito pelo Centro Universitário de Brasília. Bacharel em Ciências Policiais pela Academia de Polícia Militar de Brasília.

Cecília Mello
Advogada. Desembargadora federal aposentada. Mestre em Direito pelo Instituto Brasileiro de Ensino, Desenvolvimento e Pesquisa (IDP).

Cesar Zucatti Pritsch
Juiz Auxiliar da Vice-Presidência do Tribunal Superior do Trabalho. Juris Doctor pela Universidade Internacional da Flórida. Mestre em Processo Civil pela UFRGS. Doutorando em Processo Civil Comparado pela Università degli Studi di Roma Tor Vergata. Autor de *Manual de Prática dos Precedentes no Processo Civil e do Trabalho* (2. ed. Mizuno, 2023), *O TST e o paradigma das cortes supremas* (Mizuno 2023) e *Direito Emergencial do Trabalho* (RT, 2020), bem como coordenador de *Precedentes no Processo do Trabalho* (RT, 2020). Professor da ENAMAT e de Escolas Judiciais de Tribunais Regionais do Trabalho.

Conrado Almeida Corrêa Gontijo
Advogado criminalista. Professor de Direito Penal e Processo Penal da PUC-SP e do IDP-SP. Doutor e Mestre em Direito Penal pela USP. Pós-Graduado em Direito Penal Econômico pela FGV e pela Universidade Castilla-la-Mancha. Membro do IASP, do IDDD, do IBCCRIM, do IEC e do Grupo Prerrogativas.

Cristiano Zanin
Ministro do Supremo Tribunal Federal (STF).

Cristina Maria Gama Neves da Silva
Advogada. Desembargadora substituta do Tribunal Regional Eleitoral do Distrito Federal (TRE-DF). Mestre em Direito pela Universidade da Califórnia, Berkeley. Associada do Instituto Brasileiro de Direito Eleitoral (Ibrade).

Daiane Nogueira de Lira
Conselheira do CNJ. Advogada da União. Ex-Secretária-Geral da Presidência do STF. Ex-Chefe de Gabinete de Ministro do STF. Doutoranda em Direito pela USP. Professora da Escola da AGU.

Daldice Santana
Desembargadora federal do Tribunal Regional Federal da 3ª Região (TRF3). Coordenadora dos Juizados Especiais Federais da 3ª Região (2022-2024). Conselheira do Conselho Nacional de Justiça (CNJ) (biênios 2015-2017 e 2017-2019), onde presidiu a então Comissão de Acesso à Justiça e o Comitê Gestor da Conciliação. Coordenadora do Programa de Conciliação da 3ª Região (biênios 2005-2009 e 2012-2014). Especialista em Processo Civil e em Direito Administrativo pela Fundação Faculdade de Direito da Universidade Federal da Bahia (UFBA). Especialista em Direito Constitucional Aplicado pela EMAG/PUC-SP.

Daniel Becker Paes Barreto Pinto

Sócio nas áreas de Resolução de Disputas e de Proteção de Dados e Inteligência Artificial no Becker Bruzzi Lameirão Advogados. Graduado em Direito pela Universidade Federal do Rio de Janeiro (UFRJ). Diretor de Novas Tecnologias no Centro Brasileiro de Mediação e Arbitragem (CBMA). Membro das Comissões de Assuntos Legislativos e 5G da Ordem dos Advogados do Rio de Janeiro (OAB-RJ).

Daniel Leon Bialski

Mestre em Processo Penal pela Pontifícia Universidade Católica de São Paulo. Bacharel em Direito pela Pontifícia Universidade Católica de São Paulo (1992). Membro do Instituto Brasileiro de Ciências Criminais (IBCCRIM) e da Comunidade de Juristas de Língua Portuguesa (CJLP). Foi Vice-Presidente da Comissão de Prerrogativas da Seccional Paulista da OAB no biênio 2008/2009.

Daniel Corrêa Szelbracikowski

Advogado. Sócio do escritório Advocacia Dias de Souza. Mestre em Direito Constitucional pelo Instituto Brasileiro de Ensino, Desenvolvimento e Pesquisa (IDP). Especialista em Direito Tributário pelo Instituto Brasileiro de Estudos Tributários (IBET). Pós-graduado em Direito Processual civil pela Fundação Getulio Vargas (FGV). Autor e coordenador de obras acadêmicas, tais como *ICMS e guerra fiscal: da LC 24/1975 à LC 160/2017* (Amanuense, 2022) e *Perspectivas e desafios das reformas tributárias* (Almedina, 2023).

Daniela Cavalieri von Adamek

Consultora Legislativa da Câmara Legislativa do Distrito Federal. Sócia da Rangel Advocacia. Ex-técnica-judiciária do Supremo Tribunal Federal (STF) (2014-2019). Pós-graduada em Direito Processual Civil pelo IDP. Especialista em Falências e Recuperações Judiciais pela Fundação Getulio Vargas (FGV). Especialista em Direito Ambiental pela Fundação Escola Superior do Ministério Público (FMP).

Daniela Pereira Madeira

Conselheira do Conselho Nacional de Justiça (CNJ). Presidente da Comissão Permanente de Acompanhamento dos Objetivos de Desenvolvimento Sustentável e da Agenda 2030. Membro da Comissão Permanente de Sustentabilidade e Responsabilidade Social. Juíza federal do Tribunal Regional Federal da 2ª Região (TRF2). Doutora em Direito pela Universidad Complutense de Madrid (UCM), Espanha (2018). Mestre em Direito Universidade do Estado do Rio de Janeiro (UERJ) (2012). Especializada em Direito pela Fundação Escola do Ministério Público do Estado do Rio de Janeiro (FEMPERJ) (1998). Graduada em Direito pela Universidade Santa Úrsula (USU) (1997).

Daniela Teixeira

Ministra do Superior Tribunal de Justiça.

Douglas Alencar Rodrigues

Doutor em Direito Constitucional pela Pontifícia Universidade Católica de São Paulo (PUC-SP) (2022). Mestre em Direito das Relações Sociais pela Pontifícia Universidade Católica de São Paulo (2013). Especialista em Direito Constitucional pela Universidade de Brasília (UnB) (2002). Graduado em Direito pela mesma instituição (1989). Atual ministro do Tribunal Superior do Trabalho (TST). Professor Titular do Instituto de Educação Superior de Brasília (IESB). Membro da Academia Brasileira de Direito do Trabalho (ABDT), da Academia Nacional de Direito Desportivo (ANDD), da Academia Brasileira de Direito Portuário e Marítimo (ABDPM) e do Instituto Brasileiro de Estudos Constitucionais (IBEC).

Edilene Lôbo
Doutora em Direito Processual Civil pela PUC Minas. Mestra em Direito Administrativo pela UFMG. Especialista em Processo Penal pela Universidad Castilla La Mancha. Professora do Programa de Mestrado e Doutorado em Proteção dos Direitos Fundamentais da Universidade de Itaúna-MG. Professora de Processo Eleitoral na Pós-Graduação da PUC Minas. Professora convidada da Universidade Sorbonne-Nouvelle – Paris 3, semestre letivo 2022-2023. Ministra substituta do Tribunal Superior Eleitoral – TSE. Advogada.

Eduardo Barreto Cezar
Assessor de Ministro do STF. Analista Judiciário do STF. Ex-assessor especial da Presidência do Supremo Tribunal Federal (STF). Doutor em Direito Empresarial pela Universidade Nove de Julho.

Eduardo de Carvalho Rêgo
Pós-Doutor em Direito pela Universidade de São Paulo (USP). Foi *Visiting Scholar* na *University of Connecticut* (UCONN). Doutor e Mestre em Direito pela Universidade Federal de Santa Catarina (UFSC). Especialista em Direito Constitucional pela Universidade do Sul de Santa Catarina (UNISUL). Professor de Direito Constitucional no Centro Universitário Cesusc (UNICESUSC). Advogado e Consultor Externo da Comissão de Especialistas para a atualização do Decreto-Lei nº 200/1967.

Eduardo S. Toledo
Advogado licenciado. Diretor-Geral do STF.

Engels Augusto Muniz
Advogado. Conselheiro nacional do Ministério Público (MP). Graduado em Direito pelo Centro Universitário de Brasília (UniCEUB). Especialista em Economia e Gestão pela Fundação Getulio Vargas (FGV). Ex-ministro de Estado interino e secretário executivo do Ministério dos Direitos Humanos e ex-chefe de Gabinete da Subchefia para Assuntos Jurídicos (SAJ) da Casa Civil da Presidência da República, dentre outros cargos.

Eurico Zecchin Maiolino
Mestre e Doutor em Direito Constitucional pela Universidade de São Paulo, mesma instituição em que concluiu o Pós-Doutorado. Juiz federal convocado pelo Superior Tribunal de Justiça.

Euro Sabino de Azevedo
Analista Judiciário do Supremo Tribunal Federal. Especialista em Ordem Jurídica e Ministério Público (FESMPDFT).

Fábio de Souza Oliveira
Servidor público federal, atualmente no exercício do cargo de Assessor Jurídico do Gabinete do Ministro Caputo Bastos no CNJ. Foi Assessor-Chefe do Gabinete da ex-Conselheira Ivana Farina Navarrete Pena (2019-2021) e Assessor-Chefe do Gabinete do ex-Conselheiro **Márcio** Schiefler Fontes (2017-2019).

Fábio Lopes Veras
Assessor do Conselho Nacional de Justiça. Mestrando em Direitos Sociais e Processos Reivindicatórios pelo Centro Universitário IESB. Especialista em Administração Pública pela UFPI.

Fábio Portela Lopes de Almeida
Doutor (2016) e Mestre (2007) em Direito, Estado e Constituição pela Faculdade de Direito da Universidade de Brasília, com período sanduíche no doutorado como Visiting Research Scholar na Harvard Law School. Conduziu pesquisa pós-doutoral como Visiting Scholar na Europa-

Universität Flensburg (2019). Mestre (2011) em Lógica, Filosofia da Mente e Filosofia da Linguagem pelo Departamento de Filosofia da Universidade de Brasília.

Fernando Agrela Araneo
Advogado. Pós-graduado em Direito Penal e Segurança Pública pela Escola Paulista de Magistratura (EPM). Membro do Instituto Brasileiro de Ciências Criminais (IBCCRim) e do Instituto de Defesa do Direito de Defesa (IDDD).

Fernando Azevedo e Silva
Vice-Presidente do Instituto Brasileiro de Mineração. Ex-Ministro de Estado da Defesa, de 2019 até 2021. Em 2018, exerceu a função de Assessor Especial do Presidente do Supremo Tribunal Federal. Como oficial general, comandou a Brigada de Infantaria Paraquedista e o Departamento de Desporto Militar do Ministério da Defesa. Exerceu o cargo de Presidente da Autoridade Pública Olímpica, durante a preparação dos Jogos Olímpicos e Paraolímpicos RIO 2016 (JOP RIO2016). Assumiu o Comando Militar do Leste. Foi Chefe do Estado-Maior do Exército. Serviu na Presidência da República e no Gabinete do Comandante do Exército como Chefe da Assessoria Parlamentar e como Subchefe de Gabinete, além de diversas outras atribuições em sua carreira, tendo sido agraciado com mais de 25 condecorações nacionais e estrangeiras.

Fernando Cesar Baptista de Mattos
Juiz Federal. Juiz auxiliar do Gabinete do Ministro Humberto Martins do Superior Tribunal de Justiça (STJ). Mestre em Direito pela Faculdade de Direito da Universidade do Estado do Rio de Janeiro (UERJ). Conselheiro do Conselho Nacional de Justiça (CNJ) (biênios 2015-2017 e 2017-2019). Presidente da Associação dos Juízes Federais do Brasil (Ajufe) (biênio 2008-2010).

Fernando Neves da Silva
Advogado. Ex-integrante do Tribunal Superior Eleitoral (TSE) (1997-2004).

Flauzilino Araújo dos Santos
Licenciado em Estudos Sociais. Bacharel em Direito e Teologia. Mestre em Direito Civil. Pastor da Igreja Assembleia de Deus do Setor 4, Santana, São Paulo. Primeiro oficial de Registro de Imóveis de São Paulo.

Flávia Moreira Guimarães Pessoa
Juíza do Trabalho. Professora do Doutorado e Mestrado em Direitos Humanos da Universidade Tiradentes e do Mestrado em Direito da Universidade Federal de Sergipe. Conselheira do CNJ no biênio 2020/2022. Juíza Auxiliar da Presidência do CNJ no biênio 2018/2020. Pós-Doutora em Direito do Trabalho. Doutora em Direito do Trabalho pela UFBA e em Direito Público pelo IDP. ORCID: http://orcid.org/0000-0002-3950-8376. *Lattes*: http://lattes.cnpq.br/2987779178843187.

Flávia Silva Pinto Amorim
Advogada. Mestranda em Direito Processual Penal pela Universidade de São Paulo (USP).

Flávio Ribeiro Santana
Bacharel em Ciência Política pela Universidade de Brasília e em Direito pela UniProcessus, com especialização em Processo Legislativo e Assessoria Parlamentar. Cargo de Assessor-Chefe no Tribunal Superior Eleitoral, Superior Tribunal de Justiça e Supremo Tribunal Federal. Experiência de 30 anos em atividades de gestão e assessoramento na área Parlamentar e Relacionamento Institucional.

Francis Christian Alves Bicca

Procurador Federal desde 2000. Foi subprocurador-regional do Incra em Santa Catarina, assessor do procurador-geral do INCRA, assessor do procurador-geral do INSS, assessor especial e coordenador-geral do advogado-geral da união e chefe de Gabinete do vice-advogado-geral da união. Primeiro representante do Escritório da AGU no Tribunal Superior Eleitoral. Desde 2016, é ouvidor da Advocacia-Geral da União e membro suplente do advogado-geral da União na Comissão Mista de Reavaliação de informações. É, ainda, encarregado da Lei Geral de Proteção de Dados e Autoridade de Monitoramento da Lei de Acesso à Informação. Especialista em direito do trabalho e Processo do Trabalho pela Faculdade Fortium. Bacharel em direito pelo UNICEUB-DF.

Francisco de Paula Bernardes Júnior

Advogado criminalista. Sócio fundador de Bernardes Junior Advogados. Mestre em Direito Penal pela Universidade de São Paulo (USP). Professor de Direito Penal da Fundação Armando Alvares Penteado (FAAP).

Frederico Mendes Júnior

Juiz de Direito da 1ª Vara da Fazenda Pública de Maringá, Paraná. Doutor pelo Programa de Pós-Graduação em Educação da Universidade Estadual de Maringá (PPE/UEM), na linha de pesquisa História e Historiografia da Educação. Integra o Grupo de Estudos e Pesquisas em História da Educação, Intelectuais e Instituições Escolares (GEPHEIINSE), cadastrado no Diretório dos Grupos de Pesquisa (CNPq). Mestre em Direito Processual e Cidadania na Universidade Paranaense (UNIPAR), com ênfase em Processo Penal. Graduado em Direito na Universidade Estadual de Maringá (UEM). Foi Presidente da Associação dos Magistrados do Paraná (AMAPAR) por dois mandatos. É Presidente da Associação de Magistrados Brasileiros (AMB). Tem experiência administrativa junto à presidência do Tribunal de Justiça do Paraná e procuradoria jurídica do município de Maringá. Experiência em ensino superior. Atualmente é professor da Escola da Magistratura do Paraná (EMAP).

Gabriel Bartolomeu Felício

Sócio da MGF Advogados Associados. LL.M (Master of Law) em Direito Empresarial pela Fundação Getulio Vargas (FGV). Pós-graduado em Direito Processual Civil pela Faculdade de Direito Milton Campos. Especialista em condução de processos estratégicos e representativos nos tribunais superiores.

Gabriel Chalita

Doutor em Comunicação e Semiótica e em Direito, pela PUC-SP. Professor na mesma universidade, na Universidade Mackenzie e no IBMEC. Autor de mais de 90 obras nas áreas do Direito, Educação, Filosofia e literatura. É membro da Academia Brasileira de Educação, Academia Brasileira de Cultura e Academia Paulista de Letras. Foi Vereador, Deputado Federal e Secretário de Educação do município de São Paulo e, também, do estado de São Paulo.

Georges Abboud

Livre-docente, doutor e mestre em Direito pela Pontifícia Universidade Católica de São Paulo (PUC-SP). Professor de Direito Processual Civil da PUC-SP e do Programa de Mestrado e Doutorado em Direito Constitucional do Instituto Brasileiro de Ensino (IDP-DF). Advogado. Coordenador técnico do Conselho Superior de Assuntos Jurídicos do Conjur da Federação das Indústrias do Estado de São Paulo (FIESP).

Giuseppe Giamundo Neto

Advogado. Doutorando e Mestre em Direito do Estado pela Faculdade de Direito da Universidade de São Paulo (USP).

Grace Mendonça
Advogada. Mestre em Direito Constitucional. Pós-Graduada em Direito Processual Civil. Membro da Comissão Nacional de Estudos Constitucionais do Conselho Federal da Ordem dos Advogados do Brasil. Presidente do Conselho de Administração da Rede Sarah Hospitais de Reabilitação. Presidente do Conselho Temático de Assuntos Jurídicos da Confederação Nacional da Indústria. Advogada Pública (2001-2019). Advogada-Geral da União (2016-2018).

Guilherme Ferreira Gomes Luna
Graduado e Pós-Graduado pela Pontifícia Universidade Católica de São Paulo (Brasil). Pós-Graduado e Mestre em Direito Administrativo Econômico pela Universidade de Montevidéu (Uruguai).

Guilherme Guimarães Feliciano
Professor Associado III do Departamento de Direito do Trabalho da Faculdade de Direito da USP. Livre-Docente em Direito do Trabalho (USP) e Doutor em Direito Penal (USP) e Processual (Un. Lisboa). Pós-Doutor em Direitos Humanos pela Faculdade de Direito da Universidade de Coimbra. Membro do Conselho Nacional de Justiça na cadeira de Juiz do Trabalho (2024/2026). Titular vitalício da Cadeira nº 53 da Academia Brasileira de Direito do Trabalho. Presidente da Associação Nacional dos Magistrados da Justiça do Trabalho (2015/2017).

Gustavo Binenbojm
Professor Titular da Faculdade de Direito da Universidade do Estado do Rio de Janeiro (UERJ).

Gustavo do Vale Rocha
Secretário de Estado da Casa Civil do Distrito Federal. Ex-ministro de Estado dos Direitos Humanos. Conselheiro nacional do Ministério Público. Subchefe para Assuntos Jurídicos da Casa Civil da Presidência da República. Presidente do Centro de Estudos Jurídicos da Presidência da República. Membro da Comissão de Ética da Presidência da República. Secretário de Estado de Justiça e Cidadania do Distrito Federal.

Gustavo Justino de Oliveira
Pós-Doutor em Direito Administrativo pela Universidade de Coimbra (Portugal). Pós-Doutor em Arbitragem Internacional pelo Max Planck Instituto de Hamburgo (Alemanha). Foi *Visiting Researcher* no *Amsterdam Center for International Law*, da Universidade de Amsterdã (Holanda). Doutor em Direito pela Universidade de São Paulo (USP). Professor Doutor de Direito Administrativo na USP e no IDP (Brasília). Advogado, Consultor e Árbitro especializado em Direito Público.

Helena Martins de Carvalho
Mestra em Direito, Estado e Constituição pelo Programa de Pós-Graduação em Direito da Faculdade de Direito da Universidade de Brasília (UnB). Especialista em Direito Constitucional do Trabalho pela UnB. Assessora no Tribunal Superior do Trabalho.

Heleno Taveira Torres
Professor Titular de Direito Financeiro. Livre-Docente de Direito Tributário. Chefe do Departamento de Direito Econômico, Financeiro e Tributário da Faculdade de Direito da Universidade de São Paulo – USP. Presidente da Associação Brasileira de Direito Financeiro – ABDF. Foi Vice-Presidente da *International Fiscal Association – IFA*. Advogado.

Henrique Innecco da Costa
Graduado pelo Instituto Brasileiro de Ensino, Desenvolvimento e Pesquisa (IDP). Advogado.

Herbert Cornelio Pieter de Bruyn Jr.
Desembargador federal do Tribunal Regional Federal da 3ª Região (TRF3). Doutor, mestre e especialista em Direito do Estado pela Pontifícia Universidade Católica de São Paulo (PUC-SP). Especialista em Direito Penal da Infração Revisitada pela Universidade de Coimbra – Instituto Brasileiro de Ciências Criminais (IBCCrim) e em Direito Tributário pelo CEEU. Bacharel em Direito pela Universidade de São Paulo (USP). Coordenador das Turmas Recursais de São Paulo (2016-2018). Coordenador adjunto da Conciliação de São Paulo (2018-2022). Membro do Núcleo Permanente de Métodos Consensuais de Solução de Disputas (Nupemec) do TRF3 (2018).

Humberto Martins
Ministro do Superior Tribunal de Justiça (STJ).

Igor Sant'Anna Tamasauskas
Advogado, doutor e mestre em Direito do Estado pela Faculdade de Direito da Universidade de São Paulo.

Ildegard Hevelyn Alencar Beserra
Assessora do Ministro Dias Toffoli. Analista Judiciária do Supremo Tribunal Federal. Mestre em Direito, Estado e Constituição pela Universidade de Brasília (UnB). Especialista em Direito Constitucional pelo Instituto Brasiliense de Direito Público (IDP). Graduada em Direito pela UnB.

Inaldo Mendonça de Araújo Sampaio Ferraz
Especialista em Direito Civil pelo Instituto Brasileiro de Desenvolvimento e Pesquisa (IDP). Advogado. Sócio da Sampaio Ferraz Advogados.

Inês da Fonseca Porto
Analista judiciário da Defensoria Pública do Distrito Federal cedida ao Conselho Nacional de Justiça. Mestre em Direito e Estado pela Universidade de Brasília.

Ingo Wolfgang Sarlet
Doutor em Direito pela *Ludwig Maximillians Universität* München (1997). É Coordenador do Programa de Pós-Graduação em Direito – Mestrado e Doutorado da PUCRS (desde 09.12.2006). Professor Titular da Faculdade de Direito e dos Programas de Mestrado e Doutorado em Direito e em Ciências Criminais da Pontifícia Universidade Católica do Rio Grande do Sul (PUCRS). Coordenador do GEDF (Grupo de Estudos e Pesquisas em Direitos Fundamentais – CNPq). Realizou estudos de Pós-Doutorado na Universidade de Munique (bolsista DAAD), como Bolsista e Pesquisador do Instituto Max-Planck de Direito Social, Estrangeiro e Internacional (Alemanha) (2001-2002 e 2003), bem como no *Georgetown Law Center* (Washington DC, 2004). É, também, Professor da Escola Superior da Magistratura do Rio Grande do Sul (AJURIS).

Iracy Ribeiro Mangueira Marques
Juíza de Direito. Coordenadora da Infância e Juventude do Tribunal de Justiça de Sergipe (TJSE). Especialista em Gestão Estratégica em Segurança Pública pela Universidade Federal de Sergipe (UFS). Especialista em Direito Processual pela Universidade Federal de Santa Catarina (UFSC). Mestre em Direitos Humanos na Universidade Tiradentes (UNIT/SE).

Isaac Sidney Menezes Ferreira
Mestrando em Direito Constitucional pelo IDP/DF. Especialização em Direito Penal e Processo Penal pela Atame MT Cursos e Pós-Graduação Ltda., certificação pela Universidade Cândido Mendes. Graduado pelo UDF. Trabalhou 16 anos no BACEN, onde exerceu os cargos de Procurador-Geral e de Diretor. Militância na Advocacia Privada, responsável pela área de Direito Bancário. Atualmente, é Presidente da FEBRABAN.

Ivana Farina Navarrete Pena
Procuradora de Justiça do Ministério Público de Goiás desde 1989. Foi Procuradora-Geral de Justiça por dois mandatos, quando presidiu o Conselho Nacional dos Procuradores-Gerais de Justiça (1999-2001 e 2001-2003). Presidente do Conselho Nacional de Direitos Humanos (2016). Secretária de Direitos Humanos e Defesa Coletiva no Conselho Nacional do Ministério Público (2017-2019). Conselheira do CNJ (2019-2021).

Ives Gandra da Silva Martins
Professor Emérito da Universidade Mackenzie, das Escolas de Comando e Estado-Maior do Exército (ECEME), Superior de Guerra (ESG) e da Magistratura do Tribunal Regional Federal – 1ª Região. Professor Honorário das Universidades Austral (Argentina), San Martin de Porres (Peru) e Vasili Goldis (Romênia). Doutor *Honoris Causa* das Universidades de Craiova (Romênia) e das PUCs Paraná e Rio Grande do Sul.

João Paulo Dias Ramos
Graduado em Direito pela USP. Pós-Graduado em Acidentes do Trabalho. Assistente jurídico em Segundo Grau do Tribunal de Justiça do Estado de São Paulo.

João Paulo Santos Schoucair
Conselheiro do CNJ. Promotor de Justiça do MP/BA. Graduado em Direito pela UFBA. Pós-Graduado em Ciências Criminais pela UFBA. Mestre em Segurança Pública, Justiça e Cidadania pela UFBA. Doutorando em Direito Penal e Processual Penal Constitucional pelo IDP.

Joel Sampaio
Embaixador. Chefe da Assessoria de Comunicação Social do Itamaraty.

Jorge Antônio de Oliveira Francisco
Ministro do Tribunal de Contas da União. Ex-Ministro de Estado-Chefe da Secretaria-Geral da Presidência da República. Bacharel em Direito. Especialista em Direito Público.

Jorge Messias
Ministro de Estado da Advocacia-Geral da União. Procurador da Fazenda Nacional.

José Alberto Simonetti
Advogado. Presidente do Conselho Federal da Ordem dos Advogados do Brasil (CFOAB).

José Luis Oliveira Lima
Advogado criminalista. Fundador do Oliveira Lima & Dall'Acqua Advogados. Membro do *Innocence Project* e do IASP – Instituto dos Advogados. Foi presidente da Caixa de Assistência dos Advogados do Estado de São Paulo (CAASP) e da Comissão de Direitos e Prerrogativas da OAB/SP, de 2001 a 2003. Foi conselheiro da Ordem dos Advogados do Brasil de São Paulo e diretor da Associação dos Advogados de São Paulo – AASP.

José Mucio Monteiro
Engenheiro civil. Foi Prefeito de Rio Formoso/PE e Deputado Federal por 5 legislaturas, Secretário dos Transportes, Comunicação e Energia do Estado de Pernambuco, Ministro de Estado Chefe da Secretaria de Relações Institucionais da Presidência da República, Secretário Executivo do Conselho de Desenvolvimento Econômico e Social – CDES e Ministro do Tribunal de Contas da União. Atualmente é o Ministro de Estado da Defesa.

José Roberto Figueiredo Santoro
Advogado. Foi Subprocurador-Geral da República e ganhador, entre outros, do Prêmio Nacional de Direitos Humanos, concedido pelo Presidente da República, no ano de 2002.

José Sarney
Ex-Presidente do Brasil. Ex-Presidente do Senado Federal.

Júlia Silva Minchillo
Advogada. Pós-graduada em Direito Penal Econômico pela Fundação Getulio Vargas (FGV).

Juliana Peranton Fernandes
Advogada. Especialista em Direito do Trabalho e Processo do Trabalho pela PUC-SP.

Lelio Bentes Corrêa
Presidente do Tribunal Superior do Trabalho no biênio 2022-2024. Ministro do TST desde 2003. Mestre em Direito Internacional dos Direitos Humanos pela Universidade de Essex, Inglaterra. Ex-Membro da Comissão de Peritos em Aplicação de Normas Internacionais da Organização Internacional do Trabalho (OIT).

Lenio Luiz Streck
Advogado. Mestre e Doutor em Direito pela Universidade Federal de Santa Catarina. Pós-Doutor pela Universidade de Lisboa. Professor titular dos Programas de Pós-Graduação em Direito (Mestrado e Doutorado) da Unisinos-RS e Unesa-RJ. Membro catedrático da Academia Brasileira de Direito Constitucional (ABDConst). Ex-Procurador de Justiça do Estado do Rio Grande do Sul.

Leonardo de Macedo Silva
Advogado Criminalista. Sócio de Bernardes Junior Advogados. Pós-Graduado em Direito Penal e Processual Penal pela Fundação Armando Alvares Penteado (FAAP) em conjunto com a Universidade de Santiago de Compostela (Espanha).

Lília Maria da Cunha Fernandes
Analista Judiciária do Tribunal Superior Eleitoral desde 2004. Assessora do Ministro Dias Toffoli na Presidência do TSE (biênio 2014/2016), na Presidência do CNJ (2019) e no Supremo Tribunal Federal, a partir de 2021.

Lucas Cavalcante
Assessor de Ministro do TST. Mestre em Direito, Estado e Constituição pela UnB.

Luciana Lóssio
Advogada. Ex-Ministra do Tribunal Superior Eleitoral (TSE). Membro da Comissão Especial de Direito Eleitoral do Conselho Federal da Ordem dos Advogados do Brasil (CFOAB) e do Instituto Brasileiro de Direito Eleitoral (Ibrade). Observadora eleitoral convidada por organismos internacionais. Doutoranda em Direito pela Universidade de Salamanca. Ex-Conselheira do Conselho Nacional dos Direitos Humanos da Presidência da República (2014-2016). Ex-Presidente da Associação de Magistradas Eleitorais Ibero-Americanas (2016-2017).

Luciano Felício Fuck
Professor do Instituto Brasiliense de Direito Público (IDP). Mestre em Direito (LL.M. Eur.) pela Universidade de Munique (Ludwig-Maximilians-Universität – LMU). Doutor em Direito pela Universidade de São Paulo (USP).

Lucilene Rodrigues Santos
Chefe de Gabinete do Ministro do Dias Toffoli. Procuradora da Fazenda Nacional. Mestre em Direito Empresarial (Uninove). Especialista em Direito Tributário (PUC/Cogeae).

Lucilene Rodrigues Santos
Chefe de Gabinete do Ministro Dias Toffoli. Assessora Chefe do Núcleo de Análise de Recursos da Presidência do STF de 2018 a 2020. Procuradora da Fazenda Nacional. Mestre em direito empresarial pela Universidade Nove de Julho. Especialista em Direito Tributário pela PUCOGEAE.

Ludmilla Campos Costa dos Santos
Advogada da área de Proteção de Dados e Inteligência Artificial no Becker Bruzzi Lameirão Advogados. Graduada em Direito pela Universidade do Estado do Rio de Janeiro (UERJ). Pesquisadora no Núcleo de Estudos e Pesquisa em Direito Internacional da UERJ (NEPEDI). Membro da Comissão de Crimes Digitais da Ordem dos Advogados do Rio de Janeiro (OAB-RJ).

Luis Felipe Salomão
Ministro do STJ. Foi Corregedor Nacional de Justiça. Foi Ministro do TSE e Corregedor-Geral da Justiça Eleitoral. Presidiu as Comissões de Juristas instituídas pelo Senado Federal para Reforma do Código Civil Brasileiro e da Lei de Arbitragem e Mediação. Coordenador do Centro de Inovação, Administração e Pesquisa do Judiciário da Fundação Getulio Vargas (FGV). Presidente do Conselho Editorial da *Revista Justiça & Cidadania*.

Luis Gustavo Motta Severo da Silva
Mestre em Direito Constitucional. Especialista em Direito Eleitoral. Secretário-Geral do Instituto Brasileiro de Direito Eleitoral (Ibrade) desde 2008. Editor da *Revista Brasileira de Direito Eleitoral*. Advogado em Brasília.

Luís Roberto Barroso
Presidente do Supremo Tribunal Federal. Professor Titular da Universidade do Estado do Rio de Janeiro – UERJ. *Senior Fellow* na Harvard Kennedy School.

Luiz Alberto dos Santos
Advogado. Mestre em Administração e Doutor em Ciências Sociais. Consultor Legislativo (aposentado) do Senado Federal. Professor Colaborador da EBAPE/FGV. Ex-Subchefe de Análise e Acompanhamento de Políticas Governamentais da Casa Civil da Presidência da República (2003-2014).

Luiz Edson Fachin
Ministro do Supremo Tribunal Federal. *Alma Mater*: Universidade Federal do Paraná – UFPR. Mestre e Doutor em Direito das Relações Sociais pela Pontifícia Universidade Católica de São Paulo – PUC-SP. Professor do CEUB.

Luiz Fernando Tomasi Keppen
Mestre em Direito das Relações Sociais pela UFPR. Conselheiro do Conselho Nacional de Justiça (Gestão 2019-2021). Participou como coordenador e membro de vários Comitês e Grupos de Trabalhos, sendo, inclusive, relator da Resolução CNJ nº 410, que estabeleceu a Política Nacional de Integridade Judicial. Presidente do Tribunal de Justiça do Estado do Paraná. Editor-chefe da *Revista Jurídica Gralha Azul*, periódico científico do Tribunal de Justiça do Paraná.

Luiz Fux
Ministro do Supremo Tribunal Federal (STF). Ex-Presidente do Tribunal Superior Eleitoral (TSE). Professor Titular de Direito Processual Civil da Universidade do Estado do Rio de Janeiro

(UERJ). Doutor e Livre-Docente em Direito Processual Civil pela Universidade do Estado do Rio de Janeiro (UERJ). Membro da Academia Brasileira de Letras Jurídicas. Membro da Academia Brasileira de Filosofia.

Marcella Halah Martins Abboud
Advogada. Mestre em Direito pela Pontifícia Universidade Católica de São Paulo (PUC-SP).

Marcelo Costenaro Cavali
Consultor Legislativo do Senado Federal. Advogado. Professor de Direito Penal da Fundação Getulio Vargas (SP) e da Universidade Nove de Julho (SP). Doutor em Direito Penal pela Universidade de São Paulo (USP).

Marcelo Navarro Ribeiro Dantas
Mestre e Doutor em Direito (PUC-SP). Professor de Cursos de Graduação (UnB) e Pós-Graduação (Uninove) em Direito. Ministro do Superior Tribunal de Justiça.

Marcelo Nobre
Advogado nos Tribunais Superiores. Conselheiro do CNJ de 2008 a 2012.

Marcelo Vieira de Campos
Desembargador Federal do Tribunal Regional Federal da 3ª Região. Mestre em Direito, com Especialização em Direito Administrativo e Econômico pela Universidade Presbiteriana Mackenzie.

Márcio Schiefler Fontes
Juiz de Direito em Santa Catarina desde 2005, é membro do Tribunal Regional Eleitoral do mesmo estado (2024-2026). Foi Juiz Auxiliar do Supremo Tribunal Federal (2014-2017), Conselheiro do Conselho Nacional de Justiça (2017-2019), e Juiz Instrutor da Vice-Presidência do Superior Tribunal de Justiça (2021-2022) e da Presidência do STF (2022-2023). Doutorando em Direito pela Pontifícia Universidade Católica do Paraná.

Marco Antônio Innocenti
Graduado e pós-graduado pela Pontifícia Universidade Católica de São Paulo (PUC-SP) em Direito Administrativo e Constitucional, com especialização em Direito Processual Público pela Sociedade Brasileira de Direito Público (SBDP). Autor do livro *"Precatórios*: uma questão de justiça", editado em 2016 pela OAB Nacional. Presidente da Comissão de Estudos de Precatórios do IASP – Instituto dos Advogados de São Paulo. Ex-presidente da Comissão de Precatórios do Conselho Federal da OAB.

Marco Aurelio de Carvalho
Advogado especializado em Direito Público. Membro integrante do Grupo Prerrogativas. Associado fundador da Associação Brasileira de Juristas pela Democracia (ABJD).

Marco Aurélio Piantella Costa
Empresário na área da gastronomia. Diretor Presidente do Piantella durante 40 anos e suplente de deputado federal em 2022.

Marcos Meira
Procurador do Estado e advogado. Mestre em Direito Processual Civil e doutorando em Direito Administrativo, ambos pela PUC-SP. Especialista em Direito Tributário pela FGV e em Direitos Humanos, Responsabilidade Social e Cidadania Global pela PUCRS. Presidente da Comissão Especial de Direito de Infraestrutura do CFOAB. Membro do FONAPREC (CNJ). Autor do livro *Coisa julgada no Código de Processo Civil*.

Marcus Lívio Go

Professor Titular de Direito Financeiro e Tributário da Faculdade de Direito da Universidade Estadual do Rio de Janeiro, Brasil. Associate Research Fellow na University of London (Institute of Advanced Legal Studies). Pós-Doutor na University of London (Institute of Advanced Legal Studies). Mestre e Doutor em Direito Tributário pela Universidade Complutense de Madrid, Espanha. Advogado tributarista. Juiz Federal aposentado do Tribunal Regional Federal da 2ª Região. Ex-Auditor Fiscal da Receita Federal do Brasil e de Minas Gerais.

Marcus Vinícius Furtado Coêlho

Advogado. Doutor em Direito Processual pela Universidade de Salamanca – Espanha. Ex-Presidente da OAB Nacional. Presidente da Comissão Constitucional da OAB.

Maria Augusta Palhares Ribeiro Sampaio Ferraz

Mestranda em Processo Civil pela Pontifícia Universidade Católica de São Paulo (PUC-SP). Especialista em Processo Civil pelo Instituto Brasileiro de Desenvolvimento e Pesquisa (IDP) e em Processo nas Cortes Superiores pela Faculdade Presbiteriana Mackenzie Brasília. Advogada. Sócia da Sampaio Ferraz Advogados.

Maria Claudia Bucchianeri Pinheiro

Advogada. Mestra em Direito do Estado pela Universidade de São Paulo. Especialista em Direitos Fundamentais pela Universidade de Coimbra/IBCCRIM. Ministra Substituta do Tribunal Superior Eleitoral. Vice-Diretora da Escola Judiciária Eleitoral do Tribunal Superior Eleitoral. Coordenadora institucional da Comissão Gestora de Política de Gênero do Tribunal Superior Eleitoral, no biênio 2021/2023.

Maria Cristina Irigoyen Peduzzi

Ministra do Tribunal Superior do Trabalho. Presidente do TST e do Conselho Superior da Justiça do Trabalho no biênio 2020-2022. Bacharel em Direito e Mestra em Estado, Direito e Constituição pela Faculdade de Direito da Universidade de Brasília. Presidente Honorária da Academia Brasileira de Direito do Trabalho. Ex-Conselheira do CNJ, ex-Diretora da ENAMAT.

Maria Rosangela de Oliveira Andrade

Auditora Federal de Controle Externo. Bacharel em Ciências Econômicas e em Direito. Especialista em Controle Externo.

Maria Thereza de Assis Moura

Ministra Presidente do Superior Tribunal de Justiça (STJ). Professora Doutora de Direito Penal da Universidade de São Paulo (USP).

Mário Augusto Figueiredo de Lacerda Guerreiro

Juiz de Direito do TJRS. Ex-Conselheiro do CNJ. Mestre em Ciências Jurídico-Políticas pela Universidade de Coimbra. Doutorando em Direito Processual pela PUCRS.

Messod Azulay Neto

Ministro do Superior Tribunal de Justiça.

Michel Temer

Professor de Direito Constitucional. Ex-Presidente da República Federativa do Brasil.

Miguel Matos

Editor do site Migalhas, advogado, presidente do Conselho de Comunicação Social do Congresso Nacional (2023/25).

Mônica Drumond
Assessora de Ministro e Analista Judiciário no Superior Tribunal de Justiça. Especialista em Direito Administrativo Contemporâneo e Gestão Pública pelo Centro de Ensino Unificado de Brasília – Uniceub. Graduada em Direito pela Universidade Federal de Viçosa/MG (2005). Licenciada em Legal Writing Course 2016 pela University of California, Berkeley, EUA. Mestranda em Ciência Política pelo IDP –Brasília.

Morgana de Almeida Richa
Ministra do Tribunal Superior do Trabalho. Doutora e Mestra em Direito pela Pontifícia Universidade Católica de São Paulo (PUC-SP). Membro da Academia Brasileira de Direito Constitucional (ABDConst). Expositora/tutora nos cursos nacionais de formação inicial da ENAMAT, no eixo Eticidade. Autora de artigos científicos e do livro "Políticas Públicas Judiciárias e Acesso à Justiça". Corresponsável pela coordenação do livro "Conciliação e Mediação: a estruturação da Política Judiciária Nacional.

Nara Nishizawa
Graduada em Direito pela Universidade de Brasília. Mestra em Raciocínio Probatório pela Universidade de Girona (Espanha) e Universidade de Gênova (Itália). Mestranda em Direito Processual Penal na Faculdade de Direito da Universidade de São Paulo. Advogada.

Nelson Gustavo Mesquita Ribeiro Alves
Juiz Federal e Presidente da Ajufe no biênio 2022-2024.

Osmar Mendes Paixão Côrtes
Pós-Doutor em Direito Processual Civil pela UERJ. Doutor em Direito pela PUC-SP. Mestre em Direito e Estado pela UnB. Professor do mestrado/doutorado do IDP. Advogado.

Otavio Luiz Rodrigues Jr.
Professor Associado da Faculdade de Direito do Largo de São Francisco (Universidade de São Paulo) e da Faculdade de Direito da Universidade de Coimbra (Licenciatura Lusobrasileira).

Pablo Coutinho Barreto
Doutorando em Direito Constitucional pelo IDP. Mestre em Desenvolvimento e Meio Ambiente pela Universidade Federal de Sergipe. Especialista em Direito Civil pela Fundação Faculdade de Direito da Bahia. Procurador Regional da República. Conselheiro do Conselho Nacional de Justiça.

Paulo Dias de Moura Ribeiro
Ministro do Superior Tribunal de Justiça. Conselheiro do Conselho da Justiça Federal. Pós-Doutor em Direito pela Universidade de Lisboa. Doutor honoris causa da Universidade da Amazônia. Doutor em Direito Civil pela PUC-SP. Mestre em Direito Civil pela PUC-SP. Coordenador científico do curso de Direito da UNISA. Professor titular da FDSBC. Professor do curso de pós-graduação da UNINOVE.

Paulo Henrique dos Santos Lucon
Livre-docente pela Faculdade de Direito da USP, instituição da qual é professor associado nos cursos de graduação e pós-graduação. Vice-Presidente do Conselho do Instituto Brasileiro de Direito Processual (IBDP). Foi Juiz do Tribunal Regional Eleitoral de São Paulo por quatro mandatos consecutivos. Advogado em São Paulo e Brasília.

Paulo Sérgio Domingues
Ministro do Superior Tribunal de Justiça.

Pedro Estevam Alves Pinto Serrano

Professor de Direito Constitucional da Faculdade de Direito e de Teoria Geral do Direito da Pós-Graduação da PUC-SP. Bacharel, mestre e doutor em Direito do Estado pela PUC-SP com pós-doutoramento em Teoria Geral do Direito pela Faculdade de Direito da Universidade de Lisboa e em Direito Público pela Université Paris Nanterre.

Pedro Felipe de Oliveira Santos

Desembargador do Tribunal Regional Federal da 6ª Região. Vice-Diretor da Escola de Magistratura Federal da 6ª Região. Mestre em Direito pela Universidade de Harvard. Doutorando em Direito pela Universidade de Oxford.

Pedro Júlio Sales D'Araújo

Advogado no escritório Advocacia Dias de Souza. Doutor em Direito Econômico, Financeiro e Tributário pela Faculdade de Direito da Universidade de São Paulo (USP). Mestre pela Faculdade de Direito da Universidade de Brasília (UnB). Especialista em Direito Tributário pela Fundação Getulio Vargas de São Paulo (FGV-SP). Ex-assessor de ministros do Supremo Tribunal Federal (STF). Pesquisador visitante bolsista na Westfälische Wilhelms-Universität Münster, Alemanha. Professor.

Pedro Monteiro Bomfim Bello

Advogado. Mestrando pelo Instituto Brasileiro de Ensino, Desenvolvimento e Pesquisa (IDP). Especialista em Direito Fiscal pela Pontifícia Universidade Católica do Rio de Janeiro (PUC-Rio).

Pedro Paulo Nascente Macedo Bichuette

Assessor-chefe de Gabinete no Conselho Nacional do Ministério Público (CNMP). Especialista em Direito Administrativo pelo Instituto Brasileiro de Ensino, Desenvolvimento e Pesquisa (IDP). Graduado em Direito pela Universidade de Brasília (UnB).

Pierpaolo Cruz Bottini

Professor livre-docente do Departamento de Direito Penal, Criminologia e Medicina Forense da Faculdade de Direito da USP. Mestre e Doutor pela Universidade de São Paulo. Esteve à frente da Secretaria de Reforma do Judiciário do Ministério da Justiça (2005/2007) e do Departamento de Modernização Judiciária do mesmo órgão (2003/2005).

Platon Teixeira de Azevedo Neto

Juiz Titular da 8ª Vara do Trabalho de Goiânia (TRT de Goiás). Professor Adjunto de Direito Processual do Trabalho da Universidade Federal de Goiás (UFG). Professor Permanente do Mestrado em Direito e Políticas Públicas da UFG. Doutor em Direito pela Universidade Federal de Minas Gerais (UFMG).

Rafael Campos Soares da Fonseca

Doutor em Direito Econômico, Financeiro e Tributário pela Universidade de São Paulo. Pós-doutorando, mestre em Direito, Estado e Constituição e Bacharel em Direito, todos pela Universidade de Brasília. Professor titular do Programa de Pós-Graduação *Stricto Sensu* em Direito (mestrado e doutorado) da Faculdade Autônoma de Direito – FADISP/SP. Coordenador-geral do Curso de Direito do Centro Universitário UNIEURO/DF. Assessor de Ministro do Supremo Tribunal Federal.

Rafaelo Abritta

Advogado da União desde 2001, atuou por mais de dez anos perante o Tribunal de Contas da União. Foi Secretário-Executivo Adjunto da Casa Civil da Presidência da República, Diretor no Instituto Nacional de Tecnologia da Informação, Assessor Especial no Ministério da Economia,

Professor Universitário de Direito Constitucional e Direito Administrativo. Atualmente é o Chefe da Assessoria Especial de Relações Institucionais do Ministério da Defesa. Membro da Comissão de Anistia e da Comissão de Mortos e Desaparecidos.

Raquel Botelho Santoro
Advogada. Doutora e Mestre em Direito Constitucional pela Faculdade de Direito da Universidade de São Paulo (USP). Possui Pós-Doutorado em Direito Internacional Privado pela mesma instituição e *License* e *Master 1* em *Droit* pela *Université Lyon 3* (França).

Raquel Leite da Silva Santana
Assessora de Ministro do TST. Mestre em Direito, Estado e Constituição pela UnB.

Raulino Palha de Miranda
Analista Judiciário. Assessor de projetos na Presidência do STF nas Gestões de 2018 a 2020 e de 2020 a 2022. Especialista em Direito Processual Civil pelo IDP. MBA em Gestão de Projetos pela USP. Mestrando em Direito e Gestão Pública pela UNB.

Renata Gil
Conselheira no Conselho Nacional de Justiça. Juíza Titular da 40ª Vara Criminal da Comarca da Capital do Estado do Rio de Janeiro. Graduada em Direito pela Universidade Estadual do Rio de Janeiro (UERJ). Especialista em Segurança Pública pela Universidade Federal Fluminense (NUCLEF-UFF). Mestre em Direito pelo Instituto Brasiliense de Direito Público (IDP). Foi Presidente da Associação de Magistrados do Estado do Rio de Janeiro (AMAERJ) nos biênios 2016-2017 e 2018-2019, e Presidente da Associação dos Magistrados Brasileiros (AMB) no triênio 2020-2022. Idealizadora do Instituto Nós por Elas e da Campanha Sinal Vermelho. Atuou como Juíza Auxiliar da Corregedoria Nacional de Justiça de dezembro de 2022 a janeiro de 2024. Atualmente, exerce a função de Conselheira do Conselho Nacional de Justiça (CNJ) no biênio 2024-2026.

Reynaldo Soares da Fonseca
Pós-doutorado em Democracia e Direitos Humanos pelo *Ius Gentium Conimbrigae* – Centro de Direitos Humanos (IGC) da Universidade de Coimbra, Portugal. Doutorado em Direito Constitucional pela FADISP-SP, com pesquisa realizada na Universidade de Siena, Itália. Mestrado em Direito Público (PUC-SP). Professor adjunto da Universidade Federal do Maranhão, atualmente em colaboração técnica na Universidade de Brasília – UNB. Professor do mestrado profissional em Direito, Regulação e Políticas Públicas – UNB. Professor do doutorado e mestrado da Uninove. Ministro do Superior Tribunal de Justiça.

Ricardo Campos
Doutor e Mestre pela Goethe Universität. Docente nas áreas de Proteção de Dados, Regulação de Serviços Digitais e Direito Público na Faculdade de Direito da Goethe Universität Frankfurt am Main (Alemanha). Membro da Comissão de Juristas para Reforma do Código Civil brasileiro. Coordenador da área de Direito Digital da OAB Federal/ESA Nacional. Diretor do Legal Grounds Institute. Advogado e parecerista.

Ricardo Lewandowski
Professor Titular Sênior da Faculdade de Direito da Universidade de São Paulo. Ministro de Estado da Justiça e Segurança Pública.

Richard Pae Kim
Doutor e mestre em Direito pela USP. Pós-doutorado em Políticas Públicas pela UNICAMP. Conselheiro do Conselho Nacional de Justiça e do Conselho Nacional de Direitos Humanos (2021-2023). Professor do curso de mestrado em Direito Médico da UNISA. Juiz de Direito/TJSP.

Roberta Maria Rangel
Advogada. Procuradora da Câmara Legislativa do Distrito Federal aposentada. Mestre em Direito Tributário pela Pontifícia Universidade Católica de São Paulo (PUC-SP). Doutora em Direito Civil pela Faculdade de Direito da Universidade de São Paulo (USP).

Roberto Alcântara de Oliveira Araújo
Juiz de Direito do Tribunal de Justiça do Estado Sergipe, titular da 1ª Vara da Comarca de Nossa Senhora das Dores, SE. Mestre em Direito pelo Programa de Pós-Graduação em Direito – Prodir da Universidade Federal de Sergipe (UFS). Graduação em Direito pelo Centro de Estudos Superiores de Maceió. Especialização em Direito Civil pela Sociedade de Ensino Universitário do Nordeste e em Processo pelo Centro de Estudos Superiores de Maceió.

Rodrigo Capez
Doutor e mestre em Direito Processual Penal pela Faculdade de Direito da Universidade de São Paulo (USP). Juiz de Direito em São Paulo. Ex-juiz Auxiliar e ex-juiz Instrutor no Supremo Tribunal Federal (2014-2018). Ex-juiz Auxiliar da Presidência do Conselho Nacional de Justiça (2018-2022). Diretor dos Cursos de Pós-Graduação em Direito da Universidade Nove de Julho (UNINOVE).

Rodrigo Garcia Rodrigues Buzzi
Mestrando em Direito Processual Civil na Universidade de São Paulo (USP). Pós-graduando em Direito Portuário e Marítimo pela Universidade Santa Cecília (Unisanta). Bacharel em Direito pela Universidade de Brasília (UnB). Membro-fundador da Liga Acadêmica de Processo Civil da UnB (LAPROC). Membro da Associação Brasiliense de Processo Civil (ABPC). Advogado.

Rodrigo Maia
Presidente da Confederação Nacional das Instituições Financeiras (CNF). Ex-Presidente da Câmara dos Deputados.

Rodrigo Otávio Soares Pacheco
Senador da República. Presidente do Senado Federal e da Mesa do Congresso Nacional. Formado em Direito pela PUC Minas. Especialista em Direito Penal.

Rodrigo Xavier Leonardo
Professor Adjunto de Direito Civil nos cursos de graduação e pós-graduação (Mestrado, Doutorado e Pós-Doutorado) na Faculdade de Direito da Universidade Federal do Paraná (UFPR). Doutor em Direito Civil pela Faculdade de Direito da Universidade de São Paulo (USP, 2007). Realizou estágio de pós-doutorado na Università degli Studi di Torino, Itália (2012-2013). Advogado e Árbitro.

Ronald Christian Alves Bicca
Procurador do Estado de Goiás. Advogado. Presidente da Associação Nacional dos Procuradores de Estado – ANAPE (2006-2010). Procurador-geral do Estado de Goiás (2011-2012). Graduado em Relações Internacionais pela Universidade de Brasília – UnB. Graduado em Direito pelo Centro Universitário de Brasília – UniCEUB. Mestre em História do Direito pela Universidade de Coimbra.

Sebastião Botto de Barros Tojal
Advogado. Doutor em Direito do Estado. Professor da Faculdade de Direito da Universidade de São Paulo.

Sérgio Renault
Advogado. Sócio-Fundador do escritório Tojal, Renault Advogados. Ex-Subchefe para Assuntos Jurídicos da Casa Civil da Presidência da República. Ex-Secretário da Reforma do Judiciário do Ministério da Justiça. Criador do Prêmio Innovare.

Sérgio Silveira Banhos
Ministro do Tribunal Superior Eleitoral (2017-2023). Subprocurador-geral do Distrito Federal (1999-2022). Doutor e mestre em Direito do Estado pela PUC-SP. Advogado.

Stephanie Gabrielle Neves Santos
Pesquisadora da Liga de Direito Financeiro e Tributário da Universidade Federal de Minas Gerais. Membro da Divisão de Assistência Judiciária da Universidade Federal de Minas Gerais.

Tercio Sampaio Ferraz Junior
Professor Titular aposentado da Faculdade de Direito da USP. Professor emérito das Faculdade de Direito da USP – São Paulo e Ribeirão Preto. Professor Emérito da PUC-SP.

Thiago de Lucena Motta
Especialista em Direito Anticorrupção (Enfam). Bacharel (UFRN/Universidade do Porto) e Mestrando em Direito (Uninove). Analista judiciário e assessor de Ministro do Superior Tribunal de Justiça.

Toni Reis
Professor de profissão. Especialista em sexualidade humana, mestre em filosofia e doutor em educação. Autor dos livros *Homofobia no ambiente educacional: o silêncio está gritando* e *Sexo, Ética e Consentimento*. Ativista da causa LGBTI+ desde meados dos anos 1980. Diretor-presidente da Aliança Nacional LGBTI+. Presidente da Associação Brasileira de Famílias Homotransafetivas. Diretor financeiro da Rede GayLatino.

Valtércio Ronaldo de Oliveira
Desembargador no Tribunal Regional do Trabalho da 5ª Região, Bahia.

Vera Lúcia Santana Araújo
Advogada. Ministra substituta do Tribunal Superior Eleitoral. Vice-diretora da Escola Judiciária Eleitoral do TSE.

Vinicius Marques de Carvalho
Ministro de Estado da Controladoria-Geral da União (CGU). Professor de Direito Comercial na Universidade de São Paulo (USP). Ex-Presidente do Conselho Administrativo de Defesa Econômica (Cade). Doutor em Direito pela Universidade de São Paulo, e em Direito Comparado pela Université Paris 1 Panthéon-Sorbonne.

Walter Godoy dos Santos Júnior
Juiz auxiliar do Gabinete do Ministro Dias Toffoli. Juiz de direito do Tribunal de Justiça de São Paulo. Professor do Curso de Pós-Graduação *Stricto Sensu* em Direito da Universidade Nove de Julho. Doutor e mestre pela USP.

Walter José Faiad de Moura
Advogado. Professor de Direito Administrativo, Civil e do Consumidor. Pós-Graduado e Mestre em Direito pelo ICPD-UniCEUB. Prêmio Innovare, pela advocacia, em 2018. Presidente da Comissão Especial de Defesa do Consumidor do Conselho Federal da Ordem dos Advogados do Brasil. Integrou o Grupo de Pesquisa de Qualidade no Judiciário da Faculdade de Administração da Universidade de Brasília.

Esta obra foi composta em fonte Palatino Linotype, corpo 10
e impressa em papel Offset 63g (miolo) e Supremo 300g (capa)
pela Formato Artes Gráficas.